主编 刘瑞平

不平凡的世界

（一）路漫漫

陕西新华出版传媒集团
陕西人民出版社

图书在版编目(CIP)数据

不平凡的世界 / 刘瑞平主编. —西安：陕西人民出版社，2019.12

ISBN 978-7-224-13461-2

Ⅰ.①不… Ⅱ.①刘… Ⅲ.①路遥(1949-1992)—纪念文集 Ⅳ.①K825.6-53

中国版本图书馆 CIP 数据核字(2019)第 265173 号

责任编辑：齐向红
封面设计：姚肖朋

不平凡的世界（一、二、三）

主　　编	刘瑞平
出版发行	陕西新华出版传媒集团　陕西人民出版社
	（西安北大街 147 号　邮编：710003）
印　　刷	西安市建明工贸有限责任公司
开　　本	787mm×1092mm　1/16
印　　张	72.75
插　　页	3
字　　数	1200 千字
版　　次	2019 年 12 月第 1 版
印　　次	2020 年 4 月第 2 次印刷
书　　号	ISBN 978-7-224-13461-2
定　　价	436.00 元

如有印装质量问题，请与本社联系调换。电话：029—87205094

《不平凡的世界》感悟文集编委会

主　　任　杨东明

副 主 任　刘　斌　韩万胜　刘区厚　曹谷溪　龙　云
　　　　　　贺智利　梁向阳　张　鼐　海　波　李海涛

主　　编　刘瑞平

本册主编　胡旭升

编　　委　朱合作　王生才　王志强　刘瑞平　高志妮
　　　　　　胡旭升　尹生鹏　栗子明　张　弛　张晓梅
　　　　　　刘东平　李春元　刘小涛　左子初　高宏雄
　　　　　　赵兴国　付京华　高　丽　吕文经　高　飞
　　　　　　贺军平　李艳霞　艾　超　刘　畅　高　曼
　　　　　　陈　罡　刘　瑞　韩　帅　薛　静　薛　刚

一朵花的美丽在于它曾经凋谢过。

——［德］海德格尔

前言

人生的拼图

追梦人

《人生》《平凡的世界》……高加林、刘巧珍、孙少平、田晓霞……这两部书，这些个人，点燃了多少人的生命之火？给予多少人暗夜中前行的勇气？那是个天文数字！

或许是生的本能，大概在这个平凡的世界上少有甘于平凡之人。于是，人生的驿站为每一个追梦人备了五光十色的梦想，人们借由一个个大大小小的梦想，徜徉于茫茫人海。小梦小醒，大梦大觉。前梦去了，后梦未来，两个梦间的真空是最窒息的。当这失去方向的时节，人突然不知道自己是谁，不知该到哪里去，不知道该干什么、怎么干，却也不该什么也不干。此时，路遥质朴、憨厚、平淡的文字，接纳一个个焦灼的心灵，使他们得以安心栖息其间。

于是，有了马云蹬三轮时顿悟《人生》，有了潘石屹"觉得这个坎过不去的时候，我就读上一遍《平凡的世界》"，这一读再读竟已七遍。或许，未曾谋面的你，此刻，正凭借《平凡的世界》叩问《人生》。

很多人感谢路遥陪伴他们一起度过的岁月，蓦然回首间，他们有一个共同的困惑——路遥是怎么影响并改变了自己的？为什么路遥对自己的人生影响如此之深远？

终究是什么样的路遥、以什么样的方式，在不知不觉之中，让自己在某一天突然惊觉——"我的人生在什么时间、什么地方、怎样被路遥悄然改变？"这一关乎路遥的情结，似乎总也说不清，也道不明。

瑞平，他与我的交谈大都绕不开路遥，属路遥铁粉一枚，他也时常自问："为什么路遥让我如此痴迷？"他老拿这个问题来考我，仿佛我能指点迷津似的。就我所知,这二十多年来,但凡遇到和路遥有关的资料,他都悉数收藏,和路遥有关的人物,他总要想方设法去接近。在采访了上百个人物、研读了上千万字资料后,他恍悟自己之所以被深深吸引,是因着那个鲜活在《早晨从中午开始》之外的路遥,那个在《人生》里、在《平凡的世界》中无处不在的路遥。那个路遥,不是苦行僧,不是殉道者,而是一个大写的人,是一个英雄。这个发现让瑞平兴奋不已,为了分享心中喜悦,就有了这部书稿。

通读这部书稿于我是次独特的体验,感觉无论是编这卷书,还是读这卷书,整个过程像极了拼图游戏。作为共和国的同龄人,路遥见证了新中国四十二年的风雨兼程。因此,他有了鲜明的时代印记,或者说,作为那段峥嵘岁月的亲历者,路遥自身无异于一部"史诗"。

编书人从四十二年的光阴中,淘洗出一块块往事的"拼图"交给读者。于是,阅读会在不经意间产生一种文字之外的"意会",而这种心领神会,即使在同一段文字或者说同一片"拼图",于不同的人,或一个人于不同的时期,由于人生阅历的迭代,会有大不同的"别是一番滋味在心头"。如苏轼所说:"横看成岭侧成峰,远近高低各不同。不识庐山真面目,只缘身在此山中。"

而路遥无疑是一座大山,我们通过翻越这座山"见自己、见天地、见众生"。只为路遥心中的大山,你我心里头都有,路遥因此而亲切,因此而平凡,也因此而大不凡。或者说,这部书稿通过解构路遥,鼓舞每一位有缘看到的人,建构一个大写的自己,建构每个人心中不平凡的世界,这无疑也是路遥为大众创作《平凡的世界》的初心。

总之,这是一部我会时不时记起把玩的"拼图",不只为里面有焕然一新的路遥,更是为了寻访漫漫人生路上属于自己的滋味。这部书稿还有太多不尽如人意的地方,希望路遥一百周年诞辰时,再编一部更大的书系,思于此,暂且搁笔,待时再续写是序。

2019 年 9 月 9 日

代序

少年之梦

——为《少年月刊》而作①

  一个人一生中会有无数的梦想。许多梦想都被生活的激流冲淡了,甚至会消失得无踪无影。但是,对于人类来说,没有梦想,也就没有现实,我们现实生活中的许多惊人的奇迹,当初也只不过是人的一些梦想罢了,后来却真的变成了现实。那就是说,人是有能力将梦想变成现实的。

  将美好的梦想变为现实,无论对一个社会还是对一个人,都是不容易的,要付出所有的聪明才智,要付出巨大的创造性劳动,甚至可能要付出自己的生命。但是,只要这种努力有益于伟大的人类社会,无论成功还是失败,都是值得我们去为之奋斗,为之牺牲的。少年时期是最富于梦想的。少年的美好也正在于此。我在少年时期,也有过许多梦想。想象长大后,当了一名国际刑事警察,既神秘又刺激,进这个国家,出那个国家,在火车站和飞机场与犯罪分子展开枪战,最后把明晃晃的手铐戴在坏人的手腕上;或者去当一名研究国际问题的学者,在风云变幻的国际局势中为政府提供多种咨询性的选择方案。也有些时候,梦想变成了一种胡思乱想,曾异想天开地试图将来驾一艘宇宙飞船,到遥远的太空去活捉一个"外星人",并把他交给联合国。

  某一天,我梦想将来要当一名作家,写出厚厚的书让人们去阅读。这在很大的程度上是因为我小时候爱学语文,也爱做作文。我常常被课本中那些美好的故事、美好的思想和美好的语言所吸引、所感动。我暗暗思忖过,我将来能不能也写出美

---

① 1992年2月份,路遥应约为共青团陕西省委机关刊物《少年月刊》撰写的随笔《少年之梦——为〈少年月刊〉而作》。

好的文章去感动别人呢？

我梦想长大后去当作家。

但梦想终究是梦想，要将它变为现实却要付出沉重的代价。从少年时期的这个梦想开始一直到今天把它变成现实，我已经整整为此劳动和工作了二十多年。我不敢说我已经像少年梦想的那样写出了美好的文章，可我的确诚实地为此而努力和奋斗过。

不是所有的少年之梦最后都能变成现实。但是，这并不要紧。随着年龄的增长，我们就会正确地认识自己的条件，去做切合实际的努力。我相信，每个人都有能力会把少年时期的某种梦想变为现实。重要的在于奋斗，没有奋斗，就不可能达到任何目标，那么，梦想也只能永远是梦想。一个人到了老年仍然一事无成地在梦想，这就是生命之大悲哀了。

为了明天，我们应该有无数美好的梦想。为了实现美好的梦想，我们要不懈地努力和奋斗。只要努力和奋斗，现实将比梦想还要美好。

路　遥

一九九一年冬于西安

目录

第一章 大雪

寒门长子 白 描 \ 003

死亡体验 刘新生 \ 004

父亲带我一路讨饭 路 遥 \ 006

我与路遥是同村人 刘凤梅 \ 007

"外路脑子" 海 波 \ 008

心比天高 厚 夫 \ 010

"干大，我想上学" 刘凤梅 \ 011

【黄叶拾零】不再是孩子 \ 012

孤独是美丽的 陈占彪 \ 012

傲慢即自卑 闫雪梅 \ 013

自卑与超越 宗 元 \ 015

一条刚强的陕北汉子 厚 夫 \ 017

英雄莫问出处 宗 元 \ 017

第二章 霜降

激扬文字恰少年 海 波 \ 021

从"孩子王"到"王军长" ［日］安本实 \ 022

我想和你"拉两句要紧话"　海　波 \ 023
返乡农民　刘凤梅 \ 024
淘粪少年　厚　夫 \ 025
爱江山更爱美人　海　波 \ 025
树大招风　海　波 \ 026
涉嫌命案　曹谷溪 \ 027
逃过一劫　曹谷溪 \ 028

第三章　谷雨

"路遥"，就这样诞生了　闻　频 \ 033
昨日种种譬如昨日死　刘凤梅 \ 034
【黄叶拾零】车过南京桥　缨依红 \ 035
路遥拜我为师　曹谷溪 \ 035
"王喂狗"和"屎人"从此粘在一起　晓　雷 \ 036
峰回路转　曹谷溪 \ 037
【黄叶拾零】一张合影　厚　夫 \ 038
又是山花烂漫时　晓　雷 \ 039
路遥个性很强　闻　频 \ 040
路遥的悟性使我吃惊　闻　频 \ 041
流言蜚语　高　歌 \ 042
与命运决战　张艳茜 \ 042
"跑龙套"的五年　高　歌 \ 043
【黄叶拾零】塞上柳　缨依红 \ 044
内心深处蕴藏着饱满的激情　厚　夫 \ 044

第四章　雨水

藏龙卧虎的北京知青　张艳茜 \ 049
外面的世界很精彩　张艳茜 \ 050
路遥特别佩服北京知青　海　波 \ 051
枯木重生　路　遥 \ 051
雪中红梅　张艳茜 \ 052
抬头婆姨低头汉　邢　仪 \ 053

目 录

对自己很"狠"的人　厚　夫 \ 054
久旱逢甘霖　邢　仪 \ 055
抚慰受伤的心　白　描 \ 056
【黄叶拾零】忆往事：路遥的爱情　皈依长路 \ 057
相濡以沫　邢　仪 \ 061
林达像陕北农村姑娘　王志强 \ 062
林达捧价　海　波　白　描 \ 062
心爱的林达　王志强 \ 063
【黄叶拾零】死死活活相跟上 \ 065
不知怎的，气氛就是出不来　邢　仪 \ 065
【黄叶拾零】病中更怀旧　闻　频 \ 066
人神之恋　马　泽 \ 068
陕西作家的男权主义　张宁生　姜凌志 \ 070
在男权的世界，田晓霞不得不死　丁红梅　王　圣 \ 071

第五章　立春

王路遥的《入学申请书》　张艳茜 \ 075
"编号133"　张艳茜 \ 077
一瓢凉水泼在了他的头上　曹谷溪 \ 079
基层政治家　海　波 \ 080
我建议录取路遥　申沛昌 \ 081
我第一次见到的王路遥同学　白正明 \ 082
学校的规定，他总是"闯红灯"　王双全 \ 084
而今迈步从头越　王志强 \ 084
"生活较散漫"　徐来见 \ 085
路遥把我家当作了他家　晓　雷 \ 086
一朵不知名的野花　贺抒玉 \ 087
人生紧要处只有几步　董　墨 \ 088
借调到《陕西文艺》做编辑　王志强 \ 090
北上实习　厚　夫 \ 091
"身无分文，心忧天下"　申沛昌 \ 093
鸿鹄之志　董　墨 \ 095

003

伯乐喜得千里驹　贺抒玉 \ 096
"延大啊，这个温暖的摇篮……"　申沛昌 \ 096
扼住命运的咽喉　厚　夫 \ 098

第六章　惊蛰

路遥的缺点　袁银波 \ 103
"只怕是出事了。"　袁银波 \ 104
金盆打了分量在　张艳茜　晓　雷 \ 105
他身上有许多美好的东西　董　墨 \ 106
出师不利　王西平　李　星　李国平　贺抒玉 \ 107
咸鱼翻身　周昌义　董　墨 \ 108
【黄叶拾零】路遥写给刘茵的信　路　遥 \ 109
路遥的确是幸运的　厚　夫 \ 111
鲤鱼跳龙门　厚　夫 \ 112
【黄叶拾零】"好，好得很"　泰兆阳 \ 113
　　　　　　文坛托星人——泰兆阳 \ 114
　　　　　　"跳跃式超越"　海　波 \ 115
把最本质的因素揭示出来　白　描 \ 116
自己受害又害别人　厚　夫 \ 117
他的作品总是厚实的　白　描 \ 118
路遥的魅力从何而来？　李　星 \ 119
超越时空的生命力　雷　达 \ 120
【黄叶拾零】我依稀看到那个少年　王天乐 \ 122

第七章　小满

卖了良心才回来　毛　尖 \ 125
再也不回去了　王天乐 \ 127
跳"农门"　厚　夫 \ 128
《人生》折腾了三年　路　遥 \ 130
"誓死保卫大粪"　刘　路 \ 130
《人生》，阴霾密布　厚　夫 \ 133
【黄叶拾零】李若冰　贺抒玉 \ 134
　　　　　　孤儿·战士·作家(节选)　贺抒玉 \ 135

借我三百块，别告诉别人　袁银波 \ 136

催　生　王　刚 \ 136

拼　命　白　描 \ 137

白云山上有神仙　张艳茜　晓　雷　王天乐 \ 138

鹤鸣在阴　王维玲　厚　夫 \ 140

收获人生　王　刚　厚　夫　高建群 \ 144

你就是陕西作家的形象　厚　夫 \ 145

【黄叶拾零】致路遥　阎　纲 \ 146

关于《人生》和阎纲的通信　路　遥 \ 148

路遥获得了很大的自信　王　刚　张艳茜 \ 150

成为专业作家　王　刚　张艳茜　厚　夫　王天乐 \ 151

政敌反击　张艳茜　厚　夫　申沛昌 \ 153

【黄叶拾零】"三种人"　高广景 \ 155

我是"三种人"吗？　海　波 \ 156

【黄叶拾零】峥嵘岁月 \ 158

控告路遥　厚　夫 \ 159

高处不胜寒　海　波 \ 159

天下谁人不识君　厚　夫 \ 160

恩多只能"打包"报　海　波 \ 161

人生巅峰　张艳茜 \ 164

人生的下半部　王　刚 \ 166

"交叉地带"　李　星 \ 167

在爱情的"交叉地带"　李　勇 \ 168

和"土地"的决裂　黄建国 \ 169

路遥文学中的关键词　[日] 安本实 \ 171

语淡情浓　贺智利 \ 172

把握时代的脉搏　雷　达 \ 174

怎么办？——《人生》与80年代"新人"故事　杨晓帆 \ 174

六封密信　梁向阳 \ 187

【黄叶拾零】"拜识，上炕"　海　波 \ 198

我至今怀念路遥《人生》中的那个刘巧珍！　沙漠雨 \ 200

《人生》：谁也逃不过的命运　佚　名 \ 203

爱不释手　岳　发 \ 206

第八章 芒种

·1983—1986·

命运的突围 毕光明 \ 211

成功对我至关重要 白 描 \ 212

重重心事！ 董 墨 \ 213

《人生》的续篇 韩贵新 \ 214

闭 关 厚 夫 \ 215

灵光乍现 王天乐 \ 215

父亲被逮捕，速回 王天乐 \ 217

记住，这是上帝的安排 王天乐 曹谷溪 \ 218

临产前的骚动 厚 夫 \ 219

愿宽其罪 厚 夫 张艳茜 \ 220

【黄叶拾零】决战前夕 \ 222

如释重负 王维玲 \ 222

【黄叶拾零】需要什么写什么 海 波 \ 223

"相看两不厌，只有名和利" 王安忆 \ 224

朋友的温暖 厚 夫 \ 225

鸭 口 霍海澎 席选民 \ 226

【黄叶拾零】想起我的哥哥等一等我 李金玉 \ 227

这是真正的开头 王天乐 \ 228

初战告捷 厚 夫 吴祥锦 \ 229

起 名 子 页 海 波 \ 230

"心情多少有点悲壮" 董 墨 \ 231

当头一棒 厚 夫 \ 232

柳暗花明 厚 夫 \ 233

初见"老熊" 李金玉 \ 234

"珍惜地告别，还是无情地斩断" 王天乐 \ 235

红颜知己 李金玉 \ 236

【黄叶拾零】记得当年毁路遥 周昌义 \ 237

·1986—1987·

不谐之音 王天乐 \ 246

只有上帝知道　王天乐 \ 246

【黄叶拾零】他嘴里像是念叨着什么　厚　夫 \ 247

"我恋爱了。"　王天乐 \ 248

"天底下哪一碗饭都不好吃"　厚　夫 \ 249

天降大雪　厚　夫 \ 251

【黄叶拾零】良药苦口　丹　晨　曾镇南　王　愚 \ 253
　　　　　　研究会"纪要"　一　评 \ 255

冲向生命的终点　王天乐 \ 257

遮遮掩掩的病因　厚　夫 \ 258

【黄叶拾零】把自己……伤得太深了　李金玉 \ 259

再遭冷遇　厚　夫 \ 260

·1987—1988·

"不怂"　朱合作 \ 262

人生不能为"奖"活着　王天乐 \ 264

一个作家工作的辛苦　朱合作 \ 265

他竟然这样坦诚　牧　歌 \ 266

"咱这人活成啥了！"　王天乐 \ 269

邂逅"幸运女神"　叶咏梅 \ 270

【黄叶拾零】蜡梅咏春　梁向阳 \ 273

和路遥能耍到一块儿的孩子　郑文华　王观胜 \ 279

【黄叶拾零】宝鸡之行　郑文华 \ 281

冲　锋　厚　夫 \ 282

流着泪写，流着泪读，流着泪听　李金玉 \ 284

千里送稿　王天乐 \ 285

【黄叶拾零】《黄河》与路遥　姜红伟 \ 286

先声夺人　厚　夫 \ 289

【黄叶拾零】我哭，我笑，旁若无人　李金玉 \ 290
　　　　　　高山流水知音　厚　夫 \ 291
　　　　　　《平凡的世界》的造型艺术　蔡　葵 \ 292

一位称职而伟大的心灵守园人　傅　翔 \ 295

时代呼唤路遥精神　刘瑞平 \ 302

第九章　处暑

·获奖·

我尽量不使自己抱太大希望　路　遥 \ 307

"大作获奖，已成定局，……"　白　烨 \ 308

【黄叶拾零】茅盾文学奖评选揭晓 \ 309

今后再不要获什么奖了　王天乐 \ 309

一顿饭把五千元奖金吃完了　白　烨 \ 310

获奖致辞　路　遥 \ 311

他对弟兄们只说了一句话　邢小利 \ 311

【黄叶拾零】两肋插刀　海　波 \ 312

帮助拼搏者　黄河浪 \ 313

为路遥难过　李金玉 \ 314

献给我的弟弟王天乐　王天乐 \ 315

·新的起点·

休　整　邢小利 \ 316

酝　酿　晓　雷 \ 317

抱病求援　申沛昌 \ 319

抱　怨　李金玉 \ 320

【黄叶拾零】路遥的"穷"和"大方"　海　波 \ 320

　　　　　卖自己的名字　葛维樱 \ 322

　　　　　不行，咱们得赚点钱　李天芳 \ 322

·展望·

政治家　远　村 \ 327

蓝　图　孔保尔 \ 328

·不了情·

凄　凉　尚飞鹏 \ 329

夸父吟　张子良 \ 330

第十章　大寒

·终点回到起点·

呼　喊　厚　夫 \ 335

"这是路遥自己的选择"　海　波 \ 335

·无"家"可归的人·

"一个家庭,两种制度"　海　波 \ 339

至爱绵绵无绝期　海　波 \ 341

爱舍离　王天乐 \ 342

·思念无期·

我好像比路遥还"聪明"　海　波 \ 344

梦非梦　海　波 \ 345

强　人　贾平凹 \ 346

写给路遥　韩万胜 \ 348

后记

路遥的生平与创作　陈泽顺 \ 351

第 一 章
大 雪

大雪寒梅迎风狂。
——《节气歌》

不幸的孩子像石头缝里的小草一样,一天天长大了。

生活!生活!你不就像这浩荡的秋风一样吗?你把那饱满的生命的颗粒都吹得成熟了,也把那心灵中枯萎了的黄叶打落在了人生的路上!而是不是在那所有黄叶飘落了的枝头,都能再生出嫩绿的叶片来呢?

——路 遥《黄叶在秋风中飘落》

第一章／大雪

寒门长子

尽管路遥很不愿意，但他还是噙着眼泪告别了生身之地。

路遥的祖祖辈辈都是庄稼汉，没有一个人曾走出陕北的大山，走出那古老而荒凉的黄土地。父辈兄弟二人（王玉德、王玉宽），家境贫寒，目不识丁，他们比别人所具备的长处，似乎只有那对贫穷超凡的忍耐力和终年在土地上辛勤劳作的好力气。

家境贫寒，成家自然成了难事。这户王姓人家，老大已到了不小年纪，才以六十元彩礼，娶回一位姑娘进了家中的破土窑。两年后，老二也终于用毛驴驮回了新媳妇。老二讨回的这媳妇，比大媳妇的身价可高多了，彩礼一万块，尽管当时使用的货币比两年前贬值了许多，可也是大媳妇的彩礼翻多少个跟头也追不上的。对此，老大两口心里没有半点不平，而且这老二媳妇是他们一手操办娶进门的，人家模样俊，身架好，心灵手巧，彩礼不超过大媳妇就冤了人家。

老大无子嗣，而老二家娃娃一长串，过继给老大一个儿子，可谓两全其美。路遥在兄弟姊妹中是老大，懂事早，长得也壮实，把他过继给伯父撑起王家另一爿门户最为合适，尽管路遥很不愿意，但他还是噙着眼泪告别了生身之地，告别了母亲和兄弟姊妹，尾随在父亲身后，一路讨吃要喝，翻过清涧和延川之间的一道道沟壑梁峁，步行二百多里地，来到延川。在延川县黑龙关郭家沟那三孔窑洞里，他

路遥父母：王玉宽、马芝兰

由人侄转变为人子。

那时，父母给他起的大名叫王卫国。

——白　描《送儿子去上学》

死亡体验

> 我只记得曾有一只由光线构成的五颜六色的大公鸡……

作为童年回忆中某种心灵"创伤"的经验外化，路遥对自己的"死亡的体验"有着深刻而鲜明的记忆。在《早晨从中午开始》中，路遥对自己童年时期的"死亡的体验"做了这样的叙述：

最早的两次（死亡体验）都在童年。第一次好像在三岁左右，我发高烧现在看来肯定到了四十度。我年轻而无知的父母亲不可能去看医生，而叫来邻村一个"著名"的巫婆。在那个年龄我不可能对整个事件留下完整的记忆。我只记得曾有一只由光线构成的五颜六色的大公鸡，在我们家土洞的墙壁上跑来跑去；后来便什么也没有看见，没有听见，只感到向一种无边无际的黑暗中跌落。令人惊奇的是，当时就想到这是去死——我肯定当时这样想过，并且理解了什么是死。

……

第二次（死亡体验）是五岁或六岁的时候。那时我已经开始了农村孩子的第一堂主课——劳动。我们那地方最缺柴烧，因此我的主要作业就是上山砍柴，并且小小年纪就出手不凡（后来我成为我伯父村上砍柴的第一把好手），为母亲的院子里积垒下小小的一垛柴火。母亲舍不得烧掉这些柴，将它像工艺品一样细心码在院畔的显眼处，逢人总要指着柴垛夸耀半天，当然也会得到观赏者的称赞。我在虚荣心的驱使下，竟然跟一群大孩子到离村五里路的大山里去逞了一回能。结果，由于这种年龄还不能在复杂陡峭的地形中完满地平衡身体的重心，就从山顶的一个悬崖上滑脱，向深沟里跌了下去。我记得跌落的过程相当漫长，说明很有一些高度；并且感到身体翻滚时像飞动的车轮般疾速。这期间，我唯一来得及想到的就是死。结果，又奇迹般地活下来了。

……

童年时期的两次死亡体验对于路遥的小说创作具有不同的意义。在第一次死亡体验中，关于由光线构成的大公鸡"在我们家土窑洞的墙壁上跑来跑去"的幻觉和"向无边无际的黑暗中跌落"的感觉表现出幼儿对生与死的本能的感受：如果说大公鸡在墙壁上跑来跑去的幻觉表现了幼儿路遥对生的朦胧的向往，那么，向黑暗跌落的感觉则表现了幼儿路遥面对死亡时的无助和绝望。这里对生的向往和对死的恐惧并没有明确的意向性；第二次死亡体验与第一次死亡体验有着明显的不同，如果说第一次死亡体验只是出于幼儿求生的本能对死亡的恐惧，那么，第二次死亡体验已经打上了深刻的社会烙印，其中包含着童年路遥对劳动的体验，尤其是包含着童年路遥的劳动成果得到了母亲的"夸耀"和观赏者的"称赞"而产生的"虚荣心"的满足。因此，在童年路遥的第二次"死亡的体验"中，劳动成果被承认的幸福感和死里逃生的幸运感最终都证明了生命的价值和力量。这里没有对于死亡的恐惧，而是生命终究战胜死亡的幸运和欣慰。

从创作意义上来看，上述两次死亡体验从不同侧面构成了路遥小说创作的自传意向：第一次死亡体验中对死亡的本能的恐惧，最终转化为路遥对自己能够"奇迹般地"活下来的深深的感动和愧疚；第二次死亡体验中关于童年时期的"虚荣心"的满足和死里逃生的幸运感，则转化为路遥创作中强烈的劳动的荣誉感和成就的自豪感。

路遥在《早晨从中午开始中》饱含深情地写道：

对待自己的工作，不仅严肃，而且苛求。一种深远的动力来自对往事的回忆与检讨。时不时想起青少年时期那些支离破碎的生活，那些盲目狂热情绪支配下的荒唐行为，那些迷离失落的伤感和对未来的渺茫无知。一切都似乎并不遥远，就发生在昨天。而眼下却能充满责任感与使命感，从事一种与千百万人有关系的工作，这是多么值得庆幸。因此，必须紧张地抓住生命黄金段落中的一分一秒，而不管要付出什么样的代价。现在我已全然明白，像我这样出身卑微的人，在人生之旅中，如果走错一步或错过一次机会，就可能一钱不值地被黄土埋盖；要么，就可能在瞬息万变的社会浪潮中成为无足轻重的牺牲品。生活拯救了我，就要知恩而报，不辜负它的厚爱。要格外珍视自己的工作和劳动。你一无所有走到今天，为了生活慷慨的馈赠，即使在努力中随时倒下也义无反顾。你没有继承谁的坛坛罐罐，迄今为止的一切都是靠自己的劳动所获。应该为此而欣慰。

……

这里，对生命和爱的渴望，对劳动的毫无保留的投入，对成就的无比的自豪和珍惜，这一切都根植于路遥童年时期深刻的死亡体验和艰难而质朴的童年生活经验。在这个意义上，路遥卓有成就的小说创作及其短暂而辉煌的人生，在某种程度上应该是对童年时期死亡体验的超越和升华。

——刘新生《对一种现实主义的重新解读》

父亲带我一路讨饭

我特别伤心，觉得父亲把我出卖了……但我咬着牙忍住了。

问：能不能请你谈谈你的《在困难的日子里》《人生》等作品构思时的情况？

答：我的作品，好多是因为引起了我感情上的强烈颤动、震动，我才考虑去要把我这种情绪、感情表现出来，这样才开始去寻找适合表现我这种情绪、感情的方式。如1961年困难时期，当时我上小学。我父亲是个老农民，一字都不识。家里十来口人，没有吃的，没有穿的，只有一床被子，完全是"叫化子"状态。我七岁时候，家里没有办法养活我，父亲带我一路讨饭，讨到伯父家里，把我给了伯父。那时候贫困生活的经历，给我留下了十分强烈的印象，尽管我那时才七八岁，但那种印象是永生难忘的。当时，父亲跟我说，是带我到这里来玩玩，住几天。我知道，父亲是要把我掷在这里，但我假装不知道，等待着这一天。那天，他跟我说，他要上集去，下午就回来，明天咱们再一起回老家去。我知道他是要悄悄溜走。我一早起来，趁家里人都不知道，我躲在村里一棵老树背后，眼看着我父亲，踏着朦胧的晨雾，夹着包袱，像小偷似的从村子里溜出来，过了大河，上了公路，走了。这时候，我有两种选择：一是大喊一声冲下去，死活要跟我父亲回去——我那时才是个七岁的孩子，离家乡几百里路，到了这样完全陌生的地方。我想起了家乡掏过野鸽蛋的树林，想起砍过柴的山坡，我特别伤心，觉得父亲把我出卖了……但我咬着

路遥的父母和弟妹

牙忍住了。因为,我想到我已到了上学的年龄,而回家后,父亲没法供我上学。尽管泪水唰唰地流下来,但我咬着牙,没跟父亲走。

——路　遥《答中央广播电视大学问》

我与路遥是同村人

> 永不认输,这就是童年路遥留给我的印象。

我与路遥是同村人。不过,这个同村的概念是行政村,自然村却是两个,我们村叫刘家圪,路遥的村叫郭家沟,两村只有一河之隔。站在我们两家的院子里可以遥遥相望。公社化时大队部是设在我们这个村的,队上有事,常常通过大声喊话通知对方,因为那时村上还没有电话之类的设施。

我们的小学设在马家店。这是一所坐落在河畔的用庙宇改作的学校,三孔窑洞教师办公占去一孔,四个年级的学生挤占了两孔,操场则设在河滩里。路遥比我低两级,我们分别坐在两孔窑洞内,但是上操、课间活动是在一起的,嬉笑打闹,无尽的欢乐充溢在童趣中。童年的路遥是淘气的和富有个性的。有一次,他与一个大他三岁的孩子打架,尽管他是两人联手,还是被打败了。他俩不服输,去找那个孩子的家长算账,却没能如愿,就双双趴在人家的门框上呜呜地哭。这是受了委屈的宣泄,也是不甘罢休的挑战。因为他们不像一般孩子那样,受了欺负,要不害怕了,从此躲着对方;要不告诉家长,让家长替自己"报仇"。永不认输,这就是童年路遥留给我的印象。

——刘凤梅《铭刻在岁月中的思念》

"外路脑子"

  过了不久,他又成了这个村里的"娃娃头",年龄比他大的孩子都成了他朋友,和他差不多大的孩子都成了他的"部下",比他小的孩子都成了他的崇拜者或者追随者。他在孩子们中的强大和他大伯在成年人中的"卑微"形成了巨大的反差。

按照流行说法,路遥的童年充满了苦难,没有乐趣可言。我认为不是这样。路遥的童年(特指过继给大伯后)不仅有苦难的记忆,更多的是奋斗的快乐。
……
初到延川的路遥遇到最大的困难是来自文化方面的不适。虽然延川和清涧是邻县,但在文化方面还是有区别的,比如说口音。那时的农村人交往半径很小,除了下地干活外很少出门,走得最远的地方就是县城和附近的集市,来往的人除了亲戚就是偶然来村里的石匠和木匠,一有不同口音出现,立即就会引起人们的惊异。这种惊异表现在成人身上,往往是默默地观察;而小孩子就不同了,一听到外地口音,就大惊小怪起来,像发现狗吃月亮一样。

路遥出现在这里的第一天就受到小伙伴们的嘲笑,嘲笑的方式奇特而又尖酸:先是一个孩子问他话,当他回答后,所有的孩子都大笑起来,边笑边夸张地学他的"清涧口音",有的孩子甚至极野蛮地叫他"外路脑子"。当他提出抗议时,这伙人吃了一惊,不是为自己的不礼貌吃惊,而是为这个"外路脑子"居然敢反抗吃惊。他们一下子沉默了,变着法子孤立路遥。在村里时,大家不和他一块玩耍,见他过来众人就大笑着散开了,把他一个人孤零零地扔在那里;上山砍柴时,那些先到的孩子

路遥养母:李桂英

"指山占地",手臂一挥就将有柴的地方全"占"去了,然后再一个个地"准人"。别人都能砍,唯独不让路遥砍。

当路遥灰溜溜地回到家里,把委屈告诉大人后,他不但得不到安慰,反而受到责骂。大伯和大妈要他"和小伙伴们好好相处,不要惹是生非";他揭发了哪个孩子的恶行,大伯和大妈就会马上到那个孩子家里去,不是去找回公道,而是去道歉,还将自家的洋芋、萝卜拿一点送去,理由是:"小孩子闹了架,不要整得大人不好见面""不要让人家说咱们小孩子不懂事,大人也不懂事"。

大伯和大妈这样是有道理的,一是基于传统道德和熏陶,出于与村人和谐相处的需要;更重要的是一个外来户的无奈。

延川这边是路遥家的"新发地",1943年,陕甘宁边区政府为了扩大税收,从现在的榆林地区往延安周围各县大量移民,路遥的爷爷就是响应这个号召来到延川的。原来全家都在这里,路遥的父亲直到结婚前夕才回到老家。这种移民方式对政府和移民来说是积极、有利的,但对当地原居民来说就不完全是件好事了,因为这些外来户分走了他们的土地。尽管当地居民慑于政府的威力,从整体上不敢反对这件事,但对个体移民的排斥心理无法避免。因此,外来户必须"夹紧尾巴",处处小心才能站住脚。这就是大伯、大妈如此处事的历史原因。当然,路遥到延川后,随着合作化、集体化的进程,当地人对外来户的排斥已经很淡了,但他大伯的习惯已经养成,小心处事、谦让处人已经成了他们的"脾气"。

路遥个性强,在老家时王家又是大户,他从小就是"娃娃头",哪里受过这种气,自然要反抗。在得不到家人保护的情况下,只好独自捍卫尊严。如果说同意或主动争取过继是路遥人生的第一个选择,那么这就是他奋斗一生的起点。

具体怎么个奋斗法,谁也说不清楚,但结果是清楚的:路遥大获成功。过了不久,他又成了这个村里的"娃娃头",年龄比他大的孩子都成了他朋友,和他差不多大的孩子都成了他的"部下",比他小的孩子都成了他的崇拜者或者追随者。他在孩子们中的强大和他大伯在成年人中的"卑微"形成了巨大的反差。随着年龄的增长,路遥为了维护自己的利益和尊严,开始越过大伯和村里的成年人直接对话;而村里的成年人,特别是那些有远大的眼光的"精英"们,立即意识到面前这个孩子会成为村里将来的"强人",和他处好关系,不失为一种明智的"投资",因此也乐于和小小的路遥对话。

这使路遥享受到了别的孩子根本无法想象的快乐,这是一种成年人也少能享受到的沿着自己选择的方向一步步前进的豪迈,这是路遥浩荡一生的实质性起点。

——海 波《我所认识的路遥》

心比天高

王卫国以全县第二名的成绩名列"榜眼"位置。消息传来,郭家沟村引起了不大不小的轰动。

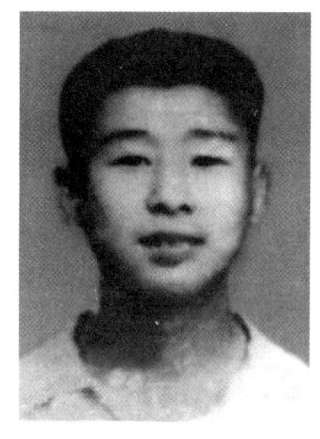

少年路遥

1963年的陕北农村,仍处于极端贫困的时期。对于王玉德这样移民来到延川、本身没有什么积累的"外来户"来说,再供一个孩子到城里去上学,这更让他无法承受了。

这年夏天,就在王卫国准备参加全县的升初中考试时,养父王玉德却下了一道死命令:不准考试,回村里"受苦"!这道命令对于正处于学习兴致中的王卫国而言,不啻晴天霹雳。……但是,已经在知识的海洋中开始畅游的卫儿,他心比天高,怎么会接受养父这道荒唐而离谱的命令呢?

王卫国明确告诉大伯,哪怕不让上学,但必须参加全县的小学升初中统考,他要证明这几年来是认真学习的,要证明自己是有能力考上的!王卫国的话在哀求中有几分倔强。他在城关小学小伙伴们的簇拥之下,走进了那个捍卫自己尊严的神圣考场。

考试的结果是可想而知的。延川县唯一的全日制中学——延川中学只招收两个班一百名左右的初一学生,而全县却有一千多名考生。在如此激烈而残酷的升学竞争中,王卫国以全县第二名的成绩名列"榜眼"位置。消息传来,郭家沟村引起了不大不小的轰动。此时的王卫国心里更激荡着强烈的求学欲望。他把"录取通知书"领回后,先是给奶奶和大妈看了,再给大伯看。大伯还是当初拿定的老主意,沉着脸,不吭声。

直到新生开学报到那天,王玉德才给儿子说了实话:"这学肯定不能上,天王老子说了也没用!"说罢,他递给卫儿一把小镢和一条长绳,要他上山砍柴。卫儿愣了一下,默默地接过小镢和长绳,跑到沟里扔了,然后独自进城去了。

没有报名费,王卫国自然报不了名。城关小学几个关系要好的同学七凑八凑,还是凑不够。一位好心的家长建议王卫国直接找村子里的领导,争取当地党组织的支持。王卫国接受建议,返回村后直接找到村大队党支部书记刘俊宽。

……

——厚 夫《路遥传》

"干大,我想上学"

> 有一天,他终于跑到了我家,哭着对担任大队党支部书记的我父亲说:"干大,我想上学,你给我想想办法吧。"

看着别的孩子欢蹦乱跳地去上学,路遥心里好痛苦啊!有一天,他终于跑到了我家,哭着对担任大队党支部书记的我父亲说:"干大,我想上学,你给我想想办法吧。"我父亲与路遥的父亲是结拜弟兄,两家关系又一直很好,看着他哭得那个伤心的样子,我父亲心里也十分难受,可如何帮助他呢,当时我们家也十分困难,几乎顿顿都是用糠菜充饥。我父亲沉思了半天,终于还是走出去了,那年月要借点粮真是件不容易的事,好在我父亲为人十分仗义,在我们那带群众中很有威望,他跑了许多地方总算借了二斗黑豆,有了粮路遥就可以上学了,他好高兴啊。谁知当天下午他又返回了村哭着对我父亲说:"学校已经不收我了!"我父亲忙问:"为什么?"他说:"学校有规定,新生超过一个礼拜不报到,就除名,我已经超过一个礼拜了!"我父亲曾在县上工作过几年,与中学校长杜永福很熟,他不经思索拔腿就走。他到延川中学,将路遥的情况对杜永福做了介绍,并希望他能给予特殊照顾。杜永福十分爱惜人才,他接受了我父亲的建议,当即召开校委会进行研究,破例将路遥收进学校。

——刘凤梅《铭刻在黄土地上的哀思》

黄叶拾零

不再是孩子

路遥给我说过那次进城时的心情,他说:"感觉特别孤独,就像一只小羊羔独自处在茫茫雪原上那样孤独。"为了上学他找过所有要好的同学。许多同学都支持他,情愿帮他筹集报名费,有一个同学还带他见了家长,希望家长出面帮助。那位可敬的家长也很同情路遥的处境,但他却不同意路遥背着家里人报名的想法,担心"以后的事不好办,上学不是一天两天的事",建议他去找村里的领导,争取当地党组织的支持。路遥接受了他的建议,返回村里直接找村里的领导。村里当时的领导叫刘俊宽,是一个十分有眼光且很仗义的人,他当即答应了路遥的请求,并借给他二斗黑豆,让他换成钱去交报名费。当路遥前去学校报名时,已经过最后期限,学校不再接受,那位可敬的农村领导又帮他过了这一关。

这件事在路遥的一生中影响巨大,不仅仅是上学本身,更重要的是在关键时候,路遥通过自己的人事关系把住了命运之船的方向。从这时候起,路遥已经成了一个独立的人,而不再是一个平常的孩子;已经离开大伯为他设定的人生轨道,走上自己的路子。通过这件事,大伯的权威感在他眼中消失了,他觉得自己成了一个"独立"的人,"自己的事情自己办,自己命运自己安排"。

当同龄孩子都把身子紧紧地依偎在父母的怀里时,路遥已经开始主宰自己的人生。这是他的悲哀,也是他的豪迈。

孤独是美丽的

"世界上最孤独的人也是世界上最有力量的人"……"当然,孤独常常叫人感到无以名状的忧伤。而这忧伤有时又是很美丽的,我喜欢孤独,但我也惧怕孤独。"

在路遥的童年及青少年时期,饥饿、贫寒、卑微使他刻骨铭心,并深深烙在了他无限幽远深邃的记忆之旅。所以,他发誓要走出农村,要走出父辈们的生活困境,要通过自我奋斗改变自己的生活道路。"活下去,就别想指靠别人,一切都得靠自己。"正是这种强烈而特定的个人奋斗心理,不仅生动体现在作家身上,也体现在作品主人公身上。因而,无论《在困难的日子里》《人生》,还是《平凡的世界》那种梦魇般的现实生活场景所再现出来的逼真犹如组组浮雕一样镌刻在对那个时代曾有过痛切记忆的读者身上。但这并不是作者所要致力寻找的终极意义,而是在这刻骨铭心的"吃饭哲学"背后,人们也不难读到那种"物质上的矮子、精神上的巨人"这一唯一能够支持作家自我奋斗的根源所在。然而,当一个人过于早熟并超越同龄人而离开群体生存视野来寻觅一种新的生活方式的时候,他因为缺乏志同道合的奋斗者而陷入一种巨大的孤独之中,所以在路遥内在的心理世界中,他可能确实比别人更真切地体验过"世界上最孤独的人也是世界上最有力量的人"这句话的真实含义和价值。"情绪上的大欢乐和大悲痛往往都在孤独中产生。孤独中,思维可以不依照逻辑进行。孤独更多地产生人生的诗情——激昂的和伤感伤痛的激情。孤独可以使人的思想向更遥远更深邃的地方伸展,也能使你对自己或环境做更透彻的认识和检讨。""当然,孤独常常叫人感到无以名状的忧伤。而这忧伤有时又是很美丽的,我喜欢孤独,但我也惧怕孤独。"可以说,这是路遥在个人奋斗精神支配下一种最清醒的道白。他对"孤独"的这种"美丽"而又"惧怕"的审美心理感受,其实也正是他对个人奋斗所寄予的成功或失败的"事功"心理反应。因成功,是美丽的孤独,可能失败,他又忧惧于孤独的包围。因而,在个人奋斗精神之上,他具有一种浓厚的宗教性情绪。

——陈占彪《论路遥小说创作的心理机制》

傲慢即自卑

> 生活中的路遥并不随和,有时还给人以傲气的印象,在他的深层心理结构中,其实有一种强烈的自卑情结。

生活中的路遥并不随和,有时还给人以傲气的印象,在他的深层心理结构中,其实有一种强烈的自卑情结。路遥童年和少年时代是在饥饿中度过的。这些痛苦回忆在他幼小的心灵上留下了难以抹去的阴影,郁结成刻骨铭心的情绪记忆。突出地表现在三个方面:其一是极其窘迫的生存状态使作家从小就开始承受生存压力,"童年,不堪回首,贫穷饥饿","整个童年吃过的好饭能一顿不拉地记起来",这一切都是路遥永难忘却的生活碎片；其二是过继给远方的伯父，进入到一个陌生的家庭，这种生活空间的强制迁移，在路遥的童年心理中产生忧虑乃至被遗弃的情结，使他成为精神上的漂流者；再次，在求学生活中，相对于城镇干部子弟，无论是在物质生活上还是在行为气质上都具有强烈的反差，由此而遭受的人格歧视，在路遥的内心深处积淀为屈辱的记忆。物质与精神的双重匮乏，注定要产生一种无法适应周围环境的孤独、压抑、怯懦与自卑，逐渐形成了一种忧郁、内向的性格。

……

路遥作为一位具有强烈主观情绪的现实主义作家，他的这种由自卑、压抑到走向自我超越的精神变迁，自然会投射在他心爱的主人公身上。无论是马建强，还是高加林、孙少平、孙少安，这些人都有一种挥之不去的自卑情结，一种无法超越现实的无奈与苦涩。但是，这种来自心底的自卑，并没有使他们悲观、绝望，而是使他们对现实有着更加清醒的认识。在抛弃了浮躁的沉闷的心态中，牢固地树立起要想解救自我，必须具有自尊与自信的人生信念，积极地寻找从困境中突围的路径，他们不仅是征服世界的强者，同时也是征服自我，不断走向精神更新的强者。

当马建强带着乡亲们的期望，怀抱着对未来的憧憬走进全县的最高学府时，首先面对的是来自饥饿这一最直接、最现实的生存压迫。但更加不堪忍受的是由于贫穷而在精神上遭受的蔑视与嘲弄。当破烂衣衫的马建强第一次站在穿戴体面的同学面前时，这种对比使他产生出强烈的自卑感。面对这个非常陌生的群体，一方面，他要遭到城市文化的排斥与拒绝；另一方面，则感到有一种被抛弃的孤独感。他经常走到郊外，一个人咀嚼着自己的悲凉与辛酸。特定的环境使马建强的性格趋于孤独忧郁和感伤这种自卑感甚至不自觉地表现在处于潜意识状态的初恋之中。在他的心灵深处涌动的是对吴亚玲狂热的爱恋，只不过这种对于爱情的追求，在冷静的理智特别是自卑感的压抑下，被驱逐到潜意识深处，扭曲为变态的心理。事实上，在吴亚玲对马建强的帮助中，既有对这位贫穷学生真诚的同情与怜悯，更有对其毅力、人格及学习精神的由衷钦佩。在这位城市姑娘的情感流动中，实际上已经蕴含了少女爱恋的情愫。但是，处在困境中的马建强，在自卑感的压抑下，却不敢奢望自己能进入如此幸福的情感领域，只把吴亚玲的帮助看作对自己的同情与友爱。自卑感犹如一把冷酷的铁锁，始终把他关在一个非常狭小的精神空间里。

马建强的自卑感意味着主体意识依然存在，并且对于自身的现实处境始终保持着痛苦的清醒。保持优异的学习成绩和人格上的清白是马建强维护自尊、自信的心理支撑，一旦这两者出现问题，整个灵魂便会轰然坍塌。由于饥饿的干扰，当他的学习成绩明显下降时，作为心理上的支柱和精神上的安慰则被彻底粉碎。生活上的贫困可以忍受，但在学习上的落伍不可以原谅。为此，他决心要在下一次考试中名列前茅。于是，便在饥饿中进行殊死的拼搏，结果在期终大考时名列全班第一，重新建构起牢固的心理防线。

在高加林身上，自卑与自尊这一对双向逆反的心理情绪是其复杂性格的最基本的表现形态。这种自卑感，在高加林进县城去卖馍与沟粪时的心理活动中表现得最为突出。当他手提馍篮在县城上遇到了老同学黄亚萍与张克南时显露出羞愧与狼狈，当他淘粪时为躲避熟人故意在夜间像鬼似的东躲西藏，高加林之所以羞于卖馍，是因为他实在无法从感情上向一个挎着馍篮在街上吆喝的乡巴佬认同，不愿意以一个农民的形象出现在同学的面前。当他在县城淘粪受到侮辱时，自卑感便转化为对城市的敌视与仇视转化为征服的狂妄和野心。

显然，高加林所拥有的文化知识便成为他自尊与自信的心理支撑。凭着超人的才干、工作的热情和英雄般的献身精神，很快地显示出他的价值与魅力，在春风得意中，个人的欲望便开始无限膨胀，甚至对黄亚萍发出"我联合国都敢去"的豪言壮语。从逆境中的萎缩、自卑，到顺境时的狂妄、自尊，相互交错，使这一人物形象闪耀着动人的光彩。

孙少平也遭遇过来自饥饿的肉体摧残和由此形成的自卑，在与田晓霞的热恋中，孙少平固然为这种超越世俗的爱情而陶醉、自豪，但在潜意识中滋生出征服之后的得意，也是无法控制的自卑感成为他永难排解的精神苦难。

在路遥所构建的揭示人的自卑极其超越的艺术世界中，始终灌注着一种来自作家心灵和情感深处的盎然情绪和浑然一体的气韵，揭示了人物灵魂深处种种矛盾、困惑和挣扎。路遥笔下那些主人公们既自卑又自豪的矛盾心理，正是那个时代农村青年的情感写照，同时，也揭示出那一代人痛苦的心灵历程，并在总体上对人的自卑情结有比较深刻的发掘。

——闫雪梅《路遥的自卑情结》

自卑与超越

我甚至要让他晚年活得像旧社会的地主一样，穿一件黑缎棉袄，拿一根玛瑙嘴的长烟袋，在双水村的闲话中心大声地说着闲话，唾沫星子溅别人一脸！

一部真正优秀的文学作品，毫无疑义应当渗透着作家的情感体验，但是，作为小说最基本的情节框架，实际上是对外部事件所做出的符合逻辑发展的秩序的排列组合，因而极容易忽略人们的隐蔽的心理活动和内在的情感撞击，而恰恰正是这些都决定了小说的内在品质与艺术韵味。在《平凡的世界》中，作家很注重对人物心理的挖掘。例如，小说中写到田晓霞在煤矿和孙少平一块到山上散步，当孙少平谈到要为父亲箍几孔新窑洞时便激动起来，以一种接近独白的方式抒发了内心的情感：

  我是为父亲做这件事。也许你不能理解这件事对我有多么重要。我是在那里长大的，贫困和屈辱给我内心留下的创伤太深重了。窑洞的好坏，这是农村中贫富的首要标志，它直接关系一个人的生活尊严。你并不知道，我第一次带你去我们家吃饭的时候，心里有多么自卑和难受——而这主要是因为我那个破烂不堪的家所引起的。在农村箍几孔新窑洞，在你们这样家庭出身的人看来，这并没有什么，但对我来说，这都是实现一个梦想，创造一个历史，建立一座纪念碑！这里面包含着哲学、心理学、人生观，也具有我能体会到的那种激动人心的诗情。当我的巴特农神庙建立起来的时候，我从这遥远的地方也能感受到它的辉煌。瞧吧！我父亲在双水村这个乱纷纷的"共和国"里，将会是怎样一副自豪体面的神态！是的，我二十来年目睹了父亲在村中活得如何屈辱。我七八岁时就为此而伤心得偷偷哭过。爸爸和他的祖宗一样，穷了一辈子而没光彩地站到过人面前。如今他老了，更没有能力改变自己的命运，现在，我已经有能力至少让父亲活得体面，我要让他挺着胸脯站到双水村众人的面前！我甚至要让他晚年活得像旧社会的地主一样，穿一件黑缎棉袄，拿一根玛瑙嘴的长烟袋，在双水村的闲话中心大声地说着闲话，唾沫星子溅别人一脸！

作家所表达的不仅是对父亲的感恩，而且也是对苦难的挑战和对人生理想的追求，甚至融进作家多少痛苦的情感体验，在整部作品中，有许多这类心灵的解剖和情感的倾诉，在结构上便把正在延伸的故事情节演化为人物内心的情绪，闪耀着诗的光彩。

——宗　元《路遥"平凡的世界"的结构艺术》

一条刚强的陕北汉子

> 如果我们能够真切地走进路遥的精神世界,你会惊奇地发现,路遥比他所塑造的所有的艺术形象更生动、更精彩!

路遥留给这世界永远的印象:正是一条刚强的陕北汉子。但是,严格地剖析路遥,他是一个自尊心极强的人,同时,也是一个自卑性极强的人。自尊与自卑在他心灵的深处,同潜共存。在路遥的精神世界,还有一对非常尖锐的矛盾:路遥是一个参与意识极强的人,而自己的文学创作又迫使他别无选择地躲在甘泉县招待所,躲在铜川市王石洼煤矿的一间房子里,与"孙少平""田晓霞"们一起生活,一起哭,一起笑,一起梦幻……

……

这么强悍的一条陕北汉子,怎么又会自卑呢?我想,这与他的家庭出身、生存环境有很大关系。由于家庭太穷,他不能像那些干部子弟那样吃喝玩乐。延川中学那时候的学生灶上有甲、乙、丙三种菜,路遥大概是连丙菜也吃不起的角色。

他的自尊与他的自卑,铸造了他孤傲内向的性格和愤世嫉俗的奋发精神。路遥在他的文学作品中,塑造了高加林、刘巧珍、孙少平等许多个令人耳目一新的艺术形象。如果我们能够真切地走进路遥的精神世界,你会惊奇地发现,路遥比他所塑造的所有的艺术形象更生动、更精彩!

——厚 夫《路遥——一位与大地同在的作家》

英雄莫问出处

> 路遥的自尊,表现为以一种强者的姿态和残酷的方式,满怀悲壮与激情参与人生的竞争与搏击。

在路遥凄凉的少年记忆中，永难忘却从清涧到延安那一条曲折漫长的山道，因为他在七岁那年，就由父亲领着经过这条山路被送到一个陌生的人家。在那场生存空间的大转移中，他一颗幼小的心灵开始品味人生的苦难，其后，在求学的道路上，不仅忍受着饥饿的折磨，而且在城乡生活的落差中又感受到一种强烈的自卑。但是，他没有被苦难扭曲，更没有沉沦与麻木，反而在自卑中激发出一股战胜苦难的抗争精神，一种生机勃勃的人格力量。苦难使路遥思想早熟，使他一生中始终以悲天怜人的眼光、大慈大悲的气度、敏锐的感受捕捉现实人生中的沉重与苦涩。

贾平凹出生于一个人口众多的大家庭，其父亲是乡村教师，在乡里人看来这个家庭已算得上是书香门第。因而，平凹在少年时期不自觉地接受了文化人的熏陶，这个家庭尽管贫寒，但却充满着温馨，使平凹没有遭受到路遥那样严重的心理创伤。但是，在贾平凹的心理结构中，也积淀着许多酸楚的记忆。他说："因为我口笨，说不了来回话，体力又小，没有几个村人喜欢和我一块干活"，"长大体质差，在家干活不行，遭大人唾骂，在校上体育课，争不到篮球，所以便孤独、喜欢躲开人，到一个幽静的地方坐地。"于是在强烈的自卑感中便逐渐形成了怯弱、孤独、内向的心理气质。当贾平凹的父亲被错打成历史反革命押解回村劳动改造时，他开始尝受到人生的残酷与丑恶，从此，在性格上变得更加冷僻。在长期的寂寞中，他唯有与山涧明月进行默默的对话和心灵的交流，培养成一种极其敏锐的观察能力。在贾平凹一副孱弱的外表下，却藏有一颗自尊、倔强的灵魂。他最初从自己优秀的学业、流畅的文章和漂亮的书法中发现到自己的人生价值。在贾平凹的一些散文中，我们能感觉到他宣泄心中积怨时的几分快意和成功后的不无自负。

作为乡土作家的路遥、贾平凹与陈忠实，都共同接受了农民文化的哺育，来自乡村的苦难与压抑导致了他们既自卑又自尊的复杂心态。自卑，意味着对个人生存环境的自我意识的清醒，自尊则是渴望自我超越的主动抗争。

路遥的自尊，表现为以一种强者的姿态和残酷的方式，满怀悲壮与激情参与人生的竞争与搏击。贾平凹则以柔克刚，在沉默与冷静中渐渐显露出他的才华和价值。陈忠实面对城市文明的诱惑，则显得心平气和，往往用富有诗意的乡村生活和传统的道德情操同自卑感相抗衡，在自我慰藉中使矛盾的心态趋于平衡。

——宗 元《三足鼎立的艺术奇观》

第二章

霜 降

霜重见晴天。
——谚语

人的痛苦只能在生活和劳动中慢慢消磨掉。劳动,在这样的时候,不仅仅是生活的要求,而且是自身的需要。没有什么灵丹妙药,比得上劳动更能医治人的精神创伤了。少平对此已经有过极为深刻的体会。

——路 遥《平凡的世界》

激扬文字恰少年

> 路遥进一步的写作是大字报,……但却文采非凡,"声讨"对方时,写得激情四溅,"控诉"别人时,写得声泪俱下。

陕北地处偏远,时新文化很少进入,用现在的话说可以称为落后。但"落后"了的仅仅是时尚,固守的却是传统。陕北秧歌中有远古祭神的痕迹,陕北说书继承古代"陶真"的旧范,陕北道情的音乐则直接来自唐时道教的诵经。清涧、延川一带地处陕北腹地,传统文化影响更大、浸润更深,这就是路遥的文化背景。他老家那边的秧歌、道情都很好,他母亲也能唱秧歌,他从小就跟着学,这可能是他最早的"创作"观摩。

在城关小学时,路遥是全校出名的调皮学生。主要表现在两个方面,一是爱给同学起绰号;二是喜欢编顺口溜调侃人。编出的顺口溜事出有由来,夸张无止境,能笑得人"肚子疼"。这可能是他最早的"创作"尝试。

到延川中学后,这种自发的创作冲动得到了鼓励。路遥的作文常常得到语文老师的表扬,有一次,他写了一篇作文,题为《在五星红旗下想到的》,学校领导在全校学生面前朗读了一遍,使他从此文名大振,成了全校的"明星"。还有一次,他根据小说《红岩》创作并编排了一幕话剧,利用活动时间在教室前演出,引来全校学生观看。

路遥最初的自命题写作是一份"宣言"。那时他刚从外地串联回来,独自成立了一个红卫兵组织,名为"横空出世誓卫东战斗队","宣言"就是为此而写。写得很长,用了两整张白纸;写得"气势磅礴",看了让人亢奋。其中的两句话最为抢眼:"大旗挥舞冲天笑,赤遍环球是我家"——他很欣赏这两句话,一度将"冲天笑"作为自己的化名;后来又据此给三个弟弟起了大名(路遥大名叫王卫国,二弟随他叫王卫军,三弟叫王天云,四弟叫王天乐,五弟叫王天笑)。路遥进一步的写作是大字报，他所在的那个红卫兵组织虽然"武力"不逮，武斗刚开始不久，就被对立派赶出县城，逃到西安，直到军管时才被解放军"护送"回来；但却文采非凡，"声讨"对方时，写得激情四溅，"控诉"别人时，写得声泪俱下。虽然"写手"不少，但路遥总是最主要的执笔者和最后审定者。

——海　波《我所认识的路遥》

从"孩子王"到"王军长"

在窘困的生活中养成的刻苦精神和行为能力加上他灵活的头脑，为使周围的人们认识到他的存在，提供了一个绝好机会。

1966年7月，路遥毕业于延川中学，在等待分配期间，"文革"爆发。时值最初阶段的"大串联"之时，他于1966年年末及至1967年年初，初次徒步去了北京。

路遥在小学、中学时已经展示出来的优秀的中文功底，通过写大字报这类煽动性文章和论战得到了更大锻炼，而在窘困的生活中养成的刻苦精神和行为能力加上他灵活的头脑，为使周围的人们认识到他的存在，提供了一个绝好机会。

返回延川的路遥，在大会上高声朗读批斗稿，博得了群众热烈的喝彩。他登上高墙，张贴大字报，挥舞着拳头大声喊着口号，吸引来了成群的观众。并且他还以"王天笑"的笔名，大写大字报和批斗稿，大大发挥了他的能力，成为他所在的班级——66乙班的红卫兵组织"井冈山"的领导者。不久，延川中学教师、学生分裂成两大派别，路遥率领的"井冈山"成为"红四野"的骨干力量。全县的革命大众分裂为两大阵营时，路遥以他出众的组织能力，甚至高升为主流派"红四野"的军长。

1968年9月，由于三结合而导致的临时权力机构延川县革命委员会成立之时，路遥作为革命大众的代表，年仅十八岁就当选为副主任。但是作为没有什么实际权力的革命大众的代表，他的辉煌时期转眼就结束了。一进入收拾混乱局面和整党的阶段，具有造反组织"军长"头衔的路遥由于武斗的策划以及对干部的迫害等成为审查的对象。不久路遥被作为军代表的革命委员会主席口头宣布停职，副主任的头衔也被体面地从政权的中枢机构上撤掉了。

1968年11月，他一个人不得不作为返乡知识青年回到了故乡——郭家沟的养父母家。

——［日］安本实《路遥的初期文艺活动》

我想和你"拉两句要紧话"

> 那女子又答："你不会我会。地里的活都由我去干，你在家里款款地待着，什么也不要管。"路遥一听大惊，连忙找了个借口离开，那女子的笑容立刻僵在了脸上……

首先向他示爱的是此地女子。当时他还在学校，正准备收拾行李返乡务农。那是一个深秋的中午，天高气爽，秋阳宜人。有一个女同学来找他，让他在一个小笔记本上签个名。这是中学生毕业时的惯例，一般都是同班同学间互签；路遥是名人，找他签名的很多，男的也有，女的也有，因此就没有在意。签完名后，那女的没走，静静地站在一边数自己的指头。路遥觉得奇怪，就问她还有什么事？那女的没看路遥，努力地低声说：咱们到外边走走，我想和你"拉两句要紧话"。路遥这才注意到那女子的模样，高挑身材，白净脸皮，短辫及肩，举止端庄，典型的陕北俊女子。那女子在前面走，路遥在后边跟，一边走一边想："这个同学怎么不认识呢？"刚想转着弯儿问，那女子倒先开口了，说自己所在班级并报了姓名。路遥无限感叹，觉得自己这几年只顾得在外面闯荡，竟然连同学也不认识了，不由得发了一通感慨。路遥东一句西一句地感慨，那女子静静地听，不时朝着他笑，露出满口整齐的白牙。路遥说完了，那女子却开口了，一开口就给了他一个意外：向他表示爱意！

路遥生性强悍，但在这方面却不行；加上当时正为自己的前途着急，完全没有这个想法，于是就和那女子打开了"马虎眼"：首先告诉她说："我也是平常人，那个副主任职务只是个'名儿'，一离开学校就是农民。"那女子答："你是农民，难道我不是？我就喜欢农民。"路遥又说："我啊，农民也不是个好农民，耕不了地，下不了种，庄稼活十样里边九样不会。"那女子又答："你不会我会。地里的活都由我去干，你在家里款款地待着，什么也不要管。"路遥一听大惊，连忙找了个借口离开,那女子的笑容立刻僵在了脸上……

这事是路遥亲口给我讲的,我在叙述时极力还原当时的情景;对话肯定没有大错,两人的情态中有我的想象,当然是合理的想象。至于这个人姓甚名谁,我知道,但实在不方便说,请读者千万理解。

——海 波《我所认识的路遥》

返乡农民

> 看到高加林那样拼命地挖地的描写,我不由得想起路遥站在半崖上挖土的形象来。

1968年11月,我们一起返乡,这年冬天,生产队组织打坝,我们返乡学生都被组织在农田基建队中,在打坝这项劳动中,最重最累的活是挖土,陕北的冬天,地冻得像铁壳一样,镢头下去往往只能挖个白印,挖不上几下,震得人虎口流血,路遥每天都坚持在半崖上挖土,他挥舞着数斤重的镢头,那样地卖力,尽管北风呼啸,寒气逼人,可他的脸上始终淌着汗珠。《人生》问世后,当看到高加林那样拼命地挖地的描写,我不由得想起路遥站在半崖上挖土的形象来,当然,高加林是带着情绪拼命的,路遥则不,他是把自己完全地投入到劳动人民之中的,地头休息时,我们便坐在一起海阔天空地漫谈,干活时,路遥几乎不说一句话,可在这个时候他却显得十分活跃,他常常成为谈话的主角,他谈论国际新闻时事,谈论西方国家在野党与执行党之间的斗争……

——刘凤梅《铭刻在黄土地上的哀思》

淘粪少年

刘家圪崂大队领导们思前想后，先想到一个让王卫国到县城拉大粪记全勤的办法。

那时，农村生产队社员实行挣工分分口粮，好男劳力一天十分，而王卫国每天只能挣到八分，这还是照顾到他是个学生娃。但是从事这种纯体力的劳动毕竟不是长久之计。关键的时候，养父王玉德的人品起了作用。王玉德是郭家沟有口皆碑的好人，经常"说大事、了小事"，在村里有极高的威望。他的儿子回村劳动了，村里人怎能让他干重体力活？

刘家圪崂大队领导们思前想后，先想到一个让王卫国到县城拉大粪记全勤的办法。"拉大粪"是农村生产队特色性的积肥方式，在大集体时派队里的劳力挖县城里公厕的大粪，用畜力车拉回肥田。说白了，就是小说《人生》中高加林干过的那份工作。而这个拉粪工作在当时是农村男劳力最轻的活计，也是许多人羡慕的活计。

既然村里照顾，王卫国也倒乐意接受这份相对轻松的劳动，每天赶着驴车到县城淘一次大粪。尽管要忍受大粪臭味的熏烤，但毕竟有了更多的空余时间，甚至还可以抽时间到县文化馆阅览室里翻阅报纸，了解一下国际国内形势。

——厚　夫《路遥传》

爱江山更爱美人

其中的细节我无法得知，只知道她"改造"了路遥，……影响了路遥一生。

我没有见过这位女士，据说长得小巧玲珑且能歌善舞，是个人见人爱的角色。

那个北京女知青。据说，他们初识在一次大会上，路遥坐在主席台上，她在台角喊口号。真正相识在1969年的春天，那时路遥已经回到村里，以"贫宣队员"的身份进驻延川县百货公司搞"路线教育"，一同进驻的还有这位女知青。这期间他们恋爱了，其中的细节我无法得知，只知道她"改造"了路遥，改造的结果在某些方面影响了路遥的一生。路遥喜欢在下雪天沿着河床散步，据说这是他们相识时的情境；路遥喜欢唱《三套车》和《拖拉机手之歌》，据说这是他们相恋时唱过的歌曲；路遥喜欢穿大红衣服，据说这是那女子的专爱；路遥曾用过一个笔名叫"缨依红"，据说其中暗含那女子的名字。为了她，路遥做了能做的一切，1970年上面招工，县上给了路遥一个指标，让他去某"信箱"厂（保密工厂，不公开厂名和地址，只公开一个信箱，故如此称呼）当工人，这是"文革"开始后第一次招工，机会非常难得，路遥把这个名额让给了恋人。令他没想到的是，这位女知青进厂不久，就和别人好上了，将她和路遥的定亲纪念品——一块提花被面退还了路遥。

我没有见过这位女士，据说长得小巧玲珑且能歌善舞，是个人见人爱的角色。但是我觉得这件事情她做得不好，有损于她美丽的形象——当时路遥的县革委会副主任刚刚被停职，她这样做无疑是雪上加霜。

——海　波《我所认识的路遥》

树大招风

"如果我被抓了，你想办法把这份材料递到延安地区革委会军事管制小组。我家是外来户，在延川没有亲戚，只有一些朋友，所以只能靠朋友了。"

可是不久，路遥主动找我来了。具体是哪年，我忘记了，只记得是个冬天，天气很冷。当时我正在村里修理羊圈，有过路人捎话说："你的一个同学在高家湾等你，要你马上过去一下，有急事。"高家湾是我们的邻村，两个村子挨着地界种庄稼，但不是一个公社，中间隔着一条县河。……刚过县河，就遇上了路遥。他的模样令我十分意外，如果他不首先开口，我肯定认不出来。他穿着一件旧棉袄，旧得说不出颜色；棉袄上的扣子没扣，襟子半掩着，拦腰束了一根麻绳；头上扎着一条旧羊肚子毛巾，上面的"毛儿"脱落了大半，正蹲在一块大石头上抽烟。我问："你怎么在这里？"他答："等你。刚才不是给你捎话了吗？"我这才知道捎话的是他，松了一口气，问："出什么事了，你怎么这副样子？"他说："大事。倒霉事！"接着他给我说了事情的原委——前一向他报名参军，开初很顺利，结果在政审时被卡住了，不但参军不成，有人还想让他坐监狱，硬说他和一宗大案有关。他简略地说了情况后，从怀里掏出一封材料很郑重地交给我，说："如果我被抓了，你想办法把这份材料递到延安地区革委会军事管制小组。我家是外来户，在延川没有亲戚，只有一些朋友，所以只能靠朋友了。"一听这话，我一下子惊呆了，连一句话也说不出来。他看出我的紧张，安慰我说："你放心，我肯定没事。如果真的有事，写这些能起什么作用？"我答应了他，拿了材料匆匆离开，只觉得头皮发紧，浑身颤抖，走路都有点发飘了。我刚过了县河，他又赶来了，说："还是算了吧，你们家成分不好，弄不好还会连累你呢。"我连忙说："没事。这和成分没有关系，我一定能办好的。"他很坚决地说："算了。我就不信他们能把假的说成真的！"说完就拿走了那份材料。那材料我没打开看，大概有七八页纸，用圆珠笔复写的，看来不止一份。

——海 波《我所认识的路遥》

涉嫌命案

1968年3月17日，延川县"四野"和"司令部"两派二百余名武斗人员，在贺家湾公社五华里开阔的山塬上，遭遇了激烈的枪战。

王卫国涉嫌的命案，发生在一次大型的武斗之中。1968年3月17日，延川县"四野"和"司令部"两派二百余名武斗人员，在贺家湾公社五华里开阔的山塬上，遭遇了激烈的枪战。司令部一派损失惨重，包括"作战部"部长白振基在内，死亡四人，重伤两人。应该说：这是一幕历史的悲剧！有资料证明：白振基1935

年参加革命；……这位老红军战士、老干部，在革命战争年代曾两次在战场负伤，在建国后的地方工作中，他又做了许多对党和人民有益的工作。他的死，在延川县的广大干部与群众中，引起如何巨大的义愤，可想而知……

公检法军事管制组领导同志"关于白振基参加武斗致死，涉嫌王卫国一案"的案情汇报和与会同志激烈的争论。白家塬"武斗"的枪声在天黑时才停止。夜幕中，双方武装力量撤离战场。身受重伤的白振基和他的警卫员井某两人留在山上。前半夜，两人躺在一起还能拉话；后半夜，井离开白向前爬行二三十米，再无力爬行，就地躺下。此时，再喊白，已无回音。第二天早晨，"四野"武斗队清理战场时，由王卫国等人将白振基推进山水冲开的"天窖"，并向天窖又开两枪……有人认为：3月18日的早晨，白振基的死与活是这个案子的关键，"后半夜"他的警卫员井某独自向前爬二三十米，喊白已无回音。由他证明白还活着，不能认可。有人认为：白振基即便已死，将尸体推进天窖，属破坏尸体，应以法逮捕王卫国！两种意见，互不妥协。

——曹谷溪《在苦难的烈焰中涅槃》

逃过一劫

3月18日早晨白振基已经死亡还是活着？……是谁最先发现白振基的？是谁动手将白振基推进天窖？是谁向天窖开了两枪？验尸时有无枪伤？此案的关键问题都没有弄清楚，怎么就可以逮捕王卫国呢？

延川县革命委员会核心小组副组长、革委会副主任申易同志，讲述了自己的意见：这个案件，有两个关键。一、3月18日早晨白振基已经死亡还是活着？白振基的警卫员井某证明：前半夜他俩躺在一起，还能拉话，后半夜，井某独立向前爬行二三十米，再喊白振基已无回音。而就他一个人执意证明白振基还活着，很难认可。井凤龙作为白振基的警卫员，为什么要在后半夜撂下白振基，独自一个人向前爬行二三十米？说明白振基此时已经死亡，一个年轻人不敢和死人躺在一起，这仅是推测，也不足为证。这天早晨，"四野"武斗队清理战场，由王卫国等人将白振基推进天窖，这是本案的第二个关键。

客观地说，"文革"发展到武斗阶段，学生中的造反派头头，已经失去或者削弱了他们在武斗中的"决策"位置，学生们已经不是武斗的主力。武斗队伍行军是很长一串子，不可能一齐到达白振基跟前。是谁最先发现白振基的？是谁动手将白振基推进天窖？是谁向天窖开了两枪？验尸时有无枪伤？此案的两个关键问题都没有弄清楚，怎么就可以逮捕王卫国呢？建议专案组重新调查。

申易曾对我说过，当时的军代表、县革委会核心小组组长、革委会主任马志亭是一个非常正直、善良的军人，他和我在工作中的配合都非常默契。延川县革委会核心小组，根据申易同志的建议，对"白振基参加武斗致死，涉嫌王卫国案"做出了重新复查的决定。……后来调查的结果是：白振基在3月18日早晨已经死亡，将白振基尸体推进天窖也与王卫国无关，此案了结。

终于，免除王卫国的这一场冤狱之灾！

——曹谷溪《在苦难的烈焰中涅槃》

第三章

谷 雨

谷雨嫩茶翡翠连。
———《节气歌》

生活不能等待别人来安排，要自己去争取和奋斗；而不论其结果是喜是悲，你总不枉在这世界上活了一场人。有了这样的认识，你就会珍重生活，而不会玩世不恭；同时也会给人自身注入一种强大的内在力量……

———路 遥《平凡的世界》

"路遥",就这样诞生了

> 一个小青年,大约二十岁,个子不高,裹一件褪尽了色的烂棉袄,腰里还系着一条破麻绳,表情木木的。
>
> 他接过诗稿,略加思索之后,断然写下了"路遥"二字。

我和路遥的相识,是在1970年早春,陕北还在奇寒之中。当时我在延川县文艺宣传队搞创作。有一天早饭后,我到县文化馆闲串。文学干事吴月光从外面回来,见到我说:"闻频,这有一篇稿子,你看看写得咋样。"(他当时在编《延川文化》)我接过稿子,是一首诗:《车过南京桥》,署名"缨依红"。

诗不长,不到二十行,但那想象的丰富,诗句的奇特,令人震惊,我被作者的才情深深打动了,连声夸赞写得好(当时延川的文艺创作还没铺开。这样的人才,实属凤毛麟角)。

吴月光看我很满意,便说:"作者就在外边,你见不见?"我当然想见见,于是,我俩便从窑里出来。

作者就站在院子里。

一个小青年,大约二十岁,个子不高,裹一件褪尽了色的烂棉袄,腰里还系着一条破麻绳,表情木木的。

吴月光对他说:"你的诗写得很好,我们这一期就编发。"

他脸上浮现一丝喜悦,但却没有激动。

"这是你的笔名吗?"我指着书稿上的署名"缨依红"问。

他不解地望了望我,没说话。

我当时不知为什么,总感到这个署名很别扭。我说:"笔名一般要求要独特、好念、好记……你另想个名字咋样?"

"好!"他接过诗稿,略加思索之后,断然写下了"路遥"二字。

我说:"好!这个名字好!路遥知马力。"

"路遥",就这样诞生了。

署名"路遥"的《车过南京桥》在《延川文化》刊出不久,省群艺馆办的《群众艺术》选载了这首诗。这就是他的处女作。

——闻 频《雨雪纷飞话路遥》

昨日种种譬如昨日死

"我在为自己戴孝。"

"放心,生活不会打倒我,除非心脏停止跳动。"

给自己戴孝 栗子明 画

1970年3月,我参加了工作,离开了延川,一天,路遥给我来了一封信,他说:"我的一首诗在《延安报》发表了,你可以看看,这首诗虽然写得不怎么样,但它是在它的母亲如此的境遇中问世的,也许还是值得欣慰。"这是路遥走向文学之路跨出的第一步。他自然是激动的,但这一时期,由于一些别的原因,路遥的思想压力很大,心境很不好,这年冬天,我回到家,见他穿一身白衣服,腰上还勒着白腰带,在陕北,是没有人冬天穿白衣服的,遂不解地问:"为什么这身打扮?"他说:"我在为自己戴孝。"我见他情绪十分不好,便说了一些开导的话,他说:"放心,生活不会打倒我,除非心脏停止跳动。"

——刘凤梅《铭刻在黄土地上的哀思》

黄叶拾零

车过南京桥

车轮隆隆汽笛叫，
江南江北旗如潮，
——车过南京桥啊，
心儿翻腾似江涛；

看大桥，
大桥造得好，
五彩画笔难绘描；

看长江，
长江水变小，
一溜烟波静悄悄……

啊——
多少代，
多少朝，
勇士摇断千只橹，
好汉撑折万杆篙；

多少船夫盼桥的梦啊，
咆哮的江流一水漂……

如今谁的主意高？
如今谁的手儿巧？
天险飞彩虹，
南北变通道！
——那是咱毛主席绘蓝图，
大桥工人阶级造！

车出桥头堡，
回头瞧：
千条路上万车来，
飞过南京桥，
向着北京跑……

——缨依红

路遥拜我为师

我们扮演的角色原来属于两个相互敌视的"营垒"。意外的是，我和谷溪却在这个时候结成了朋友。

1970年，路遥"涉嫌武斗中致死命案"虽然了结，但县革委会副主任的职务却不存在了，像在自己的中篇小说《人生》中的"高加林"一样，从县城回到了那个名叫"郭家沟"的小山村。路遥在"仕途"的失落,唤醒了他潜藏心底的"作家梦"……

早在1965年我就出席了"全国青年业余文学创作积极分子代表大会",受到了周恩来总理、朱德委员长等党和国家领导人的亲切接见。大概就是这个原因,想圆"作家梦"的路遥,执意要和我结成朋友,拜我为他的老师。路遥以后回忆我们的这个阶段的交往时,曾写过这样一段文字:

我和谷溪最初相识在"文化革命"这幕戏剧的尾声部分。在这幕社会戏剧中,我们扮演的角色原来属于两个相互敌视的"营垒",漫长而无谓的斗争,耗尽了所有人的热情,带来的是精神上的死一般的寂寥。"文化革命"作为没有胜利者的战争结束了,但可悲的是,失败者之间的对立情绪仍然十分强烈。意外的是,我和谷溪却在这个时候结成了朋友。把我们联系起来的是文学这个久违了的字眼……共同的爱好使我们抛弃了派别的偏见,一起热心地投入到一个清风习习的新天地里,忘却了那场多年做不完的噩梦。(《土地的寻觅》《路遥文集》第二卷)

——曹谷溪《在苦难的烈焰中涅槃》

"王喂狗"和"屎人"从此粘在一起

"我早知道你,没想到今天才第一次见你。"

"我也早听到你的名字,还坐过你们的监狱。"

王卫国的脸上显出一丝尴尬……

万山红遍、层林尽染的秋季到来了,"祖国山河一片红"的声音中,各地的两大派群众实现了大联合,成立了三结合的革命委员会。历经磨难的诗人谷溪完全有资格在公社的革委会里去当一名代表一派的副主任,但他坚决拒绝了。周总理多次说过两派都是革命群众组织的话引起他长久的深思,牢狱里的经历使他思考深入。对立面的监牢里,给他送干柴的人,送玉米饭的人,串联着要搭救他出狱的人,还有传话说那个崇拜他诗名的总头头王卫国,都让他觉得,对立面里的确有好人,的确不是势不两立、不共戴天的仇敌,他的派性变得越来越淡,下决心离开公社互相厮杀的派性强烈的人,去一个新的环境重新开始新的生活。他的人格和名字这个时候同时发挥了作用，他被调到县革委会政工组的通讯组，做了一名又搞新闻又搞文艺创作的宣传干事。

就在这个时候，他正式见到已经当了县革委会副主任的年仅十八岁的王卫国，这个踌躇满志、一身英气的副主任对宣传干事谷溪说："我早知道你，没想到今天才第一次见你。"

谷溪说："我也早听到你的名字，还坐过你们的监狱。"

王卫国的脸上显出一丝尴尬，他说："那些龟孙子们瞎日鬼哩，我一满不知道。尔格，我要拜你为师，跟着你学写作哩。"他说得很诚恳。

"不敢这么说，我担当不起，我也是瞎闹哩。"谷溪对着比自己小八岁的副主任表示着自己的谦虚，"咱们互相学习，互相帮助。"

曾经作为一派总头头的王卫国与作为另一派著名诗人的曹谷溪突然化干戈为玉帛，两派中的死硬人物十分不解。一派围攻王卫国："你作为堂堂副主任，拜那个保守派曹'屎人'为师，太有失身份了，连我们的脸都没处放。"另一派围攻曹谷溪："王喂狗那一伙几乎把你揍死，你还要教他写作，这不是认敌为友，认贼作父？"然而，奇妙的文学诚然有着一种可以抵御任何力量的力量，把两个本来不共戴天的两派代表人物从此粘在一起，任凭刀劈斧砍都无法使他们分开。

——晓　雷《男儿有泪》

峰回路转

> 我以培养农村通讯员的形式，将他调到县革委会通讯组。每月发十八元误工补贴，和我住在一个窑洞里。

最初看到路遥的习作多是一些"顺口溜"。但是，他非常勤奋，颇有灵气。虽然回了农村，三不六九地进城来找我看他的新作。为了给他提供一个较好的读书学习的机会，我以培养农村通讯员的形式，将他调到县革委会通讯组。每月发十八元误工补贴，和我住在一个窑洞里。在搞通讯报道的同时，我和白军民、王荆竹、曹伯植等同志一起组建了"延川县工农兵文艺创作组"，开展群众性的文艺创作活动。

县革委会领导马志亭、申易等同志对我们的活动都非常支持。先后将永坪中学的语文教师闻频、北京插队知识青年陶正、林达等创作骨干调进县城。在这个时期,我们经常在一起下乡采访,一起研究稿件,举办"诗歌朗诵"和文艺晚会。路遥和陶正创作的歌剧《蟠龙坝》、路遥和闻频创作的歌剧《第九支队》在城乡演出,大受好评;我们合作编著的诗集《延安山花》由陕西人民出版社出版,国内外发行二十八万八千册……当时的《人民日报》《光明日报》和《陕西日报》都对延川县群众性的文艺创作活动进行了分量较重的报道;在这个县里,路遥的创作成果,使许多人惊奇地发现了他非同寻常的文学天赋和艺术才华!

——曹谷溪《在苦难的烈焰中涅槃》

黄叶拾零

一张合影

路遥和曹谷溪

这张合影，是路遥生前最喜欢的一张照片，因为它定格了永恒的青春、理想与友谊。1992年9月，路遥因肝硬化腹水，由延安地区人民医院转院到西京医院。转院前，他要曹谷溪把这张照片放大一张给他。曹谷溪把这张照片冲洗放大好后，专门送到路遥病房。它伴随着路遥走完了四十二年有限生命中的最后七十二天！

——厚　夫《路遥传》

又是山花烂漫时

这张凝聚着生活艰辛而又堆溢着灿烂笑容的合照，既记录了一个人生的瞬间画面，又记录了一对朋友的不灭友谊。随着时光的推移，那青春的笑容越加显得弥足珍贵……

1970年的夏季，谷溪把发着陕北土音教玻颇莫佛普通话的小学教师路遥，用了路线教育积极分子的名额再抽调到通讯组进行培训，让路遥重新在县城端上饭碗。

谷溪要去新胜古采访，就带了路遥。他背一个海鸥照相机，路遥背一个印着"红军不怕远征难"的黄挎包，两个人骑一个破自行车，没铃，没闸，没后椅架。一个骑车蹬车，一个坐前梁，下坡时蹬轮刹车，互相轮换，走到牛母塬，就已又累又饿，浑身力竭。

碰到一个老汉，坐在桃李子树下守着树卖桃李子。谷溪说要买一毛钱的桃李子吃，老汉立刻捧来了一大盆。那时谷溪三十岁，路遥二十二岁，走了半天山路的后生，饿得前脊梁贴了后脊梁，看见果子，就大吃大嚼起来。吃饱了，谷溪放下一毛钱给老汉，老汉又数了二十颗装到路遥的黄挎包里。谷溪说："已经吃饱了，不好意思再装了。"老人说："李子树下，吃的算白吃，哪还能算钱？一毛钱应该买二十个，你们带上。"

路过张家河，天已经全黑，路遥执意继续向前走。路窄，天黑，手电没电，结果把路走错了。扛起自行车，上山下山折腾了几个来回，直折腾到深夜十二点，吃过的桃李子早已化为乌有，要不是挎包里还有那二十个可以临时救急，怕是那一夜就饿得搁到山梁上硬挺了。

那是一次十分富有浪漫色彩而深具生命意义的重大活动。路遥跟着谷溪学采访,学照相,又学吃苦耐劳艰苦奋斗。他们站在黄河畔的石崖上,背倚山石嶙峋的山峰,俯望滔滔不息的黄河,对人生和未来充满自信和向往。谷溪让路遥在一块石崖上站定,自己对好了焦距,把照相机放在对面一块石头上,自己快步走到路遥跟前,相机一闪,自动拍摄了一张二人合照,这张凝聚着生活艰辛而又堆溢着灿烂笑容的合照,既记录了一个人生的瞬间画面,又记录了一对朋友的不灭友谊。随着时光的推移,那青春的笑容越加显得弥足珍贵……

——晓 雷《男儿有泪》

路遥个性很强

> 路遥当时对我说,他之所以要写这篇小说,是因为有人说他只会写诗,而说他的那个人,是写小说的。他要争这口气。

路遥个性很强。为办《山花》,他和谷溪经常碰撞,为一首诗的修改,两人争得不可开交。

记得有一天,已经深夜十二点多了,谷溪突然给我打电话,让我到县政工组去一下。我不知什么事,便立即赶到谷溪宿舍,路遥也在,两人都恼凶凶的,谁也不理谁,各自闷头抽烟。原来是为了路遥诗中的几个句子,谷溪不满意,让路遥修改,路遥不干,便让我来做裁判的。我们三个人相处得久了,都很了解,诗敲定后,立即欢天喜地起来。

展现路遥个性的,还有一件小事。

大约是1971年冬天,因为天冷,他从床上迁移到了炕上。一连两天,我总见他爬在炕沿上写东西,一页稿纸,画得密密麻麻,我忙于排练,也没问他。

过了几天,他拿着几页抄清的稿子给我:"闻频,你看看,我写的小说。"我一口气读完了,小说叫《优胜红旗》,还真有味儿,是个正儿八经的短篇。

我们当即在《山花》小报上发表了。《陕西文艺》(即《延河》)创刊号选载了路遥的这篇小说。这是路遥写的第一篇小说,也是他公开发表的第一篇小说。

路遥当时对我说,他之所以要写这篇小说,是因为有人说他只会写诗,而说他的那个人,是写小说的。他要争这口气。

——闻　频《雨雪纷飞话路遥》

路遥的悟性使我吃惊

> 他的唱词写得深情委婉,联想开阔,很富有陕北特色。
> 那时,我便深感这小子是个人物。

路遥的悟性使我吃惊,在我俩合写了七场歌剧《第九支队》的时候,我真服了。

这是1972年夏天,县委突然交给宣传队一个任务,让我们赶国庆节拿出一台大戏。编剧自然是我和路遥。有人希望我们写孙立哲的事迹,我考虑不好表现,最后定下写革命历史题材。

当时,已是8月,时间很紧,我俩一同去走访老红军、老八路,途中便谈构思,列提纲,兴致十分高,合作很愉快。很快向领导提交了方案,剧名《第九支队》,全剧共分七场。

把一幕七场歌剧,从无到有,在一个多月之内立在舞台上,工程是艰巨的。宣传队没干过,我和路遥更没干过,两个年轻人可谓不知天高地厚。

为了赶时间,我们采用了流水作业法。即:我俩写一场,曹伯植谱一场曲,演员排一场,全剧写完了,也谱完了,演员也排完了。

为了使第一道"工序"不误事,我和路遥又分了工。剧本由我执笔,他做助手,我写对话,他拉唱段。

写前,我俩把这场戏的情况说好,有几段唱,谁唱,什么心情,什么环境,唱什么内容。然后,各行其是。

使我吃惊的是,每当我把对话写到该唱时,他已经把唱段的唱词写好了,而且写的都合乎要求。我稍加修正,一抄而过。接下来,再向下进行,效率很高,进展很快,其配合之默契,简直不可思议。

他的唱词写得深情委婉,联想开阔,很富有陕北特色。

那时,我便深感这小子是个人物。

——闻　频《雨雪纷飞话路遥》

流言蜚语

"如果你的孩子发表上路遥十分之一的作品,咱们马上给宣传队增配一名编创,县上正愁人才缺。"

发现一个创作苗子,诚属不易,但培养一个创作尖子,更难。发现,个人角度即可实施;培养,则非通过组织不行。延川的有关部门,为使路遥成才,越轨地创造条件,也不是人人都能理解和没有非议。曹谷溪推荐通讯组,不是派性通讯组,不管这派那派,谁胜任我就举荐谁。介绍路遥进县文艺宣传队搞编创,有些人告状说是耍私情,一位老干部曾质问文教局的文化干事,王卫国那小子能进宣传队,他的孩子怎么不能,文化干事回答:"如果你的孩子发表上路遥十分之一的作品,咱们马上给宣传队增配一名编创,县上正愁人才缺。"老干部无言以对。县宣传队也有人挖苦文化干事,调来个编剧不写戏,文化干事正告:你大概没看过路遥的介绍信,任的是编创员,既是编创,诗歌、小说都算,宣传队在舞台上的诗表演、小快板,虽然不是戏剧,不也挺受欢迎吗?更何况路遥和闻频合写的话剧《第九支队》分明是上演了的。唇枪舌剑,简直像吵架一样,都是为了路遥。

——高 歌《困难的日子纪事》

与命运决战

我的一些同学见过他,惊讶且叹服地说那可真正是个才子,说他的诗、文都做得好,说他而且年轻,有思想有抱负,说他未来不可限量。

路遥以一种与命运决战的姿态,以一种狂热痴迷的心态,投入到了文学创作之中,而文学创作的初步实践,也挖掘出了他生命深处的巨大潜能,他的才华日渐显露，成就日渐突出。

路遥当时的作品，引起了省内外评论界的重视，一些当时有影响的文艺评论工作者，如王恩宇、师长泰、王百龄、刘羽升等，在《光明日报》《陕西日报》《延河》等报刊发表的评论中，都屡次提及路遥，并给予较高的评价。

当时插队落户在延川县的作家史铁生后来撰文回忆说：

我当年插队的地方，延川，是路遥的故乡。

我下乡，他回乡，都是知识青年，那时我在村里喂牛，难得到处去走，无缘见到他，我的一些同学见过他，惊讶且叹服地说那可真正是个才子，说他的诗、文都做得好，说他而且年轻，有思想有抱负，说他未来不可限量，后来我在《山花》上见他的作品，暗自赞叹，那时我既未做文学梦，也未及去想未来，浑浑噩噩，但我从小喜欢诗、文，便十分地羡慕他，十分的羡慕很可能就接近着嫉妒。（史铁生《悼路遥》）

——张艳茜《平凡世界里的路遥》

"跑龙套"的五年

> 走到哪里睡到哪里，住在哪里吃在哪里，他有才华，写东西出手快，思路新，但家庭生活困难，也众所周知……

回乡五年，路遥大部分时间在县城，是众所公认的"食客"，走到哪里睡到哪里，住在哪里吃在哪里，他有才华，写东西出手快，思路新，但家庭生活困难，也众所周知，和他交往多的干部，家在城里的同学，都乐意接济他，吃饭自不待言，借几块零钱，他不记起还时，也就免了，继而进化到想方设法让他吃公家，有资格办会议的，拉扯他跑小腿。搞各种文艺调演，他是从始至终的工作人员，别人未到他先到，结账时，县文教局副局长惠明清还不忘给他留几张饭票。政工组编诗歌集，当然用得着他，编歌曲集，也把他扩大上；甚至党校组织出外参观，校长白光明找个理由也把他捎带上，去当年"闹红"更盛的吴堡，过黄河大桥，涉足军渡；上榆林，进毛乌素沙漠，入沙柳丛，《车过南京桥》和《塞上柳》就是这样触景生情的。

——高 歌《困难的日子纪事》

黄叶拾零

塞上柳

五七战士上塞来，
排排塞柳笑招手！
战士柳林过，
条条柳枝攀衣袖；
战士停脚步，
齐声问塞柳：
塞上狂风紧，
黄沙滚滚流；
却为何——
你身杆长得这样壮，
枝叶出得这样稠？
战士话未完，
塞柳笑答复：
当年毛主席来塞上，
黄沙路边插株柳……
难忘啊，
那年冬：
胡匪骑兵树下过，
挥刀砍柳树！

大爷冲过去，
双手把树搂，
横眉冷对蒋胡匪，
怒火烧心头！
儿童团员举起红缨枪，
民兵抡起开山斧，
贫下中农臂挽臂，
抱住塞上一棵柳。
从此后，
儿童团员抬水浇，
塞上贫农常培土，
一年一度柳叶新，
十年塞上长满柳！
听罢塞柳一席话，
战士大步向前走，
风狂雨骤何所惧，
永做塞上一棵柳！

——缨依红

内心深处蕴藏着饱满的激情

我有点奇怪，后来才知道，他没有内裤……他是个自尊心很强的人。我装着没看见。

许多年后，李小巴清楚地记得，"头天晚上，脱衣睡觉时，我发现路遥先把被子盖在身上,然后再把裤子脱掉拉出来。我有点奇怪,后来才知道,他没有内裤,没有短裤头。他当时的确是个陕北贫困农民的儿子。我当时从内心同情和喜欢这位青年。但我不能说。我已经感觉到他是个自尊心很强的人。我装着没看见。"

李小巴眼中的路遥,"内心深处却蕴藏着饱满的激情"。他们步行去延水关看黄河时,路遥虽然沉默着不说话,但内心都在翻腾。当坐上小木船过黄河时,路遥兴奋了,他用低沉的嗓子哼着《黄河船夫曲》。

这一天,路遥恢复了年轻人该有的开朗。

——厚 夫《路遥传》

第四章

雨 水

七九河开，八九雁来。
　　　　　　——农谚·雨水

　　青年，青年！无论受怎样的挫折和打击，都要咬着牙关挺住，因为你们完全有机会重建生活；只要不灰心丧气，每一次挫折就只不过是通往新境界的一块普通的绊脚石，而绝不会置人于死命。人啊，忍、韧、仁……

　　　　　　——路　遥《平凡的世界》

藏龙卧虎的北京知青

他们当中大多是来自北京清华附中的学生。
习近平,建成了延川县第一口沼气池,并被写入了延川县志。
这是延安历史上的第二次"闹红"。

1969年1月23日,延川县迎来了北京的知青,他们到延川县插队落户来了。他们当中大多是来自北京清华附中的学生,还有北京101中学的学生。他们有着极为强烈的中心意识和强烈的权威意识。似乎他们不是来插队锻炼的,而是为"拯救全人类"的崇高事业"劳其心,苦其心志"的。下乡在延川的北京知青,很多人后来名声大振,比如,在窑洞里成功做成了许多例现在让人惊讶的手术的赤脚医生孙立哲;比如,后来以一篇写当时知青生活的小说《我的遥远的清平湾》而一举成名的作家史铁生;比如,下乡在延川县文安驿公社梁家河大队的习近平,建成了延川县第一口沼气池,并被写入了延川县志;再比如,创作了激情澎湃的诗歌——《理想之歌》的作者高红十、陶正。

这是延安历史上的第二次"闹红"。许多研究陕北人文地理的人都指出这样的事实:对这个地区文化影响巨大的有两个大事件:一是中央工农红军在陕北建立红色根据地;二是北京知青到陕北插队。这一次"闹红",对当地年轻人的影响,绝不亚于当年的工农红军,给他们古老的生活方式带来了巨大的冲击。知青们良好的生活习惯,慢慢被农村人效仿,比如年轻人开始刷牙,妇女也开始用上了卫生纸。

——张艳茜《作家路遥与北京知青》

外面的世界很精彩

抽烟要抽大前门儿,找朋友要找北京人儿。

1969年,北京知识青年突然来到延川这个边远的山沟沟穷县,仿佛也突然打开了当时的王卫国——后来的作家路遥一扇通往外面世界的心灵窗户,他的视野从一个闭塞的山沟,从一片贫瘠的黄土高坡,瞭望到了全国乃至整个世界。这些北京知青,这些来自清华附中和北京101中学的优秀青年,言谈举止,气质风度,令王卫国惊奇而羡慕。他们和陕北黄土地的青年一眼即可分辨的差异,尤其表现在知识层面、眼界视野上。在北京知青身上领略到的全新的东西,深深地触动着王卫国的心灵,让王卫国的心理上感受到一种不平衡、一种巨大冲击和启迪。朦朦胧胧的人生目标和追求,开始在黄土地上成长的后生王卫国内心深处萌动。仿佛一粒埋在地下的种子,遇到了一场久旱的甘霖,王卫国的人生希望仿佛被激发出来,懵懂地开始思考陕北农村青年,尤其是自己的前途命运和人生价值。后来成为作家的路遥,在病榻上回忆与北京知青,尤其是回忆与陶正交往的经历时,很认真地说,陶正是他导师式的启蒙者,也是文学创作的启蒙者。正是因为陶正,让返乡知青的王卫国知道了,世界上还有一项营生叫写作。

1971年,陶正与有了笔名——"路遥"的王卫国,被延川诗人、当时的县革委会宣传组组长的曹谷溪团结在一起,成为延川县文学小报——《山花》的主要撰稿人。北京知青来到延川,不仅让路遥思考的视野大大拓宽,他在个人感情的选择上也开始经历一种变化。当年延川流行一句顺口溜:抽烟要抽大前门儿,找朋友要找北京人儿。

——张艳茜《作家路遥与北京知青》

路遥特别佩服北京知青

咱们半天说不清的问题，他们一句话就能说清。

当时路遥特别佩服陶正等北京知青，说："他们看问题和咱们不一样。咱们半天说不清的问题，他们一句话就能说清。就像用手指头戳窗户纸一样，一下一个窟窿。"在他的影响下，我认识和交往了许多优秀的北京知青，在他们身上学到许多东西。路遥上大学之前在延川县文艺宣传队当创作员，那里集中和聚集了一大批文艺人才，延安的、省上的专门人才也不时前来，我作为路遥的朋友，时不时就能参加他们的"闲话会"，从中受益很多。

——海　波《我所认识的路遥》

枯木重生

艺术用它巨大的魅力改变一个人的生活道路。

在一个远离交通干线的荒僻小县城，几个从不同生活道路上走在一起的人，竟然办起了一张文学小报，取名《山花》。就我自己来说，觉得好像又一次开始面对纯朴的生活，进入到一种渴望已久的人情的氛围里，变硬了的心肠开始软化了，僵直了的脑筋开始灵活了，甚至是自己面对过去几年不正常的生活感到了一种真正的羞愧。同时开始意识到人的最美好的追求应该是什么。艺术用它巨大的魅力改变一个人的生活道路，我深深感谢亲爱的《山花》的，正是这一点。

——路　遥《十年——写给〈山花〉》

雪中红梅

"我未来的女朋友就在她们中间。"

荞面圪坨羊腥汤,死死活活相跟上,百灵子过河沉不了底,忘了娘老子忘不了你。

1971年,路遥对来采写"赤脚医生"——北京知青孙立哲事迹的陕西作家李小巴说:"北京知青来了不久,我心里就有种预感,我未来的女朋友就在她们中间。"当时,李小巴听了十分惊诧,"几乎认为这是一个不量力的陕北后生在口吐狂言。"

《圣地之光》(之一)　邢仪　画

北京知青刚到延川时,还是县革委会副主任的路遥,正参加一个工作组,进驻百货公司开展路线教育。工作组里的另一个成员是北京插队的知识青年林琼(化名)。这个姑娘,能歌善舞,活泼美丽,路遥对她一见钟情,当下被她的美丽和可爱的性情迷倒了。而林琼对路遥的才华人品也颇有好感,两人的关系便逐渐密切了起来。……

那个年代,经历过上山下乡的知青,都知道"招工指标""参军名额"以及"推荐上大学名额"是多么的重要而来之不易。只有抓住这些机会,才能有可能改变身份,改变人生的命运。1970年,铜川二号信号工厂招工,路遥和林琼都被大队、公社推荐到县上,但指标有限,为了热恋着的姑娘,路遥背着林琼把自己的指标让给了林琼,让她去了工厂。路遥还专门回了趟郭家沟,向大妈也就是路遥的养母要几斤棉花。大妈奇怪地问:要棉花做什么?路遥没有说。一向疼爱儿子的大妈,不再追问下去,把棉花包起来给了儿子。路遥背到城里,用他的"路线教育积极分子"的每月十八元生活补贴,扯了布,缝成新被子、新褥子,连同他的心一起托一位好友带给他心爱的姑娘……

曹谷溪知道了此事,关切地问路遥:"你就不怕她把你给撇了?"路遥很有信心地说:"不会的!我们的心已经分不开了。就像曲儿里唱的:'荞面圪坨羊腥汤,死死活活相跟上,百灵子过河沉不了底,忘了娘老子忘不了你。'"然而,刚刚被免去延川县革委会副主任职务的路遥,紧接着,就收到了一封林琼的女友——下乡插队在内蒙古的另一个女知青的信,这位林琼的女友在信中向路遥转达了林琼与他决裂的意思。仕途失意,爱情失恋,年轻的路遥遭遇了命运的巨大打击,痛苦万分。当着曹谷溪的面,路遥控制不住地失声痛哭。

——张艳茜《作家路遥与北京知青》

抬头婆姨低头汉

他是延川青年第一个与北京知青谈恋爱的。
我们这帮同学并不看好他们的恋爱。

在我的印象中,最鲜活的路遥就是那个陕北青年。那个陕北青年路遥,中等个头,肩膀宽厚,走路的样子很有特点:稍稍斜着肩膀、低着头向前冲,活像是身后拉着一架犁。正应了陕北人对能人的说法:"抬头婆姨低头汉。"路遥有才气,满怀抱负,敢想敢做,比如他是延川青年第一个与北京知青谈恋爱的。

不知我的同学达当初和路遥谈恋爱的时候,是否就预见了路遥后来的成就和声誉。记得我曾给路遥画过一幅油画——他伏在窑洞窗前的一张书桌上奋笔疾书,那孔窑洞是达住的,是达在延川县委通讯组办公兼住宿的地方,挂着绿色的窗帘,我的画架支在里面,这是一幅

路遥素描　邢仪　画

绿调子的逆光侧面肖像画。

但之后我由于急着画另外一幅画,一时找不到合适的画布,就盖掉了这幅路遥的肖像。所以刚开始我们这帮同学并不看好他们的恋爱,其实也没有明确的观点,只是觉得北京知青找当地青年,合适吗?

——邢　仪《那个陕北青年——路遥》

对自己很"狠"的人

"哪一个本地女子有能力供我上大学?"
"想样样都如意,结果一样也不能如意。"

就在路遥和林达热恋之时,风凉话又传到路遥耳朵里。一些人笑话他,癞蛤蟆总想吃个天鹅肉。上次跟那个北京女子恋爱,把招工名额也让给她,结果是鸡飞蛋打。这次又和一个北京女知青好,弄不好还是上次的下场。人家长嘴就让人家说,自己全当没有听见。路遥是位对自己很"狠"的人,一旦认准了目标,就有九牛也拉不回的劲儿。海波回忆路遥当年的情景:"有一次,他谈到自己的婚姻,说还得找一个北京知青。我说:'还是找一个本地人比较稳妥,知根知底,有挑有拣。'他一听生气了,反问我说:'哪一个本地女子有能力供我上大学?不上大学怎么出去?就这样一辈子在农村沤着吗?'见我尴尬,他又说:'一个人要做成点事,就得设计自己,先得确定目标。目标一设定,就要集中精力去努力,与此无关的都得牺牲。想样样都如意,结果一样也不能如意。'"

由此看来,路遥是一位相当理智并有着超常自控能力的人,他在恋爱与婚姻中有明确的功利目的性。

——厚　夫《路遥传》

久旱逢甘霖

> 这路遥一定有着非同寻常的本事和魅力，两个优秀的北京女知青都对他一见倾心，而达更是我们在清华附中时的班长和才女呢。
>
> 由于达的关系，路遥渐渐融入北京知青的圈子。

延川县委申书记大胆使用北京知青，达（林达）被选到县委宣传部通讯组，我则到了县文化馆。路遥在县委大院与达相识，不久路遥又开始和达谈恋爱了。这下我们就对路遥更加地关注了，大家分析这路遥一定有着非同寻常的本事和魅力，两个优秀的北京女知青都对他一见倾心，而达更是我们在清华附中时的班长和才女呢。

路遥和达的恋爱一时成为延川县城里青年人热议的话题，许多陕北青年也跃跃欲试，他们试探地问我们：你们怎么看这件事啊？

无奈，我们接受了自己的同学和陕北青年谈恋爱这个现实，并甘愿充当了他们之间的"媒介"。达因工作常常下乡，我们这些知青干部则分散在各个公社，并经常来往于县城，路遥便委托我们传带书信。那时路遥信任达的所有女的同学，他交给我们的信并不封口。我和另一个女同学也就不客气地抽出信来"审查"（替达把关），这次路遥写给达的是一首自由体长诗，我们俩用挑剔的眼光边读边用红钢笔勾改我们认为语句不通的地方，结果好好一封信被我们像批改小学生作业一样，弄得乱七八糟。我们就这样把信交到达手上，而她欣然接受。

……

由于达的关系，路遥渐渐融入北京知青的圈子。他交了许多知青朋友，我们也熟悉了

路遥和林达

路遥和他的家人。路遥的老家在清涧，因家境贫困孩子众多，路遥七岁时就被父亲从清涧老家带到延川过继给本家大伯。路遥的大伯母自己没有儿女，对这个儿子倾注了全部的母爱。每到赶集的日子，这位矮小、朴实的妈妈都会挎着一个盖着毛巾的篮子，爬上革委会的高坡，来给路遥和达送好吃食。往往没等路遥妈找见儿子，革委会大院的年轻人早都一窝蜂围住老人，抢先揭掉篮子上的毛巾，哇！红薯、玉米、白馍馍。

——邢 仪《那个陕北青年——路遥》

抚慰受伤的心

> 林达来家里，啥活都干，朴朴实实就像个当地女子一样，只是吃饭不会盘腿坐炕，而要趴在柜子上。

在北京知青中，林达参加工作算是比较早的，她先是在公社做妇女干事，后调到县上通讯组。路遥有一段时间在县文工团打杂，编节目、管戏箱、拉大幕都干过。陕北山圪崂的文工团自然不会有什么名角，但这个文工团却荟萃了几个日后在文坛上颇有名气的人——诗人、《延河》杂志副主编闻频，诗人、《延安文学》主编曹谷溪，都曾在这个团里与路遥为伴。龙盘于渊，虎踞于坳，虽尚未酿成气候，却蓄势待发，壮怀激烈，心志高远。林达在延川算是官方正儿八经耍笔杆子的角色，但她却非常欣赏还正在野路子上闯荡的路遥的文学才情。当初恋的失败正在折磨着路遥的自尊和考验着他的自信的时候，她知道她该做什么了——她能抚慰一颗受伤的心。

母亲对儿子的雄心壮志懵懂不晓，但对儿子婚事牵挂在心。儿子能好上一个北京知青，自然使她欣喜不已。林达来家里，啥活都干，朴朴实实就像个当地女子一样，只是吃饭不会盘腿坐炕，而要趴在柜子上。林达问老人："这样子难看不？"老人忙说："不难看，不难看，自个家里，想咋样就咋样。"邢仪至今还记得，在县革委会林达住的窑里，林达、路遥、邢仪，还有其他几个要好的北京知青，常常聚在一块谈理想，谈抱负，唱苏联歌曲和过去一些老歌，兴致最好的时候是聊着唱着同时还有一些东西吃着：炒黄豆、红薯、黄米糕，还有那只在陕北才有的玉米黄——这些吃的东西都是路遥母亲特意做的，她就像当年给在县城念书的儿子送吃食一样，隔些日子就会

第四章／雨水

挎着盖块花布的篮子，给林达送来一堆吃物，她知道北京娃娃就好这些个口味。一个朴实而又能力有限的老人，还能给她喜爱的儿媳什么呢？

——白　描《为作家母亲画像——路遥身后引出的故事》

黄叶拾零

忆往事：路遥的爱情

看完路遥自身的爱情故事，我才理解他的小说，在小说"人生"中的高加林身上，我仿佛看见了路遥的影子。

路遥放飞了初恋

缘是天意，也关人情，因而先有情而后有缘。路遥与北京姑娘的初恋也是一种缘分。其时初中毕业返乡知青路遥非常风光，曾是延川县城最有权力的人物，他领着八千多名风雨同舟的红四野造反战士所向披靡，此时又作为群众代表，被推选当了县革委会副主任。延川县城好几个声势浩大、气势宏伟的群众对敌斗争批判大会由他主持。会场主席台的左侧常设两个男女领着群众呼口号者，那女的便是玲珑小巧的林琼。路遥说他和她第一次相遇时彼此的四只眼睛就对视了一下，光线对在一起了。姑娘对路遥豪爽、有气派、不拘小节颇有好感。路遥眼神经常瞅着林琼（化名）的一举一动。在别人不着意的时候，他便把眼睛转到她的脸上久久地不愿离开。

林琼所在的延川县战备文艺队驻在县城的半山上。她每天吃完下午饭，都按时站在崖畔上朝山下的文化馆院子深情地眺望。在文化馆帮助曹谷溪编辑文艺小报《山花》的路遥，此时也不约而同地站在院子里，眼睛望向山腰间。那真如陕北民歌唱的一样："你在山上我在沟，拉不上话儿招一招手。"

那年元旦过后，延川县战备文艺宣传队散伙了。白炜为掩人耳目，把林琼和另外一个演员留下来整理道具，清理服装，目的是让路遥与林琼正面接触。他有意把另一位安排在政工组院内清理卫生，将林琼领着进了文化馆院子。推开靠左的第一孔窑洞时，林琼见路遥正和衣躺在床上看书，害羞地红着脸拔腿就跑。

"你这叫干什么？林琼，你咋能这样？既然有好感想谈恋爱，为什么怕见面，日怪事情！"白炜生气地追上后语气柔和了，林琼只好跟着他重新进了路遥那间临时暂息的，朋友的办公室。

"你们谈吧，好好谈，我把大门锁住。"白炜哈哈一笑，拿着钥匙回到政工组。下午五点钟，县革委会食堂开饭时间到了，白炜把门开了锁在外边喊叫路遥的名字，好久好久,叫不出路遥和林琼。当日晚上失眠的路遥说:"白炜老兄,我今天和那女孩可亲美了。"

路遥作为县革委会副主任,率领一个工作组,进驻延川县百货公司开展路线教育,公司的主任成了头号整改目标。随同路遥进驻百货公司的一个成员,是一位北京插队女知青,她便是路遥的女友,原延川县战备文艺宣传队演员林琼。

林琼能歌善舞,活泼美丽,路遥对她十分倾心,而林琼对路遥的才华人品也颇有好感。现在两人又在一块工作,关系便逐渐密切了起来。有一段时间,林琼返回插队的楼河村里办事,寂寞难耐,她和路遥就只好白纸黑字,鸿雁传书。

一个多月,林琼给路遥写了八封长信,平均四天一封,那些醉人心魂,语言缠缠绵绵的情书给了路遥初恋爱情的滋养,给了青春得志的他无比的温馨和甜蜜。他高兴得不得了,连蹦带跳跑到延川县著名诗人、时任县委通讯组组长曹谷溪那儿,绘声绘色地给曹谷溪报告了林琼和他的爱情秘密。

曹谷溪问:"你们亲口没有?"

"没。"路遥说。其实他是怕诗人笑话,才没说真话。

"瓷脑。"曹谷溪骂路遥。路遥只是憨憨一笑。那时,路遥铁了心,一生只爱这个"林妹妹"。

1970年春,国家在插队知识青年中首次招工,林琼体检不合格。那时,县上决定把路遥送去当工人,指标有限,两人只能走一个。路遥把自己当工人的指标让给林琼,又通过几个铁杆朋友周旋,事情成功了。

正式招工通知下来后,林琼按捺不住兴奋,飞快地跑到文化馆,把自己招工的事情告诉了路遥。

"招上了,这次工作地点好,工种好。"路遥一连说了几个好。但他那激动的情绪刹那间消失了,随之而来的几乎是一种无声的哽咽:她要离开山沟了,她要远走高飞了。他也立即认识到面前她和他近在咫尺,可他们之间相隔的距离仿佛太遥远了。

"你明天请假,咱们一块到山上玩玩。"林琼很快看出自己的好消息在未婚夫那里引起的反应,于是转了话题。

"今天中午我请客,为你当工人祝贺。"路遥说。

饭后,路遥骑了自行车赶到郭家沟从家里拿了四斤棉花,又往城里走去。

细心的路遥,请人缝了一床大红花被子,送给了林琼。林琼走的前一天晚上,他从林琼那儿回到白炜办公室已是三更,睡了没十分钟,给白炜打了个招呼,又走了。早晨白炜正在穿衣服时,路遥进门说:"老兄,我今天可丢人了,我和林琼在河沿的石畔上亲嘴哩,不知不觉天大亮,被倒尿盆的人看见了,他还喊了一声。"

"林琼呢?"白炜问。

"坐6点20分的车走了,"他感慨地说,"延川少了一层风景。"

心爱的女友做了别人的妻子 女友的女友成了他的情侣

路遥心爱的姑娘去了某市某信箱当了工人,离开了陕北。林琼第一个月的工资全部寄给了路遥,信中明言,让他买了香烟抽。第二个月寄回一条宝城牌纸烟。不知什么原因,慢慢地由一月一封信减少到三月一封信,到后来一年也不通一封信。此事对路遥感情损伤很大。苦恼中的路遥,屋漏又遇连阴雨,浑身长出许多疮,折磨得他两个月不能行走。一天县革委会军代表找到躺在病床上的路遥,对着他这个当过一派头头叱咤风云的人物宣布了一个文件:经县革委会核心领导小组研究决定,停止路遥的县革委会副主任职务,进行隔离审查。

生活中总有许多说不清道不明的巧合事件。就在上边宣布对路遥进行审查的当天中午,一封来自内蒙古要与路遥断交的信刺痛了他的心。原来,林琼当了工人后对路遥的爱出现了"举棋不定"(路遥当时是农民身份),便写信给内蒙古插队的女友征求意见,想不到那位女友不等林琼同意,便代写了断交信寄给路遥。

船破偏遇打头风。风云一时无比倨傲的路遥这一次可是从崖畔上掉到沟底了。这个少年得志而又突然中道崩殂的失败者,难以承受这种暴风骤雨的打击,他哭了,哭得肝胆欲裂,泗泪横流。

路遥的好友,诗人曹谷溪来到路遥的住处,语气铿锵地对路遥说:"一个汉子,不可能不受伤,受伤之后,应该躺到一个阴暗的角落,用舌头舔干身上的血迹,再到社会上去,还是一条汉子。那个官能当就当,不能当算了,又不是先人留下的,有什么擂不开的?林琼走了,那算个屁事,世上好女人多得是,又不是死光了,不值得你哭鼻流水。"

好朋友的肺腑之言成了路遥感情历程中最重要的支撑,仁义的曹谷溪、白炜又为路遥重新交往女友暗暗做着铺桥打路的奠基工作。

在林琼插队的后楼村,还有一位北京女知识青年,她是清华附中的学生,名叫林达。林达与林琼从小在一个机关院内长大,关系十分要好,林达知道林琼和路遥相爱的事和分手的经过。林琼变故后,林达写信安慰过路遥,特别是劝他振作起来,去干大的事业,后边还有一句意味深长的话,"请问我能否与你合作?"被曹谷溪和白炜视为林达向路遥发出的爱情信号。为此,白炜专门去了一趟百里之遥的关庄公社。有意在林达面前说路遥的坏话,林达特别在意。提到路遥与林琼的关系,白炜开玩笑说:"两人早就一块睡了觉。"林达脸色突变,大半天缓不过神来。

从这些细节中,白炜做出判断,林达对路遥有点意思,便说我的话是玩笑。白炜向曹谷溪叙述了全部过程。曹谷溪把已在关庄公社担任妇女专干的林达调到自己的通讯组当干事,把路遥的作品交给林达看,他说路遥有多聪明,多有骨气,多有才气,第一目的是想让林达做一位爱情使者,去游说林琼,让她与路遥破镜重圆。谁料,此事受到路遥的抵制。路遥对曹谷溪说:"这件事就这么结束算了。我是个一生都不会安生的人,谁知道以后还会闯什么祸?现在我的副主任官儿刚停职检查,人家就和咱不了,硬叫跟上我,以后如果遇到更大的麻烦,保不定还会吓成什么样子。算了,我这一生就不要女人了,死哩活哩,就我自个儿扛起来算了,别连累别人。"

罢了官而又失了恋的路遥,回山沟沟当了民办教师,重新过起物质上穷困和精神上孤独的生活。他只好用写作来充实自己，时而在曹谷溪主编的《山花》上发表诗作。

曹谷溪在林达的信和白炜的侦探中捕捉了信息，他要给路遥成全好事，便在县委通讯组正要举办的新闻报道培训班名单上多加了一个人，那便是民办教师路遥。培训班结束后曹谷溪又把路遥借用在县委通讯组。没地方安身，路遥就住在曹谷溪办公室里，两人同住一条炕，共用一个书桌。路遥与经常来此与曹谷溪商量工作的林达，自然抬头不见低头见。林达的风度和特有的气质，使路遥又看到了当年林琼的影子，而林达与他亲热来往，使得路遥重新燃起了一种希望的火花。曹谷溪有意识地让通讯干事林达带着路遥到贺家湾公社去实习采访，又让两人骑了一辆自行车。乡下回来，路遥觉得有许多话要向林达倾吐。但林达住的是集体宿舍，而路遥和曹谷溪住的窑洞又门庭若市，在一个古老而封闭的小县城里，青年男女两个人又不能在马路河畔悠闲地漫步，路遥请曹谷溪想个办法。曹谷溪就在他的照相暗室，一间平房分作两部分，前半部分放办公桌，可以做案头工作，后半部分修了蓄水池，通了自来水，安了个灯光，可以洗相放大。除了通讯组长曹谷溪，谁也不能涉足那个领地，他把路遥和林达领到这里，开了门锁，等他们进去之后，又带上门，开始封锁了一个正在进行的秘密。

暗室对那个时候的路遥来说，太美妙，太理想，简直是他的伊甸园和方舟，只要林达有空闲，他就找曹谷溪要钥匙，别人面前不好明言，就写条子递上去，曹谷溪就偷偷把钥匙塞给路遥。在这个暗室中，曹谷溪许多重要的摄影作品都是在这里冲片、显影、定影的，此时，路遥与林达的爱情故事渐渐也从这里开始显影。

与路遥渡入爱河的林达，不知是牵挂昔日的好友，还是要把事情做得光明正大，她风尘仆仆地去了林琼工作的某市，林琼已做了一位军代表的妻子，她与林琼躺在一张床上，同盖一床被子，她把自己与路遥相爱的事给林琼做了通报，林琼听后哭了，整整一夜都是不停地落泪。

握别林琼，林达向母亲报告了她与路遥的相爱，征询母亲的意见。母亲要她讲讲路遥是怎样一个人，她滔滔不绝地讲着路遥的才华、勤奋、毅力……末了，母亲问："你讲的都是路遥的优点，路遥有什么缺点呢？"林达一时语塞。母亲说："你不知道他的所有缺点，就说明你并不很了解他，你们的事缓一缓为好。你先得冷静下来，拉开距离之后看看。从某种意义来说，只有当你愿意接受和包容他的全部缺点的那个人，才能成为你的生活伴侣……"

听了母亲的话，回到延川工作生活的林达，果然与路遥拉开了距离，好久不再同路遥去进那个冲片、显影、定影的暗室。

旧梦刚刚过去，新梦刚刚开始，难道我又要失去心爱之人？路遥受不了，他对曹谷溪说："林达不和我好了……"在曹谷溪面前，路遥第二次痛哭流涕，像一个受伤的孩子。

日月更替，冬去春来，一年一度的春节到了。曹谷溪回到妻儿当时生活着的延川县刘家沟村过年。而拉开距离许久的路遥和林达两人骑一辆自行车，大年三十回到郭家沟看望养父养母，正月初一就一同到刘家沟去看曹谷溪。曹谷溪找大队领导把北京知青当年住过的窑洞收拾打扫了两孔，安顿路遥和林达住下，然后就一日三餐地给他们大碗吃羊肉，大碗喝米酒，酒足肉饱之后，就让他们回到窑洞甜甜蜜蜜，喋喋不休……路遥和林达一住就是八天，之后林达写了篇散文《在灿烂的阳光下》，交给曹谷溪在《山花》上发表。林达就用这种特别方式向世人宣布，她与路遥的爱情之旅步入大道，以至遥远……

林达和路遥相爱两年后结为伴侣。路遥强烈地爱着这个世界，而他离开这个世界时竟然显得那么孤独。

——皈依长路

相濡以沫

> 达没有参加考试，在路遥上学的几年里，她节省每月三十几元的工资资助路遥的学业。

1973年，几经挫折后路遥考上了延大中文系，而达没有参加考试，在路遥上学的几年里，她节省每月三十几元的工资资助路遥的学业。同年我也考上西安美院去上学了。毕业后由于一些说起来复杂的原因我又回到延川县文化馆。见到达和路遥还在恋爱（没结婚）。我的男友（现在的先生）每逢节假日都要到延川来看我，于是我们和路遥、达等几个朋友经常在一起做饭吃，然后热火朝天地聊天，聊到高潮就开始唱歌。路遥给我们哼陕北道情，我们和路遥一起唱苏联歌曲。大家正是"恰同学少年"，我们谈论最多的是理想。还是在达那眼位于县委通讯组住宿兼办公的窑洞，烧火的土炕在后窑掌，办公桌放在窑洞窗前，女知青们耷拉着腿在炕沿上坐成一排，男人们或坐、或站在书桌周围，路遥一手扶在桌子上，略弓着背，微偏着头，侃侃而谈，他壮硕的身体里充满着宏大的抱负。

——邢　仪《那个陕北青年——路遥》

林达像陕北农村姑娘

> 每次的到来,林达都为路遥拆洗被褥,收拾床铺,犹如一位普通家庭主妇。

大学期间,路遥经济紧张,他的未婚妻林达不仅在经济上接济他,给他寄零花钱,置买衣物,还几次来学校看他,可谓无微不至。

林达,圆脸盘,小个子,大眼睛,头上扎着两根千篇一律的麻花小辫,身着普遍流行的蓝色外衣,朴素得就像陕北农村姑娘。林达的到来,引得班上同学纷纷走进路遥的四号宿舍看她。每次的到来,林达都为路遥拆洗被褥,收拾床铺,犹如一位普通家庭主妇。每当此时,路遥的脸上就会露出灿烂的笑容。

——王志强《奋斗者的足迹》

林达棒价

> 她当时每月挣三十八元钱,除了自己的伙食和必不可少的零花钱外,其余的都让路遥花了。
>
> 老人对邢仪说,儿子上大学前靠家里,上大学后靠的是林达……

在上大学的这几年中,路遥的生活是困难的。但这困难却不是必然的,很大程度上是他自寻的。那时上大学学费不要自己出,吃饭国家有补助,如果他是一个节约一点的人,花不了多少钱。可路遥不是那样的人,他有一个坏毛病:抽烟无度,有一点钱大都买烟抽了。那么,他的钱从哪里来呢?清涧老家指望不上,延川他大伯这里也指望不上多少,主要靠未婚妻林达。林达为此付出了巨大的努力。她当时每月挣三十八元钱,除了自己的伙食和必不可少的零花钱外,其余的都让路遥花了。这还不是最主要的，林达也是个人才，她当时在延川县委通讯组工作，是曹谷溪手下的一位"笔杆子"，无论在领导还是群众中都有很好口碑，以她才气和表现，上大学是完全有可能的。但为了支持路遥，她放弃这个选择。在路遥举世闻名的今天，不郑重地说明这一点，既不客观也不厚道。

——海 波《我所认识的路遥》

老人和邢仪自然要谈到林达，婆婆对这位儿媳妇至今怀有一种感念的心情。老人对邢仪说，儿子上大学前靠家里，上大学后靠的是林达，林达是北京人，家里境况好，在经济上给了儿子很多接济，就连背到学校里去的被子和褥子，都是林达给准备的，没有林达，儿子在延安城里念书，肯定要受恓惶。儿子生前两人闹矛盾，后来有人在她面前对林达说长道短，她不愿往耳朵里听。老

路遥养母　邢仪　画

人对邢仪说："林达棒价。""棒价"是陕北土话，意思是不错、挺好。老人还感叹地说，前阵子，林达从北京还托人给她捎来八百块钱，"人嘛，还贪求啥哩，人家的好处咱要记住。"

——白 描《为作家母亲画像——路遥身后引出的故事》

心爱的林达

路遥人小劲大，背着百十斤重的大石头稳步前行。

"如果船划在咱们这边，我就立马跳上船，漂到延川去看心爱

的林达。"

1975年正是全国"农业学大寨"运动高潮期，新华社发表的《吴堡更"红盛"了》长篇通讯，将吴堡推为全国农业学大寨的先进典型。是年秋，在申老师的带领下，组织了中文系73级和74级六十多人去吴堡采风，搜集吴堡新民歌。路遥和张子刚又作为班干部到各点巡回检查。两班合一的"开门办学"分为若干小组下到各公社，和农民同吃同住同劳动。

我们组六七个同学先行下到丁家湾公社大枣湾大队，半月后转移到了毛主席东渡黄河的川口大队。不久，路遥和张子刚来到川口，当天就和我们一起参加在黄河畔上的垒石造田劳动。路遥人小劲大，背着百十斤重的大石头稳步前行。傍晚，我们一起聆听给毛主席扳船的老艄公、大队党支部书记薛海玉老人，讲他给毛主席扳船的革命故事。第二天清晨，我们一起在黄河滩上散步、谈实习。顷刻间，我们看到黄河上漂来了一小木船，路遥马上指着小木船激动地说："如果船划在咱们这边，我就立马跳上船，漂到延川去看心爱的林达。"我当即追问他与林达的恋爱故事，然而他马上又将话题引向了我们的实习工作。那次采风说是搜集民歌，实际上我们进行了大量创作，最后编辑出版了《吴堡民歌选》，并于1976年由陕西人民出版社出版发行。

路遥那次的采风收获颇丰，不仅创作了不少民歌，他还和《陕西文艺》编辑部的董墨、李小巴共同创作完成了三万字的访问式散文《吴堡行》，刊发于《陕西文艺》1976年的第一期。后来被北京外文出版社译为英文，在英文版《中国文学》上登载。

——王志强《路遥当班长的二三事》

第四章／雨水

黄叶拾零

剪纸：张晓梅

死死活活相跟上

荞面那圪坨羊腥汤，
肉肉换住绵胸膛，
手扳胳膊脚蹬炕，
越亲越好不想放，
死死活活咱相跟上。

——陕北民歌

不知怎的，气氛就是出不来

"女儿爱上了，我有什么办法呢？"
这个陕北小伙真不错，但如果是和我闺女，我不同意。

作为侨委干部，林达的母亲比较开通，对于林达与路遥的恋爱，她无奈地说："女儿爱上了，我有什么办法呢？"然后林达的妈妈要召见这位陕北女婿。林达带着路遥回北京了，林达还带着路遥去看望在北京的许多同学和同学的家长。家长们好奇地观察着随和的、收敛的、敦厚的、健壮的路遥，有的评论说，路遥长得像当时的体委主任王猛，比想象的好（不知他们原先想象的是什么样子）。又有的家长说了，这个陕北小伙真不错，但如果是和我闺女，我不同意。

终于，路遥和林达要结婚了，一场持续了六七年的恋爱马拉松就要冲刺了。这一天是1978年1月25日。他们的婚礼是县城文化圈的一件大事，轰动了上百人来送礼。那几天朋友们一起出动，布置新房的，筹备婚宴的，进进出出，忙里忙外。

路遥林达新婚　邢仪　画

婚礼定在晚上六点举行，人们陆陆续续地来了，宣传部的贺陛在门口招呼着。路遥来了，林达姗姗来迟半小时，她穿了件深紫红色的棉袄罩衫，翻出浅粉色的内衣领子。女知青彦和孟霞陪在左右。文化馆的张仁钟担任司仪，两位新人在事先布置好的讲台后就座。讲台后的墙上正中自然是毛主席的标准像，两旁的对联编得不错，好像是一边"遥"什么什么，一边是"达"什么什么，桌子上摆着两盆开着小花的植物。首先由县文化局局长给新人佩戴大红花，贺陛代表宣传部讲话，李世旺代表来宾发言。最后是路遥代表林达致辞，路遥穿着件略显宽大的蓝布制服，新理的头发，有些土气，但精神焕发。

可能是过于紧张，林达的脸色苍白，林达与路遥站在众人面前显得挺不自在，他们两人分别都向外拧着身子。有人提议，路遥唱歌林达和诗，但两位新人几经推脱，最后不了了之。不知怎的，气氛就是出不来。简单走了这么几个过场，便开始宴客，新郎新娘巡回敬酒。一个小时后有人开始离席了，经多方筹备、多日操办的婚礼就这么没有悬念地结束了。说没有悬念，是因为我们在农村和县城见识了很多的结婚场面，众人玩闹得翻天覆地，只有你想不到的，没有这群年轻人玩不到的，那样的热闹也着实令人期待啊！

——邢　仪《那个陕北青年——路遥》

黄叶拾零

病中更怀旧

去年夏天，他（路遥）突然喜欢起怀旧了。

有一次，谷溪来作协，我们三人又重逢了。我们三人在我的办公室里回忆我们延川的日日夜夜，路遥那天的谈兴很高。

他催促谷溪回去后，找延川县领导商谈一下，争取搞一次《山花》出刊二十周年纪

第四章／雨水

路遥和闻频

念活动，并说，他再忙也要参加，还动员我也一定要参加。同时，还给谷溪开了一串邀请出席的人名单，有北京的陶正、史铁生，宁夏的王荆竹及在延安工作的延川文学新人。

没过多久，他兴致勃勃来找我，手里拿着一张照片说："闻频，这张照片你有吗？我在家整理照片翻出来的。"

这是一张黑白照片，是我俩1970年在延川城外的秀延河畔的合影。

我说："这张我没有，我有一张是咱俩坐着照的。是林达给咱俩拍的。"

他说："这张你留着吧，我那儿还有一张。"

他的这种怀旧情绪，在病中更明显。去看望他的人很多，他想见的人也很多。据临终前陪他的张世晔说，路遥在临终的前几天，还自言自语地说："闻频最近也没上来"……

路遥和闻频

——闻　频《雨雪纷飞话路遥》

067

人神之恋

> 很久以前,玉皇大帝的女儿凡游至此,爱上了一位姓金的青年……
>
> 孙少安的婚恋,与高加林的情变,二者的格局极为相似。……又一个"痴情女子负心汉"的故事。

《人生》在思想倾向、情节模式、人物配置等方面,与我国传统文学(包括民间文学)之间,广泛存在的内在联系和明显类同。这种联系和同构现象,是历史文化与现实生活联系的一种表现,其中发挥主要作用的,是"那种在文学中反复使用,并因此而具有了约定性的文学象征或象征群",即"原型"或"母题"。

传统文学"原型"或"母题",在《平凡的世界》(第一部)中,也是广泛地存在着的。人是构成世界的主要因素。要了解世界,就得首先了解人和人的关系。《平凡的世界》(第一部)的故事,在黄原地区原西县城和双水村两个方位上展开,双水村是整个故事的主要场景。"世界"中的主要人物,几乎全是双水村的居民。因而,在进入对双水村居民的考察之前,有必要先了解双水村的历史。

很久以前,玉皇大帝的女儿凡游至此,爱上了一位姓金的青年,便发誓愿住人间,结果触怒了玉帝,将她变为一座黄土山——神仙山;她的爱人守着土山痛哭致死,眼泪流成了一条小河——哭咽河。"这当然是金家老祖上编出来的神话,以光耀自己的家族。"其实,这神话不止光耀了金家的门户,它与流传于当地的其他神话传说一起,为双水村的后代子孙们提供了某些参照,成为人们生存的文化和心理的环境氛围,行为思想的初始诱因。双水村的居民们,就在这充满质朴情感和神秘幻想的氛围中,来到了"平凡的世界"上,为自己的幻想和生计奔波忙碌,完成着他们的人际关系。同时,它也给我们解读《平凡的世界》一个启示:双水村居民是"神仙"的后代,现代双水村的故事是"神仙山"传说的延展。

"神仙山"传说的中心情节是"人神之恋"。双水村居民的人际关系中,婚恋是最主要的方面。在老一代的婚恋关系中,情爱的因素居于次要地位,稳定的操守却是主要的;青年一代的婚姻则相反,情是一切的基础和唯一的标准,即使像孙少安、田润叶那种事实上失败了的恋爱,情仍然难以割舍、不能忘怀。双水村人的婚恋关系，存在着与"人神之恋"传说的同构：神仙山与哭咽河历久不变的位置，是老一代稳定关系的象征；仙女与青年一往情深、虽死不悔的炽爱，是青年一代的楷模。孙少安与田润叶恋爱的解体，虽然在形式上与"人神之恋"有明显差异，但实质上更为接近。"人神之恋"的悲剧由玉帝一手造成，孙少安、田润安之间也有一位"玉帝"，那就是严酷的现实和顽固的观念；玉帝的罪恶造成了一座死的山和一条活的河，现实的悲剧带来同样的结局——田润叶心如死灰，从此失去了生活的热情恰如一座会移动的山；孙少安牙齿打碎往肚里咽，违心地斩断旧情，经受着与日俱存的痛苦折磨，正像一条不流（冰冻）的河。后来，孙少安将情爱完全投向贺秀莲，炽热专注而毫无保留，正是情感被强制压抑后重新宣泄的狂热，与唯恐再次失去的忧虑，多种感情畸形组合的产物。正如冰河解冻，益增其汪洋恣肆；溪流改道，愈显其一往无前。孙少安、田润叶、贺秀莲之间的爱情纠葛，实质是"人神之恋"原型的再现，不同只在于，仙女死去了（田润叶），其精神借另一个女子（贺秀莲）复活了。

孙少安的婚恋，与高加林的情变，二者的格局极为相似。田润叶就是刘巧珍，贺秀莲取代了黄亚萍，也比黄亚萍幸运。孙少安像高加林一样，也是情变的主动者。又一个"痴情女子负心汉"的故事。

还有一脚步声。孙少平、郝红梅、顾养民之间的情感纠葛，也包含着同样的原型。这里"情变"的主动者，不是"负心汉"，而是"薄情女"——郝红梅。郝红梅的薄情与高加林、孙少安的负心一样，都是事出有因。但高加林似乎要高尚些，孙少安也很纯洁，郝红梅则是主动移情，是严格意义上的"负心者"。就像易洛魁神话中兄妹之间的乱伦将构成俄狄浦斯式母子之间乱伦的一种转换那样，发生在原西县中学的这场情变，是"痴情女子负心汉"原型的一个转换——"痴情男儿薄情女"。

与神话传说、传统文学之间的原型同构的现象，在其他人际关系中，也广泛存在着。譬如，两代人之间也广泛存在着我们在《人生》中见过的那种对立格局。由于篇幅的关系，我们只好弃之不顾了。

……

——马　泽《灰色的困惑》

陕西作家的男权主义

> 路遥笔下的女性不完全是传统型的。她们有自己的思想和价值观，但其身上却烙有"礼教"的痕迹，都具有儒家道德文化倾向……

陕西作家群笔下的妇女形象有一定的特征。她们的朴实美德掩盖着精神麻木，其文化心理结构呈现出严重的守旧状态。《白鹿原》中仙草、小娥、孝文媳妇和鹿子霖媳妇等一系列女性形象均属于传统型女性。她们笃信先人留下来的道德行为准则是永远不能变动的准则，坚信女人天生就是洗衣、做饭、生孩子和伺候男人，勤勤恳恳地埋头于家务之中。落后的生产方式决定了她们对爱情的层次要求，充其量也就是在生活中表现出一种"性"的存在。在这里，婚姻常常建立在生殖、温饱等生存需要的基础上。女人对于男人来说成了机器，不具有人格和人的价值。作为正统社会的正统男人——白嘉轩只把婚姻看成是传宗接代和建立事业的一个环节。他虽一生娶了七个妻子，但毫无任何爱情可言。女人对于他只不过是糊窗子的纸，破了烂了揭掉了再糊一层。这是典型的以男权为中心的社会。

路遥笔下的女性不完全是传统型的。她们有自己的思想和价值观，但其身上却烙有"礼教"的痕迹，都具有儒家道德文化倾向，即便是杜丽丽这样敢尝禁果的女性，也被折磨得痛苦不堪；即便是田晓霞、吴亚玲这样的女学生、女知青，颇有现代女性的况味，也仍然是"止乎礼仪"。黄亚萍，一位现代女性，却被置于"第三者"位置。她的穿戴、谈吐和爱好，也往往被给予了否定性描写，甚至有明显的嘲笑和讥讽。从这可以看出，路遥对于女性的认识仍是传统的，没有超脱伦理道德范围，把她们视为男权主义的附属物。

——张宁生、姜凌志《人生之旅与文化之魂》

在男权的世界，田晓霞不得不死

> 不是他们爱得不真、不深，也不是他们太世俗，而是现实生活的逻辑性注定他们难以结合，即使结合，他们之间现实条件的巨大差异，也将会给未来的生活带来无数的矛盾和痛苦，以至于将爱情消磨殆尽。

晓霞是个现代女子，思想敏锐，敢作敢为。她与孙少平（作者最钟爱的人物）有着最深切的相知相恋，在他们的爱情中，没有世俗的一切，只有相同的志趣，互为钦佩的人格以及最深挚、浪漫的恋情。

……这是一种真爱，是心灵的相通与交汇，是情感的依恋和交融；但很显然，他们的爱情还仅停留在精神的层面，他们很清楚，要想达到最后的结合，他们注定要超越现实的许多东西：晓霞要超越世俗的观念、地位、物质利益的羁绊，而少平则要超越自己观念中的自卑以及两人在现实中的鸿沟。他们的爱、甜蜜、幸福，却也包含着深深的矛盾和痛苦。尽管晓霞爱得无比坚定、执着，尽管我们都最真诚、迫切地祈盼他们永远幸福，但现实是无情的，任何一个清醒的现实主义者，都会鲜明地洞悉他们无法结合的最终结局，不是他们爱得不真、不深，也不是他们太世俗，而是现实生活的逻辑性注定他们难以结合，即使结合，他们之间现实条件的巨大差异，也将会给未来的生活带来无数的矛盾和痛苦，以至于将爱情消磨殆尽。这爱情与现实形成了巨大的悖拗！该怎么办？让他们结合，不符合生活的真实；不让他们结合，无论怎样处理，势必会影响晓霞的形象。作者太钟爱这两个人物了，不忍心拆散他们，更主要的是不愿破坏晓霞美好的形象，于是，作者不惜以牺牲她的生命来保全她形象的完美。她的牺牲虽有价值（为救他人），但不是必然的，它并不像润叶最终回归家庭的牺牲是她的性格的必然，晓霞的死，没有情节发展的必然性，只是作者为处理这难以解决的现实矛盾而人为设置的情节。这种落入俗套的处理方式，便使得田晓霞既具有现代思想、敏锐、激进、个性鲜明，又不失善良、贤淑、对爱情忠贞不渝的传统美德，从而最终完成了作者心目中一个完美、理想的女性形象。但这种完美性，恰恰反映了作者的思想意识，他已在有意无意间，秉承着自己头脑中固有的惯性思维——男权社会的思想意识来规范自己的人物，以妻性的眼光来塑造这一艺术形象。作者是一位清醒的现实主义者，他清楚地看到了这个爱情理想无法实现的必然结局，因而他没有人为地使他们结合；但他的现实主义又是不彻底的，他不能接受他们分手的合乎现实生活逻辑（不幸，这个现实逻辑又是男权社会的生活逻辑）的结果，因而人为地制造了一场事故，解决了矛盾，又维护了自己的创作的意愿、自己对生活的理想，而让晓霞毫无必要地死去。

因此，从某种意义说，田晓霞是被作者根深蒂固的男权思想牺牲掉了。作者的男权意识还表现在对兰花、润叶牺牲精神的肯定态度上。毫无疑问，作者不仅对她们可怜、不幸的婚姻抱有极大的同情，同时，也为她们能够含辛茹苦、心甘情愿地奉献、牺牲，持赞赏、肯定的态度。作者满怀感情地写兰花："不管别人对她丈夫怎么看，这个忠厚善良的农家姑娘，始终在心里热爱着这个被世人嫌弃的人——因为在这个世界上，只有这个男人，曾在她那没有什么光彩的青春岁月里，第一次给过她爱情的欢乐啊！"单纯、愚昧的兰花如此糊涂尚说得过去，但作者如此深情的笔调，不能不使人感到其男权意识的浓重，它抹杀了女性被男性奴役这一男权社会的婚姻实质，模糊了兰花在传统观念束缚下，由于盲目和不觉悟而导致的被欺骗的事实。

而当润叶来到李向前的病床前，作者也是满怀激情地写道："生活啊，生活！你有多少苦难，又有多少甘甜！天空不会永远阴暗，当乌云退尽的时候，蓝天上灿烂的阳光就会照亮大地。青草照样会鲜绿无比。花朵仍然会蓬勃开放。我们祝福普天下所有在感情上经历千辛万苦的人们，最后终于能获得幸福！"对于润叶来说，这迟来的"幸福"，总让人咀嚼得不是味。少平既为向前而难过，也为润叶姐而感动。在这里，牺牲意识被作者看作是优秀女性的精魂，男性世界的支撑，这都分明显示着作者浓重的男权意识。因此，无论是作品所营造的艺术世界，还是作者注视现实的目光，都是统照在男权思想之下的。

男权思想统治人类生活已达几千年，它并不是随着某种社会制度的消亡就消亡了，它成为一种深入社会以及每个人骨髓的思想观念及种种行为规范，久久地统摄着社会生活及人们的思想意识，人们会自觉不自觉地以此规范自身以及他人。它作为传统，维护着社会正常的秩序，形成一定的道德水准；但也因其性别的歧视扼杀着女性的本性与权益。这在很大程度上，也阻碍了社会的进步与发展。

——丁红梅、王 圣《男权思想统照下的女性世界》

第五章

立 春

立春阳气转。

——《节气歌》

你别无选择——这就是命运的题旨所在。正如一个农民春种夏耘，到头一场灾害颗粒无收，他也不会为此而将劳动永远束之高阁，他第二年仍然会心平气静去春种夏耘，不管秋天的收成如何。

——路 遥《早晨从中午开始》

王路遥的《入学申请书》

大队党支部、革委会根据全体社员的讨论意见，研究决定推荐王路遥同志参加报考。

1973年6月底7月初，陕西延川县的报纸广播发布了全国各大学招生的消息。得知消息的路遥喜出望外，几乎一刻没有耽误，就赶回到郭家沟，向所在的刘家圪崂大队递上了自己的《入学申请书》：

1973年，高等院校大规模的招生开始了，这充分反映了经过无产阶级"文化大革命"的我国文教战线的大好形势。新的招生办法，是这场革命的胜利标志之一。

大队党支部：

为了更好地为革命事业做出贡献，更好地为人民服务，提高自己的政治思想和理论水平，提高专业知识，做又红又专的革命战士，特向组织申请报考入学。

如果党让自己入学，就决心在学校为革命努力奋发学习，争取优异成绩，如果党让自己继续留在农村，就一定安心扎根农村，为彻底改变这里的面貌而不懈地奋斗。作为党的一员，我把自己的一切都交给了亲爱的党，在留与走的问题上，党怎样安排，我就按党的安排办，而且要办好。

附自传一份。

王路遥
1973.7.3

就在路遥将《入学申请书》递到刘家圪崂大队两天后，刘家圪崂大队召开全体社员大会，讨论了王路遥同志报考入学问题。

1973年7月5日晚上，我刘家圪崂大队全体社员讨论了王路遥同志报考入学的问题。

大家在讨论中一致认为：王路遥同志返乡以来，能认真、刻苦地读马列的书，学习毛主席的著作，虚心接受贫下中农再教育，努力为贫下中农服务。在两个阶级两条路线斗争中，能坚决贯彻执行毛主席的革命路线和政策，敢于和阶级敌人作斗争，热爱集体，爱护公共财产，能和贫下中农打成一片，团结一致，共同前进！勇于自我批评。在劳动中，能吃苦，不怕脏，不怕累，从不叫声苦，锻炼得很好。并能努力把自己的理论和实践相结合。

所以，全体社员一致推荐王路遥同志报考大学。大队党支部、革委会根据全体社员的讨论意见，研究决定推荐王路遥同志参加报考。

刘家圪崂大队：党支部
革委会
1973.7.5

这个通篇都是套话的会议记录，盖上了"城关人民公社刘家圪崂生产大队革命委员会"的红色公章，很快被送达到上一级组织——延川县城关人民公社革委会。

1973年7月10日，也就是上报公社五天后，一份《高等学校选拔学生登记表》就到了刘家圪崂大队选送的路遥手中。刘家圪崂大队和延川县城关人民公社都签署了同意的意见，并盖上了大红公章。

路遥在"选拔登记表"的"你对上大学的认识和态度"一栏写道：

社会主义的大学，是培养无产阶级又红又专的人才的学校。工农兵上大学是国家的需要，革命的需要，是毛主席无产阶级革命教育路线的胜利。如果革命事业和党需要自己上大学，就决心在学校努力学习，刻苦钻研，为我们的国家争气，为我们党的事业努力奋斗，争取政治思想和事业知识双丰收，报答党和毛主席的关怀。

如果党需要自己继续留在农村，就安心农村、扎根山区。为改变这里的面貌而苦干、实干一辈子。

一切听从党安排。

在"本人志愿学习的学校和专业"一栏，路遥填写的是：

1. 北京大学哲学系
2. 西北大学中文系（笔者注：后来修改时加上的）
3. 陕西师范大学中文系

——张艳茜《1973：作家路遥的高考》

"编号133"

> 这样容易的题都做不出,实感内疚,如果复习时间放长一点的话,还可以做出的……
>
> 王路遥语政分数是:83分,数学分数是:22分,理化分数是:30分,平均分数:45分。

1973年7月24日,正值中小学的暑假期间,延川县的招生考点设在延川中学——路遥的母校。参加考试的近一千名的报考者中,北京插队的知青占了很大比例。

考试两天,一共考了三门——语文、政治一张卷子,写一篇批判文章,数学一门,理化一门。

考试试卷由"延川县革命委员会文教局"安排审阅试卷。路遥的语文政治试卷所写的批判文章标题是:

《我从实践中获得了真知——批判刘少奇一类骗子散布的"天才论"》

路遥的这张卷面上留下了当时阅卷人将"获得了"的"得"上打了红叉的印记,肯定这是一个自己连"的、地、得"都判断不清的阅卷人。

这篇批判文章提供的"靶子"同样是一封信,以写给"远方的朋友"的书信体结构作为撰写批判文章的"靶子"。开头是:

接到了你的信很高兴,你问我"为什么能在农村写出歌颂我们伟大领袖毛主席、歌颂社会主义新农村和塑造出许多贫下中农英雄形象的文艺作品,而在我们原来的学校却不能呢?而那时候,同学们都认为你'天资聪明'呀……"好吧,现在就来回答你的发问。

路遥在这篇以回信形式写成的批判文章中,虽然充满了当时常用的大批判术语,而且引经据典摘录毛主席的语录,但是行文中,路遥主要叙述的是自他返乡后,致力于文学创作初始阶段的过程:

1968年,我响应毛主席的伟大号召,到农村插队落户,这时候,我除了亲自参加体力劳动,参加农村的各种运动外,而且亲身感受火一样的生活,火一样的斗争,亲眼看到了贫下中农为革命"一不怕苦,二不怕死"的无产阶级大无畏的精神。

有一次，一位贫农老大爷得了重感冒，但他坚持在田地里干活不回家养病，这种伟大的精神感染了我，教育了我，促使我把他们写出来。于是，我就在地头上，写下了这样一首诗：

年过六十不服老，

干活尽往人前跑。

明明感冒发高烧，

送肥他专拣高山峁……

支书劝，队长说，

谁说他就和谁"吵"：

咱队今年过"纲要"，

等靠老天过不了；

革命就要拼命干，

嘿，老汉走着就想跑。

这首诗受到了贫下中农的欢迎，大队还把它抄在黑板报上。后来咱们的《延安报》也发表了（这是我第一次在报上发表文章）。当时，我非常激动，这正是在实践中我获得了真知，如果不参加生产劳动，不和贫下中农一块生活一块战斗，哪能写出这样的作品?!……

在理化试卷的卷面上，路遥写下了这样一段话：

本人由于职业和工作的关系，七年未能复习化学，只在考试前翻了一下书，这样容易的题都做不出，实感内疚，如果复习时间放长一点的话，还可以做出的……

三份考试卷子上，按规定没有姓名，只有编号：133。

延川县招生办不久公布了考试成绩，王路遥语政分数是：83分，数学分数是：22分，理化分数是：30分，平均分数：45分。

虽然考试成绩不尽如人意，但对于路遥来说，短暂的时间里，能有这样的成绩已实属不易，比起其他考生的平均分还高出一些。下一步，政审按程序也顺利通过，路遥上大学的愿望就将实现了。

——张艳茜《1973：作家路遥的高考》

一瓢凉水泼在了他的头上

路遥又一次陷入绝望的痛苦之中。
申易给了他"父亲无法给予的支持，母亲无法给予的关爱"！

路遥清楚地认识到自己的思想认识、艺术素养和生活积累诸多方面的准备严重不足，他渴望自己能去一所理想的大学里深造！1973年，全国的许多大学开始招生，路遥喜出望外。可是，就在他正为自己的愿望将要实现之际，又有一瓢凉水泼在了他的头上。首先来延川招生的是陕西师范大学，县革委会首推路遥。可是，这个学校在政审中发现他是个"文革"中的"造反派头头"，认为是"三种人"，拒绝录取。这个意想不到的打击，几乎使路遥又一次陷入绝望的痛苦之中。如果说，三年前申易同志在县革委会核心小组会上，排除来自派性的干扰，秉公执法，免除了路遥有可能蒙受的冤狱之灾，那么，在当时的政治环境中，作为这个县的县委书记，他三次亲自去延安大学，力荐路遥，更见其非同寻常的胆略和远见。

当时，延安大学中文系党总支书记、系主任是郭玉宝。负责学生工作的系总支副书记申沛昌是申易同志的堂弟。在此之前，郭玉宝和申沛昌曾带着中文系"试点班"的二十多名学生来延川"开门办学"。他们对路遥的才华和文学创作中所取得的成就都有所了解。延安大学负责全盘工作的王云风同志，又是申易上"边区师范学校"时的老师。他坚信，自己的努力，一定会使"路遥"这个人才不被埋没。是啊，中央文件明确规定：在处理"文化革命"的问题时，凡初中学生的，不予追究；是高中生的，记录在案，但不做处理。可是，"左"一点，总比"右"一点好的实际情况，使许多老干部是"一朝被蛇咬，十年怕井绳"。

申易同志反复向延大中文系和学校领导解释：路遥在"文革"中是"初中学生"，"清队"时已做过审查结论，许多报刊对路遥的文学创作情况给予肯定和好评

1992年，也就是路遥病逝的那年4月，路遥和我在西安整整拉了三个通宵。那是我和路遥的交往中交谈时间最长、交谈内容最广泛、最深入的一次敞开肺腑的倾诉。几乎将他四十二年的生命历程，做了一次系统的回顾和梳理。第一天晚上，在省作协路遥的办公室里，另外的两个晚上，他让航宇在"雍村饭店"登记了一个标准间。当时，我对路遥的这一次交谈感到惊异。他为什么要对我讲这么多事情呢？也

申 易

许,是他对自己生命的终极时刻,有了某种可怕的预感!在那次漫长的交谈中,路遥给我讲述了许多位曾给予他巨大支持和帮助的好领导、好朋友,本文所讲的申易,就是其中的一位。是的,申易同志是路遥非常敬重的一位长者。他曾在一封给申易的信中说,申易给了他"父亲无法给予的支持,母亲无法给予的关爱"!……

——曹谷溪《在苦难的烈焰中涅槃》

基层政治家

在他们的努力下,路遥最终上了延安大学。

眼看着招生到了尾声,路遥仍没有着落。就是在这种情况下,县委书记申易亲自出马了,找他的堂弟——时任延安大学中文系主任申沛昌,详细介绍了路遥的情况,希望延安大学能收下路遥。在他们的努力下,路遥最终上了延安大学。

那么申易为什么要如此卖力地帮助路遥呢?要说清这一点,就得说说这位可敬的老人了。申易,陕西省安塞区人,来延川工作前为甘泉县主要领导,后来任中共延安地委常委、纪委书记。他是一位能办成大事的干部,他主政延川期间,办了三件在全国有影响的大事:一是大办沼气;二是扶持"赤脚医生";三是支持文艺小报《山花》。他是一位知人善任、善于发现人才的干部,为了支持那些已经做出成绩的人,他不惜自己冒风险。北京知青孙立哲赤脚医生当得好,他就千方百计支持他、推荐他,最后孙立哲成了全国赤脚医生的榜样;北京知青习近平在村里当大队支书,为了解决村民的烧柴问题,为保护当地已经稀少的植被,自费到四川学习建沼气的经验,并在村里推行成功,他就大张旗鼓支持他,在全县推广他的经验,并冒着风险推荐他上大学。推荐路遥也是这样,因为路遥做出了成绩,他就是想让做出成绩的人得到好处,受到重视,进而使全县人懂得"只要有作为,才可能有地位"。他不是一个一般意义上的伯乐,而是一个有远见的基层政治家。他这样做,不但提携了人才,引导了社会风气,还使自己的工作做得有声有色有名气。无论当时人怎么看待他,无论现在的人站在什么角度理解他,受过他扶持的人日后都用事实证明了他的不凡。

——海 波《我认识的路遥》

我建议录取路遥

> 我得知告状的是另一派群众组织的人,……说路遥在"文革"武斗中打死了人,有命案在身。
> 实际上路遥上大学以后,甚至工作以后,那些人仍然还在告状。

我当时在中文系工作,领导让我负责当年的招生事项。有一天,我的堂兄、时任中共延川县委书记的申易来延大找我。主要讲的是路遥上大学的事情。他说,本来县上把路遥推荐给西安某大学,但人家嫌路遥曾做过县上一派群众组织的头头,而且有人告状,所以不想在政治上惹麻烦,最后决定不予录取。申易知道我在延大中文系工作,就来找我联系。

众所周知,中国的20世纪80年代初期,还是一个"突出政治"的年代,评价一个人,主要不是看你的学识和才干,首先要政治审查(简称"政审")合格,录取大学生更是这样。从这个意义上讲,西安某大学从政治上考虑不予录取路遥也无可厚非。现在的问题是县委书记亲自找到学校,推荐路遥上大学,这可是一件严肃的事情。我和申易虽是弟兄,但我们办事情都有一个基本原则,那就是实事求是,按政策办事。我作为招生负责人,仔细询问了路遥的全面情况,特别问到两个问题:一是人家告状的原因和内容;二是县委的看法和结论。申易是个极其认真负责的人,他向我反复做了解释和说明。当我得知告状的是另一派群众组织的人,告状的原因和内容是说路遥在"文革"武斗中打死了人,有命案在身。但延川县的公检法机关经过认真调查,认为没有证据,不予认定。特别是延川县委正式做出结论,路遥在政治上没有问题,并竭力推荐其上大学深造。根据这些情况我向系上领导郭玉宝、学校领导张逊斌做了报告,建议录取路遥到中文系上学。我的意见得到了系上和学校领导的同意和支持。当时我们录取路遥上延大,多少还担待着一点政治风险。那就是西安某大学不录取,延大竟然敢录取,会不会带来什么政治上的麻烦(实际上路遥上大学以后,甚至工作以后,那些人仍然还在告状)。所以我们一方面果断录取,另一方面也小心应对。当时想好了几条理由:

1. 根据延川县公检法专案组调查,所告问题可以说事出有因,但没有能够成立的证据,不予认定。

2. 中共延川县委有明确的政审结论,不同的群众组织之间告状,不影响路遥上大学。

3. 我们1972年到延川县座谈调研,已知路遥爱好文学,颇有才华。录取这样的学生上大学,或许还能培养成一名有用人才。如果轻率地拒之校门之外,不仅可能断送他的前程,而且作为教育部门也是一种失职。

4. "文革"中后期,派性勃起,相互告状、攻击、司空见惯,不可轻信,更不可把一纸告状信作为凭证定罪。

事实上,由于延大党委和延大中文系在录取路遥这个问题上态度鲜明而坚定,原来担心的麻烦事情也没有发生,看来总还是邪不压正。

——申沛昌《十五年后忆路遥》

我第一次见到的王路遥同学

一天下午,他在宿舍里躺着看《创业史》,左手拿着书,右手揉着眼睛,自言自语道:"太难,太难啦,活个人真难……"他为梁生宝的事业流下同情的眼泪,他为那群明争暗斗的人流下酸楚的眼泪。

1973年9月初,延安大学中文学系来了一名延川学员。他穿着一身半新不旧的灰色长制服,挎着一个当时北京知青普遍用的黄帆布背包,脚上是一双浅蓝色球鞋;他个子不高,身体胖乎乎的,头部稍向前倾,留着青年运动发型;他脸刮得青亮青亮(全脸胡),单眼皮下两只目光深邃的眼睛,鼻子不大不小,厚嘴唇角带着丝丝微笑。这就是我第一次见到的王路遥同学。

路遥进校不久,就把自己全身心地投入到文学刊物和著作的海洋。他曾对我说:"50年代末60年代初,是中国当代文学的鼎盛期,出了不少好的作品,我要回到那个时期,和作家分享那酸甜苦辣、喜怒哀乐。"自习时,他多数在阅览室度过,翻阅了大量的文学刊物,

路　遥(中)

在我的记忆中,他最感兴趣的是《延河》《萌芽》《收获》《小说月刊》等。后来,他又出现在图书馆一次又一次,不知借了多少世界名著,一本接着一本读,有时在教室,有时在宿舍,有时在杨家岭革命旧址,像久旱的庄稼苗遇上了一场甘雨,尽情地汲取着水分和营养。他说:"延大是读书的好地方,依山傍水,特别是夏天,延河滩里清新凉爽,杨家岭上松柏翠绿,环境十分幽雅。"

路遥读书是有目的的,他为徐改霞的心事流下伤心的眼泪。我与他接触中发现,有的小说不只是读了一遍,而是两遍、三遍,甚至更多,一次他与几位文学爱好者交谈读书体会时说:"读书要有收获,就要按文学发展史的每个阶段,每个流派的代表作家的代表作去读,并要对你喜欢的作品重点地钻研,要会享受,会浏览、会大拆大卸。"当时我们对他的"大拆大卸"只是理解为一般的文章结构章节之间如何安排、联系、转折、照应,情节如何展开冲突如何布局,细节如何描写,人物如何刻画等等。

他对柳青的《创业史》就是这样精读细研的。在路遥的床头,经常放着两本书:一本是柳青的《创业史》,一本是艾思奇的《辩证唯物主义和历史唯物主义》,是路遥百看不烦的神圣读物。一天下午,他在宿舍里躺着看《创业史》,左手拿着书,右手揉着眼睛,自言自语道:"太难,太难啦,活个人真难……"他为梁生宝的事业流下同情的眼泪,他为那群明争暗斗的人流下酸楚的眼泪。

路遥用哲学的眼光看待一切,用科学的世界观、方法论分析一切,深刻地把握着事物之间本质的联系。他曾经说过:"一个优秀的小说作者,既是一位作家,又是一位社会活动家,还是一位思想家,柳青就是这样的人。"

《人生》以至《平凡的世界》的成功,不就是证明了这个精辟论断的正确吗?

——白正明《路遥的大学生活》

学校的规定，他总是"闯红灯"

……有时埋头思考问题，有时用手指拔着胡茬子，显得焦躁不安，一种紧迫感使他这个二十出头的人，显得分外老面。

学校规定，不准学员"开夜车"，可他总是"闯红灯"。晚上十一二点钟了，我看见他在教室里专注地写作或者读书，有时埋头思考问题，有时用手指拔着胡茬子，显得焦躁不安，一种紧迫感使他这个二十出头的人，显得分外老面。我总是陪不过他，过了十二点钟，我大都退回宿舍酣睡，而他仍然在空旷的教室里。

学员们都知道，他的床头经常放着两本书，一本是艾思奇的哲学名著《辩证唯物主义与历史唯物主义》，一本是柳青的名著《创业史》（第一卷）。他把这两本书啃得烂熟，不知翻了多少遍，还说他可以全部将它们背出来。我曾和他开玩笑说："你是不是要在那两本书里掏出金来？"他笑着说："金子倒没有，哲理却不少呀！"在党员生活会上，他总是侃侃而谈，见解精辟独到，的确令大家折服。

——王双全《我们的班长》

而今迈步从头越

大二以后，他的社会交往和社会活动很频繁了，活动圈子不仅是文化界、文学界，而且有北京知青和政界领导。

他常常读书到深夜，我的宿舍与他隔壁，经常起夜时看到他在灯光下读书、写作。

大二以后，他的社会交往和社会活动很频繁了，活动圈子不仅是文化界、文学界，而且有北京知青和政界领导。北京知青中他提到最多的是陶正、丁爱迪、孙立哲、林达、习近平、陶海粟、史铁生等在延川插队的知青。他还给我们讲孙立哲为农民看病的故事。

尽管路遥的社会活动多，但他喜爱的专业课缺得很少。为了便于学习讨论，我们班划分了三个学习小组，我和路遥同在第二组。组织讨论时，他的发言大胆、谦虚、准确。有时我知道某节课他没去上，但讨论起来有理有据，不仅是文学课，政治课、哲学课他都很清楚，这让其他同学刮目相看。我十分敬佩他的悟性与才气。《矛盾论》《实践论》他学得很深，而且能理论联系实际，以自己的生活事例阐明观点。

……

路遥最喜欢现代、当代文学，他读文学经典孜孜以求。他的枕头旁常常摞有一尺多厚的阅读书籍，他称之为"床头文学"。我所见到的有《鲁迅全集》，巴金的《家》《春》《秋》；茅盾的《子夜》《春蚕》，丁玲的《太阳照在桑干河上》，老舍的《四世同堂》《茶馆》，杜鹏程的《保卫延安》。还有毛主席诗词、徐志摩、艾青、李季、贺敬之、郭小川等的诗歌；冰心、沈从文、刘白羽、孙犁等的散文。

1975年前后是"火红的年代"，在他的带动下又掀起了一股新的读书热，几乎全班所有同学都在读柳青的《创业史》《铜墙铁壁》和浩然的《艳阳天》《金光大道》。狂热到他代表全班同学向校党委上书请求，带领全班同学去长安，聆听柳青给我们讲课，去北京大兴区跟随浩然体验生活，"开门办学"，创作实践。其中的一句话让我至今记忆犹新："学校不允许我们出去经风雨见世面，难道把我们禁锢在校园里，让我们原地踏步走？"计划虽未得到校方的批准，但我们阅读柳青、浩然作品的热情更加高涨。一本《创业史》让他读得"脱皮掉肉"，破烂不堪。他常常读书到深夜，我的宿舍与他隔壁，经常起夜时看到他在灯光下读书、写作。

——王志强《路遥和我们的大学生活》

"生活较散漫"

在老师和同学们眼里，路遥是一个特殊的学生。

三年里，他发奋看书，像海绵一样以最大的限度和空间来吸收各种知识，充实自己，丰富自己……他十分崇拜柳青，把《创业史》读了四遍。为了研究长篇小说，他熟读了《战争与和平》《青年近卫军》《堂吉诃德》等大量大部头中外文学作品。

他的学习阵地是学校的阅览室，他每天坚持阅读各种报纸，了解国内外新发生的事情，同时有计划、有步骤地翻阅了五四时期以后的各种文学期刊和主要报纸，了解新中国成立前那段时期中国文学的发展轨迹，弥补自己有生之前那段生活的空白，大学三年里，路遥为后来的文学创作奠定了丰厚的基础。

那时候，大学校园纪律比较宽松，允许抽烟，允许打瞌睡，老师讲课不好学生可以离课。这些条件正是散漫惯了的路遥感到如意的。

有时候，上课铃响了，同学们开始上到二层楼上的教室，路遥猫着腰怀揣着书由教室下楼一晃一晃地走出校门，或许是钻到杨家岭旧址哪个理想的旮旯，或许是到校门前的菜地埂下延河滩，一直看书到开饭前返回。

有时候，老师在讲台上正讲着课，他趴在桌上漫不经心地听着听着，就会发出熟睡的鼾声。讲义发下来了，我给他放进抽屉，他不仅不整理不阅读，急用时，抓出来捏成一团，就进了厕所。

在老师和同学们眼里，路遥是一个特殊的学生。

——徐来见《炽烈年华展雄才》

路遥把我家当作了他家

关于文学和人生的谈话，却是我们最好的佐料……他谈他在武斗时穿越林莽，眼看着与他同行的同学死在枪弹之下。

他就把省城和京城传来的最新消息和他最新的感受讲给我们，几乎每次都使我们有顿开茅塞之感。

从第一次在延安的窑洞里接待他，二十年来，仿佛我们就没有中断过谈话。那时我是延安地区文工团的一名编剧，他是延川县文工队的一名编剧，在他的眼里我和天芳都是充满神秘感的人物，因此第一次见面，他竟像一个十足的中学生，这不仅仅因为他的年龄不过二十出头，是因为他的拘谨的神态和那一身褪了色的红卫装。他带来一部歌剧的初稿征询我的意见，我记不得我当时胡诌了些什么，但从此，我们就永远成为谈友。他上延安大学了，把我的家就当作了他的家。每个星期日，我们清贫得只能用口粮中百分之三十的白面做一顿面片，但关于文学和人生的谈话，却是我们最好的佐料……他说他小时候吃不饱肚子，他谈他在武斗时穿越林莽，眼看着与他同行的同学死在枪弹之下，他谈北京在延川县的插队知青为他打开的新视野和新知识，他谈基辛格的《外交几何学》，谈苏俄和欧美的浩如烟海的名著，那么，关于《红字》，关于《战争与和平》，关于《茹尔宾一家》，关于普希金的抒情诗和叙事诗，就成了我们永远说不完的共同话题，而关于文学、关于理想、关于追求和未来，自然更是一切话题中的最重要的主题……大学未毕业，他就调进《陕西文艺》杂志社，当我尽忠职守而陷入炮制三突出剧本的泥淖中的时候，他却开始发表了小说，而此时他在我心目中又成为神秘人物。他每一次回延安，或者我们每一次回西安，他就把省城和京城传来的最新消息和他最新的感受讲给我们，几乎每次都使我们有顿开茅塞之感。

路遥和晓雷

——晓　雷《故人长绝——路遥离去的时刻》

一朵不知名的野花

　　一位二十多岁的青年穿着一身农民式的棉衣，坐在炕头憨厚地笑着，时而提出一些令人深思的文学创作问题。
　　这位青年的智商超过了他的年龄。他就是路遥。

　　记得，70年代初期，"四人帮"文化专制主义统治崩溃之前，我国文学界真可谓鸦雀无声，许多作家内心都是寂寞的、忧郁的。忽闻延川县几位青年作者办了一张《山花》小报,异常活跃,像山野中一朵不知名的野花耀人眼目。当时,我正在为刚刚复刊的《延河》筹稿,便和问彬一块去延川县看望这几位《山花》的编辑和撰稿人。

在延川县一个土窑洞里,一位二十多岁的青年穿着一身农民式的棉衣,坐在炕头憨厚地笑着,时而提出一些令人深思的文学创作问题,一听就知道是隐射文化专制主义的统治者。我这才注意到,这位青年黑黑的方脸盘上有一双聪慧机智的眼睛。他的善于思考和提问题的勇气,给我留下了深刻的印象,这位青年的智商超过了他的年龄。他就是路遥。

我把他为《山花》写的短篇小说《优胜红旗》带回编辑部,在复刊的《延河》上发表了(当时叫《陕西文艺》)。他的处女作在省级刊物发表之后,就和他有了书信往来,期望他有更多的新作发表。与此同时,陕西各地区涌现出一大批有才华的青年作家,同样引起编辑部极大的兴趣。这是文坛寂寞多年后必然出现的现象。

不久,路遥被延安大学中文系录取,这期间他继续为《延河》写稿。当时编辑部实行一条新的制度:从大学中文系或业余作者中请部分同志轮流帮助工作,一则为了缓解编辑部人少看稿繁重的需要,再则,这样做对培养作者十分有利。实践证明,不少同志在《延河》工作一段时间之后,欣赏和写作水平得到很大的提高。路遥在延安大学学习期间也曾来编辑部实习了一段时间,他的工作效率、工作质量都是比较突出的。

——贺抒玉《短暂辉煌的一生》

人生紧要处只有几步

渐渐地我被他那真挚的语气和深沉的思考所吸引……我心里不禁感到有点震惊!这个年轻人不简单!

我清楚地感觉到坐在我面前的这个陕北小伙子,在文学上蕴藏着某种潜力,一旦具备了必要的条件,他会做出成绩来的。

1972年秋天,我们这些"裴多菲俱乐部"的成员,被发配到边远农村去劳动改造刚回到城里,上级令我们筹备恢复《延河》文学月刊,当时的陕西文学界和全国其他地方差不多，七零八落，一场黑霜过后草木都处于凋零之中。没有作者队伍，刊物将如何办？这是当时我们考虑的首要问题。于是我们分头到全省各地去发现作者，有了作者队伍，刊物才有基础。去陕北的同志带回来一篇小说，题目是《优胜红旗》，作者署名为路遥。他们是从延川县文化馆办的一份名叫《山花》的小刊物上发现的。小说写的是农业学大寨运动中的一个小故事，文笔清通，有生活气息，故事也颇具意味。但作者是个什么样的人呢？不甚了了。在复刊的第一期1973年7月号上把它刊登了。路遥就这样开始向中国文坛走来。

当年10月下旬，编辑部召开了一次创作座谈会，路遥来参加了。一天晚上，在路遥住的房间里，和许多年轻作者一起闲谈，原来那些人陆续走了，最后只剩下我和路遥。由于《优胜红旗》那篇小说给我留下很深的印象，我就不由得把坐在面前的它的作者路遥，仔细打量一番。个头不高，敦敦实实，脸上一副淳朴憨实相，整个人给人一种黄土高原的厚重感。丝毫没有那种所谓的艺术气质和浮泛的才子气。说起话来也不是那种口若悬河、口齿伶俐的人，说话不急不慢，好像每句话都是经过思考后才说出的。我问他那篇小说是怎样想出来的？我想从他的叙述中摸摸他的文学底子，这可能是我多年来做编辑的一种积习吧，总喜欢了解一些作者多方面的底，以后打起交道来更容易沟通。他却不假思索地说："那是习作，随便写的……"他似乎对他这篇处女作并不怎么重视，不像有些作者对自己的处女作能在省级刊物上发表常有的那种欣喜和抑制不住的喜悦。

"我想和你谈谈我自己。"他沉吟了一忽儿，于是他从他的身世、家庭说起，后来着重说了他在"文革"中的经历。我一边吸烟，一边认真听着。渐渐地我被他那真挚的语气和深沉的思考所吸引。当时"文革"尚未结束，各方面还在"继续革命"。他，一个二十三四岁的年轻人，对中国当代史上这场浩劫，予以尖锐的批判，他的批判不止是从个人经受的磨难出发，而是从国家民族的前途着眼的……我心里不禁感到有点震惊！这个年轻人不简单！

下放农村三年当中，我对"文革"中发生的各种事情，进行过认真仔细的回忆和思考，我搞清了不少问题，但有不少问题还没有思索得很清，而他，一个年轻人，思想却这么锐敏而深刻。我清楚地感觉到坐在我面前的这个陕北小伙子，在文学上蕴藏着某种潜力，一旦具备了必要的条件，他会做出成绩来的。

那时他在延安大学中文系上学。那时的大学搞什么"开门办学"，学生经常到社会上去搞各种活动。后来我问他：愿不愿意到编辑部来帮忙工作一段？那时候也讲"开门办刊物"一走出去，请进来，给知识分子成堆的地方"掺沙子"，编辑利用这种风气，把一些有希望的作者请来编辑部帮助工作，想从实际工作中培养提高作者。路遥表示愿意来。大概是1974年冬天，他来到编辑部，在小说组协助看稿。

直到 1975 年秋，学校来函要他返校，准备第二年毕业。

在编辑部这一段时间，他生活非常艰苦，除每月编辑部给他一定的生活补贴，除去吃饭所剩无几，只能抽一些劣质烟，穿几件布衣裳，节假日，有时我把他请到我家吃一顿便饭，但他精神上显得很愉快，工作得很认真。他对稿件的鉴赏能力比有些正式编辑还要强，对一篇稿子的优缺点往往会一针见血地指出。编辑部让他到关中和陕北去组稿，四年后他还根据自己在各地的见闻，写了几篇散文。从几篇散文中，我发现他的观察力很敏锐，在篇幅不大的文章中，能传达出浓郁的生活气息和某种氛围，其中还不乏某种幽默感。这些散文先后都在刊物上发表了。

1975 年秋，全国农业学大寨会议上，陕北的吴堡县被树为学大寨先进县。作家李小巴和我决定去吴堡进行一次访问。我给路遥写信约他能和我们一起去。路遥回信说，10 月份中文系同学要到吴堡去采风，搜集民歌，到时候会在那见面。我们到了吴堡，县上有关部门给我们介绍了一些情况，两天后，我和小巴同志步行，对吴堡进行了一次马蹄形的巡回访问……

一天，路遥来了，路遥说，他的稿子写成了，让我和小巴看看，不知行不行？他心里似乎没有太大的把握。我们看后，觉得基本上可以，只是觉得历史的氛围不够充分。我们把这种感觉告诉了他，并建议他在哪些地方加强。第二天下午，他把稿子拿来了，修改了。我们看后，感到很满意。我十分欣喜，不由得又把他打量了一会儿。这个看上去有点笨拙的小伙子，悟性却很高！他不仅善于理解意见，而且还能把别人的意见很快化为自己的感受，很自然地融汇到文章中去！

回到西安后，我和小巴同志分别写了些段落，连同路遥写的那部分，组合成一篇三万多字的访问记式的散文《吴堡行》，在《延河》月刊上发表了。后来这篇散文被北京外文出版社译成英文，在英文版《中国文学》上登载了。

——董　墨《灿烂而短促的闪耀》

借调到《陕西文艺》做编辑

"我在编辑部半年的工作比咱在校三年都学得多！那里才是真正学习和锻炼人的地方。"

1974年夏，复刊不久的《陕西文艺》(今《延河》)因编辑人员短缺，决定借调路遥去做杂志的编辑工作。

因为在此之前，路遥的作品就已陆续发表，在陕西文艺界有了名气，并于1973年应邀出席了《陕西文艺》编辑部召开的创作座谈会。座谈会上他大开眼界，同时认识了陕西文化界他所尊崇的一些名人。"文学陕军"的老前辈们，包括胡采、王汶石、李若冰、王丕祥等老作家慧眼识良才，编辑部借调实习编辑，路遥自然是合适人选。延大中文系也很支持，慷慨派他去做编辑。

一到编辑部，他就受到老编辑和领导的器重。副主编贺抒玉亲自培养扶持他，资深编辑董墨、李知亲自指导他，让一位在校大二的实习生挑起了小说散文组的编辑重担。他一边工作，一边创作，是年8月，经渭北平原的实地体验采访，他创作完成了第一篇得意之作，长篇散文《银花灿灿》，发表于《陕西文艺》1974年第五期上，署名"路遥"。此后，他再次深入渭河水电站建筑工地，与水电建设大军同吃同住同劳动，创作出第二篇散文《灯火闪闪》，发表于《陕西文艺》1975年第一期上，署名"小路"。他的作品的发表在我们班上引起了强烈震动，同学们争相传阅，纷纷要求征订《陕西文艺》。

1975年初，路遥圆满地完成了编辑工作返回学校，继续和我们一同上课、"开门办学"，履行他的班长职责。一天，我好奇地问他当编辑的感受，他习惯性地弹弹烟灰，显示出自豪的样子，微微一笑："我在编辑部半年的工作比咱在校三年都学得多！那里才是真正学习和锻炼人的地方。"

——王志强《路遥和我们的大学生活》

北上实习

"今后，我要写一篇小说——《成吉思汗》。"

1975年春天，学校来函要路遥返校，参加毕业前的写作实习。这段时间里，路遥创作的散文《灯光闪闪》和《不冻的土地》分别在《陕西文艺》1975年第1期和1975年第5期上刊出。

当时学校安排的写作实习有两个方向：一路南下西安，去的学生比较多，由老师带队,在一家工厂实习;另一路北上榆林,到榆林报社做新闻写作实习,从西安回到学校的路遥,选择了北上。

与路遥一路北上榆林报社实习的是张子刚、高其国、王双全、白凤武、白正明和师刚强共七个同学,没有老师带队。榆林报社派了专人做具体指导,由同学分组采访,写出初稿后,七个人一起对采访稿进行讨论,提出修改意见,交还给写稿人修改,然后再送交报社的编辑去审阅。每次讨论稿子,路遥的意见都很有建设性,毕竟是在《陕西文艺》做过实习编辑,对修改文章轻车熟路,实习期间同学写的好多稿子是按照路遥的意见修改的。

实习期间,路遥一个人来到榆林北面二百公里之外的成吉思汗陵,站在这位世界史上杰出的政治家、军事家陵墓前,对于这位蒙古帝国可汗——成吉思汗,路遥钦佩不已。回到榆林后,路遥激动地对一同来实习的同学高其国说:"今后,我要写一篇小说——《成吉思汗》。"

——厚 夫《路遥传》

第一排左起:王双全、高其国;第二排左起:师刚强、白凤武、白正明;第三排左起:路遥、张子刚

"身无分文，心忧天下"

> 早熟的路遥就形成了两个梦：一个是政治梦，一个是文学梦。
>
> 他对政治的敏感和审视，既深刻又独特，远远超出常人，甚至一些职业政治家。

我曾给一些朋友讲过，在我的记忆里，至少是很多从事文学艺术的人，对政治不感兴趣，甚至避之唯恐不及，厌恶政治染指文艺，往往还把为官从政的人视为政客，不愿为伍。

但是，从我所知所处的路遥来看，应是一个特例。通过大学三年相处和以后的交往，我可以明确而肯定地说，路遥是一个酷爱文学又关注政治的人。如果要用一个比例来划分，我倒真的感到为难了。固然，路遥最终是以文学的成就而闻名的，但这并不能抹杀和掩盖他对政治的关注和曾有的政治抱负。我认为，说明这一点，对于研究文学与政治的关系，研究路遥的成长与成功，都是有价值的。

现在，人们对于路遥的文学成就，已是耳熟能详，有口皆碑，无须我赘述。我在这里，只想就路遥对于政治的敏感和关注，提供一些事例，做一简单的分析和评议。无须讳言，照我看来，路遥是一个年少有志、才华出众、不甘平庸、追求成功的人。他从小生活在一个穷乡僻壤的山沟里，饱受饥寒，历经坎坷，这对于性格刚强、不甘示弱的路遥来说，慢慢就产生了一种摆脱贫困、改变现状的朦胧心态。随着上学读书，接触社会，早熟的路遥就形成了两个梦：一个是政治梦，一个是文学梦。这时，正好遇上了史无前例的"文化大革命"，他参加了一派群众组织，并且当上了头头，直至成立革委会，"荣任"县革委会副主任（按现在的级别是副县级领导），这可以说是他在政治上初显功力，小试牛刀，希冀通过政治舞台，出人头地，有所建树。但是，随着"文化大革命"的结束和被否定，他那刚刚起梦还未醒未圆的时候，就被残酷的政治原因击得粉碎，以失败而暂时告终。好在天无绝人之路，路遥还有文学方面的爱好和才华。他开始写一些诗歌散文等，并陆续在县办《山花》和省级刊物上发表，逐步形成一定的影响。后来赶上各大学招收工农兵学员，他被艰难而幸运地选到了延安大学中文系就读。从此，他更多地倾心于文学，把文学作为自己的主攻方向，并为实现其文学之梦而跋涉和准备着。但是，即使如此，在他内心深处，仍然没有割舍和放弃他对政治的那种特有的敏感和关注。他对政治的敏感和审视，既深刻又独特，远远超出常人，甚至一些职业政治家。他所关心的政治视野，已不再是一县一派的成败得失，而是党和国家、军队和民族的前途和命运。他当时的精神状态，确实是"身无分文，心忧天下"，他的谈吐和见解使我们这些在高等学校从事政工工作的人都感到惊讶。

由于我在中文系分管学生工作，对路遥的情况比较了解，交往也多。经过一段时间的相互接触交谈，渐渐地有了一种信任和默契。特别是在20世纪70年代，正处于"文革"中后期，政治舞台上风云变幻莫测，国人皆以"谈虎色变"来看待政治，稍有不慎，就会打成"反革命"，列入另册。但是，就在这种政治形势和背景下，路遥在同我的交谈中，仍然明确而坚定地表示了他对政治、对形势、对国事的看法和见解。其中有两件事情给我的印象最深刻，至今言犹在耳，难以忘怀。

其一，在1974年全国性的批林批孔运动中，由我带队率路遥一班的同学，到延川县进行批林批孔的宣讲活动。其他同学分到各公社各乡村宣讲，我同路遥留在县上，负责同各地联络和协调，相当于担负现在的一个办公室的部分职责。这样，我们就有了更多的时间朝夕相处，接触交流。路遥上大学前是回乡知识青年，又是文学爱好者，他同在延川插队的北京知青有着广泛的联系，结交了不少朋友，甚至还同北京知青林达恋爱结婚。正因为如此，路遥的信息渠道不仅通畅快捷，而且内容丰富，题材重大。他所知道和传播的信息都十分敏感而又惊天动地。我记得他给我说，什么批林批孔，那只是个幌子，实际上是批林批孔批周公，批判的矛头是直接指向周总理的。……这时的路遥，已经完全没有文质彬彬、激情如火的诗人气质，有的是叱咤风云、欲与天公试比高的政治家的形态。

其二，1975年夏，路遥利用暑假同林达一起去了一趟林达的老家福建。他在回校前给我写了一封长信，细说了他在沿途的所见所闻、所思所想，以及他所感受到的人心民意和国家面临的形势、未来发展的走向。通篇用文学家的激情，写政治家关注的事情。他说，沿途百姓都对国事十分关心，对"四人帮"怨声载道，同仇敌忾，对党和国家的前途深表忧虑。只是心照不宣，敢怒而不敢明言。但是，从总体形势，从人心所向，从历史发展的规律来看，"四人帮"倒行逆施，不得人心，已到了穷途末路。当今中国，正处在黎明前的黑夜，曙光就在前头。只要我们坚持不懈，顽强斗争，就能"于无声处听惊雷"。后来，时隔一年多，"四人帮"彻底垮台，事实证明了路遥对政治形势的分析判断和预见是完全正确的。……

总的来讲，路遥在延大求学三年，把主要的时间和精力还是放在对文学创作的积累和准备上。他一方面坚持上课，系统学习中外文学史、文学理论和文学创作知识，一方面在课余时间遍览名著，吸取营养，同时还抽暇写作，先后在《陕西文艺》

发表多篇诗歌和散文。由于他在文学方面的基础和上大学期间的突出表现，1975年《陕西文艺》编辑部将他借去当见习编辑。1976年他毕业的时候，《陕西文艺》编辑部负责人王丕祥又专程来延大，同当时延大党委书记张逊斌协商同意后，分配路遥去《陕西文艺》当文学编辑。从此，路遥正式走上了他梦寐以求的文学之路。

——申沛昌《十五年后忆路遥》

鸿鹄之志

从此，路遥就开始了他梦寐以求的文学生涯。

1976年夏天，路遥从延安大学中文系毕业了，面临着职业的选择。按照当时省教育部门的规定，延大毕业的学生一律不向关中分配，只准分配到陕北各地县。

而路遥的意愿希望能到省上的文学单位工作，以实现自己的鸿鹄之志；而编辑部几位负责同志也看准了路遥是棵好苗子，在文学上会有发展，决心要把他和当年陕西师大中文系毕业的白描一齐调来。

为此，我陪同机关一位领导同志，到省高教局跑了好多趟，终于打通了关节，取得他们的理解，同意把路遥分配到《延河》编辑部。而白描因为是师大毕业，必须教学，当时未能要来。省高教局已同意把路遥分配来西安，但听说延安地区几个单位要留下来不放，于是我们编辑部的两位主要负责人专程去延安做了一番工作。8月间路遥终于来到了《延河》编辑部工作了。

从此，路遥就开始了他梦寐以求的文学生涯。

——董墨《灿烂而短促的闪耀》

伯乐喜得千里驹

"哈！你们主编、副主编都来了，一看这阵势就是非调路遥不可！"

1976年夏秋之际，路遥就要大学毕业了。编辑部几位领导同志都认为路遥在文学编辑和文学创业上蕴藏着较大的潜力，很想调他来《延河》工作。听说延安大学那期毕业生分配方案已定，全部就地消化。为了克服这个难题，我们先到省高教局去通融，得到支持后，我和当时《延河》的主编王丕祥同志亲自出马到延安。一到延安，我们立即去找延安教育局和延大的领导同志，记得有位负责同志幽默地说："哈！你们主编、副主编都来了，一看这阵势就是非调路遥不可！"

延安地委宣传部、教育局和延大的领导都十分慷慨地支持我们的工作，同意了我们的要求，连想调路遥的延安地区文创室也做了让步。只是有一条，要我们等到应届毕业生全部分配完毕，最后再分路遥，这样做不影响其他同学的情绪。

我们怀着感激的心情，按照学校的要求耐心地等待。就这样路遥走上了编辑岗位。由小说组初审复审到小说组副组长，只有四五年的时间，这期间，我对路遥有了较多的了解。

——贺抒玉《短暂辉煌的一生》

"延大啊，这个温暖的摇篮……"

这是路遥人生中，在走向文学巅峰的征程中，一个重要的转折点、关键期和里程碑！

说到路遥与延安大学，有两件事值得一提。一是，著名文学评论家、中国社科院文学研究所原所长何西来，在为《路遥纪念集》写的序言中说："路遥的母校延安大学,也是以他们培养的这颗文学巨星,而感到光荣。"又说,如果延大不让路遥走进高等学府,接受科班的文学教育,"那么路遥的人生就会是别样的"。二是,1988年,延大五十周年校庆前夕,我在延安宾馆遇到路遥,请他为延大校庆题词,并为中文系师生作一场文学创作方面的报告,他都欣然应允,立即落实。其中为延大校庆题词是"延大啊,这个温暖的摇篮……"我以为这是路遥自己认可,延安大学就是他成长成功的"温暖的摇篮"。……

实事求是地说,路遥在上延安大学之前,是一位初中学历、具有文学天赋、文学才华的文学爱好者,还不是公认的诗人,更不是作家。连习总书记同上海东方卫视曹主持对话时也说,路遥那时写诗,还没有写小说。

所以,公正地说,路遥进入延安大学在这个温暖的摇篮里,接受了三年科班的高等文学教育,这是路遥人生中,在走向文学巅峰的征程中,一个重要的转折点、关键期和里程碑!

——申沛昌《路遥与延安大学》

延安大学中文系七三级毕业留念

扼住命运的咽喉

从这点上说，路遥是时代的幸运儿。

路遥十分喜欢柳青《创业史》中的一句名言："人生的道路虽然漫长，但紧要处常常只有几步，特别是当人年轻的时候。"他懂得如何抓住青春的时光认真读书，更懂得读书与丰富阅历的目的是为了更好地创作。

路遥在延大中文系上学期间，坚持自己的文学表达。他进入延大上学前，就在《陕西文艺》1973年创刊号"延河在我心上流"栏目发表短篇小说《优胜红旗》。当时的《陕西文艺》，是"文革"时期除了《解放军文艺》之外的第一家复刊的省级文学刊物。陕西的文学爱好者要走上文坛，必须通过这座"桥"。严格意义上，《优胜红旗》是路遥在省级文学刊物上公开发表的第一篇小说。缘于这篇小说的刊发，陕西文坛才真正注意到路遥的存在。

1973年10月，路遥应邀参加了《陕西文艺》编辑部召集的创作座谈会。路遥是位善于抓住机遇的年轻人。也就是在这次座谈会上，他认识了原"裴多菲俱乐部"成员、负责筹备《陕西文艺》的知名编辑董墨。他向董墨倾诉了自己，包括身世、家庭以及在"文革"中的经历。董墨发现这位年轻人思想敏锐而深刻，在文学上蕴藏着某种潜力。董墨问路遥："愿不愿意到编辑部来帮忙工作一段时间？"这自然是路遥求之不得的事情。

1974年冬，路遥来到《陕西文艺》编辑部，协助小说组看稿。这个机会，使他更近距离地了解"文革"时期的陕西文坛情况，得到陕西著名文学编辑的耳提面命。路遥在《陕西文艺》前后大体实习了一年左右。1975年秋，延安大学中文系来函，要他返校准备毕业。这样，他才告别省城。这次愉快的实习，为路遥打开一扇观察世界的新窗户，也给他日后大学毕业顺利进入《陕西文艺》工作埋下了重要伏笔。

1976年夏天，路遥从延安大学中文系毕业，面临着职业的选择。大学毕业，是人生的重要转折点，关系到一个人一生的命运。按照当时省教育部门的规定，大学毕业生要"社来社去"——即从哪里来再分配到哪里去。延大中73级三十名学生全部来自陕北的延安和榆林地区，在毕业分配上不可能有省上的指标。本来，按照路遥在文学创作上的突出表现，学校有意分配他到延安地区文化馆编创组工作，这个分配也说得过去。可是，路遥已有鸿鹄之志，他希望能分配到省上的文学单位。

一方面是路遥有想进入省级文学单位的意愿，另一方面是《陕西文艺》编辑部的几位负责同志也看准路遥是棵好苗子，在文学上会有出息，下决心把他挖过去。然而，这并不是件容易事。《陕西文艺》属陕西省革委会文化局管，延安大学属于陕西省革委会教育局管，这在行政隶属上属于两个系统。这样，首先要征得省文化局同意，再要征得延安大学同意，然后要通过省文化局协商省教育局，把路遥的派遣手续办到省文化局。这样乱麻一样的环节中的任何一环出问题，都会导致前功尽弃。而且编辑部听说延大毕业生的分配方案已定，全部就地消化。为了克服这些难题，《陕西文艺》的负责同志几上省教育局，打通关节。主编王丕祥和副主编贺抒玉还亲自出马，一起去找延安地区教育局和延安大学的领导同志。看到《陕西文艺》负责人求贤若渴的样子，一位负责同志幽默地说："哈！你们主编、副主编都来了，一看这阵势就是非调路遥不可！"

就这样，抱着非挖不可决心的《陕西文艺》负责同志做通了延安方面的工作。延安地区宣传部、教育局、延安大学的领导同意他们的要求，连想留路遥的延安地区文化馆也做了让步。只是有一条，等应届毕业生全部分配完毕，再分路遥，这样不至于影响其他同学的情绪。就这样，1976年9月13日，陕西省革委会教育局正式给陕西省文化局发去《关于延安大学应届毕业生王路遥同志分配问题的复函》，同意路遥分配到省文艺创作研究室工作。

个人要干成一番大事业，除了拥有雄心壮志与勤奋努力之外，还远远不够，还需要机遇，还需要伯乐的赏识。

从这点上说，路遥是时代的幸运儿。

——厚　夫《路遥传》

第 六 章

惊 蛰

惊蛰芦林闻雷报。
——《节气歌》

作为共和国的同龄人,少年路遥和少年中国不期而遇,于是有了《惊心动魄的一幕》……

路遥的缺点

> 他这人有一身的优点：刻苦、勤奋、沉着、冷静。却也有不少的缺点：散漫、清高、孤傲。

记得一位作家曾讲过这样一句话："搞文学的人要善于发现好人的缺点，坏人的优点，并能把他写出来，这才有可能写成有影响的作品。"那么，路遥呢？他有缺点吗？我的印象是：他这人有一身的优点：刻苦、勤奋、沉着、冷静。却也有不少的缺点：散漫、清高、孤傲。

他生活最能凑合。常常五分钱的咸菜能吃几顿，一小碟油炸花生米能吃几天，吃烤焦的干馒头几乎伴随了他整整二十年的写作生涯。我极少见他按时吃过早饭。因为他养成了睡懒觉的习惯，一觉爬起来都是九点到十点了，这阵子谁个能给你准备好现现成成的早吃呢？可他并不是不吃，这个时候他那早在夜里就塞在炉子里的红苕或者搁在炉盖上面的焦干焦干的馒头，便是他的一顿美餐。我曾经问过他："你最烦什么？""上宴席，这既浪费又耽误时间，真没意思。"这一思想似乎贯穿了他的一生。

其实，他也委实有些散漫，先是难得他打开门，九点以后慢腾腾地门被打开了，屋子里便见的是满地的烟蒂，闻得的是难闻的气味。他不太习惯用香皂洗脸，用块湿毛巾擦吧擦吧就算完事。很多时间，我见他早晨根本就不刷牙。他大约也算他的账了：上宴会能浪费多少时间，闲聊能浪费多少时间，洗脸能浪费多少时间，刷牙能浪费多少时间，等等。也真够他精的，可未免也太那个了……

——袁银波《相识在〈延河〉编辑部》

"只怕是出事了。"

> 就是这间斗室,差一点过早地葬送了我们这位后来应该称之为伟大的作家的命……

大约也就是1978年以后,编辑部的领导不知道是觉得路遥没个"窝"不行,还是嫌他把办公室弄得太窝囊怎么的,便去同文创室办公室商量,为路遥争取得一间小小的十平方米的宿舍。它在小说组正对面北一排的砖房最东头,是一个比较阴暗的角落。所幸的是,那门口满布着爬墙虎,并有各种颜色的牵牛花在那里爬上爬下,却也别有一番风味。可就在这个阴暗的斗室里,路遥开始了他最辉煌的写作生涯和酝酿准备。而且,就是这间斗室,差一点过早地葬送了我们这位后来应该称之为伟大的作家的生命。

冬季的一天,干冷干冷。上午八点三十分,全编辑部的人都聚集在了小说组,准备开编前会,时间过得很快,说说话话地就已到了九点,可还不见路遥。

"咋搞的,路遥这家伙咋还不来?"主编王丕祥问。

"肯定还没起来,那家伙真能睡呢!"有人说。

"他整夜写东西,这阵子咋能起来?"有人这样说,那话里包含了多种意思。

"不对吧,也该起来了。"深知路遥生活习惯的副主编董得理这样说。

"叫去,小袁快叫去!"王主编对我说。

跑到路遥门口,先"咚咚咚"地敲门,屋里无人应声。再"路遥、路遥"叫半天,还是没人吭声。无奈,我只好趴着窗台翘起身子看,可路遥把玻璃全用白纸糊得死死的,一点儿也看不见。我拐回来告诉了编辑部领导。

"只怕是出事了。"老董最先脸上一变。他亲自去敲路遥的门,并凭着大嗓门高声在门口狠吆喝,可仍是喊不响叫不应。他急了,喊道:"快,撬门,砸玻璃!"

我们几个小伙子砸烂了一块窗上的玻璃,跳进去,只见路遥正裹着棉袄穿着衬裤,狼狈不堪地躺在门口,脸色苍白苍白,鼻子里只有出的气没有入的气,啊,他煤气中毒了!

于是,我们先打开门,再揪起路遥,给他穿好衣服,用大衣裹了裹,把他揪到院子里的一把椅子上。再细检查时,原来是他屋子里烟囱的铁锈堵了炉子,这才导致了一场路遥中煤毒的闹剧。

奉领导之命，我去骑来辆三轮车，计划拉路遥去医院。可是，这时藤椅上的路遥已悠悠醒过。大约是阎王爷差来的索命小鬼已知道把索命索套错了对象，这个路遥才未酿成一场人间的悲剧。

路遥醒过，竟是未去医院，并向大家谈起中煤毒的经过。原来，因晚上写东西睡得太晚，天快亮时他觉得头晕，想爬起来，竟身不由己滚到了床下。人虽然爬到了门口，却无力站起来开门也喊不出声来，就那么晕了过去。

只为路遥的这次中煤毒，编前会只好推到了下午，大家全都惊中有喜，都说路遥福大命大造化大呢！

——袁银波《相识在〈延河〉编辑部》

金盆打了分量在

> 多年来，路遥心里一直埋藏着一种负罪感和一种真诚的忏悔。现在，……这种情绪释放出来。

在1978年冬天那起煤气中毒事件之后，路遥躲在那间小屋里，闭门谢客，一周之后，一篇极具挑战精神的中篇小说诞生了。

路遥将这篇小说——两本八开大稿纸的手稿，先拿给诗人晓雷看。小说标题处是空白，只有一句话：金盆打了分量在。晓雷一口气读完那部初稿。

只觉得脊背上冷汗津津，心里边波涛汹涌。这是用否定的态度，正面描写"文化大革命"的残酷与丑陋的小说，那时，我的心理还停留在一种旧有的理论定势中，恪守着一种所谓的发展和贡献的论断，忽然看见一部讨伐史无前例的"文化大革命"的檄文，不能不感到震惊。当路遥征询小说的题目时，我们俩你一言我一语地商讨，最后觉得《牺牲》一题最为恰当，既是点名主人公在两派的斗争中牺牲了肉体，又暗示主人公和两派群众组织都做了一次无谓斗争的牺品。（晓雷《颓败的瓦屋》）

之后，路遥又拿给李小巴、董得理审读，虚心听取他们的意见。……作为曾经深层次参与过"文化大革命"，参与过武斗动乱的人，路遥自己其实到后来也是一个受害者。在"文化大革命"中,对那些老干部的错误批斗,多年来,在路遥心里一直埋藏着一种负罪感和一种真诚的忏悔。现在,路遥以文学的形式,在这篇小说中将这种情绪释放出来。

——张艳茜《平凡世界里的路遥》

有一天,他突然告诉我,他采访了一位县委书记,记录了一大本,那素材几乎是一部现成的小说,更何况他有"文化大革命"中的亲身经历和生死体验,他说他要写成一部长篇小说,果然他只用了一周时间就写成几近六万字的初稿交我看。我看过后的第一感觉是震惊,既震惊这部小说的真实感和我的朋友闪射出来的令我羡慕甚至嫉妒的艺术才华,又震惊于这部小说主题和思想的超前。那时我的思想还深陷在"文化大革命"好的长期喧嚣形成的樊篱中,而如今由我的朋友捧出一部讨伐"文化大革命"的檄文,怎能不让我感到惊恐呢?但我的真诚认可了这作品的真诚,我毫不含糊地肯定了它,并表示我的支持。我们在共同商量这作品的题目,似乎叫作《牺牲》,意思是表面写一位县委书记在"文化大革命"的批斗中牺牲了,实际深意表明不仅这位县委书记是"文化大革命"的牺牲品,而且所谓的造反派和保守派都同样是"文化大革命"的牺牲品。我认为这就是诗意,而关于诗意,是我们最为感兴趣的问题了。不知什么原因,《牺牲》发表时被改作《惊心动魄的一幕》,并且获了全国奖,但我至今仍然以为《牺牲》是更为理想的题目,也许,这是因为这个题目联系着我与路遥那一段永远难忘的交往……

从那时开始,我对路遥有了更深入的理解,这不仅使我更充分地认识了他的艺术表现的潜力,而且更认识了他的思想的深度。他不是那种浅尝辄止的人,更不是人云亦云的人,他保有对生活的独特感受与思考,并极力用一种不同于人的表达方式传达给世界,所以,他发出的是属于他自己的声音。

——晓 雷《雪菲菲兮天垂》

他身上有许多美好的东西

轮他主持组里的集稿发稿工作,我这个终审忽然感到轻松了许多。

> 我逐渐发现，路遥对那些处境困难的作者的稿子，给予更多的关注。

路遥在许多方面都显得十分执着。干什么都想干得好些，标准高一些。他在编辑部熬夜写小说的那一段日子，除了早晨起得迟一些，上班迟到一会儿，本职工作未受什么影响。他不像某些人，一心只谋划自己的事，把编辑工作当副业干。后来他担任小说组副组长，轮他主持组里的集稿发稿工作，我这个终审忽然感到轻松了许多，他选送的稿子大都要可以采用，对有些需要编辑稍做改动的稿子，我们三言两语就把问题说清了，不需要说很多的话，对有的稿子，他说由他来动。每期发些什么稿子，他根据这一段的要求，从可用的积稿中不断搭配组合，直到编前会发排为止。后来我逐渐发现，路遥对那些处境困难的作者的稿子，给予更多的关注，想各种办法，使其稿件达到发表的水平。这可能与他自己曾经历过艰难处境的体验有关吧。他深知人在困难中多么需要得到别人真诚的帮助啊！苦难谁也不愿意去经受，但是经受过苦难的人，身上往往会具有许多美好的东西。比如意志坚强，容易理解人，同情人，肯帮人，等等。而路遥身上这种品格就显得很明显。这和他童年和少年时贫困的生活经历不无关系。

——董　墨《灿烂而短促的闪耀》

出师不利

> 从1978年到1980年初，这篇小说游走了南方和北方的五个编辑部，却没有人愿意发表它。

从1978年到1980年初，这篇小说游走了南方和北方的五个编辑部，却没有人愿意发表它，造成这种现象的原因，我们以为主要有以下几个：一是它背离了当时以"伤痕文学"和"反思文学"为主的文学潮流；二是它写了当时政治上还比较敏感，认识上还没有把握的"文化大革命"中的派性斗争；三是它不是以批判为主，而是以歌颂为主，塑造了一个原来犯过错误，在派性斗争中却敢于舍生取义的老干部形象；四是它理想主义、浪漫主义的主导叙事风格，几乎同当时"写真实"、批判为主的主导叙事风格格格不入。

——王西平、李　星、李国平《路遥评传》

他发表的第一部中篇是《惊心动魄的一幕》，作品正面描写了"文化大革命"的失误和一些青年良知的复苏。其中也融进了作者在"文革"中的反思。这个中篇我曾帮他推荐给某大刊物的主编，不久被退了回来，又寄给一家大刊物，二次被退回。路遥不甘心，寄给了大型刊物《当代》。终于受到了编辑部的重视，请他进京改稿。由此结识了《当代》负责人老作家秦兆阳同志，他为结识秦兆阳老师而异常兴奋。……从投寄作品的过程，也可以看出路遥的性格多么倔强！

——贺抒玉《短暂辉煌的一生》

咸鱼翻身

如果《当代》也退稿……他就将付之一炬。

"现在返回去再看这个中篇，心里很不安，为什么那时候写得那么粗糙，可以用笔墨的地方还很多！"

《人生》之前，路遥还有《惊心动魄的一幕》和《在困难的日子里》，都发在《当代》上。《当代》留有路遥写给老主编秦兆阳的一封信。信上说，自己这部中篇，已经被多家刊物退稿，寄给秦主编，是想请文学圣堂《当代》做最后裁决，如果《当代》也退稿，就说明它的确毫无价值，他就将付之一炬。

《惊心动魄的一幕》，稿子先是刘茵看，再送秦老终审。秦老说，这个作者很有潜力嘛，立即请他来北京修改！路遥这部中篇，就是在《当代》编辑部改成的，吃住都在朝内大街166号的后二楼。改完之后，路遥感叹说，比初写还要费神……

——周昌义《记得当年毁路遥》

有一天，北京来的长途电话找我，电话是《当代》杂志编辑部刘茵同志打来的。

她在电话中说:"路遥的中篇小说《惊心动魄的一幕》,秦兆阳同志看过了,他有些意见,想请路遥到北京来改改,可不可以来?"我在电话里一口答应了。我把电话内容告诉了路遥,让他即去北京。他从北京回来给我谈了秦兆阳同志的意见,我说,秦兆阳同志毕竟是老作家老编辑,独具慧眼。路遥告诉我:这个中篇已经旅行了两个编辑部,未被采用,最后才到了《当代》。这个中篇未被两个编辑部采用,估计大概是因为这个作品,既不属于伤痕文学也不属于反思之类,与当时的潮流不甚合拍。尽管这是描写"文革"中两派武斗为背景的小说,但作者的着眼点是在塑造县委书记马延雄这个人物。在两派群众组织即将大规模的武斗的危急关头,他不畏艰险挺身而出企图阻止一场无谓的伤亡事件的发生,他那种不顾个人安危的大无畏精神,是支撑我们这个社会生活的脊梁骨。后来,这个中篇获得了全国第一届优秀中篇小说奖。

路遥的文学创作道路可以说是从这个中篇小说开始的,作为作家的艺术个性也是从这部中篇中开始显露的。路遥并没有因为这次的成功而沾沾自喜。后来,在和我一次闲谈中,他说"现在返回去再看这个中篇,心里很不安,为什么那时候写得那么粗糙,可以用笔墨的地方还很多!"他说得很真挚,并非故作谦虚。在这种真诚的心迹中,不难感觉到,路遥在艺术上执著追求的热切心情。

——董 墨《灿烂而短促的闪耀》

黄叶拾零

路遥写给刘茵的信

尊敬的刘茵同志:

您好!

您写给我的信收到了,非常感谢您对我的帮助。尊敬的前辈秦兆阳同志(他的作品和人格都使人钦佩)这样关怀一个年轻人的作品,使我深受感动……

这篇作品所反映的内容,都是我亲身经历和体验过的生活,其中的许多情节都是那时生活中真实发生的。

"文化大革命"开始时,我是初中三年级学生。关于那段生活,三言两语简直说不清楚,有机会我向您详细讲述。现在只好告诉您一些一般的情况:我当时和我所有同龄人一样(十五六岁)怀着天真而又庄严的感情参加了这场可怕的革命。我是一个几辈子贫困农民家庭出身的孩子,一边冲冲杀杀,一边又觉得被冲击的人并不都坏,但慑于当时的革命威力,只好硬着头皮革命下去。后来一些坏人从一般性折磨县委第一书记,发展到

不平凡的世界（一）/路漫漫

准备在肉体上消灭他。这是一位很忠诚的老同志，在县上干了许多好事，全县的老百姓都保他。在这时我们一些农村来的学生由于受自己的农民家长的影响，也开始非常同情县委书记。于是我们就和县上一些当时被称为"老保"的干部联合在一起（我曾是学生红卫兵组织的头头之一），在1967年公开表态保县委书记（他现任延安市第一书记，党的十一大全国代表）。这样反而加快了那些坏人想消灭他的步伐。我们这些保他的人为了他的生命，也为了让农民站到我们这一派来，就把县委书记偷运出县城交给了农民。农民们便这个村转到那个村把他藏了起来。当时县委书记为了不让两派因为他而发生武斗，哭着哀求保他的人让他继续留在城里接受造反派的批斗，哪怕斗死他，他也愿意。他说他不能背离毛主席发动的"文化大革命"，因为他跟了一辈子毛主席。后来我们就用绑架的形式，强硬地把他弄到了农村。他还几次试图从农村回城里去接受造反派的批斗，但都被另一派和农民"关"了起来。这样县上两派就开始武斗，陕北上至军分区，下至各公社的枪支弹药全被抢光了，并且军队也分成两派，整整打了一年。后中央发了7·24布告才平息下来，是全国武斗最持久的地区。在1966—1967年"文化大革命"最暴烈的时候，包括我们县委书记在内的许许多多陕北老干部，为了群众的利益，表现了可歌可泣的献身精神（这是老区干部最辉煌的品质），许多人为了党和人民的利益，献出了自己的生命。这些人都是带着迷惑不解的心情死在最初的风暴之中。当然，也有投靠一派、指挥武斗、出卖灵魂等等这样的干部。我自己的组织里也充斥着坏人，一切都颠倒、混乱！尤其是文化落后山区简直全部变成了"武化革命"。

由于打倒了"四人帮"，许多政治问题都逐渐明朗，"文化革命"初的那段疯狂生活又出现在我眼前，关于过去的种种思考使我内心充满了想要把它表现出来的焦躁，于是就写了那个中篇小说。由于一切都是经历过的、熟悉的，写得很快，往往白天黑夜激动得浑身发抖，有时都忍不住趴在桌子上哭出声来。

我在这篇小说中主要的着眼点是想塑造一个非正常时期具有崇高献身精神的人。我觉得，不管写什么样的生活，人的高尚的道德、美好的情操以及为各种事业献身的精神，永远应该是作家关注的主要问题。即使是完全写阴暗的东西，也应该看得见作家美好心灵之光的投射（比如鲁迅）。不管各个历史阶段的社会现象多么曲折和复杂，以上人类所具有的精神和品质总是占主导地位的。否则，人类也不可能发展到今天。更何况，我国人民在历史上形成的厚朴品质加上过去几十年党的正确领导和教育，使得生活中马延雄（县委书记）和具有马延雄式精神的人大量产生和存在，他们就是天塌地陷，也仍然保持着革命的赤子之心。当然，他们不是大政治家，更不是宗教意义上的先知圣人，他们只是一般的党的基层干部，既有党性觉悟也有农民的朴素哲学。我在写他时（包括写其他类型的角色），想尽量反映那个时代的真实。就是十年"文化大革命"，不同的人在这十年不同的岁月里，认识、思想都有差别。我尽量让他们的思想和行为符合那个特定时间（在武斗夺权之时），和特定的地点（在陕北山区），主要考虑当时的生活气氛和节奏，用这种手法比较协调。

这篇作品目前这个样子并不理想，缺陷和不足都很明显。今后如有机会和条件，我想用较大一点的作品来反映这一段生活,这是现在我的想法。

这篇作品最好以中篇小说发表为好。因为这不是写一个具体的真事,我是把我了解的许多作品构思的要求虚构的,这不像约翰·里德《震撼世界的十天》那样的长篇报告。基本按历史事件和真实写成,并不虚构。另外,因写的是一个特定地区的生活,如按报告文学发,多事的人必然会从作品里寻找生活中的真实的原型,这样怕惹麻烦。请你们再考虑一下,我的意见最好能按中篇小说发……

尊敬的刘茵同志,我各方面的修养和准备都很差,极希望您和编辑部同志经常给我帮助和指导。我在内心十分感激《当代》编辑部,因为我们这些年轻人发作品是很困难的。遇到不热心的编辑,往往看也不看就退回来了。这篇作品写成后,曾给几家大刊物寄过,但都被退回来,当××杂志也是这个态度以后,我就让那位不太熟悉的同志转给你们。我曾想过,这篇稿件到你们那里,将是进我国最高的"文学裁判所"(先前我不敢设想给你们投稿)。如这里也维持"死刑原判",我就准备把稿子一把火烧掉。我永远感激您和编辑部的同志,尊敬的前辈秦兆阳同志对我的关怀,这使我第一次真正树立起信心。

我已对若冰和鸿钧转达您对他们的问候,他们让我回信时转达他们对您的问候。

深致敬意!

(如有什么事,请再联系)

路　遥

1980 年 5 月 1 日

路遥的确是幸运的

刘茵后来回忆:路遥见到秦兆阳后非常局促,双手放在膝盖上端坐着,一副诚惶诚恐的样子。

改稿比写稿还难。

5 月初,路遥应邀到《当代》编辑部修改小说。他在责任编辑刘茵的带领下,去北京市北池子秦兆阳简陋的临时住所见到了这位德高望重的《当代》主编。刘茵后来回忆:路遥见到秦兆阳后非常局促,双手放在膝盖上端坐着,一副诚惶诚恐的样子。秦兆阳是延安鲁迅艺术文学院学生,他的青春年华是在战争中度过的;全国解放后,他担任过《人民文学》副主编、《文艺报》执行编委。1956 年发表的《现实主义——广阔的道路》引起很大反响，他后来被打成右派下放。1980年，他出任《当代》文学双月刊主编。也就是说，《惊心动魄的一幕》是他上任不久后就看到的稿件，路遥的确是幸运的。

路遥在秦兆阳的指导下，在人民文学出版社修改了二十来天，小说比原稿增加了一万多字。当然，责任编辑刘茵与二审的副主编孟伟哉也为这部小说的修改提出了宝贵意见。路遥当时无限感慨地说："改稿比写稿还难。"

5月24日，路遥给谷溪的信中谈到这个情况："我于5月初来北京，在人民文学出版社改那个中篇小说已二十来天了，工作基本告一段落，比原稿增加了一万多字，现在六万多，估计在《当代》第三期发(9月出刊)。此稿秦兆阳同志很重视，用稿通知是他亲自给我写的，来北京的第二天他就在家里约见了我，给了许多鼓励……"

——厚　夫《路遥传》

鲤鱼跳龙门

命运的转机就在坚持之间……

《惊心动魄的一幕》在《当代》杂志1980年第3期上头条刊发，秦兆阳专门题写标题。在秦兆阳的推荐下，《惊心动魄的一幕》还一连获了两个荣誉极高的奖项：第一届全国优秀中篇小说奖；1979—1981年度《当代》文学荣誉奖。尤其是全国优秀中篇小说奖，这是新时期陕西作家的第一次获奖。1982年3月25日，秦兆阳在《中国青年报》上撰文《要有一颗热情的心：致路遥同志》，高度评价这部中篇，并认为"它甚至于跟许多人所经历、所熟悉的'文化大革命'的生活，以及对'文化大革命'的反感之情和对'四人帮'的愤慨之情联系不起来。因此，这篇作品发表以后，很长时间并未引起读者和评论界足够的

《当代》杂志封面

注意，是可以理解的。"

独具慧眼的秦兆阳赏识了这部小说，并成就了路遥。命运的转机就在坚持之间，对于路遥来说就是这样！这样，鲤鱼跳过龙门，路遥一跃进入全国知名作家的序列。十多年后的1991年，路遥在创作随笔《早晨从中午开始》中直言不讳地称秦兆阳是"中国当代的涅克拉索夫"，他写道："坦率地说，在中国当代老一辈作家中，我最敬爱的是两位。一位是柳青，一位是健在的秦兆阳。我曾在一篇文章中称他们为我的文学'教父'。……秦兆阳等于直接甚至是手把手地教导和帮助我走入文学的队列。"

——厚　夫《路遥传》

黄叶拾零

"这，好得很！"

……于是我想起了你的《惊心动魄的一幕》。

初读原稿时，我只是惊喜：还没有任何一篇作品这样去反映"文化大革命"呢！而你的文字风格又是那么朴实。

现在回头来再细想一想，竟然使我自己吃惊：在当时和以后相当长的时间里，我对这篇作品所提供的东西，对你所已经达到和还应该更进一步达到的东西，认识得多么不够！

这不是一篇"针砭时弊"的作品，也不是一篇"反映落实政策"的作品，也不是写悲欢离合、沉吟于个人命运的作品，也不是以愤怒之情直接控诉"四人帮"罪行的作品。它所着力描写的，是一个对"文化大革命"的是非分辨不清、思想水平并不很高、却又不愿意群众因自己而掀起大规模武斗，以至造成巨大牺牲的革命干部。他宁愿带着全身的重伤极端艰苦地连夜赶路，把自己送到坏人手上，在广大群众面前被打得稀烂而死去。这，也许在一般人看来，未免太盲目太愚蠢了。像这样去写"文化大革命"有什么意义？它甚至于跟许多人所经历、所熟悉的"文化大革命"的生活，以及对"文化大革命"的反感之情和对"四人帮"的愤慨之情，联系不起来。因此，这篇作品发表以后，很长时间并未引起读者和评论界足够的注意，是可以理解的。但是，如今再回头来想一想：我们最应该宝贵的是什么？难道不正是在长期工作中与群众血肉相连的关系吗？在自己最痛苦最危难的时候能够忘记自己，只想到群众，能够以不可想象的伤残饥饿之身，夜行于雨水泥泞的远路之上，去从容赴死，以便使得更多的、受蒙骗的群众觉悟过来，生活下去。这是什么样的心胸，什么样的灵魂！多少年来，我们不是一直还在痛惜失掉了这种精神的人太多了吗？多少年来，我们不是一直还在愤恨，"四人帮"

所要扼杀掉的,正是这种精神——每个共产党员都应该具备的、平凡而伟大的精神吗?遗失了这种全心全意为人民的精神,就会丧失一切呵!

怎样克服文学创作中长久流行的、现实主义俗化浅化和眼光短浅的实用主义倾向呢?难道文学艺术所要歌颂的,不正是这一类高贵的心灵吗?所应该抨击的,不正是与这种心灵相对立的丑恶灵魂吗?

有没有这样的老干部?路遥同志,你曾对我说:这是一件真事!歌颂这样的老干部不合当前的"时俗"吗?如果有人这样认为,那我就要问他:你不喜欢这种优良的传统吗?

所以路遥同志,你被所熟悉的这件真事所感动,经过加工把它写出来,而且许多细节写得非常真切,文字又很朴素,毫无华而不实的意味,实在是难得。这说明你虽然年轻,思想感情却能够跟我们党的优秀革命传统相通相连,说明你有一种感受生活中朴素而又深沉的美的气质。

这,好得很!

——秦兆阳《要有一颗热情的心》

文坛托星人——秦兆阳

秦兆阳

"有远见的编辑和文艺部门的领导者,他们的目光决不会仅仅局限于少数几位名家,他们高瞻远瞩的眼光更多地注视着蓬勃成长的、有一定潜力的青年一代,给文学青年以更多的信任、关怀、扶植、帮助,他们这样做是有战略意义的。"在秦兆阳担任《当代》主编期间,公开宣布每期必发新人新作,他也是这一口号的积极实践者。在他的努力之下,中国当代文学史上出现了一颗颗耀眼的明星。

路遥的中篇处女作《惊心动魄的一幕》,两年间先后投寄给当时几乎所有的全国大型文学刊物,但都被退稿,最后投寄给《当代》。让他意想不到的是,他不久就收到了《当代》主编秦兆阳的长信,对稿件给予热情肯定。在秦兆阳指导下,路遥对这篇小说进行修改,并最终发表,并在秦的力争下获得了全国第一届中篇小说奖。由秦兆阳发现、培养的当代作家,经秦兆阳之手发表的优秀作品还可以开列出一大串,如玛拉沁夫的处女作《科尔沁草原的人们》，孙峻青、白桦发在《人民文学》的第一篇小说，王蒙的《组织部新来的青年人》……

"跳跃式超越"

1976年，路遥大学毕业。他是延安大学最风光的学生，在校期间就在省级刊物发表了许多作品，还被《陕西文艺》编辑部借去当了一段时间见习编辑。在毕业分配时，《陕西文艺》编辑部派人专程来到延安大学要路遥去当编辑，这也是路遥的愿望。延安大学本来是想让他留校，但最后还是忍痛割爱了。更令人鼓舞的是，这年秋天"四人帮"被粉碎，全国人民都沉浸在一片欢乐之中，文艺创作更是迎来了春天。路遥不但有了满意的工作岗位，也赶上了一个大好的创作环境。但是，压力也随之而来。压力来自同行们的"竞争"，特别是同龄人之间的"竞争"。

那个时期文学是全社会的宠儿，发表一篇好点的短篇小说，立刻就会名声大振、全国皆知。当时，路遥在陕北是首屈一指的新秀，但放在全省就不一样了，和他处在同一水平线上的还有好几位。无论从成就还是实力方面看，他并不占优势，这令他非常着急。

1978年元月，他和林达结婚，在延川住了一段时间。其间，他让我看他写的短篇小说《不会作诗的人》，同时还要我看看陈忠实的《高家弟兄》和贾平凹的《姚生枝老汉》，意思是比较一下。我看了后感觉陈、贾的两篇比他的强，就率直说了自己的看法。他听了，好一会没有说话，再开口时已把话题引到其他方面去了。尽管他仍旧谈笑风生，但我能感觉他的迷茫和焦急。

时过不久，全国首届优秀短篇小说奖揭晓了，陕西有两篇获奖，一篇是贾平凹的《满月儿》，另一篇是莫伸的《窗口》，路遥在陕西文学新人中的排名开始下降。这是好强的路遥坚决不能接受的，他面子上装作无所谓的样子，心里头那根弦却越绷越紧。这段时间我们见面不多，但每月都有书信来往，在信中他很少谈自己的创作情况，只是莫名其妙地批评我"目光短浅，心浮气躁""不认真研究名著，只靠看杂志上小说'过光景'"。在很少的几次见面中，他反复给我推荐托马斯·曼的《沉重的时刻》和雨果的《九三年》。当时我感到奇怪，直到他的中篇小说《惊心动魄的一幕》的发表并获奖后，我才理解了他当时的心情。《沉重的时刻》描写德国诗人和剧作家席勒在创作中面对障碍时的心情；而《九三年》写的是在光明与黑暗短兵相接时英雄主义的闪光。前者对应着他当时的心情，后者对应着他正在写的小说《惊心动魄的一幕》。

《惊心动魄的一幕》写于1978年。写一位被造反派"关押"着的县委书记，为避免两派大规模武斗而勇敢献身的故事。这是路遥通过深思熟虑后选择的题材，目标就是想在全国获奖。由于"想法"在前，构思在后，所以难免主题先行。基于对他做事风格的了解，我想揣度一下他当时的想法：

一、为什么写的是中篇小说不是短篇小说。他认为自己在短篇小说方面努力的意义已经不大了,因为陕西已经有两个人获得了这个荣誉,自己就是获得了也无法挽回落后的局面。这时候"在后面"赶不行了,必须"跳跃着突破",争取在全国首届优秀中篇小说获奖名单中占有一席之地。

二、为什么选这个题材而不是别的。这是他对文艺政策走向判断的结果,要说清这个,有必要对当时的文学情况做一点回顾。那时候的文学被评论界称为"伤痕文学",所有的文艺作品都在控诉或者说哭诉,可以说是"一把鼻涕一把泪",以致引起了人们的不快,有人说:"爹妈死了也只不过守孝三年。"路遥认为,高层会想办法扭转这种局面,而就扭转的最好办法就是鼓励一些正面歌颂共产党人的作品,进而起到引导作用。

《惊心动魄的一幕》写成了,路遥的心也随之悬了起来,一悬就是两年。在这两年时间内,这篇小说"游"遍了长城内外、大江南北,"拜访"了当时80%的能发中篇的文学刊物。总是满怀信心地寄出去,无可奈何地接回来。不要说获奖了,连发表都做不到。路遥在焦急中就地打转,别人却在高歌猛进:1979年,陈忠实的短篇小说《信任》在全国获奖,1980年,京夫的短篇小说《手杖》也在全国获奖。至此,陕西已经有四位作者在全国获了奖,而路遥却"颗粒无收"。一贯自信的他似乎开始动摇了,回头又写开了短篇小说,一口气写了五六篇,发表得很顺利,获奖却"门也没有"。路遥的焦急与日俱深,有一种喘不过气来的感觉。当《惊心动魄的一幕》再次被退回时,他有点绝望了,甚至动了"把这稿子烧了"的念头。但他没有马上把这个想法付诸行动,而是把稿子寄给了全国最大的杂志《当代》,心想:稳妥选择一般杂志得到的是退稿,冒险选择第一流的杂志也只不过是退稿,何不冒险一回。如果再退回来一定烧掉,彻底忘掉这件事。稿子发出后,他继续埋头写短篇小说,完全放弃了"跳跃式超越"的想法,准备"奋起直追"。

就在这时,戏剧性的一幕出现了。时任人民文学出版社副总编辑兼《当代》杂志主编、著名评论家秦兆阳见到《惊心动魄的一幕》,给了很高的评价,在他的竭力推荐下,《惊心动魄的一幕》不但得以发表,还一下子就获了三个奖:1979—1981年度《当代》文学荣誉奖、《文艺报》中篇小说奖和第一届全国中篇小说奖。路遥成了陕西第一个获全国中篇小说的作家,同时还进入全国知名作家的行列之中。他的"跳跃"获得成功。

——海 波《我所认识的路遥》

把最本质的因素揭示出来

他们都有一个自己不可忽视的位置,这个位置是生活和时代指定给他们的,而不是旁人随意安排的。

在他们身上,显示着生活逻辑的力量。

《惊心动魄的一幕》确是惊心动魄的。它描写了一个山区县在"文化大革命"中,围绕县委书记这个人物所展开的一场冲突。时间跨度只有几天。就其事件本身来看,也许只能算得那场社会大悲剧的一段插曲,但可以看出,路遥在这里追求一种史诗性的效果。他尽量努力扩充作品的容量,力图概括更多一些东西,使其能够把那场运动最本质方面的因素揭示出来。作品以县委书记马延雄为焦点,在他周围汇集了各色各样的人物。这些人物出于各种各样的动机,都奋不顾身地投向时代为他们提供的那个政治大舞台,他们的灵魂在那里激动、震荡和暴露。作者的企图是明显的,他想让这些人物都成为典型,这是追求史诗性效果的一个重要途径。这些人物,现在看来,有的强一些,有的还显弱,但他们的确都有着一个自己的不可忽视的位置,这个位置是生活和时代指定给他们的,而不是旁人随意安排的。在他们身上,显示着生活逻辑的力量。段国斌、侯玉坤、金国龙这伙凶神的出现,周小全由狂热到冷静,柳秉奎身上突然迸发的豪侠气概,李维光的卖身苟安,谁能说不是那个特殊时代的特殊产物呢?路遥的工作,不过是遵从生活客体的法则,把他们集中典型化,把蕴含于性格之中的必然因素揭示了出来,并赋予一种和谐的表现形式。这并非把作者的创造性劳动说得简单了,恰恰相反,凡是真正的艺术创作,它的最大难处正在于此。

——白 描《论路遥的小说创作》

自己受害又害别人

……从历史和时代的角度来看待作品所表现的那一段生活。

当然,并不是说《惊心动魄的一幕》就是一篇十分成功的作品。1985年元月,路遥在接受采访中坦诚地讲到这部中篇的局限:"这个作品比较粗糙,是我的第一个中篇,艺术准备不充分,很大程度上是靠对生活的熟悉和激情来完成的,因此,许多地方留有斧凿的痕迹。但有一点追求很明显,就是要在同类题材的作品中提供一个和别人不同的作品。当时描写'文化大革命'的作品,许多都是表现个人恩恩怨怨的东西。我在《惊心动魄的一幕》中并不想局限在这一点上，而是力图从历史和时代的角度来看待作品所表现的那一段生活。所以，在五万字的篇幅中，我想尽可能概括更多的东西。尽管由于艺术准备不足以及创作环境等方面的原因，作品并没有达到我设想的目标，但我是做了努力的，这种努力，读者在作品中是可以看的。'文化大革命'的灾难不仅仅是个人的，而是整个时代的悲剧，我的主人公也是受害者，但他对那场'革命'也看不清楚。自己受害同时又害别人，这不是教训吗？"

——厚　夫《路遥传》

他的作品总是厚实的

> 他的作品里的人物，……这些从作者心灵里诞生出来的形象，……他们激动了作者，也激动了读者。

路遥是一位严肃深沉的青年作家。

前不久，我和路遥谈到他的创作，他显得很沉重地说：他很不安，精神上时时有一种压力，不光对已往的作品从来没有满意过，而且每开始一篇新的创作，精神就格外紧张，甚至感到恐惧。我理解，这里所说的紧张和恐惧，与那种内心空虚是迥然不同的。他给自己确定了一个比较高的尺度，他要越过这个尺度——就像跳高运动员向新升的横竿飞跃一样。抱着这种态度，这些年里，他把他的作品一件一件交出来；两个中篇，十多个短篇，还有一些散文、特写和诗歌。不能说篇篇都是佳作，但确实，他的作品大都保持着一定的质量，引起了人们的重视。《惊心动魄的一幕》之所以获得全国优秀中篇小说奖，绝不是偶然的。

……他的探索是成功的。我们读路遥的小说，感到大都较有深度。他不属于对生活进行浮光掠影地描叙，也不属于用形象去注释某种现成的思想。他总是力图用锐利的目光，挑开生活层层表皮，深入到生活的腹地里去，细察狂风巨浪的底蕴，把握时代的脉搏，捕捉心灵的秘密。

他看到和得到的，比较真切、实在，表现得也比较真切、实在。他的作品，拿到我们手里后，惯常总有一种厚实的感觉。他的作品里的人物，无论是顶天立地的英雄，抑或是猥琐卑污的小丑，他都极力让他们在艺术上站立起来，让他们立体化。他们的个性是鲜明的。这些从作者心灵里诞生出来的形象,作者或爱,或憎,或哀,或怨,把一腔炽热的感情全部都倾注给了他们。他们激动了作者,也激动了读者,同时又不因作者强烈的感情色彩而影响他们的客观性和真实性。由这些形象表现出的生活内容,围绕着他们的环境,作品所传达出的时代气息,也同样给人以客观的、真实的感觉。

——白　描《论路遥的小说创作》

路遥的魅力从何而来？

"我们应该追求作品要有巨大的回声,这回声应响彻过去、现在和未来。"……就是时代的声音。

作为一个文学评论工作者,我们不能不回答这样一个问题:路遥小说的这种魅力从何而来?

著名作家、文艺理论家秦兆阳在读了《惊心动魄的一幕》以后致路遥的信中说,路遥"有一种感受生活中朴素而又深沉的美的气质",他还说:"朴素自然,写得很有真实感,能够捕捉生活里感动人的事物,这正是你的长处,这种长处是很可贵的。但是,是否应该在此基础上达到更深沉、更宏大、更美妙呢?如果应该,我想你是能够达到的。"

深沉、宏大正是路遥所具有的艺术气质,也是他在全部创作过程中所苦心孤诣追求的艺术目标。

……

"我们应该追求作品要有巨大的回声,这回声应响彻过去、现在和未来。"路遥曾经这样袒露过自己的心扉。他认为这种能够响彻过去、现在和未来的声音,就是时代的声音,就是作品所揭示的历史的时代的主题,触及在当代生活中为人们所普遍关注的社会矛盾。

应当承认,时代的主题,巨大的社会冲突,并不是人人都能把握得住的。每个作家只能处在一定的生活位置上,他的所见所闻,人生阅历是有限的,现代信息技术的发展,也不能使某一个人全知全能。

所以作家只能在自己熟悉的生活范围内，通过具体的特定的生活来看时代，用对具体的生活的认识去形成对生活的整体认识，用对生活全局的理解和认识去指导和丰富对具体生活本质的把握。

——李　星《深沉宏大的艺术世界》

超越时空的生命力

是的，今天是没有可怕的饥饿了，可是知识的"饥饿"，精神的"饥饿"，道德上的"饥饿"，法制观念上的"饥饿"，缺乏美感的"饥饿"，难道还少吗？

应该说，《在困难的日子里》是一部更加富于深厚的力度的作品，它的特殊的价值目前还没有得到公正的评价。这部作品的不同凡响，并不因为它表现了一个几乎绝迹的题材，而在于它找到了一个极好的观照历史和现实的角度。它写到了60年代前后的饥饿，其立意又不在探索造成"困难时期"的社会的、政治的、经济的根源，它要探讨的是物质与精神的矛盾这个现实意义很强的命题。在这里，贫农的儿子马建强，武装部长的女儿吴亚玲，饭店经理的少爷周文明，都被抛进饥饿的境遇；可是，在相同的境遇中他们选择的人生态度又是不同的。我在读这部作品时，不期然地想起了艾青《在北方》一诗中的名句："饥饿是可怕的，它使年老的失去了仁慈，它使年幼的学会了憎恨。"当然，这诗句是写旧时代的。但是，20世纪60年代初的饥饿不同样把隐伏在某些人心中的恶魔唤醒了吗？自私、邪恶、冷酷、饕餮、贪婪……这些平时还受到制约的东西不是一股脑儿都集中地冒出来了吗？真乃一场饥饿，"误走妖魔"。饥饿像一面明镜，谁也不能把自己的灵魂掩藏了。马建强并不是一个天生的精神富有者。他最初的反抗怜悯、维持自尊，更多地表现了他从父辈血统中继承过来的独善其身。他是自尊和自卑的矛盾统一体。可是，吴亚玲，这位心胸美丽、视野开阔的少女，却表现了"不论国家和我们个人眼前遇到多大困难，遭到多大的不幸，我们决不应该丧失信心"（吴亚玲致马建强信中的话）的高度热情和觉悟。我在读到吴亚玲苦心安排下"圈套"，要让为了自尊而饿着肚子的马建强吃饺子的场面时，忍不住热泪盈眶。"她几乎是叫喊着说:'不!你没有吃饭!没有吃!我全知道!我伤了你的心,你恨我……'"这是发自肺腑的叫喊,这是革命人道主义激情的燃烧,这是纯金铸成的心灵里自然感情的倾泻,这是超乎爱情之上的更高贵的感情!马建强与吴亚玲的心灵互相撞击,又互相补充。无私博大的爱,对祖国命运的信心,把马建强这个农民之子的精神境界提升到了新的高度。他终于悟出:"人要是处在厄运中,哪怕是得到别人一点点的同情和友爱,那也是非常宝贵的。有的人会立即顺蔓摸瓜,把别人的这种同情和友情看作是解脱自己的救命稻草,一旦抓住了就不松手。而对我来说,只觉得应该珍惜这种美好的人情,并以同样高尚的心灵给予回报。"就是这样,吴亚玲、马建强、郑大卫们,用他们高贵的自觉和无私的爱凝成的精神力量,战胜了饥饿,战胜了自己,也战胜了物质的绳索的捆缚。那时候,有的人去当小偷,有的人沉沦灰暗,有的人绝望诅咒,有的人损人利己、饫甘餍肥,可是这几位可爱可敬的青年,却以足够的热量压倒困难,坚定地前进着。

这样的作品的现实意义难道还不强烈吗?是的,今天是没有可怕的饥饿了,可是知识的"饥饿",精神的"饥饿",道德上的"饥饿",法制观念上的"饥饿",缺乏美感的"饥饿",难道还少吗?物质生活的日渐丰裕,未必能够自然而然地带来精神文明,相反,如果废弃了精神文明的建设,还可能出现"物压倒人",人成了物的对立物和奴才的可悲景象。在今天的生活中,拜金主义、经济主义、享乐主义不正在某些人的心中燃起猛兽般的贪欲吗?

……

其实,在某种意义上对文学来说,只有过时的思想,没有过时的生活,现实感的强烈程度并不单单由题材来决定。历史的发展是有一种内在联系的,现实中永远会有历史的沉淀物,历史中也会有现实的倒影、雏形、萌芽,生活本身总是包含着历史与现实的"交叉"。遗憾的是,我们的不少作者还缺乏寻求历史与现实的"交叉点"的自觉性,对马克思所说的"历史的基本联系"缺少深入研究。事实上,对已经成为往事的生活的认识,是一个没有穷尽的发展过程,今天认识到的东西昨天不可能认识到,将来认识到的东西又是今天不可能认识到的。无穷的新认识,会不断生发出新的含义,幻化出新的艺术形象,会不断为新的现实敲响警钟。表现知识青年生活的小说,在这短短几年中的变化,不就很能说明这个问题吗?如果在写往事的题材中,熔铸进深刻的社会历史内容,贯注了强烈的时代精神,那么这部作品仅意义就有可能超越时空界限,获得久远的生命力,今天的读者也照样会感受到强烈的震动。拿《在困难的日子里》来说,虽然写的是那段时隔已久的历史,但折射的却是现实,困难时期美好的东西,今天的生活中反倒匮乏,这还不令人深思吗?你可能不再遇到饥饿,你总会遇到困难和挫折吧,那你就可以从中汲取精神力量。主题的现实性，是与作者对整个时代生活的深刻认识分不开的。

——雷 达《现实感与历史感的沟通》

黄叶拾零

我依稀看到那个少年

……到延川县中学后，路遥的生活是靠他的同学撑扶的。

不久，发生了"文化大革命"，平心而论，路遥对这场"革命"是热衷的。不为别的，就是为有口饭吃。路遥对我讲起这段历史时，曾是泪流满面。

后来他开始写文章，并把自己的名字王卫国改成了路遥。当他写完《惊心动魄的一幕》和《在困难的日子里》这两个中篇小说后，他说他终于写出了自己埋得很深的一段心灵历程……

——王天乐《苦难是他永恒的伴侣》

第七章

小 满

小满养蚕又种田。

——《节气歌》

他们如此挣命,是因为生活突然充满了巨大的希望。有了希望,人就会产生激情,并可以义无反顾地为之而付出代价;在这样的过程中,才能真正体会到人生的意义。什么是人生?人生就是永不休止的奋斗!只有选定了目标,并在奋斗中感到自己的努力没有虚掷,这样的生活才是充实的,精神也会永远年轻!

——路 遥《平凡的世界》

卖了良心才回来

> 一个男青年,离开故乡进城,在城市里积极奋斗,城市女朋友立马把家乡的姑娘给比了下去,但是,城市不是那么容易站稳脚跟的,都市的陷阱又把他送回了原地。这样的男青年,我们统一称他为:高加林。

20 世纪 80 年代有一本风靡中国大陆的小说,是陕西作家路遥写的《人生》。故事主人公高加林就像狄更斯《雾都孤儿》中的费金一样,人名变成了词汇。一个男青年,离开故乡进城,在城市里积极奋斗,城市女朋友立马把家乡的姑娘给比了下去,但是,城市不是那么容易站稳脚跟的,都市的陷阱又把他送回了原地。这样的男青年,我们统一称他为:高加林。

高加林引发过天南地北的讨论,关于乡村的梦想,关于城市的冷漠,关于现代化,关于爱情,他是活到今天的虚构人物,也是 20 世纪 80 年代最重要的文学形象之一。小说的最后,被城市打败的高加林回到老家,原本绝望的他,发现故乡的亲人并没有嘲笑他,而他望着"满川厚实的庄稼,望着浓绿笼罩的村庄""单纯而又丰

《人生》连环画　孙为民、聂鸥　画

富的故乡田地",终于泪如涌泉。

《人生》是文学课堂里的必读小说,每次读都会生出不同的感受。年轻的时候比较罗曼蒂克,什么故事都只重感情部分,基本把高加林当陈世美。但这些年,不知道是不是自己也人到中年了,越来越理解高加林;再加上,离家多年,把老父老母交给姐姐和姐夫照看,午夜审视自己,几乎就是个高加林,甚至还不如高加林,因为没有了他旺盛的奋进心。

自1988年到上海读书,除了中间跑到香港读三年书,我在上海已经住了四分之一个世纪。其实老家宁波离上海很近,从前是坐一个晚上的火车,现在只要两个小时。可车程短了,回去的次数反而少了。当然,我有很多理由:我在这里有了自己的家,有孩子要管,家务事要做,课上不完,文章也写不完,每天晚上熬到两三点,钻进被窝的时候,还没想到父母,就睡着了。虽然在梦中,曲里拐弯走过的街道巷子,永远是宁波槐树路一带。

但我内心知道,真正构成我和故乡之间的离心力的,不是因为我的忙碌。和高加林一样,我生活的度量衡发生了转变。在老家,跟着父母八九点上床,在床上磨蹭到十点,蹑着手脚起来到客厅过夜生活,弄到半夜也饿了,去厨房噼里啪啦搞吃的,然后一回头,被我妈吓得魂飞魄散。她听到声音以为有贼,就抄起扫帚悄无声息地站我身后了。而等我"魔都"的生物钟发生作用,我妈也起床了。所以,一直以来,她觉得我脸色不好是因为上海的生活质量差。我偶尔回一次家,当然得各种食补。整整一天,她剥毛豆、拔鸡毛、刮鱼鳞,所有在上海我们一律交给菜市场完成的工作,她都亲力亲为,否则,毛豆不鲜、鸡肉不鲜、鲫鱼不鲜。

在诗歌的意义上,我认同我妈所有的工作——她一边剥毛豆,一边还要跟毛豆说话。但是,爸妈年纪大了,看着爸爸骑自行车去菜市场,右脚要在地上蹬好几下;妈妈下午炖蹄髈的时候,会在灶台边睡着。我就觉得这前现代的生活,以它全部的抒情性构成了我无法面对的拷问。每次回去,都会像逃兵一样离开。对于躁动的灵魂,故乡只是疗伤机制。

侯孝贤执导的电影《恋恋风尘》的结尾,失恋的阿远回到故乡,他用经历了伤痛的眼睛看故乡,故乡也用全部的柔情回望他。青山绿水,岁月悠远,阿远可以继续生活,观众可以继续生活。但我们知道,阿远以后还是不会留在家乡,就像"风柜来的人","从风里走来就不想停下脚步"。也像回到故乡的高加林,其实是带着更多的高加林离开了故乡,拥到声名狼藉的城市。而在相对论的意义上,故乡,就是为我们这些"高加林"准备的。对于我的爸妈,一辈子没有离开过槐树路的父老乡亲,是无所谓故乡的。

所以说,故乡总是和热泪连在一起,如同信天游唱的,"哥哥你不成材,卖了良心才回来"。而故乡的分量,好像也只有通过一代代青春的热血献祭,成为我们最后的乌托邦。

——毛 尖《一寸灰》

再也不回去了

父亲吃惊得一下坐在了地里,半天没有说话。
田晓霞找孙少平的全部情节都是路遥的亲身体验。

在我读完高中后,我的家庭还是一贫如洗。于是在农村教了一年书后,我准备离开故乡,到外面去闯荡。而一旦离开,就再也不打算回去了。和父亲最后一次上山劳动时,我把这个决定告诉了他。父亲吃惊得一下坐在了地里,半天没有说话。后来他告诉我不要走了,就在家里劳动,好出门不如歪在家。他准备让出唯一的半孔窑洞,借宿到别的农民家里,而把全部家产给我(不值五十元),让我尽快结婚。我当时平静地对父亲说,走是走定了,而且明天就走。但请父亲相信,总有一天我会让他变成村里最享清福的农民。我就是为了这一理想离开故土的。

我出走到延安市,开始了两年的揽工生涯。这时,路遥已从延安大学毕业,分配到《延河》杂志社当编辑。他在北京《当代》杂志社改完《惊心动魄的一幕》后,迅速从北京直接来到了延安。他先住在延安的"延安饭店"205房间,开始在延安到处找我。在《平凡的世界》里,田晓霞找孙少平的全部情节都是路遥的亲身体验。

他在一个工地上终于找到了我,并带我回到了这个205房间,这个房间对我两人来说是终生难忘的。在这以前,我和路遥共见过三次面,而且基本没有说过话。我只知道延川县有个哥哥,他也和我一样,对我完全是陌生的。见面后,我们长时间没有说话,吃过晚饭后,他才对我说,你可以谈一谈你个人的经历,尽可能全面一点,如果谈过恋爱也可以说。于是,就在这个房间里,我们展开了长时间对话,一开始就三天三夜没睡觉。总共在这里住了十五天。他原打算刚写完《惊心动魄的一幕》再写一个短篇小说叫《刷牙》,但就在这个房间里,路遥完成了中篇小说《人生》的全部构思。当时,这个小说叫《沉浮》,后来是中国青年出版社王维玲同志修改成《人生》。

通过这次对话，我们超越了兄弟之情，完全是知己和朋友了。他彻底地了解我，我也完全地知道了他的创业历程，包括隐私。

——王天乐《苦难是他永恒的伴侣》

跳"农门"

……千百万苦恼的年轻人，从长远的观点看，这构成了国家潜在的危险。这些苦恼的人，同时也是愤愤不平的人。

王天乐所说的路遥在这次"激动人心"的兄弟晤面时，完成了中篇小说《人生》的全部构思不是事实。

在清涧老家中，最让路遥放不下心的就是三弟王天乐，他高中毕业，本应成为家中的顶梁柱，但现在连一份正当的职业也没有。他和这个兄弟只见过两三次面，甚至没说过几句话，但看到王天乐写给自己的信后流泪了，认为王天乐是几位弟妹中最有思想的人。他决心不惜一切代价，帮助这位在老家弟妹们中学历最高、最有前途的弟弟。

……

在当时的情况下，高考制度已经恢复，农村人要跳出"农门"，唯一的途径是参加高考。而王天乐显然不具备高考的实力，他跑到延安城揽工背石头，说明他心里已经彻底放弃高考的理想了。再一种情况是招工当煤炭工人。当煤炭工人尽管又苦又累，但毕竟能跳出"农门"，成为国家的正式职工。成为吃"公家粮"的人后，讨个媳妇也容易。然而，当时大型煤矿在农村招工已经少之又少，没有特别硬的关系绝对办不到。

……

路遥在给弟弟跑招工的过程中，因弟弟的命运而触动，由此而深入思考中国广大农民的出路问题。他在1980年2月22日写给谷溪的信中，谈到中国城乡二元社会结构状况下农村年轻人的出路问题：

……上次写给你的信，想必年前已经收读了，你也不回信，不知道近况如何。关于明年招工一事，看来大概只招收吃国库粮的，农村户口是否没有指标？详细情况我不太了解，国家现在对农民的政策明显有严重的两重性，在经济上扶助，在文化上抑制（广义的文化——即精神文明）。最起码可以说顾不得关切农村户口对于目前更高文明的追求。这造成了千百万苦恼的年轻人，从长远的观点看，这构成了国家潜在的危险。这些苦恼的人，同时也是愤愤不平的人。大量有文化的人将限制在土地上，这是不平衡中的最大不平衡。如果说调整经济的目的不是最后达到逐渐消除这种不平衡，情况将会无比严重，这个状况也许在不久的将来就会显示出……

路遥后来创作的中篇小说《人生》和长篇小说《平凡的世界》均把主人公置于"城乡交叉地带"，而着力表现他们作为奋斗者的命运，其现实的逻辑起点应该源于他帮弟弟改变命运的过程。

5月1日，路遥写给曹谷溪的书信，再次表达对弟弟前途的担忧：

天乐来了一信，谈了一下他的情况，看来是很苦的，我很难受，把个二十来岁的人抛在一个自谋自食境地里，实在不是滋味。我是希望你想些办法的。你也不给我写信，告诉这倒究应该怎么办，你自己又办了些什么，前途怎样等等。我不了解具体的情况，怎样都无法改变这个人的处境，你能不能再活动一下，行吗？……

5月24日，路遥在北京改稿期间给谷溪写信时仍念念不忘弟弟的事情：

天乐的事不知近期有无变化，我心里一直很着急，不知事情将来会不会办得合适一些。我已给张弢写过信，让他协助你努力一下，我可能7月份来延安，到时咱们一块再想想办法……

他一方面下决心帮助弟弟跳出"农门"，另一方面已经从王天乐这样有志有为的农村青年的苦闷与奋斗的无望中获得创作灵感，以此来思考一个更深刻的人生话题，这就是他的代表作《人生》。

5月底，路遥在北京改完《惊心动魄的一幕》后，直接回到延安处理王天乐的事情。路遥住在延安城南关街的地区招待所——延安饭店后，他开始四处寻找这位仅见过三次面、没说过几句话的三弟。后来，终于在一处工地上找到了这位蓬头垢面、衣衫褴褛的亲兄弟，并把他带回旅馆。

……王天乐所说的路遥在这次"激动人心"的兄弟晤面时，完成了中篇小说《人生》的全部构思不是事实。现有的资料证明，路遥早在1979年就开始创作这部中篇小说，不过写得很不顺，一直写写停停，但王天乐的人生际遇给路遥创作《人生》提供了灵感。路遥由己度人，由自己亲兄弟的人生际遇而生发到对整个中国农村有志有为青年人命运的关注，由此下决心创作这种题材的小说，才是问题的关键。

——厚　夫《路遥传》

《人生》折腾了三年

> 写成后，我把它撕了，因为，我很不满意，……我甚至把它从我的记忆中抹掉，再也不愿想它。

问：在一个作品的构思过程中，应该特别注意什么？

答：……多折腾几次，说不定你的作品会变得更好，我们要养成一种习惯：多折腾自己，不要让自己轻松地滑过去，尽管这是非常痛苦的经历。我写《人生》反复折腾了三年——这作品是1981年写成的，但我1979年就动笔了。我非常紧张地进入创作过程，但写成后，我把它撕了，因为，我很不满意，尽管当时也可能发表。我甚至把它从我的记忆中抹掉，再也不愿想它。1980年我试着又写了一次，但觉得还不行，好多人物关系还没有交织起来，如现在作品中刘立本有三个女儿，但当时只有巧珍一个。后来我把它打乱了，考虑能不能有两个、三个，而增加出来的人物又是干什么用的？她们在作品中都应该具有某种意义，这些都需要反复思考。在构思过程中，总有某一个时候，你感到比较满意了。

——路　遥《答中央广播电视大学问》

"誓死保卫大粪"

路遥说，他一定要把这个高加林写得不同凡响，他说现代流行的小说写的人都不是人。

张万才老汉如关公抡大刀，操起粪勺奋力格斗，但因寡不敌众，终于让人打倒在地，但张老汉爬起来，躺到了马车的轮子下，不许把粪拉走。

这就是路遥，一个坦诚的朋友，一个坦诚的作家。对别人给他哪

第七章／小满

怕一点帮助，他都永远记着。

到了1980年，我开始担任《延河》的业余编辑。每个月都到《延河》去，把成捆的来稿扛回学校，再把选出的稿子交回去，而到了暑假，就整天在《延河》小说组上班。这段时间，我和路遥整天泡在一起，几乎无所不谈。

这一时期，正是路遥构思《人生》最艰苦的阶段。一连十多天，中午下班了，我们俩拉上一张藤席，在小说组的木地板上铺开，躺在上面，只穿一条裤衩，不断地抽着烟。谈到会心处，两人又同时坐起来，蹭到一处。这部后来反响极大的中篇，起初的名字叫《高加林的故事》。路遥说，他一定要把这个高加林写得不同凡响，他说现代流行的小说写的人都不是人，他要按生活的蓝本写，如果发出去要他改，他将坚决不改，哪怕不发也不改。

但是路遥说他缺乏下乡的经历和感情体验，他问我能不能借给他一些这方面的素材。我当然有这些东西。我是1968年10月高中毕业返乡参加农业劳动的。我们家在长安县离西安三十多里。返乡之后，我成了地道的农民，从1970年冬天开始我们生产队在西安色织布二厂家属区联系了五六个家属院的公厕。我，一个堂堂正正的高中毕业生，和社员在一起，拉了一年多的粪车，其间的酸甜苦辣，我有难以忘怀的感受。

公共厕所一般处于家属区的后院，而粪车只能停在家属区的门口，这就需要用人力将稀粪一担一担地挑出来。倒在装粪的木桶里，那种横卧在架子车上的大木桶，要装满需挑十二桶共六担，约六百斤左右。夏日的夜晚，乘凉的职工们在院子中间铺着凉席，这时候我们起粪，他们就或抱怨，或谩骂，捂着鼻子，不许我们从他们身边经过。一次，我挑着粪桶，一不小心，踩上了一块西瓜皮，滑了个仰面朝天，稀粪也泼了一地，几个工人不由分说，对我拳打脚踢，我慌忙脱掉背心，擦着洒在凉席上的粪渍，但还是被打得鼻青眼肿，在家属院门口，我伤心得号啕大哭。

我们生产队联系的公厕一般都要派人看守，生产队常常要派几个人帮助打扫卫生，也防止别的生产队来偷粪。一次，雁塔区某生产队赶着马车来偷

《人生》连环画　孙为民、聂鸥　画

《人生》连环画　孙为民、聂鸥　画

粪了,我们村那几个老汉十分英勇、十分顽强,与他们展开殊死的拼争,张万才老汉如关公抡大刀,操起粪勺奋力格斗,但因寡不敌众,终于让人打倒在地,但张老汉爬起来,躺到了马车的轮子下,不许把粪拉走……路遥对这些素材极感兴趣,连声赞叹太好了,当我讲到张老汉的英雄壮举时,路遥评论说:"誓死保卫大粪。"然后我们开怀大笑。

我还讲到我父亲的一段往事。我父亲少年时父母双亡,靠叔父抚养。一次,叔父让他去卖粽子,他羞于启口吆喝,只在无人处偷着小声喊几声,卖了一整天,结果一个粽子也没有卖掉。路遥说:"这个细节好,只是陕北没有粽子,就让高加林卖馍吧!"

《人生》一炮打响,在全国引起轰动,我也为路遥成功而兴奋不已,我知道他为这部作品付出了怎样的心血,我盼望我的朋友们一个一个都能在中国文坛呼风唤雨。只要我能帮上忙的,我都会全力以赴,对谁都是一样。

不料,1984年5月的一天,路遥应邀来师大做报告,当他讲到《人生》创作经过时,他对学生们说:"在《人生》的创作过程中,我得到了你们刘路老师的极为宝贵的支持,他把自己很多非常好的素材借给了我,可以说,高加林的形象,是我和他共同创造的。我借他的这笔债,怕永远也还不了啦!"

当时我坐在台下,真是感动极了!我连忙站起来说:"不用还了,不用还了!"

这就是路遥,一个坦诚的朋友,一个坦诚的作家。对别人给他哪怕一点帮助,他都永远记着。

——刘　路《坦诚的朋友》

《人生》，阴霾密布

"我要用我的劳动成果来回答我的朋友和敌人们。"
若冰在他心里，就是他的精神支柱，是他的精神教父。

我们再回到 1980 年。路遥在文学突围过程中最重要的作品——中篇小说《惊心动魄的一幕》，在《当代》第 3 期头条发表；他最看重的弟弟王天乐也在众人的帮助下顺利招到铜川当煤矿工人。他还没有来得及品味这两件大事带来的兴奋，却又一次陷入人生的苦恼——随着"文化大革命"的彻底否定，林彪、"四人帮"反党集团被审判，组织上又一次审查路遥的"文革"历史。

据作家张虹回忆，1980 年 3 月初的《延河》编辑部召开的创作、评论工作会上，路遥意气风发、指点江山，情绪非常亢奋。而到当年的 10 月份，她在中国作协西安分会举办的第三期读书会上见到的路遥，却阴沉着脸，一副难受的样子。路遥对她说："我是从比这儿（破民居——笔者注）还底层的地方出来的，起点太低。我要改变命运，要成就大事，就得付出比常人多数倍的努力甚至牺牲。这牺牲包括常人的欢乐和友谊。干大事就顾不得小节。谁做我的朋友，谁就得原谅我，接受我……"后来，张虹从读书班的同期同学中了解到，路遥正在经受"文革"问题的焦虑。

源源不断地发表高质量的作品，是路遥最快乐的事情。正如他在 1980 年 5 月初给曹谷溪的信中所说的那样，"我要用我的劳动成果来回答我的朋友和敌人们。"对于路遥来说，作品是最好的战斗武器。

其次，领导和朋友的鼓励使路遥把心放下来，以一种坦然的心态面对组织调查和新的历史考验。作家白描在纪念李若冰的文章中，记述过李若冰对路遥的精心呵护：

路遥在成长道路上遇到过更大的危机，在路遥寝食不安的日子里，若冰给了他最宝贵的支持，帮他渡过了山重水险的人生关口和阴霾密布的精神危机。那一段时间，若冰成了路遥的精神支柱。三天两头，路遥有事没事都要去若冰家。

若冰身担要职，在繁忙的公务之余，要读书，要写作，时间是很紧的，但一旦路遥登门造访便将一切事情搁在一边,听路遥的倾诉,陪他聊天说话,安慰、开导他。若冰知道,这个从陕北山沟沟里一路打拼出来跻身著名作家行列的青年,如果不给予呵护,那精神系统里自尊和自卑复杂交织、雄心和疑惑相互纠缠、强悍和脆弱一并兼有的基本平衡,即刻就会倾斜颠覆,整个人也就毁了。事后路遥曾不止一次地对身边好友讲:若冰在他心里,就是他的精神支柱,是他的精神教父。

白描当时已从陕西师范大学中文系调入《延河》编辑部工作,应该说他对路遥当时的情况有发言权。白描的回忆虽然语焉不详,但我们还是能够看出当时的危急情况。

——厚　夫《路遥传》

黄叶拾零

李若冰

李若冰(1926—2005)笔名沙驼铃,陕西泾阳人。中国当代著名作家、西部散文的代表人物、西部文学的拓荒者、"石油文学"奠基人之一。

李若冰散文大都写亲身感受,反映我国大西北的风物、人情与生产建设,文笔优美,真实感人。他最早发现了西部美,歌颂了西部美,为祖国石油工业树起了一座丰碑。

1954年,李若冰第一次来到青海柴达木盆地,1956年出版了第一本散文集《在勘探的道路上》,此后五进柴达木,长期在大庆油田、关中农村、塔里木和塔克拉玛干大沙漠等地生活,1959年出版《柴达木手记》。

李若冰一生情系大漠,钟情勘探者、创业者,被誉为中国石油文学的拓荒人之一。所作《柴达木手记》等作品至今享有盛誉。

2005年3月24日,李若冰病逝于西安,享年七十九岁。

李若冰

——贺抒玉

第七章／小满

孤儿·战士·作家（节选）

他是作家李若冰，她是作家贺抒玉，两人名字相连便是"冰清玉洁"之意。半个世纪前，李若冰的《柴达木手记》写尽西部之美，成为中国"石油文学"奠基之作。在李若冰逝世八周年，八十五岁的妻子贺抒玉撰文纪念……

若冰的作品，我大致是第一个读者。若冰1953年从北京中央文学研究所（鲁院1期）结业后，选择了河西走廊的酒泉石油地质勘探队作为自己的生活基地，并挂职副大队长实打实地干了起来。1954年又随石油部领导同志、地质专家以及勘探者一起踏入未开垦的处女地柴达木盆地考察，到现在已相隔半个多世纪了。今天，重读他的《柴达木手记》，依然令我心潮起伏难以平静。

我们在陕西作协院内住房前有一棵报春的玉兰树。那几年，仿佛清香的玉兰花刚刚绽放出洁白的花朵，若冰就说该起程去柴达木了，往往直到院里又一棵蜡梅花傲放时他才裹着一身柴达木的风霜归来，我们已经习惯了这种离多聚少的日子。

1999年11月，石油部首届"铁人文学奖"在北京颁奖，李季和李若冰获得了"贡献奖"，他两人被誉为石油文学的奠基人，西部文学的开拓者。若冰获奖后，心里很是不安，常常为自己写得太少而自责。他原本计划写一部描写柴达木人的长篇，只是年事已高又患病在身，到七十八岁高龄才从省文联主席岗位上退下来。无奈壮志未酬身先去。这种难以弥补的遗憾对作家来说是最痛心的。

若冰是孤儿，他母亲生了九个儿子，养活不起，卖掉三个。排行第五的若冰卖给了云阳镇杜姓人家。谁料养父母染上了疾病双双病故。若冰小学尚未毕业，十二岁的他于1938年秋追随"孩子流亡剧团"（延安抗战剧团的化名）投奔延安，安排在抗战剧团学文化学唱歌跳舞，党的阳光照耀

李若冰、贺抒玉夫妇

他长大成人。延安这座革命熔炉把一个孤儿培育成坚强的战士。若冰一直视延安为母亲，痴心读书的若冰1945年终于考上了延安鲁艺，进城后从部队转业到陕西文艺界，并获得机会去北京文研所进修。一个怀着文学梦的青年战士，选择了西部作为自己的生活基地，这是很自然的。他一直视西部为自己的精神家园。他的选择也是我所理解和赞赏的。我们有着共同的理想和志趣，志同道合使我们成为同志、朋友、夫妻、亲人。

——贺抒玉

借我三百块,别告诉别人

在他写作《人生》的日子里,他兜里连吃饭抽烟的钱也没有了。

就在他写作《人生》的日子里,他兜里连吃饭抽烟的钱也没有了,跑来向我借钱。因为我当时管着《延河》的发行费。

我问:"得多少钱?"

他说:"三百块,别告诉别人,编辑部啥时要我啥时还。"我边给他取钱一边说:"你就不能少抽点烟?"

他说:"没法子,我写作就靠两样东西,一是浓茶,二是烟,不吃饭都行,不抽烟不行。"

临走,他叮咛说:"留神一下《当代》,新刊物出来给我留下,我有篇东西可能要发表在那上面。"

果然不久,《惊心动魄的一幕》在《当代》发表了。我接到后,先仔细阅读一遍,再满怀着喜悦交给了路遥。一个月后,路遥还了那三百元钱,那便是他《惊心动魄的一幕》的稿费。

——袁银波《相识在〈延河〉编辑部》

催 生

他(路遥)告诉我,……他最熟悉的是农村和城市"交叉地带"的生活。

我口气坚定,态度也坚决,敲定了这部书稿。路遥深受感动,一口应允。这就是《人生》最初的约稿。

1980年，《当代》杂志第3期刊登了路遥的中篇小说《惊心动魄的一幕》。1981年5月17日，路遥在给好友海波的信中谈道："我的中篇《惊心动魄的一幕》，已获首届全国优秀中篇小说二等奖。我23号动身去北京领奖（25号开大会）。这是一个对我绝对重要的收获。"5月25日，路遥在北京参加了颁奖大会。就在这次大会上，担任首届全国优秀中篇小说奖评委的王维玲见到路遥并与路遥进行过一次推心置腹的交谈。在交谈中，路遥说他准备花大力气写一部中篇小说。王维玲回忆："他（路遥）告诉我，他熟悉农村生活，也熟悉城市生活，但两者相比，他最熟悉的是农村和城市'交叉地带'的生活，他曾长时间地往返其间，生活在这一领域，他自己就是一个既带着'农村味'又带着'城市味'的人，他试图在这个生活领域里，做一次较深的探索……我对他说，对于一个献身文学事业的人来说，如同参加一场马拉松竞赛，不是看谁起跑得快，而是看后劲，我口气坚定，态度也坚决，敲定了这部书稿。路遥深受感动，一口应允。这就是《人生》最初的约稿。后来我才知道，实际上路遥在1979年就动笔了，由于构思不成熟，开了个头，就写不下去了。1980年又重写了一次，还是因为开掘不深，又放下了。1981年春的我们这次交谈，起到了催生的作用，坚定了路遥的信心，他从北京回到西安以后，心里一直在翻腾，他把编辑工作安排好了以后，便又一次返回陕北住进了甘泉县招待所的一间普通的客房里，一连苦斗了二十一天……"

——王　刚《〈人生〉发表的前前后后》

拼　命

你说你是憋着劲儿来写这部作品的……像要和自己，也像要和别人来拼命。

记得1981年夏，你正在甘泉县招待所写作《人生》时，我在延安大学妻子那里度假。一天专程去看望你，只见小小屋子里烟雾弥漫，房门后铁簸箕里盛满了烟头，桌子上扔着硬馒头，还有几根麻花，几块酥饼。你头发蓬乱，眼角黏红，夜以继日的写作已使你的手臂疼得难以抬起。你说你是憋着劲儿来写这部作品的，说话时牙关紧咬像要和自己，也像要和别人来拼命。13万字的《人生》，你二十多天就完稿。……这样硬拼，纵是铁铸钢打的人，怎吃得消？

——白　描《写给远去的路遥》

白云山上有神仙

一抽出这一签，道士就说，啊！你这人要出名呀！出大名呀！
老道脱口而出："既然姓路，那就送你'路通达'。"
"弟弟，你想作品首先能如此感动我，我相信她定能感动上帝。"

　　十三万字的《人生》，路遥用二十多天就完稿了。但是人已累得仿佛大病一场，他面颊泛黄、浮肿，两条腿僵硬得行走困难。尽管身体极度疲惫，但是，心里却轻松了许多，毕竟了却了多年的一桩心事。他不顾身体不适，将初稿装进包里，背在身上，先没有南下回家，而是再北上千里，来到陕北的榆林。

　　正好陕西作协的作家任士增那些天也住在只有两层窑洞式建筑的榆林地区招待所，路遥风尘仆仆，显得十分疲惫却又异常兴奋地赶来了，没说什么话，就从背包里取出一个包裹，打开来，现出厚厚的一摞稿纸。路遥说，这是我昨天刚完成的一部稿子，写了十三万字。然后路遥讲述了那二十一天的种种艰辛，讲了张弢和招待所同志对他的格外照顾。

　　来看望路遥的榆林文联的作家霍如壁问他，写得这么辛苦，为什么不回西安休息，咋跑到榆林来了？路遥回答，他就是想回到这里兜风，散散心，在榆林他感到舒心，来这里是最好的休息。

　　然后，路遥提出，他打算去佳县白云山转转。

　　白云山位于陕北佳县城南五公里处的黄河之滨，这里山水相映，白云缭绕，松柏参天，庙宇林立，是全国著名的道教名山，白云山因终年白云缭绕，而称白云山，庙也因"山门无锁白云封"而叫白云观。

　　凡来榆林旅游的客人，大都要到白云山去看看，都说白云山上白云观的签很灵验。路遥之前曾经去过，但这次他去白云山，却不只是想看看玩玩，而是特意走向正殿抽了一签。他抽到了令他满意的一支好签——上上签，签语是"鹤鸣九霄"。一抽出这一签,道士就说,啊!你这人要出名呀!出大名呀!

——张艳茜《平凡世界里的路遥》

　　……路遥抽了一签,很好,那是大吉的上上签:鹤鸣九霄。签语关于谋望一节有四句卜辞:"几年松下惜羽毛,不肯低头谒富豪。今日奋身腾碧汉,才知志气比天高。"这也许是一种偶合,当真说尽了路遥此时的飞黄腾达,蜚声四海……

　　在延安的青化砭,住着一位吴姓的百岁老道,他的健康长寿与道法修行,引起了谷溪的兴趣,他为他拍摄一幅肖像,配了简短的说明文字在报上发表,愈发使这位老道成为远远近近风闻风传的著名神秘人物。路遥知道了,很有兴趣,谷溪就领了他去实地采访。

　　谷溪说:"我领了一个朋友来,我们都很敬重道教教义,想请道长送我们每人一个道号。"

　　老道说:"你姓曹,你是人才,也有天才,还有鬼才,所以送你个道号:曹三才。曹操、曹丕、曹植,都是人才,你曹三才就是曹才子。"

　　"这道号很好,"谷溪非常得意,"谢谢老道的吉言。请再给我的朋友也送一个。"

　　老道转向路遥问:"你姓什么?"

　　"姓路。"路遥没有说姓王。

　　老道脱口而出:"既然姓路,那就送你'路通达'。"

　　"好名字。"路遥非常满意地称赞。

　　无论是现实生活中的早晨从中午开始的灿烂图景,无论是幻想世界中的鹤鸣九霄与道路通达,似乎都预示了路遥今后的更加辉煌,正如他在获奖词中所宣讲的那样,他将开始新的行程,并将奔向新的目标。

——晓　雷《男儿有泪》

　　1979年古历八月底,我被招到了铜川矿务局鸭口煤矿采煤四区。路遥就赶到甘泉县招待所写他的《人生》,四十天后,他就完成了这部转变自己创作命运的小说。他先跑到榆林的白云山抽了一签,签抽得很好,签名叫"鹤鸣九霄",是出大名之意。然后他就来到铜川把《人生》小说给我念了一遍。他读完小说后,流下了热泪,他告诉我:"弟弟,你想作品首先能如此感动我,我相信她定能感动上帝。"

——王天乐《苦难是他永恒的伴侣》

鹤鸣在阴

> 我对您的约稿看得最重,已经使我有点恐惧。
>
> 一口气把你的中篇读完了……我的心,我的情,完全被你左右了。
>
> 路遥的悟性极高,……他是一个富有创造性的人,一个艺术细胞十分活跃、天赋条件再好不过的人。
>
> ……有一个星期的时间,他竟没有离开过书桌。

1991年10月26日,已获茅盾文学奖的路遥在延川县各界座谈会上,回忆当年的情形:"二十一天把初稿写完,我自己也不知道这到底是什么东西,就背上这个稿子到陕北转了一圈,认真地把这篇稿子重新审视了一遍。回到西安后,又待了半个月,又赶到咸阳,用了十几天时间,把这个稿子又搞了一稿。这就是第二稿,定稿。"

然而,路遥对作品的分量还是拿捏不准,不敢轻易拿出手。就在这期间,王维玲一直不断写信给路遥,鼓励他的创作,这又鼓起路遥的勇气。他专门给王维玲写了一封回信,谈自己的创作情况:

非常感谢您对我的信任和关怀,我甚至有点不安,觉得愧对您一片好心。以前的短篇,我自己都不很满意,因此不敢给您寄来,不过,在所有的约稿中,我对您的约稿看得最重,已经使我有点恐惧,我生怕不能使您满意,因此,每写出一篇犹豫半天,还是不敢寄来。

我现在给您谈我的中篇,这个中篇是您在北京给我谈后促我写的,初稿已完,约十三万字,主题、人物都很复杂,我搞得很苦,很吃力,大概还得一个月才能脱稿,我想写完后直接寄您给我看看,这并不是要您给我发表,只是想让您给我启示和判断,当然,这样的作品若能和读者见面,我是非常高兴的,因为我们探讨的东西并不一定会使一些同志接受。我写的是青年题材,我先给您打个招呼,等稿完后,我就直接寄给您。

——王维玲《岁月传真——我和当代作家》

小说初稿名字不叫《人生》,而叫《生活的乐章》。王维玲收到书稿后,很快以极大的热情阅读了小说初稿,并请编辑室的许岱与南云瑞也进行阅读。随后,他们坐在一起,对书稿进行了一次讨论,大家一致认为小说已十分成熟,只是个别地方还需要调整一下……为了让路遥领会编辑审读意见,王维玲在11月11日亲自执笔给路遥写了一封回信。有意思的是,王维玲给路遥写的许多信都没有留底稿,但唯独这封信留下了底稿。这封底稿,也成为研究《人生》创作的重要史料。

路遥同志:

近来好!

我和编辑室的同志怀着极大兴趣,一口气把你的中篇读完了。你文字好,十分流畅,有强烈的生活气息和时代特色,让我们一读起来就放不下。虽然我生活在城市,对今天的农村生活变化不很了解,但读你的作品时,没有一点陌生的感觉,就像全都是发生在我身边的事一样,让我关心事件的发展,关心人物的命运,为你笔下人物的遭遇和命运,一时兴奋,一时赞叹,一时惋惜,一时愤懑,我的心,我的情,完全被你左右了。读完你的作品,让我对你的创作更加注目和关心,对你的文学才能更加充满信心。我相信,你今后一定还能写出更为喜人的,同时也是惊人的作品,我期望着,等待着!

《生活的乐章》(即《人生》——笔者注)出版以后,会在文学界和青年读者中引起重视和反响。就我们看到的近似你这样题材的作品,还没有一部能到这样的艺术水准。为使你的作品更加完美,我们讨论了一下,有几点想法提供给你参考。

1. 小说现在的结尾,不理想,应回到作品的主题上去。加林、巧珍、巧玲等不同的人物都应对自己的经历与遭遇、行动与结果、挫折与命运、追求与现实做一次理智的回顾与反省,从各自不同的角度总结过去,总结自己,总结旁人走过的道路,给人以较深刻的启示和感受,让人读后思之不尽,联想翩翩。

现在的结尾较肤浅,加林一进村,巧玲就把民办教师的职位让给他,并且对他表现出不一般的感情,给人的感觉,好像这一切都是巧珍的安排,让自己的妹妹填补感情上的遗憾。巧珍会这么做吗?!读过后感到很不自然。加林最后的反省和悔恨都还应再往上推一推。现实生活给予他这么重的惩罚,他应有所觉醒,有所认识,现在稿子发掘还不深,弱而无力。而缠绵的感情又显得多余,读者读到最后,想到的是加林和巧珍如何对自己、对生活作出评价,而不是其他!

2. 关于巧珍。这是一个非常可爱的人物,应该贯彻始终。桥头断交,她显得比加林更感人,描写人物就是要在这些地方下功夫,显示人物的高尚和光彩。在他回村后,可以写她感情上的痛苦,但不应过多,过重,现在把她写得不能自拔,过了。她是个感情无比丰富的女性,同时又是一个理智的女性,两个方面都应显示出这个人物的光彩,现在对他的理智的一面展示不够,发掘不深,人物的血肉就显得不够丰满。她决定嫁给马栓，从不爱到爱，是她从理性的思索到感性的变化结果，要准确表现出人物的感情转变。巧珍和加林不同之处，她是一个爱情专一的青年，但同时她也是一个自尊自爱、又实际、又理智的青年，要在最后的篇幅里，将这两方面充实丰满起来。

3. 关于马栓，对他的性格描写还不够统一，他出场时，给人的印象是一个善于逢迎拍马、很会投机钻营、滑头滑脑的人，但在结尾和巧珍成亲时，又是一个朴朴实实、讲究实际、心地善良的青年农民形象。前后要统一，还是把他写得朴实可爱一点好。

4. 关于加林，总的说来，写得很好，但有几个关键转折之处，还显得有些表面，发掘不深。他对巧珍是有感情的，为了与亚萍好，扔掉巧珍，他事前用尽心思，做了各种准备，没想到在大桥，仅三言两语，巧珍就明白了，那么轻易解决，这时他应感到意外，感到震惊，事后他应感到痛苦，感到不安！而且这种内疚的心情，应该越来越强烈，直到从省城回来，知道将要把他遣返回乡的冷酷现实不可改变，知道巧珍嫁给马栓，想到他与亚萍的关系不可能继续，他的失望悔恨、惋惜痛苦的心情应更强烈，他去找亚萍，告诉亚萍他心里真正爱的还是巧珍，这应是他不断反省，发自内心的话！这才符合人物当时处境，才能造成悲剧气氛。现在的稿子无论气氛还是环境，无论加林还是他周围的人物，写得都不够充分，不够强烈。

小说中，围绕加林和巧珍、加林和亚萍的爱情描写上，有重复的地方，也有刺眼的东西。还是含蓄一些更好，可适当做些修改。

5. 德顺爷爷写得实在可爱，但他与加林的父亲到县里找加林说理，为巧珍抱不平等描写过于简单，分量不够，应再深一点，重一点才好。

以上意见提供给你参考，想好后，修改起来也很便利。总的来说，不伤筋、不动骨，也没大工程，只是加强加深，加浓加细，弥补一些漏洞，使人物的发展更加顺理成章，合理可信。

关于下一步有两种考虑：一是你到我社来改，有一个星期时间足够了。二是先把稿子给刊物上发表，广泛听听意见之后再动手修改，之后再出书。我个人倾向第一种方案。现在情况你也知道，常常围绕作品中个别人物、个别情节，争论不休，使整个作品在社会上的影响受到伤害。我想，发表的作品和出书的作品都应该尽可能地避免这种情况发生才好。不知我的这些想法，你以为如何？

祝好！

王维玲

一九八一年十一月十一日

——王维玲《岁月传真——我和当代作家》

王维玲这封热情洋溢的回信，让路遥颇为感动。他很快给王维玲写去回信：

非常高兴地收读了您的信，感谢您认真看了我的稿子，并提出了许多宝贵意见。我同意您的安排。我想来出版社，在你们的具体指导下改这部稿子，因为我刚从这部作品中出来，大有"身在庐山"之感。我现在就开始思考你们的意见。您接我的信后，可尽快给丕祥和鸿钧写信。估计他们会让我来的。（王维玲《岁月传真——我和当代作家》）

丕祥是指王丕祥，《延河》主编；鸿钧是指贺鸿钧，《延河》副主编。二人是路遥的直接上级，经常热情扶持青年作家创作。这样，王维玲给他们写了一封信，请路遥赴京改稿。

王维玲的信发出不久，路遥就在12月来到北京改稿了。路遥到京后的第二天，就去找王维玲谈自己的修改思考。二十多年后，王维玲后来回忆当时的情景，仍赞不绝口：

事实上这个上午他谈的这些构想，几乎没有一条是原封不动地采纳我们的建议，但他谈的这些又与我们的建议和想法那么吻合。听他讲时，我连连叫好；听完之后我击掌叫绝。路遥的悟性极高，不但善解人意，而且能从别人的意见建议之中抓住要点和本质，融会贯通，化为自己的血肉，融化到小说中去，他是一个富有创造性的人，一个艺术细胞十分活跃，天赋条件再好不过的人。我从事文学编辑几十年，最喜欢与路遥这样的作者合作，这种合作，随时能让我看到从作家身上爆发出来的创造性的火花；这样的创造性，让我激动，让我兴奋，让我痴迷，让我看到信心，看到希望，看到成功，对一个编辑来说，再没有比这高兴的事，这是一种难得的美的享受。（王维玲《岁月传真——我和当代作家》）

这次谈话后，中国青年出版社把路遥安排在出版社大院内一间高大明亮的客房改稿。这间客房本来是专门接待老作家的，配有写字台、沙发、席梦思床和木地板，是当时最好的条件。路遥在这里住了十天左右，全身心地投入作品的修改工作。其间有一个星期的时间，他竟没有离开过书桌，累了，伏案而息；困了，伏案而眠，直到把作品改完抄好。中国青年出版社熟悉他的朋友，都非常感动与敬佩。

作品修改得很理想，中国青年出版社很快发排。路遥是《延河》小说散文组副组长，有编务在身，没在北京多留便返回西安。当时，《人生》的名字还叫《生活的乐章》。路遥和王维玲都觉得名字不理想，但一时又想不出一个更好的名字，约定信件联系。

——厚　夫《路遥传》

收获人生

路遥终于成功地翻越了《人生》这座山峰。

1982年11月,《人生》单行本由中国青年出版社出版。

1981年12月,路遥来到北京,在中国青年出版社客房部修改这部小说。王维玲回忆:"他大约在这间房住了十天,其间有一个星期的时间,他竟没有离开过书桌。累了,伏案而息;困了,伏案而眠,直到把稿子改完抄好。""修改后的《人生》很理想,我很快就定稿发排了。……当时这部小说名叫《生活的乐章》,我们都觉得不理想,但一时又想不出一个更好的名字,约定信件联系。就这样,路遥在北京修改完了这部小说,就在路遥离开北京小说定稿后,小说名还没有最后确定。1982年1月初,我从路遥稿前引用柳青的一段话里,看中了开头的两个字'人生'。想到'人生'既切题、明快,又好记。大家都觉得这个书名好,于是便初步定下来,我写信征求路遥的意见。我一直鼓励路遥写《人生》的下部,并且要他尽快上马,趁热打铁,一鼓作气干下去。我的这些考虑也全都写进信里。"

1982年1月31日,王维玲收到路遥的来信。

作品的题目叫《人生》很好,感谢您想了好书名,这个名字有气魄,正合我意。至于下部作品,我争取能早一点进入,我一定慎重考虑,认真对待……

小说《人生》名字经过商讨,终于确定下来了。

——王 刚《〈人生〉发表的前前后后》

这篇中篇小说的题目,由最初《加林的故事》,到《生活的乐章》,再到《你得到了什么?》的几次反复后,最后落到《人生》,这才算一锤定音!

中国青年出版社为了扩大《人生》的社会影响，想在出书之前先在一家有影响的刊物上作为重点稿件推出。王维玲想到上海的大型文学刊物《收获》，写信征求路遥意见，并再次催促他尽快着手创作《人生》下部。

王维玲征得路遥同意后，便给《收获》编辑郭卓写信，向她推荐《人生》。郭卓是王维玲的朋友，看过《人生》清样后，拍手叫好。《人生》很快在《收获》杂志1982年第3期头条位置刊发。这部小说的《后记》写有："1981年夏天初稿于陕北甘泉，同年秋天改于西安、咸阳，冬天再改于北京。"路遥终于成功地翻越了《人生》创作的这座山峰。

1982年5月25日，路遥的中篇小说《人生》发表在《收获》杂志第3期。

——厚　夫《路遥传》

……说起诗歌来，附带说一句，《人生》发表在杂志上后，路遥将杂志拿给我，他有些不自然地说，里面用了你的诗，你不会介意吧！我说，我不会介意的，我感到荣幸。"不过，"路遥接着机智地说，"是书中一个叫黄亚萍的人物，偶尔读到你的诗，抄到笔记本上，送给高加林的！你去追究她吧！"说完，我们都哈哈大笑起来。

——高建群《扶路遥上山》

你就是陕西作家的形象

近期以来，很少有小说像《人生》这样扣人心弦，启人心智。你很年轻，涉世还浅；没想到你对于现今复杂的人生观察得如此深刻。

路遥十三万字的中篇小说《人生》在《收获》杂志第3期头条位置发表。他已不像《惊心动魄的一幕》获奖时表现出的万分激动，而是异常冷静。他给供职于《文艺报》的著名文艺评论家阎纲写了一封简信,请他看看这部小说,并提点意见。

6月上旬,路遥在炎炎酷暑里搬家了。路遥结婚后一直蜗居在作协的小平房里,直到1982年。作协因他的创作成绩,给分配一个五六十平方米的两室一厅单元房。这样,经过简单地收拾后,路遥叫几个朋友帮助搬了家。两室一厅的新居最大的好处,是路遥终于有一间属于自己创作的书房……

就在路遥忙于搬家时,阎纲的回信来了。他在8月17日,给路遥写了一封长信,谈自己对《人生》的认识,这也是文艺界最先对《人生》的反馈声音:

近期以来,很少有小说像《人生》这样扣人心弦,启人心智。你很年轻,涉世还浅;没想到你对于现今复杂的人生观察得如此深刻。在创作道路上你也很年轻,经验不足;没想到你纵身一跃,把获奖的中篇《惊心动魄的一幕》远远地抛到后边。作为一个文坛的进取者,你的形象就是陕西(家乡)作家(年轻作家)的形象……

——厚 夫《路遥传》

黄叶拾零

致路遥

路遥同志:

短简收悉,高兴非常。

你带来了好消息,你的消息唤起我种种想法。近期以来,很少有小说像《人生》这样扣人心弦,启人心智。你很年轻,涉世还浅;没想到你对于现今复杂的人生观察得如此深刻。在创作道路上你也很年轻,经验不足;没想到你纵身一跃,把获奖的中篇《惊心动魄的一幕》远远地抛到后边。作为一个文坛的进取者,你的形象就是陕西(家乡)作家(年轻作家)的形象。

有同志说这是一部爱情小说,从严格的意义上讲,我认为不是,或不全是。有同志说这是一部揭露生活阴暗面的小说,从作品立意之高来看,我认为不是,或不完全是。有同志说作品主人公高加林是农村社会主义新人;有同志说他是个人奋斗者的典型。有同志说高加林见新忘旧、喜新厌旧;有同志说他追求真正婚姻的自由,为事业寻找文化相当的合法配偶……众说纷纭,不一而足。按我的经验,作家笔下的性格复杂到使评论者聚讼纷纭、莫衷一是,往往证明这一性格确真而不矫情。有同志说,《人生》中偶然的机缘主宰着人生的命运,使一个有为的青年难以有所作为。但是,我想问:在偶然的背后呢?有没有主宰偶然的东西?这个东西又是什么?这个问题,你——作者有所感,但没有明言;我——读者,有同感,却难以言传。你好像不以教育者自居，只管让你的主人公在人生的道路上如实地表现自己——奋斗又奋斗，碰壁又碰壁，挣扎又挣扎，最后，觉醒又觉醒，终于，在人生观的高度上领略人生的真谛。但是，你没有写完，没有写到觉醒；尽管作品已经露出真情和深意，完全可以独立成篇，然而，毕竟没有写完。

你给读者出了难题。

读者解题的过程，就是艺术欣赏的过程。高明的作家，总是留有余地激发读者投身其中，死死地拽住他们，以其无比丰实的聪明才智，和作家一起共同创造自己的典型形象。

爱情的描写异常动人。你发现了一个多么可爱的女子啊！我指的是巧珍。她虽土而不俗，不知书却达理，自卑而不自贱。她爱高加林，如痴般地爱着，但绝不向爱乞求，她自始至终没有失掉自己的尊严。她可以为他而死，但必须以对方的爱情作为前提。她恨高加林，但更多的是怨而不怒。她不像有些农村姑娘失恋之后，或者忍气吞声，甘愿在命运面前认输；或者死去活来，一哭二闹三上吊。她反而从失恋中痛感到文化知识对于普通农妇的重要，反而以已嫁之身暗中扶助加林而毫无报复的企图。巧珍的可爱，足以使读者的精神为之升华。较之高加林，这是一个丰富而不复杂的灵魂。较之电影《乡情》中的那位翠翠，和《牧马人》中的那位秀芝，巧珍一点也不逊色，甚至还更易使人动情。

归根结底，《人生》是一部在建设四化的新时期，在农村和城市交叉地带，为青年人探讨"人生"道路的作品。目前，探讨"人生"的小说多了起来，大多数是不错的，但也有的小说把"人生"引向宗教，把"人生"引向虚无，把"人生"引向自我，把"人生"引向生存竞争。在这种纷扰的情况下，而且在目前中国的革命的现实主义受到挑战和冲击的情况下，《人生》的出世，怎么能不教人高兴非常呢？当一些文艺作者不顾生活的真实，不顾艺术典型化的方法，不顾文学艺术在精神文明建设中的特殊作用，华而不实、花里胡哨咋咋呼呼搞那些伪文学、"隐私文学""性爱文学"的时候，一个年轻的、不大为人们注意的作家闷了整整三年，几次动笔，几次作罢，终于在一九八二年上半年默默无闻献出了这部十二三万字的精心之作，这样认真而踏实的态度，难道不使人高兴非常吗？

我成了义务推销员，最近以来，凡有机会，都要宣传《人生》；宣传《人生》多么好，多么适合改编电视剧和电影；宣传现实主义的不过时；宣传现实主义并非老而无用。我当然不认为现实主义不要发展、不要扩大，我也不认为只有现实主义才能描绘中华民族的面貌和心理，反映中国社会主义的革命和建设，罢黜百家，独尊儒术。我们有过教训，我们没有那么狭隘。

平心而论，现实主义需要充实和发展，因为时代充实了、发展了。你路遥是坚持现实主义、革命现实主义的，你多年来孜孜不倦，读了不少外国作家的名篇，很好。以生活和人民为基础和前提的艺术创造、艺术革新，都理应受到鼓励而坚决地不准横加干涉。

我扯得远了，请你给我以提示：你怎样写作《人生》，怎样理解《人生》才不致离题万里？

握你手！

阎　纲
一九八二年八月十七日北京

关于《人生》和阎纲的通信

阎纲同志：

收你八月十七日信时，我正在搬家，里外一片混乱。读罢你的信，我很激动，这主要是由于你对《人生》的敏锐的理解所引起的。

这部作品写完已经一年了。你的信重新唤起了我过去几年中为这部作品前后所经历的那些沉重的思想经历、感情经历和工作经历；唤起了我对这部作品中的那些"老熟人"的深沉的回忆——我把他（她）们送到读者面前时，像刘立本出嫁完巧珍一样只是感到终于了结了一桩沉重的心事，长出一口气，以后就淡了：嫁出去的女子泼出去的水，由人去看去说吧。现在你把这些人物又引到我的眼皮底下，使我的心又不由得为他（她）们震颤起来。

是的，避免人物的简单和主题的浅露，正是我在这部小说中尽力追求的，我自己也很难确切说出这部作品的全部意思来。我当时只是力求真实和本质地反映出作品所涉及的那部分生活内容。当然，我意识到，为了使当代社会发展中某些重要的动向在作品里得到充分的艺术表述，应该竭力从整体的各个方面去掌握生活，通过塑造人物（典型）把我们时代最重要的社会的、道德的和心理的矛盾交织成一个艺术的统一体，把具体性和规律性、个性和普遍的社会性都结合起来——也就是说，应该向深度和广度追求。

《人生》显然没有达到应有的深度和广度。我的能力不够。我告诉过你我为这部小东西苦闷了三年——苦不堪言！灰心和失望贯穿始终。面对大量复杂的多重的交错关系而一筹莫展，同时，对主题的发展线索没有深邃的理解的时候，也是作家痛不欲生的时候。就我的体验而言，这个过程主要是和自己的浅薄和无能做斗争的过程，收益如何，看你对自己能狠心到什么程度。

现在我向你谈谈这部作品写作之前的一些零乱的思考。

我国当代社会如同北京新建的立体交叉桥，层层叠叠，复杂万端。而在农村和城市的"交叉地带"（这个词好像是我的"发明"——大约是在你和胡采同志主持的西安地区作家座谈农村题材的那个会上说的），可以说是立体交叉桥上的立体交叉桥。我在另一篇文章中已经说过，由于现代生产力的发展，又由于从本世纪60年代中期开始，在我国广阔的土地上发生了持续时间很长的、触及每一角落和每一个人的社会大动荡，使得城市之间、农村之间，尤其是城市与农村之间相互交往日渐广泛，加之全社会文化水平的提高，尤其是农村的初级教育的普及以及由于大量初、高中毕业生插队和返乡加入农民行列，城乡之间在各个方面相互渗透的现象非常普遍。这样，随着城市和农村本身的变化和发展，城市生活对农村生活的冲击，农村生活对城市生活的影响；农村生活城市化的追求倾向；现代生活方式和古老生活方式的冲突；文明与落后，现代思想意识和传统道德观念的冲突等等，构成了当代生活的个极其重要的方面。这一切矛盾在我们社会的政治、经济、文化、思想意识、精神道德方面都表现了出来，又是那么突出和复杂。

实际上，世界各国都存在着这么个"交叉地带"，而且并不是从现代开始。从古典作品开始，许多伟大作家早已经看出这一地带矛盾冲突所具有的突出的社会意义。许多人生的悲剧正是在这一地带演出的。许多经典作品和现代的优秀作品已经反映过这一地带的生活；它对作家的吸引力经久不衰，足以证明这一生活领域是多么丰富多彩，它所包含的社会意义又是多么重大。当然，在当代中国社会中，这一生活领域矛盾冲突所表现的内容和性质完全带有新的特征。

你知道，我是一传统的农民的儿子，一直是在农村长大的，又从那里出来，先到小城市，然后又到大城市参加了工作。农村可以说是基本熟悉的，城市我正在努力熟悉着。相比而言，我最熟悉的却是农村和城市的"交叉地带"，因为我曾长时间生活在这个天地里，现在也经常"往返"于其间。我曾经说过，我较熟悉身上既带着"农村味"又带着"城市味"的人，以后在有些方面又和这样的城里人和乡里人有联系。这是我本身的生活经历和现实状况所决定的。我本人就属于这样的人。因此，选择《人生》这个题材对我来说是很自然的。问题是如何表现，这就是我前面已经简略地谈到的我的苦恼所在。

目前我国文学创作的天地无疑宽阔多了，严肃的作家都在努力追求。但正如你指出的，情况有些"纷扰"。最通常的"流行病"有两种：制造时髦的商品或有震动性的"炸弹"，不是严格地从生活出发，以"新"和刺激性为目的；另一种是闭着眼不面对生活和艺术的现实，反正过去的都是永放光辉的法宝，新出现的都是叛逆，都应该打倒，老公鸡叫鸣，总就那么一声！而最糟糕的还不仅仅在此，最糟糕的是在以上这两种东西互相指责对骂、混战一场的时候。这似乎是逼迫所有的作家必须在他们之间选择此甲或彼乙，否则，你就可能会成为"被遗忘的角落"。

真正的文学，真正的革命现实主义文学与以上两种现象毫不相干。但是，在中国，要在作家的灵魂和工作中排除这些现象的干扰并不是一件容易的事。平心静气地在这种"夹缝"中追求自己的道路，需要一种强大的精神力量和对事业的虔诚的态度。在国内有两位前辈作家在创作和创造生活上对我发生过极其重大的影响，一位是已故的柳青同志，一位是健在的秦兆阳同志，他们对文学和从事这个事业都有着深刻的理解和抱有一种令人尊敬的严肃态度。他们都直接地教导了我。只是我自己经常不时露出毛躁的毛病，这是常令我痛心不已的。就我个人来说，《人生》的写作，一方面是在"夹缝"中锻炼走自己道路的能力和耐力；另一方面，在某种程度上也是我向这两位尊敬的前辈作家交出的一份不成熟的作业。

归根结底，作家不能深刻理解生活，就不可能深刻地表现生活。对于作家来说，有生活，这还不够；必须是：有生活，并且深刻理解了这些生活才行。只有这样，才可能在大量多重的、交错复杂的人物关系中伸缩自如；才可能对作品所要求的主题有着深邃的认识和理解；然后才可能进行艺术概括——当然，这个过程更加繁难，否则，尽管你对生活有了一定的理解和认识，也仍然可能制造出赤裸裸的新闻性质的所谓作品来。这样的作品和作品中的人物，即使最及时地反映了当前的政治和政策，也只能是像马克思在责备拉萨尔的悲剧时所说的："席勒式地把个人变成时代精神的单纯的传声筒。"

不知不觉已经写了许多，至于《人生》，我实在不想多说什么，我从读者写给我的信中强烈地意识到，当代读者的智慧和他们理解与欣赏作品的水平，已经向作家提出了很高的要求，我们必须拿出更成熟的作品来，才能与我们的时代和人民的事业相适应。我自己并没有多少信心，但我总是想努力的。自从我们认识以来，你对我的创作一直寄予热忱的关怀。我不仅希望你对我鼓励，同时也希望你对我批评——后一方面比前一方面更重要！

西安今年出奇地凉爽，几乎过了一个"冷夏"。最近有机会回家乡看一看吗？

致敬意！

路　遥
一九八二年八月二十一日西安

路遥获得了很大的自信

几乎是一口气读完了这部十多万字的《人生》……坐在椅子上，"是一种瘫软的感觉"……这是一种艺术的打击。

路遥的《人生》对我的冲击远远超过了那些获得诺贝尔文学奖的作家对我的冲击。

1982年5月8日，路遥在延安参加《在延安文艺座谈会上的讲话》发表四十周年纪念活动。时任中国作协西安分会主席的胡采亲自率领包括陈忠实在内的七八个刚刚跃上新时期文坛的陕西青年作家赴会。陈忠实回忆:"在这次会上,得知路遥的《人生》发表。会后从延安回到灞桥镇,当天就拿到文化馆里订阅的《收获》,几乎是一口气读完了这部十多万字的中篇小说《人生》。读完这部在路遥创作道路上也是中国当代文学史上堪称里程碑的作品之后,坐在椅子上,'是一种瘫软的感觉',不是因了《人生》主人公高加林波折起伏的人生命运引起的,而是因了《人生》所创作的'完美的艺术境界'。这是一种艺术的打击。"

——王 刚《〈人生〉发表的前前后后》

著名作家陈忠实在后来谈到自己创作的心理历程时坦言,当时,就在他整理自己的短篇小说集,准备出版的时候,路遥的《人生》发表了:

我读了《人生》之后,就一下子从自信中又跌入自卑,因为路遥的《人生》在我感觉来(路遥比我年轻七八岁),一下子就把他和我的距离拉得很远。因为路遥离我太近了,路遥的《人生》对我的冲击远远超过了那些获得诺贝尔文学奖的作家对我的冲击,因为这个人就在你的面前呀!就那个胖乎乎的,整天和你一起说闲话,还说他跟哪个女的好过……就这么生动的一个人,一部《人生》一下子就把你拉得很远……《人生》一发表,我就感觉到了什么是表层的艺术,什么是深层的艺术,在这一点上我感觉路遥《人生》上的突破,不是路遥个人的突破,而是文学回归文学的本身,摆脱强加给文学要承载而承载不了的东西。所以,这种突破,路遥显然就获得了一种很大的自信。"(陈忠实《有关写作的三个话题》)

——张艳茜《平凡世界里的路遥》

成为专业作家

《人生》单行本……首印 130000 册,上市不久就脱销。

"现在青年作者,学柳青的不少,但真正学到一些东西的,还是路遥。"

《人生》在全国获奖了……但他同时告诉我,手头一分钱也没有。

1982年11月,《人生》单行本正式由中国青年出版社出版发行,首印130000册,上市不久就脱销,第2版印了125000册,一年后又印了7200册,总印数262200册。

　　1983年1月,《青年文学》第1期刊发了一组关于《人生》的评论文章:唐挚《漫谈〈人生〉中的高加林》、蒋荫安《高加林悲剧的启示》、小间《人生的一面镜子》等。同时期,《作品与争鸣》在1983年第1、2期上刊登《中篇小说〈人生〉及其争鸣》(上、下)、席扬《门外谈〈人生〉》、谢宏《评〈人生〉中的高加林》、陈骏涛《谈高加林形象的现实主义深度——读〈人生〉札记》、王信《〈人生〉中的爱情悲剧》、阎纲《关于中篇小说〈人生〉的通信》。

——王　刚《〈人生〉发表的前前后后》

　　路遥的《人生》发表并引起社会各阶层读者广泛关注后,1982年9月,中国作协西安分会(即后来的陕西省作协)研究决定,将路遥从《延河》编辑部调动到创作组,路遥就此成为省作协专业作家。路遥的工资也由1979年行政级别22级的58.5元,调整到创作一级的66元。这是路遥自1976年9月参加工作后,六年之中第三次调资。

——张艳茜《平凡世界里的路遥》

　　为了回应文学界和广大读者对《人生》的强烈反响,中国作协陕西分会在1983年3月10日和11日两天,召开了《人生》讨论会。与会者对《人生》给予了一致的好评和热情的赞扬,并对《人生》的思想倾向、人物造型、艺术方法展开了广泛深入的讨论,提出了不少中肯的看法,同时对路遥的创作经验和创作道路做了探讨。

　　接着,3月份又有好消息飞到路遥那里。3月中旬,《人生》荣获中国作家协会颁发的"1981—1982年全国优秀中篇小说奖"。1981年,路遥的中篇小说《惊心动魄的一幕》已获过全国第一届优秀中篇小说奖。这次,路遥的《人生》以绝对的实力排在第二届优秀中篇小说奖的第四位。主持评审的中国作协书记处书记冯牧在评委会上说:"现在青年作者,学柳青的不少,但真正学到一些东西的,还是路遥。"这次获奖,进一步确立了路遥在新时期中国文坛的地位。

——厚　夫《路遥传》

不久，《人生》在全国轰动了。一天，路遥把电话打到鸭口煤矿，说他的《人生》在全国获奖了，并且排在第二。但他同时告诉我，手头一分钱也没有，到北京的路费也凑不够，急需要我的帮助。我迅速在我的师傅那里借了五百元，赶到西安火车站，当场买票，把路遥送上了火车。

——王天乐《苦难是他永恒的伴侣》

政敌反击

京夫，我想自杀！
这个事件差点要了他的命……
我目前得应付诸种复杂局面，……感谢您为我做的一切！

1966年，王卫国在陕西省初中升中专考试中，以优异成绩考取西安石油化工学校。在当时，这意味着这个农家子弟可以从此摆脱苦难的农民身份，吃上"国库粮"，三年毕业后成为国家干部，成为令人羡慕的城里人……

而此时命运却和这饱经磨难而又志存高远的孩子开了一个玩笑。"横扫一切牛鬼蛇神"的"文化大革命"开始了，高考制度被废除，所有中专停止招生。尽管"铁饭碗"的梦如同儿戏般破碎了，但王卫国似乎并没有太过伤心，反而愈发兴奋。

文才卓然，能言善辩，大智大勇，敢作敢为，再加上天天读报带给他的"大局意识"，他扶摇直上，很快被推举为"红四野"（"延川县红色造反派第四野战军"）的军长。成了延川中学呼风唤雨的人物，他发现那些平时趾高气扬的城里人，突然对他唯唯诺诺，长期以来被压抑的屈辱情绪终于找到了宣泄的出口。此时的王卫国已然全身心地投入到这场"造反有理"的革命狂欢中去了。

1967年，"文斗"升级为"武斗"，"红四野"和对立派别"红总司"势同水火，在双方的一次"战役"中，"红总司"的总指挥被"红四野"的迫击炮炸死。尽管冲突时王卫国不在场，只是后来带人打扫了战场，但这场"战役"也是日后有人状告路遥牵扯"人命案"的关键所在。

在全民"皆醉"的乱世，苛求一个年仅十七八岁的青年"独醒"，也颇有些刻

不平凡的世界(一)/路漫漫

薄吧。

——《华实人物》(搜狐)

在人们以为路遥大红大紫、志得意满的时候,路遥的情绪却跌落到谷底。这是任何人都无法体会得到的。

20世纪80年代,陕西省作协大门旁,有一排简易平房,是省作协的客房,可以安置一些外地出差来的作家小住。这一天,还没有正式调入省作协创作组的作家京夫住在了其中一间客房里。

路遥走进小客房,躺在京夫对面的单人床上,双手交叉放在脑后,枕着被垛,一条腿搭在椅子上,一条腿在床沿下晃荡,目视着纷乱发黑的席顶棚,一脸倦容,神情沮丧。他问京夫:"有火柴吗?"

不吸烟的京夫回答,没有。路遥无奈地把去掉过滤嘴的香烟放回口袋,手重新反抄在脑后。

京夫走出去,向门房师傅借了打火机。路遥立即将清瘦的脸包裹在烟雾中,很痛苦地对京夫说出一句石破天惊的话:"京夫,我想自杀!"

这句话惊得京夫从床上跳起来,注视着路遥好久。路遥一脸痛苦,没有清理的络腮胡纷乱着,嘴唇在翕动,抖动着紫色的斑块。

他怎么了?自杀是绝望到极致后的壮举,他有啥可绝望的?至于自杀吗?处在他的情况下,整个一个上升期,春风得意还来不及。《惊心动魄的一幕》《人生》双获大奖,《人生》又拍成电影,《黄叶在秋风中飘落》刚刚发表,读来洋洋洒洒,喜鹊儿一个劲直往他怀里扑,家庭幸福,女儿可爱,事业有成,有身居高位的朋友,左右逢源,生命的风帆正鼓荡喜风,高歌远航,何来自杀的念头?……

他从床上坐起来,布满血丝的眼角,流出了几滴眼泪,他站起来用手抹掉眼泪,我清楚地看到那手的食指与中指梢头,像被熏黑了的如同枯了的树皮,他撩开门帘走了。看着他宽阔的背影,我想,能有什么压倒他呢?是思索的痛苦,还是痛苦中的思索?是主观原因,还是客观原因?到现在仍是一个未解之谜。(京夫《斯人已去谜未解》)

——张艳茜《平凡世界里的路遥》

古人云:"木秀于林,风必摧之。"对于路遥而言,他成名后的烦恼还有"树大招风"而惹起当年政敌的攻击。王天乐在《苦难是他永恒的伴侣》中语焉不详地提及此事：

　　就在这个时候(《人生》获全国优秀中篇小说奖之时——笔者注)，路遥生活中发生了一件重大事件。这个事件差点要了他的命，一直到他生命终点时，这件事还使他揪心万分。请读者原谅，这篇文章里关于路遥很多重大的灾难我暂时还不能写，因为当事人都活着，我不想让这些残酷的经历再折磨活着的人。

——厚　夫《路遥传》

沛昌老师：

　　您好。

　　来信收读，一片深情厚谊，使人热泪盈眶。世界广大，但知音不多，学校三年，我们虽然是师生关系，但精神上一直是朋友，您是我生活中少数几个深刻在心的人，我永远不会忘记您。您的智慧和理解力我是深知的。我们常常不是用语言，而是用心来对话和谈论的，相隔两地，接触不多，但我相信我们在精神和感情上的交流一直是稠密的。我知道您一直密切地关注着我的一切，我自己也是一直关注着您的，并且将我的工作成果献给您和其他一些令人温暖的朋友的。

　　您目前的处境我理解，请您开阔一些，人间之事，天轮地转，正如李太白诗曰：长风破浪会有时……

　　我目前得应付诸种复杂局面，就不写长信了。感谢您为我做的一切！

　　致崇高的敬意

路　遥
1983. 11. 30

——申沛昌《十五年后忆路遥》

黄叶拾零

"三种人"

　　"文革"时期，林彪、"四人帮"推行为极"左"思潮服务的组织路线，突击提拔了一批在"文革"中残酷批斗领导干部、制造大量冤假错案的"三种人"，成为他们的社会基础。"三种人"即指：跟着林彪、"四人帮"造反起家的人，帮派思想严重的人，打砸抢分子。如果不把这些"三种人"清理出来，让他们继续留在各级领导和工作岗位上，不仅会给纠正"左"的错误、平反冤假错案带来阻力，给"文革"中的受害者及其家属造成新的心理伤害，而且还会给"左"的错误的复辟创造条件。

从1983年10月到1987年5月，中国共产党在全党范围内进行了大规模整党，纯洁党的组织是此次整党的重要任务之一，也是检验此次整党成败的关键因素之一，而清理"三种人"是纯洁组织的主要任务。为了避免此次整党发生"左"的错误和其他不利影响，清理"三种人"的工作公开宣传力度不大，外界也因此对此了解不多。实际上，清理"三种人"的工作既复杂又艰难，成效显著。

据统计，全国参加核查工作的干部有20万人，这些人党性强、作风正、熟悉党的政策，在核查工作中克服重重困难，使自己得到了锻炼，这是核查工作的一大收获。为了彻查"三种人"和犯严重错误的人，全国大范围地开展了考察干部工作。据不完全统计，各地各部门考察面大的占到干部总数的40%，考察面小的也占到25%左右，即使按25%计算，全国当时有2600多万干部，被考察的有650万人，实际上不止这个数。

——高广景《"三种人"的前前后后》

我是"三种人"吗？

"你拍这样一封没头没脑的电报，会在作协造成什么影响？你是想存心害我吗？"

那是1982年的秋天，我刚刚由公社中学到县剧团。这时，县上召开"纪念《山花》创刊十周年座谈会"，搞得很隆重，由县委和政府主办，遍请《山花》"老人手"和陕西乃至全国名流，路遥当然也在其中。

……想不到的事连连发生，问题首先就出在和路遥有关的方面。就在会议报到日的前一天夜里，有一位我和路遥共同的朋友突然来找我，很神秘地说："你最好通知路遥，让他不要回来了。"我很意外，问："为什么？"他说："现在正在清理'三种人'，县上和路遥对立那派中有人已经被清理，他们认为事情做得不公道，想怂恿人借这次会议向路遥发难。"

一听这话，我惊呆了，问他："你说该怎么办好？"那人想了一会说："我们虽然都是路遥的朋友，但你们的关系比我近，我说给你，就算尽了朋友之力；你怎么做，那是你的事。首先是我真的说不好，退一步说，就是有点想法，由于身份关系

第七章／小满

也不方便说。"

他这么一说，我更紧张了，因为他当时任一个公社的党委书记，知道的情况比较多，能这样说，问题一定很严重了。我不敢迟延，连忙赶到邮局给西安打长途电话。那时的电话不普及，能查到的作协电话只有三部，门房一部、编辑部一部、办公室一部。时在深夜，编辑部和办公室自然无人接，只好向门房打。好不容易打通了，他们不肯给我叫路遥，要我有事留话，他们转告。这种话我怎么敢让他们转告呢？只好作罢。从邮局往回走的路上，我越走越觉得这事不能放下，心想，如果万一出了事，怎么给路遥交代？于是又折回去给路遥拍了一封加急电报，内容是："暂不回延，详情另告。"发完电报已是鸡叫时分，这才蹒跚回家。

第二天我又奉命去延安，接来许多名流。回到县招待所吃饭时，发现路遥也在那里吃饭。我赶忙凑过去，低声问他："你怎回来了？"他说："拿上几个馍馍，回我房间说。"一进房间，他厉声问我："你为什么给我拍电报？你什么意思？"我连忙把情况说了一遍，心想，说清楚了他就明白。谁知他听了后更生气了，手拍着桌子低声吼道："那是针对'三种人'的，你认为我是'三种人'吗？你拍这样一封没头没脑的电报，会在作协造成什么影响？你是想存心害我吗？"我一听也生气了，也拍开了桌子，也低声吼开了。两人谁也不听对方说什么，只管拍着桌子压低声音吼，震得那几个馍馍在桌子"胡跳弹"。

正吵得不可开交时，县上领导来看望路遥来了，其中一位笑着问："你们这是干什么呢？在投骰子哩？"我正不知如何回答时，路遥先笑了，说："你说对了一半，我们不是投骰子，是击鼓传花吃馍馍呢。"惹得众人都笑，只有我怎么也笑不出来，气得直打嗝儿。

当天晚上是欢迎晚会，第二天是座谈会，我被领导支得团团转，没有工夫和路遥"吵"。第三天是自由活动，我想趁这机会和他接着说，不料，领导又安排我陪来宾去看黄河。去的人有陕西人民出版社的贾平凹、《长安》月刊的和谷和延安报社的高建群，我去找路遥，问他去不去，他说不去。我只好陪那些人去了。整整忙了一天，回到县上时已经很晚了。我一下车就直奔路遥的房间。走近一看，门关着，灯也不开，服务员告诉我说，路遥病了，早睡了，不让敲门。我正准备离开时，门开了，路遥探出头来说："进来。"我说："服务员不是说你睡了吗？"路遥冲着我说："服务员说我死了，你也相信？你不会想一想吗？为什么事事总听别人说呢？"接着两人就又吵开了，整整吵了一夜。和前次相同的地方是，仍旧压低声音吵；和前次不同的地方是，没拍桌子但也没开灯，摸黑吵。

这天晚上我才知道所谓的"三种人"和路遥完全无关。是的，路遥确实当过造反派头头，但他却不是所谓的"三种人"——对中学生在"文革"中的错误，上面有一

157

具体政策:"初中生既往不咎,高中生记入档案。"至于那位朋友当时为什么要说那个话,县上当时有没有那么一回事,我至今也说不清楚。

——海 波《我所认识的路遥》

黄叶拾零

峥嵘岁月

1968年2月13日,"红四野"武斗队12支队,乘车行至冯家坪公社段家圪垯一带,埋伏在黄家圪垯沟口,派小股队员向永坪油矿电厂逼近,并开枪射击,引出油矿"红工总"一车战斗人员,双方交战,"红工总"被打死1人,"红四野"1名队员被俘,后带至永坪致死。

同月24日,"延联总"武斗队在延安城南杨山袭击"红四野"武斗队,打死"红四野"5人,打伤2人。

1968年3月14日,凌晨5时半,"延总司"联合延长油矿、清涧武斗队攻打延川县城,"红四野"死亡3人、伤1人。

1968年4月5日,"红四野"武斗队配合延长同一派武斗队,在交口镇攻打"延总司"一派驻守武装,"红四野"七支队被打散,"延总司"一派死亡1人。

1968年4月17日,"红四野"配合"延安联指"武斗队,与"延总司"武斗队在白家原交战,双方共死伤8人。

1968年5月17日,"红四野"武斗队袭击永坪,被永坪油矿"红工总"武斗队打死4人。

1968年5月20日,早饭后,"延总司"武斗队乘10余辆汽车,向延川城关粮站开进,行至拐峁,"红四野"武斗队在城内的哨兵鸣枪报警,双方随即交战,"红四野"武斗队死亡1人,被俘数人。

1968年5月29日,"延总司"武斗队随同"延安联总"攻打在姚店驻守的"延安联指","红四野"死亡5人、负伤4人。

——《延川县志》

路 遥(前排左一)

控告路遥

"你小子给我道了歉,我也就原谅了……"

《人生》火了,路遥红了,当年延川"武斗"时的对立派们见查"三种人",仍没有扳倒路遥,便给中国作协陕西分会甚至是中共陕西省委宣传部写匿名信或公开告状信告发路遥。其罪名大都是路遥在"武斗"期间打过人,路遥在"武斗"期间有"人命案",等等。

每次告发后,中国作协陕西分会就派调查组调查问题。其中告得最激烈的是原延川的一位老领导,他在"文革"武斗期间挨过延川"红四野"的批斗甚至殴打,公开控告路遥的"罪行"。直到1984年冬,由谷溪领着路遥亲自给他道歉,方才罢休。他明确告诉前去道歉的路遥:"你小子给我道了歉,我也就原谅了……"他的原谅,也标志着告路遥状的结束。这样,路遥才在1985年元月顺利当选为中国作协陕西分会党组成员。

——厚 夫《路遥传》

高处不胜寒

这就给老家人一种错觉,以为"只要路遥说一句话,没有办不成的事情"。

当然也有不高兴的时候,根子出在老家人对路遥实力的高估上。路遥是著名作家,1982年之后,全国驰名,陕北更是无人不知,无人不晓;不但老百姓佩服,地方官员也赞不绝口。这就给老家人一种错觉,以为"只要路遥说一句话,没有办不成的事情"。这样一来,求路遥父亲的人就多了,先是亲戚,后是朋友和邻居;先是"千方百计说好话",后是"引经据典讲道理",非要路遥父亲帮忙不可。路遥的父亲很老实,但很有骨气,自己的事一般不去求这个过继给人的儿子,可朋友和邻居的事就不好推了。由于孩子多、拖累大,困难时不知求过多少人,求的就是这些朋友和邻居。现在人们反过来求他,他怎么能不当回事呢,于是就硬着头皮去找路遥。有一次,他听说路遥到了延安,就领了好几个人去找路遥。

据说,这些人提出的问题一个比一个怪,有人要路遥帮他儿媳妇争取一个计划外生育的指标,理由是他现在还没有男性孙子;有人要路遥帮他拆了邻居的窑洞,理由是那窑洞建的不是地方,正好压住了他家的"龙脉",害得他家连着死了几头大牲口;还有人想让路遥帮他搞个老红军指标,理由是他不想看儿媳妇的脸色吃饭。在这些人提要求的时候,路遥的父亲在一边做介绍,一会说这个人在咱家最困难的时候曾借给他一斗糜子,那个在家里修窑洞时帮忙背过几天石头……路遥当然给他们办不了这些"小事",于是来人大大地失望,他父亲也觉得没"面子",而路遥更是又急又气,浑身是嘴也说不清楚。要说有不高兴的地方,大概就是指的这些。但这种"不高兴"谁有办法改变呢?只能叹息而已。

——海 波《我所认识的路遥》

天下谁人不识君

持续不断的《人生》热,也彻底地把路遥推到"名人"的位置。

路遥在创作室

《人生》产生的轰动效应是持续的。中央人民广播电台在1984年改编成由著名电影表演艺术家孙道临主持的7集同名广播剧播出;1984年,由上海话剧团改编成的同名话剧正式公演。

与此同时,由路遥亲自执笔改编、吴天明导演、西安电影制片厂拍摄的故事片《人生》于1984年秋在全国公开放映,并引起极大轰动,由此引起的关于电影《人生》的评论,掀起了热议《人生》的第二轮高潮。当时,电影《人生》已经家喻户晓,"高加林"成为中国青年人谈论最多的人。

电影《人生》1985 年获第 5 届中国电影金鸡奖最佳作品奖;同年,获第 8 届《大众电影》百花奖最佳故事片奖、最佳女主角奖;1987 年获中国电影评论学会和《文汇报》联合举办的新时期十年电影最佳故事片奖,吴天明获导演荣誉奖。

国际传播学研究学者卢克汉姆曾言:"媒介就是权力。"在中国 1980 年初期,电视仍是普通民众的奢望,而广播和电影却是大众日常文化消费的基本方式。路遥的小说《人生》乘着广播的翅膀,借着电影的形式,又一次全方位地深入人心。

路遥系列剪纸之《人生》 张晓梅

持续不断的《人生》热,也彻底地把路遥推到"名人"的位置。

——厚 夫《路遥传》

恩多只能"打包"报

> 如果我们写的作品能说出他们真处境、真感情、真担心、真期望,那么这恩就报"深"了……

由于生活环境所限,路遥的前半生一直处在这样那样的困难之中。在战胜这些困难的时候,少不了别人的帮助。帮助他的人,都是被路遥的人格魅力和非凡才华所吸引,以此为人之常情,绝非图什么回报。但是,随着路遥在全国知名,他们想见一见这位昔日的朋友,坐在一块"拉会话"的简单要求,路遥也不能一一满足。于是,这些人不高兴了,通过各种渠道给路遥捎话,表达自己的"委屈"。因为这些人大部分在陕北,有许多人和我也认识,所以我就成了"捎话"的人选。虽然"捎话"人有异,捎的话却略同,无非是说路遥在艰难的时候曾"沾过他的光",现在希望能

"拉他一把"，具体的诉求琐碎而又庞杂。在农村的多说庄基地问题，计划生育问题，和邻居打官司的问题，找活路的问题，帮助推销红枣、洋芋、红葱、粉条等土特产的问题；在城镇的多说转正问题、调动问题、评职称问题、升迁入党问题、孩子上学问题、家属"农转非"问题，当然少不了亲戚或朋友写了作品请求指点、帮助发表、评价提携等问题。他们说这些时都特别投入，特别"声情并茂"，特别有感染力。"捎话"之前，先有"导语"。说到他们当年对路遥的帮助，总是先说大背景，后说小环境；先说不帮的后果，再说帮了的作用，落地一句话："他后生可真是沾了我的光了。"说到他自己的问题，总是先说半天"小样"，再举几个例子；先说帮他的必要，再说不帮的危害，落底总是说："这种事，放在路遥身上简单得和'一'一样，只要给某某某打个招呼就行。"

我当然有自己的主见，不可能全部"转达"。一来觉得过于复杂，二来也怕耽误了我自己的"诉求"——我也总想求他啊。择主要的给路遥说了，他给的回答令我大吃一惊，说："这号话你以后不要给我说。"我问："为什么？"他说："办不了，也不想办！"我说："你怎么能这样啊？你应该报恩啊。"他说："正因为应该报恩，才不能管这些事情。"一句话说得我哑口无言，只能从头到脚、从脚到头一遍又一遍地看他，越看越觉得陌生。

每到这种时候，他总要唱一番陕北民歌，东一句、西一句、高一声、低一声，唱得荒腔走板、了无章法；一边唱，一边拔一根胡须在自己的下巴颏上扫；扫一会，扭头瞟我一眼，似乎在等我说个什么。我这时能说什么呢，只觉得心里头"拔凉、拔凉"的。不光是为那些"捎话人""拔凉"，更多的是为自己"拔凉"，准备了好久想求他帮忙的话，全卡在喉咙以下了，只想着如何体面地离开。总是在这个时候，路遥开口了，给我讲不报恩的理由。讲了不止一次两次，提起这个话题的由头也多种多样，我只能把他说的要点写在下面。他说——

像咱们这样出身的人，要想成点事，就不能报这些恩；这样报恩，肯定一事无成。为什么呢？因为咱们来自社会的最底层，每前进一步，都得到过许多人的帮助；那些帮助在当时的情况下，都很重要，都值得报恩。比如在农村时，因为家穷，要担水，没桶；要砍柴，没有好镢头；秋天要背庄稼，连绳子也不够用，只能向人借。绝大多数人不会借给咱，原因很简单，他们也没富余，借给咱，他就用不成了——那时是大集体，说歇，全村歇，说干全村干，一个干什么，大家也在干什么——在这种情况，有人咬了牙借给你水桶、镢头或者绳子，不但救了你的急需，还维护了你的尊严，你说这算不算恩，该不该报？比如当民办教师，村里只需要一个教师，可有五六个中学生，大家都想做这个事。你说咱们的水平高？高在什么地方了，高在编两句顺口溜上了，做这个可能比人强，比起教学生娃娃，说不定还不如别人。在这种情况下,当领导的决定让咱们教,咱们满意了,别的人肯定不高兴。这个领导为了咱们当个民办教师,自己惹下"一堆"人。你说这算不算恩,该不该报?再说进了县城当临时工时,咱们人虽然在县城里,实际上还是农村人,工资表上没咱们的名字,粮食本上没咱们的配额,单位上发一张电影票咱们也不在范围内。这时候,有人给咱们借钱花,有人给咱们均饭吃,还有人事事处处抬举咱,你说这恩情大不大,该不该报?最要紧的是咱们彻底离开农村时,那是千百人挤这个独木桥啊。过去了,虽然不能说上了天堂,但至少能体面地活几年人;过不去,虽然不敢说下了地狱,一辈子面朝黄土背朝天。在这种时候人大都是自私,亲帮亲,友帮友,或者亲友交叉着帮。咱们都是"干骨头"穷人,不要说家人了,就是家族和亲戚里搜尽五族也找不出一个"吃公家饭"人来。靠什么?还不得靠别人帮。这些帮你的人,恩情有多大,该不该报?

该报的恩这样多,我们又有怎样的能耐呢?干咱们这一行的人都是些"水泡枣"儿,听起来名声大,事实上没实力。打官司不如法院的人,处纠纷不如派出所的人;搞"农转非",帮忙入学和提拔更是门也没有。这情况那些求咱的人都知道,他们只是想让咱们给相关人员说一句,以为咱们"面子大""分量重",一句顶他们好几句。其实完全不是这样,所谓的人情社会,骨子里是个"交换人情"的社会。你想"用"别人,必须是自己对别人有用。咱们对别人有什么用,要钱没钱,要权没权,别人凭什么听咱们的。说了也没用,所以趁早别开口,免得把一人的失落,变成大家失落。

另外,咱们就没有那么多闲工夫。如果咱们把工夫都花在这些事上,什么工夫看书和搞创作?如果创作也搞不上去,像一只只会叫唤不下蛋的鸡,谁还能看得起咱?说不定现在求咱的人,都变成笑话咱的人了。工人不做工,不是好工人;农民不种地,算不上好农民;咱们搞创作的,如果不好好写作,整天喝酒聊天、吃喝玩乐甚而钻营觅缝、包揽词讼,岂不成了"黑痞""二流子"了?

我这样说,绝不是不讲人情、不报恩,而是说要实事求是地报恩,脚踏实地地报恩,把报答别人和促进自己结合起来。这一点农村人做得最好,谁对他有过好处,他会在收获后拿一些土特产来报答。东西虽不多,但人情却很重;送的人不伤力,收的人不担心。一方面表示他们记得这个恩人,另一方面表示,在你的帮助下,他们已经在根本上有了转机。如果这些农民,拿的不是自己生产的东西,而是借来的、赊来的甚至哄来的、骗来的、偷来的、抢来的好东西,这对谁有好处?

把这个道理落实在咱们遇到的具体事情里,得出的合理结论应该是这样:咱们要报恩,不但要拣重要的、直接的、帮助大的人报,而且要报所有和咱们一样生活过、现在处境还变化不大的人们的恩情;不但要报延川的、清涧的、陕北父老乡亲们的恩情，还要报全中国所有农村人、底层人、所有以踏实劳动为生的人的恩情。报恩的最好方法是，努力地写东西、出作品、出名声。如果我们像鲁迅先生那样有名，那样"天下无人不识君"，那些曾经帮过咱们的人，即便仍在抱怨咱们，那感觉也完全不一样。表面上是抱怨，实质是炫耀；口里说咱们的"不好"，事实是在夸奖咱们是"干石板上扎根，自我奋斗的英雄"。如果我们写的作品能说出他们真处境、真感情、真担心、真期望，那么这恩就报"深"了，不但他们能感觉到，他们的儿孙也能感觉到，历史也能感觉到。俗话说"大恩不言报"，不言报不是不报，而是光报不说；大恩大报，小恩也大报，把所有的恩情"扎成捆""打成包"集中起来一起报。

——海　波《我所认识的路遥》

人生巅峰

> 在成名的日子里，路遥却希望耳边的喧嚣尽快结束，他渴望重新回到安静的创作状态中，他不能停止手中的笔去创作，去像一个土地上的劳动者一样去耕作。然而，路遥感到越写越困难。
>
> 路遥又长叹一声：什么时候想写什么就写什么就好了！

在成名的日子里，路遥却希望耳边的喧嚣尽快结束，他渴望重新回到安静的创作状态中，他不能停止手中的笔去创作，去像一个土地上的劳动者一样去耕作。然而，路遥感到越写越困难。

路遥在创作《人生》之前的中篇小说《在困难的日子里》，却发表在《人生》之后，发表在1982年第5期《当代》。小说在艺术上不输于《人生》的成熟。这篇小说，完全是路遥少年时期那段饥饿的学校生活的真实写照，具有自传体性质。小说成功之处不仅是对饥饿感的真切描写，还有对一个自尊、自爱、自强、自信的穷孩子的成功塑造。在那样一种困难的时刻，在那样一个穷苦的年轻人身上，一种坚毅不屈、冰清玉洁的性格力量和周围严峻的生活矛盾，互相冲撞，形成了悲壮的基调。这篇小说，获得了当年《当代》"优秀作品奖"是当之无愧的。可惜，它发表在《人生》之后，《人生》耀眼的光辉完全遮蔽住了《在困难的日子里》，没有引起人们对这篇小说的足够关注。

《人生》之后，路遥又相继发表了短篇小说《生活咏叹调》、中篇小说《黄叶在秋风中飘落》(《小说界》1983年中篇专辑)、《你怎么也想不到》(《文学家》1984年第1期)、《我和五叔的六次相遇》(《钟山》1984年第5期)、散文《柳青的遗产》(《延河》1983年第6期)；出版了中短篇小说集《当代纪事》(重庆出版社1983年出版)等等。在广阔的时空背景下，路遥继续挖掘当代青年在城乡环境两极抉择中的心路历程。

可是，这些作品发表和出版后，竟然无声无息。这些作品，虽然生命气息都很饱满，文字讲究而老练，有些小说的主题也很宏大，但是，要么缺乏《人生》的大气，要么总给人一种思想大于形象、用形象来图解某种先验的思想的感觉。因此，受到文学界的冷遇也是必然的、公平的。

——张艳茜《平凡世界里的路遥》

……这种晦暗心情并非是一次偶尔的显露，在路遥《人生》刚刚获得全国优秀中篇小说奖的那一年，路遥在延安，有一天晚上，找到还在延安地区文创室工作的北京知青出身的作家陈泽顺。当时的路遥，并没有陈泽顺感觉中被巨大的成功包围的亢奋，而是好像心情很是沉重。

坐在陈泽顺对面，路遥似乎也没有什么特别要说的话语。他们一边喝茶一边聊天。路遥好几次怅怅地叹息。陈泽顺问路遥，这是怎么了？是不是有什么事情？

但是，路遥歪坐在藤椅上，有气无力地说：没有什么事，日他妈的，就是觉得没意思。

陈泽顺不禁开路遥玩笑：如果你这个时候还觉得没意思，那么比这更没意思的时候可就不太可能更多了。

路遥也笑了，直起身子：我知道我应当高兴，在全国拿奖，作品产生影响，这毕竟不容易，可是……

说着，路遥又长叹一声：什么时候想写什么就写什么就好了！

陈泽顺吃惊：《人生》还没有写出你想写出的那些东西吗？

路遥严肃地看着陈泽顺，肯定地回答：没有！

——张艳茜《平凡世界里的路遥》

人生的下半部

> 任何俗套都可能整个地毁了这部作品，前功尽弃。
> 不能把《人生》当作包袱……
> 《人生》中的高加林在《平凡的世界》中也有了新的走向。

1982年8月23日，路遥给王维玲写信：

《人生》得以顺利和叫人满意的方式发表，全靠您的真诚和费心费力的工作造成的……南云瑞不断地向我转达了您的一些意见，尤其关于《人生》下部的意见。这是一个很重要的问题，需要我反复思考和有一定的时间给予各方面的东西的判断。我感到，下部书，其他的人物我仍然有把握发展他（她）们，并分别能给予一定的总结。唯独我的主人公高加林，他的发展趋向以及中间一些波折的分寸，我现在还没考虑清楚，既不是情节，也不是细节，也不是作品总的主题，而是高加林这个人物的思想发展需要斟酌处，任何俗套都可能整个地毁了这部作品，前功尽弃。

1983年2月28日，王维玲收到路遥的复信：

自《人生》发表后，我的日子很不安宁，不能深入地研究生活和艺术中的一些难题。尽管主观上力避，但有些事还是回避不了，我希望过一段能好一点。关于写作，目前的状况给我提出了高要求，但我不可能从一个山头跳到另一个山头，需要认真地准备和摸索，而最根本的是要保持心理上的一种宁静感，不能把《人生》当作包袱。这部作品光今年元月份就发表了十来篇评论，看来还可能要讨论下去，就目前来看，评论界基本是公正的。作品已经引起广泛关注，再说，作品最后要经受的是历史的考验。

如果说写《人生》之前是路遥的准备期，那么，《平凡的世界》就是路遥要完成的"大作品"。《人生》发表后带来的各种名气和压力下，不断"劳动"和"超越"自我的焦虑，最终使路遥"决定要写一部规模很大的书"，即后来的《平凡的世界》。可以说，《人生》的创作为日后创作长篇小说《平凡的世界》找到了现实灵感；《人生》中的高加林在《平凡的世界》中也有了新的走向。

——王　刚《〈人生〉发表的前前后后》

"交叉地带"

这是路遥目前关于"交叉地带"所做的最全面的理论阐述。

"我们应该追求作品要有巨大的回声,这回声应响彻过去、现在和未来。"路遥曾经这样袒露过自己的心扉。他认为这种能够响彻过去、现在和未来的声音,就是时代的声音,就是作品所揭示的历史的时代的主题,触及在当代生活中为人们所普遍关注的社会矛盾。应当承认,时代的主题,巨大的社会冲突,并不是人人都能把握得住的。每个作家只能处在一定的生活位置上,他的所见所闻,人生阅历是有限的,现代信息技术的发展,也不能使某一个人全知全能。所以作家只能在自己熟悉的生活范围内,通过具体的特定的生活来看时代,用对具体的生活的认识去形成对生活的整体认识,用对生活全局的理解和认识去指导和丰富对具体生活本质的把握。

"我只能在我自己生活和认识所达到的范围内努力。""我是个农民血统的儿子,在大山田野里长大;又从那里走出来,先到小县城,然后又到大城市参加了工作。农村我是熟悉的;城市我正在努力熟悉着;而最熟悉的是农村和城市的交叉地带。"所以"交叉地带"首先是路遥的生活范围所决定的,它是作家生活局限性的表现。然而努力从社会生活总体中去认识"交叉地带",又是路遥极力突破自己的局限,争得了一定程度的自由的表现。路遥从来不把自己的眼光局限在狭小的生活天地里,他总是尽力从时代的高度去把握自己所经历、所熟悉的生活。他关于"城乡交叉地带"的认识,正是他长期思考生活的结晶:

我国当代社会如同北京新建的立体交叉桥,层层叠叠,复杂万端。而在农村和城市的"交叉地带",可以说是立体交叉桥上的立体交叉桥。……由于现代生产力的发展,……使得城市之间、农村之间,尤其是城市和农村之间相互交往日渐广泛,加之全社会文化水平的提高,尤其是农村的初级教育的普及,以及由于大量初、高中毕业生插队和返乡加入农民行列,城乡之间在各个方面相互渗透的现象非常普遍。这样,随着城市和农村本身的变化发展,城市生活对农村生活的冲击,农村生活对城市生活的影响;农村生活的城市化追求倾向;现代生活方式和古老生活方式的冲突;文明与落后,现代思想和传统道德观念的冲突等等,构成了当代生活的一个极其重要的倾向。

　　这是路遥目前关于"交叉地带"所做的最全面的理论阐述。以后路遥的创作也可能跨入一个新的生活领域，但他关于"城乡交叉地带"的表述，却是我们理解他目前绝大部分作品的钥匙。这些作品选材于当今的农村，但是这些习以为常的小故事，一旦被作者放在一个广阔的生活背景下，它的生活内容就扩展了，它的意义就不同凡响了。

——李　星《深沉宏大的艺术世界》

在爱情的"交叉地带"

　　在他貌似强者的面孔下，潜藏着一个软弱、自卑和不稳定的自我。在同刘巧珍和黄亚萍的两次恋爱中，他常常是犹豫彷徨的，忧郁的，自私的，甚至是被动的。

《人生》连环画　孙为民、聂鸥　画

　　高加林是处在一个能呼吸到城市文明之风却又保留着古老落后习俗的城镇交叉地带的农村知识青年。作为一个世代拘囿于土地圈子的血统农民的后代，他因袭着历史和道德的沉重负荷，在他身上，既有变革时代召唤起来的向往进步的情绪，又有生活环境和历史进程对他的种种制约。这种矛盾事实上也是我国历史发展到现阶段必然会有的现象。因此，这个在某种意义上感知了社会变革的信息，而本身又带着难以克服的局限的人物，他的人生旅程，将是在理想和现实之间、进步与落后之间踯躅徘徊、摇摆不定的。我们看到，高加林自始至终是一个内心充满复杂矛盾的性格，在他短暂而曲折的一段人生旅程中，梦想和现实交替变幻；命运的反复升沉和打击，使他思想剧烈地动摇，应接不暇。在他貌似强者的面孔下，潜藏着一个软弱、自卑和不稳定的自我，他胸中燃烧的幻想和欲望之火，往往化不成现实的真正动力，他能在顺境中驰骋想象，却不能在逆境中脚踏实地。在同刘巧珍和黄亚萍的两次恋爱中，他常常是犹豫彷徨的，忧郁的，自私的，甚至是被动的。他在对爱情的态度上也受着自己无法把握的命运的摆布，受着他无法控制的环境力量的左右。从本质上看，他仅仅具有一种自我向上的意识，他的能力只是用来支撑自己的精神，还达不到冲破周围环境力量的羁绊。这样，他精神上的奋进怎能不是在层层禁锢中孤独痛苦的跋涉。

突出的个性气质和才华，使高加林在意识上超越了传统的保守观念，企图冲破落后的环境约束，同时，也使他很难联系更大多数的农村社会的人们，而时代的文明之风还只是刚刚微弱地波及"交叉地带"上，这就导致其个性发展和历史进程的不协调，造成他内心世界的焦灼，使他盲目地感到命运的不公。这正是他还无法理解的悲剧渊薮。但是，尽管高加林的奋斗还限于自身，可他悲剧性的人生追求又超越了自身。他的悲剧正孕育着新的历史追求，是时代向前迈进的一个前奏。虽然生活的发展还需时间上的准备，但高加林作为一个响应着新生活召唤的青年，他的奋斗本身显示出生活的意义。这便是高加林这个形象中那进步的属于未来的主导因素，也是这个典型人物所标志着的社会变革的历史趋向。

泰纳说，"如果一部文学作品内容丰富，并且人们知道如何去解释它，那么我们在这作品里所找到的，会是一种人的心理，时常也就是一个时代的心理。"我以为《人生》，便是达到了这样的境界。

可以说，"交叉地带"这个典型环境和高加林这个典型形象，是路遥为当代中国文学做出的突出贡献，也是他在自己的创作敏感区最重要的收获。

——李　勇《路遥论》

和"土地"的决裂

他完全控制不了环境的力量，不断受到命运的捉弄。

> 他权衡了一切以后，已决定要和巧珍断绝关系，跟亚萍远走高飞了！
> 为了远大的前途，必须做出牺牲！有时对自己也要残酷一些！

高加林是一个普通的却有才华的农村青年，他向往新生活，对现代文明有着热烈执着的追求。然而他生活在一个山沟里，一个能呼吸到城市文明的空气却又保留着古老、落后习俗的偏僻角落，一个交织着真与假、善与恶、美与丑的具体的生活环境。在这样一个本身带有悲剧色彩的环境里，高加林有的只是在坎坷不平的人生道路上一连串失败的记录。他完全控制不了环境的力量，不断受到命运的捉弄。他的理想与现实、性格与环境交织得如此紧密，又显得如此格格不入。于是，就出现了这样的情景：一个明明有知识、有能力的青年，却被高明楼通过"合法手续"从教师队伍中除名；随后他又依靠自己的"关系"，从"后门"进入县委大院，而"纪律检查委员会"又以合法的途径将他重新清退。于是，又出现了这样一个尴尬的现实：当高加林成为正剧的时候，环境却成为悲剧；当高加林成为悲剧的时候环境却成为正剧。

……

高加林站在人生的十字路口上抉择时的心理活动是这样的："他反复考虑，觉得他不能为了巧珍的爱情，而贻误了自己生活道路上这个重要的转折——这也许是决定自己整个一生命运的转折！不仅如此，单就从找爱人的角度来看，亚萍也可能比巧珍理想得多……他权衡了一切以后，已决定要和巧珍断绝关系，跟亚萍远走高飞了！……他尽量使他的心变得铁硬，并且咬牙切齿地警告自己：不要反顾！不要软弱！为了远大的前途，必须做出牺牲！有时对自己也要残酷一些！"

高加林与刘巧珍的离异不仅是他在爱情上的失败，也标志着他同"土地"的最后决裂。他父亲和德顺爷感觉到：这个人已经有了他自己的一套，用他们的生活哲学已经不能说服他了。在高加林身上，个人主义的排他性得到了最大限度的表现。

当一个人把自己的发展建立在牺牲别人基础上的时候，当一个人为了自己的前途，不惜把道德、社会责任都踩在脚下的时候，他心中那"希望"的灯火其实就是邪火。克南妈出于报复告发了高加林，使他的生活来了个急转弯，事业、爱情的梦想都破灭了。假如没有这一事变，高加林会怎样呢？他自己总结说："如果他就这样下去，他躲过了生活的这一次惩罚，也躲不过去下一次惩罚——那时候，他也许就被彻底毁灭了。"

高加林的悲剧不是偶然的，大量的偶然性中显现出了生活的某种必然性：传统

《人生》连环画　孙为民、聂鸥　画

生活已容纳不下下一代青年对人生的追求，可他们又往往探寻不到通往新生活的正确而又艰难的道路；他们的欲望大于现实，容易把人生的全部意义局限在个人欲望的实现上，还不懂得在这个社会中，个人利益、他人利益和国家利益之间不可避免地存在着矛盾。当他们从满足个人的愿望出发来对待生活时，社会就变成一道永远冲不破的"网"，如果用扭曲的眼光来认识人生，得到的必定是一种对人生扭曲的认识。

——黄建国《论路遥小说的悲剧意识》

路遥文学中的关键词

> 他说："这个词好像是我的发明。"

路遥最早谈到"交叉地带"一词是1981年10月在西安召开的关于农村题材小说的创作座谈会上。

他说："农村和城镇的'交叉地带'，色彩斑斓，矛盾冲突很有特色，很有意义，值得去表现，我的作品多是写这一地带的。……种种的矛盾，……更多的是一种复杂的相互折射。面对这种状况，不仅要认真熟悉和研究当前农村的具体生活现象，还要把这些生活放在一种更广阔的社会背景和长远的历史视野之内进行思考。"后来(1982年8月)他还提出这个词是他创造的，他说："这个词好像是我的发明。"

并且说第一次解释这个词的意义是在上面提到的那次座谈会上。1981年10月正是路遥集中精力完成《人生》初稿、二稿尚未脱手的时间（其执笔过程如他本人所署"1981年夏天初稿于陕西甘泉，同年秋天修改于西安、咸阳，冬天再度修改于北京"）。《人生》写的就是生活在"交叉地带"的农村青年"苦斗"的经历。路遥将其作为广大农村普遍存在的一个问题提了出来。由此看来，当时路遥对于"交叉地带"已有了自己的见解。

……

1982年8月，路遥谈到关于描写"交叉地带"的问题时说："现代社会像一座立交桥，层层叠叠，复杂万端。这其中'交叉地带'是最好的例子之一。随着城市和农村本身的变化和发展，城市生活对农村生活的冲击，出现了农村向城市化发展的倾向。由此产生出现代生活方式和古老生活方式的冲突，文明和落后、现代意识和传统道德观念的冲突等，构成了当代生活的一些极其重要的方面，这一切矛盾在我们社会的政治、经济、文化、思想意识、精神道德方面都表现出来了，又是那么突出和复杂。"

实际上这就是"交叉地带"的内在含义，作为重要的创作主题，路遥对它做出了高度的概论。

——［日］安本实《路遥文学中的关键词：交叉地带》

语淡情浓

"加林哥，你如果不嫌我，咱们两个一搭里过……"

方言土语往往具有传神、富有张力等当代官话无法比拟的特色与韵味，使用得好，可以取得意想不到的效果。阿英在《晚清小说史》中曾说："方言的应用，更足以增加人物的生动性，而性格，由于语言的关系，也更突出。"

路遥写陕北乡民，描摹口吻，神情毕现，因陕北方言更见出陕北人的性格气质及心理情趣。如《人生》中刘巧珍向高加林表白爱情时说的一段话："加林哥！你如果不嫌我，咱们两个一搭里过！你在家里盛着，我给咱上山劳动！不会叫你受苦的……"既用了方言词汇，连句式也是陕北味十足，又表现了陕北少女的纯真质朴，既没有矫揉造作,也没有装腔作势。再联系巧珍那朴素的衣着和真挚善良的心灵,这几句话显得更加传神。整段话三十七个字,每个分句都没有超出八个字;除了几个陕北方言词,其中没有什么比喻、形容词语和描绘情感跌宕的句式及相应的词汇表达,每个分句都很短,很淡,很简单,可连起来读一读,却泄漏出巧珍复杂的爱情心理,包含了她此刻的全部纯朴、率直等情感,仔细品味又令人酸楚,可谓淡语寄浓情啊!

高加林和刘巧珍 《人生》连环画 孙为民、聂鸥 画

再如德顺爷爷流着泪唱完《走西口》后连哭带笑地说:"啊呀,把它的!这是干甚哩!老呀老了,还老得这么不正相!哭鼻流水的,惹你们娃娃家笑话哩……"用陕北话读一读,这位老光棍的声腔口吻便宛然在耳,相应的神态也宛然在目。同时也隐隐流露出他的内心痛苦,以及幽默乐天、超越痛苦的豁达人生态度。短短几句陕北土话,竟吸引我们经历了一个由形象感觉到情感体验的过程,获得了一种美的享受。

当然,路遥用方言写人物语言并非尽善尽美。就拿德顺爷爷这个人物来说,有些地方就写得不尽如人意,如小说结尾处德顺爷爷教诲高加林时说:"我虽然没有妻室儿女,但觉得活着总还是有意思的。我爱过,也痛苦过,我用这两只手劳动过……","妻室儿女""爱""痛苦""劳动"这些文绉绉的词语出自一个陕北老汉之口,似乎有些不协调。若换用陕北方言,会更恰当。关于这一点,路遥自己也认为这段话"没有写好,写得太'文'了一些,应该再'土'一些。"

由此看来,路遥在写人物语言时运用陕北方言,是他有意识的自觉追求,而且下了选择、锤炼、加工和创造的功夫。尽管也有不足,但成功是主要的,烧制出了陕北方言的一些"原味儿",读来本色自然,天然无雕饰,又与人物的性格契合。这种和谐和统一就自然带来了一股特殊的韵味,具有牵动人心的力量,为小说增色不少。

——贺智利《试论路遥小说与陕北方言》

把握时代的脉搏

路遥有一种可贵的自觉性。

《人生》的作者站得比某些作者要高。他不仅是高家村的居民，也不仅是城镇的居民，而是整体生活中的居民。他要透视整体生活之下的农村，又要力图从农村与城市的交叉的角度去捕捉我们这个时代的脉搏。

作者路遥在谈到《人生》的创作时，有一段话是值得注意的：

我自己感到，由于城乡交往逐渐频繁，相互渗透日趋广泛，加之农村有文化的人越来越多，这中间所发生的生活现象和矛盾冲突，越来越具有重要的社会意义。城市和农村本身的变化发展，城市生活对农村生活的冲击，农村生活城市化的追求意识，现代生活方式和古朴生活方式的冲突等等，构成了现代生活的重要内容。在这座生活的立体交叉桥上，充满了无数戏剧性的矛盾。……我们不应该回避生活中的矛盾和冲突，因为只有反映出了生活中真实的(不是虚假的!)矛盾冲突，艺术作品的生命才会有不死的根！

从这段话可以看出，路遥有一种可贵的自觉性，他有一种要从时代高度认识和反映生活的自觉意识。而这一点并不是所有作者都能够意识到和能够驾驭的。至于对《人生》中主人公高加林的生活道路，作者却未置一词，这就有待我们以理智的态度对这个复杂的艺术形象加以剖析了。

——雷 达《简论高加林的悲剧》

怎么办？——《人生》与80年代"新人"故事

在这样的结尾设计中，路遥的内心纠葛昭然若揭。

进不去的城，回不了的村，他就这样被滞留在理想与现实交际的灰暗地带,——"怎么办?"

当路遥一笔把高加林打回原籍时,小说之外的他正拼了命地帮弟弟们进城。

对于路遥个人来说,《人生》既是对他人生经历的实写,又是对现实的理想救赎。

"个人"必须被放到关系中去理解,这个关系可以是社会性的:如何对待自己,如何对待他人;也可以是历史性的:个人从哪里来,要到哪里去。

"并非结局"的结局

路遥为什么要在《人生》"第二十三章"标题下特别注明——"并非结局"[①]?

虽然高加林幻想破灭,巧珍也嫁为人妇,但等待他的并不是千夫所指的唾骂,巧珍挡住家人对高加林的羞辱,甚至央求高明楼为高加林安排工作,德顺爷对土地和劳动的深情赞颂更给他上了一课。尽管有批评从中读出路遥接续"十七年"文学处理城乡关系的"扎根"意识,也有批评不满他面对"现代—传统"二元冲突时保守的"恋土情结",但按照情节发展来看,如果一切顺利,高加林很可能会再次成为一名民办教师。因此,当高加林浪子回头、紧紧握住黄土喊出"我的亲人"时,他的人生其实又转回到小说起点,他终究不是一名普通的庄稼汉,仿佛注定了要走出去,

在这样的结尾设计中,路遥的内心纠葛昭然若揭。假如高加林和巧珍在一起,他就真的能安心劳动过上幸福的农村生活吗?假如高加林不是通过"走后门",而是堂堂正正地进城,巧珍"痴心错付薄情郎"的悲剧就可以避免了吗?在20世纪80年代的文学叙述中,不也有《远方的树》那样知青返城抛下儿女情长的感伤追忆,有《塔埔》那样农村青年艰难拥挤在高考窄路上各奔东西的别离故事吗?就算高加林如愿成为公家人,跟黄亚萍一起过上城市生活,他就能活得幸福吗?他会不会也像《一地鸡毛》里的小林那样遭遇城市出身老婆对乡下人的歧视?会不会也反身成为金字塔尖玩转权术的成功者?

如果没有"并非结局"的第二十三章,《人生》真正的结尾就是高加林与黄亚萍分手后回到自己的办公室,"一个人关住门在光床板上躺下来……"他在想些什么?进不去的城,回不了的村,他就这样被滞留在理想与现实交际的灰暗地

[①] 本文引用《人生》段落均出自路遥:《人生》,十月文艺出版社2009年版。后文不再标注。

带,——"怎么办?"——这或许才是一个农村知识青年的特殊精神困境之所以能引发社会普遍共鸣的焦点。但在《人生》中,路遥却回避开这个难题,笔锋一转在最后一章讨论"人为什么活着"。

路遥为什么要这样写?应当怎样理解《人生》结尾的意义?它是如何与同时代人们的生活感觉建立联系的?受困于20世纪80年代以来"纯文学"观念,路遥与主流意识形态之间的暧昧关系,粗糙的语言,都使他的作品难以在文学史中获得一个恰当位置,即使高扬起一个"殉道者"路遥,道德层面的经典化也搁置了对路遥小说审美形式的关照。而上述关于并非结局的种种猜想,恰恰提醒我们去注意路遥小说中的形式问题。

进城记:路遥的人生现实

如果不是一些书信披露,《人生》的读者恐怕很难想象,当路遥一笔把高加林打回原籍时,小说之外的他正拼了命地帮弟弟们进城。

《人生》1982年3月发表于《收获》,一举为路遥奠定文坛盛名,通传路遥在1981年夏天仅用二十一天时间就写出了十三万字的初稿,人们惊叹于写作之快,却忽略了事实上的写作之难。路遥回忆说,"我写《人生》反复折腾了三年——这作品是1981年写成的,但我1979年就动笔了。我非常紧张地进入了创作过程,但写成后,我把它撕了,因为,我很不满意,尽管当时也可能发表。我甚至把它从我的记忆中抹掉,再也不愿想它,1980年我试着又写了一次,但觉得还不行。"① 那么,在1979年到1981年间究竟发生了什么最终促成了《人生》的完稿?

1979年12月4日致海波信中,路遥提到给弟弟王天云找工作的事:

今有两事要告诉你。第一件:我那个不成器的弟弟四锤,经过一番相当艰苦的努力,终于在县农机局施工队上班了……②

除了四锤,这段时间最让路遥揪心的,还有三弟王天乐的工作。据梁向阳新近考证并首度公开的资料显示,在1979年11月到1980年5月的半年间,路遥高密度地给好友、诗人曹谷溪写了六封书信,其中都涉及给王天乐找工作的事。"当时的情况下,普遍意义上的招工只面向拥有城镇户口的青年,而城镇青年不屑的煤炭工人才才可能轮到农村青年。"③ 王天乐的户口在清涧县农村,只有把户口落到延安,

---

① 路遥:《答中央广播电视大学问》,《路遥全集:散文、随笔、书信》,广州出版社、太白文艺出版社2000年版,第163页。
② 路遥:《致海波》,《路遥全集:散文、随笔、书信》,广州出版社、太白文艺出版社2000年版,第320页。
③ 梁向阳:《新近发现的路遥1980年前后致谷溪的六封信》,《新文学史料》2013年第3期。

才能参加当地的招工。在1980年2月1日的信中,路遥提及时任延安县委书记的张史杰。"文革"中路遥所领导的红卫兵组织曾保护过被批斗的张史杰,所以路遥希望依靠这位当朝权贵能为弟弟争取到一个招工指标,并请谷溪从中斡旋。从信中可以看到,路遥很担心他与张史杰的历史渊源容易节外生枝,但又不得不为弟弟走这一着险棋……

比高加林幸运,王天乐终于在1980年秋天①被招工到铜川矿务局鸭口煤矿采煤四区当采煤工人。只有了解路遥帮弟弟们解决工作问题的种种烦恼,才能读出《人生》中的五味杂陈。当路遥依照苏联宇航员加加林的名字创造高加林时,这个"爱幻想"的农村青年,寄托了许多他与弟弟们的生活憧憬,但"幻想不能当饭吃",才是路遥在《人生》写作期间最直接的体会。路遥或许能给高加林的生活故事安排一个"美"与"善"的结局,却无法在现实中贯彻他自己的道德理想,他在小说中谴责高加林通过不正当手段实现个人追求,却不得不在现实中参与种种利益交换。"他尽管是个理想主义者,但在具体问题上又很现实","谁如果要离开自己的现实,就等于要离开地球。一个人应该有理想,甚至应该有幻想,但他千万不能抛开现实生活。"——当叙述者在第22章插入这段关于如何正确对待理想和现实间关系的讨论时,本意是要说明高加林的悲剧成因,将他送回人生正途,但小说之外同步上演的作家的生活故事,却恰恰从完全相反的意义上篡改掉这一表述中的"理想"与"现实":不是在现实生活中反省个人理想的合理性,而是为了实现个人理想与现实妥协。如果说前者还继承了"十七年"关于青年"人生观"的理想主义教育,这也是路遥一代原先接受的思想资源,那么后者则用来源于生活的真实教训,暴露出人生观与现实感错位的历史时刻。于是,尽管小说内外,路遥和他笔下的人物都朝着相同的人生方向迈进,但小说中的高加林一定要停下来,这就像是在现实生活中插入一块警示牌。如果说"回归土地"之于高加林,是从形式上弥合已经显影的价值冲突,那么对于路遥来说,这样结尾,则是用小说来突出已经丧失了内在稳定性的现实生活。

《人生》因而是三段进城故事的重叠:路遥和弟弟们在现实人生中的进城记;高加林在小说《人生》中的进城记;以及路遥援引柳青《创业史》作题记关联出

---

① 王天乐自己回忆是1979年农历八月底被招工到铜川矿务局鸭口煤矿采煤四区。但据梁向阳考证,应是1980年。据此,1977—1978年王天乐在村里做了一年民办教师,然后到延安做了两年揽工汉。

徐改霞的进城抉择①。三个文本间剧烈冲突、彼此质疑，但又保持着形式上的势均力敌。位于序列两端的，是路遥的个人生活经验，是作为写作传统和思想资源的"柳青的遗产"，而高加林就站在它们发生断裂的交叉地带上。

更衣记：高加林的爱美之心

路遥代替高加林留在了城市。1982年《人生》发表前后，路遥由《延河》杂志编辑转为陕西省作协正式驻会作家，他曾在"文革"的政治波涛中十八岁出门远行以红卫兵的身份串联到北京，他曾跻身北京插队知青组成的文艺宣传队以农民作家的身份走上文学道路……如今他终于以职业作家的身份成为城市的主人。"当他面对这个世界的时候，他很强大，或者说他一定要表现得这么强大，但是回到房间面对自己，他又是极度懦弱的，他从一个极度贫穷的地方来到繁华都市，面对各种人物，生活的反差很大。在西安这座城市里生活了十多年，但是，他从来没有融入过这座城市，他在心态上还是一个农民，夜半更深常常从梦中惊醒，担心被这座城市坚硬冰冷的城墙反弹回去。"② 路遥喜欢从他的"农裔城籍"出发谈创作，这种自我认同其实包含着真实的身份焦虑。据海波回忆，手头并不富裕的路遥，却格外喜欢抽好烟、喝咖啡、吃西餐，路遥说："像我们这样出身的人，最大的敌人是自己看不起自己，需要一种格外的张扬来抵消格外的自卑。"③ ——"洗不掉的出身"，如果说这种感觉的形成，包含了"前三十年"社会主义实践未能真正克服城乡差别、甚至造成制度性歧视的历史后果，这也是为何路遥跟弟弟们要拼命进城的原因，那么"进城"显然没能一劳永逸地解决问题，生活的紧张感从未散去。

感觉如此重要。即使读者不满意高加林在爱情选择上的功利算计，也不得不承认他对城市的全部欲望，都更像是一个文学青年易被满足的浪漫幻想，极少市侩。路遥笔下的高加林是个十分爱美的青年。第二章登台亮相，他就很花了一阵时间刷牙，披上黄色军大衣，"折了一朵粉红色的打碗碗花，两个指头捻动着花茎"。如果把这段描写放到"十七年"文学中，高加林一定会被斥责为小资产阶级情调，但路遥显然有意把高加林塑造成一个天生的美少年，甚至在他刚失去民办教师工作的痛

---

① 《人生》题记引自柳青《创业史》上部第十五章开头，这一章主要叙述徐改霞的人生苦恼：是选择爱情，扎根农村，与梁生宝一道搞互助合作；还是选择事业，招工进城，参加到国家工业化建设中去。柳青通过改霞的进城抉择，其实提出了一系列问题———面对城乡差别的农村青年，应当如何正确处理国家利益与个人前途、国家工业化和农村合作化、现代知识与乡村共同体之间的矛盾。
② 高建群：《路遥的一些事情说出来很爆炸》。
③ 海波：《我所认识的路遥》，《十月》2012年第4期。

苦时候,还要特别设计一个游泳的场景来展示他"完美的身体":"他的裸体是很健美的。修长的身材,没有体力劳动留下的任何印记,但又很壮实,看出他进行过规范的体育锻炼。"——体力劳动与科学健身,这组对立暗示了"美"的第一要素就是"不像农民"。

通过描写高加林"完美的身体"和"爱美之心",路遥为高加林的进城之路建立起一个强有力的逻辑起点。对于高加林来说,在"爱美之心"的驱动下让"身体"摆脱"身份"的束缚,才是他渴望在城市中获得的,他不会仅仅满足于"陈奂生上城"式的物质消费。而"美"之所以能够成为对抗制度性歧视的话语实践,是因为"美的本质被界定为真与善、感性与理性、合规律性与合目的性……的统一,即被理解为人的一切对抗、纷争和矛盾的最终消除"[①]。在新时期初的文艺实践和思想讨论中,"美"已经摆脱阶级论的审视,以"共同美""人性美"的名义,为高加林企图剥离出农民阶层的平等诉求提供依据,而高加林正代表了一种抽象的、大写的"人"的复归。从这一点看,《人生》在形式上当然是与新时期意识高度契合的。

然而有意思的是,这种要"美一回"的生活追求,却通过"更衣记"的场景被表现出来。马栓为了讨好巧珍,穿上蓝涤卡罩衣,戴上镀金链手表,掩饰自己只是一个没文化的庄稼汉子;巧珍为了让高加林欢喜,把水红的确良衬衣的大翻领翻在外边,把头发改成城里姑娘时兴的发型——而同样出身农民的高加林,却在他被退职回村劳动时,拼命将自己化装成一个农民:

像和什么人赌气似的,他穿了一身最破烂的衣服,还给腰里束了一根草绳,首先把自己的外表'化装'成了个农民。其实,村里还没有一个农民穿得像他这么破烂。……大家都很同情他;这个村文化人不多,感到他来到大家的行列里实在不协调。尤其是村里的年轻妇女们,一看原来穿得风风流流的'先生'变成了一个叫花子一样打扮的人,都啧啧地为他惋惜。

高加林本来就是农民,不需要再从着装上表明身份,这里刻意强调"化装"反而把事实颠倒过来:"农民出身"如今成了高加林的"身外之物",就像一件别扭的衣服,越发显出高加林与农村的格格不入。并不是普通农民就不关心美,就不讲究穿时兴衣服,但当村民们将"有文化"和"穿得风风流流"联系起来时,这种看似寻常的判断背后,实际上包含了一个美有高下之分的认识标准,即真正的"美",是与特定阶层的趣味、教养和生活方式密切相连的。这就是为什么同样是在

[①] 祝东力:《精神之旅——新时期以来的美学与知识分子》,中国广播电视出版社1998年版,第88页。

村民眼中，巧珍刷牙会被认为是离经叛道的"臭美"，马栓把自己收拾得像个乡镇企业老板，会被认为"俗气的很"，而高加林自轻自贱地扮"丑"，反倒包含了对美的真实追求。这里其实预设了一个"谁有能力审美"的问题，一不留神就会戳破在美与平等之间建立必然联系的幻觉。

读者很快就会发现，当高加林成为一名吃"公家饭"的县城记者时，脱去这身"穿错"的农民衣服，高加林完美的身体并没有像米开朗琪罗的大卫那样征服众人，外在装扮仍然是他确保与农民身份撇清关系的重要道具。"他胸前挂了个带闪光灯的照相机……显得特别惹眼"，他"穿一身天蓝色运动衣，两臂和裤缝上都一式两道白杠，显得英姿勃发"——路遥几乎动用了一个农民出身作家关于职业记者、体坛明星的全部知识，给高加林披挂上了想象中小镇青年应当具备的所有物件，而这些甚至在城镇人的日常生活中都显得做作与奢华。"黄亚萍按自己的审美观点，很快把高加林重新打扮了一番：咖啡色大翻领外套，天蓝色料子筒裤，米黄色风雨衣。她自己也重新烫了头发，用一根红丝带子一扎，显得非常浪漫。浑身上下全部是上海出的时兴成衣。"这种过分张扬的打扮，引起了县城居民的不满，"许多人骂他们是'业余华侨'"。高加林起先并不愿意这样，但黄亚萍的理由是他们马上就要到大城市去了，有必要"实习"一下。这一幕"更衣记"充分暴露出高加林和黄亚萍之间的权力关系，"她大部分是按他的意志支配她，服从她"。而与之形成鲜明对比的，则是高加林对巧珍的要求："你为什么没穿那件米黄色短袖？那衣服你穿上特别好看……，你明天再穿上。"

在新一轮更衣记中，高加林无法再主宰他对美的追求和感受。通过"化装"去模仿高于自己出身的社会阶层，并想象性地占有这种身份——当高加林按照黄亚萍的审美观把自己乔装成"南京人"时，他难道不也是在重复曾被村民们瞧不起的巧珍刷牙式的"非分之想"吗？只有用一身华服去掩盖"脱不掉的出身"，才能真正像城里人一样活得体面吗？从这一点看，不仅仅是"走后门"在高加林的进城道路上埋下了危机，以"更衣记"为表征的爱美之心，从一开始就决定了"模仿者"与"被模仿者""赝品"与"真身"的等级关系。无论是高加林打量巧珍、马栓时居高临下的眼光，黄亚萍包装高加林时的强势，还是小镇居民不满黄亚萍、高加林时髦装束时的嫉恨，在这种与美、趣味和身份有关的感知结构背后，都默认了一个基本前提——农民是不如小镇居民的，小镇居民是不如"南京人"的，"南京人"则不如华侨，每个人都不应该僭越他所归属的社会阶层。不在其位，不谋其奢，外在着装上的更换只能暂时掩饰其实际出身。高加林进城，尽管挑战了城乡区隔下的不平等，但又严格复制了社会分层结构中既定的身份等级秩序，很大程度上正是布尔迪厄所谓："个人将社会结构内在化并变为指导行为、举止、倾向和品味的等级模式的过程"①。就连盛赞高加林自我意识觉醒的李劼,也敏锐地察觉到,他"似乎只有把自己的农民身份变换成记者、作家、局长、书记等等,才体现了人的自身价值"②。

"更衣记"最贴切地象征了高加林的进城之路,它从一开始就预示了一个妥协的结局,他或许可以从生活的外形上占据一个城市中的位置,但如何建立与城里人势力相当的自我认同,仍然是个悬而未决的问题。

比较阅读张一弓几乎同期发表的小说《黑娃照相》,这种写法更显得意味深长。也是一个农村青年短暂的进城故事,新的农村政策让黑娃富了起来,他捏住八元四角的钞票决定到城里开开洋荤,最后选择了"流动照相馆":

黑娃从容地脱下补丁小袄和沾满汗污的小布衫儿,勇敢地袒露着正在发育的结实浑圆的肌肉,赤膊站在阳光下,像是向人们炫耀:看看,好好看看,这才是真正的黑娃啊。穿戴时兴的人们,你们都扒了衣裳,跟俺黑娃比比肉吧,这可是俺自个儿长的,咱不比身外之物!然而,当摄影师热心地帮助他,把毛衣西服呢子裤等"身外之物"堆砌在他那健美的躯体上时,他还是感觉着一种进行了一次报复的惬意。

……

"这一位果真是俺吗?但他很快便确认,这就是本来的黑娃,或者说,这就是未来的黑娃,评论家也说,相片之外的黑娃不过是黑娃的异化罢了。"③

与高加林的更衣记相似,这一次"化装摄影",让黑娃"美了一回",但农民黑娃因劳动锻造的健美的身体,最终还是敌不过穿上"毛衣西服呢子裤"的黑娃,前者甚至被认为是后者暂时的异化状态。通过调动20世纪80年代人道主义讨论的思想资源,强调黑娃作为"人"的固有本质——消除城乡差别,让相片里跟城市人一样体面的黑娃与真实生活中的"他""合二为一"——成为改革最激动人心的理想。但正如前述分析的那样,新的困境随之而来,像城里人一样吃得穿得,就一定能给农民带来同等价值的尊严感吗?

《人生》结尾又是一次高加林的更衣记。在得知"走后门"被揭发后:

他洗了一把脸,把那双三接头皮鞋脱掉,扔到床底下,拿出了巧珍给他做的那双布鞋。布鞋啊,一针针,一线线,那里面缝着多少柔情蜜意!他一下子把这双已

---

① [法]皮埃尔·布尔迪厄、罗杰·夏蒂埃:《社会学家与历史学家》,马胜利译,北京大学出版社2012年版,第85页。
② 李劼:《高加林论》,《当代作家评论》1985年第1期。
③ 张一弓:《黑娃照相》,《十月》1983年第2期。

经落满尘土的补口鞋捂在胸口上,泪水止不住从眼睛里涌出来……

从"三接头皮鞋"到"布鞋",路遥仿佛要紧急校准高加林的"爱美之心"。路遥明确表示,结尾充满了他"对生活的一种审美态度","至于高加林下一步应该怎么走,他将会是一个什么样的人,在某种程度上应该由生活来回答"[①]。路遥其实很清楚,现实生活中的高加林们未必会认同和选择他的审美态度,当城市比乡村更富裕、更现代、更文明,不仅仅在物质层面甚至在感觉层面都成为绝对事实时,经历过"美一回"的高加林们,都不可能再在农民的身份中安顿下来,他们必然重返这条艰难的进城之路。而更棘手的问题在于,无论是征用社会主义美学的阶级论框架来批判"三接头皮鞋"的小资产阶级趣味,还是用"布鞋"来譬喻乡土中国的传统美德,路遥所谓审美态度的内在规定性要怎样在新时期确立?

新人故事:路遥式个人主义

"当星星点点的灯火在城里亮起来的时候",高加林"忍不住狂热地张开双臂",嘴里喃喃地说,"我再也不能离开你了……"这烈焰燃烧前的一刹那宁静,必定让20世纪80年代的文学爱好者们看到了19世纪批判现实主义文学图景中于连那样野心勃勃的外省青年。据说路遥很喜欢于连这个人物形象,但他又借黄亚萍的描述,说高加林既像于连,又像保尔·柯察金,就此打开了关于社会主义新人与资产阶级个人奋斗者之间界限松动的缺口。

《人生》发表后,批评界随即展开了高加林是否可以被看作"社会主义新人"的争辩。有批评家认为高加林是缺乏集体意识的资产阶级个人主义者,但也有批评家认为相比李顺大、陈奂生式的"见钱眼开",高加林才是精神上的强者,代表了农村经济改革中崛起的"新人"。"现代—传统"的分析框架开始渗入到毛泽东时代以路线斗争为纲的"新人"表述中,随着新启蒙思潮逐渐成为改革实践的意识形态基础,批评家们更多地从高加林身上读到了现代青年的个性意识与自我觉醒。

普通读者的反应跟批评界的变化步调一致,特别是在1984年电影《人生》热播以后,越来越呈现出一种偏向于个人主义的激进情绪。一种合理利己的个人主义,可能构成对城乡差别的有力挑战——在1984年11月由《大众电影》和《中国青年》分别组织的两次《人生》电影座谈会中,这种意见明显占了上风:

刘庆燕(北京大学英语系学生):"我认为编导对他的结局处理很不好。这样一个有才华、有作为的人,为什么一定要让他回家乡种地?为什么他一定要固定在土地上?他完全可以在城市的四化建设中大有作为。如果这样,那些从农村出来的

[①] 路遥、王愚:《谈获奖中篇小说〈人生〉的创作》,《星火》1983年第6期。

大学生毕业后只有回农村才是正确的了？"①

王忠明（国家计委）："我认为《人生》在提倡一种反对改革而安于贫困的思想，好像高加林怎么奋斗也不成，你必须回到故土去，那里就是你的根。"②

黄方毅（中国社科院世经所）："我认为，高加林的追求，可以说是一种朴素的功业追求。难道想干一番轰轰烈烈的事业，就是个人主义？我认为不是。高加林是一个受过教育的农村知识青年，他追求的是精神生活占很大比重的生活。人类的进步，总是由低层次（物质层次）向高层次（精神层次）发展的。高加林的追求，就是这种精神层次的追求。所以，他的追求可以说是进步的。"③

杨利川（中国社科院青少年研究所）："长期以来，在中国整个社会结构中，使农村封闭的界限划得太多了，使农村青年缺少发展的余地。如户口有农业非农业之分，职业有集体国营之分，这些界限影响着人才的流动，也就造成一些有志的农村青年要想实现自己的人生理想时，不得不依赖于机遇。"④

上述讨论提醒我们注意两个问题：一是高加林作为农村知识青年区别于一般底层农民的特殊性，即第三条意见所说，他对精神生活的追求更大，第一条意见也明确提出了农村大学生接受高等教育后的出路问题。二是新时期要克服社会差别的难度。第四条意见将导致农村青年投机行为的社会原因归结为历史形成的城乡区隔制度，而新时期将继续面临"人地紧张"情况下如何解决现代化进程农民与农村的安置问题。虽然改革开放以来，限制农民进城务工经商的障碍逐渐取消，但在粮食供应、教育就业、医疗保险等方面仍然存在着城镇户口与农村户口的权益差别。因此，当第二条意见直接用"反对改革、安于贫困"来批评《人生》时，这种武断态度恰恰忽略了改革关于"先富""共富"的分层设计。实际情况是，大部分农民只能留在农村"劳动致富"，而这一点恰好与前述农村知识青年的精神追求相冲突。

不同于读者们为高加林鸣不平时的改革热情，路遥的个人经历和他敏锐的政治意识，让他更深刻地洞见到新时期改革规划的内在矛盾。在 1980 年初给谷溪的信中，路遥写道：

国家现在对农民的政策明显有严重的两重性，在经济上扶助，在文化上抑制（广义的文化——即精神文明）。最起码可以说顾不得关切农村户口对于目前更高文

---

① 《一场关于人生价值的辩论——本刊编辑部举办影片〈人生〉讨论会》，《大众电影》1984 年第 11 期。
② 《一场关于人生价值的辩论——本刊编辑部举办影片〈人生〉讨论会》，《大众电影》1984 年第 11 期。
③ 《社会·人生·高加林和我们——电影〈人生〉座谈会记录》，《中国青年》1984 年第 11 期。
④ 《社会·人生·高加林和我们——电影〈人生〉座谈会记录》，《中国青年》1984 年第 11 期。

明的追求。这造成了千百万苦恼的年轻人,从长远的观点看,这构成了国家潜在的危险。这些苦恼的人,同时也是愤愤不平的人。大量有文化的人将限制在土地上,这是不平衡中的最大不平衡。如果说调整经济的目的不是最后达到逐渐消除这种不平衡,情况将会无比严重,这个状况也许在不久的将来就会显示出来。"(1980.2.22)①

虽然新时期国家政策鼓励农村青年提高文化水平,但又宣传要以配合农业生产需要为前提,在一定程度上延续了20世纪50—70年代的理想主义扎根教育。例如1981年第5期《中国青年》杂志发起有关"农村青年成才之路"的讨论,就特别提出了"土专家"②的说法,要求农村青年把知识回馈给农村;而1982年11期《农村青年社会调查》,则有意宣传在生产责任制后,由于农民生活富裕起来,青年们自卑感减少,甚至"外流变回流"③。但在路遥看来,这正是所谓"在经济上扶助,在文化上抑制",生活小康并不能彻底解决,甚至还会进一步加剧农村知识青年在文化精神追求方面的"相对剥夺感"。比《人生》早些,路遥的两位文坛劲敌陈忠实和贾平凹分别发表了《枣林曲》和《他和她的木耳》④,这两篇小说就更加符合国家政策宣传,小说中的农村知识青年进了城,但感情上却是一步一回头。相较之下,路遥在高加林的挣扎与痛苦中,显然保留了他对同一问题的不同思考。

一段有趣的材料可以帮助我们进一步拓展路遥的认识。1983年12期《中国青年》刊登了一篇旨在总结当前青年文学创作、"清除精神污染"的文章,其中提到《人生》,认为青年读者可以"从《人生》《黑骏马》中领悟到人生的哲理,唤起了对人民母亲的深沉的爱",文章同时点名批评了一篇科幻小说,"描写一个农村女孩子,不是靠刻苦自学成才,而是被科学家注入了一种'知识浓缩剂'之后,变成了博学出众、无所不能的'超人'。于是,她去找劳动局、人事局,要求改变农村户口。被拒绝后流落在外,遭坏人奸污,最后丢掉了'雄心壮志',留在农村卖豆腐脑为生"。⑤

这篇被认为是"精神污染"的科幻小说《丢失的梦》发表于《小说林》1983年第3期,是一个女版高加林的故事:同样高考失落后被迫回村,农村女青年凌云遇到了正在研制"知识浓缩剂"的科学家,像高加林一样,以走"捷径"的方式

---

① 梁向阳:《新近发现的路遥1980年前后致谷溪的六封信》,《新文学史料》2013年第3期。
② 《广大农村青年成才之路》,《中国青年》1981年第15期。
③ 《农村青年的思想在朝哪里变?》,《中国青年》1982年第11期。
④ 陈忠实:《枣林曲》,《延河》1980年第7期。贾平凹:《他和她的木耳》,《延河》1982年第5期。
⑤ 未水:《青年需要丰富健康的精神食粮》,《中国青年》1983年第12期。

进了城；小说结尾，类似高加林回归乡土，凌云也感慨道："我们庄户人祖祖辈辈就是这么生活的，日出而作，日入而息。我的丈夫很爱我，我也很爱他。现在的政策也好了，能安居乐业，丰衣足食，还想什么呢？"可见两篇小说在叙事模式上非常相似，但为什么又得到了迥然不同的批评？

魏雅华的原意，大约是要批评凌云不通过刻苦学习就想"不劳而获"的急功近利心态，也教育当时许多高考失利、待业在家的青年重新走向积极的人生道路。这本没有什么问题，但作者偏偏插入了一个"进城"故事，反而暴露出"知识改变命运"这一新时期共识在面对城乡差别时的失效。凌云原以为自己成了国家最需要的高知人才后就会被重视，但她很快在现实中清醒过来："我一是农村人口，二无大学文凭，连待业青年都不够。这就是铁板上钉钉、命中注定的世袭农民。我找劳动局、人事局，个个摇头。好一点的，双手一摊，说爱莫能助；不好的，铁板面孔，推出门去。我跑到上海，去了几所大学，要求写作博士论文，客气点儿地说他们没有这个先例；不客气的，让我回去等明年高考，可我高考明明已经超了龄……"①

从对《丢失的梦》的批评中可以看到，主导文化非常鼓励农村青年的"雄心壮志"，甚至不要求知识青年必须扎根农村（凌云留在农村做小本生意，恰恰被认为是缺乏远大理想的），但矛盾在于，国家政策又不可能让每一个农村青年进城。关键问题是，批评者所说的"雄心壮志"究竟指什么？是像城市青年一样过一种自由自在的富足生活？还是学习科学知识、参与四化建设？如果"留在农村卖豆腐"不再是改革新人应当具备的理想追求，那被迫留在农村的知识青年又该如何满足国家对青年的角色期待呢？由此可见改革初期主导文化在规范青年理想时的结构性困境——怎样才能既鼓励农村青年在新政策提供的新机遇中敢于改变农民命运，像城市青年那样实现更高的精神追求；同时又动员他们在城乡差别仍将长时期存在的情况下，愿意回到农村去？——《人生》无疑提交了一份理想答卷。

研究者已经注意到，《人生》的发表和评论应当被看作是 1980 年代初"潘晓讨论"的后续事件。在"潘晓讨论"被"清除精神污染"勒令检查之前，合理利己主义逐渐成为一种共识，虽然 1983 年底《中国青年》递交内部检查，承认"潘晓讨论"为个人主义思潮泛滥开了绿灯，但这种起伏并未阻挡 20 世纪 80 年代中国社会日益显著的个体化趋势。处于这样的时局变动中，《人生》契合了各方力量，它既用高加林的人生悲喜剧说出了一代人艰难寻找出路的心声，成为反特权、克服差别等推进改革的突破口，使得小说超出农村青年这一特定阶层获得社会普遍性；又

---

① 魏雅华：《丢失的梦》，《小说林》1983 年第 3 期。

适度回应了国家层面改革话语对于20世纪80年代青年的角色要求,在为个人松绑的同时,寻找理想主义教育的可能途径;而如前所述,对于路遥个人来说,《人生》既是对他人生经历的实写,又是对现实的理想救赎。

或许可以将之命名为一种"路遥式个人主义"。尽管路遥说《人生》是"向这两位尊敬的前辈作家(柳青和秦兆阳)交出的一份不成熟的作业"①,但高加林形象就更容易唤起读者关于19世纪资产阶级新人"于连",而非社会主义新人"梁生宝"的文学记忆。不过高加林终究没有成为于连。相比梁生宝联合村民的集体主义抗争形式,"孤胆英雄"高加林更具美感,但路遥又在小说中不断让高加林遭遇新的生活情境,试探这种个人感觉的强度和真伪。高加林重返农村,但"个人"并没有被扼杀。不是要把个人重新约束到土地上,而是希望个人成为一个更具生产性的容器,让土地不再成为必须被逃离的荒野。如此可以理解,为何路遥要在创作《人生》的间隙,于1980年冬到1981年春完成了另一个中篇小说《在困难的日子里》。在这个故事里,农民的儿子马建强同样受尽歧视和冷遇,却在成长中体会到不同阶级出身的同学之间超越社会差别的动人友谊。《人生》本可以写成一个更接近于现实生活状态的关于"活法"的故事,一个丛林法则中如何适者生存的个人奋斗指南,但写出《在困难的日子里》的路遥,最终还是把它写成了一个关于"人生观"的故事,一个如何正确对待生活的问题。

路遥的形式

对终于在城市中站稳脚跟的农民之子路遥来说,高加林的故事是对自己人生经历一次最自然释放又最费尽心机的摹写,无论是进城改变个人命运的渴望,还是辜负巧珍的自责,都是他从自己身上感受到时代转型中人心悸动的朴素记录。现实生活经验如何被转化为小说虚构中的"生活故事",这些个人生活故事又如何涵括具有典型意义的时代命题?写作的同时代性,使得《人生》难以清晰描绘出改革时代底层青年的出路,但它又像一面棱镜,折射出20世纪80年代"再造新人"的差异性想象。正是在对个人、社会与国家层面不同诉求的契合与冲突中,高加林开放的人生结局预示了一种路遥式个人主义的"新人"构想:它是以合乎新时期意识的个体化与现代化追求为起点的,但又对这种追求本身具有自反能力,它既能释放改革动力,又能注意到改革内部的结构性问题,尝试建立更为合理的价值根基。"个人"必须被放到关系中去理解,这个关系可以是社会性的:如何对待自己,如何对待他

---

① 路遥:《关于〈人生〉和阎纲的通信》,《路遥全集:散文、随笔、书信》,广州出版社,太白文艺出版社2000年版,第298页。

人；也可以是历史性的：个人从哪里来，要到哪里去。

可惜《人生》仓促结尾，路遥既没有展开叙述高加林的城市生活，也没有真正给出一个可以让高加林获得认同感和权利保障的农村。《人生》只是提出了构想"新人"的方向，却并没有给出答案。《人生》之后，路遥将他生命的最后几年都倾注到《平凡的世界》的写作中，从我们一贯对文学性的理解来看，《平凡的世界》在形式上显得并无创新甚至有所倒退，但放到《人生》的写作脉络上，当高加林分身为孙家兄弟，一个进城劳动，一个回乡致富，当着墨不多的高家村，被铺展为改革时代阶层重组的全景中国，可以看到《平凡的世界》如何在形式上更有可能回应《人生》未曾解决的问题。

1863年，车尔尼雪夫斯基发表了《怎么办？》，副标题是"新人的故事"。这本被20世纪60年代俄国青年奉为生活教科书的小说，据说在70年代的北京地下沙龙中被广泛传阅，当时就有关于车尔尼雪夫斯基"合理利己主义"的讨论。19世纪批判现实主义如何成为20世纪80年代现实主义的文学资源？类似《怎么办？》《红与黑》这样的作品又如何参与到80年代人道主义思潮的主体想象中去？这些与路遥写作相关的问题还有待研究。而车尔尼雪夫斯基对为何要塑造拉赫美托夫的说明，或许有助于我们理解路遥小说形式的意义："更崇高人物的出场，是为了让人们看到"，"我的主角们绝对不是理想，绝没有超过同一典型的人的一般水平"，而"艺术性的第一个要求是必须这样描写对象，就是使读者能够想象出他们的真实的样子"[①]。

——杨晓帆

六封密信

你归根结底大概不会相信，我是个魔鬼。

我怕我在他心目中成了个厚脸皮的无赖。

我当然希望听到好消息，同时又觉一切都很暗淡。

你是一个有办法的人，但世界上也有许多对有办法的人的限制，

---

① [俄]车尔尼雪夫斯基：《怎么办？》，蒋路译，人民文学出版社1959年版，第3页。

坚冰不知能否打破。

路遥在给弟弟跑招工的过程中，由弟弟的命运而触动，由此而深入思考中国广大农民的出路问题。他的这些思考，远远超过同时代一般作家的思考。

本文所重点研究的六封书信，是路遥1980年前后写给其好友、诗人曹谷溪的。这六封书信是曹谷溪在前几年整理资料时意外发现的。

一、1980年前后致曹谷溪的六封书信

1980年前后，三十而立的路遥虽然有着农民进城作家所拥有的普遍烦恼，但他克服了重重困难，进入了创作腾飞的重要时期。

一是，他的成名作中篇小说《惊心动魄的一幕》在《当代》杂志1980年第3期发表，并荣获全国第一届优秀中篇小说奖。正是这部小说让路遥为文学界所熟知，为日后创作《人生》《平凡的世界》等代表作找到了自信。

二是，路遥在张史杰、曹谷溪等朋友的鼎力帮助下，成功运作其三弟王天乐彻底跳出农门，成为拥有城市户口的煤矿工人。王天乐后来在路遥的创作中充当全能后勤管理员的角色，为其创作起到重要作用。

三是，路遥从1979年就开始创作中篇小说《人生》，三起炉灶，三易其稿，反复折腾三年才在1981年创作完成。路遥在创作这部小说的过程中，因帮助其三弟王天乐改变命运，故他对我国城乡二元对立的社会形态有更深入的思考，这些思考后来均在小说中得到体现。也就是说，帮助王天乐跳出农门的事情催熟了路遥创作的《人生》。

在1979年11月份到1980年5月份的半年左右的时间内，路遥先后以高密度的方式给其在延安的好友曹谷溪写了六封书信。这几封书信主要涉及给王天乐找工作的事情，及至通报自己创作情况，以及人生感悟等。这些书信是路遥在不设防、没有任何面具的情况写成的，是研究路遥弥足珍贵的第一手资料。

路遥的第一封信，是1979年11月7日写给曹谷溪的。

谷溪：

近好。

本来想给你挂个电话，但不知你现在在什么地方。《唱给彭老总的歌》一诗，经过我的一番努力，终于在12月号上用了，现已发稿。诗的积压太大，很难挤上去，我通过主编室协调了一下，提前发了（本来安排在明年第一季度）。

天乐的事不知办得怎样，我极愿意知道较详细的情况。在去延安的时间上有一

个在家乡分粮的问题。去延安在什么地方干什么事，生活的安排能不能维生等等。以及能否较便利地出来，希望你把详细一点的情况告诉我一下。这是拜托与你，是极麻烦你了，非常感谢。

你调动的情况怎样？也同样想知道的详细一些。

小蕾（笔者注：即"晓雷"）和闻频都不在，估计半个月以后他们都就回来了，你若抽出空，可来一趟西安。

敬礼！

路　遥
11月7日

路遥第二封信，是1980年2月1日，即农历己未年腊月15日写给曹谷溪的。

谷溪：

来信已收读。关于我们之间那些扯淡事最好不费口舌了。你归根结底大概不会相信，我是个魔鬼（由我和你的一贯关系为例）。请相信，人们在表达自己的善良和同情心的时候，方式可能完全不一样。正如人们各有各的生活风格。的确我对人的爱，有些时候是一种严酷的爱，主要是想通过这种爱增强被爱者本来的抵抗力，因为我从自己的生活经历里知道，生活道路上的千辛万苦总得自己去克服。当然，如果在我看来我应当做的事一点也不会少，甚至比人们所想的还会多。我相信你会正确看待我的生活观的，我的历史对你是坦白的，并且将来会继续证明我自己的一切。

关于给史洁（笔者注：即"张史杰"，原延川县委书记）写信要招工指标一事，请你从我的角度考虑一下，的确有些难处，主要是离得远，不摸各方面情况，我怕弄不好会坏事，因为我和这个人的关系终究不是父子关系。当然，我要在延安，我就会拐弯抹角想办法向他提出的，可我过了春节无论如何走不脱，主要是孩子现在无法安置，我母亲一走，林达又没本事，娃娃也小，没办法离开。另外，我有点怕张史洁，因为我不知道你安的那个人是怎样向他提出的，你一直没有给我解释这件事，史洁在接受这个人的时候态度怎样？我不知道他心里是否怨我给他找了麻烦，如果是这样，我现在再马上写信问他要指标，会不会火上加油，弄得更糟糕呢？因为我以后还要和他打交道，我怕我在他心目中成了个厚脸皮的无赖。由于以上原因，我觉得在这事上神经有点脆弱。你不知道，我和他交往的方式与你不同，我们之间的交往都掩饰自己，尽量都表现出一种在公众事务中应该高尚的面目。因此，太过的行为在我们之间是极不合适的。我因之当时将此事全权交与你和他周旋，因为我觉得，你和他的交往不同，他可能习惯你这样提出问题，而不习惯我提出。请你相信我说的，这一切都是真的，我太了解张史洁这个人了，也太了解我们之间的微妙了。我很肯定，要是我直接提出（相隔时间这么短），他就会认为我是粗鲁的，因为他知道我在他面前提问题的方式，他根本不习惯这样。而你不同了，他敢和你坦率地做这种勾当。他是不愿意让我直接看到他的这些不美气的做法的。因此，他就是愿意帮我的忙，也总是在我面前闪烁其词，这就是他为什么愿意接受你这个中间人了。

谷溪，我的判断没错，请你全权设法解释这事吧，因为这中间反正存在着我，张史洁明白这一点，如果不是这一点，他原来就不会帮我忙的。不知道你是否充分理解了我以上所谈的这些，我不是怕负责任，因为是为我的亲弟弟办事嘛。我主要考虑怎样办更合适一些。

给冯庄的刊物及信会立即寄出，另外，关于给你们写文章的事情，请缓后一步，因为我最近正在写。再说，我目前的这些文章，你这个极端分子恐怕也不会满意的。目前政治局势变动很大，请你谨慎一些。我给张弢写了一信，也提及你和他都要有所注意，如你去甘泉，想必他已经转达你了。

请你随时来信，告诉我情况，我以焦急的心情期待着你伟大的社会活动家所创造的任何奇迹。

深致亲切的敬意！

路　遥
2月1日

第三封信，是1980年2月2日写给曹谷溪的，那天正是农历庚申年的正月初七。

谷溪：

新年好。

上次写给你的信，想必年前已经收读了。你也不回信，不知道近况如何。关于明年招工一事，看来大概只招收吃国库粮的，农村户口是否没有指标？详细情况我不太了解，国家现在对农民的政策具有严重的两重性，在经济上扶助，在文化上抑制（广义的文化）即精神文明。最起码可以说顾不得关切农村户口对于目前更高文明的追求，这造成了千百万苦恼的年轻人，从长远的观点看，这构成了国家潜在的危险。这些苦恼的人，同时也是愤愤不平的人，大量有文化的人将限制在土地上，这是不平衡中的最大不平衡。如果说调整经济的目的不是最后达到逐渐消除这种不平衡，情况将会无比严重，这个状况也许在不久的将来就会显示出。

我深知道在这种背景下安排我们的事情会有多大的难处，我感到不安的是，我不在延安，不能很有效地和你一块为这些事奔波。我信任你，但我深知这些事的困难。你只尽你的努力办吧，即使弄不成，这也没有什么。我知道，即就有一点成效，你也会是花费了很大工夫才达到的，因为我知道办这些事的"真情"。我当然希望听到好消息，同时又觉一切都很暗淡。

还有一件事，我只想告诉你一下，你给我的一封信，被我弟弟偷看了，在我不知道的时候，他就告诉我妈说：不知为什么，曹谷溪好像和我哥恼了！我妈马上急得要昏死过去，她说这是她害的，接着说了她和你诉过一次苦的事，说她实际上也并没什么，当时只是想家和情绪不好，想对别人说说，心里好受一些，说这事是她的毛病，对我父亲她也是这样，想不到这下咋把事情弄坏了，说曹谷溪和你哥恼了，肯定再不管天乐的事了，说她把我们兄弟害了等等，头在墙上直碰。事情闹到如此糟糕的地步使我十分痛心，我了解我母亲，她和你母亲不太一样，比较任性，从小时候起就爱感情用事，我大妹妹死后，神经挫伤严重，经常为一些小事就精神紊乱。这把我吓得不知如何是好，除斥责我弟弟以外，只好尽量安慰她，告诉她我和你的关系不会因这事就断绝的，天乐的事他也不会不管，并且假拟了一封你给我的友好的信，给她读了一遍，才算把这事稍微平息了。她执意要我找你解释，我硬是劝说才算罢休，我怕她见你后，精神肯定要错乱的。

为这些事，我是极其烦恼的，一般家庭事很容易酿成重大悲剧，在这纷乱情况下，我除过尽力解决好以外，总还得要干事的。你可能又说我"残忍"了，不，一个理智健全的人，是应该考虑他们负的责任是诸方面的。请你相信，我对母亲在内心上和形式上的孝敬并不比你差，但同时，我觉得你对自己的妻子的关怀是欠缺的，你比她享的福多，至少在我看来是这样的，但我并不因此就认为你对妻子的爱就是不深的，而她也并没就过"非人"的生活。也请你这样理解我吧！

这事从此我不再和你谈了，正像俗话所说，清官难断家务事。

你的近况如何？最近写什么了吗？我认为，既然你到了文创室，那么就意味着你要把今后的事业放在文学创作上，因此你的意识及其活动的主要基点应放在写作上，大量地写，碰破脑袋地写，不管能不能发表，应该具有高目标，而不要追求红火一时，这个出发点对于搞大事业的人来说是至关重要的。

我是准备长期忍受默默无闻的，去年正式刊物发了四万字的东西，今年打算最少起码不少于这个数字，我手头有十万字的稿子，等孩子一有着落，就准备修改陆续发出去。目前我正在写我的第二个中篇，共十章，已写完三个章节，最近因安抚孩子，暂停下来了，已寄出几个短篇，第一个信息已回来，就是你们所攻击的《买票》，贵州《山花》6月刊准备用。这是今年飞回来的第一只"信鸽"。我打算天暖后，见机再回一趟延安，我在这个城市的创作情绪时常是最好的，到时我们再一起逛荡吧！

请你给我回信，并转告张弢的近况。

关于目前的政治气候，想必你已从公开及私下里弄清了内涵。

祝你及全家康安！

路　遥
2月2日

第四封信是封短信，写于1980年3月4日。

谷溪：

不知什么原因，你老是不给我回信。春节过后已一段时间，天乐他们的事不知有何安排，请你无论如何告诉我情况。我觉得先要找个事干，在现有条件下，尽量先能较为理想地安排一下，不知你有何打算。老实说，这是有求你，也是很麻烦你的事，我因此特别小心，生怕把你碰磕了。这对我来说是很痛苦的，我在内心里祈求你像对待自己的事一样对待我的事，能像张弢一样。你要知道，任何事，求人总是难畅的，如果我在延安的话，我是绝不会麻烦你的。当然，延安还有许多熟人，但比较来比较去，你还是我最信任的人，因此不管怎样，我还得依靠你。你也许还记得，我对你的不论什么事都是尽力而为的，所以总希望你对我也一样。不管怎样，你告诉我你的打算，好让我判断一下。你知道，一个穷人家的二十大几的人掉在空里闲待着，这是很令人焦急的。我一直相信你总有办法把事情办妥当的，因为我知道你有这方面的才能。

路　遥
3月4日

第五封信，又是一封长信，是1980年5月1日写给曹谷溪的。

谷溪同志：

好长时间了，不知你近况如何。先谈一下我的情况，我最近有些转折性的事件，我的那个写"文化革命"的中篇小说《当代》已决定用，5月初发稿，在《当代》第三期上。这部中篇《当代》编辑部给予很高评价，秦兆阳同志（《当代》主编）给予了热情肯定。另外，《山花》第四期已发那个短篇；《雨花》已通知用《青松与小红花》；河南《奔流》也可能用一篇一万多字的小说；《延河》第六期要发一篇特写，叫《病危中的柳青》。今年已经差不多要有十来万字的东西先后问世了，这是我多年不屈不挠追求的结果。现手头正在搞第二部中篇，已经写了三分之二。

我将要用我的劳动成果来回答我的朋友和敌人们。

中篇小说将发在我国最高文学出版单位的刊物上（人民文学出版社），这是一个莫大的荣誉。另外，前辈非常有影响的作家秦兆阳同志给予这样热情的肯定，我的文学生活道路无疑是一个最重大的转折。

我不知你现在有什么打算没有，我总希望你能努力，争取做出一点事业出来。

第七章 / 小满

除过该交的朋友，少交往，少结识，埋头读点书，写点东西，归根结底，人活一辈子，最重要的还不是吃好、穿好、逛好，而应该以辉煌的成绩留在历史上为荣。

前一段听说延安怎样对待你等等，这一半要怨这些人，另一半也是你不太注意造成的。世事不是谁能一铲子铲平的，我们必须注意到，我们是在一定的历史条件下生活和工作的，必须把自己和社会生活摆相适应的位置，这样可能集中力量搞点事，否则，光这些扯淡事就把生命浪费完了。

天乐来了一信，谈了一下他的情况，看来是很苦的，我很难受，把一个二十来岁的人抛在一个自谋自食境地里，实在不是滋味。我是希望你想些办法的。你也不给我写信，告诉这倒究（笔者注："倒究"是陕北方言，即"究竟"）应该怎么办，你自己又办了些什么，前途怎样等等，我不了解具体的情况，怎样都无法改变这个人的处境，你能不能再活动一下，行吗？

我7、8、9三个月为创作假，将来延安，我要一鼓作气，再写出一些作品来。

你的情况我不太清楚，请你来信告诉我。

紧紧握手！

路　遥
5月1日

第六封信是1980年5月24日在北京的人民文学出版社改稿期间写给曹谷溪的。

谷溪：

你好。

我于5月初来北京，在人民文学出版社改那个中篇小说已二十来天了，工作基本告一段落，比原稿增加了一万多字，现在六万多，估计在《当代》第三期发（6月发稿，9月出刊）。此稿秦兆阳同志很重视，用稿通知是他亲自给我写的，来北京的第二天他就在家里约见了我，给了许多鼓励。

天乐的事不知近期有无变化，我心里一直很着急，不知事情将来会不会办得合适一些。我已给张弢写过信，让他协助你努力一下，我可能7月份来延安，到时咱们一块再想想办法。

我目前在创作上的想法很多，这些事解决不好，心志是静不下来，请你在可能的情况下助兄弟一臂之力吧。在延安剩下的朋友之中，你和张弢是我唯一可以依赖的了。你是一个有办法的人，但世界上也有许多对有办法的人的限制，坚冰不知能否打破。相信只要有钱眼大个洞，你就能钻进去。

我可能本月底或6月初返回西安，到时想看见你给我的回信。

此信你可叫天乐看看，我不单另（笔者注："单另"，陕北方言，即"另外"

之意）给他写信了，让他写信给家里，告诉我的近期情况。

深致敬意！

朋友路遥

5月24日于北京

二、对六封书信的解读

通过对路遥1979年末到1980年上半年给朋友曹谷溪六封高密度书信的阅读，我们可以窥见路遥当时的人生状况与创作心情。前四封是"山重水复疑无路"，后两封是"柳暗花明又一村"。

路遥第一封信第一次提及委托曹谷溪给三弟王天乐办事，即找领导安排工作的事情。当时，已经是《延河》编辑的路遥已靠自身努力改变了命运，成为"农裔城籍"作家，但他"农裔"的大部队仍在农村。一方面，他是家中长子，也是这个家族站在省城"公家"门上的唯一一人，他必须承担自己的家庭责任。另一方面，他虽然过继给延川县的伯父为子，但延川和清涧两方面的事情都要顾及。如他后来在《早晨从中午开始》中所言的那样：从十几岁开始，我就作为一个庞大家庭的主事人，百事缠身，担负着沉重的责任。

先说延川县养父母这边，路遥的二弟"四锤"（即王天云，1956年出生），在1972年时也来到大伯家里生活，在路遥的帮助下，他成为延川县农机局施工队的一名合同制推土机手。这份合同制的工作，还是路遥花费好多周折才办到的。他以后还不断地帮助"四锤"解决问题。从路遥1980年左右给好友海波的通信中可看到这些情形。

再说清涧县的亲生父母那边，还有六个孩子（三男 三女）当时，农村还没有实行联产承包责任制，亲生父母那里孩子多，家里穷得叮当响。路遥的大妹妹（即王荷，1951年生）因挖野菜在山崖下摔伤，在二十七岁时离开人世。路遥的大弟"刘"（即王卫军，1954年生）参军去了，总算脱离苦海，而三弟"猴蛮"（即王天乐，1959年生），勉强读完高中后，在农村教了一年书，他无法面对一贫如洗的家庭，跑到外面闯荡。他出走到延安城，干起背石头揽工的营生，一干就是两年。

另外，路遥还有两个妹妹与一个弟弟，分别叫"新芳"（即王萍，1962年生）、"新利"（即王英，1966年生）与"九娃"（即王天笑，1968年生），当时年龄尚小，在乡村学校上学。

在清涧老家中，最让路遥放不下心的就是王天乐，他高中毕业，应该成为家中的顶梁柱，但现在连一份正当的职业也没有。他和这个兄弟只见过两三次面，甚至没说过话，但看到王天乐写给自己的信后流泪了，认为王天乐是几位弟妹中最有思想的人，他决心不惜一切代价，帮助这位在老家弟妹们中学历最高、最有前途成功的弟弟，也就是说，在1979年到1980年之间，路遥除了要搞好编辑工作，并以饱满的激情进行创作之外，还要抽出很大一部分精力来处理老家的事情。在如何煞费苦心地帮助王天乐改变命运方面，路遥用的心思最多，他可以说是绞尽脑汁，用尽心计。

那个年代打长途电话是一件很奢侈的事情，人们的通信方式主要靠书信，路遥坐镇西安，通过书信的方式遥控自己的好友曹谷溪等人具体打通关节。

在当时的情况下，高考制度已经恢复，农村人要跳出农门，唯一的途径是参加高考，而王天乐显然不具备高考的实力，他跑到延安城揽工背石头，说明他已经彻底放弃高考的理想了。再一种情况是招工当煤炭工人，当时的情况下，普遍意义上的招工只面向拥有城镇户口的青年，而城镇青年不屑的煤炭工人才有可能轮到农村青年。当煤炭工人虽然又苦又累，但毕竟能跳出农门，成为国家的正式职工，成为吃"公家粮"的人后，讨个媳妇也容易。

然而，当时大型煤矿在农村招工已经少之又少，没有特别"扛硬"的硬关系绝对办不到。

具体到王天乐，他的户口在榆林地区的清涧县农村，要在延安地区招工，就只能先安户口，再想方设法招工，这个工作更难，要办成这项高难度的艰巨的工作，只能借助大权在握的地方实力派人物。这样，路遥把目标盯到时任延安县委书记张史杰的身上。张史杰在"文革"前曾任延川县委书记，在延川有口皆碑。"文革"武斗受到冲击时，以路遥为代表的造反派"延川红四野"保护了他，使他免遭大的冲击，他和路遥有特殊的情感。路遥在1978年写成的中篇小说《惊心动魄的一幕》中的县委书记就是以张史杰为原型创作的。

路遥和曹谷溪经过反复协商，决定把宝押到张史杰身上，由路遥遥控曹谷溪具体实施这项计划。路遥在现实生活中更睿智、更理性，更懂得如何利用关系。

第一封信已经明确地提到路遥委托曹谷溪全权办理王天乐的招工事宜。这也说明，他们在这之前是经过一番精心策划的。从路遥的第二封长信可以看出，曹谷溪与路遥在如何帮助王天乐的事情上是有过争执的。曹谷溪让路遥直接找张史杰要招工指标，而路遥却讲了一大堆理由，认为曹谷溪最合适，并且鼓励这位"社会活动家创造奇迹"。这封信中还第一次谈到张史杰是小说《惊心动魄的一幕》中县委书记"马延雄"的原型。

路遥在第二封长信中，提及当时的政治气候，要曹谷溪与张弢注意。张弢是路遥重要的文学与人生朋友，时任延安地区甘泉县文化局局长。

路遥的第三封长信，是在曹谷溪迟迟不给回信的情况下，以焦虑的心情写成的。在这封信里，他谈到对中国城乡二元社会结构状况下农村年轻人的出路问题。

应该说，路遥在给弟弟跑招工的过程中，由弟弟的命运而触动，由此而深入思考中国广大农民的出路问题。他的这些思考，远远超过同时代一般作家的思考。

路遥后来创作的中篇小说《人生》和长篇小说《平凡的世界》均把主人公置于城乡交叉地带，而着力表现他们作为奋斗者的命运，其现实的逻辑起点即源于他在帮弟弟改变命运的过程。路遥在这封长信中，第二次提及当时的政治气候，他对政治气候过分敏感。他还谈到自己准备长期忍受默默无闻的打算，说明他在创作时也较为焦虑，尚未找到有效的创作突破口。

路遥的第四封信也是在无奈中写成。从这封信中，可看出路遥当时的焦虑与无奈。曹谷溪是他当时唯一能够依托的交心朋友，他只能委托曹谷溪帮助王天乐的事情。

路遥写第五封信时，已接到《当代》要刊登中篇《惊心动魄的一幕》的通知，心情开始好起来，已经有"柳暗花明又一村"的感觉。他谈到中篇小说《惊心动魄的一幕》将刊发在"我国最高文学出版单位"的刊物上（人民文学出版社），"这是一个莫大的荣誉"，另外，"前辈非常有影响的作家秦兆阳同志给予这样热情的肯定，我的文学生活道路无疑是一个最重大的转折"。

路遥掩饰不住自己的激动，连续使用"我国最高文学出版单位""莫大的荣誉""一个最重大的转折"这些极端的词语，来表达他的兴奋心情。这说明路遥在文学突围时期，时任《当代》主编的文学前辈秦兆阳对他的充分肯定，对他提升文学创作信心具有重要意义。

他还谈道："我将要用我的劳动成果来回答我的朋友和敌人们。"这是典型的路遥式思维方法。他在此信中提及王天乐给他写信的事情，这封信让他黯然神伤，他下定帮助王天乐的决心。

路遥写第六封信时，已到北京的人民文学出版社改稿。路遥在北京改稿时期，还以《延河》编辑部小说编辑的身份去中国作家协会第五期文学讲习所，全权委托陕西作家莫伸组稿。当然，他当时最关心的仍是弟弟王天乐，他继续鼓励曹谷溪帮助王天乐。

在给曹谷溪发出第六封信后不久，路遥于1980年5月底在《当代》杂志社完成《惊心动魄的一幕》修改后，迅速从北京直接去延安，处理王天乐的事情。路遥住在延安城南关街的地区招待所（延安饭店）205房间后，他开始四处寻找这位仅见过两三次面，基本上没说过话的三弟，后来，终于在一处工地上找到了这位蓬头垢面、衣衫褴褛的亲兄弟，并把他带回旅馆。

这时的路遥已经从王天乐这样有志有为的农村青年的苦闷与奋斗的无望而获得创作灵感，以此来思考一个更深刻的人生话题，思考重新创作数易其稿的中篇小说

《人生》。据王天乐回忆:"见面后,我们长时间没有说话,吃过晚饭后,他才对我说,你可以谈一谈你个人经历,尽可能全面一点,如果谈过恋爱也可以说。于是,就在这个房间里,我们展开了长时间对话,一开始就三天三夜没睡觉,总共在这里住了十五天。他原打算刚写完《惊心动魄的一幕》,再写一个短篇小说叫《刷牙》,但就在这个房间里,路遥完成了中篇小说《人生》的全部构思。当时,这个小说叫《沉浮》,后来是中国青年出版社王维玲修改成《人生》。通过这次对话,我们超越了兄弟之情,完全是知己和朋友,他彻底了解了我,我也完全地知道了他的创业历程,包括隐私。"

王天乐所说的路遥在这次"激动人心"的兄弟见面时,完成了中篇小说《人生》的全部构思,这不是事实。现有的资料证明,路遥早在1979年就开始创作这部中篇小说,可写得很不顺,一直是写写停停。但王天乐的人生际遇给路遥重新创作《人生》提供了灵感,这应该是能够成立的。

路遥由己度人,由自己的亲兄弟的人生际遇,而生发到对整个中国农村有志有为的青年人命运的关注,由此下决心创作这种题材与思考的小说,才是问题的关键。

王天乐的命运在时任延安县委书记张史杰的鼎力相助下,在曹谷溪全力以赴的努力下,终于得到改变。他在1980年的秋天,以延安县的农村户口被招到铜川矿务局鸭口煤矿采煤四区当采煤工人。

此后,路遥又不断地用全力帮助与呵护自己的兄弟,后又把他调到报社当记者,给他提供飞翔的空间,后来,王天乐再调任西安当记者。王天乐命运的改变是路遥不懈努力的结果。王天乐在改变命运自食其力后,又不断在生活上与精神上全力帮助路遥创作。

1991年,路遥写作六万字的创作随笔《早晨从中午开始》,其前言就是"献给我的弟弟王天乐"。他在《早晨从中午开始》的第16节几乎用近一节的内容谈王天乐。书里说:"此刻天乐已自动从我手中接过了这些负担,为我专门写作开辟了一个相对的空间。实际上,《平凡的世界》中的孙少平等于是直接取材于他本人的经历。有关我和弟弟王天乐的故事,那是需要一本专门的书才能写完的。"

这些都是路遥对弟弟王天乐多年来追随并帮助其创作的最大褒奖。2007年,王天乐因病去世,享年四十八岁。

研究路遥1980年前后写给曹谷溪的六封书信,我们可以解读到一个具有多面性格的作家路遥:一方面,他费尽心机地帮助弟弟王天乐改变命运;另一方面,他又从王天乐的处境由己度人,深入思考中国广大农村有志有为青年人的出路问题,催熟了中篇小说《人生》,甚至为日后创作长篇小说《平凡的世界》找到了现实灵感。由此可见，新近发现的这六封书信应该成为研究路遥的重要史料，应当引起研究者的高度重视。

——梁向阳《托朋友给弟弟找工作，路遥写的六封信》

黄叶拾零

"拜识，上炕。"

曹谷溪

说到作为作家的路遥，首先要提到的人就是曹谷溪。曹谷溪不能算路遥创作上的导师，但起了比导师更重要的作用。如果把路遥比做一颗航天卫星，曹谷溪就是第一级助推火箭。但是，曹谷溪也沾了路遥的光：他因为成功地"推了"路遥而获得了快乐。一个愿意帮助别人赶上自己的人，是贤人；一个愿意帮助别人超过自己的人，简直就是圣人。曹谷溪当然不是圣人，但他提携文学新人，并以此为乐，乐此不疲。

我这样说会给人们误解，以为曹谷溪是个慈祥老太太般的平庸好人。其实正好相反，曹谷溪是个气度轩昂、激情四溢、特点鲜明的人。最鲜明的特点是：见官大一品，见民小三分。不论见了多大的官，都敢挺了胸脯指着自己一字一顿地说："谷溪。诗人！"无论多么不堪的讨吃人，只要上了他家的门，他都会挽着对方的胳膊高挑起门帘说："拜识。上炕。"曹谷溪的交往特别宽，许多从延安走出去的老作家都认识他，建国以后从陕北出来的作家几乎都是他的朋友，其中绝大部分都得到过他的帮助。

曹谷溪比路遥大八岁，两人为同乡，都是清涧县人。路遥1957年过继到延川，曹谷溪1959年初中毕业后被"调剂"到延川中学上高中（那年延川初设高中班，当地生源不足，因而调剂）。但在1969年之前，两人并不相识，只是互相知道：曹谷溪知道路遥是对立派的头头，路遥知道曹谷溪是陕北最大的文人，和周总理一块照过相。两人认识的由头是文艺创作，曹谷溪当时正在办一件大事：编一本诗集。

说起这件事的由来，有点像《三国演义》中"桃园会"，颇有些传奇色彩。大约在1969年的某一天，时任延川县革委会通讯组组长的曹谷溪突然接到一个任务，要他和同事闫尔雄一起去关庄公社鸭巷大队调查一个北京知青的情况。这位北京知青姓陶名正，清华附中学生。和别的插队知青不同，他来陕北时不但没带面包、糖果，甚至连换洗衣服也没带，只带来一部手推式油印机，为的是编印《红卫兵战报》。由于《红卫兵战报》中转录了《内参》上的内容，引起了有关方面的注意，要求延川县调查这件事并写出报告。曹谷溪和闫尔雄就是去做这个"营生"的。

曹谷溪万万没想到这次下乡会改变他的一生。他一见到陶正就喜欢上了这个年轻人。喜欢他的激情，他的坦率，他的目光远大，他的朴素和单纯。尤其是他办的那份小报，更让曹谷溪热血沸腾，心花怒发。他顿时萌生了一个念头：咱们为什么不能这样做？于是，立即把调查的事置于脑后，反而成了帮助陶正过关的人。

事有凑巧，就在此事过后不久，上海市出版了一本由川沙县农民业余编写组编写的故事书，题为《一颗红心为革命》。上面有毛主席和林彪的题词，《人民日报》用大篇幅介绍了此书。曹谷溪一下子找到了方向，决定"咱们也干他一场"，于是就和时任县文化馆的负责人白军民一起物色作者，组织稿件，游说领导，筹措经费，干了起来。除了他们两人外，联系到的主要作者还有陶正、闻频和路遥。

这就是当时延川文艺创作队伍中的"五虎上将"。曹谷溪、陶正和路遥就不再细说了，这里简略说说白军民和闻频。白军民是当地土著，生得人高马大、体态雄伟。他是个多面手，能唱歌，会作画，体育方面也有"几下子"。但这都是次要才能，主要才能在文学方面。要说清他在文学方面的才能不容易，也与本文的主旨不合，我在这里转录他的几句诗，读者自己去体会。这首诗叫《磨刀谣》，开头有这样几句："平坦坦一根石条，沉甸甸一把大刀，潦一把清水洒上去，呔，听我来首磨刀谣！"

闻频本名焦闻频，关中人，大学毕业后被分配到延川县永坪中学教书。和白军民正好相反，他生得身材修长，面皮白净，一派儒雅。他也是一个多才多艺之人，作诗填词无所不能，三弦二胡无所不会，书法绘画无所不至。要说清他的才能也不容易，只好用日后的成就来佐证。几年后，他成了《延河》杂志的诗歌编辑、诗歌组组长，直到副主编，是陕西乃至全国的著名诗人。

凡是有才气的人都有特点，都有个性，要把这几个人团结起来，很不容易，但曹谷溪做到了。曹谷溪是怎么做到的呢？现在略去别人专说他和路遥。

如果放在一般人身上，曹谷溪没有理由抬举路遥——在"文革"中两人是对立派，曹谷溪还被路遥的部下"关押"了好长时间，打得一佛出世，二佛升天。路遥找曹谷溪时或许还小有顾虑，曹谷溪接纳路遥时却是一脸春风。曹谷溪不但"指点"路遥创作，还在生活、感情方面给予他实实在在的支持和鼓励，其中包括修复失恋留下的创伤和重新恋爱。从那时候起，路遥就成曹谷溪家的常客、上客，敬吃敬喝敬香烟，先是亦师亦友，后是亦友亦师，最后是互师互友。这种关系不但延续到路遥生命的终点，路遥去世后也不曾稍减，设在延安文汇山上的路遥陵园也是在曹谷溪等人的努力下建成的。

千金有时易得，一友从来难求。世无路遥，文坛上会少了一个受老百姓爱戴的大作家；世无曹谷溪，陕北的许多草根作家说不定至今还在绝望中挣扎，路遥的创作之路也会更加曲折和艰难。

——海　波《我所认识的路遥》

我至今怀念路遥《人生》中的那个刘巧珍！

每当我读"人生"小说时，刘巧珍就会穿越过时间的隧道；依旧是那般模样，依旧是那身打扮，依旧那么温情秀娟的静静地向我走来。

作者深爱刘巧珍，读者深爱刘巧珍，我也深爱刘巧珍……

最近，又翻阅了一遍路遥的《人生》，掩卷过后，又是一番感慨。路遥是中国文坛最有才华的作家。他的中篇小说《人生》和长篇小说《平凡的世界》曾迷倒过无数读者。虽然这两部小说发表于20世纪80年代，但至今余热不止，无论何时翻开来，都让人爱不释手、热泪盈眶。

《人生》连环画 孙为民、聂鸥 画

《人生》开篇就引用作家柳青这段话："人生的道路虽然漫长，但紧要处常常只有几步，特别是当人年轻的时候。没有一个人的生活道路是笔直的，没有岔道，譬如政治上的岔道，事业上的岔道口，个人生活的岔道口，你走错一步，可以影响人生的一个时期，也可以影响一生。"这一段话可以说是对"人生"的一个总结，也是小说故事情节的一个轮廓。

小说中的那个刘巧珍至今让人同情而又怀念不已！她美丽、善良、聪慧以及处处忍让的性格真是农村妇女的完美化身。

我不知道还有没有人像我一样牢牢地记住她，怀念她？

高加林是刘巧珍的最初恋人。当我首次从小说中认识她时，正是我们那一代人谈婚论嫁的时候。尽管她是个艺术形象，但却是我内心

第七章 / 小满

深处的追求偶像。我羡慕高加林的福气,怎么能遇到这么一位红粉佳人?简直就是下凡仙女!我多少次在梦中渴望能在现实世界碰到和她一模一样的人,我当欣慰一生!

现在,每当我读"人生"小说时,刘巧珍就会穿越过时间的隧道;依旧是那般模样,依旧是那身打扮,依旧那么温情秀娟的静静地向我走来。透过时光的余辉,我再次细细打量起这个农村少女:

她那高挑的身材像白杨树一般可爱,从头到脚,所有的曲线都是完美的。衣服都是半旧的:发白的浅毛蓝裤子,淡黄色的的确良短袖衫;浅棕色凉鞋,比凉鞋的颜色更浅一点的棕色尼龙袜。她推着自行车,眼睛似乎只盯着前面的一个地方,但并不是认真看什么。从侧面可以看见她扬起脸微微笑着,有时上半身弯过来,似乎想和他说什么,但又很快羞涩地转过身,仍像刚才那样望着前面。高加林突然想起,他好像在什么地方见到过和巧珍一样的姑娘。他仔细回忆一下,才想起他是看到过一张类似的画。好像是幅俄罗斯画家的油画。画面上也是一片绿色的庄稼地,地面的一条小路上,一个苗条美丽的姑娘一边走,一边正向远方望去,只不过她头上好像拢着一条鲜红的头巾……

哦,这就是高加林第一次认真端详中的刘巧珍,一个美丽而又纯真的农村少女。当她第一次拿着自己种的甜瓜接近高加林时几乎吃了闭门羹,那个场景把一个少女主动和顺从心爱的人的可人一面描写得十分感人:她扑闪着一双水灵灵的大眼睛,局促地望了一眼高加林,然后从草篮里摸出一个熟得皮都有点发黄的甜瓜递到高加林面前,说:"我们家自留地的。我种的。你吃吧,甜得要命!"接着,她又从口袋里掏出自己洗得干干净净的花手帕,让加林揩一揩甜瓜。高加林很勉强地接过甜瓜,但没有接她的手帕,轻淡地对她说:"我现在不想吃,我一会再……"

巧珍似乎还想和他说话,看他这副样子,犹豫了一下,低着头向上边地畔的小路上走了。

这位村子里最富裕的"二能人"的女儿,热烈而又纯真地爱上了村子里最穷人家的小伙子,爱得那么迫切,爱得那么真挚,时时处处为他着想;把一个少女最珍贵的感情无怨无悔地奉献给了他。

刘巧珍在追求高加林的过程中既自卑又自信。自卑的是她没文化,这使她遗憾而又苦恼;自信的是她知道她有一个别的姑娘很难比上的长相:俊俏。

我想在大多数读者眼里,刘巧珍都是一个为爱情无私奉献的人,甚至可以奉献出自己的生命。她三番五次用自己的强烈的爱和热忱安慰高加林,唤醒他心底里沉睡的激情,抚慰他人生追求过程中的所有迷茫。是的,刘巧珍对于高加林的爱可以说是神圣而又纯洁的,她给了高加林人世间少有的脉脉温情。可是,她的所有奉献和努力最后都被高加林无情地抛弃了。试想,在这个无情的打击面前,任何一个人都会反击和报复,刘巧珍却没有这么做,而是选择了埋葬自己的爱情梦想,默默地继续地去理解和维护自己爱过的人。这是常人能做得到的吗?

　　高加林决定抛弃刘巧珍接受黄亚萍时,把刘巧珍约到他卖馍巧珍等他的大马河桥。那个分别场景我什么时候翻看到都是一脸泪水;我同情刘巧珍的过于善良和顺从,也恨她的过于善良和顺从;从心底里哀其不幸,怒其不争!

　　刘巧珍并没有在这个无情的打击中沉沦,而是经过剧烈的痛苦折磨之后,依然坚强起来。因为,她深爱生她养她的这片土地,深爱农民的自己的世界;她用热爱土地的热情转移爱情中遭受的无情来减轻自己的痛苦,这体现出她对生活、对土地、对自然、对家乡的深厚感情。我被刘巧珍的豁达心怀折服了。

　　刘巧珍既有高尚豁达的一面,也有守旧狭小的一面,既有刚强的一面,也有软弱的一面。她自我意识的淡薄使她在爱情上缺乏一种自强自立精神。她的悲剧性格就是把自己的全部价值维系在单纯的爱情和婚姻上,始终没有突破这种观念束缚。她所有的梦想和追求无非是找到一份幸福浪漫的爱情。但是,在寻找这份爱情失败后,她没有绝望和自暴自弃,可也没有痛定思痛、大彻大悟,而是发出了令人心寒而又心酸的呼喊:她在爱情上的追求是多么天真! 悲剧不是命运造成的,而是她和亲爱的加林哥差别太大了。她现在只能接受现实对她的这个宣判,老老实实按自己的条件来生活。这是刘巧珍最悲剧的一面,让人不得不永久扼腕长叹。

　　路遥笔下的刘巧珍几乎成了中国农村妇女传统美德的代名词,这个农村少女之所以能揪住千千万万读者的心,关键是作者倾其所爱塑造的缘故;作者深爱刘巧珍,读者深爱刘巧珍,我也深爱刘巧珍。因此,我至今怀念路遥"人生"中的那个刘巧珍!

　　　　　　　　——沙漠雨《我至今怀念路遥〈人生〉中的那个刘巧珍!》

《人生》：谁也逃不过的命运

> 巧珍问德顺爷灵转还活着么，德顺爷说活着，活着，只要他不死，一辈子都会揣在心里。此时，巧珍靠在高加林的肩上，静静听着，天空中月明如盘。

《人生》是一部处处洋溢着浓郁陕北气息的影片，主人公高加林和刘巧珍的爱情故事就被放置于这样一个广漠的黄土高原上展开。

影片以连续不断的节奏铿锵且沉重的镐头掘地声开场，随后，一个头上裹着羊肚子手巾、肌肉脉络毕现的农民形象便出现在镜头里，以同一个姿势不停地劳作，之后悠扬的陕北民歌《天下黄河九十九道弯》响起，镜头拉远，劳作的人变小，成为偌大的黄土塬在夕阳下的剪影中一个动着的点，这是极富有象征意味的，不停地劳作象征着不停流逝的时间和不可抗拒的命运，这是千百年来陕北人一直重复的动作，无数个人生都是这样，平凡往复，没有人能够逃离。

高加林是村子里的教书先生，有知识有文化。可不料自己的教师岗位被大队书记的儿子耍手段给挤掉了，生性执拗的高加林自然不服，言语中充满了激愤，但又无计可施，只能回家投入到劳作中去。从一个知识分子的身份转变到面朝黄土背朝天的农民，高加林心里尽是不甘。

另外一位主人公刘巧珍是一位善良懂事、纯洁可爱的姑娘，对高加林有着无限的情谊，但始终却开不了口表达，只是行动上积极地接近高加林并尽全力地帮助他。她的表达是炽烈的，和这片土地的性格一样真挚，在这段感情中，她是情感的主动表达者，但这也加深了结局的悲剧意蕴。

巧珍戳破和高加林之间的

《人生》连环画　孙为民、聂鸥　画

窗户纸是在帮高加林卖掉他整天也没有卖掉一个的馍之后。在夜色中，面对高加林的人生失意，巧珍寄予了无限同情和宽慰，并终于主动表示自己愿意跟他在一起，即使他一无所有。原来，巧珍之所以此前不敢表达自己的情感，是因为当时两个人地位是不一样的，高加林是教师，而自己只是个农民。巧珍说，你过去是教师的时候，自己不敢奢求，现在成了农民，终于等来了可以袒露心声的时候。巧珍这种炽烈的表达和无微不至的关怀使高加林最终接纳了她，但这种接纳是一种出于道德的自觉，高加林无法看到一个如此爱自己的人难过，何况自己此时还处于人生低谷中，更没有理由和资本去拒绝这份来之不易的情感。他逐渐接受了自己作为一个农民不断劳作的身份，过去极不愿意劳作的高加林耕地浇水也会面容灿烂，似乎已经完全习惯了这样的生活。两个人的情感迅速升温。

　　进城拉粪无疑是片中最浪漫的片段。月光皎洁，德顺爷赶着牲灵，一路上三个人说着笑着，德顺爷感叹青春真好，仿佛高加林和刘巧珍的恋爱是他往日的复现。一个长长的"哎"字将德顺爷年轻时候的往事交织进来，德顺爷年轻时候爱过无定河边歇脚店店主家的女儿——灵转，一个声音像银铃般好听的姑娘，每次送别他的时候总会唱起信天游，这是德顺爷一生中最难忘的回忆。影片在叙述这段时并不单调，《走西口》的歌声开始在夜空中回荡，从德顺爷沧桑的微微颤抖的声音到一个温柔如银铃碰银铃的女声，仿佛时间回转，所有事情浮现在眼前，让人动容。夜色中，马车行走在路上，经过发光的河流，他们再也没有说话了，一路上就只有赶牲灵的声音。虽然德顺爷的故事最终是一个悲剧的结尾，但德顺爷却记挂了灵转一辈子，巧珍问德顺爷灵转还活着么，德顺爷说活着，活着，只要他不死，一辈子都会揣在心里。此时，巧珍靠在高加林的肩上，静静听着，天空中月明如盘。

　　在挑粪的过程中，高加林的自尊心受到严重的创伤，他被所谓的城里人嘲弄，这个尖嘴猴腮的城里人的嘲讽，让不甘命运的高加林发誓一定要到这里来。他说自己有知识有文化，哪一点比城里人差？对于命运的不甘使得高加林从此踏上一条再也不回头的路，而这，也成为他和巧珍悲剧的起点。值得注意的是，在影片的最后，也正是这个城里人——黄亚萍男友的母亲出于小人之心公报私仇，葬送了高加林的城市生活，破灭了他的所有美好幻想。这里有个细节需要说明，高加林的二爸调到劳动局里当领导，但高加林的母亲一听到劳动两个字却立马误认为是贬职了之类的，他们对于劳动的态度由此可见。他们不希望高加林的命运就只是一直劳动，所以高加林想要摆脱劳作摆脱这片土地是必然的，他之后所做的一切也都是合理的。

　　二爸的到来给高加林带来了希望，工作问题顺利得到了解决。

　　在河边送别高加林的时候，高加林理短了头发，颇有一种从头再来的意味。巧珍始终不放自己手里的行李，她对高加林是多么地不舍啊，可高加林却急忙将行李拽过来，然后毅然决然地往前走，背负着自己的理想进城，去往自己的新生活，只留巧珍一个人静静在河边站着，旁边流水潺潺。

一方面，高加林在城里生活如鱼得水，面对黄亚萍的表白犹豫不决；另一方面，巧珍视高加林的父母为自己的父母一般好生对待，并努力学习识字，只为能配得上自己心爱的人。

黄亚萍写给高加林一首诗：

> 我愿你是一只翱翔的大雁，
> 自由地去爱每一片蓝天，
> 哪一块土地更适合你生存，
> 你就该把那里当作你的家园。

这首诗像极了高加林此刻的处境，选择回到生养他的黄土地还是留在自己向往的城市，这个问题纠缠着高加林，沉重得使他喘不过气来。

但当黄亚萍告诉高加林自己要回到南京并且可以让父亲把他也带过去时，高加林彻底动摇了，对于大城市的向往和对自己身份的不甘让他最终选择依傍黄亚萍。

冬天的黄土高原，荒芜一片，黄河结了冰，巧珍戴着那条其实并不好看的高加林送的红色丝巾满怀欣喜地去河边见高加林，而高加林却告诉她自己要去南京的消息，此刻巧珍的内心是多么的破灭，绝对比掉进冰窟窿里还冷，可还是强忍眼泪对高加林说，去吧，绝不连累你，爱你爱得要命，却配不上你。

德顺爷批评高加林说你应该把根扎在土地里，而现在你像一棵豆芽菜，半点泥都不带，活人活得很失败。而高加林终于道出了自己的心声，我不愿像你们一样在土山上刨挖一辈子。

几乎所有人都在噩运来临时展现出了善的一面，平时对巧珍严厉的父亲顿时慈爱起来，为女儿的命运感到忧虑。而高加林却在好运来临时展现出了内心的贪欲，只想着自己的未来，完全忘了巧珍对他的一番情意。

有个现象值得注意，影片后半段几乎再也没有黑夜的镜头，也许是导演的特意安排，前半段高加林和刘巧珍的情和爱只能在黑暗中完成，在黑暗中，人的心才能完全敞开。

巧珍结婚时，用了很多大红的色调，唢呐的声响，却掩盖不住巧珍内心的破落，巧珍最终认可了宿命，流下了决绝的泪水。人群越欢乐，乐声越激昂，巧珍内心就越凄凉。

被举报革职的高加林听到巧珍成亲的消息后伤心不已，不小心将火柴洒落一地，而这洒落一地，交织纵横的火柴不就像这无常的命运吗？拿出巧珍纳的鞋，高加林捶胸顿足，涕泪涟涟。

影片末尾时，《天下黄河几十几道弯》的乐曲再次响起，和片头处形成呼应。高加林为了摆脱宿命进行了多次不择手段的尝试，最终造成了自己的悲剧，也造成了巧珍和黄亚萍的悲剧。

叫一声哥哥你快回来。这是刘巧珍内心许久的呼唤，可高加林终于回来之后，早已物是人非。

高加林没有想到，自己最后会再回到高家湾，和高家湾的所有人一样，重复这样的轮回。这就是人生，走了一圈，可最后还是回到了原点。

——佚　名

爱不释手

> 我们两个人你抢我夺，互不相让。最后把书都扯坏了。她拿着前部分看，我拿着后部分看。……一直看到天大亮的时候，总算把书看完了……

20世纪60年代初是中国人民最饥饿、日子最难过的时候，那时我高中毕业以后没有参加高考，失去了继续上学的机会，回到家乡开始劳动，和乡村的农民一样，天天在农田里干农活，……农村艰苦的环境让我早把读书抛在了脑后；农村饥饿的生活让我早都对读书失去了兴趣……

90年代初，在大学工作的兄弟从省城带回了一本路遥写的《人生》，他走的时候，千叮咛万嘱咐，让我看看这本书，说这是一本励志的好书。我心想，等闲下来时再看，一直没有找到合适的时间。

就是在这一年的冬天，天气一连下了好几天大雪，我收拾好粮食，磨了面，和妻子把家务事都干完了，雪越下越大，我们无法到地里干活，待在家里也没有什么事情可干，我便把兄弟给我的《人生》拿了出来。我刚刚读了几个片段，一下就被书中人物的故事紧紧地吸引住了，我看着看着情不自禁地朗诵起来，在一旁做衣服的妻子听着听着也入了迷，一把将书抢了过去，也不做活了，一个人在灯下看了起来。我也忍不住自己情绪，想知道书中的人物是怎样的人生，悄悄地走到妻子的跟前,将书抢了过来,妻子正在兴头上,又从我手里将书拿了过去,我们两个人你抢我夺,互不相让。最后把书都扯坏了。她拿着前部分看,我拿着后部分看。晚上谁也不做饭,我们就拿着冰冷的馒头,边吃边看。一直看到天大亮的时候,总算把书看完了,我们两个人都被作家路遥的写作水平折服,觉得他写得是那样的真实,那样的深刻,写出了当时农村青年面临的真实的情景。我们为书中高加林的悲惨人生而落泪,更为刘巧珍对爱情的真诚而折服,就是这一本书让我们夫妇俩翻看了十几遍。越看越想看,越读越想读。我还把这本书推荐给邻居也看,好多人看了都是爱不释手,那时候我们全村人好多都看了这本书……

——陕西省兴平市大阜乡窑头村村民　岳　发《〈人生〉让我爱上了阅读》

《人生》连环画　孙为民、聂鸥　画

第 八 章

芒 种

隔溪芒种渔家乐。

——《节气歌》

我提着一个装满书籍资料的大箱子开始在生活中奔波。一切方面的生活都感兴趣。……我知道占有的生活越充分,表现生活就越自信,自由度也就会越大。……春夏秋冬,时序变换,积累在增加,手中的一个箱子变成了两个箱子。……无论条件艰苦还是舒适,反正都一样,因为愉快和烦恼全在于实际工作收获大小。……在这无穷的奔波中,我也欣喜地看见,未来作品中某些人物的轮廓已经渐渐出现在生活广阔的地平线上。

——路　遥《早晨从中午开始》

·1983—1986·

命运的突围

  高加林是一个十分渴望成功的人，路遥在听到自己的《人生》被报纸评价时兴奋地说："成功了，成功了！"
  成功有两种表现：一种是外在的表现即位置的改变，从底层进入上层；另一种是内在的成功，是通过爱情、异性来证明被命运的不公安排在下层的青年男子的自身魅力。

  一个下层的青年，试图通过自己的努力和创造，以及他先前拥有的优秀品质去改变自己的位置，去证明自己的价值，这是路遥小说的主线。它显示出某种个人奋斗的色彩，所以就有人把高加林和于连进行比较。事实上虽然高加林和于连都拥有个人奋斗的精神，但我认为高加林的个人奋斗是与社会的抗争，与命运的对抗，高加林的个人奋斗精神是高于于连的。
  从这个层面说，高加林是路遥为当代文学奉献的一个典型形象，我个人认为，路遥小说中的典型人物并不多，而高加林是一个成功的典型人物。高加林是一个十分渴望成功的人，路遥在听到自己的《人生》被报纸评价时兴奋地说："成功了，成功了！"他用什么来证明这些成功呢？成功有两种表现：一种是外在的表现即位置的改变，从底层进入上层；另一种是内在的成功，是通过爱情、异性来证明被命运的不公安排在下层的青年男子的自身魅力。但这种抗争，在小说中往往是失败的，因为个人的努力很难改变社会结构，这种资本权利关系是很难改变的，是个人无法改变的，比如高加林通过个人努力和关系到了城里，但转了一圈之后，还是不得不回到村里，回到了家，回到了下层。小说的悲剧就产生在这里面，悲剧的本质就是美的东西遭受厄运。
  路遥是通过写小说来证明自己，来获取文化资本，从上延安大学再分到《延河》，最后成为作协成员，只有这些资本才能使他获得进入上层的机会，这就是他现实的功利要求。但是在写作的时候，他的性质就变了，因为路遥的写作是一种自述性的写作，他把自己的苦难经历和人生经验都拿来进行重新观照。

其实，高加林的背叛问题也是整个人类无法挣脱的困境，是个人的困境更是人类的困境，是现代意识与传统道德如何协调的问题。因为中国进入市场经济体制之后，随着社会物质文明的不断进步，这个问题便越来越突出，所以路遥在那个时候就已经涉及这样一个主题，本身就很有意义……

他的《平凡的世界》写的就是下层与民间，他的小说里流露出一种质朴中的锐利、平凡中的底蕴和单纯中的丰富。我本人也是路遥的崇拜者，我在讲课的时候总是把路遥放在很高的位置上，这大概是因为我和路遥的经历相似，都是从农村通过自己的努力进入城市改变了自己的处境。

但我们仍然还是农村人……

——毕光明《路遥对命运的突围》

成功对我至关重要

> 在生活底层所经受的严酷磨砺，在你身上，转化成一种奋发图强的动力。
>
> 你可以成为政治家、军事家，或者是外交家，对此你仿佛有种天然的禀赋。

在生活底层所经受的严酷磨砺，在你身上，转化成一种奋发图强的动力。这种动力是那般强大和持久不衰，甚至裹进了某种残忍的劲头。你很早就为自己确立了志向，命运为你实现自身抱负提供的路子并不多。

作家这个职业对你也许并不是最佳选择，你可以成为政治家、军事家，或者是外交家，对此你仿佛有种天然的禀赋，并且一直有种不衰的热情，成为作家之后也时时津津乐道，但命运没有给你这样的机会。

在偏远的陕北山沟，在你对这个世界开始申请发言时，只有拿起笔好像才是切实可行的。你泼出命来写作，不知疲倦，不知爱惜自己，决心用积蓄全部生命的力量喊出自己的声音,建构起理想的辉煌大厦。

——白　描《写给远去的路遥》

你的沉重还在于你内心时时处于不平衡的状态。你好像永远对自己不满意,即使你两次获得全国中篇小说奖、一次获得茅盾文学奖,后来又晋身做出突出贡献的国家级专家行列这样的殊荣也只为你引来短暂的欣慰喜悦。

你心性太高、太强,一个目标被征服,马上又有了新的目标,在精神上你不给自己留一点喘息的机会,你的内心时时激荡着狂风暴雨。你想干一件什么事情,即使它前面横着不可逾越的障碍,你也会不屈不挠地付诸行动。

有时你的行为难以为人理解,纵是朋友没准也会因你而吃惊,于是你在精神的深层便将自己封闭起来,将许多格斗厮杀移植到自己内心来进行,这便注定了你的悲哀,注定了你灵魂深刻的孤独和寂寞。

——白　描《写给远去的路遥》

重重心事

> 有一种未公开的意见,认为路遥《人生》中的高加林,是法国司汤达《红与黑》主人公于连的翻版……
> "我一辈子不能只凭这一本书吃饭啊!"

然而,任何事物一旦在社会上出现,并引起一定的反响,但反应不可能是完全一致的。《人生》也不例外。有一种未公开的意见,认为路遥《人生》中的高加林,是法国司汤达《红与黑》主人公于连的翻版,是个典型的资产阶级个人主义者。有人在某些会议上,没有这样公开明确地提出问题,却对高加林的所作所为提出了不少质疑,认为这些问题值得思考云云。

路遥面对着这一切,既没有因荣誉而欣喜若狂,也没有因为某些名人专家企图从根本上否定《人生》而焦虑。一次路遥非常平静地对我说:"赞誉也罢,诋毁也罢,那是读者的事。"作为他自己来说,他完成了一件他想做的事情。他又说:"作品一经发表那就属于社会的了,读者有权称赞,也有权批评以至于否定,那是读者的权利,与作者没有太多的干系。我一辈子不能只凭这一本书吃饭啊!"他没有去写创作谈之类的文章去表白自己,也没有去写什么文章为自己的作品做必要的辩护。

路遥并没有为自己的成功而陶醉,也没有因为一些人的攻击而趑趄不前。他背起挎包又到陕北的山沟里山峁上开始新的旅程。回到机关,经常独自一人,不是坐在前院的喷水池旁,要么就是在后院的某个角落,静静地吸着烟,谁也弄不清他这时的思绪在一个什么样的天地里漫游。晚上,在院子里那间小屋里,和聚在那里的几个人闲聊,更多的情况他默默不语,他似乎有什么重重心事!

——董　墨《灿烂而短促的闪耀》

《人生》的续篇

> 他打算写《人生》的续篇……在续篇里,他打算让高加林去煤矿当工人,而巧珍,此后的遭遇更其不幸。

一天下午,我们在西大街不期而遇,惊喜之余,他硬要我和他拉谈拉谈。我们在一家小酒馆坐下来,他不大喝酒,烟抽得很多。我自然要谈他的作品,尤其要谈他的《惊心动魄的一幕》和《人生》。

他说,写《人生》时,他的本意不是要把高加林写成一个陈世美式的人物,那没有意思,更没有分量,但读者却认为高加林就是个陈世美式的人物。因此,他打算写《人生》的续篇。他说他已经构思得差不多了,在续篇里,他打算让高加林去煤矿当工人,而巧珍,此后的遭遇更其不幸,高加林还会和她见面,那场面自然是悲悲切切,令人十分伤感。后来,他叹了一口气说:"唉,就怕没有时间,我准备写一部大东西。"

大东西?他要写一部大东西!那会是什么?我没问,他也没说。一晃几年过去了。他的长篇小说《平凡的世界》出版了,马上便轰动了文坛。读完他的赠书,我才恍然大悟,他那次对我说的"大东西",原来就是这部《平凡的世界》!

这是一部真正的大书……

——韩贵新《最后一次交谈》

第八章／芒 种

闭 关

　　……是许多作家一辈子梦寐以求的政治荣誉……路遥却因忙于准备长篇小说的创作而毅然决定放弃这次重要机会。

路遥在闭门读书深入生活期间,有意识地"中止"了对文坛的关注,既"两耳不闻窗外事,一心只读圣贤书",又脚踩大地,接触泥土,汲取丰厚的创作营养。在这期间,全国各地文学杂志的笔会以及其他方面的社会活动,他也婉言谢绝。1984年12月28日,中国作家协会第四次全国代表大会在京召开,路遥是选举出来的陕西代表。这样规模盛大的全国性作家大会,是许多作家一辈子梦寐以求的政治荣誉,也是作家们亮相的好平台。然而,路遥却因忙于准备长篇小说的创作而毅然决定放弃这次重要机会,这在许多作家看来是不可思议的。

——厚　夫《路遥传》

灵光乍现

　　他才对我说:"昨天早上我突然来了一个大灵感……激动得我气都上不来。"
　　服务员看我们形迹可疑,五六个人一起进来查了一回房间……
　　后来才知道,对于《平凡的世界》来说,万里长征还没有迈出第一步。

80年代初的一个隆冬,有一天西安痛痛快快地下了一场多年来未见的大雪,雪整整下了一夜。天亮时,鸡娃子一样大的雪片还在纷纷扬扬向大地飘落,没有一点停止的迹象。路遥说,咱俩到大街上走走……

不平凡的世界（一）/ 路漫漫

路遥系列　栗子明　画

路遥立正站住了，久久地面对陕北的方向，足足站了有半个小时。突然，路遥大叫一声，天乐，你快起来，我有话对你说。当时吓得我出了一身冷汗，以为出什么大事了。路遥说，咱俩马上回去收拾东西，离开西安，我有重大事情要告诉你。我的上帝呀！他又有什么大事了。我看他脸上严肃的表情，不敢问他。赶快跟着他往回跑。我问路遥到哪里去，怎么个走法。他说没有目的地，还是过去的老办法，到火车站再说……

到兰州后，这里也是大雪纷飞。于是我们就到了一个叫什么"河"的宾馆。洗完澡后，我还是不敢问路遥这次为什么出走。这时路遥冲了一杯咖啡，来回在房子里走动。过了很长一会，他才对我说："昨天早上我突然来了一个大灵感。这个灵感很早就来过多次，但好像我一直抓不住它。昨天早上终于把它抓住了，激动得我气都上不来。我这才放下心来，看来不是什么坏事。"

接着，路遥完全是向千千万万的读者在演说，好像我根本就不存在。他说，实际上我们多年来的对话，一直是围绕这部大书的。是的，我要写一部大书，就像柳青说的那一种大书。是向陕北的历史作交代的一部大书。我要从咱村子写起，写到延安，写到铜川，一直写到西安。我的主人公就是沿着你走过的曲折道路，一直走向读者。通过你的生活经历，带出百个人物，横穿中国1975年到1985年的十年巨大变革时期。作品要在一百万字以上，这是我四十岁前献给故土的礼物——此时，路遥的气势完全是一个将军，他的目光好像已经看到了一群生龙活虎的人物大军，和他亲切地攀谈着、行走在生活的大道上。

又是一个通宵，我和路遥全身地投入到火热的工作之中。第一个晚上，我们绘制了小说的地貌草图。从我的家乡清涧县石咀驿镇王家堡村，一直沿线绘制到西安钟楼。把这一线的山川河流，机场公路重要建筑等等等等全部描绘出来。我们的美术学得不好，画下的图只有自己能看懂。路遥说，第一步工作很重要，因为所有的人物都要反复在这一地带走动。如果你不熟悉地形，你的人物一旦走动起来，作家的描写就十分困难。第二天晚上，列出人物表和地名表。为起人名字，就把两人难死了。把记忆中的名字通通复习了几遍。孙少平、孙少安、田福军、金光亮、金俊武、双水村、黄原地区、铜城等等等等人名字和地名才写在纸上。剩下的时间就是讨论主人公在事件中怎样行进的问题。而每一年，每一次发生了哪些重大历史事件。

一切工作都在万分激动的情绪中展开。每天只上街买一次吃的、喝的东西，一天就不出房门了。服务员看我们形迹可疑，五六个人一起进来查了一回房间，一看没什么"凶器"，也就放心了。真的，一个人假如真正地投入到你热爱的工作中，那是非常美好的。

在兰州住了十五天，小说《黄土》《黑金》《大城市》全部大框架就完成了（书名后来改成《平凡的世界》），也可以说，兰州，完成了最初的《平凡的世界》的草图。

但后来才知道，对于《平凡的世界》来说，万里长征还没有迈出第一步。

——王天乐《平凡的世界诞生记》

父亲被逮捕，速回

父亲逮捕这件事为路遥《平凡的世界》帮了大忙。

那天早晨，路遥说：回西安。没想到，西安正有一件令我俩大吃一惊的事件在等着我们。路遥在大堆读者关于《人生》的来信当中发现一封电报。内容是：父亲被逮捕，速回。

……在路遥家里只待了一个小时，我们就匆匆奔赴陕北。逮捕的原因很快查清了。原来村里决定把210国道旁的柳树梢杆砍一些，作为树种，在村里再栽一片树林。村委会研究时，我父亲是生产小队长，也就同意了这个决定。于是一夜之间把公路两旁的柳树梢杆全部砍掉。此事很快被地区、县上发现了。处理此事时，本应村里的主要领导负法律责任，但他们大都在县上有人，而我父亲没有，新来的县上领导就指示将我父亲在万人大会上逮捕。我把情况立即向路遥通报。路遥很快找到延安的地委书记郝延寿，反映了此情况。郝延寿在榆林地区当过专员。他马上把清涧县领导叫到子长县，和他们认真谈了一次话。此时，新华社、《人民日报》《陕西日报》、陕西人民广播电台的记者先后赶到清涧县，采访事实真相。事实证明，我父亲完全没罪，很快就释放了。我和路遥在延安见面后，只是无奈地一笑就算了事了。

没想到父亲逮捕这件事为路遥《平凡的世界》帮了大忙，他把这件事演变成"王满银"贩卖老鼠药被公社劳教了。一下引出了该书的所有重要人物。

路遥说这叫坏事里面有好事哩。

——王天乐《平凡的世界诞生记》

记住，这是上帝的安排

柳青拍了一下我的背说，娃娃，这是一个非常的选择，是好事，但你以后受罪呀！

"我不想见继父，永远不想。"

作为儿子，应该说路遥没有行孝！

路遥系列　栗子明　画

路遥说："我第一次向柳青坦白说，自己一定要成为一个作家时，柳青拍了一下我的背说，娃娃，这是一个非常的选择，是好事，但你以后受罪呀！记住，这不是你的选择，而是上帝的安排。"路遥说着对我笑了一下，接着讲到，他当时认为柳青是个马列主义者，怎么和上帝还有来往。现在才明白了他的话……

过了不久，我回铜川拿三十元去结婚，路遥住在铜川宾馆。头一天结婚，第二天就返回陕北和路遥一起去揽工。那一天,我这个新郎官和路遥一起来到延安东关,穿上破旧的衣服,装扮成我当年揽工的样子,很快就被延安沟门的一个工头招去了。因为我当年揽工能吃苦,名声很好,所以工头一下就认出了我。一连在工地上干了三天,路遥因干活不行,一共三十元工钱,扣了路遥二十元。我俩一共挣的五十元钱,跑到宾馆洗了个澡,赶快把衣服换过来,因为延安人熟,怕碰上熟人不好向人家解释。五十元钱很有纪念意义,路遥说咱俩一起到邮局,把他寄给父亲。这时,延川县来电报,说路遥的继父病重,可能不行了。路遥的继父,就是我的大伯。路遥说,你回延川全权代我处理一切后事。我不想见继父,永远不想。事实上后来继父逝世的前后,路遥一直没有见他。

——王天乐《平凡的世界诞生记》

路遥创作《平凡的世界》的几年里,他几乎脱离了家庭,脱离了社会,全身心地投入到自己的创作之中。他的养父病危,想见他一面,但路遥脱不开身;养父病逝了,他不能去料理后事,委托王天乐全权代表他去办理丧事……

路遥七岁时父亲把他从清涧王家堡送到延川郭家沟他的伯父家中。伯父母没有生养,他们把路遥视为亲生的儿子,宁愿自己不吃,也不能让路遥饿着;宁愿自己受冷,也要路遥有穿有戴;不管自己要承受多大的困难,也要供路遥进城上学……

所有的这一切,都是伯父用老镢头在土地里刨出来的。可是,在他老人家病危的时候,路遥未能给他送上一碗水喝,在他老人家的黄土坟前,路遥未能焚烧一张纸钱……

作为儿子,应该说路遥没有行孝!

——曹谷溪《关于路遥的谈话》

临产前的骚动

饭后,丁玲望着路遥背影赞赏有加,认为这么朴实的青年人,像个搞创作的。

肖云儒在路遥脸上读到一种进入创作境界以后的痴迷、亢奋与热切的神情……

那时,才开始动笔,种子在春气中萌动,顶得他的心田不能安宁!

1985年4月上旬,著名作家丁玲访问延安,延安地委在宾馆设宴款待。丁玲听说路遥躲在延安写长篇,一定要见见他,但谁也找不到他,路遥在延安的住处一直保密。陪同丁玲的文艺评论家肖云儒托人从《延安报》记者王天乐那里获取了接头地点和"密电码",才把路遥挖出来。路遥蓬头垢面地出现在宴会上,丁玲要他坐在自己旁边"密谈"文学。席间,路遥几乎未动筷子。饭后,丁玲望着路遥背影赞赏有加,认为这么朴实的青年人,像个搞创作的。

当晚十一点后,路遥突然闯进肖云儒房间,对肖云儒说:"你跑了一天,很累,不管怎么累,你要认真听完我今晚这个长故事,感觉一下,判断一下,你是文艺评论家,文学直觉很好,你一定要帮这次忙!"肖云儒在路遥脸上读到一种进入创作境界以后的痴迷、亢奋与热切的神情,决定听路遥倾吐下去。路遥讲一群从黄土地深处走出来的青年人,讲他们青春的悲欢、步履的艰难,讲他们中间有的从农村中学生成为煤矿工人,有的后来成为航天专家……

这个春夜里,路遥的话多且长,一直讲到凌晨两点多。肖云儒在后来的回忆中称:"那时,才开始动笔,种子在春气中萌动,顶得他的心田不能安宁,整个精神处在临产前的骚动中。"

——厚　夫《路遥传》

愿宽其罪

"文化大革命"初期,路遥尚未成年,以群众组织领导成员身份参加过一些活动,犯有错误。……不做处理。

就在路遥忙于长篇小说《走向大世界》前期准备工作时,好消息接二连三地来到他那里。

1985年1月15日,中共陕西省委宣传部发出通知,任命路遥为中国作协陕西分会党组成员。这次任命对于路遥来说意义非同寻常,一是意味着组织上对长期困扰他的梦魇般的"文革"造反派历史终于有了一个公正的结论——没有结论，组织上是断不会轻易任命他的。二是意味着路遥的为人与创作得到组织的高度认可，使他有可能进入中国作协陕西分会的组织机构担任职务。

——厚　夫《路遥传》

1985年3月5日，中共陕西省委、陕西省人民政府召开优秀文艺创作表彰大会，对陕西省近年来涌现出来的一批优秀文艺作品的作者给予奖励，得到表彰的青年作家有路遥、贾平凹、李凤杰。同时，省政府还决定，对陕西省近年来在文学艺术创作方面做出突出贡献的路遥、贾平凹、吴天明、李凤杰等作家、艺术家给予晋升两级工资的奖励。

紧接着的1985年4月21日，中国作协陕西分会召开了"中国作协陕西分会三届二次（扩大）理事会"，会议的主题是：清左破旧，促进陕西省文学更加繁荣。但这个会议的另一主题更引人关注：一批中青年作家走上领导干部岗位。通过民主选举、无记名投票，这次会上，路遥、贾平凹、陈忠实、杨韦昕四位理事当选为中国作协陕西分会副主席。

——张艳茜《平凡世界的路遥》

在路遥当选中国作协陕西分会副主席之前，中国作协陕西分会对路遥做了次政治考察，由分会办公室的两位同志赶赴陕北，在路遥出生的清涧和成长的延川县，以及延安大学走访调查，这是第二次对路遥进行考察。到1985年6月份，考察有了结果，其中对"文化大革命"中路遥的表现，再次做出结论：

1966年"文化大革命"开始时，路遥是初中三年级学生，加入延川中学群众组织"红四野"，被选为领导成员之一，后延川县几个群众组织联合为一大派群众组织"红四野总部"，他又被选为领导成员之一，主管宣传工作。1968年6月以群众代表身份结合为县革委会副主任。1973年上延大学习时，脱离县革委会副主任职务。

"文化大革命"初期，路遥尚未成年，以群众组织领导成员身份参加过一些活动，犯有错误。1984年省级机关第一批整党时，进行了认真调查落实，经宣传口整党领导小组批准，结论为"一般错误，不做处理"。

路遥返乡劳动，特别是"九·一三"（即林彪事件，作者注）事件后，对"文化大革命"这场灾难逐渐有所认识，便自觉回避一些派性活动，在所谓"批林批孔""反击右倾翻案风"中表现好，对"四人帮"反对周恩来总理的罪行尤为愤

慨。(中国作协陕西分会《关于路遥同志考察材料》)

——张艳茜《平凡世界的路遥》

黄叶拾零

决战前夕

1985年夏末,终于摆脱"原罪"的路遥决心宏图大展,他为推动陕西文学创作走向繁荣,着手策划、召开了"陕西省长篇小说创作促进座谈会"。

照片摄于会议期间陕北毛乌素沙漠。左起:子页、白描、贾平凹、路遥、京夫、陈忠实。这是陕西文学创作一个里程碑式的会议,而后引发了"陕西文学东征"现象。

一个多月后,路遥便一头扎进铜川陈家山煤矿,开始了《平凡的世界》的写作。

如释重负

这两年诸事纷纭,一言难尽……

以最高票数当选为副主席……对我这两年的情况而言,最起码可以起到一点以正视听的作用。

这两年我一直为一部规模较大的作品做准备,我痛苦的是:我按我的想法写呢?还是按一种"要求"写呢?或者二者兼之呢?

路遥在三十六岁就担任中国作协陕西分会副主席,并分管长篇小说创作。他如沐春风，彻底摆脱了高悬在头顶的那块"原罪"般的"大石头"。

1985年5月18日，路遥给王维玲的信中谈到当时的心情以及创作长篇的准备情况。这样写道：

很长时间未和您联系了。这两年诸事纷纭，一言难尽，有机会见面再说吧。目前，我自己的情况还可以。省委已任命我为作协陕西分会党组成员，前不久的理事会上，又以最高票数当选为副主席。说起来很悲哀，作为一个从事文学事业的人来说，我不应该给您说这些，但对我这两年的情况而言，最起码可以起到一点以正视听的作用，所以我觉得有必要将这些情况给您谈一下，因为您一直是我最有力的帮助者。

《人生》这部作品，提高了我的知名度。这两年我一直为一部规模较大的作品做准备，我痛苦的是：我按我的想法写呢？还是按一种"要求"写呢？或者二者兼之呢？后两种状态不可能使我具备创作所需要的激情，前一种状况显然还要遭受无穷的麻烦，对一个作家来说，真正的文学追求极其艰难。当然，一切还取决于我自己，我一直在寻找勇气。年龄稍大一点，顾虑就会多一些，我想我还是可能战胜自己的。

我不久又去陕北补充素材，如果没有意外，我下半年可以动笔，估计写起来很艰难，在时间上也会拖得很长，有一点长处是，我还能沉住气。

我几年中大部分时间躲在家读长篇，（计划读一百五十部），很少外出，如来北京，再去看您。祝您愉快。

——王维玲《岁月传真——我和当代作家》

黄叶拾零

需要什么写什么

《惊心动魄的一幕》的发表和获奖，可以说在总体上规定了他创作的取向。这种取向可以这样概括：站在政治家的高度选择主题，首先取得高层认可，然后向民间"倒灌"。

这样做究竟对不对呢？对此，我现在的看法和以前不同，甚至可以说相反。以前我认为这是不对的，这样做在本质上是"文以载道"的翻版，现象上几乎是政治投机。同时，我认为写作是创造性劳动，而创造的前提是兴趣和快乐；写东西应该和生孩子一样，过程应该是快乐无比的，激情飞扬的，忘掉一切的，没有功利性的，作品只是这种无边无际快乐的副产品。为此，我们争论过好多次，至少有两次争到互相"谩骂"的地步。我说他有投机心理，他骂我有"无赖意识"，最终仍相持不下。至今三十年过去了，路遥去世快二十年了，我虽苟延残喘，但仍一事无成，再回头看这个问题，我的看法有了改变，认为他的做法基本上是正确的，而我却失于片面。我现在的看法是：

文艺作品要有影响，就必须"载道"；只有"载道"，才能让作品站在同一起跑线上，才能形成比较、显出高下。至于能不能引起读者共鸣，主题上"载道"与否不是最重要的，人物形象的塑造才是最重要的。路遥的作品能在读者中产生经久不衰的共鸣说明了这一点，《三国演义》《西游记》等以讲史和传教为主题的小说成为经典更说明了这一点。我为此付出巨大的代价，有志于创作的年轻人应该以我为鉴，少走或不走弯路。这是题外话，不再多说了，言归正传。

  路遥有多方面的才能，他在政治方面的才能如果不能说比文学方面的才能高的话，至少不比它低。站在1980年这个点上回望他的人生历程，他把绝大部分时间和精力花在"政治"方面，促使他改变处境的也是"政治"举措，纯文学的思考少之又少。通过《惊心动魄的一幕》的实践，这两者得到了统一，路遥找到自己的突破点——能最大限度利用自身优势的突破点。这一点对路遥的成功意义重大，也是认识和研究路遥的一个关键点。这之后，他的《人生》和《平凡的世界》都是走的这条路子。1981年写的《人生》配合的是正在全面展开的农村改革，而1984年开始着手准备的《平凡的世界》则试图展现农村改革的全貌。总而言之一句话，从这时候开始，他的创作已经不是"喜欢什么写什么"了，而是"需要什么写什么"了。

  他这样做有两个直接的后果，一、由于他在政治上的敏感和看问题的深远，选择的题材都非常"准确"，因此连连获奖，直至名扬天下；二、由于是"主题先行"，所以写得特别吃力、特别累，"写一个东西脱一层皮"，严重伤害了健康，成为他英年早逝的一个重要原因。

——海　波《我所认识的路遥》

"相看两不厌，只有名和利"

  我们临走的那天晚上，路遥发火了。

  那是在西影厂食堂里，莫伸请客，也算为我们辞行的意思。饭桌上，不知怎么说起某些前辈经历一生沉浮，到末了却还放不下名与利这两件东西，为他们深表遗憾。说到此时，桌上有一位朋友，指着路遥、莫伸和我这些所谓青年作家说道，你们先别说这些话，到时候你们也会变成这样，这是自然规律，谁也过不去。

  我和莫伸听了这话，虽有异议却还能保持沉着应对的态度，不料路遥却陡地站了起来，说道："不，你说得不对，人和人不一样！"那位朋友却坚持，连声说："就是这样的！"路遥再一次对他说："人和人不一样。"可那朋友不听路遥说，路遥便去扯他的袖子，一定要他听，他说："人和人不一样，我小时候没穿过裤子，这怎么一样？"那朋友就是不听路遥的，只是说："走着瞧吧！"这一回路遥是真的动怒了，他恨不能立刻就证明自己，可是语言显得那么乏力。

  这是我唯一一次听路遥大声说话，我不能理解的是，这一句类似戏言的假设为什么会伤了路遥的心，他竟会如此激动，而他那句"我小时候没穿过裤子"的似乎有些词不达意的辩白却叫我一直痛心着。

在后来的日子，我情不自禁地想到：路遥无法向人们证明这点了。路遥无法从容走完人生，向人们证明这一点了。他还来不及老，便走了。

据说路遥和邹志安在病重时节都流过泪，表示出不甘心的意思，这真是叫人痛断肠了……

——王安忆《黄土的儿子》

朋友的温暖

> 路遥听到这些后，再也控制不住自己的情绪，紧握住谷溪的手不放。

在此期间，有一件事情让路遥感动不已。早在1984年秋天，青海人民出版社就准备选编《路遥小说选》，但在全国只有一千五百册的征订数，还有三千册没有着落，这样迟迟不能开印。在路遥眼里，谷溪是"伟大的社会活动家"，没有他办不成的事情。他在1984年底给谷溪开了口，想让在延安地区找些订户，谷溪也痛快地答应了此事。这次回到延安，他才发现这些书中的绝大部分整整齐齐地放在谷溪的办公室里。他再三追问，才终于揭开谜底：原来是谷溪为了让书能顺利出版，亲自与延安地区新华书店签下购书合同，自己垫钱征订这三千册图书。尤其是听到谷溪开小书店的外甥杨岸讲述的一些事情后，他更是感慨不已。延安地区新华书店一催再催书款，可谷溪一下子拿不出这么多钱。外甥抱怨舅舅："舅舅，你实在不该把路遥的书买下这么多，今天书店又来催要书款了……"外甥还没有把话说完，舅舅便发火了："吃后悔药了，哪像个男子汉？这点困难算个屁，赔了，市场沟还有五个窑洞！"路遥听到这些后，再也控制不住自己的情绪，紧握住谷溪的手不放。是啊，谷溪的经济并不富裕，他这样实心地帮扶自己，就是因为看到自己还能往前闯啊！事实上，这种来自朋友的温暖，更让路遥坚定了前行的勇气。

——厚 夫《路遥传》

鸭　口

"路遥前去你局较长时间深入生活。为方便工作，建议路遥同志兼任你局宣传部副部长。"

1984年，路遥曾到鸭口煤矿找到时任鸭口煤矿矿长霍世昌，说正在构思写作一部反映矿工生活的长篇小说，想听听矿工出身的霍世昌对煤矿的认识和对矿工生活的体验。

1985年，霍世昌调任铜川矿务局副局长，主管生产。路遥再次与霍世昌联系，提出要在矿务局住一段时间写一部长篇小说，边体验矿工生活边写作，让其提供方便。霍世昌随即向局领导做了汇报。

此前与路遥已数次谋面的时任铜川矿务局党委副书记的张俊杰在回忆文章中写到，1985年7月下旬，路遥来到铜川矿务局，并带了省煤炭工业局一个便函，内容是："路遥前到你局深入生活，请在工作和生活上提供方便。"过了不久，中国作家协会陕西分会又来函称："路遥前去你局较长时间深入生活。为方便工作，建议路遥同志兼任你局宣传部副部长。"

1985年8月21日，经铜川矿务局党委常委会研究同意，路遥兼任铜川矿务局党委宣传部副部长。

1985年9月，正是秋风萧瑟的时候，路遥带着两大箱资料和图书及最主要的"干粮"——十多条香烟和两罐雀巢咖啡，来到铜川矿务局陈家山煤矿医院的一间小会议室，开始了《平凡的世界》第一部的创作。

路遥在《早晨从中午开始》创作随笔中提到了为何选择到煤矿写作："我决定到一个偏僻的煤矿去开始第一部初稿的写作。这个考虑基于以下两点：一、尽管我已间接地占有了许多煤矿的素材，但对这个环境的直接感受远远没有其他生活领域丰富。按全书的构想，一直到第三部才涉及煤矿。但我知道，进入写作后，我再难中断案头工作去补充煤矿生活。那么，我首先进入矿区写第一部，置身于第三部的生活场景，随时都可以直接感受到那里的气息，总能得到一些弥补。二、写这部书我已准备吃苦牺牲，一开始就到一个舒适的环境去工作不符合我的心意。煤矿生活

第八章／芒 种

条件差一些、艰苦一些,这和我精神上的要求是一致的。"

——霍海澎、席选民《路遥在铜川鸭口煤矿的故事》

黄叶拾零

想起我的哥哥等一等我

谈到他的创作,路遥告诉我,在他很年轻时,就曾经有过一个念头:在四十岁之前一定要干一件一生中最重要的事,或者写一部规模很大的书。《人生》发表之后,他就开始准备这一生中最重要的一部作品的创作,仅是翻过期报纸,就磨得手指头脱皮流血。为了了解矿工们的生活,他和矿工兄弟们一起下井挖煤,一样的工装,一样黑漆漆的脸,分不出哪个是作家哪个是矿工。所做的这一切,都是为了让这部小说更真实。就这样经过三年准备才动笔写作。

路遥系列　栗子明　画

他说写写这部长篇的最基本的想法,就是写普通人,写他们的喜怒哀乐,悲欢离合,写他们的心灵轨迹。路遥向我介绍了这部长篇的大致情节和结构,并背诵了书中的部分段落。在我的一再要求下,路遥还唱起了书中的陕北民歌,他叫它"田润叶主题歌":"正月里冻冰立春消,二月里鱼儿水上漂,水上漂来想起我的哥,想起我的哥哥等一等我。"这时,我发现他的双眼闪着晶莹的泪花。

——李金玉《平凡的世界　辉煌的人生》

不平凡的世界（一）/ 路漫漫

这是真正的开头

因为"孙少平"在第三部要出现在铜川，路遥对煤矿生活是陌生的，所以利用写第一部的时间，先用心灵感悟铜川。

历史终于锁定了1985年秋天，《平凡的世界》所有的前期工作准备完成。当时选定铜川矿务局陈家山煤矿为第一部写作地点，因为"孙少平"在第三部要出现在铜川，路遥对煤矿生活是陌生的，所以利用写第一部的时间，先用心灵感悟铜川。我把地点选在这个矿，主要是我的两个妻哥在那里工作，好关照路遥。那时，我已

路遥（中）在陈家山煤矿

奔赴延安黄河边采访，就让我爱人和她妹妹一同把路遥送到陈家山煤矿。

我在黄河边唱着、跳着，就好像刚刚从地下室关了多年被放出来一样，自由地投入到自己喜爱的工作之中，但高兴得太早了。有一天晚上，路遥把电话打到延川县招待所找到了我（我现在都佩服路遥找我的功夫，无论我在哪里，他一下就把我抓住了）。他告诉我，三天了，小说开不了头，急得他吃不下，睡不着。听得我出了一身冷汗。我想了一会儿，告诉他，你平静点，现在就好像你进了孕妇产房一样，生下生不下谁都救不了你。路遥说知道了，我也不会让你来铜川，主要是想说一说话，心里能畅快一点。他告诉我，如果三天内不打电话，就是把小说的头开了。这三天你不能离开县招待所。我在延川就像受惊的兔子一样待了三天，电话一直响，我就万分紧张。规定的日期过去了，电话没来，我高兴地把我的另一个好朋友记者摔倒在地，告诉他，晚上我请客，我哥的小说开头了，说完我失声痛哭。我的那名同行摇了摇头说，你精神上是不是出了什么毛病。

——王天乐《平凡的世界诞生记》

第八章／芒 种

初战告捷

> 路遥终于完成第一部的初稿创作。
>
> 路遥来了。他一改往日的随和、言笑，……望着他那严厉的模样，我心里既暗自好笑又不禁肃然。
>
> 我想：如果让他来主持协会工作的话，他一定会团结各方力量，把协会的面貌和全省的文学事业，搞得像他的作品一样的出众！

1985年12月上旬，路遥终于完成第一部的初稿创作。因为中国作协陕西分会要在12月11日至17日在西安召开陕西省"首届青年文学创作会议"，单位来电话通知他务必于会议正式召开之前返回，参与组织会议。路遥是陕西省作协新当选的副主席，又是成绩突出的青年作家，焉有不参加之理？再说，几个月的孤独的创作生活，让他想家，想妻子，想女儿。他以最快的速度收拾好行囊，告别了陈家山煤矿。

——厚　夫《路遥传》

1985年5月，路遥在作协三届二次（扩大）理事会上，被增选为副主席。当年12月，作协召开了青年文学创作者会议。在会议召开前最后一次的秘书、会务两班人马的碰头会上，路遥来了。他一改往日的随和、言笑，十分认真地检查了每个环节的准备工作，叮咛了需要引起注意的地方，甚至连开幕式上省上各方领导的座次排列都叮咛了，望着他那严厉的模样，我心里既暗自好笑又不禁肃然。这次青创会是陕西文学工作历史上的第一次，开得是成功的，出席会议的代表至今有不少仍活跃在文学战线上。通过这次会议，我看到了路遥的另一面：他不仅是个创作成绩卓著的作家，而且具有相当的行政才干。我想：如果让他来主持协会工作的话，他一定会团结各方力量，把协会的面貌和全省的文学事业，搞得像他的作品一样的出众！

——吴祥锦《那空荡荡的椅子》

起 名

我脱口而出说，叫《平凡的世界》怎么样？

"走向大世界几个字太张扬，不如平凡的世界平稳、大气"

一天，路遥给我打电话让我去作协，说有事情。我进了作协大院，就朝王观胜住的小平房走去。王观胜调进作协不久，路遥说他是一个非常有潜质的作家，做人厚道。一般时间路遥都在王观胜的小屋里聊天，喝茶。果然路遥在屋里等我，他说他的长篇小说完成了，要起个名，想了很多都不满意，让我看看。在一张纸上，路遥写了几十个名字。我看了一遍，虽然我没有阅读路遥的稿子，可我清楚路遥写的内容，他的血统，他的笔是为百姓呼吁的，叙述的是百姓的苦难和追求，维护的是普通的人性，在我们这个变革的时代用文学维护人性不仅需要宽厚的良知，还需要勇气，更需要大手笔。我脱口而出说，叫《平凡的世界》怎么样？路遥看着我，眼睛放出光来，说：这个名字好！王观胜也说好。就这样把名字定了下来。

谈到出版的事情，路遥说他还没有想好给哪个出版社，我说，花城出版社怎么样？我在全国历史文学研讨会上认识花城出版社总编李士非，他是诗人，眼光是超前的，我和他关系很好。路遥同意了，当晚我给李士非打了电话，第二天李士非就派谢永旺坐飞机来西安取稿，稿子是在人民大厦交给谢永旺的，看着那几摞厚厚的手稿，实在让人叹服。

——子　页《十五年后说路遥》

关于《平凡的世界》的题目是这样的。1985 年，当时我还在青海。那时我的《农民儿子》刚刚发表，精神正处于"气吞万里如虎"的时候。见别人写长篇小说，就想把《农民儿子》扩充成一部长篇小说，写一个农家子弟的成长经历。计划分四个部分，依次是：狂妄少年、家族领袖、农民儿子、祖国公民，总题目是《走向大世界》。想好了后，就讲给路遥听。当时路遥正在准备他的《平凡的世界》，当时定的题目是《黄土·黑金·大城市》。他听完我的话，深思了一会，说："海波,你不要用这个题目了。"我问:"为什么?"他说:"你的小说构思不成熟,成功的可能性不大,你把这个题目让我用了,因为这题目正切合我这部长篇小说的主旨。"我说:"那有什么?你用去。"事情这样定了。过了一段时间,路遥又给我说,他的长篇不叫《走向大世界》了,改叫《平凡的世界》,说:"走向大世界几个字太张扬,不如平凡的世界平稳、大气。"我嘴里没说什么,心里还怪生气的,想:"什么熊人!打一个滚儿就变驴了,当初说好得不行,现在又成张扬了,害得我也不能用了。"大概就是这个情况。

——海 波《我认识的路遥》

"心情多少有点悲壮"

"生活和题材决定了我应采用的表现手法。"

"我这部作品不是写给一些专家看的,而是写给广大的普通读者看的。"

路遥写作这部长篇小说的过程,简直就像打一场"淮海战役"。他全身心地投入,抛开了常人的日常生活,连他最心爱的女儿也无暇顾及。在整个过程中,你会感觉到他身上有一种教徒的虔诚和狂热,也正如人们常说的,他的生命进行了一次燃烧。第一部是在铜川煤矿一个深山里的矿上写的。因为作品后边要写到煤矿,他去兼任了铜川矿务局党委宣传部副部长。他赶冬天大雪封山前写了第一部的初稿,疲惫不堪地回到机关。

一天他来我家里问我,能不能看看他的第一部初稿?尽管我手头有事儿,我还是欣然应允。第二天他抱来了十多本稿纸,放在桌子上足有尺许高,一见这一摞稿纸,就可以想见整个工程的浩繁。我停下手头的事儿,用了两天多时间读了一遍。由于这是一部多卷的长篇小说的第一部,下边几部如何展开?人物具体如何发展?一时尚难估计,所以总体上很难置评,只对一些细节和他交换了一些意见。他说他还要再写一遍,好多地方还得仔细琢磨一番。那就是说一部三十多万字的书,定稿至少得完成六十多万字的工作量。作品的全貌虽然还未看到,但这部长篇小说的基本风貌却清晰地呈现在眼前。从题材到表现，完全是部现实主义的小说。对此，路遥对我说："生活和题材决定了我应采用的表现手法。我不能拿这样规模的作品和作品所表现的生活，去做某种新潮文学和手法的试验，那是不负责任的冒险。也许在以后的另外一部什么作品中再去试验。再则，我这部作品不是写给一些专家看的，而是写给广大的普通读者看的。作品发表后可能受到冷遇，但没有关系。红火一时的不一定能耐久，我希望它能经得起历史的审视。"路遥说这些的时候，目光是深邃的，心情似乎多少有点悲壮。他说："我不是想去抗阻什么，或者反驳什么，我没有那么大的力量，也没有必要，我只是按照自己对生活的理解和自己的实际出发的。"半年后，第一部第二稿完成了，在广州的《花城》杂志上发表了。发表后，出现了一些评论，但与《人生》当时的情况相比，形成了明显的反差，这些并没有引起路遥过多的注意，他也没有时间去关注，他只管闷着头写下边的两部去了。

——董　墨《灿烂而短促的闪耀》

当头一棒

　　这盆扑面浇来的凉水浇得路遥透心凉的同时，也使他警觉起来……

　　1986年初夏，《当代》杂志分管西北五省稿件的青年编辑周昌义来到陕西组稿，在陕西省作协一位"外国文学方面修养很高，温文尔雅的"副主席处了解到路遥刚刚创作完成了一部长篇。这位副主席说，路遥的新作是写底层社会的，很多人不一定理解，但路遥相信你能够理解；这部长篇小说之所以没给《十月》《收获》，没给《当代》的领导，就是为了寻找知音，路遥把你视为作品的知音。这位副主席还有一席话，说路遥还有一些希望，"如果《当代》要用，希望满足三个条件：第一，全文一期发表；第二，头条；第三，大号字体。"

　　……呈稿时，路遥自信满满，觉得以高举现实主义大旗、曾多次护佑自己的《当代》一定能赏识这部作品的，没想到编辑（周昌义）却找了一个冠冕堂皇的理由退稿了。他那时还在想，也许是编辑的眼光问题，自己给自己宽心。

《当代》编辑周昌义前脚走了，作家出版社的一位编辑后脚就来了。他看了三分之一后就干脆直接退给路遥，说这本书不行，不适应时代潮流，属于老一套"恋土派"。这盆扑面浇来的凉水浇得路遥透心凉的同时，也使他警觉起来，是要很认真地判断一下文学形势，到底是自己的创作出了问题，还是文坛风向出了问题。路遥这几年一门心思用在创作《平凡的世界》上，几乎不读当下任何所谓的流行小说和文学评论文章，信息不灵，这倒也是事实。

——厚　夫《路遥传》

柳暗花明

　　路遥虽说竭力保持镇定，但还是有些紧张，甚至有些神经衰弱了。

　　对现代主义横行、现实主义自卑的文坛环境，路遥的话语虽是悲壮的，但目光却是深邃的，神情却是坚定的。好在这个世界上终于有识"货"之人。诗人子页得知这部小说还没找到婆家时，主动给花城出版社总编辑、诗人李士非打电话推荐。与此同时，旅京的陕籍评论家李炳银也向《花城》推荐了此稿。李士非获知讯息后，第二天就派《花城》杂志副主编谢望新乘飞机来西安看稿。有前两次退稿的经历，路遥虽说竭力保持镇定，但还是有些紧张，甚至有些神经衰弱了。省作协著名文学评论家王愚是谢望新的老朋友，路遥一再要王愚询问谢望新的意见。经过几天阅读，谢望新认为这部作品是近年来长篇小说的优秀之作，不仅准备刊用，而且想在作品发表后由《花城》和《小说评论》联合在京召开作品研讨会，向社会推荐这部作品。路遥紧张而脆弱的神经才放下来，长长地舒了口气，说这几年的工夫总算没有白费。谢望新返回广州后，把书稿交给编辑刘剑星，让他担任此稿的责任编辑。

——厚　夫《路遥传》

初见 "老熊"

> 他正在修改誊写《平凡的世界》第一部。我向路遥组稿，他笑而不答。我没有气馁。
>
> ……好在我的真诚感动了路遥，他终于决定把《平凡的世界》交给我。

1986年3月，陕西作协的朋友透露贾平凹正在写长篇。于是我第二次去西安，这次终于见到了路遥。在这之前，我对路遥的了解仅仅来源于《惊心动魄的一幕》《人生》等作品。特别是《人生》，还是在上大学时读的，当时这部小说影响很大，在社会上引发了一场关于人生的大讨论。后来又看过《人生》电影，对周里京扮演的高加林印象极深，我想象中的高加林就是那个样子。我和路遥见面是在《延河》编辑部的一间办公室里，与我想象中的"高加林"完全不同，他个子不高，身材略显"丰满"，穿一件棕色的开衫毛衣，黑黑的圆脸上，架一副黑边眼镜，一只镜片已经破碎，镜片后面的眼睛微微眯起，好像在审视，又好像在思索。这形象让我联想到一只"棕熊"。后来我曾戏谑地把我对他的第一印象告诉他，他哈哈一笑，从此以老熊自居。那次见面让我惊讶的是，三十六岁的路遥两鬓已经斑白，一脸疲惫和沉重，好像一个饱经沧桑的老人。他正在修改誊写《平凡的世界》第一部。我向路遥组稿，他笑而不答。我没有气馁，第一次见面，他对我不了解，对我们出版社也不了解，自然不会轻易答应。

……好在我的真诚感动了路遥，他终于决定把《平凡的

李金玉和路遥

世界》交给我。我等着路遥的书稿写完，这期间，还是每天和作协的朋友们在"沙龙"聚会，谈天说地。那是一段难忘的快乐的日子，至今想起仍很怀念。

路遥的作息时间与常人不同，他的早晨是从中午开始的，吃饭也不讲究，进入写作状态常常顾不上吃饭，或者馒头就大葱地瞎凑合，但他在创作上对自己要求非常严格，计划每天写几千字，必定要写完才休息，绝不偷懒。书稿必定要一笔一画地亲自誊写，绝不请人代劳。

6月，我拿到了誊写得工工整整的《平凡的世界》第一部书稿。我被这部长篇小说的宏伟气魄和深刻内涵所震撼，我感到这就是路遥的气魄，路遥的风格，是一部不可多得的"大手笔"。我把合同放在路遥的面前，他欣然提笔签上了自己的名字。

——李金玉《平凡的世界 辉煌的人生》

"珍惜地告别，还是无情地斩断"

> 路遥说："难道托尔斯泰、曹雪芹、柳青等等一夜之间就变成了这些小子的学生了吗？"

有一天，路遥打电话让我马上到西安。他说《平凡的世界》（第一部）作家出版社的一位编辑，在西安人民大厦只看了三分之一就退给他了，说这书不行，不适应时代潮流，属老一套"恋土"派。他没敢问现在的文学潮流是什么。路遥几年来就不读当代任何小说和文学评论文章，所以信息不灵。他说咱俩赶快了解一下行情。看现在的文学变成什么样子了。于是我们抢读了十多天书，才发现中国文坛当时出现了"意识流""魔幻现实主义"。而且这种文体就像感冒一样，发展很快。我们有位老乡，在给我和路遥讲这两种写作手法时，说的是一口陕北普通话。路遥说，看来这种写法比较厉害，能把人的口音都能变了。接着路遥说："难道托尔斯泰、曹雪芹、柳青等等一夜之间就变成了这些小子的学生了吗？"这时，我主要是阅读苏联当代作家瓦·拉斯普京的一篇理论文章，主题是"珍惜地告别，还是无情地斩断"。路遥看后激动地说，我真想拥抱这位天才作家，他完全是咱的亲兄弟。

命运还算不错，中国文联出版公司编辑李金玉女士，听到《平凡的世界》受到冷遇后，立即赶来，很快读完小说，飞回北京，又很快打来电话，说服公司立即发排，请路遥放心。接着路遥对我说，广州《花城》杂志社派人来看稿后，也定稿了，这样一稿两发，多挣点稿费，弄点烟火钱。我笑着回答：这才是现实主义作家。

——王天乐《〈平凡的世界〉诞生记》

红颜知己

在我的坚持和斡旋下，《平凡的世界》第一部于1986年以精、平两种版本出版发行，这在当时是比较高的规格了。

我带着《平凡的世界》第一部的书稿回到北京。然而，这部书的出版并不是一帆风顺的。我的领导认为我丢了贾平凹的《浮躁》，拿回了路遥的《平凡的世界》是"丢了西瓜捡了芝麻"，这使我很郁闷。其实，这位领导的态度有一定代表性。当时，路遥的《惊心动魄的一幕》和《人生》虽然先后获得了第一届和第二届全国优秀中篇小说奖，并且《人生》也激起了文坛和社会的强烈反响，但一向低调的路遥与贾平凹相比，在某些人心中的分量显然不够重。而且当时有人认为，《人生》是路遥不可能超越的高度。路遥是第一次写长篇小说，这又是三部曲中的第一部，他究竟能不能完成这个包括三部六卷，近百万字的长篇巨著呢？即使能完成，会不会像有些多卷本长篇小说那样虎头蛇尾，越写越弱呢？这些都是悬念，都是未知数。另外，路遥采取的传统的现实主义创作方法也被一些人看作老土、过时，当时正是现代派时髦的时候。因为这些原因，《平凡的世界》并不被一些人看好。后来我才知道，在我拿到稿子之前，北京一家著名出版社对这部作品采取了回避的态度，一家大型权威刊物的一位编辑在西安看了三分之一就扔下走人了。当时我承受的压力很大，一方面，我不能辜负路遥对我的信任，另一方面，我也不能得罪我的顶头上司，在两难之中我始终坚信我最初的判断：这是一部不可多得的好作品，书中表现的经历苦难的人们不向苦难低头、积极向上的精神和美好的道德情感深深地感动着我。在我的坚持和斡旋下,《平凡的世界》第一部于1986年以精、平两种版本出版发行,这在当时是比较高的规格了。书的封面是路遥和他陕北的朋友艾生共同研究、反复修改设计的,路遥比较满意,认为"大方、朴素,和我的风格和书的内容都是一致的",他"极希望能用这个封面",于是社里尊重了他的意见。

《平凡的世界》第一部出版后,文学论界反响比较冷淡。在随后召开的研讨会上,有的评论家认为第一部的人物出场多,情节尚未展开,也有的评论家给予这部作品热情中肯的评价。热情也好,冷淡也罢,路遥不为所动,又一次孤独地以近乎宗教朝圣般的狂热投入到创作中。这次他是躲到陕北的一个十分偏僻的小县城里,仍然是以苦行僧的方式来朝拜心中的文艺之神。

——李金玉《平凡的世界 辉煌的人生》

黄叶拾零

记得当年毁路遥

是20世纪1986年春天的事了。我刚当编辑一年,说好听些,是个编坛新人,其实是个毛头小伙,愣头青。路遥当时已经发表了中篇小说《人生》,连续两届获全国中篇小说奖。一个回乡知青高加林,家喻户晓。地道的著名作家,又是陕西作协主席——记忆模糊,有可能是副主席,还有可能是《延河》主编。反正我们俩放一起,不成比例,照说,力挺轮不到我,毁也轮不到我。

那年春天,我去西安组稿。在《当代》,我分管西北片,看西北五省的稿件。不过,只是西北的自然来稿,不包括成名作家。成名作家都按习惯,由老编辑联系。我去西安,是奔着几个见过来稿、没见过真人的青年作者去的。所以,在西安,我先结识的是陈泽顺、孙见喜、赵伯涛他们几位。

陈泽顺是北京知青,在陕西的出版社,后来编辑了《路遥文集》,写过《路遥生平》,很动感情。多年后回北京做了华夏出版社领导,有了一番作为。孙见喜是最熟悉贾平凹的作家,专写贾平凹,成了平凹专业户。赵伯涛的中篇写得真是好,后来在南下大潮中去了海南,从此销声匿迹,很是可惜。如果文坛是江湖,中国作协则是一个总坛,各地区作协就是一个分坛。编辑去组稿,通常都应该先去拜访分坛主,以示尊敬,也求支持。如果分坛主本身就是作家,更求赐稿。在陕西,要论分坛主,贾平凹算一个,路遥也算一个。那些天,陕西省文联正开什么代表大会,陈泽顺、孙见喜、赵伯涛他们几位都是代表,就安排我在会上混吃混住。正好,贾平凹也在会上,自然就认识了。

《当代》有个传统，老编辑总是会告诫新编辑，编辑和作家，是作品的关系。作家之间的恩怨，跟我们无关。所有作家，都应该是我们的朋友。如果有亲疏，也仅仅因为作品，和恩怨无关。拿陕西来说，陈忠实、贾平凹、路遥三大巨头，在《当代》眼里，绝对同样尊重。陈忠实的《白鹿原》是《当代》首发。贾平凹在《当代》上发表过一些中短篇，路遥的成名作就发在《当代》。

《人生》之前，路遥还有《惊心动魄的一幕》和《在困难的日子里》，都发在《当代》上。《当代》留有路遥写给老主编秦兆阳的一封信。信上说，自己这部中篇，已经被多家刊物退稿，寄给秦主编，是想请文学圣堂《当代》做最后裁决，如果《当代》也退稿，就说明它的确毫无价值，他就将付之一炬。

《惊心动魄的一幕》，稿子先是刘茵看，再送秦老终审。秦老说，这个作者很有潜力嘛，立即请他来北京修改！路遥这部中篇，就是在《当代》编辑部改成的，吃住都在朝内大街166号的后二楼。改完之后，路遥感叹说，比初写还要费神。在《当代》发表后，获得第一届全国中篇小说奖。

《惊心动魄的一幕》之后，《当代》还发表了路遥另外一部中篇《在困难的日子里》，是《当代》后任主编何启治责编的。旧事重提，只是想说，路遥和《当代》的渊源其实深过平凹和《当代》，我真是没有任何理由不去拜访他。没去拜访，没别的原因，就只是我的个人性格。二十多年的编辑生涯中，从路遥开始，我从来就没去拜访任何已经著名的作家，从来没有。从来不会为了约稿去拜访著名作家。不是狂，是心理有缺陷。拜访甚至纠缠著名作家，争取他们赐稿，是编辑的基本功课。当时有四大美编之说，就是四个著名的美女编辑，在更加著名的作家面前，攻无不克战无不胜。还有一些不是美女，但坚忍执着超越美女。当时威震天下的天津作家蒋子龙，就曾经遭遇两个女编辑抢稿，犹豫不决之时，去了一趟卫生间，桌面上的手稿就被人抢走了。二十多年过去了，传说也成了历史，历史也成了传说。

编辑为抢稿各显神通

在我去西安之前，就有文联出版公司一位女编辑等在西安。她先去西安，是奔贾平凹的《浮躁》。不幸失手，没争过作家出版社。回到北京后，听说路遥有新作，再奔西安。我到西安的时候，她已经苦等了一个多月。据孙见喜他们介绍，手不离香烟，一张脸笼罩在烟雾之中。那时候国家还不富强，创业阶段，编辑没现在好当，要抢稿，只能靠人情，甚至低三下四，死皮赖脸。想提密码箱，现钞成捆，不可能。传说中的密码箱抢稿，也太夸张了，而且是照江湖电影来夸张。这边指头蘸着白粉舌头上一舔，然后点头。那边咔嚓开箱，满眼钞票。好，买卖成交。严格说，这种场面很少。有这种魄力和权力的编辑不多，即使是在传说中，整个文坛，也就三两位。遭遇过此等场面的作家，我能够落实的，也就阿来。

话说回来，无论是趁蒋子龙上厕所抢走手稿，还是把现金拍在阿来面前，从工作上说，都是很职业的编辑。竞争激烈，编辑难当，八仙过海，各显神通。就算有失个人尊严，那也是好编辑。所以，我说我从来不拜访著名作家，更不会参与抢稿，不是自夸，更不是鄙视同行。恰恰相反，我对他们心怀敬佩。

人家能够忍辱负重，我做不到，做人我就没人家坚韧。以工作论工作，我更是不合格的编辑，因为这使得我从业二十多年，都成资深老油子了，还从来没拿到过著名作家的作品。

不过，这倒有点《当代》风格。很多《当代》的读者感觉到，《当代》发年轻的不成名作者稿件多，发著名作家稿件，也不能说不多。关注无名作者，是《当代》的一贯传统。对著名作家关心不够，是我们这一届编辑的缺点。说白了，我们这一届编辑，没有抢稿件的能力，作家一旦著名，有三两个编辑簇拥，我们就知难而退了。

那次如果是主编副主编去了，他们会相互拜访。以我当时的身份，不够名家拜访的资格。当时，陕西省作协有位副主席，外国文学方面修养很高，温文尔雅的。我在西安的食宿，就是他安排的。是他告诉我，路遥新写成了一部长篇，问我有没有兴趣看。我说，当然有兴趣拜读。记不起我当时激动没有，现在想来，应该很激动。我去西安，原本只希望和陈泽顺、孙见喜、赵伯涛他们聊出一两篇中短篇，突然得到路遥的长篇小说，那不是天上掉馅儿饼？人家女编辑苦等了一个月，都没给看，我刚下火车，就问有没有兴趣。我是应该欣喜若狂的。

作品完稿时，作家最脆弱

稍微有点名气的作家，都忌讳把稿子寄给编辑部，哪怕是寄给主编。通常他们会写信或者电话（那会儿电话不普及，长途电话算奢侈品）告诉编辑部，问有没有兴趣。如果有兴趣，能不能派编辑前来？寄给编辑部，虽然编辑说是赐稿，但寄的过程是投稿，总有点投靠的意思，感觉总有些屈尊。要是编辑上门，那是出版社和刊物来抢稿，至少是讨稿。感觉大不一样。这是在试探掂量。如果编辑不愿意上门，那说明出版社和刊物根本就不重视。既然你不看重我，我也就不需要投稿，自讨没趣了。谁都希望自己的心血交给看重它的人。这不是装孙子，是自我保护。

作品完稿的时候，是作家最脆弱的时候。辛辛苦苦，呕心沥血写完，说是心力交瘁，一点不夸张。看着手稿，却不知优劣，不知生死，不知成败。茫然四顾，孑然一身。是作家都一样。越著名越困难，越脆弱。小作者完稿之后，信封一装，送邮局就是。有认识的编辑，写上编辑大名；没认识的编辑，写上主编的大名；最普及的，写上编辑部的大名。在信封右上角写上邮资总付，一分钱邮费不花。

你看得上，我高兴。看不上，退稿给我，给我份手写体的退稿信，我就当宝贝珍藏。总之，小作家投稿，没有心理障碍。著名大作家就不一样，他经不起退稿，丢不起这个人，比脸面更重要，就像当妈的，十月怀胎，一朝分娩，身体极度虚弱，一点风寒，就可能留下终生毛病。所以，我还得重申，这与作家人品无关，与装腔作势无关。每一个职业，每一个人群，都有自己的软肋甚至死穴。作家的职业软肋之一，就在完稿之时。

《当代》的老编辑像刘茵、章仲鄂、何启治、朱胜昌等，都是著名编辑，他们给我们的教导，都是要体谅作家，维护作家，帮助作家。

《当代》这么多年，一没美女编辑，二不趁人上厕所抢走手稿，三不提密码箱拍现钞，能够发表那么多好作品，不是没有道理的。路遥要是直接给秦老写封信，《当代》会派一个老编辑，有可能是个副主编，领着我这个小编辑直奔陕西，直奔路遥家门。陈忠实的《白鹿原》写好之后，就给《当代》去了信。

以陈忠实当时的名气，远不如路遥。我记得大家在朝内大街166号掂量，都不敢抱期待，不认为陈忠实一定能够写出一部好的长篇来。但还是决定，派人奔赴西安。是为了拿到好稿，但不是为了赚钱。那时候《当代》发行量五六十万册，不考虑经营问题，内部管理也还是大锅饭，没有奖金差别。那些老编辑不管以什么方式组稿，都为的是编辑的荣誉感，比我们现在真的更崇高。

那些年，作家的作品都是通过刊物产生影响，读者还不习惯直接阅读图书，所以作家都寻求刊物发表。还有，作协那位副主席，是个好同志，他问我有没有兴趣时，对路遥有极其充分的保护。他说，路遥新作没给《十月》《收获》，也没给《当代》的领导，是为了寻找知音。之所以问及我，是认为我会是路遥作品的知音。副主席说，路遥新作，是写底层生活的，很多人不一定理解。但路遥相信我能够理解，因为我也出身底层。尤其重要的是，路遥新作写有煤矿生活，而我，恰好就是矿工子弟。路遥一生都在贫困中生活，陈泽顺的《路遥生平》一文中讲述了一件事，说路遥的穷，不是一般的穷，是穷得连内裤也没得穿。他到了《延河》编辑部工作以后，有朋友去看他，他起床，不敢直接从被窝里爬起来。因为他光屁股，必须要在被窝里穿上长裤才能起床。我自己十几岁就当民工，抡大锤，打炮眼，拉板车，抬石头，什么苦都吃过。跟路遥也有的一比，都是苦孩子。这么一说，路遥把《平凡的世界》给我看，真是托对人了，你怎么会毁人家呢？

副主席还有一席话，说路遥还有一些希望。如果《当代》要用，希望满足三个条件：第一，全文一期发表；第二，头条；第三，大号字体。苛刻吗？不苛刻。有的作家还会有"一字不改"的要求。和副主席谈过之后，当天下午，在陕西作协的办公室里，和路遥见了一面，寒暄了几句，拿着路遥的手稿回到招待所，趴在床上，兴致勃勃地拜读。读着读着，兴致没了。没错，就是《平凡的世界》，第一部，三十多万字。还没来得及感动，就读不下去了。不奇怪，我感觉就是慢，就是啰唆，那故事一点悬念也没有，一点意外也没有，全都在自己的意料之中，实在很难往下看。

因为读不下去，所以退稿

再经典的名著，我读不下去，就坚决不读。就跟吃东西一样，你说鲍鱼名贵，我

第八章／芒 种

吃着难吃，就坚决不吃。读书跟吃饭一样，是为自己享受，不是给别人看的。无独有偶，后来陈忠实的《白鹿原》，我也没读下去。得了茅盾文学奖，我也没再读。

那些平凡少年的平凡生活和平凡追求，就应该那么质朴，这本来就是路遥和《平凡的世界》的价值所在呀！可惜那是 1986 年春天，伤痕文学过去了，正流行反思文学、寻根文学，正流行现代主义。这么说吧，当时的中国人，饥饿了多少年，眼睛都是绿的。读小说，都是如饥似渴，不仅要读情感，还要读新思想、新观念、新形式、新手法。那些所谓意识流的中篇，连标点符号都懒得打，存心不给人喘气的时间。可我们那时候读着就很来劲，那就是那个时代的阅读节奏，排山倒海，铺天盖地。喘口气都觉得浪费时间。这不是开脱，是检讨自己怎么会铸成大错。

为了创作《平凡的世界》，路遥住到煤矿，每天写作通宵达旦，然后睡觉到下午。路遥有回忆文章的标题就叫作《早晨从中午开始》。写完之后，就像大病了一场。妻离子散没有，呕心沥血的确。所以，我不可能对他说我根本就看不下去。我只能对副主席说，《当代》积稿太多，很难满足路遥的三点要求。

出差前，我就知道，正发稿和待发的长篇不少。我列举给你听：张炜的《古船》、柯云路的《夜与昼》、陆天明的《桑那高地的太阳》，还有李杭育那部后来被封杀的长篇。

以当时的眼光看，都比路遥的《平凡的世界》更值得期待。就算《平凡的世界》被看好，也不可能保证头条和几号大字，更不能保证全文一次刊登。路遥三大要求倒是退稿的好理由，这就不用说你看不下去了，还给路遥留了面子。严格地说，不是我给路遥留面子，是路遥给我备好了台阶。很多著名作家提出过分的要求，并不一定非要实现，而是特意给编辑退稿准备台阶。避免编辑难办，大家难堪。

要不然，只好说看不上，说不够发表水平，那就太残酷了。很多时候，表面过分，其实厚道。创作《平凡的世界》的作家，就不该是提过分要求的人。

退稿的时候，如果是无名作家，我们肯定就再见面了，我一定会把我的感受如实地告诉他，希望对他有所帮助。路遥是著名作家，轮不到我帮助，他要不主动听我的感受，我不会找上门去，自作多情。那位副主席希望我千万要保密，对文坛保密，对陕西作家尤其要保密。那是应该的，稿子被你一个小编辑随手就退了，传出去怎么也不好听。

我在西安期间，还真有人不时问我一句：看路遥的稿子吧？那神情，有时会感觉古怪。

路遥创作这部长篇，费时多年，应当是陕西文坛的一件大事，受大家关注很应该。可我的感觉是问及这事的作家都不看好这部稿子，似乎都不相信路遥在《人生》之后，还能写出更好的东西。要泄密出去，会有人幸灾乐祸吗？不会有这么严重。尽管到哪儿都会有文人相轻，到哪儿也都会有兔死狐悲、同病相怜。当时陕西有贾平凹和路遥两杆旗帜。贾平凹鬼才横溢，无人能学。路遥才气平平，但有生活，能吃苦，肯用功。

他和大多数陕西作家有相同的创作路数。他的成功和失败都会对陕西作家有巨大的影响。所以，从这个角度说，大家也不会盼着他失败。

陕西地处西北，远离经济文化中心，远离改革开放前沿，不能得风气之先。想要创新，不行；想要装现代，不行；想要给读者思想启蒙，更不行。所以，那些年，陕西文坛面对新知识爆炸、新信息爆炸、新思想爆炸的整个文坛，都感到自卑。80年代中期，是现代主义横行，现实主义自卑的时代。陕西恰好是现实主义最重要的阵地，也该承担起现实主义的自卑重担。一是在陕西文学最自卑的年代，二是在路遥最自卑脆弱的刚完稿时候，我那一退稿，的确很残忍。

可惜我一个毛头小伙，愣头青，哪儿有这么心细。我退完稿，出门逛街，看上一辆有铁丝网还有轱辘的婴儿床，向孙见喜他们借了钱，高高兴兴买到手，扛上火车，就去了成都。当时我闺女她妈身怀六甲，我正准备给我闺女当爹。

回《当代》遭到最高级别的批评

回到《当代》，好像还有些得意，因为自己替领导化解了一道难题。那时候主持工作的副主编是朱盛昌，我们叫他老朱。老朱只是轻描淡写地说：你应该把稿子带回来，让我们退稿。那样，对作家也好些。老朱是个厚道的人，不过，我还是扪心自问：我怎么忘了带回北京，让领导处理呢？这么著名的作家，我怎么就这么擅自处理了呢？退稿之前，我怎么不打长途电话回编辑部请示领导呢？路遥说是给我看，其实是给《当代》看，我怎么就擅自代表《当代》了呢？别的老同志，像刘茵、老何、老章他们，知道这事儿以后，也都提醒我，应该把稿件带回来，让领导退稿。在《当代》，提醒几乎就是最高级别的批评了。

我在《当代》错误不少，有些还是政治错误，连提醒都很少遭遇。《当代》的老同志，都习惯言传身教。

《平凡的世界》的倒霉，还没完。听老同志的批评，我还感到点欣慰。老同志们批评的仅仅是退稿程序，没有人说不该退，只是说不该由我退。1986年的文学期刊，包括四大名旦，都已经开始长达二十年的漫长衰退期。

《花城》因为地处边远，危机感比《当代》《十月》《收获》都强。他们的编辑组稿愿望非常强烈，为作家提供的服务也特别周到。打个比方，他们常常把作家请到广州，住当时最豪华的白天鹅宾馆。不是住三天两天，而是三月两月，住里面写小说。《花城》不拥天时，不占地利，只好努力寻求人和。当《花城》编辑，注定了一个命运：比《十月》《收获》《当代》付出多，收获少。无论他们为作家付出多少，作家给他们的稿子，多数是作家本人的二流稿子。有好稿子，作家还是要留在京沪，住白天鹅宾馆也不管用。作家不论个人性格如何，品行如何，在作品问题上，通常都是"势利"的，就跟家长总恨不得把孩子的脑袋削尖了去钻名牌学校一样，作家也希望给自己的作品寻求更有影响力更有话语权的刊物。整个中国文学包括期刊，都开始了边缘化进程，而地处边缘地区的文学和期刊理所当然是在边缘化的前站。正在经济中心化的广东也不例外。《花城》同行的努力，其实是在同边缘化的命运抗争。那些"势利"的作家，应该是先于我们感觉到了《花城》的边缘化命运。

《花城》从《当代》得知路遥有长篇新作，他们的新任（副?）主编谢望新，立刻从北京飞往西安，把《平凡的世界》带回广东，很快就刊登。而且，很快就在北京举办作品研讨会，雷厉风行，而且轰轰烈烈。那时候，《花城》和《当代》的关系很亲近，花城出版社和人民文学出版社的关系也亲近。《平凡的世界》的研讨会，就在我们社会议室开的。很多《当代》编辑都去了。我没去，但不是没好意思，多半是因为没受到邀请。如果邀请到我们小编辑层次，会议室需要扩大两倍。我记得散会之后，老何率先回到《当代》，见了我，第一句话是说，大家私下的评价不怎么高哇。听了这话，我松了一口气，还不止松一口气，《花城》发表了这一部曲之后，居然就没发表以后部分。后面部分居然就没了音信，几年以后，才在《黄河》上登出。《黄河》好像是山西文联或者作协的，比《花城》还要边缘啊。有传说，在《黄河》上发表也不容易，也费了不少周折。对路遥，对《平凡的世界》，算不算落难？第三届茅盾文学奖，是 1990 年评、1991 年 3 月 9 号颁发的。

那是评价最低的一届茅盾文学奖。刚刚经历 1989 年的政治风波，有关方面都很小心谨慎，比较起来，《平凡的世界》还是获奖作品中最好的。我知道有一种传说，说路遥得到的奖金远不够到北京的活动支出。注意这个传说背后，其实是路遥的悲凉。要知道，路遥在世的时候，所得稿费可以忽略不计，他是生活在贫困之中，根本不可能拿出什么活动经费。就算他真的拖着病体在北京活动过，也不是他的耻辱。要知道，别的作家活动茅盾文学奖，都不用自己掏钱，都由地方政府买单，一次活动经费要花好几十万。即使在谣传中，路遥的所谓活动，也是微不足道，只能衬托出路遥的悲凉。实话说，当我听见那些传说的时候，我也是欣慰的。路遥就在那些传说中突然去世了。路遥是死于肝病，陕西的朋友说起路遥，都叹息他的心事重，他的病跟他压抑的性格有关系，跟他的心情有关系，他的心情当然跟《平凡的世界》的遭遇有关系。

路遥英年早逝，《平凡的世界》迎来转机

路遥就这一部长篇，如同《白鹿原》耗尽了陈忠实毕生功力一样，《平凡的世界》也耗尽了路遥毕生功力。《平凡的世界》一生坎坷，路遥没法高兴。假如我当初把稿子带回《当代》，假如《当代》分两期刊登，人民文学出版社自然会出书，自然会送选茅盾文学奖，同样会得奖，而且不会有活动的传说。就算要活动，也该是人文社出面。我不知道外界怎么传说的，据我所知，人文社都不活动。这么说很难让人相信，甚至会让作家失望。但我敢保证，我们"周洪"成员——包括洪清波、脚印——参与责编的那些获奖长篇，比如《尘埃落定》，比如《历史的天空》，都没有所谓的活动。假如我当初把《平凡的世界》带回北京，真有可能一帆风顺，而且堂堂正正，路遥的创作心境和生

不平凡的世界（一）/ 路漫漫

活心境都会好得多。路遥和《平凡的世界》的命运是天定的。我老周也是受天意指使。说来很残酷，上天给了《平凡的世界》转机，但这个转机却是路遥的英年早逝。

在路遥逝世之前，《平凡的世界》1988年先是中央人民广播电台广播，然后在全国很多地方都广播过，已经很火了。那是耳朵的感受，不能代表眼睛的感受。小说是写给眼睛看的，要看作品在图书市场的反应。因为路遥的去世，才带动《平凡的世界》的销售。

当时，我还真有这样的想法：人都死了，还不让书火一把？问题是《平凡的世界》不止火一把，它成了长销书。去年，我们社费了九牛二虎之力，把版权买到手，现在还时不时重印。

我感觉路遥的性格，是不善于和人交往那类，决定了他不会有很多朋友。《平凡的世界》的长销，就不可能是文坛什么人两肋插刀的结果，而只能是它本身的力量决定的。

一部作品，颠沛流离，二十年以后还在走好，没有力量能行吗？我承认不承认，事实也摆在那儿。而且，二十年前，我这个刚进北京不久的外省青年被路遥引为知己，那是路遥的误会。但在今天，无数和我当年一样的外省青年，真成了《平凡的世界》读者，成了路遥的知己。坦白地说，《平凡的世界》已经成了外省和外地青年的经典读本。前不久，出差去外地，在火车上坐了两天，下决心带了《平凡的世界》读，突然发现，跟当年的感觉不一样啊，不难看啊！当年改革开放，思想解放，文学的价值在于启蒙。二十年过去了，文学启蒙的任务也过去了，价值标准也不同了。现在的文学，注重体验；现在的作家，有机会平等地讲故事了；现在的读者，有心情心平气和地感受人物的命运了。作为编辑，退掉了茅盾文学奖，退掉了传世经典，怎么说，也是错误，怎么开脱也没用。当然，我也不后悔，后悔也没用。我个人不可能超越时代，再给我一次机会，我还得犯同样的错误，不可能更改。当然，除了星移斗转，时过境迁，我个人的阅读习惯也顺应了潮流。当年毛头小伙，心浮气躁，如饥似渴。现在老了，知道细嚼慢咽了。

《平凡的世界》最早的版本是1986年文联出版公司的，责编是一个姓李的编辑，是那位在西安苦等了一月的女编辑，她后来写有文章，说拿回到出版社以后，也还遭遇了不小的麻烦。领导也缺乏信心。领导知道《当代》和人文社曾经退稿，就更缺乏信心。当然没有点名，她在文章中只说"一家很有影响的大刊物和大出版社"，真给留情面啊！

还要补充一点，路遥是1992年11月27号凌晨因肝病逝世，终年差十六天四十三岁。这一点补充完毕，《平凡的世界》的故事也差不离了。我想应该做一个总结，我讲自己退稿《平凡的世界》的故事，不是为了炫耀，也不是为了检讨。严格说，跟我个人得失无关，跟我自己的好恶也无关。

有句古诗说："尔曹身与名俱灭，不废江河万古流。"我就是那"尔曹"，《平凡的世界》就是那"江河"。我的意思，我只是作为一个见证人，讲述一部经典名著在文坛的命运。我们再重复一次故事的要点：一部经典名著，作家呕心沥血成稿之后，被一个初出茅庐的毛头小伙没看完，就草率退稿，然后开始在文坛边缘颠沛流离。好不容易获得茅盾文学奖，还被传说是活动的结果。好不容易畅销，又被认为是死亡效应。

等到它终于被文学史认可，作家本人早在黄泉路上了。

——周昌义

不平凡的世界（一）/路漫漫

· 1986—1987 ·

不谐之音

"还是'王满银'这小子聪明，这种活法比我写小说美多了。"

他接着满眼泪水对我说，天乐，你知道吗？我半年都没有一次性生活……

《平凡的世界》第一部写完后，离第二部"开工"还有一个月，路遥说利用这个时间，咱们到广州转一转。因为第二部一些人物已经有出去逛的意思，比如"王满银"可能要去的地方很多，如果咱俩不去转，外面的世界到底怎样，到时就不好写了。于是，我们在广州就像"王满银"一样，吃了就逛，逛了就吃。路遥说，还是"王满银"这小子聪明，这种活法比我写小说美多了。路遥在广州写满了一个笔记本后，对我说，回吧，犁地的绳子正在等待我，只要我一回到陕西，非人的生活又要开始了。记住，今后每当我在一个地方写上二十天左右，你就来看一看我，那时，我就停下笔和你说说话，对我来说，这是最好的休息。他接着满眼泪水对我说，天乐，你知道吗？我半年都没有一次性生活……我望着广州大街的花花世界，不知说什么才好。

——王天乐《〈平凡的世界〉诞生记》

只有上帝知道

他在柳青墓前转了很长时间，猛地跪倒在碑前，放声大哭。

第八章／芒种

这是路遥一生中唯一没有向我说的"隐私"。

回到西安后,路遥忽然要领我去一趟长安县的柳青墓。路遥好像对这墓地特别熟悉,那里又多长了几根草都能说清楚。他在柳青墓前转了很长时间,猛地跪倒在碑前,放声大哭。然后他让我离开,到公路上等他。一个小时后,路遥红着眼,来到公路上。我至今都不明白我离开的这一个小时路遥在那里干了些什么?想了很多结果,但都不能成立,这是路遥一生中唯一没有向我说的"隐私"。只有上帝知道。

陕北吴起县在延安的西北角。它是中国工农红军长征到达陕北的第一站。凡是红军长征走过的路线,基本都是穷山恶水。1986年秋天,《平凡的世界》第二部定在这里开头,因为是第一遍初稿,加之这是整个小说最关键的一部。所以选择地方十分重要。首先吴起县属延安地区,是我采访的范围。再说,那里交通不方便,干扰小。还有我的几个好朋友在该县任职。于是,吴起县武装部院里就腾出一孔窑洞,专供路遥写作用。一切安排停当后,我就送路遥到吴起县。他又一次欢快地跳上了文学这辆战车。

路遥在柳青墓前

——王天乐《〈平凡的世界〉诞生记》

黄叶拾零

他嘴里像是念叨着什么

1991年3月10日,《人民日报》发表一则第三届"矛盾文学奖"获奖作品的揭晓消息。颁奖大会定在3月30日在京举行,路遥的《平凡的世界》排名第一。赴京领奖前,路遥还在柳青深入生活的长安县皇甫村接受陕西电视台专访。

中央电视台新闻中心委托陕西电视台新闻部,采制一条反映路遥深入生活的三分钟新闻片,供《新闻联播》播出。在央视《新闻联播》可谓寸秒寸金,只有在一年一度的全国人代会和政协会时才会有长时段新闻,而给路遥辟出三分钟新闻,足见央视的高度重视。陕西电视台与路遥联系后,路遥决定把拍摄现场放在长安县皇甫村。

第二天一早,路遥和电视台工作人员前往皇甫村。快到皇甫村时路遥让先把车开到皇甫塬上的柳青墓旁。工作人员发现路遥下车后,十分虔诚地摆正柳青墓前已有的香火纸,恭恭敬敬地三鞠躬,然后绕墓走了一圈。他仰望蓝天,环顾四周,嘴里像是念叨着什么,好一阵子后才离去。车到路遥在皇甫村选定的一个山坡上,这里山坡的形状简直和陕北的黄土高坡没有什么两样,路遥在此很认真地接受采访与拍摄近三个小时。

事后陕西电视台记者问路遥,你怎知道这里有一处类似陕北的地方?路遥告诉记者,柳青是自己最敬爱的几位导师之一,柳青生前不仅给了他许多直接教诲,而且通过他的作品和为人,帮助他提升了作为一个作家必备的精神素质。因此,在某种意义上说,他的《人生》和《平凡的世界》是对柳青等导师的一份恩报,一份答卷。为了做好这份答卷,他在写作中遇到难题时,便会情不自禁来到皇甫村寻找感觉,汲取力量,对这里的一切都已很熟悉了。

是的,路遥多年的坚持终于有了结果,《平凡的世界》获奖了,理应给自己的导师柳青认真汇报,记者这才明白路遥在柳青墓前念叨了些什么……

——厚　夫《路遥传》

"我恋爱了"

"告诉你一个重大新闻,我恋爱了。"

我吃惊地望着兄长,心情万分激动,因为我知道他和我嫂子林达离婚已经成定局……

最后的结果是,路遥认为只有他《人生》中的刘巧珍可能是他自己最好的"媳妇"……

路遥到吴起县一个多月后,我去看他。路遥兴奋地把我带到吴起县对面的胜利山上。他说,第二部非常顺利,所有的人物都已成了他的好朋友,他在写"田润叶"时,"孙玉亭"的面孔就不时出现在眼前。他说,这次你来得正好,我休息一天,并告诉你一个重大新闻,我恋爱了。我吃惊地望着兄长,心情万分激动,因为我知道他和我嫂子林达离婚已经成定局,只是时间问题。双方早就准备协议离婚了。我当时怕林达一走,路遥一时还找不到合适的对象,让世人笑话,说我家出了个老光棍。我问他,你什么时候开始构筑这项伟大的工程的,我怎么就一点都不知道。路遥说,是闪电式的。他从怀里掏出三封很长的恋爱信,说你先看一下,对她初步有个了解,他说今后她写信就直接由你转我。因为下一步离开吴起县,路遥又要跟我转战陕北,到各县流动写作了。

我看完信后,对他说,从信上看不出来什么,因为人在恋爱时期,神经都有点不大对劲,所以你很难看透对方的本质。路遥说,等写完第二部初稿后,你和我一起到她住的那个城市走一趟,帮助大哥看一趟"媳妇"。

《平凡的世界》第二部的第一稿最后的一章是在延安宾馆写完的。路遥一边休息,一边利用晚上的时间把书稿向我念了一遍。这时,我在《延安日报》工作还干得能看过眼,最起码领导不会当面批评了。不久,我和路遥一块就向他早已想去的城市飞去。一同去看他的"媳妇"了。在那里住了七天后,我和路遥离开了路遥心中的那块圣地。路遥问我怎样,我说不怎样。我发现她身上的小市民气太浓,我历来认为,小市民比小农意识要可怕得多。但我劝路遥继续保持联系,反正你除过写小说,就是找媳妇。第一次婚姻不成功,一定不敢把第二次当儿戏。路遥笑着说,这叫"又战斗,又生产,还要纺线线"。

不出我的所料,不到半年,路遥说那个"媳妇"不行了,和他告吹了。在洛川县城边上的一个沟畔上,我和路遥谈了一个下午。最后的结果是,路遥认为只有他《人生》中的刘巧珍可能是他自己最好的"媳妇",我说,那你以后就在自己作品里慢慢给自己塑造"媳妇"去吧!我们在笑声中结束了这场悲剧性的对话。

——王天乐《〈平凡的世界〉诞生记》

"天底下哪一碗饭都不好吃"

我不觉心里有说不出的不知是惊讶还是难过……

路遥正窝在一只大沙发上"梦周公",口角上流下的涎水将沙发的扶手浸湿了一大片……

中国作协陕西分会创联部主任李秀娥,在1986年7月中下旬组织省作协在延安和榆林两地召开"黄土诗会",途经吴起县去定边县时,专门去看路遥。后来,她回忆道:

晚上,我跑到他的住地,那是一孔普通的窑洞,内放一张单人床,桌上堆放了一些书籍,放着几块掰碎的干馍,几包咖啡,半袋当地出品的粗糙饼干。我不觉心里有说不出的不知是惊讶还是难过,我问他,他说这些东西是为赶不上招待所的饭准备的。他每天都在下午三四点钟开始写东西,一直到第二天凌晨才睡下,赶中午一时以后起床,饭时早过了,我劝他想办法要吃上顿饭,他说这种反差习惯已经很难改过来了。(木子《和路遥在一起的日子》)

——厚 夫《路遥传》

在快要抵近目标时,路遥在王天乐的操持下南下延安,到条件较好的延安宾馆完成最后的结尾工程。郭沫若题写名字的延安宾馆,是延安地区条件最好的宾馆,也是延安地区唯一承担接待国家领导人功能的宾馆。这里每天二十四小时都有热水,路遥可以在这里泡个热水澡,再进行最后的扫尾工程。作家杨葆铭回忆路遥在延安宾馆的情形:

有一天,我和朋友去看望路遥,走到房间,只见门虚掩着,进门一看,我的天呀!只见写字台上横七竖八放着十几支圆珠笔,一只大号烟灰缸已满得冒了尖;两百八十个格的稿纸歪歪扭扭摞了有二尺高。路遥正窝在一只大沙发上"梦周公",口角上流下的涎水将沙发的扶手浸湿了一大片,尤其是过一会儿才整出来长短不一的高分贝的鼾声,有铜钟花脸或秦腔的韵味。看到这一幕,我心里十分酸楚。人都说劳力者苦,殊不知劳心者更苦。爬格子码字这格子营生把人累成这个样子,看来,天底下哪一碗饭都不好吃。(杨葆铭《殉道者的背影》)

——厚 夫《路遥传》

天降大雪

> 出席研讨会的评论家……几乎囊括了中国当时最权威与最优秀的文学评论家,……他们拥有一流的专业水准和敬业精神。
>
> 他坐在会议室的角落里,像小学生一样毕恭毕敬地接受中国文学评论界考官严苛的审视。
>
> "……大家私下的评价不怎么高哇。"

1986年11月,广州《花城》文学双月刊在第6期发表了《平凡的世界》第一部;在稍后的12月份,中国文联出版公司出版发行了《平凡的世界》第一部。这样,《花城》杂志在约稿时与《小说评论》杂志商量的在京召开作品研讨会的时机已经成熟。

选择在京召开作品研讨会,是《花城》杂志和路遥的共同心愿。一则北京是全中国政治、经济、文化中心,也拥有中国最密集的信息资源与发布渠道,在京召开作品研讨会,能最快捷也最有效地传播信息;二则北京也是中国文化的高地,这里有大量国家级的文化机构,拥有各种名头的权威、大腕,也牢牢掌控着各种话语权,也就是说北京的码头很大,水也很深,一部文学作品要得到全国的承认,首先要得到北京城掌握话语权的权威与大腕的认可。这点,不仅《花城》领导和路遥心知肚明,就是一般的文学爱好者也深谙其中的道理。

举办作品研讨会,最难的是邀请出席会议的评论家,邀请谁以及如何邀请,均是学问。好在会议的主办方《花城》杂志和《小说评论》名头不错,路遥更是优秀的青年作家,一般评论家还是愿意前去捧场。这样,确定会议时间与地点,邀请评论家等程序性工作紧锣密鼓地进行着。

经过紧张准备后,1987年1月7日,由《花城》和《小说评论》编辑部共同主办的路遥长篇小说《平凡的世界》第一部座谈会,在北京朝内大街166号的人民文学出版社会议室召开。出席座谈会的评论家由中国作家协会、中国社会科学院文学研究所、北京高校以及陕西专程赴京的评论家等多方面组成,有评论家鲍昌、谢永旺、朱寨、陈丹晨、缪俊杰、何西来、顾骧、刘锡诚、冯立三、何镇邦、张韧、雷达、蔡葵、曾镇南、李炳银、晓蓉、白烨、朱晖、王富仁、王愚、李星、陈学超、刘建军、蒙万夫、李健民、白描、李国平等人，几乎囊括了中国当时最权威与最优秀的文学评论家。会议由《花城》副主编谢望新、《小说评论》主编王愚和副主编李星主持。就出席座谈会的评论家身份而言，这个会议规格很高，也是多年来少有的齐整。路遥虽说因小说发表的一波三折而有充分的心理准备，准备承受像1986年春被国内期刊编辑冷落的心理打击，但又对此次会议有所期待，因为与会的文学评论家们毕竟是全中国目前最权威也最优秀的评论家，他们拥有一流的专业水准和敬业精神。这样，他坐在会议室的角落里，像小学生一样毕恭毕敬地接受中国文学评论界考官严苛的审视。

然而，期待虽是美好的，可现实却是残酷的。周昌义回忆："《平凡的世界》的研讨会，就在我们社会议室开的。很多《当代》编辑都去了。我没去，但不是没好意思，多半是因为没受到邀请。如果邀请到我们小编辑层次，会议室需要扩大两倍。我记得散会之后，老何（注：何启治）率先回到《当代》，见了我，第一句话是说，大家私下的评价不怎么高哇。"

主持此次研讨会的《小说评论》主编王愚日后的回忆较为委婉："1986年底，路遥同《小说评论》《延河》的几位同志，一起前往北京，十分认真地听取了北京评论界几位评论家的发言。并且在会上做了简短发言，认为评论家的评价是认真的。"王愚先生在回忆文章回避了评论界对《平凡的世界》第一部的批评声音。

然而，当时也一同赴京参会的《延河》主编白描在路遥逝世十周年座谈会上回忆：第一部研讨会在京召开，评论家却对其几乎全盘否定，正面肯定的只有朱寨和蔡葵等少数几位。他回忆，当时一些评论家甚至不敢相信《平凡的世界》第一部出自《人生》作者之手。面对许多人的尖刻批评和否定，路遥当时真有些"林教头风雪山神庙"的苍凉心情。会议结束后，陕西赴京参会人员先行撤离，他和路遥因事滞留两天。两天后，天降大雪，他和路遥乘车赶往首都机场。因雪天路滑，二人乘坐的车和对面来的车几乎相撞，司机猛打方向盘，面包车跌进一旁的渠里，他吓得大叫，而路遥却在车上昏昏欲睡，全然不顾外面的情形。

事实上，这次研讨会上的情况，也是路遥当时所预料到的。他在创作随笔《早晨从中午开始》中冷静地写道："第一部发表和出版后的情况在我的意料之中。文学界和批评界不可能给予更多的关注，除过当时的文学形势，还有一个重要原因如前所述是因为这是全书的第一部，它不可能充分展开，更谈不到有巨大高潮的出现，评论界持保留态度是自然的。"应该说，路遥从内心世界虽然渴望评论家的正面赞誉，但他也是理性和冷静的，他知道第一部的不足，因而冷静地面对这次研讨会。

这次研讨会的"纪要"是《小说评论》编辑李国平以"一评"的笔名整理的，

以《一部具有内在魅力的现实主义力作——路遥长篇小说〈平凡的世界〉(第一部)座谈会纪要》的标题分别刊于《小说评论》和《花城》杂志。相比研讨会的火药味,"纪要"却宽容许多,对路遥的创作态度与成绩持褒扬态度,这说明陕西评论界是竭力保护路遥的创作精神与创作方式的。

——厚 夫《路遥传》

黄叶拾零

良药苦口

  作为一部长篇,《平凡的世界》的结构还欠严谨,文笔也还可以凝练些,作者的思考还可以更深邃开拓些。现在的情况是,还有一些不必要的琐细的描写、叙述和浮泛的议论。如果作者在现实主义的基础,再吸收一些别的艺术方法,在艺术气韵上也许会更丰富而有灵气。

  路遥还写了一个和刘巧珍一样善良贤淑的女性田润叶。田润叶的形象相当动人。她的命运并不比巧珍好,但是另一种遭遇。后半部的田润叶写得也很弱。

  所以,这部长篇新作,虽然是路遥写了多年后才发表的,但我仍感到像是一部没有完成的、有些地方琢磨得还不够的作品。我是到了今天的座谈会上,才听说这只是第一部,后再还有两部。那么,我就拭目以待,到那时再对这部作品进行全面的评论,也许会更准确一些。

——丹 晨《孙少安和孙少平》

  路遥的《平凡的世界》,显然是想追随托尔斯泰和曹雪芹的那种十分成熟的现实主义长篇小说的写法。这是一条现今长篇创作中少有问津者的艰难的道路。也许路遥的尝试离那种成熟的艺术境界还很远,但是,这些尝试毕竟给我们带来了提高长篇小说艺术水准的希望。这不是小打小闹小聪明,而是不避繁难、险阻的有力的攀登,因此也就更应该得到赞赏。

  ……

  《平凡的世界》正是相当真实和深刻地为我们提供了关于这一历史性悲剧的生活图画,从而为一个伟大的改革时代的到来做了艺术的论证和呼吁。它的宏大的艺术结构,正是适应着表现这样忧愤深广的社会主题而营造出来的。它在时空两个方面为再现典型环境而做的努力,体现着现实主义长篇小说艺术的严谨的要求,因而是应该予以肯定的。

　　由于《平凡的世界》是一部尚未全部完成的作品，它的艺术结构的大厦的全貌，我们现在还不能通观。但从已经完成的部分大略估量一下它的得失，我以为还是可能的。从总体上看，描写双水村三个家族之间的纠葛，特别是描写孙玉厚一家的命运的部分，作家看来比较熟悉生活，写得扎实紧凑，扣人心弦；而描写县和公社两级的干部群像的部分，作家的识见和手段都比较一般，写得相对枯燥沉闷一些。孙少安、孙少平这弟兄俩的命运的发展变化，是贯串全书的主线，也是写得跌宕起伏，淋漓酣畅的部分；但是，这一条主线和双水村发生的一系列重大事件，例如因为孙玉亭与彩娥的桃色事件而引发的宗族械斗、因为田福堂的好大喜功而发生的搬窑炸山，显得有些游离（作家似乎有意让孙少安在这些重大事件中都不出场）。至于田福军与冯世宽、李登云的矛盾冲突线，与这条主线似乎就更少呼应了。长篇小说，特别是规模较大的长篇，当然可以采取多条故事线交替延伸的写法，但各条故事线之间，还是应该多一些勾连呼应为好，这样可以使长篇的结构整体显得更严谨细密一些，不使人有枝蔓太多的感觉。

——曾镇南《现实主义的新创获》

　　最近，路遥推出了他的第一部长篇《平凡的世界》（第一部）。故事情节和所表现的时代背景，并没有什么出奇之处，相反，正像书名一样，作者描写了一群平凡的人经历着平凡的生活。但读完全部作品，正是这些平凡的人经历着平凡的生活的劳作，和整个时代风云的变幻是那样息息相关，他们心态的起伏、性格的变化、情感的寄托，以至于他们之间人际关系的亲疏、炎凉、和时代历史的流变，或明或暗、或隐或显有着千丝万缕的联系；而他们的所作所为，尽管未必是什么豪情壮举，却像补充着历史长河的涓涓细流，源远流长。

　　……

　　做到这一点，当然和作者熟悉自己家乡的生活，理解自己周围的乡亲分不开；这种熟悉和理解，不仅靠观察的细腻，而且主要靠体验的深刻。但也和作者对那个历史时代的把握有密切的关联，路遥自己说，为准备这部长篇的写作，他不仅数次返回陕北，重温旧事，而且仔细翻阅当时的报纸、刊物，力求熟悉那段历史时期的风貌。这种方法似乎并不新鲜，但却是一个认真的作家的认真的态度。他和那些仅仅依靠灵气和想象创作的作家比起来，也许少了一点光华四溢的才气，但却多了一点实实在在的生活实感和历史面貌，这也正是取得史诗品格的一个坚实基点。

　　有人说，从《平凡的世界》（第一部）可以看出，现实主义并没有过时，这话不是没有一定道理的，但是，仅仅只看这一点，是不够的，或者说是意义不大的。说现实主义过时，或者辩之说现实主义并不过时，都未免过于表层。过去我们用现实主义和反现实主义斗争来概括一部文学史，证明是既不符合文学实际，也过于庸俗化、简单化；今天用一些新的手法（说穿了，大多是现代派的一些艺术追求和艺术手法）来否定现实主义，仍然是既不符合文学实际，也显得门户之见太深，割断了文学的递嬗与继承。更重要的是，应该认真研究在当代坚持现实主义创作原则的作家和前辈们有什么不同，有什么发展，有什么新意。如果说路遥坚持现实主义的创作原则，那就应该看看他除了从前辈现实主义作家那里继承了一些优长之处（比如他受俄罗斯文学的熏陶甚深，他甚得柳青的精髓，等等）以外，还有什么属于自己的发现。这也许不是这篇短文所能详谈的。

当然，《平凡的世界》有三部，现在才仅仅是一幅长卷的开端。大约是为了给人一个概括的印象，并为以后的发展留有余地，第一部的开头部分，大多是情势的介绍和出场人物的亮相，读来不免给人以沉闷、滞重之感。也有些部分，历史进程和人物心态还没有交融在一起、渗透在一起，给人以空泛、支离之感。这些情况，是否在后的几部中会有所改观，尚未可知。但至少在目前还是值得作者给予重视并力求避免的瑕疵。

——王　愚《直接经历着历史的人民》

研讨会"纪要"

《人生》作者路遥经过四年酝酿准备，创作完成的长篇小说《平凡的世界》第一部，已在《花城》1986年第六期发表。为此，《花城》编辑部、《小说评论》编辑部于近日在北京召开了这部长篇小说的座谈会。在京和陕西的部分评论家鲍昌、谢永旺、朱寨、陈丹晨、缪俊杰、何西来、顾骧、刘锡城、冯立三、何镇邦、张韧、雷达、蔡葵、曾镇南、李炳银、晓蓉、白烨、朱晖、王富仁、陈学超、刘建军、蒙万夫、李健民、白描、李国平等同志应邀参加了座谈讨论。作家路遥出席了会议。座谈会由《花城》副主编谢望新、《小说评论》主编王愚、副主编李星同志主持。座谈会上，评论家们给予小说以这样的总体评价，认为《平凡的世界》是一部具有内在魅力和激情的现实主义力作。

……

与会同志对于这部作品所运用的创作方法给予了充分肯定，认为是一部严格的、具有现代意义的现实主义力作。一个时期以来，现实主义受到了一些人的冷淡和责难，认为现实主义就是简单地摹写现实，对生活做镜子式的平面反映，这其实是对真正现实主义的误解。如果公允地客观地考察新时期文学的创作实践，那么不难得出这样的结论，新时期文学在它发展的十年当中成就最高的部分还是现实主义这种创作潮流。在近年来纷纭复杂的文学现象面前，路遥始终坚持自己的创作道路，《平凡的世界》的成功就是对作家创作追求的最好肯定。这部小说之所以被称为严格的现实主义作品，不仅在于作品展示的大量的生活细节、农村生活图画都相当逼真，而且在于作者从中精细深刻地刻画出了人物的心理、性格，写出了中国农民个体的和群体的命运。这部

不平凡的世界（一）/ 路漫漫

作品说明，作为一种创作方法，现实主义不存在所谓落后、过时的问题，用现实主义或其他创作方法都同样可以写出好作品来，关键的问题不在于方法或手法，关键取决于作家对生活的理解是否深刻，作家的艺术功力是否深厚。从路遥的《人生》到《平凡的世界》，能够看出作家有两个自信：一是用现实主义可以表现中国的现实；二是现实主义可以在中国文学中得到拓宽和发展。如果把问题考察得更细一些，把视野放得更广一些，便不难发现，现实主义实际上有两个分支、两种倾向、两个潮流：一是社会的现实主义；一是心理的现实主义。心理的现实主义在果戈理时期走向成熟，后来一直发展到托尔斯泰时期，车尔尼雪夫斯基称之为"心灵的辩证法"，而陀思妥耶夫斯基则把它深化到了前所未有的深度。

心理现实主义在我国现代文学中以鲁迅为代表，在当代文学中以柳青最为出色。路遥所遵循的就是柳青承续下来的心理现实主义传统，但是路遥又不完全相同于柳青，在他的创作中，不像柳青那样有着激越的浪漫主义色彩，也不像柳青作品那样存在着浓厚的政治因素。《平凡的世界》更倾向于按照生活的本来面目，按照人物自身的心理逻辑、命运历程把生活忠实地再现出来。从《平凡的世界》中可以看出，路遥不仅师承了柳青，而且有些方面又超越了柳青。这表现在：一、不是从政治化到性格化，从共性到个性，而是从个性到共性；二、主要人物的内质不再是阶级、阶层的直接化身，而是个体意志的表现；三、在结构上，不是社会政治矛盾的人物化，而是以有血有肉的人物为中心，将时代冲突心灵化，与此相关的是，事件、特别是政治性事件退后了，人物的心理情绪被直接推到了描写的中心位置。还有同志讲到，现实主义在不同的作家那里是有侧重点的，有些作品艺术的聚焦点是在爱情方面，有些是在伦理方面，有些是在政治方面，而《人生》和《平凡的世界》的现实主义的光圈较大，是观照整个人生，是写人的命运，并通过人的命运反映出特定时代的整个社会的运动规律，这也是路遥现实主义的一个特点。

……

大家普遍认为，《平凡的世界》质朴、真切，格调严峻、苍凉，它所具有的审美力量虽不是惊心动魄，富有刺激性，但却透露着温馨动人的情愫，很能触动普通人纯洁、高尚的情感。与会同志赞赏这部小说的语言，认为它的语言既是地道的农民式的，又是经过作者提炼后的文学性语言，作品达到了这两者的统一。

与会同志对路遥同志呕心沥血、长期深入生活、忠于艺术的创作态度表示钦佩。许多同志说，《人生》发表以后，路遥是很引人注目的，大家都关注着他的创作。这是一个成熟的作家，在眼花缭乱的文学现象面前，他不赶潮流，不图一时的红火，而是一头扎在生活中。他坚信自己的创作道路孜孜不倦地追求自己的文学目标。从路遥这种甘于寂寞、呕心沥血的创作追求中，人们不难看出作家的性格和抱负。

座谈会上，路遥也介绍了作品的创作情况和自己基本的创作思想，他说，这本书，我打算写三部，目前第二部初稿也基本完成了。《人生》之后，我就开始了这部书的准备工作，我主要是从生活、读书、思想这三方面做准备的。路遥说，我写这部长篇的最基本的想法,就是写普通人,而写普通人就得通过最为普通的日常生活来体现。我是带着深挚的感情来写中国农民的,我觉得对他们先要有深切的体验,才能理解他们,写好他们。我认为作为一个艺术家来讲,主要应该从生活出发,而不应从观念出发,我就想尽量从生活出发来写社会,作家的思想不能代替作品中人物的思想,这是一个根本原则。所以在创作上,我是尽量充分地尊重人物自身的性格逻辑。我觉得,一个作品成败如何,关键不在于用什么手法去写,而是要克服平庸。运用现实主义手法或其他手法都可以写出高水平的作品,关键取决于作家对生活理解的深度,作家艺术功力的深厚程度。与会同志对路遥的创作思想表示赞赏。

座谈会上,有的同志指出,作品开头有些徐缓,其中有些章节读来有些沉闷、板滞。与会同志就这部长篇的创作提出了进一步的希望,并衷心期待《平凡的世界》第二部、第三部取得更高的成就。

——一 评《一部具有内在魅力的现实主义力作》

冲向生命的终点

路遥必须停止工作,才能延续生命。但路遥不惜生命也要完成《平凡的世界》第三部,我能理解他的这一选择,因为他活得太累、太累了。

路遥在写到第二部完稿时,忽然吐了一口血,血就流在了桌子上。这张桌子就在省作家协会平房的临时办公室。路遥当时就把我从延安叫到了他身边。我放下了《平凡的世界》第三部的外围准备工作,赶快跑到了西安。我们就在西安的护城河边漫谈了一个晚上。我认为,让路遥还是先离婚,再不要维持那个有名无实的家庭了。找一个陕北女孩,不识字最好,专门做饭,照顾他的生活。结果是因为他的女儿路远的问题,路遥又一次放弃了这次生存的机会。天明时,他对天长叹了一声:"命运啊,为什么对我这么不公平。"第二天,我们就去医院查出了他吐血的病因。结果是十分可怕的。路遥必须停止工作,才能延续生命。但路遥是不惜生命也要完成《平凡的世界》第三部。我能理解他的这一选择,因为他活得太累了、太累了。非人般的劳动得到的全是苦难。路遥让我永远也不能给任何人说他的病因,我痛苦地在他面前放声大哭,这是我一生为数不多的掉泪。此时的人们,根本不知道陕西的一名作家就要走向生命的终点了。

——王天乐《苦难是他永恒的伴侣》

遮遮掩掩的病因

> 这个病毒一直在路遥母亲与兄弟姊妹身体中长期"潜伏",直到一个合适的时机才爆发出来。

第二天的检查结果是什么,"吐血的病因"是什么?当事人路遥一直到病逝,都是遮遮掩掩地竭力回避这个问题,始终没有正面谈过此事,没有任何交代;而他的妻子林达也一直是缄默不语,没有回应众多路遥迷心中的疑惑。王天乐的回忆文章含混其词地说明路遥当时病情的严重性,也没有点明病情。他说是路遥让"永远不能给任何人说他的病因"。

那么,路遥到底得了什么病?1992年11月17日晨,路遥因肝硬化腹水病逝。按照路遥日后所呈现出的病理学现象而言,他在1987年夏吐血的病因应该是"乙肝"引起的初期"肝硬化"。这个判断是基于这样几方面的原因:一是路遥生母马芝兰是乙肝病毒携带者,乙肝病毒有母婴传播的特性。陕北农村的医疗条件差,更不具备乙肝病毒的普查条件。这个病毒一直在路遥母亲与兄弟姊妹身体中长期"潜伏",直到一个合适的时机才爆发出来。路遥病逝后,他的几个弟弟和妹妹都患上与他同样的肝硬化腹水,人们这才注意到路遥生母是乙肝病毒携带者的这一事实。二是路遥当时的病症就是肝硬化的病症。他长期胃口不佳、恶心、"看见夜市,不由得发呕",说明已经有了肝硬化的症状,只不过他当时没有注意;他后来吐血更是身体有肝硬化消化道出血的典型症状。

本来,肝硬化是人的常见病。路遥在1987年夏天是因长期的身体透支,加之营养不良,才导致长期"潜伏"在身体的乙肝病毒发作,最终形成肝硬化的。肝硬化的患者在肝功能代偿期,首先是要减少体力活动,注意劳逸结合;在肝功能失代偿期,必须卧床休息,饮食以高热量、高蛋白、低脂肪、维生素丰富、易消化的食物为宜。可是,路遥却无法使自己的战车停歇下来。一方面,《平凡的世界》第三部已经构思好了,他必须抓紧时间创作,把"第三个"孩子生出来;另一方面,心性要强的路遥不想让外界知道他得了乙肝这种传染病。这样，才有王天乐回忆的路遥嘱咐"永远不能给任何人说他的病因"。

路遥的病因查清楚后，治病是他的当务之急。而一旦长期住院治疗，外人就会知道"路遥病了"，这是路遥所根本不想让人看到的。唯一的选择就是藏着、掖着……

——厚　夫《路遥传》

黄叶拾零

把自己……伤得太深了

1987年春天第二部初稿终于完成，路遥接到中国作协通知去西德访问来到北京，我帮他采买出国必需的物品，他在这方面一窍不通。回国后，他送了一件礼物给我。

这是一个很漂亮的蓝色盒子，他说是花二十马克买的化妆盒。打开一看，里面装有四件东西：一盒百雀羚似的fa牌铁盒香脂，一瓶fa牌滚珠止汗露，一盒创可贴，一盒透明胶带。看着这些东西我忍不住笑起来。当知道这些花花绿绿的是些什么东西时，路遥也很尴尬地笑了。语言不通，白花了冤枉钱，二十马克，当时相当于四十块人民币。出国的外汇本来就很少，他还想着给我买礼物，让我很感动。后来，陕西作协的朋友告诉我，路遥也给他们每人都带了礼物。

回到西安那间小黑屋里，每天早晨照样从中午开始。有谁知道，此时的路遥正在忍受着常人所难以忍受的痛苦。可是无论是精神上的孤寂还是肉体上的病痛，我们都无法为他分担。在他一声声沉重的叹息声里，第二部终于誊写完毕了。"稿件完后，第二天身体和精神就崩溃了，整个胸腔似乎没有了支撑，出气异常困难。即去看中医，断为劳心过度，开始煮药吃，办公室由战场一下变成了医院。我无力再做其他艰巨的思考，整天像白痴一样呆坐着，或幽灵一般在城墙根下徘徊。我知道我对自己过于残酷，伤得太深了。好在人参什么的中药一上，这两天大有好转，有时像好人一般。"这是路遥1987年6月24日给我的信中描述的他自己的情况。实际上他的身体并没有像他期待的那样吃了人参什么的中药越来越好，而是越来越糟。后来到陕北找到一位老中医，经过调理才慢慢好转。这个时候，谁都不知道他得了严重的肝病，不知道他自己是否知道，这对我来说始终是个谜。如果他知道，那他就是在和时间赛跑和生命赛跑。

——李金玉《平凡的世界　辉煌的人生》

再遭冷遇

> 《平凡的世界》二部手稿捎您……我仍想在您那里发……再一次感谢您。
>
> ……这对路遥无疑是又一次打击。
>
> 这是花城出版社的一个损失，也是《花城》杂志创刊以来的一大失误与遗憾。
>
> "我无力再做其他艰巨的思考，整天像白痴一样呆坐着，或幽灵一般在城墙下徘徊。"

1987年7月8日，路遥给《花城》副主编谢望新写了一封信，捎去《平凡的世界》第二部手稿，希望在《花城》杂志发表。这封信后来由谢望新捐赠给中国现代文学馆收藏，2013年12月16日，由中国现代文学馆长期研究作家史料的许建辉女士在《文艺报》第12版披露出来。

致谢望新

望新兄：

您好。久别了，甚念！

现通过一位并不熟识的人，将《平凡的世界》二部手稿捎您，这样比邮寄要快和安全一些。稿件怎发，由您全权处理，因为第一部发在《花城》，我仍想在您那里发。二部几乎投进了我的全部精力和热情，我自觉出尽了力，稿件头天完，身体第二天就垮了，心力衰竭，气力下陷，整天服中药，也没气力和兴致和其他刊物交涉，问题是此稿我仍想由您手里发出，哪怕只发行一两份都可以——这些都是无所谓的。使我受感动的是，在我耗尽心力寂寞地投入这件漫长工作的时候，得到了您这样的朋友的理解和帮助。再一次感谢您。

您那里的情况和处境我不很了解，但能猜出几分。唉，没办法，不想干事的人总要让想干事的人什么也干不成！

相信山不转水转，会有好的转机的，如心烦，可出来走走？

我如身体复原，即启程去煤矿下井（二十天左右）。然后分别去陕北农村和大学去补充一些技术性的生活,有什么事,信仍寄作协,会及时转我的。

深致敬意!

路　遥

8月7日

路遥希望继续在《花城》杂志刊登《平凡的世界》第二部,可是由于种种原因,这部作品在公开出版前一直没有在包括《花城》在内的任何文学刊物上发表。这对路遥无疑是个打击。

《花城》杂志社原主编范汉生后来的一篇回忆文章披露了此事:

1987年8月路遥托人将第二部稿子带来,由于编辑部人事变动,新组成的编辑部尚在磨合期,在发《平凡的世界》第二部时,内部意见分歧,发排受阻。此时我已离开编辑部,此情况完全不知,后来听说也只能叹气罢了。

《平凡的世界》后荣获茅盾文学奖。三部中《花城》只发一部,未能争取到出版权。这是花城出版社的一个损失,也是《花城》杂志创刊以来的一大失误与遗憾。

当然,无须讳言的重要原因,就是当时的评论界对《平凡的世界》第一部评价不高,以至于影响到第二部的发表。

路遥在给李金玉的信中也说:"我无力再做其他艰巨的思考,整天像白痴一样呆坐着,或幽灵一般在城墙下徘徊。"

——厚　夫《路遥传》

·1987—1988·

"不怂"

"这张鹏举尽给名人看病哩，王震、陈永贵、路遥……嘿！"

"这地方真是个谈恋爱的好地方。"

路遥这人，一看就是一个硬汉子，我们都觉得他怕是轻易不会受别人的气。既然他不受别人的气，那么，难免有人就会受他的气。

路遥说，他到了冬天还要来，来写《平凡的世界》第三部。

这一次的路遥来榆林，是治病来了。

路遥写完了《平凡的世界》第二部以后，累得不行，精神和体力都十分疲劳，而西安城里的大医院，又一下子说不清他究竟得了什么病。于是，他抛开了对大城市和大医院的依赖和迷信，跑到榆林城里看中医来了。那时候，新建的榆林宾馆刚刚落成，路遥一来，就住进了二楼的一个房间。

路遥来了，榆林的朋友们都纷纷去看他。但得知路遥有病，需要静养以后，就一般不再去打扰他了。路遥的病，是中医名家张鹏举给看的。由于我们家离宾馆就百十米远近，所以，路遥服用的汤药，一开始都是在我的办公室里用小电炉熬好，再端到宾馆去的。张鹏举果然很有本事，才几剂中药吃下去，路遥的病情就有了好转。路遥信心大增，对医生的嘱咐无不遵从；心情也逐渐轻松起来了，私下里还和我们开玩笑说："这张鹏举尽给名人看病哩，王震、陈永贵、路遥……嘿！"

路遥心情好起来以后，我便常邀请他到野外去走一走。有一回，榆林的东山上遇庙会，我们两个就相跟上去逛庙会。上得山坡来，抬头就碰上一个神色轻佻、看样子又好出风头的青年妇女。等那位妇女走过去以后，路遥说："这婆姨就像是县农技站那类单位的个干事，因为和站长关系好，所以，站上的事，她拿多一半。再（别）的干事们，都还要怕她哩。"说得我们两个美美地笑了好一阵。

城外的榆溪河边有一条十分幽静的林荫小道，有一回，我又邀请他去串（溜达）。路遥说，要串就到那条林间小道上去串，那里风光好。显然，他一个人已多次去过那里了。于是，我们两个就穿过田野，来到了那条小道上。路遥说："这地

第八章 / 芒 种

方真是个谈恋爱的好地方。"确实,要是在这地方谈恋爱,肯定是够迷人的。有野花,有鸟叫,还有清清的榆溪水,真是个诱人魂魄的好去处。又走了一会,我们来到了河边上护堤人住的一排砖房前。路遥开玩笑说:"等多会有钱了,就把这五间房往下一买,雇上个烧锅炉的,再闹上个小老婆,往下一盛。"我说:"对着哩。"心里想,这路遥真会享福。

在路遥的病情基本上好转了以后,我还鼓动他,叫地区文联给派了个车,到离榆林不远的内蒙古成吉思汗陵去逛了一趟。汽车走到被榆林人称之为北草地的小壕兔时,那一带富有诗情画意的美好风光,一下子把路遥给吸引住了。路遥说:"北草地……这是一部长篇小说的好名字。"又说:"等以后有条件了,在这里买上一片地,再买上个汽车,闹上个小老婆,往下一盛。"我们都说:"好!"一路上就这么开着玩笑,很快就来到了神木县的尔林兔乡。这时候,已经到了吃早饭的时候了。我们想在尔林兔乡上吃一顿便饭,又不知人家乐意不乐意。不料,我们才一下车,和乡上的人一说,人家听说车上拉的是路遥,非常热情,赶紧就给我们安排休息的地方。正好,神木县的公安局长也来乡上办事,显然,这局长也是个路遥的崇拜者。他问地区文联派来陪同路遥的张泊说:"能不能让我们见一下路遥?"我们说:"能哩么!"于是,那位局长就和他的随行人员来到了我们跟前,还问了路遥好几个他们想问的问题。告别时,还和我们美美地握了一阵手。临了,乡上连饭钱也不要我们开。我们几个就对路遥说:"看跟上路副主席,有多么吃开!"

在乡上吃罢饭以后,我们又顺便把红碱淖海子看了看,就去了成吉思汗陵。那一夜,我们就住在了成陵招待所。晚上吃过饭以后,我和张泊问路遥出去串不串?路遥说不去了。于是,我和张泊就相跟着串到了招待所后边的陵园里。我们两个胡逛了一大圈,在往回走的途中,不知怎么就拉起了同行的路遥。路遥这人,一看就是一个硬汉子,我们都觉得他怕是轻易不会受别人的气。既然他不受别人的气,那么,难免有人就会受他的气。张泊说:"路遥在(省)作协院里,怕是可厉害哩。"我说:"敢哩(可能吧)!"不想这时候天色已深,路遥就坐在我们回来的路牙子上,我们却没有看见。但路遥却显然听到了我们在议论他。就从路边上慢慢地往起一站,不动声色地问我们说:"你们两个说甚?"我们一看,乐了,说:"我们说你在作协院里肯定很硬正(方言:不受人欺负)!"路遥也不由得笑了,说:"不怂(不受气)!"以后,我和张泊在一块,只要说起路遥来,都免不了要回忆一番那一次在成陵,背后说路遥的坏话,被当场捉住的事,总免不了要哈哈大笑一场。也不知是在那次走成陵,还是在后来的什么时候,路遥还与我和张泊约定,说以后有机会了,要相跟上走一回三边(陕北地区的定边、安边和靖边)。我们说:"那太好了。相跟上路副主席去串,有吃有住,还有车坐,可沾光哩!"

大致一个月以后，路遥的病情已基本好转了，他第二天就要离开榆林。头一天晚上，我到宾馆去看他，他显然对我有一种感激之情。大概是感激我给他熬过药，还感激他到我家里吃过不少次家常饭——主要是煮面条和揪面片——说下次到榆林来，一定送我一本《平凡的世界》第一部——那时只出了第一部。临收拾行李时，他还硬要把他从西安带来的一些滋补药品转送给我。说："都是好药。"我推辞不掉，只好把那些我并不需要的药品带回了家。路遥说，他到了冬天还要来，来写《平凡的世界》第三部。他说，他喜欢榆林的冬天，零下二十几度的严寒，叫人觉得很有劲。

——朱合作《我所亲见的路遥》

人生不能为"奖"活着

路遥的身体已经没有多少资本了。

"……《平凡的世界》实际上是给陕北人民和柳青导师交的一份习作。我要在以后写出更大的作品，真正地向诺贝尔文学奖进军。"

……路遥流泪了，一下哭得爬在榆林宾馆的床头上。

《平凡的世界》第三部第一稿必须放在一个条件好的地方去写。因为路遥的身体已经没有多少资本了。1987年秋天，路遥住进了榆林宾馆。因房费、伙食太贵，路遥怕住不起，最后还是找榆林的一位大领导朋友给解决了。第三部一开头"孙少平"就要出现在"铜城"（铜川），路遥对铜川还是有些不熟悉，他让我留在他身边十天左右，帮他解决一些"技术"问题。这时路遥对我说，他出访了一次欧洲，你上了一次老山前采访。通过交流，才觉得《平凡的世界》实际上是给陕北人民和柳青导师交的一份习作。我要在以后写出更大的作品，真正地向诺贝尔文学奖进军。路遥说，也许诺贝尔文学奖不公正，比如列夫·托尔斯泰就没有获过这个奖，这也是诺贝尔文学奖的一个耻辱。但我们中国作家就不能简单地小看这个奖，不能自己得不到就说它不好。然后他笑着对我说等我获了这个奖，我一定带你到瑞典领奖去。那时，咱俩就有钱了。我要给你很多很多钱。我说，还是你一个人去吧！诺贝尔文学奖在我眼里算个球，我记得一位拒领诺贝尔文学奖的伟大作家说过，人生不能为"奖"活着，否则，你会累死的。等你写完《平凡的世界》后，我再也不想文学这件事了。我要回家半年，帮助父亲种地去呀。那时，我什么也不听，什么也不说，什么也不看，什么也不想。我认为最伟大的作品就是父亲种过的地。真的，你假如站在我们村的一座大山上，一眼就能看出哪一块是我父亲种过的。一行庄稼，一行脚印，整整齐齐，清清楚楚。就连地的边畔也好像是精心打扮的少女。该砍的草一根不留，该留的山花一朵也不会少。父亲说，山里不能没有花。父亲就那么点个子，往地里一站，你就觉得他是一位真正的伟大的艺术家。用他那粗糙的双手，在土地上展示出他内心无边深刻的博大世界。大哥，你知道吗？这个世界上我可以小视很多伟大的人物，但我不敢小视父亲。假如他是知识分子，他就一定会站在北京大学的讲坛上，点评古今，纵论全球。假如他是个政治家，人民群众永远就不会忘记他。假如他是个作家，你路遥根本不是他的对手。可他是农民，一个字也不识的农民。为了孩子们，受尽了人间的各种苦难，作为儿子，你不让父亲享几天大福，我觉得干出再大的事业也是虚伪的。我敢说，这个世界上我算是读懂了父亲的一个儿子。人各有志趣，形形色色。对于我这样的人来说，我清楚自己的职责。大哥，我认为文学是无比博大的，但是我恨它，我会恨它一辈子……路遥流泪了，一下哭得爬在榆林宾馆的床头上。他说你可以走了，你的话我一定会在第三部让"孙少平"说个痛快。

——王天乐《〈平凡的世界〉诞生记》

一个作家工作的辛苦

路遥的毛笔字看样子并不是很高明，但他写字的态度和满怀的信心，却不能不使人感动。

那种劳累的程度，实在比我们农村人箍窑时，背老石头的劳累还要重上好几倍。

果然，1987年的初冬，他穿着一身当时人们都喜欢穿的水洗布夹克式外套，又住进了榆林宾馆的二楼。这一回，他的情绪不错，对我们说，他穿着布衣裳回王家堡老家时，村子里的人们直夸他，说："看人家路遥，当了大干部了，还穿一身旧衣服，怪可怜的。"说得我们都很开心。

　　这一回，路遥是来写《平凡的世界》第三部，大家都尽可能不去打扰他。但不打扰归不打扰，吃清涧家乡饭和陕北揪面片，却是路遥终生不改的嗜好。所以，尽管来写第三部，可他还是像前几次一样，每隔一两天就来我们家吃一回面片或面条。而就抓住这吃饭的机会，我还见机行事地让这位大作家，为家乡的文学事业做了些贡献——请他给当地的一些文学社团题词或题刊名。路遥的毛笔字看样子并不是很高明，但他写字的态度和满怀的信心，却不能不使人感动。有时候，一个题词写下来，就累得要喘几口大气。他写给清涧宽州文学社的题词是："立足本土。"写给靖边《芦溪》杂志的题词是："三边多豪气，芦河有绵情。"另外，他还给神木的《驼峰》小报写了"驼峰"两个字。而每写完一个题词，他都会十分流利地写下"路遥"两个字。这两个字，他显然练得很熟，写得也飞快，极潇洒。

　　也就是在 1987 年路遥写《平凡的世界》第三部的时候，我才真正看到了一个作家工作的辛苦。每天下午，路遥完成了当天的工作量（每天三千字的进度），从宾馆出来，到我家来的时候，我总发现他累得一口一口喘粗气，有时候竟给人一种换不过气来的感觉。那种劳累的程度，实在比我们农村人箍窑时，背老石头的劳累还要重上好几倍。并且，农村人箍窑背老石头，起码每天晚上还可以安安稳稳地睡上一觉，可写长篇小说就没有这么美气了。他即使晚上睡下觉，也还要盘算接下来的情节进展和人物活动，说不定还就盼望着在睡梦中能来点灵感，所以，在整个写作周期内，就不会有一秒钟轻松的时间。如果把写作长篇小说比作背老石头的话，那么，这一块沉重的老石头，就是日日夜夜不离身的一直要背整整几十天才算完。

——朱合作《我所亲见的路遥》

他竟然这样坦诚

　　他这样冷漠、不客气的态度，使我呆呆站在那里不知所措。
　　他第一次给我的印象：是一个冷峻而雄性十足的英俊男人。
　　他从茶几上拿起烟盒比画着幽默地说："这烟好抽，烟盒上'阿诗玛'这个画像奶大，好看。"

第八章／芒 种

> 他笑着说:"我太重,翘得你骑不成,还是我骑着带你吧。"

1987年,榆林的一伙文学青年自发组织成立了"大漠文学社",并自费创办了《大漠》文学报。我也参加了这个社团。

当时路遥正在榆林修改《平凡的世界》第二部。那时候,他的中篇小说《惊心动魄的一幕》《在困难的日子里》《人生》早已发表;长篇小说《平凡的世界》第一部正在中央人民广播电台连播,路遥在全国已经很有影响了。文学社成立那天,文学青年们都盼望能见一下路遥,听他讲讲文学创作。

文学社成立大会在榆林青少年宫举行。路遥住在榆林宾馆,少年宫与宾馆相距不到一千米。当时在会员中,我的交通工具最好:是一辆加重飞鸽自行车。文学社社长高文智让我去接路遥。我既高兴又紧张,还多少有点害怕。因为这之前,我读过他的所有作品,觉得路遥的小说非常令人震撼,也很优美。他是一个很了不起的作家,在我心目中甚至有一种神圣感。

因为参加成立大会的一百多名会员和榆林文化、宣传部门的领导都已到场,我来不及多想什么,就骑着自行车急急地赶到宾馆。路遥住在榆林宾馆主楼二层中间背面的一个房间(房号记不清了)。我到了门口,看见门虚掩着,便轻轻敲了两下,里面没有回应。我的敲击使门缝更大了,透过门缝,我看见他头深深地埋下,伏在桌子上,正全神贯注地写着什么,全然不知道门口有人。我第二次敲门时,他才抬起头,我趁势推门走进去。因为我们是第一次见面,相互不认识。当我自报姓名,简单说明来意时,他手托着额头,眉头紧蹙,都不看我一眼,冰冷生硬地说:"我没时间,也没什么好讲的。"

他这样冷漠、不客气的态度,使我呆呆站在那里不知所措。

见面前,在我的想象中,路遥可能像他小说中的高加林一样潇洒。眼前,我看到的路遥是:个子不高,很胖,还有点驼背,看上去比实际年龄要大。细看:他方脸盘,头发乌黑,浓眉,大花眼睛,面部皮肤很白。因为胡子多,又刮得光,腮帮子微微泛蓝。他第一次给我的印象:是一个冷峻而雄性十足的英俊男人。

见我木讷不自在地站在那里,他似乎有点歉疚地说:"文学这行当很累,是个受苦营生,吃不下苦就不要弄。也没有捷径可走,就是多看多写。光有一时的冲动,没有持之以恒的毅力是不行的。"

我央求说:"只要你去了,当着他们的面,就讲这几句也行。文学青年们在那里等着,我们很崇拜你。"

"我很忙,只半小时。"他终于从椅子上站了起来,伸了几下胳膊,走向床边。

我这才看见,床上放着一个不小的旧皮箱子,箱盖翻开靠墙立着,里面放了很多书和稿纸。枕头边放着他自己的几本书。床上、茶几上、沙发上到处放着他的手稿。他拿起床下的一对铁哑铃，举了几下，扩了几下胸，说："哎呀，实在忙着了，咱走。"

我们就要出门时，他说："你在外面等等我，我给咱尿上一泡。"

我在楼道等他，他从卫生间出来，我们并肩穿过楼道，就要下楼梯时，他指着临时休息的沙发，说："让我歇歇，这生活可熬了，咱抽上根烟再去吧。"

我和路遥一同坐在沙发上，他掏出了一盒"阿诗玛"香烟，递给我一支，那时我不抽烟。他自己点了一支，将烟深深地吸进去，又浓浓地吐出来，可以看出他抽得很香。当时一盒"阿诗玛"香烟六七块钱，是非常昂贵的。我问他："你经常抽这烟？"

他说："就这烟。"

我说："你每天能抽多少？"

他说："最少两盒。"

我说："你抽这么贵的烟，是别人送的还是自己买的？"

他说："大部分是自己买的。"

我说："你为什么要抽这么贵的烟？"

他从茶几上拿起烟盒比画着幽默地说："这烟好抽，烟盒上'阿诗玛'这个画像奶大，好看。"

我们初次见面，他竟然这样坦诚。我心想：路遥真是个本分诚实人。

他接连抽了两支烟后，我们到院里取自行车，准备到青少年宫文学社成立会场。

我跨上自行车，他刚坐到后架上，因他太重，我过轻，车头摆了几下，车子就摔倒了。他笑着说："我太重，翘得你骑不成，还是我骑着带你吧。"

就这样，他骑着车子，我坐在后面，我们一起到了青少年宫。

会场上的人等了差不多一个小时，见路遥突然出现，他们一下沸腾了。在一阵掌声中，路遥被文学社社长高文智招呼着坐在了主席台上。他很简短地讲了文学创作的辛苦与劳累，读书和练笔的重要，说只要坚持到底就成功了一半。

成立大会结束后，文学青年们争抢着递本子，让路遥给自己留言。开始他给每人写一句话，签上自己的名字。后来递本子的人多了，他只签个名字。

字签完后，路遥和与会人员在青少年宫门外的台阶上合了影，这张照片现在还存放在我的影集里，我非常珍视它。

路遥为《大漠》文学报创刊号题写了："存大气，成大器。"现在，每当我读他的作品或翻出这张照片时，就想起了与路遥的这次接触，也是我和他唯一的

第八章／芒 种

一次接触。

——牧　歌《我与路遥一次有趣的接触》

"咱这人活成啥了！"

他说这是犯错误，但为家乡的作家，咱就犯它一次吧！

写《平凡的世界》第三部时，路遥在感情和经济方面到了山穷水尽的地步。有时长达半年没有一次性生活，自己作品里漂亮女人们是他最好的情人。他经常是一边流泪，一边写作，到了后来眼睛三天两头出毛病。有一天，我正在洛川县采访，路遥突然打电话到报社，让我速到榆林（《平凡的世界》第三部初稿是在榆林宾馆完成的），我以为他的身体出了新问题，赶快奔赴榆林，一进房子，他对我说田晓霞死了。半天我才反应过来这是他作品中的人物，我对他说，你已经成了弱智，你想过没有，我好不容易争取的这么点时间，赶快采访一两篇稿子，你怎么就把这么些不上串的事打电话叫我跑来，别人知道后肯定会认为咱们是精神病。但这一切又有什么办法呢？有一次我刚到黄河的壶口采访，又一个电话打来，我赶快再赴榆林。去了后才知道他的咖啡和抽的烟用完了，他说中国文联出版公司再也不能给他预支稿费了，手头一分钱也没有，如果没这两样东西，他什么也干不成。他抽烟是固定的牌子，除过这个牌子其他的烟抽不成。没办法，我找到了榆林地区的一位领导，他是我的好朋友。当我把路遥目前的处境说明后，他马上叫来一个人，说先拿十条恭贺新

路遥　摄影：郑文华

喜、五瓶咖啡送到路遥房间，今后每月送一次，必须按时，这个账榆林出。他说这是犯错误，但为家乡的作家，咱就犯它一次吧！当我把这一次告诉路遥后，路遥只说了一句话："咱这人活成啥了！"类似这样的事情，在写《平凡的世界》中不知发生过多少次。

——王天乐《苦难是他永恒的伴侣》

邂逅"幸运女神"

　　我多么希望把他的新作品制成文学节目，早日同生活在平凡世界里的普通人见面啊！

　　人生是痛苦的，能感觉到痛苦的才是活的现实的完全的人生；人生就是追求的拼搏，只有有追求敢拼搏的人才是幸福的。

　　孙少平是一位既有与高加林相通之处，又迥异于高加林的全新的时代青年。

　　"我是从他们中间走出来的，我熟悉、了解、喜欢他们！"

……

一年、两年、三年，我几乎再没有听到那熟悉的声音。

直到1987年春天，我俩竟在北京无轨电车上邂逅。我在拥挤的车厢里，一眼就认出了他。

"路遥！"我脱口而出。

"哦，……"他从沉思中一怔。

"真巧，在车上见到你！这是去哪儿？"

"嗯，鲁迅文学院。"他兴奋起来。

"您一直杳无音信？这两年又写什么好作品？"我已听说他在写

中央人民广播电台《文艺之声》编辑叶咏梅

第八章／芒 种

长篇，便问。

他呵呵地憨笑着："写了一部《平凡的世界》。"

"《平凡的世界》？你以为写得怎样？"

"你看，书已由中国文联出版公司发行。"

他不对自己作品做评价，只送了本书要我自己去看，去评判……

我看了，而且看得很仔细。它又把我带回了那片一直使我眷恋而深情的土地。书里的一切对我来说，是那么熟悉、亲切，仿佛我就生活在这些人当中，能感到他们的音容笑貌，喜怒哀乐。正如评论家所说："这平凡的人物和世界，正是历史的主体，正是我们每一个人生命的重要组成部分，正是人类各种情感和追求潜伏着的奔流，智慧的哲学家常常从这里给人们揭示历史和人生的意义，富有才情的艺术家从这里发现了令人们灵魂颤抖的美。"是的，路遥这部作品有一个重要的追求，一个重要的思想追求，一种人生哲理的艺术表达。为了他的追求，我多么希望把他的新作品制成文学节目，早日同生活在平凡世界里的普通人见面啊！

作品录制好后，在节目开播前，我又到古城西安，在陕西省作协的大院里采访了路遥。不知为啥，我这次见到他总感到他有着某种变化，这绝不是因为他穿上了一身新潮的石磨水洗牛仔服，也不是因为他神情中时时显现的呆滞迷惘状；是什么？说不清……我只知道他刚刚脱稿《平凡的世界》第三部，一切思维、情感还没有从那里面走出来。

"你先不忙录音，等水烧开了喝点茶再说，我的脑子里很乱，不知说啥好。"他在他的办公室里安排了我们这次采访录音。

"有啥说啥，我想听众读者最关心的，也是你最想告诉他们的。你写书就是为想宣泄你的一切。对吗？"我想使这次采访轻松自如。

水"吱吱"地响着，不一会儿便开了，使春寒袭人的屋子里增添了一丝温暖，他没有给我沏茶，而冲了一杯咖啡放到了我的面前，说："我从小就想，要在我四十岁的时候一定要写出一部长篇，要写我的家乡，写我周围普通人，所以《人生》写完后我就开始准备写这部百万字的长篇了，三年准备，六年写作。"他侃侃而谈，话匣子打开了——我便从那里得知他忍受了怎样的孤独寂寞，怎样的困苦艰辛；他在写作前阅读了近百部长篇名著，翻阅了十年间各种主要报刊，进行了各种采访，又重新深入生活；……是的，"这部作品包含着两个紧密联系的生活系列：一个是并不平凡的 1975 年以后十年中国社会重大改革事件的历史场景系列；一个是在这个背景下的普通人的生活和命运的人生系列。由这两个方面构成了一个特殊时代中国社会生活的广阔、深邃的历史图景，产生了这些年许多非现实主义作品所难以企及的认识价值和审美价值。"它以更加雄健尖锐的力量显示着作家生活积累的广博和理解当代中国社会的深刻。

我静静地听着，他那熟悉而浑厚的陕北男低音，仿佛由远处飘来，像书中的主人公孙氏兄弟，是少安？还是少平？我分不清。

"我想通过三条线，一条是主人公之一孙少安，以其来反映当代农民在变革时期的思想、心态和生活；一条是主人公之一孙少平，我刻意塑造了这一青年形象，他的自尊自重和独立思考，他的不安于现状和实现自己理想的拼搏、实干精神正是我们国家所希望于青年的，这种素质非常重要，关系到国家的兴衰和前途；第三条线是以田福军这一干部形象来反映当代历史背景下的干部队伍状况。"

我理解了他，也理解了他的作品，通过他笔下的各种人物，深刻地揭示作家的人生哲学：人生是痛苦的，能感觉到痛苦的才是活的现实的完全的人生；人生就是追求的拼搏，只有有追求敢拼搏的人才是幸福的。与他的中篇小说《人生》相比，《平凡的世界》的历史背景愈加广阔，社会生活愈加丰富，乡土气息愈加浓郁。如果说《人生》仅打开那片土地的一扇小窗户，透过它只能看到咫尺见方的有限的一块小土地的话，那么《平凡的世界》便是一扇大门，走进去看到的是陕北那片深情的黄土地，使我们了解了生活在这片土地上的众多的普通人。而主人公之一孙少平是一位既有与高加林相通之处，又迥异于高加林的全新的时代青年。

我喜爱他笔下的孙少平、孙少安、田润叶、田晓霞和李向前……我忍不住探问："你最喜欢你笔下的哪个人物？"

"这叫我咋说，"他迟疑片刻憨笑着说："都喜欢。我觉得整个生活的变化给我们社会带来了生机，在变革中当代青年主要有一个自身的建设，要有一种苦难的意识，要通过踏实的努力来改变自己生活的环境。我想我们未来社会需要的优秀青年就应该从这样的道路上走过来。要提高一个民族和国家的素质，便要求每个公民无论他处在什么环境，都要对生活有一个更高层次的理解。他们追求的不是那种靠投机取巧、偶然因素或现成条件所获得的舒适生活。那样，我们国家就没有希望，我觉得这是对我们国家生死攸关的问题。我们国家要现代化，要发达富强，我认为首先要提高人的素质，尤其是青年一代的素质；既要有文化，又要在生活中迎接各种苦难，还要对社会、国家和自己负起责任来。在这个意义上说，孙少平虽然经历各种磨难，但他的一生是辉煌的！"

"那么，他们身上有你的影子吗？你像他们之中谁？"有人告诉我他在写他自己。

"这叫我咋回答？"他面呈难色，然后诙谐地说，"他们中间有我的影子，可以说像我又不像我，我是从他们中间走出来的，我熟悉、了解、喜欢他们！"

是啊，正因为他熟悉、了解、喜爱他们，他才把对他们的爱又凝集于笔端，把

第八章／芒 种

一片深情奉献给了他们,他正是从这些普通人中走来的啊!

——叶咏梅《黄土地的礼葬》

黄叶拾零

蜡梅咏春

一次与路遥的偶然相遇后,叶咏梅做了一件影响到中国亿万听众的决定。

1987年春天,路遥随中国作家代表团赴西德访问前夕,在北京的电车上与中央人民广播电台文艺部"长篇连播"节目编辑、老朋友叶咏梅女士邂逅。仓促之间,路遥送给叶咏梅刚刚在中国文联出版公司出版的《平凡的世界》第一部。当时的路遥绝没有想到世界就是这么神奇,它在不经意间改变了《平凡的世界》的命运!

叶咏梅与路遥早在1975年夏天就在当时的《陕西文艺》编辑部认识,当时他俩都是文学青年。路遥在延安大学读书,叶咏梅在陕北插队两年后当兵,他俩同时被抽到《陕西文艺》实习。新时期后,叶咏梅到中央人民广播电台文艺部"长篇连播"节目当编辑,路遥则继续在陕西作协当编辑、当专业作家。1983年秋,也就是《人生》正在轰动之时,叶咏梅以电台编辑的身份到陕西省作协路遥书房中拜访过他,完成七集广播剧《人生》,并在中央台播出。

叶咏梅自己做事追求认真与完美,也了解路遥性格,她回去后仔细阅读路遥的新作,竟爱不释手了。因为书中叙述的"平凡的世界"中一群普通人,把她带回到自己曾经插过两年队,并深情眷恋着的黄土地。书中的一切对于她来说,是那么熟悉、亲切,她仿佛就生活在孙少平、孙少安、田润叶、田晓霞、田福堂等人当中,感受到他们的音容笑貌与喜怒哀乐。她感到这部作品是对普通劳动者的礼赞,是路遥的一部重要作品,这里有其重要思想追求和人生哲理的艺术表达。她暗暗下决心,

叶咏梅和梁向阳

决定把路遥的新作录制成广播节目,让它早日同生活在平凡的世界里的亿万听众见面!

中央人民广播电台"长篇连播"节目,是深受亿万听众喜爱的品牌栏目,也是展示古今中外优秀中长篇小说的重要窗口。早在新中国成立初到"文革"前,它就播出了众多优秀的文学作品,深得全国听众的喜爱。新时期以来,它进入繁荣期,播出过周克芹的《许茂和他的女儿们》、魏巍的《东方》、姚雪垠的《李自成》、莫应丰的《将军吟》、李准的《黄河东流去》、周而复的《上海的早晨》、苏叔阳的《故土》、柯云路的《新星》等优秀长篇小说。能够在"长篇连播"节目中播出自己精心创作的小说,自然也是路遥所高兴的事情。

1987年夏,叶咏梅下定决心后,在演播者人选问题上颇费踌躇,她想选一位对陕北生活熟悉而又有深情的演播者。就在这时,正巧接到演播界的新手李野墨的电话。1984年,李野墨在大学读书期间,经人推荐成为叶咏梅任广播编辑的柯云路长篇小说《新星》的演播者,当年他年仅二十六岁。《新星》播出后一夜走红,成为人们家喻户晓的"改革小说",人们也通过电波记住这位对艺术不盲从、有着自己独到见解的青年演播者。

"……野墨,你最近忙吗?"叶咏梅问。

"还行,怎么,有新书让我播吗?"

"你对陕北生活熟悉吗?"

"何止熟悉,前年为了拍《天狗》,我几乎走遍了陕西省……"

二人的对话言简意赅,简单明了。随后,叶咏梅送去《平凡的世界》第一部,让李野墨看看,找找感觉再说。没有过久,李野墨寄来读《平凡的世界》之后感受的一

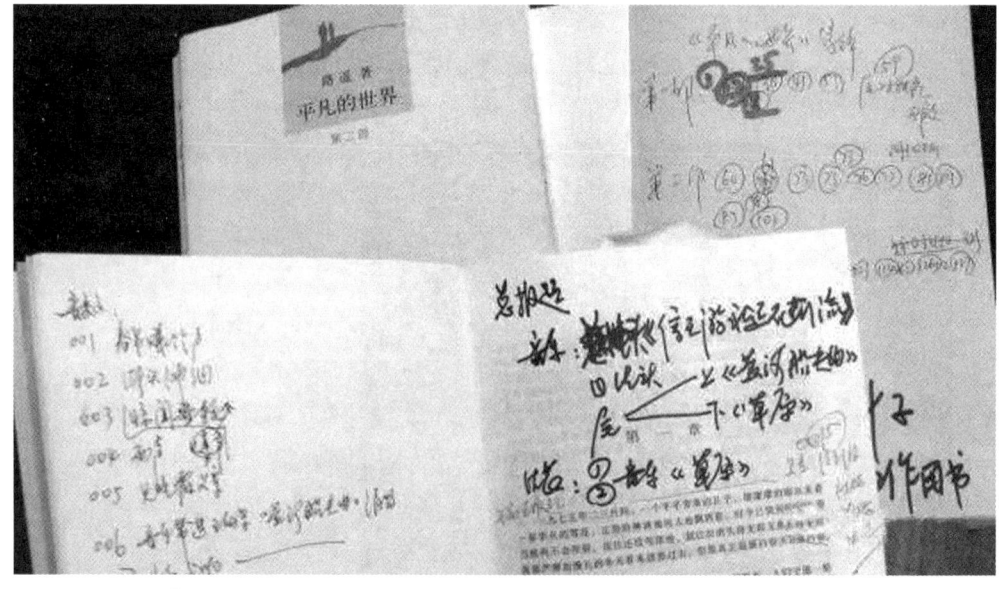

叶咏梅在编辑制作节目时使用的书

第八章／芒 种

封信。这样写道："……对我来说，书里的一切都那么熟悉，那么亲切，以至书里的人物历历在目，呼之欲出……从那时候，一提起那片土地，那群人，我心里就翻腾……我希望能为那片古老贫瘠的土地，为那群质朴、善良而又贫穷的人说出一点什么。可巧，有了这本书！我想，我能播好这本书，我热切地希望您能让我有这样的机会。"

有这样好的青年演播者，还犹豫什么？叶咏梅彻底下定决心了。当时，《平凡的世界》第二部也已经拿到校样，路遥也开始第三部创作。演播《平凡的世界》的条件基本成熟了，叶咏梅给台里打报告，请求在"长篇连播"中播出《平凡的世界》。报告很快得到批准，演播者当然非李野墨莫属。

为了演播好这部长卷体长篇小说，叶咏梅做足了案头工作。李野墨也对作品的演播风格进行了总体设计与尝试：他把书中凡有"信天游"歌词的地方都单列出来，用几种方案演出给叶咏梅听。随着琴声和歌声，那粗犷、豪放、深沉的男中音便在厅内响起，久久萦绕在叶咏梅的心间……

要的就是这个味道，叶咏梅感到心满意足，她觉得这位在演播语言上不落俗套、给人以近距离的质朴、亲切又富有情感特点的年轻人，一定能胜任与播好这部小说……

万事俱备，只欠播出时需要插入一段路遥的声音。这样，在前期作品录制好后，在节目开播前，叶咏梅赶到西安，在陕西作协大院里采访了正在奋力完成《平凡的世界》第三部第二稿的路遥。

老朋友相见，路遥自然很高兴，他特意穿上一件新潮派的石磨水洗牛仔服，在他的那间"工作室"里接待叶咏梅，安排录音采访。在叶咏梅看来，由于长时间的封闭性创作，路遥已经不是当年那个意气风发、善于表达的路遥了，他的神情里呈现一种呆滞迷惘状，也许他的一切思维、情绪还没有从《平凡的世界》中走出来。

一见面寒暄两句，叶咏梅要开始录音，路遥制止了。他说："你先不忙录音，等水烧开了喝点茶再说，我的脑子里很乱，不知说啥好。"

"有啥说啥，我想听众、读者最关心的，也是你想告诉他们的。你写书就是为想宣泄你的一切。对吗？"

水"吱吱"地响着，不一会儿便开了，使春寒袭人的屋子里增添了一丝温暖。路遥没有给叶咏梅沏茶，而是冲了一杯咖啡放在她前面。慢慢地，他的话匣子也打开了："我从小就想，在我四十岁的时候一定要写出一部长篇，要写我的家乡，写我周围的普通人，所以《人生》写完后我就开始准备写这部百万字的长篇了，三年准备，三年写作，共六年……"

"这部作品包含着两个紧密联系的生活系列：一个是并不平凡的1975年以后的十年中国社会重大政治事件的历史场景系列；一个是在这个背景下的普通人的生活和命运的人生系列。由这两个方面构成了一个特殊时代中国社会生活的广阔、深邃的历史图景，产生了这些年许多非现实主义作品所难以企及的认识价值和审美价值。"

"我想通过三条线，一条是主人公之一孙少安，以其来反映当代农民在变革时期的

不平凡的世界(一) / 路漫漫

思想、心态和生活；一条是主人公之一孙少平，我刻意塑造了这一青年形象，他的自尊、自重和独立思考，他的不安于现状和实现自己理想的拼搏、实干精神正是我们国家所希望于青年的，这种素质非常重要，关系到国家的兴衰和前途；第三条线是以田福军这一干部形象来反映当代历史背景下的干部队伍状况。"

"我个人认为这个世界是属于普通人的世界，普通人的世界当然是一个平凡的世界，但也永远是一个伟大的世界。我呢，作为这个世界里一名劳动者，将永远把普通人的世界当作我创作的一个神圣的上帝。听众朋友们，无论我们在生活上有多少困难、痛苦，甚至不幸，但我们仍然有理由为我们所生活的土地和岁月而感到自豪！……"

说得多么精辟，这才是有着广博生活积累与对中国社会有着深刻理解的路遥，这才是那个思维活跃、头脑睿智、文思如泉涌的路遥！

正式采访结束后，叶咏梅问老朋友一个非正式的问题："你最喜欢你笔下的哪个人物？"

"这叫我咋说呢？"路遥迟疑片刻，憨笑着说，"都喜欢。我觉得整个生活给我们社会带来了生机，在变革中当代青年主要有一个自身的建设问题，要有一种苦难意识，要通过踏实的努力来改变自己生活的环境。我想，我们未来社会需要的优秀青年就应该从这样的道路上走过来。要提高一个民族和国家的素质，便要求每个公民无论他处在什么环境，都要对生活有一个更高层次的理解。他们追求的不是那种靠投机取巧、偶然因素或现成条件所获得的舒适生活。那样，我们的国家就没有希望，我觉得这是对我们国家生死攸关的问题。我们国家要现代化，要发达富强，我认为首要提高人的素质，尤其是青年一代的素质；既要有文化，又要在生活中迎接各种苦难，还要对社会、国家和自己负起责任来。从这个意义上说，孙少平虽然经历了各种磨难，但他的一生是辉煌的！我正是因为喜欢这些普通人才去写他们的。"

"那么，他们身上有你的影子吗？你像他们之中的谁？"来西安前，有人告诉叶咏梅，路遥的这部《平凡的世界》就是写他自己。

"这叫我咋回答？"路遥面有难色，然后诙谐地说："他们中间有我的影子，可以说像我又不像我，我是从他们中间走出来的，我熟悉、理解、喜欢他们。"

是啊，这才是路遥的智慧！正因为他熟悉、理解、喜欢这个平凡的世界中的普普通通的大众，喜欢孙少平、孙少安、田润叶、田晓霞和金波等等平凡大众，他才会把对他们的爱凝集于笔端，把一片深情奉献给了他们，他正是从这些普通人中走出来的啊！叶咏梅的眼眶湿润了，她完全理解了路遥，觉得自己当初的决定是正确的，也更加坚定了做好这部长篇小说的连播信心！

1988年3月27日中午12点半，中央人民广播电台AM747频道"长篇连播"节目准时播出《平凡的世界》第一部。李野墨富有磁性的男中音，透着一些深沉、粗犷与豪放，随着电波传来了：

"1975年二三月间，一个平平常常的日子，细蒙蒙的雨丝夹杂着一星半点的雪花，正纷纷扬扬地向大地飘洒着。时令已快到惊蛰，雪当然再不会存留，往往还没等落地，就已经消失得无踪无影了。黄土高原严寒而漫长的冬天看来就要过去，但那真正温暖的春天还远远没有到来……"

从3月27日起，中央人民广播电台"长篇连播"节目每天分两个时段，向全国的听众播出长达一百二十六集的长篇小说《平凡的世界》。有意思的是，《平凡的世界》在当年的首

李野墨在朗诵路遥作品《平凡的世界》选段

播时，第一部是成书，第二部是校样，第三部直接就是手稿。而这第三部手稿是路遥在身体快要崩溃的情况下，于5月25日咬牙最后完成的。

播出一百二十六集，就意味着播出了126天，直到8月2日结束，历时四个月有余，跨越小半年的时间。这样，在广播是20世纪80年代的重要传媒、传统的小说连播是中国民众文化消费的重要通道的情况下，《平凡的世界》的传播效应可想而知。

《平凡的世界》的播出，形成人人争着听收音机的情况。当时，从城市到乡村，从厂矿到学校，从机关到军营，每天中午十二点半，人们都会自觉地围在收音机边，静静地收听李野墨演播的《平凡的世界》。在20世纪80年代我国社会快速转型的大背景下，《平凡的世界》是沙漠中的甘醴，是美好的精神食粮，给无数普通人带去温暖、带去奋斗与前行的希望。

《平凡的世界》自开播到结束，在听众中引起强烈反响。数千封听众来信像雪片一样飞进中央人民广播电台，来信者中有学生、教师、工人、农民、军人、离休干部、待业青年等，他们共同表达这样的心情：听了《平凡的世界》，它教我们走路，教我们生活，教我们如何去实现自我人生价值。在这个天地里，我们领教了作家手中笔的厉害，体会到了作家撼人的魅力……

收听的故事五花八门，但均十分感人。一位学员来信告诉电台编辑，他们系有三个队二百七十人住在一幢四层楼房里，约有一百部收音机、录放机，在中午十二点半都同时收听《平凡的世界》。

新疆马兰基地的军人柴俊峰，在收听《平凡的世界》的时候如痴如醉，每天都用盒式录音机录下来，一百二十六天一天不落。他平日里只要一有空，就反反复复地听，许多精彩片段他都背诵下来，并由此开始学习写作……

中央人民广播电台因播放《平凡的世界》而收到的听众来信，创1988年"长篇连播"节目听众来信量之最。在《平凡的世界》播出时，叶咏梅隐约地感到这部小说会有较大的社会反响，但是这种如同潮水般涌动的社会反响还是远远超乎她的想象。为

此，她感到激动无比。

任何事物的成功，均是内外因相互作用的结果。具体到"长篇连播"中《平凡的世界》，责任编辑叶咏梅对小说精当的分集处理与适当的删节，对小说的播出成功起到重要作用。演播者李野墨，在二度创作、演播的时候，形成了贴近听众、侃侃而谈、绘声绘色、口语自然等一些明显的特点，以粗犷、憨厚、豪放、诚挚的声音魅力吸引了广大听众。这样，《平凡的世界》像沙漠中的一泓清泉，一下子就抓住听众的心绪。

《平凡的世界》在电台播出的另外一个结果是，直接带动纸质图书的销量。中国文联出版公司出版的《平凡的世界》第一部问世时只印了

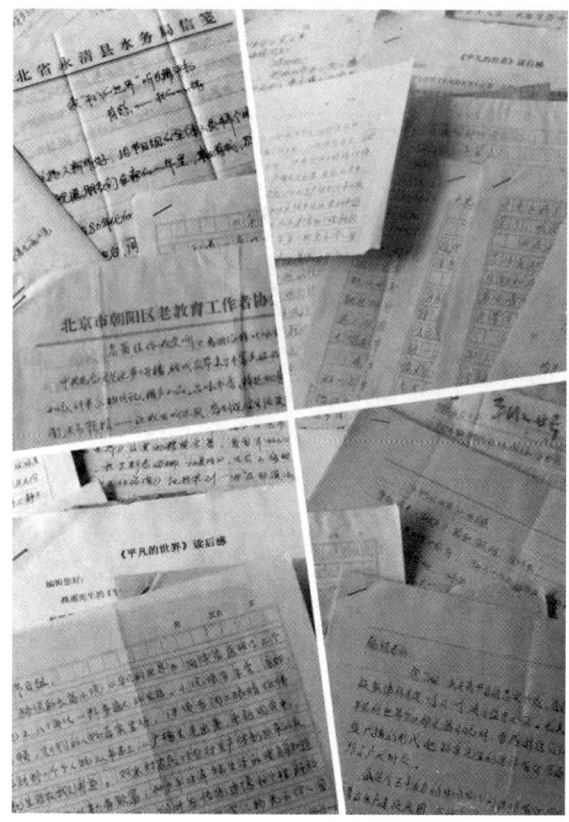

节目组收到的听众来信

3000册，基本无人问津。可一经电台连续播出，叩动了千百万听众的心，竟使作品供不应求。出版社只好不断加印，以满足读者需求。

是的，路遥的坚持是成功的。赏识路遥才华的叶咏梅女士，她用一片温柔的"叶子"（叶咏梅笔名）托起路遥作品，并通过广播来传播。《平凡的世界》赢得了中国的亿万普通听众，而亿万听众也在《平凡的世界》中获得巨大的精神能量。后来，又在新疆、内蒙古、陕西、云南等省台重播。

据中央人民广播电台测算，《平凡的世界》当年的直接受众达三亿之多。这样，《平凡的世界》乘着广播的翅膀，在中国的天空中飞翔起来了……

——梁向阳《〈平凡的世界〉乘着广播的翅膀飞翔》

和路遥能耍到一块儿的孩子

>   小桃桃踮起脚,先将左臂递上去。路遥也扔掉剩下的半截子葱,抓起桃桃的左腕,狠狠地亲一口。桃桃又将右腕递上,路遥又是一口。

那年夏天,我的儿子明柳在机关大院里东跑西窜时,被路遥老远看见了:"柳柳过来!"小明柳就急忙跑到路遥跟前。路遥伸手把明柳的两只胖乎乎的小手抓住:"你说咱俩谁胖?""你胖!你胖!"小明柳一边大声喊着,一边把胖乎乎的小手拽了出来,一溜烟地跑了。路遥折回来,走到我房间说:"柳柳这个小家伙长高了。前几年我写《平凡的世界》时,他给我解了闷。一写累就在院子里同柳柳闹一番,我再进去写作,他就在院子里玩耍。"

路遥挺喜欢小孩,经常把小明柳抱在怀里,亲一亲或用胡子扎一下他那胖乎乎的小脸蛋,使明柳咯咯地笑个不停。经常问谁胖,换来的总是不变的一句:你胖!时间久了,明柳和路遥便熟了,无拘无束地进出路遥的写作室,初生牛犊不怕虎嘛!路遥如果正忙着写作,便送他两块方糖(喝咖啡用的糖),把他哄出去。如果路遥写完一个段落,他便出来和小明柳大闹一番。

我记得有一次,小明柳不知从哪弄来一根很长的树枝,躲在路遥的门外,从门缝里把树枝的一头伸进屋里,使那根树枝在路遥的面前不停地摆动,挑逗路遥。路遥只能看见树叶,而看不见他这个小矮人。我想,如果路遥写的正入神时,突然有树叶在眼前晃动,可真要吓一大跳。可因为这样的事经常发生,路遥当然不感奇怪。而且,路遥随即离开写字桌,蹑手蹑脚地猛然打开两扇门追了

路遥和孩子　摄影:郑文华

出来，小明柳却吃了一惊，拔腿就跑。路遥紧追在其后，一大一小，一高一低；一个大作家，一个小顽童；明柳手拿树枝，路遥手执拖把，两人就这样在四合院的中央追打了起来。这一大一小交锋了几个回合，不分胜负。但是，双方脸上都有汗珠子往下掉，并且都上气不接下气地喘息。我们围观的人哈哈大笑，不断地给他俩鼓掌加油。

与小明柳玩完了之后，路遥喘着粗气说："这真痛快，痛快极了。如果每天能闹一次就好了，真舒服。"

有时候，我训斥小明柳："你路遥叔叔正在忙着写作，你不要去捣乱，到后院找小朋友玩去。"路遥在屋里听到了，便走出来说："文华，你不要管他，随他的便，他乐意来就来，这样还可以调节一下我单调的生活。"

我想，也该是如此吧。

——郑文华《淘气的小男孩》

作协大院里有好多孩子。和路遥能耍到一块儿的是李国平的小女儿程程、张艳茜的小女儿桃桃。1991年初冬，我拿着节烟筒，从前院向编辑部的后院走。路遥走在我前面，一手抓着两个热蒸馍，一手拿着一根葱，吃一口馍，咬一截葱。走路的姿势还是那个样子，弯腰、偏头，一闪一闪的。

一大群孩子，正在沙子堆上玩耍，小桃桃一见路遥闪过来，慌忙扔掉手中的小铲子，一道烟似的向路遥跑过去。一边跑，一边挽袖子。小桃桃踮起脚，先将左臂递上去。路遥也扔掉剩下的半截子葱，抓起桃桃的左腕，狠狠地亲一口。桃桃又将右腕递上，路遥又是一口。这时的程程已经长大，不大习惯于这种疼爱的方式，只是站在一旁"嘿嘿"地耻笑桃桃。其实，仅在前一年李程程迎接路遥伯伯的亲爱，像小桃桃一样的主动和机械。桃桃擦着胖圆胳膊上的口水，又飞回沙堆上去。路遥拾起地上的半截子葱，一口馍一口葱地向后院闪。

我打开窗，在办公室装炉子。西北风从紫丁香树的枝条上吹过，很冷。路遥站在院中间，背着手，哼着一首叫《兰花花》的陕北民歌，等我将炉子安好，烧红再进来。

"好了，进来！"我叫道。

路遥笑嘻嘻地闪进来，一连声叫道："美，美，像过年哩！"然后从口袋里摸出几盒黄灿灿的三五烟，并且一再声称，这是英国本土出的。我一看，果然没有"由中国烟草总公司专卖"的中文字样。路遥并不抽，摸出他的"红塔山"抽着。然后，埋怨没有夜晚的城市，诅咒已经过去的夏天。他说："秋天和冬天好，没有蝇蚊，大街上看不到瓜果皮。"他说秋天的雨是蓝色的，舒服极了。他硬说自己能看见秋风怎样从原野上吹过。这些现象，只有在自己的故乡才可以用肉眼看到。他说他等待着第一场白雪。他说在他的老家，雪片落在山顶上，整个冬天就不会消失，只有等第二年的春风走来时，白的山头，才会变为黄的山头。他还说他曾经和亲爱的人，手拉手，穿过蓝色的秋雨，钻进一个牧羊人小憩的小洞里，他们两人拼命相互盯着，谁也不敢碰谁。我见他眼睛里亮闪闪的，问："雪地里没有故事？"

"怎么没有？"他说，他用大衣包裹着她。俩人顺势躺下去，雪有半尺厚。他俩伸出舌头，舔着从空中落下的雪花，他们还唱了《喀秋莎》《山楂树》。他说，他们离开的时候，雪地里留下一片蓝色的雪窝。

——王观胜《一种生活方式的消亡》

黄叶拾零

宝鸡之行

1987年夏，路遥应宝鸡文联邀请去讲课，因我要拍一些壁画资料，便与他一同驱车前往。

汽车在西宝公路上疾速行驶，我们眺望窗外，欣赏西府风光。

路遥在车上给我们讲了好多笑话，讲到精彩处，全车的人都大笑不止，连汽车司机也不得不放慢车速。

中午时分，我们来到了著名的西凤酒厂的所在地——柳林镇，因为还要赶路，我们和路遥走马观花地参观了酒厂。

路遥说："你看，就这么点小地方，竟震动了全国。"

车到宝鸡已经很晚，李凤杰、蒋金彦、商子秦都在大门口焦急地等候，他们见到我们了，众人立即高兴了起来，笑逐颜开。

李凤杰说："天哪，你终于来了，我心里的石头才落地了。讲座的票前几天就全部抢光了，还有很多单位来要票，可你老先生（指路遥）一直未到，我刚才还商量，如果你到不了，今晚这戏可咋演呢？现在好了。"他又说："你先休息一下，晚上八点就去剧院讲课。"

晚上，我们按时去剧院。剧院门口里里外外围了很多人，剧院池子里早已坐满了爱好文学的听众。这次，路遥讲课的主题就是《人生》的创作过程，而听众也是围绕《人生》提问的。有人提了这样一个问题："路老师，你自己认为《人生》电影好还是你的《人生》小说好？"

路遥很坚定地说:"当然小说好啦。"

这时,有一个五六岁的小女孩,从台阶上一步一步地走到路遥跟前,递上了一个小纸条。

路遥很热情地接待了这位小听众。他和小女孩讲话时,我急忙摁下了照相机的快门,拍摄了一张激动人心的照片。

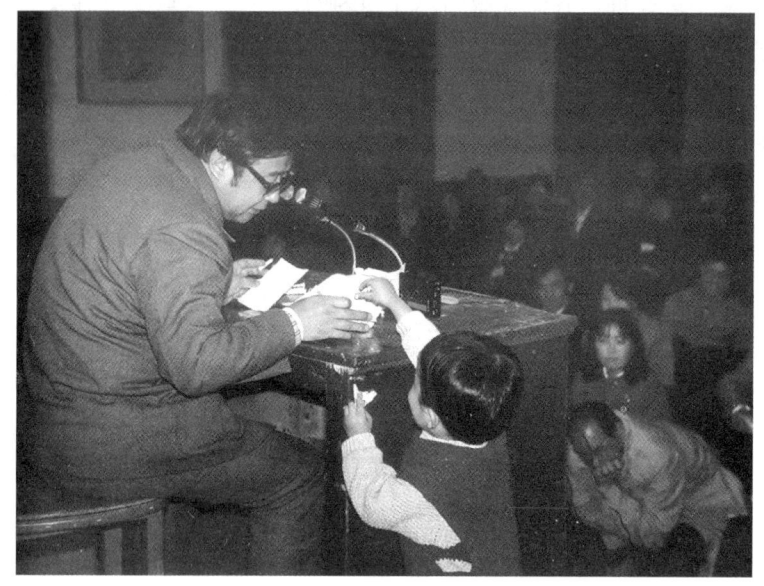

路遥在讲座中　摄影:郑文华

——郑文华《宝鸡之行》

冲　锋

在长达六年的长篇小说创作过程中,越是写到后面,路遥的情感越是敏感与脆弱。

他突然想将这最后的工作放在陕北的甘泉县去完成。因为在那里,他曾写出过自己初期的重要作品《人生》。

3月27日中午12点半,中央人民广播电台AM747频道"长篇连播"节目准时播出《平凡的世界》第一部。李野墨富有磁性的男中音透着一些深沉、粗犷与豪放，随着电波传来了。

路遥流泪了，幸福的泪水夺眶而出。是在享受收获后的喜悦，还是回味找到知音后的激动，这一切都无法说清楚了。事实上，在长达六年的长篇小说创作过程中，越是写到后面，路遥的情感越是敏感与脆弱，有时外面一些不经意的变化，往往能引起他胸中的波澜。而此时此地，他怎能不激动呢？

叶咏梅在3月份采访中，给路遥下了第三部的最后交稿时间，即6月1日。这是最后的交稿期限！当然，叶咏梅并不知道路遥已是一位大病初愈的病人。

因此，从3月27日起，路遥每天有两个必备的任务：一是趴在工作间那张破旧的桌子上听李野墨播出半小时自己的作品。他有时也拿着收音机在作协的大院中一窝、一躺，美滋滋地听李野墨那富有磁性的男中音，觉得这是人生最大的享受。这也是他精神的重要支撑，支撑他完成后面的工作。二是抓紧一切时间修改并誊写第三部书稿，完成最后的冲刺。3月30日，路遥专门给在西安市临潼区兼职的好友、西安电影制片厂编剧王宝成回信，谢绝去临潼疗养，专心致志地誊改作品。

路遥是位非常富有心理暗示与仪式感的作家。当作品的抄改工作进入最后部分时，他突然想将这最后的工作放在陕北的甘泉县去完成。因为在那里，他曾写出过自己初期的重要作品《人生》，那是他的一块"风水宝地"。当然，选择在那里最后完稿，有纪念的意思，也有超越的意义。这种热望一旦在路遥心中产生，他在机关院子里一天也待不下去，似乎有一股神秘的力量召唤他远行。

路遥再次给自己的"后勤保障部长"王天乐打电话布置任务。4月20日，他一天之内就赶到了甘泉入住县招待所三楼。一进门，就在房间摆布好了工作所必需的一切，接着就投入工作……

当然，就在这样紧张的工作期间，路遥还要见缝插针地处理一些必需的事务。5月19日，他专门给西北大学中文系负责作家班招生工作的刘建勋教授写信，亲自推荐弟弟王天乐。

——厚　夫《路遥传》

流着泪写，流着泪读，流着泪听

与生命赛跑的路遥终于在规定的时间内完成了《平凡的世界》这部近百万字的长篇小说。

在中央人民广播电台紧张播录的同时，我也在抓紧时间进行编辑校对。

当身体略有好转，他就迫不及待地投入第三部的写作。第二部的出版因为有第一部在先所以比较顺利。第二部小说情节已经展开，人物更加丰满鲜活，我对这部长篇小说更有信心了。

……与生命赛跑的路遥终于在规定的时间内完成了《平凡的世界》这部近百万字的长篇小说。……稿件复印一式两份，一份交电台，一份送到我的手中。在中央人民广播电台紧张播录的同时，我也在抓紧时间进行编辑校对。

那时候还不太重视图书宣传，但电台的播讲无疑起到了广泛传播的作用。小说连播了一百三十天，李野墨声情并茂的播讲，让《平凡的世界》打开了千千万万听众的心扉。陕西师专一学生代表全班来信说："我们把中午十二点半当作了学习之余最大的生活享受，每天都在关注着主人公的命运，为主人公之悲而悲，之喜而喜……"一位甘肃的高中生来信说，他家住农村，离学校八里地，自从《平凡的世界》开播后，便深深吸引了他。为能完整地听完这部书，他每天一放学就往家跑，冲进房门，打开收音机，然后才平静下来，一边听一边吃饭。四个月下来，他的长跑成绩竟在校运动会上拿了名次。北大力学系研究生蔡定正在写给电台的信中说："小说《平凡的世界》以黄土高原的落后村庄双水村为背景，以双水村几代人的生活经历与变迁为线索，向每一位读者和听众展现了一幅发生在中国农村，乃至整个中国社会的令全世界震惊，令生活在中国这块古老土地上的人民激奋、惊愕、彷徨，连思考及评价都来不及的迅猛而深刻的变革图画。在这幅浩大的变革图画中，有美的、丑的，有积极的，也有消极的。这幅变革图画的展现，充分显示了作者对人生的深刻感受，对现实生活的深刻思考，对普通、平凡的人民的丰富的内心世界的了解，对人类的美好情感和美好社会的赞颂与向往及作者对人生价值、人生意义的深刻理解。大家都说《平凡的世界》这部小说好。我个人认为，这部小说好就好

第八章／芒 种

在作者将自己对生活的深刻感受,对人生准则、价值、道德审美趋向毫无保留地体现在作品的人和事中,使人读来亲切、可信,并从中得到启发和对人生的思考。另一方面也充分显示了作者的审美趋向,对美好人生的向往,对人生得失的深刻体会及思考。"说得多么好!还有的单位和学校的团组织把《平凡的世界》作为青年人的必读书推荐给团员青年,并开展了各种座谈会和研讨活动。《平凡的世界》引起了广大听众和读者内心的共鸣,他们给予这部书极高的评价,有的称它是"新时期的创业史",有的赞它是"中国文学史上罕见的巨著"。读着大量感人肺腑的来信,我的眼睛常常被泪水所浸润,读者和听众是真正的上帝,他们给了这部书公正的评价!

——李金玉《平凡的世界 辉煌的人生》

千里送稿

那是我第一次去北京,路遥怕我走失,就在火车站一个唯一出口处站了八小时。

他让我站在公厕里,一盆一盆从房间里端热水给我冲凉,他那种笨拙的姿势我现在都记得一清二楚。

《平凡的世界》终于在1988年夏天写《人生》的甘泉县那孔窑洞里写完了。我们兄弟的手紧紧地握在了一起。这是唯一的一次握手。当天晚上,我们一同出发赶往山西太原。因为中央人民广播电台正在连播这部小说,而且不断来电报预告第二部播完的时间。山西《黄河》杂志推迟二十多天发稿时间,等待他的第三部。在山西是作家郑义招待的。路遥在文学界没有什么朋友,和郑义也是一般关系,但两人见面后非常友好,路遥对全国只有三四个作家比较看重,其中就有郑义。就在郑义送我俩上火车后,再有五分钟就要发车了,但路遥突然发现他的钱包丢到宾馆一个很不起眼的方桌里。这是从来没有发生过的事。因为不论转战到何方,临走时都是我清理房间。而且要把几个箱子里的东西写成目录,路遥一看就知道东西在啥地方。路遥这时常常在阳台上抽烟,为清理房间,我经常是跑到百里之外完成这项任务,因为这已成路遥的生活习惯。他常说,你不清理房间,我老是觉得东西丢了。于是,当时决定路遥先去北京,我取回钱包后赶下一趟火车到达。为此,郑义陪我在山西游转了一个下午。真对不起这位有血性的作家，让他把时间浪费到我这个无名之辈身上。

我是一路站着到北京火车站的，一路上没有任何空间让你转身，衣服因出汗而发臭。在北京和路遥会师后，两人好像十年没见面，因为那是我第一次去北京，路遥怕我走失，就在火车站一个唯一出口处站了八小时。到了宾馆，由于房间没有洗澡的功能（好房间住不起），他让我站在公厕里，一盆一盆从房间里端热水给我冲凉，他那种笨拙的姿势我现在都记得一清二楚。在北京风风火火跑了半个月，才把他有关《平凡的世界》所有的事宜办完。

——王天乐《苦难是他永恒的伴侣》

黄叶拾零

《黄河》与路遥

一、《平凡的世界》（第三部）的刊登背景

1988年5月25日，对于作家路遥来说，毫无疑问是一个至关重要的日子。因为在这一天，他终于完成了长篇小说《平凡的世界》书稿的最后一部——第三部。正如他在《早晨从中午开始》一文中写的那样：

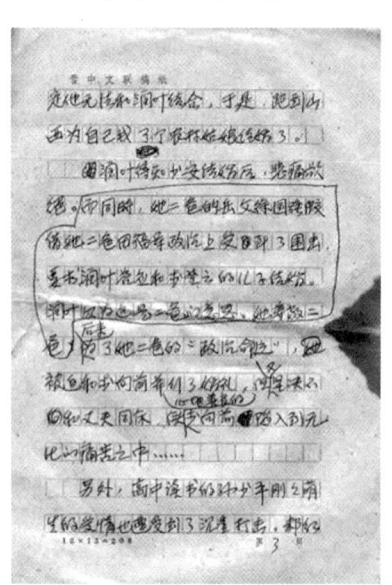

《平凡的世界》手稿

在我的一生中，需要记住的许多日子都没能记住，其中也包括我的生日。但是，一九八八年五月二十五日这个日子我却一直没能忘记——我正是在这一天最后完成了《平凡的世界》的全部创作。

按理说，能大功告成这样一部百万字三部曲的长篇巨著，应该是一件值得大喜大庆的高兴事儿。然而，路遥此时此刻的心情却是喜忧参半。喜的是自己历经两年准备，历经五年创作的长篇小说终于杀青。而忧的呢，却是面临这部长篇巨著的发表难题。

两年前，在青年评论家、《花城》副主编谢望新慧眼赏识下，《平凡的世界》（第一部）得以在1986年第6期的《花城》上顺利发表，并在国内文坛和读者中间产生了良好的反响。

1987年8月，趁热打铁，谢望新原本计划将在《花城》上继续刊登《平凡的世界》（第二部）。同

时，路遥也满怀希望地将第二部的书稿委托朋友带去了广州，并给谢望新写了一封信，表达了自己的心意：

望新兄：您好。

久别了，甚念！

现通过一位并不熟识的人，将《平凡的世界》二部手稿捎您，这样比邮寄要快和安全一些。稿件怎发，由您全权处理。因为第一部发在《花城》，我仍想在您那里发。二部几乎投进了我的全部精力和热情，我自觉出尽了力，稿件头天完，身体第二天就垮了，心力衰竭，气力下陷，整天服中药，也没气力和兴致和其他刊物交涉。问题是此稿我仍想由您手里发出，哪怕只发行一两份都可以——这些都是无所谓的。使我受感动的是，在我耗尽心力寂寞地投入这件漫长工作的时候，得到了您这样朋友的理解和帮助。再一次感谢您。

您那里的情况和处境我不很了解，但能猜出几分。唉，没办法，不想干事的人总要让想干事的人什么也干不成！

相信山不转水转，会有好的转机的，如心烦，可出来走走？

我如身体复原，即启程去煤矿下井（二十天左右），然后分别去陕北农村和大学去补充一些技术性的生活，有什么事，信仍寄作协，会及时转我的。

深致敬意！

路　遥

谢望新收到路遥托人带来的《平凡的世界》（第二部）手稿之后，立即投入到审阅工作中。然而，天有不测风云。由于单位内部发生的矛盾，严重干扰和影响了谢望新对于书稿的审阅和签发，从而使路遥的《平凡的世界》（第二部）最终未能如愿以偿地刊载于《花城》，给谢望新、给路遥留下了巨大的遗憾。

此时，面对《平凡的世界》（第二部）的"无法发表"，自然会对刚完成的《平凡的世界》（第三部）的出路感到担忧，路遥顿时感受到了双重压力，并陷入了极端的困境之中。

《平凡的世界》（第三部）的约稿过程

此时，路遥应该说是不幸的。而此刻，路遥其实也是幸运的，幸运地在一扇窗户关闭的时候又恰好出现一扇大门向他敞开了。《平凡的世界》（第二部）"有心栽花花不开"，却使《平凡的世界》（第三部）"无心插柳柳成荫"。

这扇大门，就是《黄河》为路遥开启的。开门的人，就是时任《黄河》的主编周山湖。

路遥和周山湖结识于1985年8月。那一年的8月14日，山西省作家协会举办了首届"黄河笔会"，来自青海、甘肃、宁夏、内蒙古、陕西、河北、河南、山东、山西的近百位作家在山西欢聚一堂。作为一名很有成就的青年作家，路遥自然被列入了受邀名单。就在那次笔会上，作为大会工作人员的周山湖和路遥结识了，并给彼此留下了良好印象。

大约是1988年5月，在一次和老领导、原《黄河》主编、著名作家成一的聊天过程中，周山湖听说，由于种种原因，原计划刊登在《花城》上的《平凡的世界》（第二部）无法发表。因此，成一建议周山湖应该和路遥联系，争取将这部小说的第二部拿到《黄河》上发表。那时候，尽管《黄河》只是山西省的一家大型文学刊物，但是，编辑部却不满足于仅仅在山西产生影响，也希望这本刊物能在全国产生一定影响。听了成一的建议之后，周山湖觉得这是个机会，绝不能错过。毕竟，当时的路遥已经是一名有名气、有影响的优秀青年作家，他的小说《人生》和《平凡的世界》（第一部）都已经在中国文坛叫响，名声显赫，影响很大。如果能将路遥的《平凡的世界》（第二部）约来发表在《黄河》上，对刊物无疑是一种荣耀，且作者、作品的风格也和《黄河》刊物追求的风格一致！于是，周山湖专程坐火车去了西安面见路遥。在西安，由于路遥正忙于创作《平凡的世界》（第三部），两个人匆匆见了面。周山湖向路遥说明了来意，希望他能将《平凡的世界》（第二部）交给《黄河》发表。对于周山湖亲自前来约稿，路遥十分感动。

本来，周山湖的西安之行，目的是为了拿到《平凡的世界》（第二部）书稿。但是，阴差阳错，路遥却决定将即将完成的《平凡的世界》（第三部）交给《黄河》发表。由于当时《平凡的世界》（第三部）正处于杀青阶段，还需要进行最后的调整，所以周山湖离开西安的时候并没有拿到稿件。大约过了十多天，信守承诺的路遥亲自来到了太原，拿着《平凡的世界》（第三部）书稿的复印件交给了周山湖。捧着路遥的心血之作，周山湖内心充满了感动。

在太原期间，路遥受到了周山湖和《黄河》编辑部的热情接待。周山湖和副主编张发、编辑部主任秦溱设宴招待了路遥，使路遥真切地感受到了《黄河》编辑部的诚意。路遥在太原仅仅待了三天时间，居住在迎泽大街上的冶金招待所，对《平凡的世界》（第三部）进行了最后的修改润色，最终交到了周山湖手里。短短的三天时间接触，路遥给编辑部几位同仁留下了深刻而美好的印象：朴实，勤奋，对艺术精益求精，为了修改好《平凡的世界》（第三部），他在太原的三天时间里几乎足不出户地待在招待所里，起早贪黑地改稿，熬红了眼睛，憔悴了面容，令人心疼，又令人敬重。

《平凡的世界》（第三部）的刊登情景

1988年7月25日，《黄河》第3期隆重发表了路遥的长篇小说《平凡的世界》（第三部）。

对于推出这部优秀小说，《黄河》编辑部做了精心安排。在目录页上，《平凡的世界》（第三部）的字样赫然印在头条位置，并刊登了简介，向读者介绍这部作品的内容。

同时，为了吸引读者，在内文中还插入了画家董智敏创作的题图和插图，为小说增了辉、添了彩，充分显示了《黄河》对作者的敬重。

为了让广大读者在阅读《平凡的世界》（第三部）之前更全面完整地了解这部优秀作品，《黄河》编辑部撰写了第一部和第二部的内容简介，刊登在小说前面。

《黄河》刊发《平凡的世界》（第三部），对于《黄河》来说，堪称一件大事。为此，编辑部真是"不惜血本、不惜篇幅"。在当期的《黄河》二百四十页篇幅中，路遥的《平凡的世界》（第三部）所用页码多达一百三十七页，几乎占据了《黄河》版面的近三分之二篇幅。

据了解，自1985年创刊至1988年，四年间，《黄河》在刊登单篇作品中，《平凡的世界》（第三部）是字数最多的一部长篇小说，充分显示了《黄河》对路遥的尊敬和看重，以及对《平凡的世界》（第三部）的喜欢和偏爱。

《平凡的世界》（第三部）刊登在《黄河》之后，在广东《花城》上读过《平凡的世界》（第一部）的读者顿时喜出望外。尽管，他们没有读过第二部，但是，大家依然对路遥这位优秀作家的优秀小说不减阅读的热情，不减浓厚的兴趣，不减购买的欲望。一时间，读者如云，购者如潮，刊登第三部《平凡的世界》的《黄河》出现了"洛阳纸贵"的罕见现象，从而使这部小说产生了更广泛、更巨大的影响，成为1988年中国文坛的一个"现象级"事件。

1988年8月上旬，路遥收到了《黄河》编辑部寄来的刊物。捧读着这部字里行间倾注着自己无数心血的力作，感念着《黄河》编辑部和主编周山湖在发表这部小说过程中付出的辛苦，对于《黄河》编辑部的知遇之恩，路遥始终怀着一种深深的感恩之心。从此之后，《黄河》在路遥的文学生涯中，成为他最感恩、最敬重的文学刊物之一。

——姜红伟

先声夺人

在中央人民广播电台"长篇连播"节目中，用未刊的手稿直接演播这是唯一的一次。

……在某种意义上，这种拼命加速了身体的崩溃。

6月1日，路遥准时赶到中央人民广播电台送去第三部手稿。他去后才发现这里已经堆集了两千多封听众的热情来信，他尽管疲倦却很欣慰，他感到先声夺人的广播，已把他的劳动成果及时地传播到人民大众之中了。拿到手稿后，叶咏梅也松了一口气。这是最后期限，她给自己和演播者李野墨只留下半个月的录制时间。在中央人民广播电台"长篇连播"节目中，用未刊的手稿直接演播这是唯一的一次。不管怎样，路遥是恪守信用的。路遥也在中央台见到那位在广播中声情并茂演播自己小说的青年演播家李野墨，这是一位非常富有艺术创造才情的年轻人，对小说理解得很深，演播出自己的情感来了。

当天中午，叶咏梅在自己狭小的家里招待了路遥和王天乐，她和李野墨发现路遥的神情有些疲惫，望着一桌饭菜没有食欲，只是慢慢地吃了几口豆腐青菜，慢慢地扒了一小碗龙须面便打住了……他们当时以为路遥是千里之外送稿、长途奔波劳累的结果，却万万没有想到路遥是在身体极其虚弱的情况下完成最后创作的。在某种意义上，这种拼命加速了身体的崩溃。

这个答案直到路遥病逝后，叶咏梅看到《声屏之友》杂志上路遥撰写的《我与广播电视》，她才了解了当时的真实情况。……读了这段文字后，叶咏梅很长时间感到追悔、内疚和悲痛，并自责。但她更觉得路遥是位有信用、有责任、有担当的人，他的生命虽然消逝了，但留下的精神财富却永远地珍藏在人间。当然，这是几年以后的事情了。

路遥回到西安后，还专门给叶咏梅写了一封信，感激老朋友的真诚帮助。2007年，延安大学路遥文学馆筹建时，叶咏梅把此信赠给路遥文学馆保存。

——厚　夫《路遥传》

黄叶拾零

我哭，我笑，旁若无人

1988年11月，《平凡的世界》第三部出版发行。11月底，中国文联出版公司邀请在京的评论家召开了《平凡的世界》出版发行座谈会，研讨这部小说的艺术成就。会上，许多同志认为，《平凡的世界》是一部具有相当思想深度和艺术魅力的力作。小说以1975年到1986年十年间的重大事件和历史契机为背景，全景式地展示了大变革时期广阔的城乡社会生活，反映了我国社会的历史面貌、现实运动和未来走向。作品具有深厚凝重的历史感和恢宏浩荡的艺术气势，同时具有震撼人心的艺术魅力。著名评论家曾镇南说："一口气读完了这部一百多万字的作品，心情随着人物命运而变化，这是近年来读小说时少有的。""过去读小说是为了写评论，但读《平凡的世界》时我流泪了，为其中描写的人的人生。"中国作协书记处常务书记、作家鲍昌说，《平凡的世界》实际是"一位不平凡的作家，有意识地采用平凡的写法，表现平凡人物的不平凡的生活"，赞扬这部作品是一部非常难得的力作。此后不久，鲍昌同志因病辞世，但他辞世前对《平凡的世界》的鼓励和支持，却长留在我的记忆中。与会的著名评论家蔡葵先生对《平凡的世界》采用的被文学界一些人不屑一顾的现实主义手法给予旗帜鲜明的支持，他认为：《平凡的世界》之所以难能可贵，是路遥以自觉地对现实主义的诚挚向往和灵动悟性，成功地表现了当前新的生活，延续了我们现实主义创作的历史性断线，再次显示了现实主义的实绩和它的生命力。会后，蔡葵先生还撰写了很有分量的评论文章，发表在《光明日报》上。路遥看到这篇文章后，给蔡葵先生写信说："虽然我看得出您的文章是被剪裁了的，但文章的论述使我很激动。您公正地用了些大胆的褒词肯定了我的努力。您应该看得出，我国文学界对这部书是冷淡的。许多评论家不惜互相重复而歌颂一些轻浮之作，但对认真努力的作家常常不屑一顾。他们一听现实主义几个字就连读一读小说的兴趣都没有了。好在我没有因此而放弃我的努力。六年来，我只和这部作品对话，我哭，我笑，旁若无人。当别人用西式餐具吃中国这盘菜的时候，我并不为自己仍然拿筷子吃饭而害臊。"

——李金玉《平凡的世界 辉煌的人生》

高山流水知音

长篇小说《平凡的世界》面世后，虽然赢得了无数读者与广播听众，但是文学界的反响是冷淡的。《文学评论》常务副主编蔡葵先生，在《光明日报》1988年12月16日发表《〈平凡的世界〉的造型艺术》公开支持路遥。这令路遥非常激动，他在12月31日给蔡葵回了一封长信，较为系统地阐述自己的文学观念与人生追求：

蔡葵同志：

您好！

我刚从外地回来，见您信，十分高兴，同时也拜读了《光明日报》您评拙作的文章。非常感谢。这部小说至今除镇南写过一篇有分量的文章外，您这篇是最重要的一篇。我反复读了好几遍，现在也还在手头着。虽然我也看得出来您的文章是被"剪裁"了的，但文章的论述使我很激动。您公正地用了一些大胆的褒词肯定了我的努力。您应该看得出来，我国文学界对这部书是冷淡的。许多评论家不惜互相重复而歌颂一些轻浮之作，但对认真努力的作家常常不屑一顾。他们一听"现实主义"几个字就连读一读小说的兴趣都没有了。好在我没有因此而放弃我的努力。六年来，我只和这部作品对话，我哭，我笑，旁若无人。当别人用西式餐具吃中国这盘菜的时候，我并不为自己仍然拿筷子吃饭而害臊。

您对小说提出的意见是有道理的。其实，这部作品还存在着许多不足。您知道尽管我们群起而反对"现实主义",但我国当代文学究竟有过多少真正的现实主义?我们过去的所谓现实主义,大都是虚假的现实主义。应该说,我们和缺乏现代主义一样缺乏(真正的)现实主义。我是在这种文学历史的背景下努力的,因此仍然带有摸索前行的性质。不过,我的确是放开了胸魄,一丝不苟完成这部作品的;它的不足既是我的不足,也是中国现实主义的不足。对我个人来说,最重要的是它总算完成了。我记起托马斯·曼的一篇特写(也可看作小说)《沉重的时刻》,是为纪念席勒逝世一百周年写的,文中写席勒创作那部史诗《华伦斯坦》时的心理状态,其中有这样的话:终于完成了……它可能不好,但是完成了;只要能完成,它也就是好的。这也正是我目前的心境。当然,我也期待着我国评论家来实事求是地认识这部作品(包括它的不足)。至于我本人,我将尽量默不作声。我国文学界真正意义的自由争论还未形成,我认为这一原因主要是我国文学界自身造成的。比如,一张全国性的文艺报纸,仅仅发表几个编辑所持观点的文章,怎么可能真正形成百花齐放的局面呢?鉴于我国文学界的状况,你只能用作品来"反潮流",不可能去用其他文章去论争,他们可以发表你的文章,但会安排在被审判的位置上,把你弄成浑身武力而未用尽的那些人的"靶子"。何必呢,老蔡!人一生有多少精力去扯这种闲淡!我已经孤独惯了,宁愿一个人躲在那些荒山野舍里;这样的时候,我才感到能更好地回到深远的历史和博杂的现实生活中去,也才可能使自己的心绪漫游在深广的宇宙中和人生意义的无尽的思虑之中。地球会爆炸,会消失,伟大与平凡将一起泯灭;生命是如此短暂,应该真正做点自己愿意做、也力所能及的事。一切不必要的喧嚣和一时的人生风光都没有什么意义。

扯得很远了。我十分愿意再能看见您对拙作的意见,我将能在其间看见您和我的一种心灵的交流,仅这一点就令我激动不已。

致

　　深切的敬意!

　　(您很忙,不必回信)

路　遥
一九八八年的最后一天

——厚　夫《路遥传》

《平凡的世界》的造型艺术

在创作了《人生》以后,路遥经过三年准备三年写作,又默默地向读者奉献了一百多万字三大部的长篇新作《平凡的世界》(中国文联出版公司出版)。这是一部非常难得的很受群众欢迎的现实主义力作。当它在中央人民广播电台连播以后,就有一千六百多封听众来信赞扬,成为新时期十年来广播中反映最强烈的一部长篇小说。同时出版了近两万册,也都销售一空。如果这尚不足以称为"轰动效应",那么以我们的文艺现状这在严肃文学中也是难能可贵的了。我们的文学应该通达于人民。《平凡的世界》这种有特色的作品,理应受到人们的重视。

小说以 1975 年春至 1985 年春十年间密集的重大事件和历史契机为背景,全景式地展示了从"文革"后期到改革开放初期城乡的广阔生活,反映了我国社会的历史面貌、现实运动和未来走向。这不仅大大超越了中篇《人生》所描写的一两个人物命运的范围,而且在当今小说创作中,这种对历史与现实的宏观把握,也是极少见的。这就首先形成了作品深厚凝重的历史感,和它恢宏浩荡的艺术气势。其次,《平凡的世界》运用的是最易招致诟病的朴拙铺叙的写实手法,作品没有新颖的结构和奇崛的情节,正如书名一样只是平凡的人和平凡的生活。然而作品的力度也正是体现在平凡中写出不平凡来。它采用严格的现实主义手法,却没有丝毫的陈旧感和疲惫感。前一时期现实主义大有贬值的意味,甚至几乎与守旧僵化的范畴相同。最近在报告文学的热潮中,纪实性逐渐成了审美热点,小说创作中趋向现实主义的作品也明显地多了起来。然而《平凡的世界》之所以可贵,则是它以自觉地对现实主义的诚挚向往和灵动悟性,成功地表现了当前新的生活,接续了我们现实主义创作的历史性断线,再次显示了现实主义的实绩和它的生命力。第三,《平凡的世界》有着强烈的真实感和巨大的震撼力。这主要不是来自对历史流程和现实生态的展示,而是体现在小说细致、逼真和立体感的造型艺术中。尽管典型化的原则不断受到责难,但是我认为塑造具有高度审美价值和思想意义的艺术形象,依旧是现实主义文学的重要使命和显著标志,尤其是长篇叙事文学更是如此。《平凡的世界》就是一部"性格小说",它所提供的众多的艺术形象,既是作品观照和反映世界的焦点,又是它取得艺术魅力的主要途径。

事物的生命力在于不断地变化和发展之中。现实主义也不是僵化固定的模式,它要开放,要深化,要革新,而关键则在于文学观念的现代化。《平凡的世界》造型艺术的一个显著特点,就是人物性格充分体现了当代意识,反映了最新的时代精神。作品中的孙少平,就是一个具有丰富时代内容和思想内涵的艺术典型。他是作品中最能引起广大青年读者共鸣的一个人物,也是作品新的审美刺激力的主要来源。这个农家子弟因为读的书多,知道得多,尤其是思考得多,不再甘心当一个在农村建家立业、生儿育女的世俗农民。为了改变世代务农的命运,孙少平放弃了在农村教书的轻松工作、放弃了与大哥联合办砖窑的发家之路,放弃了平静安逸的家庭生活,决心到外面世界去闯荡。"这动机也许根本不是为了金钱或荣誉,而纯粹出于青春的激情"。然而孙少平的进取、求新、拼搏和竞争的意识,他那扫除一切障碍冲向外部世界的决心,却又正是深刻地反映了农村经济体制变革以后,破土而出的小生产者在社会生活和精神生活上进一步解放的强烈要求。这是一种现代人的焦灼,这是一个现代化的性格,这是变革时期向往现代文明的一个不安定的灵魂。也正是由于他的行动包含了巨大的社会内容,所以他有着百折不挠的角斗士般的毅力。他甚至对苦难有一种骄傲感,任凭自己的心灵和生命在燃烧。这很容易使我们联想起斯巴达克思和拉赫美托夫等许多敢于冒险、富于牺牲和具有巨大人格力量的艺术典型。但是孙少平归根结底是农民的儿子,他深知自己在这天地里的位置。他与高加林的区别，就正是少了那种虚狂和浮躁的气息。作品中说孙少平的精神思想，实际上有"农村的系列和农村以外世界的系列"矛盾统一在一起，他是一种"混合型的精神气质"。我以为这正是当今实际生活中从封闭的农村走向社会的一代新人的共同心态。

现实主义文学在摆脱了对社会生活作急功近利的政治图解以后，往往将在更加深广的范围内对传统文化规范进行反思，并从生活形态中表现历史文化的积淀。这种文化意识，也常常会成为作家把握人物的一种观测角度。《平凡的世界》造型艺术的另一个特点，就是伦理主题与社会主题融为一体，从历史与现实的交融中展示人物的心态和命运，表现蝉蜕期农村的阵痛与希望。孙少平的哥哥孙少安，就是一个严谨地遵守着传统道德规范的青年农民。他继承了许多中国农民的优良品德和文化观念："善良、质朴、宽厚、实在"，对外部世界和未来生活几乎没有什么幻想。他和润叶青梅竹马的爱情是那么动人，然而因为经济的贫穷、城乡的差别和门当户对的传统观念，却不得不忍痛割舍。作者把全部同情倾注在他身上，他因此而成为作品中笔触最多、感情色彩最浓的一个人物。尤其是对他那些符合传统规范的行为，更予以强化和美化，使读者在感情的认同中产生审美的愉悦。在孙少安身上，作者写尽了我国农民那种温馨、和睦而辛酸和苦涩的人生，表现了劳动农民那种政治上、精神上逆来顺受的超负荷的忍耐力！当作品描写到人物在传统观念下的挣扎和奋斗时，往往有着动人肺腑的力量。诚然，社会的改革不仅引起人们生活方式的变化，而且必然带来传统的农业文化和新的工业文明的冲突和更替。在孙少安的身上，我们可以看到增长的某些新的素质，一种对命运的挑战和抗争。他本质上不属于那种安于现状的老式农民，而是深深扎根于黄土高原的新时期的先进农民。至于他后来的"冲出亚洲"，好像他的"走向世界"也已问题不大，这种对形势的估计虽然未免过于乐观了些，但作为这一性格社会价值的肯定，我以为却是大体不差的。

追求人物性格的复杂性，是现实主义典型化的一个重要原则。黑格尔赞扬荷马的阿喀琉斯，就是因为"高贵的人格的多方面性在这个人身上显出了它的全部丰富性"。可是长期以来我们作品的许多人物，只是单一的政治概念的标记。《平凡的世界》造型艺术的又一特点，就是充分揭示了"人格的多方面性"，写出了人物心灵的辩证法。双水村的"龙头人物"田福堂，就是宗法观念和极"左"政治混合产生的农民土政治家，是特殊的历史人文环境中形成的畸形人，但他绝不是脸谱化的反面人物，他是一个能人、精人和强人，是一个复杂的艺术典型。另一位农村"革命家"孙玉亭，也是一个深刻难忘的人物。作者用揶揄、调侃和嘲讽的笔调，刻画了他"心爱的空忙"。生活本来就不是纯而又纯，它常常会有一些喜剧的因素。

《平凡的世界》还描写了众多的女性形象，并写出了她们各自不同的个性。例如郝红梅与侯玉英、田晓霞与田润叶就有明显的区别。但是也许是《人生》中刘巧珍给我们的印象太深，以致会觉得这部小说中的几个女性，如秀莲、润叶、兰花，甚至是金秀和兰香，都有刘巧珍式的温婉多情和善良贤淑。对于像田晓霞和杜丽丽这类现代女性的描写，就明显地不如她们出色。在更激动人心的矛盾冲突中展示领导干部的性格方面，作品也存在不足。但是《平凡的世界》依然是一部具有思想艺术魅力的大作品,是我们现实主义创作的重大收获。

——蔡 葵

一位称职而伟大的心灵守园人

  路遥小说带给人们的是真实的精神财富。
  作为一名杰出或重要的作家,他就应该永久地被人记住并提起,而路遥便是这样一位不该被遗忘的重要作家。
  路遥小说中的苦难是真苦难,那是时代的史诗般的缩影,当然,若没有作家的良知与强烈的责任感,这种苦难是难以震撼人心的。
  他实实在在是一位称职而伟大的心灵守园人。

至今为止,路遥仍然是我们必须面对的一位重要作家。他之所以重要,乃在于他那高标卓绝的写作姿态,同时也在于他那非凡的创作实绩。每一位读过路遥小说的读者——当然是认真读过的读者——都不会否认这么一个事实,那就是路遥小说带给人们的是真实的精神财富。几乎每位读者都真诚地认为,《人生》与《平凡的世界》带给了他们难以磨灭的记忆,这种记忆是心灵深处的。而作品带给人们的震撼也同样是恒久的,而非短暂的。

没有理由不认为,这样的作品是我们时代的杰出之作,这样的作家是我们时代的重要作家。路遥离我们远去已经有些时日了,因此我在此重提这样一位作家大概也就不会有什么"死后出名"的避讳。一位作家死后注定是要热闹一小阵的,但这热闹极为有限,而且亦很难经受住时间的无情考验。然而,作为一名杰出或重要的作家,他就应该永久地被人记住并提起,而路遥便是这样一位不该被遗忘的重要作家。当然,在这样一个不合时宜的日子里重提路遥是不太识时务的,因为路遥的热闹早已过去了。但我想,作为一名评论家,他的评论不是为赶热闹而来的,也应当为自己的良心负责。只要是好作品,他都不应当忘记发表属于自己的声音,从而抚慰自己的灵魂。

路遥便正是这样一位让我无法逃避的小说家,虽然读过《人生》与《平凡的

不平凡的世界（一）/ 路漫漫

世界》都已经有些时日了，但那种隐藏的感动依在。不否认我是在周围一批人读过之后的赞许声中开始读路遥的，因为我亲眼亲耳目睹聆听了一大批知识层次不高的读者对路遥小说主人公情节内容的高谈阔论，从他们那神态以及赞美的言辞中，我洞悉了《平凡的世界》以及《人生》对他们的震颤与感动。于是，我开始以挑剔的眼光读完了路遥的几乎所有文字。在此，我不想否认我当时的感动，甚至可以说是一种很久未有的感动与震撼，它有如读任何一部国外名著带给我的感受。当时，我没敢写这篇评论，因为怕一时的感情冲动把它捧高了，然而到了今天，我认为这一段时间已经足够让我可以客观地面对路遥了，那就是：路遥仍旧也将永远是一位重要而杰出的作家，《平凡的世界》也将永远是一部重要而杰出的巨著。

一、心灵的守园人

路遥的成功来源于他对时代精神与心灵的持守。读过路遥的所有文字，我们便知道路遥的超凡的心灵力量，他的苦难，他的思索都横亘在时代的精神高峰，作为一位有着强烈责任感的作家，他始终和大地保持着血肉般的联系。我不敢说别的作家就把这联系遗忘了，但我认为，路遥的这种血肉联系最让人感动，他是那么实在那么真诚地和土地联系在一起了。路遥小说中的苦难是真苦难，那是时代的史诗般的缩影，当然，若没有作家的良知与强烈的责任感，这种苦难是难以震撼人心的。路遥一直对那个年代耿耿于怀，他知道为什么而写作，他也知道用什么态度与代价去写作，因此他愿意用生命来换取艺术的成功。虽然这样拼命地写作也许并不可取，但我看到了真正的艺术所需要的东西，而这恰恰是我们这个年代的作家所忽略的。

正如海子的自杀给我们心灵带来的震撼一样，路遥的倔强的写作姿态也同样隐蔽地向我们昭示着什么。到底作家为何写作？写作的意义何在？而我们又凭什么写作？也许，在这一切问题上路遥的经验都给我们提供了一个重要的话题。正如面对神圣的追问一样，我们面对这样一个重要的作家也同样不应该轻轻绕过。也许，没有什么比写作态度更重要的东西了，遍览世界文学大师的写作，他们的姿态都值得我们钦佩与敬仰。他们在骨子里都不会忘记自身的良心与责任，因为他们明确艺术为什么能够存留于世。说到底，他们都以自己的良心在写作。他们为心灵而写，为人类的灵魂而写。永恒的不是外表与形式，而只能是灵魂与精神，因为人不是单为食物活着。在这点上，路遥是相当清醒的，因此他以强大的勇气与责任感面对了当代现实，他以苦难为这个时代奠基，从而完成了心灵的建筑。

当然，路遥还不是大彻大悟的文学信徒，他对生存意义的思索仍然是悬置的。作为一个把文学当作信仰维持生命意义的作家来说，悲剧同样明显。首先，这种文学责任感与良心在很大程度上是维系于苦难的意义上的。在苦难中的追求以及由追求带来的苦难阻梗了作家向纵深地带进发。他更多停留在苦难的深度层面发问，他的小说也就是对这层面的一种描述与同情，它并不存在解答的任务也无法解答。其次，文学本身是无可取代生命的意义的，它也不可能作为一个人的信仰存在，因而路遥对文学的执着追求便带上一种殉道般的神秘色彩。另一方面，路遥的不合时宜的出现给我们这个时代作家的写作填补了一个重要的空白。这个空白是我们时代精神的极为有力的注脚。

谁也无法否认20世纪80年代末那场史无前例的文学革命给我们带来的冲击与辉煌，但我们也不能否认这场革命留下严重的文学后遗症。至少就目前而言，仍然有那么一大批作家在各个角落挖空心思地试图在形式上突破与翻新，并幻想以这种努力代替对心灵与精神的追求。当然，这种实验般的热情至今令人钦佩，但我不理解的是，这样的小说面目全非，让人无可卒读。我不相信一篇没有人读的小说会名垂千古，因此我简单地判定了这种小说的失败。正是在这几乎没有人看小说谈小说的年代里，我看到了路遥的《平凡的世界》，也听到了众多读者的《平凡的世界》。我为此感到惊讶，毕竟还是有"不识时务"的作家在为我们众多的读者写作。特别是当我面对这样一部鸿篇巨制时，我简直不可思议了，那么多读者哪儿来的时间呢？

《平凡的世界》应当是远比《废都》或《白鹿原》更值得让我们惊奇的现象。据我掌握的一手材料表明，《平凡的世界》至少具有以下几点特别：一者，它的读者面是最广泛的；二者，它的篇幅最长；三者，它引起的共鸣最大；四者，评论界采取了不该有的沉默。围绕着这些特别的点，也许我们能够看到当今文坛某些粗俗不堪的现象，但在此我无意讨伐这些，我只想说明：路遥是不该忽略的，特别是《平凡的世界》不应当被忽略。

路遥无疑用鸿篇巨制建构了我们这个时代的苦难与时代的精神。至今为止，《平凡的世界》仍然是对1975年至1985年这段历史最为权威的发言，即便不是史诗，也是这段历史最为有力的见证。路遥守住了自己心灵中那个园子，他没有让时代的变化劫持了精神存在的居所。因此，他的小说言诉了别人没有言尽的苦难，也言说了那个年代特有的苦难，从而也在苦难的意义上建构了生存的意义和心灵的家园。可以这样说，由于作家对苦难意义的切肤理解与感悟导致了他那超凡的责任感与良知，而这良知又给他的小说带来了心灵的高度。正如孟德斯鸠说过：因为情感真，所以美；因为情感美，所以善；因为情感善，所以写出来的东西自然要高。这句话用在路遥身上是很恰当的，我对这句话也同样相当赞赏。也如康德说的一句话：美是道德上的善的象征。路遥正是通过自己创作者的良知感悟了这个世界的苦难及生存的苦难,他试图用苦难来构筑生存的意义,所有这一切努力都令人感动。更难得的是,路遥那平凡的创作立场,他要像农民土地上的耕作一样用自己的笔无尽地耕耘。他不感到自己高人一等,恰恰相反,他意识到了作家的平凡,也意识到作家的职责。他知道要把笔尖指向何方,他知道他该用笔做些什么。显然,路遥有这种清晰的创作指向性给他的作品带去了不可估量的力量,也给他的作品带去了意义。他的小说之所以能够震撼人心同样就在此。

不否认每个作家都有自己的创作指向与意图,便像路遥这样的小说家在这个时代已经罕有。在很多人看来,路遥这种具有强烈责任感与良知的作家已经过时,也就是说不合时代的要求。但我想,只要这种责任感与良知来源于心灵与精神而非集团与政治,那么它就永远值得人们敬仰与尊崇,这也就是至今我们仍然不忘莎士比亚、托尔斯泰等大师的重要原因。可以看到,路遥的良知只能来源于心灵与精神,他的责任源于此,他的苦难的体验也源于此。他实实在在是一位称职而伟大的心灵守园人。

二、灵感的诞生及伤痛的灵魂

守住了那一方故园,路遥的灵感得以激发。多少次面对父老乡亲,又多少次面对故乡那片贫瘠的土地,路遥都确实地感到那土地的厚重以及那苦难的分量,因此,路遥在小说扉页中说:献给我生活过的土地和岁月。确实,那段历史难以忘怀,但为何只有路遥潜心于它呢?也许,是寂寞,也是土地。只有路遥耐得着寂寞,也只有路遥与土地紧紧相连。

土地是厚重的,也是博大的,同时也是真实的。来源于土地的文学只能是真正的文学,它必将与人的灵魂脉搏一同跳动。路遥感悟了土地的博大与厚重,更感受了它那伟大的真实,因而无论是《平凡的世界》还是《人生》,抑或《黄叶在秋风中飘落》,路遥都以真实感悟了人生。真实带来的是善,善的心灵,善的故事与善的人生。《人生》中的巧珍是善的,她有金子一般的心;《平凡的世界》中的孙少安、孙少平、田润叶、田晓霞都是善的,他们让人们感受到世界的美好,土地的真诚。这些人物都是那么深刻地牵动着千百万读者的心灵,它带给人们的是一种崇高的美,一种激越的精神享受。有什么冲动与震撼比这更美呢?

应当感谢路遥给我们带来了这样一批光辉灿烂的人物形象,特别是巧珍,她的成功出现具有无可比拟的意义。至今为止,《人生》仍然是带给我最大震撼的小说之一,它的意义由于巧珍的完美塑造完成了永恒,同时还有高加林那奇特复杂的心理活动都超越了时代的局限。由此,我想到了灵感的诞生。作为路遥的成名之作,也是早期代表作,没有灵感是不可思议的。

这灵感也就是真与善的结晶。我不敢想象,若没有真与善,路遥会成功?灵感在路遥身上很鲜明地表现出真与善的需要,真与善是路遥的生命所在,也是小说主人公的生命所在。路遥正是在真与善中找到灵感,从而赋予了小说以最高境界的美。这美便是崇高,是震撼。在《平凡的世界》中,孙少安、孙少平、田润叶、田晓霞等主要人物的真与善是让人感动的,虽然没有什么大的震撼,可是那时时有的感动在告诉我们,崇高无处不在,美无处不在。它不像有些人说的:《平凡的世界》艺术性不高。实际上,这是相当片面的短视,作品的崇高及那种美本身便是一种极高的艺术性。能够把一个人物形象光辉地矗立在读者面前,这本身就是一种极高的艺术要求。而最高艺术性往往又是隐形藏迹的。

路遥的成功并不在于一味地塑造片面的极端的真与善,而是给真与善留下了一个空白,这个空白造成了永恒的缺憾与回味。至今为止,巧珍突然决定出嫁的举动仍然让我心痛不已,而高加林的变心与懊悔则又如此真实地打击着我的心怀。另外,田润叶的突然转变、田晓霞的意外死亡都实在地冲击了我们那颗由小说带来的一颗真与善的心灵。那种心痛的感觉我想其震动的力量将更加持久。路遥显然没有满足于塑造一种极美的光辉形象,而是不时地制造一种遗憾,是一种深深的遗憾。这种遗憾让我们对真与善认识更深更透彻,也让读者更多地透入生存及人生的深层思索与品味。

这同时也就牵涉到路遥对人生的认识与看法。在我看来,路遥对人生的思索与体验是深入的,他更倾向于一种真与善的人生,但他对人生转折点上的选择却充满了困惑与无奈。《人生》中的高加林没有结局,《平凡的世界》中的孙少平亦没有结尾,我们没法猜测他们的人生走向。这也便是路遥给我们设置的思索障碍,同时也是路遥对人生的一种无奈与无力把握的表达。伤痛是很明显的,也正是这种伤痛一次又一次地构筑了小说的极美。

这是一种由于追求真善美而带来的伤感与遗憾,也是一种完美没有办法实现的感慨。路遥显然深知美学的最高原则,那就是一种缺憾往往比完美更具有艺术魅力。仿佛维纳斯那只断臂一般,路遥让每一位主人公都留下了遗憾,也让故事留下了空白与缺口,这一切都只能由每一位读者的心灵与思考去填补。当然,这种填补是吃力不讨好的,因此,它形成的那种悲剧式的美是永恒的。人们只能通过假设性的前提与不存在的结论来延伸对作品主人公命运的关怀,从而也因此拓展了小说的深度空间。

当然,路遥对缺憾与空白的设置也不尽是有意的,这同时也与路遥的经验及对人生的思考有着密切的联系。在一定程度上,路遥对人生的看法是充满矛盾的。虽然他不会对人生感到失望,但在相当大意义上也并不乐观。它纯粹是一种被苦难充满的略带迷茫的旅行,仿佛是被一种无法预知的命运裹胁前行,路遥面对的便是无法摆脱的伤痛与悲凉。虽然也充满了勇气,但它是短暂的,而且往往不具备明确的目的性,因此,悲哀也就隐伏着。在《早晨从中午开始》这篇创作谈中,我们洞悉了路遥的灵魂,他那拼命般的写作精神以及使命感与良知的态度。这是一篇相当感人的文字,它朴实地道出了作家的悲哀与艰辛,这是一种灵魂的自囚般的伤痛。路遥正是以这种精神出现在我们面前,而他小说的主人公也无不充满了这种悲凄的牺牲及灵魂被折磨的伤痛。这是一种自虐式的痛苦,它用苦难来自虐灵魂。无论是在孙少平身上,还是在田润叶身上,抑或别的人物身上,这种自虐都或多或少地存在着。也许,这种灵魂的折磨让读者负载了沉重,作家却在试图说出某种对人生的更高思索。

我们无法准确地预见路遥那深层的人生思索,但我们却由此体验到了路遥的深重。路遥的一生正好极为准确或形象地给他小说中的主人公做出了注解。我们同情路遥之余,我们是否想到,那一大批光辉夺目的主人公形象也期待着我们去理解去同情。

三、面对路遥:发现什么

毋庸置疑,面对路遥我们更多的是苍白:我们少了良知与责任感的精神,我们少了苦难的理解及善良的情感,我们也少了经受寂寞的勇气与力量。一部《平凡的世界》的出现是功不可没的,它带给我们的话题也极为重要。正是在它身上,我看到了文学的希望。

这些话都并不是过誉之词,在今天看来,路遥及《平凡的世界》的出现都是至关重要的文学事件。相对于时下一大批作家来说,路遥都正面构成了一种威胁与冲击,它直接地穿透了时下作家那暧昧不明的写作姿态以及那贫乏的良知与责任感。在后现代主义思潮的侵袭包围下,作家丧失了一切善良与神圣的素质,加上一种时代精神信仰的危机与更为严重的缺席,一切的灰暗与绝望凌空而来。20世纪的绝望是有目共睹的,这是时代的悲剧,也是作家的悲哀。已经没有谁能够摆脱这时代精神阴影的笼罩了。面对如此深刻的时代悲凉与绝望的弥漫,我们的作家更多被阴影裹胁,他们失去了抗衡的能力,他们向黑暗与绝望举手投降。这样的作品是绝望的与灰暗的,也是颓废的,它不给我们任何希望与安慰,却以一种膨胀了的绝望的自我打击我们本来已经相当脆弱的心灵。显然,这并不是我们愿意见到的文学,也不是我们需要的精神。

路遥正是在这个意义上出现的一个强者,他用苦难筑成了牢固的信仰,用崇高的精神建构了文学的金字塔。与他的小说为伍,我们感受到的是一种力量与希冀。

虽然仍然有迷茫，而他那良知与高度责任感的写作带给我们一个出口，这个出口往往通向一个神圣的家园所在。路遥便正是靠着它得以持守住心灵的家园，在那块纯洁的净土上，他辛勤地为劳动大众耕耘着，这就是意义的诞生。在这样一个写作意义缺席的年代里，这意义是实在的、清晰的，它超越了可能性的困惑与迷茫，也带给了路遥无尽的创作源泉。无疑，路遥的创作指示了一个明确的方向，这方向是对这个年代许多作家创作的嘲讽，特别是那些以游戏为目的的作家们，路遥的态度都是一面无可逃避的旗帜。

路遥令我们无可逃避，同样，《平凡的世界》也需要我们正视它。前面我已经说过，它具有几点特别之处，这几点特别又同时昭示了文坛某些粗俗的现象。现在，我们就以一种客观来面对这部新时期以来罕见的巨作。

如果我们的评论家能够更加广泛地接触一些民众而不仅仅是圈子里面的人，那么我们就会知道，《平凡的世界》的读者面是最广泛的。相对于别的小说而言，它不仅让那么多的读者读它，而且也让那么多的读者迷它。很久以来，这种效应已经在新时期文学中渐渐消失了，它之所以还能得到众多读者的青睐，这不能不说是它的魅力。这是又一次现实主义创作方法的胜利，虽然它被冷落多年，但《平凡的世界》再次印证了现实主义没有过时。正如路遥所持的观点，写一部作品并不存在方法的优劣问题，无论是现实主义还是现代主义抑或后现代主义，它们都不存在矛盾与对立的。对于一部作品而言，采取什么方法都无关紧要，关键在于用什么方法适合于自己的表达。只要是适当的，那都是可取的。面对这样一部宏构，路遥选择了现实主义方法，这与路遥本人有关。而用现实主义方法创作也并不就等于路遥对现代主义或后现代主义的否定。恰好相反，如果有必要，路遥同样可以用最时髦的后现代主义方法进行创作。因此说，谈论什么方法都是次要的，重要的在于作家愿意用什么形式来表达什么内容。也即从这意义上说，我对许多评论家由于《平凡的世界》中的现实主义方法就对它加以指责或望而却步感到悲哀。不容否认，现在相当一批评论家已经只能评论一些后现代主义作品，他们津津乐道的也是什么后现代主义，他们只对技巧与形式感兴趣，一谈到内容，他们便嗤之以鼻，以为是古董。在此，我并不是想否定后现代主义（我同样很欣赏），而是想说，这样片面与短视的评论家早晚有一天是否也会被新流派新主义的激进批评家视为古董？

实际上，任何创作方法与原则都并不存在孰优孰劣的问题，问题在于，任何一种创作方法是否对每一位作家都适合？如果片面地在技巧与形式上求新，而在内容上老旧不堪，那又有何新意可言？如果我们清醒一点看待每一部名著的出现的话，那么一个事实也便昭然若揭，那就是：没有内容与精神的超越性震撼（即新与异的震撼），那么任何技术的翻新都不会给我们带来名著的营养。我之所以认同了《平凡的世界》是一部巨著，其原因大抵也就在此。在我看来，《平凡的世界》以煌煌百万言这样长的篇幅取得了众多读者最大的共鸣，这不是件简单的事。只有名著才有如此的分量。虽然如今已经有好些人对感动与流泪不屑一顾甚至极尽嘲讽，但我却仍然认为它是名著得以确立的相当重要的因素。一部不会震撼人心的作品是很难留在人们记忆之中的，即便留下了也是不长久的。

　　然而，就是面对这样一部给人们心灵带来无尽滋养的恢宏巨作，评论界却一直没有给予应有的重视。我至今仍无法拂去最初读《平凡的世界》时的那种感动以及孙少平对我们思想的深刻影响，同时，我也不会忘记那么多读者谈论它时所现出的那种由衷的共鸣与激情。然而，评论家沉默了，新闻界也沉默了，我一直无法揣摩个中原因。唯一值得推敲的是，评论家没有时间去看这样一部百万言大作，抑或嫌弃它是一部古董（现实主义作品）呢？我想，两者兼而有之，同时也刻画出了时代评论家的浮躁。正是由于浮躁，他们没有时间（虽然《平凡的世界》的读者都几乎只花了两三天就一口气把它读完了），因而也不会知道众多读者的声音（因为高高在上）；也正是由于浮躁，他们更愿意追星逐利，而不愿意追逐过时的路遥（因为后现代主义作家时髦红火）。很明显，现在的评论家几乎无法代表广大读者的声音了（虽然并不都需要这种代表），他们不仅无视自己作为读者的最为重要的身份，也无视他们的职责（把真正的好作品推荐给广大读者）。他们都愿意把自己作家化（即只愿意生活在作家圈子中间），并以捧这圈子里的作家为能事。我不知道这样的评论家该称为读者评论家还是朋友评论家，或者更直接一些，是关系户评论家？

　　这样的悲哀（抑或可耻）早晚有一天是要过去的，而这样的评论家以及捧出来的作家也早晚要被时间淘洗而去。想起路遥，我们就有许多话要说，因为他指正了一个方向，这是作家应该努力的方向。

　　　　　　　　　　——傅　翔《灵感：苦难与良知的精神——论路遥》

时代呼唤路遥精神

　　路遥用"凤凰涅槃"的方式将自己平凡的生命与他的作品融为一体，从而升华出新的力量和光辉。

二十年前,我开始看路遥作品,到后来研究路遥的一生,上千万字的阅读之后,一个问题一直萦绕着我:是什么吸引着我去探寻路遥?

路遥用"凤凰涅槃"的方式将自己平凡的生命与他的作品融为一体,从而升华出新的力量和光辉,那就是"用爱和责任所铸就的追求梦想的——路遥精神"。从而惠泽亿万大众的心灵,这种力量已经成为千千万万读者励志向前的动力和精神财富。当你拥有这种精神,你将会勇敢地面对生活的挑战,在平凡的世界里踏踏实实地生活。

"像牛一样劳动、像土地一样奉献"正是"路遥精神"的形象表述。以此让我们来共同解读"路遥精神"的内涵。

首先从路遥作品层面看,无论是《人生》《惊心动魄的一幕》《在困难的日子里》,还是《平凡的世界》《早晨从中午开始》,都让我们看到的是人性中爱的光辉。美丽善良的刘巧珍、忠于人民的马延雄、坚强不屈的马建强、励志向上的孙少平、忠贞爱情的田晓霞,包括用生命实现梦想的路遥自己。在他们身上让我们看到了平凡人的爱,无论是对自己的爱,还是对亲友的爱,对土地的爱,以及对社会的爱,更为之天下的大爱,他们把这种爱化为责任,使他们在平凡的现实生活中精神充实,追求美好爱情,励志创业,面对困难无所畏惧。

当你读懂路遥笔下的人物、故事,也就读懂了生活,读懂了人生。在路遥作品面前,我们都是一位平凡的读者,感悟自己平凡的人生:

是路遥的《人生》让我对社会有了新的认识,开始思考我的人生。——贾章柯

是路遥的《人生》改变了我的人生。——马云

《平凡的世界》这部书我看了七遍。——潘石屹

路遥的作品是逼近人性本质的,达到世界文学水平的高度。——安本实(日本研究路遥学者)

是的,让我们心中充满爱,让爱转变为责任,去实现爱的承诺,"爱和责任"正是路遥作品所要表达的精神实质。

其次从路遥传奇的人生历程层面所表现出的精神品质,是一种坚强和自我牺牲,一种"爱的英雄主义精神"。路遥亲历了从新中国的诞生到十年"文革"以及改革开放这三个具有历史转折期的时间点。无论是童年的苦难,还是"文革"中的大起大落,以及成功后的喜悦,都没有让他忘记"责任"比生命还重要。在面对生命和责任的命运选择中。面对父老乡亲,面对读者,他用自己的全部,他用"英雄主义"的方式选择了责任,用一种无比博大的爱给予了无私的回馈。这种精神影响了无数人。

路遥和《平凡的世界》里的人民一样永生。——陈忠实

路遥是陕西文学的英雄。——贾平凹

是的，正是这"爱的英雄主义精神"造就了路遥，造就了一位无愧于时代的伟大作家。

由以上两层内涵，我们可以清楚地看到，路遥把生命注入了文学，文学延续了他的生命，形成了"用爱和责任铸就追求梦想的——路遥精神"。

让我们用读者的视野来描述一下路遥精神给我们带来了什么？

路遥精神就像一盏明灯照亮人生的黑暗处。

路遥精神就像一知己好友，想你所想。

路遥精神就像一位好兄长，拍拍你的肩膀默默助你前行。

路遥精神就像一见钟情的好姑娘，让你满心欢喜。

路遥精神就像一位慈母始终守护着你的心灵家园。

这些正是我们生活中的支点，也是生命的意义，当你拥有了这些精神食粮你将无比强大，勇敢面对生活的艰险，安心享受爱的滋润，真真实实地生活。

人无精神，如同行尸走肉，当我们的国家在解决了大多数人温饱问题走向富裕时，精神"温饱"的问题已尤为突出，近几年来一件件可怕的事件令我们触目惊心，不寒而栗，精神缺失已到了悬崖边缘，用什么来拯救这些侵蚀我们国家的丑态万象呢？只有法律和精神同治才是大道，才是长远之计。

"用爱和责任铸就追求梦想的——路遥精神"是继承和发扬了中华文化精髓，兼容并蓄了世界经典文化的形态，从而形成了具有现实意义的普世思想，正是这样的精神开始惠及大众，正是这样的精神已改变了千万青年的命运，正是这样的精神成为亿万农民的精神食粮，正是这样的精神激励着一代又一代的数以亿计的读者用爱和责任追求美好的梦想，今天时代呼唤路遥精神，正是呼唤我们的精神回归，寻找属于自己的真正精神家园，让路遥精神与我们同在，让路遥精神与时代同行。

——刘瑞平

第九章

处 暑

"七月中,处,止也,
暑气至此而止矣。"
——《月令七十二候集解》

只有看清你所处的环境,才有可能看清你自己。别人不是唯一的,你也不是唯一的。

——路遥《早晨从中午开始》

· 获奖 ·

我尽量不使自己抱太大希望

> 这个奖对我还是重要的。另外,也想给西北和老陕争点光,迄今为止,西北还未能拿这个奖。

致白烨

白烨兄:

您好。

大札早已收读,本想及早复信,结果病了一场,加之有许多紧急家务事,拖至今日,十分抱歉。

感谢您为我的事做了许多工作,您是一个实在人,相处一起很愉快。上次因急着去咸阳,吃饭未陪完您,很感内疚,有机会回西安,咱们再好好聊聊。

评奖一事,我尽量不使自己抱太大希望,今日中国之事随处都是翻云覆雨,加之我这人不好交往人,只能靠作品本身去争取。朱寨、蔡葵、老顾等人虽交往不多,但我相信和信任他们,他们是凭学识和水平发言的,我内心对他们都很尊重。至于其他人,我大部分都不熟悉。在北京方面,我主要靠雷达和您"活动"了。另外,望兄考虑一下,见了阎纲和周明以及炳银、抒雁等老陕,也请他们能帮做点工作。这就靠你跟他们说说,我虽然和他们关系都要好,但不好直接说,相信他们在评委中各有一些熟人,评委原十六人,现看报道,康濯已死了。尽管中国是这个样子,但这个奖对我还是重要的。另外,也想给西北和老陕争点光,迄今为止,西北还未能拿这个奖。这一届作品中,凭良心说,我的作品还是具备竞争力的。

您什么时间还回陕西?请能及时告知,这里或陕北老家有什么事需要帮助,尽管说,当会全力以赴的。希望您能看开的,不必为处分之类的事多虑,都是过来人了，这些并不能限制人，反而会促使人换个角度去生活和奋斗，说不定有种豆得瓜之欢愉呢！

致敬意

路　遥
一九九一年一月二十三日

——延安大学路遥文学馆收藏

"大作获奖，已成定局，……"

据路遥事后说，那天下午，他在家里坐卧不安，总觉得有什么事……

那一届茅盾文学奖的评选，因为文学的和非文学的种种原因，竞争十分激烈。《平凡的世界》能不能最终获奖，朋友们都在心里捏一把汗。我记得在评委们刚投完票，有个结果之后，先是蔡葵从评奖会场出来给我打了一个电话，轻声告我刚刚投完票，《平凡的世界》评上了。稍后，朱寨又出来给我打电话说《平凡的世界》得票第二高，获奖没问题了。我说，不会有什么变化吧，他说还要报中宣部审批，一般不会有问题。我说那我就告诉路遥了，他说当然可以，并代我们致贺。于是，我即刻从单位骑车赶到附近的地安门邮局，兴冲冲地去给路遥打电报。记得电文是这样写的："大作获奖，已成定局，朱蔡雷白同贺。"这里的"朱"是朱寨，"蔡"是蔡葵，"雷"是雷达，"白"是本人。这个电报当天就到了陕西作协，据路遥事后说，那天下午，他在家里坐卧不安，总觉得有什么事，便到作协院子溜达走到门房，看见门口的信插里有一封电报，觉得可能跟自己有关，拿到手上一看，正是我打给他的报喜电报。他兴奋得要跳起来，想找人分享这份喜悦，可那时的作协大院一片寂静，连个过路的人都没有。他只好把这份喜悦收在心底，独自品味。

——白　烨《是纪念，也是回报》

第 九 章／处 暑

黄叶拾零

茅盾文学奖评选揭晓

被誉为当今全国最高文学大奖的第三届茅盾文学奖评奖今天在北京揭晓。六位作家的五部作品获奖：路遥的《平凡的世界》，凌力的《少年天子》，孙力、余小惠的《都市风流》，刘白羽的《第二个太阳》，霍达的《穆斯林的葬礼》。另有老将军萧克的《浴血罗霄》和已去世的徐兴业教授的《金瓯缺》获荣誉奖。

路遥（左一）在中国作家协会
第三届茅盾文学奖颁奖大会上

由中国作家协会主办的茅盾文学奖是根据茅盾先生生前遗愿于1981年设立的，意在推出和褒奖长篇小说作家和作品。本届评选范围为1985—1986年间发表的长篇小说，1988年12月，中国作协党组决定筹备评选第三届茅盾文学奖。历时两年多，经过挑选推荐，初评审读，以陈荒煤、冯牧、马烽等专家组成的评委会对遴选的十七部作品进行了评议研究，正式评定了当选作品。

在今天的新闻发布会上，负责评选工作的中国作协党组副书记玛拉沁夫介绍说，本届获奖作品从总体水平看，较以前有较大的突破。

这是官方正式消息，《平凡的世界》不仅获奖，而且排名第一。

——摘自《人民日报》1991年3月10日

今后再不要获什么奖了！

望着头顶上的明月，我感慨万千。是啊，一个获得茅盾文学奖的人，因为没有路费去领奖，更没有钱去买自己写的书，这是何等的不可思议，而这个领奖的人不久就要离开人世了。

我回到延安后，赶快跑到各县采访，六年了，我确实没有全身心地投入到我的工作上，现在想起来都很对不起《延安日报》社。就在我到富县采访时，路遥用电话直把我寻到一个乡镇上。他告诉我，《平凡的世界》获了茅盾文学奖，而且是排在第一位。我俩在电话里很长时间没有说话，心情太复杂了。我当然为此无比兴奋，但一想到他的身体我就浑身发抖。路遥在电话上告诉我，领奖去还是没有钱，路费是借到了，但到北京得请客，还要买一百套《平凡的世界》送人，让我再想一下办法。我一个人放下电话在田野里走了很长时间，望着头顶上的明月，我感慨万千。是啊，一个获得茅盾文学奖的人，因为没有路费去领奖，更没有钱去买自己写的书，这是何等的不可思议，而这个领奖的人不久就要离开人世了。他在六年的万里长征中，流血、流汗，结果是两手空空。这位原准备站在诺贝尔文学奖领奖台发表演讲的作家，没想到他的命运是如此的悲壮。……我迅速赶回延安，走进了当时在该地区有非常实权的一位朋友的办公室。当我把路遥目前存在的困难向他说明后，他惊得从办公室桌子后面站了起来，面对房顶半天没有讲话，这位精通俄语的领导，用俄语说："这是天大的笑话。"他立即找来一个人士，说先拿五千元，立即送给路遥，让他在北京把所有的发票给我带回来，在延安地区想办法给他报销。他说这一辈子他是唯一的一次犯错误了。我拿着五千元赶到西安，这时路遥已到火车站。当我把拿钱的经过向他叙述后，并告诉他今后再不要获什么奖了，如果拿了诺贝尔文学奖，我可给你找不来外汇。路遥只说了一句话：他妈的文学。

——王天乐《苦难是他永恒的伴侣》

一顿饭把五千元奖金吃完了

那种率性、土气又亲切的场面，我至今记忆犹新。

后来，他来北京领奖，到北京的傍晚就给我打来电话，我约了雷达赶到他下榻的华都饭店，三人不坐沙发，不坐床榻，就在地毯上席地而坐，促膝畅谈，那种率性、土气又亲切的场面，我至今记忆犹新。那个时候的茅盾文学奖，奖金只有五千元。领完奖，路遥约了在北京文学界的陕西乡党在台基厂附近一家饭店聚餐庆贺，因不断有人加入，一桌变成两桌，两桌又变成三桌，结果一顿饭把五千元奖金吃完了。

——白　烨《是纪念，也是回报》

第九章／处暑

获奖致辞

> 人民生活的大树万古长青，我们栖息于它的枝头就会情不自禁地为此而歌唱。

在颁奖大会上，路遥代表获奖者致辞。他没有念事先精心准备的《生活的大树万古长青》，而是这篇不足五百字的"致辞"。

非常感谢评委们将本届茅盾文学奖授予我们几个人。本来，还应该有许多朋友当之无愧地领受这一荣誉。获奖并不意味着作品的完全成功。对于作家来说，他们的劳动成果不仅要接受当代眼光的评估，还要经受历史眼光的审视。

以伟大先驱茅盾先生的名字命名的这个文学奖，它给作家带来的不仅是荣誉，更重要的是责任。我们的责任不是为自己或少数人写作，而是应该全心全意全力满足广大人民大众的精神需要。我国各民族劳动人民创造了辉煌的历史、壮丽的生活，也用她的乳汁养育了作家艺术家。人民是我们的母亲，生活是艺术的源泉。人民生活的大树万古长青，我们栖息于它的枝头就会情不自禁地为此而歌唱。只有不丧失普通劳动者的感觉，我们才有可能把握社会历史进程的主流，才有可能创造出真正有价值的艺术品。因此，全身心地投入到生活之中，在无数胼手胝足创造伟大历史、伟大现实、伟大未来的劳动人民身上领悟人生的大境界、艺术的大境界应该是我们毕生的追求；因此，对我们来说，今天的这个地方就不应该是终点，而应该是一个新的起点。

谢谢。

——路　遥

他对弟兄们只说了一句话

"以后要靠自己。"

获茅盾文学奖后，他请作协的青年人到"太阳神"酒家喝酒。那一天下着雨，百叶窗外雨中的街景有一种凄迷的美。柔曼沉郁的音乐声中，一群青年朋友喝得淋漓酣畅、笑语喧哗，路遥则坐在一旁，微笑着默默无语。大家向他敬酒表示祝贺时，他对弟兄们只说了一句话：

"以后要靠自己。"

——邢小利《路遥侧记》

黄叶拾零

两肋插刀

我回到住处，见门开着，心里就有点奇怪。推门一看，更是吃惊，只见路遥仰脸躺在我的床上，地动山摇般打着鼾酣睡。我没叫他，他自己倒先醒了，眯着眼睛看我，说："你打扮得像个女人一样，哪里去了？"我没有理他，仰脸看着房顶。他递给我一个小纸片，道："你看看这个怎样？"我没好气地说："看不懂你的东西。"路遥一下子火了，猫着腰，乍着胳膊，拐着脖子，在屋子里疾走起来，一边走，一边骂："尘世也少见你这样的'孙子'。你拉着个死人眉眼让谁看？无缘无故欺负我做什么？我在你的事上，一点错也没有，硬要说有错，那就是当年认识了你这个'瞎熊'！"骂完之后，才心平气和地给我说："你与其去宁夏，还不如去青海。"

我一下子愣了，问："你怎么知道我要去宁夏？"他没回答我的问题，接着说："最近，《当代》杂志的副主编孟伟哉去青海当省委宣传部副部长兼文化厅厅长，他新办一个刊物，叫《现代人》，正在全国范围内招揽人才，这可能是个机会。"

我一听这话，一肚子气早散的个干净，忙问他："你和孟伟哉熟悉？"

他说："这正是我们要商量的问题。我和孟伟哉熟悉，但关系有点特殊。我的第一个中篇小说《惊心动魄的一幕》在《当代》发表时，孟伟哉持谨慎态度。后来这小说获全国首届中篇小说奖，证明他的谨慎有点过分。你好好想想，这种情况下，我向孟伟哉推荐你，成功的可能性有多大？我们之间发生的这点事，是积极因素还是消极因素？"

我顾不上他说的话了，只觉得路遥比平时更可亲，想起自己这些天对他的揣度，觉得特别惶愧，眼睛一热，说："老哥，我好像错怪你了。"

他挥了挥手，说："别说这种淡话了。这是准备给孟伟哉打电话说的大致内容，你认真看合适不合适——我们在走钢丝，应该排除任何技术上的错误。"

我是认真看了，但确实没看清上面写些什么，因为我的脑子太乱了。我胡乱点了点头，表示没有什么意见。于是，我们就去给孟伟哉打电话。

电话是在省文化厅办公室打的，在这里，我第一次见到了路遥的谦恭和低声下气。他的手紧握着话筒的底端，腰深深地猫着，满脸都是灿烂的笑容，说的每一句话都似乎在为对方着想，生怕对方为难，但同时又有着很难抵挡的说服力，仿佛谁不帮他这个忙就对不起老天似的。我无法听到电话那头孟伟哉的话，但从路遥的态度上感觉到事情成功了。他一放下电话，立刻就开始骂我，骂得"揪心割肠"。这时我才知道，编辑部留我看稿子的事他也知道，王润华推荐我的当天晚上领导就向他问了我的情况。他不住地数落，我不住地点头，好容易才挨过了这一关。

　　最后，他给孟伟哉写了一封信，要我到西宁和孟见面。那封信的节文如下：
老孟：
　　您好。
　　上次冒昧用电话打扰您，实在对不起。和你短暂接触几次，觉得你是一个胸怀宽阔和目光远大的人，因此，作为晚辈可以和您率直对话。这种率直，丝毫不影响内心对您的敬重。
　　我的同学海波，多年一直热爱文学，并在很艰难的生活条件下坚持不懈，也发过一些东西。因此，不久前延安地区将其破格招工。本人向往去青海工作和生活，求我做一介绍。青海我没熟人，突然想到了您，便冒昧将他介绍来，您看是否能给安排。这要根据你的情况来决定，千万不要为难。有关他的情况，由本人向您面述。
　　顺致
　　　　崇高的敬礼

　　　　　　　　　　　　　　　　　　　　　　　　　路遥85．元．29

　　去青海很顺利，我很快就被借调到青海省文化厅，具体工作是《现代人》编辑部的编辑。从此，我离开了乡下，进入了大城市。

　　　　　　　　　　　　　　　　　　　——海　波《我所认识的路遥》

帮助拼搏者

　　据我所知，他给许多人解决过困难，分担过忧愁，甚至利用繁忙的创作之暇设法为不少人介绍和调动了工作……

但真正了解路遥的人，都知道他乐于助人，同情弱者，同情不畏艰险顽强拼搏于苦难中的跋涉者。由于他自己出身寒微曾有过痛苦的经历，便造就了他这一个性底蕴。据我所知，他给许多人解决过困难，分担过忧愁，甚至利用繁忙的创作之暇设法为不少人介绍和调动了工作，有的写信，有的打电话，也有他亲自奔波的。我随口就能道出几个人的名字来，包括我的切身大事，他也帮了不少忙，替我担心和着急，几乎每次见面就问："最近怎么样？进展如何？渠道疏通了没有？"等等。我向他如实"交待"，然后交换意见，商议一番，再付诸实施。我的饭碗问题，他关怀备至，耗了不少苦心，为此我非常感激他。在路遥和许多人士的帮助下，经省人才研究中心鉴定，报省劳人厅和有关领导批准，我被破格录用为国家干部。凭良心说，我之所以能由一个流浪汉混得有碗饭吃，除自己那些羞于启齿的作品外，是与他们的帮助分不开的。我将永远记着他们。路遥知道我被招干的消息后，和我同样兴奋，一见面就说："祝贺你，浪人。你的漂泊生涯结束了！"我听出他在故意逗趣，便说："其中也有你的辛苦哩，但你还把我当作浪人的好，我已经收刹不住了。"我俩一笑，随之我感叹人生坎坷，命运多舛，自己起点太低，从土里掘出来何等不易，付出的太多了。他却又道："有付出必有收获，付出的你应该让他加倍地偿还，把它变成财富。"路遥这样的胸怀，这样认识困境，对我不能没有感染力。

——黄河浪《远去的背影》

为路遥难过

  在我的印象里，他都是说这些人的好话。

  《平凡的世界》出版后，我又给陕西的作者出了一些书，有的书稿是路遥推荐的，有的不是。但不管是不是他推荐的，他都说这些人写东西不容易，让我尽量想办法出版。在我的印象里，他都是说这些人的好话，没有说过任何一个人的坏话。我知道他是真诚地想帮他们。有的书最终没能出版，是因为我人微言轻，能力有限，不能说服我的领导，与路遥无关。路遥去世后，我听到有人说的一些闲话，心里很为路遥难过：这就是他视为朋友并曾经帮助过的人吗？

——李金玉《平凡的世界　辉煌的人生》

第九章 / 处暑

献给我的弟弟王天乐

"谨以此书,献给我生活过的土地和岁月。"

路遥终于在 1986 年夏天写完了《平凡的世界》第一部,在这一年当中我相对轻松。路遥在陈家山煤矿写完第一部的三分之二后,剩下的章节就跟我在陕北转着写。他在招待所写稿。我在县、乡、村采访。路遥不用出房费,和我住在一起,我可以报销。晚上他给我念《平凡的世界》,实际上,《平凡的世界》我没有看过,三部全是路遥给我念完的。因为在念的同时,路遥就可以调整和修改字句。

写完第一部后,路遥就在书前面写上:谨以此书,献给我的弟弟王天乐。我坚决反对。我说我决不会跟上你出这处受罪的名。如果你这一写,我在这个世界上就活不成了。人家一看,路遥的弟弟跟上他哥也想出名,我才不做这种好看而易碎的花瓶。路遥说,那我再想一想。最后,他终于写成:谨以此书,献给我生活过的土地和岁月。

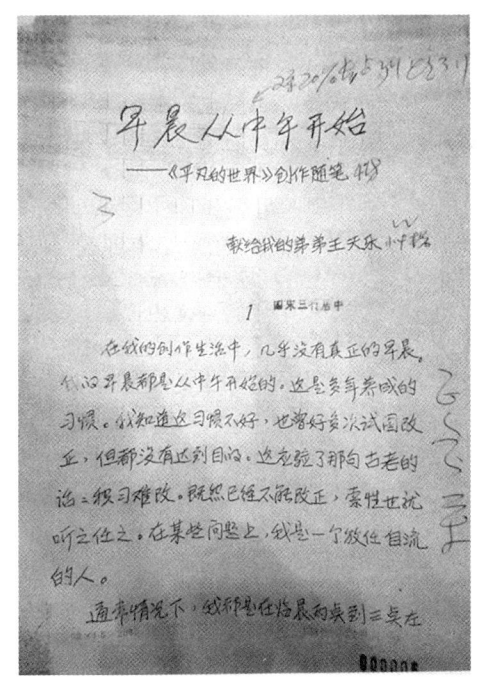

路遥手稿(由梁向阳先生提供)

——王天乐《"平凡的世界"诞生记》

·新的起点·

休　整

> 路遥说他正在读《圣经》《古兰经》，读《莎士比亚全集》。又说，读了《圣经》，再听一些将很平常的道理却讲得很玄虚的理论家的话，就觉得可羞、可笑。由此可以看出路遥的审美理想。他追求平凡、质朴中的深刻和博大。

路遥是那种内向、深沉、严肃的作家。他具有一个真正的作家具备的气质和素质。他不像有些文人那样，有很多的逸闻趣事甚至是荒唐事。大音稀声、大美无言，他常常是默默的，有种雨中白桦林般的忧郁。名声、地位都已显著，但不喜欢广于交游。正午的阳光下，他爱在空落落的院子里独坐。夜里常常一个人在树下转悠，或久久地仰望深邃的夜空。

……20世纪90年代初，长篇小说《平凡的世界》出版并被改编成电视剧播出后，路遥有很长一段时间在休息、调整、读书、思考。早晚可以看到路遥两手插在裤兜里，在院子里悠来转去。有时久久地站在一棵大树下，有时静静地仰头看天上云起云飞，有时候，常常在午后，独自坐在一根横卧地上的粗木上，默默地瞧着地上，瞧着面前的旧屋破砖，仿佛在研读这所老旧院落的历史。

……晚上，路遥常喜欢到院子里一些同志屋里闲聊。海阔天空，天南海北，神聊到夜静更深，或议论国际局势、海湾危机，或说些身边琐事和笑话。有天晚上，在诗人晓雷房子闲聊读书情况，路遥说他正在读《圣经》《古兰经》，读《莎士比亚全集》。他说，像《圣经》这些书，说的都是很深刻的道理，但文字浅显、质朴、简单，像小孩说的话。他很仰慕这种境界。又说，读了《圣经》，再听一些将很平常的道理却讲得很玄虚的理论家的话，就觉得可羞、可笑。由此可以看出路遥的审美理想。他追求平凡、质朴中的深刻和博大。他的小说《人生》《平凡的世界》等,取名既很普通又很阔大,在这些作品中,他以严峻的现实主义笔法,写平凡的世界中普通人的生活和命运,力求写出人生的深度和广度,人的心理世界的深度和广度,社会历史的深度和广度。路遥追求一种博大感,这从他的作品的体裁也可以看出。他很少有短小的作品,别人写短篇时他喜欢写中篇,而一写长篇,就是三部曲。

有人说,路遥的作品中渗透着一种来自作家主体的宗教的或儒家的仁爱思想和感情。路遥认为,仁爱本身并不是坏的东西,它实际上是一种胸怀,是人类的一种目标和理想。世界局势的演变,东西方关系由冷战到缓和,都可以看出,战争不是目的,和平、友谊、进步才是人类的目标。路遥这种观点实际上是一种胸怀整个人类、放眼整个世界看问题的眼光。这并不影响反而有助于他对当下的社会现实问题进行深入的观察和思考。他认为,亚细亚是秩序中有混乱、混乱中又有秩序。

——邢小利《路遥侧记》

酝 酿

> 他要写一部二十万字的长篇小说,题目就叫作《生命树》,……那是关于黄土高坡上亚当和夏娃的历史……
>
> 他又兴奋而激动地说,好,用十年时间写"文化大革命"十年,书名就叫《十年》!

他为我描述他的因穷困和疾病而受尽磨难从而早夭的妹妹的故事,他描述他家乡那黄土沟壑中一棵老槐树,他把妹妹的故事和老树的故事编织在一起,就要写一部二十万字的长篇小说,题目就叫作《生命树》,在这树下发生的几对青年男女的膨胀着的幸福和浓缩着的苦难的经历,那是关于黄土高坡上亚当和夏娃的历史,凝聚着数千年的中国文化沉淀和亿万斯年的黄土堆积……东欧和苏联社会主义雪崩似的解体,使他难以成寐,彻夜与我长谈,他由此而联想到他所熟悉的陕北某城几个老干部家庭的崩溃,他在发出探微,由几个家庭探寻大千世界的奥秘,探寻其中的规律,计划写部较大规模的长篇,题目叫作《崩溃》……我说,在我看来,《平凡的世界》并未动用你最为深刻的生活体验,"文化大革命",才是用生命和鲜血作代价体验过的生活,那是刻骨铭心的生活,正像《平凡的世界》你动用了你三十岁以后的年龄段的十年获得成功一样,写"文化大革命"十年,你花去四十岁以后全段的十年,一定会写成一部远比《平凡的世界》更为深刻的著作。他又兴奋而激动地说,好,用十年时间写"文化大革命"十年,书名就叫《十年》,写他一百万字,把上至中央的斗争与下至基层群众的斗争,把城市的斗争和农村的斗争,穿插交织起来,写出属于自己对"文化大革命"的独特判断和剖析……我能感觉得到,此刻的路遥,已不是写《平凡的世界》的路遥,他对社会和世界的思索,他对艺术本体的探求,已经远为深邃和宏阔了。他已不满足于对客观世界的呆板摹写,也不满足对人的社会活动的烦冗描述,他要把生命本源和社会底蕴中的秘密揭示出来。他那永不满足的灵魂已经漂洋过海,神往北欧的皇家科学院一项最具权威性的奖项了。就像他曾玩笑说"要拿茅盾老先生几个钱",他现在想拿的是"诺贝尔老先生的几个钱"了。其实,我知道,钱对他来说并不十分具有吸引力,他一生最讨厌的东西就是钱,最不愿意干的事就是数钱,他每次不得不数钱买东西以后,就是立刻用清水洗手。对他真正有吸引力的是荣誉,是成就,他总是期待最高的荣誉和最高成就,期待出类拔萃和出人头地,他毫不掩饰地表示,不拒绝鲜花和红地毯……为了这个目标,他可以彻夜不眠,可以一根黄瓜一个馒头,一边走一边咬,就算吃了一顿饭;可以撇开城市的安乐窝,去大漠和朔风中徜徉,去矿坑和掌子面挥镐挥锹;可以把十年的报纸一天不漏地披阅摘引,可以把古今中外名著摆满脚地夜以继日地苦读。

前年开始,他把阅读的兴趣转向历史,他读《新唐书》《旧唐书》,读《资治通鉴》,他专门买了豪华型版本的《二十四史》,要随时查阅。谈到兴奋激动的时候,就要向我推荐,他说《万历十五年》这本书对中国官场的摹写和对政治改革的解剖达到了难以企及的程度,他惊异一个美国人何以把中国的历史研究得如此精到和透彻。他说柏杨的《中国人史纲》是一部非常独到的历史著作,他说柏杨的杂文并没有引起他多大兴趣,而读了他的这部史书,才深知他是一位大家……他如此如饥似渴地贪婪地穷经探史,是想建立他自身的思想深度和广度,进而构筑他的未来作品的深度和广度……这无疑是一次新的更为辉煌的进军……

——晓　雷《雪菲菲兮天垂》

第九章／处暑

抱病求援

>　　……这是中国文坛的悲剧。在万般无奈的情况下，路遥抱病找母校求援，我们不管从情从理哪一方面说，都是应当帮助解决的，也可以说是义不容辞的。

"出师未捷身先死，长使英雄泪满襟"的名句，千百年来使多少人读之感伤。路遥的经历，大体亦然。正是在他事业到辉煌之际，突然病魔缠身，一蹶不振。1992年8月住进延安市人民医院，……记得路遥抱病来延安的时候，我正好在北京准备去日本访问，而且机票已经买下，原定计划难以调整。一位朋友在电话里告诉我，这次路遥来延安给我写了一封信，主要说的是，由陈泽顺选编的五卷本《路遥文集》已由出版社排出清样，但缺五万元印刷费不出书，这次抱病来延安求援，希望我能给予帮助协调解决这一燃眉之急。我听了之后，十分着急和感慨，当即回答等我访日归来，尽快研究，尽力而为。半月后，我回到了学校，看了路遥的信，心情久久无法平静，思考良久，终于想出了一个解决五万元经费的办法，随即召开了党政领导办公会。我说，一个获得长篇小说创作全国最高奖赏的作家，书稿排出清样，因为缺少五万元而不能出书，这是中国文坛的悲剧。在万般无奈的情况下，路遥抱病找母校求援，我们不管从情从理哪一方面说，都是应当帮助解决的，也可以说是义不容辞的。接着我说出了解决的办法，那就是学校拿出五万元，寄给出版社，待《路遥文集》出版之后，出版社给延大五万元价值的《路遥文集》。这些书回来之后，大部分留在学校图书馆，供广大师生借阅，一部分给中文系资料室，再留一部分给学校办公室，作为礼品赠送嘉宾，同时也宣传了延大。我说完之后，与会领导全部同意这一方案，并很快就落到实处。

　　问题解决之后，我乘去西安开会之便，急匆匆去西京医院看望路遥。那时的路遥已病入膏肓、危在旦夕。当我告诉他五万元出书经费已经解决时，他蜡黄的脸上露出了欣慰的笑容，用他那干枯的大手，费力地紧握我的手，连说"谢谢"。看到他的病容和虚弱的身体，我像触电一样，浑身发软，热泪盈眶。一个多么自信坚强、志存高远的陕北硬汉，竟然病成这样！我只说了"应该，应该"，就无法再说下去了。我们坐下之后，他给我说，省委已经内定，省作协换届时，让他担任省作协主席。说他还有很多事情要做，病好之后要更加努力地工作。说他特别想吃他母亲做的和和饭……

——申沛昌《十五年后忆路遥》

抱　怨

有出版社找路遥想出版该书，这样他可再拿一次稿费，可路遥没有答应。我知道他是不愿让我为难。

《平凡的世界》获奖之后，我社重新设计出版了新的版本。因为当初出版时是按千字二十元给的稿费，以后每次再版只有很少的印数稿费，就是说，获奖后，路遥在经济上在出版社得不到丝毫的好处，而当时，他很需要钱。据说，他来京领奖时带的两千块钱都是借的。这时候，有出版社找路遥想出版该书，这样他可再拿一次稿费，可路遥没有答应。我知道他是不愿让我为难。但是我社领导对路遥的冷漠态度让路遥颇有微词，几次在信中抱怨。我对此也无能为力，因为我只是一个普通的编辑，很多事情我无法左右，社内复杂的人际关系更是无法跟他说得清楚。后来，路遥给我社当时的主要领导赵寻同志写了一封信，由我转交，内容是家庭有困难希望出版社能在稿费上给予适当补助。赵寻同志指示给路遥补助稿费一万元。

——李金玉《平凡的世界　辉煌的人生》

黄叶拾零

路遥的"穷"和"大方"

我说他穷，不是指他未参加工作之前，而是指他参加工作之后，在全国声名大振之后；不是和我比，不是和我认识的其他名家比，而是和一般的双职工家庭比。他穷的原因并不复杂：一是挣得不多，二是花得不少。

路遥的工资不高，具体多少我记不清，只记得我在青海那年，他的工资比我的还低。1991年底,他被评为"国家有突出贡献专家"和"陕西省有突出贡献的专家",有一点津贴,但也很有限,国家的津贴好像是每月一百元,省上的他没说过,估计不会更多。那么路遥的稿费多吗?据我所知,不多,甚至可以说少得可笑。别的不说,光说他在全国获奖作品的稿费:《惊心动魄的一幕》五百元,《人生》一千三百元,而长达百万字的巨著《平凡的世界》最多也不过是三万元(每千字三十元)。这些都是路遥告诉我的,时间长了也许记得不太准确。但有一宗稿费我是清楚的,那就是电视剧《平凡的世界》的著作权报酬。1989年的一天,我去找他,他说:"今天不能坐在家里'拉话',得去一回第四军医大学招待所,你若不忙,和我一块去,咱们边走边'拉'。"我也没问他去做什么,就跟他去了。去了之后,才知道是和中央电视台《平凡的世界》剧组见面。见了后,对方没说多少话,只是给了路遥一个信封,说:"这是你的著作权报酬。"路遥自己没接,示意我收起来。离开那里后,我们到一个饭店里吃饭,拿出来一数,总共680元。我说:"就这一点?"他只是苦笑。

路遥虽穷,但却出奇的大方,大方得让人意外。他的烟瘾很大,一天抽两包以上,且不肯"量入为出",抽的都是好烟。他喜欢喝咖啡,至少从1982年开始就喝那种"三合一"的袋装咖啡。

为什么说"至少从1982年开始"呢?因为我从这一年发现他喝咖啡的,以前好像没见过。1982年开春,我参加省上的一个会议。具体是什么会议我记不清了,只记得在止园饭店召开,路遥也在会议上。会议上的伙食很不错,但路遥却不满意,放着现成早餐不吃,硬拉了我到一家咖啡店吃西式早点。那时候这种咖啡店很少,属于高消费,两个人吃一顿早点得花近十元钱。我那时每月工资只有四十四元九角二分,虽然不用我出钱,但看着也着急,吃一顿啰唆一场,劝他:"不要耍这个'洋把戏'了。"他不但不听,还笑我"球貌鬼态",说:"像我们这样出身的人,最大的敌人是自己看不起自己,需要一种格外的张扬来抵消格外的自卑。"见他把问题提到了"理论的高度",我自然不便再说什么,恭敬不如从命。几天吃下来,我竟然完全适应了这"洋把戏",早上一起来就直奔那个小店。一天早上,我等了好长时间不见路遥来,赶回去想吃会议上的早点,也误了,结果整整饿了一个上午。中午我问他:"为何半途而废?"他说:"没钱了。不废也得废。"——原来他这种"奢侈"也不经常,那段时间他正好收到一笔稿费,化成了十元面额的一小叠压在枕头下,一天摸一张。那天早上去摸,不见了,原来是爱人收起来了。

路遥虽然缺钱,但骨子里却看不起钱,羞于说钱。我和他朋友几十年,他只有两次提到钱。一次在1988年前后,他打电话叫我过去,说有要紧事商量。我当时正在西北大学作家班学习,总以为他又发现什么好书了,放下课本飞奔过去。去了才知道他不是给介绍好书,而是想和我一块做生意。他有一朋友是飞行员,能从广东、福建那边往西安捎牛仔裤,要我出面在西安登记一店铺,和他合伙做这生意,并说:"进货的本钱和运输全不要你管,你只管去卖;有风险我们承担,有利润咱们均分。"现在想起来这应该是好生意,对我来说是最保险的生意;但当时的我却断然不能接受,不但不能接受，反而认为他小看我，反问他说："你把我看成做生意的人了吗？"他无奈地看着我，好半天不说话，只是深深地叹气。

另外一次好像在1990年，有一天，他对我说："实在穷得没办法了，能不能找个挣钱的事做，写报告文学也行。"当时我正给西影短片部筹划一部电视剧，出资方是汉中市西乡县政府，这个县的副县长吕阳平和我关系很好，我就把这事告诉了他。吕阳平很爽快地答应了，说：他们县有一名高中生在全国奥林匹克物理竞赛中获得第一名，如果路遥能写写这个人，对他们县的教育事业肯定有促进作用。我把这个情况给路遥一说，他答应了，但有一个条件：要我和他一块去。当时我正忙得要死，很难抽出时间来；但他这样说，我只好同意，于是就准备出发。谁料我和西乡方面联系好，把车票买好，准备出发时，他又不愿意去了，"觉得别扭"。我一下子着急了，连劝带逼才把他领到西乡。

西乡县的领导对此事十分重视，县长刘维隆天天陪我们吃饭，副县长吕阳平几乎全程和我们一块采访。采访很顺利地完成了，只差稿子了。谁知路遥又后悔了，不写了，要我写。当时我正在陕北拍一个电视专题片，哪里有工夫？再说，人家是冲着路遥的名气来的，我写了未必能交差，我向吕阳平说了实情，这事才算不了了之。

——海　波《我所认识的路遥》

卖自己的名字

路遥曾经向朋友张晓光求助："我实在穷得可怕，你认识那么多企业家，能不能帮我找一个经理厂长，我给人家写篇报告文学，给我挣几个钱。你知道，《平凡的世界》那点稿费，还不够我这几年抽烟的钱。茅盾文学奖的奖金除了应酬文学界的朋友，就是还债。我不怕你笑话，给女儿买钢琴，我还是借的钱。"张晓光问他写一篇报告文学要多少钱，路遥伸出五个手指："五千吧！这是我第一次卖自己的名字给别人……"

——葛维樱《回望路遥》

不行，咱们得赚点钱

没有人会相信作家缺钱，更没有人会相信路遥这样明星级作家缺钱。他的猝然病逝沉重地打击了读者、朋友和同辈人，阴霾久久地笼罩着人们的心，哀伤和惋惜之情以不同的方式从不同人的身上流泻出来。一位很久未见的青年朋友登门拜访，感叹唏嘘地对我说："作家太可怜了，辛辛苦苦地写呀写，一辈子手里能有几个钱？像路遥这样的也不过二三十万吧？"

第九章／处暑

二三十万？我愣愣地望他一眼，沉沉地摇着头。这个数字对死者说来，恐怕是个天文数字。

他吃惊地频频追问："没有？怎么会没有？他一本本出书，一次次获奖，还没有这点钱？眼下好赖跑点买卖，谁手里没有几十万？更别说那些走红的歌星、影星！"

我无以作答，更加沉沉地摆摆头，一凭他满脸的困惑质疑，却倏地想起平日路遥有几次跟我有关钱的谈话。

大约是春节期间吧，他来我家闲聊。路遥一向是谈话高手。他视野宽阔，兴趣广泛，思维十分活跃。特别在他投入时，时时会有精彩的议论和智慧的火花迸发出来。从来不会让你感到乏味。这一点无论过去我们同在延安生活，还是后来一起在作协大院朝夕相处，都给我留下深刻的印象。他的谈话往往大至国际风云的变幻，小到田间地头的趣闻，至于飞碟的神秘出现，外星人的似有若无，更是他津津乐道的话题。但是那一天我们的谈话却怎么也摆脱不掉金钱这个俗物。

不管作家们如何钟情于改革，如何欢呼它、颂扬它，但当它的脚步日渐逼近真正到来之际，灵魂工程师首先感到的还是它对自己的挑战。报纸上见天见日披露的住房改革、教育改革、公费医疗制度改革、退休养老改革等等，一样一件都在说明社会主义大锅饭是吃不成了，要你自己掏腰包。而这一切对所有人则一律平等，它不因为你是作家，你曾为它讲过一大箩筐的好话，你就可以少给一个铜板。作为刚刚步入中年的路遥，上有高堂健在，下有未成年的子女，他可能比谁都更加敏锐地意识到生存的挑战和未来的负担。那天他带着明显的焦虑又不失他惯常的幽默对我说："把他的，咱们从小就知道喊依靠组织依靠党，党好像灵醒了，眼看着依靠不成哩！"

我笑道："党早该灵醒了，这么沉重的包袱谁能背下去？再背下去更不得了！"

不知是因为我的附和，还是他思路的跳跃，他一下从沙发上坐起，不安地说："不行，咱们得赚点钱，要不，哪一天就像独联体那些文化人一样，全都成了最穷的人！"

"你怎么谈虎色变？还不至于一下没饭吃。不管怎么变化，你总可以拿出积蓄先抵挡一阵子吧？"我说。

"积蓄？哪来的积蓄？就那么几个稿费，早都花完了……"

我当时的惊讶和疑惑绝不亚于前边提到的那位青年。谁都知道他刚刚出版了洋洋百万字的长篇《平凡的世界》，即便稿酬再低，怎么就花得一个不剩？

他唯恐我不信他的话，掰起指头一一算给我听。哪笔钱添置了什么东西，哪笔钱寄给了乡下，哪笔钱又还了朋友的债……不等他数落完，我已了然于心：不是他有意装穷，有意隐瞒经济情报，实在是收入有限，支出无穷。钱需要一把把地花，文章却得一个个字地写。他仿佛有一个永远填不满的坑。远在陕北山村的两个家，四个生身父母和养父母，还有众多的兄弟姊妹，都需要他一一帮扶和赡养。何况故乡那个平凡世界里的农民们，早就像神话一样谣传他，一笔稿费就买了一辆高级小卧车，每日里屁股后边冒烟地出入大宾馆。既然如此，远亲近邻，七姑八舅，哪个乡下人遇到难处，能不向他伸手？在城里他还有他的小家，他又极不善精打细算、计划经济。每每心血来潮，跑到服装市场，买一件假冒名牌的牛仔服，花掉一百多，一条普通的水洗布裤，被人索去七八十。他让我看他的新衣服，怎么样？贵不贵？我常常半开玩笑半认真地说："应该砍价一半。"他总恨恨道："他妈的，又上了一回当！"

一日他从街上回来，背了一背包食品饮料之类，迈着噗噗沓沓的脚步，一路走到编辑部晓雷的办公室，说他的女儿远远要去春游，他刚才给孩子买吃的东西，什么都好买，只有她要的三明治买不到，跑了好些路，回来时总算在我们附近的阿房宫宾馆找到了。他边说边从背包里拿出那块三明治，指着那精致的塑料盒问我们："猜猜，这两块三明治花了我多少钱？六十元！"

我怎么也不相信我的耳朵，大宾馆的东西即便再贵，两块肥皂大小，夹着几片黄瓜、西红柿和薄薄一层肉片的三明治，就值那么多？它该不是金子做的吧？

"我也不信我的耳朵，"路遥解释说，"可我问了服务员两遍，没错，一块三十元，两块六十元。我愣住了，可是面对那么漂亮的服务员小姐，既已叫人家拿出来了，怎么好意思转身逃走？硬着头皮也得买下，妈的，算咱们倒霉！"

听他对自己心态和窘状真实毕露的叙说，我和晓雷再也忍俊不禁地失声大笑起来。他急忙朝我摆摆手："不敢笑，千万别叫老刘听见了……"

老刘是编辑部的老编辑，就坐在一墙之隔的办公室。他一生克勤克俭，兢兢业业，用年轻人的话说，满脸的"旧社会"，一身的"苦大仇深"。路遥的意思是，要让老刘知道他花60元给孩子买三明治，一定气得不堪忍受，不批他个忘本才怪呢。

"金钱不是万能的，没有钱是万万不能的。"他不止一次调侃着这句流行语。关于如何赚钱以适应社会的变化，他脑子里的设想像小说构思一样，一串一串的。时而是开家大餐馆，时而是搞个运输队，时而又想在黄土高原办个牧场……务虚少说也务了两三年，但无论他还是我，还是我们大院的其他人，总不见有谁迈出去一步。一次我对他说："也不记得是中国是外国，反正某位大人物说过，你若想要干成什么事，假如在七十二小时之内不见行动的话，那注定不会成功。"他嘿嘿地一笑，叹口气说："看来，咱们还得吃写作这碗饭。"

其时，他正在忙于总结他的创作谈，取名《早晨从中午开始》。北京一位诗人朋友，曾在一次聚会中，快言快语地对他说："这题目不好，怪不吉利的。早晨从中午开始，那不是离太阳落山的时间就短了……"他的话不幸言中了后来的事，言中得叫人惊心。但当时路遥一定未加在意，他对自己的写作充满信心，这部六万多字的写作心得，注入他的激情和心血，写得严肃、顺手和得意。早有一家编辑部向他约好稿，并答应付以高稿酬争先发表。他不无欣慰地说："要再得到大宗稿费的话，一定不敢随便乱花，先给孩子存笔钱，给她日后上大学用。"

第三届茅盾文学奖颁布后，他从京城载誉归来，读者和朋友频频向他道贺，省上和单位也为他开庆功会。在外界一片纷纷扬扬的赞誉声中，我们都知道路遥认真干的一件事，则是把北京和省里给他的奖金，以孩子的名义存进银行。两笔奖金不多不少，恰是一万元整。这一万元，也成了他身后唯一留下的一张存单。

第九章／处暑

今年盛夏，西安刮来一阵股票热，市民为之躁动不安。我对股票知识，还是春天在深圳创作之家时，两位外省青年作家启蒙的。他们讲得头头是道，我则像个插班生那样听得吃力而糊涂，发了好些幼稚简单的提问。事隔数月，内地人的股票知识普遍进步了，进步到足以懂得原始股可以赚钱。正在这时，我们大家的朋友省电台的郭匡燮急急地捎话说，他们单位已买到某某公司的法人股，分在他名下的那部分他买不完，哪位朋友愿要赶快来买。自然路遥也拿了家里仅有的现款，第二天随大家高高兴兴地去了。中途他还去出版社找了老同学，替朋友代买一份。

他平日对排队拥挤的场面最受不了、最不耐烦，那天竟老老实实地坐下等待，只是一根根地抽着烟，缴款的手续办得缓慢而复杂。收银员怕收了假钞，凡大面值者均一一登记编号，这样足足折腾了一上午。中午他听说后边的事还多着哩，什么认购证、身份证，什么领表填表，少说也得跑几次，一下就望而生畏，再也忍耐不住了，急忙求我替他代办下边的事。哪知这股票拿到手已是三四个月后，其时路遥已重病缠身，卧床不起了。

在他病倒的日子里，我恰在国外访问，先是马来西亚，后又去了美国。归来时，他海外的熟人和朋友都说："回去后赶快去医院先看看路遥，告诉他，一定要站起来！"

回到机关，同事们都说他已熬过最可怕的日子，精神较前好转了，也能吃几两饭了，我的一颗紧缩的心才稍稍舒展，感到无比欣慰。但是当我站在病榻旁时，他的消瘦和气色着实叫我大吃一惊，尽管我有思想准备，但还是没有料到，短短几个月病魔的折磨，躺在那里的他早已不是我熟悉的那个路遥了！他从被单下伸出一只枯黄的手，苦苦一笑："你看我瘦成什么了，真正是皮包骨头。你是不知道，差一点儿见不上你哩。"

我的鼻腔一阵发酸，热泪几乎夺眶而出。幸亏在旁边的晓雷赶快拿别的事岔开他，并频频示意我将泪水收回去，才没有让他那十分脆弱和伤感的话说下去。

我趁机把国外朋友的关切和问候带给他，我说你克服过许多困难，渡过许多难关，这次一定会不负众望快快站起来的。

他嘴角动了动，想说什么又默不作声。停了半晌又问我，"那边的世界怎么样？"我简短答道，"又精彩又不精彩。"他长出口气说，"哪里也不是天堂，还是在自己家里好。"

那是个星期天，探视他的人特别多，我不敢让他多说话，待旁人一个个都走后，赶快把带来的股票交给他，并将各种事宜交代清楚。他坐着一张张看过，面露喜色。我趁机给他打劲说："你快点好起来，好了可以去炒股。当年马克思也炒过股，赚了一笔英镑呢！"我原是要将股票如数交到他手里，他看了看，却执意要我再拿回来替他保存。

离开医院时，我问他想吃什么，好做了给他送来。我知道医院的饭不一定合他胃口，大伙送来的饼干罐头之类，也引不起他的兴趣。果然他想想说："油腻的一点也吃不下，我只想吃又酸又辣的红萝卜丝菜……"接下去叮咛我萝卜丝要切得细细的，辣椒角要那种顶辣的，醋要放得多多的——这正是他的家乡父老喝小米黑豆钱钱饭时，最喜欢的佐菜。

第二天我便依他所求如法炮制了一大瓶又酸又辣的萝卜丝菜，连同他要的几包北方口味的调料一同带给他。

几天以后，我听守护他的同志说，我带去的酸辣萝卜丝菜路遥吃得很香；我还听说，在我离开医院之后，路遥曾几次对探视他的朋友说："我现在是有股票的人啦，买了某某公司的股票……"他说的就是我帮他买好并替他保存着的那份股票，属于他的那部分总值为二千五百元。

又过了几天，一个阴冷的早晨，他竟然不辞而别，溘然长去。一连多少日子，我怎么也不肯相信这又冰又冷的事实。猛然拉开抽屉，一眼看见那硬硬的一叠替他保存的股票，他的认购书，他的身份证的复印件，他写给别人的一张借条……

不管日后人们将怎样评说路遥，也不管学者和评家将怎样研究他的人生和作品，在我看来，路遥拼力搏击的一生中，潜意识里一直有个支撑点，那就是要完全彻底地摆脱苦难和贫穷的童年带给他的诸多屈辱和阴影，但最终他也未能完全如愿。这也许不仅仅是他个人的悲哀。

我的心感到揪扯般地疼痛，再也忍不住泪水的哗哗流淌。

丧事过后，我特意请来他的合股朋友、他的妻子和女儿，将他留下的股票作为份遗产郑重地如数移交给他们。办完一切，走出办公室房门，夜色已经笼罩了编辑部小院，朦胧中依稀可见玉兰银灰的树干和蜡梅花散漫的枝条。通常这个时候，路遥最爱在树下独自散步或坐在藤椅上闭目养神。现在，他的灵魂和肉体都远远地离我们而去，再也不会在这个小院里蹒跚走动了……

我在院中伫立良久，默默对他说：

"路遥，我知道你最放心不下的是你的爱女，你没有为孩子留下足够的遗产，仓促间甚至连一句必要的遗言也没有，但你短短的一生无疑是一份足够丰厚的财富，它将永远伴随孩子的健康成长并会给她带来好运！"

写于 1992 年 12 月 7 日
——李天芳《财富》

·展望·

政治家

> 这才有人说，还是人家路遥厉害，咱怎么就没想到呢。

路遥一直热衷于政治，上初中时参加了"文革"，一夜之间成为延川县的风云人物。之后，任县革委会副主任，约一年，被清退回村，务农。继而，写诗。

在路遥看来，政治家可以改变社会秩序，而且是立竿见影，作家可以拯救人类灵魂，但往往生不逢时，难见其效。所以，路遥说他是在政治上无路可走了，才选择了文学。

有一天午后，路遥上街买烟，走到大差市，但见十字路口，东西南北的车辆扭成一团乱麻，交警困在路中一筹莫展。路遥一时心急，三步并作两步，上去一把夺过交警的指挥棒，左挥右点，一阵忙碌，车辆开始蠕动，一会道路畅通，等交警缓过神来，他已扬长而去，消失在熙攘人群中。

还有一次，省作协门外变压器坏了，直接影响夜间写作，头一天，作家们还能忍受，第二天，不见电来，就开始吵吵，等到第三天，仍不见来人修理，大家就开始着急，不断给供电部门打电话，说一会来修，但就是不见动静。大家正在门房抱怨，发牢骚，路遥从外面回来，他知道这事，二话没说就拿起电话，打进市长热线，说："我是路遥，作家都是夜猫子，作家协会几天没电，也不见有人来修。"电话那头，说十分钟之后，即派人来修。果然不出十分钟，一辆大卡车拉六七个工人，眨眼工夫就将变压器修好。这才有人说，还是人家路遥厉害，咱怎么就没想到呢。

路遥曾说，每个人都无法回避政治，但政治又不是我们生活的全部，文学与政治从来就没分过家。他在病情十分严重，几乎看不清东西的最后时刻，还坚持看报、看电视，关心十四大的人事安排。还说等他病好了要把作协搞好。

——远　村《路遥二三事》

蓝 图

> 这样作协就活了……

1992年春节后,路遥思考的主要事情是作协的改革和建设问题,他给我说,作协要成立一个公司和五个委员会,公司搞三产,专门搞发行,聘请你来当经理,搞这你是内行,作家们出书就不艰难了。作家们最痛苦的是辛辛苦苦写出来的书发行量上不去,没人看,劳动成果得不到社会的认可,搞一个公司,作家们谁出了长篇小说你都给咱铺天盖地发到书摊上,不求挣钱,挣钱靠批发书和出版发行市面上流行的畅销书,这样作协就活了。成立五个文学委员会为:文学创作委员会、翻译文学委员会、散文文学委员会、诗歌创作委员会、报告文学创作委员会。每个委员会实行秘书长制,文学创作委员会秘书长由观胜来当,翻译文学委员会秘书长由你来当,每个委员会每年搞一次大奖赛。要吸引全国的文学爱好者来参加这几个大赛,光参赛报名费每年就能挣不少钱。这个发行公司你给咱好好干,都能挣钱,让作协的每个职工都过上好日子。他勾画着这些宏伟的蓝图,脸上绽开了笑靥。说笑靥,根本不够分量,简直就是笑逐颜开。他给我说完这个设想两个月后就到延安去了,等他回到西安,竟然没有回到作协,就直接被车从火车上拉走,送到了西京医院。

——孔保尔《常人路遥》

第九章／处暑

·不了情·

凄　凉

他唱道："青天蓝天老蓝天，杀人的老天不眨眼……"

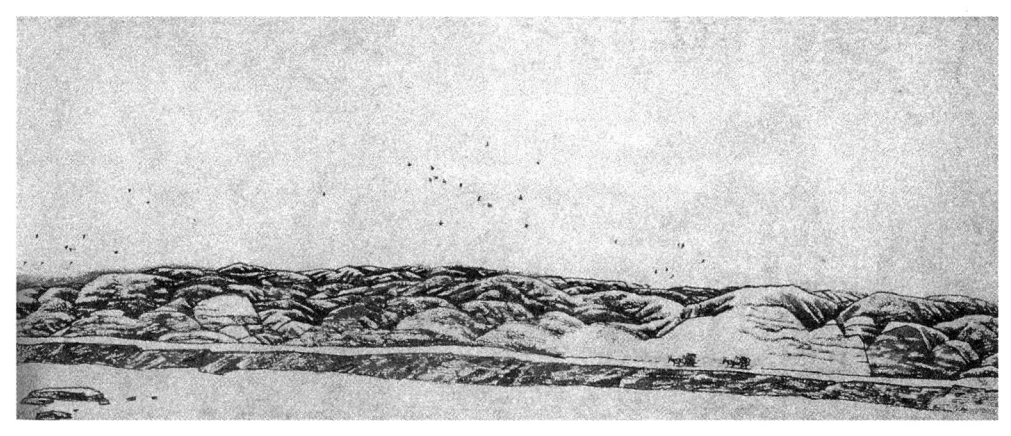

《人生》连环画　孙为民、聂鸥　画

那是1989年，我只身一人去壶口看瀑布，在那里与路遥巧遇，才有幸听路遥唱陕北民歌。其情其景，至今还深深地印在脑子里，那是一种享受，也是一种痛苦，甚至是折磨……

记得那天天气十分好。没有云彩，也没有风，只有太阳孤零零地挂在上空，好像就要掉下来似的，在路遥他们来之前，整个黄河滩上就我一个人，一个人面对一条大河，感觉自己渺小得就像一只蚂蚁。我有些恐惧，这是人面对大自然很脆弱的另一种表现形式。

老远，我就看见几个人，从河畔上走下来了，我很高兴，因为他们不管是谁都能成为我战胜恐惧的帮手。他们慢慢走近了，我首先认出了路遥，路遥也很惊奇，能在这里相遇实在是不容易，我和路遥的两只手紧紧握在一起。

从壶口返回宜君的路上，路遥首先唱起了陕北民歌，他的声音并不大，但又粗又厚。这雄壮而有力的旋律开始蔓延，像天空上的乌云，像大地深处的煤。那声音从车窗飞出去，在黄河两岸的群山中回响着。他唱道："青天蓝天老蓝天，杀人的老天不眨眼……"这悲伤凄凉的调子，使人感到背上突然发冷，从歌唱的声音和伤感的程度判断，路遥在流泪。车上的人都在静静地听着，倾听他心灵深处的忧伤。

我第一次听路遥唱民歌，被他那真诚而纯粹的心声所感动，我从他的声音里听到一种沉重的责任感，这也许就是路遥小说里要表现的那种悲壮恢宏的气势。我听到他对陕北民歌的理解是如此深刻而内在。他把一个中华民族的苦难史给唱了出来。路遥还唱了《赶牲灵》《兰花花》《三套车》《莫斯科郊外的晚上》等歌曲，之后，在不知不觉之中，车子开进了宜君县招待所的大院。

——尚飞鹏《民歌的路遥》

夸父吟

路遥这样呓语般地讲述……我们有些张惶，就死盯着他……

外面的太阳很好。我们请示过医生，就约了路遥到院子里去散步。

路遥兴致很好。一会儿说他想到榆林的沙漠地独行，一会儿说干脆在榆林置几孔窑住下来。我和张弢自然地左右保护。他像平常的样子，背略弓，头前倾，双手操在身前，步履极重地往前走。忽然，他站住了，仰头眯眼，看了一大圈儿，样子很激动地说，看我们陕北这天和太阳，哪儿有！华盛顿？开罗？还是莫斯科、东京？

我们很快活地笑。张弢学着农村妇女夸娘家的口吻说："哎哟哟，这里好，那里好，世上就数我们三小子他外婆家好！鸡娃子叫，狗娃子咬，枣树上还落一对花雀雀！"

我被张弢逗乐了，开怀大笑。

路遥举起手来制止了我，神情像在谛听什么，十分专心。张弢有些慌，想去扶他。他又是举手制止，并连摇几下，不让我们出声。

我们四目相对，茫然了。

路遥抬起头,神思遥远地环顾一周,就对我们说——不,应该是他自言自语地说:

太阳很毒,土地很烫。我一个人赤脚光背向山顶攀登。我看得很清楚,太阳白花花地模糊成一堆儿,就稳搁在山尖上,这不合情理!我得看个究竟,给人们说个明白。或许这就是未来世纪的一个谜底。我,得天独厚,很幸运地发现了!我一步步地逼过去,可是不知为什么,这中间的距离老是这么长——我住了脚,回过头来,想喊叫,但绝不是呼求援助。就在这时候,我才知道,我身后的世界竟是这么辽阔,这么辉煌:远远近近的山们,接挨挤挤地如潮水,似浪涛,一直涌向天际,同时,也从天际涌到我的跟前,我就悠悠地浮起来……

我们都是陕北农村长大的,这种体验我们有。但如路遥这样呓语般地讲述,却不曾听过。我们有些张惶,就死盯着他。只见他气色很好,神情自然,也就放心了。

路遥目中无人,不理我们。略做停顿、喘息,又开始他的畅想,只是语言节奏快了不少:

不对,不对。起风了,灰尘像烟雾一样腾起来了。起云了,完全是黑色的云。太阳被挤小了,像一球浮动的火。光线从云里、雾里穿出来,利剑一样明亮、锋利。然而,太短暂,世界全黑了。我举手招摇,奔跑,呐喊,全然没有反应。我是云的一部分了,我是雾的一部分了,我是土地、太阳,我是自然的一块了。我觉得我在长大,顶天立地!

我看着他的样子,很紧张,想唤回他,一时却想不出词儿来。

暴雨来了。

他大叫。

天和地都在吼叫,都在颤抖。天地之间人为大。唯我自己,沉默不语,安如泰山!

我脱口呼喊:路遥,你错了!天地之间人为小!这种时候,人是什么?是草木,是虫蚁,或者立地生根,脚踏实地,或者蜷曲苟且,避危就安!你得赶快回到人群中来,或者就近找个地方躲一躲!

路遥白我一眼,不置可否……

——张子良《斯人去矣 光彩依然》

第十章

大 寒

旧雪未及消,新雪又拥户。
——《大寒吟》(宋邵雍)

尽管创造的过程无比艰辛,而成功的结果无比荣耀,尽管一切艰辛都是为了成功;但是,人生最大的幸福也许在于创造的过程,而不在于那个结果。

——路 遥《早晨从中午开始》

第十章／大寒

·终点回到起点·

呼 喊

路遥痛苦地在病床上抽搐和呻吟，缩成一团，呼喊着他的亲人们：
"爸爸妈妈还是离不得，爸妈……最亲……"

病魔在万般摧残路遥的身心之后，再也没有给他生存的机会。16日晚上十二点多，在病魔折磨下的路遥无望地给陪护他的小弟弟王天笑提出一点希望，让他赶快给好友、陕西省政法委书记霍世仁打电话，让他马上赶来，尽快转院。王天笑跑到护士办公室，挂了好长时间没有挂通电话。痛苦的路遥在床上打滚，一声声地呼喊："九娃，快救救我，快救救我……"王天笑抱着路遥，泪流满面，却毫无办法。

17日凌晨四点，王天笑给路遥揉肚子，感觉不对，肚子里全是血。路遥痛苦地在病床上抽搐和呻吟，缩成一团，呼喊着他的亲人们："爸爸妈妈还是离不得，爸妈……最亲……"

1992年11月17日晨八时二十分，路遥便昏迷过去，不省人事……

——厚　夫《路遥传》

"这是路遥自己的选择"

……那么路遥是怎么过继给他大伯的呢？这正是我想说的问题。我认为，……他很可能做了积极的争取，包括说服父母亲和说服大伯和大妈。小小的路遥为什么会这样做呢？为了实现他自己的理想：上学。

按现在流行的说法，路遥在七岁时，因家庭生活困难，被父母过继给住在延川县郭家沟村的大伯王玉德。

我认为，这种说法不太准确。七岁上过继是真，但过继的原因不仅仅是"因家庭生活困难"，还有更多、更复杂的背景。

是的，当时路遥家庭是困难的，且困难的主要原因也确实是因为"子女多、拖累大"。当时他家共有六口人，两个大人、四个孩子；最大的孩子不到十岁，最小的刚出生不久。但是，这在当时的陕北农村是普遍现象，那时没有计划生育，一对夫妇生六七个孩子是极平常的事情。更重要的是，传统的陕北人不仅不以此为累，反而以此为荣。在那时农民的眼里，有"双男双女""五男二女"是件十分荣耀的事情。至于说到困难，那是相比较才能得出的结论：他家的人口和别人差不多，别人不觉得沉重，他家怎么会独独觉得不堪重负，进而作"加粮不如减口"之想呢？

后退一步，即使路遥的父母确有这个想法，确实想过继一个孩子给人，选择的对象也不应该是路遥，而应该是路遥的某一个弟弟。因为，将路遥过继给人不合改变家庭困难的初衷（假如这是初衷的话），同时还和"乡村道理"相悖。

先说与此相关的"乡村道理"。当时的陕北乡村，传统思想仍然占主导地位，家中长子的地位既重要又特殊。长子在财产继承上处于优先地位：家里有多处房产，长子不出旧院子；家中有一处房产，长子要分最中间的窑洞；家中弟兄多、窑洞少，甚至只有一孔窑洞，没有别人的也少不了长子的。长子在家族中的特权与其在家庭中责任联系在一起：父母的晚年由他领导弟弟们照顾，照顾得不好，他得负第一责任；父母去世，他得扛"引魂杆"，背"哀哀父母，养我劬劳"的"孝子贴"。父母去世，若留有债务，债主第一个找的就是他，道理是"父债子还"；父母去世，弟妹年幼，抚养和帮其成家是他义不容辞责任，道理是"长兄如父"。路遥虽然家中排行第二，但上面的是姐姐，他自然是长子；他父亲深知乡村道理，怎么可能首先想到把长子过继给人呢？

再退一步讲，即使他父亲为了摆脱贫困，不念乡村道理，过继的首选也不应该是他，因为不合改变家庭困难的初衷。当时路遥实足年龄已经七岁，虚岁已经为八岁，再过一个月虚岁就九岁了（路遥过继给大伯的时间是1957年农历十一月）。在当时的农村，这么大的男孩子完全能帮家里干活了，喂猪、砍柴、送饭、点种都能做，可以算作家里的一个"人手"了。更重要的是，他的"潜力"。"男孩子不吃十年闲饭"，再过几年，他自然就成为家中的砥柱，而他任何一个弟弟要做到这一点都得用更多的时间。如果父母过继儿子给人的目的是摆脱贫困,他们为什么不选作为消耗者的小儿子,而选路遥这个家中的"有生力量"呢?这在逻辑上是讲不通的。

我们权且再后退一步,就算是他父母因一时糊涂,忘记了乡村理论又算错了利害得失,非要把路遥过继给人不可,还有个他大伯接受不接受的问题。

他大伯为什么要过继儿子呢?因为自己没儿子且生育无望。为什么不过继别人偏偏要过继路遥家的男子呢?因为"乡村道理"就是这样规定的:有人无子,要抱养儿子,首先考虑过继,其次才考虑抱养。所谓过继,就是把兄弟、堂兄弟或者户族兄弟的儿子作为自己的儿子;所谓抱养,就是把户族外其他人的儿子作为自己的儿子。在传统观念看来,这是必须遵循的规矩,不得违反,不容讨论。在现在人看来,这种规矩毫无道理可言,但它却符合传统道理,并且在很长一个历史时期产生过非常积极的作用。首先,这能保证户族血脉的纯粹,不让"白羊群里出现黑羊";其次可保证祖先留下的土地、房产不落入外姓人之手。

那么,站在他大伯的立场上,他会选择哪一个侄儿呢?我估计他首先考虑的是刚刚出生的路遥的三弟。如果考虑到这个孩子正在哺乳期,其次会选年仅五岁的路遥的二弟,而路遥只会是最后的选择。为什么会这样呢?道理并不高深,只要设身处地一想,"地球人都会明白"。

常言道"养儿防老",抱养儿子更是这样。抱来的儿子能不能为他养老,会不会对他好,互相之间的感情很重要。而感情的培养,一要假以时日,二要有坚实的基础。具体到养子来说,他对生身父母的感情越淡,对养父母的感情就可能越深,因为"一张白纸才可能画最好图画"。路遥已经七岁,人又"百灵百怪",要让他"忘记过去",怎么可能?而不能"忘记过去",培养感情的难度就大了许多。他大伯在如此重大的人生关口,怎么能"舍轻就重"?

说到这里,读者可能就要问了:这也不会,那不会,那么路遥是怎么过继给他大伯的呢?

这正是我想说的问题。我认为,这是路遥自己的选择,为此,他很可能做了积极的争取,包括说服父母亲和说服大伯和大妈。小小的路遥为什么会这样做呢?为了实现他自己的理想:上学。

路遥给我说过,他在清涧老家上过几天学,后来父母不让上了,让他帮助家里做"营生"。"这使我感觉到非常痛苦,自己下地干活时,看见同龄人上学,难过得就想哭。"大概就是在这时候,他大伯前来讨论过继的事,他从中看到希望,进而努力争取。

有人也许会问:路遥是怎么努力的,他父母和大伯是怎么同意的呢?老实说,这一切我不知道，也不敢臆测。但我会反问一句：如果路遥不同意，他父亲怎么能把他送到延川呢？不要说像路遥这样有个性的人了，就是这个年龄的一般孩子，大人可能逼他干活，逼他把好吃的东西留给弟弟和妹妹，怎么可能把他逼出家门，给别人"为儿"呢？如果他死活不去，或者去了后天天往回跑，大人又有什么办法呢？

有人也许还会问：当时路遥只有七岁，怎么会为了理想主动离开父母呢？他的感情依托又是什么呢？这正是我想补充说明的一点，当时路遥的奶奶还健在，和大伯一块在延川生活。更重要的是，奶奶带过他一段，他对奶奶的感情很深，这可以弥补因离开父母而造成的感情缺口。

路遥的这个选择对他的一生关系特别重大，能看成"穷人的孩子早当家"，更应该看出"自古英雄出少年"。

——海　波《我所认识的路遥》

・无"家"可归的人・

"一个家庭，两种制度"

> 他把最好、最大、最本质的一面献给了社会、献给了读者，而把阴影留给了他的亲人，特别是他的爱人林达。

我和路遥虽然朋友了几十年，但对他的小家庭情况了解得并不多，更谈不上深入。直到路遥去世后我才听说他们之间有了裂缝，闹到要离婚的地步。

他和林达于1977年冬天结婚，婚礼在延川县招待所举行。我也参加了这个婚礼，并作为来宾代表向他们表示祝贺。他们的"洞房"就在林达的办公室，除了一张双人床外，和别的办公室没有一点区别。我当时"傻"得厉害，他们结婚的第二天，就建议路遥和我一块去"黄河畔上看看"。路遥先是不接这个话茬，后来被我问烦了，说："我们昨天刚结婚，正在蜜月之中，看什么黄河？"逗得林达差点笑出声来。之后不久，林达也调往西安。

我去路遥家的次数很多，但很少和林达说话。总是我一进门，林达就把我让到路遥的书房。书房里有一张小床，路遥就睡在那里。如果是上午去，路遥总在被窝里——他总是凌晨三四点才睡觉，中午十一二点才起床，所谓"早晨从中午开始"。在我们说话的时候，林达就招呼孩子上学了，然后去上班。两人的作息时间完全不同，真可谓"一个家庭，两种制度"。这种情况如果出现在别人的家里，我肯定坐不住了；但路遥家里却不一样，他们常是这个样子，我早习以为常。

现在回想起来，他们之间的裂缝也显现过，只是我当时没有在意罢了。有三件事可以证明。

一次我去路遥家，两人商量着出去玩。当时我骑着自行车，建议他也骑上自行车，边骑边聊。路遥说他没有自行车，得问林达借。结果竟然没借到，我们只好改为搭车去了。

还有一次是路遥去世的前一二年，林达找我，要我给他介绍一位懂纪录片编辑的人，她想学学。我问她"学这个做什么？"她没有回答，只说："玩玩。"我就再没有问下去。我把人联系好后去找林达，林达不在家，我就把这事告诉了路遥，要他转达。没想到路遥竟不给"转达"，说："林达托你，你自己去说。"我只好又去找林达。

这两件事虽然让我意外，但并没有想到他们之间有裂缝，真正引起我注意的事发生在路遥去世不久的一天。

那天我进城去，在大街上遇上了林达，她开口的第一句话就是："听说你也在背后说我的不是，别人不知道路遥，你也不知道吗？"问得我"丈二的和尚，摸不着头脑"。我问她听说了什么，她没回答，只说："我也想你不能说不负责任的话。"说完就走了。这之后，我才听到有关他们之间不睦的传言，这令我非常难受。

路遥去世已经快十八年了，这些事又是他的家事，作为一个外人，本来不应该多嘴；但是，考虑到路遥是个名人，并很可能成为一个历史人物，为了向历史负责，我觉得应该说一说自己的看法。

我认为路遥和林达的不愉快，主要责任在路遥，而不在林达。当年作为未婚妻时，林达为路遥付出了能够付出的一切：在路遥最困难的时候和他订婚，为了供路遥上大学，使出了所有的力气；婚后甘当陪衬，勤勉地维持着这个小家庭；路遥去世后，面对许许多多的不理解，始终保持着高贵的沉默。毫不夸张地说，如果没有林达的支持，路遥不会有如此成就；如果有，也会付出更多艰辛。

我同时认为，在总体上讲，路遥也没有辜负林达对他的爱，他用惊人的毅力、忘我的劳动和世人瞩目的成就实现了给林达的承诺（如果有承诺的话），用事实证明了林达是一个有眼光的女人。他是一个和平年代的传奇英雄，一个值得男人学习、女人爱的英雄。和他的巨大人格魅力和非凡的创造能力相比，他的缺点是那样次要和微不足道。像一座雄伟的大山一样，在阳光下他雄劲壮丽，高大巍峨，但也难免有阴影。令人感叹的是，他把最好、最大、最本质的一面献给了社会、献给了读者，而把阴影留给了他的亲人，特别是他的爱人林达。

——海　波《我所认识的路遥》

第十章／大寒

至爱绵绵无绝期

他开口了，说："我见到她了。"我问："见到谁了？"他没回答，继续说："我搭了车准备回来，刚上车就看见那红色的衣服……果然是她，大模样和十七年前差别不大。"

"你知道她是在什么情况下抛弃我的吗？你知道这种抛弃意味着什么吗？你知道雪上加霜吗？你知道一个人在最困难的时候身边人的'反手一刀'吗？你知道我为了证明自己吃了多少苦、受了多少罪、咬了多少回牙吗？"

我情知有异，但不好立刻就问，等他吃完了，才问："今天怎么能饿成这样，中午没吃饭吗？"他没回答，手一挥，说："走！"一个"走"字刚出口，人已出了食堂门。出门之后，走得更快；不是回招待所处，而是向学院的大门口冲。他在前边走，我在后边追。等我追上时，他已叫了一辆出租车等在那里，催我上车。我一上车，他就对司机说："王府井。快点！"

到了王府井，他仍然疾步如飞，一边快走，一边回头看我一眼，示意我跟紧。直到进了东风市场（现在叫东安市场），脚步才慢了下来，站在一个量体重的秤上，伸长脖子朝人群里张望。我以为他在找人，就问："你在找谁？这么多人怎么找？"他说："找'七女门市部'。""七女门市部"是"文革"前延川县百货公司的俗称，以有七位女售货员而得名。我提醒他说："我们在北京，不是在延川。这里哪有什么'七女门市部'？"不料他却生气了，瞪了眼睛问我："我说在延川吗？"说完，不理我了，一个人在人群里穿插起来。说是穿插，还不如说冲撞：笔直向前，快步如飞，见物触物，见人撞人；所过之处，人人侧目，回头率至少也有百分之二百。更让我意外的是，他见柜台就上，见东西就问。一会要售货员拿这个，一会又要那个。说的都是地道的延川土话，不要说北京的售货员了，就连我猛一下也听不出他在说什么。每一件东西总要好长时间才能找来，找来了他又不要，看一眼后又冲向另一个柜台，索看另一种物品。就这样从市场的一楼折腾到三楼，直到很晚返回住处。

回到住处后，他完全蔫了，像一摊泥一样漫在沙发上望着房顶发呆，嘴里一声接一声地长叹。看他这样，我不便再问，准备离开。就在这时，他开口了，说："我见到她了。"我问："见到谁了？"他没回答，继续说："我搭了车准备回来，刚上车就看见那红色的衣服。我感觉像她，就下了车。走过去一看，果然是她。大模样和十七年前差别不大，一样的小巧，一样的单纯，一样的礼貌和热情。我们说了一会话，非常平静地说话，感觉就像曾经在一块当过民工的熟人一样。"

这时我才明白他见到了初恋的朋友，问他："为什么不请她吃顿饭，也好多聊一些。"路遥坚决地摇了摇头，说："没有这个必要。"我问："既然如此，你为什么如此激动？"他突然从沙发上坐了起来，冲着我说："难道不应该激动吗？你知道她是在什么情况下抛弃我的吗？你知道这种抛弃意味着什么吗？你知道雪上加霜吗？你知道一个人在最困难的时候身边人的'反手一刀'吗？你知道我为了证明自己吃了多少苦、受了多少罪，咬了多少回牙吗？"我突然又记起他曾经给我复述过给那朋友最后一封信中的那句话，于是脱口而出："虽然你无情地抛弃了我，但我坚信，社会会热情地接受我。"他听了后，很深地叹了口气，说："那是年轻时的激愤之言，还是咱们那里的老年人说得更好些：力不白出，汗不白流；人可能会亏人，但土地不会亏人。"

……这天晚上，我们还"拉"了很多、很多。他在说，我在听；他在一吐为快，我在听英雄壮歌。

——海　波《我所认识的路遥》

爱舍离

　　他让我再不要离开他，看得把他送走。可这个时候林达实际上已离开西安，……家里就留下他的宝贝女儿路远一个人了。
　　如果他知道这一实情，他当时可能就没命了。

1992年初，我嫂子林达正式提出了和路遥协议离婚的，对此，我无话可说，我也十分理解林达，她不知提出过多少次要离婚了。作为一个女人，当一名作家的夫人是十分不容易的。天下女子就是找一个农民也不要找作家为丈夫。当作家可能献出生命，但当作家的夫人同样要经受普通女人无法容忍的各种心灵灾难。在这一点

第十章／大寒

上我不恨林达，也不恨路遥。此时，路遥正在写《早晨从中午开始》的绝笔文章。他把离婚一事的工作交给了我，实际上路遥只把这件事当了"工作"，不存在任何情感。林达是开通的，她不要任何东西，准备一个人到北京成家立业。因为她是北京知青，回故乡也一直是她的梦想。就在准备很简单地了结这桩悲剧之时，路遥住进了医院。我知道，他这次进去肯定是出不来了。大夫和我的看法是一样的。就在路遥住院时，家里家外的一切危机又一次放在我的肩上，当时我太累了。作家协会给路遥先安排了一个看护，没想到路遥把我叫去，说这个人根本不行，他说此人太势利，根本不把他当人看，有一次把他从厕所里提得摔到床上。他说这个人看他不行了，没用了。他让我再不要离开他，看着把他送走。可这个时候林达实际上已离开西安，到北京组合新的家庭去了，家里就留下他的宝贝女儿路远一个人了。当时路远仅十二岁，生活无人看管，我一天曾在劳务市场先后找了三个保姆，都被路远因看不上而赶走了。路远只要求让我给她做饭，累得我在大差市街道的一个拐角处狠狠地睡了一觉。但当时这些情况都不能告诉路遥，因为路遥爱女儿是出了名的。如果他知道这一实情，他当时可能就没命了。就在这时，我的另一个弟弟赶到医院里，把作协派的那个人赶走了。这样，我才松了一口气，有一个弟弟在医院里看护路遥，等我把他女儿的事安排完之后，再处理他的事。没想到路遥对此事产生了看法，他想，女儿有林达看护，我为什么不到医院里看护他。但有关实情我和弟弟都不能告诉他，于是，路遥把我叫到医院里，用想好的文学语言把我挖苦了一阵，于是我痛苦地离开了他。就在这二十多天里，路遥是十分痛恨我的。他没有想到在这个时候我离开了他，当他知道林达早已离开西安的实情后，立即让弟弟找我，此时，我知道他要向我说些什么。我让弟弟先回医院，两天后，我就赶来。这个时候已到《陕西日报》当记者，而且是驻铜川记者站。我要向单位请假，还要处理手头的工作，我准备很长一段时间，放弃手头的一切，重新跳上路遥为我准备好的生活战车。但是晚了，就在准备起程时，路遥走了。

——王天乐《苦难是他永恒的伴侣》

· 思念无期 ·

我好像比路遥还"聪明"

> 他无论取得什么成就都淡然一笑，迅速踏上新征程，像一位正在攀梯登天的勇士……

面对路遥故居，我感到无地自容。相近的年龄，相似的经历，都是农家子弟，都是穷人的儿子，为什么他能做到的，我做不到呢？是少了智慧吗？我觉得好像不全是，在投机取巧方面我好像比他还"聪明"……

我究竟在什么方面落下了步子呢？以前有点糊涂，现在正在明白。

相比于他，我少了认定一个目标坚定不移的"定性"，动不动就会生出"这山望见那山高"的玄思，时不时就会犯"正劁羊就想剔狗"的灵动。

相比于他，我少了为了主要目标放弃其他的目标的专一，总想"四面出击"，结果"八面崩溃"；总想面面俱到，结果面面不到。

相比于他，我少了对自己的控制，他用小缺憾换来了大成功，我用小成就换来了大失败。他无论取得什么成就都淡然一笑，迅速踏上新征程，像一位正在攀梯登天的勇士；我哪怕发一篇"豆腐干"小文也要激动半天，像讨吃人捡到一枚铜圆。

路遥曾无数次提醒我：要向"好受苦人"学习，一上地畔捋起袖子就干；不要像"二流子"一样，还没"掏地"呢，就枕了镢头梦见自己吃"油糕"。当时不但不接受他的劝告，还以为这是对我的诬蔑；现在想起来那才是对症下药的金玉良言。

虽然我年近六十，悔之晚矣；但仍贵朝闻夕死，要无鞭奋蹄。

……

——海 波《面对路遥故居》

第十章／大寒

梦非梦

> 路遥说，他就在这破窑里住，又冷又饿，"实在支不住了"……

这时路遥已经离我很远了，看到或听到他的名字时，再也不像以前那样马上和自己联系起来，而是像见到一个历史人物那样，多了庄严，少了亲切。然而，路遥却时不时来见我，不在生活中，而在梦中。

第一次清楚地梦见路遥是1993年的初冬，一连三天，夜夜都梦见。梦中的路遥身穿一件旧得发白的军用棉袄，没系纽扣，只掩着衣襟，腰里扎一根草绳。我们在一个山间小路上觑面相逢。那小路十分狭窄，上面是绝壁，下面是深沟，绝壁靠路处有几个坍塌了的山窑，窑面和塌土上长满了葛针和青蒿。路遥说，他就在这破窑里住，又冷又饿，"实在支不住了"，边说边袖了双手，弓了腰跳着脚取暖……

醒来后，我感到疑惑，心想：怎么做了这样的怪梦，且一而再，再而三？正想不出个理由，忽然记起路遥的忌日已近，于是便大大地吃了一惊，心想：怎么如此巧遇呢？我把这话说给妻子，她连忙买了些纸钱和冥币，趁夜到没人处烧了一通，一边烧一边说："我说有神鬼，你偏偏不信，看灵验了没有？"

说来也怪，自那年后，我年年到这个时候就能梦到路遥，梦中的情境总是大同小异；因此，我们年年给路遥烧纸。先是单独烧，后来改在"送冬衣"那天晚上，和家里的已故者一块"送衣"。每到这时，妻子就会买一大堆各色冥币和纸衣，分成三份，一份是她娘家老人的，一份是我的祖先的，另一份是路遥的。给路遥烧的时候，妻子总会说："我说农村好，你们硬说城里好，你看好不好？烧个纸都没个固定的地方。"

真的没有固定的地方，随着我频繁搬家，这纸从西安烧到北京，又从北京烧到西安；从北京的海淀烧到通州，从西安的大雁塔烧到长安，以后还不知道在哪里烧呢。

——海 波《我所认识的路遥》

强　人

　　陕西的作家每每聚在一起，免不了发感慨：如果路遥还活着不知现在是什么样子？这谁也说不准。但肯定是他会写出更多更好的作品，他会干出许多令人佩服又咋舌的事来。

时间真快，路遥已经去世十五年了。十五年里常常想起他。

想起在延川的一个山头上，他指着山下的县城说：当年我穿着件破棉袄，但我在这里翻江倒海过，你信不！我当然信的，听说过他还是少年的一些事。他把一块石头使劲向沟里扔去，沟畔里一群鸟便轰然而起。

想起在省作协换届时，票一投完，他在厕所里给我说："好得很，咱要的就是咱俩的票比他们多！"他然后把尿尿得很高。

想起他拉我去他家吃烩面片，他削土豆皮很狠，说："我弄长篇呀，你给咱多弄些中篇，不信打不出潼关！"想起他从陕北写作回来，人瘦了一圈儿，我问写作咋样，他说："这回吃了大苦咧，稿子一写完，你要抽好烟哩！"想起《平凡的世界》出版后一段时间受到冷落，他给我说："一满都不懂文学！"

想起获奖回来，我向他祝贺，他说："你猜我在台上想啥的？"我说："想啥哩？"他说："我把他们都踩在脚下了！"

想起他几次要我调到省作协去，而我一直没去，当又到换届的时候，正是我在单位不顺心，在街上碰着他去购置呢绒大衣，我说了想去作协的想法，他却说："西安那地盘你要给咱守住啊！"

想想他受整时，我去看他，他说："要整倒我的人还没有生下哩！"我生病住了院，他带着好烟来看我，说："该歇一歇了，你写那么多，还让别人活不活？！"想起他的虎背熊腰，想起他坐在省作协大院里那个破藤椅打盹的样子。

想起他病了我去看他，他说："这个病房好吧？省委常委会开了会让我住进来的。"

想起他快不行了，我又去医院看他，他说："等我出院了，你和我到陕北去，寻个山圪崂住下，咱一边放羊一边养身子。"

他是一个优秀的作家，他是一个出色的政治家，他是一个气势磅礴的人。但他

第十章／大寒

是夸父，倒在干渴的路上。

他虽然去世了，他的作品仍然被读者捧读，他的故事依旧被传颂。

陕西的作家每每聚在一起，免不了发感慨：如果路遥还活着不知现在是什么样子？这谁也说不准。但肯定是他会写出更多更好的作品，他会干出许多令人佩服又咋舌的事来。

他是一个强人。强人的身上有他比一般人的优秀处，也有一般人不可理解处。他大气，也霸道，他痛快豪爽，也使劲用狠，他让你尊敬也让你畏惧，他关心别人，却隐瞒自己的病情，他刚强自负不能容忍居于人后，但儿女情长感情脆弱内心寂寞。

陕西画界有人以为自己是石鲁，我听到石鲁的一个学生说："他算什么呀，不要说石鲁的长处，他连石鲁的短处都学不来！"

路遥是一个大抱负的人，文学或许还不是他人生的第一选择，但他干什么都会干成，他的文学就像火一样燃出炙人的灿烂的光焰。

现在，我们很少能看到有这样的人了。

有人说路遥是累死的，证据是他写过《早晨从中午开始》的书。但路遥不是累死的，他昼伏夜出，是职业的习惯，也是一头猛兽的秉性。有人说路遥是穷死的，因为他死时还欠人万元，但那个年代都穷呀，而路遥在陕西作家里一直抽高档烟，喝咖啡，为给女儿吃西餐曾满城跑遍。

扼杀他的是遗传基因。在他死后，他的四个弟弟都患上了与他同样的肝硬化腹水病，而且又在几乎相同的年龄段，已去世了两个，另两个现正病得厉害。这是一个悲苦的家族！一个瓷杯和一个木杯在一做出来就决定了它的寿命长短，但也就在这种基因的命运下，路遥短暂的人生是光彩的，他是以人格和文格的奇特魅力而长寿的。

在陕西，有两个人会长久，那就是石鲁和路遥。

——贾平凹《常常想起路遥》

写给路遥

站在高高的山坡上
路遥
我看见你从一条幽深的沟道
踽踽而来

风栖息在落叶飘零的枝头
你披着一袭苍白的阳光
孤独如钟

这是正午
乡亲们噼噼啪啪地点燃炊烟
为你温热那曲早已凉了的情歌

走在青石板路上
或是四仰八叉地躺在沙蒿蒿林
你总是热泪横流

穿过世纪的老枣树
想你那支没有镀金的笔
流出的究竟是泪还是血

高天流云
大地横笛
总有一双眼睛燃烧如灯
总有一种语言响亮又凝重

在这个平凡的世界

第十章／大寒

路遥
你站在人生的高处
竟把自己站成永恒的风景

——韩万胜

路遥系列　栗子明　画

后记

路遥的生平与创作

一

1949年12月3日,陕西榆林地区清涧县的一个偏远山村里,一个普普通通的生命诞生了,没有什么人注意到这个新生命对于这个世界的价值,没有什么人认识到这个普普通通的孩子日后的辉煌。就这样,路遥来了。他安静地走来,世界安静地接受了他,仅此而已。与苦难相伴,是路遥的命定。二十多年以后,当西安来的一位作家惊讶地发现这个已经显示出文学才华的小伙子临睡前由于没有裤衩而在被窝里脱裤子的时候,感叹的正是路遥的苦难;四十二年以后,已经成为著名作家的路遥在一家普普通通的医院、在一间普普通通的病房里孤独地与病魔搏斗,最终宣告失败的时候,人们眼里涌出泪水,感叹的也是路遥的苦难。苦难,毁灭了路遥,也造就了路遥。

路遥的父亲一字不识,家里十来口人,没有吃的,没有穿的,甚至于一家只有一条被子。贫困生活的经历,给路遥留下了终生难忘的印象。

到了1956年,这个苦难的家庭在贫困的重压下不得不做出选择,把已经七岁的路遥过继给他的伯父。路遥的生身父亲带着他,一路讨饭,从老家榆林地区清涧县来到延安地区延川县的伯父家。起身离开家和在漫漫一百多公里的行程中,父亲始终没有告诉他真相,只是说带他到伯父家去玩两天。到了伯父家,聪明的路遥从人们的神态和言语上感觉到自己的生活将要发生变化。

几天以后的一个早晨，父亲很早就起来了，老实巴交的庄稼人唤醒儿子，对他说他要去赶集，下午就回来，明天咱就一块儿回老家去。路遥点点头，但是他知道父亲是要悄悄溜走。趁家里人不注意，路遥抄近路来到村边一棵老树背后，含着眼泪看着父亲踏着朦胧的晨雾，夹着个包袱，从村子里溜出来，过了大河，上了公路，走了。

后来，路遥在谈到当时情景的时候回忆说："这时候我有两种选择：一是大喊一声冲下去，死活要跟我父亲回去——我那时才是个七岁的孩子，离家乡几百里路，到了这样一个完全陌生的地方，我特别伤心，觉得父亲把我出卖了。但我咬住牙忍住了，因为我想到我已经到了上学的年龄，而回家后父亲没有能力供我上学。尽管泪水唰唰地流下来，我没有跟上父亲走。"路遥留了下来，这不是他的选择，这仍然是一种命定。

伯父也是一个老实巴交的农民，家里也是赤贫如洗，但是他还稍稍有些余力供养路遥上学，这对于路遥来说，是比任何事情都让他开心的。

这个新家和路遥在清涧县的家相比没有多大的不同，加之上学结识了新的伙伴，多多少少减轻了一些路遥对生身父母的思念。生活，日月，就这样一天天延续着，从春到夏，从秋到冬。

路遥一天天长大了。这个过早经历了生活磨难的孩子懂得什么是最重要的，他的学习成绩一直很好。转眼到了1963年，路遥小学毕业的那一年，家里的日子越发艰难起来，伯父实在无力再供路遥上学了，不让他考初中了。但是，一些同学拉着路遥进了考场，路遥想："不管让不让我上学，我也要证明我能考上！"当时，几千名考生，路遥竟然脱颖而出，考上了当地最好的学府——延川中学。伯父坚决不让他去上学，为他收拾好用具逼他到山上去砍柴。倔强的路遥把绳子、砍刀扔到沟里，硬是跑到县城上学去了。那时候，乡下来的学生都从家里带一周吃的干粮，伯父不给他，或者说没有条件给他，他就靠同学们接济，一天一天地把中学读了下来。我们可以从他的中篇小说《在困难的日子里》看到他当时的生活窘境，看到他在那种可怕的窘境中从不打折扣的高远志向，以及少年路遥独特的心路历程。这样一个人，必定将在平凡的世界中创造不平凡的人生。

二

1966年，路遥以那个时代纵容的方式演出了一场青春时代的理想主义戏剧。日后，他为这场某种意义上同样不是他自己选择的戏剧付出了沉重代价。正是这种经历和为这种经历不得不付出的代价，使得这个从偏僻山村走来的青年人得以用与父辈不同的方式，或者说用比同时代其他人更深刻的方式看社会和人生。我们说路遥比他的同龄人早熟，是因为他比所有人都更直接进入了生活。

这个以社会角色出现在生活中的人，以群众代表身份被结合进延川县革命委员会，并且担任了副主任职务。这是1968年。

一个十九岁的农村青年，经历了一场突如其来的政治风暴，竟然能够进入县级权力机构并且占据显赫位置，这件事至少在以下两方面是有意味的：一、这是历史发展进程中提供给人的不多见的机会，这种机会的出现，既不说明社会公正，也不说明秩序，恰恰相反，它说明这个社会不是一个常态的健康运转的社会，所以，人们得到的这种机会只能是转瞬即逝的；二、但是，这一切对于当事人路遥来说，却是他和这个世界的关系的一次重大调整，他第一次不是以自然人，而是一个社会人的角度，获得了审视社会和自己内心世界的新的视角。

这是一次非常重要的理性的审视。理性，不仅仅帮助他观照了生活，使他得以知道那些逝去的岁月的价值，同时也照亮了他未来的人生之旅，他找到了方向，找到了未来人生的期求。我们有理由认为，我们认识的那个路遥，如果说他身上有什么独特的东西的话，那么这种独特的东西，很大程度上是在这个时候从他的经历以及这种经历产生的精神生活中形成的。所谓这些东西，所有路遥曾经体验过思索过的东西，在日后的文学创作中，路遥都艺术地讲述给了人们。我们为他的作品所感染，我们的思想、情感被打动，都是因为这个生活过、思考过的人把他认为值得讲述的东西讲述给我们听，而那些东西在我们看来珍贵无比。

路遥在写下的文字中，很少直接讲述他的生活，就是在平时的闲聊中，他也很少说到过去。那么，我们怎样断言他的作品讲述的东西和他的生活经历的紧密联结呢？

路遥是为数不多能够把内心体验直接转化为艺术表现的小说家之一。有心的读者可以从他无论何种题材的作品中，鲜明地感觉到一个贯穿始终的人。这个人灵魂深处的理性光辉，他对生活的执着信念，他在苦难人生中所保持的自尊自强的精神等等一切构成这个人的内在的东西，某种程度上反映的都是路遥的生活经历，他在这些经历中的内心体验。这正是小说家路遥要讲述给我们听的东西。

但是，1970年时的路遥还不会讲述，他还要为日后的讲述做必要的艺术上的准备。

这一年，路遥在延川县文化馆编辑的油印小报《延川文化》上发表了《车过南京桥》的诗作。诗作很稚嫩，带着那个时代的印记，但是毕竟这是路遥向人们讲述的东西，我们可以认为《车过南京桥》是他的处女作。"路遥"这个笔名从这篇作品开始正式使用。《车过南京桥》发表后，陕西省群众艺术馆主办的《群众艺术》也选载了这首诗。这说明路遥的这篇处女作是引人注目的。

这个时候，虽然从历史的角度讲"文化大革命"还没有结束，但是这场政治风暴最疯狂的阶段已经过去，"革命委员会"作为权力机关的使命接近完结，作为县革命委员会副主任的路遥也退出了社会赋予他的角色，还原为一个受过高中教育的农村青年，重新回到乡下种庄稼，其间当了一段时间的小学教师。

这个经历了社会人生极大震荡的人，已经不是那个初次走进延川中学的胆怯的农村娃了。虽然身在乡下，但是他已经知道，有一个比这个小山村庞大许多的世界在运转，它呼啸着，一日千里，相对来说，这里的生活犹如死水。他不甘心就这样打发自己的一生。他又一次拿起笔来，写他喜爱的诗歌。他不断得到在《延川文化》上发表作品的鼓励，成了在延川县地面上小有名气的人。

这种"名气"给他带来了新的机遇。1972年秋天，路遥被调到延川县文艺宣传队当创作员，在体制内算是有了一个"身份"，当时他的身份的名称是：农民工。也就在这一年，在诗人曹谷溪努力下，延川县成立了"文艺创作组"，创办了铅印的文学刊物《山花》，由几个在不同单位的文学青年共同编辑，路遥是其中之一。这期间路遥写了很多诗，单是在后来公开出版的诗集《延安山花》中，就有他的十几首诗作。那些诗作除了以路遥署名之外，还有"两园""鲁元"这样的署名。《延安山花》在全国行销几十万册，是"文化大革命"后期中国大陆第一本有泥土气息和文学意识的诗歌集子。

人的完善取决于社会的完善，人的精神创造，更有赖于社会所能提供的条件。可以想象，在当时的社会氛围中，要求青年路遥在他的诗作中发出自己的声音，是不现实的。所以，我们基本上可以认为，路遥当时的这些作品还没有形成他自己的特色，这个时期仍然是小说家路遥为创作做生活准备的时期。

三

1973年，路遥被推选到延安大学中文系读书。这对于穷乡僻壤走来的路遥来说是一个重大事件，这个事件从根本上改变了他的人生方向。

在延安大学期间，路遥在能够找到的欧洲文学史、俄国文学史和中国文学史的指导下系统阅读了大量中外文学名著，甚至于钻进阅览室，把新中国成立以来的全部重要文学杂志，从创刊号到"文化大革命"开始后的终刊号全部翻阅了一遍。路遥以他特有的方式拼命丰富着自己的知识储藏，与此同时，他也锲而不舍地从事着文学创作。值得注意的是，早在上大学之前，他就不再写诗了，开始写短篇小说。

1973年7月，《延河》发表了他的短篇小说《优胜红旗》。这是他公开发表的第一篇小说。以这篇小说为标记，路遥向中国文坛走来了。实际上，《优胜红旗》

是路遥上大学之前写作完成并在延川县的《山花》发表的。

这一年10月，路遥到西安，参加了《延河》编辑部召集的创作座谈会。从这个时候开始，路遥有了接触柳青、杜鹏程、王汶石等著名作家的机会，有幸得到他们的直接教诲。在这些老作家中，柳青的人格气质和艺术风格，对路遥产生了决定性的影响。《创业史》是路遥奉为经典的中外文学名著之一，在写作《平凡的世界》之时，他已经把这部作品研读了七遍。我们从他最成功的小说作品《人生》和《平凡的世界》中，都可以隐隐地感觉到柳青对他的影响。

接着，路遥相继发表了《姐姐》《雪中红梅》《月夜》等一批出色的短篇小说，这些小说关注农村青年的人生际遇，写出了他们的理想与社会现实冲突，表达了他某些方面的生活体验，但是，他感受最为深刻的东西，还没有被有规模地表现出来。

1976年8月，路遥从延安大学毕业后，被分配到陕西省作家协会主办的文学刊物《延河》做编辑工作。这件事对于路遥来说是非常重要的——他获得了从事文学创作的必要条件。据此，路遥开始了雄心勃勃的文学远征。

四

1980年，路遥引人注目地在权威文学杂志《当代》发表了他的第一部中篇小说《惊心动魄的一幕》。这部作品直接受到雨果《九三年》的影响，它的谋篇布局、人物性格设计以至于情节的戏剧化安排，都是雨果式浪漫主义的。从这部作品里，我们得以听到路遥对于他经历过的岁月的讲述，但是讲述的方式我们还不能说是路遥的。从这部作品里我们暂时还看不到构成路遥作品主要特色的东西，尤其是在艺术上。但是这部作品奠定了他向更高目标进行攀登的基石。首先，这部作品的发表使他得到了在中国文坛发出自己的声音的机会，获得了某种发展的"条件"；其次，这是他在文学远征初始之时获得的"第一推动"，从此他知道了自己的实力。这样一个基础对于任何一个人都是至为重要的。

路遥非常幸运。1981年，他在二十八岁的时候创作的中篇小说《惊心动魄的一幕》获全国第一届中篇小说奖。站在领奖台上，外表平静的路遥内心里滚动着激情。对于他来说，毫无疑问，这是一个无比重要的时刻，"我几十年在饥寒、失误、挫折和自我折磨的漫长历程中，苦苦追寻一种目标，任何有限度的成功对我都至关重要。"获奖给路遥增添了前所未有的自信，由此，他知道他可以做那件一直急切想做的大事了——创作《人生》。

他背上简单的行囊，坐上长途公共汽车，一头扎进了甘泉县招待所，就像饥饿了的人扑到食物上那样扑到稿纸上，开始了中篇小说《人生》的创作。为了构思这部作品，路遥已经进行了整整三年的准备。早在1979年，他就开始尝试着进入创作。他为这部重要的作品取名为《你得到了什么?》在当时，毫无疑问，路遥是可以把它写出来的。但是，他知道这部作品对于他太重要了，他又不忍心轻易把它写出来。他曾经把已经写出来的东西撕掉。他像宗教教徒一样虔诚地等着他可以把它写出来的那一时刻的来临。这一年夏天的一个清晨，不到32岁的路遥以顽强的毅力，用二十一个昼夜创作完成了十三万字的中篇小说《人生》。这是一场名副其实的文学征战——"每天工作十八个小时，分不清白天和夜晚，浑身如同燃起大火，五官溃烂，大小便不畅通，深更半夜在……招待所转圈圈……"这个视文学为生命的人，已经把自己的生命置之度外。

当他背着沉甸甸的稿件来到延安的时候，脸上掩不住做成一件大事的兴奋之情。他评价这部还没有发表的作品时说："要么，巨大的成功；要么，彻底失败。"正如我们看到的，他获得的是巨大的成功。

《人生》第一次把当时条件下青年人的发展问题尖锐地摆到了人们面前，它以前所未有的深度反映了人们身处其中的社会现实，对社会丑恶进行了无情的鞭笞，对普通人表现出来的道德力量给予由衷的赞美。《人生》比较直接地用纯熟的现实主义的方式艺术地表现了路遥对生活的见解，从高加林身上，我们几乎可以看到路遥性格一切方面的特点。这是一个在社会生活漩流中顽强寻找自己位置的路遥，一个不断同命运抗争的路遥，一个在灵魂深处不断进行搏斗的路遥。《人生》对社会生活内容的反映和对人物思想性格的塑造之所以比同时期其他作品更为深刻和生动，说明路遥的小说艺术在经历了前期小说创作实践之后，表现功力显著提高，具有一种超凡的品格；同时也说明，只有在这部作品中，路遥才真正向我们讲述了他长久以来一直想对我们讲述的东西。

在当时，无论从哪方面说，《人生》都已经远远地走在了中国当代文学的前面。《人生》轰动了中国文坛，它带着生活的芳香从文坛走进知识界，走进大学校园，走进工厂和农村，走进千千万万读者心中。从小说到路遥亲自担任编剧的电影甚至于多种形式的戏剧，《人生》家喻户晓。小说主人公高加林成了那个时候青年人谈论最多的人。

《人生》的巨大成功给路遥的生活造成很大的快乐和冲击。路遥回忆说："我的生活完全乱了套。无数的信件从全国四面八方蜂拥而来，来信的内容五花八门，除了谈论阅读小说后的感想和种种文学问题生活问题之外，许多人还把我当成了掌握人生奥秘的导师。"1983年7月18日，《人生》获得《当代》中篇小说奖，不久又获得全国第二届中篇小说奖。在巨大的成功面前，小说家路遥是清醒的，他说："我深切地感到，尽管创造的过程无比艰辛而成功的结果无比荣耀，尽管一切艰辛都是为了成功；但是人生最大的幸福也许在于创造的过程，而不在于那个结果。作家的劳动绝不仅是为了取悦当代，而更重要的是给历史一个深厚的交代。如果为微小的收获而沾沾自喜，本身就是一种无价值的表现。"这意味着他必须从《人生》所造成的暖融融的气氛中再一次踏进冰天雪地去进行一次更加艰苦的文学远征。

《人生》发表之后，路遥又接连写作发表了《在困难的日子里》《黄叶在秋风中飘落》《你怎么也想不到》等中篇小说，在更为广阔的时空背景上继续挖掘当代青年在城乡环境两极抉择中的心路历程。

五

1982年，路遥脱离开《延河》编辑部，开始专业创作，这使他可以比较从容地安排自己的文学劳动。从上大学开始，路遥就开始如饥似渴地研读中外文学名著，不断从前人的创作中汲取着营养。在谈到他喜欢的作家作品时，路遥曾经开列这样一个名单：《红楼梦》、鲁迅的全部作品、柳青的《创业史》、泰戈尔的《戈拉》、夏绿蒂的《简·爱》、马尔克斯的《百年孤独》以及列夫·托尔斯泰、巴尔扎克、肖洛霍夫、司汤达、莎士比亚、恰科夫斯基、艾特玛托夫等等。路遥是一个受到中国古典文学和外国文学滋养，在此基础上形成自己文学品格的作家。我们从他的作品中，可以鲜明地感觉到这一点。

从另外一个角度说，一个受到过这样的文学滋养而且写出《人生》《在困难的日子里》这样优秀篇章的人，自然会给自己的文学劳动提出更高的要求。路遥在谈到这个问题的时候这样说："当时，已经有一种论断，认为《人生》是我不能再逾越的一个高度。我承认，对于一个人来说，一生中可能只会有一个最为辉煌的瞬间——那就是他事业的顶点，正如跳高运动员，一生中只有一个高度是他的最高度，尽管他之前之后要跳跃无数次横杆。就我来说，我又很难承认《人生》就是我的一个再也越不过的横杆。"于是，路遥接着说："我决定要写一部规模很大的书。在我的想象中，未来的这部书如果不是我此生最满意的作品，也起码应当是规模最大的作品。"这个重要的决定，也许来源于路遥少年时期一个偶然的梦想："这一生如果要写一本自己感到规模最大的书，或者干一生中最重要的一件事，那一定是在四十岁之前。"

三十五岁的路遥为这部作品的准备工作平静而紧张地展开了，狂热的工作和纷繁的思考成了他的日常生活。他首先要为这部作品搭建一个舞台，对于路遥来说，无可选择，这个舞台只能是生他养他的贫瘠苍凉而雄沉浑厚的土地以及这块土地上生活着的人。他将调动他的全部生活积累和人生体验，让这部规模宏大的戏剧像《人生》一样深入人心。

这是一部被他作为礼物献给他"生活过的土地和岁月"的书。他为这本取名为《走向大世界》的长篇巨著设定了基本框架："三部，六卷，一百万字。作品的时间跨度从1975年初到1985年初，力求全景式反映中国近十年间城乡社会生活的巨大历史性变迁。"他为三部书分别取名为《黄土》《黑金》和《大世界》。

我们现在看到的《平凡的世界》，正是这部作品。在"全景式反映中国近十年间城乡社会生活的巨大历史性变迁"这样一个命题上，出色地体现了路遥的意图；我们还发现，如果我们把《平凡的世界》第一部、第二部、第三部分别冠以《黄土》《黑金》《大世界》篇名，是极为贴切的。这说明，无论创作过程多么艰辛，这个艰辛的过程多么漫长，路遥的文学信念，他对这部"规模很大的书"的内在要求，没有发生丝毫的改变。准备工作漫长而有序。为了唤起对长篇小说艺术的全新把握，路遥潜心阅读了一百多部多卷体长篇小说，这些书有的是重读，有的是新读。他分析作品的结构，窥探作家的匠心，设计自己所要建构的大厦。除此之外，他还大量阅读了理论、政治、哲学、经济、历史、宗教方面的著名以及农业、商业、工业、科技等方面的专业书籍。那段时间，在路遥的房间里到处都搁着书和资料——桌上、床上、茶几、窗台，甚至厕所——以便在任何时候任何地方都可以随手拿到并进入阅读。

1985年秋天，路遥来到铜川的陈家山煤矿，在一个基本上与世隔绝的地方，开始了他的另一次文学远征。

非常幸运，路遥为我们留下了《平凡的世界》创作随笔《早晨从中午开始》。在这部六万多言的随笔中，路遥对创作过程的描述，对创作过程中思想和情感状态的描述，成为我们考证这位作家最重要的材料之源。如果一百年以后有人介绍路遥，也一定会说："读一读《早晨从中午开始》，那就是路遥。"

《平凡的世界》第一部发表以后，无论在理论界还是在读书界，反响不像《人生》那样热烈，究其原因，一是作品仅仅是全书的三分之一，情节还没有充分展开，另一方面，是当时的文学风潮把人的注意力引到非现实主义的作品之中，忽略了这样一部现实主义杰作的分量。路遥不为所动，以极大的艺术自信心沿着既定的路线往前走，又相继写作完成了第二部、第三部。整整六年，作家路遥燃烧着自己的生命，锻铸了《平凡的世界》。

创造的过程艰苦卓绝，正如路遥所说，写完第二部的时候，他几乎完全倒下了，"身体状况不是一般地失去弹性，而是弹簧整个地被扯断""身体软弱得像一摊泥。最痛苦的是每吸进一口气就特别艰难，要动员身体全部残存的力量。在任何地方，只要一坐下，就会睡过去"。随着《平凡的世界》一天天接近完成，路遥的身体也一天天垮下来。路遥说："我第一次严肃地想到了死亡。我看见，死亡的阴影正从天边铺过来,我怀着无限惊讶凝视着这一片阴影。"

1988年5月25日,体力日见衰竭的路遥为《平凡的世界》画上了最后一个句号。很快,该书由中国文联出版公司出版,中央人民广播电台播诵了全书,中国电视剧制作中心将其拍摄成14集电视连续剧。读者像当年喜爱上《人生》一样喜爱上了这部真实地反映他们的生活的巨著,有真知灼见的评论家认识到这部作品在文学史上的重要价值,纷纷撰文给予高度评价。认为在当代文学中,《平凡的世界》是为数不多的具备了史诗品格的长篇小说之一。它以宏大的文化视野,以中国新时期以来十年间重大历史背景为契机,通过对黄土高原普通民众生活方式、生存境况的真实描绘,艺术地概括了中国当代社会的精神形态。1991年3月9日,在四年一度的全国最高文学奖——茅盾文学奖——评奖中,《平凡的世界》在1985年到1988年间发表的七百多篇长篇小说的激烈角逐中脱颖而出,以榜首位置赢得了被称为中国的诺贝尔文学奖的重要奖项。

路遥代表获奖者发言,他说:"只有不丧失普通劳动者的感觉,我们才有可能把握社会历史进程的主流,才有可能创造出真正有价值的艺术品。"这句话,既可以破译路遥在文学创作活动中的支撑点,又可以破译人民的优秀儿子路遥本身。路遥引用艾青的诗句:"为什么我的眼里常含泪水?因为我对土地爱得深沉。"这是人民艺术家共有的品格。路遥以诚实的劳动创造出了应当属于他的辉煌。

1990年到1992年,路遥处在创作休整期。一方面要恢复一下严重透支的体力;另一方面,也好对创作进行一番思考。为了回答人们关于《平凡的世界》的诸多提问,路遥决定就《平凡的世界》创作问题写一篇随笔,这就是后来面世的《早晨从中午开始》。在这部作品中,路遥不但以传神之笔记录了创作《平凡的世界》的全过程,尤其可贵的是,他用大量的心理剖白表述了他对社会、人生、艺术的深层思考,这些文字给我们提供了完整地了解路遥的钥匙。

六

1992年8月1日,西安至延安的火车正式开通了。8月6日清晨,与陕北割舍不开的路遥,孤身一人离开他在西安的家,来到西安火车站,登上了开往延安的火车。

这时候的路遥早已重病缠身。或许冥冥之中有一种招引,他来自陕北,现在又向陕北归去。这里是他的故乡。

"故乡,又回到了你的怀抱!"路遥在《早晨从中午开始》中深情地慨叹道,"每次走近你,就是走近母亲,你的一切都让人感到亲切和踏实。踏上故乡的土地,就不会感到走投无路。在这个创造了你生命的地方,会包容你的一切不幸与苦难。

就是生命消失，能和故乡的土地融为一体，也是人最后的凤愿。"

路遥一到延安就病倒了，住进延安地区人民医院。在将近一个月的时间里，医生使用了各种方法治疗路遥的肝病，但却无法逆转，病情总是时好时坏，不见痊愈。进入9月，甚至有进一步恶化的迹象。必须把路遥转到条件好一些的医院去，但是，路遥不同意，他认准了陕北任何一块土地都是他最好的归宿，执意不愿离开。然而，一天天加重的病情，事情已经别无选择，路遥也终于同意转院。

1992年9月5日，是路遥离开延安的日子。这天早晨，闻讯赶来的亲朋好友和热爱着他的人来为他送行，早早就等在医院的门口。路遥已经虚弱得不能单独行走，可是他硬是不让人搀扶，他不想让人看到被病魔击倒了的路遥。但是他刚刚迈出步子，身体就晃动起来。一些与路遥交往多年的朋友，看到他身上的活力荡然无存，不禁暗自流下了眼泪。所有在场的人都在为他企盼命运之神的垂青。路遥举着微微颤动的手，轻轻挥动着——这位陕北人民的好儿子已经意识到，他可能要永久地离开他热爱的这片热土了，永久地离开创造他生命并包容他一切不幸与苦难的故乡了。当天下午六时三十分，火车到达西安；下午七时三十分，路遥入住西安西京医院。

随后又是两个多月与死神的激烈抗争。1992年11月17日凌晨5时，路遥开始在病床上痛苦地抽搐和呻吟，弥漫在整个肉体的疼痛使他缩成一团。看护着他的弟弟束手无策，赶忙喊来医生。医生赶来时，路遥开始大口大口地吐血，这是肝病晚期的最终症状——消化道出血。虽经全力抢救，仍没有阻止死神的脚步——路遥的血压一路下滑，直至为零。弥留之际，这个志向高远的苦孩子嘴里呻吟着的最后话语是："爸爸最好……妈妈……最亲……"八时二十分，路遥的心脏停止了跳动。

1992年11月21日，这一天格外阴冷。在西安三兆公墓，陕西省各界人士胸前佩戴着白色小花向路遥做最后的诀别。路遥静卧在花丛中。这个与苦难相伴、劳累一生的人，现在才有了小憩的时间。

来向他告别的有他的亲友，更多的是他并不认识的人，这些人因为他的劳动而敬重他，热爱他。陕西省作家协会主席陈忠实用浑厚的嗓音致悼词，这位著名作家沉痛地说："一颗璀璨的星从中国文学的天宇陨落了；一颗头颅中止了异常活跃异常深刻也异常痛苦的思维。""路遥短暂的人生历程中，躁动着炽热的追求光明追求健全社会的愿望，他没有一味地沉默也不屑于呻吟，只是挤在同代人中间而又高瞻于他们之上，向整个社会和整个世界揭示这块古老土地上的青春男女的心灵的期待，因此而获得了无以数计的青春男女的欢呼和信赖，他走进了他们心中。"路遥的去世在古城西安，在他的家乡延安、榆林引起了悲痛的哀潮，这种哀潮波及了北京、上海……当时的报刊在报道路遥的死讯时都用上了"惊愕"与

后 记

"哀恸"的词句。

路遥去世整整十年了。十年来，我们在谈论路遥的时候，经常使用这样的语句："路遥地下有知。""路遥会为此感到欣慰。"就是因为我们不认为他真的死了，我们都认为他还活着，还在和我们一起看眼前这个世界，还在和我们一起赞扬和诅咒着某些东西。因为这个远行的人把他生命中最重要的东西留给了我们，我们借着《人生》《在困难的日子里》《平凡的世界》和这位亡者做某种形式的交流。从这个意义上说，路遥是永生的。这个从中国北部最贫穷的山村里走出来的孩子，以他的精神，以他诚实的劳动，以他对脚下这块土地的无限热爱，在无中找到了有，在终结中找到了开始，在死亡中找到了永生。

——陈泽顺于 2002 年

主编 刘瑞平

不平凡的世界

（二）求索集

陕西新华出版传媒集团
陕西人民出版社

《不平凡的世界》感悟文集编委会

主　　任	杨东明
副 主 任	刘　斌　韩万胜　刘区厚　曹谷溪　龙　云
	贺智利　梁向阳　张　鼒　海　波　李海涛
主　　编	刘瑞平
本册主编	贺智利
编　　委	朱合作　王生才　王志强　刘瑞平　高志妮
	胡旭升　尹生鹏　栗子明　张　弛　张晓梅
	刘东平　李春元　刘小涛　左子初　高宏雄
	赵兴国　付京华　高　丽　吕文经　高　飞
	贺军平　李艳霞　艾　超　刘　畅　高　曼
	陈　罡　刘　瑞　韩　帅　薛　静　薛　刚

"纪念新中国成立70周年暨路遥70周年诞辰"全国学术研讨会会议论文集

目录

关于劳动的寓言
　　——读《人生》　程光炜　\ 001
现实主义与读者大众
　　——来自路遥的一点启示　赵　勇　\ 017
路遥与普通读者同感共谋的艺术探索　段建军　\ 020
一个作家与时代的命题　李国平　\ 030
路遥《人生》爱情内涵新解　周燕芬　\ 033
路遥小说的超越性境界及其文学史意义　王兆胜　\ 041
妥协的结局和解放的难度
　　——重读《人生》　杨庆祥　\ 059
"路遥现象"探因　吴　进　\ 069
路遥创作的"人民性"视野及其表征　于　敏　赵学勇　\ 079
关于路遥的手稿问题　梁向阳　\ 083
陕西学者的路遥研究　韩　蕊　\ 088
地域抒写的困境
　　——从《人生》看路遥创作的精神资源　惠雁冰　\ 095
路遥的英雄情结　贺智利　\ 100
平凡的人生与"不平凡"的世界
　　——公共阐释视域下的《平凡的世界》再解读　张文诺　\ 107
路遥小说的情感世界及其文化意义　王守雪　彭一格　\ 119
论路遥对延安文艺大众化传统的继承与发展　王俊虎　\ 126
怎么办？
　　——《人生》与80年代"新人"故事"并非结局"的结局　杨晓帆　\ 137

国家的神话:"山花"作家的意识形态叙述
　　——以路遥早期作品及文学活动为中心　马佳娜　\ 152
文学史为何要遮蔽路遥　谢延秀　\ 166
"交叉地带"的乡土话语
　　——路遥方言写作论　王　素　梁道礼　\ 176
激进与保守之间的相互渗透
　　——重新探究路遥《平凡的世界》中的政治意识　王守雪　马盈玉　\ 189
"《平凡的世界》现象"的传播学解读　侯业智　惠雁冰　\ 196
路遥笔下的创业者道路和创业精神　刘瑞平　\ 207
路遥的书信研究　詹歆睿　\ 211
路遥小说的时间意识及其精神力量　张悠哲　李红岩　\ 223
为"改革先锋"路遥而歌　王志强　\ 231
作为对应物的爱情
　　——路遥小说的爱情模式及其人文功能　姜　岚　\ 234
死神挡不住自由的灵魂
　　——兼谈路遥的浪漫现实主义　刘　云　\ 246
价值悖反与自我救赎:路遥关于七八十年代农村青年出路问题的文学呈现　程明社
　　\ 251
城市化进程中的农村三角洲
　　——再读路遥　臧小艳　\ 261
作为"劳动模范"的路遥　党文亭　\ 265
"越界"悖论:路遥理想主义的限度　魏文鑫　\ 272
《平凡的世界》现象与"重写文学史"　武菲菲　\ 289
路遥的创作与现代文学传统　田文兵　\ 304
路遥早期创作的形成互动
　　——以《山花》的创办与发展为中心考察　梁　爽　\ 313
80年代文学镜像中的经济叙事读解
　　——以路遥《平凡的世界》为例　宋为为　\ 321
《平凡的世界》之人性美　蔡圣峰　\ 326
长销文学经典《平凡的世界》的传播研究　郝　丹　\ 330
从路遥小说中的"城乡交叉地带"论主人公精神世界　宋雨馨　\ 335
当代文学史视野中的《平凡的世界》　王仁宝　\ 340

关于劳动的寓言
——读《人生》

中国人民大学文学院 程光炜

2010年1月至11月，报端连续追踪的深圳富士康公司年轻打工者十二人的"跳楼事件"，一时间震惊海内外。①

关于劳动伦理、底层民众在现代化挤压下的命运和生存价值的讨论，屡屡挑战中国三十年改革开放进程的道德底线，成为公众热议话题。不过，我以为再读小说家路遥1982年发表的中篇小说《人生》也许正当其时。三十年前高加林逃离乡村、进城追求理想和重建人生的时代意义，难道已经在"富士康式"的历史框架中失效？诸多追随他历史道路的农村青年，最后一定要用这种残酷方式展示青年野心家于连的幻灭？笔者不禁跟着高加林来到大马河桥头："他手扶着栏杆，想起第一次卖馍返回的时候，巧珍就是站在这里等他的；想起在这同一个地方，他不久前又曾狠心地和她断绝了关系……眼下他又在这里了，可是他现在还有什么呢？他幻想的工作和未来在大城市生活的梦想破灭了，黄亚萍又退回到了他生活的远景上；亲爱的巧珍被他冷酷地抛弃，现在已和别人结了婚。他真想一纵身从这桥上跳下去！"这位20世纪80年代青年的"跳桥冲动"固然惊骇不已，但在新世纪富士康青年们的更大故事中也属平常。三十年原来只是一个瞬间。路遥笔走至此，大概没想到高加林面临的人生矛盾，竟然在许多年后无数农村青年进城壮举中重现，它揭示的不仅仅是改革开放初期的困局，也暗示着千百年来中国农村转型的困局。改革开放三十年不过是中国漫长农村改造史中小小的一页。笔者细揣小说，为这位杰出小说家勇敢提出的重大现实问题欣然感佩。"劳动"与"进城"的矛盾就是这篇小说的起点，是它的立足点，更是主人公内心深处隐痛的纠结点，这大概是我们三十年来反复阅读它并经常会局促不安的深层原因。

---

① 详见在此期间的《南方周末》《南方都市报》《深圳青年报》及搜狐、新浪等各大网站。

一、高加林

并不是所有的回乡青年都像高加林一样有如此强烈的自我意识。这种自我意识影响到他对劳动的不适应感。虽然路遥对农民"平凡而伟大"的"诚实的劳动"从来不吝啬热情的赞美。① 但正如他的"创作年表"显示的那样,他本人对每天面朝黄土背朝天的枯燥辛苦的劳动也心生厌烦。② 不过,批评家王愚却不这么认为:"《人生》发表,展现了转折时期城乡交叉的社会矛盾,揭示了重叠复杂的人生纠葛,把新一代农村知识青年(也不仅仅是农村青年)的思索、追求、理想、奋争以及他们'先天不足'的弱点和'后天失调'的缺陷——披露出来",他认为路遥写劳动与理想的矛盾是想象 19 世纪俄国伟大作家一样,"把这些用来探索当代中国人,准确点讲是生活在转折时期的当代中国人的精神世界"③。但凡创作文学史诗

---

① 见路遥《生活的大树万古长青》《作家的劳动》等创作谈文章,参见李文琴编选《路遥研究资料》,山东文艺出版社 2006 年版,第 4—8 页。在这些文章中,作家按照中国农民朴素的劳动观要求自己的文学创作,认为只有诚实的劳动,才能产生诚实的小说,同时也才能真实表现作家所处的时代本质。

② 据《路遥创作年表》:1963 年,他考入延川中学。1966 年 7 月毕业等待分配期间,"文革"爆发。于 1966 年年末至 1967 年年初,初次徒步走到北京。返回后以"王天笑"的名字写大字报、批斗稿。后成为本班红卫兵组织"井冈山"造反派领袖。不久延川中学教师学生分裂为两大派别,路遥率领"井冈山"成为"红四野"骨干力量。后担任全县革命两大阵营主流派"红四野"军长。1967 年 9 月 15 日按照"三结合"成立县革委会,路遥任副主任,但作为革命大众代表并无实权,后因武斗嫌疑被审查。11 月以返乡知青农民身份,回到延川县农田基建队劳动。后因养父王玉德的威望受到大队干部庇护,成为附近队办小学的教师。并开始在县文化馆油印刊物《革命文化》上发表《塞上柳》《车过南京桥》等短诗。1968 年 11 月入党。1969 年 3 月回村,任马泉店小学民办教师。后经曹谷溪帮忙调入革命委员会通讯组,以农民工(另一说是"创作员""代理教师")身份调入县毛泽东思想文艺宣传队。该年在新胜古大队黑板报上发表诗歌《老汉走着就想跑》。1971 年开始发表作品,计有:《老汉走着就想跑》(《延安通讯》1971 年 8 月 13 日)、《塞上柳》(《延安通讯》1971 年 9 月 28 日)、《车过南京桥》(《延川文化》,署名缨依红)等。1972 年,与曹谷溪、闻频、陶正等成立业余文艺小团体——延川县工农兵文艺创作组。5 月,为纪念毛泽东延安《讲话》发表三十周年,以延川县革委会政工组名义,曹谷溪主编诗集《延安山花》,收入路遥的六首诗:《老汉走着就想跑》《塞上柳》《电焊工》《进了刘家峡》《山村女教师》《农村销货员》,以及与谷溪合写的《灯》《当年八路延安来》,由陕西人民出版社 1972 年出版。9 月,创办《山花》,结识了后来的妻子北京知青林达。10 月国庆节,与闻频创作大型歌剧《第九支队》。1973 年 9 月被推选到延安大学中文系就读。……
1963 年至 1973 年十年间路遥的生活记述显示,作家对参加"文革"等政治活动和从事文学创作的热情,远远大于做一个农民。这种往返于"城乡之间"的辛苦和个人经验,后来对他的文学创作贡献不小。

③ 王愚:《在交叉地带耕耘——论路遥》,《当代作家评论》1984 年第 2 期。

关于劳动的寓言
——读《人生》

的作家和主人公,他们对抱负的关心从来都优先于世俗生活世界,他们做事的最大满足就是如何展现才干能力,充分实现自我。天下太平时候,有野心的人只能各就各位,做点平凡小事,还陷入日常琐事的苦恼;但在群雄蜂起的历史转折时期,这样的人具有无限发展空间,就看他们如何敏锐和大胆地抓住机会。

高加林高中毕业回乡做了几年民办教师,又被村支书高明楼儿子顶掉,被迫干起农活。一家人气急败坏,高加林还思量过疯狂报复,也只能含泪接受这个结果。接下来的几天,高加林心灰意冷,自暴自弃,每天"睡得很早,起得很迟",醒来不知道已经接近中午。这时下地的父母还在勤苦劳作。这说明,一向心高气傲的回乡青年高加林从未想过一辈子做农民,过他父亲那种日出而作、日落而息的稼穑岁月。为表现这位青年精神气质迥异于本村土头土脑的乡党,路遥写到高加林路遇去高家村相亲的马栓时的"知识分子的'清高'",写他刷牙,穿上一件绿黄色军衣,还展现他准备游泳时的"很健美的"裸体,修长的身材,还以无比欣赏的口气说那里"没有体力劳动留下的任何印记"。总之,路遥纵情发挥文学想象,要把世上所有文学化的美好辞藻,都慷慨给予这位少不更事且野心勃勃的年轻人。小说家大概忘记,按照普通伦理,"下岗教师"此刻最应该帮父母干农活,尽一下年轻人的点滴孝心,向村民稍微展露受过现代教育人士的道德水准。但小说"上编"从第一至第五章都不愿意为此浪费任何笔墨。我们看到,当第六章镜头转向高加林出山劳动的描写时,那种场面真令读者窘迫不安:

高加林在赶罢集第二天,就出山劳动了。像和什么人赌气似的,他穿了一身最破烂的衣服,还给腰里束了一根草绳,首先把自己的外表"化装"成了个农民。其实,村里还没一个农民穿得像他这么破烂。他参加劳动在村里引起了纷纷议论。

在庄稼地里,高加林在全村父老面前以高人一等的身段出场。这当然有向"宿敌"村支书高明楼示威的味道,但同时也把他没有融入宗族乡里关系的事实告诉了读者。他刚出手的"劳动手艺",确实不敢恭维:

他的劳动立刻震惊了庄稼人。第一天上地畔,他就把上身脱了个精光,也不和其他人说话,没命地挖起了地畔。没有一顿饭的工夫,两只手上便打满了泡。他也不管这些,仍然拼命挖。泡拧破了,手上很快出了血,把镢头把都染红了;但他还是那般疯狂地干着。

作者在这里显露出他擅写陕北农村青年典型的精准到位的文学功夫。这些细节,也纤毫毕现地把王愚前面所说20世纪80年代初期农村知识青年的"'先天不足'的弱点和'后天失调'的缺陷"充分暴露出来。如果不受80年代评论的左右蛊惑,读者当然知道高加林所谓的回乡劳动,只是为最终进城暂时休养生息,暗观天下之变而已,有如三国时代躬耕南阳陇上怀才不遇的诸葛亮。他内心深处怀揣着天下,高家村并非他的久留之地,家庭也不过是他漫漫人生旅途的一个小小驿站,这份深幽的心机自然在村人包括他父母面前藏而不露。这种高家村的局外人姿态,就使他面对所有乡亲包括巧珍时具有了一种潜在的心理优越感:

(巧珍)扑闪着一双水灵灵的大眼睛,局促地望了一眼高加林,然后从草篮里摸出一个熟得皮都有点发黄的甜瓜递到高加林面前,说:"我们家自留地的。我种的。你吃吧,甜得要命!"

高加林很勉强地接过甜瓜,但没有接过她的手帕,轻淡地对她说:"我现在不想吃,我一会再……"

更有趣的是后面高加林接受了巧珍的爱情的描写。心存高远的高加林本来无意娶乡下媳妇,因抵挡不住巧珍的热烈进攻,最后决定不妨一试:

在分路口,巧珍把提包里的那条烟掏出来,放在加林的篮子里,头低下,小声说:"加林哥,再亲一下我……"

高加林把她抱住,在她脸上亲了一下,对她说:"巧珍,不要给你家里人说。记着,谁也不要让知道!……以后,你要刷牙哩……"

显然,接受巧珍不是高加林发自内心的行为,即便在男女拥抱的激情沉醉之中,他仍不忘记提醒巧珍"刷牙"。众所周知,农民从来没有城里人刷牙的习惯,所以它对于高加林这个受过教育的农家子弟的特殊意义不亚于一场"刷牙革命"。已有论者注意到高加林不仅讨厌劳动,同时也讨厌农民不刷牙的历史陋习。①

高加林不同于高家村农民的地方,是他的读书人身份。他与土地、劳动的疏离,并非源自他要哄抬自己身价,或像农村二流子故意做出一些荒诞的举动,而是这种疏离从他离开故乡去县城读高中就命中注定了的。在中国悠久的文化传统中,"读书人"从来都是在民间倍受尊敬的人物,他们在广大乡村被称作"先生",在城里则被目为即将跻身"官绅阶层"的后备队伍。所以,高加林的优越感实际来自中国社会这份丰富精神遗产的馈赠,而非他有意在村里装模作样。路遥的小说经常写到农村青年通过念书打开视野后所陷入的自身矛盾,例如《平凡的世界》里孙少平每天在"劳动"与"事业"、城乡女同学选择之间所经受的煎熬。《人生》也是如此,作者极力要表现高加林如何因读书而改变自己农家子弟身份的奋斗历程,以及对自我满足感的索取。"高加林虽然出身农民家庭,也没走过大城市,但平时读书涉猎的范围很广;又由于山区闭塞的环境反而刺激了他爱幻想的天性,因而显得比一般同学飘洒,眼界也宽阔。黄亚萍很快发现了他的这种气质"。于是这样,高加林就具有了20世纪80年代那种风流倜傥的知识分子气质,产生出自我意识,他对

---

① 杨庆祥:《妥协的结局和解放的难度——重读〈人生〉》,《南方文坛》2011年第2期。

落后的农村竟如此不能苟同。

为显示主人公身上的"非农民气质",小说第三、第四章刻意描写父母看高加林不习惯劳动,让他挽着篮子进县城卖蒸馍的情形。显然在父母看来,这同样是一种"劳动"。在他们的人生观念中,作为农家子弟,儿子总不能赋闲在家,虽然这种劳动性质里带着点溺爱、娇惯的不纯动机。作为小说的第一个高潮,它对高加林兼有的羞辱、穷酸、自负、孤傲和自卑的复杂多元性格,做了一次淋漓尽致的集中展示。

小说第三章开头描写到改革开放初期农村欣欣向荣的景象,包产到户后去城镇从事简单个体经营的农民,纷纷兴致勃勃地奔向乡镇和县城。"公路上,年轻人骑着用彩色塑料缠绕得花花绿绿的自行车,一群一伙地奔驰而过。"而挽着一篮蒸馍的高加林在人群洪流中却如同窃贼,蹑手蹑脚,四顾张望,生怕遇见熟人。"他感到自己突然变成一个真正的乡巴佬了",尽管家里连买油盐的钱都没有。他更怕在集市上大声吆喝,而不吆喝就无法招来顾客,推销蒸馍。他试图偷偷练习,又终因胆怯屈辱而失败。高加林这时在汽车站外面,竟迎面碰到正在悠闲逛街的高中同学黄亚萍和张克南。

高加林恨不得把这篮子馍一下扔到一个人所不知的地方。张克南和黄亚萍很快地走到他面前了,他只好伸出空着的那条胳膊和克南握了握手。

他俩问他提个篮子干啥去呀?他即兴撒了个谎,说去城南一个亲戚家里走一趟。

当他意识到张克南与黄亚萍是恋人关系,马上嫉妒地损害克南的优越感,还酸溜溜地说出许多不得体的话来报复他,这使得他很失风度。但黄亚萍恭维他看到他发表在地区报上的几篇散文时,高加林又立刻来了兴致,因为她不仅是县委常委和县武装部部长的千金,在县广播站做播音员,而且发自内心欣赏高加林的文学才能。这时黄亚萍大胆邀请他方便时候去广播站做客,这使他大感舒服。

离开张克南和黄亚萍后,高加林紧张地东张西望,"以防再碰上一个熟人"!

他是个讲卫生的人,"雪白的毛巾一直把馍篮子盖得严严的,生怕落进去灰尘"。这个细节证实了我对路遥的不好感觉,他违逆小说逻辑使得高加林高出农民一等,对这位敏感到病态的男青年抱着近于偏执的喜爱。后来,高加林终于发现了一个正在寻馍的顾客,但因她是张克南的妈,立刻决定放弃这单生意,匆匆逃离现场。由于作者的纵容,接下来小说还匪夷所思地写到高加林拎着馍篮走进县文化馆阅览室读《人民日报》《光明日报》《中国青年报》《参考消息》和本省的报纸。他如饥似渴地阅读起来,竟然忘记了来县城卖馍的家庭使命。

他首先看《人民日报》的国际版。他很关心国际问题,曾梦想过进国际关系学院读书。在高中时,他曾订过一个很大的笔记本,里面虚张声势地写上"中东问题""欧洲共同体国家相互政治经济关系研究""东盟五国和印支三国未来关系的演变""中美苏三角关系中美国的因素"等胡思乱想的"研究"题目。

他把几种大报好多天的重要内容几乎通通看完以后，浑身感到一种十分熨帖舒服的疲倦。

在这里，作者不吝笔墨，近乎荒诞滑稽又合情合理地描绘了这位厌恶劳动，更愿意过与农耕无关的精神生活的青年野心家的逼真心理。感谢路遥为 20 世纪 80 年代高考失利又不甘于乡村生活的一代青年拍了张集体照。我想读者读到这里，感触最深的恐怕不是高加林被当时文学批评大肆渲染的"个人奋斗"，倒是他这些脱离中国乡村社会实情、不切实际的种种古怪行为。但小说家也意识到应该转为谨慎，否则他的主人公无法在这里收场，故事再难进行下去。作者终于想出一个好办法为高加林解套，让他在大马河桥上巧遇心仪他甚久的同村姑娘巧珍。巧珍果断地拿过他的馍篮返身回到县城，三下五除二就痛快干净地卖掉了蒸馍，不然他一个大小伙子又拎着满筐馍回家，面对父母情以何堪！

作家在塑造高加林性格过程中有两个节点值得注意：一是他夹在城里同学与村里乡亲之间的高傲自尊和自卑偏激的心理特征。被人霸占民办教师职位后，他不肯回村劳动。到县城卖馍，又怕遇见熟人丢失脸面，于是用鲁莽尖刻的顶撞方式，在张克南面前勉强维持脆薄的个人尊严。另外就是作者对他偏执性格的极力维护和没有标准的同情。我已经提到，由于路遥对高加林的有意偏袒，使得这个人物的性格更加扭曲变形。因为 20 世纪 80 年代制度环境的支持，读者对高加林非但不会厌恶还心生同情，将他看作时代英雄，这就把"人的价值"与"劳动价值"的历史联系人为地扭断。有识之士会问，难道对路遥劳动体现尊严和价值的思想主张，高加林就可以不予遵守而反其道而行之？不过以我之见，小说家在创作小说《人生》时，可能感到有责任把高加林的性格矛盾纳入时代生活和重大变革之中，他是在用一种不能自圆其说的思维方式，去激烈质疑为什么 20 世纪 80 年代没有为高加林这样有理想有抱负的农村青年准备个人发展的空间。作者这样反常处理也许自有道理，他之所以不时在作品中加进主人公孤傲怪僻的行为，可能是对主人公的命运深怀同情；像常持逆向思维的鲁迅一样，他要对造成这一切的传统文化发起彻底无情的攻击，没有人因为鲁迅怪异的念头责难他。自然也有学者愿意挑明："正如俄狄浦斯一样，这些雄心勃勃的英雄们都是些怀疑超自然的征兆和对预言的愚弄嗤之以鼻的理性主义者。"[①]

[①] 夏志清：《中国古典小说》，凤凰出版传媒集团、江苏文艺出版社 2008 年版，第 51 页。

二、巧珍

《人生》中另一个重要人物是巧珍。她是一个老实、本分和善良的乡村姑娘。但她没想到不识字的自己想与知识青年高加林结合本身就是一个错误。王愚发现:"这种矛盾开初就存在于高、刘之间。一个是那样有追求、有幻想,不安于现状,想出人头地;一个是那样陶醉于已获得的爱情,满足于一个安乐的家庭,绝无非分之想。在一种非常情态下,高加林落魄农村,刘巧珍爱有所寄,可以取得一定平衡,但生活在发展,高加林出头有日,大显身手,刘巧珍仍然停留在原来那种境地,差距的加大导致感情的破裂,这其实还是生活中新的因素的增长和停滞的节奏之间矛盾的映现。"不过,作者抱怨作家对高"寄予过多的同情","在道德上多少开脱了高加林"①。另一位评论家李星也有同感,他用稍微尖锐的口气批评作者道:"高加林脱离实际、脱离人民,狂热地追求个人的幸福,丢掉的是像巧珍一样的金子。"② 也许是感到社会舆论的压力,路遥在另外场合为自己和高加林做了无力的辩解:"像我这样出身卑微的人,在人生之旅中,如果走错一步或错过一次机会,就可能一钱不值地被黄土埋盖;要么,就可能在瞬息万变的社会浪潮中成为无足轻重的牺牲品。"③

评论家和小说家的纠结反映出 20 世纪 80 年代的矛盾。那个热气腾腾的年代,很多生活在底层的年轻人利用"尊重知识""尊重人才"的社会舆情,通过高考、就业和经商等机会赢得了上升的空间;与此同时,也有些人在上升过程中开始抛弃同甘共苦的女友,新知识群体中的这种"陈世美"数量急剧增加。精神上升与道德下滑构成的历史转折期的尖锐矛盾,就投射在巧珍身上,将她抛向悲剧的深渊。巧珍最初出现在小说第二章高加林与马栓的一次对话中。读者得知,巧珍是高家村众多姑娘中的"头梢子",是"盖满川"。兴致勃勃前去相亲的马栓因自己"脸黑""没文化"心存顾虑,漂亮又心高的巧珍果真就不见他。她大概暗自喜欢乡村知识分子高加林,或许正在那里谋划自己和加林哥美好的明天。这使《人生》的剧情一开始就危机四伏、高潮隐现,因为巧珍所谋划的是正在被时代主潮所抛弃的那种传统旧式的婚姻爱情。

---

① 王愚:《在交叉地带耕耘——论路遥》。
② 李星:《深沉宏大的艺术世界——论路遥的审美追求》,《当代作家评论》1985 年第 3 期。
③ 王愚:《在交叉地带耕耘——论路遥》。

像生养她的黄土高原一样，朴实的巧珍认定劳动和持家是农家姑娘的基本操守。劳动的历史就像高家村的土地、天空和原野一样古老，她坚信只要勤劳持家、生养孩子就能与心爱的加林哥结合在一起，就会终生幸福。然而20世纪80年代社会对"劳动"进行了历史分工，处于高端精神劳动与低端体力劳动的人们的命运已经截然不同。这种新出现的社会伦理的劳动分工，对小说人物做了等级甄别，巧珍与高加林的爱情关系一开始就处在不平等的状态之中，它使读者对《人生》的悲剧氛围有了新的认识。作品第二章，写暗恋高加林的巧珍故意挎着猪草篮子路过河道，把自家地的甜瓜给他。第四章，又写巧珍像做贼似的等在大马河桥上，要为"卖馍失败"的高加林排忧解难。"她扑闪着一双水灵灵的大眼睛，局促地望了一眼高加林"，"高加林很勉强地接过甜瓜，但没有接她的手帕，轻淡地对她说：'我现在不想吃，我一会再……'"作品还写到高加林那晚初吻巧珍之后又不禁后悔起来，"他感到这样一来，自己大概就要当农民了"。他虽然被巧珍"高挑的身材""所有的曲线"所吸引，由此联想到"俄罗斯画家的油画"上"一个苗条美丽的姑娘"，但为了日后进城当工人干部，仍然故意冷淡和疏远她，直至被她的深情所打动。最后，竟像政府要改造出一个"新农村"那样，他发动巧珍在高家村肮脏的水井里撒漂白粉，弄了一场轰轰烈烈的"卫生革命"。所有这些描写，作者都想把高加林塑造成一个暂时处在困境的弱不禁风的少爷，而巧珍则像是一个攀附高门的卑贱的侍妾。这种描写类似中国古典小说常见的少爷与丫鬟偷情的畸形故事，这种爱情固然引人联想，但最终都不了了之。尽管加林和巧珍不仅同村，而且都是农民，我们的小说家竟把这对乡村青年的爱情婚姻故事演绎成了有意识的阶级分立。

　　随着小说情节的进展，巧珍这位美丽姑娘的身价渐渐贬值。她感觉到自己劳动的价值比不上加林哥知识青年的精神劳动的价值了：

　　"加林哥！你如果不嫌我，咱们两个一搭里过！你在家里盛着，我给咱上山劳动！不会叫你受苦的……"巧珍说完，低下头，一只手扶着车把，另一只手局促地扯着衣服边。

　　她只盼望高加林重新当上体面的村里"代课教师"，当上"高级人士"，还昏头昏脑地设计安排他像城里人那样能过上"六个工作日"的生活：

　　有时候，加林就在这样的催眠曲中睡着了，拉起了响亮的鼾声。他的亲爱的女朋友就赶忙摇醒他，心疼地说："看把你累成个啥了。你明天歇上一天！"她把他的手拉过来蒙住她的脸，"等咱结婚了，你七天头上就歇一天！我让你像学校里一样，过星期天……"

　　笔者发现，在"尊重知识""尊重人才"的强大社会舆情压力下，人们已经开始"不尊重劳动"了。这种社会意识的巨变，使刚到县委当通讯干事的高加林看他心爱的巧珍的眼光也变了。小说第十六章,有一段巧珍进城探望加林,受到他嫌弃的揪心的细节描写。一进加林的办公室,"巧珍就向他怀里扑来",加林赶紧把她推开,"这不是在庄稼地里!我的领导就住在隔壁……"还是原来两个人,但历史情境变了,"庄稼地"里是一种土里土气的爱情,高加林已经变成"城里人",他隔壁还住着"领导"。由于这种历史情境,此时的巧珍在加林眼里也没有前段时间那么机灵美丽,她变得像陕北婆姨一样婆婆妈妈、啰啰唆唆起来了。"被子太薄了,罢了我给你絮一点新棉花;褥子下面光毡也不行,我把我们家那张狗皮褥子给你拿来","三星已经开了拖拉机,巧玲教上书了,她没考上大学","你们家的老母猪下了十二个猪娃,一个被老母猪压死了,还剩下……"对于非常关注《人民日报》《光明日报》《中国青年报》的时代动态,在县城篮球场上大出风头,而且前途无量的"知识青年"高加林来说,巧珍所叙述的这些家长里短的乡村生活琐事,无疑在指向他的另一个糟糕的"未来"——与乡下姑娘结婚。这对野心勃勃、准备大干一番的加林来说,显然是一种打击,巧珍正潜在地成为他"事业"的障碍。黄亚萍露骨的追求,此时正放肆地参加进来,它使高加林对巧珍的刻骨柔情开始发生微妙变化。不过,作者无意让加林马上就变得那么无情无义,他知道怎样用小说打动我们。高加林意识到了自己对心爱的巧珍态度过于严厉,"他又很心疼她了,站起来对她说:'快吃下午饭了,你在办公室先等着,让我到食堂里给咱们打饭去,咱俩一块吃。'"这种善举遭到巧珍拒绝,因为"锄还在地里搁着"。她从怀里掏出一卷钱给加林,还许诺之后把半年分红的九十二块钱拿来。听到这里,"高加林忍不住鼻根一酸,泪花子在眼里旋转开了"。

　　读到这里,读者已经预感到加林与巧珍的悲剧结局。但我不愿像批评家李星那样在道德上谴责路遥,我更相信批评家王愚在前面所说:"这种矛盾开初就存在于高、刘之间。"① 其实敏锐的小说家已经观察到中国"城市化"进程的不可逆转,他尖锐而且预言式地指出了发生在男女主人公身上的真正时代症结所在。所谓"城市化"就是抛弃农村农民,包括以此为根基存在、延伸了两千多年的中国乡村文明、礼仪道德和伦理秩序。表面上看是高加林狠心地抛弃了巧珍,事实上是城市化进程在绝情地抛弃巧珍。巧珍的命运就在其中。正因为观察到发生在20世纪80年代初期的这一重大转折,路遥发誓要写出一个"农村和城市的交叉地带"的故

---

① 路遥:《面对着新的生活》,《中篇小说选刊》1982年第3期。在当时,很多作家和批评家笔下都出现了"新的生活"这种说法,今天看来,它含义宽泛而丰富,对我们重新研究那个时代的小说有启发意义。

事。① 当然他内心像巴尔扎克一样充满矛盾挣扎，作为农民的儿子，路遥虽然在感情上非常同情巧珍的命运，但理智上认识到青年野心家高加林所代表的历史趋势早已不可逆转。在资本主义上升期，历史传统的倾覆将不可避免。他甚至断定由于"现代化""城市化"，出现在高加林和巧珍之间的这种"历史分工"将是冷酷的也是合理的。路遥正是在这里纠结起来了，他哭天抢地，拉拉扯扯地情不自禁地参与到高、刘的故事中来。第十九章，他安排加林在大马河桥头与巧珍见面。

加林把头迈向一边，说："我想对你说一件事，但很难开口……"

巧珍看着他，疼爱地说："加林哥，你说吧！既然你心里有话，你就给我说，千万别憋在心里！"

……

"我可能要调到几千里路以外的一个地方去工作了，咱们……"

巧珍一下子把手指头塞在嘴里，痛苦地咬着。过了一会才说："那你……去吧。"

……

"加林哥，你参加工作后，我就想过不知多少次了，我尽管爱你爱得要命，但知道我配不上你了。我一个字不识，给你帮不上忙，还要拖累你的工作……"

巧珍说不下去了，掏出手绢一下子塞在了自己的嘴里！高加林眼里也涌满了泪水。他不看巧珍，说："你……哭了……"巧珍摇摇头，泪水在脸上刷刷地淌着，一串接一串掉在了桥下的大马河里。清朗朗的大马河。流过桥洞，流进了夏日浑黄的县河里……

小说告诉我们：几个月前，他们在这座桥头相爱并山盟海誓，现在竟在这里分手，人生的伤痛莫过如此。巧珍回家后经历了好几天衣冠不整、足不出户的难堪生活。流过几天泪后，她决定嫁给后村想与她相亲的同样老实本分的马栓，而且要她爸爸"三五天"就把婚事办了。得知后来高加林因为开后门被县委辞退回乡的消息后，又是以德报怨的巧珍跑来跪求姐姐巧英别报复加林，求村长高明德让他重新当村里代课教师。但是，当姐姐说出"这坏小子实际上心里也是爱你的！说不定他还要你哩"，暗示他们两人重新修好的意思时，却遭到巧珍的断然拒绝，理由是"马栓是好人"，"我也应该和马栓过一辈子"。路遥真不愧是写农村题材小说的高手，他在写出巧珍全部的善良和宽容的同时，也让我们看到了人性的深度。正是因为这种深度，我不认为《人生》仅仅是一篇表现20世纪80年代城市化进程和矛盾的简单的小说，这实际是一篇写人在时代巨变的旋涡中如何奋斗挣扎的小说，加林和巧珍的不简单就在这里。

---

① 李劼：《高加林论》，《当代作家评论》1985年第1期。

三、黄亚萍

黄亚萍在高加林和刘巧珍的人生故事中登场的时候，读者已经知道她的城市姑娘身份。这个安排显然不是要渲染三角恋爱，而是为了从另一历史角度描写高加林，强调他进城的价值。农村姑娘巧珍和城市姑娘黄亚萍就这样无意识地参与到改革开放之初国际资本对中国社会的劳动分工中来，虽然她们未必知道中国当时处在国际资本产业链的低端，只有扮演世界加工厂角色才能启动自己的现代化进程。高加林的进城就是对劳动分工的价值认同，在这个意义上巧珍对黄亚萍明显处于下风。

刚得知高加林到县委通讯组工作，黄亚萍就匆匆地赶来。他们是高中同学，阔别已经一两年：

亚萍手扶住门框，含笑望着他。她已不像学校时那么纤弱，变得丰满了。脸似乎没什么变化，不过南方姑娘的特点更加显著：两道弯弯的眉毛像笔画出来似的。上身是一件式样新颖的薄薄的淡水红短袖，下身是乳白色筒裤，半高跟色皮凉鞋——这些都是高加林一瞥之中的印象。

这段描写隐含着两个视角，即加林和亚萍的"互看"。虽然亚萍已有男朋友克南，但她看加林的眼光超出了一般同学关系，而是看情人的那种暧昧的眼光。读者当知道这时加林与巧珍已确定关系，但他看亚萍的眼光恐怕已有越轨意味，否则他怎么会注意到她的身体"变得丰满"了呢？

他的眼光里显然无意识地包含着对"丰满身体"的爱抚的意思了，尤其是对一个城市姑娘。我们刚才不愿意坦率承认这是男女三角关系，担心会因道德遮挡住要研究的问题，事实上它们不光是一个三角关系，而且变成两个三角的关系。加林一进城，就开始践踏乡村传统的道德了。

看高加林做出犹抱琵琶半遮面的样子，无形中鼓励了黄亚萍，她的进攻开始主动猛烈起来了。"现在她走在返回广播站的小路上，心情又激动又难受。她现在看见加林变得潇洒了；颀长健美的身材，瘦削坚毅的脸庞，眼睛清澈而明亮，有点像小说《钢铁是怎样炼成的》里面保尔·柯察金的插图肖像；或者更像电影《红与黑》中的于连·索黑尔。"路遥慷慨地把中西人物优越的身体特征嫁接到主人公身上，有时甚至有堆砌之嫌，这回是高加林，下回就是《平凡的世界》的孙少平。这种中西合璧式的完美身体，实际是小说家对80年代时代英雄的想象。他差点把自己也想象成了他们的同党。没几天，亚萍与加林在县广播站和文化馆相遇。"他们又一块谈起了文学。"（加林与巧珍在一起时，怎么能够"谈论文学"呢？）怕高加林不懂自己的暗示，黄亚萍送给他一首诗，以诗明志：

赠加林

我愿你是生着翅膀的大雁，
自由地去爱每一片蓝天；
哪一块土地更适合你生存，
你就应该把那里当作你的家园……

这是在公开煽动高加林背叛，但加林还与巧珍藕断丝连，他还不可能马上就与乡村的道德一刀两断。而且《人生》是一篇优秀的小说，写这种小说的人也不容许情节发生急转弯，它需要铺垫、维护、加固、拖延。越是能够考验读者耐心的小说，越是好小说。但翻开第十七章，黄亚萍急了。她再次跑到县委通讯组找加林，领导景若虹说他不在，她追到了东岗。（路遥还经常安排他小说的主人公到县河边或县城外某高岗上踱步和沉思，可能这才像是一个"思想者"的所为）她对加林开出一起随父母调到南京工作和生活的高价，当然这种开价是与他们共同喜欢的精神生活紧密联系着的：

"你去不会是一个人，有克南陪着你哩……"

"我希望不是他，而是你！"

……

"咱们在一块生活吧！跟我们家到南京去！你是一个有很大前途的人，在大城市里就会有大发展。我回去可能在省广播电台当播音员；我一定让父亲设法通过关系，让你到《新华日报》或者省电台去当记者……"

高加林低下头，一只手狠狠从地里拔出一棵羊角草……

黄亚萍所攻击、所侵略的正是一个中国乡下青年的软肋，是他的底线。像一株暴风骤雨下的小草，高加林动摇了，他爱巧珍的那道马其诺防线崩溃了。因为高加林的第一步是县城，他还要一步一步地走到更大的城市里去。对20世纪80年代小说的主人公来说，"县城"就等于"城市"，很多人都把它看作是自己人生最理想的驿站，精神栖息地。走向"县城"就等于向"现代化"目标张开了翅膀。贾平凹的《浮躁》、路遥的《黄叶在秋风中飘落》、高晓声的《陈奂生进城》、柯云路的《新星》、何士光的《在乡场上》、李杭育的《最后一个渔佬儿》、张一弓的《黑娃照相》等等，都是如此。

黄亚萍为什么敢这么明目张胆地欺负巧珍，占领高加林的爱情世界？是因为她对他们有一种与生俱来的优越感。是城里人对乡下人的那种优越感。这种优越感由于受到20世纪80年代改革开放的支持，它就愈发地肆无忌惮了。这是历史的鼓励，换句话说这是历史在这里鼓励黄亚萍。在翻滚而来的城市化浪涛中，高加林、刘巧珍这些传统的劳动者就变成历史的弱者，成为新的劳动分工中的低端产品。"物竞天择，适者生存"，这种弱肉强食是一个新出现的世界的残忍的历史逻辑。事实上,评论家们都在公然支持这个历史逻辑。李劼指出:"如果排除了作者的偏见,黄亚萍实际上和刘巧珍一样,对高加林怀有真挚的爱。区别在于,她站在同一地平线上向高加林提出爱情要求,从而摒弃了以牺牲和占有为特色的道德规范。她一发现自己的爱情所在,便毫不迟疑地走向前去,即使会破坏另一个姑娘的幸福也在所不顾。我们可以批评这种爱得自私和排他性,但没有根据把这定性为资产阶级意识。作为一种伦理范畴,道德意识的阶级性更多地体现于其历史性。"① 黄亚萍和高加林都看到了李劼所指出的这种历史趋势。在那个年代,知识界通过把"资产阶级意识"改装成"文学青年""知识青年""时代青年"等新潮概念和动人的词汇,帮助很多越轨者逃避了历史惩罚。实际上,李劼正是在借用"人性""人道主义""批判封建性"这些新词汇来鼓动黄亚萍和高加林反叛,他是在用新伦理来打破旧伦理的锁链。有意思的是,城市姑娘黄亚萍也巧妙地利用了这种时代氛围来唤醒高加林劳动的原罪感,他的乡村爱情的原罪感,她要把他改造成一个20世纪80年代的新人,而这也正是加林进城的价值目标。

于是在这种历史情境中,三角恋爱因为两位招摇过市的小县城新式资产阶级人物的登场而拥有了某种合法性,它反过来又使三角恋爱闪耀出新的美学意义。"她眼里似乎闪动着泪水,喃喃地念道:'江南好,风景旧曾谙:日出红花红胜火,春来江水绿如蓝。能不忆江南!……"加林忍不住接着她念道:"江南忆,最忆是杭州:山寺月中寻桂子,郡亭枕上看潮头。何日更重游?……""他们的恋爱方式完全是'现代'的。他们穿着游泳衣,一到中午就去城外的水潭里去游泳。游完泳,戴着墨镜躺在河边的沙滩上晒太阳。傍晚,他们就到东岗消磨时间;一块天上地下地说东道西;或者一首连一首地唱歌。黄亚萍按自己的审美观点,很快把高加林重新打扮了一番:咖啡色大翻领外套,天蓝色料子筒裤,米黄色风雨衣。她自己也重新烫了头发,用一根红丝带一扎,显得非常浪漫。浑身上下全都是上海出的时兴成衣。有时候,他们从野外玩回来,两个人骑一辆自行车,像故意让人注目似的,黄亚萍带着高加林,洋洋自得地通过了县城的街道……他们的确太引人注目了。全城都在议论他们,许多人骂他们是'业余华侨'。但是他们根本不理睬社会的舆论,疯狂地陶醉在他们罗曼蒂克的热恋中。"……

路遥小说尽管有李劼批评的"作为一部现实主义作品""却缺少必要的冷静"等创作的弱点,但他毕竟像他老师柳青一样都是精辟的历史分析家。他非常清楚在揭示"城乡交叉带"的阶层矛盾,为中国改革开放之初的社会"撰史"的时候,应该写出20世纪80年代中国社会激烈转型中的全景。这种全景效果就是不仅要刻

---

① 李劼:《高加林论》。

画出历史的探索者，同时也要饱含深情地去刻画历史的受害者。被加林抛弃后，"高家村的人好几天没有见巧珍出山劳动"。"可是，没过几天，村里人就看见，她又在田野上出现了，像一匹带着病的、勤劳的小牝马一样，又开始了土地上的辛劳。她先在她家的自留地里营务庄稼；整修她家菜园边上破了的篱笆。"受害者的故事中还包含着深刻的人生哲理："她曾想到过死。但当她一看见生活和劳动过二十多年的大地山川，看见土地上她用汗水浇绿地禾苗，这种念头就顿时消散得一干二净。她留恋这个世界；她爱太阳，爱土地，爱劳动，爱清清朗朗的大马河，爱大马河畔的青草和野花……她不能死！她应该活下去！她要劳动！她要在土地上寻找别的地方找不到的东西！"作家路遥就这样让新式人物和旧式人物共同出现在20世纪80年代的长廊上，读者跟着两个主人公走进了动荡不安和波澜壮阔的历史生活。

四、高加林、巧珍和黄亚萍

在小说《人生》中，这是三个早晨时光中花朵般清新可爱的人物。如果高家村还是传统社会，高加林说不定像赵树理《小二黑结婚》中的小二黑、柳青《创业史》中的梁生宝，就是乡村社会的能人。高家村村长兼强人高明德对刘立本说："你的目光太短浅了，你根本不能小看加林。不是我说哩，这一条川道里，和他一样大的年轻人，顶上他的不多。他会写，会画，会唱，会拉，性子又硬，心计又灵，一身的大丈夫气概！别看你我人称'大能人''二能人'，将来村里真正的能人是他！"在乡村、小县城两位顶尖的姑娘巧珍和黄亚萍眼里，加林哥是这样的："她爱他的飘洒的风度，漂亮的体形和那处处都表现出来的大丈夫气质"，"再说，又爱讲卫生，衣服不管新旧，常穿得干干净净，浑身的香皂味！""她在录广播稿时，面对旋转的磁盘，的确落了泪，但并不完全是稿件的内容使她受了感动；而是她想起了她和加林过去在学校里的那些生活。她现在才清楚，她实际上一直是爱他的！""她后来之所以和克南好了，主要是因为加林回了农村"。高明德、巧珍和黄亚萍们的叙述，对高加林的不得志做了合理的夸张。由此想象在富士康血汗工厂的厂房里，在千百万背井离乡的乡村青年队伍中，高加林式的落难才子也应该不乏其人。不过有人又及时提醒我们："高加林的性格是我国社会的一个特定的历史转折期的产物。作为一个典型，他身上集中了当今社会里许多青年的苦闷和追求，也具有许多在苦闷中追求的青年们脱离实际的弱点和错误。"[①]

我相信小说家的感情天平终究是要倾向巧珍的。他把沾着脸颊泪水的笔墨，毫

---

① 路遥：《东拉西扯谈创作》，《文学简讯》1983年第2期。

不吝啬地给了这位心灵手巧、美丽忠贞的乡下女子。像深深理解高加林一样，路遥知道发生在他们身上的人生悲剧并不是他们主观上愿意这样的，而是新中国成立后城乡二元制度也即户籍制度导致的，是国际资本分工强加给弱者群体的命运造成的，它也是改革开放在充分解放农民的同时却没有建设他们进城落户配套措施的根本制度缺陷造成的。这位大手笔的作家，知道怎么把自己心爱的人物放到史诗般宏伟的历史场景中来。"我们应该追求作品要有巨大的回声，这回声应响彻过去、现在和未来。"① "他们默默地偎在一起，像牵牛花绕着向日葵，星星如同亮闪闪的珍珠一般撒满了淡蓝色的天空。西边老牛山起伏不平的曲线，像谁用炭笔勾出来似的柔美；大马河在远处潺潺地流淌，像二胡拉出来的旋律一般好听。"淳朴老实的巧珍没有察觉，改革开放的剧烈地震正从远方波及这幽静的山乡，一切都将面目皆非。她坚信至深爱情和古老的乡村伦理，会抵抗任何的世事惊变，护佑她的爱，她的全部深情。在送加林去县城上班的河湾分路口上，"她说：'加林哥，你常想着我……'巧珍牙咬着嘴唇，泪水在脸上扑簌簌地淌了下来。" "你就和我一个人好……"这是巧珍与高加林人生诀别的分路口，也是历史的分路口。小说家让读者看到，历史巨变之手像轻轻拂去一抹浮尘，就把巧珍一生的幸福给拂去了。这果然应验了路遥在前面的人生慨叹："像我这样出身卑微的人，在人生之旅中，如果走错一步或错过一次机会，就可能一钱不值地被黄土埋盖；要么，就可能在瞬息万变的社会浪潮中成为无足轻重的牺牲品。"② 天性纯良的巧珍绝未想到，高加林竟会抛弃她而与黄亚萍相爱，他也会被城乡二元制度所辱而仓皇地重返故里。这个分路口上站着小二黑、小芹、梁生宝等同样优秀而文运不济的乡村同党。小二黑、小芹、梁生宝和《小二黑结婚》《创业史》等小说就被这历史洪流裹挟着，这里面显然也有《人生》和巧珍自己。人之奋斗的执着悲壮与在历史大选择中的卑微渺小，全部暴露在这些小说和小人物身上——"这回声应响彻过去、现在和未来"。看到花朵般巧珍的孤独无助，看到加林徒劳挣扎在这不可抗拒的历史洪流中，再在更长远的瞭望中看到富士康年轻人对这故事的重复演绎。我相信，此刻落泪的不只是小说家自己，大概也包括了凡是读过这篇小说的心地柔软善良的读者吧。

前面较多地说到黄亚萍在俘获高加林过程中的主动性，却把她一个年轻女人的脆弱性遮盖住了。她的小县城的物质文明固然对农家子弟高加林的劳动观念构成了

---

① 路遥：《早晨从中午开始》第 38 章。
② 参见韦伯：《新教伦理与资本主义精神》，苏国勋等译，社会科学文献出版社 2010 年版；黄仁宇：《中国大历史》，三联书店 1997 年版。在这两部著作中，作者都论述到现代化组织和体制是独立于政党政治之外的，它们包括了法治社会、自由市场经济和现代管理机制，等等。韦伯尤其提到，中国、印度这些古老的东方国家缺乏建立这些机制的文化传统。

一定的威胁,她有时还有点直率任性,然而她对加林是无比温柔和体贴的。她的忠贞也丝毫不让于巧珍,她也从未攻击过这位情敌。"她的工资几乎全花在了他身上,给他买了春夏秋冬各式各样的时兴服装,还托人在北京买了一双三接头皮鞋(他还没敢穿)。平时,罐头、糕点、高级牛奶糖、咖啡、可可粉、麦乳精,不断地给他送来……这些东西连县委书记恐怕也不常吃。她还把自己进口带日历全自动手表给了他;她自己却戴上他的上海牌手表。"这些举动表明,黄亚萍非常乐意向自己爱人展现现代化的远景,也实实在在地准备把他带到这种令人兴奋的新生活的洪流中去了。当得知高加林因开后门被县委辞退的消息后,她焦急地四处奔跑,打探消息,找她父亲的朋友,为挽回局面还与做县领导的父亲发生了争吵。令她惊讶的是,加林无意怨恨造成这一切的克南和他母亲,他冷静地要断绝他们的恋爱关系。这种态度使她几乎发疯:"不,我要和你在一块!""我已经又成了农民。""'我不工作了,也不到南京去了!我退职!我跟你去当农民!我不能没有你……'亚萍一下子双手蒙住脸,痛哭流涕了。"年轻人丰富的眼泪,可能是这篇小说给人印象深刻的东西。年轻人的眼泪,因为 20 世纪 80 年代的社会巨变而达到罕见的人性的深度。亚萍几乎在用乞求的口气对加林了:"你……再吻我一下……"少女的挚爱与脆弱,虽然是三十年前但犹在今天的耳旁。

没有 20 世纪 80 年代的改革开放,这三个花朵般可爱的年轻人就不会这样站在我们的面前。他们身上原本散发着陕北高原早晨清新的气息,人性中都有醇厚质朴的气质。他们都是上进的青年,对未来生活都有美好的设想和展望。但改革开放所催生的现代化进程,就是要打破传统社会的秩序,是要摧毁这诗意性的气息,要像新中国成立初期那样把固有秩序颠倒打乱重新安排。它要通过社会结构重组、劳动分工来改变历史的停滞,激活蕴藏在社会肌体里蓬勃的活力。它要摆脱中国农业化社会改造的困局,把农业人口转移到城市,将中国建成一个真正的现代化国家。但"富士康现象"尖锐指出了这一宏伟计划中没有现代化组织和体制相配套的事实,韦伯和黄仁宇也都在他们的著作中论述到现代化国家必须通过现代化组织和体制的配套才能建立起来,十二位年轻人的跳楼和高加林的试图跳水不过是对这事实徒劳无功的印证。因为劳动的尊严和意义已经荡然无存了。高加林正是在这种意义上成为当代农民进城史的先驱者之一。他就这样成为重新认识当代进城史的一个模式。也许已经敏感到这一点,小说家为我们讲述了三个失败者的故事。这实际是一篇写失败者的小说。这篇小说今天又把富士康年轻人的命运纳入了它的范围。可能是意识到中国社会之改造的困难和漫长,在我们的今生今世都难看到,小说家要求我们跟随加林重新回到高家村,他几乎是无望地和高加林一起匍匐并跪在陕北高原上,"两只手紧紧抓着两把黄土,沉痛地呻吟着,喊叫了一声:'我的亲人哪……'"

现实主义与读者大众
——来自路遥的一点启示

北京师范大学文学院　赵　勇

谈论现实主义文学，总会让我想到当年的路遥。20世纪80年代中后期，中国的先锋文学或现代派风生水起，颇有"弄潮儿向涛头立"的味道。相比之下，还在用现实主义经营文学的作家则显得有些落伍。正是在这个时候，路遥开始构思和写作他的长篇小说《平凡的世界》了。

现在看来，当时的文学形势一定给路遥带来了不小的压力，以至于他后来在《早晨从中午开始》中不得不用好几小节的篇幅，既谈论他当时面对的文学处境，也反思他选择现实主义结构这部长篇小说的心理动因。在他的交代中我们发现，路遥并不排斥现代派作品，恰恰相反，他对陀思妥耶夫斯基、卡夫卡以及欧美、拉美的当代文学非常关注，并且也从相应的阅读中获益匪浅。但他为什么依然选择了现实主义呢？因为他意识到现实主义曾经被我们做坏，变成一种伪现实主义。于是，现实主义虽然号称文学主流，但它依然处在发展阶段，"根本没有成熟到可以不再需要的地步"。同时他也意识到，拿自己的青春和生命做抵押来完成这一鸿篇巨制，他"失败不起"，必须借助于一种相对成熟的"主义"投入写作才比较稳妥。为慎重起见，他还反复阅读了《百年孤独》和《霍乱时期的爱情》，因为这两部作品虽都出自马尔克斯之手，但前者是魔幻现实主义的杰作，后者是传统现实主义典范，他要在比较中确认后者的价值。

当然，路遥选择现实主义，我觉得也有与先锋文学较劲的因素。陈忠实曾经披露，在1985年一个关于农村题材创作的会议上，路遥非常坚定地阐述了他的现实主义创作主张，结束语用了一个形象的比喻："我不相信全世界都成了澳大利亚羊。"[①] 澳大利亚羊是当时刚刚引进过来的优良羊种，路遥借此隐喻现代派或先锋

---

① 陈忠实：《寻找属于自己的句子》，北京大学出版社2011年版，第67页。

派，是要表明自己坚守现实主义的执着和信心。这种表白甚至让陈忠实也倍感提气。

但以上罗列并非我要谈论的重点，我更想指出的是，为什么路遥在选择现实主义时考虑到了读者因素，这种考虑究竟意味着什么。我们先来看看他的说法：

考察一种文学现象是否"过时"，目光应该投向读者大众。一般情况下，读者仍然接受和欢迎的东西，就说明它有理由继续存在。当然，我国的读者层次比较复杂。这就更有必要以多种文学形式满足社会的需要，何况大多数读者群更容易接受这种文学样式。"现代派"作品的读者群小，这在当前的中国是事实；这种文学样式应该存在和发展，这也毋庸置疑；只是我们不能因此而不负责任地弃大多数读者于不顾，只满足少数人。更重要的是，出色的现实主义作品甚至可以满足各个层面的读者，而新潮作品至少在目前的中国还做不到这一点。①

很显然，路遥之所以选择现实主义，其中的一个很重要的原因是他想到了读者。因为在他看来，现代主义曲高和寡，读者面小；而现实主义则雅俗共赏，接受者众。这一判断应该说是毫无问题的。如果追溯一下现代主义文学发生的源头，我们甚至还可以发现，现代主义从它诞生的那天起，天生就携带着拒斥读者大众的基因。约翰·凯里指出：当教育改革取得成功之后，19世纪晚期的欧洲出现了庞大的阅读人群。面对新型大众的崛起，知识分子感到恐惧，于是他们千方百计，想把大众挡在文化之外。但实际上，这又是不可能的事情，万般无奈之下，他们便只好退而求其次，"使文学变得让大众难以理解，以此阻碍大众阅读文学，他们所做的也不过如此。20世纪早期，欧洲知识界就殚精竭虑地决心把大众排斥于文化领域之外，这场运动在英格兰称为现代主义。虽然欧洲其他国家对此有不同称法，其要素却基本相同。"② 于是，现代派文学不是向读者发出邀请，而是对读者加以拒绝——把巨大的读者群拒之千里之外，是它的野心，也是它的梦想。

路遥当年不一定知道西方现代主义与读者大众的这种紧张关系，但凭借其直觉，他已经意识到现代主义不待见读者大众，读者大众也不见得喜欢现代主义。在这种格局中，如果选择现代主义的实验方法，可能在艺术形式的探索上能有所收获，却会因此失去广大的读者。如果选择现实主义创作手法，除了便于构建他的宏大叙事外，还有助于读者的阅读接受。正是在他所假定的读者召唤中，他的天平才最终向现实主义倾斜。而《平凡的世界》面世以来的种种阅读数据业已表明，这部长篇小说的传播之广和受众之多确实非常惊人。它虽然一直不被精英集团看好，但

---

① 路遥：《早晨从中午开始》，北京十月文艺出版社2010年版，第89—90页。
② 吴庆宏译：《知识分子与大众》，译林出版社2008年版，第19页。

在普通读者心目中，它却成了他们的"人生圣经"。而实际上，很可能这也是路遥所希望出现的接受效果。

如此看来，现实主义除了是一种文学的时代精神和创作手法外，它还应该是一种更易于普通读者接受的文学样式。我甚至觉得，一个作家一旦选择了现实主义，其叙述模式、描写方式、人物塑造和细节呈现等等，都更接近于普罗大众既定的欣赏口味和文化心理结构。从这个意义上说，如果说现代主义文学故意深奥，那么现实主义文学则天生通俗。全世界没有多少人能读懂乔伊斯的《尤利西斯》，但即便普通读者面对巴尔扎克的小说，也并不存在多少阅读障碍。

凡是拥有广大读者群的中国当代作家，往往也是参透现实主义奥秘，并把这种写法运用得得心应手的作家。陕西作家中路遥是如此，陈忠实也不例外。后者曾经说过：当年读《百年孤独》，"读得我一头雾水，反复琢磨那个结构，仍是理不清头绪，倒是忍不住不断赞叹伟大的马尔克斯，把一个网状的迷幻小说送给读者，让人多费一番脑子。我便告诫自己，我的人物多情节也颇复杂，必须条分缕析，让读者阅读起来不黏不混，清清白白。"① 这也意味着，如果说《百年孤独》曾经对路遥、陈忠实产生过影响，这种影响其实来自相反的方向：马尔克斯可以把现实主义做得非常"魔幻"，中国作家却不一定照猫画虎，亦步亦趋，因为我们这里不一定具有接受这种"魔幻"的现实土壤。

于是我们可以说，今天的作家在介入现实的同时若想同时赢得读者大众，现实主义很可能依然是其首选的文学样式。因为与那些实验性与探索性的先锋文学相比，现实主义文学其实可以称作通俗文学，现实主义也生产出了一种特殊意义的大众文化。众所周知，在既定的知识谱系中，通俗文学或大众文化往往是被人小瞧低看的，但问题很可能没有那么简单。也许，思考现实主义文学与通俗文学或大众文化的关系，正是我们进入这一问题的突破口。

---

① 陈忠实：《寻找属于自己的句子》，北京大学出版社2011年版，第63页。

路遥与普通读者同感共谋的艺术探索

西北大学文学院　段建军

文学创作是一种主体间对话与分享的沟通交流活动。作者表达自己的人生感受，是为了和读者分享；作者表达自己的思想，是为了和读者共谋。因此，每一篇作品，都是一封邀请读者参与沟通交流的请柬，都在建立一个"写—读"双方精神共在的平台。从古到今，不论现实主义还是现代主义者，抑或是自称要藏之名山传之后世大隐之作，只要创作，没有人想自言自语，自娱自乐。作者苦心经营，费力劳作，在特定平台把作品发表出来，目的就是面向人群，邀人对话，与人分享。作品在与读者的对话交流中实现其创作价值，作者在与读者的对话分享活动中实现自己的文学梦想。对话分享的读者越多，文本价值实现的就越充分，作者的文学地位就越荣耀。

"写—读"活动是一种主体间对话分享的公共活动。它起始于作者文本发出的邀请，完成于读者的交流参与。一个文本邀请到的对话交流者越多，表明它的魅力越大，如果文本能够跨越时空，邀请到不同时空的读者进行对话交流，就表明它有较为广泛和恒久的魅力与价值。很多作家都把为人类写作作为自己宏伟的指向，但是，很少有人实现这一目标。因为，任何一个文本所发出的邀请，都是邀读者进入共同的精神空间，与其进行共同的精神生活。然而，人们的精神志向是有差异甚至区隔的。精神志向相同相近的总是人群中的一部分。所以，不论作者的邀请多么急切和真诚，应和的读者也只是人群中精神志向相同相近的那一部分读者。因此，每一时代的每个作家，在用作品发出邀请时，都要问自己，我应邀请谁，用什么方式邀请，与他（她）分享什么。

一、用现实主义方法与普通读者对话

路遥伴随着改革开放的脚步在文坛崭露头角，在中国当代文学恢复现实主义传统的进程中闯入广大读者视野。他的《惊心动魄的一幕》《在困难的日子里》《人生》等作品，以其直面现实的勇气和强烈的现实关怀，震撼了广大读者的心灵。当他准备再接再厉，创作自己人生中最宏大的作品《平凡的世界》时，中国文坛出现了新状况，文学翻译和理论译介成为时尚。世界文学中的各种新方法、新流派，文学理论中各种新思想、新观念，纷纷在中国文坛强势登场，争夺阅读空间，抢占评论权力。把现实主义文学的一统江山，强势划分为现代主义与现实主义的双峰对峙。一些先锋作家和评论者甚至强调，中国文学和中国读者，不仅需要思想启蒙，更需要艺术启蒙。他们主张大力引进和借鉴西方现代文学技巧和手法，创作中国的现代派小说。高行健的《现代小说创作技巧》，启发许多作家进行变革文学表现手法的实践和讨论，为开拓当代小说创作带来了新的活力，影响一批中青年作家运用意识流、象征、变形、黑色幽默等手段，表现反理性、反传统的内容。

从文学创新的角度来看，大量引进西方现代理论和创作技巧，对于丰富中国当代文学创作手法，满足读者多样化的欣赏欲求，意义十分重大。当时及之后引进的各种现代和后现代理论与创作，开阔了当代作家审美地把握世界的路径，丰富了作家艺术地编织人生的方式。为读者的阅读欣赏提供了更多的选择，更好地满足了读者不同层次的审美需要。但是，文学创新是否就意味着一定要弃旧，像俗语所说的，长江后浪推前浪，现代主义要把现实主义推到沙滩上，废掉它，让现代主义一家独霸中国当代文坛。如果这样，岂不是用单一的现代主义取代了单一的现实主义，剥夺了读者多样选择的权利，走向了现代主义倡导者所批判的审美单一化老路。

客观地评价20世纪80年代兴起的现代主义思潮，确实存在理论大于实践的问题。许多刚刚向现代派学步的作品，非常稚嫩，却被评论界捧到了不应有的高度。与此相对，一些较为成熟的现实主义创作，只因为写法"老旧"则受到打压冷落，艺术成就被人为遮蔽。先锋的评论家们肩扛"艺术即形式""艺术即手法"的大旗，手执"有意味形式"的尺规，对当时所有的创作进行衡量和评价，对所有正在阅读或准备阅读的人进行启蒙和教育。他们提出，"怎么写比写什么更重要"，甚至高呼"现实主义过时了"。他们认为现实主义作品的读者，阅读兴趣单一，陈腐，应该给予丰富和革新。当代作家必须在创作中用现代主义超越现实主义创作的"老题材、老人物、老主题、老故事、老写法"这"五老峰"。

路遥对当时的文学形势做了理性的分析，他认为，"我们现在有些年轻作家，目光只投向未来，投向外国，而对自己国家的历史都不甚了了，这是不行的。你归根结底要写的是中国，就是意识流的写法，你要写的是中国——中国人意识流动的状态可能和外国就不同，所以，我们必须重视历史，对历史和对现实生活一样，应持严肃态度。"① 有的作品被先锋评论家捧得较高，多数读者却不怎么买账，就因为它的内容和形式明显向外国文学学步，与中国文学传统决裂，无法与读者产生共鸣。作品在中国大地上向读者发出的呼唤，想要产生巨大的回声，创作根基必须建立在中国社会历史以及文学传统之上。他说，"我们需要借鉴一切优秀的域外文学，以更好地发展我们民族的新文学，但不必把'洋东西'变成吓唬我们自己的武器。"②

他站在创作是对阅读的邀请，"写—读"是一个对话交流共同体的立场，认为评判一种文学样式是否"过时"，必须把目光投向对话交流对象——读者。因为一切艺术形式和手法，只有在它与读者互动时，才发挥效用，在与读者分享时才实现价值。艺术形式是用来与读者对话交流的，不是用来吓人的，吓人的东西虽然看起来很酷，也会把人吓跑。平易近人的作品虽然素朴，却能吸引读者与其进行对话交流。素朴样式的作品既然能够与读者建立对话关系，分享其中的感受与感情，就说明这种文学样式还在发挥对话交流的作用，还未过时。尤其是广大的读者愿意接受这种文学样式的邀请，乐意与其进行对话交流，这种文学样式就更有存在的必要。

自觉的文学创作者用作品向读者发出对话邀请时，他的邀请一般都是有针对性的，而不是茫无目的胡乱散发的。只有把邀请发给那些与作者知识积累、文化修养、艺术趣味相同相近并且愿意接受邀请的读者，才能形成有效的对话关系，才能建构起较为完美的"写—读"共同体。当然，读者接受邀请也是有原则的，他不太关心邀请方式的新旧，更在乎请柬是否充分地尊重自己。20世纪80年代，既有受过现代主义洗礼，追新求异的先锋读者，也有喜欢现实主义创作，愿意接受现实关怀的老派读者。现代主义文学向先锋读者发出对话邀请，同时邀请老派读者接受启蒙教育。现实主义文学向广大的普通读者发出对话邀请，也欢迎先锋读者参与对话。双方都有向读者发出对话邀请的权力，都要接受读者是否接受邀请，并进行对话交流的检验。

---

① 路遥：《路遥全集·早晨从中午开始》，广州出版社、太白文艺出版社2000年版，第160页。

② 路遥：《路遥全集·早晨从中午开始》，广州出版社、太白文艺出版社2000年版，第15页。

当时，现代主义是时尚，理论宣传阵容强势，先锋读者热捧，但读者群较小。现实主义老派，理论宣传弱势，普通读者喜欢，读者阵容强大。路遥指出，"考察一种文学现象是否'过时'，目光应该投向读者大众。一般情况下，读者仍然接受和欢迎的东西，就说明它有理由继续存在。"① 我们不能因为现实主义不时尚，就把它抛弃，也不能因为普通读者不先锋，就对他们的阅读需要进行遮蔽。最让路遥反感的是，当时创作的现代主义作品并不多，成就也有限，但评论界几乎一窝蜂地用广告的方式宣传其成就，让其笼罩了整个文学界。"我深切地体会到，如果作品只是顺从了某种艺术风潮而博得少数人的叫好但并不被广大读者理睬，那才是真正令人痛苦的。大多数作品只有经得住当代人的检验，也才有可能经得住历史的检验。那种藐视当代读者总体智力，而宣称作品只等未来才大发光辉的清高，是很难令人信服的。因此，写作过程中与当代广大的读者群众保持心灵的息息相通，是我一贯所珍视的。这样写或那样写，顾忌的不是专家们怎样看怎样说，而是全心全意地揣摩普通读者的感应。古今中外，所有的败笔最后都是由读者指出来的，接受什么摒弃什么也是由他们抉择的。我承认专门批评家的伟大力量，但我更遵从读者的审判。"② 路遥郑重地向时尚的文学潮流挑战，坚持用现实主义与普通读者对话交流。

二、与交叉地带的奋进者共谋

每一部小说都是作者向读者发出的栖居在同一审美世界的邀请，每个作家的创作，都具有连通写—读双方，建构对话关系的力量。作家写作小说的目的，就是要与读者建立一种同感共谋的共在关系，在交流对话中共同创造艺术审美的意义，而且只要人类存在，阅读不绝，就会把这种共在共享共同创造的活动延续下去。

邀请他人与自己共在同一个世界栖居，必须让他人产生双方有共同的感觉，想一起谋划人生的冲动。在新旧交替社会转型的时代，路遥选择邀请读者与他共同栖居于"交叉地带"，分享这个特定世界的感受，谋划这个特定世界的人生。

作家邀请读者与自己分享某种生活感觉，自己首先要对这种生活有深入的体验，他要与读者谋划某种人生，自己首先对这种人生进行过谋划。只有感动过作家

---

① 路遥：《路遥全集·早晨从中午开始》，广州出版社、太白文艺出版社2000年版，第14页。
② 路遥：《路遥全集·早晨从中午开始》，广州出版社、太白文艺出版社2000年版，第99—100页。

的生活，写出来才可能感动读者，只有吸引作家谋划的人生，写出来才可能激发读者进行人生谋划的冲动。路遥邀请读者与他共同进入"交叉地带"，是因为他长期生活在那里，对那个世界的生活有刻骨铭心的体验，深思熟虑的谋划。他说，"我自己是农村出来的，然后到城市工作，我也是处在交叉地带的人。"①

路遥出生的陕北，是农耕和游牧民族的交叉地带；中学读书时所在的县城，是城乡交叉地带；之后工作的省城，是干群交叉地带。路遥对交叉地带的人生有着丰富的观察和深刻的体验，他想把自己的观察和体验，写出来邀请读者共同分享。于是就塑造出马健强、高加林的形象，借助他们与读者交流和分享交叉地带的人生。

交叉地带的生存者和别处的生存者一样，有生存站位的高与低、优和劣的区别。站位在高和优的是精英，站位在低和劣的是普通大众。作者和读者分享交叉地带的人生苦乐，也存在站在哪个群体立场，分享什么样人生况味的问题。路遥始终站在普通劳动者的立场塑造交叉地带的人物，他带着对普通劳动者的崇敬发掘他们身上的人性光辉。他说，"生活在大地上这亿万平凡而伟大的人们，创造了我们的历史，在很大程度上也决定着我们的现实生活和未来走向。那种在他们身上专意寻垢痂的眼光是一种浅薄的眼光。无论政治家还是艺术家，只有不丧失普通劳动者的感觉，才有可能把握住社会历史进程的主流，才能使我们所从事的工作具有真正的价值。在我们的作品中，可能有批判，有暴露，有痛惜，但绝对不能没有致敬。我们只能在无数胼手胝足创造伟大生活伟大历史的劳动人民身上，而不是在某几个新的和老的哲学家那里领悟人生的大境界，艺术的大境界。"② 他认为，千百年来，底层百姓虽然生存位置低下，但是，人生作为和精神境界并不比任何在上者低下。尤其是在诞生过李闯王的陕北，在红色革命圣地陕北，每个男人头上戴的白羊肚手巾上，都打着一个"英雄结"，每个男人心里，都有一颗不向命运低头的"英雄心"，他们个个都想往人前站，做让人瞩目的人，不愿屈居人后被人遗忘。

路遥写底层百姓，虽然也写他们的生存艰难，但他更关注底层百姓不甘于命运的安排，以奋斗争取荣誉，在自我实现过程中的坚毅与勇敢。他笔下的马健强、高加林以及孙氏兄弟，都生活在社会底层，受人歧视，被人排挤，缺乏发展平台的环境之中。他们都不想蛰伏在这样的生存环境和位置。于是，努力奋进，为自己开拓更好的生存空间，争取更好的发展平台。路遥坚信，这些当代青年的身上，都流淌

---

① 路遥：《路遥全集·早晨从中午开始》，广州出版社、太白文艺出版社2000年版，第130页。

② 路遥：《路遥全集·早晨从中午开始》，广州出版社、太白文艺出版社2000年版，第100页。

着祖先李闯王、刘志丹的血,一种敢闯敢干,勇于进取的血。凭着这种血气与血性,他们的祖先曾经打出了一片天下,获得了世人的认可。因此,年轻一代也能在他们自己的人生中,开拓一片适合自己生存发展的天地,争得一份人生尊严。

路遥善于把个体人生在交叉地带的感受和体验,放到广阔的时代背景,广大的人生境遇之中,带领读者与他一起在日常细碎的生活中感受让心灵震撼的巨大力量。如果说《人生》仅单纯地表现城乡交叉地带中的人生,表现这一交叉地带不同生存者貌似交织一体,实则界限分明的各种关系,以及由此造成的爱情和人生的悲剧。那么到了《平凡的世界》,作者明确表示,"这部作品的结构是从人物开始的,从一个人到一个家庭到一个群体。然后是人与人,家庭与家庭,群体与群体的纵横交叉,最终支撑一张人物的大网。在读者的视野中,人物运动的河流将主要有三条,即分别以孙少安、孙少平为中心的两条近景上的主流,和田福军为中心的一条远景上的主流。这三条河流有各自的河床,但不是混合在一起流动。"① 作品塑造的三个主要人物,分别表现了三种相互有别又相互联系的交叉地带上的人生。孙少安侧重表现的是新旧乡村交叉地带上的人生,孙少平侧重表现的是城市与乡村交叉点地带上的人生,田福军侧重表现干部与群众交叉点地带上的人生。

路遥在与读者分享诸多交叉点地带上社会人生的感受和体验时,始终以普通劳动者的感觉和推理为准绳。凡是违背普通劳动者感觉与推理的东西都必须改变。他在《茅盾文学奖颁奖仪式上的致辞》中说,"人民是我们的母亲,生活是艺术的源泉。人民生活的大树万古长青,我们栖息于它的枝头就会情不自禁地为此而歌唱。"②《平凡的世界》由平凡的人组成,平凡的人们只有一个活得富足且尊严的梦想。一切打压或剥夺这种梦想权力的行为,都会把这个世界变得异常、反常。路遥邀请读者分享的,就是这个由平凡人组成的世界,普通群众要求改变贫困饥饿、没有尊严的反常人生,恢复正常生活的艰难历程。

路遥邀请读者分享的这个平凡世界,是从基层组织脱离群众,与群众感觉和认识发生严重错位开始的。1975年,农家子孙少平在学校吃不饱穿不浑全,集体活动站不到人前,身体和精神遭受双重的煎熬。他的父亲孙玉厚因为缺钱,箍不起新窑,为自己一双儿女星期天回家没有住处发愁煎。少平的姐夫王满银因为倒卖老鼠药,被民兵小分队抓去劳教。当时,"在公社一级,出现了一种武装的民兵小分队,

---

① 路遥:《路遥全集·早晨从中午开始》,广州出版社、太白文艺出版社2000年版,第26页。
② 路遥:《路遥全集·早晨从中午开始》,广州出版社、太白文艺出版社2000年版,第98页。

这个组织的工作,就是专门搞阶级斗争。这些各村集中起来的二杆子后生,在公社武装干事的带领下,在集市没收农民的猪肉、粮食和一切当时禁卖的东西。他们把农村扩大了几尺自留地和犯了其他'资本主义'禁忌的老百姓及小偷、赌徒和所谓的'村盖子''母老虎',都统统集中在公社的农田基建会战工地上,强制这些人接受'劳教'。被'劳教'的人不计工分,自带口粮、被褥,而且每天要干最重的活:用架子车送土。一般四个'好人'装,一个'坏人'推;推土的时候还要跑,使得这些'阶级敌人'没有任何歇息的空子。最让人难堪的是,再给他们装土的四人中间,就安排一个自己的亲属。折磨本人不算,还要折磨他的亲人:不光折磨肉体,还要折磨精神。"① 基层干部忙着找阶级敌人,"批判资产阶级、修正主义和孔孟之道。""但是,对于黄土高原千千万万的农民来说,他们每天面对的却是另一个真正强大的敌人:饥饿。生产队打下的那点粮食,'兼顾'了国家和集体以外到社员头上就是在没有多少了。"② 干部与农民的感觉出现了巨大的偏差。

路遥旗帜鲜明地站在群众一边。他认为,群众感觉和认识中包含的真知要比基层干部多。因为,群众的感觉和认识来自切身的现实生活,如果感觉和认识违背生活常识,生活就会惩罚他。基层干部吃的是公家粮,领的是国家发的工资,生存的平台好,旱涝保收,他感觉和认识出现错误,不会对自己的收入和生活造成任何直接影响。因此,他们往往错误地把自己的高平台当作自己高智商,认为自己是谋道之人,比那些谋食的底层群众目光远大。他们的感觉与认识越是远离常识,他们就越感觉自己了不起,就越能幻想自己智慧高超。他们中的某些人总是思谋着要整出一些邪乎的门道,把它搞得好像人间正道。其实,真正的人间正道,正在老百姓的脚下。

路遥最让人佩服的是,把这些人生中的交叉地带,放到中国社会由封闭走向开放,人民由被穷折腾到自由奔小康这一时代交叉的大背景中,与读者共同分享这些交叉点上人生的价值与意义。他在作品中既描写了孙玉厚这样的农民代表,因为箍不起新窑,给儿子娶不起媳妇,沉痛地呼唤"庄稼人的生活啊,什么时候才能有个改变呢?"也塑造了田福军这样脚上有泥土,心中有百姓的干部。他下乡调研,问孙少安:"现在农村人连肚子都填不饱,你看这问题怎么解决好?"少安说:"上面其他事都可以管,但最好在种庄稼的事上不要管老百姓。让农民自己种,这问题就

---

① 路遥:《路遥全集·平凡的世界》第一部,广州出版社、太白文艺出版社2000年版,第32—33页。

② 路遥:《路遥全集·平凡的世界》第一部,广州出版社、太白文艺出版社2000年版,第134页。

好办。农民就是一辈子专种庄稼的嘛！但他们现在不会种了，上上下下都指教他们，规定这规定那，这也不对那也不对，农民的手脚都被捆得死死的。其他事我不敢想，但眼下对农民种地不要指手画脚，就会好些……"① 田福军由此发现了基层干部管理中的偏差和问题。1976年1月，原西县搞农业学大寨运动，农民们一人一天吃不到一斤粮，更不可能吃肉；他们拿着和古代老祖先差不多的原始工具，单衣薄裳，拿自己的体温和汗水抵御寒冷。"有的农民冬天没棉线做棉衣，把口粮拿到黑市上卖几个钱；有的做了点小生意；还有的是对现行的政策不满意，发了几句牢骚"②，基层干部周主任把这些人当作阶级斗争的典型，拉到公社农田基建会战工地上劳教。他指挥部下，"搞社会主义，搞农业学大寨就得武上！要麻绳子加路线！三令五申不行，就要三令五绳！要揭开盖子，拉出尖子，捅上刀子。"③ 田福军听了群众的汇报之后，说道："这种现象不能再继续下去了。"④ 路遥就是这样把生活细节的描写，放到中国社会从保守到开放的大背景中，既给生活细节赋予了时代的意义，又为社会改革奠定了坚实的群众基础。从而与所有在交叉点上奋勇向上的读者共享共谋。

三、在交叉地带寻找普通人做人的尊严

路遥的文学成就主要表现在，他在中国当代首先发现了一个特殊的生活世界——交叉地带，并且不断进行艺术挖掘，引导读者在其中体验思考。反过来又影响了读者对改革开放的现实和全民奔小康的人生的思考和认识。当然，路遥自己对于"交叉地带"的认识，也经历了一个逐步深化的历程。在和王愚《关于人生的对话》中，他承认自己写《人生》时，只意识到了城乡的交叉，没有想到更大范围更深层次的时空交叉、人生交叉。"现在看来，随着体制的改革，生活中各种矛盾都表现着交叉状态。不仅仅是城乡之间，就是城市内部的各条战线之间，农村生活中人与人之间，人的精神世界里面，矛盾冲突的交叉也是错综复杂的。各种思想的

---

① 路遥：《路遥文集·平凡的世界》第一部，广州出版社、太白文艺出版社2000年版，第119—120页。

② 路遥：《路遥文集·平凡的世界》第一部，广州出版社、太白文艺出版社2000年版，第270页。

③ 路遥：《路遥文集·平凡的世界》第一部，广州出版社、太白文艺出版社2000年版，第271页。

④ 路遥：《路遥文集·平凡的世界》第一部，广州出版社、太白文艺出版社2000年版，第271页。

矛盾冲突，还有年轻一代和老一代，旧的思想和新的思想之间矛盾的交叉也比较复杂。作家们应该从广阔的范畴里去认识它，拨开生活的表面现象，深入到生活得更深的底层和内部，在比较广阔的范围内去考虑整个社会矛盾的交叉，不少青年作家都是从这个方面去考虑的，我的《人生》也是从这方面考虑的，但还做得很不够。"[1] 交叉地带，就是异质存在者交流、交往的地带，这一地带孕育着巨大的包容力量，更隐伏着巨大的裂变的危机。人是交往的存在者，在与异质存在者交往的过程中心中掀起情感的浪涛，脑中碰出思想的火花，进而产生改变自我，另类思维的冲动与行动。人生的改变从异质交往中孕育，社会的开放从异质交往中形成。

改革开放最大的好处是给普通百姓松绑，放开所有人的翅膀，让人们去追逐他们的梦想。让孙少安按照自己的想法在农村烧砖致富；让孙少平走出家乡，到外面的世界去寻找自己的新大陆；让田晓霞摆脱当教师的命运，做一个职业记者；让金波实现梦想当一名汽车司机。作品邀请读者分享改革对普通人梦想的放飞，但是并没有将其庸俗化。作品对普通劳动者实现理想的艰难过程给予了充分的表现。它让读者目睹孙少安为了挣第一桶金，怎样驻敞口窑，每天在别人熟睡时，就早起拉砖。如何等菜市场人走完，像贼一样溜进菜市场捡菜叶。又如何为了帮扶村中贫困户脱贫，把小制砖机换成大制砖机，结果因为技工水平问题，烧出次品砖，把自己变成了一个灰头土脸的负债者。又如何经过一段艰难痛苦的挣扎，才又一次站立起来。孙少平从泥腿子变为公家人的经历，同样充满了艰难和坎坷。作品邀请读者一起分享交叉地带追梦者追梦的曲折过程，分享追梦者追梦过程中所展示的胆识与毅力。

路遥邀请读者与他一起进入交叉地带，寻找和分享普通人做人的尊严。普通人身处社会底层，无权无势，没有在社会人生中呼风唤雨的资本，只有在人群中默默生存的份。只因为在交叉地带，遭遇到不一样的生存者，不一样的生存机遇，激发了他改变自我、另类生存的决心。诱导他另类思维，寻找新的生存意义的意志。他们无力改变命运，只求改变自己；无力改变社会秩序，只求改变自己的思想和行为方式。在自我改变的行动中，他们找到了生活的意义，人生的尊严。《平凡的世界》中的孙少平，经过不断努力，虽然只获得了一个地下挖煤工的身份，他没有抱怨自己地位卑微，而是努力工作，辛苦挣钱，梦想有一天在家乡给父亲箍三孔最气派的窑洞，让父亲在人前挺直腰板走路，大声大气做人。他从自己切身的体验出发，一反过去"穷崇高""穷有理""穷正义"的思维，挺身为钱正名："钱是好东西，它

---

[1] 路遥：《路遥全集·早晨从中午开始》，广州出版社、太白文艺出版社2000年版，第126页。

能使人不再心慌,并且让人产生自信心。"①

事实证明,钱能改变普通劳动者的生存状态,让他们体面生活,尊严做人。孙少安的人生经历进一步对此做了鲜活的展示。孙少安因为开砖场赚了些钱,被选为"冒尖户"。1981年,原西县召开"四干会",邀请先富起来的"冒尖户"参加,"会议期间,'冒尖户'像平民中新封的贵族一般,受到了非同寻常的抬举。"②"四干会"最后一天,原西县在体育场隆重举行了一场"夸富会",县广播站向全县转播大会实况。仪式完了以后,举行"夸富"大游行,最让这些泥腿子荣耀的是,为他们牵马的是县委和各部门的领导。后面的一长溜工具车上拉着"冒尖户"的奖品,贴有大红喜字的"飞人"牌缝纫机。"披红挂彩的孙少安骑在马上,在一片洪水般的喧嚣和炮仗的爆炸声中,两只眼睛不由得湿润了。此刻,他已经忘了自己是个冒充的冒尖户,而全身心地沉浸在一片幸福之中:自从降生到这个世界上,他第一次感到了作为人的尊贵。"③

路遥引领读者在交叉地带分享普通人用奋斗改变自我,实现人生价值的故事,在改革开放之初,曾经激励一大批有志者奋发有为,向上进取,改变自我。随着改革开放的日益深入,各种交叉日益复杂多样,其对普通人的激励和启示意义越发凸显。不仅如此,他还把中国文学创作,带进了世界文学创作的富矿地带。如果我们放眼世界文学史,就会看到,一切真正的大作家都在交叉地带发掘故事,描写人生。举凡莎士比亚、陀思妥耶夫斯基、司汤达等无一例外。他们都把自己的目光聚焦在黑与白、贫与富、上与下的交叉地带,讲述那里差异交往中所发生的人生故事,挖掘那里人们差异交往过程中内心深处生生不息新新不已的本真追求,引发人们对这一特殊空间生存者努力改变自我另类生存的哲思。

本文为"中国当代文艺审美共同体研究"(18ZDA277)阶段性成果。

---

① 路遥:《路遥文集·平凡的世界》第二部,广州出版社、太白文艺出版社2000年版,第280页。
② 路遥:《路遥文集·平凡的世界》第二部,广州出版社、太白文艺出版社2000年版,第234页。
③ 路遥:《路遥文集·平凡的世界》第二部,广州出版社、太白文艺出版社2000年版,第237页。

一个作家与时代的命题

西北大学文学院　李国平

在前不久召开的第三届中国文学博鳌论坛上,铁凝回顾改革开放四十年来中国文学的发展历程,有过一个表达:"改革开放是改变中国命运的关键,它雕刻着我们每一个人的表情、神态,塑造了我们的思想、感情,当然也决定了我们的命运。很多人在敞开的机会中获得了书写和表达的天地,每一个作家都在探索和汲取对个人、对文学、对生活与世界的新的认识,新的表达方式。"钱小芊书记论述路遥的创作道路,也是放在宏阔的改革开放大背景中的表达,他们描述了四十年来改革开放大背景下几代中国作家所走过的道路,着眼于文学和时代的关系,强调同构和共享,实际上也是传导出几代作家的感知和体验。

关于路遥文学生涯,创作道路的研讨,我们可以给出许多命题,在改革开放四十年大背景下,在一个民族的历程中,路遥与改革开放大时代的关系是一个具有启发性的命题。

可以在三个层面打开:

第一个层面,像在座的贾平凹一样,像全国许多作家一样,路遥的文学生涯,并不始于改革开放,有一个发蒙期,这个发蒙期和改革开放有一个裂缝,但又有着历史上的逻辑关联,朴素的创作,旧观念的束缚,视野的有限性在这一代作家身上都不同程度存在,对一个旧时代的本能的反动,生活所赋予他们的时代敏感和历史冲动,在他们身上都不同程度地发生。但是,如果我们要问,是什么给了这一代作家上升空间,是什么使路遥一代飞跃起来,是时代之变局,是改革开放的思想新变、时代新变,使他们获得了文学生命,打开了格局。路遥是改革开放时期,涌现的第一代青年作家,贾平凹也是,20世纪80年代,有一个陕西中青年作家群体的崛起,路遥、贾平凹是这个群体的代表,这个崛起是改革开放给予的,是新的时代给予的资源和启迪,给予的激情和动力。这个可以论证,这个论证一定会取得历史逻辑和理论逻辑的统一。

路遥的创作道路和改革开放的关系具有典型意义。他的创作道路，几乎和改革开放构成互文关系，他的创作成就，得改革开放之滋养，而他的思考和他的文本，是一个形象的标本，是改革开放这一时代命题的形象践行和展开。

第二个层面，应该怎样描述路遥？朴素而坚挚的文学观，今天再读他的文字，用得上两个词：大气和庄重。他的写作隐含着一个命题，向经典和前辈致敬，这是对传统遗产、人类文学经验的服膺和敬重。但是，路遥的另一面还没有充分打开。这一面，应和着改革开放的时代命题。路遥说："我并不排斥现代派作品，我十分留意现实主义以外的各种流派。许多大师的作品我十分尊敬，我的精神常如火如荼地沉浸于从陀思妥耶夫斯基和卡夫卡开始直至欧美及伟大的拉丁美洲当代文学之中，他们都极其深刻地影响了我。"路遥并不是一个保守主义者，他当时的文学阅读和文学接受一点也不亚于同时代的先锋作家。而且，路遥的文学接受较早地在中国作家中呈立体状、复活状，呈开放性，他对鲁迅、巴金以降，柳青以降的研读接续着觉醒和自立的中国文学的传统，同时他也接受时代的洗礼，热烈地拥抱时代，与时代同行。作家高建群说：一个贫困少年站在黄土高原仰望星空想象苏联宇航员加加林遨游太空的情形，是贫困给予的馈赠。这可以从心理学、想象力角度给以解读，但是他的文学态度和文学判断则是改革开放思想、思潮、氛围给予的熏陶和启迪，离开了这个时代背景，不能解释一个人思想的开放和敞开。

路遥和同代作家的阅读史、接受史，叠合着开放史，意味着中国作家精神结构的丰富和再构，意味着在什么层面看世界，然后，重新认识自己，书写生养自己的民族。

路遥说："文学形式的变革和人类生活自身一样，是经常的、不可避免的，即使某些实验的失败，也无可非议。"但是，他所期待和追求的是"在我们民族伟大历史文化的土壤上产生出真正具有我们自己特性的新文学成果"。吸收他者营养，拥抱世界资源，"反过来重新立足本土的历史文化"。这些思考，可以读出什么？开放而超越自己创作的文学观；开放而多维的方法论；实际上已深入到了价值论层面。

这个价值认知在当代的文学实践中的某些时段并不明晰，现在，日益形成共识。如果讨论一个作家和改革开放的关系，这是一层面，改革开放塑造了路遥开放的文学胸怀，塑造了一个追求广博而具有独立思考精神的作家。

第三个层面，其实人们对路遥的解读愈来愈有共识：他是一个自觉地将自己的创作融入时代和时代共振共鸣的作家，他对文学的认知，甚至超越了文学的界限，急迫而恳切地呼唤时代变革，呼唤社会进步；他的作品，人物命运的主题和社会历史运动的主题相合一，展现的是当代生活全景性画卷。

这可以从认识论和表现论两个层面进行解读。路遥有过表达："应该把自己的生活体验，放在时代、社会的大背景和大环境中加以思考和表达，看是不是有时代意义和社会意义。"这是路遥对自己创作初心、动机和目的的自我考量，是解决认识论问题，而他的"立交桥"论，他的"重返人民大众"论，他关于文学和时代和生活的整体论，可以看作他核心思考的展开和延伸。他的《平凡的世界》所展示的叙事空间，所表现的主题，是时代运动的图景，是改革开放的生活母题，浓烈地追求着一种新愿景。

我们不用恢宏这个词，但是越来越多的作家，还是不得不佩服路遥的格局和气度，他将时代和文学进行同构共建的总体性，他作品结构中冲撞着的开放的气象和精神。这个格局的发生和形成，所要解决的实际上是一个认识论和价值论问题，是文学和自我和灵魂和时代和人民的关系问题。

路遥说，作家的劳动，绝不是取悦于当代，而更重要的是给历史一个深厚的交代。他的文学道路，践行着这样的文学观，他的文学探索，给改革开放以来的文学提供了经验，也可以说他的文学经验，是改革开放的成果。

路遥 《人生》 爱情内涵新解

西北大学文学院 周燕芬

一

路遥的中篇小说《人生》发表于1982年。将近三十年的时光淘洗,并没有使作品失去其独有的艺术魅力。《人生》是当年中篇小说大潮中出现的,至今依然为读者喜爱,并为研究者持续关注的为数不多的中篇佳作之一。探讨个中原因,有如下三个方面。

其一,《人生》依然是我们认识和解读那个特定时代社会生活的经典文本。《人生》所表现的,是20世纪70年代末开始的中国社会解冻复苏的变动迹象,及其在人的思想精神上的投影。路遥敏锐地感应和捕捉到时代变化的脉搏,并在理性的思考还没有成型的时候,用文学感性的手段,描摹出中国偏远乡村和城镇的世道人心。《人生》带着那个时代的特殊印记,叙述上也不无粗疏之处,但它最大可能地凝聚了丰富的人生内容和社会变动的诸多信息,具有复杂多义的思想内涵。更为可贵的是,路遥在巨大的情感力量推动下写就《人生》,为我们呈现出一个底层年轻人起步奋斗中,理想、激情、惶惑和痛苦交织于一体的精神世界,激起社会心理强烈和持久的共鸣。相较于路遥后来的长篇小说《平凡的世界》,中篇《人生》虽然不及前者内容的宽广和深厚,以及艺术上的趋近成熟,但传统观念和现代意识的剧烈冲突,使得《人生》中情感河流的激越程度,情感构成的矛盾焦灼状态,却又超出前者。思想的矛盾乃至无解,既让《人生》切中文学的情感本质,也造就了《人生》潜在的阐释空间。

其二,集中承载着《人生》丰富内涵的高加林形象,因其塑造的生动性和现实主义典型意义,依然在当代文学人物画廊里独具光彩。对路遥来说,没有《人生》

的艺术准备，《平凡的世界》无从达到超越的境界，而《平凡的世界》的成功，却不能够取代《人生》的艺术价值，《人生》在某些方面的创造，比如高加林的形象刻画，即使长篇中也很难有人与之比肩。《人生》对于路遥文学世界的重要性，应该不亚于《平凡的世界》，甚至可以说，《人生》有了高加林，它在当代文学史的位置就是无可替代的。从文学研究的角度看，高加林形象，既是进入路遥广阔文学世界的入口，也是我们无法绕过的关键性人物。事实上，从《平凡的世界》问世之日起，《人生》就与长篇研究相伴而行，或者作为人物系列中的一员，或者作为同类形象的比照，高加林本身也在形象系统研究中得到延展性认识和创获性把握。

其三，《人生》中的爱情悲剧，给人留下长久的感动和回味。《人生》中最强烈的一道亮光是高加林形象所蕴含的时代情绪和人生况味，这一切又在一个看似老旧的爱情故事框架中得以呈现。《人生》显然不是单写爱情的，但作为文学作品，它确实首先是以一曲缠绵悱恻的爱情悲歌打动人心的。而且，路遥关于社会人生诸多问题的思考，路遥精神世界里纠结的诸多矛盾冲突，倘若没有爱情这个适合的承受体，则不会取得如此的思想和美学效果。《人生》中爱情关系辐射整个人生的力量，成就了《人生》，也使《人生》中的爱情成为经典，这是一种双向获取和双向完成，文学史上写爱情又超越爱情的伟大作品大抵如此。

对《人生》的爱情内涵，在不同阶段也有不同层面的阐释。《人生》发表初期引起的争议，多集中在小说的爱情表现上。特别在《人生》改编电影引起更大的反响时，有人曾在传统的道德观念立场上，谴责高加林为现代陈世美，激烈地批评他"喜新厌旧""忘恩负义"的不良行径，并对作家路遥对高加林形象矛盾游移的价值评判表示了不满，认为作家在人物塑造上是"本末倒置"的。① 相反方向更具代表性的评论，则侧重于把握高加林爱情选择后面内含的历史进步的思想情绪，因而对高加林个人发展要求的合理性给予极大的肯定。巧珍的爱情悲剧值得同情，但她那种"忘我"或"无我"的感情状态，恰恰是保守落后的文化意识所致。路遥因巧珍的悲剧而"动摇"，"削弱作品的社会主题而向单一道德主题发展"，在充分表现现代文明与愚昧落后的冲突之后，最终以高加林的泪水和忏悔，固执地深情地回归传统文化，实质上是一种思想的"倒退"。②

---

① 刘万元：《从观众的错觉看〈人生〉的不足》，《新华日报》1984年10月25日。林为进：《高加林和巧珍"本末倒置"》，《中国青年报》1884年11月4日。
② 王富仁：《"立体交叉桥上的立体交叉桥"——影片〈人生〉漫笔》，《文艺报》1984年第11期。

也有论者聚焦于爱情生活本身来讨论《人生》，看到《人生》中存在"传统母性"和"当代女性"两类不同的爱情模式。① 这种共存状态在路遥《人生》之前的作品中已经出现，并在长篇小说《平凡的世界》中也持续呈现着。面对传统和现代两种爱情模式，论者的价值评判也倾向于后者，因为以黄亚萍所追求的男女平等、人格独立的爱情取代以刘巧珍为代表的泯灭自我的"奉献式""依附式"爱情，显然是历史的进步。虽然路遥对巧珍身上金子般的传统美质不无疼惜和留恋，但他和他笔下的高加林在矛盾痛苦的端口，都必然性地选择了割舍。这种爱情模式的解读，与对《人生》的时代社会内涵的揭示是完全一致的。

以上研究状况的简单梳理是本文立论的起点。

二

虽然人们在不断地强调爱情小说不止于爱情才是高明，但也不能不承认，因为爱情自身的魅力而成为文学经典，在文学史上也不乏例证。爱情是人生固有的内容，爱情关系也不能离开人与时代社会的诸种关系而独活，但随着时光的流逝，文学作品留在人心中最后闪亮的晶体，常常只有爱情。即使如曹雪芹的《红楼梦》、托翁的《安娜·卡列尼娜》这样富含深广的伟大作品，其中的绝世恋情永远是最吸引读者的地方，这就是文学的特殊魅力所在。

对于路遥的《人生》来说，爱情只是承担故事线索和思想载体的使命，还是对人类情感本身也做出了有价值的探索？这其实也是关乎《人生》的恒久性和经典性的一个重要问题。

《人生》看起来写了一个我们最常见的三角恋爱故事，但故事内核却有所不同。作家笔下两个爱情的女主角刘巧珍和黄亚萍，虽然她们的文化素质和生活环境差异很大，但都是真挚善良的美好女子，是各自圈子里的"人梢梢"，并勇敢执着地追求自己理想中的爱情。这样的人物设置，已经与简单的"陈世美模式"有了区别。高加林在不同的人生境遇中，被两个美好女子的爱情所吸引，他有理由爱巧珍，因为巧珍的美好，因为巧珍象征着他心底与土地割不断的血肉联系；他也有理由爱亚萍，因为亚萍同样美好，也因为亚萍代表着他离开土地、追求新生活的梦想。高加林和两个女子的爱情纠葛，表现了他性格的一体两面，注定了高加林选择的矛盾性。如果高加林的人生不定位，要定位他的爱情则是徒劳的。路遥在写《人生》的时候，可能并无探索爱情本体的自觉意识，他在小说的最后以道德手段惩罚了高加

---

① 宗元：《路遥小说情爱模式解构》，《济宁师专学报》1994年第2期。

林。路遥写高加林固然不仅仅为了写爱情,但就小说所展示的爱情关系来看,却潜含着人在爱情选择上的复杂性和无力感,这远不是一个简单的道德审判就能解决的问题。

分别代表传统和现代爱情模式的两个女性形象刘巧珍和黄亚萍,在对待爱情的态度上其实有不少共同之处。她们一样热烈、执着、痴心难改,一样勇敢、坚定、义无反顾。巧珍虽然没有文化,但她向往现代文明,她不爱本分能干的农民马拴,却爱上好高骛远的高加林,这是一种挣脱现实的精神追求。巧珍在爱情上的不现实,以及怀抱爱情时行为的大胆开放,都说明她性格中潜在的现代性,完全用传统、保守和愚钝来限定巧珍的形象是不准确的。亚萍爱高加林的理由和巧珍相似,她也是被高加林身上和别人不一样的才能和气质所吸引,不甘于和张克南的那种现实的没有情趣的爱情生活,"希望能有一点浪漫主义的东西",高加林才是她梦想中的白马王子。刘巧珍和黄亚萍都是被现实撞碎了爱情理想的悲剧女性,生活位置不同,爱情幻灭的痛苦却是等同的。虽然路遥为了最终回归传统道德主题,人为地让黄亚萍表现出一些自私的庸俗的言行,但却没有影响黄亚萍在爱情上脱俗而执着的品格。所以,《人生》中的爱情变故,并非简单的环境和利益驱动,而是加入了人物深层的情感需求,并将时代变迁中爱情观念变化的迹象,微妙生动地传达出来。

在路遥小说的情爱世界中,文化观念意义上的传统和现代的两种爱情模式,构成小说中双峰对峙的爱情景观。读者可以从不同的角度和不同的观念入手,对这两种爱情进行不同的解读。作家路遥在小说中一方面努力坚守传统道德立场,另一方面也明显地表露出对旧的婚恋生活的重新审视,和对张扬个性发展的现代性爱观念的肯定。无论如何,《人生》对爱情的理解和判断,已经超越了单一的传统爱情的层次,正是因为有了反思和超越的力量,才构成文本内在的思想冲突,引发人们不断阐释的欲望。今天重读《人生》的时候,我觉得,《人生》的爱情内涵并不止于作家所意识和把握到的这两个层面,虽然路遥所处的时代背景和他的人生体验,决定了他在爱情的艺术表现上,只能自觉到这样的高度。

第三个层面的解读从人类爱情的本体出发。从高加林和黄亚萍之间的所谓现代爱情为起点进一步思考,我们发现,这是一种非常有限的现代爱情,或者充其量只是有了一些表象性的现代因素而已。黄亚萍是一个非常自我的女青年,她对高加林的爱情是与她的个人主义理想联系在一起的,她以自我的需要来塑造高加林,并在现实的可能的前提下接纳高加林,如果高加林越出自己的生活轨迹,多么狂热的爱恋也必然最终被舍弃。黄亚萍的爱情是真挚的,却也是有条件的,一旦高加林的处境和地位改变,他们的爱情便无法坚持下去。为个人主义理想或现实条件所阻隔的爱情,可能也是悲剧,但却因其爱情的有限性,减损了悲剧的情感力量。在这样的爱情层面上，高加林和黄亚萍是非常平等和默契的一对情人，高加林和黄亚萍的志趣相投，也表现在他们的爱情观念的一致性，黄亚萍把高加林"带到了另一个生活的天地"，这是加林梦寐以求的生活理想，加林也很清楚，如果自己不能真正进入这一个"生活的天地"，他们的爱情就无法存活。所以，当他得知自己即将再次返回农村时，便断然结束了他和黄亚萍的爱情关系。

而刘巧珍的爱情是无条件的，她或者默默单恋，或者喜得爱情，或者痛失爱情，都是用她那颗纯真的心去承受，世界在变，别人在变，巧珍爱加林的心一直没有变。可能正因为巧珍没什么文化，她对爱情的理解才会那么简单，表现也那么执着。她对爱情的选择只有一个标准，就是"合她的心"，"就她的漂亮来说，要找一个公社的一般干部，或者农村出去的国家正式的工人，都是很容易的"，但她统统拒绝了。但无论高加林回乡当农民还是外出工作，都不会影响巧珍的感情，"如果真正合她心的男人，她就是做出任何牺牲也心甘情愿。她就是这样的人"。所以，路遥说巧珍"精神方面的追求很不平常"。作家所肯定的不仅是巧珍身上那种坚定隐忍无私奉献的传统美德，也潜含着对直抵人类内心的真本爱情的赞美。

在中国社会百年现代转型的过程中，爱情观念的演变同样跌宕委曲，并在不断与各种外在关系的冲突之中，成为一个"问题永远比答案多"①的命题。早在鲁迅先生的《伤逝》那里，爱情关系在封建道德势力和经济困顿的双重胁迫下不堪为继，终归走向悲剧。新中国成立后女作家杨沫创作的《青春之歌》中，政治关系驱逐了男女性爱，从个性解放的起点出发追求爱情，最后陷于否定爱情本身的旋涡。改革开放的新时期，作家重拾爱情话题，虽然剥离了政治意识形态的禁锢，却仍在传统道德观念以及文化阶层和经济关系的牵绊之中。作家笔下的爱情故事，还沿袭着爱情抗争外在力量的表现模式。时至今日，由于生存与爱情的矛盾的持续尖锐，令人感到理想爱情的获得依然遥远，物化的时代风潮甚至改变着人们对爱情内质的认识，或者说正消解着固有的爱情观念。

在追求自由爱情的历程中，并不是说时代越进步，就一定越接近爱情的理想状态。在爱情这一精神领域，同样有反思"文明的后果"的必要。就《人生》来说，黄亚萍的爱情相对刘巧珍的小农经济下男耕女织式的自然爱情，已然是一种进步，但这种以人本主义和个性主义为基本内涵的爱情追求，也还是处于精神文明的初级阶段。黄亚萍和高加林精神世界的契合，建立在男女平等，文化素质、趣味爱好乃至人生理想都相同的基础上，她知道"高加林是一个抱负远大的人"，只要给他机会，就会有远大的前途。不言而喻的是："她真诚地爱高加林，但她也真诚地不情

---

① 史铁生：《爱情问题》，《别人》，长江文艺出版社1997年版，第338页。

愿高加林是个农民。"高加林再次变成农民，爱情的理由就被抽取了一半。当黄亚萍感情用事地哭喊着："我不工作了！也不到南京去了！我退职！我跟你当农民！我不能没有你……"时，我们也终于明白，所谓的现代爱情，其实是紧紧依附着现代生活方式而存在，离开这种依附的力量，两情相悦的男女之爱很容易就塌陷了。倘若现代文明的进程没有发展到能提供足够宽广和充分的物质及精神驰骋的空间，青年人个性主义的追求，必将遭遇重重险阻；但站在爱情本体的立场上说，倘若人总是在现实的围困面前畏惧和退缩，或者总是在物质文明的坐标下调整爱情的位置，爱情自由的理想则永远无法实现。

  刘巧珍心中的爱情因其尚未受到现代文明的侵扰，因而更显其"本来"面目，爱的动力也更多表现在精神的层面。刘巧珍的爱情是超越现实的爱情观念的，她的爱情更为纯粹，没有任何的附加，爱情就是巧珍的"生活原则"。即使爱得没有结果，依然注重和珍惜爱情本身："不论怎样，她在感情上根本不能割舍对高加林的爱。她永远也不会恨他，她爱他，哪怕这爱是多么的苦！"从刘巧珍方面看，她全身心地爱了，她的爱情是悲剧的，也是完成的。所以，我们一方面应该肯定高加林与黄亚萍的爱情的现代意义，在这一爱情上，寄托着作家关于爱情的新的思考和时代追求（并非当初有人简单理解的那种当代陈世美式的庸俗爱情）。而另一方面，也要看到刘巧珍爱情的纯粹性和超越世俗的无限性，为爱而爱，无怨无悔，这才是人类爱情的终极理想。这样，我们就完成了对《人生》的爱情内涵第三个层面的解读。实际上，也只有经过第二个层面，超越第二个层面，才能抵达爱情的终极理想。

三

  一直以来，人们对《人生》的认识价值是普遍赞赏的，争议集中在路遥对传统道德文化的坚守方面，这一主题曾是讨论创作得失和作家的矛盾纠结状态的一个重要入口。文学以情感打动人心，而直逼情感价值的首要因素就是伦理道德。无论如何评判路遥《人生》的道德立场和态度，可以肯定地说，离开了道德力量，《人生》不会带给读者那样强烈的感染和震撼，这是文学感性的、"尽善尽美"的艺术法则所决定的。它与《人生》历史的、理性的内涵相对应，构成作品巨大的思想艺术张力。而当《人生》所展示的变革时代逐渐成为过去，造成主人公人生悲剧的社会问题逐渐得以缓解，以道德人心所衡量的文学情感，有可能跃乎历史评判之上，成为我们再读经典的首要理由。

  如果从爱情的角度看《人生》，巧珍毫无疑问就成了小说的第一主角，而另一个次要人物——德顺爷爷，则是小说爱情人生的重要支撑。爱情和艺术遇合的时候，不是人物选择爱情，而是爱情选择人物，质地纯良的爱情，并非所有人都能承载。我们有时会说，此人就是为爱而生，为情而活的，他就是爱情的理想对象，他视爱情为至高和唯一，为此敢于和乐于奉献一生。巧珍和德顺爷爷就是爱情艺术的理想形象。高加林的形象富含深刻的历史社会内涵，但他不是理想爱情的承载对象，爱情不是高加林人生的唯一和全部，他在功利主义思想支配下的爱情取舍，有他性格的合理性，对此，道德主义审判其实是无效的。高加林的爱情不纯粹，但并不意味着他不懂什么样的爱情才是纯粹和珍贵的，他深知巧珍爱情的价值，也明白自己丢弃的是一块金子。所以，也不能说回乡时高加林的痛心和追悔就是虚伪的，恰恰是这种真实的情感，更加重了高加林性格的悲剧分量。

作为一个人物典型，高加林是复杂的和动态的，而德顺爷爷和巧珍则相对单一和静态。高加林是一个特定时代的人物标本，德顺爷爷和巧珍则是一种美好的人性品质的象征。他们简单地善良地坚毅地活着，曾经爱过、痛过，以奉献和牺牲为人生最大的满足。在这里，爱情的质地，与文化程度的高低无关，与生活方式的先进落后无关，甚至与观念形态的道德标准也无关。路遥说：刘巧珍、德顺爷爷这两个人物"表现了我们这个国家、这个民族的一种传统美德，一种在生活中的牺牲精神。我觉得，不管社会前进到怎样的地步，这种东西对我们永远是宝贵的"①。显然，作家是在这两个人物身上寄寓着传统道德理想的，但我们从人物身上所感受的，却并非伦理道德等理性承载，而是巧珍和德顺爷爷那般纯真而"热腾腾"的心灵，是一种自由勃发的爱情状态。他们率性而为，无所顾忌，传统的道德观念并没有规范和约束他们的爱情追求。虽然他们的爱情最终在实现中落了空，却在自己心中永远美好地存活着。这种超凡脱俗的，顺应生命自然状态的爱情，正和人类爱情的本源相通。路遥，正是用他的文字表现了人的内在精神渴求，从而达到了文学精神审美的不凡境界。

理想的两性之爱，在恩格斯看来，应该是"除了相互的爱慕以外，就再也不会有别的动机了"②。这也是告诉我们，爱是爱情的本源。但人类社会在演变和发展过程中，总是不断赋予爱情各种各样的动机，以致相爱的本源反倒离我们越来越远，以致爱情本身成为一种理想。在爱情与非爱情力量的抗争中，传统道德观念扮

---

① 路遥：《关于〈人生〉的对话》，《路遥文集》第5卷，人民文学出版社2005年版，第409页。
② 恩格斯：《家庭、私有制和国家的起源》，《马克思恩格斯选集》第4卷，人民出版社1972年版，第78页。

演过正反两方面的角色，这在路遥小说中可以体会得到。爱情内容在路遥几乎所有的小说创作中都占有非常显著的位置，路遥在他有限的创作生命中，一直没有停止对爱情真本意义的探求和超世俗的爱情理想的表达，虽然这些努力依然更多地在爱情的外围进行，比如道德化的肯定与批判，比如现代性的努力和困扰。但最重要的是，路遥始终把人性的真善美作为文学的出发点和归结地，这既强固了路遥式的道德坚守，同时也形成一个开放的反观现代性的视野，正是后一点提供了重读《人生》爱情故事的空间，使我们能够在后现代语境中对《人生》文本进行再一次反思和超越式解读。

或许这就是所谓经典文本的召唤性结构，也是逝去的路遥在文学精神上卓然挺立的重要原因吧。

路遥小说的超越性境界及其文学史意义

《中国社会科学》杂志社　王兆胜

整体而言，路遥的小说越来越受到学界重视，尤其是近些年的研究成果加速度增长。不过，无视、忽略甚至贬抑路遥的小说者大有人在，这最突出地表现在不少流行的当代文学史中，没有或者少有路遥小说的重要位置。[①] 另外，在已有的研究成果中，许多还停留在技术分析层面，而观念化、概念化、静态化的研究更多，这就限制了阐释的客观性与准确性，也不利于从文学史角度对路遥的小说价值进行定位。本文拟从路遥小说的境界入手，探讨其在新文学史上的超越性意向及其价值意义。

一、超越底层本位的天地情怀

目前，对于路遥小说的价值定位主要集中于现实主义，不论是强调其农村题材和农民问题书写，还是着力表现普通人尤其是底层人生[②]，抑或是从土地情结进行概括都是如此。与那些后现代派作家不同，路遥像一个农人，多年来用文学，尤其是用《人生》和《平凡的世界》浇灌了自己的现实主义艺术之花。一般而言，这是对的，因为路遥确实扎根于现实沃土，用自己的汗水、泪水和血水雕塑了改革开放初期的农村巨变，也吹响了人生和平凡世界的艰辛之歌。不过，在这一现实主义原则下，尤其是强调路遥底层本位的同时，不能忽略一个更广大的世界，那就是

[①] 有学者认为，在已出版的文学史论著中，洪子诚、杨匡汉、孟繁华等主编的当代文学史，以及崔志远的专著《现实主义的当代中国命运》，都没提及路遥。一些当代文学史虽提到路遥及其《人生》，但没涉及《平凡的世界》，也未给路遥文学创作提供一定的篇幅介绍和足够的评价。（见汪德宁的《"路遥现象"的当代启示》，《文艺理论与批评》2007年第4期）

[②] 廖玲：《路遥小说的平民意识》，硕士学位论文，湖南师范大学文学院，2011年。

"天地境界"——一个远超现实人生的更为宏阔的巨大时空。

表面看来，路遥小说是集中写改革开放前后这段时间，其实它还有一个更大的地理历史背景，那就是悠久的黄土高原的地理历史演进。如在《平凡的世界》中，路遥对于"黄土"和"黄原城"的解释即是如此："在漫长的二三百万年间，这片广袤的黄土地已经被水流蚀割得沟壑纵横，支离破碎，四分五裂，像老年人的一张粗糙的皱脸——每年注入黄河的泥沙就达十六亿吨！"① "黄原城是一座古老的城市。据清嘉庆七年版《黄原府记》称，其历史可追溯至周（古为白狄族所居住）。"② 还有"铜城有煤之说，在成书于战国时期的《山海经》中就有记载"，"早在新石器时期，生活在这里的先民们就已利用精煤制作煤玉环等装饰品"③。在《平凡的世界》中，路遥甚至提到"在西德鲁尔矿区，那里的矿井生产都用电子计算机控制"④，这是一种超前意识。这显然超出了改革开放前后这一历史瞬间。更重要的是，路遥小说中的空间意识，那是一个贯穿天地间并进而延展到更为博大的世界。

一是关于大地，这在路遥小说的天地境界中占有至为重要的位置。一般研究者多从"黄土地"来谈论路遥的小说，因此出现关于恋土情结、黄土文化等概括。由于过多强调现实维度的人生内容，致使这方面的研究窄化了路遥小说的大地情怀。其实，路遥小说的大地情结，既是作为黄土地之地域文化的一个载体，更具有形而上意义的哲学符号，包含着天地情怀的。有学者看到了这一点，认为："孤独地面对大自然，感应宇宙，收纳天籁，在一种神秘力量的启示和暗喻中……都表明路遥有一种将生活哲学、生命哲学溶入大宇宙的趋向。"⑤ 这一看法颇有见地，可惜没有展开。应该看到，在关于土地和大地的描述中，路遥小说多有天地情怀，从而提升了其高度和境界。在《人生》中，失恋的巧珍，"天天要挣扎着下地去劳动。她觉得大地的胸怀是无比宽阔的，它能容纳了人世间的所有痛苦"。在《姐姐》中，看到失恋和陷入绝望的姐姐，"爸爸一只手牵着姐姐的手，一只手牵着我的手，踏着松软的雪地，领着我们穿过田野"，并感叹："噢，这土地是不会嫌弃我们的。"⑥ 在此，土地与大地以其宽广、包容、仁慈获得了哲学意义。路遥发现"神木"之地是"大自然化腐朽为神奇的一个杰作"。身处冬天的陕北，他还有一种"博大、苍

---

① 路遥：《路遥文集》第 1 卷，人民文学出版社 2005 年版，第 346—347 页。
② 路遥：《路遥文集》第 2 卷，人民文学出版社 2005 年版，第 97 页。
③ 路遥：《路遥文集》第 3 卷，人民文学出版社 2005 年版，第 6 页。
④ 路遥：《路遥文集》第 3 卷，人民文学出版社 2005 年版，第 72 页。
⑤ 肖云儒：《路遥小说的意识世界》，《延安文学》1993 年第 1 期。
⑥ 路遥：《路遥文集》第 4 卷，人民文学出版社 2005 年版，第 142、333—334 页。

凉"之感,"你的世界观就决然不会像大城市沙龙里那样狭小或抽象","你觉得你能和整个宇宙对话"①。这显然不是就土地谈土地,只从恋乡恋土情结和黄土地域文化所能囊括的,而是一种由大地指向天空的天地境界。

二是关于天空,这是路遥小说天地境界的更广大背景。在路遥小说中,天空景象的描写甚多,研究者多将之视为景物描写,其实它还包含了天地情怀的更多信息和密码。路遥说:"对雨,对雪,我永远有一种说不清道不明的情愫。""雨天,雪天,常有一种莫名的幸福感。我最爱在这样的日子里工作;灵感、诗意和创造的活力能尽情喷涌。""狂喜使人由不得久久呆立在冷风冻雨中,惊叹大自然这神奇的造化。"② 在《平凡的世界》中,路遥也表达了仰望天空所获得的宇宙的神奇,他说:"一个人行走在寂静无声的街道上,她常常会仰起头来,眨巴着那双美丽的眼睛,迷惑地瞭望着暗蓝而幽深的天空,瞭望着那一轮皓月和满天繁密的星斗,陷入到了深远的沉思之中。哦,人生,宇宙,一切都是那么神秘和深奥!"③ 天空是一扇天窗,天空万象如一个个棱镜,它们映照和折射出天地的丰富与神秘,也昭示着某些难以言传的符码与大道,这就远不是景致描写所能代替的。

三是关于宇宙,这在路遥小说研究中既是个盲点又是天地境界的核心内容。现实主义论者往往是俯瞰式分析路遥小说,将注意力主要放在城乡、土地、人情、世态上,即更关注人的生存环境和生命状态,较少将视野投向天际,更难看到地球之外的茫茫宇宙,这就带来对路遥小说解读的偏向和迟钝。事实上,路遥小说多有关于宇宙的描写,如《平凡的世界》中的孙玉厚,他作为一个大字不识的农民,竟然"一遇到复杂的数字,他就用手指头在地上画开了这种'星象图'","一些像古星象图似的点点杠杠"④。作者还塑造了兰香这个大学生形象,"她的专业就是研究宇宙,脑子里活动的概念超出了地球的范围——什么物质与时空,三维宇宙,四维宇宙,白矮星,黑洞……""实际上,她的天资早已引导她进入了一个更为广大深远的世界——宇宙"。于是,作者让兰香和男友大谈三维宇宙和四维宇宙,并为其做下面的预想:"我们甚至可以浪漫地假想,根据中美苏三国政府首脑在日内瓦达成的协议,他们作为夫妻一同乘坐我国'东方号'宇宙飞船,与苏联和美国的飞船在太空实现了历史性的对接,轰动了全人类。"⑤ 远在20世纪80年代初,路遥小说竟能写出这样的猜想,而这个猜想今天在中国竟然变成现实,并且是中国人自己并

---

① 路遥:《路遥文集》第5卷,人民文学出版社2005年版,第359、326页。
② 路遥:《路遥文集》第5卷,人民文学出版社2005年版,第285页。
③ 路遥:《路遥文集》第2卷,人民文学出版社2005年版,第334页。
④ 路遥:《路遥文集》第2卷,人民文学出版社2005年版,第59页。
⑤ 路遥:《路遥文集》第3卷,人民文学出版社2005年版,第85、88页。

不需要他国就能完成宇宙飞船对接任务,这不能不说是一个奇迹,也表明路遥小说的超前性和预见能力。更为玄妙的是,路遥在《平凡的世界》中竟用数千字写自宇宙深处而来的飞行器,并让孙少平与外星人长谈,这是"第三类接触"。"过分的寂静中,他耳朵里产生了一种嗡嗡的声音。这声音好像来自宇宙深处,或沉闷,或尖锐,但从不间隔,像某种高速旋转的飞行器在运行,而且似乎就是向他飞来了","他相信茫茫宇宙中,地球上的生命绝不是独一无二的!兰香对他说过,整个宇宙就仿佛是个宽阔无比的化学实验室;在这个实验室中随时都可能产生生命物质"①。这些描写在路遥小说中不是可有可无的部分,不论在篇幅还是意义上都不可忽略。然而,长期以来,它们却成为研究者的盲点。

也许有研究者认为,在路遥小说关于宇宙及其宇宙飞船的描写与主题无关,甚至成为败笔。这一设想将忽略宇宙意识之于小说人物及其作家的深刻影响。路遥在《平凡的世界》中这样写宇宙和宇宙飞船对于孙少平的影响:"无论这是一场梦还是别的什么,他感到今天这场'经历'无形中打破了他思维已经达到的疆界,使他能以更广阔的视野来看待生活和生命了。"②路遥本人也说:"每当面临命运的重大抉择,尤其是面临生活和精神的严重危机时,我都会不由自主地走向毛乌素大沙漠。"作家走在沙漠中,"无边的苍茫,无边的寂寥,如同踏上另外一个星球。嘈杂和纷乱的世俗生活消失了,冥冥之中,似闻天籁之声。此间,你会真正用大宇宙的角度来观照生命,观照人类的历史和现实。在这个孤寂而无声的世界里,你期望生活的场景会无比开阔。你体会生命的意义也更会深刻。你感到人是这样渺小,又感到人的不可思议的巨大"③。很显然,天地情怀和天地境界之于路遥及其小说绝不是可有可无的,而是意义十分重大,它成为改变小说乃至作家精神品格的望远镜和显微镜。

首先是不可知的神秘感。在现实主义的世界图景中,"知"与"懂"既是一种经验,又是一种信仰,只要有知识和智力,我们就能认知和理解生活的世界,哪怕经过一定的周折和挫折,最终必会达成。因为"把人的精神力量和理性力量作为信仰的人,往往会产生一种偏颇,认为人能认识一切,可以达到终极真理,但他们往往并不理解怀疑的意义"④。人们在现实主义的视域中,往往都充满自知、自信和期待,少有对于"未知""迷茫"甚至"神秘"的认同与会心。这也是为什么,学

---

① 路遥:《路遥文集》第3卷,人民文学出版社2005年版,第271—277页。
② 路遥:《路遥文集》第3卷,人民文学出版社2005年版,第277页。
③ 路遥:《路遥文集》第5卷,人民文学出版社2005年版,第251—252页。
④ 《王元化集·卷一·早期作品》,"总序"第9页,湖北教育出版社2007年版。

界对于《人生》中高加林这一复杂形象争论不休，对于《平凡的世界》中孙少平爱情选择的矛盾困惑多有不解，以至于有学者对小说的结尾大为不满。① 其实，对于一个优秀作家来说，有着矛盾以及深刻的矛盾是自然也是必然的，因为天地自然本身就是个矛盾体，其中的神秘感更是难以一言以蔽之，智慧的作家不仅承认这一点，且乐在其间。林语堂曾说，"我是一捆矛盾，我喜欢如此。"② 路遥也看到这个世界尤其是宇宙间的矛盾性，并获得一种清醒的理性认识，他说："在我们这个星球上，每天都要发生许多变化。有人倒霉了，有人走运了；有人在创造历史，历史也在成全或抛弃某些人。每一分钟都有新的生命欣喜地降生到这个世界，同时也把另一些人送进坟墓。这边万里无云，阳光灿烂；那边就可能风云骤起，地裂山崩。世界没有一天是平静的。""从这个意义上说，在这些平凡的世界里，也没有一天是平静的。"③ 基于这一认识，在路遥笔下更多展示了天地自然的神秘及不可知，也让我们看到人生难以把定的悲剧性苦难。在路遥小说中，重复率最高的表述是"命运"以及对命运的不可知解的叹息。在《平凡的世界》第49至53章中，就有下面几句关于"命运"的叙述："人的命运啊！谁知道什么时候大祸就降临到你的头上？""他都真的有点相信命运了"，"冥冥之中真有什么神灵安排凡人的命运"，"命运往往就是如此——有的人事事不顺，有的人一顺百顺"，"命运是否也要他重蹈他哥的覆辙？""也许命运就注定让他不断在泪水和碱水里泡上一次又一次！"④ 另外，《平凡的世界》有不少"神秘"的场景描写，如在孙少安的爸爸孙玉厚看来，儿子发财致富后大肆宣传，"乱得像马蜂窝似的人群和那块高悬在人头上的'耍电影'的白布帐"，仿佛透着不祥，"也奇怪地联想起丧事上的孝布"⑤。而结果少安确遭砖厂失败。还有，孙少平在女友田晓霞去世后，竟有飞碟人让他们相聚，连少平也说不清是在现实还是梦中？另外，在路遥小说中，像"做梦也没想到""不知为什么""无法言语""不可思议""令人难以置信""你怎么也想不到"等语词重复率极高，它们虽给人以类同化感觉，但从天地境界看，是否也印证了路遥的意识和潜意识中，所包含的对于天地宇宙神秘性的体认？不可知的神秘感，一面为路遥小说的现实主义审美品格注入一种新元素，也有助于超越以现实主义为路遥

---

① 李俏梅：《从〈平凡的世界〉结尾看路遥精神世界的深层矛盾》，《广州大学学报》2006年第9期。
② 林语堂：《八十自叙》，北京宝文堂书店1991年版，第1页。
③ 路遥：《路遥文集》第2卷，人民文学出版社2005年版，第248页。
④ 路遥：《路遥文集》第2卷，人民文学出版社2005年版，第374—375、399—400、408、411、264—265页。
⑤ 路遥：《路遥文集》第3卷，人民文学出版社2005年版，第106页。

小说简单命名的局限，还可看到路遥小说有别于现实主义的另一番更为博大的新天地。换言之，如果没有天地自然带来的神秘感，路遥小说一定会变得单薄肤浅，其现实主义创作风格也就失去深刻的哲学意义的根源。

其次是博大仁慈的情怀。有研究者从宗教角度研究路遥，从而展示其博大的仁慈①，这无疑是对的。但如果更进一步推究，那么宗教之于路遥仍是一个"果"而不是"因"，因为宗教后面仍离不开"天地境界"作为背景。更何况，作为中国乡土作家的路遥，他曾明确表示自己"是一个绝对的无神论者"，那么他必然与天地自然和宇宙万象保持着更多、更为内在的联系，尽管也不能说他与宗教无关。因为天地宇宙是无限博大的，那么在浩瀚无垠宇宙中的地球就变得微不足道了，而生活于地球上的人就更是微末中的微末了。于是，悲剧感、仁慈、知足、明理以及敬畏也就变成自然之事。换言之，人的智慧的醒觉某种程度上是从花朵的"昨开今谢"而来，是从生命的转瞬即逝中开悟，是从天地自然的大道中获得的，所有的宗教信仰都是基于天地自然宇宙建起来的。史铁生说过："面对自然造化的万物，我们每个人都太弱小，太浅薄。"② 因此，与其说路遥小说的仁慈来自宗教尤其是西方宗教，不如说直接来自天地自然宇宙，即所谓的"天启"，正是后者点燃了路遥的文学人生。他说："赤脚行走在空寂逶迤的沙漠之中，或者四肢大展仰卧在沙丘之上眼望高深莫测的天穹，对这神圣的大自然充满虔诚的感恩之情。尽管我多少次来过这里接受精神的沐浴，但此行的意义非同寻常。虽然一切想法都已在心中确定无疑，可是这个'朝拜'仍然是神圣而必须进行的。"③ 难怪路遥小说中有高玉德、高广厚、高玉厚、高玉智、德顺等形象，他们是与天高地厚的天地之道相通的。

最后是万物齐一的价值观。站在"人是天地的精华和主宰"这一角度写作，作家自然有所择取，有的甚至用不正确的价值观看待人、事、物。在人与人的关系中，要分出上下尊卑；在人与天地万物中，万物成为人的陪衬甚至变得可有可无。因此，不少作家很难写好笔下的人、事与物。路遥则不同，由于他有着天地情怀，所以写人则充满平等意识，写物也是自显其英华，尤其抱定人与万物等量齐一的价值观，以敬畏之心来写作，于是进入一个天地和谐的神圣境界。在《平凡的世界》中，有这样一个细节，孩子时候的田晓霞被父母带到动物园，当见到被关在笼里的老虎，晓霞指斥人类残忍，并对爸爸所谓的"人是高级动物"提出质疑。④ 另一细

---

① 贺智利：《路遥的宗教情结》，《小说评论》2005年第2期。
② 史铁生：《她是一片绿叶》，《史铁生作品集》卷2，中国社会科学出版社1995年版，第482页。
③ 路遥：《路遥文集》第5卷，人民文学出版社2005年版，第252页。
④ 路遥：《路遥文集》第2卷，人民文学出版社2005年版，第20页。

节写田晓霞的外公——退休老干部徐国强与老黑猫相依为命的故事。当猫死了,他为它举行隆重的葬仪。作者这样感叹:"他也许对人是冷酷的,但可以对一个动物怀着永远的眷恋。"① 其间,人与动物的平等和相知得以彰显,也对人的不平等提出质问。路遥曾写过自己的亲历:"我和这只老鼠一直和平共处到我离开这里。它并且成了这个孤独世界里我唯一的伙伴。直到现在,我还记着它蹲在我对面,怎样用一双明亮的小眼睛盯着我工作的神态。我感到内疚的是,我伙同别人打死了它的伙伴——那说不定是它的丈夫或者妻子。"② 对于一草一木,路遥小说都透出仁慈与平等的心怀,他写道:"晚风和树叶在谈心,发出一些人所不能理解的细微声响。""所有的乔木、灌木和大部分野草,都有了叶片。就连对春天的爱抚不很敏感的枣树,也开始生出了嫩芽。""这花朵没有人注目。也许唯有自身才怜爱自身的芬芳。""像往常一样,红梅立刻把那块叫人心疼的碎花布围裙束在腰里,手忙脚乱地开始为他和面。"③ 这些不是一般的景物描写,而是在天启之下,作家以平等齐一、民胞物与的心怀,写人的悲悯与仁慈,也透过万物来表达在人的世界之外,还有一个更博大的所在。在人与人隔膜、人与物无知、物与物分化的作家书写中,路遥打通了这些障壁,以天地情怀与天地境界获得一种感知——生于天宇和尘世间,微若尘埃的人与万物是共同的,彼此应该有深切的共鸣。

近现代以来,周作人倡导"人的文学"和"平民文学",于是文学强调为人生和健全的人性,并成为一种新文学风潮。一般而言,这是不错的,但周作人同时又提出反对"非人的文学"和"山林文学",于是像《封神榜》和《西游记》这样的作品也被看成"迷信的鬼神书",置于被清除之列。④ 可以说,"人的文学"和"平民文学"在强调"人"尤其是底层社会的同时,又走上了对于天地自然宇宙尤其是天地大道的忽略,从而出现人的自大与无知。没有天地大道作为依存,"人的文学"和"平民的文学"也就容易走向简单肤浅,失去现实主义的深度。路遥小说的特殊性和价值在于,将底层本位与天地情怀结合起来:一方面,以底层人民为本位,显示其现代个性风采;另一方面,通过天地境界的光照,为底层现实民生注入天地智慧。这就突破了周作人之"人的文学"和"平民文学"所存在的限度与狭隘。

---

① 路遥:《路遥文集》第2卷,人民文学出版社2005年版,第203—206页。
② 路遥:《路遥文集》第5卷,人民文学出版社2005年版,第283页。
③ 路遥:《路遥文集》第2卷,人民文学出版社2005年版,第302、311、360、362—363页。
④ 张明高、范桥编:《周作人散文》第2集,中国广播电视出版社1992年版,第125、130页。

有人将路遥创作看成是一种理想主义，这对于超越现实主义的认识维度是有意义的。① 也有人说，"路遥是一个主观性很强的客观型作家"②，还有人说，"路遥是一个把自己献给文学事业的苦行僧般的理想主义者，是一个具有诗性情调和英雄气质的现实主义者，是一个充满责任意识的'为人生'的人道主义者"③。这样的认识是有价值的，反映了对于路遥认识的广度和深度。不过，我在此再加一句："路遥还是一个有着天地情怀和天地境界的天道主义者，因为有天地大道藏身，其小说才能突破'人的文学'和'平民文学'的局限，有着更为广阔的视野，更具深度、厚度、质感，更有文化与审美的魅力。"这是"五四"以来中国新文学的重要收获。

二、关于婚恋的辩证理解

如果说中国现代新文学有什么突出贡献，恋爱自由和婚姻自主恐怕为其一。这是因为数千年的中国封建制度与文化不仅扼杀了人性，也如锁链般捆绑了爱情和婚姻。以鲁迅和萧红为例，他们的老式包办婚姻使其人生仿佛进入泥潭，如无后来的恋爱自由，其惨淡的人生图景是不可想象的。可以说，整个新文学有一个关键词，那就是婚恋的自主自由，为了美好的爱情，任何罗网都可以冲破，任何阻力都必须去除。以至于后来将爱情变为一个神话，那就是："人生无爱毋宁死，人生有爱死犹生。"④ 也是在此意义上，鲁迅的《伤逝》、巴金的《家》、曹禺的《雷雨》等，都成为关于爱情自由追求的经典文本。可以说，有爱而婚、无爱而离、失恋则死，成为中国新文学的一种观念性母题，直到今天它也没有得到根本转变。路遥小说以婚恋为中心，既追求婚恋的自主自由，又不将爱情神化，而是将爱情与婚姻进行了辩证理解，从而超越了"五四"以来新文学的局限与盲区。

第一，爱情至大，却不能因失恋而死。像"五四"以来的中国现当代作家一样，路遥小说非常看重爱情，所以在他笔下出现各式各样纯真的爱情，为了获得自己的爱情，人们做着不懈的努力与追求，这是其现代性的重要表现方面。当孙少平与田晓霞相拥相牵相恋时，作者赞美道："没有爱情，人的生活就不堪设想。爱情

---

① 王力彦：《路遥创作中的理想主义精神》，硕士学位论文，河北大学文学部，2008年。
② 邢小利：《三个半作家及三个问题》，《回家的路有多远》，太白文艺出版社1998年版，第195页。
③ 李建军：《真正的文学与优秀的作家——论几种文学偏见以及路遥的经验（代序）》，李建军、邢小利编选《路遥评论集》，人民文学出版社2007年版。
④ 邹韬奋：《爱与人生》，《约翰声》1922年3月第33卷第2号。

啊！它使荒芜变为繁荣，平庸变为伟大；使死去的复活，活着的闪闪发光。即使爱情是不尽的煎熬，不尽的折磨，像冰霜般严厉，烈火般烤灼，但爱情对心理和身体健康的男女永远是那样的自然；同时又永远让我们感到新奇、神秘和不可思议。"①不过，与其他中国现当代作家不同的是，路遥并不将爱情绝对化，更不会因失恋而死。所以，在路遥的小说中出现那么多失败的恋情，但无一起死亡事件，甚至少有自杀者（只有孙兰花一例自杀未遂）。失恋者多想到死，但都在克服这种倾向后走向新生。润叶在心爱的少安结婚后，"她一下子绝望了，甚至想找几包老鼠药一口吞下去，了却此生"。但她没那么做，因为"她不是一个人生活在这世界上，她还有许许多多的亲人。她活着，自己一个人痛苦；她要是死了，会给众多的亲人都带来痛苦"②。如果说，润叶是用亲情超越了自杀，那么《人生》的巧珍，在失恋后靠的是对这个世界博大的爱与眷恋，因为她是一个"刚强的姑娘！她既没寻短见，也没精神失常；人生的灾难打倒了她，但她又从地上爬起来了！就连那些曾对她的不幸幸灾乐祸的人，也不得不在内心里对她肃然起敬"。"她曾想到过死。但当她一看见生活和劳动过二十多年的大地山川，看见土地上她用汗水浇绿的禾苗，这种念头就顿时消散得一干二净。她留恋这个世界；她爱太阳，爱土地，爱劳动，爱清朗朗的大马河，爱大马河畔的青草和野花……她不能死！她应该活下去！她要劳动！她要在土地上寻找别的地方找不到的东西！"③用巧珍妹妹巧玲这位知识女性的话说就是，"生活总是这样，不能叫人处处都满意。但我们还要热情地活下去。人活一生，值得爱的东西很多，不要因为一个方面不满意，就灰心"④。当高加林鸡飞蛋打，一个人重回村子当农民时，他对德顺爷爷表示："我现在觉得活着实在没意思，真想死……"而德顺爷爷却说："你才二十四岁，怎么能有这些混账想法？如果按你这么说，我早该死了！我，快七十岁的孤老头子了，无儿无女，一辈子光棍一条。但我还天天心里热腾腾的，想多活它几年！别说你还是个嫩娃娃哩！我虽然没有妻室儿女，但觉得活着总还是有意思的。我爱过，也痛苦过；我用这两只手劳动过，种过五谷，栽过树，修过路……这些难道也不是活得有意思吗？——拿你们年轻人的词说叫幸福。幸福！"德顺爷爷还用"给予"奉劝高加林要懂得活着的意义。⑤当巴金《家》中的鸣凤因得不到觉慧跳湖自杀，当曹禺《雷雨》中的一家人因乱伦而死的死、疯的疯，中国现当代文学就形成了一种爱情至上病，即将爱情

---

① 路遥：《路遥文集》第3卷，人民文学出版社2005年版，第70页。
② 路遥：《路遥文集》第1卷，人民文学出版社2005年版，第272页。
③ 路遥：《路遥文集》第4卷，人民文学出版社2005年版，第142页。
④ 路遥：《路遥文集》第4卷，人民文学出版社2005年版，第148页。
⑤ 路遥：《路遥文集》第4卷，人民文学出版社2005年版，第172页。

看得大于天，别的都可有可无。路遥小说中的爱情描写超越了这一局限，在美好的爱情中，注入更健康的内容，赋予更广阔的天地，提升了境界品位，是对中国现当代文学的一大贡献。

第二，爱情固然美好，但必须有所附丽。长期以来，新文学传统往往孤立甚至绝对地书写"爱情"，于是爱情就变得表面上纯粹而实际上简单，有时甚至不食人间烟火。鲁迅的《伤逝》批评的就是"有爱而合"和"无爱而分"的爱情观，强调爱情要有所附丽，由此也形成"娜拉出走后走样"的命题。钱锺书的《围城》也是关于孤立和绝对爱情的文本，作者讽刺家庭婚姻仿佛是个围城，恋爱的人想进来，结婚的争着出去，这是关于婚恋分离的图景。至今，当代文学中的不少爱情书写一直处于将"爱情"孤立化和绝对化的状态。路遥小说的爱情很少孤立存在，更非进行为爱而爱的简单表达，而是与家庭婚姻、现实生活以及人性理想相联系，从而赋予了爱情更坚实的基础与底色。《平凡的世界》中的郝红梅在人生困局中，"仍然希望未来家庭的组成应该以爱情为基础"，但自思"当初她和养民的爱情是不成熟的。她和前夫是在这种不成熟的爱情破灭后结婚的，开始时也并没有多少感情。后来生了孩子，她刚开始萌发了一些爱，结果他却离开了人世。她感到，她和润生的感情才是一种成熟了的感情——因为在此之前，她已经饱尝过生活的各种滋味"。因此，路遥概括说："花朵是美丽的，果实的价值更高。"① 这种"成熟了的感情"离不开"生活的磨砺"，也与家庭、孩子息息相关，因为只有这样，爱情这朵美丽之花才能美好地绽放，并结出令人欣喜的果实。润叶和向前的感情也是如此，开始时向前是狂恋着润叶，但润叶给向前的竟是残酷的冷漠无情。然而，当向前发生车祸并变得残疾时，润叶对他竟神奇地有了感情，并为他生了孩子。在润叶的爱怜面前，残废的向前竟一改之前的颓废，努力做起家务并建起自食其力的修鞋摊位。此时的路遥写道："在这样的过程中，润叶也加深了对丈夫的爱情。她体验到，爱情，应该真正建立在现实生活坚实的基础上，否则，它就是在活生生的生活之树上盛开的一朵不结果实的花……"② 在与向前结婚之前，润叶深爱着少安，这也成为长期以来她痛苦的根源。然而，因为没与少安共同生活过，所以润叶这朵美好的爱情之花并无结果。总之，在路遥的小说中，再美好的爱情之花，如果未经生活的磨砺与洗礼，它都是不成熟的，也无法结出硕果。路遥这一爱情观念对于中国新文学无疑是个巨大的反拨与突破。

第三，初恋珍贵，可爱情又会不断生长。在新文学的观念中，一个人如不能与

---

① 路遥：《路遥文集》第3卷，人民文学出版社2005年版，第118页。
② 路遥：《路遥文集》第3卷，人民文学出版社2005年版，第203页。

自己的初恋情人结为婚姻伴侣,那一定是不幸福的,有的甚至将无爱的婚姻变成永久的坟墓。换言之,不以初恋和爱为基础的婚姻,在新文学观念中注定是味同嚼蜡的苦涩人生。所以,在巴金《家》中的觉新,虽与贤妻良母瑞珏结婚,但因失了初恋情人梅芬,一直陷入毫无生气甚至味同嚼蜡的家庭生活。曹禺《北京人》中的曾文清,因没能与自己的初恋愫方结婚,被家庭包办了婚姻,与毫无感情基础的曾思懿结合,从而陷入绝望,最后吞食鸦片而死。路遥的小说突破了这一限制,既写初恋的动人心魄,又不将之神化,从而给予婚姻和恋爱关系以更宽泛的理解。在路遥看来,初恋及其爱情固然是家庭婚姻的基础,但没有爱情的婚姻并非绝无出路和希望,如经营有方,它就会像割韭菜一样再生出新的爱情。最典型的是《平凡的世界》中的三对婚恋关系:一是孙少安与贺秀莲,二是润叶与向前,三是诗人贾冰夫妻。贾冰叙说,他在大学时与同班一个城市姑娘恋爱,但母亲坚决反对,执意要他与同村一农民姑娘结婚,甚至以死相逼。母亲的理由是,农村邻居姑娘全力照顾她,因从自家偷东西给老人,竟遭父亲打骂。姑娘虽大字不识一个,但结婚后,诗人贾冰却越来越感到妻子"是世界上最好的女人",所以自豪地称:"我们是先结婚后恋爱。"① 林语堂当年曾说过类似的话,"我将一个老式婚姻变成了美好的爱情","换言之,我们是老式的婚姻,由父母精挑细选而结合。爱情在婚姻中滋长,而不是一开头就以善变的爱情为基础,年岁激增,我们学会珍惜可贵的一切。男女互补所造成的幸福也是其中之一。但是我们永远忘不了年轻时代同甘共苦所建立的基石。"② 只是林语堂叙述的是自身经历,而路遥是通过小说进行的形象塑造。最具代表性的是,少安与秀莲的婚恋也是先结婚后恋爱。尽管他们一见之下彼此都有好感,但毕竟少安的初恋情人是润叶,对秀莲只是为结婚而结婚。然而,婚后的小两口情感不断升温,将婚恋很好地结合并进行了美好的提升。路遥写道:"孙少安在秀莲的怀抱里所感受的远远不止这些。他无法说清秀莲的体贴对他有多么重要。他不仅是和她的肉体上相融在一起,而是整个生命和灵魂都相融在了一起。这就是共同的劳动和共同的苦难所建立起来的伟大的爱。他们的爱情既不同于孙少平和田晓霞的爱情,更不同于田润叶和李向前现在的爱情,当然也和田润生与郝红梅的爱情有区别。孙少安和贺秀莲的爱情倒也没什么大波大折。他们是用汗水和心血一点一滴汇聚成了这深情的海洋……"③ 这是充分肯定爱情的再生性与成长性:只要夫妻双方共同努力,通过不断成长,即使没有初恋和爱情,也可通过婚姻生活创造真

---

① 路遥:《路遥文集》第2卷,人民文学出版社2005年版,第196—197页。
② 林语堂:《八十自叙》,北京宝文堂书店1991年版,第34页。
③ 路遥:《路遥文集》第3卷,人民文学出版社2005年版,第258页。

爱。这对于将初恋与爱情神化,以及将婚恋关系做简单化理解,无疑具有超越性。

第四,爱情是纯洁的,但并不自私。在强调人的个性及其解放过程中,爱情自觉不自觉被赋予了相当的"自私性",于是在小说中人们互相攻伐和争夺爱情。为达到目的,有人甚至失去道德底线,将爱情变成自私自利的战场。一些变态的小说家甚至让兄弟父子同争一个女人,于是导致文学的异化。然而,在路遥的小说中,神圣的爱并不自私,而是一种可以"出让"甚至"奉献"的品质,从而使爱情的光芒更加耀眼夺目。在世俗的眼中,这无疑是愚蠢可笑的;但站在的"真正的爱就是希望对方更好"这一角度,它无疑又是更为高尚和神圣的,也是"博大"和"仁慈"的。从《夏》中舍身相救"情敌"的杨启迪,到《痛苦》中"以德报怨"的高大年;从《姐姐》中一心只想着男友的小杏,到《人生》中对负心汉没半点怨言的巧珍;从《在困难的日子里》中主动让出爱情的马建强,到《黄叶在秋风中飘落》中愉快接受变心妻子复婚的高广厚;从《平凡的世界》中孙少安主动放弃心爱的润叶,到孙少平为金秀着想拒绝她的主动示爱,都可看出其心胸之开阔、心地之纯良、宅心之仁慈、人性之光芒。路遥曾谈《人生》的写作体会:"我写这个作品时,就有一种想法:要写一种比爱情还要美好的感情。主题就是这样。"①路遥小说的天地境界和天地情怀在爱情的包容和无私上得到充分体现,这是新文学健康发展一股不可忽略的力量。

第五,婚姻无爱是不道德的,但有爱不一定就幸福。恩格斯早就说过:"如果说只有以爱情为基础的婚姻才是道德的,那么也只有继续保持爱情的婚姻才会合乎道德。"② 这段话从根本上说明爱情与婚姻的辩证关系。但事实上,到底有多少人能与自己的初恋走进婚姻,又有多少家庭以爱情为基础,还有多少以爱情为基础的婚姻能始终保持爱情的热度?这都是值得深思的。事实上,将婚姻家庭建于爱情之上容易,但让爱情能长久保鲜却很难,这也是为什么那么多有爱的现代家庭,很快就失去爱情,甚至走向离婚的结局。这也是林语堂所说的现代爱情病,即"将婚姻当点心吃,而将爱情当饭吃"。林语堂认为,健康的婚姻应该反过来,即"将爱情当点心吃,把婚姻当饭吃"。如果一个人不能将婚姻看成一件实在的事情,不能让夫妻双方共同成长,那婚姻就很难长久。他表示:"在婚姻里寻觅浪漫情趣的人会永远失望。""不追求浪漫情趣而专心做良好而乐观的伴侣的人却会在无意中得

---

① 路遥:《路遥文集》第5卷,人民文学出版社2005年版,第394页。
② 恩格斯:《家庭、私有制和国家起源》,《马克思恩格斯选集》第4卷,人民出版社2012年版,第94页。

之。"① 他还说:"结婚生活不是完全沐在蜜浴里的,一半是米做的……你得早打破迷梦,越早排弃龆龄小女学生桃色的痴梦,而决心做一活泼可爱可亲的良伴越好,因为罗曼斯不久要变成现实,情人的互相恭维捧场,须变成夫妇相爱相敬的伴侣生活。"② 路遥的小说实际上也回答了这个问题,即有爱的婚姻不一定长久,不一定不离婚,不一定能获得真正的幸福。如《黄叶在秋风中飘落》的卢若华与刘丽英的婚恋,这对半路夫妻因相互爱慕而组成家庭,但很快因看清对方的真面目而离婚,爱与恨、结婚与离婚像闪电般快捷。《平凡的世界》的杜丽丽和武惠良原是一对多么亲爱的情侣,婚后又是多么恩爱,这曾让婚恋不幸的润叶羡慕不已。然而,好景不长,热情似火的现代女性杜丽丽很快与现代派诗人古风铃坠入爱河,且一发而不可收。最有趣的是,杜丽丽并未因移情别恋他人就不爱自己的丈夫,而是两个人都爱,从而造成深刻的痛苦。在此,路遥提出一个更重要的命题:没有或失去爱情的婚姻是不道德的,但爱情增多的家庭婚姻是否就会稳定和幸福呢?可见,在爱情与婚姻的关系中,路遥的小说又为我们增添了新内涵,至少赋予了其更为丰富和现实的内容与意义。

总之,"五四"以来的中国现当代文学历时百年,在许多领域和方面都有较大发展,然而在婚恋关系上的理论和实践却并不理想。一个最突出的特点是,过于表面和简单地看待爱情尤其是初恋,对于恋爱与婚姻关系的复杂性、现实性和内在张力缺乏深入探索和深刻反省,特别是表现在理念大于实践、惯性大于反思、智力大于智慧。路遥小说在此虽不能说臻于完成和完善,但其探寻是有价值的,许多方面都有所推进。至少可以这样说,路遥与鲁迅、林语堂等作家一起,将恋爱与婚姻关系进行了有一定深度的辩证思考,向前推进了一大步。

三、"同呼共吸"的心灵叙事

一个小说家到底该怎样叙述,不同流派和不同人有不同的见解。路遥小说显然继承了鲁迅和柳青等人的小说传统,有更多介入感和自己的体温。就如有学者所言:"路遥在修辞上显示出积极的介入姿态。""路遥的确属于那种不怕在作品中显示自己的声音和存在的主观介入型的写实主义作家。具体地说,路遥小说中的叙述和描写,常常体现着路遥对人物的同情态度和对事件的情感反应,我们从这些态度

---

① 萧南选编:《衔着烟斗的林语堂》,四川文艺出版社1995年版,第143页。
② 林语堂:《一篇没有听众的演讲》,《林语堂评说中国文化》第1辑,中央党校出版社2001年版,第31页。

和反应里，能感觉到一种美好的'人情味'和诗性意味。"① 不过，路遥是如何"积极地介入"小说的，这还需要进一步研讨。笔者认为，"同呼共吸"的心灵叙事是路遥小说的一大特点。

所谓"同呼共吸"既有一种积极介入的距离感，又是心气相通的知音之感，是一个作家与时代、场景、人物、读者等的强烈共鸣。路遥说过："每一次走向写字台，就好像被绑赴刑场；每一部作品的完成都像害了一场大病。"他"要求自己写作时的心理状态，就像教徒去朝拜宗教圣地一样"，这样"便获得了一种力量"②。这是以虔诚之心进行的全身心投入式写作。他还说，"写作过程中与当代广大的读者群众保持心灵的息息相通，是我一贯珍视的。这样写或那样写，顾及的不是专家们会怎样看怎样说，而是全心全意地揣摩普通读者的感应"③。读路遥的小说，我们既能感到作家离文本很近，甚至直接活跃于作品中；又能感到作家一直在塑造强烈的自我形象，以便代作家发言出声。其中，我们既能看到作家通过自我形象站出来进行的大段议论，又能看到作家的身影、情感、体温以及如在耳边吹拂的呼吸。路遥是五四新文学以来较少有人能与之比肩的情感型作家，他的小说中不仅有激情，还有深情、同情、温情。情感仿佛投入池水中的石子，在路遥的小说中心开花，逐渐向四边荡漾开去，最后变成细碎温柔的涟漪，浸润着人们的心怀。

一般认为，路遥小说中过多的议论是一种局限甚至败笔，因为小说理论告诉我们：作者要靠人物形象说话和推动，作家应少出来直言。但若摆脱理论成规，尤其不简单套用理论，我们又应给予路遥的小说议论以更多的理解和高度评价。这是因为，作为一个"积极地介入"的小说家，他的议论也是一种文体形式，是作家自我形象的宣言，好的议论对作品有画龙点睛之妙。当小说叙述带领读者进行漫山遍野的游荡，富有思想和智慧的议论无异于遍地开花和指点迷津。如当讲到基层干部张有智不思进取，有人将原因归于男人的"更年期"，路遥站出来这样议论："我们常常在生活中可以感觉到，并不是进入'更年期'的男人就一定要'变态'。相反，一些人进入老年期，却由原来的不可爱变为可爱了。这是一个对自己一生的总结期。人往往到此时才心平气和地回顾自己已经走过的生命历程，洞若观火地审视自己半个世纪生活中的那些失误和不当；同时更广阔和透彻地认识了人生的意义——即所谓'知天命'。因此，这样的人就能在这样的时期极好地调整自己，用更

---

① 李建军：《文学写作的诸问题——为纪念路遥逝世十周年而作》，《南方文坛》2002年第6期。
② 路遥：《路遥文集》第5卷，人民文学出版社2005年版，第250、382页。
③ 路遥：《路遥文集》第5卷，人民文学出版社2005年版，第336页。

宽容、善良、豁达和优雅的态度去对待生活。甚至一个恶人，到此年龄真正总结了他的人生，也可能一改前非，而生出对人和世界的慈爱之心。五十岁六十岁实际上应该是一个人重新开始生活的另一个起点。"① 这样的议论在小说中具有点醒作用，它一下子就让人生尤其是老年人变得开阔、通达、快乐和超然了。

路遥曾明确表示："对生活冷漠、漠不关心对作家来说是致命伤，一个作家他可以外表是多么的冷静、冷峻，但他内心要有巨大的激情，就像一块火石，遇到什么，就能碰出火花来，不要把自己的心锁得很深，它应该是开放的、敏感的。""一个真正的伟大作家就能在平凡的日常生活中演出惊心动魄的故事。"② 激情和深情在路遥的小说中随处可见，它是由激情发动后，直接进入灵魂深处，有开掘地下岩泉之功。它深刻透彻、清洌甘美，读这样的文字若在畅饮玉液琼浆。在《平凡的世界》中，路遥写道："农民啊，他们一生的诗情都在这土地上！每一次充满希望的耕耘与播种，每一次沉甸甸的收割和获取，都给人带来多么大的满足！"③ 当田晓霞去世，孙少平故地重游，想起晓霞，内心的波涛可谓汹涌澎湃。作品写道："干涸了，爱情的河流……不，爱的海洋永不枯竭！听，大海在远方是怎样地澎湃喧吼！她就在大海之中。海会死吗？海不死，她就不死！海的女儿永远的鱼美人光洁如玉的肌肤带着亮闪闪的水珠在遥远的地方忧伤地凝望海洋陆地日月星辰和他的痛苦……哦，我的亲人。"④ 省略号，多个叹号、问号的运用，声调词、短句与长句的交叠融合，使情感表面具有张力、透力，也直达人的内心深处，这是路遥的小说激情与深情形成的交响乐章。

同情与温情是路遥的小说心灵叙事更为内在的秘密。如果说激情与深情如海涛雷电，同情与温情在路遥的小说中无疑具有渗透力，它在不经意间传达与浸染，从而起到细雨润物、落叶无声的作用。《黄叶在秋风中飘落》是一篇充满同情与温情的小说。面对高广厚所受的婚变以及那无言的苦楚，卢若琴这个女孩子给予了极大的同情与温暖，她帮带孩子，在他最困苦无助时给予鼓励与温情，所有这些都是对美好人性的歌咏。《平凡的世界》中的少平处处能体会人世间的同情与暖意，即使在最无助时，都有一双手、一个眼神、一抹笑意过来，使他感到人世间的善良美好。在曹书记家背石头，他背部血肉模糊时，书记妻子的关心是这样；在煤矿，他生活孤寂时，慧英一家的关爱是这样；看到他打工所住的环境简陋而纷乱，晓

---

① 路遥：《路遥文集》第3卷，人民文学出版社2005年版，第345页。
② 路遥：《路遥文集》第5卷，人民文学出版社2005年版，第392页。
③ 路遥：《路遥文集》第2卷，人民文学出版社2005年版，第145页。
④ 路遥：《路遥文集》第3卷，人民文学出版社2005年版，第251页。

霞默默给他换了干净被褥也是这样。路遥动情地写田晓霞对少平的同情与柔情：少平"看见，麦秸草上的铺盖焕然一新。一块新褥子压在他的旧褥子上，上面蒙了一块淡雅的花格子床单；那块原来的破被子上擦着一床绿底白花的新被子……一切都像童话一般不可思议！""孙少平刹那间便明白了这是怎么一回事。他一下子忘情地扑倒在地铺上，把脸深深地埋进被子里，流着泪久久地吸吮着那股芬芳的香味……"①同样的，"当少平让晓霞为妹妹买那几件女孩子的必需品时，晓霞忍不住眼里含满了泪水——她被少平能这样周到地体贴人而深受感动……"② 最令人感动的是少安夫妻之间的同情与温情：看到少安第一眼，秀莲就同情和热爱他，于是不要任何彩礼就死心塌地跟着他。结婚后，再苦再累再难她也从无怨言，而是默默承受和全心全意关爱丈夫。这是妻子对丈夫的温情。少安对秀莲的温情主要通过两个细节：一是面对妻子坚决要与老人分家，少安怎么也劝不转，于是"举起他的老拳头"要对秀莲动粗。此时的秀莲一动不动，哭着对丈夫说："你打吧！你打吧！"路遥写道："少安猛一下看见妻子那张流泪的脸被劳动操劳得又黑又粗糙，便忍不住鼻子一酸，浑身像抽了筋似的软了下来；他不由展开捏紧的拳头，竟然用手掌为妻子揩了揩脸上泪水。""秀莲一下子扑在他怀里，哭着用头使劲地蹭着他的胸口，久久地抱着他不放开。"③ 另一细节是，少安与秀莲结婚，润叶托人送来两块杭州的锦花缎被面。当轮到润叶结婚，少安愁得无力还这个人情，因为"两块缎被面，少说也值五六十元"，而秀莲则毫不犹豫从箱子里拿出自己出嫁时父亲送她的五十块钱，让少安给润叶"买件像样的东西"。秀莲还说，她原准备用这钱给丈夫缝件大氅。路遥写道："少安感激地把妻子拉在自己怀里，在她脸上亲了亲。于是，他就拿着秀莲给他的五十块钱，跑到米家镇用四十六块钱，买了一块黄原出的羊毛毯。剩下的四块钱，他给秀莲买了一条围巾。"④ 这最后一笔更加温暖，虽然只有四块钱的围巾，其温情暖意通过妻子脖子会传遍她全身心。还有，当少安和少平陷入困境或离家的前夜，父亲总会用那双粗糙的大手抚摸儿子的头发，这是一种无言的温情；当路遥写"风带着潮湿的柔情，开始亲吻这座城市"时，这是一种内在的温情。⑤ 在路遥的小说中，不论是笔下的人物，还是一草一木，抑或是作家的自我形象，还有作家本人，都有一股阳光般的温情蜜意，通过同情、感恩、祝福相互交融，如水般渗透着焦渴人的心田。

---

① 路遥：《路遥文集》第 2 卷，人民文学出版社 2005 年版，第 350 页。
② 路遥：《路遥文集》第 2 卷，人民文学出版社 2005 年版，第 424 页。
③ 路遥：《路遥文集》第 2 卷，人民文学出版社 2005 年版，第 117 页。
④ 路遥：《路遥文集》第 1 卷，人民文学出版社 2005 年版，第 268、312 页。
⑤ 路遥：《路遥文集》第 3 卷，人民文学出版社 2005 年版，第 403、405 页。

路遥的小说还有一种叙事,那就是多用"亲爱的"和"是的"进行表达。据笔者细读后统计,《平凡的世界》中用"亲爱的"多达102次,用"是的"多达109次;《人生》中用"亲爱的"11次,用"是的"5次;《黄叶在秋风中飘落》中用"亲爱的"18次,用"是的"4次;《姐姐》中用"亲爱的"9次,用"是的"1次;《风雪腊梅》中用"亲爱的"7次,用"是的"1次;《在困难的日子里》中用"亲爱的"5次,用"是的"3次;《生活的咏叹调》中用"亲爱的"2次,用"是的"4次;《我和五叔的六次相遇》中用"亲爱的"1次,用"是的"4次;《痛苦》中用"亲爱的"1次,用"是的"3次;《惊心动魄的一幕》中用"亲爱的"3次;《夏》中用"亲爱的"1次;《一生中最高兴的一天》中用"是的"2次。《月夜》《青松与小红花》《不会作诗的人》《猪》《匆匆过客》中没有使用。这样,路遥的小说共用"亲爱的"为160次,"是的"为136次。一般说来,在路遥的小说中,这两个词出现频率如此之高,既令人不可思议,又会被视为局限和败笔,因为小说理论是忌讳重复的。不过,对此也不能简单给予否定,还需做具体的研究分析。这是因为,两个词在路遥的小说中何以会频现,其内涵如何,它有无正面意义?以"亲爱的"为例,通过研究发现:这个词在路遥的小说中是同中有异,内涵丰富。如它常与亲情、恋情、友情、家乡情等相关,这样出现较多的往往是"亲爱的"爷爷奶奶、父母兄弟、儿子女儿、恋人爱人、师生朋友、城市村庄、祖国乡情、花花草草等。又如,在情感最深的人与物间,"亲爱的"用得最多,如在《早晨从中午开始》一篇回忆散笔中,"亲爱的"共用了4次,而这4次都是用"亲爱的女儿"来表达,从中可见路遥对女儿之情深意长,也可感受到在至亲之人间使用"亲爱的"既合乎情理,又有助于表达作家内心的真诚。还有,在这些"亲爱的"中,有时用"心爱的",后者比前者更进一层,是夫妻恋人间的用语,这一细微差别也显示出路遥情感的细腻与深度。还有,路遥的小说中,使用最频繁也是最具范式意义的是"亲爱的人",它共有32次,占整个"亲爱的"总数的五分之一。路遥曾引艾青的话,"为什么我的眼里常含泪水?因为我对这土地爱的深沉……"以此来说明自己与这个世界的亲密关系。他还表示:"真正的艺术作品的魅力,正在于作家用生活的真情实感去打动读者的心。因此,生活首先要打动作家的心,作家才有可能用自己所描写的生活去打动读者的心。""我的体验是,作品中最重要的东西首先要变成自己血肉般的一部分。"[①] 由此可见,路遥的小说中为什么有那么多"亲爱的",因为他首先爱这个世界上的一切,即使是一些反面人物甚至恶人,他往往也能看到其光彩;其次是与描写对象进行真诚的心灵沟通,以获得

---

① 路遥:《路遥文集》第5卷,人民文学出版社2005年版,第380—381页。

同呼共吸的知音感；再次是用艺术表现手法使之更容易感应共鸣。至于说"是的"之运用，也与作家的"心灵叙事"有关。这是因为在路遥的小说中，也有像"不"这样的否定式修辞，但远无"是的"用得普遍。前者为意识和心理之拒斥，后者则是顺应与赞同之意，即使作为"引入语"的"是的"，也有助于心灵的沟通与交流。有学者认为："路遥和他的作品所承当的并非是'交流'和'沟通'的角色，而是'导师'和'引路人'的角色，是'意识形态'借助文学的传声筒试图再次整合和规范社会，树立信仰，给人生、理想、青春和奋斗提供'合理答案'的文学行动学。"[①] 我赞成关于路遥小说的担当意识和理想主义色彩的看法，但不同意否定其"交流"与"沟通"功能，因为它忽略了在更深的心灵层次路遥小说所进行的叙事功能。

路遥的小说一定有其不足，有的可能还是根本性的。不过，我们一定不能只从细枝末节、技术或是简单的现实主义立场看待它，更不能用模式化的理论尤其是西方的后现代理解阐释和肢解它。像一个掌握了十八般武艺的武林高手，路遥不愿甚至不屑于使用各种文学（小说）理论套路来从事小说创作；而是将天地宇宙做背景，在历史、时代、社会、生活层面摸爬滚打，经过痛苦熔炉的冶炼，发现了人生和生命智慧的真金，并以一颗灵心去感悟、书写和创造。这就是路遥的小说在新文学史上的意义，也是他与那些优秀作家站在一起的充分理由。

（原载《文学评论》2018 年第 3 期，《新华文摘》2018 年第 19 期作为重点文章转载，人大复印资料《中国现代、当代文学研究》2018 年第 10 期全文转载）

---

① 杨庆祥：《路遥的自我意识和写作姿态——兼及 1985 年前后"文学场面"的历史》，《南方文坛》2007 年第 6 期。

妥协的结局和解放的难度
——重读《人生》

中国人民大学文学院　杨庆祥

一、预定"失败"的"卫生革命"

《人生》的上部里描述过一次"卫生革命"事件：高加林和刘巧珍因为觉得高家村的公共水井太脏，于是从县城里买了一些漂白粉放在里面，以达到清洁的目的，但是这一"讲卫生"的科学行为却没有得到高家村村民的认同，反而认为高加林破坏了水源，影响了大家的生活，最后在大队书记高明楼的解释之下才平息了这场风波。从表面上看，"卫生革命"不过是高加林与刘巧珍爱情之间的一个插曲，"卫生革命"发生之时，正是高加林和刘巧珍的爱情处于半地下状态并遭到双方家长反对之时，高加林通过与刘巧珍一起公开骑车去县城的行为，完成了一场小小的爱情"示威"，"对高加林来说，他做出这个决定，是对他所憎恨的农村旧道德观念和庸俗舆论的挑战，也是对傲气十足的'二能人'的报复和打击"①。但从更深层的角度看，"卫生革命"同时也是高加林为了显示其个人主体地位和话语力量，向其生活的环境发起的一次小小挑战。这一挑战的结果并不容乐观，村民们发现水井被放了漂白粉以后拒绝饮水，并指责高加林等人的行为，作为最主要的"肇事者"高加林选择了回避，自始至终都没有出现在事件的现场，他的观念通过两类人在现场得到了表达：一类是和他一起放漂白粉的几个青年人，但被几位长辈骂了个狗血喷头；另一个是高中毕业生刘巧玲，她用所学的化学知识来解释高加林的科学行为，但是却遭到了一致的嘲笑和奚落。

---

① 路遥：《人生》，《路遥精选集》，燕山出版社2006年5月年版。以下未标明出处的小说引文皆出自这个版本。

"卫生革命"就高加林个人而言毫无疑问是失败的,这种失败的原因大概会有很多,但是高加林不肯面对"群众",是否是其中的一个原因呢?(小说解释高加林的缺席原因是被父母强行"控制"在家里了,但这并不符合逻辑,因为高加林的父母无论是从心理上还是生理上都不是高加林的"对手"。)有意思的是,作为"反面人物"之一的高明楼在"卫生革命"中的行为却比高加林要正面得多,小说对高明楼在"卫生革命"中的形象是这么描写的:"两只手叉着粗壮的腰,目光炯炯有神,向井边走出,众人纷纷把路给他让开……气势雄伟的高明楼使得众人一下子便服帖了。大家于是开始急着舀水。"他以实践证明了漂白粉的"科学作用",与这一行为相比,刘巧玲的知识(同时也是高加林的知识)显得过于观念而失去了其有效性。如果我们分析高加林的性格,倔强,不服软,那高加林在这一公共事件中的缺席又显得不合情理,如果他当时及时出现在现场,像一个"五四青年"一样一边发表激情澎湃的演说,一边像高明楼一样"以身试水",那么是否他就会获得村民的信任,并成功地完成"卫生革命"的使命呢?我觉得这种可能性是存在的,因为从小说前面的叙述来看,高加林在村民中还是有一定威望的,以至于连高明楼都不得不对他尊敬几分。从这个意义上说,在"卫生革命"事件中,高加林的缺席和失败是预定的,也可以说是高加林自愿选择了失败,他不愿意去面对他身处的环境以及这个环境中的"群众"。在高加林的眼中,高家村和高家村村民代表的仅仅是愚昧和无知,而且这一愚昧和无知是先验性的,是不可改变的。我认为高加林这种自己选择的"失败"暗示了一种不安的转变,在中国当代小说中,人(尤其是青年人)与自己身边的环境做斗争是一个基本的母题,通过这种叙述,主人公一方面通过发动各种力量参与环境的改变,同时在对外部的改变中也改变作为个体的自我,最终,作为个人的主人公和作为背景的外部环境融为一体,获得一种统一协调的新型主体。① 在赵树理的名作《小二黑结婚》中,农村青年小二黑就用这种方式成功地改造了"二诸葛"等老一辈人的观念,通过自我的努力和组织的支持改造了身边的环境并获得个体的幸福。但是在《人生》中,同为农村青年的高加林已经失去了小二黑的这种乐观积极的精神,他对身边的环境充满了怀疑和不信任,而当年给以巨大精神和制度支持的组织(村委会)已经成为"革命"的反面。这里出现了双重的"异化",第一重"异化"是环境的异化,可以改造的环境(包括生活在该环境中的人)变成一个无法激起主体想象和力量的纯粹的客观对象,它完全外在于主体,因此无法与它的"改造者"取得互动。第二重"异化"是制度的异化,

---

① 竹内好在《新颖的赵树理文学》一文中对此有非常精彩的论述。竹内好:《新颖的赵树理文学》,收入陈飞、张宁主编《新文学》,大象出版社2007年11月版。

曾经代表大多数人（群体）利益的组织制度现在开始异化为特定群体的利益工具（《人生》中这一群体指的是高明楼、马占胜等人）。在这种情况下，高加林不会成为小二黑，或者说高加林的"失败"显示了一种深刻的精神危机，作为改天换地的主力军的一代青年不得不从外部世界退回到个人世界，他将依照个人的利益而不是整体的利益来行使自己的主动权，并放弃了对集体和社会所曾经许诺的使命。

因此，"卫生革命"的失败是必须的，只有通过这种预定的失败，高加林才能强化这样一种观念：既然这个环境，这些群众是如此的愚昧不堪，那么作为拥有"现代知识"的我，就只有通过离开、抛弃、背离这个环境才可能获得幸福；既然这个组织制度（村委会）已经完全成为个人牟取私利的工具（关键是无论从能力、经验、威望等角度来看，高加林在短暂的时间内都无法代替高明楼来掌握这个组织），那么，通过"不合法"的手段获得个人的利益也就情有可原。正是这两点，构成了《人生》叙述的主要动力。

二、"身体"与"身份"的抵牾

从小说的一开始，高加林就被塑造为一个与其周围的环境格格不入的主体。这种塑造涉及一系列的身体叙事学和精神胜利法。高加林首先是一个讲卫生的人，在"卫生革命"发生之前，小说已经不厌其烦地强调了高加林的这一个人生活习惯，在刘巧珍爱上高加林的众多理由中，有一条就是："又爱讲卫生，衣服不管新旧，常穿的干干净净，浑身的肥皂味。""卫生与否"成为建构身体的一个重要原则，在这个原则的观照下，高加林和刘巧珍都不像是农村人，"高加林的裸体是健美的。修长的身材，没有体力劳动留下的任何印记，但又很壮实，看得出他进行过规范的体育锻炼。"而刘巧珍给人的直观印象是："根本不像个农村姑娘。漂亮不必说，装束既不土气，也不俗气。草绿的确良裤子，洗得发白的蓝劳动布上衣。"但接下来的一个细节暴露了这种表象的虚假性，当高加林和刘巧珍第一次接吻后，他可能感觉到了某种不卫生的东西，所以他立即要求刘巧珍以后必须刷牙。高加林或许没有意识到，这种"卫生"和"清洁"不仅仅是一种个人的生活习惯，更是一种身份、道德的标志，"卫生是这些原则的总和，卫生的实行是为了保持个人和社会的健康和道德，破除疾病的根源，使人身心高贵。总的来说，卫生包含了全部的精神和道德的世界"[①]。所以在高家村的村民看来，刷牙"是干部和读书人的派势"，"刷牙"意味着一种更高级的身份，因此刘巧珍的刷牙被认为是试图"僭越"身份而遭到了

---

① [美]罗芙芸：《卫生的现代性》，向磊译，江苏人民出版社2007年版，第153页。

大家的嘲笑和反对。不过高加林虽然在公共领域的"卫生革命"中失败了，但是在其私人领域，他不仅顽强地保持着其"卫生习惯"，并成功地把刘巧珍"改造"了过来，使其成为"卫生清洁"的一个身体。这种在小说中反复出现的"卫生学"的修辞原则，通过"土与洋""洁与不洁"等一系列的二元对立的修辞模式，企图"制造"出一种"完美的身体"，把高加林和刘巧珍从众多的"不干不净"的身体中剥离出来，把"身体"的完美与身份的"低贱"以一种非常悖论的形式扭结在一起，从而产生了一种强大的叙事冲动：把"身体"从这种"身份"中抽离出来，为"身体"寻找一个更合适的"身份"。

与这种完美的"身体"修辞紧密联系在一起的，是对高加林丰富精神世界的强调。显然，在路遥看来，精神世界的丰富首先建立在阅读和写作之上，所以高加林被毫不犹豫被命定为一个"文学青年"。这一点值得注意，黄子平在研究20世纪40年代丁玲的《在医院中》时指出了一个事实，那就是书中的主人公大多都是文学青年，热爱文学，并通过这种方式来凸显个体的精神世界与外部世界（环境）之间的冲突性。很显然，"文学青年"在这种叙述中代表了一种"异质性"，一种试图脱离规范叙述的力量，因此，在黄子平的研究中，陆萍等文学青年最后被环境治愈意味着一种统一的历史叙述的形成。① 事实是，从小二黑开始，文学青年已经逐渐被现代的"祛邪术"赶出了叙事作品的舞台，而在20世纪80年代的文学作品中，我们发现了一个有趣的现象，文学（艺术）青年开始大规模重返并成为文学叙述的中心，从1978年到1985年，几乎所有重要的文学作品（如《伤痕》《班主任》《波动》《晚霞消失的时候》《人生》《无主题变奏》）中都或多或少地出现了一个文学青年或者具有文学青年气质的人物。这种转变意味着曾经被治愈、消除、整合过的"异质性"开始重新浮出水面，并试图找到自我讲述故事的权力。我们完全可以想象到这种变化的深刻，当小二黑开始在油灯下读《红与黑》《罪与罚》等作品的时候，当他为这些作品中的人物感动并将自我投射其中的时候（在近期热播的一部电视连续剧《北风那个吹》中，男主人公夜晚为朋友们演讲《红与黑》的故事成为一种具有"仪式性"的精神活动），试想一想这是一种多么吊诡的历史场景。小二黑变成高加林，他突然意识到，他的环境、他的阶级身份不是给他带来了精神上的愉悦和信心，而是苦闷和焦虑。为此，高加林只有通过某种"想象"释放个体的精神焦虑，并获得一种自我安慰，在小说中，这种"想象"比比皆是：

他受到了感动的时候，就立即产生了一种奇异的激情：他的眼前马上飞动起无

---

① 黄子平：《"灰阑"中的叙述》，第八章"病的隐喻和文学生产"，上海文艺出版社2001年版。

数彩色的画面；无数他喜欢的音乐旋律也在耳边响起来；而眼前真正的山、水、大地反倒变得虚幻了……（第123页）

他的心躁动不安，又觉得他很难再农村呆下去了。可是，别的出路又在哪里呢？……他闭上眼，又不由得想起了无边无垠的平原，繁华热闹的大城市，气势磅礴的火车头，箭一样升入天空的飞机……他常用这种幻想来满足自己的精神需要。（第145页）

这是一种典型的带有文学青年气质的"臆想症"，在阅读、写作和想象中，高加林成为一个内心世界丰富的、有强烈精神追求的有为青年。既然身体是卫生的、干净的，精神是丰富的、纯洁的，而这么一个"有意思的人"却生活在一个没有意思的环境和人群中，这给人一种极端的不公平的感觉。在高加林从事小学代课教师的时候，他的身体和身份虽然不是完美地契合在一起，但是却有协调一致的希望（教师转正），而当他突然成为一个彻头彻尾的农民的时候，他发现他完全失去了这种可能性。因此，小说以高加林失去代课教师工作为开头，可以说是完全把高加林"逼入"到一个绝地，他必然要有十倍的努力去改变他的处境，为其身体和身份的"一致性"而拼搏。在改变自己的处境之前，高加林小心翼翼地维系着这种矛盾和不平衡，他甚至试图通过对"身体"的改造改变自己的身份意识，也就是为身份重新塑造一个身体，所以他故意穿得破衣烂衫，并不顾一切地劳动，在巨大的体力折磨中以求得一种自我宽慰，但显然这种并非发自内心的自我改造注定不会获得成功，不过是暂时麻痹了他的身份意识。一旦碰到合适的导火线，立即就会引起歇斯底里的爆发。在小说中，这一爆发的临界点选在高加林到县副食公司淘粪并与张克南的母亲发生冲突的时候：

正在他进退两难的时，克南他妈竟然一指头指住他，问："你是哪里的？拉粪都不瞅个时候，专门在这个时候整造人呢！你过来干啥呀？还想吃个人？"

但克南他妈还气冲冲地说："走远，一身的粪！臭烘烘的！"

加林一下子恼了。他恶狠狠地对老同学他妈说："我身上是不太干净，不过，我闻见你身上也有一股臭味。"（第159页）

这是我认为《人生》中写得比较精彩的地方之一。通过这个对话，我们意识到了"毛话语"在20世纪80年代初遭遇到了非常戏剧性的改写，在《讲话》中，毛泽东有一段非常有意思的关于身体和身份的辩证叙述：

拿未曾改造的知识分子与工人农民比较，就觉得知识分子不干净了，最干净的还是工人农民，尽管他们手是黑的，脚上有牛屎，还是比资产阶级和小资产阶级知识分子都干净。（《毛泽东选集》第3卷第851页）

但是在这里，评价的标准被逆转，身上有"粪"的农民被再一次指认为是不干净的,虽然高加林愤怒地利用"毛话语"的隐喻性来指责对方也是"臭"的,但事实是,除了一点修辞上的快感后,他非常痛苦地意识到了这一修辞所指称的现实已经成为过去,农民作为一个阶级的道德和精神优势已经在急剧的社会变革中成为历史。因此"他心中燃烧着火焰,望着悄然寂静的城市,心里说:我非要来这里不可!我有文化,有知识,我比这里生活的年轻人哪一点差?我为什么要受这样的屈辱呢?"(第150页)

在一个社会发生结构性转变的时刻,高加林的"自我期许(认同)"和"他人认同"产生了巨大的落差,他所在的环境强迫他认同这种给定的农民身份,而他"完美的身体"和"丰富的精神"又促使他顽强地抵制着这种"认同",他代表了一个阶级的失落和愤怒,因此他决定从根本上背弃他的阶级,通过孤独的个人努力(不管其是否道德和合法)来重新召唤其"身体",把身体从以往的身份中剥离出来,从而改变他在历史中的位置。

三、被不断剥离出来的"个体"

在高加林入城当了通讯干事后,黄亚萍送了他一首诗:

> 我愿你是生着翅膀的大雁,
> 自由地去爱每一片蓝天
> 哪一块土地更适合你的生存,
> 你就应该把那里当作你的家园……

黄亚萍送这首诗歌给高加林的目的很明显,是为了鼓励高加林离开刘巧珍,离开刘巧珍的"土地"而来到她的"土地"。虽然从艺术上说,这首诗是比较蹩脚的,但是放到《人生》这部小说中,这首诗可以说恰到好处,甚至起到了"画龙点睛"的作用。这首无名之作算得上是《人生》的"文眼",它形象地隐喻了高加林不断与自己的环境(土地)剥离,不断寻求自我幸福和自我完成(生存和自由)的努力。我在上文中已经指出,路遥努力塑造了一个身心完美的健美男性主体,这一主体与他的"没意思"的环境之间发生了剧烈的冲突,而这种冲突解决的方式不是以往的"克服"环境、改造环境,而是"离开",像一只大雁一样离开决定自己身份和地位的环境,寻找新的栖居地。在《人生》中,这种环境的变迁被描述为一个从农村到城市(县城),从"农民"到"城里人"的命运转换的过程。需要注意的是,在20世纪80年代大量的关于"进城"的叙述中,存在着不同的声音,一种是"知青"的回城,对于这些人来说,回城不过是"返乡",虽然有些短暂的不适应,但会很快调整过来(如王安忆的《本次列车终点》);一种是陈奂生式的进城,这种进城其实是"路过",其目的是通过在城里的活动为自己在乡村更好地生活获得物质资本和精神资本;而第三种就是高加林式的进城(相同的还有《鲁班的子孙》等),进城不仅是物质和精神的双重需要,而且一开始就没有想到回头,是以彻底变成一个城里人为目标,是一场不归路的探险。与前面两种情况不同,知青本来就是城里人,陈奂生压根就没想过要成为城里人,唯有高加林必须完成这样一种可能带来精神分裂的身份意识的彻底转换。为了达成这种目的,高加林不认同他的环境,同时也不认同他的父辈,作为陈奂生、冯幺爸的儿子,"他十几年拼命读书,就是为了不像他父亲一样,一辈子当土地的主人(或者按他的另一种说法是奴隶)",在父亲和德顺老汉来劝说他的时候,他是这样回答的:"你们有你们的活法,我有我的活法!我不愿意再像你们一样。"如果说把自己从父辈的血统里面"剥离"出来还有某种道德上的优势,对高加林来说并不构成一个问题,那么,真正的难题是,如何把自己从刘巧珍的爱情中"剥离"出来?对于高加林来说,背叛父辈是天经地义的,同时也为中国古老道德所支持,儿子开创超越父辈的生活,一直为中国的传统道德所鼓励。但是,"背叛"一个给予自己爱情和安慰的女性,尤其是在自己落难之时遇见的红颜知己,却一直为道德所不能容忍(中国流传最广的该故事原型就是"陈世美",他因为背叛自己的糟糠之妻而身败名裂,性命不保)。而事实是,只要与刘巧珍保持爱情(甚至不是婚姻)关系,高加林就有一半还属于农村,就无法割舍其与农民身份的联系,为了达成这种"转变"的彻底性,他必须从精神和肉体上与刘巧珍一刀两断,如果连这块土地上最美的东西(刘巧珍)我都可以放弃,我还有什么不能达成呢?这是《人生》故事发展的必然逻辑和高潮之所在,必须通过刘巧珍,高加林才能完成最后的"脱胎换骨",将自我的完成推向一个极致。

路遥在这里遭遇到了极大的矛盾,一方面故事的逻辑发展需要让他做出决断,抛弃刘巧珍,另外一方面道德上的自律又使得他犹豫不决。无论是对高加林和刘巧珍他都倾注了太多的同情和认同,为了使得这种"背叛"更"道德",更让人好受一点,他不得不悄悄地改写了刘巧珍的形象,请看下面三段叙述:

刘立本这个漂亮得像花朵一样的二女子,并不是那种简单的农村姑娘。她虽然没有上过学,但感受和理解事物的能力很强,因此精神方面的追求很不平常。加上她天生的多情,形成了她极为丰富的内心世界。(第118页)

"加林哥,你不要太熬煎,你这几天瘦了。其实,当农民就当农民,天下农民一茬人哩!不比干部们活的差。咱农村有山有水,空气又好,只要有个合心的家庭,日子会畅快的。"(第123页)

巧珍看见加林脸上不高兴，马上不说狗皮褥子了。但她一时又不知该说什么，就随口说："三星已经开了拖拉机，巧玲教上书了，她没考上大学。"

"这些三星都给我说了，我已经知道了。"

"咱们庄的水井修好了！堰子也加高了！"

"嗯……"

"你们家的老母猪下了十二个猪娃，一个被老母猪压死了，还剩下……"

"哎呀，这还要往下说哩？不是剩下十一个了吗？你喝水！"

"是剩下十一个了。可是，第二天又死了一个……"

"哎呀哎呀！你快别说了！"（第179页）

第一段是小说开篇对刘巧珍的描写，第二段是刘巧珍对高加林的表白之词，从这两段看来，刘巧珍确如小说所写的，心胸和见识都超出了一般的农村女性。但是到了第三段里面，刘巧珍完全变成一个家长里短的农村妇女，尤其是关于"十二个猪娃"的对话，可以说不仅是土气，甚至可以说是蠢笨了，实际上，"十二个猪娃"本来就是一个民间笑话来取笑某些傻里傻气的农村媳妇，这种人即使在农村也是很少见的。从整个小说来看，刘巧珍即使无法和高加林进行有效的沟通，但也不至于傻到这种程度，我们发现除了这一次对话以外，刘巧珍在任何时候都是一个头脑冷静，表达有分寸的，有识见懂大体的女性。这其实是一段非常不协调的细节描写，路遥的目的也许是为了让高加林的背叛更有理由一点，反而更加暴露了高加林背叛的非道德性，路遥（高加林）把自己的"精神"和"地位"上的优越建立在对刘巧珍愚昧、蠢笨的指认的基础上（这种指认带有暴力性和侵略性），不错，高加林是那个时代的"能人"，但是这种"能人"为了自己的"远大前程"可以无视任何道德和感情的界限，是否也过于残忍？

不管怎么说，通过一系列的背叛，高加林暂时获得了"自由"，找到了自己"幸福的家园"。因此，高加林的"剥离"实际上是另外一种融入，对以往身份和环境的剥离是为了融入新的身份和环境，正因为如此，高加林进城后的生活被无限夸张地美化，他的完美身体在会场、体育馆得到了展示，他的丰富精神在写作、阅读和交流中得到了尽情的释放，他获得包括无名的球迷、路人、食堂售饭员、商场售货员所有女性的喜爱，他集所有的宠爱于一身，成为20世纪80年代那个小县城的"全民偶像"。当然最疯狂的是县武装部部长的女儿、时尚文艺女青年黄亚萍，她几乎把20世纪80年代能想象到的所有时尚商品（麦乳精、墨镜、风衣、高级牛奶糖、咖啡、可可粉、进口日历全自动手表、三接头皮鞋）都用来包装高加林，我相信这是路遥一次最大胆的想象，自此以后，虽然《平凡的世界》中的田晓霞父亲已经位至地区书记，行政级别比黄亚萍之父高了好几级，但田晓霞也没有黄亚萍那么疯狂和热烈。这么一段节奏迅疾、色彩明快的叙述因为过分的热情而显得像一张漫画，高加林和黄亚萍都在这幅漫画里面被最大限度地夸张放大，而真正小说的背景反而是被淡化了，如果说这是一段不太成功的描写也是可以的，在1984年版的电影《人生》中，不知出于何种目的，这一段场景在电影中没有出现，这样反而显得更加凝重、首尾连贯一些。但是对于路遥来说，这么写或许也是他的刻意为之，他为此强化了进城对于高加林的重要性，也更加凸显了高加林的种种非道德的行为对于高加林个人的完成而言是多么的合理和合法，而且，当这一切被证明不过是一场短暂的历险后，其悲剧色彩就因为这种戏剧性的对比而显得分外强烈。

四、妥协的结局和解放的难度

高加林结束了他短暂的个人历险，两手空空地回到了高家村，重新成为一个农民，在小说的结尾，高加林伏在黄土地上，痛苦地呻吟："我的亲人哪。"这种戏剧性的情节为小说的悲剧性增加了砝码，悲剧现在不仅仅属于刘巧珍，她被无情地抛弃并最终栖身于无助的婚姻；也不仅仅属于高加林，他以为他即将获得一切，却在伸手在即之时发现一无所有。他平静地接受了这一切，转身去拥抱自己一次次试图逃离的土地。通过这样一种具有仪式性的场景，路遥为高加林提供了一个忏悔的机会，弥漫在整个小说的道德焦虑因此得到了完全的释放，在高加林热吻土地的一刻，所有的人都原谅了他，道德的焦虑变成道德的赞美，土地、女性被再一次证明为万能的灵丹妙药，可以治愈一切的精神创伤。路遥显然不愿意让高加林成为一个精神分裂的主人公，任其个人意识无限膨胀而走上性格的极端，因此当他意识到个人的毁灭即将来临之际，他迅速强制性地让高加林回到了土地的怀抱里，并无限夸大了乡土的"治愈"功能，与《红与黑》中的于连、《高老头》中的拉斯蒂涅不同，在这些个体与环境不断搏斗并趋于毁灭的过程中，始终有一种宗教的背景在里面，个人只需要对上帝负责，所以个人的毁灭与否都仅仅是个人的事情，但是对于路遥来说，因为缺少这种宗教性东西，土地就成为另一种宗教，因此高加林重回土地的这样一个结尾，并不能说明高加林的个人意识就没有达到于连等人的剧烈程度[①]，而是一种融合了道德、宗教和美学在内的多重妥协后的结果。

但是需要追问的是，这种回归和治愈就是命定的结局吗？我觉得不是这样的，无论是对高加林还是对路遥来说，选择这种回归的结局都是一种权宜之计。对于高

---

① 参见李劼的《高加林论》中的相关叙述，《当代作家评论》1985年第1期。

加林来说，不管他如何努力，他已经无法回到土地和农村，也无法在农民的身份中安顿自己的身体和意识，实际上，高加林已经回不去了，他的这种回归不过是一种短暂的安歇，他一定会千方百计地寻找另外的道路离开他的土地，再一次走上更疯狂的"进城"之路。对于路遥来说，虽然在1982年他已经意识到了这一代年轻人的人生选择将是一件异常重大的文学、道德、社会事件，但是毫无疑问，他并没有一个清晰的答案提供出来，虽然他一直很努力以青年导师的形象和语气来规范和引导青年人走"正确"的道路，但是什么是"正确"的道路呢？或者路遥本人也是一本糊涂账，他显然并不认同高加林这种将个人利益和社会利益对立起来的奋斗之途，但是他又朦胧地意识到了自我意识和个人伦理的确立却是个人获得自由和解放的条件之一，他试图调和个人的解放和他人的解放、社会的解放之间的关系，或者说他试图通过小说美学来调和这个问题，因此他只能用一种暧昧态度来书写高加林的人生故事。而我觉得这恰好是《人生》作为小说的迷人之处，因为认识上的不清晰，反而导致了情感上的矛盾丰富，在后来的长篇小说《平凡的世界》中，作为高加林的"加强版"孙少平，虽然保留了高加林强烈的个人性格，但是这种个人性却被路遥搪塞进宏大的国家改革叙事中去，从而使小说变得概念化和观念化，路遥对人生的规划和引导变得具体清晰起来了，但是作为小说反而是变得乏味了。

高加林的人生之路是路遥和高加林之间达成的一种历史性的调解，同样也是路遥、高加林与他们所处时代的制度、文化所达成的调解，在我看来，这种调解不过是短暂地缓和了高加林们的精神创伤，但是却隐藏了双重的危机和毁灭。一方面，高加林和他的环境已经产生了一种相互憎恶的情绪，剥离一旦发生过，就会留下伤口，永远都不可能完好如初。整体中的个人和个人意义上的整体曾经是路遥之前的文学所一直努力的目标，而现在，这个目标解体了，小二黑一旦变成高加林就再也无法回到他以前的背景中去，因此文学只能从社会中退步出来，成为个人讲述故事的方式，与此同时，社会背景（制度、文化、道德）也无法支持和鼓励个人利益与家国利益的同一性，当20世纪90年代市场改革的大幕拉开，我们惊讶地发现，高加林们只能以"盲流"和"农民工"的形象进城，并不得不让自己变成一种纯粹的"商品人"服膺于整个国家的资本积累，在这种情况下，人生道路的抉择似乎回到了潘晓提出的那个问题：人生的路呵，怎么越走越窄？只是这一次，文学与社会已经各行其是，再也无法建立起来有机的联系，因此高加林的人生故事不可重复，他"始"于那个时代，也不得不"死"于那个时代。

（原载《南方文坛》2011年第2期，《新华文摘》2011年第13期转载）

"路遥现象"探因

陕西师范大学文学院 吴 进

"路遥现象"已经成为学术界常常提起的话题,但它的蕴含还有待进一步揭示。

所谓"路遥现象"主要指路遥作品的广泛接受性和专家对它的冷淡形成的反差,[①]尤其体现在对其长篇小说《平凡的世界》的反应上,所以又有人称之为"《平凡的世界》现象"。对这种现象不满的论者认为,相对反应热烈的广大读者群,文学史家的态度颇为不公。[②]而且更重要的是,这种冷漠态度并不是"精英集团"的一种激进表达,它们"无论是立论还是行文都尽量平衡、客观","是对这些年来'学院派'整体批评观念比较全面、折中的反应"。"正因为如此,《平凡的世界》被'学院派'忽视的状况就表现得更为彻底。"

实际上,读者与专家的分歧总是有的,但一般专家的意见最后会成为权威意见,读者大都只是附和而已;即使对作品的感受不同,读者的意见也不会对专家造成挑战。鸳鸯蝴蝶派的作品曾经非常流行,比一般新文学作品受欢迎得多,但因为不符合大多数专家的口味,这派作家照样很难进入文学史。而"路遥现象"则不同,他的作品不属于通俗文学,也不是在一般的文化消费的意义上被阅读的。面对专家们持续的冷淡,普通读者们对路遥的作品却表现了执着的热情,而且也一直存

[①] 关于前一点,邵燕君曾经有翔实的数字说明(邵燕君:《〈平凡的世界〉不平凡——"现实主义常销书"的生产模式分析》,《小说评论》2003年第1期);另外,2015年春节后由于电视剧《平凡的世界》热播引起的广泛社会反响再一次说明了这一点。必须说明的是,"专家"在这里是一个为了行文方便而采取的简略用法,因为并不是所有专家都对路遥及其作品采取了冷淡的态度,而"路遥现象"这个概念本身也是那些不满这种现象的批评家们提出来的。

[②] 除邵燕君外,还有赵学勇的《"路遥现象"与中国当代文坛》(《小说评论》2008年第6期)和《再议被文学史遮蔽的路遥》(《小说评论》2013年第1期),李建军的《真正的文学和优秀的作家——论几种文学偏见以及路遥的经验》(李建军编:《路遥十五年祭》,新世纪出版社2007年版,第239—240页)等。

在着一种要求将路遥写入文学史的强大呼声。

就文学标准而言,《平凡的世界》很难被列为最优秀的作品,连那些对路遥现象感到不平的评论家也很难否认这一点。即便以现实主义的标准看,他的作品也很难称为经典。编纂了《路遥十五年祭》的李建军给路遥和《平凡的世界》很高的评价,认为路遥"是一个值得尊敬的优秀的作家",而《平凡的世界》也"是有才华、有价值的作品"。但他也承认路遥"还不是大师,他的作品也没有达到经典的高度"。李建军认为,路遥最好的作品是《人生》《在困难的日子里》和《早晨从中午开始》,至于《平凡的世界》,"则仿佛是一盘樱桃,一半是成熟的,一半是青涩的。那青涩的一半,很多时候,是因为他的热情稀释了他的冷静,是因为他把善良变成了无边的宽容,是因为他用自己圆满的想象置换了残缺的现实,他因此丧失了观察生活的深度,丧失了批判现实的力度,失去了分析人物心理的尖锐和准确,失去了控制文字的节制感和分寸感"[①]。李建军的评论也许并没有道出《平凡的世界》遭到评论界冷遇的全部原因,但已经很透彻了。

按说专家可以由于坚持学术标准而不屈从于读者和评论家的压力,不过已经有新的文学史面对"路遥现象"做出了调整,路遥已经走进文学史,但这种转变很勉强,因为文学史家并没有发现他们这种态度转变的"依据"和"理由","所述观点和内容显得空泛和陈旧,从中我们得不出任何具有说服力的结论"。这样的转变实际上于事无补,因为如果路遥"走进文学史"只是一种压力之下无可奈何的平衡之举,并无助于我们对事情真相的认知,也有悖于学术研究的初衷。所以,这里的问题应该是,普通读者到底从路遥的作品——尤其是《平凡的世界》——中获取了什么?他们对路遥作品的态度是否足以成为决定作家进入文学史的充分理由?不同的文学评价标准是否可以成为一个自足的系统?路遥有理由进入文学史,问题是以什么方式进入。

鸿篇巨制与"成长故事"——作者与读者的错位

所谓"路遥现象"主要集中在《平凡的世界》上。对于路遥其他的作品,读

---

① 李建军:《真正的文学和优秀的作家——论几种文学偏见以及路遥的经验》,见李建军编《路遥十五年祭》,新世纪出版社 2007 年版,第 239—240 页。其他一些评论家也有类似的看法,如李永健认为,《平凡的世界》"陷入史料的堆砌而缺少诗意的提炼和升华"。(《〈平凡的世界〉的艺术缺憾与路遥的巨著情结》,《淮北煤炭师范学院学报》2002 年第 5 期)"首卷过于平铺直叙、全书比较拖沓、浩繁而使性急的人失去阅读的耐心"。(白烨:《力度与深度——评路遥〈平凡的世界〉》,《文艺争鸣》1991 年 4 期)

者与专家的分歧并不明显,不会成为一种"现象",因为在路遥的作品中,唯有《平凡的世界》才会引起读者的特殊兴趣,这一点连专家欣赏的《人生》也无法企及。不过,正是从普通读者对《平凡的世界》的特殊喜爱中,可以看到形成"路遥现象"真正的矛盾所在,了解到文化转型期作者与读者、历史与文本的复杂关系。

《平凡的世界》是路遥一直试图完成的一本"大书"。在五卷本的《路遥文集》中,《平凡的世界》占有三卷。虽然相对于《平凡的世界》,《人生》更贴近路遥自己的生活,反映的底层人物的心理世界也更真实,但路遥已经不满足这种人物和故事类型了。他要写一本更有分量的书,要跳出自我的圈子和他了解的相对狭小的人生,对历史做一个大规模的展现。他要以此书证明,《人生》并不是一个他"再也跃不过的横杆"。所以,这本"大书"最重要的一个特点就是它宏阔的"规模"。[①]但是普通读者其实并不特别重视这种规模,这本书的着力点与普通读者间的兴奋点并不一致。

作为一部大书,《平凡的世界》反映的生活面十分广阔,是一种对当代中国的全景式反映,也是他会写到高级干部、当代大学生、煤矿工人这些他并不熟悉的社会群体的重要原因。有评论家批评路遥有一种"巨著情结"[②],也有论者将《平凡的世界》称之为史诗,不论这些批评和肯定是否能够完全成立,但这部小说就规模而言确实是一部巨著。这一点上路遥显然受到柳青的影响。柳青在谈到《创业史》的主题时说:"我这个小说没有别的主题,就是一个:农民放弃私有制、接受公有制的过程、方式、心理。"这种构思不但宏阔而且深刻,使《创业史》与其他同类题材的作品拉开了距离。路遥也有类似的宏阔构思,即描写"涉及一九七五年到一九八五年十年间中国城乡广泛的社会生活","用历史和艺术的眼光观察在这种社会大背景(或者说条件)下人们的生存和生活状态"。相比之下,路遥的思考没有柳青那样专注集中有深度,但起码是宏阔的,这也是他要把这部小说写到三卷一百万字的理由。

[①] 路遥非常强调《平凡的世界》的规模,他说:"在我的想象中,未来的这部书如果不是此生我最满意的作品,也起码应该是规模最大的作品。"见李建军编《路遥十五年祭》,新世纪出版社2007年版,第90页。

[②] 李永健:《〈平凡的世界〉的艺术缺憾与路遥的巨著情结》,《淮北煤炭师范学院学报》2002年第5期。路遥自己也说过:"我喜欢生活和艺术中一切宏大的东西,如史诗性著作,交响乐,主题深邃的油画,大型雕塑,粗犷的大自然景象,未加修葺的古代建筑和观看场面狂热的足球比赛等。"(路遥:《答〈延河〉编辑部问》,李建军《路遥十五年祭》,新世界出版社2007年版,第289页)

正是这种叙述的广阔性使《平凡的世界》与《人生》拉开了距离，但吊诡的是，这种对自我创作的超越并没有真正改变路遥创作的价值。《人生》讲述的是一个"知识农民"在面对人生难题时精神成长的故事，虽然也触及了一些社会面，但那些社会问题的展示都是依附着高加林精神成长故事的，作者之意并不在它们自身，但《平凡的世界》不同，那里的故事要复杂得多。问题在于，《平凡的世界》中相较《人生》多出来的部分并不是普通读者的关注点，作家的创作欲求并没有在普通读者那里得到实现。许多论者强调路遥对读者的重视，也注意到他在这一点上——尤其是《平凡的世界》——是成功的，并将此视为路遥文学史地位的重要论据，但忽略了他们本应注意的一个现象，即虽然《平凡的世界》是一部"史诗型"的作品，也确实得到了普通读者的青睐，但这两者之间并没有必然联系。读者喜欢这部作品并不是冲着"史诗"去的，作者和读者的关注点有明显的错位。

《平凡的世界》有三条线索：一条是以孙少安为中心人物的乡村生活的线索；一条是以田福军为核心的上层政治斗争的线索；还有一条是孙少平的个人成长的线索。在这三条线索中，前两条意在反映社会生活的全貌，而孙少平这条线则可看作是《人生》中高加林故事的改进版，两大块之间虽有联系，但缺少充分的互动，实际上是相互独立的。孙少安（或者双水村）和田福军的改革故事偏重于政治经济层面的社会变动，而孙少平演绎的是一种更具象征性的人生哲学。孙少平重视弟弟少平，但他并没有真正走进少平的生活；田福军直到最后才记住了女儿的男友少平。两人与少平的联系更多是通过亲戚关系而非他们之间的生活或工作关系而建立的，而少平大多数时间生活在外，更注重的是在生活磨砺中的精神成长，与现实中的改革故事缺乏实质性的联系。他们各有自己的生活圈子、生活场景和生活目标，演绎的是不同意义的当代故事。更明白地说，这部小说是史诗型巨著和成长小说类故事的结合；前者履行的是一个历史"书记员"的使命，回应一种外在的要求，而后者则是作者自己不吐不快的个人倾诉，虽然使用的不是第一人称的视角。田福军和孙少安两条线分别从上层、基层和政治、经济的不同层面实践了路遥做历史"书记员"的愿望，但并不是小说最具个性和最成功的部分；孙少平作为底层青年的奋斗故事与这种愿望有些游离，但正是他的故事才成为吸引万千读者最重要的"卖点"。

尽管路遥为《平凡的世界》搭了一个很大的架子，以编年史的方式全景式地描绘了20世纪70年代中期到20世纪80年代中期社会不同阶层的"生存和生活状态"，但他的生活积累并不足以使他成功地完成这一构想，对高级干部和当代大学生的描写尤其是这样，但为了使书中的社会结构有一个和"巨著"相匹配的完整规模，他又必须写他们，结果这些内容成了作品中最薄弱的部分。相对而言，对乡村生活的描写就厚实得多，也塑造了孙少安、田福堂、孙玉亭等一批比较有特点和深度的农民形象，但即使这一部分内容也不足以使作品赢得读者的注意，因为那时以农村改革为题材的作品很多，仅凭这方面的成就并不足以使作品有那样巨大而持久的影响力。所以，就路遥写作这部巨著的初衷而言，他并不成功。他想把它写成《创业史》那样的"史诗"，一些专家也从这样的角度去肯定《平凡的世界》，但这并不是普通读者的阅读感觉。

从读者的反馈看，他们之所以喜爱《平凡的世界》大多出于对那种底层出身奋斗者的钦佩和敬仰。对"路遥现象"做过扎实调查的邵燕君说："《平凡的世界》在读者中深受欢迎最主要的原因是这部作品对农村生活的真实描写和主人公艰难奋进的个人经历在读者中引起极大的情感共鸣。"实际上，就《平凡的世界》的影响而言，"主人公艰难奋进的个人经历"比"对农村生活的真实描写"更有号召力和感染力，因为前者更有对普通读者的现实激励作用。正如一位论者所说："路遥为什么在大众读者中受到经久不衰的欢迎？关键在于高加林、孙少平们的个人奋斗，即以自我实现为表征的个人话语。"不管历史如何变化，这个世界上永远会有小人物，会有底层，会有顽强拼搏、永不言败的斗志，这才是路遥作品和《平凡的世界》的真正价值和对一般读者的魅力所在。

路遥创造的典型人物往往有他自己的影子，这在《人生》《困难的日子里》等作品中就已经有明显的表现，而恰恰也是这种类型的作品造就了他的作品特色和文学声誉。《人生》中的高加林和《在困难的日子里》马建强可以说是《平凡的世界》中孙少平的原型，他们都出身赤贫，受过相对完整的教育，并且长期生活在比在自己条件优越的同学的圈子里，性情敏感，极其自尊，不甘平庸，志向远大并充满自信。这样的文学人物与路遥本人有很多重合。他们对无数具有此类经历的底层人物自然有一种难以言表的激励作用。虽然很多新时期作家出身底层，但很少有人把这种底层的磨炼、由此带来的屈辱和敏感转化为一种正面的诗意，一种值得肯定的人生资源，而这正是许多人喜欢《平凡的世界》的原因。但也正因为如此，我们才可以看到《平凡的世界》没有他自己设想的那样成功，并没有真正地超越自我。

从高加林到孙少平——正面的底层叙述

从"五四"的"劳工神圣"到延安以后的工农兵文学，20世纪中国文学有一种急转直下的底层性质，所以路遥和其他新时期作家的底层文学人物创造并不奇怪，他们可以看作是20世纪中国文学底层性质在新时期的呈现，但为什么独独路遥成为"现象"？

路遥作品最能打动人的地方在于他那些个人奋斗的底层人物，而这些人物都可称为"知识农民"，即是说，他们是农民，仍然在社会底层，但又不是过去那种被动、麻木、不觉悟的底层，不是现代乡土小说中那些需要启蒙的落后农民；他们接受了现代教育，是有知识的农民，具有了划时代的历史主动性。他们与周围的乡土人物不同，从不甘于底层，始终有着脱离土地的抱负和自信。他们并不能真正融于底层生存的环境。他们与村民、揽工汉、矿工朝夕相处，但却与他们貌合神离。他们读的书，他们的志向，他们的恋人，① 他们可能的前途，统统都是他的底层同伴难以想象和无法理解的。这类"知识农民"是介于普通农民与知识分子之间的特殊群体。

当然，对于普通读者来说，这些"知识农民"或者底层英雄的号召力首先来源于他们的底层身份。不管他们多么志存高远，他们还是底层。但和"沉默的大多数"不一样，他们可以发声，可以用文字呈现自己，成为底层的自我叙述者。以前的底层叙述都是"讲述他们的故事"，而路遥的作品则是"讲述自己的故事"，一种底层的自我叙述。虽然《人生》和《平凡的世界》的叙述都不用第一人称，但叙述者的视角与作品中的主人公是高度重合的，而这是一个具有文学史意义的现象，因为此前很少有作家会把自己设想为乡土叙述中的底层人物。赵树理以贴近农村读者著称，但他也只是用农民的经验和语言来实践革命对文学的要求，作品中的人物并没有他自己的影子。即使是路遥奉为文学"教父"的柳青，也非常注意与笔下的农民形象保持距离，在叙述时保持一个历史老人——起码是一个评论者——的姿态，绝不会把自己想象为一个作品中的人物。但路遥不同，他不会因为任何异己的意识形态而破坏自己作为底层的真实感觉，比方说，底层人物在城市文化中的屈辱感和受此而激发的奋斗精神，而这种人生故事是难以融进以启蒙和革命为主题的现代底层叙述的。这是20世纪中国文学中值得注意的视角变化，因为它将过去停留在各种意识形态阴影里底层的真实情感表现了出来。正是这种叙述角度使得《平凡的世界》分裂成他者叙述和自我叙述的两种声音。

底层总是更多地同苦难联系在一起，而真实的苦难感受也成为联结路遥的作品与普通读者间的重要纽带，也是读者认同路遥作品的情感前提。"苦难"曾经是新时期作家们的普遍关注点，作为新时期作家主要群体的"右派"作家和知青作家都

---

① 路遥作品中"底层英雄"式的主人公，往往都有一个高干家庭的女儿作为恋人，或者知心女友，如《人生》中的黄亚萍，《在困难的日子里》中的吴亚玲和《平凡的世界》中的田晓霞，而《平凡的世界》中孙少平的妹妹兰香也成为省委副书记儿子的女友。这种平民与高层间的情爱关系有一种超越阶级的沟通功能，成为这些人物想象世界中的一种现实对应物。

有广泛的底层经历,他们和农村出身的作家一样对"苦难"有着刻骨铭心的记忆。但他们的"苦难"总有些落难式的感觉,总有一个不曾落难时的过去作为陪衬,这是他们与路遥底层描写的重要不同。但要进一步地求得读者的认同,不但是对苦难的真切描写,而且是对苦难的超越,要将苦难作为一种人生资本,一种道德资源。对被动的、缺乏超越欲求和超越意志的底层来说,苦难只是一种生活常态,但对积极寻求超越的底层英雄而言,苦难反证了他们超越的资格,其中贯穿了一种"天将降大任与斯人"式的生存逻辑。在这一点上,路遥又和"右派"作家和知青作家那些落难者有了近似的视角,显示出他的复杂性。

但问题的复杂性还不仅于此。苦难的道德内涵被路遥在其作品中做了进一步的发挥。底层奋斗的个人主义形象会自然地具有挑战道德成规的意义,会在普通读者那里产生负面印象。这是路遥在高加林形象的塑造之后意识到的,并在塑造《平凡的世界》中孙少平形象的塑造中加以修正。其实,从道德角度关注作品中人物是路遥小说的特点,并贯穿他创作的始终,使他的作品有一种"正气",有人甚至直接称之为"道德化叙事"。"通览路遥的全部小说创作,一股浓郁的儒家伦理气息扑面而来——不论是世俗人情、家庭亲情还是男女爱情,都浸透了儒家伦理的审美规范。"从早期的《姐姐》《风雪蜡梅》,到成熟期的《人生》《黄叶在秋风中飘落》和《你怎么也想不到》,路遥写的大都是爱情小说,而道德尺度一直是衡量这些爱情人物的基本标准。到了《平凡的世界》,这种道德主义的倾向达到了极致,并弥补了《人生》中由于偏执于个人奋斗的合理性而导致的道德困惑。

比较一下高加林和孙少平的爱情故事,可以看到两者间的差异。与后来的孙少平相比,高加林是更为自觉的个人主义者。在做出重大的人生抉择时,虽然也有道德的约束,但他显然更加听凭自我的指引。虽然他的个人主义有其历史合理性,但在传统伦理看来却是叛逆的、自私的,不过正是这种矛盾使他的性格有一种历史深度,反映出历史转型期人物选择的困难。很多人之所以不喜欢高加林,最终都可归于他的道德缺陷,以及作者一种纠结的道德观念,但正是因为这种历史和道德意义上的悖论,路遥才显示了故事的深刻性和复杂性。其实,作家已经对他的文学人物做了尽量通俗化的处理,让刘巧珍和黄亚萍分别作为城市、现代和乡村、传统的文化符号,使历史话题变为普通读者更容易接受的言情剧。从高加林浪子回头的结尾可以看到路遥对历史话题的表现还是收束在道德层面上,但这并不影响这个人物的历史深度。

比起高加林,孙少平没有那么多的矛盾,作者也因此丧失了一种对现实的深度思考和批判力量,变得平面化了。《人生》发表后,对高加林的批评声音一直存在,认为作者过于强调人物在社会压力下表现出来的负面因素。路遥看来注意到了这种批评的声音，在孙少平形象的塑造上做了一些修正，不再强调那些和主流声音对抗的部分，不再有那么多的抱怨和抵制。不像高加林在对农村人歧视的社会习俗面前表现的那种激愤，孙少平显得沉稳和成熟多了，在个人的成长中不断修正那些容易形成冲突的强硬甚至极端的底层气质。道德化的处理使他更接近底层的趣味，因为普通读者更欣赏那种容易做出道德判断的人物。

书中关于孙少平与田晓霞的爱情描写体现了路遥的这种道德化纠偏。他（她）们的关系中没有了《人生》中高加林和黄亚萍之间的火药味。田晓霞像黄亚萍一样，有着与孙少平完全不同的出身，但从不任性，而只关注她与孙少平之间的精神契合。她与少平交流思想，给少平送书和《参考消息》；而少平也跟高加林不一样，不再看重一个城市恋人是否能给他带来一种完全不同的生活，不再好高骛远，而是脚踏实地，看重自己内心的丰富与坚强。如果说高加林还挣扎在黄亚萍和刘巧珍这两个不同的文化符号之间，还在为是坚持自己的个人发展还是回归传统美德而煎熬的话，孙少平已经跳出了这样的精神旋涡。他已经无须再用外在的道德匡正自己的行为，因为这种道德已经内化为他的人生律令。在晓霞牺牲后，他已经可以非常坦然地走进惠英的生活了，因为他不再有道德追求之外的虚妄。对于新时期的普通读者，孙少平不但是个人奋斗的楷模，也是道德救赎的典范，满足了底层个人奋斗者在社会和精神两个层面的需求。

对底层人物的正面叙述在《平凡的世界》写作和发表的年代已不成为主流。伴随着思想解放运动，旧的叙述传统被打破，20 世纪 80 年代文学开始挣脱了束缚，以各种可能的方式重新塑造和想象底层，其中一个明显特征就是将底层人物粗鄙化了。早先革命时代的工农兵英雄人物被认为是抬高或美化了，不真实，所以底层人物开始带上浓厚的粗鄙气息。莫言、李锐、贾平凹、阎连科、刘恒、杨争光、张炜等的作品都在不同意义上对底层人物进行了这样的粗鄙化处理。但路遥却坚持自己的价值判断。他的道德叙述和对喜爱人物的正面描写的确独树一帜。对于很多评论家来说，他的这种风格显得落伍，但对于普通读者而言，这样的道德叙述更受欢迎。后革命时期在意识形态方面的一个重要变化就是破除了体制对个人的全面控制和垄断，赋予个人依照自己特点和意愿发展的合法空间，不过，这种精神上的"松绑"也带来了一种道德失范，文学的反崇高和粗鄙化也因之成为风气。但路遥始终不为所动。

压力和坚守——"平凡"的文学形式

"底层奋斗"在打破了过去的思想枷锁、社会又重新充满各种可能性的新时期里，对普通读者的确有着巨大的吸引力，但《平凡的世界》所以能够"常销"，其原因并不止于此。另外一个不容忽视的原因是，普通读者在阅读路遥的作品时没有阅读障碍，用不着停留在使他们踟蹰不前的"陌生化"文体面前，这是"路遥现象"形式上的前提。

对形式的关注本身就流露出与普通读者拉开距离的贵族态度，因为对普通读者来说，叙述性文学通常只有当形式成为接受的障碍时他们才会注意，但专业批评家由于自身的职业特点和训练，对文学形式会特别关注。在革命文学的年代里，形式并不是批评家注意的中心，主要并不体现作家的个人意趣，而只是体现革命意识形态对文学的要求；作家队伍的主体也来自解放区，现实主义创作方法成为他们自然的选择；境外形形色色的文体创新也由于意识形态的原因被阻隔在国门之外。这些都是现实主义能够成为统治性创作方法的主要原因。到了新时期，这种情况有了根本转变，尤其是在路遥写作《平凡的世界》的20世纪80年代中后期，中国文坛已经有了一种唯恐落伍的现代主义躁动，与现实主义告别成为一种时尚。在这种背景下，路遥对自己的"落伍"有着非常清醒的意识，但他并不打算随波逐流，反而有一种对着干的心情，并且特别坚定。这也是文学史界对他表示低调的重要原因。

20世纪80年代的趋时之风对当时的作家有很大影响，尤其对地处内陆、相对闭塞的陕西作家来说是这样。贾平凹、陈忠实都表示过对如何获得"现代意识"的苦闷，也都对原本的现实主义方法做了突破的尝试和探索，但路遥在这方面特别坚定。路遥的小说朴素而又理性，没有任何神秘主义和非逻辑、非拟真的成分，没有需要读者经过想象而填补的空白，没有显示哪怕在现实主义范围内形式探索的热情。路遥喜欢柳青，在他的文字上也可以看出《创业史》的痕迹，如叙述人在故事之外的抒情议论，但却没有柳青那样艺术探索的热忱。[①] 总的说来，路遥作品的文体不俗不雅，不狂不怪，中规中矩，专家们看来创新不足，但普通读者读来却颇为顺畅。

有趣的是，《平凡的世界》里也有一段"非现实"的插曲。在这部小说的第三卷里，叙述者加进了一个与整个作品叙述风格不太协调的片段，讲的是孙少平在铜川煤矿做工时，一天在外面的草地上休息，突然遇到了三个外星人，而且他们之间有一段对话。这个插曲与小说的故事没有任何的必然联系。那些外星人可以说地道的中国话，与他探讨问题，但他们并不另类，除了长相与人类有差别外，没有什么真正的怪异之处，他们关切的问题和思维的逻辑也没有超出我们的理解范围。实际上，这种"岔出来"的段落什么也没有改变，那个作家想象的异己世界不过是人类理性世界的合理延伸，一种对自己的模拟，并没有给文本的现实主义风格增添什

---

① 吴进：《柳青新论》，陕西师范大学出版社2013年版。

么。它反而让我们看到,路遥在对抗20世纪80年代膨胀汹涌的现代派思潮时,并没有真正地气定神闲。他时而也会有冲破原有创作方法的闪念,但在强大的理性思维的制约下,他不可能做出什么实质性的改变。

路遥在文体创新方面的惰性并不像他自己想象的那样具有坚守文化传统的意义。从表面上看,他对现代派不以为然不无道理。比方说,他认为中国文坛上现代派作品的出现有其正面意义,问题只是评论界的一味吹捧,"贬低甚至排斥其他文学表现样式"。"从根本上说,任何方法都可能写出高水平的作品,也可能写出低下的作品。"① 但是,新时期小说对现代派的追逐并不仅仅是对西方现代派的模仿,因为它也是体制内聚集的形式热情的一种释放,其中也有像汪曾祺、贾平凹、阿城、何立伟等简约凝练、追寻传统的一派,而具有自己独特文体风格的作家就更多了。所以这里更重要的问题不是不愿追逐潮流,而是路遥并不是一个文体家。虽然他也竭力扩大自己的视野,广泛阅读各种文学经典,但并不意味着他有文体创新的冲动,他并没有感觉到现实主义创作方法是一种束缚,相反,他只是在为自己寻找可以不进行这种文体创新的理由。但是,在20世纪80年代文学转型的特殊时期,如果一个作家没有独到的文体贡献,就很难得到文学史家的注意。

不过,也许恰恰是因为路遥这种缺乏创造性的文体,使他的作品对读者来说不需要有对形式的熟悉过程,反而"常销"不衰。对路遥来说,讲述自己或他观察到的人生故事是创作的第一要务,就此而言,他熟悉并且能够驾驭的现实主义方法最得心应手,也最合适。形式创新只有在不影响这个基本要务的前提下才能被考虑,况且这种创新并不是他之所长,所以他的或许是"缺点"的特点反而为他争取到了读者。普通读者"得意"而"忘言",而专业批评家则无法忘掉"言",忘掉故事的文学形式。

"路遥现象"使批评家困惑的最重要之处在于,不论专家们怎么看,在读者意义上它是成功的,这使得专家们必须暂时抛弃他们熟悉的批评标准,首先来解释这种似乎不合逻辑的矛盾现象。当然,如果仅仅把路遥作品看作是"通俗"作品,那么专家们就无须创造出一套新的说辞,但这种策略于事无补,因为路遥的作品——哪怕是相对"通俗"而更加流行的《平凡的世界》——也不能被说成是"通俗"作品,它们只不过是具有了通俗作品号召力的严肃文学作品而已。它的主题和人物的现实性及对历史的深度揭示,使得它无论如何应该以严肃文学视之。解释"路遥现象"的困难之处恰恰在于它是以严肃文学的身份获得了通俗文学的效应。

---

① 路遥:《早晨从中午开始——〈平凡的世界〉创作随笔》,见畅广元主编《神秘黑箱的窥视》,陕西人民教育出版社1993年版,第98页。

路遥创作的 "人民性" 视野及其表征

陕西师范大学文学院　于　敏　赵学勇

中国当代文学中的"人民性"表征及其特点，如果从其承载主体的文学史发展脉络来看，历经脱胎于延安文艺传统的"十七年"文学，以及20世纪80年代以来的文学启蒙、寻根文学、新写实与底层书写等，都体现着多样化的丰富的人民性内涵。作为追求现实主义文学创作的重要作家，路遥的《人生》《平凡的世界》等小说在中国改革开放以来的当代文学的人民性视野中更具典型性。这不仅在于路遥的创作，首先关注了大变革时期中国的"三农"问题，书写了"城乡交叉地带"人民的生存与生活，从整体上反映了改革开放初期中国社会的发展与变迁，而且相当规模地展现了当代中国变革的时代情绪及民众的精神心理动向。曾经被湮没于当代文学繁杂思潮更迭发展中的路遥小说，在现实主义的创作方法、传统道德的审美理想、书写苦难的情感基调，及其传播方式与经典化过程中的群众参与历程，都可以说是从多个层面丰富了中国当代文学人民性书写的审美追求及其意向。

众所周知，从《人生》到《平凡的世界》，路遥的创作均是从社会历史的宏阔背景出发，有意识地拒绝80年代文坛日新月异的流派与技巧，执着地遵从和选择现实主义观念进行创作。现在看来，当代文坛在先锋派文学之后所走过的轨迹，是逐渐扬弃形式主义而向着现实主义的道路行进的，这恰好证明了路遥的清醒、独立以及来自对于时代的自信。正如他所说："对于作家来说，他们的劳动成果不仅要接受当代眼光的评估，还要经受历史眼光的审视。"这样的自我要求为他的小说带来了强烈的时代感与前瞻意识。同时，路遥的创作实践也极大地丰富了以往的现实主义要求及其内涵，与同时期的文学作品相比，《平凡的世界》首先尝试将经济单元置换为文化的、社会的单元，而其中所展示出的乡土视野也为日后的寻根文学提供了有益的思考。

由于路遥对现实主义文学精神有着强烈的认同感和自觉实践，使他能够在坚守现实主义文学创造的基点上，以开放的姿态，尽力吸收诸种文学观念及文学创作方法的优长，来营造自己的文学世界。这使他的现实主义书写有着这样的特点：在继承"五四"以来现实主义文学精神的基础上，勇于实践，富于创造：一方面对当代中国极富震荡时期及变革年代的现实生活的各种关系，能够做更深广的把握；一方面又能发掘潜藏在生活深处的理想之光，将其熔铸到人物形象和生活形象中去。他是由研究个人的心理到对历史意识的剖析，从对民族历史的把握深入到对民族精神的探察，把雄阔的历史与繁复的现实迭现出来，这样表现的历史真实便上升到新的审美层次。他的作品不但在反映现实生活时沉实雄辩，而且具有相当的历史深度和广度，塑造出高加林、孙少平等一批富有历史感的又是极富生命质感的人物，在他们身上体现着"较大的思想深度和意识到的历史内容"（恩格斯语），使得路遥的现实主义文学有着沉实的底蕴。

　　文学创作中的"人民性"表征充分地体现在对于人民的生存状态的悲悯情怀。路遥的作品有一种大悲悯、大同情的精神境界。这体现在他创作中的苦难书写，他把个人成长的生命体验与当代中国"三农"的复杂社会问题充分结合，映现出整个时代的困境与人民生活的苦涩。苦难在路遥的创作中不仅是个人或群体的经历，更是社会问题的基调与背景，这种思想深度为路遥的创作增添了庄严感与悲剧力度。路遥不愿意掩饰和美化自己对生活的真实感受，他总是真切地、毫不怜惜地展示人世间的苦难，执着于这苦难，倾其全力于这苦难。这样的写作姿态，促使他把广大民众的苦难写得深切、厚实，写得撼人心魄。在路遥的系列作品和《平凡的世界》中，我们看到的是那些普通人苦难的奋斗史，他们的历史沉郁、悲壮而崇高；在这种苦难的奋斗史中，容纳着他们对历史、对社会、对生活、对人生、对生命坚定不移的信念、追求和牺牲精神，充满着积极进取的乐观态度，用孙少平的话来讲：他通过"血火般的洗礼"，已经很"热爱"自己的苦难，并把自己从生活中得到的人生启示提升为"关于苦难的学说"。这种达观进取的人生态度，催人奋进，震人心弦。我们从这苦难的奋斗史中得到的不是忧伤、凄婉和悲哀，而是厚重、刚健，满怀着昂扬激情的精神动力。它同时构成了路遥"苦难意识"的主旋律，以审美的形式回旋在平凡人的世界中。

　　"人民性"视野表现在路遥的创作中，还深刻表现在他受传统儒家思想的影响，以伦理关系作为衡量道德之根本的审美倾向和价值取向。路遥将农村一代又一代人生活的悲哀和辛酸，同农村家庭生活、人伦关系的温暖情愫，溶解于人的经济、政治关系中，让严酷的人生氤氲在温馨而浓烈的人情氛围中，体现着他对传统美德的深沉思考。在《平凡的世界》中，作家将传统的人伦关系主要渗透于农村伦理生活肌理的描写中，劳动人民家庭生活中的爱及人伦义务，是古老传统中的人性人情因素在乡土中国社会中的优美形态。它的奇异力量，融化着巨大的人间苦难，维系着一代又一代的生命繁衍。对这种文化的确认，构成了路遥创作中普通人生命意识的重要表现形式，也蕴含着作家的人生信仰，是路遥为人民书写的重要表征。路遥所塑造的系列人物形象，为作品建构起了强大的情感世界与道德境界，这种审美理想深度契合了本土文化血脉中所灌注的道德观与人生观，也充盈着作家书写"人民性"的思想内涵。

路遥的写作姿态卓然践行了以人民为本位的根本原则，他多次表达自己是"血统的农民的儿子"，并将文学创作称作如"父亲在土地上的劳动一样"；认为艺术创作"和其他任何劳动一样，需要一种实实在在的精神。（作家）永远不要丧失一个普通劳动者的感觉，像牛一样地，像土地一样地奉献"。路遥将作家的自身定位、写作行为与书写对象并置，深入贯穿到人民的身份意识之中。正是这样的身份感使他的创作并不满足于社会问题的再现，而是苦苦求索社会问题的发现。人民不再是作家代为发言的群体或是深受同情的阶层，而是作家个人及其作品的主体性存在。也正是在这个层面上，路遥的小说在很大程度上解决了底层文学中所存在的窄化"人民"的问题，打开了人民文艺的整体视域。

路遥文学作品的人民性特征又充分体现在它的传播方式与受众群体上。长篇小说《平凡的世界》当时在中央人民广播电台的播送，可以看作是文学作品借助声音媒介进行受众转化的成功案例。在纸媒与声音媒介的互动中，路遥的小说通过视听系统收获了广泛的传播效果与庞大的读者听众。他认为"写作过程中与当代广大的读者群众保持心灵的息息相通，是我一贯所珍视的"，"只要读者不遗弃你，就证明你能够存在"。《平凡的世界》通过广播进行全国播送的同时，他还处在小说第三部的创作阶段，同时展开的文学创作与听众反馈，为他的继续写作注入了积极的精神动力。而日后《平凡的世界》在民间读者心中的经典化过程，在另一个层面上也显示出了人民性的基本特征。人民不仅是小说的创作主体、表现主体、接受主体，还是成就小说实现经典化的历史主体。以人民为主体的文学评估体系的形成，是文学的人民性审美传统长久影响下的结果，它反过来塑造了中国民族的精神情怀与思想高度，也正因此形成了《平凡的世界》在当代民间所具有的持续阅读热情，及其在读者心中的重要位置。

从整体看来，路遥的创作、传播与经典化过程体现着作家创作的人民性的多重内涵。路遥的作品从其创作方法、精神指向，到审美理想、情感基调，再到写作姿态与身份意识，直至他的小说创作与受众反馈同步的特殊的传播历程，以及由广大民众的直接参与来反哺作品的完成、成就作品的历史地位，其中均显示出强烈的人民性特征。路遥的文学创作触及了以往现实主义手法在文化视野上的缺失，为此后文学作品中人民形象的窄化问题提供了有效的实践方案，并在传播媒介上为新时期以来的人民文艺寻得了新的承载方式。从这个角度来说，以当代文学的"人民性"视角（内涵）为参照，路遥的《平凡的世界》等作品，对于新时期现实主义文学具有独特的标高价值，对于当代作家的使命意识与审美理想有着积极的重塑意义，并对处理当代文学与社会文化之间的关系具有示范作用。

作为一个在文学书写中始终以"人民性"标高看取生命意义与价值追求的当代作家，路遥对自己的人生使命有明确的意识。他的小说创作，继承了五四新文学"为人生"的文学主张及其实践。他非常重视文学的社会功利目的，坚信文学对社会改造的精神作用，在这一点上，他与茅盾、柳青等新文学的现实主义主流作家一脉相承。可以说，路遥是继茅盾、柳青之后步入新时期以来中国当代最优秀的现实主义作家之一，他对现实主义文学的自觉实践及富有创新性的文学追求，为当代文学提供了难得的"中国经验"。

本文系陕西省社科基金项目（2017J037）阶段性成果，陕西省社科界重大理论与现实问题研究项目（2019C022）阶段性成果，西安市社科规划基金项目（19L031）阶段性成果，陕西师范大学中央高校基本科研业务费专项资金项目（19SZYB25）阶段性成果。

关于路遥的手稿问题

延安大学文学院　梁向阳

我国当代已故著名作家路遥一直是我国新时期作家研究的热点。据不完全统计，自1980年第一篇关于路遥的专门评论发表后①，到目前为止，关于路遥及其作品的各类研究、评论文章大约有上千篇之多②，路遥研究的学术专著有十多部③。这些论文、论著的研究内容涉及总体把握、意识世界、心理机制、作品研究、人物论、比较研究、影响启示等方方面面，并呈现出系统化与体系化的特点。另外，自

---

① 国内最早关于路遥文学创作的报道，是1972年的《陕西日报》上《山花是怎样开放的》，提及路遥创作；国内第一篇公开发表的路遥作品专论，是《延河》1980年第2期刊发的李怀埙先生关于路遥《夏》的评论。

② 马一夫、厚夫主编：《路遥研究资料汇编》（中国文史出版社2006年版）中的《路遥研究资料索引》有详细统计。

③ 据笔者的不完全统计有，赵学勇：《生命从中午消失——路遥的小说世界》（兰州大学出版社1995年版）；王西平、李星、李国平：《路遥评传》（陕西人民出版社1997年版）；宗元：《魂断人生——路遥论》（上海文艺出版社2000年版）；姚维荣：《路遥小说人物论》（新加坡文化艺术出版社2000年版）；贺智利：《黄土地的儿子——路遥论》（中国文联出版社2005年版）；廖晓军：《路遥小说的艺术世界》（三秦出版社2006年版）；白晓华、姚维荣：《论路遥的艺术观》（中国社会科学出版社2007年版）；阎惠玲：《路遥的小说世界》（中国文联出版社2008年版）；石天强：《断裂地带的精神流亡——路遥的文学实践及其文化意义》（北京大学出版社2009年版）；张艳茜：《平凡世界里的路遥》（陕西人民出版社2013年版）；厚夫：《路遥传》（人民文学出版社2015年版）；杨晓帆：《路遥论》（作家出版社2018年版）。

1992年路遥病逝后，国内出版的路遥研究资料亦有十余部①。这些研究资料的公开出版，为路遥研究的进一步深化提供了可能性。

路遥研究的空间很大，可以在多种维度解读，路遥的手稿研究目前就是空白点。路遥的手稿研究，可以研究其情思与创作的复杂性书写过程，也完全可以成为路遥研究中新的学术增长点。

一、关于路遥手稿的基本情况

路遥生于1949年12月2日，病逝于1992年11月17日。他生活的年代，电脑等电子化书写工具没有普及，作家创作主要是要靠纸质书写来完成，这样从理论上讲路遥应该有大量手稿。另外，当时手机、互联网等新兴通信媒介还没有在国内出现，甚至连电话都是普通人家的奢侈品，人们交际交流的主要方式大都采用传统的书信方式，路遥与朋友之间的沟通主要是靠书信来完成。然而，因路遥英年早逝以及当时人们普遍缺乏手稿保护意识等原因，路遥保存下来的手稿与书信并不多。

一是路遥作品手稿。我担任"特邀编辑"编辑的北京十月文艺出版社2013年版6卷本《路遥全集》，基本收全了路遥作品，但是这些作品的绝大多数手稿却已经无法找到了。一是当时刊发作品的杂志与编辑大多没有手稿收藏意识，许多报刊当作废纸处理掉了。二是路遥自己保留的手稿，也因其英年早逝，大部分遗失与不知所终；也有少量流失到社会上，为藏家所收藏。

就路遥的几部重要作品而言，目前路遥代表作《人生》的第二稿手稿（即《生活的乐章》稿），在北京的一位藏家手里；电影文学剧本《人生》手稿，在陕西咸阳一位藏家手里。长篇小说《平凡的世界》完整手稿在路遥胞弟王天乐家；因王天乐2007年病逝，家人秘不示人，外人无法一睹《平凡的世界》完整手稿的风

---

① 有影响性的路遥研究资料有：晓雷、李星：《星的陨落——关于路遥的回忆》（陕西人民出版社1993年版）；航宇：《路遥在最后的日子》（陕西师范大学出版社1993年版）；郑文华：摄影集《作家路遥》（陕西人民出版社2002年版）；马一夫、厚夫主编：《路遥研究资料汇编》（中国文史出版社2006年版）；雷达主编、李文琴选编：《新时期作品研究资料·路遥卷》（山东文艺出版社2006年版）；李建军、邢小利选编：《路遥评论集》（人民文学出版社2007年版）；马一夫、厚夫、宋学成主编：《路遥纪念集》（人民文学出版社2007年版）；申晓主编：《守望路遥》（太白文艺出版社2007年版）；李建军编：《路遥十五年祭》（新世纪出版社2007年版）；马一夫、厚夫主编：《路遥再解读》（陕西人民出版社2008年版）；程光炜、杨庆祥：《重读路遥》（北京大学出版社2014年版）；王刚：《路遥纪事》（北京时代华文书局2014年版）；王刚：《路遥年谱》（北京时代华文书局2016年版）；《路遥 路遥——〈路遥传〉评论、访谈集》（湖南文艺出版社2016年版）。

貌；路遥女儿手头只有有限的几页《平凡的世界》手稿。路遥的创作随笔《早晨从中午开始》手稿，在西安一位神秘人士手中，2007年时要价10万元，现在要多少钱已经不得而知了。有幸的是，延安大学路遥文学馆在建馆之时，得到陕西人民出版社《路遥文集》责任编辑、作家陈泽顺捐赠的编辑出版《路遥文集》时使用过的《早晨从中午开始》手写稿复印件的发排稿。这份手写稿复印件的发排稿，是路遥端端正正地誊写的手稿，上面还有书稿发排时的各种编辑信息。在这份手稿上，既可以看到路遥工整的笔迹与严肃认真的创作态度，也可以看到编辑们付出的辛勤劳动，同样也弥足珍贵，目前是延安大学路遥文学馆的镇馆之宝。

另外，路遥1989年1月写给上级部门的汇报材料，包括《个人小结》《业务自传》与《本人对目前专业设想建议》手稿，不知因何原因流失到社会上，为陕西宝鸡一位藏家收藏。经路遥生前好友、作家莫伸鉴定，确为路遥手稿。

二是路遥的书信。路遥生活的年代，书信是人际交流的重要方式。路遥成名很早，路遥给许多朋友的书信因有意与无意的原因被精心保存，并公开发表①。而朋友们给路遥的书信，却因路遥早逝、夫人回京以及长期照顾路遥创作的兄弟王天乐病逝等诸多方面的原因，已经很少能够找到了。

二、关于路遥手稿的研究

目前，国内关于路遥手稿研究仅限于路遥书信研究。路遥的书信因其具有凝固情感、穿越时空等原始性特点，成为研究路遥的重要资料。2013年，我在《新文学史料》第3期上刊发的《新近发现的路遥1980年前后致谷溪的六封信》，就是根据书信研究其创作思想的史料论文。该论文所重点研究的六封书信，是路遥1980年前后写给其好友、诗人曹谷溪的。这六封书信是谷溪在前几年整理资料时意外发现的，经其授权，我第一次正式在论文中公开披露。我后来在编辑北京十月文艺版《路遥全集》时编入随笔、诗歌、书信卷《早晨从中午开始》中了，但因一些莫名其妙的原因又被删掉了。

在1979年11月份到1980年5月份的半年左右的时间内，路遥当时先后以

---

① 广州出版社、太白文艺出版社2000年出版的《路遥全集》之"散文·随笔·书信卷"中，共收录了32封书信，其中就有其好友海波精心保存的14封书信。北京十月文艺出版社2010年版的《路遥全集》仍收录32封书信。而我作为"特邀编辑"编辑的北京十月文艺出版社2013年版《路遥全集》之《早晨从中午开始》卷中，共收录了42封书信，比广州出版社与北京十月文艺版初版《路遥全集》增加了10封。当然，这些书信也仅仅是路遥的部分书信，如路遥1980年前后致谷溪的六封信就未收录，其他书信仍有待搜集。

"高密度"的方式给其在延安的好友、诗人曹谷溪写了六封书信。这六封书信主要涉及给其在延安城揽工的胞弟王天乐找工作的事情,旁及通报自己创作情况,以及人生感悟等。这些书信是路遥在"不设防"、没有任何面具的情况写成的,自然是研究路遥创作的第一手资料。我通过对这六封书信的研究,解读出一个具有"多面性"性格的作家路遥:一方面,他费尽心机、不择手段地帮助农民弟弟王天乐改变命运;另一方面,他又从王天乐的处境由己度人,深入思考中国广大农村有志有为青年人的出路问题,催熟了中篇小说《人生》,甚至为日后创作长篇小说《平凡的世界》找到了现实灵感。我由此得出结论:"由此可见,新近发现的这六封书信应该成为研究路遥的重要史料,应当引起研究者的重视。"①

2015年,我根据路遥1980年5月1日致《当代》编辑刘茵的一封重要书信,结合材料撰写了《路遥〈惊心动魄的一幕〉发表过程及其意义》的史述论文,刊发在《文艺争鸣》第4期上。该论文深入分析路遥中篇处女作《惊心动魄的一幕》的艰难发表过程以及意义,并得出令人信服的结论:"《惊心动魄的一幕》的发表至少有这样几重意义:一是极大地提升了路遥文学创作的自信,使他获得了前所未有的自信心;二是他跻身全国著名作家行列,为全国文坛所关注;三是也改变了他在陕西文学界坐冷板凳的际遇。"② 事实上,路遥1991年在创作随笔《早晨从中午开始》中,就直言不讳地称时任《当代》主编的著名文学评论家秦兆阳是"中国当代的涅克拉索夫",他这样写道:"坦率地说,在中国当代老一辈作家中,我最敬爱的是两位。一位是柳青,一位是健在的秦兆阳。我曾在一篇文章中称他们为我的文学'教父'……秦兆阳等于直接甚至是手把手地教导和帮助我走入文学的队列。"(见《路遥全集·早晨从中午开始》,北京十月文艺出版社2013年版,第45页。)这也从另一个角度证明了《惊心动魄的一幕》发表之于路遥文学创作的重要意义。

这两篇撰写的学术论文的引用率很高,原因是我找到了第一手的书信材料。这些年来,我致力于路遥书信的收集与研究,并合理地渗透在人物学术传记《路遥传》中表述中。

关于路遥手稿的研究几乎是空白点,潜力很大,空间也很大。路遥的创作与一般作者相比,有许多质的不同。一般作者的创作,是先萌发灵感,再滚雪球一样生

---

① 梁向阳:《新近发现的路遥1980年前后致谷溪的六封信》,《新文学史料》2013年第3期,第149页。
② 梁向阳:《路遥〈惊心动魄的一幕〉发表过程及其意义》,《文艺争鸣》2015年第4期,第19页。

发主题与故事框架。而路遥的创作是典型的意在笔先，先有明确的主题，后有广泛搜罗材料，形成框架，捕获串联线索，激发创作灵感。他在长篇小说《平凡的世界》创作中，反复推敲章节提纲。倘若能获得这些创作的原始提纲性材料，则对深入研究路遥创作的深化过程则大有裨益。

另外，关于路遥重要书信的收集工作，仍应是路遥手稿研究的重点。如曾出版路遥代表作《人生》的中国青年出版社原副总编辑王维玲先生，就保留多封路遥在创作与出版《人生》期间的书信，他本人在回忆文章中也有所披露，但是极不完整，而这些书信又是研究路遥《人生》创作心路历程的重要钥匙。我曾多次与老人联系复印书信事宜，均因多种原因未果，但我仍未放弃努力。

已故著名学者朱维铮教授曾言："我不以为传统考据方法所得结论便等同于历史事实，我也不以为义理一词可以作为历史认识的同义词……任何一种历史研究，那第一步都只能用力于讨论对象'是什么'，然后才能追究'为什么'。"[①] 就路遥的手稿研究而言，不是在路上，而是还远远没有开始，研究自然空间也就很大、很大。

---

① 王韧：《稀缺的学者——悼念朱维铮先生》，《传记文学》2012年第8期，第35—36页。

陕西学者的路遥研究

西安建筑科技大学文学院　韩　蕊

作为文学陕军的领军人物,路遥以其高水准的创作实绩享誉当代文坛,有关他作品的评论及研究成果,能够帮助人们更深入准确地解读作家作品,而关注其中陕西学者的评论,还可以窥斑知豹,了解当代陕西文学学术特别是文学批评的审美风格及文化价值取向。

一、知人论作的传统解读起点

孟子云:"颂其诗,读其书,不知其人可乎?是以论其世也。"(《孟子·万章下》)这句话为每一个从事文学鉴赏评论的人所熟悉。"知人论世"可谓中国传统的作品解读方式,为了要正确理解作家的诗或书,就应当要了解写诗著书的人,而要了解写诗著书的人,又离不开研究他们所处的社会时代。从中小学语文课堂起讲课文就是首先"作者简介、写作背景",然后才是"段落大意、中心思想";进入中文系作品鉴赏也必是"作者生平、主要创作、艺术贡献";文学批评家们也多是将作家的生长环境及早年经历,作为解读评价其作品的起点和必由之路。

对于当代文学研究而言,这一追本溯源作品解读评价方式或许用"知人论作"更为恰切直白。关于路遥小说的评论与研究,大多数论文都会提到他的苦难童年、家庭贫寒、兄妹众多、过寄伯父、饥荒求学,甚至充满波折的爱情,都成为其小说人物事件的来源和佐证,更是探索作家个体文化性格、审美心理、人生价值观和社会思想形成的根本源泉。如"路遥的《在困难的日子里》《惊心动魄的一幕》《人生》等早期作品,无一不是取材于陕北现实生活。从他后来的创作谈,以及朋友的回忆显示,这些作品可以说都是发生在路遥身边的事情,或者说都是他陕北生活的记忆"①。

　　而且，不仅是作品评论，路遥传记也会关注到其早年经历对于后来文学创作的深刻影响。厚夫在《路遥传》中以大量翔实的史料细致描摹了路遥童年到青年的坎坷悲欢，这对于我们理解作家后来对黄土地的深沉痴恋、要强坚毅的性格特征、近乎自虐的执着奋斗，以及他笔下人物改变生活境遇的强烈愿望，均有极大的助益。如传记在记叙路遥艰难的求学生涯后，专门就其中篇小说《在困难的日子里》的写作做了补充说明，"这部'准自传体小说'为了强化困难时期同学的友谊，把故事背景放在1961年，而且让主人公马建强考上高中，但小说中的马建强的困难情况，以及同学们之间珍贵的友谊，却是王卫国当年上初中情景的真实再现"②。这也是"知人论作"的极好注解。

　　知人论作还表现在从作家生长其中的地域文化角度研究路遥其人其作，特别是在与陕西另两位重量级作家陈忠实、贾平凹的对比中，这种地域文化对于作家文化心态、审美个性及作品叙事对象和艺术风格的影响更加明显。韩鲁华先生的研究堪称此类代表，如"路遥相对稳定的文化心态结构，与这种先对封闭的块状结构的黄土高原地理环境，有着相似性，这说明他文化心态的生成，与地理环境长期的潜移默化影响，有着密切关系"③。又如"将路遥文学创作艺术的审美个性风格归结为粗犷狂放、浪漫抒情、野性原始、质朴淳厚、固守忍耐，可以说这也正是和陕北的地理生态环境所给予他的生命情感体验，以及他从中所汲取的艺术生命审美内质相一致的"④。黄土高原、关中平原和陕南山地是形成三位作家各自小说风格的重要原因。

　　路遥批评中知人论作的运用是十分普遍的，由此可见陕西批评界对于传统文学理论及批评方法的坚守，这也与北方治学的重考据特点一脉相承。当新批评的纯文本解读、罗兰·巴特"作者已死"的文本独立论等介绍进入中国时，这一在美国已渐趋衰落的新方法在中国学者看来仍是很新鲜的。新批评视文学作品为文学活动的本源，是一个独立自足的世界，研究文学的特征应该从文学作品本身出发；罗兰·巴特则以作者已死成就读者之生，即强调读者积极参与联想与延伸意义，多源且多元的文本阅读中，读者才是创造者。但这些新理论新方法在陕西评论界特别是路遥评论中几乎见不到。学者们仍然秉承"知人论作"的作者中心传统，这大概是符合国情

---

　　① 韩鲁华、郑华：《地域文化与乡土叙事对象选择——以路遥、陈忠实、贾平凹为例》，《西安建筑科技大学学报》（社会科学版）2012年4月。
　　② 厚夫：《路遥传》，人民文学出版社2015年版，第40页。
　　③ 韩鲁华：《贾平凹、路遥创作文化心态比较》，《唐都学刊》1995年2月。
　　④ 韩鲁华、韩云：《地域文化与作家审美个性及风格——路遥、陈忠实、贾平凹文学创作比较论之一》，《西安建筑科技大学学报》（社会科学版）2009年2月。

省情的，但如果能对用多个理论多种方法来理解分析评价，也许更为丰富和准确。

二、对作家使命感及责任意识的推崇

　　陕西是当代文学重镇，作家们最大的共同点便是对自身作家身份的重视。他们秉承"文章经国之大业，不朽之盛事"的传统观念，将文学创作视为自己终生的事业。陈忠实要写一部死后可以作枕头的书，贾平凹称自己是时代的记录员，路遥更是将写作看成是一种劳动，是作家义无反顾的唯一选择。他"像牛一样劳动，像土地一样奉献"的名言就是把写作当成是对养育他的人民的最好回报。游戏文字、消闲人生、码字、玩文学等"时尚"说法，在陕西作家和批评家这里是不合时宜乃至坚决摒弃的。

　　几乎所有路遥研究的文章都会对他在文学上的奉献精神肃然起敬。陕西的评论家和作家一样看重文学的教化众生与净化心灵的社会功用，对作家的责任意识和使命感极其推崇。他们在评价一部作品的优劣时，特别注重作家在作品中表现出来的道德水准和精神品格，甚至对于作家自身也有极高的道德要求。李星先生在高度评价厚夫《路遥传》的同时，就盛赞了路遥的精神品格："在笔者看来，这正是体现了路遥不朽的人生和文学坚守与创造精神的一个真实、深刻、形神兼备的路遥形象，而这种形象和精神正是祖国和时代所需要的一个崇高而巨大的楷模！"① 邢小利先生则对比了现代知识分子和传统文人后，充分肯定路遥关心民众、投身社会生活的现代知识分子人格：

　　路遥当然可以说是文人，但他更具有现代知识分子的品格。……

　　现代知识分子与旧式文人的区别，恐怕在于一个对社会、现实有一种参与意识，对社会有一种承诺，有一种责任感、使命感。一个则更多的是一种玩赏的人生态度，洁身自好，清高脱俗，不与世俗同流合污，只注重个人人格的完善与完整，不像现代知识分子社会人格、社会角色比较明显。路遥对社会的承诺也是一种信念，与一些不问世事的文人不同，路遥关注社会的发展，与时代与人民同呼吸。②

　　正如路遥自己在获茅盾文学奖感言中说："人民生活的大树万古长青，我们栖息于它的枝头就会情不自禁地为此而歌唱。"其赤子之情、作家之责、成功之慨、热望之切皆溢于言表。

---

① 李星：《还原一个形神兼备的路遥形象——评厚夫〈路遥传〉》，《文艺报》2015年3月12日。
② 邢小利：《路遥侧记》，《文学自由谈》1991年8月。

肖云儒先生在谈论路遥早期创作时说"路遥在《人生》中，并不像西方悲剧理论所强调的那样，写崇高和伟大的磨难、毁灭，而是倾重展示普通人的悲剧性格，致力于描绘现实的广阔生活中普通人心理的悲剧性"①。的确，路遥关注的是广大民众的日常生活和心理悸动，而且，他的责任感更表现在对于笔下普通人生的热爱和对于人物内心德善的弘扬。特别是对于那些弱势群体，如德顺老汉（《人生》）、孙玉厚（《平凡的世界》）等，作家也无不充满同情、温暖和深深的敬意。"路遥的底层书写虽然也钟情于苦难叙事，展示生活的苦难带给底层民众的巨大压力，但却不限于此，他的作品中更多描写的是底层民众与苦难的抗争，是由困难激发出来的昂扬向上的奋斗精神，以及战胜苦难的勇气和信心。"② 无论是《人生》《平凡的世界》，还是其他的中短篇，路遥的小说读罢掩卷，总能给人以奋斗的勇气，激励读者战胜困难超越自我，这也正是《平凡的世界》高居销售、借阅排行榜的重要原因。而这一切正源自"路遥是一个充满忧患意识和负有强烈使命感的作家，自觉的文学参与精神和理性追求促使他总是把自己与时代、与人民大众完全融为一体，为他们而创作，为他们而歌哭"③。

三、对作品乡土特色的肯定与偏好

陕西农业文明积淀深厚，乡土性是当代陕西小说显著而重要的特征，无论是历史小说还是现实生活题材均有呈现。作家们热爱自己的生养之地，眷恋这块土地上的父老乡亲，关注并同情他们的生老病死与喜怒哀乐。柳青书写了翻身农民新旧两代人生奋斗历程的《创业史》，陈忠实在《白鹿原》上描摹关中乡村近百年的沧桑变迁，从《浮躁》到《高老庄》再到《秦腔》《极花》则是贾平凹对于中国新时期以来农村社会生活变化的生动记录，路遥概括自己笔下世界为城乡交叉地带，其实着墨更多的仍是村镇县乡。肖云儒先生称其为"恋母情结"："这些着重揭示历史精神动力的作品的创作者，大都出身于农村，对土地——母亲、人民——实践有着浓厚的'恋母情结'，这一点在路遥、陈忠实、邹志安、京夫等作家构成的这个广有影响的小说家群体中表现得最突出。"④ 韩鲁华先生则称之为"恋土情结"："在

---

① 肖云儒：《中国西部文学的悲壮沉郁之美》，《延安大学学报》（社会科学版）1989年3月。
② 于敏、赵学勇：《追求一种有"温度"的书写——以路遥的创作为例》，《陕西师范大学学报》（哲学社会科学版）2015年6月。
③ 于敏、赵学勇：《追求一种有"温度"的书写——以路遥的创作为例》，《陕西师范大学学报》（哲学社会科学版）2015年6月。
④ 肖云儒、姚维荣：《当代陕西长篇小说概观》，《安康学院学报》2010年2月。

进入创作过程时，不仅是贾平凹、路遥，就是其他陕西作家，都自觉不自觉地归向土地，或明或隐地表现出一种恋土情结。"①

乡土性当然首先显现在小说叙事对象的选择上，关于路遥创作反映的生活，学者们大都遵从他自己的说法是城乡交叉地带，实际上无论是《人生》还是《平凡的世界》都有大量的内容是表述黄土地的乡村民生。老一代农民质朴善良木讷卑微，新青年的对于改变命运的急切，还有乡村姑娘的纯洁专一，乡村干部的自私狡黠专横等身边人个个鲜活，春耕秋收、年节赶集、红白喜事、盖房分地等村里事件件详细。

乡土性还表现在作家对于笔下的乡村饱含深情。如前文所讲，路遥热爱眷恋他成长之地陕北，当代陕西作家中，也以路遥的感情最为炽热强烈。他的一片激情时时冲出胸膛，忍不住在作品中直接抒情，这从《创业史》承袭而来的表述方式甚至被一些学者诟病，认为作者不应"跳出来"直接发声。这能烫着人的语句恰恰因为"路遥的'关注'，不是'爱'与'恨'的交织，'怨'与'哀'的诅咒，而是以赤子之心的依恋，把自己融入生于斯长于斯的黄土地的"②。因为有这份浓烈深沉的爱，"在对底层民众生活的书写中，路遥似乎是执意要另辟蹊径，他不去着意开掘平凡世界中负载于农民身上的民族劣根性，而是更多地发掘他们身上潜在的传统美德，特别是他们在社会变革中不断清刷历史的污垢，克服自身弱点走向自我觉醒的痛苦历程。"③

作为一名现代知识分子，作家不能对乡村生活只是一味盲目地热爱，对传统伦理道德给予全面的肯定，而应该就乡村现状做出自己理性反思。路遥对此是有清醒认识的，"在这一巨大的历史进程中，我们将付出巨大的代价，其中就包含着我们将不可不抛弃许多我们曾珍视的东西"④。但是"由于路遥自觉地追求现代意识与传统情感的冲突，使他在表现农村新人的同时，又时时维护着自己心目中的传统人伦和道德美型。"因为"路遥毕竟处于古老中国现代化迈进的交替阶段，中国文化对他的影响远比西方文化的吸收来的更深"⑤。有着农民式的乡土观的路遥也有"理想与情感的冲突"，正如巴尔扎克的《高老头》、曹雪芹的《红楼梦》、柳青的《创业史》等，在书写新生力量的不可阻挡时，都对逝去的传统不能自已地唱出一曲曲挽歌，路遥对于昔日传统美德的惋惜和留恋，便使他的作品呈现出一抹"痛

---

① 韩鲁华、贾平凹：《路遥创作文化心态比较》，《唐都学刊》1995年2月。
② 赵学勇：《路遥的乡土情结》，《兰州大学学报》（社会科学版）1996年2月。
③ 于敏、赵学勇：《追求一种有"温度"的书写——以路遥的创作为例》，《陕西师范大学学报》（哲学社会科学版）2015年6月。
④ 路遥：《早晨从中午开始》，西北大学出版社1992年版，第109页。
⑤ 赵学勇：《"老土地"的当代境遇及审美呈现——路遥与中国传统文化》，《陕西师范大学学报》（哲学社会科学版）2011年5月。

苦"与"激情"并存的乡恋悲情色彩。

从以上的简要论述及引用中,我们可以明显感受到不仅仅是作家,城籍乡裔的批评家们也有着类似的"恋乡情结"。对于乡土的共同深情,使得作家关注农村思考农业善于长于描摹农民,评论家则用同样热切的目光注视这种题材偏好,他们看似客观的评述中蕴含着充分的肯定与褒扬。

四、对现实主义创作方法的执着坚守

当代陕西小说创作一直坚守现实主义的创作方法,从柳青到路遥、陈忠实一脉相承,贾平凹创作看似灵动多样,骨子里仍然是现实主义的底色。周燕芬教授对此有论:"在20世纪80年代的文学环境中讨论路遥,核心命题就是对现实主义精神和方法的执着坚守。"并进一步分析路遥坚守传统现实主义在两点上取得成功:"一是他从一个作家的主体内在要求出发选择和坚持自己的生活和创作方式,因为这是一种主客体之间相互拥合相互适应得来的创作途径,所以非外力能够轻易影响和改变……二是路遥并没有僵化地对待传统现实主义,路遥艺术个性中具有强力地突入客观世界的主观精神,他用作家炽热的情感点燃笔下的土地,与中国农民和他们的困难命运同呼吸共悲欢。"① 进而肯定路遥更多取胜于他的情感诚意和道德力量,是作家的主观精神征服了小说和读者,也就是说路遥的创作的现实主义方法既是传统的又是极具作家个人色彩的。

对于路遥的现实主义创作,王愚先生则在路遥创作早期,从小说所反映的现实生活矛盾及刻画人物方面表达了自己的看法:

> 对于一个现实主义作家来说,把握现实生活中复杂的矛盾状态,既是在全景意义上概括一个历史时期的需要,也是完整地展现人物性格的重要环节。……他总是把自己的人物放在复杂的矛盾冲突的漩涡中,放在时代风云变幻的"风眼"中,让人物面对周围相互纠结的复杂关系,左冲右突,显现出在社会环境影响下多侧面的特点,以及人物性格的力量和强度。②

这便很有塑造典型环境中典型人物的意味了,而正是这些"漩涡"和"风眼"中的人物,给读者留下了极其深刻的印象,他们的喜怒哀乐言行心理共同构筑了路遥小说精彩的艺术世界。李国平先生对此做了精到的总结:"《平凡的世界》以现实主义精神,展现的是积贫图强,充满觉醒冲动的上世纪七八十年代,是以时代、

---

① 周燕芬:《当代陕西长篇小说的代际衍变与艺术贡献》,《华中师范大学学报》(人文社会科学版)2014年1月。
② 王愚:《在交叉地带耕耘——论路遥》,《当代作家评论》1984年4月。

地理和蕴含着历史合理性的浓缩着时代主要冲突内容构筑的生活图景。"①

赵学勇先生在论及"路遥现象"时,则是正话反说:"《平凡的世界》不仅缺乏技术层面上的'先锋性',而其文本叙事缺乏新意,它是'老土'的现实主义。"此论是针对20世纪90年代前后当代文学学术界批评界的"西潮"风气,即在"先锋""时尚"的批评话语里,路遥的现实主义是"不合时宜"和"落伍"的,这也正是路遥创作遭遇批评界冷遇的原因。在路遥去世15周年后,赵先生给予路遥极高而中肯的评价:"路遥是一位真正思考'中国问题'、密切深情地关注'中国现实'的作家,他将自己的生命融入了现代化进程中艰难行进的'中国历程',在这一点上,他表现出了令人钦佩的真诚和难以置信的生命能量,在中国当代文学史上竖立起了只有属于路遥的'这一个'。"②这看似肯定作家讲好"中国故事"的不懈努力和卓有成效,也是对他坚守现实主义创作方法的最好褒奖。

当代文学的研究特别是评论有时间优势,可以与研究对象直接对话获得一手资料,了解作家的创作初衷、构思意图、写作历程、完稿感受等等。但是也有劣势,即学者与作家距离太近,特别是一个省内一个圈里甚至一个院中,或自带感情因素,或囿于批评眼界,或为尊者讳,很容易在评论中只说好话而忽略作品缺憾。路遥批评在早期是有论者指出其创作不足的,如王愚先生在肯定路遥现实主义创作方法的同时,也表达了自己对其作品的看法和期待:

在最主要的两个方面,他确实还需要付出艰辛的努力。一是怎样把对生活的激情和对生活的深沉思考更完善地结合起来,在反映复杂的矛盾冲突时,避免由于对主人公的钟爱,连带人物身上的弱点也给予过分的谅解(像对高加林),或者由于对人物偏离生活轨迹的痛心,把人物身上复杂的东西简单化(像对黄亚萍)。这实际上是现实主义精神不够充分的流露。……二是在艺术上怎样丰富和缜密起来?除了《在困难的日子里》《人生》,其他的中篇和绝大多数短篇,结构上的板滞、描写上的缺乏风采,艺术上的平淡,都程度不同的存在着和通晓古今中外的知识准备不足有密切关系。③

但后期这样的论述越来越少了,一是作家后来的创作较前确有提高,二是路遥去世后,人们更是以纪念怀念的方式提到他的名字,重温他的作品,真正指出不足的文章便极少见到了。其实良好的创作与评论关系,应是后者对前者切实起到提高和促进作用,真正做作家的良师诤友,哪怕言辞激烈到令人红脸,对于作家本人乃至当代文学事业最终是大有裨益的。

---

① 李国平:《当我们谈论〈平凡的世界〉时我们在谈论什么》,《中国艺术报》2015年4月8日。
② 赵学勇:《"路遥现象"与中国当代文坛》,《小说评论》2008年6期。
③ 王愚:《在交叉地带耕耘——论路遥》,《当代作家评论》1984年4月。

地域抒写的困境
——从《人生》看路遥创作的精神资源

惠雁冰

路遥的创作模式基本上可以称为地域文化的挽歌。他以土地本身的骨血作为底蕴，以20世纪80年代的特有境遇作为依托，让主人公横亘在现实与理想、文化根性与现代理性的动荡之间，从而使作品弥漫着一种深沉的悲壮气息与峭拔的浪漫情怀。当然，创作模式的单一直接源于其精神资源的恒定。路遥创作的精神资源可以概括为：陕北文化的"出走"主题，社会底层人性的"苦难搏斗"形象塑造范型以及民间维度"多情女子负心郎"的情节生成模式。

一、陕北文化的"出走"主题

陕北自古就是一块苦焦的土地，重峦叠嶂，沟壑纵横，几无平地。生存境遇的极端恶劣，不但使生命负载了极为沉重的阴影，更残酷的是几乎切断了陕北与外在世界的一切联系，终使王道难化，春风不度。值得思考的是，陕北又是一块浪漫的土地。自然区域的生命应答并不是通过粗粝与萎缩昭示出来，相反是通过生命对自然的超越浪漫的实现，甚至在超越的过程中没有一丝强力挤压下的痛苦。这种人文景观的出现，一方面归因于陕北人基于生存塞迫而产生的决绝式心理，另一方面，身处边地的边缘性特征也使陕北在包容了他民族、他区域的生存方式后自然形成的文化维度的多向性。多向性的文化维度与边地文化的相互渗透，构筑了陕北人淡化民族法理、疏散村落秩序的乡土消解意识与文化移植心理。由此，自然条件越窘困，社会灾难越频仍，陕北人对外在世界的憧憬越急切。换句话说，陕北人似乎从来没有其他地方的人对乡土的那份守持与凝望，"逃离"与"出走"始终是陕北人亘古难移的精神主题。诸如陕北民歌中传唱的情绪，也决不仅仅是休歇之余的沉浸，而更多奔涌的是直面惨淡的生命质疑。正因为如此，"出走"成为陕北人一经降生便万难更移的刻骨情结,也成为隐喻在区域民族灵魂深层中的精神意象,同时成为我们解读陕北文化进而阐释其生存状态的一个解码。路遥是一个地地道道的陕北人,他以笔下的主人公的精神突围丈量了陕北人祖祖辈辈的光荣与梦想。

饶有意味的是,路遥以20世纪80年代社会转型初期的特殊社会背景作为自己阐释文化母题的土壤。在《人生》中,高家林的一切奋斗便自然拥有了现实的有效性和文学本身的悲剧性,陕北文化的"出走"主题也随之生发出广阔的诠释空间。换句话说,基于自然秩序困厄的单纯"逃离"因为有了社会秩序的介入而生机勃勃起来。而社会秩序的坚硬与社会体制转型过程中所携带的各种阴影又势必使"逃离"与"出走"本身变得乏善可陈。路遥以一副悲怆的姿态反观着逃离者的幸与不幸,也在痛苦中无奈地咀嚼着精神无以遮蔽的寂寥。高加林的"人生"怪圈揭示的正是这种精神逃离的无望。

当然,与城市秩序的冷漠相对的是路遥笔下乡村秩序的温情。乡村作为传统小农文化的载体,沿袭着守旧与忍耐的精神,也最大限度地存留了有关善良、负重、淳朴、关爱等诸多美德,这就使得路遥在解读文化母题时拥持着一种相当矛盾的情感。一方面,他诉诸高加林以出走的基本实力,有才干,有思想,有雏形的现代文化心理,还有妄图刹那间改变生存环境的浪漫主义的渴望;另一方面,路遥又深知乡村社会与城市社会在当下的严峻对立以及不完善的社会体制所赋予高加林出走的各种现实阻碍。于是,乡村温情便自然成为救赎出走者的终南捷径,其实,出走的焦灼与出走的无望本身就是陕北文化的精神主题,路遥与母体文化的无奈合辙潜在地反映了路遥内在的困惑。因此,在文本中,现实的救赎被伦理的救赎所取代,现代性的突围被母体文化的化合所取代,其中的地域文化情结不言而喻。遗憾的是,路遥在他后来的每一部作品中几乎都沿袭着这种精神主题的挥抒,这些有着浓郁自传体色彩的小说讲述着有关出走、复归的永恒话题。从《人生》中那个迫切想走出黄土地的高中生,到《平凡的世界》中那个同样对外在世界极为渴望的孙少安、孙少平,大体如此。

二、"苦难!搏斗"的社会底层形象塑造范型

有了陕北文化中"出走"主题的预设,路遥便自然在主题的牵引下安排"出走"的可能及"出走"的意义,而"出走者"的性格熔铸直接关乎着对主题承载的有效性。为此,路遥的创作环节无疑成为对文化母题的单纯还原,其中,"苦难与搏斗"的形象塑造范型几乎成为路遥解读现实生活的唯一尺度。

首先,路遥深知生活在社会底层者的苦痛与追求,也明了他们迈向外界的艰难性,更懂得他们内心涌动的随时准备冲破重围的强烈愿望,为此,生活的阴暗化处理便成为形象存活的基本环境。高加林是一个农村子弟,高中毕业后没考上大学,

地域抒写的困境
——从《人生》看路遥创作的精神资源

在村办小学中当民办教师，父母又是一辈子只知道从土坷垃里讨饭吃的庄户人，除过善良忍耐之外，别无他能。谁知，民办教师又被人无端挤掉，只得回乡务农。生活的阴影像雾霭一样笼罩了高加林的全部身心，生命无休止的循环使他深深体味着现实的无情。好不容易涉身城市，又遭人算计，前途受阻，恋爱破产，背着行囊怅然回村。生命的起点就是生命的终点，苦难的结束就是苦难的源头。我们可以设想高家林回村后的种种场景，但有一点的是永难变更的，那就是他又将成为一个农民，一个被城市所弃绝的阶层，一个距理想遥远的所在，一个终生与贫困荒凉为伴的"受苦人"。"受苦人"这一特定性的称谓，可以发现农民心目中社会秩序的严峻分野以及农民对于自身生命重负的终极性评判，也自然能够体会路遥对于苦难的理解及随之展现出的逃离意识。

其次，社会底层人性的苦难境遇一旦设定，路遥便极力来锻造与苦难抗击的孤愤者，并时时留出足够的空隙以促使孤愤者有突围的现实可能，同时也可以完成有关乡土母题的文化解读。于是，搏斗性成为孤愤者消解苦难的基本精神品格。开篇的暴风雨已经预示了一场人生劫难的开始，"准公家人"的社会符号被乡村强权无情剥夺，他像一匹受伤的狼一样面对懦弱的父母发泄完内心的冤屈之后，义愤填膺地嘶喊道："反正这样活受气，还不如和他狗日的拼了！兔子急了还咬一口哩。咱这人活成个啥了！我不管顶事不顶事，非告他不行！"在某种程度上，从这一天起，复仇的种子已经在高加林的心中萌生，"活成个人"便是这个农民子弟的搏斗目标。然而，乡村世界的平寂让心高气傲的高加林痛不欲生，他只能以一种惨烈的自虐方式来发泄自己对生活和命运的困惑，艳阳之下他近乎疯狂的劳作处处印证着这个铁血男儿的桀骜与不屈，尤其是当他去城里挑大粪时，本已待势而起的愤激在自尊遭到强烈挑衅的情况下决堤而出，"他恶狠狠地对老同学他妈说：'我身上是不太干净，不过，我闻见你身上也有一股臭味。'"这是一个农民对城市人的挑战，也是乡村社会对文明社会的宣言，价值意义的拷问是高加林维护人格的唯一方式。一个被现实处处刺逼的困兽，一个急趋于"无物之阵"中的刀手，在严峻的生活面前，空怀悲愤，仰天长啸。于是，在文化母题的召唤下，路遥适机安排了促使高加林出走的各种契机。刘巧珍的出现则是高家林焦灼情绪的一阵清风，也是将其由低调状态调整到高亢状态并保持搏斗意识的人生平台。"二叔"的工作调遣及马占胜的伺机行事，无疑为高加林的出走搭建了改写命运的现实阶梯，而黄亚萍的爱情奉献则直接将高加林"活成个人样子"的搏斗理想变为现实。

如果说弃绝了乡村秩序的高加林开始成为城市生活的一部分是路遥关于"出走"主题的第一重演绎的话，那么，"出走"的无望便成为路遥对文化母题另外一个层面的深沉凝望。张克南的宽容与仁义并不能取代城市秩序对无视规律的介入者的排斥，伦理的亲和也自然无力对抗体制的严整，张克南母亲的一封信，匆匆结束了高加林征服城市的光荣之旅，他再次回到了贫瘠的黄土地。值得思考的是，路遥对形象的苦难关注和搏斗认知并没有随乡村社会的温情接纳而戛然消失，德顺爷爷与巧珍的宽厚善待正如高加林初次回到农村时一样，只不过是受伤者暂时的灵魂栖息之地，而丝毫不会消解"出走者"的搏斗欲望。随着时光的流逝，又会获得"巧珍"一类姑娘的垂怜，又会有新的出走契机的出现，然后再搏斗，再无望，再无望，再搏斗，就如陕北民歌传达出的忧困情绪一样令人惊颤不已。

路遥的这种形象塑造范型其实在诠释原则上等同于"十七年时期"非常繁盛的革命现实主义，与革命现实主义的宏大主题、英雄形象、苦难环境、崇高品格几可合辙。而且，在创作环节的具体设置上，生活的阴暗化处理与苦难搏斗的形象塑造模式一直是革命现实主义的审美理想：朱老忠、林道静的形象就是其范型。路遥的《人生》具有浓郁的英雄主义色彩与个人复仇主义情节，审美品格上也自始至终流淌着一种崇高的气息。唯一不同的是，革命现实主义宣泄的是在苦难中搏斗的豪迈性，而路遥挥抒的正是在苦难中搏斗的悲怆性。《人生》的成功暗合了后"文革"时期的新理想主义潮流，又直面了转型初期意义秩序的碰撞与对立，故而程式化的创作原则才显示了其现实的意义。

三、"多情女子负心郎"的民间审美维度

在一般民间社会中，常常存留着有关"多情女子负心郎"话语模式，并演绎了很多魂断玉销的爱情悲剧。路遥的《人生》正是一部讲述在新时期的城乡接合体，两个来自黄土高原深处的青年男女在人生观、价值观发生强烈冲撞之后上演的爱情悲剧。除过文本反映的现实展现出特有的当代性外，在情节生成模式上，甚至在主人公职业身份的设定及道德中介力量的荫庇方面，同传统文化母脉上衍续的情爱组构模式一脉相承。

高加林的人生失意是他能够亲和民间文化的基本环节。一个农民的儿子，又生活在如此荒凉贫瘠的黄土高坡，唯一可能改写命运的"民办教师"的职位还被支书的儿子无情剥夺，其中的悲愤沉郁不言而喻。可以说，这是一棵被社会风雨连根拔掉的幼苗。高加林的心灵世界也自然因生活的洗礼而呈现出极其失落虚白的色彩。路遥在字里行间也处处流露出对高加林深陷困境的垂怜，"落难"意识无疑是路遥塑造高加林形象时最直接的心理动机。其实，"落难"基调的设立，本来就包含有"救赎"的意义，这是社会秩序自我调节的法则。在文本学中应归于创作者对生活拆解后的建构，在此也可理解为路遥预设性的曲笔。问题是谁来拯救，靠什么来拯救？路遥的意识世界明确地指向了温情的民间。刘巧珍就是在高加林痛不欲生的情

地域抒写的困境
——从《人生》看路遥创作的精神资源

状下脱颖而出，身份的平等让她有关注高加林的可能，话语体系的一体与婀娜多姿的外貌则令她有呵护高加林的必然。她果敢地宣泄着自己母性般的爱，也在施舍的过程中幸福地品尝着爱情给自己——这个农村俊女子所裹挟而来的迷人的甘甜。她特意在小路上等待加林，把自己早已预备好的甜瓜递到爱人的手中，而后低头含羞，碎步急趋，一副民女之态。得知加林去城里卖馍，深晓他碍于情面，绝难开口，不惜巧借名目，只身进城。当她与加林同回村子时，异常大胆地抛出爱意："如果你不嫌弃我，咱两个一搭里过。你在家里盛着，我上山劳动，不会让你受苦。"见加林没有拒绝，就"倚在加林怀里，低声说：'加林哥，你亲一下我。'"情感的表达又是何等浅直与率性。面对刘巧珍火热的攻击，身临窘境的高中生第一次感觉到生命的舒朗，低回的基调陡然间在爱情的召唤下变得高亢激越起来。到这个时候，"落难"的阴影快速褪去，民间的温情无声地化解了内心的躁动，外在世界已经被庞大而感性的乡村秩序挤压到边缘状态，直至悬置起来。

高加林地位的重振是他逃离民间文化熏染的契机，也是他最终"负心"的关键。如果说"二叔工作调遣"的情节安排类似传统情爱小说中的"恩主礼遇"的话，那么，"县委通讯员"身份的变化无异于"金榜题名"后的春风快意，而黄亚萍的怜才惜玉及为其勾画的美妙蓝图则直接是皇帝的"御试赐婚"或贵族府邸前的"绣球轻抛"。在现代文明的曙光中，高加林因温情遮蔽的才情与斗志呼啸而出，同时，民间文化中所包蕴的负面因素也林立起来。文化的对立及随之显露的价值落差从此冲上高加林的心头，刘巧珍去城里探望高家林的一幕便清晰地昭示了这种负势而上的文化反差，"一进加林的办公室，巧珍就向他的怀里扑来。加林赶忙把她推开，说：'这不是在庄稼地里……'"与传统情爱小说略有不同的是，路遥描写了高加林面对人生抉择的复杂心理，如他给巧珍系上的红纱巾，他一个人孤独地在东岗遐想，连同他对黄亚萍愤怒的嘶吼等，特别是他与巧珍在大马河分手的一幕，让人痛感一个受过民间关爱并从中汲取了力量的出走者对民间最微妙的回望。负心者辞别温情的时刻便是他重视苦难的开始，这是民间秩序的文化利器。老女人的冲冠一怒使高加林再次卷起铺盖，颓唐而返。面对回归的浪子，民间的温情铺天而至，道德的救赎取代了文明的救赎，其中所彰显的价值认定原则清晰而明朗。一个古老的主题及同样古老的情爱组构模式就这样在路遥笔下汩汩流淌了出来。

综上所述，路遥的作品始终走不出这种精神资源的桎梏，他得益于地域文化的滋润而蜚声国内，但同时也因文化结构的过分单一与文化情感的过度直率，过早地凸现了其创作的艰困，而他桀骜执拗的个性也不容许他有突围的可能。

（《宁夏社会科学》2003年第4期）

路遥的英雄情结

榆林学院文学院　贺智利

一

荣格认为:"情结是意识无法控制的心理内涵。它们和意识分裂,在潜意识中过着个别的生活,时时刻刻准备去阻挡或支援意识意象的需要。"①"个人无意识有一种重要而又有趣的特征,那就是,一组一组的心理内容可以聚集在一起,形成一簇心理丛",荣格称之为"情结"。荣格还认为,情结"是自主的,有自己的驱力,而且可以强有力地控制我们的思想和行为。它们可能而且往往就是灵感和动力的源泉,而这对于事业上取得显著成就是十分重要的"②。一个人可能会有权力情结、金钱情结、爱情情结、自卑情结或艺术情结,但一个生活的强者,在其无意识中占主导地位的可能是英雄情结。

一般地说,英雄情结的特征表现为改变人生、解放社会的伟大抱负,是一种豪迈无畏、舍生忘死的革命英雄主义精神,包含着不满足和超越平庸凡俗、做杰出人物、创英雄业绩的潜在欲望,以及反抗意识、挑战意识、创造意识和牺牲精神。考察路遥的生平及其创作历程,不难发现,英雄情结贯穿了他的一生。

童年时代的路遥是在饥饿和屈辱中度过的,但沉重的生存压力和卑微的生存位置更激发了他顽强不屈的抗争力量。与路遥同村的伙伴刘凤梅回忆:小时候的路遥聪颖而又淘气,常常与一些比自己大好几岁的男孩子打架,总不认输。③ 这种不服

---

① [奥]荣格:《探索心灵奥秘的现代人》,社会科学文献出版社1987年版,第74页。
② [英]霍尔,等:《荣格心理学入门》,三联书店1987年版,第35—37页。
③ 刘仲平:《路遥纪念文集》,榆林日报社1992年,第179页。

输的犟劲，发展为他后来性格中的硬汉子精神，并由此转化成了成就大事业的自信、自立和面向人生的倔强的进攻姿态。

"文革"爆发后，正在上中学的路遥满腔热情地参与了那场狂飙运动，并且成为"红四野"的司令，延川县人所共知的造反派领袖。1969年，延川县革委会成立，二十岁的路遥成为县革委会副主任，实现了长期被压抑的政治抱负。这种政治抱负滋生于对屈辱、压抑的反抗，也来自对家乡英雄的崇拜，以及由此积淀而成的英雄情结。

大学时期，路遥把文学作为实现自己人生价值的途径。为此，他系统地阅读了古今中外那些文学大师们的经典之作，并且把新中国成立以来全部重要的文学杂志翻阅了一遍，试图对当时的文学界进行一次挑战性的尝试。我们从他读书、读报刊的选择性颇强的目录中，可以领略到他对世界文学巨擘的追踪，以及超越平庸，欲独领中国文坛风骚的英雄气概。

从路遥的创作来看，我们不难发现他的超越意识、挑战意识和牺牲精神。当"伤痕文学"的大潮铺天盖地，几乎成为所有作家共同的审美选择时，路遥却逆流而上，独辟蹊径，偏要歌颂革命意志坚如磐石，把热血与生命献给人民的老干部；当改革文学、反思文学盛行文坛成为时尚时，路遥却执着于思考当代青年人生道路上的选择与困惑；当寻根文学把作家的审美目光引向远古洪荒时，路遥却要描写反映现实生活变革的巨幅画卷；当现代派文艺思潮使许多作家趋之若鹜时，路遥却仍旧坚持现实主义的创作方法。可以说，路遥创作历程中的每一次飞跃，都是一次个人对群体的挑战。这几次挑战性或者说迎战性选择，集中表现了路遥在艺术创新中的独立精神。

路遥在文学上具有雄伟的抱负和成就大事业的英雄气魄。在创作中，他不屑于小打小闹，也不迷恋小的故事，而是怀着"史诗"的情结，在自己的艺术世界中建构起时代精神的大宫殿，力争使自己有资格位于中国作家队伍的排头兵位置上，表现出超越别人、独占鳌头的进取精神与好胜心理，摘取文学最高桂冠的欲望与意志，战胜对手，不达目的绝不罢休的自信、强悍与霸气。在创作间隙，他爱唱歌，而唱得最多的是由毛泽东诗词改编的歌曲《沁园春·雪》①，其潜在原因，也许正是伟人毛泽东这首写于路遥的出生地清涧的词，那"俱往矣，数风流人物，还看今朝"的革命英雄主义的气势，与自己无意识中的英雄情结发生了共鸣的缘故。《平凡的世界》荣获"茅盾文学奖"后，他并不满足，而是立志"要在以后写出更大

---

① 路遥：《路遥文集》第2卷，陕西人民出版社1993年版，第51页。

的作品，真正地向诺贝尔文学奖进军"①。这种孤独傲岸的强者型气质，显示的正是一种英雄主义的崇高感。

英雄主义还强调坚韧不拔的顽强意志与不惜献身的牺牲精神。路遥在创作上有一种为文学永无追悔的牺牲精神和自我折磨式的伟大劳动精神。为了创作，他抛弃了一切的人间温暖，如同一个苦行僧，一心只想功德圆满。写完《平凡的世界》第二部时，命运把他推向了在生命与完成作品之间的两难选择境地，如果停笔休养，可能会重演柳青的悲剧，只给世人留下半部杰作；如果继续工作，可能会付出生命的代价。关键时刻，路遥毅然选择后者，不惜用生命作赌注，把后路彻底切断。他说："只要上苍赐福于我，让我能最后冲过终点，那么永远倒下不再起来，也可以安然闭目了。"② 路遥最终用自己全部的热血与生命铸成一个完整的艺术大厦。这种宁死不屈的牺牲精神，构成了一个作家独具魅力的存在方式。英雄情结，正是路遥精神上一团永远燃烧的活火，一道永不枯竭的潜流，一架灵敏强大的风轮，一面至大无声的鼙鼓。

二

从唯物主义的立场出发，应该说路遥的英雄情结是在社会历史的变革中形成的，是客观环境的产物。尽管我们不能排除作者主体童年时代所感受的创伤性经验的因素，但这些经验，归根到底是在主体家庭与社会的外部环境刺激之下产生的。

首先是地域文化、民族文化心理的影响。路遥的家乡陕北，是一块既贫瘠又神奇的土地。由于历史的原因，在这块因被割裂而异象突出的地壳板块上，中原文化和草原游牧文化共同铸造了该地区人们特殊的心理气质与性格。既善良又剽悍，既诚挚又豪放，既笃重又侠勇。在这块黄土厚垒、沟壑纵横的土地上，自古以来就盈荡着质朴的民风和豪爽的气概，充满着英雄血和美人泪，在保守和开拓的矛盾交搏中，施行着创造性的进取和的变革。③ 黄土高原这块苍凉的北方原野是产生英雄和史诗的地方。我们可以追溯到在陕北十三年的毛泽东，追溯到现代英雄刘志丹、谢子长，追溯到斯巴达克斯式的悲剧英雄、横行天下的闯王李自成，甚至一直远溯到民族蛮荒时期的半神人物公孙轩辕。贫瘠沉雄的黄土丘陵造就了陕北人的硬汉子性格，这种与险恶大自然反复较量过程中逐渐培养起来的性格基因在无数代人的复制

---

① 王天乐：《〈平凡的世界〉诞生记》，《榆林日报》2000年10月28日。
② 路遥：《路遥文集》第2卷，陕西人民出版社1993年版，第86页。
③ 艾斐：《论陕北题材文学》，《延安大学学报》1989年第1期。

中被凝结成"集体记忆",烙印在每一个陕北人的心理上,使得陕北的几乎每一个男人身上都有一种莫名其妙的"英雄情结",随时准备像他们的光荣前辈李自成那样,翻身上马,去横行天下。进入关中思稳定,进入陕北想革命,陕北窑洞中的血泪最容易培植造反的火种。这样的文化心理自然会潜移默化地影响路遥。

其次是长子的家庭地位以及艰难的成长经历。在路遥凄凉的少年记忆中,永难忘却从清涧到延川的那一条曲折漫长的家乡小路,从七岁生身父亲出于贫穷将他送到延川县的另一个村庄、另一个家庭开始,命运就用烙铁在他幼小的心灵中烫下一句灼热的话:人活着,谁也靠不住,只能靠自己。那场生存空间的大转移,使他的心灵受到严重的创伤。"情结往往是由个人经验中的一处重大伤害而产生的。这种伤害被埋进潜意识里,会在人的意识里固着于一个特殊的观念形式上。这些观念变得充满情绪色彩,并总是影响他的思想、感觉和生活。"① 参照这种说法,可以说,童年时代的心灵创伤,为滋生英雄情结提供了土壤。其后,在求学的道路上,他不仅忍受着饥饿的煎熬,而且在窘迫的生存状况中又感受到强烈的自卑和巨大的屈辱。凡此种种,都磨炼了他坚忍的意志,锻铸了他非常人所能想象的生存毅力和与生活搏斗的顽强精神。从个人无意识的角度讲,此时路遥心中由于受外界刺激所积淀的主要还不是英雄情结,而是自尊情结和反抗情结。荣格认为情结是"一簇心理丛","一组一组的心理内容可以聚集在一起",形成情结。那么,自尊情结与反抗情结这两个在内容和意象上相关联的因素,同时在路遥无意识中形成并聚集在一起,就成为他英雄情结形成的重要原因。

陕北历史文化的影响和来自现实生活的苦难,使出身于社会底层的路遥从少年时期便具有人杰意识,并在故乡先贤和文学前辈的影响下得到进一步强化。陕北民间广为流传着各类神话传说,古往今来涌现了不少彪炳史册的仁人志士,这些先贤的事迹在历史上一直蔓延下来,构成了一种有着很大感染力的文化氛围,而从小就受到了压制与深创巨痛的心灵,最容易接纳反抗的火种。路遥从小就对英雄人物至为崇敬,中学时期最喜欢的文学作品是《钢铁是怎样炼成的》《青年近卫军》《毁灭》《铁流》《把一切献给党》《牛虻》等小说,其阅读动机也许正是久久郁结于无意识中的英雄情结渐渐显现于意识层面,开始对英雄主义精神有了清醒的认识。

在陕西前辈作家中,路遥最崇敬的两个人是柳青和杜鹏程,而这两个人身上都充溢着强烈的英雄主义精神。这两位作家在创作中是属于少数敢踏入"无人区"的勇士,是敢在文学的荒原上竖起自己旗帜的人物。他们在文学上都具有雄伟的抱负和成就大事业的英雄气魄,路遥赞美他们是"气势磅礴的叙事诗人",是文学行业

---

① 朱智贤:《心理学大辞典》,北京师范大学出版社1989年版,第502页。

中的"斯巴达克斯"。① 这两位作家高远的思想境界和崇高的人格力量在路遥身上得到了延续，使他的英雄情结在文学创作中不断地被升华、被融化，从而形成稳定的人格结构。

三

作为一位优秀的小说家，路遥的英雄情结必然会艺术地投射在其作品中，影响其作品的形象塑造、艺术构思和审美风格。

肖云儒认为，路遥"孤独傲岸的强者气质和特定的生活素材熔铸之后，常常使他的作品溢散出一种英雄主义的崇高感"②。事实确实如此，英雄情结投射的结果，使路遥小说中的男主人公，几乎无一例外地成为硬汉子模型，构成一系列"当代英雄"形象，这既本源于民族的英雄崇拜的潜意识，更出于路遥对崇高人格的自觉追求。

《惊心动魄的一幕》中的县委书记马延雄，面对"文化大革命"的政治风暴，在被蒙蔽的群众因为他而发动的一场武斗即将爆发时，为了制止一场流血冲突，使无辜的群众免遭战火荼毒，他挺身而出，主动做一颗"豆子"，钻进两扇疯狂旋转的石磨中间，以自己的粉身碎骨，平息了这场将要使许多人白白送命的武斗。马延雄在自己最痛苦最危险的时候能够忘记自己，只想到群众，能够以不可想象的伤残饥饿之身，夜行于雨水泥泞的远路之上，去从容赴死，显示了一个真正的共产党人大无畏的英雄气概与崇高的自我牺牲精神。在对主人公英雄主义精神的由衷歌颂里，透射进了作家本人无意识中被压抑的英雄情结。

《在困难的日子里》的主人公马建强，在最困难的时期以优异的成绩考上高中，他经常在课堂上饿得眼冒金星，但面对同桌周王明侮辱性的施舍，他进行了猛烈的反击——将那块施舍品远远地甩在了一个臭水坑里。尤其动人心魄的是他为了赶回因过度饥饿而急剧下降的学习成绩所表现出的超人意志力："为了再一次冲到前面，我准备付出任何代价，哪怕一下子死在教室里！我对自己说：死就死吧，这么不争气，活着又干什么？生活的贫困我忍着，但学习上的落伍是无法忍受的，这是真正的贫困。我必须在这个竞争中再一次名列前茅。"经过一番以整个生命为抵押的拼博奋斗，马建强获得期中考试中各门平均分数全班第一的成绩，他"像胜利了的拳击手一样，疲惫不堪带着说不出的欢欣"。这是一个胜利者对自身积极进取、勇敢

---

① 路遥：《路遥文集》第 2 卷，陕西人民出版社 1993 年版，第 381 页。
② 肖云儒：《路遥的意识世界》，《延安文学》1993 年第 1 期。

创造的本质力量在情感上的满足和肯定。我们在马建强身上可以看出海明威式的"人的精神是不可被战胜"的硬汉子精神，显示出坚韧刚强、百折不回的英雄气概。

高加林和孙少平是路遥投入自我成分最多的两个重要人物。作为来自穷乡僻壤的生活强者，他们都有一种百折不挠、勇克险阻的进取精神。不满现实或自我现状的追求欲望，激励他们去开辟新的生活。孙少平是一个出生农村的青年，他任侠勇敢，积极进取，有着远大崇高的理想，处处洋溢着英雄主义的时代精神。他在刚刚跨入社会时就表现出非凡的进攻性格，在是安分守己当农民还是凭着自己的力量去闯世界的冲突中，他选择的是一条艰难的背井离乡当揽工汉的生活；在救不救小翠出火坑的道德冲突中，他不听"萝卜花"的"好心"劝告，勇敢地站出来，以打掉自己的饭碗和拿出所挣的血汗钱为代价，救出了小翠；在煤矿井下人和自然的殊死搏斗中，使那些出身高贵的子弟们一个个败下阵来，用血汗和智慧体现了自身的价值，可算是一个完美的英雄人物。小说结局写他带着英雄的疤痕返归矿山，完成了对这位"平凡而伟大"的英雄的塑造。当他从死亡线上被救回人间的时候，实际上他成了为抢救他人而牺牲的师傅不死的精神化身。

路遥作为特定的主体，他的英雄情结的内涵比较丰富：至少还包含有自尊、反抗、复仇、有所为等心理意象，这些心理意象在《人生》中表现得最为充分。

高加林是一位不甘平庸勇于追求的青年，他的吃苦精神和惊人的才华显示了进取不息的强者性格。即使性格有缺点，也并不能湮没他整个人生主导方面的英雄光辉。他回乡当民办教师时，以勤奋好学、多才多艺成为全公社拔尖的教师；他重新成为农民时，在多年污秽的吃水井里撒下漂白粉，搞了一场"卫生革命"；他即使春风得意在县城工作时，仍以英雄般的献身精神投入抗灾第一线，发出了一篇又一篇的新闻报道。如果是一个懦弱的人，在经过一系列的挫折后也可能就认命了。但高加林自尊心强，性子硬，就连高家村的"土皇帝""大能人"高明楼也暗地里怯他三分。所以尽管身处下层，在精神上他从未低视过自己，决心要在社会的面前，和高明楼他们比个一高二低。而要超过高明楼，他觉得又非得离开高家村不行。生活给他的不公平愈多，他的报复心愈烈。当因为担大粪受到克南妈的羞辱时，他心中复仇的火焰更加激烈地燃烧起来，恨不得将两桶茅粪泼在这个看似干净但心地肮脏的女人身上。从农民出身的高加林的人生中，我们可以强烈地感受到一种愤于社会不公、人与人不平等的反抗情绪。弄权者和"出生罪"成了农家子高加林人生道路上真正难以逾越的障碍。悲剧的发生，包括高加林自身人格的扭曲，都透出了来自黄土地深处的沉重叹息。"王侯将相、宁有种乎？"这种反抗情绪既通向作家的英雄情结，又与来自陕北民间的古老而又常新的求公道求有为的生命冲动暗合，增加了作品的批判力度和深度。

由此看来，路遥小说主人公淳朴坚韧的性格、反抗挑战的精神，很大程度上就是主体无意识中英雄情结支配的结果，路遥对这些人物的钟爱正是所谓"英雄惜英雄"。路遥的小说在构思时追求一种恢宏的构架与史诗式的风貌，形成一种沉郁、雄浑、壮丽而崇高的美学风格，这里面也有英雄情结投射的成分。因为路遥"喜欢生活和艺术中一切宏大的东西，如史诗性的著作、交响乐，主题深邃的油画，大型雕塑，粗犷的大自然景象，未加修葺的古代建筑和观看场面狂热的足球比赛"①。这从另一方面证明了路遥内在的英雄情结与其作品的投射关系，唯其英气所钟，雄风所聚，作家的襟怀才能包举古今，经纬天地，形成其作品深沉宏大的艺术世界。

　　路遥英雄情结的艺术投射，为其作品增添了史诗性、理想主义的美与激情，显示了一种积极向上、奋发进取的思想意义，给人以巨大的精神力量。同时，英雄情结所投射出来的心理能量，大大地强化了作品的情感力度，增强了作品的艺术感染力。在现实生活中，许多人丧失了理想和信仰，颓废消沉茫然不知所措，文学中的英雄主义渐渐式微，取而代之的是玩世不恭的痞子和"一地鸡毛"的琐屑。文学缺失了英雄主义，就缺失了硬度，这不仅是文学的悲哀，也是时代和民族的悲哀。而路遥其人其文所显示的英雄主义和理想主义，恰恰反衬出我们生活的苍白与无奈，能够燃起人们心中的激情，获得改造社会、超越自身的途径和力量，去追求一种人生的力度和伟大的人格高度，给委顿、颓废、疲软的生活注入阳刚之气，给缺乏"硬"度的当代文学补充钙质。

---

① 路遥：《路遥文集》第 2 卷，陕西人民出版社 1993 年版，第 390 页。

平凡的人生与 "不平凡" 的世界
——公共阐释视域下的《平凡的世界》再解读

商洛学院人文学院　张文诺

在中国当代作家中，路遥是一位有争议、被延宕的经典作家。他的中短篇小说多次获得全国性大奖，他的长篇小说《平凡的世界》在广大读者中间引起了强烈反响，在出版后的近三十年间一直被持续阅读。"《平凡的世界》在小说联播和图书重印上创造了当代文学作品前所罕有的两个纪录。《平凡的世界》当年在中央人民广播电台'长篇联播'播出后，又在陕西、云南、新疆、内蒙古等省区台重播，据中央人民广播电台测算，《平凡的世界》当年的直接听众达到了3亿人之多。在图书出版方面，据现有的出版者——北京十月文艺出版社的数字统计，《平凡的世界》每年重印100万套，累计印数已达1700万套。而且，在近年一些高校图书馆学生借阅文学图书的数字统计中，《平凡的世界》一直在排名中名列第一。"① 然而《平凡的世界》在精英读者群中却屡遭冷眼，它先被《当代》退稿，后被作家出版社拒绝出版，不得不在边缘化的期刊《花城》《黄河》上发表。评论界中除了少数几个评论家对《平凡的世界》评价较高外，大部分评论家认为《平凡的世界》是一部不成功之作。影响如此之大的路遥及其《平凡的世界》却始终难以走进"中国当代文学史"，在影响较大的几部中国当代文学史教材中，洪子诚的《中国当代文学史》对路遥顺便提了一下；陈思和的《中国当代文学教程》只介绍了《人生》，对影响更大的《平凡的世界》只字未提；严家炎主编的《二十世纪中国文学史》对路遥顺便提及。这些文学史在路遥的创作面前采取了"闭眼睛"的策略，之所以"闭眼睛"有多重原因，或者是因为忽略读者接受因素，或者是缺乏对作家创作的整体判断。更为重要的是因为有些评论家以一种预设的理论去剪裁文学作品，用某种理论对《平凡的世界》进行强制阐释。"强制阐释的根本方式，是从理论出发，

---

① 白烨：《平凡的世界何以常销不衰》，《文艺报》2018年12月14日。

以理论为目的,用理论裁剪对象,用对象证明理论。如此阐释路径,必然产生一个根本性问题,即理论本身的能力,或者说某种理论阐释对象的能力,是否经过检验和证明;理论阐释对象的可能范围和限度是否有边界。"① 强制阐释导致的后果必然是"背离文本话语,消解文学指征,以前在的立场和模式,对文本和文学作符合论者主观意图和结论的阐释"②。强制阐释得出的结论往往是对理论的证明,而不是对文本内容的准确阐释,就难免出现阐释与读者理解矛盾之处。"强制阐释式批评从理论出发,将文本视为理论的印证,使批评退化为理论指导下的理论的文本化论证。文学批评止于文本对理论的生吞活剥式套用,不仅无法实现对文本的真正有效性解读与阐释,也无法探索进而建构基于文本体验的新的文学理论,更遑论引导文学欣赏与创作,文学批评的目的就此消解与颠覆。"③ 我们应从文本出发,在尊重读者的基础上与读者平等对话与交流,以期理解与融合,达到公共阐释。如果我们从公共阐释的立场阐释《平凡的世界》,我们可以发现《平凡的世界》隐含的丰富内容,可以深切体味到《平凡的世界》的"不平凡"。

一、成长的艰难

解读任何作品都离不开一定的理论,但是每个理论都有应用的界限与范围,我们应该根据作品内容选择合适的理论。如果我们从某种理论出发,用先在的理论作为尺子去裁剪生动鲜活的作品,往往会对作品形成一种先入为主的印象,用作品强制性地证明理论的通用与正确,这种阐释不能对文本形成全面、客观的解释,而是一种生硬的强制阐释。阐释不是一种任意行为,而是一种公共行为,是站在理性观点,达到一种澄明性、公度性、建构性、超越性、反思性的行为,最后达到有效阐释。"阐释者以普遍的历史前提为基点,以文本为意义对象,以公共理性生产有边界约束,且可公度的有效阐释。"④ 自《平凡的世界》出版以来,学术界对其的解读就是一种强制阐释,从预设的理论出发解读,得出了与作品事实不相符的结论。在中国现当代文学中,《平凡的世界》拥有最广大的读者群,是广大读者心中的经典作品。可是,学术界认为《平凡的世界》不过是一部"励志"之作,其实,《平凡的世界》是励志之作,但不仅仅是励志之作。励志的作品很多,但像这样一部能

---

① 张江:《强制阐释的独断论特征》,《文艺研究》2016 年第 8 期,第 5—13 页。
② 张江:《强制阐释论》,《文学评论》2014 年第 6 期,第 5—18 页。
③ 赵雪梅:《强制阐释与文本批评》,《江汉论坛》2017 年第 2 期,第 74—79 页。
④ 张江:《公共阐释论纲》,《学术研究》2017 年第 6 期,第 1—5 页。

平凡的人生与"不平凡"的世界
——公共阐释视域下的《平凡的世界》再解读

激励几代人、拥有最广大读者群的经典作品，很难用"励志"两个字搪塞过去。《平凡的世界》之所以能激励一代又一代的读者，是因为它包含超越时代的丰富的思想内容，令读者常读常新。

《平凡的世界》通过对孙少安、孙少平兄弟成长历程的书写，描绘了青年成长的种种艰难，展现了多种人生的成长体验，每一个读者都能从中读出自己的成长经验，体味成长的艰难。长篇小说《平凡的世界》展示了孙少安、孙少平、田润叶、田晓霞、郝红梅、顾养民、金波、田润生等青年们的成长历程，描绘了他们成长的艰难曲折。他们虽然家庭出身、生活条件、生存环境、兴趣性格、气质禀赋等各不相同，但他们都经历了艰难的成长过程。孙少安家庭贫困，他六岁时就与父亲到山里干活。孙少安常常穿着破烂衣裳、饿着肚子上学，但他天资聪明，年年在班上考第一名，他以优异的成绩被县中学录取。孙少安因为家贫自愿放弃了读书的机会，从此下决心当一名出众的庄稼人，由于他的精明强悍与不怕吃苦，他十八岁就被选为生产队队长领导社员的劳动与生活。对于孙少安来说，给他打击更大的是他与田润叶的爱情悲剧。他从小与润叶一块长大，两小无猜，青梅竹马，中学以后，润叶每次回来，都要与他说许多话。几年后，当已经成为教师的润叶向他表白爱意时，他激动得在公路上哭起来，感到一股巨大的暖流在他的胸膛里汹涌澎湃，感到整个世界对他眉开眼笑。但是他的理性让他拒绝了润叶这份感情，他拒绝润叶不是因为他不敢娶润叶，而是因为他担心他们的结合会给他心爱的润叶带来无谓的伤害与更大的痛苦。他深知爱很容易，在一起生活很艰难，这可能会给他与润叶带来无尽的苦恼，而那时的苦恼比现在的苦恼不知苦恼多少倍。有情人难成眷属的悲剧是最能打动人心的，这也是每个人成长过程中都会经历的挫折。作者把孙少安与田润叶之间的情感交流写得细腻、生动，充分显示了爱情给二人带来的情感激荡与巨大痛苦。作者平静叙述孙少安与田润叶爱情悲剧的后面是难以自已的撕心裂肺与回肠荡气，读之无不为之动容。

孙少平比哥哥孙少安幸运的一点是他上了中学。在中学里，孙少平明显地感到贫穷给他带来的巨大压力，由于穿得破烂，他不愿意像别的同学那样站到女同学面前；因为吃的是丙菜与黑面馍，他不愿意像别的同学那样站在买饭的队伍里拿一份乙菜，他每天最后一个拿走自己的黑面馍以躲避同学们嘲笑的目光。在革命现实主义小说中，主人公虽然在物质上贫困，但在精神上富有，以精神的高贵可以傲视别人，可以轻松地获得事业与爱情。路遥以严谨的现实主义精神揭示了贫困对人的尊严与自信的重大打击，孙少平与郝红梅的朦胧爱情在残酷现实面前被击得粉碎。孙少平与田晓霞确定了恋爱关系之后，仍然时时感到不踏实与不自信。田润叶的家境比较优越，长大后在县城当老师，因为世俗眼光与官场矛盾，她不得已嫁给了她不爱的李向前。李向前残废后，她毅然地担负起照顾自己丈夫的重任，成长的代价可谓巨大。郝红梅因为地主家庭出身不好，遭受歧视，她想利用爱情改变自己的人生轨迹，因为偷手绢事件失去了与顾养民的爱情。郝红梅一个人带着孩子在他乡含辛茹苦，直到遇见田润生才找到自己真正的幸福。顾养民家庭条件优越，但为人软弱，缺少男子汉的气魄，他爷爷的一句话让他放弃了郝红梅。又因为自己的优柔寡断，难以获得金秀的爱情。金波重情重义，他始终爱着那位美丽、多情、纯洁的藏族姑娘，几年后去寻找，已是物是人非，真爱已经天各一方、不知何处，令人惆怅感伤。田润生从小受到父母的疼爱，腼腆胆怯，软弱平庸，郝红梅的柔弱激发了他的男子汉血性，他义无反顾地承担起了照顾郝红梅母子的重任，成长为一名真正的男子汉。人的成长过程既是一个身体的自然生长过程，也是一个精神历经磨炼的过程。每个人的成长都会经历这样那样的坎坷与挫折，《平凡的世界》呈现了成长的艰难历程，让读者读出人生的真谛。

  《平凡的世界》呈现了青年成长的种种艰难，有的因经济贫困而自尊心受到伤害，有的因爱情纠葛而痛苦，有的因自身性格而纠结。《平凡的世界》所描绘的种种艰难，是我们每个人都曾经经历过的人生体验，可以与不同时代的读者的内心形成一种对话。"他们没有孙少平、孙少安在生存层面的苦难，但成长艰难的压力，同样是巨大的。挫折感如影随形，每前进一小步，都需要付出巨大的努力。他们需要引导者、启迪者，需要咬紧牙关坚持下去的精神动力，而《平凡的世界》，就是他们汲取精神力量的最佳读本。"[①] 路遥以坚实的现实主义精神冷峻地揭示人生遇到的种种艰难，令人为之动容。"这绝非作家本人过于心硬手狠，而是生活和人生本身就是严酷无情的。由人与自然、人与社会和人与人本身所构成的多向交叉式的社会环境和生活氛围，总是给人设置了无尽的难题，布下了无尽的坎坷，造就了无尽的风浪，活着就意味着抗争，进取就更意味着挑战，苦难注定是探求者最忠实的人生伴侣。《平凡的世界》里那些难遂人愿的生活图景，委实是作者不加掩饰、不打折扣地反映了人生的本来面目。"[②] 每个人都必然经历艰难的历练过程才能成为一个完整的人，孙少安面临生活的困顿与美好爱情的破灭，他没有消沉，而是毅然决然地带领社员们走出一条共同致富道路。他与贺秀莲结婚后，两人把亲情化作爱情，把爱情升华为亲情，相濡以沫，相亲相爱，共度时艰，终于成长为一个干练、淳厚、温情而又有担当的优秀农民企业家。孙少平成长历程更为艰难曲折，他开始

---

  ① 阎真：《路遥的影响力是从哪里来的》，《文学评论》2018年第3期，第71—77页。
  ② 白烨：《力度与深度：评路遥〈平凡的世界〉》，《文艺争鸣》1991年第4期，第18—21页。

平凡的人生与"不平凡"的世界
——公共阐释视域下的《平凡的世界》再解读

因为贫穷而非常自卑内向,甚至有点褊狭小气,后来他通过自己的优异表现逐渐成为班里的活跃人物,他的心胸慢慢开阔起来。孙少平没有赢得郝红梅的初恋,但赢得了另一位优秀女性田晓霞的爱情,他们两人在家庭背景、地位财富、知识学历等方面差距明显,孙少平在经过犹豫与彷徨之后,不再回避躲闪,大胆接受了田晓霞的爱情。经过艰难的生活磨炼之后,孙少平成为一个眼界高远、志向远大、舍己为人的优秀工人。作者把个人成长的艰难同国家、民族成长的艰难联系起来,个人经历了人生艰难而逐渐走向成熟;我们的国家与民族在经历了"左"倾错误之后,也逐渐走向成熟;随着国家、民族的逐渐成熟,而个人也逐渐获得人生的幸福。《平凡的世界》把个人命运与国家、民族的命运联系起来,形成一种沉郁大气的雄浑品格,与当时表现个人狭小世界的小说相比独树一帜。《平凡的世界》呈现了当代中国青年个体成长的心路历程,从青年人的成长中透露出特定的时代气息,与20世纪80年代相联系的知识、劳动、奋斗、爱情等不但是那个时代的关键词,也是与我们每个人的存在相联系的关键词。

值得注意的是,路遥通过青年们艰难、曲折的成长历程传达了他对苦难的思考。路遥借孙少平的话说:"恰恰相反,他现在倒很'热爱'自己的苦难。通过这一段血火般的洗礼,他相信,自己历经千辛万苦而酿造的生活之蜜,肯定比轻而易举拿来的更有滋味——他自嘲地把自己的这种认识叫做'关于苦难的学说'……"[①] 路遥认为苦难并不可怕,只有经历苦难获得的成果才是最有价值的。路遥说:"有时要对自己残酷一点。应该认识到,不能重新投入严峻的牛马般的劳动,无论作为一个作家还是作为一个人,你真正的生命也就将终结。"[②] 路遥认为每个人的成长都是艰难的,都必然经历各种各样的苦难,正因为经历苦难,人的成长才是壮丽精彩的;"生活就是这样的周而复始,一次又一次地把人类推向苦难的大地。对于一个没有愿望的人来说,这个世界不存在苦难;对于一个把愿望仅仅视为某种有限的目的人来说,苦难只是瞬间;而对于一个洞察了人生真谛的人来说,欢乐只是须臾,唯有苦难才是永恒。"[③] 在路遥看来,苦难就是一种存在形式,他把成长的艰难上升到形而上的高度,实现了对存在的关怀,具有超越的意义,能吸引一代又一代读者的认同。

---

① 路遥:《平凡的世界》第二部,北京出版集团公司、北京十月文艺出版社2012年版,第166页。
② 路遥:《路遥文集》第2卷,陕西人民出版社1993年版,第8页。
③ 蔡翔:《一个理想主义者的精神漫游》,华东师范大学出版社2014年版,第218页。

二、情感共同体的想象

阅读《平凡的世界》，我们时时感到生活的沉重与叹息，也感受到生活的温暖与美好。一些评论家总是依据双重标准去评判《平凡的世界》，用预设的理论生硬地去"称"作品。读者说《平凡的世界》写得很美，他会说不深刻；读者如果说《平凡的世界》很深刻，他又会说文学必须是美的。那些评论家总是把自己的阐释强加于作品之上，他们往往用场外理论阐释文学作品，"无论这个文本生成于何时，也无论文本自身的核心含意是什么，都要用后生的场外理论予以规整，以强制姿态溯及既往，给旧文本以先锋性阐释，攀及只有后人才可能实现的高度。"① 批评家与普通读者之间会形成明显的裂缝，出现批评家自说自话的情况，批评家的解读不为读者所认同。《平凡的世界》真实地描写了生活的苦涩、人生的曲折与爱情的磨难，表现了苦涩中的美好、曲折中的温暖、磨难中的激情，让读者感到生活的美好与温暖。

路遥对生活的苦难与生活的温暖都有真切鲜活的体验。他出生于陕北榆林的清涧县，那里是陕西生存环境最为恶劣、最为贫穷的地区之一，由于家境贫穷，路遥七岁时被送给陕西延川县的伯父。伯父只能供养他上完小学，他靠乡亲、同学爱人的帮助才上完中学与大学。路遥经常回忆他随父亲去延川的情景。"尽管泪水唰唰地流下来，但我咬着牙，没跟父亲走。我伯父也是个老实的农民，家里也很穷困，只能勉强供我上完村里的小学。困难时期我正在上小学，伯父有时连粮也没法给我供应，我自己凑合着上完了小学。考初中时，伯父就给我下了命令：不让我考。但我一些要好的小朋友，拉着我进了考场。"② 这是一段屈辱、难以回首的苦难经历，同时也是一段温暖而浪漫的记忆。在上学期间，他受尽了歧视与冷遇，也得到了乡亲、同学、朋友的热情鼓励与帮助，这就加深了路遥对生活的认识与理解。《平凡的世界》中的苦难书写读来沉重、感伤，但并不让人感到绝望，其中弥漫的亲情、友情、爱情缓解了苦难带来的冰凉感，使之成为一部滚烫的、有温度的作品。

路遥善于描写苦难过程中人类情感的美好与道德的高尚，突出温暖的亲情、纯洁的友情、美好的爱情在战胜苦难过程中的作用，给读者以强烈的情感冲击力。爱情的痛苦一度让少安感到无法言说的难受与酸楚，一种委屈的情绪让他禁不住热泪盈眶，他简直无法承受生活如此的重压。当他看到灯光下自己的家时，眼前浮现出

---

① 张江：《强制阐释论》，《文学评论》2014年第6期，第5—18页。
② 路遥：《路遥文集》第2卷，陕西人民出版社1993年版，第8页。

平凡的人生与"不平凡"的世界

——公共阐释视域下的《平凡的世界》再解读

亲人们的脸庞时,他头脑中的云雾顷刻间消散,那份支撑家庭的责任感与自豪感让他逐渐克服了痛苦、软弱、沮丧与迷茫。父亲的体贴、爱抚、关怀让他从痛苦中解脱出来。当少安富裕后,父亲不愿意连累他而主动提出分家,家庭对他砖厂的强力支持让他充满了力量。少安一家在困难时多次得到双水村农民的帮助;孙玉亭虽然是个"职业"革命家,他也没有忘记家庭的基本伦理。孙少平去黄原参加革命故事调讲,家里在极端困难的情况下给他准备好了新衣服、十斤粮票与十元钱。少平与好朋友金波的友谊稀释了他生活的涩味,金波帮助他教训顾养民的恶作剧,这是青春浮躁之下的"义气",虽不恰当却让读者感到朋友的可爱。曹支书帮少平解决了户口,并为他提供了去煤矿做工的机会。少平得到了师父王世才热心地帮助、指导与家庭般的温暖。田晓霞对他的爱情让感受到了生活的幸福,让他体验到自己的价值,稀释了生活的沉重雾气,增加了战胜挫折的勇气。"路遥在创作《平凡的世界》的20世纪80年代中期,就对中国传统的乡村伦理和家庭伦理予以酣畅淋漓的正面表现。"① 路遥写出了传统伦理情感的美好,在社会转折的时期无疑会对人们的心灵起到难得的温润与抚慰。"在路遥的小说中,不论是笔下的人物,还是一草一木,抑或是作家的自我形象,还有作家本人,都有一股阳光般的温情蜜意,通过同情、感恩、祝福相互交融,如水般渗透着焦渴人的心田。"② 作者通过亲人之间的互相关怀、朋友之间的互相帮助、乡亲之间的互相提携的真情书写,塑造了一个美好的情感共同体,安放了处于转折期的人们的痛苦的身心。

值得注意的是,小说也突出了人物对情感共同体的难以割舍的情感。孙少安富裕之后,分家的选择令他感到非常酸楚,妹妹兰香不再接受他给的学费让他感到无限感伤。孙少平的户口离开了双水村,他的心没有离开双水村,没有离开孙家人,他对哥哥砖厂的大力支持,对妹妹兰香的细微关怀,都可看出他对情感共同体的难以割舍。"亲爱的双水村就在眼前了。少平透过车窗,远远地看见他家的窑顶上飘曳着一柱灰白的柴烟;一股说不出的温暖和甜蜜刹那间涌上他的心头,使他忍不住鼻子一酸,几乎要哭了。"③ 孙少安致富后,并没有忘记双水村的其他农民,他吸纳他们在砖厂做工,他与村里的农民形成了一个休戚与共的情感共同体。《平凡的世界》营造了一个温暖的情感共同体空间,提供了互帮互助、互相支持的乡村共同体的想象。"更重要的是能够提供一种新的共同体的想象,以此来安置蓬勃旺盛的

---

① 张志忠:《重建现实主义精神》,《文艺研究》2017年第9期,第66—76页。
② 王兆胜:《路遥小说的超越性境界及其文学史意义》,《文学评论》2018年第3期,第49—59页。
③ 路遥:《平凡的世界》第二部,北京出版集团公司、北京十月文艺出版社2012年版,第153页。

个体生命。"① 安置了历史转折时代人们躁动不安的心灵。"小说突破了纯乡土或纯都市小说题材相对狭小的局限,是理性地观照城市和农村及两者的大碰撞,在城乡交叉地带营建了一座精神的家园,探寻重构理想人格的可能性。"② 孙少平始终留恋共同体的温暖,孙少安的道路基本回答了一个时代问题:商品经济的发展不会导致美好道德的滑坡。

路遥具有浓郁的乡土意识与故园意识,路遥写出了家庭伦理的温暖,也写出了乡土世界的迷人与诗意。路遥没有回避写了双水村生产方式的落后、文化生活的单调、农民物质生活的贫穷,作者也写了双水村富有诗意的生活。路遥用多情的笔调描绘了黄土高原农村雄浑、博大而又苍凉的自然景色,倾注了作家对故乡的浓浓的乡愁。路遥对双水村打枣节的描写尤其让人感到生活的美好。

农历八月十四日,双水村沉浸在一篇无比欢乐和热闹的气氛中。一年一度打红枣的日子到来了——这是双水村最盛大的节日!

一吃完早饭,孙少安一家人就兴高采烈地出动了。孙玉厚两口子提着筐子;兰香拉着秀莲的手,胳膊上挽着篮子;少安扛着一根长木棍;少平背着笑嘻嘻的老祖母;一家人前呼后拥向庙坪赶去。他们在公路上看见,东拉河对面的枣树林里,已经到处是乱纷纷的人群了。喊声,笑声,棍杆敲打枣树枝的琵琶声,混响成一片,撩拨得人心在胸膛里乱跳弹。③

这是《平凡的世界》中难得的一个轻松、热闹、欢乐的场面,作者通过几幅富有意味的画面,写出了中国北方农民的人生理想、价值观念、风土人情、道德观念等,同时也看出了贫穷重压下的人们的生命活力。"他激动得一次又一次想象那个地方。只有像他一样从贫困农村走出来的青年,才能深刻体会他为这件事的激动;那地方的荣辱盛衰永远牵动着他的心肠!"④ 男女老少、干部群众聚集在一起,喜气洋洋,他们之间的差别暂时消失,获得了难得的心理自由。"它们不仅以粗犷自发的娱乐,诙谐滑稽的表演,亲昵粗野的调笑,开怀尽兴的消受,使人们实现了往日难以实现的自我表现、内心喧哗和精神满足,而且这种种的肆无忌惮的行为,在文化上完全展示了一个非官方、超国家、摆脱政治禁锢的另一个世界,或社会生活

---

① 杨庆祥:《社会互动和文学想象》,《南方文坛》2015年第4期,第15—18页。
② 刘志明:《理想人格的探寻与重塑》,《江西教育学院学报》1998年第12期,第43—48页。
③ 路遥:《平凡的世界》第一部,北京出版集团公司、北京十月文艺出版社2012年版,第230—231页。
④ 路遥:《平凡的世界》第三部,北京出版集团公司、北京十月文艺出版社2012年版,第349页。

的另一个方面。"① 在民间节日里，人们形成了一个精神共同体，会对其中的成员形成持久的吸引力与影响力，不仅想起过去的岁月，而且得到一种自由自在的心灵的体验。

路遥善于描写处于苦难中亲情的温暖、友情的温馨、爱情的激荡，歌颂了困难中的人们心灵的美好、道德的高尚。路遥对青春、亲情、友情与爱情的歌颂折射了20世纪80年代的时代情绪，那是一个充满困难、挫折，也是一个乐观、明朗、奋进的时代。80年代是一个崇尚知识、劳动与创造的时代，只要你有知识、爱劳动、能创造，就能获得生活的幸福、美丽的爱情、生活的尊严。80年代正是中国的青春时代，虽然贫穷却有理想在前，虽然躁动却又崇尚实干，虽然面临困难却有激情，人们充满了创造的激情、劳动的热情、道德的感召，人们充满了对现代化的憧憬，在那个时代，中国农村用几年的时间解决了几千年来一直没有解决的温饱问题，据此人们有充分的理由相信，再经过几十年的建设，我们很快能过上现代化生活，随着现代化的实现，幸福就在不远的前方。

三、向上向善的崇高感

可以毫不夸张地说，《平凡的世界》是中国当代文学作品中拥有读者最多的小说，它被一代又一代的读者阅读、喜爱、收藏，学术界对此回应说《平凡的世界》不过是一部励志性作品，把无限丰富的思想主题化约为"励志"两个字，显示了学术界在《平凡的世界》阐释方面的苍白与无力。"文学阐释者习惯性地依赖抽象思维，无论是总体阐释还是具体文本阐释之前，阐释者其实早已经抱定由'可靠'知识和理性话语构建的理论立场，这就容易形成强制阐释"②，如果不从文本出发，而从预设的理论出发，必然会出现阐释与文本的分裂。

《平凡的世界》弥漫着一种向上的精神，小说通过孙少安、孙少平兄弟的人生经历表现了可贵的追求与抗争精神，他们二人的共同点就是在自己的岗位上努力实现自己的人生价值。《平凡的世界》与励志小说并不相同，励志小说都有一个主人公逆袭最后成为成功者的原型故事，而孙少安、孙少平兄弟虽然有逆袭过程但很难说是成功者，孙少安以妻子重病结束，孙少平以恋人田晓霞牺牲、自己受伤结束。读者之所以多次阅读《平凡的世界》，而是因为少安兄弟的经历激发了人类的那种永不停息的向上的精神。"路遥为普通劳动者倾注了真挚的感情，在作品中贯穿着

---

① 胡潇:《文化的形上之思》，湖南美术出版社2002年版，第99页。
② 文浩:《唯知识论和强制阐释》，《文艺争鸣》2015年第7期。

一股强大的积极的向上的力量,激发了无数读者的强烈共鸣,他为他们所了解和爱好,并真正走进广大读者的心中。"① 少安的人生道路是在农村寻求别样的生活,少安为了家庭牺牲了自己的前程,平心静气地接受了辍学的残酷现实,立志做一个出众的庄稼人,十八岁被选为双水村一队队长,把全部的心思放在队里和家里的事上,润叶对他的感情让他感到幸福与温暖,可是两人之间的巨大差距让他望而却步。他残忍地拒绝润叶的爱情却是为了给润叶一个比较舒适的生活。他用进城拉砖挣下的钱开办了砖窑,他吸引了村里的其他社员共同致富。砖窑破产之后,他忍辱负重,委曲求全,在朋友和亲人的帮助下,东山再起,生意很快红火起来。他不计前嫌,再次吸纳了村中的农民共同致富,并且用自己的钱投资建学。孙少安不像高加林那样盲目与躁动,不像高加林那样一心出人头地而不择手段,他对农民与农村充满了深厚感情。孙少安认为农村同样是希望的田野,他要在农村实现自己的价值,做一个优秀的农民,他的眼光远远超出了一般的农民,这是一个不可多得的新时代农民形象。

  少平中学毕业后在家里当民办教师,然后在家务农。几年的学校生活开阔了他的人生视野,田晓霞的引导与期待让他对外面的世界充满向往,他不安于在农村度过一生。青春的激情让他难以拒绝另一种新生活对他的召唤,他决心到城里寻找别样的生活道路。孙少平的出走不是因为吃不饱,也不是因为农村生活没有希望,而是因为他心里有一股莫名的冲动,他总是感觉远方有一种东西在不断向他召唤,他在不间断地做着远行的梦。进城后,他从最底层的揽工汉做起。他先是背石头,接下来为胡永州做小工,然后在柴油机厂扔砖、拉水泥板,最后如愿去了大牙湾煤矿做工人。对于孙少平来说,城里的工作更为辛苦与危险。孙少平来到城里,不纯是为了金钱,而是一种远行的冲动。进入城市是"在城市和工业生产这样一种自由度更高的生活方式中寻求个体的生命意义"②。他来到城里是想寻找另一种生活,寻找生活最广阔的意义。孙少平的出走是对远方与诗意生活的追求,远方对每个人来说都是一种诱惑,每个人心中都有对远方的追求冲动。"表明中国现代知识分子与'乡土中国''在'而'不属于'的关系,更揭示了人在'飞向远方、高空'与'落脚与大地'之间选择的困惑,以及与之向联系的'冲决与回归''躁动与安宁''剧变与稳定''创新与守旧'……两极间摇摆的生存困境。"③ 孙少平的出走折射

---

① 陈思广:《中国现代文学鉴识》,陕西师范大学出版总社2018年版,第206页。
② 武菲菲:《乍暖还寒:平凡的世界现象与重写文学史》,《兰州大学学报》2015年第6期,第33—41页。
③ 钱理群、温儒敏、吴福辉:《中国现代文学三十年》,北京大学出版社1998年版,第33页。

平凡的人生与"不平凡"的世界
——公共阐释视域下的《平凡的世界》再解读

了人类心灵的丰富、深远与永不停歇,达到了存在主义哲学的高度。

少安买砖机扩大生产不完全是自己挣钱的需要,而是为了帮扶更多的农民脱贫的道义需要,在经过一个又一个生活的险滩带领全村人走上了共同富裕的道路。孙少平在外闯荡的生活更为艰难与曲折,他们兄弟二人在困难面前都没有停下来,而是继续迎着生活的波浪继续向前,表现了普通人在普通生活中的诗意与崇高精神。"《平凡的世界》在平凡的日子里不庸庸碌碌随波逐流,而是透过表面去探问生活的本质,让读者知晓劳动与奋斗的意义,在复杂矛盾的世界面前努力葆有纯真的感情和高尚的理想。"①《平凡的世界》展现了普通人的心灵世界,普通人的生活更为深广,普通人的心灵更为丰富,普通人的道德更为高尚,《平凡的世界》谱写了一部现代普通人心灵的史诗。"诗歌具有一种超凡的力量,通过崇高的感觉,把人类的精神向上天提升,它依靠一般生活的美丽的、鬼斧神工的形象在人们心里唤起这些感觉。"②《平凡的世界》通过孙少安兄弟的人生轨迹表现了人类向上向善的本性,激活了读者向上向善的冲动。"《平凡的世界》的价值并非完全局限在现实本身,它也具有某些超越现实关注的意义,作品表现的激情和理想主义在一定程度上就具有更广泛的意义,因为当下的中国文学中,表现琐碎卑微生活的作品占据了绝对的市场,张扬理想、充满激情的作品很难找到,但是,生活是不可能缺少理想和激情的照耀的,当前的文学状况,很容易让那些渴望逃出生活的平庸和麻木的读者感到失望(最典型的是年轻大学生,他们正处在对生活有所幻想也有所希望的年龄,从本能上就会排斥那种缺乏理想精神的作品),对《平凡的世界》表示认可和欢迎。"③《平凡的世界》表现了对生命的形式和尊严的尊重,对平凡人生尊严的尊重。

路遥以严格的现实主义精神通过孙少安、孙少平兄弟的人生经历展现了处于转折期中国农村青年的成长轨迹,全景式反映了改革开放年代中国农民的生活状态、生存方式与精神变迁,艺术地呈现了中国社会的思想状况,揭示了中国社会面临的重大时代问题,具有多方面的思想与主题,具有编年史的意义与价值,足以引起多层次读者的强烈共鸣。"他就选择叙述那些平凡而普通的人们的生活故事,尤其偏重于叙述出身于社会底层的年轻人的生活,叙述他们如何经历坎坷、战胜挫折、超越苦难,获得对人生真谛和生活意义的体认和顿悟,从而在健康的道德原则和生活

---

① 张晓东:《黄金年代的非主流改革小说》,《当代作家评论》2018年第4期,第150—158页。
② 别林斯基:《艺术的概念》,伍蠡甫、胡经之主编《西方文艺理论名著选编》,北京大学出版社1986年版,第286页。
③ 贺仲明:《平凡的世界现象透析》,《文艺争鸣》2005年第4期,第115—118页。

哲学的引导下，开始新的平凡而积极的生活。事实上，路遥的小说的意义开掘和主题建构，既具有伟大而庄严的性质，又具有丰富性和多样性。"① 路遥用小说揭示了一些具有时代性的重大问题，比如"左"倾思想的危害问题、官僚文化对人的异化问题、青年人的成长问题、城乡差距问题、农民的贫困问题，这些问题直到现在还有深刻的现实意义，这些问题揭示了我们古老民族在现代化道路上步履蹒跚的内在原因。"一个作家只有表达整个民族的整个时代的生存方式，才能在自己的周围招致整个时代和整个民族的共同感情。"② 路遥有丰富的生活积累，再兼以深刻的思考，呈现了中国农民的生存方式以及精神状态，触及了中国社会的一些深层次内容，表现了忧愤深广的时代主题。"孙少安、孙少平兄弟的形象，则浓缩20世纪90年代后市场经济全面铺开，千百万个从农村涌进城市的打工者艰辛不屈的生活意志。这两个人物，是20世纪80年代和90年代改革开放中中国社会的主人公。如果说，新时期文学四十年一直缺少能够贯穿始终的文学主人公，我认为在通过奋斗从底层上升到社会中上层的意义上，路遥塑造的主人公形象，是可以作为文学主人公而铭刻在历史丰碑之上的。"③ 路遥以严格的现实主义精神全景式地反映改革开放在中国发生的历史必然性，因为现实主义创作方法与主流意识形态的暧昧关系，学术界对现实主义创作方法形成了不自觉的抵制态度，因而，就闭上眼睛似的对《平凡的世界》形成了一种预设的抵制，这样会形成一种不合文本本意的阐释。创作方法与作品艺术成就是没有关系的，用什么方法都可写出经典作品，关键是你对创作方法运用的熟练程度以及对生活的熟悉程度。《平凡的世界》以丰满生动的人物形象、恢宏的结构形式、丰富深刻的主题在历史与现实之间架起了联系的桥梁。"作为相对稳定的观念和表述体系，伟大的文本总是为我们体验和测绘变化中的历史事件和内心生活提供了必要的支点。"④《平凡的世界》从出版到现在已经有了三十年的时间，它经受了历史的检验而得到了越来越多的读者。路遥把文学创作视作自己的存在方式，用生命写作，《平凡的世界》是路遥的生命之诗。今天，重读《平凡的世界》，我们依然感觉到它给我们带来的那份力量与感动、回味与思考，路遥以平凡的人生创造了一个"不平凡"的世界。

---

① 李建军：《文学写作的诸问题：为纪念路遥逝世十周年而作》，《南方文坛》2002年第6期，第24—30页。
② 泰纳：《英国文学史序言》，伍蠡甫、胡经之主编《西方文艺理论名著选编》，北京大学出版社1986年版，第154页。
③ 程光炜：《在改革开放的大视野中看路遥》，《文艺报》2018年12月14日。
④ 张旭东：《批评的踪迹——文化理论与文化批评》，生活、读书、新知三联书店2003年版，第121页。

路遥小说的情感世界及其文化意义

湖北师范大学文学院　王守雪　彭一格

在我们普通人的生活中，在这平凡的世界里，有多少绚丽的生命之花在悄悄地开放而并不为我们所知啊！（《平凡的世界》中部《第四十七章》）

路遥作品拥有极大的读者群，关于这一点，不少人做过统计，也做过一定的研究。究竟是什么原因吸引了这么多的读者，或者路遥作品的突出的价值是什么？学术界评论界已有不少的探索，比如"奋斗者的楷模""改革先锋""农民的儿子"，等等，皆有明显的价值指向。也有学者从路遥与陕北地域文化、路遥与中国传统文化的视角，探讨路遥作品的文化价值。这些都是有益的评论与研究。然而，将路遥文学作品的价值过分地与"时代"联系起来，也许对路遥的价值无益反损。从地域文化、传统文化的角度去看路遥，视角是非常好的，确实能够发现路遥超越时空的文学价值，然而，极易流于零散皮相。笔者认为，路遥作品展开的文学世界首先是一个情感世界，但这个情感世界，既非玄幻的爱情，亦非简单的乡情，也不是抽象的人情人性。在这个世界里活动的乡亲、家人、爱人、亲戚、朋友，不是"人民""农民"富有思想意识形态内涵的概念所能涵盖。路遥从切实具体生动的生活沉潜进去，表现出来的是长期积淀的、含蕴深厚的历史文化内涵，从这个意义上说，他的文学世界超越时代、超越陕北，也超越他自己。

一、路遥小说中对"亲人"的呼唤

路遥小说中常常用到"亲人"这个词，其中令人印象深刻的是《人生》结尾的描写："高加林一下子扑倒在德顺爷爷的脚下，两只手紧紧抓着两把黄土，沉痛地呻吟着，喊叫了一声'我的亲人哪……'"（《人生》第二十三章）

这里所说的"我的亲人"，并不是单指高加林具有血缘关系的亲属，而是广义上像血亲一样关心、爱护、包容"我"的父老乡亲,更深刻地来讲,它蕴含着作者路遥对中国传统亲情文化内涵的现代理解,即重视人情,强调人与人之间超越血缘关系的情感纽带。

这种解释,我们有必要先厘清《人生》中高加林与"亲人们"的情感发展路线。小说一开始,绝大多数的村民都将高加林看作知识分子,有着精神上的敬仰与情感上的爱护。与此同时,村民们也有着作为农民种田锄地最朴实的骄傲,看轻这位村里少有的文化人,"许多人认为他吃不下苦,做上两天活说不定就躺到了",并且对他不幸的遭遇感到惋惜,"大家都很同情他,这个村文化人不多,感到他来到大家的行列里实在不协调"。(《人生》第六章)其实,对于长期处于闭塞且活动空间狭小的农民来说,接受过教育且成绩优异的高加林无疑是个"洋人",他们在行为作风和思想理念上存在较大的差异。所以,对高加林与刘巧珍不畏风言风语的恋爱状态,以及高加林往水井里撒漂白粉事件都存在疑虑和不理解,"有敲怪话的,也有撒凉腔的",更有人咒骂他撒漂白粉入井是"不要这一村人的命了!"(《人生》第十章)。后来,高加林借着叔父的风去县委大院当干部,抛弃刘巧珍,选择了城里女人黄亚萍,村民们也都低看他,叫他是"晃脑小子"。由此,可以看出,高家村村民们虽然褒奖高加林的能力,但是从观念与道德要求上,无法轻易理解高加林现代化的追求,更接受不了他为理想背弃良心,丢失传统道德。在双方相对立的立场上,面对高加林再一次受挫,走投无路回到家乡,准备好接受人们或嘲笑或谴责或蔑视的眼光时,村民们却用宽厚的语言安慰他:

"他不知道这是怎一回事,村里的人们就先后围在了他身边,开始向他问长问短。所有人的话语、表情、眼神,都不含任何恶意和嘲笑,反而都很真诚。"

"回来就回来吧,你也不要灰心!"

"天下农民一茬子人哩!逛门外和当干部的总是少数!"

"咱农村苦是苦,也有咱农村的好处哩!旁的不说,吃的都是新鲜东西!"

"慢慢看吧,将来有机会还能出去哩。"

这些质朴的语言给了高加林莫大的震撼,"亲爱的父老乡亲们!他们在一个人走运的时候,也许对你躲得很远;但当你跌了跤的时候,众人却都伸出自己粗壮的手来帮扶你。他们那伟大的同情心,永远都会给予不幸的人!高加林忍不住热泪盈眶。他一句话也说不出来,只是掏出纸烟,给大家一人散了一根。"(《人生》第二十三章)他直到此刻才明白自己曾忽视了什么是才最重要的东西,家乡的土地与人用他们最广阔的胸襟消融了人与人之间的差异,谅解了他的过错,并且接纳了他的重归,对于高加林来说,父母对血脉相连的儿子的仁爱或许是人之常情,但毫无血缘关系的乡民对他也能长存宽厚之心,实在使他慨叹乡亲们就是他的亲人。

以往人们对"高加林回乡"这一节往往有争议，认为其中包含城市与农村的冲突，充满现代与传统的冲突。一些人还由此夸大路遥反映所谓"改革"的曲折与矛盾；有人由此得出结论——路遥作为一个"农民"的局限性和保守性。其实这里多多少少存在理解的误区。首先，路遥所歌颂的"亲情"虽然以家族、亲戚为基础，但价值方向却是向上升华的，早已超越"血亲"的限制。《平凡的世界》以双水村为中心，以孙、田、金几个家庭为线索，大幅度展开父母子女、兄弟朋友、夫妻恋人之间错综复杂的情感关系，展示出金子一样的心，海一样的深情，这是作品艺术价值的焦点所在。第二，路遥所展示的并不拘泥于特定的"乡村"，可以说，美好的人情是随人而迁移，甚至是随处可见的。比如《平凡的世界》中的孙少平，随着他的脚步的移动，在双水村，在县城，在城市边缘的揽工市场，在煤矿，在省城，处处可以遇见好心人的相助，发生一个一个的故事，擦出美好的情感火花。如果将这一切视为局限于乡村或农民之间的乡情，那么肯定失之于简单与拘泥。第三，路遥执着于"平凡"的世界，确实将目光投向乡村，投向农民，投向平凡的人物。但这个"平凡"突出的是生活的生动性，生命的流动性，潜在的不易发现的"平凡"，而不是抽象的概括的思辨的"人性"。他这样的"现实主义"方法，决定了他描写的情感世界具有特定的历史文化属性。对于这一点，也许他自己也是不自觉的。

二、路遥情感世界在小说创作中的折射

路遥作为一个标准生长于陕北农民家庭的作家，即使他直到青年时期都处于物质贫困与感情敏感的困扰中。然而，他对陕北这块孕育无数质朴真诚的农民大众的土地怀抱着感激与热爱之情。这土地与乡民是他的根，不仅是他的出生之地，也是他文学创作之路中源源不断汲取而来的素材与灵感源泉。路遥对乡民的情感被投射在《人生》文本中对高家村热情宽容善良的村民们的歌颂，不论是德顺爷爷，还是巧珍，或是巧英、巧玲、马栓，对高加林的受挫回归都给予了不同程度的包容心，并且这是建立在高加林曾经都或多或少的对他们造成伤害的情况下。巧英和巧玲作为巧珍的姐妹，深深为姐妹的失恋痛苦而难过，也怨恨怒骂过高加林这个负心汉，巧英甚至企图落井下石，羞辱高加林一番，最后也被巧珍的哀求和自己的善良品格劝服，还能够不计前嫌地为高加林的未来职业添一份力，充分表现了她们超脱世俗纠葛，乐于用人的至情至性化解恩怨的光辉一面；从爱情的视角来看，马栓应该将高加林视作情敌，与他争夺巧珍的爱，但是马栓以农民的朴实和大度理解高加林与巧珍的感情纠葛，仍然求爱于巧珍，还能接受婚后的巧珍为高加林的境况四处张罗帮忙，甚至自己也乐于出力为他说话，马栓的形象也是突破了个人爱情的局限，收

敛了人性的自私与占有欲的体现,展示人的美好情感的包容力量。

值得注意的是,关于路遥早年"感情贫困"的问题有一些误解。有论者运用心理分析的方法,提出路遥对于爱情的描写近于母爱的描写,是因为路遥早年父母因生活困难将他过继给伯父,因而造成母爱缺乏,进而成年后对爱恋的女性有一种母亲般的依恋,进而认为这是路遥缺乏对现代爱情的了解,是描写爱情的局限性。这其实是没有理解路遥所描写的情感世界的文化价值。中华文化中男女爱情,是纳入家庭伦理的系统中的,夫妻之爱与父子之情,皆渗透了强烈的责任意识,并且这种责任意识主要来自生活的层面。路遥作品中往往引用古老的陕北民歌信天游,《平凡的世界》中"萝卜花"唱了一首:"蓝格英英天上起白雾,没钱才把个人难住。二绺绺麻绳捆铺盖,什么人留下个走口外?黑老鸹落在牛脊梁,走哪达都想把妹妹捎上。套上牛车润上油,撂不下妹妹哭着走……"(《平凡的世界》第三十二章)郝红梅耳边飘荡的是:"三十里明沙呀四十里水,五十里路上看妹妹……"这些古老的歌词往往一下子就深切地进入当下的男女心中,嵌入读者的心头,为什么?这是文化的穿透力。生活的艰难,对情人的难以割舍,思念,痛苦,是歌者的主调,其中是对情人生活细节的关心,男对女如此,女对男亦如此。著名的《走西口》,是女对男唱的:"哥哥你走西口,小妹妹实难留;手拉着哥哥的手,送你到大门口。……"叮嘱"哥哥"走大路、不要坐船头,都是生活的细节,也许粗处来看与母亲的叮嘱一般无二,但是更细腻,通向共呼吸同命运的生命共同体,自然就有了爱情的特质,这是一种贯通历史文化的特有的爱情格调。

路遥小说多写苦难,多写奋斗,少写罪恶;多歌颂而少控诉。而这一切则发端于他个人生活的经历,生长于他个人生命的体验,完成于艺术理想的升华,这一切皆得力于情感力量的贯注。他的小说可以说有"形""气""神"三大要素:其一,苦难的生活是"形体"。从《人生》到《平凡的世界》,路遥小说展开的皆是充满辛酸悲苦的故事,每个人物背后皆有曲折的故事。在这片黄土地上,也许压根就没有风花雪月,没有豪华顺达,不管是在黄土地上劳作的人们还是在官位上奔忙的大小官员,哪个活得容易呢?哪一个爱情故事是一帆风顺的呢?其二,奋斗拼搏是"精神"。苦难生活并没有让人退缩,艰苦的环境也没有泯灭人的生机,而是激发了一种豪迈而顽强的奋斗精神。其三,美好的情感是生命之花,是生活力量的源泉,也是生命之"气"的抒发。这里应该特别重视路遥小说情感世界的重要价值和意义。如果没有情感的生命之花,苦难的生活原形将会显得干瘪;如果没有情感的生命之气,奋斗精神的灵魂将会显得抽象空洞。所以,情感世界的展开才是路遥小说艺术吸引读者的最重要的因素。

有学者指出:"路遥的政治意识以及在创作中的表现,使他区别于陈忠实的文化史视角，也区别于贾平凹的民间文化立场，具有独特的价值。"[1] 将路遥、陈忠实、贾平凹三位写陕西题材的作家放在一起讨论当然是一个有意思的话题，然而，以"政治意识"为抓手来讨论也许并不能见出三人的分野，要说政治意识的强度，后二者也许并不比路遥差，特别是陈忠实的"文化史视角"，对历史上的政治事件的批判意义还是很强的，并且常常将这种批判意义引向现实；至于贾平凹，兴趣广泛，故意以民间文化避开现实政治，那是另当别论。路遥在创作方法上区别于陈忠实、贾平凹最大的地方，在于作家生命在作品中的投射的程度与方式。路遥是将自己身心全部投入到作品中的作家，他的作品中可以看到他这个人，他的作品可以看到他曾经的生活。当然，这样说，并不是说他缺少艺术的创造与加工。作家人格与生活在作品中的投射与折射，是熔化以后的形、气、神，而不是自然主义的翻新记录。至于怎么才算是艺术的"熔化"，应该是作家的生命与生活从整体上化为一种精神的贯注，再也不是生活形体的枝枝节节。路遥童年曲折苦难的家庭生活，青年时期为"革命理想"卷入政治运动梦想随之破碎的打击，热烈真挚而复杂多歧的婚姻爱情生活，文学导师柳青的引导与文学理想的剧烈迸发……这一切成为他小说创作原始动力。陕北文化的哺育与时代精神的召唤，又成为其艺术精神升华的重要背景和契机。这一系列的"积累"，非常厚重，可以说也许是陈忠实与贾平凹无法比拟的。当然，这也可能给路遥带来短板，相比于陈、贾，他的小说也许缺乏超越的艺术加工，缺乏"静观"的审美距离，但这种生活的、生活的、情感的投射，正是他的小说创作的特质所在，或者独特的价值所在。

三、民族文化精神的重建

路遥在谈到《平凡的世界》时曾说，他想创作出如《战争与和平》那样一部伟大的作品。其实，他的这种创作路向在写作《人生》时已初露端倪。《战争与和平》因何伟大，是因为它深沉地表达出民族的苦难、人的精神力量。路遥作品也确实传达出了苦难的生活与人的奋斗精神，并从中透出力量。但是，当他具有将展开的时空定格在陕北的黄土地时，势必切入这片土地上深厚的文化底蕴。

路遥曾指出："刘巧珍、德顺爷爷这两个人物，有些评论家指出我过于钟爱他（她）们，这是有原因的。我本身就是农民的儿子，我在农村里长大，所以我对农民，像刘巧珍，怀着这样一种感情来写这两个人物的，实际上是通过这两个人物寄托了我对养育我的父老、兄弟、姊妹的一种感情。这两个人物，表现了我们这个国家、这个

---

[1] 贺智利：《黄土地的儿子——路遥论》，中国文联出版社2005年版，第140页。

民族的一种传统的美德，一种在生活中的牺牲精神。"① 这种情感的寄托在作品《人生》中，直接表现为将高加林与巧珍的爱情转变为亲情，将德顺爷爷作为父辈给予的关爱转变为精神上甚至超越父母所给予的感召力。的确，路遥对巧珍和德顺爷爷的形象塑造有时会使读者产生怀疑，现实生活中是否真的存在这样美好的人，从路遥的表白可以看出这两个人物是路遥对于农民形象的审美理想的具象化，人物身上带有鲜明的儒家传统文化濡染下形成的美好品质，能体现出作者的文化认同感，并且人物之间形成的超越血缘束缚的伦理关系应该也是路遥处于当代对传统文化的盛赞。

正如一些学者所言，德顺爷爷这样的"仁父"形象在中国传统乡村具有显著的代表性，几乎每座村庄都存在这样一个传统美德的捍卫者和具有人生哲思的智者，他们是中国传统家庭伦理和传统道德的精神标杆，其强大的人格魅力使得他们作为人们人生道路的引导师，往往比至亲父母等长辈更具有精神感召力。② 孔子所言"博施于民而能济众，何事于仁，必也圣乎"（《论语》雍也），主张在一定程度上把爱博施与众人，德顺老汉一辈子打光棍，无妻无子，在亲子情感上的空缺使这位善良的老人把广博浓厚的父爱献给生活在这片土地上的娃娃，"爱众""爱孩子"的特点使德顺老汉在伦理层面上占据"父亲"这一角色，在文化意义上有滋养无数新生命的"乡土"的象征意味。

关于巧珍的形象，作家阎纲在写给路遥的通信中说道："巧珍虽土而不俗，不知书却达理，自谦而不自贱。"③ 巧珍的形象之所以能够让读者有如此高的评价，除了她具备中国妇女的传统美德并且兼有新女性的自尊自爱意识和对科学知识的热忱之心以外，更有其丰富的意蕴，即巧珍在爱情中表现出来的儒家"爱人"思想。孔子讲"忠恕"之道——"己欲立而立人，己欲达而达人"（《论语·雍也》），是施行仁爱的途径与方针，朱熹解释为"尽己之谓忠，推己之谓恕"（《四书集注》《论语·里仁》），由此就能看出，巧珍发自内心爱慕高加林，理解他的野心，宽容他的背弃，并且站在他的角度为他考虑未来。在这个因爱生怨，由爱消怨的过程中，巧珍的善良、隐忍、无私奉献、浴火重生的品性具有明显的儒家规范理念和传统道德遗留的色彩。

巧珍的形象在路遥小说中具有重要的代表性，在《平凡的世界》中，一对对男女爱情故事，一个个美丽动人的女子，润叶、秀莲、郝红梅、惠英嫂子等，无不闪

---

① 路遥：《关于人生的对话》，《路遥文集》第 1 卷，陕西人民出版社 1993 年版，第 1004—1005 页。
② 赵学勇：《老土地的当代境遇及审美呈现——路遥与中国传统文化》，《陕西师范大学学报》（哲学社会科学版）2011 年第 3 期。
③ 阎纲：《给路遥的信》，《路遥文集》第 1 卷，陕西人民出版社 1993 年版，第 993—994 页。

烁着巧珍身上的光芒。相对来说，田晓霞是作者着力刻画的人物，但是却不够丰满，不能给人留下深刻的印象。孙少平与田晓露之间的爱情，也不是那么深切动人，似乎不能从心底里拉扯人的心。这是为什么呢？这是因为，不管是孙少安与田润叶，还是田润叶与李向前；不管是孙少安与秀莲，还是田润生与郝红梅，这些爱情故事的背后，都有那么多的苦难，那么多的缺憾，那么多的恩情，那么多的生命的融合。古来的俗语"一日夫妻百日恩"，在这里能够得到丰富的注脚；没有生活的"恩情"，男女之情似乎变得无所附丽。比如田润生与郝红梅吧，这一对这么有缺憾的人走在一起，他们是那么需要对方，离不开对方，难怪他们会抱在一起痛哭！这种以"恩情""亲情"为基础的爱情，是中国文化发育出来的结果。相比现代爱情突出的性爱与精神交流，在这里倒显得无处安放，仿佛成了多余之物。

孔子说："弟子，入则孝，出则悌，谨而信，泛爱众而亲仁。"（《论语》学而）孟子说："君子之于物也，爱之而弗仁；于民也，仁之而弗亲。亲亲而仁民，仁民而爱物。"（《孟子·尽心上》）我们对其中的含义进行概括，可以说，在这个既差异又一体的情感综合体中，亲人之间的关系是最近的，情感也是最厚的。亲情是以血缘、家庭关系为基础发展出来的父子、夫妻、兄弟姐妹、宗族成员之间的情感，而路遥是将当代农民超越血缘关系建立的亲情纽带放置在笔端下，倾注感情，热情讴歌，体现其对于儒家传统亲情伦理观念的价值取向和审美理想。

结语

路遥对于陕北大地平凡人物平凡世界的书写，既不是从人性论的视角歌颂人性的真善美，或显示人道主义关怀；也不是从阶级论的角度赞扬农民的伟大无私；更不是所谓紧跟时代的步伐，做政治的宣传品。乃是立足陕北地方乡土文化，展示中国历史变动中的苦难生活和奋斗精神。而小说人物情节背后展开的情感世界，乃是路遥作品最富有艺术魅力的地方。他结合伦理层面上的中华文化价值取向，真实地展现中国传统的人情社会，描写传统农民对情感的重视，关注突破血缘关系的局限探索伦理关系的重建，不论是政治风波、经济利益还是私人恩怨都没有彻底破坏其中的文化价值。路遥在儒家文化里提炼出克己、爱亲、仁人、容物等精髓，并为其高唱赞歌，是中华民族性真诚的书写者。这种重视作家人格力量的创作方法，与其生平经历不无关系，路遥就是在众多"亲人"的鼎力相助下逐步实现自己的人生目标的。路遥的"亲人"情结充分显露出他对于传统人情的审美意趣和文化认同感，重新发掘伦理层面的中华传统文化意义，在客观效果上与新时期越来越强劲的文化自觉不谋而合。

论路遥对延安文艺大众化传统的继承与发展

延安大学文学院　王俊虎

文艺大众化是中国现代文学区别于中国古典文学的显著标志，也是其"现代性"的核心因素之一。中国现代文学自肇始起对文艺大众化的追求犹如"夸父逐日"般执着与不懈，但从五四的白话文运动到左联时期对"普罗文学"的提倡，文艺大众化始终是理论倡导有余而实践活动不足。新文学活动基本局限于资产阶级知识分子与城市小资产阶级范围，对于这个圈子外的广大民众基本是陌生的。延安时期，文艺大众化才真正从理论倡导付诸文学实践，涌现出了大批老百姓喜闻乐见的文艺作品，文艺大众化由此翻开了新的篇章。中国文学进入当代以来，对大众化的追求并未止步，无论是"十七年"时期的《林海雪原》《山乡巨变》《艳阳天》等带有浓厚民间乡土特点的作品、新时期路遥坚守的现实主义文学作品，还是新世纪的打工文学，都体现了大众化在不同时期的文学诉求和价值取向。

一、延安文艺与路遥文学创作的大众化特征

延安文艺与路遥文学创作同为文艺大众化链条中重要的两环，因处不同历史时期，既体现出一定的承传性又不可避免地表现出了各自特征。

（一）延安文艺的大众化

延安时期文艺大众化是特定历史阶段的产物，主要是指在 1936 年到 1948 年之间，中国共产党领导下的以延安为中心区域发生的文艺现象。当时，严峻的抗战环境以及初入延安的知识分子在创作上的文人化写作难以满足普通民众的精神需求而产生的矛盾促使了延安文艺座谈会的召开及毛泽东《在延安文艺座谈会上的讲话》的发表。《讲话》确定了文艺创作应当坚持"为工农兵服务，为政治服务"的原则，制定了"政治标准第一，艺术标准第二"的文艺批评标准。以《讲话》为核

心，延安文艺呈现出了明显的大众化特征。

首先，文学组织与文学刊物的平民化。文学组织与文学刊物的产生与发展一定程度上代表了某一时段的文艺特征与方向。延安时期的文学组织较多，其中致力于文学平民化、通俗化的亦占有较大的比重。陕甘宁边区文化界救亡协会作为有着广泛群众性基础的联合机构，曾组织《我们怎样到陕北来》等集体创作活动以及诗歌朗诵运动、"街头诗运动"等群众性文艺活动，致力于提高边区群众的阅读与写作兴趣。为使艺术走向大众，大众读物社规定无论大小稿件都应做到适合群众阅读，还将陕北话、音乐、民歌规定为每个干部的必修课程。延安"新诗歌会"积极举行诗歌大众化座谈会，加速了诗歌走向普通大众的步伐。《边区群众报》以基层农村干部和农民群众为主要读者对象，专设《大众文艺》栏目。《大众文艺》刊物从工农大众的水平与需要出发，主要刊登大众化、写作理论方面的论文以及群众写的故事、报告、诗歌、小说等作品。鲁迅艺术学院的教育方针和教育理念在《讲话》后由以往对专门化、学术化的追求转变为"文艺为政治服务，为现实政策服务，通过改造人而改造文艺，走教育与阶级斗争相结合、与生产劳动相结合的道路"①。"鲁艺"由此就转变为培养"文艺的大众化"创作主体的摇篮。这些文学组织与刊物成为宣传文艺大众化的大道通衢，"文艺大众化"在各种文学组织与刊物的合力下完成由理论倡导到大众化的实践，大众化文学成为一种极好的社会"黏合剂"，把劳苦大众与从亭子间走出的知识分子聚合在一起，让五四新文学、左联时期的革命文学所倡导的文艺大众化理论顺利着陆，真正走向普通群众，文艺大众化自此揭开新的篇章。

其次，创作主体的转变。《讲话》后，很多知识分子在文学信念与政治信念之间都经过了一种由冲突到融合的过程。在"到群众中去"的号召下，他们开始深入群众生活，与群众同吃同住，改变了原有的生活轨道，按照丁玲的说法就是知识分子纷纷"丢盔卸甲"了。丁玲作为第一个奔赴陕北的国统区知名作家，在参加了延安文艺座谈会后坦言："如果不到工农兵中间去，怎么写好工农兵呢？一定要下去，长期在他们中间，改造自己的思想和生活、兴趣。"② 这在很大程度上代表了当时知识分子学习《讲话》后的真实心态。除了丁玲之外，何其芳也表达了自己深入生活的决心："我应该到前线去，即使我不能拿起武器和工农兵站在一起射击敌人，

---

① 乐程、周红月：《延安时期文艺大众化的探索及意义》，《淮南师范学院院报》2017年第2期，第82页。

② 庄钟庆、孙立川：《丁玲同志答问录》，《新文学史料》1991年第3期，第74页。

我也应该去和他们生活在一起，而且把他们的故事写出来。"① 知识分子纷纷从以往的带有优越性的精神贵族开始走向民间，向老百姓看齐、学习。与此同时，那些有着一定文艺创作基础的工农兵群众则加入文艺创作队伍，成为创作主体，如陕北民间说书艺人韩启祥等。因为工农兵作家的介入，作家可以得心应手地改造民间艺术形式，得以形成新评书体小说、新秧歌剧等新的文体，《新儿女英雄传》《吕梁英雄传》等通俗小说也广受好评。发生在延安的几次规模庞大的群众性写作运动，如《五月的延安》《长征记》等更是直观地表现了民众参与文艺活动的积极性。文学的创作主体与接受者之间发生了位移与互渗后，知识分子作家与工农兵群众从原有的仰视与俯视的关系变成平视的关系，原有的知识分子启蒙或者精英话语受到冲击甚至颠覆，群众语言被置于文学话语的中心位置，反映普通民众生活的作品如雨后春笋般涌现出来。起源于"白毛仙姑"的民间传说后被改造为歌剧的《白毛女》广受赞誉，以陕北信天游为基础创作的民歌体叙事长诗《王贵与李香香》深受群众欢迎，这些作品以民间文化为底色，借用群众喜闻乐见的形式，辅以口语化的表达方式，彰显出浓郁的民族风格。

再次，创作风格的大众化。延安文艺创作主体的转变带来的最直接结果就是文艺创作风格的转变。延安文人通过实践完成了从大众话语的理论建设到大众化风格的创作实践，"读者的性格和读者的态度，就决定着艺术家创作的形式和比重。"② 为了照顾延安受众的接受水平，作家也纷纷改变着创作的"形式和比重"。从语言方面看，基于最普通大众的阅读水平与经验，作家努力采用自然朴素的民间口语行文，以人物对白为主要叙述方式，力图减少大众阅读的阻距性，便于群众阅读和接受。从形式方面看，文学内容需借助文学形式这一载体得以外化，延安时期文学形式的选取首先立足于对陕北民间艺术形式的借鉴，陕北信天游、陕北民歌、陕北说书等具有地域文化色彩的艺术因子植入了延安文学的创作当中，并获得了鲜活的生命力。其次，延安时期文学另一个瞩目的现象就是民族意识主导下的集体化创作以及与此相关的群众性写作运动的开展。它们的存在不仅仅是丰富了延安文艺创作的多样性，更重要的是以集体创作代替了个体言说，一定程度上消解了文学创作的精英立场。从体裁上来看，戏剧、诗歌和小说都体现了创作风格的大众化特征。以解放区新秧歌剧和新歌剧为主的戏剧创作，以最直观的表现形式、最通俗的话语设置和单纯的结构安排很快吸引了广大民众。新歌剧《白毛女》的成功演出便是延安文艺走向大众化最响亮的一张名牌。民歌体叙事诗更是将陕北民间"信天游"和传统

---

① 何其芳：《何其芳文集》第二卷，人民出版社1982年版，第223页。
② 阿·托尔斯泰：《论文学》，人民出版社1980年版，第24页。

章回体小说完美结合，契合了大众的审美需求。解放区以赵树理等为代表的农村题材小说的创作也成为文艺大众化最有力的支撑部分。从创作过程来看，工农兵群众对延安文艺的参与建构是延安时期文艺创作风格大众化版图中重要的一个方面，一定程度上体现了工农兵群众由单纯的接受者到创造者的转变。作为文艺作品创作者的工农大众，他们会很自然地将自己的生活原生态、立体地呈现于文学作品当中，底层群众的日常生活体验和与情感体验成为文艺创作的底色与风骨，共同赋予了作品鲜活的生命力。

（二）路遥文学创作的大众化

首先，路遥文学创作的大众化体现在其对现实主义文学创作方法的坚守上。"文革"结束以后，随着伤痕文学、反思文学的渐渐退潮，西方现代主义文艺思潮漂洋过海来到中国，一时间成为文坛竞相追逐的时尚语码，大部分作家以极大的热情接受并渴望将其付诸文学实践。先锋文学等表现西方现代主义艺术技巧的作品成为文坛新宠。路遥却不盲目跟风，坚守自己的文学理想，不为花样繁多的西方现代主义文学所动，始终做文学浪潮中的逆行者。路遥对现实主义文学创作方法的坚持本身就是其致力于文学大众化的一个表现。现实主义创作实质上就是与人民、与现实生活保持密切联系的，现实主义一定程度上不光是文学创作方法，还是一种生活态度与生活理念。而源自西方的现代主义所强调的意识流、黑色幽默、蒙太奇等从一开始就与中国民众的审美趣味与阅读心理拉开了距离。路遥曾说："考察一种文学现象是否'过时'，目光应投向读者大众。一般情况下，读者仍然接受和欢迎的东西，就说明它有理由继续存在……'现代派'的读者群小，这在当前的中国是事实。"[①] 基于这样的一种认知，路遥选择现实主义创作，也即选择了一条相对而言使自己"读者群大"的创作方式，这是从作者主观意愿上对自己作品的接受群体做出的分析，而客观上的"读者群"构成则由文本所包含的诸如情节、结构、语言等要素共同决定的。显然，路遥作品的读者绝不会是那些养尊处优、优裕闲适的上流社会人士，而是生活在金字塔最底端的普通劳苦大众。

其次，路遥底层式的书写方式也是其作品大众化的鲜明特征。路遥视写作为"一种不潇洒的劳动"，而且这种劳动并不比农民在土地上耕作高贵多少，路遥曾说："作为一个农民的儿子，无论在什么时候，都永远不应该丧失一个普通劳动者的感觉。生活是劳动人民创造的，只有成为他们中间的一员，才可能使自己的劳动有一定价值。"[②] 在人民本位思想的牵引下，路遥创作始终将目光聚焦在平凡人物

---

① 路遥：《早晨从中午开始》，《路遥全集》，北京十月文艺出版社2012年版，第15页。
② 路遥：《早晨从中午开始》，《路遥全集》，北京十月文艺出版社2012年版，第111页。

身上，讲述他们的普通生活以及他们在社会转型期的矛盾心态。早期的诗歌《我老汉走着就想跑》用较短的篇幅刻画了一个生着病却不忘劳动的农村老汉形象，散文《银花灿灿》歌颂了铁姑娘们勤劳能干以及奋力保护棉花的拼搏精神。后来的小说《平凡的世界》中的孙少安与孙少平兄弟二人的理想也不过普通人的平凡之梦。孙少安一心扑在黄土地上，渴望以一己之力改变家里的贫穷状况；孙少平渴望能在大山之外成就一番事业，二人体现了不同的人生追求，却有着同样的平凡底色。《人生》中高加林似一叶扁舟总是在农村与城市"两头不到岸"的波涛中打漩，由农村—城市—再回农村的轮回中最终证明他对城市生活的追求不过是水中月、镜中花。然而这种积极追求更好生活的精神却是"高加林们"所共有的。路遥在书写这些人物的时候张扬了一种身处逆境却逆流而上的乐观进取的人生态度，以普通人物为半径勾勒出了一幅底层青年积极向上的人生奋进图。路遥对生活近距离的观照甚至对现实生活的复制及对平凡小人物内心矛盾的多角度呈现让众多读者都可以在文本中找到情感共鸣，这种接地气式的底层书写让他的作品的接受程度超越年龄与地域的限制。尽管路遥在文学史书写中并不被重视，但是其作品借阅量至今仍高居各大图书馆借阅书目前列的文学现象是众多读者对路遥最虔诚敬意的表达和明证。路遥文学作品的价值也在这一过程中经由普通读者大众建构起来。即便在步入"新时代"的今天，一方面，市场经济体制下的利益驱动使得很大一部分作家为钱而作，横空出世的作品令人眼花缭乱，泡沫式的书写加上市场化的包装使得文学的纯度被稀释，在这样的背景下，人们的接受心理趋向于"平凡化"，越来越多的人开始怀念像路遥这样能沉下心来创作的作家。另一方面，当下仍有很多劳苦大众还挣扎在生存的边缘，他们仍在继续着绵延数千年的卑微生活，这时，文学为劳苦大众代言的写作方式与大众的情感需求因在一个频率上震动而易于奏响出共鸣的乐章，路遥的作品便因张扬了一种底层大众对理想与信念的不懈追求的精神而具备震撼人心的力量。

  再次，路遥文学创作风格的质朴纯真增强了作品的通俗性。路遥质朴纯真的创作风格为其大众化书写又添了重要一笔。文学进入新世纪以来，通俗化成为标榜文学最多的一个词语之一，常指文学借助大众传媒、按照市场机制所做，迎合读者的愉悦感与消费心理而创作的通俗小说。路遥质朴纯真的创作风格带来的作品的通俗化倾向却并非此意，而指的是路遥对陕北民间艺术形式的借鉴与改造后带来的通俗化的审美风格。"谨以此书献给我生活过的土地和岁月"是路遥在《平凡的世界》出版时的寄语，其中蕴含着路遥对陕北这片黄土地深沉的眷恋与感激。陕北这片土地不仅养育了路遥，更在历史传承与文化积淀中生成了极具地方特色的陕北民歌、习俗、语言等，这些具有民间烟火气息的艺术又直接成为路遥文学创作中的素材。陕北民歌某种程度上可以说是陕北人用以沟通世界的方式之一，是陕北民俗文化的缩影。从小生活在陕北这片文化厚土上的路遥很难不受民歌的浸淫与熏陶，在《人生》《平凡的世界》等作品里，路遥曾多次引用陕北民歌来表现作品人物的感情。民歌的使用增强了作品与劳苦大众的亲和力与感染力且易于引起阅读与情感的共鸣。民俗是指一个民族或一个社会群体在长期的生产实践和社会生活中逐渐形成并世代相传、较为稳定的文化事项。陕北自然也有其独特的地方习俗，如饮食文化、服饰文化、建筑文化以及"婚丧嫁娶""上坟祭拜"等民间习俗，习俗的穿插使用为读者描绘了一幅活色生香的陕北民间生活图景。此外，路遥乃土生土长的黄土地的儿子，对陕北方言在"说"与"听"中自然是了如指掌，在文本中对陕北方言的运用信手拈来，如"山峁峁""锅台""屹崂"等专有名词，还有"婆姨""女子""后生"等独特称谓的使用，陕北方言的使用可以让读者感受到浓烈的陕北民间生活气息。

二、两者文艺大众化的联系与区别

（一）联系

1. 路遥之所以会坚持"为人民"的写作立场，离不开延安文艺传统在新中国成立后的发扬光大与对广大作家的重要影响

延安文艺从地域上来说萌生、发展于陕北，其对于陕北籍作家路遥的文学创作的影响之深是不言而喻的。路遥1949年出生于陕北农村，从时间上来说其出生于文学史意义上的延安文艺活动结束之后，但文艺作为审美意识形态，并不会随着物理时间的终止而消逝。路遥曾说："我是在延安的土地上长大的。在毛泽东同志《在延安文艺座谈会上的讲话》发表四十周年的时候，我作为一个年轻的文学工作者，和文艺界的老同志们一起来到延安参加纪念活动，进一步学习毛泽东同志的文艺思想，感到非常高兴。"① 这是路遥对延安文艺与毛泽东文艺思想最直白的表达。陕北的水土孕育了路遥，诞生于陕北特定历史时空语境下的延安文艺传统也让初入文坛的路遥倍受滋养。不仅是理论上的学习，路遥更是将理论转化为实践的最强执行者，"我想我们归根结底只能是在《讲话》的基本精神指导下从事我们的工作，才不会迷失方向，才能创作出大多数人民群众所欢迎的作品来。"② 作为一个文艺工作者，路遥一直把如何继承好毛泽东同志在《讲话》中所阐明的那些基本精神作为努力的目标。《讲话》的精神已经渗透在路遥的创作理念之中并凝聚在为人民书

---

① 路遥：《早晨从中午开始》，《路遥全集》，北京十月文艺出版社2012年版，第139页。
② 路遥：《早晨从中午开始》，《路遥全集》，北京十月文艺出版社2012年版，第139页。

写的笔端。《人生》《平凡的世界》等为底层人民代言的文学实践就是最好的佐证。

此外，北京十月文艺出版社所出版的《路遥全集》中收录的14篇诗歌中有7篇都提及毛泽东，多达18次，其中无一例外地表达了对毛泽东的赞美之情，如"延河水流向中南海，赞歌儿献给毛主席！"① "山里的歌儿哟心里的曲，句句歌颂咱毛主席！"② 诗歌这一文学体裁的特征就在于以凝练的语言表达丰富的情感，路遥对于毛泽东的直抒胸臆式的歌颂是他对毛泽东文艺思想与延安文艺尊崇与向往的表露。当这些感情与自己独特的生活体验相碰撞时，就有了路遥基于延安文艺传统而对大众化所做的努力。

2. 路遥对政治浓烈的兴趣成为其践行延安文艺传统的内在驱动力

路遥的从政欲望在他上小学时便有了蛛丝马迹可寻。他关心国家大事，并且热衷于向同学们讲述国内外发生的重大事件。"文革"期间，路遥还曾担任过延川县委革委会副主任的领导职务，但不幸的是由于政治斗争过早地结束了他的仕途，使得他转而向文学进军。虽然路遥闻名于文学，却不能回避其作品中的政治底色。路遥创作中始终不回避作为社会生活之一的政治生活，农业学大寨、天安门事件、十一届三中全会后推行的生产承包责任制以及改革开放等事件都艺术地再现于其文本创作中。路遥的老师申沛昌曾在纪念路遥逝世十五周年活动时说："通过大学三年的相处和以后的交往，我可以明确并肯定地说，路遥是一个酷爱文学又关注政治的人。"③ 因为关注政治，所以路遥才能创作出文本中那些栩栩如生的从政人物。路遥的朋友、同事贾平凹更是以"一个出色的政治家"来定义路遥。某种程度上说，路遥的弃政从文是迫于现实因素不得不做出的非自觉性决定，倘若路遥仕途顺畅，读者不一定会认识政治家路遥，但一定会少了一个文学家路遥。延安文艺是五四新文艺在特殊的战时环境中萌生发展起来的具有浓厚政治意味的产物，在这个层面上路遥与延安文艺之间有了契合点。当延安文艺传统跨越到当代并显示出旺盛的生命力的时候，路遥不顺的仕途道路以及潜藏在内心的政治理想便期望借助文学得以抒发和宣泄。

3. 路遥以笔下人物为载体所颂扬的精神品质是延安精神在新时代的具体体现

"人类精神的建设者"是阿·托尔斯泰对艺术家的定位，路遥便是这样的一位"建设者"，其作品一直都以对青年人的精神上的引领而高居"常销书"的宝座，"物质上的穷人，精神上的富人"几乎成了他大多数作品中的标配。《平凡的世界》

---

① 路遥：《早晨从中午开始》，《路遥全集》，北京十月文艺出版社2012年版，第539页。
② 路遥：《早晨从中午开始》，《路遥全集》，北京十月文艺出版社2012年版，第552页。
③ 申沛昌：《路遥研究》，《延安大学·路遥研究会编》2008年第3期，第49页。

中的孙少平怀揣着一颗渴求走出大山的赤子之心活跃在农村与城市之间,上学时只能吃到"非洲菜"的他,自尊心虽然受到了前所未有的挑战,但生活拮据之中的孙少平仍然苦读书籍,靠着精神食粮度过最艰难的岁月;外出打工挖煤时的窘迫与苦难并没有阻挡立志向上的孙少平在黑暗中摸索前进的步伐。在孙少平这里,苦难是最好的教科书,是一门必修课,它造就了孙少平坚韧不拔、迎难而上的性格。孙少安扎根农村,希望通过自己的艰苦创业来改变贫穷的生活。他开办的砖厂在几经起落后终于走上正轨,然而一直与他相伴的秀莲的健康却亮了红灯,相比于创业时的艰难,斯人已逝的悲痛才更让人难以接受。《人生》中的高加林渴望拥有更好的生活,经过自己的奋斗和努力,在自己心向往之的城市短暂逗留后不得不再次回到自己拼命想要离开的农村,看似回到原点,实则是一种螺旋式上升,是基于生活阅历上的重新出发。路遥寄托在这些人物身上的精神特质不能不说是延安精神所强调的艰苦奋斗、自力更生在新时代的具体要求。延安精神是中国共产党人在革命实践历程中逐渐积累起来的宝贵的精神财富,它的内涵是坚定正确的政治方向,解放思想、实事求是的思想路线,全心全意为人民服务的根本宗旨,自力更生、艰苦奋斗的创业精神。延安文艺与延安精神的萌生与发展息息相关。从这个角度讲,延安精神是延安文艺与路遥文学创作的共同的精神内核。路遥对于延安精神的践行来自自觉的艺术追求,更源自与农民、农村的天然联系而发自内心的情感诉求,客观上也契合了延安文艺"坚持为工农兵服务"的文艺要求。

(二)区别

1. 大众化的受众不同

大众化的这一"方向性"创作必定要面向特定的受众群体。当在教育体制越来越完善的今天回眸 20 世纪 40 年代的教育,会让人不得不再次感叹时代发展之快。当时的陕北农村闭塞落后,经济发展受限,教育的发展自然滞后。斯诺在《西行漫记》中记载了徐特立介绍陕甘宁边区的教育状况时所说的:"除了少数地主、官吏、商人以外,几乎没有人识字,文盲几乎达到百分之九十五左右。"[①] 文化水平的低下决定了大部分群众对那些阳春白雪式的作品敬而远之,能让他们拍手叫好的则多是诸如《西游记》等通俗文学与民间文学等。为了使革命抗战的需要与大众的接受水平能相契合,当时的文艺工作者寻求了文艺大众化创作这个平衡点。应该说,延安时期文艺的大众化道路选择,是特定历史语境下文艺功能"合目的性"的典型行为,为文艺的平民化、通俗化开辟了广阔的道路。但基于革命战争的需要,在政治

---

① 杨琳:《论延安文学的传播媒介生态特征:以传播主体和受众分析为中心》,《陕西师范大学学报》(哲学社会科学版)2011 年第 2 期,第 135 页。

力量的裹挟下,延安时期的文艺创作又不得不通过"大众化"以"化大众",以艺术所表现和生发的力量服务于革命政治。丁玲曾说:"我们现在需要群众化,不是把我们自己变成与老百姓一样,不是要我们跟着他们走,是要使群众在我们的影响与领导下,组织起来,走向抗战的路、建国的路。"① 可见,虽然当时强调知识分子要深入群众生活成为大众的一员,但他们文艺工作者的身份让他们始终区别于劳苦大众,所以此时的文艺受众是一种需要激发革命力量与革命热情的劳苦大众。

相比于延安时期接受群体的封闭与单一,路遥作品的受众群体则更加开放与多样。从历史进程看,延安文艺与路遥文学创作发生于截然不同的历史时段。路遥是共和国的同龄人,其文学主要活动开始于"文革"后的新时期,举国上下发生了翻天覆地的变化,从政治经济到文化教育都体现了新的发展。就文学而言,读者的文化水平自然与延安时期有了较大的差别。改革开放以后,中国进入一个新的历史发展时期,文艺环境越来越宽松,路遥的文学创作历程始终伴随着读者个性的不断解放以及文学自身的发展。当延安时期读者以一种被启蒙的身份进入到延安时期作家早已预定好的某种认知时,路遥作品的受众则拥有更多的自觉性与自主性。研究表明,路遥作品的接受群体多是底层的打工青年或者出身农村的知识青年,受众虽来自底层,但他们阅读经验、阅读视野、接受水平较于延安时期的受众得到了不同程度的提高,对路遥作品的选择是他们基于自身需要所做出的有意识行为,读者的主观能动性得到了发挥与确认。

2. 大众化的内涵不同

延安文艺与路遥创作虽同归于大众化,但却是异质。文学实践活动主要由作家的创作实践和受众的阅读接受实践两部分组成。延安时期,无论是文学创作主体还是文学接受者都体现了趋同化,当文学从生产到消费的整个过程都受制和服务于特殊的战时环境,文学为革命、政治服务成为事实,受到作者和读者普遍欢迎的自然是彰显主流意识形态的作家作品。延安时期过多地渗透了政治因素的文艺作品离开了战时语境,其价值意义不可避免地会大打折扣。文学的多样性与复杂性因为抗战、革命等因素而被消解。赵超构在访问延安见到丁玲时说:"我感觉这里只有共产党的文艺,并没有你们个人的作品。"② 可见革命、抗战作为时代主题在当时对文艺创作有绝对的制约和规范作用。延安文艺正是在作家、读者及文学政策的同构中实现了驱除个人主义的文艺大众化。这种大众化是文学在面对自上而下的政治力量时做出的自觉或不自觉的妥协。

---

① 丁玲:《丁玲全集》第七卷,河北人民出版社2001年版,第22—23页。
② 赵超构:《延安一月》,中国国际广播出版社2013年版,第95页。

路遥作品中的大众化特征更多的是从作品本身的文学性而言的。从文学符号学角度来讲，文学创作旨在以运用语言符号向人们传递特殊的审美信息，读者的接受活动是文学活动中关键的一环，这一阅读接受的过程实际上是对语言符号的破译解码过程。任何作家都希望通过文本传达出自己的某些情感倾向以及价值观念，同时也希望读者能在审美欣赏的过程中获得某种认识价值。为了作品价值意义最大限度地被挖掘与传播，路遥以"直接面对读者"的创作心态选择了亲近数量巨大的底层劳苦大众，并在此过程中寄以他对这个群体最深切的关怀，渴望普通大众能在自己作品中找到心灵慰藉，从而探求出一条积极向上的人生之路。路遥塑造的生活在城乡交叉地带的人物形象是千千万万个普通大众的缩影，对那些正在为自己的梦想奋斗不止的底层大众将永远是一服良药。李继凯指出："从目前情况看，路遥在创作的内容与形式上，还主要是从大众文化的层面考虑的多些。"[1] 路遥对大众层面的考虑是为了消解文本与读者的阅读距离从而使大众化成为沟通读者与文本的桥梁，让读者的破译过程的阻距性减少，进而实现文本内容以及所蕴含的思想价值的辐射范围的最大化。从这个角度上讲，路遥创作的大众化是形而下的，是要求读者徜徉在减少了阅读阻距性的"大众化"的文本中并获得个人独特的心灵体验的过程。

3. 大众化的实现方式不同

一时代有一时代之文学，路遥创作与延安时期的文艺创作隶属于当代和现代的不同文化语境，虽都是20世纪文学大众化发展轨迹上不可或缺的一环，却因实现大众化的路径不同而各成气候。延安时期，文艺大众化实现了理论与实践的双赢。理论上从"两个口号"的论争中对"工农兵"主体地位的确立，到"民族形式"讨论中对文学"通俗化""民族化"方向的把握，直至《讲话》对延安文艺大众化理论的政策性规范下才最终得以确立。可见，延安文艺理论的生成并非一蹴而就，而是在抗战革命环境及其对文艺的潜在要求下，在延安文人基于当时文学发展态势认真讨论甚至是激辩中形成的，正因为其形成过程的艰难性才更彰显了理论的功用性和有效性。认识指导实践，理论规范创作，基于革命需求，延安时期文艺反映群众的真实生活和鼓舞民族危机笼罩下的国民士气成为主旋律。这支时代旋律以将文学对人潜移默化的积极影响发挥到极致。革命现实主义就成为当时文艺创作手法的不二选择，"革命"是对文艺创作内容的规范，"现实主义"是对文艺创作方式的界定。在具体的写作过程中，作家又借助一定的陕北民间艺术形式拉近文学与大众的距离，从而拉近大众与革命的关系。延安文艺正是在这种复杂过程中既完成了自身文学形态的建构，又承担起了唤起民众投身革命的信心和愿望。

---

[1] 李建军、邢小利：《路遥评论集》，人民文学出版社2007年版，第162页。

从延安时期到路遥文学创作时期，文学史由现代进入当代，20世纪80年代的中国文学已经开始拥抱世界文学、学习现代主义并取得一定实绩了，路遥历来以坚守在传统现实主义道路上被认为是文学洪流中的逆行者。的确，从路遥对"城乡交叉地带"的空间环境的选取到其笔下的人物形象的塑造，路遥的确是现实主义的忠实守护者，但这并不意味着其对西方现代主义的完全拒绝。人的社会性乃人的根本属性之一，人必然要与周围环境（包括自然环境和社会环境）发生关系，路遥自然也不例外。在80年代西方现代主义暖风的吹拂下，路遥很难置身事外。尽管路遥曾在其创作随笔《早晨从中午开始》里表示过对现代主义的怀疑，但我们依然可以从其作品中找到现代主义思潮的痕迹。路遥作为陕北农村走出来的知识分子，本身是传统与现代的结合体，既不愿在乡村安身立命，又难以完全融入城市。身处时代变革中，路遥以一个知识分子的责任感与忧患意识，以自身经历为蓝本来反思生活在城乡接合部的人们的艰难与困苦，执着探索人的存在问题，一定程度上与西方存在主义对个体生命意义的探索相契合。从文本来看，存在主义强调人是自由的，并且要为自己的选择负责。路遥笔下人物有着极强的自主性，高加林选择进城，选择与黄亚萍在一起；田晓霞选择孙少平，选择去抗洪一线；田润叶选择追求少安，也选择与李向前共度后半生。无论现实如何，这些人物都有自由选择的权利，也因此而必须自己承担一切责任。高加林的选择意味着他要承受巧珍另嫁他人的痛苦，田晓霞的选择隐含着她要付出生命的代价的可能性，田润叶的选择意味着她要具备被少安拒绝和接受一段无爱婚姻的勇气。此外，路遥在《平凡的世界》中塑造了三位死亡人物，分别是田润叶、王世才、贺秀莲，仔细研究会发现三个人物的死亡皆属于偶然死亡，他们在死亡的临界点到来之前并没有想过死亡，这些个体的偶然死亡也让人联想到存在主义所强调的人生的无常性。

值得思考的是，正如前文所说，现代主义在进入中国文化语境时，经常以其现代主义文学技巧展现出了与中国大众的距离，为何路遥文本里的现代主义元素却没有成为阻碍大众阅读的拦路虎？原因在于路遥对现实主义的执着与坚持书写底层的姿态在一定程度上弥合了现代主义作为新质的文化传统与大众的裂缝，也即路遥创作的现实主义底色与其文本大众化的旨归始终未变，只是在时代发展的强力推动下，路遥的现实主义更具有开放性、现代性，这是时代发展对文学的必然要求，也是路遥本人对时代发展做出的的敏锐反应。

延安文艺与路遥文学同为文学重镇陕西域内最值得挖掘的文学宝藏，从地域上讲，延安滋养了路遥的成长；从文学的角度说，延安文艺也给路遥文学创作以较大影响。文艺大众化将跨时空的两者紧密联系，深入分析它们之间的这种承继与异变关系，对于学界研究与审视路遥及延安文艺或许有一定启发意义。

怎么办？
——《人生》与 80 年代"新人"故事"并非结局"的结局

华中师范大学文学院　杨晓帆

路遥为什么要在《人生》"第二十三章"标题下特别注明——"（并非结局）"①？

虽然高加林幻想破灭，巧珍也嫁为人妇，但等待他的并不是千夫所指的唾骂，巧珍挡住家人对高加林的羞辱，甚至央求高明楼为高加林安排工作，德顺爷对土地和劳动的深情赞颂更给他上了一课。尽管有批评从中读出路遥接续"十七年"文学处理城乡关系的"扎根"意识，也有批评不满他面对"现代/传统"二元冲突时保守的"恋土情结"，但按照情节发展来看，如果一切顺利，高加林很可能会再次成为一名民办教师。因此，当高加林浪子回头、紧紧握住黄土喊出"我的亲人"时，他的人生其实又转回到小说起点，他终究不是一名普通的庄稼汉，仿佛注定了要走出去。

在这样的结尾设计中，路遥的内心纠葛昭然若揭。假如高加林和巧珍在一起，他就真的能安心劳动过上幸福的农村生活吗？假如高加林不是通过"走后门"，而是堂堂正正地进城，巧珍"痴心错付薄情郎"的悲剧就可以避免了吗？在 20 世纪 80 年代的文学叙述中，不也有《远方的树》那样知青返城抛下儿女情长的感伤追忆，有《塔埔》那样农村青年艰难拥挤在高考窄路上各奔东西的别离故事么？就算高加林如愿成为公家人，跟黄亚萍一起过上城市生活，他就能活得幸福吗？他会不会也像《一地鸡毛》里的小林那样遭遇城市出身老婆对乡下人的歧视？会不会也反身成为金字塔尖玩转权术的成功者？

如果没有"并非结局"的第二十三章，《人生》真正的结尾就是高加林与黄亚

---

① 本文引用《人生》段落均出自路遥：《人生》，十月文艺出版社 2009 年版。后文不再标注。

萍分手后回到自己的办公室,"一个人关住门在光床板上躺下来……"他在想些什么?进不去的城,回不了的村,他就这样被滞留在理想与现实交际的灰暗地带,——"怎么办?"——这或许才是一个农村知识青年的特殊精神困境之所以能引发社会普遍共鸣的焦点。但在《人生》中,路遥却回避开这个难题,笔锋一转在最后一章讨论"人为什么活着"。

路遥为什么要这样写?应当怎样理解《人生》结尾的意义?它是如何与同时代人们的生活感觉建立联系的?受困于20世纪80年代以来"纯文学"观念,路遥与主流意识形态之间的暧昧关系,粗糙的语言,都使他的作品难以在文学史中获得一个恰当位置,即使高扬起一个"殉道者"路遥,道德层面的经典化也搁置了对路遥小说审美形式的关照。而上述关于并非结局的种种猜想,恰恰提醒我们去注意路遥小说中的形式问题。

一、进城记:路遥的人生现实

如果不是一些书信披露,《人生》的读者恐怕很难想象,当路遥一笔把高加林打回原籍时,小说之外的他正拼了命地帮弟弟们进城。

《人生》1982年3月发表于《收获》,一举为路遥奠定文坛盛名,通传路遥在1981年夏天仅用二十天时间就写出了十三万字的初稿,人们惊叹于写作之快,却忽略了事实上的写作之难。路遥回忆说,"我写《人生》反复折腾了三年——这作品是1981年写成的,但我1979年就动笔了。我非常紧张地进入了创作过程,但写成后,我把它撕了,因为,我很不满意,尽管当时也可能发表。我甚至把它从我的记忆中抹掉,再也不愿想它,1980年我试着又写了一次,但觉得还不行。"① 那么,在1979年到1981年间究竟发生了什么最终促成了《人生》的完稿?

1979年12月4日致海波信中,路遥提到给弟弟王天云找工作的事:

今有两事要告诉你。第一件:我那个不成器的弟弟四锤,经过一番相当艰苦的努力,终于在县农机局施工队上班了(新成立的,当然是交钱挣工分,现在永坪公社),他开推土机。据说县农机局局长是冯致胜,请你通过艳阳给她爸做点工作,请多关照他,不要半途打发了。(可对艳阳说,再让艳阳对她爸说:我认为他爸是个出色的政治家;我本人很佩服他;或者我对他希望他具有政治家风度,不必为过去的派性而影响——这点不一定明说。我出去一直说冯致胜的好话。)……这一切

---

① 路遥:《答中央广播电视大学问》,《路遥全集:散文、随笔、书信》,广州出版社、太白文艺出版社2000年版,第163页。

怎么办？
——《人生》与80年代"新人"故事"并非结局"的结局

太庸俗了，可为了生存，现实社会往往把人逼得在某些事上无耻起来。这是社会的悲剧，你自己也许体会更深。①

为了把弟弟农转非，路遥费尽周折，甚至通过朋友去奉承地方官员。1980年1月17日致海波的信中，路遥再次强调要海波认真对待"愚弟之事"。1981年5月16日路遥又去信问及四锤的工作，并提及最近完成的小说《1961年：在困苦中》（即《在困难的日子里》）即将发表，打算从7月开始休创作假（《人生》的最后一稿就是在这个夏天完成的）。

除了四锤，这段时间最让路遥揪心的，还有三弟王天乐的工作。据梁向阳新近考证并首度公开的资料显示，在1979年11月到1980年5月的半年间，路遥高密度地给好友、诗人曹谷溪写了六封书信，其中都涉及给王天乐找工作的事。"当时的情况下，普遍意义上的招工只面向拥有城镇户口的青年，而城镇青年不屑的煤炭工人才有可能轮到农村青年。"② 王天乐的户口在清涧县农村，只有把户口落到延安，才能参加当地的招工。在1980年2月1日的信中，路遥提及时任延安县委书记的张史洁。"文革"中路遥所领导的红卫兵组织曾保护过被批斗的张史洁，所以路遥希望依靠这位当朝权贵能为弟弟争取到一个招工指标，并请谷溪从中斡旋。从信中可以看到，路遥很担心他与张史洁的历史渊源容易节外生枝，但又不得不为弟弟走这一着险棋：

你不知道！他暗示要我依他模特儿塑造一个高大的县委书记形象，他是不愿意让我直接看到他的这些不美气的做法的。因此，他就是愿意帮我的忙，也总是在我面前闪烁其词，这就是他为什么愿意接受你这个中间人了。谷溪，我的判断没错，请你全权设法解释这事吧，因为这中间反正存在着我，张史洁明白这一点；如果不是这一点，他原来就不会帮我忙的！不知道你是否充分理解了我以上所谈的这些。我不是怕负责任，因为是为我的亲弟弟办事嘛！我主要考虑怎样办更合适一些。(1980.2.1)③

张史洁即《惊心动魄的一天》中马剑雄的原型，路遥写这封信时《惊》还未正式发表，很难确定路遥在写作和改稿过程中，是否掺入了托张史杰办事的人情考虑，但小说的确塑造了一个甘愿为群众利益牺牲的老干部形象，而路遥自己曾担当

---

① 路遥：《致海波》，《路遥全集：散文、随笔、书信》，广州出版社、太白文艺出版社2000年版，第320页。

② 梁向阳：《新近发现的路遥1980年前后致谷溪的六封信》，《新文学史料》2013年第3期。

③ 梁向阳：《新近发现的路遥1980年前后致谷溪的六封信》，《新文学史料》2013年第3期。

主角的红卫兵武斗风云,则被推至反思"文革"的背景上。

在这些信里,路遥显得那样地焦灼不安,小心谨慎,即使面对最信任的朋友谷溪,也害怕被误解,字里行间尽是对自己不得不"走后门""靠关系"的抵触、多疑与无奈:

天乐的事不知办得怎样,我极愿意知道较详细的情况。在去延安的时间上有一个在家乡分粮的问题。去延安在什么地方干什么事,生活的安排能不能维生等等。以及能否较便利地出来,希望你把详细一点的情况告诉我一下。这是拜托于你,是极麻烦你了,非常感谢。(1979.11.7)

上次写给你的信,想必年前已经收读了。你也不回信,不知道近况如何。关于明年招工一事,看来大概只招收吃国库粮的,农村户口是否没有指标?(……)我当然希望听到好消息,同时又觉一切都很黯淡。(1980.2.22)

你要知道,任何事,求人总是难畅的。如果我在延安的话,我是绝不会麻烦你的。当然,延安还有许多熟人,但比较来比较去,你还是我最信任的人,因此不管怎样,我还得依靠你。你也许还记得,我对你的不论什么事都是尽力而为的,所以总希望你对我也一样。(1980.3.4)

天乐来了一信,谈了一下他的情况,看来是很苦的,我很难受,把一个二十来岁的人抛在一个自谋自食境地里,实在不是滋味。我是希望你想些办法的。(1980.5.1)

天乐的事不知近期有无变化,我心里一直很着急,不知事情将来会不会办得合适一些。我已经给张弢写过信,让他协助你努力一下,我可能7月份来延安,到时咱们一块再想想办法。(1980.5.24)①

比高加林幸运,王天乐终于在1980年秋天②被招工到铜川矿务局鸭口煤矿采煤四区当采煤工人,后来路遥又靠关系把他调到《延安日报》做记者,随后调任《陕西日报》驻铜川记者站站长。1980年5月完成《惊心动魄的一天》的修改后,

---

① 梁向阳:《新近发现的路遥1980年前后致谷溪的六封信》,《新文学史料》2013年第3期。

② 王天乐自己回忆是1979年农历八月底被招工到铜川矿务局鸭口煤矿采煤四区。但据梁向阳考证,应是1980年。据此,1977—1978年王天乐在村里做了一年民办教师,然后到延安做了两年揽工汉。

怎么办？
——《人生》与80年代"新人"故事"并非结局"的结局

路遥从北京直奔延安寻找弟弟。王天乐回忆起那一晚在延安饭店205房间与兄长的促膝长谈，"我们长时间没有说话，吃过晚饭后，他才对我说，你可以谈一谈你个人经历，尽可能全面一点，如果谈过恋爱也可以说"①，他们开始长时间的对话，一住就是十五天，就是在这个房间里，路遥完成了中篇小说《人生》的全部构思。

只有了解路遥帮弟弟们解决工作问题的种种烦恼，才能读出《人生》中的五味杂陈。当路遥依照苏联宇航员加加林的名字创造高加林时，这个"爱幻想"的农村青年，寄托了许多他与弟弟们的生活憧憬，但"幻想不能当饭吃"，才是路遥在《人生》写作期间最直接的体会。路遥或许能给高加林的生活故事安排一个"美"与"善"的结局，却无法在现实中贯彻他自己的道德理想，他在小说中谴责高加林通过不正当手段实现个人追求，却不得不在现实中参与种种利益交换。"他尽管是个理想主义者，但在具体问题上又很现实"，"谁如果要离开自己的现实，就等于要离开地球。一个人应该有理想，甚至应该有幻想，但他千万不能抛开现实生活。"——当叙述者在第22章插入这段关于如何正确对待理想和现实间关系的讨论时，本意是要说明高加林的悲剧成因，将他送回人生正途，但小说之外同步上演的作家的生活故事，却恰恰从完全相反的意义上篡改掉这一表述中的"理想"与"现实"：不是在现实生活中反省个人理想的合理性，而是为了实现个人理想与现实妥协。如果说前者还继承了"十七年"关于青年"人生观"的理想主义教育，这也是路遥一代原先接受的思想资源，那么后者则用来源于生活的真实教训，暴露出人生观与现实感错位的历史时刻。于是，尽管小说内外，路遥和他笔下的人物都朝着相同的人生方向迈进，但小说中的高加林一定要停下来，这就像是在现实生活中插入一块警示牌。如果说"回归土地"之于高加林，是从形式上弥合已经显影的价值冲突，那么对于路遥来说，这样结尾，则是用小说来突入已经丧失了内在稳定性的现实生活。

《人生》因而是三段进城故事的重叠：路遥和弟弟们在现实人生中的进城记；高加林在小说《人生》中的进城记；以及路遥援引柳青《创业史》作题记关联出徐改霞的进城抉择②。三个文本间剧烈冲突、彼此质疑，但又保持着形式上的势均

---

① 王天乐：《苦难是他永恒的伴侣》，引自李建军编《路遥十五年祭》，新世界出版社2007年版，第192页。

② 《人生》题记引自柳青《创业史》上部第十五章开头，这一章主要叙述徐改霞的人生苦恼：是选择爱情，扎根农村，与梁生宝一道搞互助合作；还是选择事业，招工进城，参加到国家工业化建设中去。柳青通过改霞的进城抉择，其实提出了一系列问题——面对城乡差别的农村青年，应当如何正确处理国家利益与个人前途，国家工业化和农村合作化，现代知识与乡村共同体之间的矛盾。

力敌。位于序列两端的,是路遥的个人生活经验,是作为写作传统和思想资源的"柳青的遗产",而高加林就站在它们发生断裂的交叉地带上。

二、更衣记:高加林的爱美之心

路遥代替高加林留在了城市。1982年《人生》发表前后,路遥由《延河》杂志编辑转为陕西省作协正式驻会作家,他曾在"文革"的政治波涛中十八岁出门远行以红卫兵的身份串联到北京,他曾跻身北京插队知青组成的文艺宣传队以农民作家的身份走上文学道路,如今他终于以职业作家的身份成为城市的主人。"当他面对这个世界的时候,他很强大,或者说他一定要表现得这么强大,但是回到房间面对自己,他又是极度懦弱的,他从一个极度贫穷的地方来到繁华都市,面对各种人物,生活的反差很大。在西安这座城市里生活了十多年,但是,他从来没有融入过这座城市,他在心态上还是一个农民,夜半更深常常从梦中惊醒,担心被这座城市坚硬冰冷的城墙反弹回去。"① 路遥喜欢从他的"农裔城籍"出发谈创作,这种自我认同其实包含着真实的身份焦虑。据海波回忆,手头并不富裕的路遥,却格外喜欢抽好烟、喝咖啡、吃西餐,路遥说:"像我们这样出身的人,最大的敌人是自己看不起自己,需要一种格外的张扬来抵消格外的自卑。"② ——"洗不掉的出身",如果说这种感觉的形成,包含了"前三十年"社会主义实践未能真正克服城乡差别,甚至造成制度性歧视的历史后果,这也是为何路遥跟弟弟们要拼命进城的原因,那么"进城"显然没能一劳永逸地解决问题,生活的紧张感从未散去。

感觉如此重要。即使读者不满意高加林在爱情选择上的功利算计,也不得不承认他对城市的全部欲望,都更像是一个文学青年易被满足的浪漫幻想,极少市侩。路遥笔下的高加林是个十分爱美的青年。第二章登台亮相,他就很花了一阵时间刷牙,披上黄色军大衣,"折了一朵粉红色的打碗碗花,两个指头捻动着花茎"。如果把这段描写放到"十七年"文学中,高加林一定会被斥责为小资产阶级情调,但路遥显然有意把高加林塑造成一个天生的美少年,甚至在他刚失去民办教师工作的痛苦时候,还要特别设计一个游泳的场景来展示他"完美的身体":"他的裸体是很健美的。修长的身材,没有体力劳动留下的任何印记,但又很壮实,看出他进行过规范的体育锻炼。"——体力劳动与科学健身,这组对立暗示了"美"的第一要素

---

① 高建群:《路遥的一些事情说出来很爆炸》,http://culture.ifeng.com/huodong/special/luyao2/wenzhang/detail_2012_11/17/19261740_0.shtml.

② 海波:《我所认识的路遥》,《十月》2012年第4期。

怎么办？
——《人生》与 80 年代"新人"故事"并非结局"的结局

就是"不像农民"。

通过描写高加林"完美的身体"和"爱美之心"，路遥为高加林的进城之路建立起一个强有力的逻辑起点。对于高加林来说，在"爱美之心"的驱动下让"身体"摆脱"身份"的束缚，才是他渴望在城市中获得的，他不会仅仅满足于"陈奂生上城"式的物质消费。而"美"之所以能够成为对抗制度性歧视的话语实践，是因为"美的本质被界定为真与善、感性与理性、合规律性与合目的性……的统一，即被理解为人的一切对抗、纷争和矛盾的最终消除"①。在新时期初的文艺实践和思想讨论中，"美"已经摆脱阶级论的审视，以"共同美""人性美"的名义，为高加林企图剥离出农民阶层的平等诉求提供依据，而高加林正代表了一种抽象的、大写的"人"的复归。从这一点看，《人生》在形式上当然是与新时期意识高度契合的。

然而有意思的是，这种要"美一回"的生活追求，却通过"更衣记"的场景被表现出来。马栓为了讨好巧珍，穿上蓝涤卡罩衣，戴上镀金连手表，掩饰自己只是一个没文化的庄稼汉子；巧珍为了让高加林欢喜，把水红的确良衬衣的大翻领翻在外边，把头发改成城里姑娘时兴的发型——而同样出身农民的高加林，却在他被退职回村劳动时，拼命将自己化装成一个"农民"：

> 像和什么人赌气似的，他穿了一身最破烂的衣服，还给腰里束了一根草绳，首先把自己的外表"化装"成了个农民。其实，村里还没有一个农民穿得像他这么破烂。……大家都很同情他；这个村文化人不多，感到他来到大家的行列里实在不协调。尤其是村里的年轻妇女们，一看原来穿得风风流流的"先生"变成了一个叫花子一样打扮的人，都啧啧地为他惋惜。

高加林本来就是农民，不需要再从着装上表明身份，这里刻意强调"化装"反而把事实颠倒过来："农民出身"如今成了高加林的"身外之物"，就像一件别扭的衣服，越发显出高加林与农村的格格不入。并不是普通农民就不关心美，就不讲究穿时兴衣服，但当村民们将"有文化"和"穿得风风流流"联系起来时，这种看似寻常的判断背后，实际上包含了一个美有高下之分的认识标准，即真正的"美"，是与特定阶层的趣味、教养和生活方式密切相连的。这就是为什么同样是在村民眼中，巧珍刷牙会被认为是离经叛道的"臭美"，马栓把自己收拾得像个乡镇企业老板，会被认为"俗气的很"，而高加林自轻自贱的扮"丑"，反倒包含了对美的真实追求。这里其实预设了一个"谁有能力审美"的问题，一不留神就会戳破

---

① 祝东力：《精神之旅——新时期以来的美学与知识分子》，中国广播电视出版社 1998 年版，第 88 页。

在美与平等之间建立必然联系的幻觉。

读者很快就会发现,当高加林成为一名吃"公家饭"的县城记者时,脱去这身"穿错"的农民衣服,高加林完美的身体并没有像米开朗琪罗的大卫那样征服众人,外在装扮仍然是他确保与农民身份撇清关系的重要道具。"他胸前挂了个带闪光灯的照相机……显得特别惹眼",他"穿一身天蓝色运动衣,两臂和裤缝上都一式两道白杠,显得英姿勃发"——路遥几乎动用了一个农民出身作家关于职业记者、体坛明星的全部知识,给高加林披挂上了想象中小镇青年应当具备的所有物件,而这些甚至在城镇人的日常生活中都显得做作与奢华。"黄亚萍按自己的审美观点,很快把高加林重新打扮了一番:咖啡色大翻领外套,天蓝色料子筒裤,米黄色风雨衣。她自己也重新烫了头发,用一根红丝带子一扎,显得非常浪漫。浑身上下全部是上海出的时兴成衣。"这种过分张扬的打扮,引起了县城居民的不满,"许多人骂他们是'业余华侨'"。高加林起先并不愿意这样,但黄亚萍的理由是他们马上就要到大城市去了,有必要"实习"一下。这一幕"更衣记"充分暴露出高加林和黄亚萍之间的关系,而与之形成鲜明对比的,则是高加林对巧珍的要求:"你为什么没穿那件米黄色短袖?那衣服你穿上特别好看……你明天再穿上。"

在新一轮更衣记中,高加林无法再主宰他对美的追求和感受。通过"化装"去模仿高于自己出身的社会阶层,并想象性地占有这种身份——当高加林按照黄亚萍的审美观把自己乔装成"南京人"时,他难道不也是在重复曾被村民们瞧不起的巧珍刷牙式的"非分之想"吗?只有用一身华服去掩盖"脱不掉的出身",才能真正像城里人一样活得体面吗?从这一点看,不仅仅是"走后门"在高加林的进城道路上埋下了危机,以"更衣记"为表征的爱美之心,从一开始就决定了"模仿者"与"被模仿者""赝品"与"真身"的等级关系。无论是高加林打量巧珍、马栓时居高临下的眼光,黄亚萍包装高加林时的强势,还是小镇居民不满黄亚萍、高加林时髦装束时的嫉恨,在这种与美、趣味和身份有关的感知结构背后,都默认了一个基本前提——农民是不如小镇居民的,小镇居民是不如"南京人"的,"南京人"则不如华侨,每个人都不应该僭越他所归属的社会阶层。不在其位,不谋其奢,外在着装上的更换只能暂时掩饰其实际出身。高加林进城,尽管挑战了城乡区隔下的不平等,但又严格复制了社会分层结构中既定的身份等级秩序,很大程度上正是布尔迪厄所谓:"个人将社会结构内在化并变为指导行为、举止、倾向和品位的等级模式的过程。"[①] 就连盛赞高加林自我意识觉醒的李劼,也敏锐地察觉到,他"似

---

① [法]皮埃尔·布尔迪厄、罗杰·夏蒂埃:《社会学家与历史学家》,马胜利译,北京大学出版社2012年版,第85页。

怎么办？
——《人生》与 80 年代"新人"故事"并非结局"的结局

乎只有把自己的农民身份变换成记者、作家、局长、书记，等等，才体现了人的自身价值"①。

"更衣记"最贴切地象征了高加林的进城之路，它从一开始就预示了一个妥协的结局，他或许可以从生活的外形上占据一个城市中的位置，但如何建立与城里人势力相当的自我认同，仍然是个悬而未决的问题。

比较阅读张一弓几乎同期发表的小说《黑娃照相》，这种写法更显得意味深长。也是一个农村青年短暂的进城故事，新的农村政策让黑娃富了起来，他捏住八元四角的钞票决定到城里开开洋荤，最后选择了"流动照相馆"：

> 黑娃从容地脱下补丁小袄和沾满汗污的小布衫儿，勇敢地袒露着正在发育的结实浑圆的肌肉，赤膊站在阳光下，像是向人们炫耀：看看，好好看看，这才是真正的黑娃啊。穿戴时兴的人们，你们都扒了衣裳，跟俺黑娃比比肉吧，这可是俺自个儿长的，咱不比身外之物！然而，当摄影师热心地帮助他，把毛衣西服呢子裤等"身外之物"堆砌在他那健美的躯体上时，他还是感觉着一种进行了一次报复的惬意。
>
> ……
>
> 这一位果真是俺么？但他很快便确认，这就是本来的黑娃，或者说，这就是未来的黑娃，评论家也说，相片之外的黑娃不过是黑娃的异化罢了。②

与高加林的更衣记相似，这一次"化装摄影"，让黑娃"美了一回"，但农民黑娃因劳动锻造的健美的身体，最终还是敌不过穿上"毛衣西服呢子裤"的黑娃，前者甚至被认为是后者暂时的异化状态。通过调动 20 世纪 80 年代人道主义讨论的思想资源，强调黑娃作为"人"的固有本质——消除城乡差别，让相片里跟城市人一样体面的黑娃与真实生活中的"他"合二为一——成为改革最激动人心的理想。但正如前述分析的那样，新的困境随之而来，吃得穿得像城里人一样，就一定能给农民带来同等价值的尊严感吗？

《人生》结尾又是一次高加林的更衣记。在得知"走后门"被揭发后：

> 他洗了一把脸，把那双三接头皮鞋脱掉，扔到床底下，拿出了巧珍给他做的那双布鞋。布鞋啊，一针针，一线线，那里面缝着多少柔情蜜意！他一下子把这双已经落满尘土的补口鞋捂在胸口上，泪水止不住从眼睛里涌出来了……

从"三接头皮鞋"到"布鞋"，路遥仿佛要紧急校准高加林的"爱美之心"。路遥明确表示，结尾充满了他"对生活的一种审美态度"，"至于高加林下一步应

---

① 李劼：《高加林论》，《当代作家评论》1985 年第 1 期。
② 张一弓：《黑娃照相》，《十月》1983 年第 2 期。

该怎么走，他将会是一个什么样的人，在某种程度上应该由生活来回答"①。路遥其实很清楚，现实生活中的高加林们未必会认同和选择他的审美态度，当城市比乡村更富裕、更现代、更文明，不仅仅在物质层面甚至在感觉层面都成为绝对事实时，经历过"美一回"的高加林们，都不可能再在农民的身份中安顿下来，他们必然重返这条艰难的进城之路。而更棘手的问题在于，无论是征用社会主义美学的阶级论框架来批判"三接头皮鞋"的小资产阶级趣味，还是用"布鞋"来譬喻乡土中国的传统美德，路遥所谓审美态度的内在规定性要怎样在新时期确立？

三、新人故事：路遥式个人主义

"当星星点点的灯火在城里亮起来的时候"，高加林"忍不住狂热地张开双臂"，嘴里喃喃地说，"我再也不能离开你了……"这烈焰燃烧前的一刹那宁静，必定让20世纪80年代的文学爱好者们看到了19世纪批判现实主义文学图景中于连那样野心勃勃的外省青年。据说路遥很喜欢于连这个人物形象，但他又借黄亚萍的描述，说高加林既像于连，又像保尔·柯察金，就此打开了关于社会主义新人与资产阶级个人奋斗者之间界限松动的缺口。

《人生》发表后，批评界随即展开了高加林是否可以被看作"社会主义新人"的争辩。有批评家认为高加林是缺乏集体意识的资产阶级个人主义者，但也有批评家认为相比李顺大、陈奂生式的"见钱眼开"，高加林才是精神上的强者，代表了农村经济改革中崛起的"新人"。"现代/传统"的分析框架开始渗入到毛泽东时代以路线斗争为纲的"新人"表述中，随着新启蒙思潮逐渐成为改革实践的意识形态基础，批评家们更多地从高加林身上读到了现代青年的个性意识与自我觉醒。

普通读者的反应跟批评界的变化步调一致，特别是在1984年电影《人生》热播以后，越来越呈现出一种偏向于个人主义的激进情绪。一种合理利己的个人主义，可能构成对城乡差别的有力挑战——在1984年11月由《大众电影》和《中国青年》分别组织的两次《人生》电影座谈会中，这种意见明显占了上风：

> 刘庆燕（北京大学英语系学生）："我认为编导对他的结局处理很不好。这样一个有才华、有作为的人，为什么一定要让他回家乡种地？为什么他一定要固定在土地上？他完全可以在城市的四化建设中大有作为。如果这样，那些从农村出来的

---

① 路遥、王愚：《谈获奖中篇小说〈人生〉的创作》，《星火》1983年第6期。

怎么办？
——《人生》与80年代"新人"故事"并非结局"的结局

大学生毕业后只有回农村才是正确的了？"①

王忠明（国家计委）："我认为《人生》在提倡一种反对改革而安于贫困的思想，好像高加林怎么奋斗也不成，你必须回到故土去，那里就是你的根。"②

黄方毅（中国社科院世经所）："我认为，高加林的追求，可以说是一种朴素的功业追求。难道想干一番轰轰烈烈的事业，就是个人主义？我认为不是。高加林是一个受过教育的农村知识青年，他追求的是精神生活占很大比重的生活。人类的进步，总是由低层次（物质层次）向高层次（精神层次）发展的。高加林的追求，就是这种精神层次的追求。所以，他的追求可以说是进步的。"③

杨利川（中国社科院青少年研究所）："长期以来，在中国整个社会结构中，使农村封闭的界限划得太多了，使农村青年缺少发展的余地。如户口有农业非农业之分，职业有集体国营之分，这些界限影响着人才的流动，也就造成一些有志的农村青年要想实现自己的人生理想时，不得不依赖于机遇。"④

上述讨论提醒我们注意两个问题：一是高加林作为农村知识青年区别于一般底层农民的特殊性，即第三条意见所说，他对精神生活的追求更大，第一条意见也明确提出了农村大学生接受高等教育后的出路问题。二是新时期要克服社会差别的难度。第四条意见将导致农村青年投机行为的社会原因归结为历史形成的城乡区隔制度，而新时期将继续面临"人地紧张"情况下如何解决现代化进程农民与农村的安置问题。虽然改革开放以来，限制农民进城务工经商的障碍逐渐取消，但在粮食供应、教育就业、医疗保险等方面仍然存在着城镇户口与农村户口的权益差别。因此，当第二条意见直接用"反对改革、安于贫困"来批评《人生》时，这种武断态度恰恰忽略了改革关于"先富""共富"的分层设计。实际情况是，大部分农民只能留在农村"劳动致富"，而这一点恰好与前述农村知识青年的精神追求相冲突。

---

① 《大众电影》：《一场关于人生价值的辩论——本刊编辑部举办影片〈人生〉讨论会》，《大众电影》1984年第11期。
② 《大众电影》：《一场关于人生价值的辩论——本刊编辑部举办影片〈人生〉讨论会》，《大众电影》1984年第11期。
③ 《中国青年》：《社会·人生·高加林和我们——电影〈人生〉座谈会记录》，《中国青年》1984年第11期。
④ 《中国青年》：《社会·人生·高加林和我们——电影〈人生〉座谈会记录》，《中国青年》1984年第11期。

不同于读者们为高加林鸣不平时的改革热情,路遥的个人经历和他敏锐的政治意识,让他更深刻地洞见到新时期改革规划的内在矛盾。在1980年初给谷溪的信中,路遥写道:

国家现在对农民的政策明显有严重的两重性,在经济上扶助,在文化上抑制(广义的文化——即精神文明)。最起码可以说顾不得关切农村户口对于目前更高文明的追求。这造成了千百万苦恼的年轻人,从长远的观点看,这构成了国家潜在的危险。这些苦恼的人,同时也是愤愤不平的人。大量有文化的人将限制在土地上,这是不平衡中的最大不平衡。如果说调整经济的目的不是最后达到逐渐消除这种不平衡,情况将会无比严重,这个状况也许在不久的将来就会显示出来。(1980. 2. 22)[1]

虽然新时期国家政策鼓励年农村青年提高文化水平,但又宣传要以配合农业生产需要为前提,在一定程度上延续了20世纪50—70年代的理想主义扎根教育。例如1981年第5期《中国青年》杂志发起有关"农村青年成才之路"的讨论,就特别提出了"土专家"[2]的说法,要求农村青年把知识回馈给农村;而1982年11期《农村青年社会调查》,则有意宣传在生产责任制后,由于农民生活富裕起来,青年们自卑感减少,甚至"外流变回流"[3]。但在路遥看来,这正是所谓"在经济上扶助,在文化上抑制",生活小康并不能彻底解决,甚至还会进一步加剧农村知识青年在文化精神追求方面的"相对剥夺感"。比《人生》早些,路遥的两位文坛劲敌陈忠实和贾平凹分别发表了《枣林曲》和《他和她的木耳》[4],这两篇小说就更加符合国家政策宣传,小说中的农村知识青年进了城,但感情上却是一步一回头。相较之下,路遥在高加林的挣扎与痛苦中,显然保留了他对同一问题的不同思考。

一段有趣的材料可以帮助我们进一步拓展路遥的认识。1983年12期《中国青年》刊登了一篇旨在总结当前青年文学创作、"清除精神污染"的文章,其中提到《人生》,认为青年读者可以"从《人生》《黑骏马》中领悟到人生的哲理,唤起了对人民母亲的深沉的爱",文章同时点名批评了一篇科幻小说,"描写一个农村女孩子,不是靠刻苦自学成才,而是被科学家注入了一种'知识浓缩剂'之后,变成了博学出众、无所不能的'超人'。于是,她去找劳动局、人事局,要求改变农村户

---

[1] 梁向阳:《新近发现的路遥1980年前后致谷溪的六封信》,《新文学史料》2013年第3期。
[2] 《广大农村青年成才之路》,《中国青年》1981年第15期。
[3] 《农村青年的思想在朝哪里变》,《中国青年》1982年第11期。
[4] 陈忠实:《枣林曲》,《延河》1980年第7期。贾平凹:《他和她的木耳》,《延河》1982年第5期。

怎么办？
——《人生》与 80 年代"新人"故事"并非结局"的结局

口。被拒绝后流落在外，遭坏人奸污，最后丢掉了'雄心壮志'，留在农村卖豆腐脑为生"①。

这篇被认为是"精神污染"的科幻小说《丢失的梦》发表于《小说林》1983年第3期，是一个女版高加林的故事：同样高考失落后被迫回村，农村女青年凌云遇到了正在研制"知识浓缩剂"的科学家，像高加林一样，以走"捷径"的方式进了城；小说结尾，类似高加林回归乡土，凌云也感慨道："我们庄户人祖祖辈辈就是这么生活的，日出而作，日入而息。我的丈夫很爱我，我也很爱他。现在的政策也好了，能安居乐业，丰衣足食，还想什么呢？"可见两篇小说在叙事模式上非常相似，但为什么又受到了迥然不同的批评？

魏雅华的原意，大约是要批评凌云不通过刻苦学习就想"不劳而获"的急功近利心态，也教育当时许多高考失利、待业在家的青年重新走向积极的人生道路。这本没有什么问题，但作者偏偏插入了一个"进城"故事，反而暴露出"知识改变命运"这一新时期共识在面对城乡差别时的失效。凌云原以为自己成了国家最需要的高知人才后就会被重视，但她很快在现实中清醒过来："我一是农村人口，二无大学文凭，连待业青年都不够。这就是铁板上钉钉，命中注定的世袭农民。我找劳动局、人事局，个个摇头。好一点的，双手一摊，说爱莫能助；不好的，铁板面孔，推出门去。我跑到上海，去了几所大学，要求写作博士论文，客气点儿的说他们没有这个先例；不客气的，让我回去等明年高考，可我高考明明已经超了龄……"②

从对《丢失的梦》的批评中可以看到，主导文化非常鼓励农村青年的"雄心壮志"，甚至不要求知识青年必须扎根农村（凌云留在农村做小本生意，恰恰被认为是缺乏远大理想的），但矛盾在于，国家政策又不可能让每一个农村青年进城。关键问题是，批评者所说的"雄心壮志"究竟指什么？是像城市青年一样过一种自由自在的富足生活？还是学习科学知识、参与四化建设？如果"留在农村卖豆腐"不再是改革新人应当具备的理想追求，那被迫留在农村的知识青年又该如何满足国家对青年的角色期待呢？由此可见改革初期主导文化在规范青年理想时的结构性困境——怎样才能既鼓励农村青年在新政策提供的新机遇中敢于改变农民命运，像城市青年那样实现更高的精神追求；同时又动员他们在城乡差别仍将长时期存在的情况下，愿意回到农村去？——《人生》无疑提交了一份理想答卷。

研究者已经注意到，《人生》的发表和评论应当被看作是 20 世纪 80 年代初

---

① 未水：《青年需要丰富健康的精神食粮》，《中国青年》1983 年 12 期。
② 魏雅华：《丢失的梦》，《小说林》1983 年第 3 期。

"潘晓讨论"的后续事件。在"潘晓讨论"被"清除精神污染"勒令检查之前,合理利己主义逐渐成为一种共识,虽然1983年年底《中国青年》递交内部检查,承认"潘晓讨论"为个人主义思潮泛滥开了绿灯,但这种起伏并未阻挡20世纪80年代中国社会日益显著的个体化趋势。处于这样的时局变动中,《人生》契合了各方力量,它既用高加林的人生悲喜剧说出了一代人艰难寻找出路的心声,成为反特权、克服差别等推进改革的突破口,使得小说超出农村青年这一特定阶层获得社会普遍性;又适度回应了国家层面改革话语对于20世纪80年代青年的角色要求,在为个人松绑的同时,寻找理想主义教育的可能途径;而如前所述,对于路遥个人来说,《人生》既是对他人生经历的实写,又是对现实的理想救赎。

或许可以将之命名为一种"路遥式个人主义"。尽管路遥说《人生》是"向这两位尊敬的前辈作家(柳青和秦兆阳)交出的一份不成熟的作业"①,但高加林形象都更容易唤起读者关于19世纪资产阶级新人"于连"、而非社会主义新人"梁生宝"的文学记忆。不过高加林终究没有成为于连。相比梁生宝联合村民的集体主义抗争形式,"孤胆英雄"高加林更具美感,但路遥又在小说中不断让高加林遭遇新的生活情境,试探这种个人感觉的强度和真伪。高加林重返农村,但"个人"并没有被扼杀。不是要把个人重新约束到土地上,而是希望个人成为一个更具生产性的容器,让土地不再成为必须被逃离的荒野。如此可以理解,为何路遥要在创作《人生》的间隙,于1980年冬到1981年春完成了另一个中篇小说《在困难的日子里》。在这个故事里,农民的儿子马建强同样受尽歧视和冷遇,却在成长中体会到不同阶级出身的同学之间超越社会差别的动人友谊。《人生》本可以写成一个更接近于现实生活状态的关于"活法"的故事,一个丛林法则中如何适者生存的个人奋斗指南,但写出《在困难的日子里》的路遥,最终还是把它写成了一个关于"人生观"的故事,一个如何正确对待生活的问题。

四、路遥的形式

对终于在城市中站稳脚跟的农民之子路遥来说,高加林的故事是对自己人生经历一次最自然释放又最费尽心机的摹写,无论是进城改变个人命运的渴望,还是辜负巧珍的自责,都是他从自己身上感受到时代转型中人心悸动的朴素记录。现实生活经验如何被转化为小说虚构中的"生活故事",这些个人生活故事又如何涵括具

---

① 路遥:《关于〈人生〉和阎纲的通信》,《路遥全集:散文、随笔、书信》,广州出版社、太白文艺出版社2000年版,第298页。

怎么办？
——《人生》与80年代"新人"故事"并非结局"的结局

有典型意义的时代命题？写作的同时代性，使得《人生》难以清晰描绘出改革时代底层青年的出路，但它又像一面棱镜，折射出20世纪80年代"再造新人"的差异性想象。正是在对个人、社会与国家层面不同诉求的契合与冲突中，高加林开放的人生结局预示了一种路遥式个人主义的"新人"构想：它是以合乎新时期意识的个体化与现代化追求为起点的，但又对这种追求本身具有自反能力，它既能释放改革动力，又能注意到改革内部的结构性问题，尝试建立更为合理的价值根基。"个人"必须被放到关系中去理解，这个关系可以是社会性的：如何对待自己，如何对待他人；也可以是历史性的：个人从哪里来，要到哪里去。

可惜《人生》仓促结尾，路遥既没有展开叙述高加林的城市生活，也没有真正给出一个可以让高加林获得认同感和权利保障的农村。《人生》只是提出了构想"新人"的方向，却并没有给出答案。《人生》之后，路遥将他生命的最后几年都倾注到《平凡的世界》的写作中，从我们一贯对文学性的理解来看，《平凡的世界》在形式上显得并无创新甚至有所倒退，但放到《人生》的写作脉络上，当高加林分身为孙家兄弟，一个进城劳动，一个回乡致富，当着墨不多的高家村，被铺展为改革时代阶层重组的全景中国，可以看到《平凡的世界》如何在形式上更有可能回应《人生》未曾解决的问题。

1863年，车尔尼雪夫斯基发表了《怎么办？》，副标题是"新人的故事"。这本被20世纪60年代俄国青年奉为生活教科书的小说，据说在70年代的北京地下沙龙中被广泛传阅，当时就有关于车尔尼雪夫斯基"合理利己主义"的讨论。19世纪批判现实主义如何成为20世纪80年代现实主义的文学资源？类似《怎么办？》《红与黑》这样的作品又如何参与到20世纪80年代人道主义思潮的主体想象中去？这些与路遥写作相关的问题还有待研究。而车尔尼雪夫斯基对为何要塑造拉赫美托夫的说明，或许有助于我们理解路遥小说形式的意义：更崇高人物的出场，是为了让人们看到，"我的主角们绝对不是理想，绝没有超过同一典型的人的一般水平"，而"艺术性的第一个要求是必须这样描写对象，就是使读者能够想象出他们的真实的样子"[①]。

[①] ［俄］车尔尼雪夫斯基：《怎么办》，蒋路译，人民文学出版社1959年版，第348页。

国家的神话:"山花"作家的意识形态叙述
——以路遥早期作品及文学活动为中心

陕西师范大学新闻与传播学院　马佳娜

　　路遥1973年前的作品,大部分发表于延川县的一份油印小报《山花》上。《山花》是"文革"时期陕西省延川县工农兵业余创作组创办的一份文艺报。延川乃至延安地区的业余作者在该报发表了大量作品。该报培养了一批日后在文坛产生了一定影响的作家。作为该报的核心成员,路遥较为深入地参与了编辑工作。这也成为该时期路遥的重要文学活动之一,对他此后的创作无疑有着较为深远的影响。

　　《山花》产生于一个特殊的历史时期("文革"时期)。在这一时期,文学的政治功能被无限夸大并且借助社会权力强行推进。"思想政治上的路线正确与否是决定一切的",而且"在现在世界上,一切文化或文学艺术都是属于一定的阶级,属于一定的政治路线的","我们的文学艺术都是为人民大众的,首先是为工农兵的,为工农兵而创作,为工农兵所利用的"。毛泽东《在延安文艺座谈会上的讲话》的这些观点,成为当时衡量一切文学作品价值的唯一标尺。在这一时期,政治意识形态定于一尊,民间文化则由于政治意识形态的强行推进而被迫消隐,代之而起的是工农兵文化。工农兵文化已经被意识形态化,已经不能代表真正的民间的声音。该时期这一独特的历史背景与文化决定了"山花"作家及其作品独特的精神品格。

　　"山花"作家群的基本构成及其创作思想的特殊性,使得其作品可以被视作为考察"文革"时期文学与政治关系的范本。而且《山花》作品能够比较明显地表征政治话语对民间话语以及知识分子话语的整合、驯顺与控制的过程,这对于我们反思文学与政治之关系以及调适文学的自律与政治话语之间的关系,无疑是有着一定的参考价值的。文学的政治解释是20世纪中国文学理论无法回避的问题,文学问题总是与政治问题纠缠不清,而这种纠缠深刻地影响了文学理论的品格,从而构成文学理论以及文学想象的基础视域。

国家的神话:"山花"作家的意识形态叙述
——以路遥早期作品及文学活动为中心

这一视域的存在及其与民间文化以及知识分子的民间叙述之间的关系,便是考察"山花现象"之成因及其价值与意义时无法绕开的问题。在知识分子的民间叙述已经不能代表真正的民间的状况下,工农兵文化由于其天然的缺陷亦难以取得其自足性。通过对"文革"时期工农兵文艺(以《山花》为例)的分析,可以看出,已经失落民间文化的精神向度的民间言说无法取得其自身的合法性,如果不能依附于知识分子的民间叙述,便只能凭借政治意识形态完成对自身的言说。即便在主流意识形态已然弱化的今天,民间叙述仍然不是稳定可靠的。他们的想象空间在政治意识形态的挤压之下已然萎缩,即便重新拾回民间文化以彰显其精神,这种对民间文化的回归,依然必须在固有的民间文化与其产生的历史语境中加以解释。这种解释,不可避免地带有一定的政治色彩。也即是说,民间叙述的主体,只能是意识形态化的主体,而意识形态化的主体的叙述,依然带有意识形态性。

一

据《山花》创始人之一曹谷溪回忆,《山花》没有固定的编委人员,主要由曹谷溪、路遥、闻频、白军民、陶正等人轮流编辑。1972年至1973年,《山花》的审稿和编辑工作主要由曹谷溪和路遥担任。1973年路遥去延安大学上学后,则主要由曹谷溪和冯向前担任审稿和编辑。1975年曹谷溪调入《延安文学》编辑部后,主要由冯向前担任审稿和编辑。

在《山花》创刊号中,同样有一篇极为短小的,由《山花》编委所作的《见面话》,其中有这么一段:

《山花》是不定期的综合性文艺小报。她的使命是交流工农兵业余作者的文艺作品;活跃革命人民的文化生活;进一步发挥革命文艺"团结人民、教育人民,打击敌人,消灭敌人"的战斗作用。

在《山花》编委作于1973年的名为《写在前面》一文中,有这样几段话:

这一朵小小的花儿,生在人民的土壤里,沐浴着党的雨露阳光,正像她年轻的园丁一样,充满了生机,充满了希望。

《山花》开在山里头,带着山的性格,泥土的芳香,其中的作品,有的是当年挥戈舞枪,跟毛主席打江山的闯将;有的是他们的后代——而今扛锄抡锤,战斗在田间山野和熊熊的炉火旁。他们在三大革命运动的前线,用结满茧花的手掌,写下了这些文章。

在第一册合订本的扉页上,同样引述了毛主席语录:"我们的文学艺术都是为人民大众的,首先是为工农兵的,为工农兵而创作的,为工农兵所利用的。"

以上的引述，可以视作为《山花》的基本编辑思想。这种思想，自然而然地贯彻在《山花》作品中，这是我们对其中的作品进行阐释之前首先必须明了的。同时《写在前面》也对《山花》作家的基本构成做出了大致描述，这也是我们需要着重注意的。下文我们将通过对《山花》中代表性作品的分析，论述《山花》的基本编辑思想是如何在作品中贯彻落实的。

诗歌作品在《山花》中占有较大比重。而其中的绝大多数，都是对当时的政治观念做比较简单的图解。当然其中也存在着一些比较鲜活的篇章。如作为《山花》主要编辑之一的路遥发表在创刊号上的《老汉一辈子爱唱歌》：

(一)
县里召开"文创会"，
点名道姓要我去。

心像小鼓一个劲擂，
一晚上闹腾得不瞌睡！

接下来，是"老汉"忆苦的篇章：
旧社会家贫如水洗，
常用那山歌倒苦水。

一声声山歌一滴滴泪，
唱不尽穷苦人受的罪……

那一年揽工到张家渠，
"张阎王"门下当"伙计"。

鸡不叫上山半夜里回，
吃的尽是苦菜伴糠皮。
……

(二)
三五年毛主席来陕北，
穷苦人翻身出火堆！
……
翻身人爱演革命戏，
穿村过舍唱新曲……

国家的神话:"山花"作家的意识形态叙述
——以路遥早期作品及文学活动为中心

......
合作化又上了一层梯,
歌儿更比昨日美;

人民公社顶天立,
战歌伴随响鼓擂!
......
　　　(三)
文化革命风雷激,
撕掉了刘少奇假面具。

这时候咱们心里才明白,
这些家伙想利用文艺搞复辟。
......
哪里召开批判会,
我的山歌就到哪里;
......
咱永远跟着毛主席,
誓把那战歌唱到共产主义……

这首诗,采用的是"文革"时期作品中惯常使用的新旧对照的方式,来展示新社会的美好,同时展开对旧时代的批判,其中"忆苦"的篇章,在"文革"代表主流意识形态的作品中几乎随处可见。而且其中对刘少奇的批判明显带有政治印记。但这部作品仍然是《山花》中同类作品中少见的比较鲜活的作品,其中对诗歌语言的处理明显不似同类作品中的语言那样干涩而缺乏感染力。如发表于1974年第二十九期的,光前的《把林家铺子孔家店彻底砸掉!》:

仇恨从心头升起,
怒火在笔锋燃烧。

向林家铺子孔家店开火,
革命战士用笔锋作刺刀。
......
孔老二招摇撞骗宣扬"仁爱""忠恕",
林秃子声嘶力竭鼓吹"中庸之道"。

......
我们厉行无产阶级专政之道,
把林家铺子孔家店彻底砸掉!

  这个作品,不过是图解政治的应景之作,其中除了无用的政治抒情之外,我们几乎看不到多少可以称之为诗的因素。这样的作品,在《山花》中亦不在少数。如同一期的延歌文①的《回头路,不准走!——一个老贫农批判"克己复礼"》,另外在同期还有一组农民秧歌词,共计五十六首,其中均为空洞的政治抒情诗,几乎无文学性可言。据《山花》创办人曹谷溪回忆,《山花》中的作品,大部分都经过编辑精心修改。这一修改过程,势必起到了一个如弗罗姆所认为的"社会过滤器"的作用。因之,考察《山花》的基本编辑思想,对我们展开具体的文本分析,有着极为重要的意义。

  在1973年第11期中,有一篇署名高歌的理论文章《诗言志》,该文认为:"诗歌和其他文艺形式一样,也是属于一定阶级和一定的政治路线的,每一件诗作一经出世,就必然表现了一种感情,不是爱,就是恨。而爱和恨,在阶级社会里,当然带有强烈的阶级性,无产阶级的诗人,必然替无产阶级的利益大喊大叫,对有利于无产阶级的事物他就讴歌,对有害于无产阶级的事物他就必然诅咒。由此可知,诗歌是用来表达作者感情的。"诗歌是表达作者感情的这一论断固然不错,然以阶级感情对事物做简单划分,现在看来,自然存在着诸多问题。而其中最为重要的信息是,作者认为诗歌和其他文艺形式,属于一定的政治路线这一观点。在"文革"时期的《山花》中,这样的带有一定的理论色彩的文章并不多见,而这一篇,无疑能够代表当时人们的基本的情感倾向以及文学的价值观念。

  1973年11月30日《人民日报》中,有名为《繁荣群众革命文艺创作 占领农村思想文化阵地——束鹿、延川县群众业余作者创作多种文学作品,深受工农兵欢迎》的文章,该文认为,"延川县各级党组织在领导群众业余文艺创作活动中,十分重视对业余作者进行毛主席革命文艺路线的教育,使他们自觉地投入到三大革命运动中去,运用各种文艺形式塑造工农兵英雄形象,牢固地占领农村的文艺阵地。"而工农兵业余作者对文艺阵地的占领,是有着相应的现实语境的,"有一段时间,业余作者们发现有的坏人利用秧歌词宣扬封、资、修毒素来腐蚀群众,他们就纷纷拿起笔来,大力创作革命的文艺作品,同阶级敌人展开针锋相对的斗争。"也就是说,在该文作者看来,秧歌词中包含有封、资、修的内容,而这些内容,明显是不能为革命的文艺容忍的。为了打击敌人,教育群众,"县里还办了不定期出版的小

---

① 据《山花》编辑曹谷溪回忆,此名为《山花》编辑曹谷溪、路遥等人的集体笔名之一

报《山花》,为业余作者提供了发表作品的园地。"而《山花》的意义在于,"全县群众业余文艺创作的繁荣,不仅活跃了群众的文化生活,对深入开展批判整风和农业学大寨运动也起了推动作用。"该文对《山花》之基本思想的认定,无疑代表了国家声音对《山花》的认可,同时也表明《山花》的基本思想与政治意识形态之间处于一种依附的关系。

以上论述表明:《山花》的基本编辑思想以及其作品的思想倾向,是和当时的党的政策保持一致的,而且作品的基本内容也是随着政策的变化来调整自身的。

二

诗与权力及意识形态之间内在的分裂使得国家意识形态无法信任诗的依靠自身内在自律性自由发展从而构筑的精神空间,国家意识形态对诗的精神空间的整合自1949年以后已然深入到乡村文化体系,由乡村文化体系所持存的民间话语空间被国家意识形态置换,原本自由的、鲜活的、原生的文学与民间文化现实的联系被逐渐切断,代之而起的,是纯粹的民间的意识形态叙述。"1949年以后,新中国的国家政权有效地将乡村纳入政治体系之内,传统乡土文化被置入政治意识形态体系,其中一些与这一体系不相适应的因素被改造或消除,渐而一种新的乡村文化规范逐渐确立起来,但它从形式到内容都发生了变化。"① 乡村文化原有的精神空间因之被阉割,政治意识形态因而成为唯一可能被言说的内容。

这一民间文化被政治意识形态整合的过程,在中共陕西省延川县委员会所作的《发展群众文艺创作 占领农村文化阵地》(原载1974年4月17日《人民日报》)一文中,有较为详细的论述,该文指出:"为了提高业余作者向贫下中农学习的自觉性,我们还组织一些业余创作人员到全县学大寨的先进社队参观访问,帮贫下中农写村史、家史,请贫下中农忆苦思甜,对业余作者进行革命传统教育。许多业余作者在三大革命运动中迅速成长起来,近两年来已有八十人光荣地加入中国共产党,一百五十人加入共青团,二百多人成为模范社员或先进工作者。"这种努力的结果,是使"我县群众文艺创作活动……能够朝气蓬勃地不断向前发展",而其目的在于"……文艺为工农兵服务,为社会主义服务,为无产阶级政治服务……紧密配合三大革命运动,充分发挥革命文艺的战斗作用"。这种对文艺的精神控制,无疑是卓有成效的。

1972年始创办的《山花》,其基本的作者构成以及其所能够依凭的文化精神空

---

① 费孝通:《乡土中国》,北京大学出版社2000年版,第113页。

间，即是已经被政治意识形态意识形态化了的民间的政治叙述。这种民间的政治叙述，由于叙述主体的文化自觉的丧失，极易成为政治意识形态的传声筒，而他们通过自身作品所营构的文学空间，也由于失却了民间生活原有的生命力而变成空洞的政治抒情。散文《桃》是山花代表作家，也是《山花》创办人之一的曹谷溪发表于《山花》创刊号第一版的文章。在这篇文章中，作者着力描写了自己在八月的一个早晨，漫步在杨家岭上，面对着毛主席曾经住过的窑洞前的一棵棵桃树，所发出的感想："我在岭上看过蓓蕾初成的桃枝；燕语呢喃的三月，我在岭上看过灿漫的桃花；硕果累累的今天，我又一次来到这里。"在这里，桃花以及杨家岭上的一树一木已然成为作者追忆毛主席的触发点，桃花以及果实累累的桃树，已经不再是纯粹的自然物象，而由于其生长在一个特殊的地方，从而蕴含了更多历史与文化意义。"一次又一次新的感受，一次又一次受到革命的教益。"而在接下来的对中央大礼堂的描述，更是将抒情投向特定的政治与历史氛围。"日本鬼子投降了，蒋介石投靠美帝，挑起蓄谋已久的内战，……毛主席在《抗日战争胜利后的时局和我们的方针》这篇光辉著作中指出：'抗战胜利的果实应属谁？……比如一棵桃树，树上结了桃子，这桃子就是胜利果实。桃子该由谁摘？这要问桃树是谁栽的，谁挑水浇的，蒋介石蹲在山上一担水也不挑，现在他却把手伸得老长老长地要摘桃子。……我们解放区的人民天天浇水，最有权利摘的应该是我们。同志们……抗战的胜利应当是人民的胜利，抗战的果实应当归给人民……。同志们，这是一场严重的斗争。""'一切反动派都是纸老虎！'这震撼寰宇的声音传遍全世界，亚、非、拉美掀起了不息的反帝反修风暴！"通过以上的引述可以看出，自然物象原本可能具有的民间审美品格已然消隐，充斥其间的，是政治的抒情和政治的叙述。同样，在第4期第一版发表了署名程远①的散文《在灿烂的阳光下》，在该作品中，抒情主体通过描述自身作为一个来延安接受贫下中农再教育已有三年的知青，在游历伟大领袖曾经住过七天的太相寺时的内心感受，表达了她与曹谷溪的文章相比并无多少新意的政治抒情和政治想象。张志谦发表于1973年第10期的散文《光荣的刘家渠》亦属同类作品，不同的是，这里的太相寺被置换成刘家渠。政治意识形态话语体系给予他们认知现实与表达"自我"的唯一的言说空间，在这里，政治意识形态已经十分自然地将其驯顺成意识形态的主体。

阿尔都塞在他论及意识形态功能的文章《关于言说的三种笔记》中，首先论述的即是意识形态的"号召"功能，他说："意识形态担负着指定具有承担者功能的主体（一般）的任务。为此，意识形态必须面向主体、提醒他是主体，并提供他是

---

① 据曹谷溪回忆，程远为路遥妻子林达的笔名。

国家的神话:"山花"作家的意识形态叙述
——以路遥早期作品及文学活动为中心

承担这种功能的主体的理由。意识形态号召个体,把他构成主体(意识形态主体、意识形态言说的主体),并提供主体应该承担被结构赋予的承担者机制(作为主体被号召的)的主体的理由。"① 在这里,阿尔都塞延续了他一贯对意识形态运作机制的认知,认为,意识形态对主体的塑造并非是仅仅通过社会权力的强力压制,而是将意识形态内容置入意识形态所要驯顺的个体或群体的精神世界,在这一置入过程中,主体自认为自身能够并且应该主动承担意识形态内容,而且这种意识形态内容将会被主体认定为自身价值的确认方式而力求自我呈现。因之,如意大利学者葛兰西所认为的,意识形态的政治霸权是一种温柔的暴力,因为,"霸权不是通过剪除对立面,而是通过将对立一方的利益接纳到自身来维系的。为了说服那些心甘情愿接受其领导的人,统治阶级的政治取向必须有所修正,这就使得意识形态中任何简单的对立,都被这一过程消解了。"②

葛兰西与阿尔都塞对意识形态在对主体的生产过程中的运作机制的描述表明:主体原有的文化精神空间一旦被整合进意识形态话语体系,主体的言说与表达必然只能是意识形态性的,而主体完全可能对这一过程浑然不觉,从而把对意识形态内容的言说视作为自我的言说的真纯表达。因之,我们不能简单地质疑《山花》作家们在进行意识形态抒情时的内在的真诚,也无法简单否定这种抒情对于抒情主体自身的精神价值。因为,"人并非一开始就是'主体'。人最初仅仅是具体地'在那里生存的个物',还没有名字,也没有关于自己同一性的自觉,可以把他设想为刚刚出生的'婴儿'。意识形态(在特定的社会里有特定的居支配地位的意识形态)'号召'这个个物,将个物构成有名字,并通过这个名字能够自觉到自己同一性的'主体'。可以把这种情况考虑为'出生'在'家庭'里的婴儿,不能与双亲断绝关系,并'被召唤着'。双亲不仅'呼唤'他的名字,而且还进行种种'说教',同时向'婴儿'这样的个物灌输特定社会和文化的'规范'。这就形成了'主体'。"③

而一旦对主体的意识形态塑造宣告完成,主体即无法再回到自我的原初状态,他唯一能够借以标志自身的主体性与独立性的方式,便是在意识形态话语体系中获取自身身份的价值定位,而他们的言说,也难以与意识形态形成一定的"离心"结构,因为在主体被彻底意识形态化以后,主体的自我也就是意识形态自我表述时的

---

① [日]今村仁司著:《阿尔都塞——认识论的断裂》,牛建科译,河北教育出版社2001年版,第67页。
② 罗钢、刘象愚:《文化研究读本》,中国社会科学出版社2000年版,第17页。
③ [日]今村仁司著:《阿尔都塞——认识论的断裂》,牛建科译,河北教育出版社2001年版,第231—232页。

自我。主体需要自我表达与自我言说,并且由之确认自身存在的稳定性,必须依靠也只能依靠意识形态的自我言说,否则,主体将被迫面对自我丧失的危险。从1972年第六期的海粟的诗作中,我们可以看到主体自我言说的努力,以及这种言说的基本内容:

> 每当我打开,
> 金光灿灿的《共产党宣言》,
> 一字字,
> 激起我热血翻腾;
> 一页页,
> 唤起我思绪连篇。
>
> ……
> 我打开《共产党宣言》,
> 细读一遍又一遍。
> 我啊,党的队伍中一名新兵,
> 中国无产阶级的普通一员
> 懂得了,
> 自己阶级的家谱,
> 打从何处开始;
> 自己阶级的力量,
> 能产生多大能源,
> ……
> 《宣言》教给我,
> 敌人、朋友,如何认清;
> 香花、毒草,怎样分辨。
> 读《宣言》啊想《宣言》,
> 热血沸腾,
> 浮想联翩。
> ……
> 看社会主义天下,
> 朝霞灿烂,
> 望资本主义世界,
> 日薄西山,

国家的神话:"山花"作家的意识形态叙述
——以路遥早期作品及文学活动为中心

> 在《宣言》的旗帜下,
> 全世界无产者,
> 手挽手,肩并肩,
> 朝着共产主义的目标,
> 坚定不移,
> 大步向前!
> 万岁,马克思列宁主义!
> 万岁,《共产党宣言》!

作为《山花》作家群的重要代表,海粟的这首诗作极为明确地体现了《山花》的基本思想倾向。在这首诗中,抒情主体较为详尽地描述了自身如何从《宣言》中获取精神力量的过程。更为重要的是:《宣言》同样给予了主体对自我身份的确认的精神资源,《宣言》内容,使得抒情主体不但明了了自身的"历史",同时也明了了如何面对现实生活的基本方式,区分"敌人"与"朋友""香花"和"毒草"的基本价值标准。从而使主体能够找到自我的方向和目标,在"朝向共产主义的目标"的道路上,"坚定不移,大步向前!"

同样的作品还有发表在 1973 年第 19 期《山花》另一代表作家闻频的诗作《延安的灯,我心中的灯》。这首诗描绘了作者心理成长与变化的过程,而这一过程的完成,依赖的基本精神资源,即是"毛主席著作"以及贫下中农的再教育内容。这种对个体精神状态的转变进行描述的作品,在《山花》中也占有较大比重。同一主题的代表作品还有:发表于 1973 年第 21 期的署名金柱的诗作《沸腾的营房》;闻频的歌词二首,分别是《千万颗红心向着党》和《'十大'的光辉照前程》;发表于 1974 年第 26 期的学生鲁向平的诗作《闪光的瓦房》等。

三

叙事虚构作品由于其本身具有的强大的构造现实的能力,从而更容易用来表征意识形态关于现实的非现实性描述,我们可以审慎地将其指称为"国家的神话"。"国家的神话"在这里用来表征这样一种文本的现实存在:虚构作品的基本的现实根源虽然还在作者的生活世界,但作者对生活世界的表现已经不是现实性的,他们从某种关于现实的意识形态描述的基础上,对现实进行加工,这种加工,并非是依赖创作主体对现实的可能性的想象性描述,而是借用意识形态对现实的认定,展开对现实的构造与摹写。在这样的作品中,文本已经无法根植于现实的基本运行原则,文本与现实建立的,只是一种想象性的联系,而这种联系,并非出自现实或是艺术文本的自律性的要求,而只是意识形态对文学文本的先验预设。这种意识形态对现实的先验预设决定了作家作品可能具有的精神品格与审美趣味。高小康在《中国古代叙事观念与意识形态》一书中,表达了同样的意思,不同的是,该书的研究对象是中国古代叙事作品,然而作者对古代叙事作品之意识形态叙事的认定,与我们的观点并无太大差别,高小康认为,"中国叙事文化传统中,意识形态的影响常常渗透在叙事者所构造的社会和自然景观、人物的性格和行为,人与人的关系以及蕴含在叙述中的情感态度与审美趣味之中。这一切凝聚、整合成为叙事中的内在统一结构,即叙事中的世界图景。"[①]也即是说,考察叙事文本与意识形态之关系,是理解叙事文本中所构筑的世界图景的精神品性及其价值取向的基础。换句话说,理解了叙事文本所构筑之世界图景,也可以明了在这一秩序之后存在的作者的意识形态倾向。

在《山花》作品中,叙事虚构作品(小说)因为其想象空间已经被意识形态先行置入,故而其作品表现为对现实真实状态的疏离,这种疏离,使得这一时期的作品中遍布着"虚构"的人物与"虚构"的现实情境,甚或人物的精神状态,也只能借用意识形态话语加以表征。

路遥发表于1972年第7期的《优胜红旗》,是这一时期《山花》中艺术水准较高的作品。在这部作品中,作者较为细致地描述了主人公二喜在县委展开的社会主义劳动竞赛中,由起初仅仅追求生产速度,不关注生产质量,到最后明白应该像"毛主席常说要'多、快、好、省地建设社会主义'……"的心理变化过程,较为生动地表现了主人公二喜对建设社会主义的原则在认识上的变化。与当时的大多数同类作品一般,这部作品也相应地设置了与思想认识较低的二喜相对的思想认识处于较高层次的形象老支委石大伯,而石大伯也是作者精心设置的代表作品倾向的人物,该人物也是影响二喜认识变化的关键性因素。作者对作品的世界基本构架的思想来源,无疑是当时政策对生产劳动的要求。因之,该作品难以为我们提供多少作者对现实的真实情境的洞见。因为,"人类的精神进步不单单在于人们对有关世界的新事实和新知识的集体记忆的积累。人类的精神进步的真正含义在于人制订出关于宇宙、社会和自身的符合真理的观念,在于人的理智创造出无论就整体和局部而言都是真正现实界的真实图景。这种深入理解现实界的客观运动内容的运动是人的创造活动的一切形式——研究自然现象各种规律的自然科学,依靠科学共产主义武装了人类的社会思想,历史发展规律的知识,以及在同等程度上的艺术——所特有

---

① 高小康:《中国古代叙事观念与意识形态》,北京大学出版社2005年版,第3页。

国家的神话:"山花"作家的意识形态叙述
——以路遥早期作品及文学活动为中心

的。"①该作品无疑是难以达到这一对现实主义作品的要求的。如果将路遥的后期作品的现实主义的努力作为参照系,可以看出,路遥虽然一直走在现实主义的创作道路上,但他对现实的认识的深度与广度,无疑是远远超越了这一时期的作品的。在《人生》以及《平凡的世界》中,路遥对现实的理解与表现,是建立在作者对现实中人的基本的存在状态更为合理更为真实的认知基础之上的,正是因为他的精神在这一时期深深植根于现实的真实情景,他的作品对现实景观的展示才具有了一定的现实主义的审美品格。然而,这是身处特定的精神氛围中的路遥所难以企及的。

值得一提的是,该作品对人物之间关系的处理以及对人物形象的刻画,在某种意义上,突破了同一时期的符号化的僵死处理,使得人物形象较为生动,这一点,是该作品的真正价值所在。如作者对主人公二喜即将拿到优胜红旗之前的心理状态的描述,就是较为生动鲜活的。"他坐在炕栏条上,香喷喷地抽着烟,两眼盯着墙上那面'优胜红旗',思想着它马上就要跟了自己,心里不由一阵热辣辣的。它真想过去摸一摸那光闪闪的绸面,看看它是不是和家里的锦花被面一样粘手。"寥寥几笔心理描写,将二喜这个人物的内心展示在读者面前,使得这个人物栩栩如生如在目前,完全不似同类作品的脸谱化概念化的描述。

《代理队长》(1973 年第 18 期)也是路遥作品中人物形象刻画较为生动细致的篇章,这个作品,虽然亦未能脱离当时的意识形态叙述的缺陷,但相应地,作者在其中描述了农村较为真实的生活图景,而且对人物的描绘也是细腻生动的,丰富感人的。

> 赵大娘站在硷畔上,两只手捏弄着围裙,眼盯着对面山上那条小路,嘴里叱叨:"什么时候了,人家早拾掇了碗筷睡了觉,还不见那死鬼的影子……"
>
> 太阳,在头顶喷射着强烈的火焰。黄土高原这个小小的山村,宁静得无一点声响。
>
> 六月啊!这是一个多么关键的季候:麦子等着抢收,秋苗盼着喂水,人们每天都是起鸡叫睡半夜的在地里泡着,操劳着,疲乏到了极点。午饭后这一阵香甜的小憩,谁连个梦都不做。
>
> 窑檐影子已经变成了窄条条,小路上还是什么也没有,赵大娘轻轻地叹了口气,转回到自己窑里去了。
>
> 南山上,一个光着上身,赤着脚片子的老头,背着一捆苜蓿蹒跚着下来了。他,一双布满血丝的眼睛微微迷瞪着,以防额上的汗水浸入。在那一脸松针胡子

---

① [法]罗杰·加洛蒂:《论无边的现实主义》,吴岳添译,百花文艺出版社 1998 年版,第 250 页。

上,黑黢黢的胸脯上,弯曲的胳膊肘上到处都挂着汗珠,窜着汗流,浑身上下冒着热腾腾的气。

  这人就是赵大娘的老伴、赵湾生产队的贫农社员——不,代理队长——赵万山。

  这是《代理队长》的开头部分,由以上引文可以看出,该作品对农村生活场景以及对人物形象的描写还是较为生动鲜活而富有生命力的。遗憾的是,这样的作品,在《山花》中,是极为少见的。同为路遥的作品,《基石》(1973年第15期)相对而言就要逊色一些。《基石》塑造了一位为了生产建设而不顾自身身体的条件(残疾)的局限,一心投入生产劳动的社会主义建设者的形象。虽然作者虚构了一系列的现实情境,为人物形象的展开做了相应的铺垫,但由于作者思想的局限,无法突破对这一类形象的"图解"的窠臼,人物因之显得苍白而缺乏感染力。在这一时期,类似《基石》的作品在《山花》中占有极大比重,如蔡金芳的《爷爷》(1972年第2期)、黄河涛的《枣林深处》(1972年第3期)、路遥的《桦树皮书包》(1972年第5期)、柏庚柱的《陕北高原"四季青"》、张兴祥的《灵芝草》(1973年第17期)中的段老汉、海波的《开路人》(1973年第23期)、高歌的《桃花》(1973年第24期)、刘萍的《小勇和小刚》(1974年第26期)、申安泰的《母女之间》(1974年第30期)、延歌文的《女书记上台》(1974年第33期)、孙向阳的《"刺儿"姑娘》(1976年第46期)等。这些作品由于作者努力塑造依照主流意识形态所预先设定的人物形象及其所应有的品性,这种品性又缺乏相应的现实支点,而成为作者们依靠虚假的理论预设,违背艺术创作的原则,强行疏离文学的现实依据,塑造的不过是一些缺乏生命力的符号,而他们所努力构筑的文学世界,也不过是一个个"国家的神话"。

  当然,如前文所述,国家意识形态已经完成了对意识形态主体的生产,被生产出的主体因而只能在意识形态话语体系内找到自我言说的基点。任何对国家意识形态的"离心"结构自然是难以存留的。如黑格尔在论及德国宪法的论文中指出的:"这是一个普遍认可的著名原则,国家的特殊利益是最重要的考虑。国家是在地上的精神,这种精神在世界上有意识地使自己成为实在,至于在自然界中,精神只是作为它的别物,作为蛰伏精神而获得实现……神自身在地上行进,这就是国家……在谈到国家的理念时,不应注意到特殊国家或特殊制度,而应该考虑理念,这种现实的神本身。"① 也就是说,国家精神要发生影响力,必须使自身的精神实在化,使自身的精神存在一定的合法化的现实依据,而在这一过程中,对现实的存在状态

---

  ① [德]卡西尔著:《国家的神话》,范进等译,华夏出版社1998年版,第323页。

的意识形态解释是从属于国家精神实在化这一过程的。在此，一旦实在界的基本现实与这一精神处于一种疏离的状态，国家精神必须使之被整合或是被驯顺。这个时候，国家必然掌控了对现实解释的唯一的合法性，任何它种解释都是无法存留的。

我们由此可以想到被写进《苏联作家协会章程》的社会主义现实主义创作原则的基本内容，"社会主义现实主义"被视作为苏联文学和文学批评的基本方法，而这一方法要求"艺术家从现实的革命发展中真实地、历史地去描写现实"①。真实地、历史地对现实的描写本身并无问题，也是符合一般的创作原则的，但是，这种描写是必须被限定的，"艺术描写的真实性和历史具体性必须与用社会主义精神从思想上改造和教育劳动人民的人物结合起来。"②日丹诺夫对此的解释是："强调文学的政治倾向性和文学为政治服务的宗旨。"③我们自然也可以联想到《山花》的基本编辑思想："她的使命是交流工农兵业余作者的文艺作品；活跃革命人民的文化生活；进一步发挥革命文艺'团结人民、教育人民，打击敌人，消灭敌人'的战斗作用。"在这样的思想的指导之下，《山花》作品中对现实的基本状态的描述，已经并非是对现实实在界的真实境况的客观描写，而是在政治意识形态话语体系之内，对现实的想象性处理。这种想象性处理，由于疏离了现实的基本存在状态的真实图景，只能是一种精心营构的"国家的神话"。而一旦"国家的神话"被解构，作品剩下的，不过是意识形态语汇的残留。

（本文刊发于《文艺争鸣》2018年第4期）

---

① 《苏联作家协会章程》，见《苏联文学艺术问题》，人民文学出版社1953年版，第12页。
② 《苏联作家协会章程》，见《苏联文学艺术问题》，人民文学出版社1953年版，第12页。
③ [苏]日丹诺夫：《苏联文学艺术问题》，曹葆华等译，人民文学出版社1953年版，第28页。

文学史为何要遮蔽路遥

延安大学文学院 谢延秀

在当代地域文化的写作谱系中,路遥可谓一个颇有意味的精神镜像。20世纪80年代初期他凭借中篇小说《人生》闪亮地登上文坛,启动与引发了在当时具有浓郁寻根性质的"西北风"潮流。80年代中后期,他以长篇小说《平凡的世界》斩获第三届茅盾文学奖,从而坚定地确认了现代化背景下现实主义创作的强悍生命力。随之,他又在长篇纪实文学《早晨从中午开始》中,以悲剧主义的口吻细说了创作过程中生命的撕裂与挣扎,让人在痛感胡风式主观战斗精神的雪亮光影之余,进一步体味人类精神大厦建构的阵痛与战栗。而后,他便带着一腔幽怨,满腹辛酸,绝尘而去。如此西西弗斯式的执着心理,如此飞蛾扑火般的创作激情,如此弦断音绝的生命形式,无疑在一个极限的层面上确证了路遥写作的姿态与创作的意义,同时也使路遥及其作品的评价难度大大升级。这种难度首先在于对路遥的个体生命史与创作史的合理界分,其次在于对路遥的悲剧性命运与作品的文学史价值的适当疏离,此外还在于克服了地域血亲意义上的价值偏向,或消解了20世纪80年代现代主义主潮观的单一认同模式之后,对作为作家路遥的整体考量。可纵观90年代以来的路遥研究,不管是为亡者讳的感性评价,还是执其一脉的由衷推崇,甚或是现代性话语下的漠然不顾,都不可否认地因情理的过分对立,自觉不自觉地偏离了审美评价的基本尺度,继而在狭隘的视野下,使本作为特例存在的路遥现象成为一种多重话语同时在场并互搏意义空间的特殊文化现象。

一、路遥现象展开的三个层面

正如一切文学现象都要从接受者、阐释者与评价者三个维度来求证文本的意义一样,包含着多重文化元素、扭结着多种文化形态冲撞的路遥现象也自然从以下三

个层面展开:

1. 读者群的热烈反响

1982年《人生》单行本出版后,瞬间牵动了读者的阅读热潮,孤愤青年高加林的多舛命运激荡着每一个不甘于平庸的灵魂。随后改编的电影更以淋漓的气势直观展现了历史前行过程中黄土深层的不安与期待,甚至有热血青年专门骑车去拍摄原址感受高加林与刘巧珍分手的苍凉一幕。就连路遥本人也在特定的情境下被迫饰演了青年的人生导师,在雪片一样涌来的读者来信中深度体味了文学与生活的亲缘关系。① 至于长篇小说《平凡的世界》,更成为当代励志标本,不但被很多省区遴选为大中学生的必读书目,而且在读者喜欢的"茅盾文学奖"书目排行榜上一直稳居不下。② 可以说,无论从作品出版的册数、电台播出的频率、电影电视的演播盛况,以及读者的强烈反响来看,在新时期文学史中几乎还没有一部作品或一个作家在传播与接受的过程中,能获得读者如此毫无争议的空前认同。而路遥辞世之后,社会团体、路遥好友二十多年来不间断地来提领或重释路遥的当下意义,包括前些日子引发社会普遍关注的"路遥文学奖"的设立争论等,都使路遥成为当代文化史上为数不多的能打破文坛周期律的,并不断催生与激励新的言说冲动的特殊现象。这份绚烂而稍显沉重的哀荣,不知生前饱尝困厄、现已在九泉之下的路遥当做何感想?需要特别指出的是,理性而言,路遥作品的接受者主要以西北地域的青年学子、底层务工者或有过同样苦难成长经历的60后、70后为主,地缘文化意义与社会成长意义始终是路遥与读者能够发生意义关联的重要环节。如果在这个角度上再向下延伸,那么可能面临的问题就是,这种因地缘文化的相似性而凝结而成的精神血亲关系,有没有可能在接受与评判地域作家路遥时,隐现着另外一种淡化了文学意义考量的审美偏见或审美迂执?

---

① 路遥称:"小说《人生》发表之后,我的生活完全乱了套。无数的信件从全国四面八方蜂拥而来,来信的内容五花八门。除过谈论阅读小说后的感想和种种生活问题文学问题,许多人还把我当成了掌握人生奥妙的'导师',纷纷向我求教:'人应该怎样生活',叫我哭笑不得。更有一些遭受挫折的失意青年,规定我必须赶几月几日前写信开导他们,否则就要死给你看。"见长篇小说《平凡的世界》创作手记《早晨从中午开始》,《路遥文集》第2卷,陕西人民出版社1993年版,第4页。

② 据路遥研究专家厚夫言:2008年10月,新浪网"读者最喜爱的茅盾文学奖获奖作品"调查中,路遥的《平凡的世界》以71.46%的比例高居榜首;2012年2月,山东大学文学院在全国十省的城乡进行"茅盾文学奖获奖作品"接受调查,读过路遥《平凡的世界》的读者占被调查者的38.6%,位列所有茅盾文学奖作品第一位。见厚夫《为什么路遥作品历久弥新》,《文艺报》2013年5月27日。

2. 评论家的众口一词

截至目前，有关路遥本体研究与作品研究的汇总性成果主要集中在雷达、李文琴主编的《路遥研究资料》，马一夫、厚夫主编的《路遥研究资料汇编》《路遥纪念集》《路遥再解读》，以及李建军主编的《路遥评论集》等。① 细加盘点，不难发现，这些评论家主要来源于西北的高校、作协或专业研究机构。他们对路遥的作品评价极高，尤其对路遥的坎坷经历与独特的文学贡献感怀不已。如果以时间线索来梳理，前期评论主要针对路遥笔下的城乡交叉地带及对现实主义传统的深化来展开，后期评论重在阐释路遥为社会变迁写史的社会担当意识、为人性的晴朗立碑的温暖情怀，以及夸父逐日般视创作为生命的写作观念。值得思考的是，在如此众多的有关路遥研究的文献资料中，我们很难发现有质疑的声音勃然而起，是路遥的猝然离世使评论家不忍为之，还是被某种内在固有的地域意识所囿围而不能为之，或者为了单纯守持路遥的当下意义而不想为之。个中情结，颇费思量。但可以肯定的是，评论界的众口一词分明预示了这种日益单向性的价值评判正在把路遥本人置于一个预设的并不开放的价值体系中，同时也把作为文学批评的路遥研究推向一个越来越狭窄的意义空间。

3. 文学史家的集体缄默

翻阅众多的当代文学史教材，路遥占有的篇幅少得可怜，张钟、洪子诚、陈思和、孟繁华、陈晓明、杨匡汉、王庆生、金汉、吴秀明、孔范今等主编的教材可谓佐证。即使轻描淡写地涉及，也多是谈 1982 年出版的《人生》，而让路遥耗尽心血并给他带来巨大荣誉感的长篇小说《平凡的世界》，文学史上着墨甚少，甚至在个别著作中被彻底遗忘。② 这种现象与路遥作品的读者阅读热度、社会传播广度、评论家的解读高度形成了极为鲜明的戏剧性的反差，也让无数挚爱路遥的研究者心寒不已。因为在中国文学的接受传统中，入史者才能名正言顺，不提及者或浅尝辄止者似乎预示着其作品的分量不够，难以赢得大家称谓及其文本经典化的盛誉。于是，文学史家对路遥作品的轻慢与无视引发了评论界的强烈反诘，陕西师范大学的

---

① 以上资料汇编性成果分别见山东文艺出版社 2006 年版、中国文史出版社 2006 年版、人民文学出版社 2007 年版、陕西人民出版社 2008 年版及人民文学出版社 2007 年版。

② 在此仅举几例：金汉主编的《中国当代文学发展史》之"贾平凹、路遥等陕西作家的小说"一节中用 500 字的篇幅总结了《平凡的世界》值得称道的三个原因。（上海文艺出版社 2004 年版，第 453—454 页）吴秀明主编的《中国当代文学史写真》在"路遥的小说"一节中仅以一句话来谈及《平凡的世界》："此后，在长达六年的时间里，他耗尽心血完成了百万字的长篇《平凡的世界》。"（浙江大学出版社 2002 年版，第 738 页）而张钟、洪子诚等主编的《当代中国文学概观》（北京大学出版社 1998 年版，第 513 页）之"崛起的青年作家群"一节中对《平凡的世界》只字未提。

赵学勇教授先后发表了两篇论文来表达自己的不解与质疑。① 对此，我也深有同感，作为路遥的同乡，作为长期从事中国当代文学的教学研究者，我也深切希望痴情传唱黄土歌谣的路遥在文学史上能有一个显赫的位置。但理性来看，这个问题也要一分为二。当代文学史固然有冷落路遥之处，但路遥的作品，或者说路遥作品中所传达出来的精神心理、审美取向或者价值判断，是否在表层热烈的同时也暗含着一些顽固而自闭的传统元素，从而为文学史家提供了某种借以绕开的理由呢？

为此，我想主要以其长篇名著《平凡的世界》为例，试图来梳拢一下路遥创作中或许存在的一些问题，至于这些问题，我们将通过路遥作品中时常浮现的几个关键词来逐一寻找。

二、路遥作品中的四个关键词

路遥创作的时间跨度从 20 世纪 70 年代末期延续到 80 年代后期，这期间正是各种社会文化思潮纷至沓来，中国当代文学发生深刻变异的特殊时期。面对文学观念的整体性变革与现实主义内涵的不断扩充，路遥从未轻易放弃对这种时代性精神取向的谨慎应答。言其"谨慎"，一是说明路遥对正在勃兴的现代主义思潮的回应是有限度的，二是体现路遥对现实主义的表现力是高度自信的。事实上，我们在阅读路遥作品的时候，常常可以感受到在现实主义的架构里内蕴着现代主义的点点星火。这种星火的存在及其实现的途径只是为了拓展人物心理空间的容量，并不作为结构性、观念性、社会性的力量诉诸文本。在这个意义上，我们说路遥作品葆有着现实主义的内质。当然，路遥所投射的现实主义精神的光芒是较为单纯的，极少斑驳的色彩，同时又几乎无一例外地在积贫积弱的七八十年代、困顿多难的陕北高原，以及时刻升腾着成长冲动的农村青年这三条有着强烈逻辑关系的现实肌理中展开，这不仅建构了路遥小说特有的审美时空，而且也浇筑了如界碑一样醒目地挺立在小说各个路口的路遥式的关键语汇。

1."苦难"

当代文学史中的苦难书写从来不乏，政治修辞如"十七年"文学的"旧社会"、新时期文学的"文革"，宗教修辞如张承志笔下的西海固回民族群，政治宗教化修辞如王蒙、张贤亮所倾情彰显的"右派"知识分子情结。与上述苦难叙事不同，路遥的"苦难"叙事有着强烈的现实内指性。一则表现为穷家薄业、缺衣少

---

① 分见赵学勇：《"路遥现象"与中国当代文坛》，《小说评论》2008 年第 6 期；赵学勇：《再议被文学史遮蔽的路遥》，《小说评论》2013 年第 1 期。

食，整天为生存在土地上忘我搏斗的陕北农民，对应的是"文革"后期或改革开放初期刚刚脱离历史暗夜，尚在踉跄中前行的中国北方农村环境。二则是上学或就业期间在县市一级城市中饱尝生活艰辛、灵魂冲突激烈的农村青年。不管是哪一种类型的苦难，路遥为其设置的最基本的前提就是个体身份的原始悲剧性，即城乡秩序与城乡身份的巨大反差，是路遥所理解的农民式苦难的唯一根源。对于农民苦难的态度，路遥往往呈现出两种有着内在联系的表现方式，一则以浓郁的宗教情怀认定"苦难"是生为农民的原罪式的宿命。既然是宿命，路遥便对这种苦难给予了无限的深情、宽广的悲悯、深厚的哀怨，间或带有了一种因同情而浓化苦难，同时以苦难的意义来反拨苦难本身，继而将苦难视为农民的心灵成长主题与精神生存仪式的激愤情绪。最鲜明的就是孙少平在建筑工地上如牛马一样做小工时的感受："只有一个人对世界了解得更广大，对人生看得更深刻，那么，他才有可能对自己所处的艰难和困苦有更高意义的理解。"① 二则，路遥对身份即命运的二元关系有一种执着的认同意识，其中，对农民身份及其人生命运的悖谬关系的质疑之声尤为愤激。这种情绪自然与路遥的成长经历有关，也与路遥对陕北农村的深刻体验有关，但难免使路遥在力图全景展现中国社会历史进程的同时，不自觉地简化了社会阶层之间的复杂运动关系，并可能以一种稍嫌极端的方式来强化阶层对立过程中，作为弱势阶层的农民的勤劳与不屈，善心与美德，才干与追求，以此在道德秩序的高度来反诘与平衡社会秩序中反人性、非理性的一面。唯其如此，我们才能理解路遥对高加林从民办教师跌落为农民时的泪光莹莹，也能理解他在书写孙少平连五分钱的丙菜都吃不起，只能每天鬼祟领取黑面馍时的黯然神伤，更能体会高加林拉粪进城时的冲冠一怒，以及对孙少平不放弃任何机会，甚至在行为上有违招工程序的善意包容。

从这个角度而言，浓重的农民情结与随之伴生的单向式的批判力，也使路遥沉醉的苦难书写不可避免地带有对城市潜在的对抗与柔性的敌视，使他不能更为理性地诠释身份意识与城乡之间的互动关系，也难以从更高的价值维度与更恢宏的人性维度来展现农民的历史命运与当代诉求。这一点或许造成了路遥创作中两方面的硬伤，一则是整体性、历史性观照的简化，二则是精神扇面的紧缩。

2."知识"

与福柯所体察的作为权力规训谱系中的有机构成不同，路遥作品中的"知识"无疑具有高度的现实指认性，昭示的是缺乏体制参与性的乡村青年自我救赎的独特路径。无论是《人生》中的高加林，还是《平凡的世界》中的孙少平，路遥总是

---

① 路遥：《平凡的世界》第二部，北京十月文艺出版社2013年版，第147页。

在充满信任地赋予其体面的相貌、不俗的才能、坚韧的性格与辽远的梦想之余，时常以"知识"或"书"（知识的另一种存在形式）来作为平衡乡下青年无力挤入城市秩序的审美中介，或作为消解人生颓败感的另一种力量。可以说，苦难与知识的奇妙勾连与相互阐释几乎成为路遥塑造青年形象的主要模式。一心渴望褪掉农民胞衣的孙少平可谓其中的一个典型，昏暗的路灯下，漆黑的矿井里，聒杂的东关劳务市场，简陋的建筑工地，孙少平从未放弃对知识的探求。这一方面源自田晓霞对他毕业之前善意的揶揄，另则也自然与其"混合性的精神气质"相关。最有隐喻性的是田晓霞去黄原的一个在建的框架楼里看望孙少平的一幕，孙少平"趴在麦秸秆上的一堆破烂的被褥里，在一粒豆大的灯光下聚精会神地看书。那件肮脏的红线衣一直卷到肩头，暴露出令人惊心的脊背：青紫黑癜，伤痕累累"①。这里的"知识"俨然成为这些乡下青年不被时代忽略，或者能战胜现实苦难的最有效的一种求证方式。

但要注意的是，这里的知识，并不是对外面世界与世界文化文明的简单憧憬，而是苦寒青年借此蓄力或蓄势的强烈依托，为的是挣脱既有秩序，这是 20 世纪 80 年代"知识改变命运"的时代主题在乡村社会的嘹亮回声。所以孙少平的脚步从双水村到原西县，从黄原市到铜城矿务局，身份从农民到教师，从苦力到煤矿工人，可谓穷其心力，上下求索，为的就是"变成一个纯粹的城里人"。这样看来，路遥笔下青年们对知识的渴望，绝非单纯地打开人生的视野，其实内含着浓重的功利性。问题是路遥既对这种急迫的功利性给予了热烈的确认，同时又对其乡村情怀给予了深情的诉说，这种颇含犹疑的书写方式势必造成了路遥笔下青年形象的内在分裂，与路遥创作本身所不可克服的价值摇摆，而且在一定程度上更为直接地投射出路遥意识世界中可能仍有部分残余的传统性与封建性，即书中自有"黄金屋""千钟粟""颜如玉"的古训。当然，这种悠久的历史文化传统的光影可能现在依然渗透在北方农村的边边角角，但作为"为时代立言"的作家路遥并没有随时代的演进自觉地延展自己精神心理的航程，而长期形成的对社会生活过为专注的透视方式，也使路遥不可能站在更高远的层面上去展现中国社会历史性变迁的沉重一幕。

3. 生存理性

从社会学的维度而言，人的理性选择是"有界"的，不同的社会群体往往依据自己的阶层归属来选择与调节自己的日常行为，从而理性地考量对其行为目的有着深刻影响的各种社会因素。其中，基于生存而萌发的理性是最为基础的环节，一般意义上将其称为"生存理性"，这种理性思维模式在身份认同强烈的农民身上体现

---

① 路遥：《平凡的世界》第二部，北京十月文艺出版社 2013 年版，第 342 页。

得尤为集中。作为农裔作家的路遥,自然更能切身地理解苦焦的黄土地上农民最原始同时也是最迫切的生存愿望。为此,路遥作品中的人物大都是在超稳定的生存理性的照耀下寻找自己的人生路向。

孙少安便是一例。一心想在桑梓有所作为的他,对田润叶的几次邀请与大胆表白无动于衷,尽管也间或有过类似《洼地上的战役》中志愿军战士王应洪瞬间感受到的那种甜蜜的惶恐,但他在自己的人生愿景与事业发展的规划方面,丝毫没有突破身为农民的最基本的生存逻辑。阅读过程中,我们曾以为这个类似梁生宝的新人很可能因生活的困窘或弟、妹尚在读书婉拒真爱,但当孙少安看到山西姑娘贺秀莲时的心理反应时,我们这才明白,这个念过几年书的孙少平早已自我设定了接纳感情的心理防线。所以,他才"一见秀莲的面,就看上了这姑娘……因为从小没娘,磨炼得门里门外的活都能干。尤其是她那丰满的身体,很可少安的心"①。值得思考的是,面对田润叶的痴情守望,孙少安又是怎么想的呢?"女的在城里当干部,男的在农村劳动,在哪里听说过?如果男的在门外工作,女的在农村,这还正常。"② 这是一种什么样的精神心理?当然,这种精神心理根植于七八十年代之交的中国乡土社会,也是在这个历史场景下真实存在的普通农民最典型的精神状态,但其内里却是延续千年的门第观与狭隘的"男主外女主内"的婚姻观,这在很大程度上钝化了路遥对农民命运探索的力度,且极易因对静态生活逻辑的过度依从而忽略了对农民精神成长的连续性观照。

与孙少安类似,尽管路遥赋予了孙少平与他哥迥异的精神气质与人生路向,比如说让他完成更高阶段的学业,让他了解更为广阔的外面世界,让他有更多出走的可能,让他有更多情感体验的机会,但孙少平依然是个待成长的形象。也就是说,他依然没能将农民的生存理性彻底消退。客观而言,他对田晓霞的爱是真挚而深长的,但在每一次与田晓霞的约会中,孙少平的内心其实一直隐伏着焦灼与不安的潜流。即便上省城去找田晓霞,他还在犹疑不断。这个在各种人生苦难面前有着浓重英雄主义色彩的年轻人,当听说田晓霞不在单位时,竟然如释重负。为何能如释重负?自然还是生存理性牵引下的阶层对立意识在隐隐发力。否则,为何他给惠英嫂子和孩子买东西时就能如此愉悦轻松,如坐春风?这样看来,孙少平也是一个并不具有完整现代意识的青年形象。如果我们借此来体会他对晚年父亲形象的勾画,或者以纪念碑的名义通过建造几孔窑洞来铭刻自己的奋斗业绩时,我们可能更为真切地体会到这一点。与《人生》中高加林相比,路遥自觉地修正了孙少平身上诸多不

---

① 路遥:《平凡的世界》第一部,北京十月文艺出版社2013年版,第216页。
② 路遥:《平凡的世界》第一部,北京十月文艺出版社2013年版,第145页。

切实际的幻想，却同时分裂了其精神人格的完整性。由此可见，路遥小说中充溢的生存理性与现代意识之间构成了某种紧张关系，这可能已经宣示了路遥作品所能达到的高度。因为在一定程度上，作品的高度本就是作家精神心理的高度。

4. "道德镜像"

如果从叙事伦理的角度而言，路遥作品中的人物往往具有泛道德主义的象征性，突出表现在对"情爱"的坚守方面。如孙兰花对"逛鬼"王满银的痴情，金波对只谋一面的藏族姑娘的痴情，田润叶对心如止水的孙少安的痴情，田晓霞对苦力谋生的孙少平的痴情，李向前对心如死灰的田润叶的痴情，田润生对艰难竭蹶的郝红梅的痴情，等等，真可谓元好问所云："问世间，情为何物，直教生死相许？"显然，路遥意在通过上述人物对情爱的笃烈来彰显道德的圣洁，并以这些具有隐喻性的镜像来缕析料峭生活中俯拾皆是的温暖。需要指出的是，这种道德理想主义的本质是传统乡村的伦理美学，这种美学的根基就是恒定的乡村社会结构，这种美学的道德实践就是注重奉献与牺牲，并以不对等的关系来显示生命特有的意义和价值。

但仔细梳理路遥笔下的爱情段落，其情爱关系的设置有时却并不合理，甚至有悖连生活逻辑之处。田润叶苦恋孙少安，从婚前至婚后，可谓情天恨海，惊心溅泪，可逻辑依据在哪里？从作品知，两人并没有太多的交往，唯一的记忆就是童年时代的嬉戏与成年后几乎构不成应答关系的几次相遇，何以就能如此忘我与决绝？再说李向前对田润叶的爱，爱得如此轻贱，如此冤屈，如此狼狈不堪，尚不能感动润叶于分毫，这种爱到底是对情感的由衷固守，还是一种常人难以理喻的病态人格？包括田润叶的人性复苏，如此平静地获得自赎，陡然间就由一个冷面杀手变成一个白发慈母，难免令人疑窦丛生。是因为李向前身体的残缺而使田润叶获得了一种身份意义上的巧妙平衡，还是一种纯粹的宗教文化意义上的道德自省？尤其是田润叶推着轮椅面容平静地"走过了熙熙攘攘的人群，走过了夕阳辉映的橘红色的大街"① 一幕，多少让人感到有点浮滑不实。还有孙少平与惠英嫂子的结合，也有一些剑走偏锋、挑战生活常理的味道。多亏路遥草草结束了田晓霞的生命，否则孙少平何以面对二者之间的抉择？其实，这种安排早就透露出路遥的创作初衷，豆角只能缠在玉米秆上，不能生长在麦地里。路遥之所以给孙少平提供与田晓霞恋爱的机会，不过是为了确认这个青年的魅力，并不是为其形塑新的人生。再比如郝红梅与田润生的情爱关系，润生自幼胆怯羞涩，上学期间根本不敢对郝红梅心存念想。只有当其丈夫身亡、养家不易，自己相比之下有了某种优越性之后才敢大胆追求，并

---

① 路遥：《平凡的世界》第三部，北京十月文艺出版社2013年版，第331页。

不惜壮烈出走。

看来，只有行为的不对等性，才有道德关系的确认性。只有身份的平衡性（优越性），才有情爱关系的可能性，这是路遥阐释道德与爱情二元关系的逻辑起点。从表层看，这一起点的动因是阶层意识，这种意识的具体表现是：执着于对农民身份的决裂，决裂不成转而执拗固守，固守之时又时刻心存念想，念想可能成为现实时又马上意识到身份的差异性，临阵脱逃，继而在道德假想世界中平复内心伤痛，以确认自己的生命意义。从深层看，这种阶层意识的内里很可能是源自某种文化意义上的自恋与自卑。只有在这样的基础上，我们才能理解路遥的英雄主义情结与路遥小说的悲剧性，也才能理解他笔下情爱关系预设的浪漫主义元素。

通过上述的关键词清理，不难发现，单一的审美视角、单向的价值取向与单纯的精神理念，势必使路遥的小说以逼仄的美学格局在诗化的航道里行进。加之，路遥对传统乡村社会的光影过为留恋，也没能对乡村社会结构中的负面因素进行必要的清理与反思。那么，他所刻画的人性的厚度、反映社会生活的广度及揭示历史场景的深度，自然会有所消解。

三、路遥评价应该注意的两个方面

一生与苦难结缘的路遥在其人生最华丽的片段猝然而去，让无数钟爱他的读者仰天长啸，空余叹惋。从感性的层面而言，面对这样一位同时拥有精神与命运双重独异性的作家，即使读者与评论家给予路遥作品再高的评价都毫不过分，包括批评家对文学史叙述者略显急躁的辩白都显得如此合理合情。的确，对一个以生命为代价，执着地实现文学的光荣之旅，直至灯枯油尽、中道崩殂的作家，后人又有何种理由来反诘他创作中可能存在的一些缺陷，以致贸然打扰他从未享受过的平静？但从知性的层面而言，作为一个作家，总是在特定的成长经历与有限的生活图景中建构具有鲜明个性特征的艺术世界，而艺术世界的容量、组构元素的逻辑关系及由此体现出的提领意义的路径，自然因个体审美理想的制约而呈现出现实还原与美学表现的有限度性。所以，对一个作家的审美观照从来就不是单面的、有选择的，而应该是整体而客观的。在这个意义上而言，读者、评论家对路遥毫无距离性的赞美，与文学史家对路遥毫无亲近感的疏远其实并无二辙，以选择性评价来简单置换整体性评价，是当前路遥研究中亟须面对的问题。那么，我们应该如何评价路遥的文学创作呢？我想，可能需要从以下两个方面入手。

其一，就文学的写作经验来看，路遥是一个过渡性的作家。这里的"过渡"大致有三层含义。首先，从现实主义的衍化而言，路遥在承传"十七年时期"柳青的社会全景式创作传统的同时，吸取与融会"新时期文学"普遍关注的主体性与内向性的叙事方式，为现实主义表现空间的伸延进行了积极的探索，同时又历史性地伴有政治写作的印痕。其次，从乡土文化的流迁而言，路遥有效地激活了新中国成立以来一直被作为经济单元的农村社会的文化内涵，并以其独特的个体经验促进了"民间"的发现与20世纪80年代文学寻根主题的生长，但又颇为遗憾地遗留下一些与现代意识难以相容的光斑。再次，从创作主体的精神资源而言，路遥同样显示出摆渡者的身份特征。一方面，他极力扩充自己的意识内存，用现代主义的观念体系来结构生活与人性，甚至不惜用多重叙事视角来展现自己思维图式的开放性。另一方面，他又恪守着"出走"母题、"苦难+搏斗"的形象范型与道德救赎的传统模式，从而钳制了审美视窗的进一步延展。

其二，就文学的写作立场来看，路遥是一个标高性的作家。可以说，在当代文学史上，可能很少有作家如路遥一样把创作当作生活来经营，当作生命来珍爱，当作宗教来献祭。他"如牛一样劳动，如土地一样奉献"的创作理念，传唱的不唯是一个老农的感慨，也不唯是一个作家所应该肩负的社会使命，更多是一种饱蘸着血泪的对使命殉情、殉道，直至殉身的苍凉心声。这在当下物质中心主义盛行、作家普遍放弃对精神领地守护的年代，无疑有着奇警的象征主义效果。而且，路遥对乡土世界的深情留恋，对农民出路的温暖关怀，对偏僻黄土地上一切美好情愫的辛勤采撷，也为极力渲染阶层仇视、刻意暴露人性恶点的"底层叙事"提供了一种可视性的写作参照。在此，我们可以说路遥的创作具有理想主义的狂欢特征，缺乏对农民性的必要反思，但不能忽略路遥在农民的自赎与他赎方面所付出的艰苦努力。何况，这种努力本身已经昭示了路遥的情感热度与心理厚度。

综上所述，我以为，在当代文学史上，路遥是一个在文学的写作经验上探索不够，但在写作立场上有着特殊标高的过渡性作家。

"交叉地带"的乡土话语
——路遥方言写作论

西安工业大学人文学院　王素　　陕西师范大学文学院　梁道礼

"新时期"以来的陕西作家,在最能标志作家艺术个性的作品的语言组织上存在某些共同的取向,那就是对秦地方言积极而富有创造性的使用,路遥也不例外。路遥看重的并非是方言在文学叙述中的"修辞"意义,也不仅仅是其作为地域文化符码有助于表现地域民情风俗的作用。在本土文化与西方现代文化激烈碰撞的时代语境中,路遥积极撷取方言进行文学书写之"言语"实践,渗透着对于"现代化叙事"的怀疑与反思精神,他的精神流程在其小说语言形态的嬗变中有着清晰的呈现。

一、叙述话语的分裂:"城""乡"文化的碰撞

文学书写语言上的变化,一直伴随着路遥在小说创作上走向成熟。他最初的创作是从诗歌开始的。据曹谷溪回忆,路遥最早发表的一首诗是《我老汉走着就想跑》(1972)①。此时的路遥,把生活中的口语方言句式、语音语调直接用于诗歌语言,显示出他还处于文学创作的"学步"阶段,还处于冲口而出,对口语方言缺乏艺术掌握的"原生态"写作中。路遥似乎与诗缘分不深,他很快就转向小说创作,那里有施展方言的广阔天地。他发表的第一部短篇小说《优胜红旗》(1973)描写大队党支部委员石大伯在农田基建工地上劳动的情景,用了诸如"甩得圆舞舞""梯田塄子""铁壳壳""怯火"之类地道的陕北土话,营造出扑面而来的生活气息。读他这一时期的作品,仿佛在听一个刚从某个偏僻地方来到城市的人,学着用城里人流行的普通话,对你讲述他和他家乡的故事,方言土语总是憋不住似的时时

---

① 李建军编:《路遥十五年祭》,新世界出版社2007年版,第5页。

"交叉地带"的乡土话语
——路遥方言写作论

冒出来。此时的路遥,对方言使用接近"原生态",虽然乡土味浓烈,但显得原始、粗糙。

为了使粗糙的语言趋于精致,路遥不断地对口语方言进行提炼加工,想方设法去其粗鄙,而保留其中灌注的生气,显示出他在小说语言把握上,从喜欢用陕北土话表达到向尽可能用共同语叙述靠拢的过程。《人生》标志着路遥对方言的吸收和运用走向成熟。《人生》的语言既摆脱了"纯方言"的束缚,又保留了方言的某些词汇、语调,方言口语不再如既往那样频繁地出现,即使出现,也是经过筛选、提炼,运用起来毫无别扭生分之感,使人感到妥帖自然,地域色彩浓郁。在《人生》中,方言口语不再是"原生态"的,使用方言口语,除了渲染地域色彩之外,还被他赋予一种特别的"叙述"上的意义。

值得注意的是,在《人生》中,路遥同时运用两种话语形态,当他的笔触对准城市生活的时候,几乎看不到方言,而一旦涉及陕北农村农民的时候,大量的方言立刻从笔下源源不断地涌现。《人生》的叙述者,一会儿用方言诉说,一会儿用普通话书面语诉说。为什么路遥同一部小说中的叙述语言会有很大的差异?这是否是为了适应不同表现对象的需要?作家在艺术探索阶段往往会根据不同的表现对象尝试选择不同样态的语言,但创作一旦走向成熟,他的语言风格会趋于统一,即使题材范围跨度大、人物身份复杂多样的作品。《人生》标志着路遥创作上走向成熟,此时方言在他的手中,已经服服帖帖,任由他随"意"挥洒。故而,两种话语形态的出现,与其说出于适应不同表现对象的需要,不如说是随着"改革开放"而骤然加剧的"城""乡"差别,对他造成的思想上的纠结尚未整合到位的结果。

路遥创作《人生》,适逢20世纪80年代初期,此时在"解放思想"的政治氛围下,社会文化语境正经历着巨大的转换。十一届三中全会制定的"改革开放"的方针,引领中国进入现代化的崭新时期。此时旧有的思想观念还在,但其内在的激情和想象,在普通干部和一般人的心目中,已经明显地趋于萎缩。中国社会转入现代化或启蒙主义的意识形态和文化逻辑。路遥对现代化给中国带来的变化是非常敏感的,他把笔触对准遭受现代化冲击最大的城市边缘地带的乡村:

> 我的作品的题材范围,大都是我称之为"城乡交叉地带"的生活。……随着城市和农村本身的变化和发展,城市生活对农村生活的冲击,农村生活对城市生活的影响,农村生活城市化的追求倾向,现代生活方式和古老生活方式的冲突,文明与落后,新的思想意识和传统观念的冲突,等等,构成了当代生活的一些极其重要的内容。[①]

---

① 路遥:《早晨从中午开始》,《路遥全集》,北京十月文艺出版社2013年版,第183页。

路遥选择"城乡交叉地带"作为自己的题材范围，从文化的角度审视，意味深长。中国现代化的进程，从世界范围看是"全球化"的组成部分。全球化的本质，是西方现代性的全球扩张。在这个意义上，全球化本身即包含了文明冲突的含义。东欧剧变、苏联解体、冷战结束，为"全球化"扫清了障碍。"城乡交叉地带"，恰恰是奔向"现代化"的城市与更多地保留着传统的乡村两种文明冲突的聚合点。路遥把根植于政治经济冲突之上的文化冲突，称作"立体交叉桥上的立体交叉桥"，这的确是中国"当代生活的一些极其重要的内容"。

虽说是"城乡交叉地带"，城市和乡村的影响是双向的、互动的，但其中"城市生活对农村生活的冲击"，"农村生活城市化的追求倾向"是主要的方面。路遥敏锐地关注到了"城乡交叉地带"所聚合的"现代生活方式和古老生活方式的冲突""新的思想意识和传统观念的冲突"。值得注意的是，其间夹杂着一个"文明与落后"的判断。"文明"与"落后"，表面上是一个分析性概念或论证性概念，实际其中隐藏着强烈的价值评价。从文化理念上讲，现代化的过程也是资本主义文化精神的影响广布世界各地的过程。伴随经济领域的改革开放，中国知识精英中的激进分子，在文化思想领域积极倡导"思想启蒙"，试图以激进的姿态，推动曾经是封闭的中国，在政治、经济、思想、文化上全面与世界接轨。尽管"启蒙"的时间很短：随着1986年"反精神污染"，基本上风流云散，但还是给中国人的思想上留下了印记。"文明与落后"，正是站在现代性"启蒙"立场，以"现代文明"为尺度，对中国文化传统的载体——乡土社会的一种批判性的审视。路遥使用"文明与落后"这样的判断，说明他在不知不觉中受到以西方的现代价值观为主体的启蒙话语的影响。

据王天乐回忆，《人生》的构思最初源于"刷牙"的情节[1]，从一个情节生发出一部中篇小说，可知"刷牙"这一情节蕴含着不同寻常的意味。《人生》中写不识字的巧珍蹲在硷畔上刷牙，引来乡亲围观。在村民的眼中，刷牙是干部和读书人的"派势"，巧珍刷牙是出"洋相"，是难得一见的"西洋景"，随即引发出"刘立本的二女子能翘得上天"[2]的慨叹。路遥选择方言土语传达了陕北农村乡土世界面对外来新事物的评价，评价标准属于民间的话语体系。但路遥在叙述语言中，把这些村民称为"村里少数思想古旧、不习惯现代文明的人"[3]。显然，路遥并没有把

---

[1] 王天乐：《苦难是他永恒的伴侣》，李建军编《路遥十五年祭》，新世界出版社2007年版，第192页。
[2] 路遥：《人生》，《路遥全集》，北京十月文艺出版社2013年版，第40、41页。
[3] 路遥：《人生》，《路遥全集》，北京十月文艺出版社2013年版，第40、41页。

"交叉地带"的乡土话语
——路遥方言写作论

部分农民的"守旧",扩大成农民这个群体的缺陷。农民也有期待享受"现代文明"的强烈愿望。这里的叙述和描写隐含着对当代中国农村落后观念和习俗的批判,彰显出现代性的立场。

西方的现代化,是科学和民主催生出来的。因而,"科学"总是与"文明""进步"这样的价值联系在一起,还有"发展""进化""解放""革新"等社会进化论及其相关概念,都是"工业文明"时代的产物,展示出人类社会朝向永恒进步的理念,这些都是启蒙时代以来的世界观。自从以呼唤"德、赛二先生"为主题的五四新文化运动以来,这些名词在中国曾被反复使用,具有某种意识形态指向和含义。在汹涌而来的现代化潮流冲击下,路遥厕身其中,不可避免地受到影响。他的短篇小说《在新生活面前》(1979)最早介入"传统"与"现代"冲突的文化主题,"新生活"意味着新的生产方式和价值观念。小说中以欣喜的语气描写城市建设的新气象,显出路遥对现代化建设的热忱,让人联想起20世纪20年代企盼中国在"涅槃"中获得新生的郭沫若,对科技现代性充满激情的膜拜:他把海湾里的轮船冒出的黑烟,想象成"黑色的牡丹",认为是现代机器文明的"严母"①。略有不同的是,路遥对化肥厂和水泥厂的高烟囱"喷吐烟云"的描写,则在热忱之中又带着冷静。后来的事实证明,这一丝"冷静",让路遥比其他作家更早地进入对"现代文明"和"传统文化"的双向反思之中。

在"解放思想"的文化语境中,路遥重新审视中国乡村,他对乡村的书写与中国现代文学既往对乡村的书写不同。既往中国现代文学的乡村书写,或是以俯视式的启蒙为创作姿态,揭示乡村的落后和愚昧,如鲁迅;或是陶醉于田园风光描写"想象的乡土",如废名和沈从文。虽然路遥也创作了中篇小说《我和五叔的六次相遇》(1984)和短篇小说《一生中最高兴的一天》(1985),揭示当代中国农民狭隘、落后、愚昧、自私的心理,但他却没有被启蒙话语淹没。路遥清醒地看到农民身上有狭隘的农民意识,但他并没有把部分农民的缺陷扩展为农民整体的缺陷;也没有像"五四新文化运动"和"新时期"的启蒙者那样,把传统中国各个具体层面的问题——无论是政治的、社会的,全都归结为整个中国传统文化的问题。在西方教育体制中受过系统训练的海外学者林毓生,冷静反省中国现代化进程和中国传统的创造性转化时,批评"五四新文化运动"和"新时期"的启蒙者"整体性"的反传统思想,实际上都犯了"文化化约"主义的谬误,因为"文化与社会系统互相不能化约。……人们可以摒弃传统中国社会中所有的罪孽,而无须攻击整个传

---

① 郭沫若:《郭沫若作品菁华集·笔力山头展望》,湖南文艺出版社2014年版,第41页。

统中国文化"①。林毓生的批评，是正确又及时的。路遥在短篇小说《痛苦》（1982）中并没有让父兄"那狭隘的农民意识"，遮掩他们令人肃然起敬的"埋头苦干的精神"，埋没他们以德报怨的宽厚美德。

李星说："历史转型"对处身于"历史转型期"的人们而言，既是一种"机遇"，又是一层"危险"。"历史转型期的文化、文学也是这样，既给人以扩大了的选择空间，又常常造成失却了'自我'的危险。"② 新时期一些作家在启蒙话语的笼罩下，懵懵懂懂地失去了"自我"，路遥却难能可贵地保持着一种独立思考的精神。这与他的写作立场有关。路遥的文学肖像的背景是民众，他的小说魅力部分来源于他的自我身份认定：他是站在农民子弟的立场写他的父兄，站在乡村劳动者自身立场上以平等态度看待乡村，而不是以启蒙精英自任。因此他既不以批判和旁观的俯视眼光对待乡村传统文化，也不仰视城市现代化文明。农村的成长经历以及在劳动生活中体验到的农民那种的"赤诚而质朴的品质和苦熬苦累的精神"，决定着路遥作品的底色。

一方面是被深深镌刻于人们的行为、风俗、语言、思想、情感之中的，更多地保留在乡村的传统文化，另一方面是现实中汹涌而来的现代化潮流，对城、乡（城市为最）生活环境、生活方式及思想观念势不可当的改变。因此，进入"新时期"，在从乡村走进城市的路遥的作品中，始终存在着传统乡村与现代城市两种社会话语体系。路遥不自觉地把不同的价值形态通过语言形态呈现出来。两种社会话语体系的并存，体现了路遥思想观念存在的对立与冲突。他说：

从农村到城市的过程，……从精神方面来说，这是一个无比沉重而艰难的历程。这意味着要丢弃一些祖辈珍传的好的或坏的遗产，同时得接受一些令人欣喜或令人不安的馈赠。由此，必然造成了精神思想交叉多重的复杂性。要挣脱的东西挣脱不了，要接受的东西又接受得不自然。③

路遥所说的"要挣脱的东西"即农耕的生产生活方式，以及与之相应的中国传统价值观念；"要接受的东西"，指现代化的生产生活方式与价值观念。李继凯认为"路遥对现代文化的选择吸收或认同，在经济生活的改革方面比较大胆，在道德观念的更新方面显得比较畏缩"④，诚为确论。《在新生活面前》中德顺老汉找孙女补习中学课程的情景、《人生》中巧珍刷牙的情节，都显示了路遥对科学知识、现代

---

① 林毓生：《中国传统的创造性转化》，生活·读书·新知三联书店2011年版，第194页。
② 李星：《在现实主义的道路上——路遥论》，《文学评论》1991年第4期。
③ 路遥：《早晨从中午开始》，《路遥全集》，北京十月文艺出版社2013年版，第46页。
④ 李继凯：《矛盾交叉：路遥文化心理的复杂构成》，见李建军、邢小利编选《路遥评论集》，人民文学出版社2007年版，第157页。

化生产生活方式的热情与肯定；一旦触及价值观层面，路遥的选择立刻倾向传统。在启蒙话语中，传统的道德观念属于"要挣脱的东西"，路遥实际上却"挣脱不了"；现代价值观乃是"要接受的东西"，路遥却"接受得不自然"。

二、乡土话语的言说：价值天平的倾斜

路遥试图对这一重要问题做根本性的检讨，他把文化冲突置于各种生活场景，不断变换着思考的方式和角度。1981年路遥发表了三部短篇小说《风雪腊梅》《月夜静悄悄》《姐姐》，反复写农村青年恋爱，把主人公双方放入不同生活道路和思想冲突中，剖析他们的价值抉择。面对两种不同的社会话语体系，路遥的价值天平向着传统话语倾斜。他以方言土语为载体的中国传统价值观审视着城乡现代化趋势，对现代价值观进行过滤。《人生》集中体现了他对启蒙话语中个人主义话语的思索。

如前所述，《人生》是由"刷牙"情节扩展而来，"刷牙"这一情节的设置显示出现代性批判视角，经扩展以后，现代性批判视角仍然存在，但由主体性情节变为局部性的。可以说，"刷牙"这一情节地位的变化反映出路遥内心价值抉择的轨迹。路遥在《人生》中，依然采用了他惯用的手法——通过爱情选择展示不同的生活道路及文化观念的选择。男主人公高加林一直在追求城市现代生活方式，在他身上，呈现出启蒙话语极力推崇的个人主义话语。由于现代性是从人的理性的复苏和个人的解放开始的，所以个人的独立和自主成了现代性的必然要求，个人主义是西方现代文明的核心价值。高加林努力通过个人奋斗改变自身命运从而走出农村进入城市，在他身上浓缩着乡土中国现代化转型期几代人共同的奋斗轨迹，他对人生幸福的追求体现了个体自我意识的觉醒。强烈的个人意识，使他同《创业史》中根除个人私利一心维护集体利益的梁生宝形成鲜明的对比，呼应着中国现代化转型期新的时代思想主潮。

从中国现代思想史的脉络上看，个人主义在"新时期"得以重新张扬，应该是对五四新文化运动未竟之业的赓续，应该是对1957年以后尤其是"文革"期间过于亢奋的"阶级斗争"话语的反拨。早在五四新文化运动时期，个人主义思想就已经伴随着对"科学""民主"的热情呼唤，作为思想启蒙，推动中国迅速实现现代化之梦的利器，传入中国。由于中国的现代化是在西方帝国主义坚船利炮的压迫之下被迫开始的，因而，中国的现代化首先考虑的，是如何为整个国家民族争取生存的空间的问题，无暇顾及个体的自由与发展。这就是李泽厚所说的"救亡压倒了启蒙"。嗣后的中国一直处于战争状态，国家、民族、政党、阶级等集体主义话语持

续高涨，个人主义思潮由于缺乏存在的土壤和空间而退居边缘，战争体制下个体的工作、生活直至思想情感都受到组织纪律的规范。新中国成立后"十七年"直至"文革"时期，整个国家从政治、经济到意识形态，都延续着一种准战争体制。① 与之相应，阶级斗争学说不仅长久居于统治地位，而且一天比一天趋于激进和极端。这种体制，以国家整体安全和利益为目标，不可避免地导致了对个人意愿和自由的压抑和对民主的伤害。"文革"后期由于国际主流社会同中国关系的根本性调整，给中国处理内部事务，思考未来发展，提供了时机。1976年一举粉碎了"四人帮"。1978年确定了"以经济建设为中心"的新路线。嗣后，以"改革开放"姿态重返国际主流社会的中国，在积极主动"招商引资"，加速发展国民经济的同时，也迎来了西方思潮的大举涌入。20世纪80年代初中国的农村与城市都笼罩在"解放思想"与"实现四个现代化"的社会热潮之中，原来被抑制的个人主义话语作为对过于高亢的革命话语的纠偏，开始复苏和回归，并逐渐成为时代思想主潮。"新时期"个人主义话语的特征表现为以现代社会的个人为本位，全面解构传统。此时是中国社会价值观念被彻底改造重塑的时期。《人生》的发表之所以引发社会轰动效应，主要原因在于这部作品形象地揭示了传统与现代价值观的冲突，触及时代思想枢机。

《人生》中高加林在人生低谷时接受了巧珍的爱情，但进入城市之后就选择了城市姑娘黄亚萍，抛弃了曾经给他真挚爱情的巧珍。高加林意识到选择黄亚萍就能离开县城，"到大地方去发展自己的前途"，因而不惜牺牲与巧珍的爱情，看上去是理性战胜情感，但高加林的理性不同于康德所说的在道德人格建构中起关键作用的自律之价值理性，而是对自身利益的计算和谋划，他的责任感是缺失的，他的理性属工具理性的范畴。他的生活逻辑源于他所信奉的狭隘的个人主义的价值观。高加林宣告自己有着不同于父辈的"活法"："你们有你们的活法，我有我的活法！我不愿意再像你们一样，就在咱高家村的土里刨挖一生。"② 表面上看，新"活法"是摆脱农耕的生活方式，深层意味则是摆脱传统的价值观、道德观。

文艺复兴以来，霍布斯、洛克等西方启蒙主义思想家强调个人有独立自主追求自己幸福的权利，按照自己的意愿工作与生活，实现自身的价值。社会是个人的聚合体，其目的是更好地为个人服务，政府的合法性建立在能够维护个人权利之上。霍布斯和洛克的主张大体围绕着如何保护个人权利来论述，实际上认为权力高于责

---

① 祝东力：《精神之旅——新时期以来的美学与知识分子》，中国广播电视出版社1998年版，第48页。

② 路遥：《人生》，《路遥全集》，北京十月文艺出版社2013年版，第149页。

任，个人的责任承担和道德自律则隐而不彰。他们的主张后来受到康德尖锐的批判。康德承认人拥有天赋的自由和平等，但他认为人除了动物性之外，还具有"人"性，"人"性通过理性的、负责任的行为体现出来，道德人格是人区别于动物的标志①。康德眼中的个人，责任和义务高于他的权利。因此，理想的个人主义是将个人权利与他人权利、与社会责任和道德自律紧密地联系在一起的。尊重个体的权利，建立在个体人具有"自律"天赋的基础之上。尊重个体的权力，意味着个体在享受尊重的同时，承担有尊重他人权利的责任和义务。假如个体的权利失去责任和义务的平衡，个体失去自律，放任自身的权利无限膨胀，个人主义就会滑向利己主义、个体本位的价值立场，从而取消了积极的个人主义与极端的利己主义之间的差别。

改革开放以来，随着国家工作重心从阶级斗争到经济建设的转移，在经济领域、日常生活领域和私人生活领域趋向个体主义化，人们在"自主择业""自由迁徙"等方面，获得越来越多的自由，个人主义话语日益深入人心。然而，在中国大行其道的"个人主义"仅仅满足于高唱"人权"，呼吁尊重个性和个体价值，认为个体是价值的唯一源泉，却冷落了康德对"人权"的责任担当之强调和道德自律之呼吁。此时，革命的集体主义价值观随着"文革"的骤然结束而轰然坍塌。传统价值观本来就是"文革"革命的对象，如今在现代性话语的冲击下，本土的传统道德观被认为是农业社会的意识形态，其影响力日趋式微。与现代性密切关联的个人主义价值观一家独大，是可以想象的。经历过"十七年""文革"的知识青年在社会体制变革、思想解放的新时期，思想上遭遇西方现代个人主义价值观的洗礼，对于失去道德制衡的个人主义思想习焉不察，缺乏抵御和分辨的能力，因而在"人权"和"自由"的口号掩盖下滑向利己主义也在所难免。这是高加林行为的思想背景。肖云儒把高加林"告别巧珍"理解为"告别土地"，从他人生道路选择的必然性和正当性上为他的爱情选择做辩护，认为高加林付出的"道德代价"是以农业社会的道德标准来衡量的，从"农村的历史性进步"来看，这个代价仿佛是值得的。实际上，路遥塑造高加林的形象，并非"更钟情于农村的历史变革，钟情于农民的历史进步"②，他借德顺老汉之口批评高加林"你把人家撂在了半路上"，批评高加林为了达到个人目的，取得个人幸福，很少受道义良心的约束是"把良心卖了"，是"作孽"，指责高加林"是个豆芽菜！根上一点土也没有了""你的根应该扎在咱的

---

① 李秋零编：《康德著作全集》第6卷，中国人民大学出版社2007年版，第24—25页。
② 肖云儒：《路遥的意识世界》，见畅广元主编《神秘黑箱的窥视》，陕西人民教育出版社1993年版，第181页。

土里啊!"① "土"在这里并非意味着农村的乡土生活,而应该指传统的道德观和价值观。在这里,方言土语不仅仅出于符合人物身份性格的需要,而是传统价值立场的彰显。路遥并不否定高加林通过个人奋斗改变自己的命运,不否定生产技术的革新,也不否定城市现代化的生活方式,他并不留恋在土里刨挖的农耕生活。他对走向城市、认同现代文明的男主人公有着深切的理解和同情。但路遥对个人主义话语的接受是有选择性的。他认为高加林有权利追求个人利益,有权利使自己的个性得到自由发展,但他的自由和权利应该受到传统道德观的制约,建立在尊重他人利益的基础上。从这个角度来看路遥被人屡屡提及的"恋土情结",他依恋的并非通常所认为的乡土生活,应是在乡土浓厚的亲情、醇厚的人性中体现出的道德精神。

路遥敏锐地觉察到整个社会"现代化"过程中人们面对汹涌而至的现代性话语缺乏有效的抵御和甄别能力所潜伏的危机。《人生》涉及的两套价值观、两套话语体系,实际上反映了中国在现代化进程中无法回避的"传统文化"与"现代文明"的冲突。这是一种具有世界性的冲突,并非为中国所独有。当代解释学哲学家保罗·利科在《历史与真理》一书中谈到全球化的问题:"全球化的现象,既是人类的一大进步,又起了某种微妙的破坏作用。它不仅破坏了传统的文化,这一点倒不一定是无可挽回的错误;而且破坏了我暂且称之为伟大文化的'创造核心',这个'核心'构成了我们阐释生命的基础,我将称之为人类道德和神话核心。由此产生了冲突。"②保罗·利科深刻地指出全球化—现代性的全球扩张过程中,破坏了被迫参与这个进程的民族的传统文化核心,他所说的"构成了我们阐释生命的基础"的"人类道德和神话核心",实质就是这些民族传统的价值观与道德观。保罗·利科看到这些民族在参与现代文明时抛弃了"自己全部的文化传统",接受了"单一的世界文明"传播的现代价值观。他对这种世界范围内文明同质化的状况深感忧虑:"世界性和无个性特征的消费文化的胜利,可能意味着创造性文化的结束;这也许是一种世界范围的怀疑主义,在福利成就中的绝对虚无主义。应当承认,这种危险至少和原子弹破坏的危险一样大,可能更大。"③

三、叙述话语的统一:"传统"与"现代"的融合

《人生》之后路遥继续思考改革开放中的中国"传统与现代"之冲突,创作了

---

① 路遥:《人生》,《路遥全集》,北京十月文艺出版社2013年版,第145页。
② [法]保罗·利科:《历史与真理》,姜志辉译,上海译文出版社2004年版,第279—280页。
③ [法]保罗·利科:《历史与真理》,姜志辉译,上海译文出版社2004年版,第281页。

"交叉地带"的乡土话语
——路遥方言写作论

中篇小说《你怎么也想不到》(1984)。他在小说结尾表达了自己对于人生意义的看法：

> 我们的许多同辈人往往自视是新时代的产儿，只有操纵电子计算器，才算当代风流人物。别忘了，就是我们的生活全部进入电子时代，但这并不能取代人本身的一切，人，应该永远追求一种崇高的生活，永远具有一种为他的同类献身和牺牲的精神……假如有一天，全世界每个人都坐在了火箭上，够先进了吧？但火箭上的这些人已不再是真正的人，而是狼或者狐狸，那这种先进又有什么意义呢……①

从"人"与"狼或者狐狸"的对比中，可以看到孟子的"人禽之别"思想之余脉。现代性话语的"先进"以物质的、技术的领先为前提，进而建立针对民族传统的制度上、文化上的优越感。路遥的"先进"标准却是超越物质层面的心灵价值之"崇高"，能够"为他的同类献身和牺牲"，体现出中国传统文化的伦理型特色。费孝通指出中国文化特性在于太过于注重人与人之间的"位育"② 而忽视人与自然之间的"主—客"关系，这导致了中国人在资源利用上的"克己"，这种特性虽然让自己大吃苦头，但终究没有贻害别人，而西方病就病在把人与自然之间的主客两分推至极端并应用到人与人之间的关系上，因此费孝通感叹"忽略技术的结果似乎没有忽略社会结构的弊病为大"③。当现代性社会的弊端在中国尚未表现得淋漓尽致的时候，很少有人会注意到现代性话语的局限，路遥却凭借中国乡土话语的滋养，敏锐地捕捉到了当代中国历史转折期的精神生活病象。

中国传统文化源自乡村，礼失而求诸野，乡土中国仍然保存着大量中国传统文化的原汁。路遥的"恋土情结"是他在现代性话语冲击下保持精神独立和超越的情感依据。随着改革开放的深入，资本和市场的支配力量逐步彰显，失去了道德约束和制度控制的个人欲求，不择手段地寻求满足，金钱原则泯灭了是非、正邪、善恶。中国正经历着一场"信仰危机"。"文革"时代盛行的政治理想、集体主义对

---

① 路遥：《人生》，《路遥全集》，北京十月文艺出版社2013年版，第402页。
② "位育"出自《礼记·中庸》："喜怒哀乐未发谓之中，发而皆中节谓之和。中也者，天下之大本；和也者，天下之达道也。致中和，天地位焉，万物育焉。"郑玄注曰："'中'为'大本'者，以其含喜怒哀乐，礼之所由生，政教自此出也"，"'致'，行之至也。'位'犹正也。'育'，生也，长也。"中国末代皇帝溥仪被逐出故宫前，曾把这一段思想归纳为"中和位育"，手书颁给孔庙大成殿。"中和位育"是儒家的核心思想之一。内涵犹如《论语·颜渊》"克己复礼，天下归仁焉"：假如人人都能克制自己的欲求，那么，不仅人际关系和谐，天地万物也因人能"克己"而获得不受伤害地自如生长。《礼记·月令》，即"中和位育"思想在制度上的落实。《礼记正义》，十三经整理委员会标点本，北京大学出版社1999年版，第2446页，第438—594页。
③ 费孝通：《费孝通文集》卷四，群言出版社1999年版，第312页。

人的感性生活和欲求的抑制，固然是对人性中"尊重需求"的一种"异化"；20世纪90年代以来蔚为大观的消费主义、享乐主义、商品拜物教，同样是对人性中"生存需求"的一种"异化"。"信仰危机"呼唤满足了"生存需求"之后的中国，尽快建立一种与多元文化并存相匹配的，对多元文化都具有约束力的新的"尊重需求"。路遥的小说创作恰好处于一个过渡性的时代。路遥的人格理想和价值追求恰好居于一个中介的位置。处身于多元文化综合发展的时代，在他的创作追求中，体现出多维交汇的文化心理和文化气派，表现在小说语言上，就呈现出多种话语融合的态势。

路遥认同的传统价值，包括儒家传统和革命传统。在启蒙话语如日中天的时候，路遥似乎多少察觉到了启蒙话语存在着某些方面的不足。他试图批判性地继承儒家传统和革命传统的某些方面，来弥补启蒙话语所存在的某些方面的不足。一道新的难题随之出现。他必须面对如下事实：儒家传统已经作为封建专制主义的化身，被"五四新文化"送进了"历史博物馆"；革命传统已经被"文革"革去了他原有的理想、激情和号召力，剩下来的只是供人嘲讽的笑料；代表"现代性"的启蒙话语日益深入人心，人们沉浸在"现代性"之"善"中，乐享其成，对已经露头"现代性"之"恶"，毫无警觉。在这种情势下，如何融合这三种不同的价值观呢？

《人生》中传统话语和现代性话语处于分裂状态，这种分裂状态一直持续到《你怎么也想不到》（1984），男女主人公的价值观念及生活道路始终无法调和。路遥在《平凡的世界》中试图把不同的社会话语融为一体。这体现在他以儒家传统和革命传统的价值立场为本位，对西方现代个人主义价值观中的合理因素的吸取与改造。路遥的这一选择，和当时温和的"启蒙"策略——例如李泽厚提出的"西体中用"，在思想上尚有距离；和中国近代的"维新"方针——"中体西用"，在形式上倒有几分接近。

《平凡的世界》中以孙少安、孙少平为代表的两种不同人生轨迹，可视为《人生》结尾高加林两种不同的生活可能性之延续和演绎。孙少安、孙少平是路遥创造出的新型个体形象，既不同于高加林式的纯粹个人主义的自我，也不同于革命话语中的集体主义自我，但他们身上都延续着高加林富有个人主义色彩的人生追求——个人精神和身体的发展，向往着个人的物质富足与精神自由。他们一个在农村，一个在矿山，稳健而从容地通过个人奋斗实现自己的人生理想。通过孙少安和孙少平两个人物形象，路遥显示了他对于西方个人主义思想有选择性地吸收：个体可以追求个人利益，可以自由择业，可以选择自己喜欢的生活方式，可以让个性得到自由发展，但不能只强调个人权利，不能个人利益第一，对群体和他人的幸福充满责任

"交叉地带"的乡土话语
——路遥方言写作论

感的个人追求才是值得肯定的。路遥一方面以儒家传统的"义利之辨"和革命传统的集体主义价值观对西方现代个人主义思想进行过滤；另一方面，他所肯定的传统思想也经过了启蒙主义价值观的筛选。路遥对传统价值的继承和他对乡土的依恋都滤去了农村原有的自然经济的封闭色彩，滤去了农村残存的带有人身依附特点的宗法文化价值，有着鲜明的现代感。路遥对传统的态度，是既坚定地继承，又试图超越，在新的文化语境中吸收有益的因素加以创造。

路遥融合异质文化的价值立场，使得他的小说语言在《平凡的世界》中又有了新变。《人生》中两种社会话语体系对立的情形消失了，《平凡的世界》中无论是描写农村还是城市，叙述语言风格趋于统一。一方面，描写农村生活的带着泥气息土滋味的语言趋于雅化，向着共同语靠拢。另一方面，描写城市现代生活场面的语言，不再如既往那样使用单纯的共同语，方言也进入其中。方言介入城市生活描写，是否同时也意味着路遥已经扬弃了既往小说描写中对城市的道德偏见，对现代与传统的冲突有了更深一层的认识，开始用一种新的眼光审视城市，审视"现代"呢？

路遥在《平凡的世界》中对方言的使用愈发谨慎。陕北方言隶属北方方言，由于陕北地处农耕文化与游牧文化的交叉地带，历史上民族的融合使得陕北方言颇具胡风，鼻音重而节奏慢，发音较直较硬，鲁直、粗鄙，生动形象而又幽默风趣。在路遥的精心提炼下，出现在他小说中的方言，少了鲁直、粗鄙的一面，而突出了质朴本色的一面。更为重要的是，《平凡的世界》中的方言话语，已经不仅仅以方言词语、句式、语调出现，而是以对地方风物描写、民风民俗渲染的方式登场，例如描写陕北农村小孩过生日习俗的"锁线"[①]。诸如"锁线"之类的在历史的土壤上生长出来的民俗，以崇尚理性和科学的现代眼光来看，都是一些边缘性的卑微的经验，不登大雅之堂。但在"阐释人类学"学派的视野中，民俗却是一种无可替代的本土性的、地方性知识，其间蕴含有这个民族赖以生存的民族精神和文化传统。就中国正在进行的"现代化"而言，这种具有鲜活生命的"地方性知识"，可以为我们在接受标志着"人类一大进步"的"全球化"的同时，积极思考为了进入"全球化"，我们必须抛弃我们的文化传统吗；我们如何才能既成为"现代的"又回到自身的资源中，这些"现代化"进程无论如何也回避不了的问题，提供知识基础。

积极思考中国现代化进程中如何正确应对现代与传统冲突的文化立场，决定了路遥在小说创作中，把方言作为承载在历史土壤上生长出来的文化传统的载体来使用，试图用方言所承载的文化传统，去抵御和消解"现代性"之"恶"。现代性话

---

① 路遥：《平凡的世界》第1部，《路遥全集》，北京十月文艺出版社2013年版，第86页。

语在路遥这里，不再是一个单纯"进步"的代名词，它必须在以方言为载体的传统话语中检验，显示出中国古典"传统"作为一种巨大的社会存在和意识，对中国乡土社会泽被深广。因此，路遥选择方言写作，不仅仅是对人物方言俚语的模拟性叙写，不仅仅是纯粹语言艺术的考量，更重要的是具有文化对抗和文化批判的意味，这层意味只有置入传统话语遭遇现代性话语猛烈冲击的背景下方能显现。从被方言土语裹挟到有意提炼方言，从向着共同语靠拢到对共同语保持距离，从方言话语与现代性话语的分裂到两种话语形态的融合，路遥走出了一条属于自己的语言道路，在这条道路背后支配着其运行轨迹的则是路遥思想价值观念的转变。

本文系陕西省教育厅专项科学研究计划项目"陕西地域文化与社会主义核心价值观培育研究"（项目编号：16JK1355）的阶段性成果。

激进与保守之间的相互渗透
——重新探究路遥《平凡的世界》中的政治意识

湖北师范大学文学院　王守雪　马盈玉

对路遥的研究，目前学界已有大量文章从其小说的人物塑造、艺术手法、现实意义、路遥生平等方面进行了深入的探讨并已成学界共识。但是，关于路遥小说的政治意识，或者说路遥创作的政治立场的研究还不是很多。本文意在通过分析路遥小说《平凡的世界》中政治事件的变迁给普通民众生活带来的一系列变化，从中重新探究路遥的政治意识是激进还是保守，以求对路遥的创作达到更深层次的理解，对路遥本身所具有的人格魅力有更深刻的认识。

一、《平凡的世界》的政治书写

作家的意识世界是极为丰富的，世界观、人生观、价值观、政治观、爱情观、历史观……以及对即时发生的某件事，某个人的看法等内容，都包含在作家广袤的意识世界里。以路遥为例，在他的小说中，我们通过分析清晰可见路遥本人的家庭观、爱情观、道德观、乡土观等意识世界的具体表现。同样，通过分析小说《平凡的世界》，我们也可以明显感受到作家强烈的政治参与感，对政治满怀热情以及激进与保守并存的政治意识。

1. 以政治事件为线索

《平凡的世界》自 1988 年问世以来，得到广大读者的喜爱与追捧。作品以史诗般的笔触描绘了我国 1975 年初到 1985 年初这十年间中国城乡发展的巨大变革。这一时间段是中国当代具有重要意义的十年，从"文化大革命"的十年浩劫走向改革开放的繁荣昌盛，横跨中国当代前后两个历史时期，作者对这一重要的时间段进行了全景式的反映与回顾。在这重要的十年间，众多对历史发展具有深刻影响的政治事件被一一纳入作品的时间轴中：从 1975 年冬的农业学大寨到 1976 年周总理逝世、批邓反右、天安门事件、毛主席逝世,直至 1978 年十一届三中全会后的改革开放、生产责任制的推行,等等,在他的作品中都得到了具体的反映。但对于这些政治事件,路遥不是以一个政治家的眼光来审视,而是"用历史的和艺术的眼光观察这种社会大背景(或者说条件)下人们的生存和生活状态"①。

路遥大胆的政治书写是勇气可嘉的。新中国成立后,由于思想路线日益"左"倾,国家的政治生活处于一种不正常的状态。这一时期,政治过多地干预了文艺创作,"文艺为政治服务""文艺从属于政治"。到了新时期,国家政策的变化给了作家极大的创作自由,但在创作上又呈现出另一种极端化倾向"回避政治"。十年浩劫给知识分子造成的精神创伤暂时无法得到治愈,于是他们选择回避、远离或淡化政治,有些作家甚至不谈政治,由此可见政治对人们生活影响之深刻。面对历史大潮,路遥选择不逃避,不掩饰。"他总是能够勇敢地面对现实,包括一些作家避之唯恐不及的'政治'。他认为,既然政治生活是人们社会生活的一个重要组成部分,在一些时候,他是那样重要地影响着历史的去向,作家怎么能回避它呢,古今中外所有的艺术大师都不回避它。不过,他们不是被动地去顺应政治,而是站在一个更高的历史角度去积极主动地评价政治。"② 正如路遥所说的那样,他从来不有意识地回避政治,即使自己曾经就生活在政治风浪的最前端。他有意识的重审历史,以一种全新的角度重新看待政治,勇于表现他对于政治激进并保守的坚定态度。

2. 塑造政治人物群像

文学作品中鲜明的时代意识,强烈的生存愿望,深沉的历史感,动人心魄的人性光辉,具有丰富内涵的社会生活内容,无一不是通过典型人物形象的塑造表现出来的。作家的任务,就是要从一般事件、一般人物中概括提炼出它们所具有的社会普遍性,塑造典型人物形象,表现具有重大社会意义的事件。在人物塑造方面,"路遥曾经这样阐述自己的追求:'为了使当代社会发展中某些重要动向在作品里得到充分的艺术表述,应该竭力从整体各方面去掌握生活,通过塑造人物(典型)把我们时代最重要的、社会的、道德的和心理的矛盾交织成一个艺术的统一体,把具体性和规律性、持久的人性和特定的历史条件、个性和普遍性都结合起来。'"③ 在小说中,路遥通过塑造一批政治人物群像,例如村干部田福堂、孙玉亭,乡干部徐志功、白明川、刘根民,县干部田福军、冯世宽以及省部级干部乔伯年、高老等政治人物,通过他们对政治事件的态度,处理方式,甚至他们之间所进行的政治路线

---

① 王西平:《路遥小说中的时代意识与政治意识》,《小说评论》1996 年 3 月。
② 李星:《在现实主义道路上——路遥论》,《文学评论》1991 年 4 月。
③ 李星:《深沉宏大的艺术世界——论路遥的审美追求》,《当代作家评论》1985 年 3 月。

激进与保守之间的相互渗透
——重新探究路遥《平凡的世界》中的政治意识

斗争的描述，充分展现他明确的政治意识和政治立场。在这些人物中，田福军是作者花费大量笔墨所塑造的政治人物典型。田福军是一个善良、正直，有着较高政治理论素养并且主张改革的典型，小说中田福军对于改革过程中出现的某些问题的看法，一定程度上可以看作路遥本人对于政治事件的处理态度。可以说，田福军就是路遥在政治方面的代言人，是路遥理想化的政治人物。

二、激进与保守并存的政治意识

激进，本意指急于变革和进取。如果用"激进"来形容路遥的政治意识，我认为激进指的是路遥在小说中表现出的强烈的变革意识。小说中，路遥通过政治人物田福军，扎根土地的农民孙玉厚、孙少安之口，不止一次提出要"变"的思想。时代在前进，国家政策在变化，虽然历史进程中出现了严重偏差，但路遥在作品中贯穿的改革意识从未改变，这是他政治意识中较为激进的一面。而保守，相较于一些干部群众思想跟不上时代发展，守旧落后而言，我觉得路遥政治意识方面的保守，可以从两个方面来理解：一是"谋定而后动"，想清楚了再动手干，让改革进程更稳妥一点；二是在对那些被卷入政治风波的干部群众的态度上，路遥体现出了保守的一面，他没有激进地清算某个人的历史错误，而是对作品中的人物给予了极大的宽容与同情，使作品体现出温情的政治关怀。

对于路遥政治意识的激进与保守并存，我们可以通过下面的具体分析来看：

1. 改革领导者形象塑造

《平凡的世界》向我们展示了以田福军为代表的政府官员大刀阔斧进行改革的决心。田福军不是一个高高在上的政府官员，他把自己看作是农民的儿子，是黄土地的儿子。他是一个有血有肉，有着清晰明确的政治目标并且奋力为目标努力奋斗的国家干部。他的心里始终装着黄土地的人民。在柳岔公社考察，他目睹了周文龙激进的"左"倾主义在农民身上施加的暴力"劳教"后，立刻指示放了所有劳教的人，以实际行动来维护人民群众的利益。在后子头公社考察，他看到了农民生活贫困交加的痛苦挣扎，意识到改革必须进行。"他常想，作为一个基层领导干部，必须在他的工作范围内既要埋头苦干，又要动脑筋想新办法。当然，眼下最重要的仍然是农民吃饭问题。现在看来，没有大的政策变化，这问题照样解决不了。"①他敏锐地看到了社会问题的本质，改革的必要性显而易见。正是基于对现实政治生活合理性的严肃审视，田福军在面对省委书记乔伯年谈论他对于改变黄原地区落后

---

① 路遥：《平凡的世界》第一部，北京十月文艺出版社2017年版，第583页。

贫困面貌的看法时，才可以胸有成竹坚定地说出"第一步应该普遍推行联产到组的生产责任制。有些地方甚至不妨包产到户"①的意见。在力主改革这方面，田福军是激进的。他这一大胆而激进的改革措施不知在心里想过多少回，但又无奈于现实的困境而无法实施。现在，趁着改革的春风，田福军完全可以放开胆子，放开手脚去社会的大浪中搏一番。然而，他又突然有些保守了。在一个全区农业工作会议上，田福军提出要敢于实践生产责任制这种新的生产方式。"他认为，从根本上说，像黄原这样的贫困山区，如果不砸烂大锅饭，实行生产责任制，就不可能寻找另外的出路。当然在实行时，要稳妥；要不断摸索，不断完善。"②这种保守同样也是基于现实考虑而做出的大胆变革。改革，不仅仅是政策的变化，它还包括社会制度机构、人的心理机制等一系列的变革。改革阻力之大可想而知。面对在场一些老资格县委书记的诘难：一些队要搞包产到户，而有些队要保留集体生产的方式，他坚定果断地用"不阻挡"和"不强迫"两个词让这场改革终于拉开了帷幕。

我们说田福军就是路遥在政治场上的发言人，那么田福军对于改革的热情和激进，是否是路遥在有意识地配合国家的政策变化呢？这并不是路遥在有意识地配合国家政策，而是基于农民现实生存状况基础之上，顺应时代潮流而做出的选择。但顺应并不意味着完全的照搬和接受，路遥对于如何进行改革，有自己的判断和选择，否则在小说中，他也不会让田福军颁布"折中"这样的政策了。

路遥为什么会坚定地选择让农村进行改革？最根本的原因在于农村的贫困现实。在针对孙少安想要搞生产责任制这一行为所召开的县革委会工作会议上，田福军向大家列举出了整个原西县城的农业生产状况的数据："一九五三年全县人均生产粮九百斤，而去年下降到六百斤，少了近三分之一。从一九五八到一九七七年的二十年间，有十六个年头社员平均口粮都不足三百五十斤；去年仅有三百一十五斤，而其中三百斤以下的就有二百四十一个大队、四万一千多人，占全县人口的三分之一……"③这一系列数据的引用，作者强烈地向读者表现了农村的贫穷与困境。不仅仅是这些数据，作者借以土地为生的农民孙玉厚之口，表达出如果不改变现在这样大家在一起搅和的状况，农民的日子是不会有翻身的一天的改革愿望。这样一个小县城，在现有体制下已经如此贫困；这样世代生活在这土地上的憨厚淳朴的农民，被现实逼迫得发出了内心最痛苦最挣扎的求生之音。他们只是中国大地上的一分子，中国那么大，由此可推论，像原西县城和孙玉厚这样挣扎在死亡边缘的

---

① 路遥：《平凡的世界》第二部，北京十月文艺出版社2017年版，第739页。
② 路遥：《平凡的世界》第二部，北京十月文艺出版社2017年版，第748页。
③ 路遥：《平凡的世界》第一部，北京十月文艺出版社2017年版，第694页。

乡村和生命该有多少！正是基于这样的事实，路遥在写作中坚定地选择了改革，并以一种激进的热情推动着改革的进程。

2. 政治影响下的人生百态

在《平凡的世界》中，我们可以看到作者有意将政治因素渗透到农民日常生活中，通过表现各式农民对政治事件的态度，来体现自己在对农民的态度上所表现出来的相对保守的政治意识。

对政治斗争和路线斗争，路遥更多以保守的、发展的政治意识来看待。政治权力之间的相互博弈，我们在小说里也经常会看到。小说从开始徐治功与白明川之间的意见不合，到周文龙、冯世宽与田福军之间的路线对立，再到后来苗凯、高凤阁与田福军之间的政治权力的博弈，无不显示出作家对政治斗争的深刻理解。政治斗争往往与时代大潮有密不可分的关系，作者深刻认识到政治路线的对立，不能简单地认为是个人之间权利力博弈，更不能简单地把政治斗争的成败，路线方针的失误武断地归结为某个人的原因。在理性思辨中，作者没有激进地去寻找造成这种斗争对立的某个个人的错误，一味地打击报复，而是选择以保守的态度，尊重历史发展事实。在这些政治斗争中，这些政治参与者的命运也得到不同的发展。以前支持"左"倾路线的冯世宽和周文龙，经过洗心革面，认真反思，能够紧跟时代步伐，在新的历史进程中扮演好新的角色。而一心想扳倒田福军的高凤阁，最终在一场洪水中，因为玩忽职守而失去与田福军对抗的资格……作者通过这些政治人物命运的变化，明确传递出了他保守又发展的政治意识。时代在变化，人也在变化，"人非圣贤，孰能无过"？我们要用辩证发展的眼光去看待历史发展中的人和事，力求做出更理智、更合理的判断。

对乡村政治家田福堂和孙玉亭，作者同样以保守的眼光、宽容的心态接纳他们融入新的社会。他们对政治抱有极大的热情，不仅用自己的政治热情去感染大众，更重要的是以极大的政治热情去追求他们的政治抱负以及政治权力。田福堂作为双水村权力的象征，在他身上既有政治家的能力与魄力，同时也有自私狭隘的一面。为了能使儿子不下地干活，他动用权力在村里办起了初中，让儿子当老师；为了成就一番伟业，实现自己远大的政治理想，在未经过地质勘探的情况下他主张炸山建坝，逼迫金家湾的居民搬家；实行生产责任之后，大集体的生产模式彻底解散，他极力阻止单干并消极抵抗，他认为只要大队部的章子和钥匙还在他手里，双水村还是他说了算，固执并强硬地抵抗着新的变化。相较于田福堂，孙玉亭对革命可谓忠心耿耿，他认同国家领导人的方针政策并坚信不疑，他享受大集体时代自己被重视的感觉。当生产责任制要把大家分开单干的时候，他用尽全身力气在反抗。当他为少安砖厂的点火仪式忙前忙后时，他又看到了集体时代的回归。作者看到了大集体时代的个人崇拜意识在孙玉亭身上是根深蒂固的，同时也相信在中国有非常大数量的人与孙玉亭一样追随着过去的意识形态。说到底，田福堂和孙玉亭这样的乡村政治权力的拥有者，他们习惯了大集体时代享受的一切便利以及被人尊重的存在感，在人群中他们充分显示了个人的人生价值；改革后，他们享有的一切权力被消解，他们所擅长的"才能"无处施展，存在感没有了，人生价值的实现成了空话。作者对于这样的乡村政治家的态度是保守的，用极大的宽容与耐心引导他们融入新的社会。他们是历史洪流中具有代表性的激进保守主义者，强烈拒绝变革，拒绝改变。改革势必会打破一部分人固有的保护罩，首先打破的就是这些基层权力的掌控者所处的安逸环境。路遥理解他们的心思，不强迫也不责怪他们的落后，只是通过他们向读者传达出了他明确的发展意识：历史前进的方向不会因为某些人的阻挡而改变。只有顺应时代并紧跟时代，才不会被新时代抛弃。

在对改变青年命运的途径上，路遥是保守的。有一个很有趣的现象：路遥在小说《人生》和《平凡的世界》中，有意无意会让政治参与或影响人物的命运。比如：在《人生》中，高加林在高明楼的"安排"下当上了教师，又在他的活动下失去教师工作；在叔父秘书的帮助下成为记者；找了有钱有权的富家小姐做交往对象；被情敌当官的妈妈举报而失去城里的工作等一系列人生中的大变化，政治因素或多或少都会参与到其中。在《平凡的世界》里，政治因素涉入人物命运发展进程的例子也是有的：身份、家境都不好的郝红梅希望与高干子弟顾养民的爱情可以改变她的命运；对于孙少平命运的改变，作者特意安排了几段与政治权力有关的小插曲：跛女子侯玉英希望通过她在百货公司工作的父亲来帮助少平在城里找工作；田晓霞利用父亲田福军的名号顺利帮助少平获得成为煤矿工人的资格；少平在煤矿受伤后，兰香希望通过男友吴仲平高官父亲的关系，帮助哥哥在城里换一份轻松又不危险的工作，政治生活作为社会生活不可缺少的一部分，已经渗透到人们日常生活中的大事小情中。作者通过这些人生道路上的小插曲，似乎意在告诉我们他对于如何改变命运的保守看法：想要通过政治权力来改变命运是不一定能成功的。政治对人们的影响无处不在，但对于改变人的命运，政治因素绝对不是最主要的因素，最主要的因素还在于个人的奋斗与劳动。

三、现实精神对政治意识的统合

路遥复杂政治意识背后的内涵，并不是简单的一两句话可以概括的，其中蕴含着丰富的文化精神。激进与保守，原本是两个相互对立的词语，但在路遥身上却得到了完美的融合。

路遥的激进，来自他对国家、民族前途命运的关注。正如莫言所说："我想社会生活、政治问题始终是一个有责任感的作家不可不关注的重大问题。政治问题、

激进与保守之间的相互渗透
——重新探究路遥《平凡的世界》中的政治意识

历史问题、社会问题也永远是一个作家所要描写的最主要的一个题材。"① 在小说里，路遥采用编年体的记录方式，将国家从1975年至1985年这十年间所发生的重要的政治事件纳入小说纵向的时间轴里，站在一个制高点上去审视反思国家这十年的经历和变化。对于社会生活的反应，他真正实践了自己所说的"用历史的和艺术的眼光观察这种社会大背景（或者说条件）下人们的生存和生活状态"。路遥小说的创作，不仅受人生导师柳青《创业史》的影响，更接受了以托尔斯泰《战争与和平》为代表的俄苏文学谱系的感化，"两者在正面反映社会时代、追求宏大叙事、体味社会政治变革等诸多方面，具有政治向度的高度一致性，它们深刻影响着路遥的文学创作政治书写原点、基准和底色"②。路遥正是接受了他们现实叙事的影响，并有意模仿他们在创作中的特色：对国家民族命运的关注与思考，对社会历史进程发展中普通民众的生活状态的描摹，爱国热情的抒发以及重要的人道主义精神等方面的继承与超越，才成就了路遥激进的爱国意识和政治意识，为了国家的前途命运，他坚定地支持改革并努力参与、反映着改革。

路遥的保守，最主要来自他浓重的乡土情结以及儒家传统思想观念的影响。路遥的乡土情结，让他对生活过的土地，以及对在这片土地上生活着的人们抱以无限的深情与热爱。他曾说过："作为一个农民的儿子，我对中国农村的状况和农民的关注尤为深切。不用说，这是一种带着强烈感情色彩的关注。'为什么我的眼里常含泪水？因为我对这土地爱的深沉。'（艾青）"③ 他深刻关注着生活过的土地并对土地产生更深刻的思考与理解。他的乡土情结是与对普通人生存状态的特别关注相联系的。他关注在大时代的背景下以土地为生的农民如何在土地上摸爬滚打；他思考有文化有抱负的农村青年如何在城乡二元世界之中挣扎生存，如何改变命运。他始终带着儒家思想中人本位的悲悯情怀去关照人，包容人。在路遥的作品中，我们始终会发现人性的光辉在闪耀，无论是其笔下的亲情、爱情还是人情。"从感情上说，广大的'农村人'就是我们的兄弟姐妹，我们也就能出自真心理解他们的处境和痛苦，而不是优越地只顾指责甚至嘲弄他们。"④ 正是抱着这样的心态去感受、塑造笔下的人物，作者对他们抱以极大的宽容和理解，并对他们的生存境遇报以最真切的同情与关注。

本文系国家社科基金项目"近代文化保守主义学术系统与中国文论建设研究"（15BZW118）阶段性成果。

---

① 莫言：《千言万语何若莫言》，《山东图书馆季刊》2008年第1期，第117—121页。
② 李祝喜：《论〈平凡的世界〉的政治书写》，《咸阳师范学院学报》2018年第5期。
③ 路遥：《生活的大树万古长青》，《路遥全集》，北京十月文艺出版社2013年版。
④ 路遥：《早晨从中午开始》，《路遥全集》，北京十月文艺出版社2013年版。

"《平凡的世界》现象"的传播学解读

延安大学文学院　侯业智　惠雁冰

《平凡的世界》是作家路遥的代表性作品，更是路遥的呕心沥血之作。这部作品从1986年1月由《花城》杂志和中国文联出版公司正式出版到现在已经快三十年了，但这部小说的影响力却远远没有随着时间而消退，反而引发了一场独特的文学现象——"《平凡的世界》现象"（也称"路遥现象"）。"《平凡的世界》现象"主要指的是路遥小说《平凡的世界》所引发的文学史叙事与读者接收之间的一种冷热反差的文学现象。早在2003年，邵燕君在《〈平凡的世界〉不平凡——"现实主义常销书"的生产模式分析》一文中就描述了《平凡的世界》所形成的独特现象；2005年，贺仲明在《"〈平凡的世界〉现象"透视》一文中又详细阐释了该文学现象；之后赵学勇、冯肖华、张立群、吴进等学者在其论文中进一步探索了该文学现象，并称之改为"路遥现象"。"《平凡的世界》现象"的概念阐释与调查佐证以上学者在其论文中已经做了详细的阐释与解读，这里就不再赘述。其实，"《平凡的世界》现象"本身既是一种文学现象，同时也是一种传播现象。所以，从传播学的视角来反观这一问题，可以从另外一个角度阐释和透视"《平凡的世界》现象"，反而更能将该现象的一些困惑问题阐释得更为明了和透彻。

一、"《平凡的世界》现象"产生根源：传播者的传播欲求与受众的理想预设

现在，学者们讨论"《平凡的世界》现象"的聚焦点集中在《平凡的世界》作品本身，考量视域也主要放在了《平凡的世界》发表以后的时间范畴。笔者认为，从传播学的角度来看，"《平凡的世界》现象"之所以能够出现，并呈持续发酵之势，其根源不单单在《平凡的世界》这部作品本身，而与传播者路遥创作《平凡的世界》时的传播欲求与受众预设有着很大的关联。

卡特拉和爱伯格认为:"传播就是一种选择,是关乎分析、定性、批评、载誉的选择……传播隐含着对客观事实的'价值判断'。……从传播者角度而言,必须选择一种修辞方法,因为这就意味着选择一种影响策略。所以,所有的传播,无论它多么尊重他人,多么富有道德感,其目的都是为了影响'公众/受众',是为了改变他们的思想和行为,是为了说服他们……"①

路遥在创作《平凡的世界》之初已经开始深入思考自己的传播路径与传播对象,或者说对自己的作品的传播受众有着一种理想的预设。路遥在《早晨从中午开始》中谈到自己选择创作方法的困惑,其实这不单单是一种创作手法选择的问题,更是关系到作品将来的受众群体和传播渠道的一个根本问题。路遥尽管心存疑虑地认为"这部作品将费时多年,那时说不定我国文学形式已进入'火箭时代',你却还用一辆本世纪以前的旧车运行,这大概是十分滑稽的",但是却也清醒地提醒自己"不能轻易地被一种文学风潮席卷而去"②。而这一理智而清醒认识的支撑点一方面是路遥对于当代文学思潮的清醒认识与理智分析,更是路遥对文学的受众群体的成熟考量。路遥认为"'现代派'作品的读者群小,这在当前的中国是事实;这种文学样式应该存在和发展,这也毋庸置疑;只是我们不能因此而不负责任地抛弃大多数读者不顾,只满足少数人","更重要的是,出色的现实主义作品甚至可以满足各个层面的读者"。正是基于受众角度的反复考量,路遥最终"干脆不面对文学界,不面对批评界,而直接面向读者"③。

正是路遥作为一个传播者的传播欲求,让其在创作之前就做出了理想受众的假定预设。路遥预设的受众群体不是文学界和批评界的文化精英,而是生活在底层的普通百姓。这一受众群体的抉择也就决定了路遥构建这部小说的创作手法、文化选择、情节设置及其思想表达等创作因素,在传播学领域将这些创作因素称之为"编码"。威尔伯·施拉姆说:"消息来源编码信息。也就是说,他们把想要和受众分享的信息或是感觉编码成为可以在信道中传输的形式。除非进行编码,否则他脑海中的想法不会自动进行传送,而一旦编码成功并进行传送,信息就独立于传播者。"④ 那么,路遥这种基于读者的编码原则在《平凡的世界》中是如何体现出来的呢?

---

① 陈力丹、易正林:《传播学关键词》,北京师范大学出版社2009年版。
② 路遥:《早晨从中午开始——〈平凡的世界〉创作随笔》,《路遥全集》,北京十月文艺出版社2013年版。
③ 路遥:《早晨从中午开始——〈平凡的世界〉创作随笔》,《路遥全集》,北京十月文艺出版社2013年版。
④ 陈力丹、易正林:《传播学关键词》,北京师范大学出版社2009年版。

（一）现实主义手法的选择

一部小说创作手法的选择至关重要，它可能直接关系到这部小说的传播命运和生命历程。所以说，路遥当时选择用现实主义方法创作他的这部心血之作还是冒着很大的风险的。他之所以要冒这样的风险取决于他的作品的传播对象——广大读者，因为中国独特的文化环境与广大读者的阅读趣味决定了现实主义作品仍将受到广大读者的热读和大范围的传播，而现代主义作品短时期只会在文化精英层面流传，而不会得到大范围传播。所以，路遥认为"只要读者不遗弃你，就证明你能够存在"，"读者永远是真正的上帝"①。

要创作现实主义大作，路遥必须要熟悉历史，熟悉生活。首先，他"找来了这十年间的《人民日报》、《光明日报》、一种省报、一种地区报和《参考消息》的全部合订本"进行阅读，熟悉到"任何时候，我都能很快查到某如某月世界、中国、一个省、一个地区发生了什么"。其次，他深入生活，"乡村城镇、工矿企业、学校机关、集贸市场；国营、集体、个体；上至省委书记，下至普通老百姓，只要能触及，就竭力去触及"②，做到生活情节的细致入微和真实可信。路遥不但在生活上保持真实，更在情感和精神层面与社会底层的普通民众保持沟通，力争写出他们的情感波动与精神世界。路遥"对中国农村的状况和农民命运的关注尤为深切"③，他常援引艾青的诗句"为什么我的眼里常含泪水，因为我对这土地爱的深沉"来表达自己的这份赤诚的感情。路遥更把现实主义看作一种精神，非常重视文学的社会功利性目的，坚信文学对社会改造的精神作用。正因为这样，《平凡的世界》中路遥书写改革开放初"城乡交叉地带"的变革和农村知识青年的奋斗历程。作品以史诗的规模展现了社会变革的艰难与曲折，展现了人们在变革中所经历的痛苦与欢乐，塑造了一个个善良而奋斗的人物形象，感化和引导着读者。

（二）传统民间文化的回归

在文化选择上，路遥选择了广大读者所喜闻乐见的传统文化，尤其是传统的民间文化。传统文化在中国现代史上走过了曲折复杂的发展道路，从五四时期的"打倒孔家店"，到之后整理国故运动，再到延安时期对传统民间资源的发现，最后发展到"文革"中对传统文化的彻底阉割。"文革"中，文化体系中的传统文化因素因子被认为是封建糟粕或者是资本主义毒瘤，被一并打倒清理，代之而生的是"又

---

① 路遥：《早晨从中午开始——〈平凡的世界〉创作随笔》，《路遥全集》，北京十月文艺出版社 2013 年版。
② 路遥：《早晨从中午开始——〈平凡的世界〉创作随笔》，《路遥全集》，北京十月文艺出版社 2013 年版。
③ 路遥：《生活的大树万古长青》，《路遥全集》，北京十月文艺出版社 2013 年版。

红又专"的现代政治文化。"文革"后,整个文化体系都从这种僵死的文化体制中蜕变、转化,开始复苏传统文化,发现被政治话语所遮蔽的丰富的民间世界。

路遥可以说是较早地体现这一转变的作家。路遥早期的小说作品如《夏》《青松与小红花》《匆匆过客》《惊心动魄的一幕》等尽管还留有着"文革"思想的阴影,但在民间文化的回归上已经开始有了一些可贵的探索。路遥1982年发表的《人生》可以说是其发现民间文化、回归传统文化的一部重要作品。这部作品对民间的发现与对传统文化的回归,甚至要比"寻根文学"的探索还要早一些。尽管《人生》主旨是探索农村青年的出路问题,但是作品中蕴含了丰富的传统文化和民间文化因子,甚至于在精神层面也开始向民间复苏。路遥对民间文化的发现和对传统文化的复苏与小说的现实问题与宏观叙事是融合在一起的。路遥的小说作品对民间文化的发现和传统文化的复苏并非像寻根文学一样执着地走向民间,彻底远离政治的牵绊,而是将传统的民间伦理话语与现代政治话语有效融合。《平凡的世界》可以说将《人生》对传统民间文化的回归与叙写进一步展开,不但淋漓尽致地呈现出方言、民俗、民歌等民间文化形态,而且生动地展现出民间的生活状态、乡村伦理秩序和底层民众的精神出路。这些民间文化因素的叙写让路遥小说文化之根深深扎于民间,扎于底层,因此获得广大底层民众的文化认同与精神趋同。

(三)通俗文学因素的融入

《平凡的世界》是一部严肃的现实主义作品,应该属于严肃文学范畴,这一点毋庸置疑。但是,《平凡的世界》中蕴含着许多的通俗文学,甚至是流行文学的某些因子,这些因子为其小说的通俗化、大众化以及获得底层读者的广泛阅读助力不少。比如,《平凡的世界》中小说人物关系的巧妙设置以及人物的英雄善举的设置,就与流行的言情小说或者是武侠小说如出一辙。在人物关系上,《平凡的世界》如果按照人物正常情感轨迹发展,普通老百姓孙玉厚就是一个非常了不起的人物,不但与村里的能人、村支书田福堂结为"亲家",更与两个省委副书记结为"亲家"。这种超乎寻常的人物关系设置让我们看到了自古以来通俗文学的一种叙事模式,就是"灰姑娘与王子"的故事模型。最主要的是,这一高度落差的爱情双方却能够突破各种阻力,跨越时空热恋相爱,这种高度理想的,甚至是不合情理的爱情模式的设定,恰恰是通俗文学所最擅长的一种表现手法:从古典爱情演绎王宝钏与薛平贵的"苦守寒窑十八载"的爱恋,到现代琼瑶小说中的"情深深雨蒙蒙"的爱恋以及当下的偶像剧《何以笙箫默》中的跨越七年之久、横隔大洋两岸的爱情坚守。这种牢固的情感之所以理想,还在于它在高强度的冲击下仍能够坚守:孙少平与田晓霞之间的感情,不说地位差异、环境差异,就连设置的情敌也是高大上——省报记者、中央领导后裔、省委领导子弟,无论哪一方面恐怕都比孙少平要强很多倍,但是这仍然没有冲开二人的感情防线。情敌更为强大才能显示出这段爱情的更高价值。路遥可以说是对通俗文学的这一手法借鉴得非常成功,他正是通过这些情节设置满足了底层人士对于理想爱情的美好想象。

二、"《平凡的世界》现象"的演变历程:精英化传播困境与大众化传播盛况

正是路遥(传播者)基于读者(受众)视角的创作考量,使得《平凡的世界》从它的产生过程中就已经携带着大众化的基因(编码)。带着这种基因进入传播领域的《平凡的世界》,已经注定其出版后的传播历程、受众群体、传播渠道以及由此引发的传播效果。

(一)精英化传播困境

《平凡的世界》创作完成后,其发表和传播过程可谓一波三折。《平凡的世界》第一部完成后,当时《当代》杂志分管西北五省的青年编辑周昌义到陕西来组稿,恰闻路遥刚刚创作完一部长篇,就去拜会路遥。《当代》对于路遥而言是一个神圣而崇高的文学平台,此前又与路遥文学创作渊源深厚(路遥的成名作《惊心动魄的一幕》和后来的《在苦难的日子里》均是发表在《当代》),所以路遥慷慨赠稿。但是,周昌义"拿着路遥的手稿回到招待所,趴在床上,兴致勃勃地拜读。读着读着,兴致没了。没错,就是《平凡的世界》。第一,三十多万字,还没来得及感动,就读不下去了。不奇怪,我感觉就是慢,就是啰唆,那故事一点悬念也没有,一点意外也没有,全都在自己的意料之中,实在难往下看"①,最终委婉地退了这部书稿。之后,作家出版社也派来编辑前来约稿。他看了三分之一后干脆直接推给路遥,说这本书不行,不适应时代潮流。

作为路遥呕心沥血之作,连续遭到了两大出版社的退稿,最终不得不下嫁给了《花城》。尽管《花城》杂志也算是当时办的不错的文学刊物,但是地处文化边缘地带的广东,其刊物发行量与影响力无论如何无法与《当代》《收获》等京沪地文学刊物相提并论的。与此同时,中国文联出版社公司青年编辑李金玉来西安组稿时听说路遥创作了《平凡的世界》,就来组稿。经过一个多月的磨合,路遥最终把《平凡的世界》交给中国文联出版社出版。但是,当李金玉带着这部手稿回到出版社,一些领导认为她"捡了芝麻丢了西瓜"。

小说发表出版后,由《花城》和《小说评论》编辑部共同主办了路遥长篇小说《平凡的世界》第一部座谈会,会议地点就设在人民文学出版社会议室。出席会

---

① 周昌义:《记得当年毁路遥》,《文艺理论与批评》2007年第6期。

议的评论家由中国作家协会、中国社会科学院研究所、北京高校以及陕西专程赴京的评论家等组成，几乎囊括了中国当时最权威与最优秀的文学评论家。但是，这次座谈会上，《平凡的世界》并没有获得评论家们的好评。周昌义回忆："我记得散会之后，老何率先回到《当代》，见了我，第一句话是说，大家私下的评价不怎么高哇。"① 白描回忆："第一部研讨会在京召开，评论家却对其几乎全盘否定，正面肯定的只有朱寨和蔡葵等少数几位"，"当时一些评论家甚至不敢相信《平凡的世界》第一部出自《人生》作者之手"。②

当然，《平凡的世界》在精英文化层的传播困境远远未就此止步。《平凡的世界》第二部创作完成后，路遥将稿子带给了《花城》出版社，但是由于评论界对第一部的整体评价和"编辑部人事变动，新组成的编辑部尚在磨合期，在发《平凡的世界》第二部时，内部意见分歧，发排受阻"，"《平凡的世界》后获茅盾文学奖。三部中《花城》只发一部，未能争取到出版权。这是花城出版社的一个损失，也是《花城》杂志创刊以来的一大失误和遗憾"③。最终，《平凡的世界》第二部在责任编辑李金玉的不懈坚持和艰难斡旋下，在中国文联出版社出版，但是前两部的最初征订数勉勉强强达到起印的三千册。除此之外，《平凡的世界》第三部最后竟然放在了山西的一个一般性文学刊物《黄河》上发表，足以显示这部作品在精英化的文学期刊渠道的传播窘境。

随着《平凡的世界》广播剧的播出、书籍的热销以及其后获得第三届茅盾文学奖，路遥的作品在大众传播领域获得了广大读者的热爱。但是，路遥的《平凡的世界》在文化精英层面的传播一直不容乐观，尤其表现在文学史叙述重视不够。路遥的《平凡的世界》在当代文学史的叙述中的所占比例严重不足，现在高校影响较大的教材《中国当代文学史》（洪子诚）、《共和国文学50年》（杨匡汉、孟繁华）、《中国现代文学史（1917—1997）》（朱栋霖、丁帆、朱晓进）都没有提到路遥的创作；《中国当代文学史教程》（陈思和）设有"人生道路的选择与思考：《人生》"一节，但没有提及《平凡的世界》。21世纪以来，《平凡的世界》在文学史的叙述状况有所好转，《中国当代文学发展史》（孟繁华、程光炜）、《中国当代文学史新稿》（董健、丁帆、王彬彬）、《中国当代文学主潮》（陈晓明）中均未忽略路遥及其《平凡的世界》的文学史价值，但是文学史地位和重要性仍然叙述不足。同时，

---

① 周昌义：《记得当年毁路遥》，《文艺理论与批评》2007年第6期。
② 白描：《〈平凡的世界〉艰难出版内幕：曾几乎被全盘否定》，《北京青年报》2015年7月14日。
③ 范汉生、申霞艳：《风雨十年花城事·不懈的攀登》，《花城》2009年第3期，第171页。

评论界尽管在研究当代文学已经无法忽略或者绕过《平凡的世界》,但是专门研究和多向度的研究仍然不足,尽管也出现了研究路遥的重要学术著作和学术论文,但大多来自西北地区的高校、作协或专业研究机构,这一现象也从侧面证实了《平凡的世界》的精英化传播困境。

(二) 大众化传播盛况

相对于精英文化阶层的传播窘境,《平凡的世界》在大众阶层却是异常火爆,好评如潮。《平凡的世界》在大众阶层的持续热销与广泛传播离不开广播、电视等大众传播媒介的推波助澜,正是在这些媒介的助推下,《平凡的世界》不但走出了传播困境,而且深深地扎根于广大读者心灵深处,形成了作品持久的阅读盛况与一波波的阅读热潮。

《平凡的世界》之所以能够走出初期的传播瓶颈,与一种现代传播媒介——广播的助推有直接的关系,甚至可以说广播直接改变了《平凡的世界》的传播历程与历史命运。1987年,路遥访问西德前夕,在北京的电车上碰到了中央人民广播电台文艺部《长篇连播》节目编辑叶咏梅女士。寒暄之后,路遥送给了这个曾在陕北插队的知青自己的新作《平凡的世界》第一部。叶咏梅在路遥的这部作品中重新找回了自己在黄土地生活的岁月,而且从思想性和艺术性上都是上乘之作,所以决定录制成广播节目,让亿万的听众能够通过广播读到这部作品。1988年3月27日,《平凡的世界》在中央人民广播电台首播,《平凡的世界》也乘着广播的翅膀飞到了千家万户。叶咏梅用三个数字诠释了《平凡的世界》的传播盛况,"一是当年播出后的听众来信居上个世纪80年代之最——直接受众达三亿多;二是新千年听众点播'精品展播'居排行榜之首——20年来节目回眸;三是《小说连播》60年,他在最具影响力的节目排行榜也位居第八"[1]。所以在路遥将第三部手稿送到中央人民广播电台的时候,"这里已经堆集了近两千封热情听众的来信"[2]。广播也带动了图书的热销,"听了广播后,那些热情的观众涌向书店、出版社,来信像雪片似的飞向中央人民广播电台。于是,广播的威力推动印刷厂的转轮机,出版社一印再印,总也满足不了读者,直至它获得茅盾文学奖时已印几十万册,出版社的经济效益可想而知了"[3]。

1989年,14集电视连续剧《平凡的世界》由中国电视剧制作中心开始拍摄,

---

[1] 叶咏梅:《作家身后的文学现象——试论路遥作品的审美价值》,马一夫、厚夫、宋学成《路遥再解读》,陕西人民出版社2008年版,第122页。
[2] 路遥:《我与广播电视》,《路遥全集·早晨从中午开始》,北京十月文艺出版社2013年版。
[3] 顾志成:《广播的威力》,王大方、叶子《"上帝"青睐的节目》,中国文联出版公司1995年版。

1990 年开始播出。王安忆回忆:"那是在 1990 年的初春,陕西电视台正在播放根据路遥长篇小说改编的电视连续剧《平凡的世界》。我们走到哪里都能听见人们在议论《平凡的世界》。每天吃过晚饭,播完新闻,毛阿敏演唱的主题歌响起,这时候,无论是县委书记、大学教师,还是工人、农民,全都放下手里的事情,坐到电视机前。"① 尽管产生了一些反响,"对小说的传播起到十分重要的作用",但是正如路遥所说的"严格地说来,电视剧拍得不尽如人意"②。可以说,包括广播、电视剧等现代媒介对《平凡的世界》的广泛传播,让这部作品深入人心、广受欢迎,不但带动了小说作品的热销,更对其后获得第三届茅盾文学奖有着很大的助推作用。

进入新世纪以后,《平凡的世界》再次与现代媒介联姻,创造出了小说新的传播里程碑。新世纪伊始中央人民广播电台开辟的《世纪回眸·百姓点播·精品欣赏》栏目播出《平凡的世界》,再次引发听众关注热情。此外,新版电视剧《平凡的世界》也再次引发了路遥阅读热潮。该剧于 2015 年 2 月 26 日在北京卫视、东方卫视首播。该剧播出后,收视率持续走高,据 CSM50 城卫视黄金档收视率数据显示,《平凡的世界》全集收视率排名从开始的 11(北京卫视)和 15(北京卫视)最终上升至 3(北京卫视)和 2(北京卫视)③。此外,电视剧《平凡的世界》在各大视频网站的点击率也是一路飙高,以乐视网为例,截至 3 月 31 日该网站网络播出的点播量达到 3.6 亿人次,评论近万条。《平凡的世界》以每天新增 400 多万点击量的速度,始终高居 3 月乐视网热播榜首④。

此外,各种调查数据显示,《平凡的世界》从 20 世纪 80 年代到 21 世纪初,路遥的作品一直是最受广大读者欢迎的,在中国当代小说中读者购买最多、借阅人数最多、对读者影响最大的是《平凡的世界》,《平凡的世界》也一直以来稳居各高校图书借阅数前列。此外,《平凡的世界》长期以来一直是盗版书摊上的常见书目,尽管无具体数字可供统计,但是能够长期占据这一市场也足以说明其在大众阶层的受欢迎程度。

---

① 王安忆:《黄土地的儿子》,马一夫、厚夫、宋学成《路遥纪念集》,人民文学出版社 2007 年版,第 94 页。

② 路遥:《我与广播电视》,路遥:《路遥全集·早晨从中午开始》,北京十月文艺出版社 2013 年版。

③ 百度百科:《平凡的世界》全集 CSM50 城卫视黄金档收视率,http://baike.baidu.com/。

④ 《平凡的世界》网络点播量 3.6 亿人次实现主流价值观传播倍增,新华网 2015 年 3 月 31 日,http://news.xinhuanet.com/fortune/2015-03/31/c_1114826508.htm。

三、"《平凡的世界》现象"的矛盾内核:文学价值与精神价值的传播博弈

从我们对《平凡的世界》的生成原点和传播历程的考察,可以看出"《平凡的世界》现象"从这部作品产生时已经存在,只不过传播过程中现代媒介的深入介入使得这种现象形成燎原之势,最终凝聚成当代文学中的一种独特文学现象。那么这种独特的文学现象之所以能够产生,不但与传播者的传播欲求和传播媒介有很大关系,更为本质的原因来自这部作品所承载的传播内核。

由于不同的文化阶层的文化程度、生活环境和思想境界等的差异,导致不同群体的文化旨趣是大相径庭的,要不然也就不会有"通俗""高雅"或者"阳春白雪""下里巴人"的分野了。文艺作品也因每个人的不同人生际遇与文化层次而有不同的理解和相异的喜好,这就是我们常说的"一千个读者就有一千个哈姆雷特"。路遥的《平凡的世界》作为一部三卷本一百多万字的长篇小说,其精神特质与传播内核极其复杂。谈到"《平凡的世界》现象",一些学者认为"在中国文学研究界,在这一点上与路遥颇具相似性的作家有金庸、琼瑶或许还要加上更早一点的张恨水","但与后者不同的是,金庸、琼瑶在批评界和理论界被毫无争议地命名为通俗作家,而迄今为止,似乎还没有任何一个论者愿意将路遥归之于通俗作家"①。尽管这篇文章中没有深入剖析这一现象,但是这一现象的罗列恰恰为我们提供了探寻"《平凡的世界》现象"的一个突破口。如果我们不把"精英"与"通俗"作为一种对立的文学概念加以理解的话,很多文学作品可能是兼具"精英化"和"通俗化"双重内核的作品。以四大名著为例,如果说《红楼梦》还可以清晰地归为精英化文学,那么《水浒传》《西游记》《三国演义》如何归类——"精英"还是"通俗"?所以,笔者认为《平凡的世界》就是一部兼具"精英化"和"通俗化"双重内核的文学作品,这一复杂的文学内核造成了精英文化层的文学界、评论界与大众文化层的普通读者之间的接受分野。

作为精英文化层的文学界和评论界对于《平凡的世界》的接受视角是一种精英化的审视视角。他们的对文学作品的接受除了普通读者的阅读快感与阅读体验外,更多了一种系统的学理思索与科学判断。文学史家更看重一部作品所具有的文学价值,看重一部作品在形式、内容、思想等方面提供的一种全新文学经验,所以文学史的编写原则大都如洪子诚而言,"审美尺度,即对作品的独特经验和表达上的独

---

① 汪纪明:《喧嚣与冷寂——从路遥研究史说起》,马一夫、厚夫、宋学成《路遥再解读》,陕西人民出版社2008年,第96页。

创性的衡量,仍首先应被考虑"①。客观地说,《平凡的世界》还不是一部成熟的经典作品,无论是形式上、内容上、人物上还是思想上都没有全新的突破和史学家们值得大书特书的文学经验。对路遥一向推崇备至的李建军也不得不承认"英年早逝的路遥,还不是大师,他的作品也没有达到经典的高度——他的作品,最好的是《人生》《在困难的日子里》和《早晨和中午开始》,至于《平凡的世界》,则仿佛一盘樱桃,一半是成熟的,一半是青涩的"②。青年学者杨庆祥则"站在1985年以来形成的'纯文学'的或者'纯美学'的观念来判断路遥,当然会得出路遥并不'经典'的结论,因为路遥的作品并不能给现代批评提供一个'自足'的文本。但是如果站在一种泛现实主义的立场上来夸大路遥的地位,也同样值得怀疑"③。尽管后来部分文学史将《平凡的世界》纳入了文学史叙述,但仍停留在"以社会变革和文化转型为背景的现实主义创作理论及其相应的批评原则的具体引导下"的视角,缺乏融入文学史的新鲜而独特质素,反而显得缺乏史学依据和学理支撑。

其实,因为文化理念与价值观念的不同,精英文化层与大众文化层拥有着不同的话语系统。对于普通读者而言,他们的兴趣爱好与阅读习惯决定了他们对文学的选择,他们不会精心分析一部作品的文学价值与史学价值,而看重的是能够给予他们阅读快感,能够打动他们心灵的作品。所以,古代的《隋唐演义》《杨家将》《封神演义》等文学作品和当代的武侠小说、言情小说、侦探小说、玄幻小说、网络小说等文学史叙述很少的通俗文学更受广大读者欢迎。路遥的《平凡的世界》这部小说当然不能和通常意义上的通俗文学同日而语,但是这部作品蕴含着很多通俗文学的因子,这为其在大众中的传播增色不少。可是,仅有通俗文学的因子可能会"畅销"一时,不会多年一直"常销",其间更为主要的原因就是《平凡的世界》的真实农村生活和自强上进的奋斗精神激发读者的情感共鸣。其实,广大读者所关注的成长叙事和吸收的精神价值,不但与精英文化层的关注点出现了较大的偏差,就和路遥的创作的初始目标也相差甚远。路遥的目标是通过这部作品"涉及一九七五年到一九八五年十年间中国城乡广泛的社会生活","用历史和艺术的眼光观察在这种社会大背景(或者说条件)下人们的生存和生活状态"④,采用了三条主线进行

---

① 洪子诚:《中国当代文学史》,北京大学出版社1999年版,第4页。
② 李建军:《真正的文学与优秀的作家——论几种文学偏见以及路遥的经验》,李建军、邢小利《路遥评论集》,人民文学出版社2007年版,第5页。
③ 李建军:《真正的文学与优秀的作家——论几种文学偏见以及路遥的经验》,李建军、邢小利《路遥评论集》,人民文学出版社2007年版,第5页。
④ 路遥:《早晨从中午开始——〈平凡的世界〉创作随笔》,《路遥全集·早晨从中午开始》,北京十月文艺出版社2013年版。

小说叙述，作品的规模也异常庞大（三卷，一百万字），完全是一种史诗性小说的创作构想。尽管路遥曾反复强调自己的读者意识与大众情怀，但是这种史诗巨著情结背后难道不是潜藏着一颗"精英化"的心吗？路遥这一矛盾的创作心理造成了这部作品复杂化的主题内蕴与多向度的传播取向。可以说，它既是史诗性作品，又是一部成长小说，又是一部改革小说，更是一部底层小说；它既包含着文学价值，也包含着社会价值与精神价值；它即在民间和底层广泛流传，也获得主流文学的高度认可。所以，"《平凡的世界》现象"不过是不同读者群吸收这一作品的不同价值内核而做出的不同反应罢了。

但是，现在诸多研究者却忽略了这一复杂的事实存在，"预设了普通读者是唯一正确的读者，是他们掌握着路遥研究的绝对话语权"①。邵燕君说："而像《平凡的世界》这样作品的价值无须专家来鉴定，读者完全可以根据自己的审美能力做出自己的判断。"② 郭小聪说："对于任何一个作家的品评和定论，还有谁比得上一代代素不相识的读者更容易趋向真实和公正、更有资格成为纯粹意义上的知音呢？"③ 王金城说："真正优秀的作家，真正优秀的作品及其产生的广泛持久的影响与启示，应该是'客观标准'中三项重要指标，如果按照这样的标准，路遥完全有资格进入文学史的叙述，应该在中国当代文学史上占有重要的'位置'。"④ 这些说法太过于强化大众阶层的价值判断，甚至某种程度上掩盖了精英阶层的价值判断。事实上，"一个作家、一部作品进入文学史并不在于得到'沉默的大多数'的认可，文学史自有其准入的原则"⑤。

---

① 万秀凤：《"〈平凡的世界〉现象"的历史考察及研究》，《当代文坛》2010年第2期。
② 邵燕君：《〈平凡的世界〉不平凡——现实主义常销书的生产模式分析》，李建军、邢小利《路遥评论集》，人民文学出版社2007年版，第317页。
③ 郭小聪：《路遥的诗意——一个读者心中的路遥》，李建军、邢小利《路遥评论集》，人民文学出版社2007年版，第339页。
④ 王金城：《关于路遥的文学史阅读与考察》，马一夫、厚夫、宋学成《路遥再解读》，陕西人民出版社2008年版，第35页。
⑤ 万秀凤：《"〈平凡的世界〉现象"的历史考察及研究》，《当代文坛》2010年第2期。

路遥笔下的创业者道路和创业精神

榆林路遥文学联谊会　刘瑞平

路遥，用自己创业者的历程和作家的责任，用平凡而普通的劳动在"平凡的世界"里为创业者探索一条"人生"的道路，书写着中国式的创业者道路和创业精神。

路遥从十二岁开始创业直到生命结束，从没有停止过，他为创业者书写，写他们的平凡世界。无论是高加林还是孙少平，他们都是地地道道的创业者。下面我要从另一个角度，给大家讲讲作为创业者的路遥和路遥笔下创业者的故事，以及创业者心目中的路遥和他的创业精神。

1949年，路遥出生于陕北榆林清涧县的一个叫王家堡的小山村，七岁时因家里人口多，吃不饱饭，路遥父母决定把家中长子送给百里外的伯父。当父亲一大早偷偷离开，躲在树后默默用眼泪送走父亲那一刻起，路遥就认定从此要开始靠自己。

《在困难的日子里》

1959年三年自然灾害，路遥差点饿死在荒郊野外，就像《在困难的日子里》的主人公马建强一样，用一颗烧土豆把自己救了过来。1961年，路遥和马建强一样，在全家要断粮的情况下，以优秀的成绩考上了延川县中学。十二岁的路遥开始了自己的创业，在全村人帮助下艰难地走进了学校，开始了像《平凡的世界》开篇那样的生活。但非洲馍、丁菜这样的生活标准也不能够维持，面对饥饿，怎么办？《在困难的日子里》的马建强的最好办法就是躲进图书馆，用知识代替粮食充饥，让时间过得快一些，精神上愉悦些，也像孙少平那样，身体伤痕累累，在风餐露宿的工地上用《钢铁是怎样炼成的》中的保尔精神来疗伤，就这样挺过了中学三年。

《惊心动魄的一幕》

1966年初中毕业的路遥，抱着能吃饱饭的想法，加入红卫兵的行列中，凭着出众的组织能力，被推举为"红四野"军长，干了一番轰轰烈烈的革命，正像在《惊心动魄的一幕》中马延雄一样经历了生死考验。1968年当选为延川县革委会副主任，相当于今天的副县长，此时的路遥只有十九岁，然而就像人生中的高加林一样，两个月后，路遥被停职并打回了农村，又成了农民。命运给他开了一个大玩笑。时值冬天，路遥穿一身白衣，村里人以为他家里死了人，问他，路遥说："我在给自己戴孝，过去的我已经死了。"不同于高加林的是路遥就像孙少平一样获得了新生，从此走上了文学创作的道路，而且再也没有停止过，直到生命结束。

《人生》刚起步

1982年，《人生》获得巨大成功，取得了路遥人生意义上的第一次成功，路遥成名了。《人生》只是他为亿万农村青年以及处于"交叉地带"的人们提出的一个问题，然而，这个问题引发了当时一个平凡人深深的思考，他就是远在杭州西湖之畔的马云。

马云，中国商界领袖，联合国特别顾问，他多次在不同的场合讲："是路遥的小说《人生》改变了我的人生。"马云是《人生》最早的一批读者。1982年，十八岁的马云高考落榜，就业无门，只能干苦力，当起了给杂志社送书的搬运工。就像金庸武侠小说里一样，马云在偶然的机会得到了一本"武林秘籍"，那就是路遥刚刚发表出来的小说《人生》。用马云的话说，他是在三轮车上看的《人生》，也从此改变了他的人生。马云重新燃起了求学热情，第二年，他二次高考，再次落榜。第三年，不顾家人的一再反对，马云继续参加高考，终于摸爬滚打地挤进了象牙塔。《人生》正是马云的成功秘籍。而且这部"秘籍"也正在影响着数以亿计的创业青年，改变着他们的人生。这正是路遥奋笔疾书二十七天，用自己的满腔热情和期待为中国青年所书写的一部"创业宝典"。

《平凡的世界》不平凡

1982年的那个大雪之夜，路遥含着泪水朝着飘着大雪的天空，给弟弟王天乐讲"要像托尔斯泰一样，写一部百万字的作品，为了吃不饱饭的咱陕北乡亲们，为了高加林，为了生活难过的人们"。

　　历经六年，《平凡的世界》一诞生就像灯塔一样影响着亿万的青年前行，在中国当时最贫困的地区之一的甘肃，就有一位创业者在平凡的世界中挣扎着，思考着，最后走了出来，他就是潘石屹。正如他所言："我是怀揣着《平凡的世界》走出来的，平凡的世界我看了七遍。"

　　潘石屹，中国商业地产领军人物，多领域创新人物，思想前卫。然而每次谈起路遥，他都会说："每次看完《平凡的世界》，都会给我力量，给我非常大的力量。他助我走出农村，改写人生。"

　　潘石屹直言："《平凡的世界》是对我一生影响最大的一部小说，能够从我的心里面引起共鸣。"与年少时期的潘石屹相同，一代又一代的年轻人都在孙少安、孙少平的故事中看到了人生的方向和希望，都在不断前行中寻找到了生命的意义。在谈到《平凡的世界》当下的现实意义时，潘石屹说："80后、90后在创业奋斗期一定有苦闷孤独的时候，如果真正读懂《平凡的世界》传递给他的精神力量，我相信对年轻人创业道路上也会是一个特别大的帮助。"

　　还有许多农民工用节余出的伙食费买了字小得像蚂蚁一样的盗版《平凡的世界》，他们啃着冷馒头，风餐露宿，但是把《平凡的世界》捧在手里，却感觉到阵阵温暖。是的，路遥正是在为千千万万的创业者而书写。

　　路遥笔下的创业者是文学艺术的典型人物。然而，路遥也没想到，就在他的身边，他的家乡，在现实生活中，却有一位"原型人物"在默默地践行着《平凡的世界》里的人生。无独有偶，这个原型人物就生活在《平凡的世界》电视剧拍摄地之一的榆林横山，他的人生历程，就像路遥自己和他笔下的人物一样。第一次看《平凡的世界》电视剧，他怎么也搞不明白路遥怎么好像在写他。他叫韩震，十二岁开始干农活创业，像《在困难日子里》的马建强一样"饿得不行了，只能勒紧裤带"。像孙少安一样烧砖挣钱，像孙少平一样下井掏炭，并在帅气的脸上留下了永远的伤痕，他像孙少安一样抓住机会，由"煤黑子"变成震远集团的创始人。创业成功后因历史原因他无法回到家乡，使他时时在痛苦中徘徊，正是《平凡的世界》让他放下个人恩怨，由恨生爱，开始为家乡修路、引水、整地、兴牧业、办酒厂、建学校，立志要改变家乡，让父老乡亲摆脱贫困。前半生的韩震正是"像牛一样劳动"的践行者，后半生的他在《平凡的世界》的指引下，已开始了"像土地一样奉献"的充满爱的生活。

　　《平凡的世界》在诞生后的三十多年中，在各种读书调查以及各大学校图书馆的阅读率一直居于前列，农民工读者调查中多年居于首位，清华大学把《平凡的世界》作为新生入学的礼物。

"凤凰涅槃"

作为一个创业者，路遥成功了，他用自己的生命为平凡世界里的人们探寻出一条出路，在1987年《平凡的世界》第二部创作结束时，路遥发现自己身体出了问题，在吃了上百服汤药之后，他选择了继续前行，我们多么希望他此时能够停一停，然而他却没有停，正如柳青在《创业史》中所讲："人生道路虽然漫长，但紧要处常常只有几步。"路遥决定继续前行，有些人不理解他的选择，然而他就是路遥，一个一直行走在路上的创业者，他要用自己的生命践行自己的精神，他选择了"凤凰涅槃"，获得另外一种意义上的新生，他要给自己、给读者一个交代。在路遥看来，创业者一定要有创业精神，精神不倒，创业不休，正是这种"像牛一样劳动的精神"支撑着他在病中完成他神圣的使命，像英雄一样从容赴死。

路遥自己的创业和他作品中人物的创业都是实实在在的，许多是真实的原型人物，我曾经采访过上百位路遥作品中的原型人物，其实在生活中他们都很朴素无华，然而一旦走进了路遥的作品中，每一个人物形象都是那么鲜明，具有特性，同时又极具共性，让许多读者都能够产生共鸣。

也因此，路遥被誉为"鼓舞亿万农村青年投身改革开放的优秀作家"。正是他的这种实干奉献精神，这种励志的时代精神，"平凡的世界"里的人们正在汲取着他的精神力量，创造着一个个不平凡的世界。

路遥的书信研究

渭南师范学院报刊社　詹歆睿

书信具有真实性、原创性和针对性，对于作家研究具有重要的史料价值。"作为私密性极强的书信，写时并非为了公开发表，因而总是会或多或少真实地记录着写信人对现实的观察、认知和思考（包括对现当代一些作家作品的评价），从而也就在很大程度上能够为历史留下相对真实可信的史料，提供不同角度的细节"[①]。陈思和先生认为书信是一种"潜在写作"，是"对时代的感受和思考的声音，比当时公开发表的作品更加真实和美丽，因此从今天看来也很具有文学史价值"[②]。在笔者看来，文学作品往往是一种隐喻的非直接的表达，作家的情感世界和价值观念是通过作品间接反映出来的，甚至不同的读者会产生不同的接受和理解。而书信，却是作家在当时社会环境和生活状态中最为直接最为真实的记录和表达，也许这些记录和表达有过于零碎和杂乱之处，只有对作家全部的生活和创作了解的读者，才会领略其中的背景信息，但是我们会通过其中的只言片语，丰富作家的创作史料，明确作家的创作观念，对作家的研究会更加生动、饱满、可信。书信不仅对文学研究具有重要的史料价值，对于历史、哲学等几乎全部的人文社会科学都具有重要价值。

路遥是我国当代具有较大影响力的作家。他的代表作品《人生》和《平凡的世界》，以现实主义的笔法，真实地记录了中国改革开放前后的社会状况，记录了一代人成长的人生历程和情感历程，记录了20世纪七八十年代"城乡交叉地带"的方方面面。路遥坚持现实主义的创作方法，并且取得了较高的成就，获得了第三

[①] 任葆华：《关于沈从文书信研究的设想——为纪念沈从文诞辰110周年而作》，《渭南师范学院学报》2013年第5期，第88页。

[②] 陈思和：《中国当代文学史教程》，复旦大学出版社1999年版，第30页。

届茅盾文学奖。但是，路遥的成功，更在于他在有意与无意间，在他的时代，借助了书籍、期刊、报纸、广播、电影、电视等各种媒体手段，创造了读者对作品接受的奇迹。① 在路遥离世之后，作品的接受与传播不仅没有减少和衰落，反而越来越广泛和深入。以北京出版集团公司、北京十月文艺出版社出版的新版《路遥全集》（以下简称为"北京版全集"）为代表的路遥系列作品，成为长销书。各种调查数据也显示，路遥小说成为读者特别是年轻读者阅读面最广、借阅量最多、最受欢迎的作品。《平凡的世界》两次改编为电视剧，陕西人民艺术剧院编排的话剧《平凡的世界》在西安、北京、苏州、天津、南京等地巡回演出，计划在全球演出二百余场。以上信息表明，路遥和他的小说已成为20世纪中国文学的经典作家和作品。

路遥研究也呈现出喜人的局面。近年来，厚夫、张艳茜分别出版了风格不同、各有所长的《路遥传》，王刚的《路遥年谱》以编年史的方式记录作家的一生。王拥军出版了《路遥新传》，路遥一生的生活和创作情况已经详细地被研究者记录和评价。加之此前出版的各种研究专著和研究论文，路遥研究呈现出论著丰富、研究全面的特点。

本文研究的路遥书信，也包括他人致路遥的书信。迄今为止，对路遥书信研究的文献，笔者所见的只有梁向阳《新近发现的路遥1980年前后致谷溪的六封信》和许建辉《路遥致谢望新的一封信》两篇，全面研究路遥书信的文献在笔者所及的文献范围内还没有找到，北京版全集收录的书信也相当有限。新近发现的并公开面世的路遥书信，加之其他文献中涉及的路遥书信，使得路遥书信的数量有了一定的规模，对路遥书信的研究成为可能。

一、路遥面世书信概况

笔者获取路遥书信的文献主要有：《路遥全集·早晨从中午开始》（北京版全集）、《路遥传》（厚夫著）、《路遥传》（张艳茜著）、《路遥年谱》（王刚著，北京时代华文书局2016年版）以及王维玲等文学编辑家们发表的论文和论著。文献所载路遥书信如表1统计所示：

---

① 詹歆睿：《论大众传媒对路遥小说的传播》，《海南师范大学学报》（社会科学版）2009年第5期，第78—81页。

表 1 文献所载路遥书信统计表

序号	书信对象	数量	书信来源	对方身份归类	主要内容	备注
1	阎纲	2	《路遥全集》	文学评论家	对《人生》的评价、关于《人生》创作的对话	含阎纲致路遥书信 1 封
2	蔡葵	4	《路遥全集》	文学评论家	《平凡的世界》创作和获奖后的思想交流,对蔡葵表示感谢	
3	白烨	3	《路遥传》(厚夫版)、《路遥年谱》	文学评论家	讨论茅盾文学奖评奖事宜,朋友间日常事务往来	其中 2 封由路遥文学馆收藏
4	李炳银	2	《路遥全集》	文学评论家	汇报创作情况	
5	刘茵	1	《路遥全集》	文学编辑	关于《惊心动魄的一幕》的创作主旨与想法	
6	叶咏梅	1	《路遥全集》	文学编辑	叶咏梅促成了《平凡的世界》广播剧播出,路遥赴京受到接待,返回后致谢	
7	李金玉	4	《路遥全集》	文学编辑	《平凡的世界》编创事务往来	
8	谢望新	1	许建辉《文艺报》2013 年 12 月 16 日	文学编辑	希望《平凡的世界》第二部继续在《花城》发表	
9	王维玲	10	《岁月传真——我和当代作家》	文学编辑	《人生》创作期和发表前后编读往来,信件丰富而翔实	含王维玲致路遥的书信 1 封
10	孟伟哉	1	《路遥全集》	朋友、杂志主编	推荐海波到青海省《现代人》杂志任职	
11	申沛昌	1	《路遥全集》	老师	向帮助自己进入延安大学学习的恩师致谢	
12	曹谷溪	6	梁向阳《新近发现的路遥 1980 年前后致谷溪的六封信》	朋友	帮助路遥弟弟王天乐找工作,"跳出农门",也"催熟"了《人生》	
13	赵季平	1	《收藏界》2012 年第 11 期	朋友	告知路遥完成了为高玉涛的企业谱曲的任务	这是赵季平致路遥的书信
14	海波	14	《路遥全集》、海波《我所认识的路遥》	朋友	指导海波的文学创作,投稿、思想交流、生活琐事,生活与事业上互相帮助支持	

续表

序号	书信对象	数量	书信来源	对方身份归类	主要内容	备注
15	史小溪	3	《路遥全集》	朋友	2次退稿 朋友日常往来	
16	张兴元	3	《路遥全集》	朋友	编创事务往来	
17	商丘地委宣传部	1	《路遥全集》	公务信件	通知作家张兴元所在单位，请他来西安改稿	
18	刘凤梅	2	《路遥全集》	朋友	鼓励并指导文学创作、思想交流	
19	杨明春	2	《路遥全集》	朋友	生活事务	
20	王宝成	2	《路遥全集》	朋友	思想交流	含王宝成致路遥1封
21	刘建勋	1	《路遥全集》	朋友	推荐弟弟王天乐参加西北大学作家班	
22	王蓬	1	《路遥全集》	朋友	想在漓江出版社出版《作家的劳动》一书	
23	高玉涛、苏剑	2	《收藏界》2012年第11期	朋友	为高玉涛创办的企业作词、谱曲	
24	王巨才	1	《路遥年谱》	朋友	时任省委宣传部部长，路遥重病期间，委托下属前来看望	
25	林达	1	《路遥年谱》	家人	家庭琐事的处理	

"北京版全集"收录路遥书信45封（含阎纲致路遥、王宝成致路遥书信2封），比2000年广州版全集的32封多了13封，而笔者统计到的路遥书信是25人（包括致单位公函1封）70封。建议"北京版全集"的编者们不断补充，在著作权允许的情况下，将已经面世的路遥书信全部收入其中。

二、路遥书信分析

（一）阐述文学主张，表达创作理念

路遥秉承着我国传统现实主义的文学传统，结合自己的人生经历，找到了属于自己的"城乡交叉地带",真实地记录了当时中国的社会状况,尤其是"由农入城""在城与乡之间徘徊"的社会群体的心路历程。然而,路遥并非一帆风顺,他一直在生活的窘境和冷落的声音中坚持自己的文学主张和文学创作,不跟风,不盲目,不退缩。当然,路遥也品尝过成功的快乐,《人生》将他推到一个事业的高潮,他又反超了这一"人生的横杆",以《平凡的世界》问鼎茅盾文学奖。在成功的背后,路遥得到了蔡葵、白烨、曾镇南、叶咏梅、李金玉、谢望新等诸多文学评论家和文学编辑的帮助。路遥致文学评论家和文学编辑的书信中不时闪现着他的现实主义文学主张。

蔡葵曾任中国社会科学院文学所研究员、《文学评论》常务副主编等职。在《平凡的世界》第一部创作完成之后,评论界和文学出版界不看好路遥的这部长篇。根据周昌义(《当代》文学编辑)和王维玲(中国青年出版社编辑)的回忆,他们之前曾刊发和出版过路遥小说,也读到了刚刚写成的《平凡的世界》书稿,最终却没有发表。蔡葵发表了《〈平凡的世界〉的造型艺术》(《光明日报》1988年12月16日)一文,给予该作较高的评价。1988年的最后一天,路遥致信蔡葵:

当别人用西式餐具吃中国这盘菜的时候,我并不为自己仍然拿筷子吃饭而害臊。

尽管我们群起而反对"现实主义",但我国当代文学究竟有过多少真正的现实主义?我们过去的所谓现实主义,大都是虚假的现实主义。应该说,我们和缺乏现代主义一样缺乏(真正的)现实主义。①

"西式餐具"应指1985年前后,我国文学界流行的"现代风",先锋派、现代派、现代主义在文学界盛行。路遥并不排斥新的创作方法,也不"直接迎合一种需要"(1983年1月25日致李炳银)。在当时的文学环境中,是熟悉的评论家和文学编辑给了路遥坚持下去的信心和勇气。在《人民日报》公布第三届茅奖消息的当天(1991年3月10日),路遥致信蔡葵:"我的漫长而寂寞的努力,只有为数不多的几个人能理解,您是最充分的一个。"②

路遥关于《人生》和文学评论家阎纲的通信,因曾收入陕西人民出版社的《路遥文集》,是路遥较早面世的书信之一,也是研究《人生》创作理念和路遥创作观形成的经典文本。在1982年8月17日,《人生》发表后,阎纲致信路遥,对《人生》给予了好评:"《人生》是一部在建设'四化'的新时期,在农村和城市交叉地带,为青年人探讨'人生'道路的作品"③,"对于现今复杂的人生观察得如此

---

① 路遥:《早晨从中午开始》,《路遥全集》北京十月文艺出版社2013年版,第601页。
② 路遥:《早晨从中午开始》,《路遥全集》,北京十月文艺出版社2013年版,第603页。
③ 路遥:《早晨从中午开始》,《路遥全集》,北京十月文艺出版社2013年版,第594页。

深刻"①。路遥在同年8月21日回复阎纲，陈述自己的主张："应该向深度和广度追求"②，"避免人物的简单和主题的浅露，正是我在这部小说中尽力追求的，我自己也很难确切地说出这部作品的全部意思来"③。路遥第一次使用"农村和城市交叉地带"的表述，注明"这个词好像是我的发明"，此后"城乡交叉地带"成为路遥文学创作的关键词。

　　王维玲，1932年生，1950年至1994年供职于中国青年出版社，历任编辑、主任、中青社编委、副总编辑，主编过《青年文学》《中华儿女》杂志。1981年，担任首届全国优秀中篇小说奖评委的王维玲在入选篇目中读到了路遥的成名作《惊心动魄的一幕》，他认为"这是一部有特色、有水平的作品"。之后王维玲主动找路遥约稿，这便是《人生》"最初的约稿"。王维玲感觉到："我突然产生了一种职业性的预感，我觉得眼前这位青年作者的所思所想很不一般。我确信他能够把这个中篇写好，我热情地鼓励他写，要他排除一切杂念，下功夫去写。"④ 编辑与作者的深度交流沟通促成了《人生》在中国青年出版社出版单行本，王维玲出于扩大作品影响的考虑，在几次书信往来帮助路遥修改题目之后，将《人生》推荐给了《收获》的资深编辑郭卓，又促成了《人生》在国家顶级文学刊物发表。王维玲保存了十多封珍贵的来信和一封他本人写给路遥的信件（王维玲自称有十多封，但《岁月传真》一书可见的完整的书信是十一封）。据笔者统计，从1981年9月21日至1983年2月18日，在这一年半时间里，路遥写给王维玲的信件九封，王维玲回信一封，具有较高的史料价值，也反映了作品发表前后编辑与作者深度的交流与互动。它们完整地记录了《人生》发表的过程和其中不为人知的细节，表达了作家对作品的理解和把握，创作过程的艰难、矛盾、困惑也真实地呈现给我们。可以说，王维玲作为文学编辑，促成了《人生》的创作和发表，付出了大量心血，功不可没。而在王维玲公开发表这些书信之前，路遥在各种文字中只提及了秦兆阳、李金玉、叶咏梅、谢望新、珊泉等文学编辑对他的帮助，却没有提到过王维玲，研究者和读者也许并不知情。这其中的原因，笔者推测是因为王维玲对路遥的帮助与关心集中在1981年到1983年前后，前文提及的几位文学编辑，则主要是在《平凡的世界》出版和传播方面对路遥帮助极大，前后差了好几年时间。

---

① 路遥：《早晨从中午开始》，《路遥全集》，北京十月文艺出版社2013年版，第592页。
② 路遥：《早晨从中午开始》，《路遥全集》，北京十月文艺出版社2013年版，第589页。
③ 路遥：《早晨从中午开始》，《路遥全集》，北京十月文艺出版社2013年版，第588页。
④ 王维玲：《岁月传真——我和当代作家》，首都师范大学出版社2009年版，第304页。

需要指出的是，白烨、雷达、曾镇南、朱寨、王维玲、叶咏梅、李金玉等评论家和文学编辑们对路遥的支持和好评，并非是完全出于和路遥私人的交情，他们完全是站在客观的立场，按照他们本人的文学经验和文学判断，对作家作品做了评价。而日后《平凡的世界》获奖，到现今成为长销的经典读本，以各种形式被读者广泛地阅读和接受，可以证明他们的评价不是虚美和吹捧。倒是错过《平凡的世界》的期刊社和出版社的当事编辑们，都在著述文字中表达了遗憾之意。

（二）做好编辑工作，提携文学新人

1976年大学毕业至1982年8月1日之前（路遥致李炳银信中提及了这个具体的时间节点），路遥是《延河》的文学编辑。他一方面坚持创作，连续两次获全国优秀中篇小说奖，已成为全国知名作家；另一方面，还需要花费较多时间完成组稿、改稿、约稿、联系作者、发排稿件等日常编辑工作。路遥书信便是作家认真完成编辑工作的佐证。抛开作家身份不说，路遥也是一位优秀的文学编辑，例如，叶广芩在《延河》发表的第一篇作品，路遥就是责任编辑。

路遥坚持质量第一，用稿不唯人情。在致海波的十四封信件中退稿五次，致史小溪三封信件中退稿两次。如果读者了解路遥和海波的私人关系，那么我们就会更加崇敬路遥对编辑工作的认真负责。

海波本名李世旺，1952年生，毕业于西北大学作家班，曾任青海《现代人》编辑、西安电影制片厂宣传处干事、短片部总编辑、文学部编辑，公安部主管的《道路交通管理》杂志编辑。海波与路遥是延川县城关小学、延川中学的同学，两人保持了一生的交往。海波自称："在我坎坷的人生中，路遥给过我卓有成效的帮助。"海波认为，路遥过继，"他很可能做了积极的争取，包括说服父母和说服大伯大妈"，并非是父母强迫，原因是路遥为了上学、延川有路遥感情很深的奶奶。[①]这个观点，只有对路遥生平和家庭很了解、很私密的朋友，才能得出这样的结论，令人信服。如果在路遥的一生中列出十位重要的朋友和亲人，读者会列出哪些呢？被路遥称为"文学教父"的柳青，"手把手地教导和帮助我走入文学的队列"、被路遥称为"中国当代的涅克拉索夫"的秦兆阳，夫人林达，女儿路茗茗，弟弟王天乐，朋友圈中的曹谷溪、海波应该入选。

作为文学编辑和知名的年轻作家，路遥也帮助和提携文学新人，指导和鼓励文学青年，帮助他们进入研修班或学习班。书信中涉及有王天乐、海波、张兴元、史小溪、王宝成、刘凤梅、王蓬、高玉涛，路遥帮助他们发稿、改稿、改变工作处境，指导他们的文学创作，也鼓励他们在生活和工作上积极进取。其他文献中涉及

---

① 海波：《我所认识的路遥》，长江文艺出版社2014年版，第5—6页。

的得到过路遥帮助和指导的作家就更多了：张艳茜、刘路、朱鸿、梁向阳、张虹、航宇等等。路遥在离世前的一个月还在为延安青年连环画家李志武绘画的《平凡的世界》写便函，便于他联系出版社。可以说，对文学新人的指导与帮扶，贯穿了路遥整个的文学生命过程。"路遥为什么在病中还不厌其烦地帮助这些年轻人，笔者的理解是，这位年轻人的奋斗精神触发了路遥心中最温柔、最脆弱的那一部分神经，感动了作为'草根奋斗者'的路遥。"① 以上列举的文学界人士，日后在他们领域业绩可佳，且与广大路遥文学爱好者、研究者一起组成了为数可观的"路遥族群"，继续传播和传承着路遥的文学作品和文学精神。

（三）处理日常事务，展示生活状态

文学创作观念以及与文学圈的交往，可以从作品与论文中获知信息，那么作家日常的生活状态和生活细节，只能从日常信件中获取了。路遥书信有些就涉及作家日常的生活琐事，在新媒体尚不发达的年代，这些琐事有幸被记录下来，让读者看到了作家的另一个侧面，有时也令读者感慨唏嘘。这一点，集中体现在路遥与挚友曹谷溪、海波的书信往来中。

曹谷溪是路遥文学道路上的领路人、爱情婚姻的见证人、文学生涯的支持者，他本人也是著名的"老镢头诗人"，历任延川县革委会通讯组组长、《山花》文学报和《延安文学》主编。1968年至1970年前后，路遥返乡劳动、被口头免除县革委会副主任职务（学生代表）、女友参加工作后反而提出分手，路遥遭受了几重打击，走到了人生的最低谷。"已是延川县革委会通讯组副组长的曹谷溪，说服了城关公社领导，用了路线教育积极分子的名额，把王卫国（在这个文学萌芽期王卫国开始使用笔名'路遥'——笔者注）抽到通讯组进行培训，名为培养通讯骨干。"② 之后，在曹谷溪的撮合之下，路遥认识了林达。自此以后，路遥稳步地走上了文学道路，由延川走向延安、西安，数次登上北京的领奖台，直至问鼎茅奖。也就是在这个"山花时期"，在延川县插队的习近平同志，与曹谷溪、路遥有了一些交往。他说："我和路遥很熟，当年住过一个窑洞。路遥和谷溪办《山花》的时候，还只写诗歌，不写小说。"③ 但"广州版全集"与"北京版全集"均没有收录曹谷溪与路遥的书信，直至《新文学史料》发表梁向阳（厚夫）的文章《新近发现的路遥1980年前后致谷溪的六封信》，曹谷溪与路遥的书信才第一次面世。这六封信集中在1980年前后，主要内容是路遥通过曹谷溪，找延安当地官员张史杰（《惊心动魄

---

① 厚夫：《路遥传》，人民文学出版社2015年版，第318—319页。
② 厚夫：《路遥传》，人民文学出版社2015年版，第71页。
③ 《习近平的七年知青岁月》，中共中央党校出版社2017年版，第340页。

的一幕》县委书记马延雄的原型,路遥在"文革"中曾保护过他)帮助弟弟王天乐"跳出农门"。路遥在此过程中,也"由己度人,由自己的亲兄弟的人生际遇,而生发到对整个中国农村有志有为青年人命运的关注"①,并进一步"催熟了路遥创作的《人生》"。

在致海波的十四封书信中,路遥涉及生活事务的内容主要有三个方面:一是鼓励海波积极进取,帮助海波发表文学作品、参加新作者会等文学培训活动,向给孟伟哉写信(青海《现代人》主编)推荐海波去工作。在海波最关键的人生路口,都是路遥毫无保留地全力帮助,使海波成长为作家、为编辑。二是关心二弟"四锤"(即王天云)的成长,想通过海波为弟弟营造较好的工作环境和人事氛围,并通过海波反馈弟弟的工作生活情况。三就是通过海波办一些生活琐事,最典型的就是购买当今我们很不以为然的食物,例如鸡蛋、软米(即脱了皮的糜子——笔者注)、红枣、豇豆、绿豆等。在致史小溪的信中也曾提及:"你捎的油已经收到,很感谢。油桶及钱等有机会给你。"这一方面说明了在20世纪改革开放初期,我国人民生活水平还处在较低的水平,远不及今天的物质条件那么丰富,尤其是地处西北的陕西地区;另一方面也证实了路遥作为当代知名作家,其经济条件和物质消费水平,也常常处在一个令人尴尬的境地。路遥出身陕北农家,在夫人林达资助下完成了大学学业,之后长期从事清贫的编辑和创作工作。在获得茅盾文学奖后,去北京领奖需要花费五千元,还是弟弟王天乐情急之下找朋友借来的,以至于王天乐说出了"你要是得了诺奖,我可找不来外汇"这样的气话。路遥"身后留下的唯一一张存单",就是"北京和省里给他的奖金","恰是一万元整"。② 现有的各种回忆文章中,有许多材料可以证明路遥一生经济都处在拮据的状态。比如他为挣钱想和海波合伙卖牛仔裤,为某企业写报告文学,为多得稿费一稿几发、重复出版,等等(路遥致王蓬书信)。在生命即将逝去的1992年9月、10月间,路遥在西京医院住院,还急于领出稿费,并向省作协下属的"创作之家"借款一千元,"为妻子回京工作、安排女儿上学等等急用"。③ 每每读至此处,不禁令人心生感慨。感叹之余,是对作家坚守文学事业的崇敬,是对已逝去的文学巨匠们的缅怀,也有对陕军文学顶峰的追忆。

---

① 梁向阳:《新近发现的路遥1980年前后致谷溪的六封信》,《新文学史料》2013年第3期,第148页。
② 厚夫:《路遥传》,人民文学出版社2015年版,第316页。
③ 厚夫:《路遥传》,人民文学出版社2015年版,第355页。

三、注重路遥书信的搜集和整理

(一)路遥书信面世不多

书信最初的功能是通信人之间思想和情感的交流,在网络、移动通信甚至固定电话尚不普及的20世纪七八十年代,路遥的书信远远不止文献所载的这部分内容,目前公众所能见到的路遥书信还为数太少。沈从文先生存世书信"大约有300万字","全集(指《沈从文全集》——笔者注)中书信卷就占了9卷之多","收信1476封(尚不包括散收于散文、杂文和文论卷中的书信一百多封)"。① 路遥书信面世不多,笔者认为有以下原因:

第一,收信人不完整地保存、发信人不留存底稿。汉中作家张虹,"父亲是国家代主席董必武的外甥,因为幼年跟随董老后失散流落到汉水之滨,就有了说不清的牵连"②。是路遥通过贺抒玉找相关领导,解决了她的家庭问题,张虹才得以进入汉中师范学院学习,使她树立了生活的目标和信心。汉中、西安几次见面后,张虹自述:"路遥归去西安,频频来信。可惜那时不知珍惜,他的信大都做了父亲的卷烟纸。"③

第二,由于各种主客观原因暂时不能公开或不宜公开。岁月更迭时空变幻,这些记载作家思想火花和情感温度的文字越来越稀少,越来越有价值。通过表1的统计,与路遥通信的不是文学评论家和文学编辑,就是文学爱好者或是路遥的贴心挚友,应该说大多数有保存信件的意识。况且路遥自《惊心动魄的一幕》(1981年)、《人生》(1982年)之后,已经成为蜚声国内外的知名作家,他的书信对方一般不会随意丢弃。由于书信的私密性,或是涉及的当事人还在世,其内容也许不宜于公开面世,加之书信的搜集与整理还需要文学编辑或是路遥研究者的热情付出,使得一部分保存完好但还没有公布的书信被束之高阁。例如,关于路遥的情感世界,目前仅找到林达致路遥的1封信,且信件所述是生活琐事,研究价值有限。目前公众对路遥与林达的分歧都表示宽容和理解,这在一定程度上纠正了路遥的热爱者对于林达的指责和抱怨。雷涛叙述:"路遥的追悼会后,霍厅长拿出路遥写给他的一封短信(路遥把他视为最忠诚的朋友)给我们看。信写一个烟盒锡纸的背面,内容我

---

① 任葆华:《关于沈从文书信研究的设想——为纪念沈从文诞辰110周年而作》,《渭南师范学院学报》2013年第5期,第87页。
② 张虹:《微笑的遗失》,收录于申晓《守望路遥》,太白文艺出版社2007年版,第54页。
③ 张虹:《微笑的遗失》,收录于申晓《守望路遥》,太白文艺出版社2007年版,第59页。

看了一遍，意思是：绍亮，你是我最忠诚的朋友之一，我已经明显地感觉到不行了，我现在没有什么牵挂，我要给你讲的是：我有一个女性的好朋友，我对不起她，也没有办法照顾她，请你无论如何安排好她的工作，照顾好她……这就是路遥真正和绝笔，他现在还在霍绍亮老师的手中珍藏。"① 当然，我们在研究的同时也要保护作家的隐私。

(二) 路遥书信数量不平衡

第一，目前面世的路遥书信中，绝大多数是路遥写给别人的书信，他人致路遥的书信更是少之又少。已知他人致路遥的书信仅有王宝成一封、阎纲一封、王维玲一封。这与路遥的生活经历有关。路遥在小说《人生》发表后，全国掀起了路遥热，各种荣誉与社会事务潮水般涌来。他不愿意过这种广场式的生活，渴望重新投入沉重的劳动，为了完成早年立下的写一部优秀长篇小说的愿望，全心投入《平凡的世界》的创作，其间基本没有社会交往，在较差的生活条件中孤独地创作，生命的乐章到了高潮处戛然而止。加之林达调回北京、住宅装修、疾病缠身等客观原因，路遥没有时间和精力处理各种生活事务，包括梳理自己的信件。路遥病逝后林达和女儿一直生活在北京，路遥收到的朋友们的信件现在是否保存完好尚无法知晓。

第二，路遥书信数量不平衡。根据表1统计，致文学评论家、文学编辑的书信二十八封，占40%；致朋友的书信四十一封，占59%；致家人的书信一封，占1%。朋友中路遥致海波个人的书信达十四封之多，但是其他评论家、文学编辑和朋友的书信就很少，一般只有二至三封，仅存一封的书信对象也不少。

(三) 具有较高史料价值的书信偏少

对于研究而言两种书信价值最高：一是能够全面反映作家创作观念的书信，如关于《人生》和阎纲的通信，路遥致刘茵的阐述《惊心动魄的一幕》创作主旨的书信，等等。二是为作家生平和经历提供新材料的书信。例如和王维玲的多封书信清晰地记录了《人生》创作和发表的全过程；再如，书信证实路遥与赵季平有过交往，且有一定的感情基础。其他一般生活和交际往来的书信，则只能提供点滴信息，或作为其他研究材料的佐证，只有一般价值。由于面世书信不多，且数量不平衡的原因，路遥书信中具有较高史料价值的还为数过少。好在路遥创作了《早晨从中午开始》，全面而系统地阐述了《平凡的世界》的文学主张和创作经历，清晰而全面地展示了作家的心路历程。加之前文所述的各种路遥研究著作，路遥一生的成长和创作还是较为清晰的，人生重大的事件和时间节点也有清晰的记录，为后世留

---

① 雷涛：《感悟路遥》，收录于申晓《守望路遥》，太白文艺出版社2007年版，第5—6页。

下了宝贵的研究资料。

  作为路遥的研究者和热爱者,我们期待着时间流逝之后,会有更多的、有价值的、保存完好的书信公之于众,为广大读者还原一个真实的、有温度的、形象饱满的路遥。

陕西省教育厅重点科研项目:秦东历史文化资源的影视传播研究(17JZ030)。

路遥小说的时间意识及其精神力量

西安工业大学文学院　张悠哲　李红岩

路遥在创作中对于现实主义经验的追求，使其小说特别注意时间层面的表现。时间的流转和空间的位移包含着作家的历史意识和现实关怀。路遥的小说具有独特的时间意识，他擅长运用线性叙事，将人物命运和社会历史发展相融合，保持与时代的共振。路遥小说亦触及改革开放与现代化进程中的时间矛盾，他以传统的伦理、道德、精神力量应对和化解传统与现代的时间碰撞与矛盾，并以恢宏的"整体性"时间观介入文学和时代关系的重大命题的讨论，其小说独特的时间意识参与文本的意义生成，显示开阔的格局与宏大的气象。

一、线性叙事：描摹时代的宏阔愿景

对于时间的理解和把握反映个体对历史的认知，时间标识人类社会的发展历程，文学中的时间形式蕴含了人类在发展和改造世界中的现代性理念。晚清之际，中国引入西历，公元纪年的线性时间观恰好与启蒙思潮中的"进化论"认识论契合。五四时期发现和肯定人及其价值，同时也发现了时间的意义。法国学者伊夫·瓦岱认为："现代性的价值表现在它与时间的关系上。它首先是一种新的时间意识，一种新的感受和思考时间价值的方式。"[①]鲁迅的《狂人日记》《故乡》中隐含过去、现在、将来三种时间形态。"狂人"从今夜的月光想到之前的三十多年竟然全是发昏，又从大哥所讲"易子而食"感觉到从古至今"吃人"的历史或许还将延续下去。闰土卑微的一句"老爷"，在过去与现在竖起一道墙壁。鲁迅对此做出了深切的现代性沉思。现代文学中，以时间形式结构为主的长篇小说已经很成熟，如

---

① 伊夫·瓦岱：《文学与现代性》，北京大学出版社2001年版，第42—43页。

《子夜》《寒夜》等。20世纪40年代的解放区文学中，作家惯于赋予人物及故事以"旧"与"新"更迭的线性发展时序，戏剧《白毛女》突出"旧社会把人变成鬼，新社会把鬼变成人"的鲜明主题。"十七年"时期，革命历史小说的线性叙事更加凸显。《青春之歌》中林道静的成长道路以历史时间为线索，小说《红旗谱》的叙事结构基本与社会历史进程具有同构性，小说《保卫延安》时间跨度约半年，《红日》则有一年。

新时期以来，文坛出现的具有"意识流""先锋""新潮"色彩的小说，冲击了时间的完整性，追求片段化、不确定的认知体验和美学追求。路遥坚持自己的立场和创作方法，大都采用经典的线性叙事。小说《平凡的世界》对1975年到1985年间的中国城乡社会发展历史进行了"还原性"书写。小说的叙述时间是现时性的，有着清晰强烈的时间序列。既是人物的成长奋斗史，也是广阔的社会发展史。小说关于中国城乡经济发展和改革的叙事时间，基本与国家政策和实际情况相一致。小说重要的故事情节和中国农村改革的进程相对应，涉及市场的开放、农业集体化、农村青年进城等问题。路遥特别擅长抓住当代社会重要的时间区段，力求把社会重大事件的叙述与烦琐的日常生活交织起来，架构成丰富的历史叙事。路遥的意义在于他对于文学创作的理解超越了日常生活和时代生活的叙述，小说折射出路遥复杂的思想资源，以及对社会主义实践经验整体性思考。路遥在对小说的时间结构形式的运用和掌控方面想当娴熟，既"大规模地描写中国社会现象"，又很好地把握时代精神，小说具备历史发展的眼光和格局。

路遥将自己的生命历程投射到小说创作中，在他小说的线性叙事中，有几个重要的时间节点，若干时间节点串联起来构成时间链条，承载着作品的思想价值和审美意识。童年和少年的生活和记忆凝结了路遥最初的生命情感和生命体验，路遥自小敏感、早熟。他在延川县完成了小学到初中的教育，经常衣衫破旧，食不果腹，苦难和贫穷已经深深印刻在他的生活和记忆中。路遥经历过三年自然灾害，小说《在困难的日子里》就是以这段历史为背景。作家的童年记忆，是作家情感思想的落脚点，也是解开作品的密匙。苦难生活及其生命意识构成了路遥小说的表层形态，深层则是"为人民"写作的人民性立场和情感。路遥曾置身洪流之中，"穿着破棉袄，但翻江倒海"，体验过从巅峰到低谷的复杂况味，有曾经的政治辉煌，也有在"清理阶级队伍"运动中被退回农村的"耻辱"，甚至要自己给自己"戴孝"以示告别。这次经历让路遥更清醒审视正在发生的历史灾难，构成他写作的重要时间节点。中篇小说《惊心动魄的一幕》着力描写县委书记马延雄在武斗中为了人民群众的利益甘于自我牺牲的故事，作品闪现着人道主义的光芒。路遥在《东拉西扯谈创作》中提道："我们应追求作品有巨大的回声，这回声响彻过去、现在和未来，而这回声只有建立在对我国历史和现实生活广泛了解的基础上才能产生。"① 路遥尊重历史和现实，用现实对照历史，指示现实的去向。他敏感地抓住了"城乡交叉地带"这个特别容易被忽视的过渡地区。他的根在陕北农村，身体却跨入城市之中，他以切身经历思考农村有志青年的出路问题。中篇小说《人生》、长篇小说《平凡的世界》都是遵循这样的写作路径。路遥正是通过对他生命产生重大影响的几个时间节点，来书写普通人的生活道路。他常在小说中使用"我们"的称谓，具有强烈的现实感和参与感。在中长篇小说中，线性叙事有助于处理社会重大题材和多线索故事，使故事情节条分缕析地展开，但也容易流于平铺直叙，出现人物刻画线条较粗，整体框架不够充实等问题。

线性叙事及其线性意识是中国作家对社会发展进步的一种清晰确认，现代及当代许多现实主义作品具有线性的时间意识，这类作品多具有完整的时间发展脉络，作家赋予作品以宏大的叙事结构，作品中的个人或是社会，是处于成长和发展进程中的，内含向前发展的助推力和更新力量。《在困难的日子里》，马建强克服了物质的贫乏和精神的自卑，"拉着小伙伴们的手，唱着亲切的《游击队之歌》，走向县城，走向学校，走向未来。"《平凡的世界》中涉及农村土地改革、农村剩余劳动力的转移，以及农村青年进城的潮流，小说文本与历史真实形成同构关系，具有线性意识的现实主义作品往往带有时代的印记和政治的触觉。路遥秉承现实主义文学精神，他对现实的人生进行深切关注和理性思考，小说中的时间观念和时间表述恰恰表达了个体的精神感受和价值确认。路遥在中国改革开放发展进程的链条上，以传统的叙事时间体系，描绘出不同地域不同阶层普通民众在历史发展中的命运遭际、文化心理层面的起伏变化，亦全面勾勒出社会发展的总体态势，探索社会主义发展中的实践经验，展现改革中的壮阔图景。

二、时间标记：触摸现代性的时间矛盾

从路遥的创作随笔《早晨从中午开始》中可以发现，他对小说的整体时间架构是有充分规划和设计的。路遥小说有两种时间形态，一种是传统的乡村时间，另一种是城市的现代时间，前者遵循自然规律，有一定的模糊性；后者与现代性相关，以精确的时间刻度记录现代化进程。二者在小说中并行不悖，统一于路遥精心设计的时间体系中。

---

① 路遥：《早晨从中午开始》，《路遥全集》，北京十月文艺出版社2013年版，第118—119页。

中国传统社会是以农耕文明为基础的，中国人的时间观念也是在漫长的农业生产中形成的。居于乡间的农民，他们固守先民总结和流传下来的二十四节气，通过这种古代就已形成的指导农事的补充性历法和对气候的判断，进行农业活动和生命活动。春播、夏种、秋收、冬藏是最常见的农事耕作规律，符合季节的轮回和生命发展的周期。中国乡村普遍的自然时间观念，是一种传统的生态时间，以节气、季节、自然现象、日常生活事物等指代时间点。路遥惯常用节气作为故事发展中的时间标记，比如惊蛰、清明、芒种、夏至、小暑、大暑、立秋。小说也提到一些传统节日，如春节、中秋节、元宵节，用以标记故事的发展和延续。季节的自然更替在小说中着墨较多，自然季节往往被赋予特殊的时代意义。路遥小说的乡村时间打上了深刻的生活烙印，例如，"太阳已经快要落山""冬天农闲的时候""直到掌灯时分""小寒前后"等。或是以现在为界，"前年冬天""大后天"等，这样的表达符合人们的日常生活习惯。传统的时间形态是周而复始，舒缓流淌的，如蜿蜒曲折的河水。其时间表述带有模糊性，缺乏现代时间的精准性。

小说开篇即出现一个时间点。"一九七五年二三月间，一个平平常常的日子，细蒙蒙的雨丝夹着一星半点的雪花，正纷纷扬扬地向大地飘洒着。时令已快到惊蛰，雪当然不会存留，往往还没等落地，就已经消失的无踪无影了。"① 从路遥的回忆中可知，小说开篇经历三天的反复修改，他认识到"不仅开头要平静地进入，就是全书的总布局也应按这个原则来"。其中的1975年是确定年份，是作者深思熟虑后选取的故事发生的起始时间点，既指涉过去，也开启未来。以阶级斗争为纲的政治斗争逐渐向以经济建设为中心的方向转变，在这一过程中，必然涉及各阶层人物心态、命运的转变，孙少平、孙少安、田晓霞、田福军正是这一时期以来体现时代精神的人物。《平凡的世界》第一部的前三十四章内容基本都发生在1975年。"二三月间"是模糊的时间标记，"一个平平常常的日子"更是比月份更不确定的日期，时令已经是惊蛰前后。故事的开始时间设定在冬春之交，"严寒而漫长的冬天"以及"真正温暖的春天"意象暗示了时代气候。这里作者对时间有意做了虚化和模糊的处理。给读者留有自由的想象空间，也呼应"平凡"的主题。

如果说中国传统的时间具有自然性和模糊性，那么现代机械时间则精准地记录时间的流逝。尽管钟表可以帮助我们精确地检测人类社会的发展进程，但人们的感知和感受仍倾向于传统时间。对于中国乡村来说，乡民是按照传统的时间来过日子。走近一部小说，意味着走入一段历史，不能回避的就是中国现代性的重要问题之一，即时间。现代性亦是一种时间观念，这种时间可以调控现代精神的中枢。在

---

① 路遥：《平凡的世界》第一部，《路遥全集》，北京十月文艺出版社2013年版，第3页。

《平凡的世界》中,路遥以纪年时间形式表达中国当代历史发展中的时间形态。他多习惯在每章开头以公元纪年和季节变化的方式表述故事情节的发展,用"从一九七八年到现在""一九七九年,农历有个闰六月""时间大踏步地迈进了一九八〇年"等表述方式标识故事的连续性和完整性。如汪晖所言,"未来已经开始了的信念。这是为未来而生存的时代,一个向未来的'新'敞开的时代。这种进化的、进步的、不可逆转的时间观不仅为我们提供了一个看待历史和现实的方式,而且也把我们自己的生存和奋斗的意义纳入这个时间的轨道、时代的位置和未来的目标中。"① 对于省委书记乔伯年的出场,路遥不惜笔墨刻画。乔伯年是小说中几个政治人物中形象鲜明的一位,他的到来恰逢其时,走访基层,体恤民众,有魄力有正气,他主持工作时解放思想,顺利推进改革工作。

路遥小说的主题,涉及传统乡村的现代性发展和转换。《人生》中的高加林走出乡村,在城市深受打击,又回到养育他的黄土地。《黄叶在秋风中飘落》中的刘丽英,抛夫舍子,费尽心机嫁给有权有钱的局长,不出半年幡然醒悟,又回到自己的丈夫身边。路遥笔下的人物以理想的追求去顺应时间的轨迹和时代的节奏,而在时间的发展进程中,他们并不能挣脱土地实现愿望,反而被命运裹挟而身不由己。路遥思想中的悖论逐渐清晰,一方面他有深刻的根性意识,另一方面现代城市能为青年提供更广阔的舞台,进不去的城和回不去的乡,面对现代性的矛盾和困惑,路遥式的理想和道德或能弥合其中的裂隙。直面乡土中国的现代化进程,在这一时空轨道上,如何选择人生,如何安放灵魂,路遥把发展变革时期人们的物质和精神向度的挣扎与矛盾表现得十分到位。

朱水涌指出,"与'五四'新文学呼唤、追赶现代性的时间诉求不同,新中国成立后的当代文学更表现出一种现代性的空间焦虑。"② 20 世纪 80 年代中期出现的"寻根文学",转向和回望传统,企图走出时间现代性诉求。90 年代以后,现代性从线性的历史进程中被提取,显示出空间的游移和焦虑。路遥清醒地直面历史和现实,在 20 世纪 80 年代的历史场域中克服了普遍性的"空间焦虑",发现并命名了"城乡交叉地带"这样容易被忽略的时空范畴。当孙少平离开双水村来到他想象中"外面辽阔的大世界","他恍惚地立在汽车站外面,愕然地看着这个令人眼花缭乱的世界",这一刻,孙少平触及了现代化进程中的时间矛盾。他身后的双水村平静而缓慢,他眼前车水马龙的黄原城让他惶恐无助。当现代化的步伐加速前进时,路

---

① 汪晖:《死火重温》,北京人民文学出版社 2000 年版,第 4 页。
② 朱水涌:《现代性的空间焦虑——中国当代文学六十年的一种精神状态》,《厦门大学学报》(哲学社会科学版) 2009 年第 6 期。

遥的小说在道德、伦理和情感层面保持传统性，体现出稳性。

三、"整体性"时间观：协调个体和时代的平衡

路遥认为，"为了使当代社会发展中某些重要的动向在作品里得到充分的艺术表述，应该竭力从整体上的各个方面去掌握生活，通过塑造人物（典型），把我们时代最重要的社会的、道德的和心理的矛盾交织成一个艺术统一体。"① 路遥小说中的时间观念也体现出"整体性"特点，小说中主要人物的个人成长时间镶嵌在社会历史时间的长河中。杨义指出："西方小说往往从一人一事一景写起，中国小说则往往首先是一个广阔的超越的时空结构。"杨义先生认为中国的小说体现"时间整体性思维"，西方小说则体现"个体性的思维"。②《平凡的世界》是典型的大河结构模式，体现了"时间整体思维"。在时间的流逝中，作品以人物的典型扎实、时代的深广内容以及真挚浓郁的情感，连同人物命运与社会主题的巧妙融合形成了巨大的感染力和生命力。作品所体现的时间观念是带有集体的、共性的历史时间，反映时代观念。

《平凡的世界》第二部一开始，有一段对乔伯年的描写。"其实他已经五十八岁了。他原来的身体倒不像现在这样瘦削——当年曾经像运动员一样健壮哩。可惜一副好身体在'文革'的牛棚和监禁中耗费了大半。唉！那时间，他本以为自己的后半生就要在'牛圈'里窝囊地结束了，而不能再出去为人民拉犁耕地。谁能想到，在他接近花甲之年，中央却把这么重大的责任交给他来担当。"③"那时间"里包含着乔伯年深深的感情，既惋惜又悲壮。他的生命时间已经与人民的时间紧密连接在一起，被作家路遥赋予了时代意义。乔伯年站在除旧布新的时代转折点上，感受到自己肩负的重任，唤起了他老当益壮的激昂斗志，五十岁是他人生的又一个新的开始，"他自信他的生命还具备最后的爆发力！"从小说中可以看到乔伯年密集的工作行程，第一天上午到达开始考查农业科研中心，晚上开了半晚的会，开完会失眠了很长时间，第二天准备返回省城解决紧迫问题，推迟到下午才回来。新的岗位唤起乔伯年时不我待的紧迫时间意识，个人的生命已经完全融入时代的洪流中。

孙少平的个体发展史是深深嵌植入时代发展进程中的，以孙少平为代表的

---

① 路遥：《早晨从中午开始》，《路遥全集》，北京十月文艺出版社2013年版，第588页。
② 杨义：《中国叙事学》，《杨义文存》第一卷，人民出版社1997年版，第130页。
③ 路遥：《平凡的世界》第二部，《路遥全集》，北京十月文艺出版社2013年版，第5页。

"个人奋斗者"是一个时代此类群体的剪影,也是城市化发展进城中的一分子。孙少平的现实成长融入时代发展的洪流中,是特定时代造就的奋斗者的"标本",他的个体生命时间是带有深刻的历史时间的烙印,而历史时间包含作家对社会历史和现实生活的感知和理解。历史时间体现社会生活的变化以及个体生命和价值意义,时间本身的社会意义得以凸显。巴赫金认为,历史时间是比自然时间更成熟的一种文学时间形态,历史时间的出现,表明小说中的时间具有了独立和实质性的意义。历史时间的复杂而可见的特征是人们创造能力的可睹结果、人的双手和智慧的结晶。社会矛盾揭示得越深刻,可见的时间圆满程度就越现实亦越广阔。

路遥说:"所谓当代性……对于一个作家来说,既是历史,又是未来。"[①] 路遥的小说有宏大的体量,作家站在时代的高度,高瞻远瞩,把握时代走向,做出大胆预判。小说中多次借用自然气候变化隐喻时代变化和小说人物的命运变化。小说第一部第一章的开始段落写道:"黄土高原漫长而严寒的冬天看来就要过去,但那真正温暖的春天还远远的没有到来。""严寒""春天"显然喻指过往的"文革"以及即将迎来的新时期,同时为下文的叙述奠定基调。《平凡的世界》第一部中,路遥多以时间和季节的转换为节点。第三十二章开篇:"辽阔的黄土高原在凛冽的寒风中进入了一九七六年。"在这样严寒的日子里,原西县农业学大寨如火如荼地进行,短短俩月成绩突出。第三十五章描写田润叶失恋后的低落心情,"大自然不管人间的喜怒哀乐,总是按它自己的规律循序渐进地变换着一年四季。""一九七六年的春天随着惊蛰第一声雷响,就如期地来到了黄土高原。"润叶得知少安即将和山西姑娘成婚,备受打击,这是她人生的一个惊雷,令她错愕和措手不及。

路遥具有深刻的历史意识,他严肃地对待历史和现实,作品追求能反映社会的深度和广度,结合社会中的个性和普遍性。他认为"作家的劳动绝不仅是为了取悦于当代,而更重要的是给历史一个深厚的交代"。路遥对自己的人生设定相当清晰,从他的系列随笔中可以看到,后世对他个人形象的解读,并未超越路遥的自我设定。他对自己人生价值的定位以及对于文学作品的崇高追求,都充满了时间的紧迫感。写作,也是作家与自己的生命在赛跑。"他的创作成就,得改革开放之滋养,而他的思考和他的文本,是一个形象的标本,是改革开放这一时代命题的形象践行和展开。"[②]

对路遥小说时间意识的剖析,即是对他写作方式和时代精神的审视,揭示的是

---

① 李星:《在现实主义的广阔道路上——路遥论》,《文学评论》1991年第4期。
② 李国平:《一个作家与时代的命题》,《文艺报》2018年12月12日,第002版。

特定的历史场域和隐含的深刻矛盾。路遥的小说从广阔的社会生活、开放的时空结构以及充满问题性的改革进程中生成一种深刻的当代意蕴。其小说从时间形态来看都是面向未来的诗意敞开。路遥的可贵之处在于,他触碰到现代化进程中的时间矛盾,却能将个体的生命节奏和社会历史发展高度和谐地融合在一起。当现代化的步伐加速前进时,路遥的小说在道德、伦理和情感层面保持传统性,体现出稳性。路遥的时间意识融于他对文学和时代关系的感知和体验中,一位作家与时代保持了同频共振的关系,他也必将被时代和人民铭记。

为"改革先锋"路遥而歌

榆林市路遥联谊会副会长　王志强

今年是中华人民共和国成立七十周年,也是路遥七十周年诞辰。2018年12月18日,中共中央、国务院在北京召开了改革开放四十周年庆祝大会,大会上授予路遥"改革先锋"的光荣称号,其授奖词是:"鼓舞亿万农村青年投身改革开放的优秀作家。"在全国百名授奖人员中,文学界唯有路遥和蒋子龙获此殊荣,这是中共中央、国务院对两位作家的最高赞赏,值得祝贺!

作为延安大学中文系七三级路遥的同班同学,我为路遥的这个崇高荣誉而深感自豪,同时亦深感这是母校的骄傲!是母校培养出了这样一位优秀学生,是母校培养出了这样一位伟大的作家!在路遥逝世二十六年之后,能获得如此崇高的荣誉,委实让我欣慰,让我庆幸。这个荣誉对路遥而言确实是实至名归,理所当然。

综观路遥获得文学大奖的《惊心动魄的一幕》《人生》和《平凡的世界》等作品,我们可以看出他对改革开放所做出的贡献是无法估量的。他的每一部作品都是励志的,鼓舞人心的。他在《平凡的世界》里说:"什么是人生,人生就是永不休止的奋斗!只有选定了目标,并在奋斗中感到自己的努力没有虚掷,这样的生活才是充实的,精神也会永远年轻!"这就为青年人树立正确的人生观指明了方向,同时,表明了为自己的理想和目标而坚持不懈的奋斗精神!成功的企业家马云和潘石屹,每当他们在前进的道路上遇到困难或挫折,就阅读路遥的著作,从中找到克服困难,实现伟大奋斗目标的精神动力。正因为如此,路遥的《平凡的世界》在近年"全国国民阅读调查"中连续排名榜首。

习近平总书记说:"幸福都是奋斗出来的!"我们从《习近平的七年知青岁月》和《梁家河》中找到了总书记的奋斗史和他的人生观的逐步形成过程。我们再看路遥《平凡的世界》里对人生观的具体表达:"生活不能等待别人来安排,要自己去争取和奋斗;而不论其结果是喜是悲,但可以慰藉的是,你总不枉在这世界上活了一场。有了这样的认识，你就会珍重生活，而不会玩世不恭；同时，也会给人自身注入一种强大的内在力量。"路遥的优秀作品《人生》《平凡的世界》和其创作随笔《早晨从中午开始》，我们可以看出他的作品里放射着敢于担当、勇于奉献的思想光芒！在他的作品里所塑造的主人公高加林、孙少安、孙少平等典型人物，无不成为广大青少年为实现自己美好理想而奋斗的学习榜样，进而使路遥成为他们人生道路中的偶像，成为鼓舞亿万农村青年投身改革开放的一面旗帜！

路遥在第三届茅盾文学奖颁奖仪式上的致词说："人民是我们的母亲，生活是艺术的源泉。人民生活的大树万古常青，我们栖息于它的枝头就会情不自禁地为此而歌唱。"路遥的伟大作品已然成为为人民而歌，为祖国而歌的绝响。路遥的文艺思想处处闪耀着毛泽东和习近平文艺思想的光辉。习近平同志几次重要会议都讲到路遥，表扬路遥是深入生活、扎根人民的艺术家。

路遥离开我们二十七年了。二十七年来，作为路遥的同班同学，作为路遥的追随者和宣传者，我为逝去的路遥做了许多工作。先后撰写了悼念、回忆性的文字二十多篇（首），其中刊发于《陕西日报》七篇；《延安文学》《报刊荟萃》各一篇，《榆林日报》及榆林各报纸杂志二十余篇。我所记忆的东西基本上是路遥在大学里的一些学习生活片段，真实地反映了路遥的大学生活。其中《路遥在延大的日子》，《陕西日报》发表后我将报纸捐赠于清涧县路遥纪念馆，纪念馆将报纸原文放大，制作成展板，放在《路遥的大学时代》部分的前头，同时为纪念馆捐赠了照片和《组歌·我们生活在杨家岭》歌谱复印件等展品。2011年12月3日，受邀参加了"路遥纪念馆"开馆仪式；2012年12月2日，受邀参加了在北京由倪萍主持的纪念路遥逝世20周年座谈会，并在会上发了言。此后，榆林路遥文学联谊会选举我为副会长，多次策划组织了"纪念路遥"征文竞赛活动；多次为榆林和榆阳电视台和广播电台做路遥文化访谈节目；2017年11月在榆林学院、路遥文学联谊会、翰墨玉道书院联合组织的路遥经典大型朗诵演出中，自编自演了情景剧《听爷爷讲路遥的故事》，饰演了该剧主角；2018年春，受邀于榆林学院，为文学院学生做了《奋斗者的足迹——路遥和我们的大学生活》的文学讲座；11月荣幸地受母校梁向阳院长的邀请，回校为文学院的同学们做讲座；2019年，应邀以"改革先锋路遥事迹报告会"的形式分赴各地、各机关学校做报告，先后在榆林、米脂、子长、靖边等地做演讲，截至目前已达十五次，将"像牛一样劳动，像土地一样奉献"的路遥精神做以传承并发扬光大。

近日，新华出版社致函延安大学及申沛昌老校长："路遥先生是我国著名作家，具有巨大影响力，堪称一代文学巨匠。大学时代是路遥人生的重要驿站，在此，路遥获得了一次全面的休整、梳理与锤炼，文学素养得到了极大提高，从而开始真正走向全国文坛，直至成为一代文学大师。为此，新华出版社拟组织出版《路遥的大学时代》一书，对进一步宣传改革先锋路遥的先进事迹，帮助广大读者进一步了解路遥在大学时期的学习与生活，路遥怎样步入文学殿堂，为创作文学巨著打下坚实基础，怎样深入社会实践以及该书的问世将对读者理解和读懂路遥有极大的帮助，对后来者有极大的激励作用，对路遥研究有深刻的启迪意义。"为此，延安大学召开了"回忆路遥的大学生活"座谈会，召集中文系七三级和七四级两个班三十八名同学回母校，共同追忆路遥与我们同窗时的大学生活。我班七三级的同学张子刚、王志强、王双全、高其国、许卫卫、常巍和七四级韩亨林、樊高林等同学先后发了言。共同回忆路遥在校期间就勤读书、勤写作、勤思考、勤体验。他阅读了大量中外文学名著并不断进行文学创作，不仅自己满腔热情地进行创作，而且鼓励和帮助同学们共同读书创作，组织全班同学创作印制了诗选《烈火熊熊》，集体创作了《组歌·我们生活在杨家岭》等大量的优秀文学作品。路遥不仅酷爱读书写作，还非常喜欢音乐，他求王志强教他吹笛子，他的男中音演唱韵律规范，声音厚重。他说他最喜欢我们民族的东西，经常哼唱的陕北民歌《上河里鸭子，下河里的鹅》，被他改编为电影《人生》主题歌《叫一声哥哥你快回来》。路遥不仅极具文学家的才华，还极具政治家的才华，他的生命虽然短暂，但并不平凡，充满了政治热情，不断攀登人生的高峰。他用"像牛一样劳动，像土地一样奉献"的格言，激励自己不断奋斗，不断前进；他的作品鼓舞着一代又一代中国青年奋发向上、砥砺前行！会议上同学们的追忆发言，受到了新华出版社和延安大学领导的高度评价。

  会后，路遥的同窗好友，纷纷拿起笔，撰写回忆文章，创作文艺作品，为七三级的老班长——"改革先锋"路遥而放声歌唱！

  在新时代中国特色社会主义建设进程中，我将不忘初心，牢记使命，传播路遥文化，弘扬路遥精神，不遗余力地为深入宣传和研究路遥做出更大的贡献！

作为对应物的爱情
——路遥小说的爱情模式及其人文功能

海南师范大学文学院　姜　岚

爱情是文学最重要的母题。路遥在描写知识青年的人生奋斗和命运归宿时，总要写到他们的爱情。路遥小说的文学性在很大程度上来自爱情描写。路遥写这些农村出身的知识青年的爱情，有一个基本的模式，那就是，与他们发生爱情的，一定有城市知识女性，且多半是他们的高中同学，最典型的是高加林与黄亚萍（《人生》），孙少平与田晓霞（《平凡的世界》）。有的没有发展为情爱关系，只是情感纠葛，但也会是城乡缘，如马建强与吴亚玲（《在困难的日子里》），高广厚与卢若琴（《黄叶在秋风中飘落》）。它们的共同特点是，苦出身的农村青年，赢得了家境好的城里姑娘的欣赏或爱。这些异性情感纠葛的另一个特点是，它往往是以三角恋的关系出现。最后，这些爱或情，都带有悲剧色彩。

路遥热衷于城乡恋，与他自己的爱情经历有关系。乡村出身的路遥，年轻时在县城里先后两次追求的姑娘，都是北京知青，最后与之结婚的是第二次追的北京知青。[①]我们无须猜测这位陕北青年当年追求北京姑娘的情爱心理，只要看看他在小说里设置的一对对城乡之恋，而且总是让主人公以超越其出身的气质、才情和奋斗精神吸引了城里的优秀女性，就知道路遥是如何把异性之爱看作人生的证明，用跨越社会阶层的性际沟通来表达对生命平等的诉求，用爱情的悲剧美感来抚慰备尝艰

---

① 晓雷：《男儿有泪》，收入马一夫、厚夫、宋学成主编《路遥纪念集》，人民文学出版社2007年11月出版，第122—142页。马一夫（马泽）、厚夫（梁向阳）还对"回乡青年"路遥当年追求北京来的"插队知青"的情爱心理进行过分析，说："'插队知青'与'回乡青年'的巨大反差，强烈地刺激了回归土地的路遥与他的同类，也激起了路遥们冲决土地的束缚，改变自己命运的抗争情绪；来自城市的女知青，也自然成为幻想浪漫爱情的路遥们追求的对象。"（马一夫、厚夫主编：《路遥研究资料汇编·前言》，中国文史出版社2006年版）这里的分析还没有指出这种低追高的爱情追求的深层心理原因。

作为对应物的爱情
——路遥小说的爱情模式及其人文功能

辛的人生。路遥小说的爱情描写还寄托了对女性的道德理想和人格期待。这种理想的表达，体现了浸浴过黄土文化而又受到现代文化熏陶的作家路遥的复杂的女性观。

一、城乡关系中的爱情

路遥小说中的优秀农家子弟，靠着学习上的天分，在进入城市新的生活环境后，首先感到困扰甚至痛苦的，是农村的经济贫困带给他们的窘迫与寒酸，具体表现在最基本的生存需要吃和穿方面。由于缺吃少穿，生活条件就与身边的同学特别是城里的同学，形成明显的差距，在开始懂得注意形象的年龄，乡村的物质贫困却通过食物的匮缺与衣着的寒碜明确地写在他们青春的身体上，昭告着经济地位的低下，一种不平等的关系就在同学与同学之间建立起来，无形中使贫困出身的学生受到不公正的社会评价，这对于处在敏感的青春期的高中生来说，是莫大的精神打击。人有自我意识就需要社会评价，这是自我认同最真实的含意。所谓自尊心受到伤害，就是社会评价因自身以外的原因而被严重降低，它是环境对象对主体价值的错误否定。无法由自己选择的出身和经济地位，就是这些农村学生被评价时的自身以外的因素。自卑会带来过度的自尊。所谓自尊心的过度表现，就是主体强烈要求外界排除自身以外的因素，根据自身条件重新做出评价。对社会评价的期待，也是人的本质力量的对象化，是自我生命价值的实现。人的价值实现有多种方式和途径，但是爱情无疑是最重要的形式。因为在双边的情爱关系中，通过对象被确证的正是主体自身的价值，包括作为核心价值的男人作为男人、女人作为女人的性别价值。路遥小说里的青年主人公，后来都是通过爱情来走出困扰的，异性的热烈的爱对他们自身的价值做了最好的肯定。当然，他们并没有真正走出人生困扰，因为农村出身的阴影总是伴随着恋爱过程。路遥小说的爱情模式，与农村出身的知识青年的自我实现需求构成了对应关系。

在路遥的小说里，农村出身的优秀知识青年，虽然出身贫寒，经济困窘，无论在学校还是走到社会上，都处于艰难的境地，但是他们却能赢得家在城里的女同学的青睐，多半还发展为爱情，如高加林和孙少平。爱情突破了城乡的界限，其内在的力量是生命自身的魅力，即这些农村青年身上的不凡气质和抗争命运的力量。爱情的产生，首先是自然性的，其次才是社会性的，即爱情是以性的吸引为基础，接着才是对社会因素的综合考虑。高加林和孙少平能够吸引黄亚萍这样的聪明美丽而又开朗大方的干部子女，首先凭的是自身先天条件——年轻英俊和不同一般的气质，即男性美。小说有很多这样的描写。如写高加林：

他……是很健美的。修长的身材，没有体力劳动留下的任何印记，但又很壮实，看出他进行过规范的体育锻炼。脸上的皮肤稍有点黑；高鼻梁，大花眼，两道剑眉特别耐看。头发是乱蓬蓬的，但并不是不讲究，而是专门讲究这个样子。他是英俊的，尤其是在他沉思和皱着眉头的时候，更显示出一种很有魅力的男性美。①

这正是他被农村姑娘刘巧珍热烈爱恋，也让城市姑娘黄亚萍动心的身体基础。在学校里黄亚萍对高加林说他有气质，其实这是对高加林的混合进了文化知识和思想才情的男性特征的赞美。虽然因为同班学习的时间不长，他俩没有发展为爱情关系，但高加林的男性魅力已经在这个城市姑娘的内心刻下了很深的痕迹。后来高加林意外进城当了干部，并大展才情，搅起黄亚萍回忆和激起她想象的还是高加林的男性美："她现在看见加林变得更潇洒了：颀长健美的身材，瘦削坚毅的脸庞，眼睛清澈而明亮，有点像小说《钢铁是怎样炼成的》里面保尔·柯察金的插图肖像；或者更像电影《红与黑》中的于连·索黑尔。"② 这种男性美是黄亚萍这个富有好奇心的城市知识女性难以抗拒的，她不顾一切地坚决同已经确定关系，而且家庭条件比高加林要好得多的另一位同班同学张克南断绝恋爱关系，而同高加林开始真正的恋爱。张克南在男性气质方面，远远比不上高加林，所以他家庭条件再好，经济地位再高，也不能赢得黄亚萍的心。

男性美是外表美与内在美的统一，这种统一的美具有更强的征服力，孙少平身上具有的就是这样的美。城里的干部子女田晓霞在学校里感受到他身上独特的"气质"，并拿他与她的堂哥田润生相比，明确地扬此抑彼。但田晓霞一开始只是直觉地感到孙少平气质不凡，根本就没有想到会与孙少平建立恋爱关系，孙少平更是不敢奢望高攀田晓霞，他们实在太门不当户不对了。然而，在黄原城意外重逢后，地委书记的女儿大学生田晓霞与揽工汉孙少平在更大的社会差距上开始交往，竟然发展成十分深刻的恋情。而发生变化的契机，是晓霞被孙少平抗御苦难的男子汉性格所震撼。一次田晓霞怀着好奇心，跟来黄原的少安一起去探访住在工地的少平，意外地发现了少平的秘密，原来他住的地方是那样差，他正在经受的磨难是那么大，他身上的创伤那么严重！晓霞和少安好不容易摸到少平住的建筑中的楼房门口，他们不由自主呆住了，看到的是：

孙少平正背对着他们，趴在麦秸秆上的一堆破烂被褥里，在一粒豆大的烛光下聚精会神地看书。那件肮脏的红线衣一直卷到肩头，暴露出了令人触目惊心的脊背

---

① 路遥：《人生》，《路遥文集》第4卷，人民文学出版社2005年5月版，第13页。
② 路遥：《人生》，《路遥文集》第4卷，人民文学出版社2005年5月版，第110页。

作为对应物的爱情
——路遥小说的爱情模式及其人文功能

——青紫黑癜，伤痕累累！①

这伤痕累累的年轻男子的背脊，是生命意志和男性强力的血泪书写，是受难者对同情与爱的无声呼唤，它让晓霞感到无比的震惊。从孙少平的身上，田晓霞理解了什么是真正的男子汉：困难打不倒的人才是真正的男子汉，男子汉主要应该是一种内在的品质。思想性格不同流俗的田晓霞终于找到了自己的"对应物"，对孙少平产生爱情。获得爱情的孙少平，后来当了煤矿工人，在深深的矿井里挖煤，条件的险恶和劳动的艰苦，不亚于在黄原背石头，还时时有生命危险。大学毕业在省城当记者的晓霞，借采访机会到煤矿看望自己的恋人少平，特意随他下井，惊讶于他是怎样在一个令人胆战心惊的地下世界里与困难、紧张、劳累和危险搏击，再一次受到震撼，也再一次感受到了那些生活在条件优越的环境里的人无法相比的男子汉品质。"在她迄今为止的生活范围内，她感到只有少平哥具备她所要求的男人的素质。是的，他许多方面都无法和优越的顾养民相比。他没有上大学。他是煤矿工人。但他强健的体魄，坚定深沉的性格，正是她最为倾心的那种男人。"②

孙少平和高加林这些农民子弟，靠自身禀赋即男子汉品质打败了城里人，③ 获得了城市女性的爱情，这是对他们自身价值的最好的认可，但何尝不是对人生缺失的补偿。城乡二元社会形成的排斥机制，不给他们施展抱负的机会，既然如此，在爱情里把自己对象化，自身的优势在异性那里得到认可，受伤的心在女性的温情里得到抚慰，便是生命更深刻的体验，也是人生最难忘的记忆。由于生存地位的悬殊，孙少平经常不敢相信他一个掏炭工与一个省报记者的爱情能够成真，他不敢想象他们的结局，但是他仍然感到满足：

当他第一次拥抱了田晓霞，并且亲吻了她，饱饮了爱的甘露，立即觉得"他的

---

① 路遥：《人生》，《路遥文集》第 4 卷，人民文学出版社 2005 年 5 月版，第 344 页。
② 路遥：《平凡的世界》，《路遥文集》第 3 卷，人民文学出版社 2005 年版，第 399 页。
③ 《平凡的世界》里，孙少平在金秀和顾养民之间也构成了一个三角恋爱关系。考上省医学院的金秀，本来已与她哥哥的高中同学、比他先考进省医学院上学、现在已经考上了研究生、风度和学识俱佳的城市青年顾养民的恋爱，但爱情的火燃烧一些时候之后，金秀渐渐感到他们之间有某种不和谐的东西，金秀觉得太学者气的顾养民缺少男性气质，而她"需要一个性格刚健的男友"。晓霞牺牲后，金秀去医院护理在煤矿井下舍己救人受伤住院的孙少平，金秀才突然发现跟她家兄妹多年来一直亲密无间的少平哥，"他强健的体魄，坚定深沉的性格，正是她最为倾心的那种男人"，"在她迄今为止的生活范围内，她感到只有少平哥具备她所要求的男人的素质"。她热烈而痛苦地爱上了少平，主动向她求爱。出身于知识分子家庭，又上过大学，各方面条件都比当煤矿工人的孙少平优越得多的顾养民，在靠自身男性气质吸引异性方面，却比不过孙少平。（参见路遥《平凡的世界》，《路遥文集》第 3 卷，人民文学出版社 2005 年版，第 399 页）路遥小说中的城乡三角恋，往往是农村女性比不过城市女性，而城市男青年比不过农村男青年。

青春出现了云霞般绚丽的光彩。他真切地感受到了什么是幸福。幸福！从此以后，他不管他处于什么样的境地，他都可以自豪地说：我没有白白在这人世间枉活一场！"①

对他这样的被社会抛弃的人来说，爱是对失意人生最后的拯救："哪怕他今生一世暗淡无光，可他在自己生命的历程中，仍然还有值得骄傲和怀恋的东西啊！而不至于像一些可怜的乡下人，老了的时候，坐在冬日里冰凉的土炕上，可以回忆和夸耀的仅仅是自己年轻时的饭量和力气……"② 爱情确证人生的人文功能在这里显然被扩大了，它恰恰说明被确证的主体对自己没有信心。爱情毕竟只是生活内容的一部分，再说爱情就是爱情，并且千差万别，并没有太多男女结合以外的意义，即使有意义，也各不相同。路遥把爱情模式化，并赋予它比较一致的功能，这说明路遥所着力刻画的精神的强者，并没有走出社会分层给他们造成的阴影密布的心狱。孙少平真真切切地得到了田晓霞的爱，但他却暗地里自我折磨，对爱的心灵体验一会儿飞到云端，一会儿跌进深渊，担心社会地位的差异迟早让爱情夭折。他害怕这样的结局，而提前做了脱逃的打算，以免到时候承受不了那样的打击。爱越是给他无与伦比的幸福，让他心花怒放，他越觉得爱就像梦幻：

是的，梦幻。一个井下干活的煤矿工人要和省城的一位女记者生活在一起？这不是梦幻又是什么！凭着青春的激情，恋爱，通信，说些罗曼蒂克和富有诗意的话，这也许还可以，但未来真正要结婚，要建家，要生孩子，那也许就是另一回事了！

唉，归根结底，他和晓霞最终的关系也许要用悲剧的形式结束。这悲观性的结论实际上一直深埋在他心灵的深处。可悲的是：悲剧，其开头往往是喜剧。这喜剧在发展，剧中人喜形于色，沉湎于绚丽的梦幻中。可是突然……③

他为此经常忧心忡忡，越考虑他们之间的差距，越觉得与晓霞"是不可能在一块生活了"。晓霞"将永远是大城市的一员"，而他自己绝不可能生活在她那个世界。现实中的孙少平很强大，再重的担子也扛得起，但在爱情中，一句话也能把他压垮。晓霞在信中提了一句报社里有年轻同事（有高干家庭背景自己又是大学毕业的高朗）对她有好感，他感觉天塌了下来，马上陷入绝望，痛不欲生，暴露了他脆弱的一面。恋爱心理的真实刻画，折射了社会压抑机制下底层人的生命情态。

---

① 路遥：《平凡的世界》，《路遥文集》第 2 卷，人民文学出版社 2005 年 5 月版，第 407 页。
② 路遥：《平凡的世界》，《路遥文集》第 2 卷，人民文学出版社 2005 年 5 月版，第 402 页。
③ 路遥：《平凡的世界》，《路遥文集》第 3 卷，人民文学出版社 2005 年 5 月版，第 54 页。

二、农村女性的爱情悲剧

路遥写爱情，涉及城乡两个生存世界里的女性。作家处理这些爱情中的女性有一个特点，即城市女性作为乡村英俊的愿望对象突出了她们的现代性格，而农村女性则被塑造成民族传统美德的化身①。这里略加考察，前者仍以黄亚萍、田晓霞为例，后者以刘巧珍为中心。

《人生》描写城乡交叉地带的爱情，具体写两类女性，即农村女性和城市女性，与一个有着双重身份的知识青年的情感纠葛。轴心人物是高加林，与她发生纠葛的分别是农村女性刘巧珍和城市女性黄亚萍。这是一个三角关系，三角关系在这里有象征意味，寓含了城乡交叉的文化地带和社会的转型时期矛盾冲突的复杂性，以及人生选择的困难。

高加林这个城乡交叉地带的主角，面临的选择首先是对人生归属的选择，也就是做一个城里人还是做一个乡里人。由这一选择便连带出对爱情的选择，即是与一个没文化的乡下女子一搭过，还是跟一个城市里的现代女性共享文化人的现代人生。对于高加林来说，他的主观愿望是明确的，虽然他原先没料到日后会跟城里的黄亚萍恋爱，但他同样也没有想到自己会成为本村没读过书的刘巧珍的恋人。到城里受过现代教育，见了世面，一心向往大世界的高中毕业生，早就从心里告别了父辈们古老的乡村生活，他的梦想在远方。但他哪里知道，他自己却成了农村姑娘刘巧珍的对象，真个是他在桥上看风景，看风景的人在楼上看他。人生原来处在一种相对性的关系之中，局中人对它竟浑然不觉，其中的奥义局外人也难以索解。

在《人生》世界里的高加林，不像《平凡的世界》里的孙少平那样，需要女性的爱来证明自己——奔向城市在潜意识里是奔向一个梦中的女性，倒是不知不觉间被不同阶层的女性当作了愿望对象。就她和刘巧珍的关系而言，是刘巧珍主动闯进了他的生活世界，而不是他利用了巧珍。从后来巧珍遭到他的抛弃也不怨恨他可以看出，可怜的巧珍清楚，真正抛弃她的是命运，而不是她爱而不得的这个男人。

巧珍是路遥小说里最富有悲剧性的女性人物。她的悲剧在于她是爱情的牺牲品，在更深层次上，她是现代化进程下的传统道德的殉葬品。《人生》不是爱情小

---

① 路遥自己就把高加林在爱情选择上的变化，上升到"资产阶级意识和传统美德的冲突"。在他的心目中，传统美德存在与农村女性身上。参见路遥《面对新的生活》，载《中篇小说选刊》1982 年第 5 期。

说，然而它花了那么多笔墨来写巧珍的爱情，以及她在爱情中体现出来的传统美德，用以反衬高加林在人生选择上的失误和道德缺失。但由于作家在这一乡村女性身上寄托了太多的审美理想和对乡村失据的忧思，巧珍的爱情悲剧就有了道德训诫之外的意义。同时，由于凸显了汉民族民间精神的丰富性，巧珍自身的人生悲剧更具有独立的审美价值。

巧珍是高家村"二能人"刘立本的第二个女儿，"漂亮得像花朵一样"，"看起来根本不像个农村姑娘"，是"川道里的头梢子"，被誉为"盖满川"。唯一的缺憾是，她的有钱的父亲没有让她念书，害得她斗大的字识不了几升。然而这个没读过书的美丽的乡村女子，精神世界却让人想象不到地丰富。就像她"装束既不土气，也不俗气"一样，她对爱情的追求也有超越世俗的标准，而且一旦有爱便无比热烈、执着。更可贵的是，她有一颗无比美好而又善良的心。外表美和心灵美，是那么完美地在统一在她的身上，她宛然是美的化身。没有文化的确是她的缺憾，但正因为有缺憾才显出她的美，就像断臂的维纳斯一样。没有文化，是生活世界里的巧珍爱情不幸的根源。但是在艺术世界里，因为没有文化，巧珍在爱情追求中才绽放出她青春生命的全部美艳：

刘立本这个漂亮得像花朵一样的二女子，并不是那种简单的农村姑娘。她虽然没有上过学，但感受和理解事物的能力很强，因此精神方面的追求很不平常。加上她天生的多情，形成了她极为丰富的内心世界。村前庄后的庄稼人只看见她外表的美，而不能理解她那绚丽的精神光彩。可惜她自己又没文化，无法接近她认为"更有意思"的人。她在有文化的人面前，有一种深刻的自卑感。她常在心里怨她父亲不供她上学。等她明白过来时，一切都已经为时过晚了。为了这个无法弥补的不幸，她不知暗暗哭过多少回鼻子。①

没有读过书的人，一样有文化认同，一样有强烈的自我意识，一样有超越自我的愿望，这正是巧珍这一个性给我们的文化启示，是文学的属人本性带来的生活发现。与高加林一心走出农村，在事业追求中证明自己不同，意识到自己一辈子只能待在农村的巧珍，能够实现她的人生价值的只有爱情。"她决心要选择一个有文化，而又在精神方面很丰富的男人做自己的伴侣"，而对于山村就是她的全部世界的刘巧珍来说，高加林就是这样的男人。加林不仅有"潇洒的风度，漂亮的体形和那处处都表现出来的大丈夫气质"，并且，"吹拉弹唱，样样在行；会安电灯，会开拖拉机，还会给报纸上写文章哩！再说，又爱讲卫生，衣服不管新旧，常穿得干干净净，浑身的香皂味！"所以，"巧珍刚懂得人世间还有爱情这一回事的时候，就在心

---

① 路遥：《人生》，《路遥文集》第4卷，人民文学出版社2005年5月版，第27页。

作为对应物的爱情
——路遥小说的爱情模式及其人文功能

里爱上了加林",爱得那样深那样专一,这个多情女子完全憧憬在迷人的爱情里:"她曾在心里无数次梦想她和这个人在一起的情景:她把她的手放在他的手里,让他拉着,在春天的田野里,在夏天的花丛中,在秋天的果林里,在冬天的雪地上,走呀,跑呀,并且像人家电影里一样,让他把她抱住,亲她……"① 由于人类在历史进化过程中给男女赋予了不同的使命,社会把所谓事业更多地交给了男人,也因此只有女性才能把全副的身心都交给爱。刘巧珍爱高加林就是传统社会遗传下来的女性心景的充分表现。这个乡村女子对爱的炽热与真诚是不容怀疑的,但她的爱既不盲目也不功利,而是明智的选择。"就她的漂亮来说,要找个公社的一般干部,或者农村出去的国家正式工人,都是很容易的;而且给她介绍这方面对象的媒人把她家的门槛都快踩断了。但她统统拒绝了。"她要找的是真正"合她心的男人"。在她眼光所及的世界里,只有高加林是这样的人,"多年来,她内心里一直都在为这个人发狂发痴"。②

可以看出,巧珍对高加林的爱,含有文化崇拜的成分,文化崇拜来源于文化上的差距,也出自人格认同的需要。高加林还在城里读高中时,巧珍就偷偷地喜爱上了他。但是这是一种无望的爱,因为巧珍知道,读书的加林迟早要远走高飞,她不可能得到他。痴情的巧珍就这样被梦想和无望折磨着,而爱却是不可改变的。文化上的差距也使巧珍在所爱的人面前产生自卑感。自卑感一旦沉入潜意识,又成为寻求人格认同的能量,致使爱的欲求更加强烈,所以尽管"她的自卑感使她连走近他的勇气都没有","她的心思和眼睛却从来也没有离开过他"。就像城乡有别是高加林实现人生梦想的鸿沟一样,文化差距是刘巧珍实现爱情梦想的障碍。这一差距注定了她的爱情是一场悲剧,并且爱得越真挚越深沉,悲剧的色彩就越浓烈。

巧珍爱情的悲剧性首先在于巧珍对高加林的爱带有太强的主观性。巧珍明知他俩存在文化上的差距,但她以为靠自己的俊和对对方的爱,就可以赢得从高处跌下来的加林。殊不知作为有抱负的男性,高加林的精神世界是任什么样的爱情也填不满的,再美好的异性之爱,也不能抹去他的功名欲和功利心。高加林在沉沦中被巧珍大胆表白的爱情所感动,在不幸的时候得到了幸福,但他很快又产生"懊悔的情绪","后悔自己感情太冲动,似乎匆忙地犯了一个错误。他感到这样一来,自己大概就要当农民了"。③ 他认为自己是在"没有认真考虑的情况下"接受了巧珍的爱

---

① 路遥:《人生》,《路遥文集》第4卷,人民文学出版社2005年5月版,第28页。
② 路遥:《人生》,《路遥文集》第4卷,人民文学出版社2005年5月版,第28页。
③ 路遥:《人生》,《路遥文集》第4卷,人民文学出版社2005年5月版,第36页。

情,亲了巧珍的。他俩的爱缺乏基础,是不对等的。这样的爱,并不稳固。所以,进城之后,高加林与更有魅力的知识女性黄亚萍发生恋情就是正常的。他俩从高中同学时就相互欣赏,有共同的志趣和语言,性情相投,都喜欢浪漫,现在又不存在城乡差隔,更何况黄亚萍还能帮助加林实现进入大城市的梦想,因此,从思想与感情基础,到功利要求的满足,黄亚萍都比到了城里只知对爱人讲母猪下了几只小猪的刘巧珍更适合改变身份后的高加林。在功名欲的驱使下,本来就狠心的高加林,在道德与功利之间,毅然地选择了后者,完成了巧珍被抛弃的命运。高加林抛弃巧珍是必然的,因为他的归属应该是城市而不是乡村。跟巧珍是传统美德的化身相反,黄亚萍是城市和它象征的现代文化的化身。黄亚萍可以把高加林带去更远更大的城市,那里正是文化青年所梦想的远方。所以拥抱黄亚萍不只是爱欲的实现,也是男性占有城市的欲望的最后满足。

巧珍爱情的悲剧性还在于巧珍的爱情同时也是传统道德的牺牲品。没有读过书的巧珍,她的精神世界尽管丰富,但其主要内容不过是爱的幻想,也就是一心找个中意的人,把爱献给她,用她的美貌和她的心灵。与其说是想爱别人,不如说只想被别人爱。这是一种没有自我的、失去主体性的爱,是一种先爱人之忧而忧,后爱人之乐而乐的以彻底奉献为目的的爱情。巧珍为高加林所做的一切,都是为讨得他的喜欢,连穿着打扮也只为取悦于所爱的人,与旧时代的"女为悦己者容"没有区别。在两人的关系中,巧珍从来把自己置于依附性的地位,对于未来的婚姻生活,她最高的设计也无非是"将来你要是出去了,我就在家里给咱种自留地、抚养娃娃;你有空了就回来看我;我农闲了,就和娃娃一搭里来和你住在一起……"① 只要能和加林"一搭里过",她就实现了全部的人生愿望。以爱情为人生目的的巧珍,与以事业为人生目标的高加林,距离只能越来越远,他们的爱情从一开始就存在危机,于是巧珍只能用加倍的奉献去克服这样的危机,这是中国农村妇女失去自我主体性的悲哀。由于在爱情追求里包含有狭隘的自我认同的目的,巧珍对高加林的爱就没有任何回头的余地,就像箭射出去以后,箭弓可以转移到别的手里,而箭头只能朝着原来的目标飞去。高加林进城后有了新的人生目标,可以背叛她,而她只能为爱而牺牲自己。高加林找到新的恋人后,她忍痛把自己的身体嫁给了她并不爱的马拴,而把心仍然留在了高加林那里。当高加林再一次遭到人生的重创,落魄还乡,她为心爱的昔日恋人的不幸而彻心彻肺地疼痛。为了加林,身为人妇的她特地赶回娘家,不仅跪求姐姐不要伤害加林,还央求姐姐一起去找姐姐的公公高明楼,并在他的面前哭求,让他安排加林再去学校教书。在巧珍的心中,只有对加林的

---

① 路遥:《人生》,《路遥文集》第4卷,人民文学出版社2005年5月版,第76页。

爱,而没有自己和别的亲人。她把自己的北方女子的美丽的身心当作祭品,供在了能够证明她的美好的爱情祭坛上。在"痴心女子负心汉"的故事里,被乡土文化浸染过的路遥,无比伤感地为摇摇欲坠的乡村谱写了一曲深长的道德挽歌。

三、知识女性:爱情中的人格美

爱情中的城市女性跟农村女性相比,是完全不同的另外一种情态。黄亚萍和田晓霞(与她俩出身和性格很相近的还有吴亚玲)自小在城里长大,父母是干部,家庭经济和社会地位都很优越,城市和干部家庭给了她们良好的学习条件,这使她们视野开阔,性格开朗,聪明大胆,有独立意识和自由精神,身上有农村女性没有的丰采。对于生活和人生中的事情,她们喜欢根据自己的理解由自己来决断。对于爱情,她们既相信自己的感觉,又加以理性的审视,尤其是田晓霞,爱情对于她来说,是两个人一起对人生意义进行追寻的长途,是与力量相当的对手开展的一场愉快的思想博弈。如果说,囿于时代的思想格局,作家对黄亚萍的性格行为和现代爱情追求有些态度暧昧,既有赞赏,又有嘲讽,那么,对田晓霞这位出身高贵的年轻知识女性,不敢有哪怕一点点的亵渎。

作为一个城市女儿和干部子女,她们在有农村学生的高中班里,如鹤立鸡群,尤其在农村同学的眼里好像仙女。即使是在学习上冒尖的男生,也倾倒她们身上神秘的魅力。而在同龄人中,她们扮演了慧眼识珠的伯乐,毫不怀出身偏见地从那些农村同学里发现了英才,有意同他们纯洁地交往并给予热心的帮助,以先行者的身份把他们带进新的知识领地。也许是家庭出身和教养的缘故,她们在高中阶段也不对异性做非分之想,而与同学保持单纯的友谊。直到走出校门一段时间后,她们才在偶然的邂逅中发现与谁人相互倾慕的种子,早就在当初的共同探讨中埋下,知识做了连接心灵的红丝线。这就是路遥小说城乡之恋的发生过程,不能说一点也不老套,但自己重复自己多少遮蔽了故事的新意。比如《人生》里不光彩的"三角恋",抹杀了黄亚萍追求心灵自由的正当性。又如《平凡的世界》里的"公子落难,小姐搭救"的叙事原型,掩盖了田晓霞超越世俗,摒弃门第观念,以独立意识和强大人格去撞击社会区隔的人文实践。田晓霞是路遥小说众多女性形象中最富有现代品格的艺术形象。

田晓霞的现代品格主要体现在对独立人格的尊重。首先是尊重自己的人格,有很强的主体意识。她出生在干部家庭,父亲田福军最后官至省委副书记,兼任省城的市委书记。但田晓霞从不利用父亲的权力抬高自己的社会地位,也不利用父亲手中的权力谋取优越的生存位置。在黄原读大学时,父亲是市委书记了,但她隐瞒自己的社会关系，以免被庸俗包围，浪费自己的生命。在爱情上，她的选择是以双方建立平等的对话为标准，真正使爱情成为自我本质的对象化。这种要求，在他和少平还没有发展为恋爱关系时就已经提出来了："生活不会使她也走和他相同的道路——她不可能脱离她的世界。但她完全理解孙少平的所作所为。她兴奋的是，孙少平为她的生活环境树立了一个'对应物'；或者说给她的世界形成了一个奇特的'坐标'。"① 这跟孙少平不断通过爱情来检讨人生很相似。她希望精神的独立使自己变得强大，但又不是一般的女强人，而是充满生机勃发的女性魅力。因而她与少平交往中，既让少平觉得她有头脑，有主见，但不自觉地又让坚毅的少平被女性的温情所包围所融化。

晓霞的主体意识还表现在有自己从生活的实际感受中形成的价值观，而不是以流行的价值为价值，譬如对男子汉的理解。被少平受伤的背脊震撼后，她立即联想到学校里的流行的对艺术形象的可笑模仿："现在，女同学们整天都在谈论高仓健和男子汉。什么是男子汉？困难打不倒的人才是真正的男子汉？男子汉不是装出来的——整天绷着脸，皱着眉头，留个大鬓角，穿件黑皮夹克衫，就是男子汉吗？有些男同学就是这么一副样子，但看了就让人发笑。男子汉主要应该是一种内在的品质，而不是靠'化装'和表演就能显示的。"②

这正是她能够排除世俗偏见，与一个揽工汉相恋的强大的精神基础。

其次是对他人人格的尊重。她和少平相爱，两人地位悬殊极大，但她从不怀优越感，不以同情、怜悯的态度对待少平，而在两人间建立起绝对平等的关系，让少平意识到自己在生活上处于窘境，但在人格上与任何人都平等。她打破城乡等级观，与一个农家子弟建立爱情关系，就是最有说服力的方式，证明少平的男性魅力和生命价值，在一个不平等的社会里赢得精神上的平等。在经济和文化地位落差极大的城乡恋当中，尽管亲眼见到少平的苦难处境，她为之痛心不已，但她帮助而不施舍。爱人处在社会底层的苦力群体里，她一次次去看她，甚至不顾危险，下到漆黑的矿井，送去女性的阳光，给他温暖，给他荣耀，满足他的自尊心和荣誉感，使惊人磨难中的少平感到人生的幸福。尊重他人人格还体现在尊重他人的生命。作为一个有责任感和冒险精神的女记者，在灾害向人民群众袭来时，她以职业尊严挤上省领导前去灾区指挥救灾的飞机，飞赴灾区报道灾情，在洪水中为救落水的小女孩献出了自己年轻而美好的生命……

孙少平与田晓霞的爱情，同样是悲剧结局，但这是另一种意义上的悲剧：晓霞

---

① 路遥：《平凡的世界》，《路遥文集》第2卷，人民文学出版社2005年5月版，第174页。
② 路遥：《平凡的世界》，《路遥文集》第2卷，人民文学出版社2005年5月版，第305页。

作为对应物的爱情
——路遥小说的爱情模式及其人文功能

的牺牲所显现的人格美，使这一对地位悬殊而心灵相通的年轻爱人的生死之恋着上了崇高的色彩，让人感到这样的爱情更具有文化价值，更富有永恒的意味。晓霞的意外殉身，或许是作家为在爱情中并不完全自信的孙少平设置的从困境中得以解脱的方式，也让怀疑这种爱情的世俗社会一睹真正的爱情所具有的精神内容，但也正是没有最终结合的爱情，使爱情的当事人彻底体味了人生之爱的全部含义，它的难以言传的美与痛。从这个意义上，晓霞的死不是少平与她爱情关系的终结，而是得到普遍认可的缔结，它是路遥心目中的城乡之恋最后的完成及其全部人生意义之所在。

死神挡不住自由的灵魂

——兼谈路遥的浪漫现实主义

榆林学院文学院　刘　云

记得作家张洁说过:"偏激,是一个作家的必备条件。"我觉得,路遥就是个偏激的作家。无论现实如何左右他笔下的情节,都无法阻挡他痛苦的思想。从小说的内在格调上,如果说鲁迅是绝望的,沈从文是痛苦的,汪曾祺是欢乐的,王蒙是幽默的,莫言是悲悯的,那么,路遥则是悲壮的。为什么路遥的《人生》《平凡的世界》会和同样是反映现实生活,表现艰苦岁月,再现家长里短,揭示悲欢离合题材的小说不同?关键就在路遥小说特有的带有所谓"乌托邦"色彩的思想性。莫言说"我是个讲故事的人",而路遥则说"作家,必须首先是个思想家"[1],这或许只是他们各自对于文学在观念层面上的理解不同,也或许因此道出了路遥之所以伟大的重要原因。正如著名评论家李建军所说:"莫言是个著名作家,而不是个伟大的作家,但路遥一定是个伟大的作家。"

应该说,一个真正的现实主义作家,必然首先是个思想家。

路遥在一封给蔡葵的回信中写道:"六年来,我只和这部作品对话,我哭,我笑,旁若无人。当别人用西式餐具吃中国这盘菜的时候,我并不为自己仍然拿筷子吃饭而害臊。……您知道尽管我们群起而反对'现实主义',但我国当代文学究竟有过多少真正的现实主义?我们过去的所谓现实主义,大都是虚假的现实主义。应该说,我们和缺乏现实主义一样缺乏(真正的)现实主义。我是在这种文学历史背景下努力的,因此仍然带有摸索前行的性质。"[2] 道出了他对当代政治语境下的"现实主义"的不满,以及"努力""摸索"真正的现实主义的野心。而在《个人总结》(草稿)中,他又这样写道:"我也极注重自己的创作个性,不愿意盲目地

---

[1] 霍如璧(牧笛)语。
[2] 厚夫:《路遥传》,人民文学出版社2015版,第295页。

死神挡不住自由的灵魂
——兼谈路遥的浪漫现实主义

趋赶潮流（不管这种潮流多大），好多情况下，我正是因为对某种潮流感到不满足，才唤起了一种带有'挑战'意识的创作激情。"① 这里所说的"创作个性"，将如何在不随波逐流的"挑战"中实现呢？

路遥的文学世界和精神思想，游走在极端的浪漫现实主义之间。他既不是单纯的现实主义，也不是肤浅的浪漫主义。他就是偏激地游走在这两个极端之间，浪漫着自己的思想，痛苦着人物的命运。这就使路遥的小说呈现为一种二律背反、逆向交错的结构模式——以现实逼迫出来的思想带动情节为始，以无法避开的现实挤压后的宿命结局为终。比如，《人生》以高加林的民办教师被顶替开篇，《平凡的世界》则以孙少平饥饿的学校生活开始。正是这样的不公和苦难的处境逼出后来抗命的故事情节来。如此，作家的思想从始至终凌驾于人物的行动之上，大有一种"上了这钩杆下不来了"的架势，任思想浪漫地驰骋。而现实又时时处处像一根钢丝拧成的缰绳，死死地拉拽着他，使他不能信马由缰。致使路遥最终不得不让高加林回到原点，不得不让田晓霞死去，不得不让孙少平回到平庸的位置。很难想象，始终处于如此状态下的作家是如何完成他的整个创作过程的。看似一个"文本领域里的暴君"，凌驾于一切之上，操纵着每个人物的思想和行为，实则像只坠入谷底的羔羊，丝毫不能掌控他们的命运。这是怎样的一种纠结和痛苦啊！至此，我们就不难理解田晓霞（路遥精神爱情的女神、林虹的化身）死后路遥为什么要号啕大哭了。这就是路遥极端的浪漫现实主义，一面肉搏着现实的苦难，一面则神游着高贵的思想；一面怀恋着传统的道德理想，一面则躁动着现代的价值神经；一面是苦焦的农村，一面是繁华的城市；一面是农民，一面是干部；一面是农民的子女，一面是高干的后代。如此"明知不可为而为之"地将历史与政治、现实与理想、传统与现代、城市与乡村、固守与走出、牛郎与织女、正当与不正当、可能与不可能，一切的一切交叉、扭结、胶着在一起，架构了一个"立体交叉桥"式的宏大而复杂的审美世界。这种极端的浪漫现实主义，呈现为两个特点：

一是剪拼。先剪碎现实，再拼接出新的现实。将技术层面的剪升华为艺术层面的拼。比如，将兄弟剪拼成做官的高玉智和受苦的高玉德，无私的田福军和自私的田福堂，对土地死心塌地的孙玉厚和对政治充满幻想的孙玉亭，固守的孙少安和走出的孙少平。同是抗命，孙少安表现为忘我改变贫穷的物质层面，孙少平则表现为追求自我生命价值的精神层面。将朋友剪拼成金波与润生，金秀与兰香，即使走出农门，各自对命运、爱情又有着截然不同的认知和追求。将爱情剪拼为高加林对刘巧珍与黄亚萍、孙少安对田润叶与贺秀莲、孙少平对田晓霞与金秀、金秀对顾养民

---

① 厚夫：《路遥传》，人民文学出版社2015版。

与孙少平、孙兰香对吴仲平，让他们成为恋人。

二是嫁接。路遥的《人生》和《平凡的世界》两部作品里都出现过的有关杜梨树（还有杏树，端午前后成熟，青杏奇酸无比）的约会场景。路遥为什么会如此偏爱杜梨树？各种词典的解释大同小异，略嫌笼统。值得注意的是，"可用作嫁接""可食"两条。但"可食"是什么味道？没有解释。实际上，杜梨有两种，一种是乔木，即棠梨，陕北俗称马杜梨。另一种是灌木，也叫杜梨。据我了解，词典里解释的"杜梨"（棠梨），指的是民间俗称的马杜梨，陕北清涧以南就有。果小把长，一簇一簇的，秋后果实颜色黄中带红，极漂亮诱人，食则酸涩难忍。民间偶以白酒醉之，如制醉枣，口感面而涩。陕北人常用以嫁接梨树、杏树、桃树等各种果树（在灌木杜梨上嫁接时，须从土下两寸以下着手），在原本酸涩难忍的杜梨树上，愣是要嫁接出水脆可口的各种果树来，这是祖祖辈辈苦焦的陕北人充满烂漫想象的智慧结晶。在陕北，除杏树外，还有两种果树由灌木杜梨嫁接而来，一般隔年挂果。一种叫小果，在农历七月十五前后成熟；一种叫老果，比之恰好要晚一个月，果实各又分出花、红两种，以水脆香甜深受当地人的喜爱，其学名一直难以查证。陕北民间所谓"瓜桃梨枣"（瓜，瓜、果的统称。瓜指小瓜、西瓜，果指小果、老果。《人生》里刘巧珍第一次在地头见高加林时给他的"香瓜"就是这种小瓜），实在是青黄不接、苦焦难熬的恐惧下聊以慰藉的救命之物！原来，路遥让他笔下心爱的人物每每相约在杏树、杜梨树下是有味道的。在看似不经意的平淡叙述里，在貌似浪漫、甜蜜的氛围里，暗含、隐藏着酸涩的意味。熟悉这片土地的人，一看便能识得其中的味道。可见，路遥的浪漫主义也不是单纯的、唯美的、肤浅的，而是胶着在现实主义之上，唯他独有的极端的浪漫现实主义（《平凡的世界》剧组不了解这一点，随便在红石峡找了棵榆树应景，在艺术表现上实在是非常遗憾的）。

杜梨"可用作嫁接各种梨树的砧木"的特性，或许给路遥一种启发——能不能将现实中的不可能变为可能？让一个人变成两个人，让亲兄弟一个留下，一个走出；一个为官，一个为民；让官家女子爱上受苦小子。将城乡嫁接，将官民嫁接，将亲情嫁接，将爱情嫁接。尤其在爱情上，路遥选择了极端的冒险。这种冒险不是一般意义上的剪拼，而是一种具有挑战意味的嫁接，"要么杨六郎，要么卖麻汤"。路遥为什么会这么"狠"？促生这种"狠"的思想意识，应该与路遥特殊的人生遭遇有关。催化剂就是那个叫林虹的"北京知青"。她的"知青"身份，她的都市气质，她的一举一动、一言一行充斥着要命的诱惑。"为了她，死也值得"的路遥，曾将非常难得的"招工指标"让给了她，换来的却是利用爱情逃离火坑的一封"绝交信"！人生决定人生观，路遥从此脱胎换骨。他变成中国的于连·索黑尔。"哪一个本地女子有能力供我上大学？不上大学怎么出去？就这样一辈子在农村沤着吗?"① 他这种在恋爱与婚姻选择中极端的功利性,报复性地落在了另一个姓林的"北京知青"身上,她就是林达!如此充满戏剧性的人生遭际,最终诞生了一个叫高加林的悲剧形象。加林是假"林"还是二"林"相"加"?总之,在路遥的文学世界里,人生观最终跟他的人生开了个大大的玩笑!

如此看来路遥并不高尚。但,他通过嫁接所产生的审美趋向和所传达的精神思想,和鲁迅有某种相通之处。正如日本鲁迅研究家竹内好评价鲁迅时所说:"鲁迅通过双重抵抗要走的是没有路的路。极端的理想主义与现实主义的混合存在,是思想的特征。"② 鲁迅说"悲剧就是把有价值的东西撕毁了给人看",那路遥小说撕毁给人看的是什么有价值的东西呢?一是正当追求的人生观与不能实现的人生所产生的矛盾,二是传统善与现代美二者不可得兼的爱情。《人生》中高加林对刘巧珍和黄亚萍的爱情如此,《平凡的世界》里孙少安对贺秀莲与田润叶的爱情如此,而孙少平在失去田晓霞后最终回到惠英身边也是如此。正有所谓"叹人间,美中不足今方信,纵然是举案齐眉,到底意难平"的红楼况味!

如果说黄亚萍和田晓霞是现代文明的化身,刘巧珍、惠英是传统美善的化身,是两种极端。那么,田润叶呢?她身上表现出的则是一个人的两种极端,是一个介乎两者之间的形象。先是极端地忠于爱情,后又极端地忠于婚姻。路遥借爱情同时又传达出了城市现代文明对农村知识青年的诱惑以及对传统美善的怀恋。他讲爱而不讲恨,讲情而不讲仇。不论结果如何,这种诱惑所产生的力量对扎根在农村的无数知识青年而言无疑是极其巨大的。这是一场在零价值的传统道德观与唯价值的现代价值观之间的两难抉择。这种极端的剪拼与嫁接给小说主题所带来的魔力和张力,显然具有无限的审美空间。读者在阅读他小说时,会身不由己、情不自禁地随着故事、情节、人物、命运的纠结让自己的思想张开翅膀……在这个平凡的世界里,即使你是个平凡的人,也完全可以选择一种不平凡的人生。自卑的焦虑可以促成执拗的自尊,执拗的自尊会刺激高傲的人格,高傲的人格又会唤醒麻木的灵魂,使你堂堂正正站在众生的面前。这便是思想的力量。也许这思想并不高尚,但却有着一种切入骨髓的深度。如果说孙少平是叛逆和觉醒后精神理想的游走者,那么,这就是路遥带给我们的启迪。

我一直讲,路遥是伟大的。他是陕北的鲁迅。因为他的思想,对于广大的农村知识青年而言,我甚至觉得路遥比鲁迅还伟大。的确,他们的思想实在是由泰山压顶般的现实硬给挤压出来的。鲁迅绝望到不敢相信未来,而路遥却宿命地抗拒着绝

---

① 厚夫:《路遥传》,人民文学出版社 2015 版。
② [日]竹内好:《从"绝望开始"·孤独的游历者》,三联书店 2013 年版,第 235 页。

望。鲁迅处于特殊时代的风口浪尖，属于上层建筑，属于那个时代所有的时代青年，属于整个民族，是一种精神。而路遥，属于下层建筑，似乎只属于深陷于农村的无数知识青年，属于底层民间，不过是一面旗帜。尽管一个真正的现实主义作家很难跨越鲁迅在现实主义道路上搭建的高度，一切，看上去差得很远，但，立场决定观点。

"树挡不住风，神仙啊，挡不住人想人。"是啊，可我更想说的是，土挡不住水，死神也挡不住自由的灵魂！

路遥睡了，永远地睡了，但他深沉地爱着的"这片土地醒了"，高加林和孙少平们醒了！

价值悖反与自我救赎：路遥关于七八十年代农村青年出路问题的文学呈现

榆林学院文学院　程明社

如果说新中国成立前农村包围城市的革命路线和新中国成立后知识分子接受农村的再改造及上山下乡运动，部分弥合了农村和城市的二元价值鸿沟，那么20世纪80年代初期的知识分子大规模回流以及招工招干等政策，则是对城乡二元差异化社会结构的一次重新强化，农村再次成为弥漫着苦难和愚昧的荒野。青年群体作为农村最骚动不安的阶层，在社会发展的话语转型中各自努力着，寻求自我救赎之路，有的找到了救赎的路径，有的人迷失了自我，有的人只是走着。

一、读书的悖论：在自我撕裂中寻求突破

"知识和自由是人类永恒的追求。人们为了自由追求知识，有了知识更向往自由。知识拥有的程度和自由实现的程度并不像现代人通常认为的那样具有简明的正比例关系。"[①] 在路遥的小说中，农村青年在寻求自我救赎道路上走得最远的，特别是农村的知识分子。他们酷爱读书，渴望用读书来改变命运，因为除了读书，对当时的农村青年来说能摆脱苦难生存处境的办法并不多。在知青的眼里，农村往往是暗无天日的，但是在农村人看来，知青的生活却是值得羡慕的，他们敲锣打鼓地来，干着轻松的工作，吃着中等以上的口粮，常常可以从城里带回来一些新奇的东西。"落难"的知青的生活也比一般老百姓的生活强出百倍，他们对农村青年有着强烈的吸引力。恢复高考、改革开放等政策的实施，让人们看到知识改变命运不再是一个神话。因此，在路遥的作品里，主人公往往对读书有着一种近乎病态的坚

[①] 黄芳、杨秀平：《试论知识与自由的悖论》，《西南农业大学学报》（社会科学版）2011年第10期，第87页。

持,在《在困难的日子里》,"我(马建强)"带着乡亲们送来的极少的从救命粮食里匀出来的各色杂粮,吃着父母从牙缝里挤出来的讨饭讨来的高粱坚持上学,在几乎断粮的时候,只要没倒下去,我就在拼命地坚持学习,"我想,如果我能坚持上学,说不定将来会成为工程师或者文学家。这样我就会改变我的传统的贫困家境;同时也会实现我想为祖国做出不平凡贡献的理想"[1]。同样,《人生》中的高加林,《平凡的世界》中的孙少平都是在极其艰难的情况下坚持上学的,即使孙少平的妹妹兰香,也读到了大学毕业。在路遥的笔下,很少有因贫困而辍学的,相反,读书正是摆脱贫困的最大希望。"只有这些书,才使他觉得活着还是十分有意义的,他的精神也才能得到一些安慰,并且唤起对自己未来生活的某种美好的向往——没有这一点,他就无法熬过眼前这艰难而痛苦的每一个日子。"[2]

然而,读书并没有帮助马建强、高加林、孙少平等人摆脱贫困。马建强仅仅是执拗地坚持自己的学业,高加林中学毕业又回到了土地,孙少平走得很远,但依然在靠打工谋生。他们似乎不屑于阅读关于劳动和生产技能方面的书籍,他们心中都装着整个世界。高加林趁着去城里卖馍馍的机会到县文化馆读了《人民日报》《光明日报》《中国青年报》《参考消息》,他可以和黄亚萍自由谈论波兰"团结工会"、霍梅尼、巴尼萨德尔、美国机场工人罢工等国际问题。孙少平喜欢读《红岩》《热爱生命》《钢铁是怎样炼成的》《创业史》《各国概况》《马丁·伊登》《辩证唯物主义和历史唯物主义》《白船》《简·爱》以及报纸《参考消息》等。他们阅读这些书籍最重要的收获有两点,一是让自己有了其他农村人难以企及的开阔视野和远大理想,二是为自己寻找到了精神的榜样和支撑。

有了开阔的视野和远大理想使得小说中的主人公不再满足于父辈们的生活环境和生活方式,"出走"的欲望一直在他们心中萌动,甚至成为他们奋斗的主要动力。高加林在得知自己民办教师的岗位被人顶替后,心中巨大的痛苦难以言说,"他虽然从来也没鄙视过任何一个农民,但他自己从来都没有当农民的精神准备!不必隐瞒,他十几年拼命读书,就是为了不像父亲一样一辈子当土地的主人(或者按照他的另一种说法是奴隶)"[3]。孙少平在临近高中毕业的时候内心也充满了痛苦,"说心里话,他虽然不怕吃苦,但很不情愿回到自己的村子里去劳动"。他甚至宁可了无牵挂、漫无目的地去遥远的地方流浪,也不愿意回到自己的家里去,家里人整天

---

[1] 路遥:《一生中最高兴的一天》,《在困难的日子里》,北京十月文艺出版社2013年版,270页。
[2] 路遥:《平凡的世界》第一部,北京十月文艺出版社2013年版,第14页。
[3] 路遥:《人生》,北京十月文艺出版社2013年版,第5页。

为基本的生存条件而战，没有诗情画意，也不允许有想象的翅膀。但是，即使高加林和孙少平百般的不愿意，他们还是不得不回到土地，书籍给他们描绘的想象的世界是那么的美好，现实却是如此的沉重，在想象与现实之间，主人公一次次遭受着心灵的撕裂感，这种撕裂感加重了人物的痛苦，使他们用一种疯狂式的劳动进行自我惩罚，试图使自己忘却那个想象中的世界。然而这种惩罚只会积淀为内心更为强大的冲动，它诱惑着主人公最终摆脱土地，远走他乡。高加林虽然最终又回到了土地，但是高加林不屈的灵魂注定无法在黄土地上长久地安放，他会成为另一个孙少平。

生活中无尽的痛苦往往使一个人失去锐气，然而生活却将孙少平磨砺得棱角分明，支持孙少平的是书中一个个伟大的人物。孙少平在中学最艰难的时候，读了《钢铁是怎样炼成的》，"他突然感觉到，在他们这群山包围的双水村外面，有一个辽阔的大世界。而更重要的是，他现在朦胧地意识到，不管什么样的人，或者说不管人在什么样的境况下，都可以活得多么好啊！在那一瞬间，生活的诗情充满了他十六岁的胸膛"①。在黄原揽工期间，孙少平迷上了《马克思传》《斯大林传》《居里夫人传》等名人传记，他从书中体会到，连伟人一生都充满了那么大的艰辛，一个平凡的人吃点苦又算得了什么呢。在煤矿工作期间，孙少平除了坚持读《人民日报》和《参考消息》外，重读了《红与黑》，并且在工作的间隙给工友们讲了《红与黑》中的故事。在煤矿工作的一段时间，是孙少平相对比较安逸的时期，他有了一份稳定的工作，不需要再为吃饭发愁，由于他有文化、肯吃苦，做了矿区的班长，还有一位令工友十分羡慕的大学生女朋友。但是也正是在这个时期，孙少平读的书是最少的，而且他在异常艰难的奋斗时期经常阅读的那种顶天立地的自我奋斗的形象没有了，早期阅读之后每每产生的巨大的心灵冲击这时候也再未提及，读书并不完全是一种自觉选择，更多的是一种汲取力量的自适应过程。读书给孙少平提供了巨大的想象空间，这个空间成为他对抗现实苦难的堡垒，越是苦难，他就越是坚持读书，越是读书，内心也就承受着越来越重的现实与理想巨大反差而产生的痛苦，因此，当处境稍转顺遂的时候，读书也就变得不那么重要了。

二、劳动的矛盾：自我折磨中的群体认同

齐美尔说，"人们彼此间的一切关系都理所当然地建立在一个前提上，即他们彼此都知道点什么。"② 路遥小说中主人公往往有着对劳动的痛苦体验和自我折磨

---

① 路遥：《平凡的世界》第一部，北京十月文艺出版社2013年版，第12页。
② 倪伟：《平凡的超越：路遥与80年代文化症候》，《文艺争鸣》2019第3期，第52页。

式投入的双重经历,在农村和城乡接合地带,劳动往往是人物获得认同、快速进入一个新的生活圈的有效方式。高加林下地劳动时的狠劲儿让庄稼人震惊,"第一天上地畔,他就把上身脱了个精光,也不和其他人说话,没命地挖起了地畔。没一顿饭的工夫,两只手便打满了泡。他也不管这些,仍然拼命挖。泡拧破了,手上很快出了血,把镢头把都染红了;但他还是那般疯狂地干着。大家纷纷劝他慢一点,或者休息一下再干,他摇摇头,谁的话也不听,只是没命地轮镢头……"①孙少平在揽工的时候,干着最重的活,劳动的强度如同使苦役的牛马一般,他背着石头爬坡的时候,意识处于半麻痹的状态,石头几乎要把他压到黄土里去,汗水在他脸上纵横漫流,眼睛被汗水浸得火辣辣地疼,两腿如同筛糠一般颤抖,随时都有倒下去的危险。但他一直在坚持,脊背被压烂了,起了痂,再烂,再起痂,直到自己成为一个合格的揽工汉。

"个体通过实现或维持积极的社会认同来提高自尊,积极的自尊来源于在内群体与相关的外群体的有利比较。"② 这种自我折磨式的举动使主人公往往获得了一种无法言语的愉悦和满足,这是他们获得一个圈子认同的主要方式,也是确立自己独立人格的重要方式。高加林要用劳动让庄稼人看看,一个庄稼人最重要的品质——吃苦精神,他也具备。他的举动赢得了村支书高明楼的敬畏,认为他是个不一般的角色,村里其他人也对他刮目相看。孙少平揽工的时候要用疯狂的劳动来掩盖自己教书的经历,教书与读书在这里并不值钱,只有扛得起最苦最重的活才能赢得尊重,孙少平这样的表现,赢得了工友的尊重和村支书老婆的赏识,得以被提拔去做一些稍轻松一点的工作。在大牙湾煤矿,孙少平同样用劳动打败了一群来自城里充满优越感的工友,他像一个富翁一样慷慨地答应了工友们因经常误工入不敷出而以低廉的价格出售他们的手表等带有身份标志的贵重物品的请求。在路遥作品所反映的七八十年代的农村,劳动仍然是获得群体认同最重要的方式,除了高加林、孙少平,孙少安也是依靠劳动致富而成为双水村甚至原西县受人尊敬的明星。金富靠偷靠骗发了家,叔叔金俊武却早早与他划清了界限,甚至连常年浪荡走投无路的王满银也不愿意与他为伍。

与作品主人公形成鲜明对照的是次要人物的劳动要平和得多。孙少安六岁开始干农活,十三岁辍学帮助父亲支撑起风雨飘摇的家,十八岁凭借着精明强悍和可怕的吃苦精神被推选为生产队长,他常常累得一坐下就睡着了,但是我们看不到他那

---

① 路遥:《人生》,北京十月文艺出版社2013年版,第45页。
② 李灿:《认同理论研究多学科流变》,《贵州大学学报》(社会科学版)2014年第1期,第103页。

种自我折磨式的劳动。孙少安属于双水村，双水村的人对他有一种天然的认同甚至尊重，他不需要借助另类的疯狂劳动来融入这个集体。高加林则不同，他是读书人，离开自己生活的环境有一段时间了，村里人认为他已经属于另一个世界，他在村里有着类似"刷牙"这种异样生活方式的特权，而当他再次回来时，就需要证明自己仍然是话语环境下的一员，证明最有效的方式，就是他仍然能够像这块土地上的其他人一样吃苦。孙少平读书经历所遗留下的稚气在揽工汉的大军中是个刺眼的存在，他同样需要靠劳动来获得认同。即使是罐子村的王满银，由于半生浪荡，每每回到村里，人们对他充满了不屑，都等着在他身上看笑话。王满银最后选择回家，不再流浪，除了劳动，也再无其他途径回到这个集体了。但王满银不是孙少平，他没有了在田间劳作的吃苦精神，只能给劳动的妻子送点吃的喝的，唱段信天游，偶尔捡点柴火，这样的行为可以哄得妻子的开心，但是无法获得村里人的认同，只有当他在孙少安的砖窑厨房里帮灶，十分卖力地干活，除了烧火切菜，还学会了蒸馒头的时候，人们才真正相信他从此收心务正了。

但在阳沟村曹支书一家一切就不同了，孙少平用劳动证明自己是一名合格的揽工汉，用读书赢得了一些尊重，他最终打动曹书记一家，落户阳沟村，成为曹书记未来上门女婿的候选人，靠的是自己的真诚厚道的个人品质。曹书记一家照顾他，不让他做最重的活，他就主动帮曹书记家做一些分外的事情：洒扫院子，担水，给两个上学的娃娃补课；在曹书记修的窑上窑口石的时候，他主动告诉曹书记，舅舅马栓不小心留在窑口石上不吉利的血迹；修窑结束的时候，他推辞掉曹书记按照每天两元给他的工钱，按照约定的每天一块五拿了自己的工钱。劳动在不同的话语环境下起着不同的作用，在路遥作品着力反映的农村世界，劳动是获得认同和尊重的主要手段；而在城乡接合地带，存在着一大批进城出卖体力的劳动者，除了劳动，还需要更多的优秀品质才能脱颖而出；而到了大城市，几乎就成了顾养民、吴仲平这些生活优越、出身高贵的人的天下了，这也许是孙少平最终拒绝金秀的爱慕、拒绝留在省城而选择回到大牙湾煤矿的重要原因了。

三、出走的冲突：寻梦与回归

"陕北人似乎没有其他地方的人对乡土的那份守持与凝望，'逃离'与'出走'始终是历史上陕北人的人生追求。"① 路遥的小说中，主人公都有一颗骚动不安的

---

① 惠雁冰：《无力的出走，历史上陕北民歌的精神主题》，《广西社会科学》2003年第2期，第122页。

出走的灵魂。出走本身就是一个梦想，主人公往往并不是在最困难的时候选择出走，而是在相对比较安定的时候选择出走，选择去探寻自己未知的人生道路。孙少平从书中了解到了双水村外有一个更大的世界等着自己，他不满足于像父亲和哥哥一样日出而作，日落而息，这让他苦恼。然而他并没有选择从中学毕业后就离开双水村，而是先回村教书、劳动了一段时间。这是孙少平承担家庭义务的自然要求，也说明改善生存条件并非他出走的唯一或最重要的原因。

孙少平是选择在农村生活出现转机家里生活逐步步入正轨的时候离开的。"有人会觉得，这后生似乎过于轻率和荒唐，农村的生活已经变得这样有希望，他们家的事业也正在发端之际，而且看来前景辉煌，他为什么要去不属于自己的世界自寻生路？那个陌生的天地会给他带来多少好处？"① 这些问题孙少平自己也没有答案，但他仍然渴望出走，为了到和双水村不一样的世界去看看，出走的过程都是有价值的。"随着他在双水村的苦闷不断加深，他的这种愿望却越来越强烈了。他内心为此而炽热地燃烧，有时激动得像打摆子似的颤抖。他意识到，要走就得赶快走！要不，他就可能丧失时机和勇气，那个梦想就将永远成为梦想。现在正当年轻气盛，他为什么不去实现他的梦想呢？哪怕他闯荡一回，碰得头破血流再回到双水村来，他也可以对自己的人生聊以自慰了。"②

这种闯荡世界的意识并不仅仅是孙少平一个人的选择，金富、王满银也都对出走的人生十分痴迷，哪怕冒着锒铛入狱的风险，哪怕居无定所四海为家。从深层次来讲，出走不仅是陕北文化的一个主题，也是中国20世纪80年代的时代主题。陕北一方面生存环境恶劣，物质生活匮乏，另一方面，这里又历来是英雄竞逐之地，奔放热烈、畅快淋漓是人们内在的审美理想和审美追求。陕北民歌中许多关于女子与出走男子的爱情传唱，都是对这种理想与追求的回应。在20世纪80年代初期，"文革"刚刚结束，百废待兴，改革开放等一系列政策的实施，为青年们人生奋斗提供了广阔的天地，被压抑太久的农村青年，特别是农村知识青年出走的欲望喷薄而出，他们怀着一种只争朝夕的强烈欲望渴望进行一次人生的远行，走出来就是一种胜利，即使将来没能取得什么结果，也可以告慰自己曾经沸腾和激荡的人生了。高加林出走的欲望遇到一点点火星就被点燃，他舍弃了深爱着他的刘巧珍选择了黄亚萍。孙少平则自觉地选择了出走，他像众多进城揽工的人一样带着一些盲目，一些不安，坐在路边等着用工的人把他们带走。与其他人不同的是，他同样很缺钱，但是钱不是他心中最重要的东西，在他的心里还有一个更远的远方。

---

① 路遥：《平凡的世界》第二部，北京十月文艺出版社2013年版，第100页。
② 路遥：《平凡的世界》第二部，北京十月文艺出版社2013年版，第100页。

成长和生活的环境将孙少平塑造成一个目光远大、成熟稳重、诚实正直的人，他在阳沟村曹书记家干着比别人多、比别人重的活但是坚持按照约定每天比别人少拿五毛钱；他把自己辛苦攒的一百元钱给了受包工头胡永洲欺负的小翠，让她回家去。这样的优秀品质为他赢得了更多的机会，也使得他比别人走得更远。出走的愿望如此强烈，使得他不放弃任何可以改变命运的机会。他坦然地接受了曹书记的好意，利用曹书记职务之便将户口迁到了黄原城郊的农村；为了获得矿工的工作，结束揽工生活，他求田晓霞替他活动，得到了工作的名额；初到矿上，为了能顺利通过体检，他造访检验大夫，给她送礼。同样，高加林在失去高家村教师的工作时，也首先想到求自己在外做官的叔父帮忙，而且他最后获得的工作也正是间接利用了叔父的关系的。为了出走，路遥小说中的人物都是竭尽所能的，这一点，他们并没有和同时代的其他青年有太大的区别，也正因为如此，他们才成为中国20世纪80年代农村青年奋斗的一个缩影。

然而，路遥小说中的人物并未走远，他们出走时就对未来的更加广阔的世界没有抱太大的希望。对高加林来说，到县城工作远比去一个遥远的大城市更让他踏实；对孙少平而言，他可以属于原西县，可以属于黄原市，但是他不会属于省城。在路遥的小说里，城乡仍然是两个很难融通的世界，它将一部分人永远地阻隔在了另一边。高加林始终是一个农民，他只能回到土地。孙少平走得更远一点，但仍然止步于大亚湾煤矿。孙少平拒绝侯玉英的表白，拒绝金秀的追求，却和郝红梅曾经有一段心动的经历，虽然他能超越世俗的眼光，选择和田晓霞的爱情，但是最终两个人还是无法在一起。郝红梅和孙少平都来自农村，有着相似的经历和人生境遇，二人更能彼此了解对方的想法和追求；侯玉英因为孙少平救过自己而去追求孙少平，二者没有任何感情基础；孙少平通过读书，和田晓霞有了心灵的契合，但这更多是一个梦，终究要醒来。孙少平最终选择回到大牙湾煤矿，这不仅是他的选择，也是作者的选择，是时代的选择。路遥作品中的其他人物也是如此，《你怎么也想不到》中的郑小芳，坚决推辞了男朋友为她争取的留在省城的工作，回到了毛乌素沙漠。郝红梅再怎么努力也无法和顾养民在一起，田润叶嫁给了李向前但是二人并不幸福。20世纪80年代的城乡差异，像一道鸿沟，阻止了农村青年流动的足迹，也限制了他们追求和想象的空间，路遥笔下的主要人物有着相似的命运，他们奋斗，最后却又回到了原点。

回到原点并不意味着一种重复、一种宿命、一种悲剧，郑小芳大学毕业回到毛乌素沙漠，用自己的知识和热情为沙漠带来一片生机；高加林回到高家村，更加体会到了刘巧珍的美好；孙少平回到了大牙湾煤矿，他在这里即将拥有更壮丽的事业和更温暖的感情。这些人物爱过、恨过、奋斗过，他们的青春梦想燃烧过，这对他们来说是最珍贵的人生追求,就如同路遥在生命结束前努力完成自己的创作梦想,这是伟大的追求和最大的人生慰藉。如果说路遥小说中的人物回到原点是个悲剧,那并非返回本身的悲剧,而是人物在出走的过程中抛却人性最可贵的东西的悲剧,如同高加林。

四、爱情虚与实:对情感救赎的渴望

生活中物质匮乏往往会激发人的想象力,最直接和浅层次的是对食物的幻想,如孙少平、马建强都曾产生过这种幻想,但是更深层次的是对人生处境逆转的幻想,幻想有朝一日否极泰来,以前所受种种苦难都成云烟,从此爱情事业一路畅达。中国古代以说唱为主要传播途径的才子佳人题材在民间有广泛基础,是对所有落难的知识分子极大的心理安慰,也给他们的内心留下了一片继续幻想的空间和精神栖息之地。"如果说'一代有一代之文学',那么一代有一代之'才子''佳人',当下亦有,只不过'才子''佳人'随时代审美的变化而变化"①。高加林和孙少平的爱情可以说是关于20世纪80年代青年的才子佳人的叙事。

高加林高中毕业回到高家村做了三年民办教师,职位突然被别人顶替了,这时他几乎失去了一切。他既不能像马栓那样成为一个务弄庄稼的好手,也不能像其他人那样拿着生活物资去集市上换点油盐钱,在短时间里爆发出来的田间劳动的狠劲,最终会被岁月湮没。就在这个时候,他遇到了圣母一般的刘巧珍,刘巧珍生得像花儿一样,是十里八乡有名的美人,更重要的是她有一颗金子一般的心,她不仅不嫌弃高加林,而且认为只有高加林落难了,她才配得上他。她爱高加林爱得热烈,愿意自己下地劳动养着高加林,她爱得不顾一切,任凭父亲的责骂和村人的嘲弄。高加林是高家村落难的才子,刘巧珍是这块土地上的佳人,可以想象得到,如果高加林娶了刘巧珍,那将会是怎样的一种人生幸福!与传统才子佳人模式不同的是,高加林没有中举,而是变了心。如果说二人相遇是作者给包括自己在内的农村知识分子的编织的梦的话,那么高加林变心出走再失败回来则是作者对现实处境难以改变的直面回应。

孙少平在中学读书时,是学校最穷的两个学生之一,但是原西县革委会副主任田福军女儿田晓霞却喜欢上了他。孙少平毕业后做了揽工汉、煤矿工人,田晓霞考上了大学,田福军也官至省委副书记,孙少平和田晓霞的爱情不仅没有中断,反而一直向前发展。孙少平和高加林一样,虽然贫穷,却有着较好的相貌和出众的学

---

① 张羽:《才子佳人小说在当代的追寻》,《理论界》2011年第5期,第124页。

识,更重要的是他们拥有传统才子佳人故事中每个才子拥有的好运气,他们都能在人生最艰难的时刻遇到一位美丽贤惠、家境优越、不顾世俗、倾心相爱的佳人。田晓霞对孙少平爱得不离不弃,鼓励孙少平一直往前走,但是就在他们离幸福只有一步之遥的时候,田晓霞却死在了采访抗灾的途中。一个美丽的梦就此戛然而止。这种结果也许和路遥自己的爱情经历有关,作为一个农村喜欢舞文弄墨的穷小子,路遥和北京知青林红的爱情无疾而终,后来和同样是北京知青的妻子林达的爱情也算不上美满。人在极端匮乏的时候需要精神的救赎,才子佳人的故事成为高加林和孙少平最好的心灵抚慰,但是梦终归是梦,现实还是要面对。在《人生》和《平凡的世界》中,高加林和孙少平的梦醒得都有些仓促和巧合的成分,高加林梦碎源于一封举报信,孙少平梦碎源于一场水灾。这不仅有着传统才子佳人题材靠巧合来结撰故事的痕迹,也透露出理想和现实的对抗与难以弥合。

没了爱情,人也就没了想象。在陕北这块贫瘠的黄土地上,出走是一种希望,同时出走也有着更多的艰险。文学作品中那一个个痴情的女子望穿秋水地等待着自己出走的哥哥来娶自己的画面,有多少是出走的哥哥们自己给自己画下的大大的饼。出走的沿途,更多留下的是一段段寂寞的风流往事。出走的哥哥们没有几个人能成功地回来接走深爱着自己的妹妹,于是哥哥们也又多了一段理想与现实反差带来的感伤动人的爱情传唱。从理想到现实,只有一个很小的距离,一封意外举报信可以,一场意外的水灾可以,甚至一次稍稍的犹豫也可以。和孙少平相比,除了照样贫穷,孙少安也没文化,只有着比其他农民更强烈的责任感和事业心,以及顽强、坚毅、勤劳等优秀品质,同样惹得在城里教书、村支书田福堂的漂亮女儿田润叶对他爱得一塌糊涂,甚至在孙少安和田润叶各自都已经成家之后,田润叶由于保留着对孙少安的感情不愿意和丈夫一起生活。但是孙少安却不敢走进这场爱情的梦里,他希望田润叶有一个更好的归宿,他很清醒也很现实地活着,却在事业成功的时候失去了妻子贺秀莲,这也许是作者给我们提供的另一种关于人生、关于爱情的思考吧。

在师傅王生才去世后,孙少平在照顾惠英嫂的时候情不自禁对生活产生了另外一种感觉,"他感到,作为一个煤矿工人,未来的家庭也许正应该是这个样子——一切都安安稳稳,周而复始……"① 春节孙少平喝醉了,在惠英嫂床上睡了一夜,醒来的时候,他觉得十分酣畅,十分舒服,十分温暖,温暖得他想哭,他觉得在那一刹那间,自己"似乎踏过了那条燃烧着熊熊火焰的痛苦的界线,精神与心灵获得

---

① 路遥:《平凡的世界》第三部,北京十月文艺出版社2013年版,第266页。

了一种最大的自由和坦然。这或许是他生命和生活的转折点"①。孙少平在田晓霞身上有着关于爱情最浪漫的想象，但是当他走进师傅的小院的时候，现实中家的温暖融化了他，在这里，他找到了自己情感深处的另一种救赎，这种救赎让他感觉到了前所未有的踏实感，也是在这里，他的身体和心灵实现了统一，这是煤矿工人的工作和生活应有的样子，所以，孙少平义无反顾地选择了从省城归来。路遥的小说用才子佳人的框架，装入了新时代的内容：人物不仅仅追求爱情，更多的是对爱情、人生、社会的思考；作品突破了大团圆式的结局，多了一份开放式的选择；人物更贴近生活，更富于生活气息。也正因为如此，路遥的小说在反映中国20世纪80年代前后农村青年出路问题的小说中具有了十分重要的意义。

以读书获得广阔的视野和精神的力量却摆脱不了饥饿的状态，用劳动获得群体认同但陷入无法融入更大的世界，出走却最终选择归来，渴望在虚幻的爱情世界里获得救赎但不得不面对现实世界，路遥的小说给我们提供了20世纪80年代农村青年们进行自我救赎的艰难选择，这些一个个看似悖反的选择，是一个时代无解的难题，也许正因为如此，它值得我们一直思考和争论下去。

---

① 路遥：《平凡的世界》第三部，北京十月文艺出版社2013年版，第433页。

城市化进程中的农村三角洲
——再读路遥

榆林学院文学院 臧小艳

路遥的作品,是对于人生的一种理解,是对待人生的一种积极态度,对于培养人生观有积极意义。"文学不能改变现实,但文学能够变革那些能够改变现实的人们的内心的生活"①,路遥就是按照这一伟大理念来创作的。

路遥是一个有着强烈社会敏感和主体意识的作家,在他的作品中,投入的是爱与热情。他选择城乡交叉地带作为自己描写的主要场地,在陕北作家群中可谓一枝独秀。正如作家自己所指出的那样:"我的作品的题材范围,大都是我称之为'城乡交叉地带'的生活。这是一个充满矛盾的、五光十色的世界","这一切矛盾在我们社会的政治、经济、文化、思想意识、道德观念等方面都表现出来,是那么突出和复杂,可以说是立体交叉桥的立体交叉桥"。② 应当说,路遥这个视角相当明智和具有现实意义。中国改革开放以来,农村城市化速度加快,农村城市的对立日益明显。而路遥以他的个人经历和社会敏感,敏锐感觉到了这个交叉地带的丰富复杂。他曾深有感触地说:"由于城乡交流逐渐频繁,相互渗透日趋广泛,加之农村有文化的人越来越多,这中间所发生的生活现象和矛盾冲突,越来越具有重要的社会意义……在这座生活的'立体交叉桥'上,充满了无数戏剧性的矛盾。"③ 对于这些矛盾,路遥强调必须给予忠实的反映,这样的"艺术作品才会有不死的根"。事实正是这样,城乡交叉地带恰是当代中国各种生活矛盾最为集中,冲突最为激烈的疆场。在城乡交叉地带这个体现着我们时代生活本质和主流的典型环境中,路遥

---

① 李建军:《路遥小说的考验情节和人生理念》,《路遥再解读》,陕西人民出版社2008年版。

② 李建军:《路遥小说的考验情节和人生理念》,《路遥再解读》,陕西人民出版社2008年版。

③ 路遥:《小说创作答问》,中央广播电视大学出版1994年版,第23—24页。

以其俯瞰历史和现实的胸襟，有力地雕刻出了马建强、高加林、孙少安等一系列具有硬汉品格的典型人物，并对他们报以兄弟般的理解与宽容。在他们身上折射出当代中国的各种复杂矛盾，概括和凝聚了深厚的社会文化内容。

从成名作《人生》到《平凡的世界》以及一系列中短篇小说《在困难的日子里》《你怎么也想不到》《黄叶在秋风中飘落》《青松和小红花》《姐姐》《生活咏叹调（三题）》等，路遥描写的都是"城乡立交桥"中人物的心理和生活，这在表现农村人口向城市流动进程中，城市文明带来的巨大冲击和人物在冲击面前的反应给予了重新定位和艺术展现。在小说中，路遥描写了由于城乡社会二元对立，在这个交叉地带生活的农村青年们徘徊在城乡差别的鸿沟前，跳跃、奋斗、挫折的一幕幕人生悲喜剧，塑造了一系列鲜活的城乡交叉地带的个人奋斗者群像。在极端贫穷困顿中以顽强的毅力战胜饥饿威胁，夺得全班成绩第一，虽然饿得发昏却始终保持着人格尊严和善良品性的马建强（《在困难的日子里》）；高考落榜，恋人离去而不灰心丧气，在逆境中奋然崛起的高大年（《痛苦》）；正直善良、淳厚豁达，关键时刻舍身救"情敌"的杨启迪（《夏》）；不依赖父亲权势，自强自重，勇敢开拓自己人生之路的田润生；迷途知返，在贼窝中洁身自好，用勤劳的双手创造生活的金强（《平凡的世界》）……正是这些身世各异、性格有别，但都不甘沉沦、勇于进取的青年，共同谱写出了一页页黄土地青春男儿的创业诗章。

在路遥的作品中，除了展现黄土地的青春男儿，也不忘人类的另一组成：女人。提到女人，就离不开爱情。爱情是艺术创作中一个亘古不变的话题，而路遥笔下的爱情基本上都以悲剧结束。《人生》中刘巧珍深爱着高加林，高加林却一心想逃离农村，走向城市，结果巧珍被高加林抛弃了。对于巧珍这样一个没有知识没有理想的农村姑娘来说，爱情就是她的全部，她把加林看得比自己的命还重要，加林对她的抛弃，无疑是一个晴天霹雳，是一种毁灭性的打击。但她还是从灾难中挺了过来，因为她爱劳动，爱大马河的流水，这种博大的爱使她从失恋的阴影中走了出来，超越了自我。她是路遥用满腔热情用心抒写和赞颂的一个人物。她宽恕了高加林，就像黄土地对待每一个高原人一样。《姐姐》中的姐姐，姐姐深爱着插队青年高立民，热心帮助他、关照他，"四人帮"倒台后，高立民父母平了反，姐姐鼓励立民考大学，结果立民走了，永远地抛弃了姐姐，抛弃了姐姐的爱和情。父亲告诉姐姐，大地永远不会抛弃你。他们把对大地的美好期待，对劳动对生活的热爱当作补救爱情的力量。《风雪蜡梅》中的冯玉琴也同巧珍、姐姐一样，承受着失去爱情的考验，失恋后的她断然拒绝了县里干部儿子的追求，在大雪纷飞、蜡梅盛开的时候独自回到农村。

路遥作品中这些受伤的女性，承受着爱情带来的伤害，但是她们在失恋后仍然保持高尚的人格和一颗坚强向上的心。她们最终都从失恋中走出,把自己满腔的私爱投入到更广阔的空间——大地,"大地永远不会抛弃他的儿女",这些无私的女性用劳动来抚慰自己受伤的心灵,让"大地"来弥合自己因爱受伤的心灵。"只有在无比沉重的劳动中,人才会活得更为充实","人,不仅要战胜失败,而且还要超越胜利"。① 她们的境遇存在一个共同的模式,就是失恋—复活—回归土地。

作家路遥笔下人物的人生轨迹,循着圆形的弧线轨迹也完成了他对"城乡立交桥"审美和价值意义的探询,即在城市和农村的对立中,从传统中找到人物立足于城乡立交桥的根基,完成对土地、对农村、对传统价值的回归,并且用这种中国传统自强不息的奋斗精神和东方式坚毅品格来达到消解城乡对立的效果。在《人生》前言中,路遥引用柳青的话:"人生的道路虽然漫长,但紧要处只有几步,特别是当人年轻的时候。"②《平凡的世界》第二部第四十二章写道:"什么是人生?人生就是永不休止的奋斗!只有选定了目标并在奋斗中感到自己的努力没有虚掷,这样的生活才是充实的,精神也会永远年轻!"③ 这是对孙少安创业精神的由衷赞美,同时又是作家思想的具体表现。路遥关注青年,他要为千千万万个像"高加林"一样游离在城乡交叉带的年轻人树立精神品格的坐标、理想人格的典范;为那些在城乡交叉带中几近精神分裂的人们建造一座精神的丰碑。路遥一方面赞美黄土地上的人们有"另一种哲学的深奥,另一种行为的伟大",另一方面又表现生活在城乡交叉地带的人们,尤其是青年们竭力冲破这种"地域观",热衷于城市的哪怕是极苦极低的生活方式,最终达到"农村味"与"城市味"的某种程度的调和,这就是身在农村而不甘于农村,身在城市而又怀恋农村的人们的共同心态和可能达到的人生境界。

路遥作品感染并鼓舞了一代又一代农村青年,但也有他的局限。路遥小说的立足点,是城市化进程中的农村三角地带,城市和农村是其两翼。城市代表了现实和现代文明,农村则是历史和古老传统的代表。这两个严重对立的方位,互为参照,形成了小说特有的格局。然而从作品的实际来看,这一"交叉地带"的重心是农村,城市及其代表的现代文明仅仅作为一种外来事象,正在向农村缓慢渗透。而路遥本人对农村又过于熟悉和钟情,导致他不能客观地站在城市的方位上,用现代人

---

① 路遥:《早晨从中午开始》,《路遥全集》,广州出版社、太白文艺出版社2000年版,第6页。
② 路遥:《人生(前序)》,《路遥全集·人生》,北京十月文艺出版社2010年版。
③ 路遥:《平凡的世界》,《路遥文集》第二部,人民文学出版社2005年版,第319—320页。

的眼光去审视农村、反思传统，结果只能是用乡下人的理智去判断是非、议论人物，用传统文学的原型去套现代人的生活。诚然，一个作家不能没有属于自己的独特的艺术世界，如果缺失这种独特的艺术世界，其作品会因为没有特色而难以流传。然而，一个作家如果过于沉湎于自己独特的艺术世界，又容易使自己的作品单调而沉闷，呈现出力与美的不平衡。这也正是路遥的局限所在。

作为 "劳动模范" 的路遥

北京师范大学文学院　党文亭

路遥生前凭借小说获得过诸多文学奖项，小至"《延河》文学月刊短篇小说奖"，大到"全国优秀中篇小说奖"和"茅盾文学奖"。但路遥有项殊荣鲜少为人提起——他在1987年被陕西省劳动竞赛委员会授予省级"劳动模范"称号。① 初次看到这则材料不免感到意外，因为从未听闻哪位当代作家被正式评为"劳模"。细细琢磨，不得不慨叹"劳动模范"比其他任何一种荣誉都更贴合路遥的创作气质。

一、像牛一样劳动

出生于1949年的路遥属牛，他和代表着农耕文明的牛有着莫名的缘分。史铁生第一次见到路遥，觉得路遥"就像陕北的黄牛，停住步伐的时候便去默默地咀嚼，咀嚼人生"②。王安忆在《黄土地的儿子》里提到过这样一件事，"我们的算命方式带有洋务派的面目。据称来自弗洛伊德，其实是一种心理测验。我们让被测算的对方迅速报出一只动物，然后报出由此动物所想起的形容词，报完一只动物，再报一只，一直报三只为止。我们说第一只动物的形容词是你对自己的描绘；第二只动物的则是别人对你的描绘；第三只却是实际上的你自己。我们看出路遥接受这测试是出于不使我们扫兴、带有捧场的意思。他脸上带着温和宽容的微笑，像一个听话的好学生，一一回答我们的提问，然后耐心地等待我们破译。当我们说到第三个动物的形容词其实意味着实际上的自己的时候，路遥不由'哦'了一声，脸上的笑容消失，眼神变得严肃了。我记得路遥第三个想到的动物是牛，他形容牛用了沉

---

① 厚夫：《路遥传》，人民文学出版社2015年版，第252页。
② 李建军编：《路遥十五年祭》，新世界出版社2007年版，第150页。

重、辛劳一类的字眼。"① 路遥确实像牛一样地劳动,从踏上创作之路就辛勤耕耘着他的"黄土地"。

路遥最为读者熟知的作品是《人生》和《平凡的世界》。《人生》在1982年5月发表后,引起了巨大的社会反响,路遥一时成为炙手可热的著名作家。殊不知,路遥为创作《人生》反复折腾了三年,写了撕、撕了写,正式突击《人生》时,"近一个月里,每天工作十八个小时,分不清白天和夜晚,浑身如同燃起大火,五官溃烂,大小便不畅通,深更半夜在陕北甘泉招待所转圈圈行走"②。路遥没有留恋中篇小说《人生》为他带来的掌声和鲜花,他要再上一个台阶,他要写出一本即使不是最好也要是规模最大的作品。路遥又开始了新一轮的劳作。他通读了近百部长篇小说和各类杂书,翻阅了十年间的《人民日报》《光明日报》《陕西日报》《延安报》和《参考消息》的全部合订本,以至于"手指头被磨得露出了毛细血管,搁在纸上,如同搁在刀刃上,只好改用手的后掌(那里肉厚一些)继续翻阅"③。除此之外,他还去农村、下煤矿、进学校,尽量深入和作品相关的生活。经过三年的准备工作,路遥才觉得可以进入写作了。

《早晨从中午开始》是长篇小说《平凡的世界》的创作随笔,更是路遥劳动人生的真实写照。从第一部到第二部,从第二部到第三部,路遥始终以激昂饱满的精神状态面对写作,未尝有过一丝松懈。他在快完成第三部时,想起了他的父亲和庄稼人的劳动,"从早到晚,从春到冬,从生到死,每一次将种子播入土地,一直到把每一颗粮食收回,都是一丝不苟,无怨无悔,兢兢业业,全力以赴,直至完成——用充实的劳动完成自己的生命过程"④。路遥创作《平凡的世界》的过程在本质上同样可以看成一种劳动。

对路遥而言,劳动的空间是地狱,也是天堂。为了写作,他放弃了常人生活,几乎与现代社会隔绝。孤独时,半夜跑到只有运煤车的铜川火车站抚慰自己寂寞的心灵;愉悦时,"整个人进入狂热状态,身体几乎不存在,生命似乎就是一种纯粹的精神形式。日常生活变为机器人性质。但是,没有比这一切更美好了"⑤。这种愉悦刺激着他投入到更沉重的劳动中去,其实更耗费体力。同路遥相比,陈忠实的写作状态显然更为从容,虽然后者的目标是完成一本"垫棺作枕"的书。陈忠实坦

---

① 李建军:《路遥十五年祭》,新世界出版社2007年版,第162页。
② 路遥:《早晨从中午开始》,《路遥全集》,北京十月文艺出版社2013年版,第6页。
③ 路遥:《早晨从中午开始》,《路遥全集》,北京十月文艺出版社2013年版,第21页。
④ 路遥:《早晨从中午开始》,《路集全集》,北京十月文艺出版社2013年版,第87页。
⑤ 路遥:《早晨从中午开始》,《路遥全集》,北京十月文艺出版社2013年版,第36页。

言，《白鹿原》的"整个写作过程都很平静，都比较愉快"①。他清醒地认识到创作长篇小说是个漫长的过程，一般下午三四点以后就停止工作，晚上从不熬夜写作。《白鹿原》草稿实际写作时间是八个月，正式稿因故断过几次，但陈忠实不急不躁，他往往先处理完杂事再上"白鹿原"。加上前期准备工作，四十万字的《白鹿原》历时六年完成，而百万字的《平凡的世界》也是花费了六年时间。

路遥在写作过程中对数字有种近乎病态的迷恋，"不时在旁边的纸上计算页码，计算字数，计算工作日，计算这些数字之间的数字"②。每当路遥完成了一定规模的工作量后，就用手压压完成的稿子，厚起来的稿纸是他苦难劳动所产生的成果，"好比辛苦一年的庄稼人把第一摞谷穗垛在了土场边上，通常这时候农人们有必要蹲在这谷穗前抽一袋旱烟，安详地看几眼这金黄的收成。有时候，我也会面对这稿纸静静地抽一支香烟"③。路遥农民式的劳动有头有尾，极具仪式性：他动笔前特意去陕北毛乌素大沙漠"朝拜"并"誓师"；创作过程中，路遥将"劳动"奉为自己的宗教信仰，把笔磨秃了地写；得知《平凡的世界》获得茅盾文学奖，路遥亲自为他的"文学教父"柳青扫墓，完成了对柳青的恩报。

二、作家的劳动

路遥在1982年第1期的《延河》上发表了一篇名为《作家的劳动》的文章，"劳动"作为关键词出现了多达十五次。路遥在文中阐释了作家应如何正确认识和对待文学创作这种劳动，他认为文学写作的个体性和创造性决定了这种劳动的艰苦性，因此作家需要有坚强的性格，需要对生活抱有热情，需要有自我反思的精神。看起来是老生常谈，但路遥在反复强调中凸显出了创作的"劳动"特质。路遥对劳动与创作关系的探讨并未终止于此，他不断丰富和细化着他的创作—劳动理念。

在私人书信里，路遥直言劳动本身就是悲壮的，希望友人"狂热而悲壮地进行工作"，因为"人可以亏人，土地不会亏人，有白享的福，没有白受的苦"；④ 面向社会公众演讲时，路遥说"搞创作等于是一个人在卖血，必须有献身精神"，"就要你挣着命，吐着血，往上拉车哩，这能是这样……后面那基本是舍生忘死了"，

---

① 陈忠实：《寻找属于自己的句子》，上海文艺出版社2009年版，第188页。
② 路遥：《早晨从中午开始》，《路遥全集》，北京十月文艺出版社2013年版，第40页。
③ 路遥：《早晨从中午开始》，《路遥全集》，北京十月文艺出版社2013年版，第44页。
④ 路遥：《致海波》《致刘凤梅》《致王宝成》。

"如果失败或拿出平庸的作品来，就等于亵渎和践踏自己的人格"；① 在写给青少年的寄语中，"人生导师"路遥勉励孩子们为美好的梦想而奋斗，同时也告诉他们"梦想终究是梦想，要将它变成现实却要付出沉重的代价……我已经整整为此劳动和工作了二十多年"②。

路遥非常珍视这些近似理论性质的文章，为避免这些文章被小说的光芒掩盖，他曾有单独出一本名为《作家的劳动》的集子的想法："我手头编了一本文论性质的集子，名曰《作者的劳动》约十五六万字，包括以前的一些文学言论（七八万字）和有关《平凡的世界》的一篇大型随笔（六万多字）。本来，此书可以不出，因陕人社拟出版我五卷文集。这些东西也将包括进去，但我觉得这些东西湮没在小说中有点儿痛心，因此单集了一本，一则我看重这些文字，二则也想多拿几千元稿酬。"③ 鉴于路遥当时的身体状况，他想单独出版《作家的劳动》固然有经济因素的现实考虑，更主要的原因则是路遥对他的"劳动"理念的重视。

为什么路遥如此看重"劳动"？这首先和他的出生成长环境有关。路遥生于贫苦的陕北农家，从小就是个劳动好手，他最喜欢的是劳动者，最恨不劳而获的人。"一分耕耘，一分收获"是普通农民信奉的格言，但自然环境恶劣的陕北可能需要几分耕耘才能换得一分收获，所以当地人把"劳动"叫作"受苦"。路遥相信付出与收获成正比，因为"土地不会亏人，没有白受的苦"，"吃大苦，有大作品；吃小苦，有小作品；不吃苦，没有作品。"④ 路遥正式动笔前已规划好自己的收成——"三部，六卷，一百万字。作品的时间跨度从一九七五年初到一九八五年初，为求全景式反映中国近十年间城乡社会生活的巨大历史性变迁。"⑤ 为了达到目的，他不计身体成本、不惜任何代价地投入到写作中，否则作品的失败就意味着青春和生命的失败。路遥以宗教般的意志沉浸在写作中，一方面呈现给我们一个"圣徒"形象，另一方面这种劳动又带有异化色彩，用他自己的话形容即"心理状态是坐了六年的禁闭"。但在写作过程中，处于激情燃烧状态的路遥只忙于劳动，几乎顾不上收获，同时劳动也让人感受到创作活动本身的庄严和愉悦。路遥无暇顾及收获的写作和他最初严密计算成本的方案是相互冲突的，可这又符合好友海波的判断，"路遥最崇拜的人却是'受苦人'——那些踏踏实实、任劳任怨，甚至'只问耕耘，

---

① 路遥：《文学·人生·精神——在西安矿工学院的演讲》《在延川各界座谈会上的讲话》《写作是心灵的需要——对文朋诗友的讲话》。
② 路遥：《少年之梦——为〈少年月刊〉而作》。
③ 路遥：《致王蓬》。
④ 路遥：《东拉西扯谈创作（一）》。
⑤ 路遥：《早晨从中午开始》，《路遥全集》，北京十月文艺出版社2013年版，第11页。

不问收获'的庄稼汉"①。总之，农民式的劳动观念将路遥铸造成了既问收获又忽略收获的矛盾体。

其次，路遥对待创作的劳动态度与陕西文坛的文学氛围分不开。新中国成立后，陕西文学从民国时期的无名状态一跃而起，出现了柳青、杜鹏程、王汶石等为代表的现实主义文学作家。路遥和这几位老作家都有过交往，他深知前辈们不是靠偶然机遇成功的，特别是杜鹏程和柳青。路遥在《杜鹏程：燃烧的火焰》一文中表示："二十多年相处的日子里，他的人民性，他的自我折磨式的伟大劳动精神，都曾强烈地影响我……在创作气质和劳动态度方面，我和他有许多相似之处。"至于柳青对路遥的影响，怎么高估都不为过，而我更关注的是柳青及《创业史》给路遥造成的焦虑。柳青没完成《创业史》（第二部）就被病魔夺走了生命，路遥极力避免重演这一悲剧，但命运却是如此残酷，路遥在《平凡的世界》第二部就遇到了生命危机，他几乎无法控制自己的恐惧，"在中国，企图完成长篇作品的作家，往往都死不瞑目。伟大的曹雪芹不用说，我的前辈和导师柳青也是如此。记得临终之前，这位坚强的人曾央求医生延缓他的生命，让他完成《创业史》……老实说，我之所以如此急切而紧迫地投身于这个工作，心里正是担心某种突如其来的变异，常常有一种不可预测的惊恐，生怕重蹈覆辙。"② 出于使命感，路遥迫不及待地要将第三部完成，这也使得他的劳动强度必须超过柳青。当路遥为全书画上最后一个句号，把笔掷向窗外后感叹"终于完成了"，未尝没有"终于躲过了柳青悲剧命运"的潜台词。

虽然《创业史》是半成品，但柳青仅凭借第一部就登上了"十七年"文学的高峰。路遥经常念叨着四十岁以前一定要写出一部大作品，他说中国的作家都是在四十岁以前拿出了代表作，其实并非这样，路遥为什么如此急迫？我想路遥有把时间点卡在四十三岁推出了代表作的柳青之前的野心。20 世纪 80 年代初便交出《人生》答卷的路遥，他的超越对象显然不是同辈中的陈忠实或贾平凹，路遥瞄准的是他的导师——柳青，换句话说，路遥想超越他所认为的中国当代小说的最高水平。因此路遥越是不厌其烦地强调柳青是他的导师和教父，就越显露出他比同样奉柳青为导师却相对低调的陈忠实更焦虑的"弑父"情结。这样来理解路遥的"无榜样意识"也就顺理成章了，"就是在艺术上我尽管吸收各种各样的东西，但是在精神上我是无榜样，没有榜样，我认为真正有创新的东西是没有榜样的"③。而这种高标准的追求足以让路遥耗尽心血，因此当《平凡的世界》获得了茅盾文学奖，对他

---

① 海波：《我所认识的路遥》，长江文艺出版社 2014 年版，第 138 页。
② 路遥：《早晨从中午开始》，《路遥全集》，北京十月文艺出版社 2013 年版，第 75 页。
③ 见路遥：《文学·人生·精神——在西安矿工学院的演讲》。

而言"这个奖与其说是一种收获,不如说是一种解脱"①。

  经济拮据的路遥去北京领奖前一贫如洗,"后勤部长"王天乐通过各种关系才筹足五千元,他在火车站告诉临行前的路遥,"今后再不要获什么奖了,如果拿了诺贝尔文学奖,我可给你找不来外汇"②,路遥对他又爱又恨的文学只说了句"日他妈的文学"。可能让人记忆犹新的是路遥的话,但王天乐说的"诺贝尔文学奖"也不全是玩笑话。路遥曾仔细研究过诺贝尔文学奖获得者的获奖年龄区间,"像诺贝尔文学奖获得者大作家的作品,他们的重要作品、代表作,几乎都是在 35 岁到 50 岁之前这个年龄区完成的。"③路遥正好四十岁之前完成了《平凡的世界》,他计划"今后准备继续深入到生活之中,同时集中一段时间,更深入地研究中国历史和世界历史,广泛地研究西方现代派艺术的源流,在此基础上确定自己的'第三阶段'的创作"④。路遥也和朋友们谈起过他的创作计划,用十年的时间写"文化大革命"十年,书名就叫《十年》。所以王天乐才写下这段文字:"通过交流,才觉得《平凡的世界》实际上是给陕北人民和柳青导师交的一份习作。我要在以后写出更大的作品,真正地向诺贝尔文学奖进军。路遥说,也许诺贝尔文学奖不公正,比如列夫·托尔斯泰就没有获过这个奖,这也是诺贝尔文学奖的一个耻辱。但我们中国作家就不能简单地小看这个奖,不能自己得不到就说它不好。然后他笑着对我说等我获了这个奖,我一定带你到瑞典领奖去……我说,还是你一个人去吧!诺贝尔文学奖在我眼里算个球,我记得一位拒领诺贝尔文学奖的伟大作家说过,人生不能为"奖"活着,否则,你会累死的。不幸的是,路遥最终没能实现他的终极目标,夸父倒在了半道上,"这位原准备站在诺贝尔文学奖领奖台发表演讲的作家,没想到他的命运是如此的悲壮……"⑤

三、不丧失普通劳动者的感觉

  1991 年西影厂为路遥拍摄了一部时长十五分钟的电视片——《路遥,一个普通劳动者》,无论片名是不是路遥本人所取,它都符合路遥对自己的定位。路遥认为,作家和工人、农民一样,都是受苦人,一辈子从事的都是艰难的劳动,因此作家不要在心理上抱有优越感,觉得"劳心者治人,劳力者治于人",要永远记住自

---

① 见路遥:《致蔡葵》。
② 王天乐:《〈平凡的世界〉诞生记》。
③ 路遥:《早晨从中午开始》,《路遥全集》,北京十月文艺出版社 2013 年版,第 238 页。
④ 见 1989 年 1 月 5 日的《业务自传》。
⑤ 王天乐:《〈平凡的世界〉诞生记》。

己是个普通的劳动者。

路遥在《不丧失普通劳动者的感觉》《作家的劳动》《在茅盾文学奖颁奖仪式上的致词》《个人小结（草稿）》和《出自内心的真诚》等文章中一再强调"不丧失普通劳动者的感觉"，路遥所说的"普通劳动者的感觉"具体是指什么？20世纪80年代的中国处于社会变革期，普通人的生活随之发生了深刻转变，普通劳动者也切身感觉到了这些变化，譬如物质生活条件的改善、新旧思想的冲突，特别是人们在精神和心理上的变化，作为普通劳动者的文学家不会感受不到这种时代情绪。而路遥对中国农村的状况和农民的命运尤为关注，他立志要在他的笔下展现出广阔生活的复杂状态和各种思想的矛盾冲突。

生活是劳动人民创造的，要想表现普通劳动者的丰富生活，就必须深入生活。像柳青长期在一个地方蹲点的方式已不能全面体察新时代的生活，作家们不仅要触及自己不熟悉的生活，也要再次深入曾经熟悉的生活。身入心更要入，作家首先要寻找能引起自己心弦震动的表现对象，因为作家从事的是虚构的工作，但最容不得虚情假意。"写作首先要打动自己的心，才可能打动别人的心"①，路遥以博爱的人道情怀对平凡人致以最深沉的爱，从而将自己的心和无数普通劳动者的心串在了一起。

《平凡的世界》（第一部）在评论界遇冷后，路遥索性搁置了评论家的看法，直接和读者对话。他尊重读者的审判，确信自己的作品能满足大多数普通读者的口味，因为"只要读者不遗弃你，就证明你能够存在。其实，这才是问题的关键。读者永远是真正的上帝"②。路遥虽然暴露和批判了农民的狭隘和社会的不公，但他很少把有价值的事物赤裸裸地毁灭给人看，更注重表现普通劳动者赤诚质朴的品质和人性的良善美好。底层读者觉得个人的价值受到了尊重，精神上得到了提升，因此与路遥的作品产生了强烈的共鸣，这或许是《平凡的世界》成为"民典"的一个重要原因。

结语

"劳模"是指在各个行业起表率作用的模范，路遥用忘我的劳动践行了"劳模"所遵循的职业道德。且不说"劳模"精神，当下中国有多少作家能始终保有普通劳动者的感觉？当然，这并不是要求作家们亦步亦趋地学习路遥的写作方法，路遥的"劳动"观本身也有局限性。但将写作当成一项庄严的工作来对待，我想这种精神是永远不会过时的。

---

① 见《东拉西扯谈创作（二）》。
② 路遥：《早晨从中午开始》，《路遥全集》，北京十月文艺出版社2013年版，第12页。

"越界"悖论：路遥理想主义的限度

西北大学文学院　魏文鑫

"交叉地带"，一直是我们提到路遥小说时的一个关键词。路遥本人一直在有意凸显自己对所谓"交叉地带"的关注，而评论界的目光也大多跟随作家与其作品而聚焦于此。从概念上说，"交叉地带"更多地指向一种空间的生成，当然，也有学者注意到"交叉地带"从时间上来讲指向了作为中国历史转折点的1980年前后[1]，但我以为，路遥小说的关键词与其说是这样一个作为时间和空间概念的"交叉地带"，不如以动作与行为过程来描述的"越界"更为合适。"越界"行为，是人物处于"交叉地带"的必然后果，同时也构成了路遥小说的最主要内容。而相比于有些学者指认路遥以及他笔下人物的"边缘"意识与生存状态，[2] 我以为，"越界"无疑更接近路遥的主观理想主义，当然其理想主义背后也存在着裂隙。

如果以"越界"为关键词，自然会涉及一系列问题：界限是什么？界限两边有何不同？界限合理吗？谁在越界？以何种方式越界？越界的后果是什么？最主要的是，路遥是如何看待作为其小说主要内容的"界限"与"越界"的？我们又该如何看待路遥对"越界"的态度？"界限"的存在似乎天然就是不合理的，其潜在地与"限制"同义，与人的精神自由与躯体自由格格不入，因而某种程度上带有贬义的色彩；"越界者"的塑造，则是自由人主观能动力量的彰显，因而都带有某种英雄主义的色彩。然而，穿透小说文本的表层情节，可以发现在路遥的意识深处，其实隐含着他对自己以理想主义的激情在小说中反复倡导的"越界"的犹疑和颠覆。

---

[1] 安本实、陈凤：《"交叉地带"的描写——评路遥的初期短篇小说》，《当代文坛》2008年第2期，第20—25页。

[2] 石天强：《断裂地带的精神流亡：路遥的文学实践及其文化意义》，北京大学出版社2009年版，"边缘"是此书的一个重要关键词。

更具体地说,路遥为这些"越界者"设立的价值标准可能并不合理,而在这裂隙背后,是路遥看似无意、实则难逃与国家意识形态宏大叙事压制人绝对自由的共谋的命运。在"界限"仍然存在的今日,尤其是在路遥小说不断被改编为影视作品而获得更广泛的读者与"准读者"的传播机制下,厘清路遥的价值选择并对之准确评判,无疑具有重要的现实意义,是文学与文学研究的职责。本文拟从路遥最主要的小说代表作《人生》与《平凡的世界》出发,试图对上述问题做出回答。

一、路遥:作为越界者

今天解读路遥,我们都会关注到他小说的自传色彩。从高加林到孙少平,这些人物在生活、精神层面都多多少少有路遥的影子。路遥一直在强调,写作中必不可少的是真实的体验与感情的积累。① 可以说,没有路遥的经历,也许就没有《人生》与《平凡的世界》。吴进也是在这个层面上,说路遥是真正意义上的"农民叙述者",而不同于柳青的"外来者""观察者"甚至是"他者"。② 高加林与孙少平经历过的人生与生存困惑,都是路遥作为现实中一个"越界"的实践者所亲身体验过的。路遥的"越界"在现实意义上指向了他从农民到城里人的身份转化;在文化实践意义上,如果说他在20世纪80年代初期写作《人生》时,尚坚持现实主义的手法还有一定的文坛惯性作为依据可以理解,那在各种现代主义手法潮涌更迭早已成为"新主流"的80年代中后期,他仍固守现实主义来写作《平凡的世界》,就不能不看作是另一种象征意义上的"越界"。

就前者而言,路遥从农村到城市这样一个大的身份转化,造成了他多重矛盾身份的第一层分裂:城与乡之间;第二层上作为自由作家与体制官员的分裂,则在后文涉及。

1. 城与乡之间

无论是在小说还是创作随笔中,路遥的农村本位思想都是明显的。以《人生》中高加林被挤掉民办教师资格落寞在家、离开高家村到县城,与他被县城抛弃重回高家村时对乡村的三段描写为例:

天蓝得像水洗过一般。雪白的云朵静静地飘浮在空中。大川道里,连片的玉米绿毡似的一直铺到西面的老牛山下。川道两边的大山挡住了视线,更远的天边弥漫

---

① 路遥:《早晨从中午开始》,北京十月文艺出版社2012年4月版,第127页。
② 吴进:《城市·农村·中国革命》,《路遥小说解读》,《陕西师范大学学报》(哲学社会科学版)2011年第3期,第116—123页。

……着一层淡蓝色的雾霭……①

他久久地站立着，望着巧珍白杨树一般可爱的身姿；望着高家村参差不齐的村舍；望着绿色笼罩了的大马河川道；心里一下子涌起了一股无限依恋的感情……②

早晨的太阳照耀在初秋的原野上，大地立刻展现出了一片斑斓的色彩。庄稼和青草的绿叶上，闪耀着亮晶晶的露珠。脚下的土地潮润润的，不起一点黄尘。③

可以看出，无论在何种境遇之下，乡村都对高加林、同时也对叙述人和读者展现出了巨大的包容与魅力。更不要说其他那些在描写高加林与巧珍相处、恋爱时的优美片段。隐藏在叙述人之后的作者路遥，无疑对农村饱含深情，才能蘸着满腔真情挥洒出这句句发自肺腑的田园诗。

路遥对土地的感情无疑是深沉的。人在追求新生活的同时与老土地的关系，一直是路遥关心的命题。就当时评论界称高加林"回归土地"是皈依旧生活、没有割断旧观念的责难，路遥反问道：高加林为什么不能有"恋土情结"？④ 路遥说的既是高加林，也是自己：任何一个出身于土地的人，都不可能和土地断然决裂。这种血缘性的关系是即使剪断了脐带，也仍然留存于血液中的。无论土地曾给予高加林多少痛苦和磨难，他也无法诅咒土地。

与乡村相比，路遥在小说中对城市的直接描写要少一些。而从二者所负载的道德文化价值来看，路遥的天平似乎明显倾向于乡村。以乡村对立面出现的"城市"形象，似乎更多承担的是路遥对之负面的价值评判。这与路遥现实中的农民出身、因"越界"而有的创伤体验密不可分，但也无法脱离中国革命话语的大语境，诚如吴进所言，路遥需要利用中国革命话语中包含的意识形态，来改变现实中自己的弱势地位，⑤ 其个人经历与宏大叙述的惯性，在小说中是紧密相连的。更具体地讲，路遥小说中对于城市的批判，是延续了"十七年"文学对于城乡书写的基本价值取向及典型主题："城市偏见，劳动崇拜，以及乡村本位的道德理想主义立场。"⑥ 城市因带有资本主义的"残余"，相对于社会主义的乡村来说必然是不纯洁、不健康的，因而充满了堕落与颓废。这样的逻辑在路遥小说中似乎褪去了阶级政治判断的

---

① 路遥：《人生》，北京十月文艺出版社2012年3月版，第13页。
② 路遥：《人生》，北京十月文艺出版社2012年3月版，第138页。
③ 路遥：《人生》，北京十月文艺出版社2012年3月版，第243页。
④ 路遥：《早晨从中午开始》，北京十月文艺出版社2012年4月版，第77页。
⑤ 吴进：《城市·农村·中国革命》，《路遥小说解读》，《陕西师范大学学报》（哲学社会科学版）2011年第3期，第116—123页。
⑥ 徐刚：《"交叉地带"的叙事镜像——试论十七年文学脉络中的路遥小说创作》，《南方文坛》2012年第1期，第91—98页。

立场，但在道德评判上却与之暗暗相合。

因此，城市在路遥的描写中，其形象是作为乡村的对立面而呈现的。对于路遥来说，描写城市与描写乡村是两个概念。前者是作为后者的"镜像"而出现的，并不是真正意义上的描写对象，而是"一种关照和想象"，是与乡村不同的"另类的生活方式"。① 说路遥对现代都市"隔膜"，② 也许原因正在于此。但据此视路遥小说中城乡关系为二元对立的，其视角还是过于单纯了。③ 我们还是回到《人生》中看看路遥仅有的两段对于城市风景的直接描写：

当他走到大马河与县河交汇的地方，县城的全貌已经出现在视野之内了。一片平房和楼房交织的建筑物，高低错落，从半山坡一直延伸到河岸上。亲爱的县城还像往日一样，灰蓬蓬地显出了它那诱人的魅力。④

高加林坐在一棵大槐树下。透过树林子的缝隙，可以看见县城的全貌。一切都和三年前他离开时差不多，只是街面上新添了几座三四层的楼房，显得"洋"了一些。县河上新架起了一座宏伟的大桥，一头连起河对面几个公社通向县城的大路，另一头直接伸到县体育场的大门上。

西边的太阳正在下沉，落日的红晖抹在一片瓦蓝色的建筑物上。城市在这一刻给人一种异常辉煌的景象。城外黄土高原无边无际的山岭，像起伏不平的浪涛，涌向了遥远的地平线……⑤

这两段描写，对应的情境分别是高加林被挤掉教师岗位、进城卖馍，与高加林到县委大院当了通讯干事后到东岗散步。与乡村的土地一样，城市无论在人的何种境遇下都呈现出了巨大的魅力，与同样的包容性。城市的魅力是"灰蓬蓬地"显示出来的，大桥是"宏伟的"，而落日景象则"异常辉煌"。路遥不仅未将城市的形貌置于与乡村对立的负面位置上，反而从与乡村完全不同的角度对城市同样给予了浓墨重彩的赞美：乡村是温柔的、母性的，而城市则完全是阳刚的、男性的。二者之间互不具有可替代性。

尽管路遥在情感上深深依恋着故土，但城市那"灰蓬蓬的魅力"显然也是无法拒

---

① 吴进：《城市·农村·中国革命：路遥小说解读》，《陕西师范大学学报》（哲学社会科学版）2011年第3期，第116—123页。

② 论者指出，路遥的城市人物序列很少出现都市普通人的个体形象，普通人更多的是以"群体"的形象而存在的。详见石天强《断裂地带的精神流亡：路遥的文学实践及其文化意义》，北京大学出版社2009年版，第105页。

③ 例如上文提到的《断裂地带的精神流亡：路遥的文学实践及其文化意义》，路遥小说中城与乡、农民与知识分子、文明与愚昧等等一系列二元对立的存在是该书论述的一个前提。

④ 路遥：《人生》，北京十月文艺出版社2012年版，第25页。

⑤ 路遥：《人生》，北京十月文艺出版社2012年版，第145页。

绝的。血脉上的"农村人"与社会现实中的"城市人",分裂的身份使得他在城与乡之间不断摇摆,不可能清晰地做出价值判断和情感取舍。所以,路遥的农村本位思想并未使他能像沈从文和贾平凹那样,在自称"乡下人"的同时又保持着骄傲与自信。① 他注定将在二者之间犹疑不定,既为城市的追求不得,也为乡村的失落而哀叹。

2. 城乡界限

路遥是站在界限上的人。他的位置决定了他天生就是一个"越界者"。但跨越界限的方向却是单向的:不管是路遥自己还是路遥笔下的人物,从农村向城市奋发拼搏都是他们个人追求的最高体现——对于乡村的固守,却最多只能作为精神与心理方面的依恋。

城与乡之间的界限是清晰的。在小说中,界限好像只是一张"城市户口",实则牵涉到整体的价值认同、生存状态:从刷不刷牙、吃白面馍还是黑面馍,到是不是看书读报上影院打篮球。巨大的隔阂无疑是伤痛性的,其间最具切肤之痛的是精神性的蔑视与侮辱。路遥曾借高加林之口,对嫌恶乡下人淘粪的张克南妈说:"我身上是不太干净,不过,我闻见你身上也有一股臭味!"② 这也是路遥对于城里人精神侮辱的严厉回应:城里人的优越生活并未带来道德的高尚与进步,相反,乡村反而保留着更多的纯洁与美好。

路遥是体验过"越界"的人,界限的不合理与"越界"的艰难回忆是刻骨铭心的。城乡界限是历史化的问题,路遥愤而指出,城里人根本就无权指责农村人拖了后腿。③ 难道农村人不想降生在城市过好日子吗?

正是因为看到了这个界限,更因为他是一个真正在现实中"越界"的人,他才看到了那些在界内的人所根本无法意识到的问题。20世纪80年代的城乡界限到今天似乎已经没有那么尖锐的对立了,但却化为其他种种隐形的屏障存在于社会的各个角落:除了城乡差距以及连带的农民工问题,还有底层生存问题、教育与就业的机会均等问题,等等。路遥看到的"界限"问题,在当下无疑需要更大的发声空间。

二、越界与守界

按照界限的分立,路遥小说中的人物大致可分为两个体系:越界者与守界者。

---

① 吴进:《城市·农村·中国革命:路遥小说解读》,《陕西师范大学学报》(哲学社会科学版)2011年第3期,第116—123页。
② 路遥:《人生》,北京十月文艺出版社2012年版,第125页。
③ 路遥:《早晨从中午开始》,北京十月文艺出版社2012年版,第79页。

前者是路遥小说的主要描写人物，作为主动追求跨越界限的奋斗者，这些人物在精神追求与价值取向方面有着很大的相似性；而守界者，则大多作为越界者的对照面而出现。以下我们将把分析的重心放在男性角色上，女性角色的"越界"因其方式的单一，其后再叙。

1. 路遥笔下的越界者

说到越界者，路遥笔下最典型的莫过于高加林与孙少平。二者除了具体经历的不同，分享了太多相似的精神特征与价值追求，甚至在外貌体征上都趋向一致。高加林是健美的：修长的身材，又很壮实，脸上皮肤稍有点黑，但高鼻梁、大花眼，两道剑眉特别耐看；头发专门讲究成乱蓬蓬的样子，在沉思和皱着眉头的时候更是英俊，显示出很有魅力的男性美。而孙少平则长得虽不漂亮，但很有特点：个子高大，鼻梁直直的，脸上有一股男性的顽强，眼睛阴郁而深沉；进城打工后，皮肤变得又黑又粗糙，身体壮实了许多，目光变得如经不起波浪的水潭一般沉静。可以看出，路遥对于两位主人公都倾注了相当的偏爱，健美、深沉是二者共享的基因。

从性格特质来看，高加林与孙少平都敏感、自尊、饱含理想，是典型的文学青年。小说写到高加林被高明楼的儿子顶掉教师岗位后，低沉多日却突下决心：非得离开高家村不行！理由则正是因为"能人"高明楼的存在——如果高家村没有高明楼，他也许会死心塌地当农民；这种尊严感有时是很狭隘而神经质的，例如他进城卖馍碰见张克南与黄亚萍时，言语中的嘲弄与刻薄几乎是无法控制脱口而出的。在接岗当记者后，高加林上抗灾现场的工作则忘我投入，像去战争前线一样饱含了英雄主义的激情；平时他脑袋里关注的全是国际大事——卖馍失败就一头扎进了县文化馆的阅览室看报；对大城市以及更大的城市，有着难以阻挡的向往。

而孙少平同样自尊而敏感，吃着黑面馍馍，看的却是《钢铁是怎样炼成的》；无论招工时还是在煤矿当工人，书籍始终是他的精神食粮。在他身上，始终"攒着一种劲"，高中毕业后他想去的是更艰苦的地方，甚至是北极、阿拉斯加……他的精神有着超越现实生存的更高向度的追求，如果不听从内心的声音，哪怕解决了温饱问题也还是要煎熬。他的追求，从来不仅仅是做一个"公家人"，所以他拒绝了生活中一切外来的转机：无论是侯玉英的求爱、哥哥请求一起办砖厂，还是金秀的表白。他的思想中始终有两个部分，农村的和农村以外的，这构成了他精神世界的主要矛盾，也是他孜孜不倦追求新生活的主要动力来源。

孙少平对苦难有着主动追求，他甚至热爱苦难，在给兰香的信中他道出了自己"关于苦难的学说"：只要深刻地理解了苦难，苦难就会给人带来崇高感。某种程度上说，他对于精神层面的更高追求与现实中对苦难的主动体验是一体的。而当他面临与晓霞感情出现裂痕的精神危机时，也只有深深沉入矿工劳动来解脱："一个人的精神是否充实,或者说活得有无意义,主要取决于他对劳动的态度。"① 劳动、苦难构成了孙少平崇高精神追求的主要内容。

从精神向度来说,高加林与孙少平是相似的。我们还可以关注《平凡的世界》当中另一个越界者:金波。金波可以说是孙少平的一个影子:他不愿守在双水村,对他来说安安稳稳活一辈子"还不如痛痛快快甩打几下就死了"②。在县城搬邮包的工作也让他不满足,他更想成为一名司机——"让生活和心灵随着车轮在大地上飞腾"③。而金波最突出的越界行为,则是他在入伍期间违犯军纪,爱上了一名藏族女子。金波与藏民女子的恋爱是极其浪漫的:民歌传情,这种方式恰恰符合金波的性格特质——他是一个喜欢在傍晚看马群归牧的人。最终金波踏上了重回青海的寻爱之路,如此虚无缥缈的爱情其结果注定也是失败的,而他在当地人眼中疯癫的形象,却成为他"越界者"身份的最好注脚。

德顺老汉某种程度上,却也可以看作是高加林的翻版:他在年轻时也是一个越界者。读者也许难以忘怀高加林、巧珍与德顺老汉去城里拉粪的路上,德顺爷爷在月光迷蒙的夏夜讲述的他年轻时候与灵转的恋爱故事。而灵转也成为德顺一辈子打光棍的缘由:娶个不称心的老婆,就像喝凉水一样,寡淡无味。德顺老汉成为高家村唯一真正支持高刘恋的人,原因正在于他知道真正爱情的可贵——他也是巧珍结婚时唯一一个躲在家里伤心的人。但德顺老汉在《人生》中,无疑是"土地"的象征,他批评进城的高加林是没根的豆芽菜,也成为《人生》最后高加林回乡时的点题人:"就是这山,这水,这土地,一代一代养活了我们。没有这土地,世界上就什么也不会有!"④ 从这一点看,德顺老汉从年轻时候的"越界"到回归土地,可以说是高加林经历的预演。正如路遥所言,人无论何时都是无法离开断然离开土地的。

孙少平同样有着难以割舍的"土地性":他的身上,有着种种传统的乡村美德,不计前嫌胸怀广大,使得他有种种英雄般的举动:救下侯玉英,主动为金光亮的儿子补课,见义勇为救下小翠……当他在黄原揽工之后第一次回家时,看到的仍是"永远叫人依恋和动情的家乡",而他的户口落在了原西县的阳沟队后,双水村仍旧永远是他的家:"正如一棵树,枝叶可以任意向天空伸展,可根总是扎在老地方。"⑤

---

① 路遥:《平凡的世界》第三部,人民文学出版社2004年版,第72页。
② 路遥:《平凡的世界》第二部,人民文学出版社2004年版,第135页。
③ 路遥:《平凡的世界》第二部,人民文学出版社2004年版,第271页。
④ 路遥:《人生》,北京十月文艺出版社2012年版,第247页。
⑤ 路遥:《平凡的世界》第二部,人民文学出版社2004年版,第240页。

孙少平对土地的依恋同样也来自路遥。但正如路遥无论怎样留恋土地，却也始终在渴望着走向城市。他在《平凡的世界》中突然跳出了讲故事的角色，而以叙述人的身份直接对孙少平这样的"越界者"发起了议论："他们往往带着一种悲壮的激情，在一条最为艰难的道路上进行人生的搏斗。"① 这是亲身肉搏经历过"越界"的路遥，情不自禁发出的肺腑之叹！

2. 作为对照的界内人

孙氏兄弟中的少安，是作为一个"守界者"而塑造的。

孙少安与孙少平一样，对苦难有着最大限度的隐忍与承受，但他显然没有像少平一样将苦难作为通往崇高精神的必由之路，而是将克服苦难与维持全家人生计这样一个现实问题紧密联系在了一起。少安的奋斗始终没有脱离农村，他一辈子是个农民，即使最后生活出现了巨大转机、办起了砖厂，他也是个"农民企业家"。当然路遥似乎并不甘心他的另一主人公沦为平庸，仍旧给予他一些非凡的特质：他对社会发展有自己的想法，甚至能与田福军对谈。但他对于农村发展的见解无法脱离"农民种地"这个中心议题，这也是符合少安身份的。少安精神追求的最后一次高扬大概就是念完高小时，他特意要考一次初中，以证明自己并不是因为考不上才回家种地的——这大概是他与少平理想与精神的最后一次交集。

少安一直勤恳劳动，不仅顾着家里的自留地，还要留意队上的事。而在私划猪饲料地挨了批后，他从低沉和迷茫中幡然领悟恢复斗志，也是因为他突然想到一家子老老小小都依靠、指望着他。少安对大家庭一直无私奉献，完全承担起了长子的责任，甚而因秀莲给自己盛饭时偏心而大发雷霆。对这样的少安来说，分家无疑是痛苦的。他天然地认为自己承担着一个大家庭的责任，就其价值观念来说，少安从未脱离传统的乡村伦理秩序。因而妹妹不肯收他背着秀莲给的钱时，他的震惊与痛苦也是真实的。从最初种地、拉砖到烧砖，再到承包规模更大的乡办砖瓦厂，少安的轨迹一步步都指向一个目的：让家里人过得更好——他第一次试图在土地之外获得收入，路过黄河时的那种难以抑制的激情也并未超脱这样一种现实的目的。而当生活条件终于改善时，他为父母箍了新窑，为村里修建了学校，少安以自己的能力回报了生养他的土地与农村。

但作为一个"界内人"，少安最本分之处还在于他对待润叶的态度。少安与润叶青梅竹马，面对润叶的真情表白，他曾激动得哭出来——但理智很快压制了爱情，从接到纸条开始，他就开始回避润叶，让等待中的润叶苦苦心焦！少安是清醒的，一个泥腿把子无法和一个公家女教师生活在一起，若是当初他上完中学参加了

---

① 路遥：《平凡的世界》第二部，人民文学出版社 2004 年版，第 173 页。

工作，两个人也许还真能在一起……但少安紧接着就在心中悲壮豪言：即使这样，他也并不后悔当农民，他还要养活一家子人！而眼下面对令人痛苦的感情尴尬，少安连哭鼻子的时间都没有，家里、队里和村里多少事指望着他啊！少安心中没有一丝的非分之想，他掐灭了与润叶爱情的全部火花，以全部身心投入到营务家的劳动当中，并很快娶了一位同样本分的农村姑娘，彻底断了与润叶的可能。

与少平对土地只是回望中的"依恋"不同，少安从来就没有脱离过农村和土地。少安不仅仅在位置上是一个"界内人"，从他的价值选择来看，他更是一个"守界人"。

三、越界方式的选择与越界的悖论

从上述分析我们已经能够清楚看到，路遥小说中的所谓"界限"是什么，又是"谁"在越界。接下来的分析侧重于越界的方式与结局，以及其后隐藏的悖论意义。

就前述两位主要的越界者来说，高加林与孙少平的越界都在两条道路上展开：个人奋斗与爱情选择。二者并不是决然地分立，大多数情况下，个人奋斗与爱情抉择是同一成长的。

1. 从失败者到成功者的越界寓言

从个人奋斗作为越界方式之一来看，越界者的归宿主要有两种：以高加林为代表的返乡，与以孙少平为代表的持续苦难奋斗。

高加林在最终返乡前，经历了几次身份的调整与转化。当他从教师岗位上被辞退时，面临第一次身份转化的需要：变成一个农民。这次转化经历了两次失败，一次是高加林进城卖馍：他始终无法像一个乡下农民一样在市集上大声吆喝，即使之前尝试在无人的地方练习也以失败告终。第二次是他开始劳动时，完全以苦工的方式在赌气，尽管心劲很硬，身体却承担不了这重负而伤痕累累——这是第二次失败。作为一个已成事实的"农民"，高加林的气质无疑是奇怪的，他保持着以前作为知识分子时候的习惯：刷牙、看报、遐想，甚至在"卫生风波"失败后的苦闷中听到了"远方的声音"。但这样一个最不像农民的"农民"，却有两次契机曾经面对身份的成功转化：第一次是在巧珍爱情的滋润下，他开始像一个正常的农民一样对待劳动："爱情使他对土地重新唤起了一种深厚的感情。"[①] 而这次小小的端倪在与德顺爷爷进城淘粪时达到了顶峰：高加林被德顺老汉所感染，为哪个厕所里的粪多而高兴——尽管这个顶峰很快因城里人的冷眼而遭遇到急剧的下滑。

---

① 路遥：《人生》，北京十月文艺出版社2012年版，第70页。

第二次身份转化，自然伴随着高加林工作的调整：随着他在县城崭露头角，他很快成为整个县城的焦点。这个时候的高加林相当自信，不怕黄亚萍叫自己"乡巴佬"，甚至高兴地应承。事实上黄亚萍也紧接着便说高加林已经根本不像个乡下人了。这次身份转变的高峰伴随着高加林与巧珍的彻底分手并与黄亚萍的恋爱到来，高加林正如与巧珍分手后所见的那只鹰一样，"像箭似的飞向了遥远的天边"①。他与黄亚萍正式开始了漫画式的"现代"恋爱，两个人一起成为县城的焦点。也是在这时，他正式实现了城里人的蜕变，对前来劝说的高玉德和德顺老汉说道："你们有你们的活法，我有我的活法！"② 高加林将巧珍与黄亚萍做对比时，完全是将爱情与前途联系在一起看的，他通过巧珍而实现的最终蜕变，不仅仅是对爱情的背叛，而是在价值观念、生存方式上选择了全新的城市生活。

身份的转换在经过第二次高峰后迎来了第三次转换：因被人揭穿走后门而不得不再一次回归农村当农民。高加林对待这次转换的心态相当理智而平静："不就是又要回到村里、回到土地上去当社员吗？"③ 他变得成熟多了——他也许始终不会停止进城，但以后的方式必然会更合理、更理智。

但无论高加林以后是不是还要进城，经过工作调动与爱情选择交互影响的这几次身份转换，他最终确实是回到了土地。尽管黄亚萍给他带来了新鲜而具有诱惑力的新生活，但他始终觉得自己更爱巧珍。他与巧珍的分手是令人心碎的，这位大男儿在草地上大声号啕了一个小时：这其中有道德的自责，也有对巧珍无法割舍的爱、对土地难以忘怀的深情。而面临再次回村时，与黄亚萍分手反而没有引起他过分的痛苦。他换掉黄亚萍买的三接头皮鞋，穿上巧珍缝给他的布鞋，对张克南坦言道："我真正爱的人实际上是另外一个！"④

但从"越界"来讲，这种回归土地的结局是失败的，不仅不能使读者满意，路遥也不满意，所以才有了结局的"并非结局"提示，以及《平凡的世界》对之的回答。高加林还是要进城的，问题是以何种方式再次进城？

《人生》与《平凡的世界》关注的都是越界问题，从这一点来看，二者的写作是成体系、成系列的。无论学者眼中《平凡的世界》不过是作为《人生》的加长版，认为其能否支撑路遥的经典地位还有待考证，⑤ 还是将《人生》与《平凡的世

---

① 路遥：《人生》，北京十月文艺出版社2012年版，第195页。
② 路遥：《人生》，北京十月文艺出版社2012年版，第201页。
③ 路遥：《人生》，北京十月文艺出版社2012年版，第227页。
④ 路遥：《人生》，北京十月文艺出版社2012年版，第231页。
⑤ 杨庆祥：《路遥的自我意识和写作姿态——兼及1985年前后"文学场"的历史分析》，《南方文坛》2007年第6期，第71—77页。

界》看作路遥所设立的城乡、文明愚昧等一系列二元对立的两端，因而思考后者就必然先要面对前者，① 我们可以看出，对于二者关系的种种看法实际上都在承认《平凡的世界》是《人生》的继续。从高加林到孙少平，这是一个关于越界者从失败到成功的寓言。

不难看出孙氏兄弟是高加林的翻版。有学者采取这样的视角：高加林在《平凡的世界》中经历了两次分裂，一次是变成孙少平与孙少安两个人，一次是孙少平的自我分裂。② 就前一次来说，孙少安是安于土地的高加林，少平自然是渴望脱离土地的高加林；就后一次来说，孙少安是农民加知识分子的双重分裂人格：其中一个是高加林的再一次失败、是孙少安的再现，另一个则是将要完成却始终无法完成的高加林。这个结论的得出必须采取这样一种视角：孙少平是失败的，至少是没有彻底获得成功的。他对城市的追求最后止步于大牙湾煤矿这样一个不城不乡的边缘地带，而其最终带着脸上伤疤近乎归隐地回到煤矿，则是路遥对其"放逐"了。但笔者以为，正如上文以"越界者"为视角所分析的，孙少平的追求不仅仅在于成为"公家人"、获得一张城市户口（事实上他也已经得到了），而是他对苦难的自觉追求，以及由此化来的崇高感与真正的生命意义。也就是说，并不能以他最终落脚于城市还是城乡接合部来看他的越界结局。孙少平从煤矿这"平凡的劳动"当中所获得的价值追求，是农村所无法给予他的，而他不懈追求劳动与苦难，其实正是他作为一个越界成功者自强不息的脚步。

孙少平其实回答了高加林该怎么办的问题：实现个人价值、越过现实中的那道"界限"，并不能依赖于给叔父写信这样的客观条件，而应该在合理的方式下不断地主动奋斗。虽然路遥并未忍心苛责高加林，反而突出了他以不正当方式进城后下定决心为党工作的热情，而将悲剧主要归罪于马占胜和高明楼这样的利己主义者，但通过孙少平与高加林的对照，对前者价值选择的认同还是突出显示出来了。

那孙少平以后又该怎么办？他似乎已经决定要留在煤矿一辈子了。但这并不能被视为消极地放弃追逐城市，而应从他对苦难的体认精神追求来看：其实这正是他将一生孜孜追求于崇高心灵生活的不尽道路。

2. 全军覆没的越界爱情

之所以将路遥小说中的女性角色放在这里讨论，是因为路遥小说中的女性没有

---

① 石天强：《断裂地带的精神流亡：路遥的文学实践及其文化意义》，北京大学出版社2009年版，第81页。

② 石天强：《断裂地带的精神流亡：路遥的文学实践及其文化意义》，北京大学出版社2009年版，第82页。

性格意义上的独立价值，她们的作用不是展现自我，而是塑造男性角色。① 正如高加林只有告别巧珍才能实现城里人身份的最终获得，巧珍的存在是镜像性的，她的爱情命运完全与高加林对自我成长的认同结合在一起。换句话说，女性角色的存在都是功能性的。

但以越界来看，正好可以将爱情与奋斗相辅相成之下的结合作为分析的另一个角度，来看看越界者的结局。

悲观的是，路遥笔下的越界爱情，无一例外都以失败告终。除此前已述的金波与藏族女子、德顺老汉与灵转，《人生》与《平凡的世界》还有很多对原本可以尝试越界的恋人：高加林与刘巧珍、黄亚萍，孙少平与侯玉英、金秀，润叶与孙少安，郝红梅与顾养民，甚至杜丽丽与古风铃、武惠良这样"现代人"的越界之爱……

巧珍与高加林之间的界限也是很清晰的。尽管巧珍的外貌"看起来根本不像个农村姑娘"②，在气质追求上尤其与农村姑娘不同，"有着绚丽的精神光彩"③，但这与高加林心目中的"巧珍"——那幅红头巾的外国油画还是有差距的。可怜的巧珍在遭遇黄亚萍的"不俗"之后，只能谈家里的母猪下了几个猪娃。高加林在与巧珍的感情出现动摇后还是给巧珍买了红头巾，其实正预示着理想与现实之间的裂隙。巧珍的命运最后只能是嫁给马栓：毕竟她刷牙时那满口血沫子真的是不伦不类，爱情幻想只能破灭。最根本来说，她是一个热爱土地、无法离开土地的姑娘：失恋后没有选择自杀正因此。而黄亚萍就算最终不选择张克南，也只有选择李克南、王克南才能顺利结合。虽然她在痛失爱情时丧失理智一般要跟高加林回农村，但我们都知道那是不可能的。她最初选择和克南在一起正因为"不能为了爱情嫁给一个农民"④，她真诚地爱高加林，但也真诚地不情愿高加林是个农民。其实在高加林决定与巧珍分手后，路遥却插入他与黄亚萍的争吵："我那时黄尘满面，平顶子老百姓一个，你们哪个城里的小姐来爱我？"⑤ ——日后危机的伏笔已经埋下。

田润叶也一直试图突破界限：她心里暗下决心，要是和孙少安结婚了，干脆就回双水村教书去；为了见少安，她特意穿朴素衣服。但这种主动的"降级"无法从根本上改变二人悬殊的社会身份，这个决定与孙少安一起扎根农村的"黄亚萍"被

---

① 石天强：《断裂地带的精神流亡：路遥的文学实践及其文化意义》，北京大学出版社2009年版，第128页。
② 路遥：《人生》，北京十月文艺出版社2012年版，第21页。
③ 路遥：《人生》，北京十月文艺出版社2012年版，第39页。
④ 路遥：《人生》，北京十月文艺出版社2012年版，第157页。
⑤ 路遥：《人生》，北京十月文艺出版社2012年版，第185页。

理智的"高加林"拒绝了。

郝红梅作为孙少平的第一个"恋人",能够与少平进行精神的交流,而两人出身与家庭条件又十分接近,原本正是"合适"的恋爱。但郝红梅对孙少平真正的感情是"怜悯"——这种从上而下才能存在的感情正来源于她那试图越界的野心!路遥写郝红梅其实很有心计,这不过是路遥偏心于孙少平而对她做的无端指责罢了,说到底,郝红梅是一个像孙少平一样渴望越界的人。但她最终偷手帕的行径获得了孙少平的理解,却无法得到顾养民的宽容,其实是再一次证明了"界限"的存在与其间的巨大隔阂。

田晓霞无疑是一个特殊的存在。她和高朗吃饭时,却在葡萄酒、红地毯等"红色的海洋"中看见了黑色的海洋——那个"掏炭的男人"所在的地方。晓霞的日记中表明了自己的爱情观:爱情能给予人创造的力量,真正的爱情是利他的。这叫作为读者的我们激动不已,就好像再次看见了黑洞洞的煤炭世界里他们的浪漫爱情:

他们在黑暗中踏着铁轨的枕木,肩并肩相跟着向矿部那里走去。远处,灯火组成了一个烂漫的世界。夜晚的矿区看起来无比壮丽。晓霞挽着他的胳膊,依偎着他,激动地望着这个陌生的天地。①

但孙少平心中对这难得的爱情却一直是悲观的。在两人有了杜梨树下的两年之约、定情之后,孙少平很快就意识到他们是两个世界的人。尽管他立刻又有了昂扬的斗志,决心无论如何都要努力争取自己的未来,甚至将自己的形象与撒哈拉朝圣的教徒联系起来,但这种乐观却并未持续。以后的孙少平只要想到和晓霞的未来,总是有挥之不去的悲剧性的结论。也因此,他到省城找晓霞而没有遇到时,反而获得了解脱的感觉。孙少平与田晓霞的爱情即使不以晓霞死亡这样的悲剧方式结束,也会有其他的悲剧——这是路遥早就安排好的。当孙少平赶到杜梨树下赴约、完成仪式般的纪念之后,这份浪漫的越界之爱最终结束了。他再见晓霞,注定只能在"第三类接触"这样的梦幻中。他的人生再不可能遇见另一个田晓霞。或者悲观地说,即使遇见了,仍是要以悲剧收场。

有一个人似乎实现了越界之爱:兰香。但兰香的成功前提是她已经完全实现了城里人的蜕变。上大学后的兰香外貌有了很大的变化,已经不再留存一点农村的痕迹。她是孙少平眼里"家族中第一个真正脱离老土壤的人"②。而她与吴仲平相爱的基础,则是两个人能相互对话。兰香的爱情已经无法算作建立在"越界"基础

---

① 路遥:《平凡的世界》第三部,人民文学出版社2004年版,第75页。
② 路遥:《平凡的世界》第三部,人民文学出版社2004年版,第142页。

上了。

与越界相比，界内的恋爱则全部获得了幸福：孙少安与秀莲的感情一直越来越好，在秀莲的支持下办大了砖厂，并以秀莲作为精神支柱重新唤起了失败后生活的勇气。润叶与李向前在经历过生活的波折后，获得了对爱情的更深化理解：润叶成了含而不露的成熟妇女，生育之后变得更加成熟满足，像母亲爱孩子一样爱丈夫，李向前也在爱情的滋润下重拾生活的勇气。少平在经历田晓霞之后，似乎也只有选择惠英嫂和明明这样踏实稳重的生活，这其实是高加林重回巧珍之路：重回了土地，就只有重回巧珍才能获救。侯玉英则找了城里的待业青年一起卖货；兰花虽跟"逛鬼"王满银经历了很多委屈，但也始终保持着对王满银的爱；郝红梅则与润生开始了更"成熟"的爱；还有一带而过的金强与卫红……

路遥的爱情观是很保守的。对比悲剧的越界之爱与幸福的界内之爱，爱情始终没有脱离现实生活的基础。这样的爱情观正是巧珍口中的"悲剧不是命运造成的，而是她和亲爱的加林哥差别太大了"①，马栓口中的"金花配银花，西葫芦配南瓜。咱两个没文化，正能合在一块儿哩"②；是孙少安与秀莲"共同的劳动和共同的苦难建立起来伟大的爱"③，也是润叶在对向前的自我牺牲和献身中获得的精神充实："爱情，应该真正建立在现实生活坚实的基础上。"④

3. 越界悖论：理想主义中的裂隙

在个人奋斗与爱情结局的对照中，我们可以发现路遥面对"越界"的态度存在着巨大的裂隙：一方面是鼓励通过孙少平式的个人奋斗实现越界，一方面却以各种各样的爱情悲喜剧不断固守于爱情的"守界"。而矛盾正在于路遥小说中的个人成长与爱情选择是同一体！对于路遥这样一个重视作家人生观和个性对读者影响的作家来说，这样的裂隙无疑是尴尬的：他强调理想、奋斗去改变命运，但却不承认爱情可以只建立在理想的基础上。

因为个人奋斗在路遥的叙事中无法脱离爱情的选择与发展单独展开，这种裂隙有时也会出现在奋斗内部。高加林在被人举报后立刻理智地意识到，他和黄亚萍应该回到各自的位置上，因为人虽然有理想，但不能脱离现实生活。理想主义的乐观当中有时暗含了消极悲观的因素，但这被路遥对于理想不能以歪门邪道去实现的指责所掩盖了。也因为这个原因，那些在界限两侧奋力挣扎的"越界者"们，其价值

---

① 路遥：《人生》，北京十月文艺出版社2012年版，第204页。
② 路遥：《人生》，北京十月文艺出版社2012年版，第207页。
③ 路遥：《平凡的世界》第三部，人民文学出版社2004年版，第258页。
④ 路遥：《平凡的世界》第三部，人民文学出版社2004年版，第203页。

实现也就有了限度。理想主义不再是纯粹乐观光明的。

四、对界限的"体认"

除了在对两种越界方式结局的不同处理中我们看到的越界的限度，在这理想主义的悖论之后还隐藏着一个巨大的黑洞，这与路遥身份的第二层分裂有关：在自由作家与文化官员之间。他必须在坚持自己人生观的同时，考虑体制对他的要求，尽管这种对"体制内"的写作要求有时是路遥本人无法意识到的。

路遥是相当注重自己"领路人"的角色的。他在答《延河》编辑部问时曾说自己最关心的问题是工作如何与我们的社会改革相适应。① 从这一点来说，路遥真可谓是其精神导师柳青的接班人，所以他对于《人生》改编电影的第一个关注点，就是通过呈现高加林的悲剧使得人们积极反思，改变生活中许多不合理的现象。② 而在对高加林"歪门邪道"的批评上，路遥表露的是自己带有典型"十七年"色彩的劳动价值观：但其中的"劳动"已作为日常话语系统被重新肯定，与个人幸福紧密联系，而区别于从前单纯的政治话语倾向。③

劳动、苦难、奋斗不仅仅是孙少平的生存哲学，也是路遥的信条："只有诚实地劳动，才可能收获。"④ 而劳动的目的，则在于"人类生活更加美好"⑤。路遥甚至将写作也作为劳动与受难来处理：我们在《早晨从中午开始》当中看到《平凡的世界》诞生的背后，是路遥从苦读、苦苦搜集材料，直到炼狱般的苦写。而他为此甚至付出生命代价的形象，也成为一种烈士、英雄、圣徒的象征。这种形象经过路遥的自我塑造后，不断被研究界强化，终于形成了强大的力量，从另一方面加强了他小说中的劳动价值逻辑。这一切，都包含在学者所述路遥的"社会主义现实主义写作伦理"⑥ 当中。

但劳动价值的强化，却可能削减了小说原应有的探问现实的深度。《人生》中

---

① 路遥：《早晨从中午开始》，北京十月文艺出版社2012年版，第139页。
② 路遥：《早晨从中午开始》，北京十月文艺出版社2012年版，第168页。
③ 陈华积：《高加林的"觉醒"与路遥的矛盾——兼论路遥与80年代的关系》，《现代中文学刊》2012年第3期，第66—70页。
④ 路遥：《早晨从中午开始》，北京十月文艺出版社2012年版，第131页。
⑤ 路遥：《早晨从中午开始》，北京十月文艺出版社2012年版，第166页。
⑥ 这种写作伦理是作家通过文学实践，将个体的生活方式、价值观念、身份认同都统一到一个更高的"整体"当中，"整体"可以是生活、现实、革命、社会等等，而内里其实是道德、政治、美学"三位一体"的历史诉求。详见杨庆祥《路遥的自我意识和写作姿态——兼及1985年前后"文学场"的历史分析》，《南方文坛》2007年第6期，第71—77页。

"越界"悖论：路遥理想主义的限度

路遥将悲剧主要归因于高加林的错误道路，而对于村民对高加林两次工作变动"不感到奇怪"的原因，却只轻描淡写过一句"社会也不能回避自己的责任"①，就停止了追问。高加林被辞退教师是因为高明楼的儿子毕业了；高加林要进城当记者又是因为其叔父回来了。为什么大家对之不感到奇怪？

其实路遥无比清醒地知道是高加林们的悲剧是城乡户籍制度的二元分立、国际分工强加给弱势群体的命运，以及改革的种种制度延迟与缺陷所造成的，②但却大度地说，国家正处于困难时期，这是可以理解的。③ 就算路遥对于社会的缺陷抱有宽容的态度，我们仍可以从他为"越界"设立的逻辑前提看出他的谨慎：

路遥承认"界限"的不合理，鼓励他笔下的奋斗者们去"越界"，但从没有一个人问，为什么是去"跨越界限"，而不是"打破界限"？换句话说，界限两边的世界都是自足而天然存的，你只可以从一边跨往另一边，却无法将不合理的界限完全打碎。

这其中我们看到的是路遥对于"界限"的体认，他是一个不彻底的"越界者"。也是在这一点上，路遥发挥了身份中体制内官员的一面，以"引路人"的身份告知青年们，如何在不混淆界内外世界各自存在这个事实的基础上实现自我的"奋斗"。路遥只承认了界限的不合理，但从未追问这种分立的世界两头其现实存在就一定是合理的吗？——他为小说人物设立的逻辑前提已经默许了后一个问题，无论他是有意还是无意，他已经无法逃脱与国家意识形态暗合的命运。

不是没有学者注意到路遥与国家宏大叙事的同构。④ 这些观点从各个角度意识到了路遥小说本质上延续柳青文学的特征，即与社会意识形态的和解。但因分析的具体角度特殊而细微，难以触及深层次的根本症结。从这个角度看，说路遥让孙少

---

① 路遥：《人生》，北京十月文艺出版社2012年版，第229页。
② 程光炜、杨庆祥：《关于劳动的寓言——重读路遥小说〈人生〉》，《重读路遥》，北京大学出版社2013年版，第34页。
③ 路遥：《人生》，北京十月文艺出版社2012年版，第141页。
④ 例如有学者注意到了路遥小说在无意识中与现实社会意识形态达成的和解，但其所言的意识形态，主要是指20世纪80年代的"现代化"话语，并指出这个路遥现实主义小说最"现代"的地方。详见：刘成才、范钦林《现代中国的现实主义叙事——路遥小说〈人生〉的知识社会学解读》，《中国文学研究》2012年第4期，第94—97页。石天强将问题提升到话语塑造的问题：农民形象的被建构，意味着很少有人思考什么样的话语力量塑造了这个阶层的身份特征。详见石天强《断裂地带的精神流亡：路遥的文学实践及其文化意义》，北京大学出版社2009年版，第75页。金理则指出孙少平的个人化意识是与八九十年代的素质话语共构的；而孙少平式的忍苦耐劳哲学则提供了化解中国社会"断裂"危机的"黏合剂"。详见：金理《在时代冲突和困顿深处：回望孙少平》，《文学评论》2012年第5期，第136—142页。

平归隐暗示的是历史理性宏大叙述的破产,① 恐怕还是不准确的。前已述及,孙少平最终的价值是否实现不能以最终落脚于城市还是城乡接合部来看,他有着自己的主观价值追求,所以,说孙少平"归隐"首先不一定是准确的;而在孙少平身上所体现出来的价值倾向,其实与国家、历史的宏大叙述始终相合,从这一点来说,路遥始终没有脱离柳青,谈"破产"也不一定准确。阅读路遥必须回到改革开放的语境中。他笔下的人物执着奋斗的精神一次次地与历史语境发生重合、接轨,而被容纳。②

有研究者一语道破路遥叙述的困境:人物与环境的冲突解决不靠"改造"环境,而靠"离开"环境;作为高加林加长版的孙少平,虽保留了高加林的个人性格,但被搪塞进宏大的国家改革叙事中去了,反而变得概念化和观念化。③

从《人生》到《平凡的世界》,城乡的二元对立在消解,其策略正通过孙氏兄弟的奋斗而实现:原本在高加林那里呈现出落后与愚昧的乡村生活,在孙少安这里更加突出了改革致富的一面;孙少平对于个人道路的选择也不再仅仅是追求成为"城里人",而是对苦难的崇高性有着自我精神性的体认。路遥最初对于城与乡之间的彷徨游离与艰难抉择似乎失去了现实意义。路遥的限度似乎也在这里,他的启蒙精神与批判现实主义色彩随着这个二元对立的消解,也褪色失落了。

结合具体的读者效应来看,读者喜爱《平凡的世界》,是将其作为"人生之书",是"励志型"读法④,那么路遥对于"界限"体认的价值趋向更突出了其不合理之下的消极色彩。在路遥作品仍有巨大市场的当下,路遥"越界"背后深层次的价值观念真相,是文学研究仍需注目的地方。

---

① 石天强:《断裂地带的精神流亡:路遥的文学实践及其文化意义》,北京大学出版社2009年版,第153页。
② 程光炜:《文学年谱框架中的〈路遥创作年表〉》,《当代文坛》2012年第3期,第4—8页。
③ 杨庆祥:《妥协的结局和解放的难度——重读〈人生〉》,《南方文坛》2011年第2期,第39—44页。
④ 程光炜、杨庆祥:《从"劳动者"到"劳动力"——"励志型"读法、改革文学与〈平凡的世界〉》,《重读路遥》,北京大学出版社2013年版,第79页。

《平凡的世界》现象与"重写文学史"

陕西师范大学文学院　武菲菲

当前,电视剧《平凡的世界》热播,不仅刷新了电视台的收视业绩,更带动了小说纸质版的销量大涨,并引发了学术界的研究热情,这在《平凡的世界》接受史上熟悉又陌生。

一、"平凡的世界"现象解析

《平凡的世界》自诞生以来便一直处于三股力量的纠结矛盾中:在读者用钱包投票的时代,《平凡的世界》有"常销书"之称,迄今为止已有数十种版本。在数次颇有说服力的读书调查中,《平凡的世界》是当代文学中最受读者欢迎的作品之一,堪称大众读者心目中的经典;在体制层面,《平凡的世界》一路畅行,早在1988年全书尚未完稿时就在中央人民广播电台《长篇连播》节目播出,连播三部共一百二十六集,历时四月有余。随后,2001年再次播出一百五十二集的《平凡的世界》,2009年第三次播出由该著改编的一百五十集配乐长篇小说。作为中国最高级别的官方媒体之一,中央人民广播电台尽管也会考虑经济效益等因素,但首先考虑的无疑是对民众的意识形态引导、规范作用,能在这一传播媒体上一再出现,说明《平凡的世界》与体制达到了某种内在的契合。《平凡的世界》还以榜首位置获得了1991年的"茅盾文学奖",作为中国当代小说的最高奖项获得者,这意味着得到了国家体制的肯定。

与上述状况成鲜明对比的是,《平凡的世界》在学术界却屡遭冷眼。1986年第一部完成时屡遭退稿,先后被《当代》杂志、作家出版社拒绝,最终只能在二线刊物《花城》刊发。即便如此,第二部完稿后也未能继续刊发,并且在公开出版之前一直没有在任何文学刊物上发表,第三部最终在更加边缘化的《黄河》杂志发表。

之所以如此一波三折，评论界的低评价无疑是重要原因之一。① 与评论界冷眼相映照的是文学史家的选择性遗忘。意在确立文学经典、评定作家等级、总结文学思潮、倡导写作规范的文学史写作是总结性的文学评论，或褒或贬有一锤定音的意图在内。洪子诚撰写的《中国当代文学史》和陈思和主编的《中国当代文学史教程》是20世纪末出版的两部代表性当代文学史，对于《平凡的世界》，著者不约而同地采取了"忘却"的态度。

拥有市场决定权的读者的热捧、代表意识形态要求的体制力量的肯定、掌握话语优势的学术界的漠视，三种不同力量的不同态度始终纠缠在《平凡的世界》的接受、阐释、传播过程中，成为当代文坛上独特的"平凡的世界"现象。

值得关注的是，当下这一现象出现了一些陌生的转变：读者热情依旧、体制依然力荐、转变的是学术界和文学史叙事。对《平凡的世界》的解读逐渐突破了对现实主义创作方法、人物形象分析等单方面阐释，从当事人周昌义、谢泳对《平凡的世界》出版过程的回顾反思到张颐武、郜元宝、李陀等对《平凡的世界》的文学史定位，再到李建军、赵学勇、程光炜等对小说的多层次观照，中国当代文学史叙事对《平凡的世界》的拒斥出现了微妙的松动。

同一部作品，在20世纪的文学史书写中为何遭到集体忘却？在当下文学被极大边缘化的语境里又为何回暖？当代文学史叙事发生了怎样的嬗变？回答这些问题，对透视中国当代文学史写作、阐释《平凡的世界》的文本价值，以及审视文学与读者、文学与社会、政治等更广阔的问题都有着重要意义。

二、文学史叙事拒斥的原因探究

尽管出版于1999年，但洪子诚撰写的《中国当代文学史》和陈思和主编的《中国当代文学史教程》都是20世纪80年代"重写文学史"思潮的重要成果。洪子诚的《中国当代文学史》以态度客观中立、内容坚实深入著称，但该著只在年表里记载了《人生》《平凡的世界》发表日期和路遥逝世时间，在正文中对路遥及其创作却只字未提。原因何在？据作者在前言中的自述："本书的评述对象，主要是重要的作家作品和重要的文学运动、文学现象。在这里，究竟选择何种文学作品作为研究对象，进入'文学史'，是个首先遇到的问题。尽管'文学性'（或'审美性'）的含义难以确定，但是，'审美尺度'，即对作品的'独特经验'和表达上的

---

① 周昌义：《记得当年毁路遥》，《文艺理论与批评》2007年第6期，第47—53页。

'独创性'的衡量，仍首先应被考虑。"① 那么，该著衡量一部作品在内容上是否表现了"独特经验"和在形式上是否达到了"独创性"的尺度是什么呢？著者对当代文学史的叙述以"文革"结束为界限划分为上下两编："上编主要叙述特定的文学规范如何取得支配地位，以及这一文学形态的基本特征。下编则揭示这种支配地位的逐渐失去，以及在不同的社会历史语境中，中国作家建立'多元'的文学格局所做的艰苦努力。"② 通读全著可知，"特定的文学规范"指的是自20世纪50年代以来，在中国大陆实施的毛泽东文艺思想及据其制定的文艺路线政策，其核心理论是著名的"文艺从属于政治，文艺为政治服务"。体现在内容上，要求文学在总的发展方向和具体的创作活动上都要与现实政治斗争保持一致，成为长远政治理想和临时的具体的政策号令的阐释传播者，同时又要将文学作为"武器"，去号召、动员民众参与配合现实政治生活；表现在形式上则是既强调表现"生活"的真实，更强调揭示以先验理想和乌托邦激情想象的"本质真实"的"社会主义现实主义"和"革命现实主义和革命浪漫主义相结合"的"两结合"创作方法。根据作者的勾勒，这种文学规范从20世纪50年代开始推行，最终借助政治权力在"文革"中达到了"一体化"的顶峰。到了20世纪80年代，在客观环境和主观努力下，"一体化"开始瓦解，文学做到了"回到文学自身"、走向"文学自觉"。

因此，在20世纪80年代以"去政治化"为主要诉求的"重写文学史"思潮中，文学史家更重视离开重大社会、政治问题的"民间文化""日常生活"的表现内容，这些边缘性的文化形态和个人化的人生体验被20世纪50—70年代的文学书写放逐了太久，在80年代成为令人耳目一新的"独特经验"。在形式表达方面，现实主义方法因附着了太多的历史记忆而被嫌弃，在现代主义旗下的众多创作流派成为新鲜独特的表达方式，在西方中心论和文学进化论的推动下，现实主义—现代主义的关系更被置换为中国—西方、落后—先进的等级关系。

行文至此，洪著弃路遥而不选的原因基本明了了：《平凡的世界》反映的是1975至1985年间的中国城乡变革历史，"文化大革命"的政治运动走向破灭，另外一场以经济变革为主要内容的政治实验正在展开，社会经济结构与广大民众的生存方式、精神面貌都发生了颠覆性的变动。对此，路遥的宏伟抱负是谱写一部全景式反映社会生活、概括时代精神的史诗性巨著，再现这样一段剧烈变革的历史。他注重以乐观的历史态度，从一个宏阔的时空跨度反映国家政治走向的变化给社会、个体带来的新风貌。生活依然有苦难和牺牲，但并不需要控诉；也有肮脏和无奈，

---

① 洪子诚：《中国当代文学史·前言》，北京大学出版社1999年版，第4页。
② 洪子诚：《中国当代文学史·前言》，北京大学出版社1999年版，第4页。

却也不能消极地默认,在昂扬的时代精神和高贵的个人灵魂的良性互动下,国家和个体的未来都充满希望。

对社会政治生活的全景式描述,对国家现行政策的肯定呼应,与意识形态理想的高度一致,对人物精神能动性的极力肯定,这样的阅读感受太熟悉了,恍若已被历史证明了事实错误的《创业史》,似乎还有"样板戏"的英雄气味。这在历史情绪高涨的时代是极其不合时宜的,甚至显得动机可疑,受到研究者沉默的抵制乃意料之中。同时,这样的表现内容缺乏伤痕文学对历史创伤的揭露批判,没有如寻根小说那样从边缘的民间文化中剖析民族精神的劣根或价值,也没有像新写实小说那样承认庸常的合理性,无法提供给读者新鲜的"独特经验"。

与表现内容、表现态度相配合的是路遥所选择的现实主义创作方法。尽管《平凡的世界》对这种传统方法做了些许改动,但由于在表面上与以往的伪现实主义有极大的相似性,极容易引发读者阴暗的历史记忆;另一方面,在各种形式革命风起云涌之际,这种创作方法无疑是陈旧甚至简陋的,很难满足研究者对表达"独创性"的渴求。

陈思和主编的《中国当代文学史教程》是一部富于创新性的文学史,但论者往往只注目于该著中提出的"潜在写作""民间文化形态""民间隐形结构"等新的叙述视角对当代文学史写作的创新意义,却忽略了编者的另一重创新点:"长期以来,中国现代文学和当代文学都是作为一门学科而设立,文学史都是作为教科书来编写的,已经形成了一定的模式。同时,文学史的编写观念和具体写法一直笼罩在西方学术模式和苏联的学术模式之中,缺少由文学作品为主体构成的感性文学史的方法……我主编这部教材所追求的目的之一,正是想通过对这类以文学作品为主型的文学史教材的编写实践,为'重写文学史'所期待的文学史的多元局面,探索并积累有关经验和教训。"[①] 陈著着重的是筛选若干审美价值较高的作品,分析阐释其艺术价值和文学魅力。因此,尽管陈著也指出了《平凡的世界》是一部现实主义力作,有着庞大的读者群,但仍将《人生》确认为路遥的代表作,将其归入"改革文学"的文学史行列,概括小说主题为"通过城乡交叉地带的青年人的爱情故事的描写,开掘了现实生活中饱含的富于诗意的美好内容,也尖锐地揭露出生活中的丑恶与庸俗,强烈体现出变革时期的农村青年在人生道路的选择中所面临的矛盾、痛苦心理"[②]。客观地说,在创作手法、读者影响和主题书写方面,《平凡的世界》都比《人生》展开得更加宽阔、深远、丰厚。但著者对《人生》做了详尽分析后,

---

① 陈思和:《中国当代文学史教程·前言》(2版),复旦大学出版社1999年版,第6页。
② 陈思和:《中国当代文学史教程》(2版),复旦大学出版社1999年版,第239页。

对《平凡的世界》只是一笔带过，如此选择显然是认为《人生》的艺术价值要高于《平凡的世界》。事实上，持此观点的文学史家不在少数，在世纪末出版的谢冕主编的《百年中国文学总系》也同样以"走向城市"为主题分析了《人生》，而对《平凡的世界》只字未提。

三、文学史观的改变

当下，对《平凡的世界》的学术讨论逐渐增多，或褒或贬意见不尽一致，但争议即是关注，这部鸿篇巨制终于进入了文学史视野，当代文学史观正在发生改变。

2011年6月，中国人民大学和美国哥伦比亚大学在北京联合召开了"路遥与80年代文学的展开"国际学术研讨会，此次会议是在程光炜教授主持的"重返80年代"讨论课的基础上展开的。据会议组织者杨庆祥总结，该会议的意义之一在于"以重读路遥为契机，试图探索出一种新的文学研究的途径，具体来说就是怎样走出'作品中心'和'审美中心'的偏颇，把作家作品重新社会化"[①]。这是一个非常重要的信息：对路遥的讨论是置于"重返80年代"的前提之下的，"重返80年代"最重要的一点便是反思80年代发生的文学"去政治化"，以及对"纯文学"的追求。《平凡的世界》当初正是因为遭遇这一潮流而受冷遇，如今的回暖是与反思这一潮流相呼应的。

根据接受美学的理论，一部作品的完成依赖于读者的参与。论者往往只注意到了"大众读者"对《平凡的世界》的励志型阅读，却忽略了怀抱精英意识的学术界对《平凡的世界》的反思型阅读。这种反思型阅读表现在20世纪80年代是有意的冷落，表现在当下是谨慎的分析。

20世纪80年代文学界孜孜以求的"去政治化"和"纯文学"其实是一个观念的两个方面：将文学与特定的政治话语剥离开来。由于历史上的政治暴力给文学及从事文学的个体带来的伤害过深，"政治"一词在20世纪80年代的文学理想国里成为禁忌，尽管官方意识形态一再倡导规范，掌握话语权的学术界还是找到了"去政治化"的"纯文学"这一概念予以了策略性回避。但"寻根文学""先锋文学"创作所昭示出的是：这种"纯文学"并不是将政治完全抽空的真空文学，而是去掉对官方意识形态的歌颂。在学术界心照不宣的共识中，批判显然比附和更有价值。在这样一种语境中，《平凡的世界》却对当时开展的政治变革做了过于乐观的描写，对以田福军为代表的权力人物予以了衷心赞美，对改革开放带来的负面效应描写不

[①] 程光炜、杨庆祥：《重读路遥·序》，北京大学出版社2013年版，第2页。

足（如对农村劳动力的流失、土地资源的破坏、社会保障制度的缺失以及劳动者异化等问题尽管有所触及，但并未自觉展开），特别是主人公孙少平的塑造，几乎就是官方提倡的"社会主义新人"理论的文学化书写，这一切使《平凡的世界》似乎成为一个颂歌型作品，这种倾向正是"文革"后的思想界所极度警惕的。

今天，尽管国家意识形态对精神领域的掌控依然存在，但文学与政治的关系毕竟已经从紧张走向了松弛。这种松弛给文学带来的影响表现在两个层面：

第一，文学对政治的理解不再狭隘，政治是社会生活的重要内容，与经济、文化、自然共同构成了人类生活，是一个在文学书写中有突出意义而非负面的生活领域。文学可以显在地表现政治，也可以隐晦地表现；政治对文学也不再是单向的控制，文学可以正面赞颂良性的政治形态，也可以揭露批判负面的政治内容。当政治为人性提供了一个健康的发展环境时，孙少平是可以在与时代精神达成共鸣的基础上实现个人灵魂的超越的，那么，对于这样一个真实的存在予以正面的表现有何不可呢？

第二，文学和政治关系的松弛导致的另一重后果是文学的失重。当文学逃离了政治，不再承担社会责任，或者以表现不加节制的物欲、性欲为"真切的生命体验"，或者以描写丧心病狂的人性之恶为深刻、永恒的发现，或者以随波逐流、无限认同"存在即合理"的庸常为超脱，甚至干脆走向了玄之又玄不明所以的纯形式游戏，这样的文学不仅丧失了读者，也丧失了文学之所以存在的根本。文学疲软的困境迫使学术界再次反思，发现了路遥拥有数目巨大的普通读者这一事实的重要性，发现了路遥对理想人格塑造的可贵，发现了文学作为精神资源对社会的责任。我们提倡"回到五四"，"引起疗救的注意"不正是五四精神的重要部分吗？我们提倡"纯文学"，"纯文学"的典范之作不也将"洗刷人心""供奉人性的小庙"作为理想吗？由此，路遥开始重返文学史场域。

《平凡的世界》第一部诞生于1986年，这个年份对一部现实主义作品来说可谓生不逢时。在经历了1985年的"方法年"之后，现代主义思潮以爆炸性的形态席卷了中国文艺界，现代主义作为可以使中国当代文学摆脱"时间上的滞后性和空间上的边缘性"的黄金方案，被创作界和批评界疯狂追逐。反映在文学史写作上，便是"重写文学史"活动的开展。"这个期间的'重写'，是以'走向世界文学''文学现代化'和'回到文学自身'（'纯文学'）等作为它的目标和尺度；而'世界文学'、文学'现代化'和文学'自身'的特质，认为主要体现在'现代派'文学中"①。重写当代文学史，不仅包括重写已成为历史事件的文学活动，还包括根据

---

① 洪子诚：《中国当代文学史》（2版），北京大学出版社2007年版，第208页。

"重写文学史"的文学史观叙述正在发生的文学进程。在现代主义成为主流和尺度的时代中,现实主义创作方法与现代主义创作方法的关系被置换成落后的、中国的与先进的、世界的等级性价值对照。

"重写文学史"以现代性文学史观去消解之前的阶级论文学史观,事实上,这两种文学史观在根本上同属进化论文学史观。"进化论思想的引进,形成了中国人新的历史哲学观念。本来,中国现代思想主要有三种思潮,即进化论思潮、民族主义思潮和社会主义思潮,它们都可以构成不同的历史哲学观。但后两种思想由于浸透了进化论思想的影响,所以,从根本上来讲,进化论思想的引进对中国现代的历史哲学观的形成更具有决定性的意义。"① 中国的进化论史观表现为历史是以时间为序的线性结构,后来出现的优于前面出现的,社会的变化被描述为前进、发展、进步的阶梯形过程。这一史观具体体现在五四时期的民族主义思潮中便是西方优于中国,体现在社会主义思潮中便是无产阶级优于资产阶级,这样的机械进化论思想成为晚清以来中国人认识历史和想象世界的基本思维模式。反映在文学史观上便是五四时期的"一时代有一时代之文学"、新中国成立后的阶级论文学史观和以阶级论文学史观为基础的新民主主义文学史观:无产阶级是最先进的阶级,"五四"之后,中国无产阶级取得了新文化运动的领导权,所领导的文学便是最先进的文学。根据同样的逻辑,社会主义阵营的无产阶级文学优于以西方社会为中心的资本主义文学。

20世纪80年代来临,伴随着国家层面的现代化追求兴起,中国思想界的世界观再次呈现出以进化论史观为底色的西方中心论,反映在文学上便是发生在西方的、出现于20世纪的现代主义文学优于盛行在中国的、主要兴起于19世纪的现实主义文学。对于20世纪80年代文学而言,现代主义文学既是现实的文学主潮,也是理想的文学发展方向,根据这一文学史观,现实主义被归入落后的、不具备现代性的文学形态行列。

在拉开了时间距离和对西方有了较为真实的了解之后,这种二元对立的进化论史观和西方中心论开始遭到质疑。艺术形态的发展与物质形态的发展并不都适用于直线性的进化论,电气化时代自然比蒸汽机时代更有效率,但现代主义作品并不一定比现实主义著作更有表现力,《尤利西斯》出现后,《人间喜剧》依然继续流传,《红楼梦》仍是世界文学宝库里的瑰宝。

在大国崛起的时代背景中,民族自信心上升和提高国家软实力的需求等因素,

---

① 谢应光:《进化论思想与中国现代文学史观》,《社会科学研究》2004年第4期,第133页。

都使文学界开始思考建设具备"中国经验"的文学史观。中国当代文学史叙事引入一个代表了西方文化的审美认识、历史感受的"现代性"概念，以之为尺度来衡量表现中国社会状态、历史经验的文学是否科学？中国古典文学内蕴的"文以载道"的文艺观是否对文学必然造成损害？新文学的"为人生"的现实主义经验和左翼文学的大众化追求能否一概抹杀？在这样的疑问中，当下主流的文学史叙事显露出了内在的片面性："新文学降生以来就苦心经营的现实主义经验被空前排斥，'反映'被不可知的混乱的历史非理性所嘲弄，'典型'被平面的、模糊的、晃晃悠悠的人物所取代，'史诗'被非逻辑的民间体验的历史碎片所置换，'宏大叙事'则被无所事事的顾影自怜的哼哼唧唧的'个人化'（或曰'私人化'）叙事所颠覆。这就是当代文学史所叙述乃至'重写'的'多元'景观。也是在这种'多元'景观中，那些时刻关注国家、民族命运的现实主义作家在文学史格局中都面临着'被迫退场'的悲哀。"①

在独立探索解决"中国问题"，重新发掘辨析"中国经验"的历史文化语境下，现实主义文学亟须被重新认识。

四、《平凡的世界》的现实主义成就

《平凡的世界》被冷落，有一个显而易见的原因：以现实主义方法创作。在当时的语境中，这一创作方法因与"社会主义现实主义""革命浪漫主义与革命现实主义相结合"的"两结合"等伪现实主义联系太近而承载了过多阴暗的历史记忆，受到批评界的冷眼，由此殃及对《平凡的世界》的整体评价。

1934年第一次苏联作家代表大会通过的《苏联作家协会章程》对"社会主义现实主义"进行了经典定义；"社会主义的现实主义，作为苏联文学与苏联文学批评的基本方法，要求艺术家从现实的革命发展中真实地、历史地和具体地去描写现实。同时，艺术描写的真实性和历史具体性必须与用社会主义精神从思想上改造和教育劳动人民的任务结合起来。"② 1949年以后，社会主义现实主义被确立为中国文学艺术创作和批评的最高准则，并被茅盾在第二次文代会上进一步解释为"一个社会主义现实主义作家必须要求自己善于觉察出生活发展的方向和新事物的萌芽，善于从革命发展中去表现生活；一个社会主义现实主义作家的职责正是必须要把在

---

① 赵学勇：《再议被文学史遮蔽的路遥》，《小说评论》2013年第1期，第104页。
② 曹葆华：《苏联文学艺术问题》，人民文学出版社1953年版，第13页。

今天看来还不是普遍存在，然而明天将普遍存在的事物，加以表现。"① 社会主义现实主义理论被提高到党性、政治性的高度，不仅成为唯一的、正确的文学创作批评原则，更成为必须遵循的强制性政治律令。

1954年12月，第二次苏联作家代表大会召开，会议通过的新章程采纳了作家西蒙诺夫的建议，删去了"社会主义现实主义"定义中的后半部分，即"同时，艺术描写的真实性和历史具体性必须与用社会主义精神从思想上改造和教育劳动人民的任务结合起来"，以反拨文学创作"粉饰现实"的时弊。尽管在1955年，人民文学出版社已经迅速编辑出版了《苏联人民的文学——第二次苏联作家代表大会报告、发言集》，介绍了苏联文学界的这一新动向，但并未改变中国文学界对1934年的"社会主义现实主义"规范的坚持，在其后的文学活动中，这一定义更被发挥为"革命浪漫主义与革命现实主义相结合"的"两结合"。这种对现实主义加以前缀或变异的文学准则事实上已背弃了现实主义的根本，其最主要的特征是以某种先验的理念去堆砌人物形象，限定生活内容，预言光明结局，表现并不存在的"本质真实"。这突出地表现在《创业史》的文本和柳青本人对《创业史》的辩护中。梁生宝作为"崭新的青年农民英雄"，天然地具备大公无私、坚毅果断、一切以集体利益为中心的性格特征；一个古老的农业宗法社会，因占有财富多寡不同而分裂为界限森严的阶级阵线；一场刚刚开始的社会试验被先验地预言了成功，因为唯有如此才能表现出"历史本质"，起到引导民众、教育民众的意识形态规范作用。

路遥对柳青和《创业史》的评价极高，但他清醒地认识到了这种伪现实主义的虚假性，而决心创作出真正具备现实主义精神的中国作品。"现实主义在文学中的表现，绝不仅仅是一个创作方法的问题，而主要应该是一种精神。从这样的高度纵观我们的当代文学，就不难看出，许多用所谓现实主义方法创作的作品，实际上和文学要求的现实主义精神大相径庭。几十年的作品我们不必一一指出，仅就'大跃进'前后乃至'文革'十年中的作品就足以说明问题。许多标榜'现实主义'的文学，实际上对现实生活做了根本性的歪曲。这种虚假的'现实主义'其实应该归属'荒诞派'文学，怎么可以说这就是现实主义文学呢？"② 路遥塑造的众多人物有血有肉、真实可信、情节曲折而不违背现实。孙少平是作品中最理想的人物，但他同样表现出了精神上因自卑而产生的狭隘，他与田晓霞恋爱的最大阻力便是因现实身份迥异而带来的巨大心理障碍。孙少安作为一个中国传统家庭的长子，对家庭

---

① 茅盾：《茅盾全集》第24卷，人民文学出版社1996年版，第264页。
② 路遥：《早晨从中午开始——〈平凡的世界〉创作随笔》，《路遥文集》第5卷，人民文学出版社2005年版，第257页。

责任极其重视，任劳任怨地为大家庭奉献一切。但他最终抵挡不了妻子的攻势而选择了和父母弟妹分家，成立一个独立的小家庭。这意味着建立一个更高效率的经济单位，事实上暗合了改革开放以效率为先，让一部分人先富起来的时代主潮。也许路遥本人并未有意地以这样一个家庭事件反映时代大环境的意图，但他对农村生活的真实体验，对时代变动的深入把握使他捕捉到了这一点，这正是现实主义小说在敏锐地反映社会现实方面的优势所在。作品中的孙玉亭更显示了路遥现实主义的丰富性。孙玉亭是一个视"无产阶级革命工作"为一切的农村干部，热衷于搞阶级斗争，一贫如洗却能在忘我的政治工作中获得精神的无上快乐，但就是这样一个极左人物，在奉命开批斗会时设法让傻子田二应付任务，而不去伤害无辜者；不舍得在家点灯却为了开"革命会议"奉献出本就不多的一点灯油；坚决地抵制迷信活动，但碰到为母亲祈祷的哥哥时也只能悄悄走开，一个在20世纪80年代语境里该被推上历史审判台的人物在路遥笔下鲜活地站立起来，可恨又可笑、荒唐又温情。

在《平凡的世界》中，路遥对现实不是廉价地歌颂，也不是凭空伪造，在深入体察生活的基础上，对社会变革的认知持开放性态度。他肯定了政治变革给人民生活带来的巨大好处，但也交织着对现实的忧虑：政策使一部分人率先富裕了，但同时也造成了贫富差距的急剧扩大，产生了新的人格歧视，包工头视工人如动物；物欲泛滥使一部分人道德沦丧，走向犯罪，金富本是一个年富力强的青年农民，却经不起诱惑堕落成小偷；农村劳动力可以自由地走入城市，但无法得到劳动安全的保障；田四、田五这样的老人尚未丧失劳动能力已经老无所依；智障者田牛在集体经济时代尚能生活，在改革年代里却失去了集体制度的庇佑而无法生存。虽然路遥用"劳动""苦难"的精神意义在一定程度上冲淡了问题的现实严重性，但诚恳的写作态度、深刻的生活体验、敏锐的反省意识、细致的细节刻画保证了《平凡的世界》真正地具备了"史"的品格、"诗"的精神，在对美好人性、高贵灵魂执着讴歌的同时，真实地呈现了一段混沌复杂的时空变革。正是在这一点上，路遥拉开了与伪现实主义的距离，显示了对经典现实主义精神的传承，成为20世纪中国现实主义文学的重要收获。

路遥的创作再一次彰显了现实主义创作方法在塑造性格人物、揭示现实矛盾、描述社会生活方面的独到之处。同时，与先锋文学等现代主义创作相比，现实主义作品因为对现实的、具体的社会人生的表现更扎实全面，叙述姿态更朴实大众，因而在述说个体生命体验、探询人类生存意义方面更能激起众多普通读者的共鸣，这一点是暴得大名又迅速消散的形式实验创作所无法企及的。《平凡的世界》经受住了时代的洗礼，对读者产生了广泛而持久的影响，这一事实已开始得到了文学史家的关注，引发了文学史叙事对现实主义的重新思考。相信在今后的文学史叙事中，对茅盾、柳青、路遥等现实主义作家会有一个更加平和、学理的文学史定位。倘若如此，不仅"平凡的世界"现象有望得到解决，中国当代文学史叙事和现代文学史面貌也会迎来一次新的"重写"。

五、"失衡婚恋"的主题

在短暂的文学创作岁月里，路遥除数篇随笔、散文之外，共创作了十七篇（部）小说，分别是长篇小说《平凡的世界》，五部中篇小说，即《人生》《黄叶在秋风中飘落》《惊心动魄的一幕》《你怎么也想不到》《在困难的日子里》，另外是十一篇短篇小说《姐姐》《青松与小红花》等。在这十七篇（部）小说中，其中有十部左右围绕婚姻爱情的主题展开，而这一主题又基本表现为一个高度同一的模式——"失衡婚恋"。爱情是人性中最私密的体验，最能容忍狂野的想象，婚姻是人类最基础的伦理关系，最能综合反映社会环境的结构物，对于相信"文学即人学"的现实主义创作来说，抓住婚恋这一现象反照社会人生，无疑有纲举目张之功效。表现在路遥小说中，婚恋双方的不对等更造成了一种富有张力的矛盾，给作者创作意图的展开留下了足够的空间。路遥的独特之处就在于既非就事论事地渲染爱情，也不是简单地以婚恋为镜子反射社会生活的外部形态，而是着重通过这一富有张力的矛盾空间探索人性所能达到的高度和心灵世界的深度。

多数研究者认为《人生》的艺术水准高于《平凡的世界》，应称之为路遥的代表作。比较而言，两部作品的创作手法、语言风格等都具有高度的一致性，在结构安排、人物塑造方面，以宏阔著称的长篇和以谨严见长的中篇则无法比较，因此，选取"失衡婚恋"这一主题进入两部作品的比较，更能有效地说明代表作的归属。

在《人生》中，"失衡婚恋"主要以高加林为中心展开。高加林和巧珍的爱情是男高女低的模式，高加林因为受过现代教育，获得了不识字的农村姑娘巧珍的倾慕。在故事的推进过程中，巧珍的善良、纯朴、爱的勇敢、恨的不忍一层层展现出来，成为一个拥有多侧面性格、多层次心理的丰富形象。而在同一过程中，高加林除了散发着香皂味的干净衣服、未劳动过的健美身体这些外在符号外，并没有展现出任何现代文明的精神，唯一的一次"卫生革命"也在高加林的不抵抗中狼狈收场。其形象一直停留在"怀才不遇"的原点上没有进展，更体现不出精神的丰富性。

在与黄亚萍的交往中，高加林又变成一个处于较低位置的被引导者。在处理三角感情关系时，听从了黄亚萍对"大雁"的呼唤，在物质消费、人生规划上都依从黄亚萍的安排。尽管叙述者一再强调，高加林最大的优点是精神的出类拔萃，超越了他所在阶层的认识，但展现在文本中却只有那些空泛的谈美国工人罢工、谈国际能源问题和对三接头皮鞋、进口手表的物质性消费，所谓的远大精神追求也不过是"远走高飞，到大地方去发展自己的前途"。在这样罗列性的情节安排中，高加林和黄亚萍有过一次冲突：黄亚萍要求高加林放下工作，为她寻找一把丢失的小刀，高加林冒雨前往，在筋疲力尽之际却被告知只是一个小小的骗局，试探高加林有多听话。这本是小说叙事一次绝佳的机会，可以借此集中地展开对高加林性格的塑造和心理冲突的描摹。高加林对巧珍与对黄亚萍的情感有何不同？面对女性不同的爱情观，高加林会有怎样的认识和反映？高蹈于浪漫爱情的青年在面对生活琐事时会有怎样的体验？可惜，作者在此轻轻滑过去了。

因此，《人生》中的高加林一直是一个符号性的空洞人物，并没有充分体现出作者对人的精神探索的高度和深度。

在《平凡的世界》中，路遥依托巨大的文本含量梳理出数十条爱情线索，围绕爱情展开了人物性格的立体塑造和心理世界的多层次挖掘。这其中，"失衡婚恋"是一个主要的模式。

小说用"老鼠药事件"将孙家搅得天翻地覆，矛盾到达高潮之际才托出了孙少安，使这位主要人物一出场便先声夺人，冷静、智慧、坚毅、爆发力极强。这位年仅二十三岁的青年在极度的物质贫困和精神重压下长大，但这并没有使他在压抑中丧失掉锐气，反而激发出对命运强烈的抗争激情和坚韧的斗志。

在孙少安性格底色已经达到十足明亮的时候，爱情与婚姻的强烈冲突冲击了文本对人物性格的单向性塑造，高密度、多层次地发掘了孙少安的心灵世界。孙少安和田润叶两小无猜，堪称青梅竹马的爱情童话。但随着时间的推移，现实的残酷暴露出来了：孙少安家境贫困，而田润叶家境殷实，父亲是村书记，叔父是县革委会副主任，在双水村这样一个狭窄的天地，这样的家庭可谓权势显赫。更重要的是，作为男性的孙少安是农民，而女性田润叶却是城里的老师。传统的门当户对的婚配观念，加上城乡二元户籍制度带来的身份对立，使孙、田的爱情在现实面前如隔天堑。对此，孙少安冷静地屈从了现实。尽管有委屈、有痛苦，但他毫不犹豫地拒绝了这份奢侈的情感，迅速抓住机会缔结了一份以经济利益为主要考虑因素的婚姻。在孙少安身上，抗争的激情提高了踏实的人生态度的高度，不至于沦落为消极的认命；现实的认知又使不屈的精神有了扎实的根基，不会成为狂妄，两者互相交融使孙少安展现出一种杰出的性格魅力。但是，这并不是一个"高大全"式的人物，孙少安在处理爱情和婚姻的冲突时，也有过逃避，有过犹豫，特别是对性别的理解表现得狭隘陈旧，显露出了思想上的局限。"女的在城里当干部，男的在农村劳动，这哪里听说过？如果男的在门外工作，女的在农村，这还正常"①。

如果说孙少安的性格特征是围绕"失衡婚恋"静态展现的话，孙少平的精神世界则是随着"失衡婚恋"的前进而不断深入的，是动态的发展过程。孙少平和郝红梅的朦胧初恋本质上是一种同病相怜的情感，物质的贫乏引发的自卑感成为他们精神的共同点，尽管这段感情纯真质朴，但不得不说是一种狭隘的精神状态。

对孙少平成长至关重要的是与田晓霞的爱情。这不仅是对孙少平自怜自恋的超越，也是对孙少安婚恋观的超越。孙少平是社会底层的"揽工汉""掏炭男人"，田晓霞是高干子女、报社记者，两者之间社会地位的失衡更为严重，但就是在这样一段冲突更加剧烈的爱情中，孙少安和田晓霞成为彼此的"对照物"，在相互发现、相互补充中达到了精神的平等。

孙少平和田晓霞是高中同学，性格中共有的冒险精神使他们产生了共鸣，这是他们认识对方的起点。在高中毕业时，田晓霞对即将务农的孙少平提出了希望："不管怎样，千万不能放弃读书！我生怕过几年再见到你的时候，你已经完全变成了另外一个人。满嘴说的都是吃；肩膀上搭着个褡裢，在石圪节街上瞅着买个便宜猪娃；为几根柴火或者一颗鸡蛋，和邻居打得头破血流。牙也不刷，书都扯着糊了粮食囤……"② 事实上，田晓霞勾勒的这幅庸常形象正是她对孙少平未来的认识，在没有足够外在条件支持下，仅仅依靠"读书"这一方式要突破现实生活的包围几乎是不可能的。这一点被孙少平后来的生活毫无悬念地证实了。

但孙少平毕竟已不同于他的兄长，强烈的个体意识使孙少平走出了家庭以"责任"为名的束缚，克服了"娶妻生子"的生活惰性，最终从土地上拔根而起，在城市和工业生产这样一种自由度更高的生活方式中寻求个体的生命意义。在随后的生活历练中，孙少平对"艰苦"的朦胧向往提高到了对"苦难"的哲学认知："他之所以不愿和她再联系，的确是因为两个人在生活中的处境差异太大。但这并不是说，他认为他所走的道路就比上大学低贱。是的，他是在社会的最底层挣扎，为了几个钱而受尽折磨；但他已不仅仅将此看做是谋生活命——职业的高贵与低贱，不能说明一个人生活的价值。恰恰相反，他现在倒很'热爱'自己的苦难。通过这一段血火般的洗礼，他相信，自己经历千辛万苦而酿造出的生活之蜜，肯定比轻而易举拿来的更有滋味。"③

与高加林对"修理地球"的厌倦态度和对"大城市"的肤浅想象比较，孙少

---

① 路遥：《平凡的世界》，《路遥文集》第1卷，人民文学出版社2005年版，第149页。
② 路遥：《平凡的世界》，《路遥文集》第1卷，人民文学出版社2005年版，第321页。
③ 路遥：《平凡的世界》，《路遥文集》第2卷，人民文学出版社2005年版，第168页。

平对自我、对社会、对人生的认识显然达到了一个更高的层次。正是这种强大的气魄，不流于凡俗的独特气质使田晓霞重新发现了孙少平，也重新发现了自己，成为彼此人生中的参照系，提高对方，也完善自己。这是一种真正建立在理解之上的爱慕。

当然，社会地位的悬殊对爱情的挑战依然硬邦邦地存在着，精神的平等能否成为维持爱情、缔结婚姻的足够理由？这个问题被田晓霞之死强行搁置了，但孙少平的精神层次已经达到了一定高度："他绝不会像哥哥一样，为了逃避不可能实现的爱情，就匆忙地给自己找个农村姑娘。无论命运会怎样无情，他绝不准备屈服；他要去争取自己的未来！当然，这不是说，他以后就一定能和晓霞一块生活——即使没有田晓霞，他也要去走自己的道路！生活包含着更广阔的意义，而不在于我们实际得到了什么；关键是我们的心理是否充实。对于生活理想，应该像宗教徒对待宗教意义充满虔诚与热情！"①

至此，孙少平已经形成了成熟的人生观，宽阔、开放的人生态度，他对生活、爱情热情不变，对苦难坦然接受。正是在这样的认识基础上，孙少平和惠英嫂的爱情尽管在客观上也存在着男高女低的失衡状态，但他们的情感没有任何施舍和依附的味道，真正达到了田晓霞所希望的那种"不见怪，不见外"的自然状态。因田晓霞之死而中断的爱情婚姻问题在此得到了解决，孙少平终于成长为一个"成熟了的男子汉"。

与孙少平爱情观、人生观成互文性存在的是他的同龄人田润生。田润生是村书记田福堂的儿子，田润叶的弟弟，自幼成长环境顺利，却生性软弱，加上受姐姐婚姻悲剧的影响，几乎视爱情为畏途。只有在孤儿寡母的郝红梅以绝对弱者的身份显示出强烈的自卑时，田润生才找到了心理优势，感受到了"男子气概"。同样是未婚青年和带着孩子的丧偶女人的不平衡婚姻，孙少平和惠英嫂体现出的是一种自然的平等，田润生和郝红梅却是施舍和感恩的等级关系，两相对照，"失衡婚恋"更加意味深长。

《平凡的世界》在对"失衡婚恋"主题的多方向展开过程中，树立起了众多形象各异的人物，在描述人生的曲折、命运的无常、人心的狭隘的同时，更展示了一个无限丰富的精神世界，灵魂的高贵、人性的尊严、信念的伟大凝结成一个心灵灯塔，传递着温暖、力量和希望，肩负起文学对人类的责任。就这一点而言，《平凡的世界》完全可以而且应该成为路遥的代表作。

---

① 路遥：《平凡的世界》，《路遥文集》第2卷，人民文学出版社2005年版，第409页。

结　语

　　对《平凡的世界》的文学史地位的探讨，逐渐成为当代文学史叙事的一个热点，研究者试图找到一种新的解释角度，给予路遥及《平凡的世界》一个合适的文学史定位。这种努力意味着又一次"重写文学史"的尝试，犹如 20 世纪 80 年代对张爱玲、钱锺书的重新发现。每一次重写都是在当时的社会文化语境下做出的，因此，每一种文学史叙事也都有其有限的适用性，这决定了不存在一种一劳永逸的文学史写作。但是，一次次"重写文学史"不能是无意义的循环，沦落为"革命—反革命—反反革命"的历史笑话。在"无限接近真理"的路上，文学史叙事应该在有限的历史时效中最大限度地超越时代局限，如此，不仅能解答"平凡的世界"现象等类似问题，也能有效地缓解一再"重写文学史"的焦虑。

路遥的创作与现代文学传统

华侨大学文学院 田文兵

在中国当代文坛,能对读者产生持续影响力的作家应该为数不多,而路遥便是其中之一。尤其是在纯文学被边缘化的当下,路遥的《平凡的世界》这部长达百万字的小说依然能激起读者的阅读热情,是其他作品难以企及的。然而,与读者对路遥的热情不减形成强烈反差的是,学术界对其的"冷遇"以及文学史选择性"遗忘",这种反差不能不引起研究者的深思。尽管对路遥作品的艺术水准批评质疑者有之,也有评论家将其作品誉为"史诗",但无论毁或是誉,路遥无疑是新时期以来文坛不能被忽视的作家之一。与其对路遥及其创作从文化、社会历史等层面阐释和价值重估,不如将其置于更广阔的文学史视野中进行整体观照,我们也许才能准确评价其创作的文学价值,并给予其恰当的文学史定位。当然,使路遥回归到文学史上应得的位置,并不意味着讨论的终结,但至少在正本清源地梳理之后,我们对为何出现"冰火两重天"的"路遥现象"肯定会有更清醒的认识。

一、现实主义精神与史诗品格

读路遥的小说,使我们对20世纪60年代初至80年代中期的中国近三十多年的社会发展脉络会有一个非常清晰的认识。这是因为路遥积极关注现实,把握住了时代的脉搏,抓住了社会中的核心问题进行创作,而这些就是现实主义创作方法的主要特征。确实,从作品中的人物形象的刻画、情节结构的设计以及其素朴的语言来看,路遥的确采取了一种相当传统的叙事艺术手法,但他之所以对现实主义这部"旧车"矢志不渝,除了受到"文学教父"柳青的影响之外,更重要的是他坚信

"现实主义仍然会有蓬勃的生命力"。①

新时期以来,随着政治意识形态的拨乱反正,文艺理论界也开始反思阶级论和庸俗社会学给文学带来的负面影响,对"三突出""主题先行"等创作理念进行批判,进而导致文艺界对现实主义传统的整体质疑,当然这也是路遥的创作不被学界看好的时代大环境。然而,现实主义作为五四新文学运动中普遍实践的创作手法,随着左翼文学运动的开展得以巩固和发扬,并成就其在中国文艺界举足轻重的地位。只不过后来在政治意识形态的过度干涉下,现实主义开始与其内涵和精神相背离。那么新时期的中国文坛,是不是不再需要现实主义了呢?对路遥而言,显然不是现实主义是否退出历史舞台的问题,而是文学应该如何反映现实生活,在新的时代如何恢复和发扬现实主义精神。他曾这样表达过自己的观点:"现实主义在文学中的表现,绝不仅仅是一个创作方法问题,而主要应该是一种精神。从这样的高度纵观我们的当代文学,就不难看出,许多用所谓现实主义方法创作的作品,实际上和文学要求的现实主义精神大相径庭。几十年的作品我们不必一一指出,仅就'大跃进'前后乃至'文革'十年中的作品就足以说明问题。许多标榜'现实主义'的文学,实际上对现实生活做了根本性的歪曲。"② 路遥在反思了现实主义所走的曲折经历后,将其视为一个丰富的、开放的、具有广阔的革新前景的艺术体系。所以,当其他的作家在自己的创作中大量采用西方技法刻意求新时,当评论界将关注的焦点转向先锋小说和现代派时,以路遥为典型代表的少数作家却一直坚守着现实主义这种极其朴素艺术手法。

从《夏》《青松和小红花》开始,到《惊心动魄的一幕》《人生》的获奖,再到长篇小说《平凡的世界》的问世,我们可以看出路遥对现实主义的执着。路遥曾将自己的小说编为一部专集名曰《当代纪事》,就是表明自己是用小说叙事来记录当代社会发展的历史。尤其是长篇小说《平凡的世界》,更是一部对1975年至80年代中期近十年的历史阶段进行总结性的作品,这部小说系统翔实地展现了新的时代中国北方农村的变迁史,其中不仅有重大历史事件的反映,也有对社会细部的描绘,难怪《平凡的世界》刚一问世就被誉为"描写了中国农民的生活和命运,是一幅当代农村生活全景式图画",具有"史诗性的品格"的"严格的现实主义作

---

① 路遥:《早晨从中午开始——〈平凡的世界〉创作随笔》,《路遥文集》第2卷,陕西人民出版社1993年版,第14页。
② 路遥:《早晨从中午开始——〈平凡的世界〉创作随笔》,《路遥文集》第2卷,陕西人民出版社1993年版,第14—15页。

品"①。显然路遥用作品实践了自己的观点:"作家的劳动并不仅是为了取悦于当代,而更重要的是给历史一个深厚的交待。"②

"史诗"是对现实主义文学的最高评价。在中外文学史上,能被称得上是"史诗"的作品,不仅叙事结构严谨而巧妙,而且场面宏大,具有历史的厚重感。然而,"五四"新文学在这些方面就有所欠缺,茅盾曾指出"五四"后虽出现了一批描写现代青年生活的作品,但"所反映的人生还是极狭小的,局部的",没有反映出现代青年"心灵的震辐"及其"广阔深入的背景","而只描写了一些表面的苦闷"。③ 面对新文学普遍出现的未能整体地反映社会生活,缺乏时代感的现象,茅盾等作家开始创作展示时代风貌,描绘宏阔复杂的社会生活画面的长篇小说,提升了现代小说的艺术蕴含,开创了现代小说贴近生活,反映时代的新风尚,于是称之为描写现代中国社会的宏伟史诗。中国现代文学的史诗风范由茅盾开创后,这种传统一直延续到解放区和新中国文学,如《暴风骤雨》《太阳照在桑干河上》以及柳青《创业史》等作品的诞生。

虽然学界公认路遥与柳青之间的师承关系,但就创作理念而言,路遥接续了茅盾所开创的左翼文学书写史诗的传统。路遥不仅全方位地揭示社会时代背景,而且与茅盾一样非常重视小说结构的严谨。路遥认为:"从某种意义上说,现实主义长篇小说就是结构的艺术,它要求作家的魄力、想象力和洞察力;要求作家既敢恣肆汪洋又能绵针密线,以使作品最终借助一砖一瓦而造成磅礴之势。"④ 当新时期整个文坛都在积极地向西方先进的艺术形式学习和借鉴的时候,路遥却仍然固守着相当传统的写作方式,为了积累创作素材,他"找来了这十年间的《人民日报》《光明日报》,一种省报,一种地区报和《参考消息》的全部合订本",没日没夜地查找翻阅。由于"工作量太巨大,中间几乎成了一种奴隶般的机械性劳动。眼角糊着眼屎,手指头被纸张磨得露出了毛细血管,搁在纸上,如同搁在刀刃上,只好改用手的后掌(那里肉厚一些)继续翻阅"⑤。而且为了深入生活,路遥"提着一个装满书籍资料的大箱子开始在生活中奔波。一切方面的生活都感兴趣。乡村城镇,工

---

① 雷达:《诗与史的恢宏画卷:评路遥的〈平凡的世界〉》,《求是》1991年第17期,第44—48页。
② 路遥:《早晨从中午开始——〈平凡的世界〉创作随笔》,《路遥文集》第2卷,陕西人民出版社1993年版,第5页。
③ 茅盾:《读〈倪焕之〉》,《茅盾论创作》,上海文艺出版社1980年版,第227—228页。
④ 路遥:《早晨从中午开始——〈平凡的世界〉创作随笔》,《路遥文集》第2卷,陕西人民出版社1993年版,第25页。
⑤ 路遥:《早晨从中午开始——〈平凡的世界〉创作随笔》,《路遥文集》第2卷,陕西人民出版社1993年版,第21页。

矿企业，学校机关，集贸市场；国营，集体，个体；上至省委书记，下至普通老百姓；只要能触及的，就竭力去触及。有些生活是过去熟悉的，但为了更确切体察，再一次深入进去——我将此总结为'重新到位'"①。正是受到了现实主义精神的鼓舞，路遥才能在病痛之中坚持创作，最终完成百万字的长篇小说《平凡的世界》。

探究《平凡的世界》能持续吸引广大的读者的原因，我们应该明白其经久不衰的艺术魅力，不仅仅是因为这部小说在表现社会和历史的广度与深度方面所取得的成就，而且还有路遥"直面人生"的现实主义精神。路遥的创作不仅仅是对现实主义传统的坚守，更有价值的是他如何承受文学新形势的压力来实现"突破"，即路遥始终保持着与所关注的对象同呼吸共悲欢的情感。路遥把农民的个人命运、奋斗历程以及在实现自我价值时内心的挣扎放在时代大环境里进行表现，也就是茅盾曾指出的要反映出青年"心灵的震辐"，而这也是路遥与赵树理、柳青等其他现实主义经典作家相比较后所呈现出来的独特一面。路遥非常擅长刻画人物的内心，高加林、刘巧珍、孙少安、孙少平等人的情感的矛盾和内心的挣扎让不少读者为之唏嘘喟叹。试想，如果作家没有用自己的主体情感去体验人物的内心世界，是绝不可能将其内心如此真实地展示出来。创作中的情感体验其实是作家作为一个创作主体对客观对象的交流和体验的过程，或者说路遥在传统现实主义上的突破就是用自己的主观内在要求突入客观世界，用自己的艺术追求去传达人们的苦难命运。暂且不论路遥是否与胡风有传承关系，但作为创作主体对客观对象的互相交流和体验的过程与"主观战斗精神"确有相通之处。

与读者对路遥的热情不减相比，学术界对其的"冷遇"以及文学史选择性"遗忘"确实是巨大的反差，这其实有着诸多现实和历史原因。与鲁迅的心理剖析现实主义相比，路遥的创作过于注重作家的主观体验，过多地展示了人物内心的矛盾，因此作品内容缺少深度；同时因为作者对生活采取的是近距离的观照，这种肉搏式的写作有碍作品思想高度的提升，路遥也未能明确提出作家对社会发展变革的全局性的把握以及个人的独特见解。路遥在创作中的现实主义艺术手法一以贯之，于是有人认为其创作陈旧老套，艺术性不够，但他们却忽视了现实主义的核心要素，即现实主义精神。路遥对此有清醒的认识，因此他能继承由茅盾开创的新文学的史诗传统，并在"十七年"文学的基础上有所突破，以全景式的视角观照广阔的社会环境，深入揭示社会转型期人们的心理，并在创作中展现出现实主义精神的引领作用。因此，要重估路遥的现实主义创作手法的价值，只能将其放在现代文学发

---

① 路遥：《早晨从中午开始——〈平凡的世界〉创作随笔》，《路遥文集》第2卷，陕西人民出版社1993年版，第23页。

展演变的历史潮流中进行剖析,这样才能看清曾经被评论者和文学史家忽视的路遥及其现实主义创作方法在当下时代语境中所具有独特价值。

二、城乡交叉地带与身份认同的焦虑

在现实主义精神的引领下,路遥把贴近生活、立足现实作为创作的根本宗旨,因此路遥尽管生活在黄土高原这个较为封闭的环境中,但他从自身的生活经历出发,将个人体验与创作实践融为一体,敏锐地发现了一个身居其中而又能反映时代风貌的创作区域,也就是路遥反复谈到的"城乡交叉地带"。"随着城市和农村本身的变化和发展,城市生活对农村生活的冲击,农村生活对城市生活的影响,农村生活城市化的追求倾向;现代生活方式和古老生活方式的冲突,文明与落后,现代思想意识和传统道德观念的冲突,等等,构成了当代生活的一些极其重要的内容。这一切矛盾在我们社会的政治、经济、文化、思想意识、精神道德方面都表现了出来,又是那么突出和复杂","可以说是立体交叉桥上的立体交叉桥"。[①] 路遥深刻地感觉到中国社会在由农村向城市发展的过程中,人们的生活和心理都会因为城乡两种价值观的冲突而发生很大的变化,于是他将笔触集中在农村和城市的边缘地区,在这块创作的"自留地"上,路遥辛勤地耕耘着,并将所有的心血都倾洒其中。我们可以从路遥最初的短篇,后来名动文坛的几部中篇和获得茅盾文学奖的长篇小说《平凡的世界》中看到路遥积极思考并一步步深入探索着中国社会发展特殊时期的典型环境"城乡交叉地带"。

城乡问题是现代以来的中国文学书写的热点。早在中国新文学诞生之初,就有不少作家在作品中探讨中国现代化进程中乡村面临的问题。如现代小说的奠基者鲁迅,由他开创的现代乡土小说就是以启蒙者的姿态对中国国民性进行批判,其实质就是以西方的现代文明来观照中国的传统文化及其载体乡村。如果说鲁迅等现代作家出于对乡土中国的未来发展的焦虑,还只是将着力点用在乡土文学的创作上,那么20世纪30年代的乡土作家则将城乡二者并举,城市与乡村由以前的静态的并置转为动态的对立关系。如沈从文作品中的"湘西"和"都市"就是存在天壤之别的两个世界,湘西世界中人性自然而纯朴,而与之相对的都市则是道德失范,人性猥琐,作家将中西方文明的冲突用城乡之间的对立表现出来。

但现代时期的城乡对立还仅仅只是文化上的冲突,并没有构成真正的社会阶层

[①] 路遥:《关于〈人生〉和阎刚的通信》,《路遥文集》第2卷,陕西人民出版社1993年版,第400—401页。

之间的矛盾，真正让城乡成为问题的是户籍壁垒以及社会资源的分配。中国革命虽然是世界无产阶级革命运动的一部分，但中国还是以农民为主体的农业大国。"中国革命的性质决定了中国的文学性质，那就是以农民、农村为叙事主体的文学。努力去除现代资产阶级的思想、情感和审美趣味，这是无产阶级文化建构的首要任务。"① 因此，作家们不仅要写农民，而且在思想、情感、趣味上都被要求与农民保持一致，尤其是延安文艺座谈会之后，作家对农民的认同感上升到了一个新高度。从延安时期到新中国成立之后相当长的时期，农村和农民虽然物质上比较匮乏，但精神上还是具有优越感的。直到中国的社会经济结构发生巨变，现代文明深刻地影响到国人的思想观念和生活方式，这时的城市作为现代社会的发展方向，不仅不再像过去因其资产阶级性质而受到批判。以前以"一穷二白"为荣的农民却因为自己的农民身份感受到了明显的变化，不少拥有农村户籍的年轻人尽管才华出众，却在城市里遭受排斥和冷漠，在工作上也会因身份遭受到不公的待遇。

"城乡交叉地带"存在着复杂的矛盾冲突，那么路遥在面对现代思想意识和传统道德观念等冲突时，表现出何种价值倾向呢？我们可以看到，路遥的大部分作品表达了对"老土地"及生活在土地之上的农民深切的同情，其中蕴含着浓厚的传统道德取向。如对《人生》中倾注着作家特殊情感的巧珍和顺德爷爷，路遥是这样说的："我对农民，像刘巧珍、德顺爷爷这样的人有一种深切的感情，我把他们当做我的父辈和兄弟姊妹一样，我是怀着这样一种感情来写这两个人物的，实际上是通过这两个人物寄托了我对养育我的父老、兄弟、姊妹的一种感情。这两个人物，表现了我们这个国家、这个民族的一种传统的美德，一种在生活中的牺牲精神。我觉得，不管社会前进到怎样的地步，这种东西对我们永远是宝贵的。"② 不仅如此，对高加林、孙少平等农民子弟，离开农村进入城市去追求更高远的生活目标，路遥虽然让他们经受挫折和屈辱，但同时还赋予他们农民身份特有的勤劳质朴和不畏艰难的精神品质，最终让他们能够超越苦难，从自卑中重新找回自信。

路遥在思考对"老土地"是该珍惜留恋，还是应告别的时候，虽然明显传达出对农民以及民族传统美德的倾向，但路遥并没有像有些作家一样，视城市文明如洪水猛兽，避之唯恐不及，而是以一种谅解的态度去看待。后来的《平凡的世界》就可以看出路遥开始对城市有了理解和包容之心。与早期的《人生》相比，如平庸又懦弱的张克南以及势利的克南妈等反面形象，被正直的领导干部田福军、活泼开朗

---

① 陈晓明：《城市文学：无法现身的"他者"》，《文艺研究》2006年第1期，第12—26页。
② 路遥：《关于〈人生〉的对话》，《路遥文集》第2卷，陕西人民出版社1993年版，第416页。

而又富于同情心的田晓霞、贤惠善良的普通工人的妻子惠英嫂等代替,即便是高干子弟吴仲平,也显示出知识渊博的一面。而且与高加林的回归不同的是,孙少平在义无反顾地走出黄土地后就再也没有回去。显然,时代的浪潮已经影响到作家思想的调整和观点的改变,作家的现代意识正不断深化,对城市的看法有了新的认识,完全不同于沈从文笔下的城市,也不会像左翼文学那样对城市文明的批判。

作为中国社会的一个缩影,城乡交叉地带之间的矛盾冲突是中国现代化进程中一个亟待解决的问题,体现着路遥认识社会生活的深刻和广度。城乡对立的户籍壁垒已经严重地阻碍了社会的发展,也影响到了社会的公平,路遥的探索可以说是呼吁和促成当下户籍制度改革的先声。三十年前路遥独辟蹊径的"城乡交叉地带"题材至今还有着非凡的社会意义,足见对于一位作家来说,如何确立创作视角和题材可谓至关重要。

三、底层写作的使命感与大众化传统

作为一位"城籍农裔"作家,路遥本人就置身于"城乡交叉地带"之中,又因其具有"农民血统",促使他能以一个普通劳动者的视角和价值立场出发进行创作,也能以普通农民的身份去感同身受。正如他所说的:"作为血统的农民的儿子,正是基于以上的原因,我对中国农民的命运充满了焦灼的关切之情。我更多地关注他们在走向新生活过程中的艰辛与痛苦,而不仅仅是到达彼岸后的大欢乐。"①于是,路遥把"城乡交叉地带"作为创作核心区域,以坚韧的现实主义精神致力于书写这群游走在城市边缘地带的底层农民的生活状态,以朴素而真挚的情感记录农民子弟在拼搏奋斗中的精神困境和情感波澜。

在现代中国文学史上从来不乏写底层的作家,甚至可以这样认为,写底层并为底层写作就是新文学的创作宗旨。"五四"作家们进行创作,就是希望能用文学可以启迪民智,唤醒国人。他们文学"为人生"的目标与陈独秀建设平易的抒情的"国民文学"以及周作人倡导的"人的文学"和"平民文学"互相呼应,都是为了普通民众而进行创作。但事与愿违,"五四"新文学脱离了广大的普通民众,不管是创作还是阅读都仅限于知识分子群体。只有到了"左联"明确提出了文学的大众化问题之后,大众化的讨论和实践才成为新文学发展史上重要环节。同时,一些非左翼作家也把底层作为自己创作的内容,如老舍的"北京小市民世界"以及沈从文

---

① 路遥:《早晨从中午开始——〈平凡的世界〉创作随笔》,《路遥文集》第2卷,陕西人民出版社1993年版,第67页。

的"湘西边城"等,他们以独特的视角描述着底层民众的生存状态。尤其是1942年延安文艺座谈会提出文艺的工农兵方向,比左翼时期的大众化更明确也更贴近底层民众的生活。这个时期的作品,如赵树理的《小二黑结婚》《李有才板话》等主要表现农民在新的社会制度下政治、经济、思想等发生的新的变化。《讲话》作为新中国成立后文艺政策的唯一指导性纲领,这种"工农兵文艺"一直延续到"十七年"时期,代表作品有赵树理的《三里湾》、柳青的《创业史》、周立波的《山乡巨变》等。

路遥继承了现代作家为底层写作的使命感,延续着现代中国文学底层书写的传统。但是路遥在继承新文学传统的同时,也根据自己对社会时代的思考,创作中显现出诸多新质。路遥在创作中对普通劳动者进行全方位的展示和深度挖掘,尤其是以曾经在城市上过学的农村青年作为作品中的主人公。这种农民与知识青年的双重身份,他们与以往的底层民众有着很大的差别,其实这种人物身份的设计也透露出路遥自身由传统心态转向现代理性的心灵嬗变的历程。其次,写底层肯定会关注底层民众生活的困苦,然而现代作家的底层书写,创作者大多是和底层有隔膜的知识分子,因而苦难书写难免会觉得空洞模糊。延安文艺和"十七年"文学的苦难叙事也因其明显的教条色彩显得泛化,也不具有个人特征。相比较而言,路遥写底层的苦难不是写物质的缺乏和身体所遭受的迫害,而是关注农村青年因身份问题遭遇的歧视而引发的精神上的痛苦,正如高加林到城市里"挑粪"受辱后所说的:"我非要到这里来不可!我有文化,有知识,我比这里生活的年轻人哪一点差?我为什么要受这样的屈辱呢?"①或许我们还可以从受到了屈辱和苦难从而激发出抗争意识的角度来看高加林和孙少平等人离开农村的意义,他们的离乡不仅是对"五四"文学"离家"模式的重现,也是对左翼文学"压迫—反抗"模式的回应。路遥笔下的底层力求改变现状的经历,对正在努力奋斗中的和即将为自己的理想而拼搏的底层民众都是一种激励;而且路遥往往会在悲剧情结和苦难意识中展现青年农民敢于拼搏、勇于奋斗的精神,这种对底层民众关怀的审美价值取向,或许才是路遥能久久激荡青年读者的深层原因。

可见,路遥之所以把"城乡交叉地带"作为自己创作的中心区域,不仅是因为对乡土中国现代化过程中传统文化面临危机的焦虑,更是对生活在其中的人们未来的焦虑。路遥说:"从感情上说,广大的'农村人'就是我们的兄弟姐妹,我们也就能出自真心理解他们的处境和痛苦,而不是优越而痛快地只顾指责甚至嘲弄丑化

---

① 路遥:《人生》,《路遥文集》第1卷,陕西人民出版社1993年版,第101页。

他们——就像某些发达国家对待不发达国家一样。"① 于是，他试图通过自己的创作来为那些奋斗着的底层人们，尤其是农民子弟们提供精神上的食粮。正因为路遥在作品中所显露出来的对底层的关怀，让那些一直在社会最底层拼搏着的人们感受到了一缕温暖，使读者充满了对未来的信心，得到广大读者尤其是青年们的欢迎是理所当然的。也许这正应了路遥自己所说的："考察一种文学现象是否'过时'，目光应投向读者大众。一般情况下，读者仍然接受和欢迎的东西，就说明它有理由继续存在……'现代派'作品的读者群小，这在当前的中国是事实；……出色的现实主义作品甚至可以满足各个层面的读者，而新潮作品至少在目前的中国还做不到这一点。"② 路遥的创作可以说是新时期现实主义文学复归的典型代表，作者高度的社会责任感和历史使命感，以及从时代的高度观照历史和审视现实的眼光是其他任何艺术手法都无法企及的。在新的形势下，越来越多的作家开始关注和书写底层人们的生活状况，批判社会中某些不合理的现象，可以说是现实主义在新时代的发展和深化。因此，如果从底层写作层面来考察路遥写作的文学史价值，路遥的创作接续了现代以来，尤其是左翼文学大众化的传统以及《讲话》确定的文学的"工农兵方向"，坚持了现实主义作家书写底层的优良传统，也开启了新时期以来底层叙事的新篇章。

国家社科基金重大项目："延安文艺与二十世纪中国文学研究"（11&ZD113）；福建省中青年教师教育科研项目（JA13033S）。

---

① 路遥：《早晨从中午开始——〈平凡的世界〉创作随笔》，《路遥文集》第 2 卷，陕西人民出版社 1993 年版，第 67 页。

② 路遥：《早晨从中午开始——〈平凡的世界〉创作随笔》，《路遥文集》第 2 卷，陕西人民出版社 1993 年版，第 15 页。

路遥早期创作的形成互动
——以《山花》的创办与发展为中心考察

陕西师范大学文学院 梁 爽

1972年8月2日的《陕西日报》刊出了《"山花"是怎样开的？——诗集〈延安山花〉诞生记》："据不完全统计，全县一年来共创作诗歌两千余首。这些革命诗歌，运用黑板报、墙头诗、诗传单、唱秧歌、朗诵会等各种形式直接与广大群众见面，有力地配合了三大革命运动。"① 这份调查报告很翔实地介绍了陕西省延安地区延川县《延安山花》的诞生与发展。《延安山花》的出版带动了20世纪70年代初延安地区诗歌创作的热潮，甚至出现了"男女老少都唱歌，家家户户挂诗牌"② 的现象，也因此延川县一举成为"文革"时期陕西省文艺创作的典型县区。《延安山花》于1972年成功出版以后，路遥、谷溪、陶正等人很快就聚集了原班人马，再次办起来了《山花》。《山花》创刊于1972年9月，它是"文化大革命"后期创办的一份兼具革命传统与文学意识的报刊。《山花》的编发一直持续到1991年出现了长达七年的正式停刊，1998年恢复发行。

一

路遥是《山花》最初的编者之一，同时也是从《山花》中走出来的最成功的作家。其早期的文学作品集中发表于《延安山花》《山花》之上，这里是他文学思想最初的实践地与策源地。路遥曾回忆道："尽管那时候的作品连一篇也不能编入

---

① 本报记者：《"山花"是怎样开的？——诗集〈延安山花〉诞生记》，《陕西日报》1972年8月2日。
② 本报记者：《"山花"是怎样开的？——诗集〈延安山花〉诞生记》，《陕西日报》1972年8月2日。

现在的结集里,但它在人生的篇章里永远占有不可磨灭的一面——那是在干枯的精神土地上长出的几颗稀有的绿草,至今仍然在记忆中保持着鲜活。"①

路遥在《延安山花》《山花》上发表的作品大多是诗歌,共有二十篇左右,还包括早期创作的三篇短篇小说《优胜红旗》《代理队长》《基石》。无论是最早在《延安山花》收录的《灯》《进了刘家峡》《老汉走着就想跑》《电焊工》,还是在《山花》中收录的《老汉一辈子爱唱歌》《老锻工》《桦树皮书包》《今日毛乌素》等诗歌创作,均逃脱不了"口语化""标语化""模式化"的弊病。"把红心投入炉灶"的老锻工和爱唱着战歌的老汉、无私奉献的老班长,虽然他们有着不同的身份和形象,但是其最终指向的都是一心为公、一心向党的劳动人民,在人物对比之中更突出主要英雄人物形象,呈现出"三突出"的创作特点。

路遥在尝过小说这碗"诱人的汤水"后,经过不断地学习摸索,逐渐留在了小说的主阵地上。小说《优胜红旗》是路遥早期较为成熟的一篇作品。在大队开展的社会主义劳动竞赛中,青年党员二喜和党支部委员石大伯所在的两支队伍为了夺得优胜红旗进行了农田基建竞赛,二喜队只重速度不重质量,虽然得到了优胜红旗,但农田经不起风雨的浸泡,就已经塌了不少。当他走到自家梯田前,看到老党员石大伯正在为他们的梯田补修,二喜被石大伯的无私奉献所感化,主动向老支书交代了原因,上交了优胜红旗。"这面'优胜红旗'应该插在战场的最高处,让大家时时刻刻不要忘记:我们应该怎样争取它!"②小说中的"优胜红旗"其实是一个具象化的符号,夺得"优胜红旗"就是无产阶级劳动者的胜利。

而在路遥的其他两篇小说里,恪尽职守、兢兢业业的代理队长赵万山(《代理队长》),为社会主义奉献一生、不怕吃苦的战士宁国刚(《基石》),也与石大伯这类人物形象在本质上并无不同,都是为了社会主义建设不计个人得失、勇于奉献的形象。基于作者本人常年在农村的生活经历,小说里对农村人物神态、语言上的刻画较为细腻,在人物形象塑造上有了很大的进步,可以说是《山花》里艺术成就较高的作品。但路遥早期的小说存在情节构思模式化、人物扁平化等缺点,这些缺点也一直延续到了路遥后期的创作中去,学者李建军认为"他笔下的人物大都在性格的坚定上和道德的善良上,显现出一种绝对而单一的特点,这是不是也单调一些了呢?而像乔伯年、田福军这样的'正面人物',则几乎完全出于作者的想象,显得

---

① 路遥:《土地的寻觅》,《路遥文集》,陕西人民出版社1993年版,第469页。
② 路遥:《优胜红旗》,《延川文典·山花资料卷》,陕西人民出版社2015年版,第59页。

苍白而无力"①。在《平凡的世界》中，路遥花了大量的篇幅书写"田福军"类的人物，而由于作者官场生活经历的缺乏，这类人物形象不免让读者在阅读时感到生硬。但不可否认的是，路遥早期的创作一以贯之地坚持现实主义的写作手法，对陕北农村民风民情原汁原味地呈现，也在他之后的创作中得以延续和更生。并且路遥早期的小说中就注意到了通过人物、叙事来完成对整体时代背景的塑造，在小说《优胜红旗》中，路遥通过老支书之口让读者了解当时的时代背景，"我们要以阶级斗争为纲"，这或许也与路遥十几岁就当上了"红四野"的军长，领导红四野在延川县进行革命，后作为通讯组骨干被调入县文艺宣传队的经历及当时延川的整个政治环境相关。路遥在写作中格外关注时事政治，在其后期的小说《平凡的世界》中则更突显出了由"改革"引发的中国20世纪80年代的城乡巨变。路遥的创作始终与农民、土地、劳动是分不开的，他曾写道："作为一个农民的儿子，我对中国农村的状况和农民命运的关注尤为深切。"② 在路遥去世前写给谷溪新书的序言中曾提道："我们还觉得，在追求一种新形式、新表现的时候，并不意味着一定要以牺牲和抛弃原有的东西作为代价。"③ 由此可窥见，路遥早期的创作思想对其后期创作实践有很大的影响，并且这种影响是持久而深远的。

二

路遥的文学之路是从《山花》开始的，文学扭转了他的生活道路，他把《山花》称为"人丹""老母亲"④，真诚而心怀敬意地表达对《山花》的深情。地理环境、人文环境对一个人的影响是巨大的，作家的成长与作品的孕育、培养、发芽更是需要适合的土壤和气候，19世纪法国美学家丹纳曾在《艺术哲学》里提出艺术作品的生产与发展都取决于"种族、时代、环境"⑤ 三大因素。他认为只有在特殊的土壤与气候中，才能培育出具有某一类别艺术特征的品种和流派。作家处于特定的地理环境中，环境的影响已深入到作家的骨血，其思想更是流淌在作品的脉络之中。而作家作为有创造性、思想性的主体，有着一定的主动性与能动性，虽然作

---

① 李建军：《文学写作的诸问题——为纪念路遥逝世十周年而作》，《南方文坛》2002年第6期，第24页。
② 路遥：《生活的大树万古长青》，雷达《路遥研究资料》，山东文艺出版社2006年版，第4页。
③ 路遥：《土地的寻觅》，《路遥文集》，陕西人民出版社1993年版，第472页。
④ 路遥：《早晨从中午开始》，《路遥全集》，北京十月文艺出版社2013年版，第99页。
⑤ 丹纳、傅雷：《艺术哲学》，中国广播电视出版社2004年版，第11页。

家的写作经验受生活经验、阅历等人地关系的局限，但同时在人地关系里也体现出在主体意识运动中的超越性，呈现出跨越时间地域的言说与互动。《延安山花》的出版说明中就明确指出了"这是一本延川县工农兵和干部创作的诗歌集"且有着"浓郁的陕北民歌的色彩"，其创办者也多次强调这是一本具有"泥土气息""乡土气息"的小册子，《山花》的诞生是与延川独特的地理条件和人文环境分不开的；而路遥早期创作的形成互动更与《山花》之间的联系是分不开的。

此外，《山花》的创办、路遥早期写作思想的形成与北京知青有着紧密的联系。1968年12月22日《人民日报》的编者按发表了毛泽东对大中学生的号召："知识青年到农村去，接受贫下中农的再教育，很有必要。"仅1968年到1970年，知识青年上山下乡就达四百多万人。① "文革"时期上山下乡的知识青年，大部分是高中、初中学生。仅延川县就有一千三百名左右来自北京海淀区清华大学附中、八一学校、清华园中学等学校的毕业生插队落户。这些知青的到来，无疑给延川这个小县城带来不少新鲜血液。20世纪70年代初，物质资源的极其匮乏，这使得来到延川"上山下乡"的知识青年迫切地寻求精神上的满足。文学是他们饥渴年代的精神食粮，困苦岁月中的精神支柱。北京知青陶正来延川之初，千里迢迢地从家乡背来了一部油印机，他在延川办了一份《红卫兵报》，因内容问题受到当地政府的审查，谷溪就是当年去审查他的干部之一。借由此事，陶正与谷溪不打不相识，成为好友，在后来时常一起探讨文学。谷溪还邀请了本地的知识青年路遥一起加入《山花》的创办。而路遥无论是在创作上，还是在思想上，都受北京知青的影响颇深。《山花》的编辑团队结构很有意思，可以分为两派，一派是本地的知识青年谷溪、路遥、军民等人，另一派就是北京的知青陶正等人。两组不同知识背景，不同生活道路的年轻人，因为文学而聚集到一起，如火如荼地办起《山花》。本地青年和外来知青一起组成了"新青年"，他们构建了《山花》的骨骼与血肉，他们既是编辑，也是作家。在这种的努力下，更多的本地青年和北京知青在这片园地上进行耕耘，他们的创作让《山花》的生命力更加蓬勃旺盛。

其实，以《山花》为中心的文学现象的形成与互动是本地文化与外来文化合力作用的一个结果，就如同"延安文学现象和流派的形成，就是本土文化与外来文化相互作用、相互融合的结果，没有外来的，现象无以发生；没有本土的，流派无以形成；没有外来的与本土的有机融合，文学现象和流派也无以形成特色，在文学史

---

① 陈由之：《中国共产党辉煌90年：内乱与抗争（1966—1976）》，人民出版社2011年版，第130页。

上也难有立足之地"①。特别是陕北的地域文化与外来的北京文化的糅合，陕北在古代就曾是多民族融合的共住之地，农耕文化和游牧文化在这里共存，所以本地文化与外地文化的沟通交流、输入输出，在这里更容易被纯粹地接受。从普遍的文化交流到具体的文化个体交流也变得更加容易，不同于其他地方的知青，此地的知青更具有一种身份认同感，他们将延川看作自己的第二故乡，陕北的变迁也处处牵动着他们的情思。北京知青与本地青年之间有着血与肉的联系，北京知青的气质、习惯、学识与意识等均受到陕北文化的影响，他们的新观念、新思潮反过来又影响了本地的知识青年，一个作家的文学创作往往是由他自身的社会经验、人生经历、知识素养等多重因素决定的，这也决定了一个作家的审美价值观念，以及他所诉诸文学之上想要表现出的风格。

这样的双向互动，让《山花》不断盛开下去。《山花》上相继发表了一大批本地知青和北京知青的作品，很受当地读者欢迎。如：路遥的《老汉一辈子爱唱歌》《优胜红旗》，闻频的《重返南泥湾》《延河东去的浪花》，陶海粟的《国庆抒怀》《每当我打开〈共产党宣言〉！》《锣鼓声中……写于"十大"公报发表之前》，林达（笔名程远）的《在灿烂的阳光下》，邢文英的《又一次翻开雷锋日记》，吴小荣的《小木匠》，杨卫的《党呵，我把心歌献给你》……《山花》成为当时在延川插队的北京知青和本地知青的文学阵地。插队的知青们在精神上处于一个痛苦而又迷惘的阶段，他们既无法成为真正的农民，又无法彻底回归城市；而路遥等本地知青则是渴望脱离乡村，但是也没有办法逃脱现在的生活，他们只能游离于城市与乡村之间，北京知青与本土知青在这种矛盾之中更深刻地感受到了城市与乡村的差距，城乡二元身份的落差感让他们暂时找到了一种平衡的方式，在文学当中寻找自己存在的意义。可以说，《山花》在一定程度上搭建起了一座桥梁，试图消弭城市与乡村之间在阶级上的二元对立，缓解了这些知青在现实生活中心理上所产生的巨大反差。这直接表现在了本时期《山花》作家们对题材的处理与练习，北京知青们以自己的城市经验积极书写在农村的新生活、新感受。值得一提的是，著名作家史铁生虽然只在《山花》上发表了一首小诗，但他一直关注着《山花》的发展与成长，他回忆最初看路遥的作品就是在《山花》上。"后来我在《山花》上见他的作品，暗自赞叹，那时我既未做文学梦，也未及去想未来，浑浑噩噩，但我从小喜欢诗、文，便十分地羡慕他，十分的羡慕很可能就接近着嫉妒。"② 史铁生的文学之路与《山花》不无关系，在其影响下后来相继创作了《我的遥远的清平湾》《插队的故

---

① 李继凯：《秦地小说与"三秦"文化》，商务印书馆2013年版，第53页。
② 李建军编：《路遥十五年祭》，新世界出版社2007年版，第150页。

事》等与陕北知青生活有关的作品。这些本地知青与北京知青的积极书写，是这些"非专业作家们"写作体验与审美经验的初步尝试，从作品中可以看到这些作家们对陕北民间文化的认同以及将其与城市文化相融合做出的努力，也为以路遥为代表继续从事作家职业的知青们打下了牢固的基础。在路遥20世纪80年代的成名作《人生》与《平凡的世界》中，经常奔波于"城乡交叉地带"的路遥真实再现了"城""乡"之间二元对立的巨大差异，或许可以从路遥早期作为本地知青与北京知青之间的相互影响溯源。

《山花》初期作家的作品由于路遥等人的生活经历与写作训练有限，在艺术的深度和力度上还存在不足之处。然而，他们也试图去突破，有自觉"载道"的意愿，保存了相对自由的形式，恪守现实主义传统，在主体意识的认知基础上不断开拓新的空间与领域，能够较为真实地展示出民间基层小老百姓的文艺活动空间。以路遥为代表的作家们试图将作品的审美性与文学性和当下的时事政策与本土民风民情相关联，走出一条独特的路子，从现今来看路遥早年的创作还比较稚嫩，但不失为一种写作尝试。路遥等作家们自然而然地采取了全力向政治靠拢的姿态。也正因为如此，导致了"山花作家"在创作题材上的单一，作品内部文学性的不成熟，艺术性不高等问题的出现。

《山花》虽然只是路遥早期文学之路上星星点点绽放的小花，但是却成为路遥写作之路上一段重要的风景。路遥在之后80年代的创作是一个逐渐走向成熟的过程，这也得益于他在陕北"城""乡"长期的生活与知青群体对他思想上的影响。再者，路遥是《山花》的推动者，他一直关心着《山花》作家的发展。《山花》第一代作家海波的第一首诗歌是曹谷溪指示路遥修改的。在路遥、谷溪等人的帮助下，海波是与《山花》同步成长起来的作家。《山花》第二代作家刘风梅曾是路遥同村的同学，路遥在病中还曾为她的小说集《春夜静悄悄》写过序言，写信鼓励她继续创作。路遥一直关注着《山花》的发展，对《山花》的传播做出了巨大的贡献。随着1973年路遥、陶正被推荐上大学，1975年曹谷溪被调往《延安报》后，《山花》主要创办者的相继离开，实际上宣告着《山花》初期作家群体的解散。

三

而近几年学术界出现了《山花》研究"热"的现象。笔者认为应对其之热做冷静、客观的思考与分析。要追溯《山花》热，还是要从路遥说起，作为《山花》中走出的最成功的作家，是读者把路遥推上了被瞩目的舞台。1988年，被录制成广播节目的《平凡的世界》在中央人民广播电台首播，直接受众就有三亿之多，听众来信像雪片似的飞向中央人民广播电台。《平凡的世界》乘着广播的翅膀飞翔，被亿万听众所熟知，其小说多次印刷，作为"长销书"在读者心中有着持久的影响力与生命力。《平凡的世界》可以说是最受读者喜爱的获茅盾文学奖的作品。

随着2015年电视剧《平凡的世界》的播出，再加上时值全国两会开幕，习近平在"两会"期间与参会代表曹可凡谈到电视剧《平凡的世界》时提及："我跟路遥很熟，当年住过一个窑洞，曾深入交流过。路遥和谷溪他们创办《山花》的时候，还是写诗的，不写小说。"在正式场合中，国家最高领导人对路遥、《山花》及其作品的言说在某种程度上也起了一定的推动作用，重新唤起了人们对"路遥热"等现象的思考。这一年，路遥成为文学批评的关键词之一。① 然而，即使路遥在读者心中有着很高的地位，也并不能改变他长期在学界、批评界受到冷遇的情况。路遥与贾平凹、陈忠实同是"陕军"的代表人物，被誉为陕军文学的三驾马车，但却只有路遥在文学史上的叙述要么是不存在，要么是零星半点。在《中国当代文学史》（北京大学出版社）、《共和国文学50年》（中国社会科学出版社）、《中国现代文学史（1917—1997）》（高等教育出版社）等高校教材中都未提及路遥的创作；在《中国当代文学史教程》（复旦大学出版社）虽有提到《人生》，但并未提及《平凡的世界》；而在《中国当代文学发展史》《中国当代文学主潮》（北京大学出版社）等书中虽有提及《平凡的世界》，但对其论述并不多。而自《平凡的世界》出版以来，关于路遥本人及其作品之"热"却令人吃惊，这种"冷"与"热"现象的出现，也让路遥是否进入文学史，或以怎样的姿态进入文学史，成为文学界热议的话题之一。同时，路遥"冷"与"热"现象出现的原因及其背后的张力值得进行追问，这似乎让人感到路遥与他亲爱的《山花》遭受到了相似的命运。

《山花》之所以"热"，在很大程度上是因为路遥"热"，八九十年代不被评论界待见的路遥似乎在进入新世纪后找到了新的存在方式。近年来有关路遥研究的论文层出不穷，处于边缘研究地位的路遥研究在经过多年的沉淀后，似乎在逐渐被拉近学术研究的中心位置。在八九十年代路遥研究没有解决清楚的问题，在过了二十来年之后，关于路遥研究的争议依然存在。同时，随着时代的推进，路遥研究也给研究者们留存下来了更多的问题，研究者们的视野也在不断地扩大，眼光也在更新和改变。学者程光炜认为"人们可以迅速发现路遥评论'当代性'的出发点：这就是，以路遥的'现实主义''哲学意义的再思考'和'把写作和生活视为同一件事'作为新的'写作标准'，来批判和反思当今'那些颓废、消极的写作'。通过

---

① 周明全：《缅怀与开启——2015年文学批评关键词》，《2015年中国当代文学年鉴》，百花洲文艺出版社2016年版，第291页。

还原一个完整的路遥,来回应和警醒当前文坛轻浮、非历史化和散漫的现实"①。在 20 世纪 80 年代被责难、"不得不在一种夹缝中艰苦地行走"② 的路遥,在当今的"当代性"更值得被关注和研究。

路遥之"热"的出现,让更多人注意到《山花》,了解《山花》。"艺术用它巨大的魅力转变一个人的生活道路,我深深感谢亲爱的《山花》的,正是这一点。"③ 路遥曾这样谈到《山花》对他人生的启蒙作用,《山花》之于路遥的意义是巨大的,如果没有《山花》,没有北京知青的"上山下乡",没有陕北独特的文化场域,更没有延川当地对文学青年的培养,路遥是否会走向文学这条路,是否会成为留在千千万万读者的心中作家也未可知。《山花》上刊登了大量的工、农、兵、学的作品,或以整版发行,或以专刊的形式出版,他们其中有许多人的作品并不成熟,被称为"口水诗""标语诗",但就是这一个个的铅字,豆腐块大小的地方,让许多怀揣梦想的青年人切切实实地触摸到了文学的门槛,从而走上文学的道路。依靠文学改变人生命运的山花作家绝不只有路遥一人,其症候性现象值得研究。

如今的《山花》作为一份地方文学刊物虽然在努力地改版革新,终究被时代的浪潮甩在了身后,但这并不意味着《山花》已经失去了原有的价值,以《山花》为中心,来看其对路遥早期创作的形成与互动是十分有必要的。

---

① 程光炜:《文学史研究的"当代性"问题——在华中师范大学文学院的讲演》,《文艺争鸣》2008 年第 11 期,第 76 页。
② 路遥:《生活的大树万古长青》,雷达《路遥研究资料》,山东文艺出版社 2006 年版,第 4 页。
③ 路遥:《早晨从中午开始》,《路遥全集》,北京十月文艺出版社 2013 年版,第 99 页。

80 年代文学镜像中的经济叙事读解
——以路遥《平凡的世界》为例

烟台大学 宋为为

路遥及其《平凡的世界》作为 20 世纪 80 年代以来当代文学史的重要组成元素，在社会转型期具有重要和多重的文学史意义。作为特定时代的文学产物，《平凡的世界》涵纳着极其丰富的社会历史内容，有着广阔的阐释空间。文本呈现出社会转型期间乡村生存困境的真实写照、政治经济一体化的逐步瓦解过程以及经济改革后带来的双重影响，在 20 世纪 80 年代的文学镜像中独树一帜。基于此，从经济叙事的视角切入文本，探讨《平凡的世界》中国家政治经济政策的变化对人物的发展选择、社会文化心理及社会历史进程的影响，从而挖掘出更为丰富的艺术价值。

路遥及其创作作为 20 世纪 80 年代以来当代文学史的重要组成元素，在社会转型期具有重要和多重的文学史意义。在《平凡的世界》中，路遥以现实主义的手法，记叙了 1975 年到 1985 年这十年间中国社会生活的变化，力求全景式地呈现这十年之内中国城市与农村的变革过程与面貌。作为特定时代的文学产物，《平凡的世界》涵纳着极其丰富的社会历史内容，有着广阔的可供解读的空间。事实证明，路遥是一位具有历史性的眼光的优秀作家，其立足于观照中国社会现实的创作态度，在八九十年代的文学语境中，更突显出其潜在的独特性。

一、乡村生存困境的真实写照

经济改革是有其历史的必然性的。《平凡的世界》在相当的深度和广度上展现了社会变革时代的全景风貌，其对乡村贫困现状的展示，可以说是时代的一个缩影。

我们是从对农村青年孙少平的困窘生活的认识进入文本的，来自贫困家庭的孙少平连五分钱的丙菜都买不起，每顿饭只能啃两个高粱馍馍，这是一种最没营养的，旧社会地主家喂牲口都不用的粮食。对于一个十七八的高中生来说，贫穷带给他的不仅是物质上的匮乏,还有精神上的折磨。精神上的折磨显然要大于物质需求,这不仅是孙少平的困顿,更是那个时代千千万万求学的农村学生的困顿。贫穷生活的痛楚责备着他们,使他们要逃离乡村、摆脱贫困,但矗立在他们面前的巨大的城乡差异使他们的奋斗之路备受挫折。

在路遥的作品中,他对突显乡村贫困的城乡对比的展示是非常直观的。身为农村人的孙少平、郝红梅还有高加林这样的贫困经历,但在城镇人中很少见。城市和乡村是两个世界,城里人享受着国家各种待遇和社会地位,而农村人则处于社会的最底层,一年四季被牢牢地束缚在土地上,农忙时节在生产队里挣工分,农闲时节为集体搞基本建设,搞农业学大寨。由此无论是物质还是精神层面都体现出城市文明和乡村落后的巨大落差,这种差异在《平凡的世界》中乡村生活画面和城市生活场景的对比描述中随处可见。孙少安因家庭贫困,成绩优秀的他十三岁便辍学回家务农,担当起家庭的重任;而青梅竹马的田润叶因为家庭条件好,高中毕业后到城里当了一个小学教师,公办教师在农村人看来那就是有工资的公家人,二人的身份差异导致了他们之间爱情的终结。城镇上的李向前可以去上海买一件"五块四角六"新款毛衣,可以随时看最新电影,而农村的孙少安一家为每天的饮食发愁,甚至连少安结婚的钱都要好几年才能还上。这些都是城乡差异的鲜明对比,从这些对比中,乡村的贫困现状越发凸显。城乡差异下的乡村困境牵动着众多人的命运。为摆脱这种困境,经济上的改变是第一步,正因为有这样的现实,所以具有了农村经济改革的必然选择。

与城镇生活水平相比,农村社会的凋敝和农民生活的贫困已经到了天怒人怨的地步,这正预示着社会政治经济改革的历史必然性。其实,经历了十年"文革",不管是农村还是城市的发展秩序都遭到了极大的破坏,各种矛盾激发。在这种语境下,经济改革势在必行,这是现实的要求,也是时代的要求、历史的要求。

二、政治经济一体化的逐步瓦解过程

路遥将《平凡的世界》的情节设置在1975—1985年这一历史时段,是有其独特的观点的。这一时期的中国百废待兴,各种政治经济政策都需要大的调整,这是一个转变的大时代。路遥的作品正像是一把利剪,剪开了20世纪80年代以前的幕布一角。占据中国绝大多数人口的乡村地域的变化,更能体现国家政策的得失。

1975年正处在"文革"末期,社会的种种弊端已经彻底暴露出来,但极"左"思潮因历史惯性仍然在疯狂肆虐。我们可以看到在《平凡的世界》中,政治领域仍然"以阶级斗争为纲",在找不到真正的敌人的情况下就采取一种"制造敌人"的

80年代文学镜像中的经济叙事读解
——以路遥《平凡的世界》为例

方式,第一部开头的重头戏就是对王满银的批斗,原因是其贩卖老鼠药,犯了资本主义错误,因此被拉到工地上"劳教"。同一批劳教者还有个牛家沟的"母老虎",因为"她在自留地畔上种了棵花椒树,被队里没收了,她就双脚跳起来把大队书记臭骂了一通,队里就把她'推荐'到这地方来了",还有为凑人数把精神不正常的田二也拉进来进行批斗。在农业生产上,基层政府不顾各地的自然条件,鼓励农民要参加"农业学大寨"运动,修建大寨田和各种水利工程,结果劳民伤财、得不偿失。在文化教育领域,孙少平在学校里因为偷偷阅读《红岩》等"禁书"受到老师的严厉批评,学校的正规教育遭到破坏,文化课少而又少,主要是学习无产阶级专政理论,学生每天要参加农业劳动。这些是改革前的写照,社会各项事业的秩序都被破坏,在这种情境下,改革势在必行,但其开端也是个难题。

国家政治经济政策的变化在孙少安的身上,有着显著的呈现。与在外奋斗的孙少平相比,孙少安是农村留守励志青年的形象代表。在"文革"后期,他敏锐地看到造成农民挨饿的根源在于集体劳动让他们失去了经营自主权,于是冒险偷偷分猪饲料地。可能与田福堂的私心报复有关,事败后少安受到批斗,也对家庭造成了不好的"政治影响",这是他的第一次改变,以失败告终。历史的年轮走到1978年,孙少安觉察到政府政策的改变,率先实行土地责任制,大胆进行改革,但被领导们认定是"资本主义复辟倾向",于是"这也许是整个黄土高原农村的第一次自发性改革尝试——在短短的时间里就以失败而结束了",第二次改变继续失败,时代的发展并没有眷顾这个改革的英雄。第三次是孙少安开烧砖窑,这一次成功了。在同学刘根民的善意提醒下,他敏锐地觉察到时代发展的新动向,抓住历史机遇,一直走在改革的前方,在其他人都还只是满足于吃饱喝足的时候,孙少安展现出更大的雄心壮志。第四次改变是扩大生产,但失败了,此时的失败没有打倒孙少安,在当地政府的帮助下、在亲人的鼓励下,孙少安重整旗鼓,终获成功。生活有了翻天覆地的变化,还为家乡修建了小学,为家乡的发展献出了自己的贡献和关怀。

路遥对改革进程的把握非常准确,对小说经济叙事的节奏的掌控也颇为恰切。改革开放以来的发展实践也证明,经济的发展改变了人们的生活水平。《平凡的世界》正是展现出从文学作品中印证国家政策的先进性,改革是大势所趋,也改写了当代中国社会的命运。

三、经济改革带来的双重影响

虽然路遥的创作紧跟社会主流意识的导向,这也是学院派对其不认可的重要原因。但路遥也并非只是单纯为政策唱赞歌,他的笔下也流露出对改革带来的不合理的问题的担忧，这体现出作者"给历史一个深厚的交待"的历史责任感。

我们可以看到经济改革给人们生活带来的积极作用。农村普遍实行家庭联产承包责任制后，老百姓们有了自由的时间和空间，发挥了个人的积极性，因而促进了劳动生产率的提高以及农村经济的全面发展，提高了广大农民的生活水平。最明显的改变是人们对于商业行为的认识和认同。商业行为在计划经济体制下叫"投机倒把"，有"资本主义倾向"，是必须加以遏制和抵制的。王满银就是因为贩卖老鼠药，犯了资本主义错误，被拉到工地上"劳教"、被批斗的。但是仅仅几年过去，社会对于商业行为的看法有了极大的转变，"往年的'四干会'，通常都要批判几个有资本主义倾向的'阶级敌人'，今年却要大张旗鼓地表彰发家致富的人"。在市场经济体制下，经商个体得到尊重。因此，双水村的人们，有的开砖窑，有的卖羊奶，有的卖蜂蜜，有的开鱼塘……经济改革使人们的生活发生翻天覆地的变化，人们的生活富裕起来了。其中，农村集市、庙会是农村生活的缩影，也可以视作国家政策的晴雨表，也是人物命运的转折点。郝红梅在集市上卖茶饭遇到田润生，孙少安在集市遇到刘根民，获得重要信息，改变个人乃至家庭的生活。

站在历史的后发视角，我们可以发现经济改革虽然带来了极大的利处，但也有一些负面影响。比如对传统伦理的瓦解，政治话语下的孙玉亭即便在政治高压的氛围下，也坚决维护家族利益，"他哥究竟是他哥！别说他说了这么些话，就是再反动一点，他也不会出卖他的。哼，革命是革命，亲人是亲人"。再看经济话语下的田四、田五与田海民的关系，田海民夫妻俩通过办鱼塘，过上了红红火火的日子，然而他的亲爹和叔叔依然过着食不果腹、衣不蔽体的生活。人们在经济话语下的社会生活中，忙着个体发家致富，人与人之间产生冷漠感，最基本的人伦亲情都得不到维系。可见，市场经济下的新的贫富差距出现了。"大时代的浪潮不仅改变物质世界，更重要的是，也在改变人。……有的好人却变坏了，渐渐向堕落的深渊滑落"，社会上的道德迷失和腐败现象也出现了。新的政策是在推翻前一个政策的基础上出现的，但不可否认的是合作化时期也有一定的历史上的合理性，比如集体劳动缓和了贫富差距，在乡村公共建设方面取得巨大的收获，具有一定的贡献，明显的例子就是集体化劳动可以保持田二和憨牛的基本生活。经济改革下的家庭联产承包责任制引起乡村共同体的解体，农民获得生产和生活的自由，但基层管理体制却陷入近乎无序的状况，基层组织涣散导致迷信观念、宗族势力的复兴，因为没有政治权力的压制，老百姓的精神无所寄托，只能依托于其他方式解决生活上的困惑，以此来获得精神上的满足。而且，人人在忙着发家致富的同时，农村的公共资源和公共建设如教育、水利等，陷入了倒退甚至崩溃的局面。这些都是经济改革带来的隐忧，也体现出路遥的理性思考和人文关怀。

文学作品作为现实世界的艺术化表达，表达的是作家对于社会以及世界的思索。在路遥的作品中所展现的社会转型期间乡村生存困境的真实写照、政治经济一体化的逐步瓦解过程以及经济改革后带来的双重影响，正是作家站在时代潮头并对当代中国的基本国情在理性认识与深刻思考的基础上进行的理性创作。因此，我们应该以历史的关照去审视路遥的《平凡的世界》在八九十年代文学语境下的独特价值，发现更为广阔的解读视角。

《平凡的世界》之人性美

蔡圣峰

文学之所以能够引人入胜，在很大的程度上可以将之归因于文学对人性的深入探究与发掘。路遥的作品字里行间始终闪烁着一种"人性美"，本文旨在通过对路遥的《平凡的世界》中的人物的人性加以分析，从而解析这部不平凡著作的审美与价值分析，以期达到对这部名著人性和人的价值的哲学思考。

《平凡的世界》，主要叙述了我国西北农村的历史演变过程，小说通过农村在社会主义经济建设中，在历史的发展转折之时，人民追求美好生活和追求精神生活的重大转变，展现了平凡的世界中不平凡的人性美。这种美，足以震撼人心。这是对人的情感和真情进行的细致表述，并歌颂了对理想和自由的追求。

一、《平凡的世界》的基本内容

第一部，主要写孙玉厚的大儿子少安，因为贫困放弃了学业，在家务农，后来和村支书田福堂的女儿相爱，但是由于各种因素仓促结束。而孙玉厚的小儿子少平高考落败，受到一定的打击，但不肯服输，决定回乡生产。第二部，十一届三中全会后，人们迎来了改革开放的新时期。此时村支书田福堂却故步自封，甚至号召村民来抵制。孙少安却率先带领村民实施责任制，用拉砖挣的钱建了村上第一个砖窑，并很快成了村上第一个冒尖户。第三部，主要讲少平在煤矿上勤劳勇敢、兢兢业业的工作态度，成为别人学习的榜样。孙少安砖窑规模扩大致使资金不足，少安决定贷款，因遇人不善，砖窑遭受重大损失。孙少安并没有放弃，最后使砖窑又回到了正轨。此时孙玉厚家祸不单行，秀莲患上了肺癌，晓霞在一次采访中献出了自己的生命，但他们仍然坚强勇敢地面对生活中的每一个困难，这种精神，值得人们学习。

二、超越苦难，展现人性美

《平凡的世界》中的孙玉厚一家是贫穷的，又是富裕的，因为他们身上显现着爱人、给予、宽容的人性之美。孙少安是仁者典型，与父母、兄妹以及夫妻之间的生活，他都有着极强的责任感和爱人、宽容的高贵品质，甚至超越了农民狭隘的思想，将这种对家人的爱扩展到对双水村人的爱。从当队长到开办砖厂招揽同村的人到他那儿工作，再到慷慨捐资建学，都体现了他的崇高品格。当孙少安的砖厂因为造砖师傅技术问题倒闭时，在他那儿上班的人都"背叛"了他，甚至有些人还无情地挖苦讽刺他，而他却以博大的胸怀宽容了他们，在第二次砖厂兴起后不计前嫌地帮扶着大家，赢得了大家的爱戴。其他人物同样有着这样的人性美，如黄原的曹书记两口子，煤矿上王世才一家都以无微不至的关怀和热情友好的帮助使孙少平最终走过命运的坎坷。这正是爱人、给予、宽容的人性美。而朴实的孙玉厚在土地上辛勤地耕作，毫无怨言。他知道，唯有勤勤恳恳的劳作，才能使一家人的生活有所保障。他身上所体现的这种美德扎根于中华民族的土壤之中，是人人都应追求的美好品质。

贺秀莲知道自己想要什么样的生活。对于爱情，秀莲认为，只要是合乎自己心意的，就不在乎彩礼或对方的家境。所以当她梦想中的理想丈夫孙少安出现时，她一下就认准了少安。为了那份真爱，为了能和爱的人相依在一起，再苦再累对秀莲来说又算得了什么呢？因此，秀莲不在乎少安的家境如何贫困。于是，这个敢说敢做的女子，真的没要少安的任何彩礼，就来到了少安家后，不仅一丝一毫都没嫌弃少安的家穷，对他家的长辈也孝顺有礼，还安慰少安，"你家里的人都好，光景比我想的也好，你原来说的那样子，我想得要比这烂包得多"。为了自己的家庭，秀莲不顾身孕与疾病，为丈夫分担生活的重担，千方百计帮助丈夫走出低谷。在短暂的一生中，她把自己全部的热情和活力都奉献给了丈夫和家庭。幸福就是为丈夫、为家庭的辛劳付出，这是她心中的人生价值所在。从她的身上看到了千千万万陕北农村妇女的影子，她们美丽而聪慧，无论对丈夫、对公婆，还是对子女，她们任劳任怨，只求付出，不求回报，在苦难中默默地展现着人性之美。这正是自我牺牲，甘于奉献的人性之美的具体表现。

三、浪漫爱情彰显绝美人性

出身高干家庭的田晓霞，有着优越的家庭条件，良好的教育背景。孙少平家在农村也是最穷困的，二人从事的工作、身份、地位差距也十分大。在世俗理念中，这种爱情是不可能的。但在田晓霞看来，孙少平与她一样，都是在实现自身价值，只是社会分工不同，实现途径不同。并且，每当她看到少平在条件极端艰苦的矿上奋斗、磨炼时，她心底里反而涌起了对少平和像他一样创造劳动的人的无限崇敬。晓霞爱着少平，是因为少平与她相同的人生见解、坚强的意志、不卑不亢的品格及热情真诚的灵魂。在物质上，他靠自己的劳动在城市拼搏，为自己赢得生存的空间。在爱情里，他们见证了彼此精神的成长，共同培养并最终拥有了互相钦佩的品行，达到了心灵的高度默契交流。孙少平对田晓霞时常会有一种奇妙的感觉，也偶尔会在浪漫的爱情中清醒地想到这只是一种梦幻。有人曾说，真正的爱情就仿佛是在理性和非理性的迷离交错的小径上做富有浪漫色彩的、神话般的漫游。孙少平和田晓霞之间的爱情，从最初的相互爱慕到后来的相依相伴，中间也经历了很多的波折。但他们彼此却成为对方的精神依靠和成长动力。这样美好的爱情，充分体现了人性之美。

　　金波与藏族姑娘的爱情更为浪漫缥缈。在那寂寥的天空下、空旷的群山间，两个语言不通、民族不同、未曾谋面的人，通过歌声进行着心灵的对唱。金波沉醉在姑娘百灵鸟一样动听的歌声中，爱情在这对可爱的人儿也中逐渐有了幻想的模样。当金波重回故土去找寻令他魂牵梦绕的姑娘时，却没有得到任何结果。纵然没有找回这份纯美的爱情，他也不愿抹去她梦一般的影子，每天用着姑娘留给她的搪瓷杯。有时候，金波也会在黄昏中爬上城边的山峦，热泪涟涟地反复唱那首他们定情的歌曲——《在那遥远的地方》。是的，爱是如此的浪漫，也是如此的不可思议。在这样的浪漫爱情中，完全不存在现实生活中柴米油盐般的琐碎，只有心灵契合而带来的激情、火花与唯美。也许这就是作家心中目真正的爱情。

四、冲破传统观念的爱情自觉

　　孙少安与贺秀莲是传统伦理品格的爱情，而孙少平、田润叶、田晓霞、杜丽丽、田润生等人的爱情则是现代爱情观的表现。这些青年经受过现代文明的洗礼，他们中的有些人承袭了现代文化教育，有些人接纳了现代文化中的先进思想。在情爱生活中，突出表现在男女自我意识的觉醒上。孙少安虽然家境困难，但他却用优异的成绩证明了自己，然后回到乡村去接受自己作为农民的宿命。孙少平孤身一人从农村来到城市，不断发展自我、更新自我直到实现自我价值。在工作上，无论是揽工汉还是矿工，在爱情上，无论是与田晓霞的恋爱还是与惠英嫂的结合，他始终保持着清醒的自我意识，并跟随着自我意识去自由支配自己的行动、主宰自己的生活。正是通过对孙少平、孙少安这样富有自我意识觉醒的青年，在生活中拼搏进取，追求自我价值的过程的描写，使路遥创作具有了一定的现代意义。现代文明下的爱情观，男女双方总是不束缚于任何传统观念与现实的物质条件，在他们心中，爱情是应该是自由的、自主的，他们跟随自己最真实的想法去追随心中的爱情。田润叶就是其中的一个典型代表，她因孙少安与贺秀莲结婚而伤心欲绝，并由于政治原因无奈嫁给了李向前，看似是认命了，实际上，她心中的自我意识还是占主导地位。她与向前保持表面上的夫妻关系，只是受"婚姻形式"的制约。她对李向前毫无感情，并且心有所属，她就是这样在感情和生活中保持着独立的自我。

郝红梅和田润生的爱情，田润生刚开始对郝红梅是出于帮助老同学的热心肠，没有其他特殊的情谊。但随着与郝红梅的接触，逐渐产生了感情的积累，他开始有了强烈的渴望，"渴望能见到她，坐在她的热炕头上，看着她亲切地侍候自己吃两碗香喷喷的细面条"。在他们的爱情世界里，没有理想色彩的浪漫与激情，有的只是"老婆孩子热炕头"这种很普通的乡村家庭生活。郝红梅带给田润生母亲般平和、宁静的归属感，使他的心灵停靠在了爱情温暖的港湾。在这些具有"母性爱"色彩的爱情里，女性人物散发出圣洁感人的光辉，而男性化从这光辉中获取了情感的温暖与慰藉。"母性爱"反映出了作家潜在的情感需求，也展现出作家所生活的陕北农村社会对婚恋女性的理想要求。金强、孙卫红的爱情也是年轻一代自我意识觉醒的典型代表，他们冲破了祖辈固守的成分和阶级等守旧观念。孙兰香、金秀则接受现代文化知识及现代思想观念的洗礼，敢于打破传统门第观念，大胆地追求属于自己的幸福爱情。他们的爱情显然受强烈的自我意识的引导，显示了自由、人性为核心的现代文明品格。有位评论家曾说道，文学创作中爱的解放，是人的重新发现的一个重要的侧面。路遥笔下的青年人物勇于突破传统追随真爱的行为，体现了作家富有现代意义的爱情思考，同时也体现了作家对人性解放的哲理性思考。志同道合的爱情诉求与传统文明情爱观的男尊女卑的思想截然相反，现代情爱的内涵强调恋爱双方精神上的平等，男女双方在精神上互相给予、互相获取，并在此过程中逐渐实现自我价值。在这类爱情中重视的只是在精神上达到高度默契并且能够进行心灵的共同对话。在田晓霞与孙少平的爱情中，田晓霞在意的不是孙少平的身份或是物质条件，而是精神上的平等。高中毕业时，田晓霞与孙少平还仅仅只是朋友，那时他们就已经成为彼此的知己，田晓霞送给孙少平的离别寄语也是与众不同的。毕业后的孙少平果然没有让田晓霞失望，甚至田晓霞还为孙少平艰苦、奋进以及充实的经历感到骄傲与震撼。当今的现代社会，人们不应该只仅仅追求物质需要，更重要的要学会发现人性之美，而想要更好地探索人性美，就要从亲情、友情及爱情三个方面思考。小说中，路遥用他的真挚感情，为我们塑造了一个个鲜活的人物形象，并在与困难抗争的过程中展现了人性之美，实现了不平凡的人生。

长销文学经典《平凡的世界》的传播研究

郝 丹

被誉为"诗与史的恢弘画卷"① 的路遥的《平凡的世界》，是当代文学作品中的一部长销书。2012年在"纪念路遥逝世20周年座谈会"上，北京十月文艺出版社总编辑韩敬群表示，仅他们出版的"《平凡的世界》已经发行70万套，超过200万册"②，而据《中国青年报》报道，截至2015年，《平凡的世界》的累计销售至少300余万套③。

《平凡的世界》也是对读者影响最大、最受读者喜爱的一部文学经典。据1998年中国科学院生态环境研究中心国情研究室进行的"1978—1998大众读书生活变迁调查"显示，在"到现在为止对被访者影响最大的书"中，《平凡的世界》位居第六名。④ 2008年，在新浪网做的"读者最喜爱的茅盾文学奖获奖作品"调查中，"《平凡的世界》以71.46%的比例高居榜首"；2012年，在"文明中国"全民阅读调查中，这部小说"在读者最想读的图书中排在第二名"。⑤

不过，《平凡的世界》从创作到编辑出版，再到广泛流传，经历了一个非常曲折的过程，它的成功传播与其文本自身的魅力、出版人的努力、文学评奖的肯定、广播电视作品的改编以及领袖话语的引导都是分不开的。

---

① 雷达：《诗与史的恢弘画卷》，《求是》1991年第17期，第44页。
② 谢勇强：《路遥逝世20年追思会在京举行》，《华商报》2012年12月2日（B2）。
③ 林蔚：《茅奖作品销量两重天》，《中国青年报》2015年9月25日，第12版。
④ 康晓光等：《中国人读书透视：1978—1998大众读书生活变迁调查》，广西教育出版社1998年版，第58—59页。
⑤ 贺绍俊：《〈平凡的世界〉的魅力》，《光明日报》2016年2月第18日，第11版。

一、构筑普通人的"英雄梦想"

《平凡的世界》中最耀眼的"英雄楷模"就是孙少安、孙少平兄弟,他们虽出身"烂包"家庭,吃饭穿衣都是问题,却始终没有放弃对生活的希望。少安是同他父亲孙玉厚一样朴实勤劳的农民,尽管没有弟弟少平读书多,但他在务农和经商上都很有自己的想法和魄力,对生产责任制的推崇以及在经营砖厂上的尝试和努力都体现了孙少安的过人之处。少平是典型的从农村走出来的知识分子的形象,只不过由于个人命运十分曲折,所以他最终还是以一个工人的身份生活着。少平最为可贵的一点在于,当他发现自己所追求的个人价值并不像哥哥少安那样时,他勇敢地选择了走出家乡,他以一种试炼生活的态度去真实地感受自己的人生,丰富自己的精神世界。两兄弟的奋斗史是他们力图冲破苦难的历史,他们以惊人的意志力和行动力在苦难中艰难前行,即便在遭受重创时也没有倒地不起。更令读者动容的是,在物质生活频频陷入低谷之时,两兄弟都以不同的方式追求着精神世界的满足,比如少平不论环境多艰苦都坚持读书读报,少安和妻子在吃住都成问题的情况下仍保有对彼此深切的爱。

在将普通人塑造为平凡生活中的"英雄"的基础上,作家路遥还将自己的人生感悟熔铸到了作品当中,具体的表现形式有两种。一是借助人物的语言或心理活动来表达作者的心声,如润叶在考虑是否答应丈夫李向前去开钉鞋铺时想到"只有劳动才能使人尊严地活着","任何劳动都会受人尊重"。[1] 二是直接以大段议论性的或抒情性的文字来阐明人生的道理,如在提到人们该如何面对历史留下的创痛时作者写道:

但我们仍然有理由为自己生活过的土地和岁月而感到自豪!我们这代人所做的可能仅仅是,用我们的经验、教训、泪水、汗水和鲜血掺和的混凝土,为中国光辉的未来打下一个基础。毫无疑问,在这一历史进程中,社会和我们自身的局限以及种种缺陷弊端是不可避免的。但这绝不可能成为倒退的口实。应该明白,这些局限和缺陷是社会进步到更高阶段上产生的。[2]

这种非常主观化的价值观植入"在客观化写作正成为 20 世纪下半叶中国创作潮流的时候"[3] 自然显得不太和谐,甚至有些固执和笨拙,但对普通读者而言,这

---

[1] 路遥:《平凡的世界》第三部,中国文联出版公司 1989 年版,第 375 页。
[2] 路遥:《平凡的世界》第二部,中国文联出版公司 1988 年版,第 441 页。
[3] 贺仲明:《"〈平凡的世界〉现象"透析》,《文艺争鸣》2005 年第 4 期,第 116 页。

些文字是效果极佳的"心灵鸡汤",其"励志"和"劝导"作用并不亚于孙少安、孙少平两兄弟的故事。此外,小说中浪漫热烈的爱情、沉厚朴实的亲情以及诚挚温暖的友情也给主人公的逐梦故事增色不少,而"无论精英阅读还是全媒体的大众阅读,生理激动,心理感动,尤其精神撼动,是阅读快感的主要表现形式和读者的基本阅读追求"①,《平凡的世界》无疑是一部满足了读者诸种精神需求的感性力量十分饱满的作品。

二、从退稿到畅销的命运转变

《平凡的世界》有"茅盾文学奖皇冠上的明珠"之美誉,它是路遥的心血之作,读者对作品的长久喜爱应该说是对这位已故作家最好的尊重和慰藉。但事实上,《平凡的世界》最初能够有机会走到读者面前并不容易。在《平凡的世界》之前,路遥已经以中篇处女作《惊心动魄的一幕》斩获全国第一届优秀中篇小说奖;而他发表于1982年的中篇小说《人生》更是在全国引起轰动,无论是学界还是广大读者,都给予了这部作品高度的肯定,1984年根据小说改编的同名电影的成功更是将《人生》推到了一个难以逾越的高度。不过,路遥并没有就此止步,他认为"作家的劳动绝不仅是为了取悦当代","更重要的是给历史一个深厚的交待"。② 这样的信念指引着路遥开始进行《平凡的世界》第一部的创作。在准备过程中他阅读了近百部长篇小说以及理论、政治、哲学、经济、历史和宗教著作,翻阅了1975年到1985年间的大量报纸,另外还找到了许多农业、商业、工业和科技等方面的知识性小册子。③

遗憾的是,《平凡的世界》在一开始并没有给路遥一个理想的回馈。现代主义气息的弥漫以及许多作家对小说实验的狂热追求都让传统的现实主义创作在20世纪80年代中期变得局促而尴尬,这也是导致《平凡的世界》的第一部最初被人民文学出版社青年编辑周昌义退稿的主要原因。后来,中国文联出版公司编辑李金玉发现了这部作品的可贵之处,小说才获得了与读者见面的机会。然而在问世之初,作品并没有得到太多的关注和肯定,这也导致《平凡的世界》的第二部在完成伊始没有得到任何影响力较大的刊物的垂爱。

真正让《平凡的世界》实现从"无人问津"到"家喻户晓"的巨大飞跃的是

---

① 安波舜:《阅读的趋向与分化》,《人民日报》2010年11月23日。
② 路遥:《早晨从中午开始》,西北大学出版社1992年版,第33页。
③ 路遥:《早晨从中午开始》,西北大学出版社1992年版,第50—54页。

广播。1988年3月27日，中央人民广播电台AM747频道《小说连播》节目播出了由李野墨演播的《平凡的世界》，播出时第一部是成书，第二部是校样，第三部直接就是手稿，小说演播共一百二十六集，作品一经播出就在听众中引起了强烈反响，当时电台收到的听众来信创1988年《小说连播》节目之最，据中央人民广播电台测算，《平凡的世界》当年的直接受众达三亿之多。① 广播节目的热播直接带动了图书销量的激增，作品也因此常常出现供不应求的情况，出版社方面为满足读者的需求不断加版加印，小说的读者由此慢慢地累积下来。

1991年《平凡的世界》获得第三届茅盾文学奖，自此这部作品就被深深地打上了"茅盾文学奖"的烙印——不仅各个版本的封面或腰封上都印着"茅盾文学奖"几个字，而且影视改编作品在其片头也会标注上"改编自茅盾文学奖获奖作品"的字样，最值得注意的是，像《人民日报》《光明日报》等国家主流媒体的官方微博在推荐茅奖获奖作品时，会把《平凡的世界》放在首位。《平凡的世界》的"高人气"令其在"民间"获得了"经典"的封号，但实际上"一部作品能不能迈入经典之列不在于它是否能得到'沉默的大多数'的认可，而在于它是否能得到握有颁发'象征资本'权力的权威机构的认可。这些机构包括评奖机构、批评研究机构、教育机构等"②。

三、电视剧热播与领袖话语引导

"人民生活的大树万古长青"③，反映中国普通人日常生活的《平凡的世界》也有着持久的艺术魅力。2015年同名电视剧的热播以及习近平总书记的那句"我跟路遥很熟，当年住过一个窑洞"④将《平凡的世界》推向一个新的传播高峰，由此这部文学作品的传播在继1988年的"广播热潮"后又进入了一个后"不平凡"传播时代。2015年版的电视剧《平凡的世界》由毛卫宁执导，王雷、袁弘、佟丽娅、李小萌、刘威和尤勇等主演，这样的"新偶像"加"老戏骨"的组合首先就吸引了许多年轻观众的眼球，再加上近三十年来小说累积了庞大的读者群，所以电视剧在播出不久就引起了社会各界的关注和讨论。

---

① 厚夫：《〈平凡的世界〉乘着广播的翅膀飞翔》，《北京青年报》2015年3月22日。
② 邵燕君：《〈平凡的世界〉不平凡——"现实主义常销书"生产模式分析》，《小说评论》2003年第1期，第61页。
③ 路遥：《早晨从中午开始》，西北大学出版社1992年版，第13页。
④ 解晨红：《习近平聊起〈平凡的世界〉：我跟路遥住过一个窑洞》，《华商报》2015年3月7日（A3）。

电视剧《平凡的世界》能够受到追捧，既反映出电视剧市场对现实主义题材作品的强烈呼唤，也体现了忠实读者对原著作品的强大"粘度"。然而真正促使电视剧带动原著成为热点讨论现象的是国家最高领导人对于原著作者路遥的追忆。2015年3月5日，习近平总书记在参加第十二届全国人民代表大会第三次会议上海代表团的审议时，向全国人大代表、东方卫视著名主持人曹可凡问起了《可凡倾听》这个节目以及最近在忙的事。曹可凡在答问中向总书记推介了当时正在东方卫视播出的电视剧《平凡的世界》，总书记由此回忆起他在陕北插队时和作家路遥相识的一些往事，并提到《平凡的世界》这部小说对他产生了很大的触动。国家最高领导人对一个作家以及他的作品印象如此深刻，无疑为这个作家和他的作品提供了最有力的推荐，这种推荐本质上就是一种"名家荐书"——"广义的名家荐书，包括了专家学者和文化教育机构荐书、党政领导荐书、文化明星与社会名流荐书三种情况"①。

为什么习总书记会推崇路遥的作品呢？仅仅是因为他们在艰苦的岁月中一同谈过文学、谈过理想吗？仅仅是出于个人的生活经验和阅读体会吗？显然不是。从国家的角度来说，《平凡的世界》涉及了国家的政治、经济和文化改革，对"文革"的反思以及对实施生产责任制和恢复高考的肯定等都充分体现出作家高度的历史理性，而习近平总书记肯定《平凡的世界》实际上是肯定了路遥对时代生活的精准判断和冷静分析。从个人的角度来说，小说鼓励人们迎难而上、勤劳致富，鼓励人们为梦想不断拼搏，实现自己的人生价值。这样综合而论，《平凡的世界》其实就响应了"中国梦"这样一个大的时代主题，即"实现中华民族伟大复兴，就是中华民族近代以来最伟大的梦想"，而"中国梦归根到底是人民的梦"，"实现中国梦，最终要靠全体人民辛勤劳动"。② 从这个意义上说，对《平凡的世界》的价值判断已然不可能仅仅局限在文学层面，而作品的广泛传播也不能单纯地归功于文本的励志性以及广播、电视等媒介的协助功能等。

基金项目： 2017年天津市教委科研计划项目"全民阅读视域下当代文学经典的传播研究"（2017SK014）。

---

① 杨虎：《从舆论领袖理论看名家荐书畅销引导作用》，《中国出版》2015年版第4期，第26页。
② 中共中央宣传部编：《习近平总书记系列重要讲话读本（2016年版）》，学习出版社、人民出版社2016年版，第5—15页。

从路遥小说中的 "城乡交叉地带" 论主人公精神世界

宋雨馨

当代小说家路遥的作品多触及农村题材,在相关领域有着多部丰富精彩又发人深省的作品。他的笔深入农村真实环境下的典型人物,直戳人物灵魂,让每个主人公的特性展现得淋漓尽致。如《人生》中的高加林,《平凡的世界》里的孙少平,都是生活在"城乡交叉地带"里的典型人物,他们既有着新中国成立后青年全新的思想面貌,又有着与土地根脉相连的血缘纽带。在这片特殊的区域里,这些青年开始了自己矛盾而又深刻的人生,他们在痛苦和艰难之中釜底抽薪,在两难的道路面前做着抉择,在他们的人生轨迹中,我们可以读出他们的精神世界,也可以作为一个缩影来了解和认识一个时代人们的思想活动,以一个历史审视者的目光来窥探中国半个世纪以来各领域的发展情况。

一、城乡交叉地带的特征

城乡的交叉地带位于城市和乡村的交会处,顾名思义,这是一个边缘性的环境。20世纪80年代,中国正处于巨大的转型环境中,一边是改革开放的时代潮流风卷残云般席卷中国大地,一边人们还在留恋着过去的习俗和生存环境,两相冲撞之下,城市的现代文明和农村的传统文明产生了强烈的"化学反应","城市交叉地带"应运而生。这个名词的提出是路遥在1981年"关于农村题材的小说创作座谈会"上独创的,作为一个审美视角,它不仅代表着两种生存形态的碰撞,也是一种传统向现代的过渡形式。这样一个真实饱满的生存空间在路遥的小说里深切地影响着在此中生活的人们。

(一)城市交叉地带的地理特征

《管子·度地》说:"内为之城,内为之阔。"是用城墙围起来的用以防卫的驻地。"市"是指进行交易的场所,"日中为市"。这两者都是城市最原始的形态,城市在人们的记忆中,都有着严明的纪律和制度规范,它是一个井然有序的生活场所,其交通环境方便、且覆盖着一定面积进行不同工作的人群(多以非农业产业和非农业人口为主),是人类走向发达和富裕的证明。而乡村农业生产方式单一,且古已有之,聚居在农村的人群大多是农业人口,生活节奏较慢,交通较为不便,很多人祖辈在乡村过着"面朝黄土背朝天"的生活。"城乡交叉地带"则位于城市和乡村之间,不同于我们所熟知的"省、市、区、镇、乡、村"的区域等级排列,却并不是一个具体的地界,而只是一种生存空间和生存环境,它的特殊性决定了这里人文特征和经济特征的差异性。城市和农村的改革进程不断加速,其中包含了政治、经济、文化各方面的改革,使得原先主要从事农业生产的农村和经济商业行为的城市界限逐渐变得模糊。中国城市化又经历了一个漫长而曲折的过程,发展虽然慢速,终究有所推进,城市和农村不再具有鲜明的分界。随着改革和国家大力提倡的"知识青年上山下乡"运动的展开,农村和城市的人口流动、经济交流和资源互补也开始变得频繁起来,"城乡交叉地带"这样一个新的地理空间应运而生。

(二)城市交叉地带的人文特征

在《人生》这部小说中,提到了高家源关于生产责任制的改革,由村里共同耕田到后来分产到户、到组,其实也是一种进步。受到了城市商品经济的冲击,传统的农业耕作方式和集体生产形式也在逐渐土崩瓦解,为了实现利益的最大化,同时也为了摆脱战争后长期贫困的状况,农村里的人也在开始需求制度上的改革,向着富裕的生活前进。而城市的建设也越来越需要农村的劳动资源,许多像高加林这样的农村青壮年有知识有文化,且有一颗想在城里打拼的心,城里也将他们吸纳过来,于是便形成了城乡差异互补。而这样的青年人所聚集的地方,也就自然而然地形成了一个特殊的区域地带——即"城乡交叉地带"。在这样一个地带里面,一些青年人有了思想上的觉醒,他们不甘于在贫穷的农村继续生活一辈子,对于纷繁的务农生活感到了疲惫,他们渴求知识,也期盼着大城市的生活,想尽一切办法吃上"公家粮",当上"公家人"。《人生》里面,高加林对于知识的热爱便不仅体现在对文学的痴迷上,他将民办教师的职务看得非常重要,以至于当他的民办教师职位被替的时候,他感受到了崩溃。这种崩溃不仅是维持生活的工作的丢失,也是一种信仰的缺失,他开始怀疑自己存在的价值,既认为自己的能力在乡下务农是一种"大材小用"的行为,却又没办法施展手脚,创出自己的一片天地。随着城乡交替的碰撞,这样一种矛盾的心理在他的心中愈演愈烈。随之而来的是农村的守旧思想与城市高速发展下的革新思想间的"化学反应",让在这个环境下生存的青年人在迷茫中踽踽独行,在人生的道路上行走得跌跌撞撞。

二、"城市交叉地带"里人的矛盾

在这样的一个"城乡交叉地带",人们既怀有着对城市的向往,也逃脱不开农村的羁绊。对于高加林来说,乡村教师不仅是他的工作,更是他的人生梦想,是他脱离贫困的农村和贫穷的家庭环境,迈向新的生活的通道。高加林喜欢文学,他写得一手好通讯稿,而他身上又充满着文人特有的固执、强硬和上进精神,而这一点,既能让他摆脱农村的黄土地长久以来对人的"钝感"影响,与愚昧无知的"乡下人"有所区分;另一方面,这样一种强烈的自尊又让其产生过高于自身的期待从而转化为勃勃的野心。高加林从出生就被印上宛如铁打一般的"乡下人"标志又不可避免地成为其自卑的源泉,这样一种自尊与自卑的双重交错,影响着高加林的人格塑造和他对于理想的追求与认同。而如高加林式人物的悲剧,则因为他们充当着外国小说中"边缘人"这样一种人物形象,对现实有着诸多不满,他们高傲又倔强,孤独又寂寥,他们勇敢地与现实对抗,从人群中脱离,想要奋起反抗命运,而他们的能力却不足以与现实对抗的时候,结果往往只能以惨淡收场。

随着经济体制的改革,人民的生活逐渐富裕起来,但是人们之间的收入差距也不断加大,当时一样吃不饱饭的同学战友,一跃而上身居高位,而自己只是一个普普通通的农民,对每个人的心态都是莫大的考验。高加林也是如此,他来到县城挑粪,遭到城里妇人辱骂他满身臭气。在许多城市人心目中,农民这一职业不需要文化,并理应收入不及市民。于是很多人就这样背上了"农民"的枷锁,一切的努力都是为了当上城里人,摆脱"农民"这一身份给自己带来的牵绊。但是却没有人想过农民一样给这个社会源源不断地提供着资源和财富。据国家统计局的资料显示,改革开放初期我国农业作为第一产业占 GDP 的 30% 左右,在经济运作中产生着重大的社会力量和效益,我们仍然是一个农业大国。所以"农民"这一职业不仅不可耻,且为社会发展起着功不可没的作用。但当时的人纷纷逐着潮流去追寻快捷而又容易飞黄腾达的做"公家人"之路,是一个时代赤裸裸的写照。比如高玉德的弟弟高玉智,当时跟高玉德一样都是吃不饱饭的农民,打完仗回来,一跃成为村里在门外最大的干部,回来时的排场和阵势是"一辆草绿色的吉普车开进高家村,在村子中央那块空场地上停下来""比谁家娶媳妇还红火"。高加林家中的寥落贫穷,与叔叔劫后余生的腾达形成了鲜明的对比。

三、"城市交叉地带"里人的追求

在这样一个特殊的地域环境里,爱情是筹码或一场博弈。刘巧珍作为一个朴素的乡下女子,却没有同她的大姐一样接受家庭对于婚姻的安排与同村的马栓相亲,而是大胆自由地追求爱情,喜欢上有知识有文化的"穷小子"高加林,并且因为高加林而去学习刷牙,即使到了"满嘴里冒着血糊子"的地步也要坚持。对于巧珍来说,高加林刷牙,讲卫生爱干净,出于对爱人的爱慕与追求,她也不甘落后,高加林的一切就是她衡量自己行为的标尺,而巧珍的爱情便是由崇拜开始,在憧憬之中慢慢将自己与爱人同化。路遥在描绘高加林这样一个人物的时候,也不是传统的扁平式人物写作,他也是一个有血有肉的立体式人物,在这样一个人物身上,我们能看到他的可怜之处,亦能看到他的可敬与可恨之处,这才是写作的高明所在。

人们在矛盾彼此消长的人生路上,在不断攀爬中追求,也在追求中失去。《人生》这本小说所反映的是20世纪80年代初的中国农村社会面貌,城市的先进与农村的落后,无时不产生着对立冲突。生活在这一时代下的高加林,内心强烈渴望到另一个"社会"去显示自己的才华。他向往城市文明。但是作为一个地地道道的农民后代,他自身承载着维持和发展家族根脉的重负,又受到了生存环境和历史进程的种种制约,在残酷的社会现实面前他只能在现实与理想之间苦苦挣扎,这即是他人生悲剧和爱情悲剧的根源。高加林内心是想摆脱农村的生活的,他想摆脱贫穷给他带来的一切屈辱,所以不得不冒着风险用全部力量向上拼搏,没有权势也没有家庭的依靠,只有自己才能改变自己的命运以及整个家庭的命运。人生对于高加林来说,是残酷的,但另一方面我们也能看到,高加林人生的轨迹仿佛一株浅扎根在地表的藤蔓,想要去依附一旁的大树,却又无法离开土地的滋养,暴风雨一旦来临,就能让其连根拔起,从大树上倒下,亦从土地上冲刷殆尽。

四、"城乡交叉地带"上人的悲剧性

无论是孙少平抑或是高加林,同样的农村出生决定了他们的奋斗之路一定是漫长且艰难的。这两个人都有着黄土高原上陕西汉子共同的质朴与善良,他们的性格并没有在拼搏的路上变得扭曲乃至极端。孙少平的善良尤其体现在他对于背叛过他的人身上。郝红梅弃他而去跟随了家境更好的班长顾养民,为了让顾养民看得起自己,超额支出自己的饭票去吃相对更好的乙餐,孙少平理解郝红梅的做法,特地把自己的粮票给了郝红梅,怕她顾忌而不接受还专程放在书里让顾养民带给郝红梅。

班里的侯玉英歧视他、陷害他，甚至将他天安门诗抄的事情告发给老师，而他在侯玉英遇到危险即将被洪水冲走的时候，毅然决然下水救了侯玉英的生命。当高加林从乡村老师沦落到在县城里卖馒头，甚至挑粪为生的时候，他仍能不为意外之财所惑，将捡到的钱包还给失主。高加林和孙少平精神上的闪光点也为他们增加了典型性。田晓霞对于孙少平来说，是精神支柱一般的存在，当田晓霞不幸牺牲以后，孙少平的天空仿佛坍塌。书中对于孙少平的描写就是不断地劳作，少有精神层面，他的精神之光已经熄灭了，即使最后，金秀表达了对他的爱，他也选择了回到煤矿，回到嫂子身边做一个平凡的工人，不是他自卑，也不是不敢闯荡，而是他选择了把田晓霞作为永远的唯一藏于心底，没有了晓霞，他失去了光泽，成为一个平凡的人。像孙少平这样既有能力又有勇气的人，平庸不应该是他的结局，他的悲剧更多来自灵魂的挫伤与毁灭。

如果说孙少平的悲剧来源于爱情，那么高加林的悲剧便是来自权力与地位的诱惑，这些促使他向上攀爬的动机让他在人生的十字路口做出错误的选择，而导致了最终的人生悲剧。他把爱情当作筹码，甘愿豪赌，一方面离开了农村的土壤，另一方面又没有完全融入和扎根于城市的土地，就这样成了这样一个"城乡交叉地带"特殊的牺牲品。高加林和孙少平的一生，是不幸的，但是贫穷困境促使他们自强奋发，拼搏进取；但他们又是幸运的，善良自强的本性让他们遇上了真心相爱的人，但矛盾与冲突横亘在两人的人生中间，慢慢折磨他们不断褪去原本的淳朴面貌，变成在改革和经济发展外的体制下的"边缘人"。

五、结语

德国文艺理论家 H. R. Jauss 在他的著作《走向接受美学》中谈道，一部文学作品并不是一个自身独立、向每个时代的每一个读者提供同样的观点的客体。它不是一尊纪念碑，形而上地展示其超时代的本质。它更多地像一部管弦乐谱，在其演奏中不断获得读者新的反响，使文本从词的物质形态中解放出来，成为一种单独的存在。路遥的《人生》，于二十年后再与读者照面，依然有着冲击人心的重量，靠的正是这种不被时间洗去的人性共鸣。在"城乡交叉地带"这样一个特殊区域里，人们的一切都不成熟，还在慢慢磨合，但时代并没有给我们太多的时间去消化，所以主角们的成长在跌跌撞撞中行进着。每一个特定的环境都有其存在意义，它是路遥小说的独创，也是路遥农村现实小说中的特色描写。他所写的那样一个黄土高原，穷得没饭吃，没衣穿，没有地方住，每个人都纯粹又渺小，殷切又简单，而路遥描写的景色，又仿佛未知的前路，总是绽放勃勃生机。树木丛生，大河滚滚，生生不息。

当代文学史视野中的《平凡的世界》

王仁宝

自 2002 年李建军提出"路遥还被我们时代的'文学批评'及'文学史'忽略和遗忘"① 以来，很多为路遥鸣不平的评论家都基本采用了这一说法，他们几乎一致认为：路遥和《平凡的世界》遭到了文学史家不应有的遗忘与冷落。但问题的关键应该并不仅在于文学史对《平凡的世界》是遗忘或是重视的叙述体量之争，而在于分析已有文学史对《平凡的世界》是如何叙述的，通过对这些不同的文学史叙述的分析，我们能否发现问题、总结经验？这些经验对当代文学史的重构又有着什么样的启发？这才能有助于我们认识《平凡的世界》文本的复杂性及其所具有的文学史意义。

从作为"改革文学"的"有名无实"到"无名"状态

将《平凡的世界》划入"改革文学"的框架中是很多文学史叙述所选择的路径，如 1992 年出版的金汉、冯云青、李新宇主编的《新编中国当代文学发展史》，1998 年出版的於可训所著的《中国当代文学概论》，2000 年出版的郑万鹏所著的《中国当代文学史——在世界文学视野中》等。但通过对这些文学史叙述的考察，我们不难发现，虽然关于《平凡的世界》的文学史叙述是在"改革文学"的框架下展开，但"改革"话题往往只是作为了叙述的背景，而改革对农村生活和农民心理所产生的影响才是文学史叙述的重点。

无论是从文学史家的主观意愿还是文本本身的意蕴来说，将其归入到"农村题

---

① 李建军：《文学写作的诸问题——为纪念路遥逝世十周年而作》，《南方文坛》2002 年第 6 期。

材小说"的文学史叙述框架中应该是最为贴切的。这就出现了一个很尴尬的现象,一方面是文学史家积极认同《平凡的世界》对农村与农民生活的深刻描绘,却努力想要把它纳入主流文学史概念"改革文学"的叙述框架中,另一方面是主流文学史叙述中的"改革文学"这一框架又不能有效阐释《平凡的世界》中农村题材所折射出的丰富意蕴。这样就难免导致了文学史叙述框架与具体叙述内容出现名不副实的尴尬状态,《平凡的世界》在这些文学史的叙述中被置于"有名无实"的境地,徒有"改革文学"之名。而它能空享"改革文学"之名还得益于文学史家们在界定"改革文学"的内涵和外延时,对其进行了拓展与延伸。

但在部分文学史叙述将"改革文学"的内涵和外延进行了缩减化的表述之后,《平凡的世界》在这些文学史中,连"改革文学"的"空名"都被抹掉了,陷入到了尴尬的"无名"状态。如1999年出版的洪子诚所著的《中国当代文学史》,1999年出版的陈思和主编的《中国当代文学史教程》,2005年出版的董健、丁帆、王彬彬主编的《中国当代文学史新稿》等。在这些文学史的叙述中,《平凡的世界》要么因为写作、出版的时间超出了"改革文学"的时间下限不能被归入到"改革文学"流派之中,要么被放到一个无比宽泛的框架中予以叙述。《中国当代文学史》根本没有提及《平凡的世界》,《中国当代文学史教程》仅仅在文中提到了《平凡的世界》的书名,《中国当代文学史新稿》将路遥和《平凡的世界》笼统地放到"人的文学"的大框架中,模糊了小说的独特性。总之,这两种方式基本上都是对《平凡的世界》的"无名化"处理。《平凡的世界》在文学史叙述中从"有名无实"到"无名"的悬置状态,与文学史家的叙述策略有着密切关系,但文本自身的复杂性也不容忽视。

"断裂"的文学史叙述与"交叉地带"的《平凡的世界》

"当代中国文学在文学史研究与写作中,大体以20世纪70年代后期的社会政治变动为界分为前后两个时期,即'50—70年代'和'新时期'"①。两个不同时段的文学特征,被很多文学史家用诸如"一体化—多元""非文学—纯文学"等二元对立的关键词进行表述,当代文学史的书写在这种二元对立式的理念预设中被"断裂"了。"50—70年代文学"惯常使用的文学术语大多被打上了意识形态的烙印,作为需要受到批评与反拨的对象,在"新时期文学"的表述中消失了。而

---

① 毕光明:《"断裂"与"关联":当代文学"一体化"之争再思考——"50—70年代文学"与"新时期文学"之关联研究的意义》,《文学评论》2017年第4期。

"50—70年代文学"的某些价值理念和叙事成规远未消散，还残留在很多过来人的脑海中，他们在进行文学创作或文学史写作时会潜在地受到影响。

作为一个成长于"50—70年代"的作家，"50—70年代"的生活、学习作为他生命中的一部分，已经深深地烙印在了路遥的脑海中，在"新时期"的写作中路遥的写作难免会受到"50—70年代文学"的影响，我们也确实能够从《平凡的世界》中看到《创业史》的身影。但路遥并未满足于对过去的一味恋栈，他也有着汇入20世纪80年代主流文学叙事大潮的主观意愿。"改革"视角的切入使得他的这一主观意愿有了实现的可能性，但此时的社会改革局势已经失去了"改革文学"初期所描绘的那种激昂奋进的乐观画面，出现了很多不谐和的声音。路遥在《平凡的世界》中所表现出的在支持"改革"与质疑"改革"之间的犹豫徘徊，使得作品对于"改革"的叙述，包含了"改革"的别样可能性，暗示着20世纪90年代以来"改革"的"走向"①，文本中的"改革"叙述呈现出暧昧的状态，而作为文学史主流叙述的"改革文学"的典型特征却不够明晰。能否将其划入到"改革文学"的框架下进行叙述，《平凡的世界》作为一个叙述对象已经不重要了，文学史家的叙述策略才是关键因素。

1985年被部分文学史家形容为"断裂年"，将20世纪80年代的文学分成为明显不同的两种类型。对于1985年前后两部分的文学发展状况的表述基本上是：与主流意识形态联系紧密或脱离主流意识形态控制的二元对立模式。《平凡的世界》既受到了"十七年"文学的影响，又从时事"变革"的角度来构思，按照"断裂"的二分法来看，《平凡的世界》无疑属于与主流意识形态紧密联系的作品，而它的写作与出版时间又在1985年之后，这样就形成了错位。按照时间划分，它不能归属于"改革文学"的范畴，按照意识形态划分，它又很难归入到1985年之后的任何一个流派之下。

从上面的分析可以看出，由于"50—70年代文学"和"新时期文学"的"断裂化"叙述，《平凡的世界》作为"农村题材小说"不具备合法性，勉强可将其放入到"改革"特征不是很典型的"改革文学"的框架下，但容易使其陷入"有名无实"的尴尬状态；而当1985年作为分界线将80年代的文学进行"断裂化"的叙述后，《平凡的世界》作为"改革小说"也失效了，对其进行命名化的处理更加困难。对《平凡的世界》进行"有名无实"和"无名化"的处理，虽然都与文学史的"断裂化"叙述有关，但二者背后所呈现的文学史叙述观念还是有所差异。

---

① 参考黄平：《从"劳动"到"奋斗"——"励志型"读法、改革文学与〈平凡的世界〉》，《文艺争鸣》2010年第3期。

将《平凡的世界》纳入"改革文学"的框架下进行表述，虽然在文学史概念的表述上存在着"断裂"的迹象，但是他们对小说中农村题材叙事的凸显，体现了其对"新时期文学"与"十七年文学"之间延续关系的认可；而他们对"改革文学"时间下限的不明确界定，也是希望保持对80年代文学的整体性叙述。对《平凡的世界》进行"无名化"处理的背后则有着更彻底的"断裂论"作为支撑。但很有意思的是，洪子诚在《中国当代文学史》中，以一种近乎考古的方式，对当代文学的发生、"一体化"过程，进行了详细的叙述，对现代文学与"50—70年代的文学"进行了接续；而陈思和则提出"中国新文学整体观"，主张将当代文学纳入"20世纪文学"的整体中进行考量，梳理现代文学与当代文学的传承脉络。

《平凡的世界》被文学史命名化书写的另一种可能性

从上面的分析，我们可以看出，努力从"整体性"上把握文学史、突出其"连续性"的文学史家，不可避免地受到了"断裂论"的影响，最终没能进行彻底的"连续性"书写；而服膺于"断裂论"的文学史家，却在文学史的叙述中探寻其间的传承、演变脉络。既然"连续性"书写与"断裂化"书写二者在具体操作过程中不可避免地相互渗透，那么有没有一种文学史叙述方式能更好地处理"连续"与"断裂"之间的关系，构建一部真正的具有"整体观"的文学史呢？

程光炜认为，学术界通常所说的"整体观"是"一种预设的'真理性'的东西"，而他所谓的"整体观"，"则是从'个体观'出发的"，将"被'新时期叙述'强行拆解、撕裂和断开的若干个'文学期'"，"通过讨论和辨析的工作重新整合起来，在它们之间的差异性和关联点上整合起来的"。① 程光炜在承认差异性的基础上找寻关联点的"整体性"研究，也许不失为一种处理文学史"连续"与"断裂"叙述矛盾的好方法。《平凡的世界》作为一个处于历史"交叉地带"的"过渡性"文本，它既有着"十七年文学"的痕迹，又与其有着明显的差异；它既向20世纪80年代的"改革文学"靠拢，又与其迥异，其意义遥指20世纪90年代"现实主义冲击波"思潮中的"改革"文学，甚至接通到了中国当下，触及当今中国社会的某些病灶。《平凡的世界》"在'断裂'与'延续'之间的犹疑与彷徨，

---

① 程光炜、杨庆祥：《文学、历史和方法——程光炜教授访谈录》，《当代文学研究资料与信息》2010年第1期。

出人意料地成为沟通两个时期的历史桥梁"①。如果能将它作为一个"个体"案例推及更多类似的"个体",也许能够将被"断裂化"的当代文学史重新整合起来。

如果说上述的一系列问题都是因为文学史家们执着地从题材的角度出发对《平凡的世界》进行文学史定位造成的,那么我们换个角度,从现实主义的创作手法来界定《平凡的世界》,也许既能让其"实至名归",又能巧妙地解决文学史"断裂"和"连续"叙述不协调的问题。《平凡的世界》无疑受到了柳青的《创业史》的影响,保留了"十七年"革命现实主义的痕迹;但同时它在某些方面又超越了《创业史》,汲取了批判现实主义的某些因素,使得作品具备了一定的批判力度,汇入到了 20 世纪 80 年代初期"现实主义的探寻与回归"的潮流之中;在 80 年代中后期现代派思潮席卷文坛的语境下,路遥对现代派作品采取并不排斥的态度,而是力图使其笔下的现实主义能获得现代意义的表现,这使得《平凡的世界》突破了传统现实主义的框架而融进了部分现代元素,呈现出开放性的特点。"现实主义"作为《平凡的世界》的本质特征,融会了旧与新、传统与现代诸多元素,旧与新或者传统与现代之间既相互区别呈现"断裂"之势,又在转换之间相互渗透融会为一个整体。

文学史书写自有其叙述成规,我们不能过于苛责,只是希望通过《平凡的世界》这一"个体"研究对象,探寻重构文学史的某种可能性。

---

① 徐刚:《"交叉地带"的叙事镜像——试论十七年文学脉络中的路遥小说创作》,《南方文坛》2012 年第 1 期。

主编 刘瑞平

不平凡的世界

（三）

遥想集

陕西新华出版传媒集团
陕西人民出版社

《不平凡的世界》感悟文集编委会

主　　任　杨东明

副 主 任　刘　斌　　韩万胜　　刘区厚　　曹谷溪　　龙　云
　　　　　　贺智利　　梁向阳　　张　鬲　　海　波　　李海涛

主　　编　刘瑞平

本册主编　刘瑞平

编　　委　朱合作　　王生才　　王志强　　刘瑞平　　高志妮
　　　　　　胡旭升　　尹生鹏　　栗子明　　张　弛　　张晓梅
　　　　　　刘东平　　李春元　　刘小涛　　左子初　　高宏雄
　　　　　　赵兴国　　付京华　　高　丽　　吕文经　　高　飞
　　　　　　贺军平　　李艳霞　　艾　超　　刘　畅　　高　曼
　　　　　　陈　罡　　刘　瑞　　韩　帅　　薛　静　　薛　刚

引子

不平凡的世界

张　弛

你们想要的
统统拿去
甚至你们不知道
而我刚好也有的
也一并给你们
这是我的想法
相信也一定是
路遥的想法

时过境迁
我们的想法
没有改变
祭奠的方式
千千万万
而我们选择用
《不平凡的世界》来
认识《人生》
理解《平凡的世界》
怀念路遥

也许有人会问

这一切
是否值得
那个叼着香烟的人
那个共和国的同龄人
会用他的深沉
会用他的精神
解答疑问

像牛一样劳动
像土地一样奉献

《早晨从中午开始》
会让你明白
那年那月的
那个世界
平凡而又不平凡
贫瘠却又充满温暖
直到今天
将到永远

栗子明　画

向路遥的人生和文学致敬！
　　　　　　——铁凝

谨以此文集纪念路遥七十周年诞辰

代序

《平凡的世界》对当代中国文艺的启示价值

历史相隔三十年,《平凡的世界》就像一个历史记忆的储存器,将一个时代的社会生活情状、时代风貌,特定时代氛围中人们的追求、欲望以及爱恨情仇,都鲜活地保存下来。路遥的价值在于,他用与自己时代生活同步的思想高度(没有拔高)、情感热度(没有零度化)、价值取向(没有调侃),用与时代生活相协调、相适应的语言方式来叙述、抒情、议论,其丰富性、立体性都因其鲜活性而得以呈现。

与自己时代的种种大的观念、思潮以及细微的敏感气息同步书写,全方位记述社会生活的创作从来就有,即使"文革"时期的文学,也留有当时艺术形式的影子,为什么《平凡的世界》在今天反响如此强烈,即使其表现的生活内容有很多已不为今人热切关注,但那种强大的真实性却仍然在思想、情感上令人感动?除去路遥本人创作的经典性,一个重要的原因是,《平凡的世界》表现的是我们这个时代生活的起点,是三十年中国社会历史的出发处,是翻过万重山水急速前行的初步,叙述、表现的是读者、观众自己或自己父辈们的生活,是今天的人们反观、回忆、联想自己或探究、感知父辈的"教科书",昨天的倒影投射在今天的生活中,是当今时代的续接,是一种生活感受的回味、生命体验的唤醒。

从改革开放初期到今天,中国的很多事情既有历史发展从未脱节的连续性、一贯性、相似性,也有令人惊讶的严重变异、相互割裂甚至相互抵触,但这种变异和割裂又和刚刚过去的"平凡的世界"里的昨天有着人所共知的联系。这是历史的秩序,也是时代的怪圈。

比如金钱。改革之初,"为钱正名"引来争议,但最终占据上风的结论,是"为钱正名"代表了观念的突破,指向了未来的路径。然而,历史发生的变化十分惊人。比起《平凡的世界》里孙少安为借不到一千元钱发愁,田福军从自家的茶筒里看到一卷十元面值的钱而意识到犯罪,到今天,金钱本身以更加巨大的体量出现在我们的生活里,而对金钱赤裸裸的追求却又遭到道德层面的批判。举例说明:《平凡的世界》里,孙少安拉砖赚了一沓钱,他与妻子贺秀莲为此亢奋、躁动,喜极相拥,这一场景礼赞了劳动的光荣,更体现了观念意识的觉醒,作为一种时代符号是令人欣慰的。试想将这样的场景植入今天的电视剧里,那恐怕是要被人诟病的。为什么?三十年前,个人致富是时代梦想,摆脱贫穷是社会呼唤,挣脱束缚是观念更新,个人通过劳动获得更多金钱是社会理想中的一部分。而在今天,过多的奢华炫富充斥在影视剧里,舆论更倾向于对之保持警惕直至批判。金钱不再可以贴附到理想价值当中,它更多是一种欲望的化身,是过度占有可能导致种种失衡与危险的警示。欲望的价值虽然没有全盘否定,但其高尚性和正面力量已被悄然去除,这个时代更应强调对物欲诱惑的抵御而不是推波助澜。

艺术作品里的一个场景,放置到不同的时代氛围里,就会发生价值上的严重错位。

《平凡的世界》表现的生活极其简陋。简陋生活如何能够适应全面现代化的今天?双水村的青年是有梦想的,但这种梦想如此微小,进一趟县城,获得一次拉砖的机会,得到一个煤矿协同工的身份,丢失一只骡子的悲伤,烧一窑废砖的痛苦,这样的悲喜如何支撑一部史诗作品?为什么仍然能打动今天的受众?《平凡的世界》的当代吸引力,源自其中的人物始终处于内心的悸动中。个人的内心都在悲喜中起伏,都在现实的无奈与梦想的奢望中挣扎,都是在贫穷的处境与理想的追逐中进退着。人物内心处于悬置状态,人人难以平息,这种悬置又是他们生存里的烟火气、不安于现状的状态造成的。乡村秩序、宗族律令、家族亲情、男女爱情有融合也有断裂,乡友间的友情有贴合也有分裂,男女之间的爱情有甜美也有悲情。正是生存的拼搏、命运的起落、内心的悲喜,使作品始终保持着充足的张力,超越了时代生活雏形的局限,可以让不同时代的人从中找到自己。这就是三十年中国的巨变,从骡子丢失到手机断电引发的恐慌,新砖出炉与上市成功带来的狂喜,这些看似互不搭界的意象,却正是中国历史发展的真实写照,它们给人带来的情感沉浮、悲喜交加程度是一样的。

《平凡的世界》的经典性,体现在成熟的结构上,应该说小说在艺术上最成功的就是其结构的纷繁、有序以及前后呼应。相对固定的空间又有所延展,相对确定的时间跨度又有所延伸,先后出场的人物又互有呼应,人物不是因为故事需要随意出场,人物关系构成一个完整的网状结构。

语言上的朴实,既留下历史的印迹,又与今天产生离间的效果。路遥的叙事间断式会加入说理、议论、抒情相混杂的成分,而路遥小说语言的风格也在这些片段中显示出来，这些语言的特色通过电视剧的画外音部分呈现出来。这些语言留有浓厚的改革开放初期思想萌动、感情意欲奔放的味道，说实话，那种语言有时候有追着思想感情奔跑，且有言犹未尽的感觉。然而它们比起今天很多作品中语言腔调、架势远远大于思想、凌驾于情感之上的做法，又有难得的纯真与质朴。《平凡的世界》的文学语言是平凡的，所发感慨、喟叹、抒情、议论，局部看并没有什么惊天动地，路遥并不是刻意追求朴实无华，在他那里已经是足够努力华丽了，但可贵的是他追求的根本不是华丽的词汇，不是洋派的表达，而是尽可能真实、饱满地表达人物的所思所感。他的一些议论是就事论事的，并不高蹈，他的抒情也有着略有文化的农民的朴素和真挚，试想在创作《平凡的世界》的20世纪80年代中期，中国文学正在现代化的路途上奔跑，《平凡的世界》在当时算不上先锋之作。然而时代就是这样，洗尽铅华，方现风流，《平凡的世界》不但因保留了社会时代最常见的语言表达风格而被人珍视，也因这种保留与今日文学语言的"隔离"产生特别的效果。

　　《平凡的世界》的可贵更因其浓烈的现实人生场景，共同的理想追求，各自跌宕的命运起伏。这是一个非凡的时代，历史在这里转型，然而路遥紧紧抓住的是一个看似"平凡的世界"，他们并非领风气之先者，更非弄潮儿，然而他们要改变命运，同时也被命运改变。小说以及改编后的电视剧，主题就集中在这样一种在毫不起眼的生活幕布后面上演的催人泪下的命运交响。孙少安、孙少平代表的青年们是改变现实命运的造梦者，虽然这些梦想不过是烧砖挖煤；润叶、兰香等青年女性们代表的是追求个人幸福与内心愿望的觉醒者，虽然她们的梦想不过是嫁一个属于自己内心认可的丈夫。这些梦想具体而真切，它们与周围环境、现实处境密不可分，唯其如此才见其真实，才见其艰难。今天再来看《平凡的世界》，其中所讴歌的对象在当年的文学急欲现代化的氛围中，很容易丢失；在今天的创作追求更高妙的深邃过程中，很容易忽略。《平凡的世界》里充满了生产劳动的场景，这在当今的农村题材创作里已属难得一见。一年四季与农业生产，城市建设与农民创业就业，这些关系可以通过小说人物的故事得到展现，可以见出它们与人物命运的关联。作家创作的叙述中也时常保持着对劳动的尊重和劳动光荣的赞颂。《平凡的世界》表达着人间最质朴的真善美。田晓霞的牺牲，孙少平向往城市但最终坚持回到煤矿的选择，润叶在丈夫残疾后反而选择保持家庭，润生在救助丧夫的同学郝红梅的过程中毅然决定娶其为妻，所有这些情节选择都闪现着难得的人性光泽，是很多当代文学作品缺乏或无法艺术地呈现的宝贵品质。

　　《平凡的世界》直面了时代的局限但并未夸大，充满爱心与正能量的主题始终保持着足够的力量。双水村有孙、田、金三大家族，但作品中并没有过多宗族之间的明争暗斗，反而是乡情占据了上风，老支书田福堂难免自负任性，但最终突显的是他虚荣的背后仍然不失一颗善良的心。是的，善，在中国文学中始终具有强大的力量，很多爱与恨的处理都是通过彰显善而"团圆"的。《平凡的世界》里，年轻人之间的爱情悲剧为什么最后能以令人欣慰的方式收束，原因就在于善的力量成为覆盖一切的主流。润叶对丈夫李向阳态度的转变，润生对郝红梅的选择，都是在对方失去尊严之后的毅然决定。这里面当然还有艺术表现上可以探讨的余地，但"作者意图"却是文学所需要也应该具备的力量。

　　《平凡的世界》是茅盾文学奖的获奖作品，它的文学史地位早已奠定，同名电视剧的改编再一次激发出人们对它的追捧，也许这其中并没有多少值得今人效仿的创作方法和写作技巧，但它那火一般的热情与无边无际的人间烟火，最有理由配得上"有筋骨、有道德、有温度"的创作。

（中国作家协会副主席　阎晶明）

致敬改革先锋·路遥

鼓舞亿万农村青年投身改革开放的优秀作家路遥被中共中央、国务院授予"改革先锋"称号

像牛一样劳动 像土地一样奉献
XIANG NIU YI YANG LAO DONG · XIANG TU DI YI YANG FENG XIAN

传播路遥文化·弘扬路遥精神

目录

春分

路遥笔下的中国道路和中国精神　刘瑞平　\ 003

《路遥》纪录片　\ 009

路遥精神让我们前行——《路遥》纪录片幕后的故事　刘瑞平　\ 073

继续路遥的事业　刘瑞平　\ 081

陕北说书《说路遥》　作词：刘瑞平　说书：贺光利　\ 082

《路遥》电影故事梗概　刘瑞平　\ 088

《路遥》电影文学剧本（节选）　刘瑞平　刘东平　\ 091

清明

永远的路遥——路遥作品重读　龙　云　\ 099

受苦人路遥　朱合作　\ 106

劳动者路遥　张艳茜　\ 109

路遥，你冷吗？　梦　野　\ 113

黄土地上坚强、伟大的母亲——纪念路遥母亲　刘瑞平　\ 115

兄弟　使命　刘瑞平　\ 118

拜谒路遥纪念馆　任　静　\ 119

不尽思念揣满怀——写在纪念路遥逝世十五周年之际　白崇贵　\ 120

存大气　成大器——我与路遥的三面之缘　郭世平　\ 122

叫一声哥哥你快回来——纪念路遥七十周年诞辰　王天秀 \ 123

谨以语文的方式致敬路遥　许建峰 \ 124

路遥与鸭口煤矿　霍海澎 \ 126

《平凡的世界》里的"铜城"　张俊英 \ 129

西安看病中的路遥　朱合作 \ 130

永远的歌者——悼念路遥　张俊谊 \ 136

有关路遥与延安的记忆　李燎原 \ 138

与路遥的那一次见面　韩秀高 \ 140

在王家堡路遥家中　朱合作 \ 143

斯人去矣　光彩依然　张子良 \ 147

立夏

给世界一个世界　曹洁 \ 153

路遥《人生》，让我爱上了文学　单振国 \ 157

平凡人的世界并不平庸　张友良 \ 159

平凡与不平凡——《平凡的世界》感悟　王隆 \ 162

路遥精神"实干兴邦"的文化基石　刘瑞平 \ 164

我的《平凡的世界》情结　白马 \ 167

从阅读中追寻路遥的足迹　姜乾相 \ 171

读《平凡的世界》有感　汤承芬 \ 173

怀念路遥　萧忆 \ 175

拜谒路遥墓　杨剑文 \ 177

纪念路遥的最佳方式　梦野 \ 179

路遥，家里一切安好，勿念！　郝彦丰 \ 181

路遥，一位充满着英雄主义精神的作家　郭军平 \ 183

路遥：为平凡的世界放歌　计科宪 \ 184

路遥、《平凡的世界》和我　丁益 \ 187

路遥的孤独　刘艳琴 \ 189

路遥先生与我的文学梦　吴秘 \ 191

路遥与篮球　张腾 \ 193

你一直不曾走远　贺昕 \ 195

品读路遥——读路遥作品有感　李小龙 \ 197

平凡永远是最伟大的世界　康志峰 \ 199
书缘　白小梅 \ 202
为一种精神，重读路遥　毕华勇 \ 204
由路遥所想到的　陈亚茹 \ 207
"麻缠"《平凡的世界》　常　耀 \ 209

夏至

文汇山上的山丹丹——纪念精神偶像路遥　孙振威\ 213
早晨的准备　宋　毅 \ 218
致路遥先生　刘萌涛 \ 223
为生活歌唱　汪冬蔚 \ 225
我心目中的路遥先生　张雷刚 \ 226
永远的怀念——忆路遥　杨　岸 \ 228
平凡的世界　不平凡的人生　姚骏骊 \ 230
情系路遥　丁炳强 \ 234

小暑

《平凡的世界》不平凡　邵燕君 \ 239
又想路遥：一场灵魂的洗礼　黄征辉 \ 243
在平凡的世界寻找路遥　张红峰 \ 245
从纽约到延安——一瓣心香祭路遥　周　励 \ 249
"隐忍"与"抗争"　郝海涛 \ 254
这本书改变了我的人生轨迹　齐建勇 \ 256
一本真实的生活教科书　蒋玉海 \ 260
创业者心目中的《平凡的世界》　韩　帅 \ 263
我们凭借它想象未来　张　莉 \ 265
保留一点卑微的尊严　林　栖 \ 268
路遥的生命活在他的作品中　郭文达 \ 270
小人物们的沉重　佚　名 \ 272
它是我的经典，永远　杨金梅 \ 274
路遥对待女人的态度　记忆悠悠 \ 276

永恒的人格魅力　姚维荣 \ 278

立秋

缘起　刘瑞平 \ 287
我好像也是个陕北人——著名作家陈忠实采访纪录 \ 288
回延安——著名作家张锲采访纪录 \ 291
他的作品是拿命换的——著名文学批评家何西来采访纪录 \ 293
一颗闪亮的文学明珠——北京大学教授、博士生导师严家炎采访纪录 \ 296
叫声哥哥你快回来——电影《人生》导演吴天明采访纪录 \ 298
阳光明天见——路遥四弟王天乐采访纪录 \ 303
那只是我的责任——延川县原县委书纪申易采访纪录 \ 314
路遥文学具有世界性——日本学者安本实教授采访纪录 \ 316
萌芽小青年——路遥初中同学吴江采访纪录 \ 321
路遥是个硬汉——路遥好友樊高林采访纪录 \ 323
英雄主义的路遥——路遥好友海波采访纪录 \ 325
路遥是个风趣的人——西安电影制版厂导演何志铭采访纪录 \ 327
鹤立鸡群——路遥好友霍世仁采访纪录 \ 329
一个追求完美的人——雷涛访谈纪录 \ 331
从平凡出发——李焕政采访纪录 \ 333
我又梦见路遥——路遥好友刘凤梅采访纪录 \ 335
胜过爱我自己——路遥女儿路茗茗采访纪录 \ 340
父亲　母亲——路遥父母采访纪录 \ 341
一个真正善良的作家——著名诗人尚飞鹏采访纪录 \ 343
英雄路遥——著名作家晓雷采访纪录 \ 345

白露

活着　慕明媛 \ 349
《平凡的世界》电视剧观感　张弛 \ 351
大地之子——写给当代著名作家路遥　李炳智 \ 357
成长中的片段　汪冬蔚 \ 359
没有人知道你自苦的原因——献给路遥　白马 \ 360

致路遥——写在路遥《人生》获奖之后 张俊谊 \ 363

灿若星辰——纪念路遥诗集 张 弛 \ 364

人生 贺志军 \ 370

春光无限 王生才 \ 371

阅读路遥 方 刚 \ 372

路遥墓前 王广彦 \ 374

叹路遥 刘艳琴 \ 375

想路遥 白崇贵 \ 376

七律·参观路遥纪念馆寄语 高杰伟 \ 377

参观路遥纪念馆有怀 李 荣 \ 378

路遥赞——读路遥著作有感 常 耀 \ 379

写给天国的您 吴 朝 \ 380

冬至

苦难,造就了不平凡的路遥 贺智利 \ 385

《平凡的世界》阅读札记 白 马 \ 390

论路遥《平凡的世界》创作特色 刘子源 \ 400

论路遥离乡恋土的情感纠葛 贺增文 \ 404

《平凡的世界》的昨天、今天、明天 刘瑞平 \ 409

后记 刘瑞平 \ 413

春 分

风雷掣电闹中春,桃柳着装日日新。

——《节气歌》

关于路遥,还会有好多人讲他的故事,他的故事才刚刚开始。一个作家所受到的那种折磨和磨难,他能背负着什么,重负着什么,什么作家才能肩负起人民的重托,路遥就是这样的作家。

——王天乐

路遥笔下的中国道路和中国精神

榆林路遥文学联谊会　刘瑞平

路遥，站在黄土高原之上，回望中华民族的发展道路，用时代的眼睛、政治家的胸怀、思想家的维度和平凡人的爱和责任，用自己的生命和"凤凰涅槃"的精神，用自己平凡而普通的劳动，"像牛一样劳动，像土地一样奉献"的精神，用如椽巨笔，在平凡的世界中，为芸芸众生探索一条人生的道路，书写着中国道路和中国精神。

现实主义创作的原则，要求作家必须对社会现实做出最真实、最客观的反映。对于路遥而言，写自己、写家乡、写最熟悉的人和事，才能最真实地开启这一探索的道路。

《在困难的日子里》这部自传体小说成为路遥探索这条道路的起点。《1961年纪事》也是这本书的另一个名字。那是一个中国亿万老百姓走在死亡边缘的年份，断粮、饥饿、浮肿、死亡已成为那一时期每个人心中必须要思考的问题。如何渡过难关？路遥以政治家的胸怀、思想家的洞见，《在困难的日子里》以家喻国，此时的主人公马建强身处农村，家里已揭不开锅，却以全县第二名成绩考入了县中学，怎么办？身体的饥饿、知识的饥渴就像两根鞭子在抽打着他，痛定思痛，路遥为马建强做出了选择，也做出了路遥自己的选择。绝不屈服命运安排，在同样食不果腹的乡亲们资助下，吃"百家粮"实现了自己的人生转折。当时的中国，已开始深刻反思和探索，该走怎样一条适合国情的发展之路。路遥作为这一历史的亲历者，对这一宏大主题进行了深入的思考。用路遥的话说："在困苦中热情地生活，坚定地前行，走向未来。"

"伟大的艺术家是时代的眼睛，通过这眼睛，时代看见一切，看见自己"，这是法国作家罗曼·罗兰的名言。路遥正是用时代的眼睛回望十年"文革"。十年"文化大革命"，几乎每一个中国人都经历了惊心动魄的一幕。"文革"结束后，伤痕文学、反思文学一度占据了整个文化思想界，在"文化大革命"中曾任延川县"红四野"军长、县革委会副主任的路遥，思考更多的是大乱之后的大治，尤其在精神思想层面。马延雄——《惊心动魄的一幕》的主人公，一位被打倒批斗的县委书记，始终坚持全心全意为群众着想的朴实思想，用从容赴死的行为化解两派群众的武斗。路遥用钢铁般的语言、结实有力铿锵作响的方式、用主人公的生命阐述了坚持"实事求是"是最宝贵的财富，也是中国发展的根本。马延雄虽是路遥笔下的文学形象，然而《惊心动魄的一幕》却是由真实事件改编而来，其实时任延川县革委会副主任的申易就是原型人物之一。《惊心动魄的一幕》获得了全国首届优秀中篇小说奖。这篇作品获奖引起了社会的广泛关注，路遥也走进了全国文学界的视野。

1980年前后的中国，正经历着一场拨乱反正。全国工作重心转移，整个中国面临着一场空前严峻的就业危机，也是多种思潮融合碰撞的时期。农村和城市纷繁复杂的关系，各种制度的改革，农民的出路在哪里？既是国家要解决的问题，也是路遥长期以来思考的问题。1981年夏，路遥来到了黄土高原上的小县城甘泉县的一个招待所里，夜以继日，二十七天完成了《人生》的创作。他站在中国青年农民的立场上，对整个中国处于"交叉地带"的巨大群体进行了思考。

高加林这个极具争议性的典型人物呼之欲出，小说翻译成多种文字向全世界发行，仿佛炸雷一般，轰响了整个中华大地乃至世界。随后电影、话剧、广播剧的推波助澜，把高加林推上了舆论的风口浪尖，一个小说人物的命运被十多亿人关注，其实人们关注的是自己是国家。诺贝尔文学奖获得者莫言，在三十多年前，看了《人生》后，针对高加林的形象给路遥写了一封三千多字的长信和路遥进行文学和人生层面的讨论，之后又专程到西安与路遥面对面交流，一张珍贵的老照片见证了这一段历史。当《人生》电影获得百花奖，并以中国第一部送奥斯卡评奖时，据导演吴天明讲："送奥斯卡前，两位国家领导人观看了电影《人生》后就所涉及的农民问题长谈了两个多小时。"今天我们无法知晓具体的谈话内容，然而为一部电影而引发了国家层面的讨论，实属少见。三十三岁的路遥为中国提出了一个大课题，那就是："中国延续了几千年的户籍制度，对农民的约束，对他们创造力的束缚，怎么放松？何时松绑？"

此后的三十多年，有多少人为此付出青春和岁月乃至生命，包括路遥在内。今天中国的农民实现了高加林的美好梦想，亿万优秀农民成为建设具有中国特色社会主义的主力军和成功者，也成为谱写中国精神的奋斗者。正如马云所言："路遥的《人生》改变了我的人生。"

《人生》的空前成功，折射出当时国家对农民问题的重视，是路遥在中国道路尤其是农民在城乡"交叉地带"问题上一次具有历史价值的收获，也将这一问题上升到了国家层面。四十年来国家对农民问题的重视和一系列政策正是路遥所希望的，也是路遥自己的梦想，在之后的十年中他也一直在为实现这一梦想而努力，这已突破了作为一个作家的范畴，《平凡的世界》正是这一探索的继续。

当新中国历经了三十多年的艰难探索之后，中国道路该怎么走？全国上下都在摸着石头过河。从1982年的那个大雪之夜开始，路遥以文学家对时代的思考为出发点，对中国当代社会，以一种大视野、大情怀、大未来的方式思考中国道路。路遥给弟弟王天乐讲："列夫·托尔斯泰通过《安娜·卡列尼娜》，锲而不舍地探索一条俄国道路。"他也要在四十岁前像托尔斯泰一样，"写一部百万字的作品，献给我的陕北，我的黄土高原"。王天乐以为自己的哥哥随便说说，便随口问你为什么写，路遥朝着飘着大雪的天空说："为了咱爸咱妈，为了吃不饱饭的王家堡、郭家沟的乡亲们，为了高加林，为了生活难过的人们。"

正像路遥所讲，"作家的劳动不仅是为了取悦于当代，而更重要的是给历史一个深厚的交代"。从1983年开始到1985年，路遥进行了充分的准备工作，翻阅了从1975年到1985年间的《人民日报》《陕西日报》《参考消息》等。阅读了上百部中外名著，尤其是西方、俄罗斯和苏联的经典现实主义著作，并广泛地涉猎了农学、制造、采矿、航天等专业领域的知识，并亲身体验干农活、下矿井、背石头、当揽工汉的生活。来自黄土高原腹地的路遥对陕北怀着极其热烈的情感，虽然当时的陕北贫穷落后，却是他心中的圣地。《平凡的世界》就是从他的家乡榆林清涧写起，他带领着一百多个不同性格、不同经历的人物走进了《平凡的世界》，从黄土高原走向世界。它所反映的时间背景是1975年到1985年间，中国社会重大历史转折的十年。作品一开始就把"吃饭"问题——这一最直接、最普通，也是最重大的问题提了出来。《平凡的世界》正是路遥以文学的形式，对这一问题的来龙去脉，以及农民与土地的关系、农民与城市的关系等具有历史意义的命题全面展开探索。

《平凡的世界》反映了中国社会的巨大变革。广大农民在解决了温饱的同时，便朝着人生更高的理想迈进。《平凡的世界》里的人物涵盖了工、农、商、学、兵等社会多个层面。然而路遥最关注的却是"草根"，包括工人、农民、揽工汉，等等，其矛盾冲突也交织其中，其史诗品格不言而喻。

主人公孙少平追求精神自由，但不迷失，意志独立，有超强的毅力，敢于出走闯荡世界，当揽工汉、矿工的艰苦生活都没能压垮他，他的精神驰骋在文学的殿堂里，他对爱的理解已升华到了灵魂的层面，使他最终获得精神回归，这其实是今天许多人的理想生活。

孙少安是农村中的"改革家",也是新一代农民的代表,他有着中国传统文化的优秀品质,务实忠厚、敢想敢干,并出资办学,正是今天活跃在广大农村、带领农民兄弟脱贫致富带头人的缩影。是的,今天不知有多少个孙少安在创造着自己的事业,也铺设着今天的中国道路。

田晓霞这个喜欢披着上衣的特别的姑娘,超凡脱俗,思想超前但不世故,同样拥有一颗自由的心,她对孙少平的爱已突破了传统意义上的一见钟情或是才子佳人的范畴,而是更高级的真正的爱情,即使今天的我们依然很难做到。她对孙少平的爱,抗洪中救孩子的举动,处处闪耀着人性的光芒。

田福军作为一个具有魄力的、勇往直前的改革领导者,路遥给予了极大的肯定,他多么希望多一些这样的改革者,带领人们走向富裕的生活,同时也对改革者提出了警示——面对利益的诱惑,只有铁肩担道义,拥有一颗公仆的心,一种实干兴邦的理念,只有自身精神强大起来,才能抵制诱惑。四十年过去了,田福军这样的好领导、好干部仍然是我们的榜样,仍然不过时。

孙兰香是实现我们今天所讲的"中国梦"式的人物,她出身农家,虽是女性却胸怀天地,用知识改变命运,梦想乘宇宙飞船到太空去。今天兰香的梦想已经实现,这正是路遥的梦想,也是《平凡的世界》的梦想。四十年间,这些梦想正在一一实现。

正如路遥在创作随笔中写道:"作家对生活的态度绝不可能中立,他必须做出哲学判断,并要充满激情地、真诚地向读者表明自己的人生观和个性。"这正是路遥为中国道路做出的充满热情的判断,这些判断都在逐渐实现。《平凡的世界》将主人公们人生的转折与中国社会的转折融为一体,将"人生"与改革融为一体,《平凡的世界》是改革中的人生,《平凡的世界》体现的是注重趋势发展的东方哲学,正如作品中写道:"我们仍然有理由为自己生活过的土地和岁月而感到自豪,我们这代人所做的,可能仅仅是用我们的经验教训、泪水、汗水和鲜血掺和的混凝土,为中国光辉的未来打下一个基础。"

当路遥在创作《平凡的世界》第二部时,中间有机会参加了中国作协代表团访问西德之旅,回来后,更加坚定了他对中国农民问题以及"交叉地带"问题的探索的信心。正如他在《早晨从中午开始》中写道:"访问结束,从北京一下飞机,听见满街嘈唠的中国话,我的眼泪就在眼眶里旋转,走了全世界最富足的地方,但我却更爱贫穷的中国;在异国公园般美丽的国土上,我仍在思考我的遥远的平凡世界里的那些衣衫褴褛的人们;西德一切都是这样的好,这样的舒适惬意,但我想念中国,想念黄土高原,想念我生活的那个贫困世界里的人们,即使是世界上有许多天堂，我也愿意在中国当一名乞丐，直至葬入它的土地。"他是这样写的，也是这样想的，这样做的。

百万字的《平凡的世界》以孙少平的精神回归而结束，然而生活仍将继续，在真实的平凡世界里的人们，却继续着他们平凡的生活。之所以亿万读者能产生共鸣，就是因为他们把自己当成《平凡的世界》当中一员继续生活着、创造着，同时也续写着《平凡的世界》。每当他们遇到人生转折或重大事件都会重新来读，又会从中汲取力量和人生真谛。正如企业家潘石屹所言，他是怀揣着《平凡的世界》走出来的，《平凡的世界》他看了七遍。在这个意义上，《人生》《平凡的世界》是不平凡的，是永远的，所以他是不平凡的，是"永远的路遥"。

我们不禁要问，为什么路遥的读者数以亿计，那是因为路遥作品中蕴含着一个宏大的社会课题。路遥以社会学家、政治家、作家的多重维度和高度对于当代中国乃至世界众多国家普遍存在的"城乡二元结构""交叉地带"的重大社会课题进行了反映和探寻。当你对他的作品进行多次的研读后你会发现，我国近四十年的国家大政方针竟然与作品当中的脉络和方向一致，他在为中国亿万百姓寻找出路。我们相信，这也是研究路遥的日本专家、安本实教授十次考察陕北的重要原因之一。上百万字的《平凡的世界》已历经十年翻译成日文在日本出版并热销，从这一点来讲，《平凡的世界》应在世界文学殿堂上占有一席之地。

在对中国道路探索的同时，路遥通过作品当中的不同人物的精神来解读中国精神，都有中国精神的内涵。在继承发扬了中华传统文化精髓的基础上，路遥总结出了"用爱和责任铸就梦想"的人文精神。这种精神在感染着数以亿计的中国人。路遥作品中蕴含着无穷的力量，就像一座"活火山"，集聚了大量的能量供我们吸收，又形成了每一个人心中的"小火山"，等待积蓄迸发。路遥用自己的生命践行自己的精神和思想，并传递给千千万万的人，让他们拥有正能量。每一次阅读都会有新的收获，并在其中汲取能量，接续能量。

路遥精神就像一盏明灯照亮人生的黑暗处；

路遥精神就像一位好兄长，拍拍你的肩膀默默助你前行；

路遥精神就像一位慈母始终守护着你的心灵家园。

这些正是我们生活中的支点，也是生命的意义，当你拥有了这些精神食粮你将无比强大，勇敢面对生活的艰险，安心享受爱的滋润，真真实实地生活。

"路漫漫其修远兮，吾将上下而求索。"路遥用自己的作品和精神探索着中国道路和中国精神，路遥用文学的方式创造着一个个鲜活的经典人物，无论是高加林还是孙少平，刘巧珍还是田晓霞，他们都将进入世界文学的殿堂，成为每一个读者心中的永恒。他们的精神将汇成暖流形成具有强大的内在力量的中国精神，正是这种精神让我们前行。

　　正如习近平总书记在中国文联第十次全国代表大会上所讲，"路遥的墓碑上刻着'像牛一样劳动，像土地一样奉献'"；正如为庆祝改革开放四十周年，路遥入选百名为改革开放做出杰出贡献的个人被国家授予"改革先锋"称号，被誉为"鼓舞亿万农村青年投身改革开放的优秀作家"；正如为庆祝新中国成立七十周年，路遥获得"最美奋斗者"的称号。正是这种实干奉献精神，这种励志的时代精神，这种中国精神，才能够使中国屹立于世界民族之林，屹立于世界。现在"平凡的世界"里的人们正在汲取着这种精神力量，创造着一个个不平凡的世界。

《路遥》纪录片

大型电视纪录片《路遥》，已在中央电视台九套、十套、中国教育电视台、凤凰卫视等各大卫视播出，观众达数亿人次。并获得 2011 年度中国十佳优秀纪录片

解说：

陕北这块古老的土地，北斗星照耀下的这块苍凉的北方原野，自古就是兵家的必争之地，是多民族交融区域。也许是历史对这块土地的影响，追溯到光辉十三年的毛泽东，追溯到罗宾汉式的英雄刘志丹、谢子长，追溯到斯巴达克斯式的悲剧英雄横行天下的李自成、叱咤风云的民族英雄韩世忠，甚至一直追溯到民族蛮荒时期半人半神的轩辕黄帝，多种因素使陕北成为产生英雄和史诗的地方。就在中国人民

刚刚站起来的两个月之后，1949年12月3日，陕西省榆林市清涧县石咀驿镇王家堡村的一户农民家庭，一个普普通通的生命诞生了，没有什么人注意到这个新生命对于这个世界的价值，没有什么人认识到这个普普通通的孩子日后的辉煌，就这样路遥来了，他安静地走来，世界安静地接受了他，仅此而已。

第一集 惊 蛰

精句：

对伯父来说这的确是不幸的，他本来是盼望我考不上，这样就可以在家里劳动。当听说我要到县城里上学的消息之后，全村人尽管都饿得浮肿了，但仍然把自己那救命的粮食分出一升半碗来，几个老爷爷竟然把儿孙们孝敬他们的几个玉米面馍馍，也颤颤巍巍地塞到了我的衣袋里，我忍不住在乡亲们面前放开声哭了，我猛然间深切地懂得了正是靠着这种伟大的友爱，生活在如此贫瘠的土地上的人们，才一代一代延绵到了现在。

路遥母亲：马芝兰

一辈子受苦了，脑子里的书写完了，咋就走了，咋脑子里没啥想算的了，咋走了，走了就是没了噢！娃是好的嘛。

路遥五弟：王天笑

我是生在一个人数众多的大家庭里，有四个哥，三个姐姐，兄弟姐妹八个，因为陕北这地方贫穷，就在那块土地上刨挖着，你有这么多的孩子，最后实在没办法，大哥（路遥）在周岁七岁的时候，家里实在没办法养，就过继给延川的大伯。

路遥四弟：王天乐

就他一个人劳动，他照顾不来我们弟兄几个，都是一个大一岁两岁就这么排下来的，姊妹都是这样的，所以他当时一直考虑就是把我们过继给别人。

路遥五弟：王天笑

为表达这种诚意就把长子过继给大伯。

路遥母亲：马芝兰

过去照着他们走了，我坐那里就是哭，你爷爷说：你不要哭，娃逃活去了，延川有好吃好喝嘛，延川那儿富嘛。

解说：

童年对我来说不堪回首，那是一个非常遥远的早晨，穿着破烂的衣服，我们一路上要饭吃到伯父家，我知道父亲是要把我掷在这里，但我假装不知道等待着这一天。那天他跟我说他要上集去下午就回来，我知道他是要悄悄溜走。我一早起来趁家人不知道，躲在村里一棵老树后眼看着父亲踏着蒙蒙的晨雾夹着包袱像个小偷似的从村子里溜出来，过了大河上了公路走了，这时候我有两种选择，一是大喊一声冲下去，死活要跟父亲回去，但我想到我已经到了上学的年龄，而回家后父亲没法供我上学，到了这里就可以上学了，我想起了家乡掏过野鸽蛋的树林，想起砍过柴的山坡，我那时才是个七岁的孩子，离家乡百里路到了这样一个完全陌生的地方，觉得父亲把我出卖了。

路遥四弟：王天乐

但是苦难的乃至心灵创伤的这种童年，就刺激他的整个后半生，那种烙印是非常深刻的，他就觉得每天起来，面临着活下来和活不下来的选择。

解说：

我要活下去，就别指望靠别人，一切都得靠自己，因此当七岁上因父母养活不了一路讨饭把我送给别人，我平静地接受了这个冷酷的现实。我独立地做人从这时候就开始了。

作家：刘凤梅

一个是因为穷没粮吃另外也没有钱，不想让路遥去上学，另外路遥作为一个男娃可能还想叫他在家干活，替他当个劳力用，所以他养父不让他上学，但是路遥从小与命运抗争的这种意识非常强，他就想上学。

郭家沟村民：王秉元

当时大爹那个人脾气不好，因为那时候生活困难没有吃喝，就不想供路遥上学。大爹他是以经济算账以打粮为主，不考虑路遥的前途或者是什么才干，他是个本地受苦人，因为这一件事情老两口还闹架了，大妈非要供他上学不行。

解说：

在伯母的支持下于1958年春，卫儿开始在郭家沟村的马家店小学读书。路遥读小学之前，一直没有正式的名字，他上一年级的时候老师给他起名"王卫国"，含保家卫国之意，从此卫儿有了正式的名字。解放初期50年代到60年代，陕北的农村特别贫困，有的一个村子连一个识字的人都没有，过春节的时候能写副对联的人都找不到，人们就拿碗蘸上墨拓碗碗，一个格子拓上一个墨砣砣算是文字，这些卫儿（路遥）都看在眼里记在心上，这也许是他早期得到的思想启蒙。陕北有十年九旱之称，凡是陕北出生的孩子，尤其是农村的孩子感受更为深刻，哪一个能逃脱那个苦水般的岁月呢？饥饿经常使我一阵又一阵地眩晕，走路时东倒西歪，不时得用手托一下什么东西才不至于栽倒。课间同学们都到教室外面活动去了，我不能站起我只能趴在桌子上休息一下，我甚至觉得脑袋都成了一个沉重的负担，为了不使尊贵的脑袋在这个世界面前低垂下来，身上其他部位都在拼命挣扎着来支撑它。

作家：海波

这个小孩家里是老农民，他大妈大伯都是拿不到面上的人，他吃的又是最次，所以说他必须在这个环境里尊严地活着，他为了他能尊严地活着，他就必须在这群小孩里边出头。

路遥童年玩伴：冯树文、马向国、康明贵

他说"打老爷瓦"来，咱今天砍柴，我们说这个峁峁上砍去，他说这个沟槽槽去，都听他的能行，反正他是个娃娃头。

他精了，今儿赢上三抱二抱奔了，明儿再赢其他几个的。

赢了嘛，他常赢呢。

路遥童年伙伴：王国文、王国义

他比我们顽劣，非常撩猾念书又灵变，性格又要强，常打得我们的两个小外甥钻在窑洞里，打得出都不出来，土圪瘩乱扬。

路遥小学同学：冯延平

路遥从小给人的感觉是这个人组织能力特别强，他不论组织一项什么活动，玩耍什么的都特别能吸引住人。

解说：

路遥的童年正处于新中国成立以来饥荒最为严重的时期，通称为三年困难时期。这次灾荒使无数民众家破人亡，流离失所，逃荒的灾民扶老携幼成群结队，饥民遍野，仅仅是没有大面积的饿死而已。浮肿断顿，因为饥饿而昏迷的现象普遍存在。饥荒对于陕北而言，是一个既熟悉又恐惧的字眼，干旱和饥饿就像瘟疫一样，弥漫在这块贫瘠的土地上。

路遥小学语文老师：赵雪萍

1961年我从延安师范毕业以后，分配在延川县城关小学任教，路遥也从村里初小毕业，考到延川城关小学五年级一班。路遥被选为五一班的班长，性格倔强，学习很好，语文成绩特别突出，他的作文写得非常好。

路遥小学同学：冯延平

老师说今天能不能开个故事会，路遥就举手了，站起来给我们讲了《三国演义》上那个马超的故事。第一节讲了一节课，下了课就没有一个人出去。第二节课又讲了一节课，整整讲了两节课的时间。

路遥童年伙伴：王国义、王国文

路遥一回来他就常跑到我父亲跟前，就说五叔再给咱唱一阵。

解说：

陕北民间文化，因其特殊的地理环境和深厚的人文背景，往往能够产生意料之外的艺术惊喜。嘹亮豪迈的信天游、红红绿绿的窗花、质朴的石雕、坚硬的磨盘、百转千回的转九曲，就像一场连天接地的大水，无孔不入地流到每一个空间，渗到每一个身体与枝叶，在无形无状中自有生命和自然之"大道"。顺其缘分而上行，沿其情感而下渗，民间文化根本上是一种灵魂的拓展。路遥从小就擅长唱民歌，身临其境，恐怕就是血脉中的流传。艺术是真实而朴实的，它只接纳有缘人，因为它源于生命，那种纯净与真正的自然状态。路遥正是从小就在一个波涛浩瀚的民间艺术海洋中成长，经历着由内心到外界的精神感悟。

作家：海波

每天晚上，他总要给所有的同学说些顺口溜，现在想起来也比较苍凉，路遥在事后给我说，他最恨的是人在宿舍里吃这个馒头片。做一个穷苦时期的富有者，也非常尴尬，都不会当着众人都饿饭的时候来吃，所以他们只好在晚上睡觉的时候把头捂在被子里就悄悄地咯嘣嘣咯嘣嘣吃，他这种吃对自己是一种享受，对我们这种饿的就是一种摧残。像我和路遥已经到了很差的一个阶层，就是拿的那个吃的东西，一是交不起粮，二不能馏，因为里边有糠，一馏就馏得散伙了，散伙了就没办法。

路遥小学同学：冯延平

礼拜天回去拿上一些吃上几天，中间到礼拜三左右，他母亲又提着给他送一些。

路遥四弟：王天乐

实际上我的大伯也是不准备供他上学，就准备叫他在家干活，这是一个最尖锐的矛盾。他后来和我交流是觉得劳动固然是个伟大的职业，但是我们家祖祖辈辈要靠劳动改变我们的生存方式，是不可能的，所以必须读书，就是读了书哪怕当一个农民都应该是清醒的。

路遥五弟：王天笑

改变命运就要上学，肯定要走出去，我大妈大伯极力反对这件事，那他肯定就不高兴，给他准备了一捆绳一个小镢头说你给咱砍柴去，他跳过峁子把绳一把就扔到沟里，我必须要上学。

解说：

于是就给伯父提出能不能让我试着去考考的要求，就是考上了我也不上，还是回来劳动，伯父同意了。我想哪怕不让我读书我也要证明我能考上，不幸的是我正是在这贫困艰难的年头以优异的成绩考上了延川中学。对伯父来说这的确是不幸的，他本来是盼望我考不上，这样就可以在家里劳动。当听说我要到县城里上学的消息之后，全村人尽管都饿得浮肿了，但仍然把自己那救命的粮食分出一升半碗来，几个老爷爷竟然把儿孙们孝敬他们的几个玉米面馍馍，也颤颤巍巍地塞到了我的衣袋里，我忍不住在乡亲们面前放开声哭了，我猛然间深切地懂得了正是靠着这种伟大的友爱，生活在如此贫瘠的土地上的人们，才一代一代延绵到了现在。

路遥同学：王军祥

我常能看到他的妈妈站在外边来给他送干粮的这个情景。那干粮是什么干粮？就是糠窝窝，玉米饼、红薯这就是最好的。

郭家沟村民：王秉元

这个东西是从哪来的呢？是从他大妈要饭，要饭要的供路遥呢。在张家河要饭有两只狗把路遥大妈咬了，整整病了一个月。在受伤期间，她还是出去要饭，不要路遥吃不上嘛，要得一点回来自己不吃，走着给路遥送到学校里来。

解说：

饥饿，迫使我凭着本能向山野里走去，或者到城外的旷野里狂奔乱跳，要不就躲到大山梁沟里去像受伤的狼一般发几声哀号。饥肠辘辘这也许可以熬过去，但精神上所受的这些创伤都是最折磨人的了。这个困难的岁月对别人来说，也许只是经济生活上的困难时期，而对我来说则是经济上和精神上双重的困难时期，胃囊在痛苦地痉挛着，饥饿像无数爪子揪扯着五脏六腑。有时候饿得实在不行了就在远郊土地上疯狂地寻觅着刨挖着，酸枣、野菜、草根，一切嚼起来不苦的东西，统统往肚子里吞咽，要是能碰巧掏几个野雀蛋，那对我来说简直像是从地里挖出来宝贝一样高兴。烧一堆火，急躁地把这些宝贝蛋埋在土灰里，而往往又等不得熟，就扒出来几口吞掉了。父亲不久前托人捎来话，说这半年里再无法送来一颗粮食了，我知道就是一个月前送来的十几斤高粱，也是父母口里省下来的，自己虽然饥饿好歹还没断五谷。谁知道可怜的父母，现在拿什么糊口呢？

路遥四弟：王天乐

每当春天来临的时候，他就在山峁上突然刨开这个土，发现一种草已经开始长出了嫩芽的时候，他就会泪流满面，他一生不愿意看到这个情景，他就觉得人有希望了，能活下来了，大地终于回春了，你觉得你和她同在，大地马上就会拯救你，大地当时就是我们的上帝。

路遥中学同学：冯延平

那个苦的环境下我看不到他的那个怨气或者是委屈，我觉得他还挺乐观的。

路遥初中同学：吴江

他的思维又很超前，他很爱看这个什么就是课外读物，比如说报纸，接到的《参考消息》，他就特别喜欢看《参考消息》。

路遥初中语文老师：程国祥

因为（他）爱文学而且知道他爱看书，那个时候他看《水浒》《红楼梦》，柳青的《创业史》，杜鹏程的《保卫延安》，欧阳山的《三家巷》，还有《红岩》，这些都是早期就看了，后边就看得更多了，比如说：奥斯特洛夫斯基的《钢铁是怎样炼成的》，西蒙诺夫的《日日夜夜》，《高老头》他在早期就看过。按我想的话，学生里头看小说肯定是没有比路遥看得多的同学。

路遥初中同学班长：杨富贵

他这个人的特点就是说你老师讲得好我就认真听，老师讲得不好有时候就走了；不想上的课呢，他就跑到文化馆书店里去看这些书去了。

路遥初中同学：刘明升

这个与众不同处就是那个人有他的个性特点，胆大，一般的咱们都不敢，怕老师收拾呢，人家不怕这个事情。

路遥初中同学：吴江

他就说他要起个笔名，凡是有名的作家都不是真名字，我也要给我起个假名字，叫什么呢？他想了一会儿说他要天天高兴，因为他家里比较困难，说完以后他仰天长笑。我就叫王天笑，过了几个月没多长时间不叫天笑了，他要叫路遥，他说他在图书馆杂志《萌芽》上看到"路遥知马力"，他对这句话印象太深刻了。

路遥初中同学班长：杨富贵

他调皮呢很调皮，但是调的是活皮，老师还常抓不住他；他爱开玩笑，给每一个同学都起了不同的外号。但是他这个人爱好艺术，比如搞文艺比赛、歌咏比赛，那时候路遥就是我们的导演。

路遥初中班主任：常友润

给我印象最深的是班上每一次组织晚会，搞诗歌朗诵，所以需要写串词，这个任务我就给路遥布置了。

路遥初中语文老师：程国祥

根据他的性格他后边就选了这个《红岩》，一上午路遥就一笔就写成了，他在这个晚会上也扮演了一个角色。特别那个王卫国那个时候特别能丢丑，那他扮演那个徐鹏飞，那扮演得比较好，我感到他扮演得很成功的。

解说：

1966年7月路遥毕业于延川中学，1966年8月18日，毛泽东在天安门接见了红卫兵和来自全国各地的师生。到11月下旬，毛泽东先后八次接见了一千三百万红卫兵，红卫兵运动风起云涌，遍及全国，"文化大革命"的狂风，铺天盖地席卷而来。

作家：海波

可是恰恰"文化大革命"开始以后的话，他是想调动的正是这伙人的积极性，要的正好是这种英雄情节，而且整个"文化大革命"是英雄主义的年代。

路遥初中班主任：常友润

经常要开批判会，写大字报我就给路遥布置了，叫他写文章。

路遥初中语文老师：程国祥

他既有领导艺术才能，又有宣传艺术才能，那写下的文章啊，既有时代气息又有煽动性、鼓舞性。

路遥四弟：王天乐

他首先很高兴：我一定会在这场运动中吃饱饭，我一定要把肉吃够，我一定要第一次穿到裤头。什么叫穿裤头的感觉？就找到他最原始的那种东西。白馍是不是能把人吃够？肉能不能把人吃够？穿上裤头睡觉和穿上线裤睡觉是什么感觉？这就是他萌动的初衷：我必须要参加这场革命，很好。

路遥初中同学：梁世祥

当时是每一个班五个人，我们班就派了王卫国，我们五个人到北京。

我们是第七次被毛主席接见，毛主席在城楼上呢，底下是汽车拉上红卫兵往过走，当时毛主席还讲了一句话就是"人民万岁"，人都觉得很激动，王卫国就提议说：咱脱离黑字红卫兵，成立一个红四连造反联军。

路遥初中同学：吴江

路遥就联合初中部的同学也要搞联合，然后呢就商量起个什么名字，路遥就说他们叫"司令部"，咱们就叫"红四野"，后来路遥就是我们"红四野"的军长，最主要的领导。

路遥初中同学：刘明升

那时候路遥十七八岁嘛，我很清楚地记得那标题就叫《秀延河畔烽烟燎燎》。他写的那些文章，像那一篇文章的话，那时候就震动了全县。

路遥初中同学班长：杨富贵

在这时候路遥的观点是明显的，是打倒这些旧的思想也不是打倒哪一个人。你拿张史杰（县委书记）当时被批斗住在医院了，司令部几百人在那里围攻他，当时我们就想呢，路遥出主意说，绝对要把张史杰救出来，兵分三路，就是调包计，把这个人换回来，把张史杰背出来。

诗人：曹谷溪

用路遥的话说，那么一场没有胜利者的战争，承受这场灾难的不应该是普通的人民。青年学生在"文化大革命"中的大联合过程中，路遥成为县革命委员会副主任，那时候他十八岁，相当于我们现在的县长。一个十八多的年轻县长，应该说在人生历程中，这是一个非常高的一个峰点。

解说：

这一年路遥萌发了爱的火花，他和一位北京知青恋爱了。青春的激情有了暂时的归宿，爱找到了路遥。

诗人：曹谷溪

在我看来，路遥的初恋是美好的、炽烈的。像有一次我朗诵一个外国诗人的情诗："今天你用头抵着我的胸脯，明天你能否用你的头抵着我的新坟说我爱你。"路遥一听非常振奋，他说：停一下！我说：咋啦，要给你的那个恋人写信呢？路遥傻傻地一笑。路遥有陕北男人那种牺牲精神，特别是招工指标，在那个时代是很不容易的一件事情，一下到一个条件非常好的军工厂，由农民变成工人呢，这是人生里面的重大转折，那是许多青年求之不得的机会，但是路遥把这个指标让给了他的恋人。

作家：刘凤梅

但是过不久，人家就"文化大革命"清理三种人，路遥的革委会副主任被免掉了。

诗人：曹谷溪

应该是无声无息地消失了，没有出文件。但祸不单行啊，不仅是县革命委员会副主任的职位不存在了。

作家：刘凤梅

但就是因为在政治上面的问题，这个女娃这个时候把他甩掉了。

诗人：曹谷溪

大概就这两件事，促使路遥当着我的面哭了。

作家：刘凤梅

他说自己处境很不好，那段我知他处境不好，有一次我回家，在路上碰见路遥了，大冬天，路遥穿一身白，白裤白衫白腰带，在陕北是夏天穿白衣服的人有，冬天没人穿，穿白衣服我就感到很奇怪。有一次我问路遥你为啥穿白衣服？路遥说我给自己戴孝。

解说：

"文化大革命"是一场对整个民族的摧残，乃至对路遥的具体伤害都是有的。但没有挫伤他的锐气，反而使他迅速成长。如果说生活中的苦难是毒药，他竟然当营养一样吸收。"文革"这场浩劫也歪打正着，让路遥过早认清了社会发展的不可逆转性，他一腔热血的政治抱负，悄然转向文学。

第二集 谷 雨

精句

于是路遥在一些人的反对声中顶着雪片似的告状信,于 1972 年 9 月 7 日走进了大学校园。这个贫苦出身的青年,鲤鱼跳龙门似的踏进了大学的校门内,这个事件从根本上改变了路遥的人生方向。

解说:

要知道,一次壮丽的失败就可能产生一次辉煌的胜利,最为悲哀的是永远倒在一个失败的终点上,要认识到这绝不是终点,完全可能是通向目标的一个连接点。

诗人:曹谷溪

一个叱咤风云的"红四野"的司令突然回到了郭家沟,又变成了和他的父亲一样的农民。这种情感上的冲撞,使路遥到了几乎无法承受的程度。

文学评论家:肖云儒

路遥的苦难不是一般的苦难,是那个残酷的苦难。因此路遥必须以一种残酷的决心和残酷的手段来摆脱这种残酷的命运。

作家:刘凤梅

初中毕业以后,1968 年我和路遥都一块返乡,返乡后就是挖土推土打碱,我在那是拉碱的,路遥是挖土的,他每天站在那个半崖上拿老镢头不停地挖。陕北的冬天,地冻得像铁板一样,挖土是最苦最累的活儿。后来《人生》发表以后,我一看写着高加林在地里干活,我就想起路遥在半崖上挖土的情景。

解说:

1969 年初,路遥在干爹刘俊宽的帮助下在马家店小学开始任民办教师,这时候就开始了早期的诗歌创作。

诗人:曹谷溪

红火惯了的路遥,到这个寂寞的小学里去教书,实际上是很不愉快的,所以三不六九就到城里来。

诗人:闻频

那时候有一个文化干事叫吴月光,他拿了一篇稿子叫我看,说闻频你看一看,看看这诗写得怎么样,就是一首小诗嘛十来行。我一看《车过南京桥》,一看就觉得很有才气。穿了个烂棉袄,腰里系根麻绳儿,很不讲究的那种样子,叫个"缨依红",我就说这是啥意思吗?我就说是你的笔名?他说噢,我说你是不是能够再考虑个名字?他低着头稍作思考,就把名字拉掉写个"路遥"。

解说：

这首署名"路遥"的诗歌发表在延川县文化馆编辑的油印小报《革命文化》上，陕西省群众艺术馆主办的《群众艺术》也选载这首诗，从此路遥这个笔名开始正式使用。

作家：刘凤梅

因为我们都是寒门子弟，所以自己的人生就要靠自己与命运来抗争，这是路遥的一生。我对路遥最佩服的，就是他从来不甘于命运的摆布。

诗人：曹谷溪

当时县革命委员会，长期从农村青年中抽调一些路线教育整党积极分子，用培训农村通讯员这个名义，我就把路遥先请进来培训。

诗人：闻频

定了他的工作是创作员，和我一样，工资是十八元，这是最低工资，这是当时给他的生活待遇。时间不长我就发现这个人很聪明，话不多但是悟性非常好，他的悟性表现在什么地方呢？就是你稍一点拨他就通。最典型的就是写歌词，他问我歌词怎么写，我就简单地说下歌词的要求是什么，我就这么一点，然后人家心里好像就明白了，他说了那咱一人写上五首，咱们寄出去，我说行嘛。没几天他就拿出了五首歌词，写了五首就能在人民音乐出版社发表，在当时来说也是很惊人的。

诗人：曹谷溪

鲜为人知的秘密，我就想叫林琼（化名）和路遥破镜重圆，林琼的好友叫林达，关庄公社妇女干部。我把林达就调到县委会通讯组做通讯干事，但是我没有预料到的是，林达却悄悄地爱上了路遥。

画家：邢仪

林达跟我是中学同学，我们都是清华附中的。林达是我们同学里边很有文采的一个人，1969的时候我们一块到陕北插队，当时他们俩热恋的过程，还是挺浪漫的而且很热烈，互相通信特别频繁，不是一天一封，也就是三天一封而且特厚，我记得路遥的信，有时候要通过我们这些人带给林达。有一次路遥的信给林达，他也不封口，我们两个同学就给看了。

看了一看都写的诗，都是这种长短句现代派的诗，我们俩还给批了一通，这个句子不通，那个句子不对，就给人拿红笔给画了个乱七八糟，最后就把批了的还给林达，送去林达也不在乎。

诗人：曹谷溪

路遥非常喜欢陕北民歌，我们平展展地躺在炕上拉陕北民歌、唱陕北民歌，路遥的音色很好，而且在山里唱陕北民歌的时候，别有一番情趣，特别是陕北民歌中那些女性的情歌更感人。你看路遥《人生》里面巧珍不是说我看见高加林比我大我妈还亲。

作家：刘凤梅

从这个时候他和曹谷溪一块搞诗歌创作，延安报纸上不断看到他的诗歌。

诗人：曹谷溪

延川县上成立毛泽东思想文艺宣传队，路遥跟陶正一起创作过大型歌剧《盘龙坝》，路遥和闻频一起创作过大型歌剧《第九支队》。

诗人：闻频

10月1日就要演出，省剧协和延安市的领导都来观摩呢，任务很重。我说只有一个多月时间我也没搞过大剧，就和路遥商量，干脆来个流水作业。就在这个过程中我就发现路遥是一个很有潜力的家伙，我就认为这小子将来不得了。为啥呢？就是我们两个商量好，这一场是什么内容、什么样的情节，在什么样的情况下、由哪个演员来演唱一段，等我写到对话的时候，人家就把唱段写好了，而且拿出来的唱段我都比较满意，稍微一收拾往上一抄就过去啦，配合默契，进展很顺利。

作曲家：贺艺

不单看了戏，哎呀这个戏也不错，这么两个年轻小伙子，一个叫闻频，一个叫路遥，能弄出这么个戏来，而且县上一个小剧团演出来真是不错的。

诗人：闻频

那个《第九支队》写完之后，我就对路遥这个人刮目相看了。

诗人：曹谷溪

路遥大概是在这个时候就把他在仕途上的追求，放到文学艺术上了，他说他要搞文学。

诗人：闻频

他就趴在炕边上的那个石条上，在那上面不知道垫了啥东西，整天写呀画呀。他写东西有个特点就是在纸上画得密密麻麻的，不像人们写稿子按格子写，他不，他就在那上头写得密密麻麻勾得乱七八糟到人根本就看不来。我说你干啥呢？他说我写个小说，过了没两天拿出来了，他叫我看呢，我一看是个小说，真正是个很完整的短篇小说，所以我们当时就在《延安山花》给他发表了（1972年），发表以后《陕西文艺》就选载了。

解说：

这是他公开发表的第一篇小说，以这篇小说为标记，路遥向中国文坛走来了。

文学评论家：肖云儒

北京知青在延川，也有延川的知青，他是返乡知青，但是他不太喜欢跟延川的知青来往，他总是喜欢和陶正那些北京知青、清华一〇一中学的孩子们交往，在他们身上吸收到很多闻所未闻、见所未见的新的文化坐标。

诗人：曹谷溪

《山花》在百花凋零的早春寒月悄悄在黄河畔开放了，对我们来说是非常愉快的一件事情。

作家：贺抒玉

1972年冬天"林彪事件"爆发以后，我当时在农村下放，就把原来作协和《延河》的一部分老同志调回来，继续办刊物。当时老作家们都挨批斗，没有办法写作，年轻的作家们也断了代，那时候文学界的确是鸦雀无声。

诗人：曹谷溪

这本《山花》诗歌集1972年由陕西人民出版社正式出版，取名为《延安山花》，先后再版，国内发行二十八万八千册，于是延川就成了举世瞩目的文化县。

作家：贺抒玉

我当时就下定决心到延安摸底，我就想看看在那种艰苦情况下，延川县有几个什么青年人，对文学这么执着，还办这个小报引起全国的注意，所以我们就在窑洞里开了一个小型的座谈会。当时我对路遥印象特别深，就觉得这个小伙思想这么成熟，思想大于他的年龄。

诗人：闻频

就在这段时间路遥写了不少诗，《延安山花》里边的诗，几乎都是这个时候写的。

解说：

路遥在后来的文章中这样写道，尽管我那时候的作品甚至一篇也不能编入现在的文集里，但它在我人生的篇章中永远占有不可磨灭的一页。那是在干涸的精神土地上，长出的几棵稀有的绿草，至今仍然在我的记忆中保持着鲜活。

诗人：闻频

他创作本来是个最不讲究的人，不讲究时间，不讲究地点，不讲究条件，在草垛旁边树底下往那一靠，他就开始写了，他就能进入状态，旁边是唱歌的跳舞的，乐队演奏的排练的，他都能听而不见。他老背一个"红军不怕远征难"的包，那是他的行头，他到哪去都背着那个包，别的东西不太多，那个《创业史》在里边呢，他最爱看《创业史》，他最崇拜的作家就是柳青。

解说：

柳青是陕北吴堡人，他是当代反映农村生活的著名作家，代表作品有《创业史》以及《铜墙铁壁》《种谷记》，等等，路遥把柳青当作自己的导师楷模，这个时期路遥不仅学习柳青在创作上严谨的态度和写作技巧，更重要的是学习柳青与普通人打成一片的情感。

作家：刘凤梅

1973年路遥又给我来一封信，说你给我借些资料，我想考大学。我觉得这个挺好，他还想考大学，所以我就把师大的一些资料给寄了一摞。

延川县原县委书记：申易

就是在"文化大革命"以后到1973年各个大学复课了，招生了，当时给我们延川县也推荐了一批，也不是一个，各个大学都有，其中路遥也是被推荐的一个对象，推荐到陕师大了，政治条件呢说路遥不合格，路遥是"文化大革命"时候一个学生造反派的头头，按当时的政策来说叫作"三种人"，因此大学不能录取，路遥很灰心。

解说：

路遥又一次被命运逼到了绝望的边缘，他的头在整个世界面前深沉地低下了，就在这时县里的领导为他的才华所感动，并为他上大学四处奔走。

延川县原县委书记：申易

很惋惜，这怎么办？我觉得我也有责任来帮助这个青年人，我当时从两点考虑，一个是这么个青年人应该培养，不应该把他给耽搁了，总的大的政策上考虑，初中学生参加"文化大革命"中间犯错误的既往不咎，高中学生才记录在案，我当时就觉得自己很有信心的，因此就三次跑去延大，找校长找我弟（申沛昌），中文系的。

延安大学原党委书记、校长：申沛昌

我当时在中文系工作，系上分配我负责当年的招生工作，我就问他，路遥在县上的情况。

延川县原县委书记：申易

讲了充分的理由，我们老师我们弟弟答应他们认真研究。

延安大学原党委书记、校长：申沛昌

当时考虑一个是"文革"那个时候，如果你在政治上犯了错误，这可能一生就完了，其他犯了错误还有弥补的机会，所以在这方面顾虑很多，特别西安一个名牌大学不录取，我们延安大学录了以后会不会有什么后遗症，延川的另一派群众在路遥上学之后会不会再告状，找学校的麻烦？延川县委给的结论，就说这个问题不能影响路遥上大学。既然县委有明确的结论，我们延大还是要相信县委。

延川县原县委书记：申易

终于拿到了延大开学时的录取通知书，我这下不但为路遥高兴，我们县委高兴，我们延川县的同志都高兴。

解说：

于是路遥在一些人的反对声中顶着雪片似的告状信，于1972年9月7日走进了大学校园。这个贫苦出身的青年，鲤鱼跳龙门似的踏进了大学的校门，这个事件从根本上改变了路遥的人生方向。

路遥大学同学：高其国

上了大学以后他跟其他人不同的是，给自己的目标定位比较准确，其他路走不通，就要走文学这条路，要当作家，当大作家。

路遥大学同学：曹毅

他勤奋顽强，这是他的第一个特点，我和他在一个宿舍住了三年，勤奋主要表现在他的刻苦，钻研世界名著。我们那阵刚从农村上学来，根本不知道柳青是干什么的，《创业史》是个什么，在他的引导和倡导下，我们就把那书看了。

路遥大学同学：张子刚

特别是对外国名著，他经常读。他的床头经常堆的都是些外国名著，主要是法国、俄国呀，这些伟大文学巨匠的作品，有好些名字我们就根本不知道，但是他读了一本又一本，读了一本又一本。

路遥大学同学：刘平安

在宿舍的时候其他人休息了，他为了不干扰大家就把灯灭以后拿个手电筒，放到自己的被窝里面，用两条腿（撑着）甚至有时候不脱鞋，把被子撑起来照着自己看书，这样就不干扰其他同学休息，然后有时候一直看到第二天凌晨。

路遥大学同学：曹毅

他经常顾不上买饭，看书嘛，我们年龄小，就把饭碗拿上去给他买回来，买回来他一吃，碗都不刷又看书。

延安大学原党委书记、校长：申沛昌

因为他知道他的目标是啥，就把那些与他的目标关系不大的东西尽量排除。比如他上课，其他同学就按部就班，路遥则不然，他是有选择有重点的。他虽然是一个文学爱好者，但是对政治特别关注，对国家的前途和命运特别关注，我们经常拉到这方面的事情。但是在那个年代，这些东西都是不能让第三者知道的，知道了以后就可能被打成"现行反革命"，后果不堪设想。

路遥大学同学：高其国

当时路遥就一个人，我们其他人没去，路遥一个人跑到成吉思汗陵去采访，去了解情况，去感受成吉思汗陵的气氛，回来以后他就说过，他想写一部《成吉思汗》的小说。

路遥大学同学：张之刚

我记得那一年我们到（陕西省）吴堡县搜集民歌。

路遥大学同学：樊高林

搜集民歌因为当时在那种环境下，口号式的这些也难免政治色彩浓一些，他有一个观点就是既要有政治性也要有很高的艺术性，应该把政治性和艺术性统一起来。

路遥大学同学：曹毅

这些他都是充当了主角嘛，为我们这个（民歌）的编撰小到每一个人，你要把诗歌、要把稿子拿出来以后，都叫他亲自过目呢。所以在我们上学期间，对我们可以说是手把手地教。

路遥大学同学：张之刚

那天傍晚的时候，我们吃过晚饭到黄河边上去散步，我们几个看黄河的水浪，看对面的山，看天空的云彩，一会儿就看见下面来了一些纤夫拉着船。我就见他加入纤夫的行列里，把纤绳背到自己的背上，纤夫不是喊着号子吗，他也跟着嗷嗷地喊着号子，就从下游往上游拉，拉了好长一段路。

路遥大学同学：曹毅

他那个激情就是冼星海在创作《黄河大合唱》那么有气魄，他就开始唱开了，一边唱着，一边指挥着，"黄河在咆哮黄河在咆哮"。

解说：

这条创造华夏文明的黄河，陕北在它的暴躁和肆虐中成长，世世代代的陕北人对黄河的感情，更多的是一种眷恋敬畏的复杂心情。黄土高原的沉寂，常被汹涌的黄河浪潮唤醒，黄河以巨人般的威严和肃穆给陕北人民以永恒坚毅的精神力量。黄河在陕北是活泛的、跳跃的、有生命力的，给陕北无限的开阔与大气，伴随了一代又一代的陕北人在苦难中前行。

路遥大学同学：张子刚

有一次路遥穿了一套新的制服，我就问他，你怎么穿这么漂亮的衣服？他说是林达给他的。

画家：邢仪

林达是拿着她的工资供着路遥上学的。

诗人：曹谷溪

特别林达那个时候在知青里属于高工资，初中毕业，应该定到三十块零五角和三十三块钱的工资上。但我知道林达需要钱，她这个钱要两个人花，我就破格给她定了三十八块半。

画家：邢仪

我们年轻的时候林达和路遥他们互相就是爱，在当时是很浪漫的爱情，没有物质的东西。

解说：

这时的路遥身上已经没有了当年造反时的狂躁与冒失，他如饥似渴地阅览群书，锲而不舍地从事文学创作，在一年多时间里，就写了五十多篇文学作品，大学期间他创作的小说《父子俩》，散文《银花灿灿》《灯光闪闪》《不冻结的土地》已在地方报纸和陕西省文艺刊物上发表。1973年11月30日，《人民日报》发表消息对路遥的创作给予了一大段表彰。

延安大学原党委书记、校长：申沛昌

在文学上的才华崭露头角，引起了《陕西文艺》编辑部的重视，就来函，想借路遥到陕西文艺编辑部做实习编辑。后来我们才知道实际上《陕西文艺》早有预谋，就为下一步调路遥到《陕西文艺》编辑部打基础。

解说：

从此路遥有了接触柳青、杜鹏程、王汶石等陕西著名作家的机会，并有幸得到他们的直接教诲，其中柳青的人格气质和艺术风格对路遥产生了决定性的影响，使他的文学创作逐渐走向成熟。

延安大学原党委书记、校长：申沛昌

1976年的暑假，路遥面临着毕业分配，系上老师认为在创作方面，不仅有才华，而且有成就，希望他能够留下来做写作老师。

作家：贺抒玉

延大那边要就地消化，就是要分配在延安以外都不准调的，他给我提供这个信息以后，我就写了个介绍信到高教局去了一趟，当时我想我一个人的力量可能不够，就找我们的主编，叫王丕祥。

延安大学原党委书记、校长：申沛昌

王丕祥同志亲自到延大，希望把路遥分在《陕西文艺》编辑部，如果能够分到《陕西文艺》编辑部做专职编辑、专业作家，那么他就真正进入了文学的殿堂。

作家：贺抒玉

张逊斌（延大原校长）同志的态度也非常热情，你们看上路遥我们给你，但是你们现在不能调，让我们把所有的学生都分配完，到最后再分配路遥，不要对其他学生有影响。我们说那可以等着吧，就等了半个多月，半个月以后路遥就顺利地调到《延河》了。

解说：

1976年8月，路遥被分配到陕西省作协主办的文学刊物《延河》做编辑工作，使他得到了从事文学创作的必要条件。成功需要机遇，而机遇是给那些有准备的人的，路遥就是那个有准备的人。他从黄土地出发走向他期待已久的文学殿堂，路遥同时收获着爱情的喜悦，经过几年的恋情路遥和林达于1978年1月25日在家乡延川结婚了。

画家：邢仪

结婚闹得动静挺大，因为路遥当过县革委副主任又跟了一个北京知青，路遥当时穿了一身的新衣服，蓝色制服，戴个蓝帽子喜气洋洋，满面红光，当时不像现在这么开放，中间离那么远，恨不得站在那个桌子角，我还给画了个速写。

作家：白描

林达对路遥的意义，不仅仅是我们陕北说你这个汉子有了个婆姨，她给路遥的信息是，坚定了路遥成就事业的一番决心和勇气。

诗人：曹谷溪

后来他们生孩子了，就用自己名字中的一个字，构成了女儿的名字路远，路遥的路，程远（林达的笔名）的远，路遥常常亲昵地称他女儿是远远。

作家：贺抒玉

一到编辑部后，就把他放在小说组看初稿，他那时候看大量的初稿，他能从初稿中挑出比较好的作品提供出来，另外他也会给作者写信啊提意见啊，这方面工作做得不错。但是当时路遥有一个毛病可以说是每天不能按时来上班，每天早上都来得很迟，小说组的同志们就来找我反映，我当时就和他谈话。我那时候对路遥可以说既是爱护他这个人才，批评他也不客气，我说我费这么大劲儿把你调来，你怎么能不按时上班？当时我们编辑部都按时上班，大家都兢兢业业的，为办好《延河》而努力，我说你怎么不按时上班？大家对你有意见啊！他说老贺你都不知道，我每天看书看到不下凌晨两点后半夜我才睡，早上起不来嘛，要不还想写作。我当时一听很受感动，我想这是个好青年，他不是打麻将不是喝酒也不是在玩，他在为将来的创作做准备，路遥这个人才真不容易，那时候有些人在作家协会并不这样的努力。

解说：

在路遥的小说里，改变命运，是所有主要人物的一个主旋律，不管是他的小说，还是他本人的经历都能说明这一点。我们相信苦难的现实生活塑造了一个苦难的路遥，但是我们谁也不愿意像路遥那样苦难，他的追求正是用文字的方法留住这段历史。路遥的文学创作从1979年全面展开，开始了他雄心勃勃的文学远征。

第三集 芒 种

精句：

通过评全国中篇小说奖，可能有一些评委对这个作品不是太满意，但人家总是多数满意通过了。这个时候有一个人把茶杯盖不知怎么撞到地上去了，咣当一声，这个评委就调侃了一句：啊呀惊心动魄的一幕！

就是《人生》阅读的那个感受，对我发生的撞击，是那个时期我读任何文学作品都没有发生过的那样严重的撞击。

《人生》达到这个高度啊，那不仅是路遥个人的高度，是20世纪80年代我们文学创作的一个高度。

解说：

面对着澎湃的新生活的激流，我常常像一个无知而好奇的孩子，我曾怀着胆怯的心情在它回旋的浅水湾里，拍溅起几朵浪花，还未敢涉足于它那奔腾的波山浪谷之中，什么时候我才能真正搏击一番呢？

作家：陈忠实

都算是新时期的青年作家，大家相互之间几乎就是不论你我，无所芥蒂，一种非常好的关系。

作家：贾平凹

当时充满了活力，互相鼓励，比如说今天你写了个啥东西，对我是一种激励，我写的啥，对你来说是有一种刺激吧，大家就这样。

文学评论家：李星

他为人很大气，但是也充满着霸气，他有一种很强的对自己的设计色彩，像我们这种农村来的人，都顺其自然，都是步步跟着社会走跟着自然走，路遥对自己的人生是有设计的。

作家：贺抒玉

他很崇拜柳青的，还是我领他去看的，柳青在病床上。柳青去世以后，他写过一篇柳青的文章，写得非常好，我就奇怪他看了一次柳青又没有多谈什么，他主要通过读柳青的作品理解柳青的，所以我觉得路遥悟性非常高。

文学评论家：李星

从《病危中的柳青》我对路遥刮目相看，在此以前我觉得不过是像我们一样，一个刚从大学出来学文的，爱好文学的一个作者，有点才华的作者。但正因为他出了《病危中的柳青》，他对柳青的那种理解的深度，我觉得完全代表了路遥自己的高度。

作家：晓雷

那个时候的路遥我感觉就是一心要突围。

文学评论家：李星

他当时很苦恼，因为80年代初文坛就是要短篇，写一个好短篇一下子一夜之间全国出名，他很苦恼。路遥在院子里转来转去抽着烟，烟瘾上来就是那个时期。

作家：晓雷

就是这段时间我们见不到他的人影，他就是晚上写作白天睡觉。

作家：贺抒玉.

后来不久他就拿出一篇中篇叫《惊心动魄的一幕》给我看。

作家：晓雷

我看了很震惊，因为那个时候尽管那些作家都已经一一获奖，但都是短篇奖，他现在拿的是一个中篇。路遥过去写的东西也大多数是短篇小说、散文，也没写过中篇，所以这个时候，拿出来一个六万来字的中篇稿子，那是很震人。

文学评论家：李星

说明路遥这个心灵气质、潜在的心灵结构，不适合结构那种小规模的生活花絮式的、添草添水的小短篇，他一下子就是个中篇，一炮打响，就说这个人是这个大胸怀大气度的人。

作家：晓雷

因为当时"文化大革命"还没有否定啊，中央还没有做出结论，还在唱"文化大革命"好，而他敢在这个时候写出这么一篇声讨"文化大革命"的小说，六万字的小说，那在当时是逆着风向而动的，所以他要把这个东西寄出去，就我自己当时的认识水平那是捏着把汗的。

作家：海波

对于写"文革"的《惊心动魄的一幕》的话这是个有计划的小说，在当时，凡是反映"文革"的时候，那些老干部都是哭声一片，都是诉苦。

路遥四弟：王天乐

他没有写过类似反思性的伤痕呀，他没加入进去，他没写一篇，他认为这样太脆弱了，我们一个成熟的中国人，一个成熟的民族，不应该对这些东西痛哭流涕。自己把自己的伤疤舔干净，抚慰好，再跳上自己生活的战车，向前推进。

作家：海波

路遥说这时候应该出现英雄主义。路遥在文学上一直追求一种崇高，因为他受俄罗斯文学的影响，所以他追求一种崇高的东西，在这种情况下，难道经过共产党培养了这么多年的领导干部,都像婆姨女子一样痛哭流涕吗?肯定不是这样,他认为需要这种昂扬的东西。那些时间他经常看的《九三年》,雨果的《九三年》,就想要这种残酷环境中的崇高。

作家:贺抒玉

我知道他过去在"文革"中间很年轻,做过造反派的头头,他这个作品是否定"文化大革命"的。而且写了一个青年开始因为不了解"文化大革命"头脑发热,响应号召参加,但是后来他在"文化大革命"中间觉醒了,他认为这个运动是胡搞,我觉得这点相当不错。里面一个青年人就是路遥自己的形象,我认为就是写的他自己,他说就是。所以我当时就说我给你推荐到《收获》,我给他推去结果人家给他退回来,退回来了他又寄给另一个刊物,又退回来了。

作家:晓雷

寄到全国的各大型刊物上转了一圈,没有人敢发。

作家:贺抒玉

他当时很苦恼说怎么办,他说我还要往出寄,如果这次再寄出去不要,那我就把这个作品撕掉了。后来他就寄给《当代》,没想到这个作品落在《当代》的主编秦兆阳同志手里,秦兆阳同志看上了,打电话叫他到北京修改稿件,这下路遥高兴得不得了,这个作品就在《当代》发表了。

作家:陈忠实

《惊心动魄的一幕》是路遥发表的第一部中篇,而且很重要的一点,是我们国家中篇小说的第一次评奖,他就获奖了。

文学评论家:肖云儒

有不同的看法,虽然塑造的是英雄人物,但是第一能不能写"武斗",因为那个时候"文化大革命"还没有否定。第二在描写过程中间,深入的批判不足,还是极"左"思潮的那种理论,就是应该批判这个"武斗",而这个描绘展示过多。我说任何一次政治运动实际上它裹挟着好几个层面的精神状态,如果我们认识了这个作品,能够把一个人物的生命的投入跟这个人物在一个特定的历史背景中分解开,那么正是这个作品的深度和写"文革"作品的意义。

作家:白描

实际上那个作品在当时,我认为已经非常别具一格了。其实至今写"文化大革命"的题材中,写我们党的干部,我们写受迫害的多,但如何坚守自己的信念,人民群众当中如何蕴含着一些美好的高贵的精神品质,这种东西在我们文学作品中,到现在我们涉及的还不多。

诗人:闻频

我们二十多年的交往中，只有一次，就是有个礼拜天，他从前边传达室跑回来了，拿了个电报说闻频我获奖啦！他把我抱住，我就问他什么获奖了，他说就是这个《惊心动魄的一幕》。

解说：

我几十年的饥寒、失误、挫折和自我折磨的漫长历程中，苦苦追寻一种目标，任何有限度的成功对我都至关重要。

作家：陈忠实

通过评全国中篇小说奖，可能有一些评委对这个作品不是太满意，但人家总是多数满意通过了。这个时候有一个人把茶杯盖不知怎么撞到地上去了，咣当一声，这个评委就调侃了一句：啊呀，惊心动魄的一幕！

作家：白描

《惊心动魄的一幕》获奖感言啊，他的第一句话就说了，"我尾随着长长的创作队伍走向领奖台"，让别人看着，是无关紧要的一句话，或者认为是一句自谦的话，但是如果你对路遥的性格志向、对路遥的雄心壮志、他不甘人下的那种精神气质有所理解的话，这一句话我觉得他是告诉世界一个信息：我路遥绝不甘愿尾随着别人走向领奖台，我要更上一层楼。

作家：陈忠实

所以他要再跨越要重新聚集力量，这个力量不是我们生命本身的力量，而是思想的力量，艺术的力量，才能完成一次新的跨越。

解说：

《惊心动魄的一幕》的获奖给路遥增添了前所未有的自信。这部作品奠定了他向更高目标攀登的基石，路遥已经默默地为自己心中大事进行了整整三年的准备。1981 年 6 月，不到三十二岁的路遥以顽强的毅力用了二十一个昼夜创作完成了十三万字的中篇小说《人生》，这是一场名副其实的文学征战。

文学评论家：肖云儒

他说我们这些人是永远不被世俗社会理解的。他很明确地说，如果一个作家完全被世俗社会理解并且接纳，这个作家的思想高度必定要受影响。他说我不被理解，我在甘泉招待所，因为白天把自己关到房子里来写，那时候是写《人生》，所以有时候晚上（白天我又不愿意见人，我应酬很多，朋友很多，不愿意见人）到夜深人静的时候，就在院子反复地转，一个是思考，一个也是叫自己凉下来静下来。转着转着，因为那个时候是阶级斗争的弦还绷得比较紧，引起了甘泉县招待所的注意，说这个人是怎么回事，这个人想干什么，还向县委办公室汇报了（你们给我安排来那个客人啊，老是半夜里头溜达来溜达去，我看他这精神上不正常嘛）。不是精神不正常就是政治上有什么想法，每天晚上能转到深夜。他说你跟他说都说不清，我给他说我在思考，他会懂什么叫思考？所以我感觉到这是路遥很痛苦的一面。

作家：白描

我记得当时路遥，十几天没见他已经不成人样了，一个办公桌，办公桌里面堆着他的稿纸，路遥的稿纸是整整齐齐，桌子上一点也不凌乱，但是地面上不能看，门背后能撮两簸箕的烟头。然后就是忘了喝水，或者紧张熬夜啊，满嘴燎泡，那嘴都是烂烂的，眼睛红红的。他不让服务员进去给他打扫，他不希望别人来干扰他，对自己最大的奢侈品是拉开抽屉就是一包桃酥，拼着命十三万字二十一天，把这个东西写完，那的确是很厉害，人家写完以后基本就没怎么改动。

作家：晓雷

以三十多岁的年龄，写出了《人生》的初稿，这在作家协会这个大院里边，立刻引起轰动，许多老一辈的、年轻一辈的都在奔走相告，都知道路遥已经写了一部很长的小说。这个小说发表以后可以说在全国引起的轰动，那是非同小可，信件像雪片一样都寄到作家协会。

解说：

小说《人生》没发表前路遥曾预言，要么是巨大的成功，要么彻底失败。结果《人生》轰动全国，他带着生活的芬芳，走进千千万万的读者心中。小说《人生》是悲剧性的启示录，它把读者引向对新生活的思考，把社会历史与人物命运巧妙融合，使亿万读者的心灵受到强烈的震撼。

作家：贾平凹

路遥对陕西作家他都有一种震撼的东西或者刺激的东西，对我当时吧，路遥一下拿出东西了，那咱也得想办法拿东西啊，你不拿东西咋弄。但怎么个拿法当时心里也急，那时大家都在想办法，都在心里用劲，都要赶快弄好东西出来。但是那个时候谁也不知道能不能写出好东西，但是大家都在憋一股劲，谁跑前边去，后边就要想办法撑他，当然撑上撑不上那是另外一回事，但是起码都提上劲拼命往前跑。

作家：陈忠实

就是《人生》阅读的那个感受，对我发生的撞击，是那个时期我读任何文学作品都没有发生过的那样严重的撞击。礼拜六我骑着自行车回老家，在路上撞见跟我初中一块念书也喜欢过文学的一个同学，他当时已经是乡村农民啦，这个人一看见我，我下了自行车，这个人也不问好也不问什么，当下一句就是，你看过《人生》没有？我说我看了，说你弄了多少年写作你咋弄不出个《人生》来？对我就有点恨铁不成钢，你怎么弄不出个《人生》来？你想想我很没面子的。心里撞击呀，其实我心里何尝不是这。在此之前我在《收获》上读到《人生》的时候，心里刚才我已经讲了，就是《人生》所关注的乡村青年乡村社会，作家所关注的那个着重点，是远远超出了乡村人心灵中最焦灼的那一部分。为什么《人生》不仅在乡村青年中间影响大，引起很大的呼应，在城市青年中同样引起呼应啊，在知识分子中间同样引起很大的呼应啊，就是说高加林和他周围的那一组人物，他们的情感历程精神历程，不仅仅是农民工分多了工分少了、政策坏了政策好了引起的苦恼和欢乐，而是人的共同情感。

导演：贾樟柯

我觉得他是一个书写民族集体记忆、书写民族集体忧伤的这样一个作家，他把一个横在我们面前的不合理不公平呈现出来。我觉得真的是他的小说带来这种反思，所以首先对我来说，他是这样一个启蒙者。他让我有一种怀疑的精神，对这个深信不疑的世界开始懂得一点怀疑。他让县城里的一个莽撞少年，突然有了一点点思考的能力，所以我觉得这也是文学或者艺术的一种作用。因为今天我们已经来到一个非常商业化的消费主义的时代，好像严肃的文学不重要了。但是没有，我觉得我们这个民族的进步，我们这个国民的启蒙，一直要靠路遥这样的作家，他们这样爱这个土地，了解这个土地，熟悉这个土地，而且他能够那么准确地用他的文字呈现出来。

文学评论家：李星

路遥的作品之所以能打动人，最大的生命力就是他笔下的人物，不光是这个社会的人，而且是精神的心灵的，甚至于家族血缘传统中那种人，非常真实。

文学评论家：李建军

人物是我们能够见到的，平凡而普通的那些芸芸众生，他写他们的苦恼，写他们的愿望，写他们的辛酸和梦想，而且尤其是这些群落里面的年轻一代。因为这一代人负担着一个社会转型的痛苦，尤其是农村的青年，他们的生活和城市的生活构成了极为强烈的反差和对比。他们内心承受的这种人格的撕裂、内心的痛苦也很强烈，那么路遥关注的是这样一些人，关注的是他们的奋斗历程。写他们的苦难，写他们从一个苦难的境遇中向上奋斗的过程中，所承受的这种痛苦，所付出的努力，以及得到的那么一个人格升华和精神成熟的境界。所以为什么路遥的作品对现在很多人影响很大，就在于他写苦闷但从来不颓唐，他写这种人的痛苦，但是他从来不沮丧。他没有停留在渲染人内心的黑暗的那样一面。哪怕就处于一种极端困苦和不幸的境地，路遥也要写人内心的高贵，写人的那种人格的光芒。

导演：贾樟柯

就是让我们作为读者，了解了现实的困境之后，我们就舒缓了，我们得到一种温暖。我记得有一次有一个作家在谈到鲁迅的时候,他说鲁迅的作品你要读起来,它都非常黑暗,但是他作品中的黑暗点亮了我们。那就像路遥的小说里面都有人性的处境,还有现实处境这种冰冷,而这种冰冷它带给我们一种温暖,因为我们了解了,这不是一个人的问题,这是整个人类面临的共同问题,那我们在面对这个生活的压力困难的时候,我们的精神就没有那么紧张,我们知道这是一个普遍的、需要我们去改变的世界,所以从这个角度来阅读路遥的小说,包括任何伟大的文学,你最后能获得的都是这种精神力量。他不是你看完去说这个世界没救了,那我也就此了断吧,不是这种效果,而是说原来世界是这样子的,我们明白了,那我们去各自想自己的对策,我们生活下去,他带来一种人性上的沟通。

文学评论家:肖云儒

我把路遥的这个作品《人生》定位为诗性现实主义,就是路遥很浪漫的。路遥是有很多精神探索和感情激荡的,所以是诗性的。

文学评论家:李建军

而且他能把这种对大自然的爱、对大自然的诗意的情感,与人物的情感的描写融为一体,他写人物最美的那个场景,总是会再通过对自然景物的描写来渲染。比如在《人生》里面他写到加林和巧珍在麦场上交流,那么这时候路遥就写到了远处的山,像画家用碳笔勾勒出来的起伏的线条;还有这亮马河的水啊,像用二胡拉出来的音乐一样,轻轻地飘了过来;同时也写到了远处的庄稼在轻风的吹拂下沙沙的声响。他把人物置于大自然,像母亲怀抱中一样,写出了她的美好,这样的描写显示出路遥非常宽阔的情感世界。

文学评论家:白烨

他在叙事中突然会说:我们的巧珍我们的润叶怎么样,然后或者在叙述的时候说我们的大地怎么样,有时候在叙述中他会说我们到现在还不知道这个人会怎么样,所以从作品主观看的话,作品里没有一个人不是我们,这个概念非常有意义,有什么意义呢,那就说路遥他并不是作为个人在写作,他是作为一个群体的代表在写作,作为人民的代言人在写作,在这个意义上我觉得他表现了作家很强的责任感。

作家:陈忠实

所以我觉得《人生》这个中篇小说,在路遥的创作道路上,是一个里程碑式的、跨越式的一部中篇,他给包括我在内的这一代作家打开了另一条让作家思考生活、感受生活、表述生活的真正属于文学的道路,排除了我们过去关于文学理解的一些狭窄,甚至包括非文学因素,这是给我很大的启示。

作家:刘路

虽然他在生活上，在一种志趣上，追求得高远，但是他把自己放得非常低，他愿意帮助别人，他常常说：在我们改革开放这么长的几十年里，大量的农村青年、大量的底层青年，他们都有需要向上奋进，咱们现在能提携帮助人了，绝不放弃。

作家：朱鸿

我是一个文学爱好者，我太希望到一个能够有利于创作的环境中去，路遥在这之前我没有直接的见过他，他有一天把我带到李若冰家里去。他见到了李若冰，大体说：这是一个有前途的青年，希望你能帮助他，你帮助他也就相当于帮助我，我当时不到二十四岁。

榆林市委宣传部原副部长：刘仲平

我把自己以前一些很不成熟的作品收集起来出一本集子，当时就想让路遥老师给我写一个序。心里就这样打鼓，就是想请他写序，这肯定是毫无疑问的，就想请他写序，因为他是陕北文学的一棵巨树嘛，那么他写一个序，对于一个文学青年的鼓励，肯定是最大的。他当时慨然应允，没有丝毫的犹豫，一下就答应了，这就完全出乎我的意料。

文学评论家：李震

读完书以后，由于种种历史原因，我的人生道路当时面临一个很大的选择，而且遇上了非常大的困难，这个时候是路遥出手解救了我，让我平稳地度过了一个最困难的时期。

诗人：远村

路遥的《人生》写得那么好，简直就是咱们身边发生的事情。路遥能够成功，咱为什么不能成功？我就是在这么一种想法下，很简单的想法下开始文学创作。

作家：贺抒玉

路遥的生活道路、创作道路，影响了一大批青年作者，他们都要向路遥学习，都觉得路遥成功的这条路，都想走他这个道路，尤其一些农村农民出身的作者，都觉得路遥能这样，我们也可以这样走，所以我碰到很多陕北作者以路遥为榜样。

文学评论家：李建军

路遥是让人尊敬的一个作家，但是在我们这样一个功利主义时代未必有人去羡慕他，因为他过的那种苦行僧的生活，很苦、很贫穷、很艰难，但路遥他让我们敬，但路遥也让我们爱，让我们觉得亲，我觉得由敬由爱而亲呢，是不容易的。卡拉尔曾经论英雄与英雄崇拜时讲过，他说真正的英雄都是给我们一种兄弟般的感觉，我觉得路遥他可能就给我们这样一种：让我们觉得像兄弟一样。

解说：

在巨大的成功面前，路遥是清醒的，他说：作家的劳动不仅仅是为了取悦当代,而更重要的是给历史一个深厚的交代,如果为微小的收获而沾沾自喜,本身就是一种无价值的表现。1983年3月,《人生》荣获《当代》中篇小说奖。同年7月又荣登第二届全国中篇小说优秀奖榜首,1984年9月荣获陕西省文艺创作"开拓奖"一等奖。

作家:陈忠实

《人生》达到这个高度,不仅是路遥个人的高度,是80年代我们文学创作的一个高度。

解说:

当得到一种社会荣誉时,自己内心总是很惭愧的,在这样的时候,我眼前浮现的是祖国西部黄土高原那些朴素的山峦与河流,开垦和未被开垦的土地,土地上弯腰弓背的父老兄弟。正是那贫瘠而又充满营养的土地,和憨厚而又充满智慧的人民养育了我,没有他们也就没有我更没有我的作品,他们是最伟大的人,给他们戴上任何荣誉的桂冠都不过分。但是他们要求的从来都不是这些,而是默默无闻的永恒的劳动和创造。正因为如此,我在荣誉面前感到深深的惭愧,正因为如此,我在这惭愧中不由得深深地沉思,我必须离开《人生》所营造的暖融融的气氛,再一次踏进冰天雪地,去进行一次看不见前途的远征。

第四集 夏 至

精句:

你看他那个人敦敦实实的,真是有一种非常浑厚的感觉,就像黄土高原那个大山包一样,胸怀又很包容,山上有树没树、有草没草都无所谓。

出了电影院以后一堆人围着在打架,两个年轻人在那打起来了,一个把一个撂在地上,为啥呢?一个就说:高加林是个坏蛋,是个陈世美。那个就说:高加林不是,高加林是一个好人,是一个有志青年。

《人生》是1986年中国送奥斯卡最佳外语片,去竞争,这个片子后来入围了,是五部竞争奥斯卡入围的影片,《人生》是我们中国第一部在奥斯卡外语片被提名的影片。

再抽一根,老哥想你了!

解说:

只要不丧失远大的使命感,或者说还保持着较为清醒的头脑,就决然不能把人生之船,长期停泊在某个温暖的港湾,应该重新扬起风帆,驶向生活的惊涛骇浪中,以领略其间的无限风光,人不仅要战胜失败,而且还要超越胜利。

小说《人生》是路遥对"城乡交叉地带"问题的最早关注，它具有独一无二的文学史意义，同时也标志着路遥艺术风格的形成，确立了他在当代文学领域不可替代的位置。20世纪80年代的文学界形成了路遥研究的第一个高潮，1982年后根据小说《人生》所改编的戏剧、电影、广播剧等多种艺术形式的作品出现在大众视野，1984年由路遥改编、吴天明导演的电影《人生》又一次震动影坛。

导演：吴天明

他那个小说一下就把我吸引住了，这就是我想要表现的东西，实际上这个片子它的基础是路遥的小说，所以电影《人生》我是踩着路遥的肩膀爬上来的。路遥很深沉，他自己心里头很孤独，他背了个沉重的十字架。但平常生活里路遥是个很幽默的人，在那段跟路遥相处的日子里，就像兄弟一样，亲兄弟一样跟他相处，跟他没有任何隔阂，就是说起来大家心灵相通。所以在创作这个电影的时候，路遥领我们去看了很多地方，一看一拍即合。我说这个地方行不行，路遥说：行、那个地方不行、这个不像。他心目中有小说里头人物处的那个环境，生活的那个环境，他有他的形象在里头。虽然很累，白天要去采景晚上去改剧本，那种生活大家都非常愉快。跟路遥相处的那些日子，真是，就是你不知道怎么就，他就跟你的兄弟一样，走到哪儿，陕北他一路通啊，那真是路遥在陕北就是那一张脸，路遥这个名字走到哪儿都通行无阻。你看他那个人敦敦实实的，真是有一种非常浑厚的感觉，就像黄土高原那个大山包一样，胸怀又很包容，山上有树没树、有草没草都无所谓。走过那些也没有完全开发的地方，你去了以后那个民风淳朴："咋，回窑里来。"进去以后给你打荷包蛋："咋，回来，上炕。"就坐到了炕上。这是啥嘛？这是民族，我们民族的可爱点，我们的民族感情民族的美德呀，这是我们的兄弟姐妹啊，这些东西才培养了我们自己的人生观、价值观。

所以路遥就是这样一个人，在这个社会环境里头成长起来的作家，他必然对这个东西，充满了一种感情一种爱，这个东西是最宝贵的。现在很多作家很多导演，就像《人生》里头那个台词一样，就都变成一个没根、没土的豆芽菜了。因为我是拍了这个电影了，所以我才名气大了起来的，首先塑造了吴天明，然后塑造了吴玉芳、周里京，还有我们《人生》的摄影陈万才，唱歌的冯健雪，这都是跟着《人生》这部片子，起来的人。

歌唱家：冯健雪

我有幸演唱过他的作品，以他的作品改编的电影，我觉得对我的人生来说，也是一个非常重要的时刻。我唱了一辈子歌，这部电影的知名度对我来说相当高的，一部电影让大家都知道中国歌坛有一个冯健雪，都知道陕西、知道西北有一个唱陕北民歌的冯健雪。

导演：吴天明

评论《人生》的文章，当时涉及的大概有一万多篇，从来没有一部电影在社会上引起这么大的反响，有很多争论，比方说我在西北电影院，我当时跟着观众看了一场，出了电影院以后一堆人围着在打架，两个年轻人在那打起来了，一个把一个摺在地上，为啥呢？一个就说：高加林是个坏蛋，是个陈世美。那个就说：高加林不是，高加林是一个好人，是一个有志青年。两人就打起来了，后来我还上去劝架。百花奖在成都颁奖，那一次路遥一块去了。那次路遥高兴得很，《人生》获百花奖最佳影片、最佳女演员，完了后开记者招待会，新闻发布会，晚上我们就在一块聊天，就是都睡不着觉，吴玉芳还把奖拿过来了，拿我屋子来了。我跟路遥在那聊天呢，然后吴玉芳过来说：导演这个奖给你，这应该是你的。我说：你胡说啥呢。路遥在那直笑说：这个啊，咋是导演对你严格要求嘛，这奖是你的嘛，咋给导演？导演是最佳女演员？《人生》是1986年中国送奥斯卡最佳外语片，去竞争，这个片子后来入围了，是五部竞争奥斯卡入围的影片，《人生》是我们中国第一部在奥斯卡外语片被提名的影片。路遥说："天明，咱这回，咱可弄美了，咱弄成了这个事情。"

有次我到路遥的坟上，给他点了一支烟，在延安大学那个山包上，我说：啊，你狗日的咋还抽，咋都抽死啦，再抽一根，老哥想你了。

解说：

如果在写往事的题材中，融注进深刻的社会历史内容，贯注了强烈的时代历史精神，那么《在困难的日子里》仅意义就有可能超越时空界限获得久远的生命力。

作家：陈忠实

真正从创作意义上，《在困难的日子里》就艺术而言不亚于《人生》，我也看过很多人写三年困难，包括饿死人的一些作品，但路遥这个不长的中篇《在困难的日子里》，他对人在困难中的那种情感，心理行为，那种准确的把握，那个生活氛围的准确的把握和表述，我是很震撼。

解说：

《在困难的日子里》是路遥的一部自传体性质的小说，是一部更加富有深度的作品，它特殊的价值，目前还没有得到公正的评价。这部作品的不同凡响，并不因为它表现了一个几乎绝迹的题材，而在于他找到一个极好的观照历史和现实的角度。路遥这样说道："在那样困难的环境里，什么是最珍贵的呢？我想那就是在困难的时候，人们的心灵是那样的高尚美好。"

企业家：潘石屹

路遥的作品实际上给我许多的力量，有了坚忍吃苦，各种各样的力量，实际上对我最大的力量是爱的力量。在路遥所有的作品中，描述的兄弟之间的爱，父子之间的爱，和恋人之间的爱，和家乡的爱，包括和同学之间的爱，我觉得这样一种爱的浓度都是非常强的，实际上这个人世间别的事情可能都有力量都有感染力，最大的力量是爱的力量。而在路遥的小说中，把爱的力量描述得淋漓尽致，而且这种力量可以通过书本穿越到每个人的心里面。

文学评论家：李建军

所以在路遥的作品中，我们在任何情况下，哪怕陷入人生的绝望境地，都能够感受到爱的力量，我觉得这是他的作品之所以感动那么多人，而且超越很多当代作家的一个很重要因素。

企业家：潘石屹

真正的工作，应该是一个祈祷，应该是一个为他人为社会服务的过程，我觉得路遥是真正做到了这一点。尤其我记得路遥小说中写的，就是他对苦难的一段戏，写的是非常深刻的，就是每一个人在成长过程中一定要经历苦难，如果不经历苦难的话这个人成长不了的。

文学评论家：肖云儒

为什么路遥的书是畅销书，到现在的大学生都爱读呢？就是因为他不仅写了那个时代的变化，那个时代过去了，如果光写时代、社会历史现在就引不起共鸣，现在的孩子，什么是"极左"，什么是"四人帮"都不知道，90后的娃，但是每个人都从路遥的作品中读到，年轻人共同的追求就是追求实现自己的独立生命，所以每年都有在路遥作品中找到精神寄托的孩子。

解说：

1982年中篇小说《在困难的日子里》在《当代》第五期发表，荣获该年度《当代》文学中长篇小说奖。应该说路遥的文学远征十分顺利，《惊心动魄的一幕》《人生》《在困难的日子里》相继获得全国性大奖，成为新时期中国文坛少见的景观，路遥一跃成为20世纪80年代中国小说界的翘楚。

作家：白描

常常在很多大的方面，路遥对陕西文学，不光以他的创作，影响了陕西的其他作家，在组织实施、引导大家向文学的更高山顶挺进的过程当中，他做了很多工作。他就是说我们陕西如何让大家都有这种意识，都能够拿出一批有分量的、能够代表陕西作家水平的、能够在中国文学上造成比较大的影响的这么一个作品。

作家：贾平凹

后来为了在陕西促进长篇吧，当时开了几次会议。我印象最深的就是到陕北开会，之所以能到陕北去，路遥在里边起了作用，他那个时候已经进入了作协的班子。

作家：白描

第一站到黄帝陵，在黄帝陵没有进行讨论，吃了个午饭之后，集体到黄帝陵祭祖跪拜：我们要做某一件事啦，这件事非常神圣，对我们至关重要的一件事情，然后队伍就出发。我记得在榆林，大家谈了很多重要的问题，比如说陕西作家如何突破自身阶层给自身带来的局限问题。

作家：贾平凹

那一路我觉得是很愉快的，而且对陕西作家是总动员的一次会议。

作家：白描

1985年夏季的陕西省长篇小说促进会，没有总结，没有开幕式，但是尾声有一个高潮。

作家：贾平凹

我记得路遥当时叫当地一些朋友拿了好多劈柴，说今天晚上在沙漠上弄一个篝火晚会。

作家：白描

这天晚上的活动叫陕西文学大漠酋长国，我们这么多与会者排着长长的队，庄严地一步一步地走向那个篝火，祭祀的祭坛。

作家：贾平凹

说是咱也像一支什么队伍在沙漠上祈祷一样，趴在地上给上天磕头，那种气氛特别热烈。

作家：白描

但是大家每个人的心情都非常庄严，尤其会议提出了好多问题，提出了咱的目标，提出我们的前景，同时也意识到我们自身的某些不足。

作家：贾平凹

我记得路遥给我说：你好好地给咱写短篇，我给写长的，因为当时吧，我写短篇在全国获奖了，他写中篇也获过奖。那个时候我还没有产生写长篇这种念头，然后那一路就谈了好多。他这个人当时的形象也是很壮实的一个人，虎背熊腰的。我觉得路遥是很有气势的一个人，在我认识的作家里，到现在我认识的作家里，除了路遥，这种人见得少，我觉得他身上有一种浑然之气，而且气势逼人，当时年龄也不是很大，三十多岁。我觉得他身上有一种领袖气质，很快大家对路遥特别服气，无形中大家都很尊重他。

文学评论家：肖云儒

给我的感觉是有一个气场，他是一个有气场的人，很快就以一种非常大视野的、大思考的大感觉，来显示自己的魅力而征服别人的人。

陕西省作家协会党组书记：雷涛

尤其走在新时期，我们要开创文学的新峰，要重新树立文学的尊严、文学的神圣，就是从路遥的所谓这种霸气，转化成文学上巨大的影响。

解说：

我的生活完全乱了套，无数的信件从全国四面八方蜂拥而来，来信的内容五花八门，除过谈论阅读小说后的感想，和种种生活问题文学问题，许多人还把我当成了掌握人生奥妙的导师，纷纷向我求教人应该咋样生活，叫我哭笑不得。更有一些遭受挫折的失意青年，规定我必须赶几月几日前写信开导他们，否则就要死给我看。与此同时陌生的登门拜访者接踵而来，一些熟人也免不了乱中添忙。

诗人：曹谷溪

我记得有一次，路遥的父亲带着许多亲戚到延安找路遥，说路遥现在可能行了，出门坐的都是小轿车，和省委书记都是平起平坐，走到哪里一呼百应，就好像路遥当了皇帝了。这时路遥父亲就领着一些人说：这个亲戚，在咱困难时候给咱五升高粱米，那个人啊曾给咱什么帮助，咱现在要报答。怎么报答呢？有的说要解决上一个农村户口，有的说人家娃娃在哪里工作着哩，要调到一个好单位上。甚至有的说要打官司，让路遥说句话，这个官司让我们赢了。这可把路遥难住了，父亲引来这些亲戚万万想不到，叱咤风云的路遥竟连这么些小事都不办，路遥的父亲也万万想不到自己的儿子，竟不听自己的话。路遥也想不到，我创作中有那么多困难的问题，又引来与创作毫无关系的这么多麻烦，他上来就漫无目标地发了一顿牢骚，给谁发牢骚，路遥也不知道给谁发牢骚。

解说：

我为自己牛马般的劳动得到某种回报而感到人生的温馨，我不拒绝鲜花和红地毯，但是真诚地说，我绝不可能在这种过分戏剧化的生活中长期满足。眼前这种红火热闹的广场式生活，必须很快结束，我渴望重新投入一种沉重，只有在无比沉重的劳动中，人才会活得更为充实，劳动这是作家义无反顾的唯一选择。

作家：和谷

当时的《人生》已经轰动全国，但是路遥他要找一个非常僻静的地方，从事他新的作品。当时有家杂志社约他，写一个中篇小说，后来这个小说的名字叫《你怎么也想不到》。当时我和路遥到榆林以后，那当然他在榆林很熟，就住在当时榆林文联的龙王庙里边，白天写作，写累了就到沙漠里，也尽可能就是到东山上，一直走到沙漠里边，看不见人群看不到房屋看不见树就是沙漠，沙梁上过去的长城也被沙漠淹没了，我们在太阳下，看着蓝天、白云，然后仰面朝天躺在那个地方，抽着烟。路遥说：哎呀这才是天堂，无忧无虑。当时路遥的写作，我感觉到他写得非常痛苦，可能他的每一个字也都是这么写出来的，因为他每天规定写三千字也就是十页稿纸。当时他的桌子上呀，也就摞了那么十几摞的稿纸，每天写够三千字以后，他才可以休息。有时候晚上写到十一二点钟了，我说你该休息了，也累了。他说：今天的任务没有完成不能休息。

作家：贾平凹

对创作，他觉得要干事一定要把事情干成，在干事情的过程中不顾一切，这种气势，是陕北人具备的一种气势。很逼人的，很强大的，所以他这种东西也能感染好多人。

解说：

作家的劳动绝不仅是为取悦于当代，而更重要的是给历史一个深厚的交代，如果为微小的收获而沾沾自喜，就是一种无价值的表现，最渺小的作家常关注着成绩荣耀，最伟大的作家常沉浸于创作和劳动。是的，只要不丧失远大的使命感，或者说还保持着较为清醒的头脑，就决然不能把人生之船长期停泊在某个温暖的港湾，应该重新扬起风帆驶向生活的惊涛骇浪中，以领略其间的无限风光。

作家：白描

在大家认为他不可能超过《人生》的影响，路遥对这个疑问倒不是很在意，他心里有他的底，他一直在准备一个规模宏大的巨制，而且他早早地宣布他要写一个百万字的长篇小说。

作家：贾平凹

他口气大得很，一般人也见过一些口气大的人，但口气大他没有实力支撑，叫人一看就知道胡吹牛，但路遥本身有实力，他有几部作品在那，他说话，大家就得听他的信他的。

解说：

对于一个人来说，一生中可能只会有一个最为辉煌的瞬间，那就是他事业的顶点，就我来说我又很难承认《人生》就是我的一个再也跃不过的横杆。在无数个焦虑而失眠的夜晚我为此而痛苦不已，在一种几乎是纯粹的渺茫中，我倏然间想起已被时间的尘土埋盖得很深很远的一个早些年月的梦，我曾经有过一个念头，这一生如果要写一本自己感到规模最大的书，或干一生中最重要的一件事，那一定是在四十岁之前。

路遥四弟：王天乐

他当然不可能说，我写完《平凡的世界》我就去世，初衷构思绝不会是这样的，他认为他在四十岁之前必须完成像《战争与和平》这样的大书，尽管可能达不到那种高度，那么一种广度，但我最起码在四十岁之前要完成一部百万字的长篇小说。

解说：

这个构想的出现和确立，为此他要付出昂贵的代价，他说有时要对自己残酷一点，认识到如果不能重新投入到严峻的牛马般的劳动，无论作为作家还是一个人，真正的生命也即将结束。

作家：晓雷

所以在我的心里边，路遥是一位英雄，他可以为一个崇高的目标，为一个巨大的理想，不惜一切牺牲。

文字评论家：李震

作为游牧民族的后裔，身上的文化血液里边带有游牧民族的遗传的这种人，他会不断地向新的领域拓进、开拓，这种本性，你挡是挡不住的。

作家：贾平凹

对一个想干大事情的人，他有一种激励感，路遥这个人吧，确实是一生想干大事的人。

解说：

幻想容易，决断也容易，真正要把幻想和决断变为现实，却是无比困难，这是要在自己生活的平地上堆集成理想的大山。我所面临的困难是多种多样的。首先我缺乏或者说根本没有写长篇小说的经验，我很难想象自己能否胜任。这本属巨人完成的工作，是的，我已经有一些所谓的"写作经验"，但体会最深的倒不是快乐，而是巨大的艰难和痛苦，每一次走向写字台就好像被绑赴刑场，每一部作品的完成都像害了一场大病。走向高山难回平地，反过来说就眼下的情况，要在文学界混一生也可以，新老同行中就能找到效仿的"榜样"。退回去吗？不能！前进固然艰难，且代价惨重，而退回去舒服却是吞咽人生的一剂要命的毒药。最后一条企图逃避的路被堵死了，我想起了沙漠，我要到那里去走一走。我对沙漠确切地说对故乡毛乌素那里的大沙漠，有一种特殊的感情，或者说特殊的缘分，那是一块进行人生醒悟的净土，每当面临命运的重大抉择，尤其是面临生活和精神的严重危机时，我都会不由自主地走向毛乌素大沙漠。

文学评论家：肖云儒

但是路遥那点是很明确的，给我也讲过，他的《早晨从中午开始》也谈到过，他一旦要搞一个创作，需要产生灵感，必须到毛乌素沙漠里去。他躺到那里灵感就会来，所以路遥谢绝出国访问到泰国，谢绝很多笔会，游山玩水，他的全部深刻的思考发源于这个土地。

解说：

在这里我才清楚地认识到我将要进行的，其实是一次命运的"赌博"，也许这个词不恰当，而赌注则已是自己的青春或生命，如果将来作品有某种程度的收获，那还多少对抛洒的青春热血有个慰藉。如果整个的失败，那将意味着青春乃至生命的失败，这是一个人一生中最好的一段年华，它的流失应该捕取最丰颖的果实。可是怎么能保证这一点呢？你别无选择，那么命运的题旨所在，正如一个农民春种夏耘，到头一场灾害颗粒无收，他也不会为此而将劳动永远束之高阁。他第二年仍然会心平气静去春种夏耘，而不管秋天的收成如何。那么就让人们忘掉我吧，我要像消失在沙漠里一样从文学界消失，重返人民大众的生活，成为他们间最普通的一员，要扔掉我写过《人生》，忘掉我得过奖、忘掉荣誉、忘掉鲜花加红地毯，从今往后我仍然一无所有。就像七岁时赤手空拳离开父母离开故乡去寻我生存的道路，当我告别沙漠的时候精神获得了大解脱、大宁静。如同修行的教徒断绝红尘告别温暖的家园开始餐风饮露，一步一磕向心目中的圣地走去。

第五集 大 暑

精句：

他有这个宏大志向，而这宏大志向就是努力为这个时代立传，作为这个时代最本质的群众最关心的东西。

解说：

是的，作为一个劳动人民的儿子，不论在什么时候都永远不应该丧失一个普通劳动者的感觉，和劳动者一并去热烈地拥抱大地和生活，作品和作品中的人物才有可能涌动起生命的血液。否则就可能制作出一些蜡像，尽管很漂亮也终归是死的。

为建造《平凡的世界》这座辉煌的艺术大厦，在1982和1984年间，路遥就平静而紧张地开始了各方面的准备工作。

路遥四弟：王天乐

某一天我们俩就到一块了，他突然问我说需要帮助吗？因为我和他的对话开始可简单了，因为他小时候就走了嘛，我也就在家里，而他一见我也就是个兄弟。然后我说：你需要我帮助吗？他一下子就愣了，因为他就觉得，他的一生当中，没有家里人问，本人需要不需要帮助，所以他特别觉得我不一样，这样就开始了一种很深刻的对话，没想到也就是我问他这句话，伴随了他的一生。

解说：

我得要专门谈谈我的弟弟王天乐，在很大的程度上如果没有他，我就很难顺利完成《平凡的世界》。他像卫士一样，为我挡开了许多可怕的扰乱，为我专心写作开辟了一个相对的空间。另外他一直在农村生活到近二十岁，经历了那个天地的无比丰富的生活，因此能够给我提供许多十分重大的情节线索，所有我来不及或者不能完满解决的问题，他都帮助我解决了。在集中梳理全书情节的过程中，我们曾共同度过许多紧张而激奋的日子。常常几天几夜不睡觉，沉浸在工作之中，即使他生病发高烧也没有中断，尤其是他当过五年煤矿工人，对这个我最薄弱的生活环境提供了特别具体的素材。实际上《平凡的世界》中的孙少平等于是直接取材于他本人的经历。狂热的工作加纷繁的思考立刻变为日常生活，作品的框架已经确立，三部六卷一百万字，作品的时间跨度从1975年初到1985年初，为求全景式反映中国近十年间城乡社会生活的巨大历史性变迁，人物可能要近百人左右。

作家：陈忠实

当时文坛上流行一句话，说各领风骚一半年，这是80年代中期文坛流行的大家互相调侃的一句话。但这个时期，文艺思想的空前活跃，也造成了人们对我们的现实主义的一种漠视，普遍认为现实主义已经落后了。

解说：

但理智却清醒地提出警告，不能轻易地被一种文学风潮席卷而去，实际上我并不排斥现代派作品，其间许多大师的作品我十分崇敬，我的精神常如火如荼地沉浸于从陀思妥耶夫斯基和卡夫卡开始，直至欧美及拉丁美洲的当代文学之中，他们都极其深刻地影响了我。也许列夫托尔斯泰、巴尔扎克、司汤达、曹雪芹等现实主义大师对我的影响要更深一些，我要表明的是，我当时并非不可以用不同于《人生》式的现实主义手法结构这部作品，而是我对这些问题和许多人，有完全不同的看法。

作家：陈忠实

在这个时候，中国作协在河北作协，开了次农村题材小说创作座谈会，是全国性的，我至今不忘路遥在会议上的发言，那个发言很多，我就记了一句话，他很冷静地说了一句：我不相信全世界就只适宜养殖澳大利亚羊。这都是二十多年以前我听到的话呀，到现在都记忆犹新，在这个现代派各种流派笼罩文坛的时候，路遥敢于这样以一个生动的比喻，来申诉自己对现实主义的坚守和开拓，这种勇气令人震撼。

解说：

生活和艺术已证明并将继续证明这一点，而不在于某种存在偏见的理论妄下断语，即使有天现实主义真的"过时"，更伟大的"主义"君临我们的头顶，现实主义作为一定历史范畴的文学现象，它的辉煌也是永远的。我决定要用现实主义手法，结构这部规模庞大的作品。当然我要在前面大师们的伟大实践和我自己已有的那点微不足道的经验的基础上，力图有现代意义的表现，现实主义照样有广阔的革新前景。我已经认识到对于这样一部费时数年甚至可能耗尽我一生主要精力的作品，绝不能盲目而任性。在中国这种一贯的文学环境中，独立的文学品格自然要受重大考验，在非甲必乙的格局中你偏是丙或丁，你的情况就可想而知了。在这种情况下，你之所以能够坚持，因为你的写作干脆不面对文学界，不面对评论界，而直接面对读者，只要读者不遗弃你，就证明你能够存在。我的观点是，只有在我们民族伟大的历史文化的土壤上，产生出真正具有我们自己特性的新文学成果并让全世界感到耳目一新的时候，我们的现代表现形式的作品也许才会趋向成熟。

作家：白描

他准备这个作品像准备盖一栋高楼大厦一样地来准备。

作家：刘凤梅

有一次我到延安宾馆看他，他的床上摆了好多的《延安报》，他就在地上蹲着，报纸在床上放着，他就翻那个报纸，他说：哎呀翻得他抬头都疼，累得很。

作家：贾平凹

他把每年的《人民日报》都翻了，那年发生啥事他都翻了，当时我还有些不认同他，我说用得着那个东西吗？他确实把每年国家发生啥事情，起码《人民日报》有啥反应，他把这些都翻遍了。

作家：陈忠实

尤其是政治改革的发展，路遥的很多看法那个深度和理性的程度，往往是超出同代人的，我往往都很受路遥的启发。

路遥四弟：王天乐

所以说孙玉亭这个人就是活生生的我三爸。他能愚昧到什么程度？就是说我回去睡觉了，他都能把门捣开，问我说台湾的问题。你说就双水村那么一个闭塞的、农村里面的一个农民，在关心着台湾这个问题，这也就够可怕了，所以说这些东西就是我们要进行一种关注的。但是作家呢？怎么来体现这些东西？所以路遥就认为我必须从双水村带一批人，最低要带一百个人，我率领他们走向大城市，也许在这个过程中，基本全都牺牲了，甚至留下一两人，但是我总要带进去一些人，同时我还要带回来些，我要进行一种交流。他说我们的孙兰香，就是孙玉厚的女儿，我要把她带上太空，我一定要把她送上另外的星球去，这就是我孙玉厚的女儿，这就是我们陕北农村的女儿，这就是我们中国大地上农村的女儿。

文学评论家：李星

他有这个宏大志向，而这宏大志向就是努力为这个时代立传，作为这个时代最本质的群众最关心的东西。

路遥四弟：王天乐

他认为这是一个非常巨大的工程，是一个非常出力不讨好的工程，而且这个工程一旦主题确定以后，整个细节现实主义作家特别像路遥这样的作家，为什么他把命都做了抵押？主要是准备工程太复杂了，就是说他一边写着一边准备。比如说农村的二十四个节气的变化，比如说红枣熟了，什么花开了，因为他的人物要在红枣林子里走动，怎么走动，不仅仅是一种红枣，还有一种什么花在开着，这种花开到什么程度，而哪一种花又谢了，哪一种庄稼现在该收了，哪一种庄稼又需要种了，就这一切，他整个要做的笔记太多了，准备的就太多太多了。

解说：

有些书是重读，有些书是新读，其间我曾列了一个近百部的长篇小说阅读计划，后来完成了十之八九，有时也读其他杂书。那时候房子里到处都搁着书和资料。对于作家来说读书如同蚕吃桑叶，是一种自身的需要，既然我一直不畏惧迎风而立，那么我又将面对的孤立或者说将要进行的挑战就应当视为正常，而不必患得患失，忧心忡忡。应该认识到，任何独立的创造性工作就是一种挑战，不仅对今人也对古人，那么在这一豪迈的进程中，就该敢于建立起一种"无榜样"的意识。这和妄自尊大毫无相干，"无榜样意识"正是建立在有许多榜样的前提下，也许每一代的使命就是超越前人，不管最后能否达到，但首先起码应该知道前人已经创造了什么伟大的结果。生活可以故事化，但历史不能编造，不能有半点似是而非的东西，只有彻底弄清了社会历史背景，才有可能在艺术中准确描绘这些背景下人们的生活形式和精神形态。

路遥四弟：王天乐

他捕捉生活和占有生活的办法和其他的作家也不一样，比如说有的作家可能就"五二三"呀，毛主席讲话多少年呀，不去"深入生活"，他经常就嘲笑这些东西，就是说占有生活的方式是很多的。但必须是要和普通人有心灵的贴近，才可能做一种交流。

解说：

占有的生活越充分，表现生活就越自信，自由度也就会越大，作为一幕大剧的导演，不仅要在舞台上调度众多的演员，而且要看清全局中每一个末端小节，甚至背景上的一棵草一朵小花，也在力求完美准确地统一在整体之中。春夏秋冬时序变换，积累在增加，手中的一个箱子变成了两个箱子，奔波到筋疲力尽时，回到某个招待所或宾馆休整几天，恢复了体力再出去奔波。

路遥四弟：王天乐

写的人物百分之九十都是有原型的，他要直接面对原型采访，所以那是非常庞大的工程。

解说：

走出这辆车又上另一辆车，这一天在农村的饲养室，另一天在渡口的茅草棚。这一夜无铺盖躺着睡，另一夜盖毛毯还有热水澡，无论条件艰苦还是舒适，反正都一样，因为愉快和烦恼全在于实际工作的收获大小。时光在流逝，奔波在继续，像一个孤独的流浪汉，在鄂尔多斯无边的荒原上漂泊。

路遥四弟：王天乐

如果要读了路遥的读书笔记，乃至他的采访笔记，你们都会为之震惊。

解说：

不知不觉已经快三年了，真正的小说还没写一字，已经把人折腾得半死不活，想想即将要开始的正式写作，叫人不寒而栗。现在要利用这点空隙让脑子歇一歇、凉一凉，我知道要忙起来常常会顾不上吃饭或胡凑合着吃，为此付出了沉重的代价，眼下当我正在相对悠闲的日子里，瞎转悠的时候，天乐正忙着"查看阵地"帮我寻找进入写作的一个较为合适的地方。我决定到一个偏僻的煤矿去开始，第一部初稿的写作，写这部书我从抱定吃苦牺牲的精神，一开始就到一个舒适的环境去工作，不符合我的心意。煤矿生活条件差一些，艰苦一些，这和我精神上的要求是一致，我既然要拼命完成此生的一桩夙愿，起先应该投身于艰苦之中，实行如此繁难的使命，不能对自己有丝毫的怜悯之心，要排斥舒适，斩断温柔，只有在暴风雨中才可能豪迈地飞翔，只有用滴血的手指才有可能弹拨出绝响。正是秋风萧瑟的时候，我带上两大箱资料和书籍，带上最主要的"干粮"十几条香烟和两罐"雀巢"咖啡，告别了西安，直接走到我的工作地陈家山煤矿。

陕西省煤炭工业局原局长：霍世昌

现在要写矿区的事，要体验矿区的生活，希望我能够提供帮助，他把他的来意讲完以后呢，我向局党委做了汇报，我们局党委的领导表示全力支持，并且任命路遥为铜川矿务局宣传部的副部长，给他提供方便。

解说：

我来之前，矿上已在矿区的医院为我找好了地方，此时正值"霜叶红于二月花"之时，田野的风光十分美丽，但我的心在狂跳，想急迫地投入工作，根本无心观赏大自然如画的风光，心绪无比地复杂。我知道接下来就该进入茫茫的沼泽地了，但只一刹那间心中竟充满了某种幸福感，是的，为了这一天的到来，我已经奔波了两三年，走过了漫长的道路，现在终于走上了搏斗的拳击台，是的，拳击台，对手不是别人正是自己。

开头，这是真正的开头，写什么怎么写？第一年第一自然段第一句话第一个字,一切都是神圣的,似乎是一个生死存亡的问题,而令人难以选择,令人战战兢兢。实际上也是真正重要的,它将奠定全书的叙述基调和语言节奏,它将限制也将为你铺展道路,一切诗情都尽量调动起来,以便一开始就能创造奇迹。词汇像雨点般落在纸上,可是一页未完,就觉得满天都是张牙舞爪,立刻撕掉重来,换了一副哲学家的面孔,似乎令人震惊但一页未完,却已感到可笑和蹩脚。眼看一天已经完结,除过纸篓撕下一堆废纸,仍然是一片空白。真想抱头痛哭一场,你是这样的无能,竟然连头都开不了,正准备写部多卷体的长辈篇小说呢?

晚上躺在孤寂的黑暗中大睁着眼睛,开始真正怀疑自己是不是能胜任如此巨大的工作。叫天天不应,叫地地不灵,开始在房间不停地转圈走,像磨道的一头驴,从高烧似的激烈一直走到满头热汗变为冰凉,冰凉的汗水使燃烧的思索冷静了下来,冷静在这种时候可以使人起死回生,冷静地想一想三天的失败主要在于思想太勇猛,以致一开始就想吼雷打闪。其实这么大规模的作品,哪个高手在开头就大做文章?瞧瞧大师们,他们一开始的叙述是一抹平静,只有平庸之辈才在开头就堆满华丽,记着列夫托尔斯泰的话,艺术的打击力量应该放在后面。现在平静地坐下来,于是顺利地开始了:"一九七五年二三月间,一个平平常常的日子,细濛濛的雨丝夹着一星半点的雪花,正纷纷淋淋地向大地飘洒着。时令已快到惊蛰,雪当然再不会存留,往往还没等落地,就已经消失得无踪无影了。黄土高原严寒而漫长的冬天看来就要过去,但那真正温暖的春天还远远没有到来。"

陕西省煤炭工业局原局长:霍世昌

他主要体验生活的地点呢,在鸭口煤矿和陈家山煤矿,而且他在矿区跑了好多的地方,鸭口煤矿应该是他住的时间比较长的,对整个矿区了解比较多,他写的大亚湾煤矿就是鸭口煤矿,他作品里面的好多鲜活的人物形象就来自矿区,其中好多的生活细节来自他的弟弟王天乐。

解说:

工作的列车终于启动,并且开始缓慢而有节奏地向前运行,既然有能力走向前去,就应该不顾一切往前走。一切都很艰难,但也可以继续进行,写作前充分的准备工作,立刻起到了作用,所用的材料和参考资料一开始就是十分巨大的。

五六天过后,已经开始初步建立起工作规律,掌握了每天、一月的工作进度,墙上出现了一张表格,写着一到五十三的一组数字,第一部共五十三章,每写完一章就划掉一个数,每划掉一个数字都要愣着看半天那张表格。天天晚上常是写到天明,我说你倒过来嘛,这自然界都有个生物钟,你把这个生物钟弄乱了。他说没办法,已经养成这么个习惯了,换过来不舒服。

工作进展已经在量上表现了出来,这方面确定的第一个目标是突破十三万字,这是《人生》的字数，迄今为止自己最高的横杆，突破这个数字带有象征意义。十三万字的数量终于突破，兴奋产生了庄严，庄严又使人趋于平静，这是一个小小的征服。接下来脚步已经开始变得豪迈了一些，最后在表象上看，下一步将从自己写作史上的一个新的起点出发了，下一个数量上的目标是越过这部的二分之一处，这个目标再有几万字即可达到。但这是在创造新的纪录，情绪为之亢奋，写作整个进入狂热状态，身体几乎不存在，生命似乎就是一种纯粹的精神形式，日常生活变为机器人性质，但是没有比这一切更美好的了。

陕西省煤炭工业局原局长：霍世昌

我们平时不多打扰他，有时候我进他的房子，门一打开满屋都是烟，好像着火了一样，扑面而来的都是烟雾，有时候看不清楚人，他坐下来以后，抽烟总是一根接一根，这一根没抽完另一根又接上去了。

解说：

在狂热紧张繁忙的工作中，主要的精神状态应该是什么？那就是认定你在做一件对你来说是前所未有的工作，甚至是做一件前无古人的工作。不论实质上是否如此，你就得像这样来认为，你要感觉到人在创造，你在不同凡响地创作，你的创作是独一无二的。你应该为你的工作自豪，就是认为它伟大无比也未尝不可，这不是狂妄，只有在这种"目中无人"的状态下，才可能释放自己的精神，释放自己的能量，应该敢于把触角延伸到别人没有到达的地方，敢于进入"无人区"并树起自己的标志。

路遥四弟：王天乐

因为路遥的目光很少关注中国作家，他关注的、他崇敬的只有一个作家柳青。我指的这个是心灵上的崇敬，因为柳青不仅教育他怎么当作家，更是身体力行的，他们住在一个院里，他当过《创业史》的责任编辑。路遥最崇敬的是俄罗斯作家托尔斯泰，所以他对托尔斯泰的这种崇敬，就是他的一个丰碑。比如说巴尔扎克，也是他很崇敬的作家，但是他就另当别论了，因为他的目光始终盯的是世界的大家，他说这是自觉地提高自己的做法，尽管可能很渺小很脆弱，很狂妄自大，但是中国人中国文学家必须要有这种底气和这种素质。

解说：

这样的时刻，所有你崇敬的作家都可以让他们安坐在远方，历史为他们准备的"先圣祠"中，让他们名字光芒四射地照耀大地，但照耀你的世界的光芒应该是自己发出的。把一切伟人他们的写作方法写作技巧都统统地赶出房子，完全用自己的心来创作。当然绝不可能长期保持这种伟大感，困难会接踵而来，你一时束手无策，你感到自己多么可笑和渺小，抬头望望那桌边上那十几座金字塔，你感到你像儿童在河边的沙地上堆起了几个土堆,有什么可以得意的?难言的羞愧与窘迫,不会长期颓丧,因为是身处战场,停下笔来,想想其他的事,为什么此刻停下来了,记着你没有权利使自己停顿不前,你为自己立下了森严的法度,布下了天罗地网,你别指望逃脱。

铜川日报社社长:黄卫平

他体验生活,不像我们当记者的带个采访本,他什么不带也不记,他逢遇老工人或矿上的干部,一块聊情况说事的时候他从来不用记。后来我就问他了,他就说我要体验生活,给我说件事情,它要能感动我,那就不用记,我会记到心里。

解说:

写作是艰苦的,与之相伴可是生活的艰苦,一般的说来,我对生活条件从不苛求,写作写得紧张时常常会忘吃饭,一天有一顿就凑合了,没有时间,半小时的时间都不敢耽搁。为了约束自己的意志,每天的任务都限制得很死,完不成就不上床休息,工作间实际上成了牢房,而且制定了严厉的"狱规"决不可以违反。后来房间里来了不速之客,是老鼠,有时实在气急了,手里拿着笔和笔记本撵着它们,它们当然会立刻消失得无踪无影,没办法只好叫医院几个职工堵住窗终于消灭了一只,但是另一只仍然如期地来这里做客,我于是才"灵机一动"每天晚上拿一个馒头放门后面任其享用,后来我和这只老鼠一直和平共处到我离开这里,它并且成了这个孤独世界里我唯一的伙伴。无比紧张的工作和思考,一直要到深夜才能结束,凌晨万般寂静中从桌前站立起来,常常感到两眼金星飞溅,腿半天痉挛得挪不开脚步。长卷作品的写作是对人的精神意志和综合素养的最严峻的考验,它迫使人必须把能力发挥到极点,你要么超越这个极点,要么你将猝然倒下,只要没倒下,就该继续出发。

第六集 霜 降

精句:

我不能要求别人耐心等待我的工作,但我要耐心准备解决许多问题,要想完成自己的事业,就要不断地进行自我检讨,真诚地听取各种人的批评意见。好作品原子弹也炸不倒,不好作品即使是上帝的赞赏,也拯救不了它的命运。在我的心中,三部已是一个统一体,我已经看见了书的全貌。

解说:

我从劳动人民身上,学到一种宝贵的品质,那就是有无收获或收获大小,从不中断土地上汗流浃背的辛劳,即使后来颗粒无收也不后悔自己付出的劳动。我相信这样一句名言：人可以亏人土地不会亏人。

解说：

墙上那张工作日期表被一天天划掉，情绪在猛烈地高涨，出现了一些令自己满意的章节，某些未来篇章中含糊不清的地方，在此间不断地被打通，情节细节、人物，呼啸着向笔下聚拢，笔赶不上手，手赶不上心，自认为最精彩的地方字写得连自己都难以辨认。眼睛顾不上阅读窗外的风光，只盯着双水村、石疙节、原西城，只盯着熙熙攘攘的人物和他们的喜怒哀乐，分不清身处陈家山还是双水村。

路遥四弟：王天乐

弟兄俩来对话，我们两个经常自己形容就是凡·高和提奥两个心灵进行一种交流，下雪的天或下雨的天这两个天气是他最爱的，为什么呢？他常常回答就是外面一切都是干净的。

解说：

对雨对雪我永远有种说不清的情愫，雨天、雪天常有一种莫名的幸福感，我最爱在这样的日子工作，灵感诗意和创造的活力能尽情喷涌，童年和少年时期，当下雨或下雪我都激动不安，经常要在雨天雾地里无遮无拦漫无目的地游逛，感受被雨雪沐浴的快乐。我永远记着那个大雪纷飞的夜晚，我有生第一次用颤抖的手握住我女朋友的手，那美好的感受至今如初。我曾和我的女友穿着厚厚的冬装，在雨雪迷漫的山野手拉着手，不停地走，仰起头让雨点雪花落进我们嘴中。愿窗外这雨雪构成的图画，在心中永存。愿这天籁之声永远陪伴我的孤独。雨雪中感受到整个宇宙，就是慈祥仁爱的父母，抚慰我躁动不定的心，启示我走出迷津去寻找生活和艺术从未涉足过的新境界。不知哪一天晚饭后，增加了一项新活动，到外面散步半小时，暮色苍茫中从矿医院走出来沿着小溪边土路逆流而上，向一条山道走去，走到一块巨型岩石前立刻掉过头再顺原路返回来，这样的时候这样的地方不必装腔作势，完全可以放浪无形随心所欲，大部分时间我都是一路高歌并且手舞足蹈。

作家：陈忠实

路遥在路上唱民歌，我印象最深的是《上河里的鸭子下河里的鹅》这首，尤其是唱到那个"双扇扇的门来单扇扇地开，叫一声哥哥你快回来"，这是我从来没有感受过的一种情歌了，歌曲的一种感受，把一对恋人间那一种羞怯心理急切心理表现得如此生动和感人。只有陕北这块土地上，才能产生如此真实、如此真切的民歌。所以路遥在这样一种原生态的较为自由的心态、自由的这种黄土文化中生存，对于他的心理和艺术创造的那个浪漫和张力，应该是一个先天性的、决定性的因素，这是我后来理解到的。

解说：

写作中最受折磨的也许是孤独，人是一个非常复杂的矛盾体，为了不受干扰地工作常常要逃避世俗的热闹，可一旦长期陷入孤境，又感到痛苦又感到难以忍受。我喜欢孤独但又惧怕孤独，孤独常常叫人感到无以名状的忧伤，而这忧伤有时又是很美丽的。现在屈指算算，已经一个人在这深山老林里度过了很长一段日子。多少天里，没和一个人谈过一句话，白天一个人孤零零地待在这间房子里，做伴的只有一只老鼠，黑暗中我两眼发热，这就是生活，你既然选择了一条艰难的道路就得舍弃人世间的许多美好。长长地吐出一声叹息，坐回桌前，回到那一群虚构的男女之间，在这样的时候描绘他们的悲欢离合，就如同一切都是自己切身的体验和感受。你会流淌着心酸的或幸福的泪水，讲述他们的故事，不，在你看来这不是故事，而是生活本身。有时候夜半更深，突然从远处传来声火车的鸣叫，忍不住停下笔，陷入某种遐想之中。这充满激情的声音似乎是种召唤，会想到朋友和亲人，从远方赶来和你相会，及月台上那揪心的期盼，与久别重逢的惊喜。有一天半夜，当一声火车的鸣叫传来的时候，我已经从椅子上站起来，什么也没有想就默默地急切地跨出了房门。我在寒风中走向火车站，火车站徒有其名，这里没有客车只有运煤车，除过山一样的煤堆和一辆没有气息的火车，四周静悄悄的没有一个人。我悲伤而惆怅地立在煤堆旁，我明白我来这是接某个臆想中的人，我也知道这虽然有些荒唐，但肯定不能算精神错乱。我对自己说，我原谅你。悄悄地用指头抹去眼角的冰凉，然后掉过头走回自己的工作间。

路遥四弟：王天乐

路遥渴望的是一个温馨的家，倒不是和他文学上的对话。就很温暖的有一声问候有一杯热茶，能理解他的创作，尽管可能读不懂他。他从来认为他的这种劳动和我父亲的劳动没有两样，说我出去劳动去了，我回来就应该有一碗饭可以吃，而且我觉得他对家的要求很低的，他不愿意找一个文学家或志同道合的，或和你讨论文学，不是这样的。它就是很平常的一个家但他没有达到，这个我倒是觉得我嫂子作为一个女人也不容易。比如说作家嘛他就一个月两个月也不回家，在外面生活，他有他的一套思维吧，所以这种破碎都是有因果关系的，当然有更深的东西在里面，但是后期的这些东西不能用来谴责一个人，一个人那样的变化。但是路遥因为自尊心很强，一开始他身上也有很多农民式的东西，他的蜕变也是要经过一个漫长的过程，不是说他离开了土地就完全成为知识分子了。第二个他特别看重家，父母、兄弟只要谁咳嗽一声，呻唤一声，呻吟一声，他就觉得这就是他的责任，他是老大他就应该把这些管好，经常和我讨论过年的事，怎么回来吃好，父母怎么在一块儿团圆。

解说：

终于要出山了，因为元旦即在眼前，在那个新旧交替的日子里，为了亲爱的女儿，我也得赶回去，其实这也是唯一的原因。

路遥四弟：王天乐

为什么他对她女儿的那种情感，都是爱情破灭以后的一种转嫁，所以对他的女儿那种呵护和无原则的爱，就是怎么都行，都是一种家庭破碎的感觉。

解说：

寒冬中，我坐在越野车的前座上离开此地，怀里抱着第一部已经写成的二十多万字初稿，现在应该算是一个小小的凯旋。和这煤矿这个工作时间告别，既高兴又难受。高兴的是我终于要离开这个折磨人的地方，难受的是在这地方曾进行过我最困难最心爱的工作，使我对它无限依恋，这是告别地狱也是告别天堂。总之这将是一个难以忘怀的地方。春节过后不久就进入周而复始的沉重，抄写和二稿在某种意义上是一种"享受"。尽管就每天的劳动量和工作时间来说，比第一通稿要付出得更多，这主要是一种体力的付出，脑力相对来说压力要小一些。写第一稿前面永远是一片不可知的空白，写完今天还不知道明天要写什么。现在一切都是有依据的，只是要集中精力使之更趋完善。是的，艺术的劳动这项从事虚构的工作，其实最容不得虚情假意。我们赞美、我们诅咒全然应出自我们内心的真诚，真诚这就是说，我们永远不丧失一个普通人的感觉，这样我们所说出的一切才能引起无数心灵的共鸣。

摄影家：郑文华

路遥在作协这段时间是很勤奋的，是一般作家所不能做到的，路遥在写作的时候，他确实是废寝忘食，我碰见几次，他在街上回来的时候，一手拿着一个面包或者是拿着一根黄瓜一个西红柿，就是边走边吃，他也不考虑大街上这么多人看见他，他吃着就进了传达室了，在传达室吃完喝一杯水，有时候就坐在院子的藤椅上，一会儿你要不跟他讲话不跟他聊天，就呼噜呼噜进入了梦乡，很快。

解说：

凌晨从工作间出来，累得弯腰弓背，穿过一片黑暗向家属楼走去，嘴里不由得发出一声声疲劳的叹息。有时候立在寂静无声的院子里感到十分凄凉，想想过两个小时天就大亮，到处一片沸腾，人们将开始新的一天，而我却会拉起窗帘陷入死一般的沉睡中。是的我完全脱离了正常人的人生规律，感觉一直处在黑暗中，我渴望明媚的阳光照耀着我。

摄影家：郑文华

尽管很累，但是他每次写出来的稿纸，搁在桌子上要用手压一压，拿尺子量一量，呀！有三厘米了，有四厘米了，每天增加厚度他很欣慰。

作家：白描

一个下午在那聊天,路遥觉得它的名字一直不太满意,记得当时,聊天已经完了就准备收摊啦,一块来聊天,便灵机一动,说那你干脆叫"平凡的世界"得了。叫"平凡的世界"挺好啊!路遥一听马上觉得太好啦,我就要这个名字。

解说:

第一部全部完稿了,暂时把桌面完全清扫干净,只留下二十本稿纸放在那里,静静地抽了一个下午纸烟,不停地喝咖啡。只有这个时候才完全离开作品可以想想别的事了,同时想应该用一整天时间买几身衣服,买一点像样的生活用品把自己打扮一下。一年多来,一切生活都是凑合着过,连换洗衣服都没时间去买。并不是完全轻松了下来,没有,远没有,更严峻的问题就横在面前。

作家:白描

这个时候,他的担心已经被证实了,过去发表过他的作品的一些刊物,把这部作品一看以后,都是些大刊物,有影响的刊物,纷纷都给他退稿了,觉得啊,第一个篇幅太长,我们怎么发三十多万字,三十三万字。第二个和他们想象中的路遥应该拿出来的东西不一样,辗转了几个编辑部,最后由谢望新主编的广东《花城》杂志者表示愿意给路遥发表。

解说:

我至今仍然怀着深深敬意感谢当时《花城》杂志的副主编谢望新先生和中国文联出版公司的李金玉女士,他们用热情而慷慨的手拉过了这本书稿,使它能及时和读者见面。

作家:白描

在《花城》杂志发表了以后,在北京搞了次《平凡的世界》第一部的研讨会。他在期望当中也有一种担忧,他的担忧不是没来由的,因为他意识到当前文坛,对传统现实主义不是那么青睐的。

文学评论家:白烨

看了之后呢我的感觉也不是很好,这个当时有一个背景,什么背景呢?就是在20世纪80年代中期的时候,正好是叫新观念,新方法,新思潮,这些东西风起云涌的时候,每个人都觉得自己的观念过于传统需要变更,现实主义的东西天然的有一种不像过去那么被尊重了。

作家:白描

就是说作品里边既要有内容,同时还要在艺术形态上给我们提供一点新鲜的东西,你还得有花活儿。

文学评论家:白烨

恰恰这个时候路遥的作品是个反潮流的作品,他就是用一种严谨的现实主义的写法去写的。

作家：白描

大会那一天北京多年来罕见的大风雪。

文学评论家：白烨

整个会对作品并没有像路遥所期待的那样，给予一个一致的或者说高度的评价。

作家：白描

第一思想观念落伍，还是歌颂着普通劳动大众啊；第二手法落后。那么尽管你思想有准备，但是在首都的这么一个规模宏大的研讨会，当时很少就一部作品开一个研讨会，那对路遥的打击是很大的。

解说：

当时还有我国一些重要批评家，给予第一部很热情中肯的评论，这里我主要指出北京的三位，他们是蔡葵、朱寨和曾镇南。由于我国几位当代重要批评家的理解，使我在冷落中没有丧失信心，当然从总的方面看，这部书仍然是被冷落的。

作家：白描

会议后大家心情都很沉重，只有我陪着路遥在北京待了几天，等我们要回西安的时候，在路上那路特别滑，轮打滑几乎都要栽到沟里边去了，我当时紧张得不得了，一身冷汗，但是路遥那个时候沉浸在一种思绪里边，坐在车上是木呆呆地浑然不觉。

解说：

我自己心里很清楚，对第一部的某些疑问，正是二三部我将要解决的。我不能要求别人耐心等待我的工作，但我要耐心准备解决许多问题，要想完成自己的事业，就要不断地进行自我检讨，真诚地听取各种人的批评意见，好作品原子弹也炸不倒，不好作品即使是上帝的赞赏，也拯救不了它的命运。在我的心中，三部已是一个统一体，我已经看见了书的全貌，因此就不能对批评界的意见过分计较，他们只是就现在的第一部发表看法而已。许多原来苦心经营十分满意的构建，被毫不犹豫地推倒，有些素材显然成了一堆废物，而新的空缺需要马上补充。

延安日报副总编：杨葆铭

路遥开始创作《平凡的世界》之后，就想找一个陕北农村改革最早的村子，就找到了富县，在富县通过冯文德的讲述，就寻到了那个时代的具体背景和环境，以及人们对改革的那种渴望。

作家：和谷

那种社会背景和环境，以及人们对改革的渴望，我当时写了《安康大水灾》

《安康城沉浮记》，在《报告文学》杂志上发的。当时他也都看到了，他说和谷我得用下你这两部书里面关于城市管理、关于洪水的一些水文资料方面的东西，你没意见吧？我说那对嘛，能用到你的这个书里我也跟着沾光嘛。在他写作的时候他要用到你的素材，进行参照的时候，虽然是朋友，但是他对你表示一种尊重。

解说：

第二部第一稿的写作随即开始，这次换了地方，到黄土高原腹地中，一个十分偏僻的小县城（吴起县）去工作。正是三伏天，这里的气候特别凉爽，我意识到第二部对全书来说是至关重要的，体力和精神都竭力让其运转到极限。似乎像一个贪婪而没有人性的老板在压榨他的雇工，力图挤出他身上的最后一滴血汗。第二部的初稿是在精神精力最为饱满的状态下完成的。这是一次消耗战。尤其对体力几乎动用了所有的"库存"，自我感觉呀比第一部好，这是一个很大的安慰。正当我准备休息的时候，接到中国作家协会的通知，让我出访西德。因此我很乐意进行这个别致的活动。西德的访问使我大开眼界，感觉置身于另外一个星球的生活，思维的许多疆界被打破了。二十多天里几乎跑了所有重要的大城市，和一些著名的小地方，作为一个有独立人生观的人，我对所看到的一切都并不惊讶，我竭力在这个陌生的世界里寻找与我熟悉的那个世界的不同点和相同点，尤其在人性方面。

作家：海波

在德国他感觉到震惊的是两点，一点是西德，在第二次世界大战以后，美苏两个国家几乎把西德卡死了，各方面卡死了，这个国家就被肢解了，是这个国家的人民，这一代人，整整牺牲了一代人的梦想、爱情来拯救这个民族，这时候他感觉到日耳曼民族的厉害。

路遥四弟：王天乐

他到德国他突然想起说哎呀在法兰克福这个天街上能遇到玉亭会是个什么感觉？就回来和我讨论这个问题，然后他到慕尼黑的奥林匹克球场，看了一场足球。

作家：贾平凹

他是对足球特别热爱的一个人，完全就是男人，一个男人表现的东西他都能表现出来，属于这一种性格，他没有很柔弱的东西，当然太硬让他也容易折的，但是他的性格就是这种很强硬的。

解说：

一切都是这样美好，这样舒适惬意，但我想念中国，想回黄土高原。想念我生活的那个贫困世界里的人们。二十多天的访问已够了，我急迫地想回去，进行第二部第二稿的工作，其心情像外出的妇女，听见了自己吃奶孩子啼哭声似的，没有什么比我的工作更重要。

文学评论家：李星

他的生命跟陕北的黄土地联系非常紧密，你比方说土地是不会欺骗我们的，庄稼不会欺骗我们的，对大地对群众对人民对庄稼充满着信仰，宗教般的信仰，对黄土地。

解说：

访问结束，从北京一下飞机，听见满街的中国话，我的眼泪就在眼眶里旋转，走了全世界最富有的地方，但我却更爱贫穷的中国，即使世界上有许多天堂，我也愿在中国当一名乞丐直至埋葬在它的土地。

文学评论家：肖云儒

一个作家没有恋乡感情是不行的，他就空啦，路遥不是引了艾青的那个诗吗，"为什么我的眼里常含泪水？因为我对这土地爱得深沉"，只有把自己的眼泪浸到这片土地里去，你才能够深度地解读这片土地。

解说：

又回到了机关院内，那间黑暗的"空房"，开始第二部第二稿的工作，激奋与凄苦交织在一起，除过劳累仍然存在一个饥饿问题，我的难言的凄苦在于基本放弃了常人的生活。

陕西省作家协会党组书记：雷涛

而到了改革开放以后，按理说他该享受生活，他的物质生活应该更好一点，但是事实恰恰相反，他依然过着十分清苦的生活，比如他写到半夜写到天亮甚至敲开人家的门来讨要一个蒸馍，一块干馍再喝点开水，这样一个作家进行着如此巨大的精神支出，吃的却是开水加蒸馍，他的身体怎么支撑呢？

作家：晓雷

任何困难都要踩在脚下，他就这样一种性格。他从不畏难，只要他确定了目标，再大的困难他都要把它排除掉。

解说：

第二部第二稿的时候，我几乎完全倒下了，身体状况不是一般的失去弹性，而是弹簧整个地扯断。其实在最后的阶段，我已经力不从心，抄写稿子时，像个垂危病人躺在桌面上，斜着身子勉强用笔在写，几乎不是用体力工作而纯粹靠一种精神力量，在苟延残喘。

作家：白描

其实路遥对写作他看得非常朴素，他说这个狠劲，其实就是我们父辈身上那种在黄土里刨挖的精神，种庄稼你也得对自己狠一点，你也得下苦力，也得劳动，他继承了这种传统。

作家：贾平凹

现在想起来吧要遇上这样的人，也是越来越少了，对文学的这种执着吧，现在的好多作家也都没有他那种执着了，他那个可以背上些香烟就走了，就到一个地方一蹲就蹲那么长时间，因为那个时候生活困难大家都没有多少钱，严格讲路遥也没有享受所谓的俗世里边说的那个福。

解说：

终于完全倒下了，后来我才知道，这是无节制的拼命工作所导致的自然结果。开始求医看病，药越吃病越重，非但不顶事结果喉咙肿得连水也咽不下去，一天二十四小时痛苦得无法入睡，有时折磨得在地上滚来滚去，而一点办法都没有。一个更大的疑惑占据了心间，是否得了不治之症？

第七集 大 寒

精句：

在这个创造了你生命的地方，会包容你的一切不幸与苦难，就是生命消失，能和故乡的土地融为一体，也是我最后一个夙愿。带着绝望的心情离开西安，向故乡沙漠的榆林城走去，故乡，又回到了你的怀抱，每次走近你就是走近母亲。

解说：

只有初恋般的热情，和宗教般的意志，人才有可能成就某种事业。

作家：贾平凹

经常就在院子里和大家聊天，一个烂藤椅，经常就坐在那儿，后来身体不好的时候，坐着就打盹了，就瞌睡了。

解说：

我第一次严肃地想到了死亡，我看见死亡的阴影，正从天边铺过，我怀着无限惊讶，凝视着这一片阴云。从未意识到生命在这种时候，就可能结束。迄今为止，我已经有过几次死亡的体验，最早的两次都在童年，那时候我发高烧，现在看来肯定到了四十度，然而年轻无知的父母，不可能去看医生，而叫来邻村一个著名的巫婆，经过一阵敲敲打打的巫术后，后来我又奇迹般活了。第二次我上山砍柴，在当时的年龄，还不能在复杂陡峭的地形中，完满地平衡身体的重心，就从山顶的一个悬崖上滑脱，向深沟里跌了下去，我记得跌落的过程相当漫长，感到身体翻滚时像飞动的车轮般急速，这期间我唯一来得及想到的就是死，结果又奇迹般地活了下来。后来的一次死亡，其实不过是青春期的一次游戏罢了，那时我曾因生活前途的一时茫然，加上失恋，就准备在家乡的一个水潭中跳水自杀，结果在月光下走到水边的时候，不仅没有跳下去，反而在内心唤起了一种对生活更加深沉的爱恋，最后轻松地转过身，索性摸到一个老光棍的瓜地里，偷着吃了好几个甜瓜。想不到几十年后的今天我却真正地面对这件事了。是的这是命运，但是我对命运的无情，只有悲伤和感叹。痛苦不仅是肉体上的，主要是精神上的，产生了一种宿命的感觉。我说过我绝非圣人，这种宿命的感觉也不是凭空而生而是有一定"依据"的，我曾悲伤地想过在中国，企图完成长卷作品的作家，往往都死不瞑目，伟大的曹雪芹不用说，我的前辈和导师柳青也是如此，老实说我之所以如此急切而紧迫地投身于这个工作，心里正是担心某种突如其来的变异，常常有一种不可预测的惊恐，生怕重蹈先辈们的覆辙。心越急病越重，出于使命感也出于本能，在内心升腾起一种与之抗争的渴望，我想起故乡榆林地区的中医有名，到那里治病，好了万幸，治不好也就地埋在故乡的黄土里，这也是最好的归宿。在这个创造了你生命的地方，会包容你的一切不幸与苦难，就是生命消失，能和故乡的土地融为一体，也是我最后一个夙愿。带着绝望的心情离开西安，向故乡沙漠的榆林城走去，故乡，又回到了你的怀抱，每次走近你就是走近母亲。你的一切都让人感到亲切和踏实，内心不由泛起一缕希望的光芒，踏上故乡的土地，就不会感到走投无路。

陕西省原纪检委书记：李焕政

有一次去看路遥，路遥说他精神很不好，在西安检查说他的肝上有毛病，我说那好办嘛，王震的病西安延安都看不好，就是咱榆林的中医给看好的，路遥一听就说啊呀那么好，那就同意你的意见，叫你这个老医生给我看看。所以就把这个老医生张鹏举请来，给路遥开了些中药。

解说：

张老开始调理我整个身体，我像牲口吃草料一般地吞咽了他的一百多服汤药，和一百服药丸，身体开始渐渐有所复原。身体稍有复原的时候，我的心潮又开始澎湃起来，问题即自然地出现在面前，是继续休息还是接着再写。按我当时的情况，起码还应该休息一年，所有的人都劝我养好身体再说。但是我难以接受这么漫长的平静生活。我的整个用血汗构造的建筑在等待最后的封顶。是否应该听从劝阻休息一年再说？不行，这种情绪上的大割裂对长卷作品来说可能是致命的。那么还是应该接着拼命，自我分裂，两个分裂的自我渐渐趋向统一。开始面对唯一的问题了，那就是必须接着干。

文学评论家：李建军

其实路遥我觉得不仅仅通过他的作品，给我们读者提供了这种内心的温暖，提供了这种力量，同时我觉得他的作品包括他自己的这种写作的方式，给很多当代的作家，也应该提供了一种榜样和力量。

解说：

蓬勃的雄心再一次鼓动起来，只要上苍赐福与我，让我能最后冲过终点，那么永远倒下不再起来，也可以安然闭目了，这将是一次戴着脚镣的奔跑。

陕西省原政法委书记：霍世仁

1987年秋天，路遥同志来榆林，要完成他《平凡的世界》的第三部。有一次我是早上八点钟开会，我七点半就到他房间去了。到他房间以后，看见他还在写，我说路遥你晚上没有休息？他说没休息，他上劲了一定要一气呵成。

解说：

想到自己现在依然能投入心爱的工作，并且已越来越接近最后的目标，眼里忍不住旋转起泪水，这是谁也不可能理解的幸福。回想起来，从一开始投入这部书到现在，基本是一往如故地保持着真诚而纯净的心灵，就像在初恋一样，尤其是经历身体危机后，重新开始工作，根本不再考虑这部书将会给我带来什么，只是全心全意全力去完成它，完成着就是一切，在很大的意义上这已经是不纯粹完成一部书，而是在完成自己的人生。写第三部时，已经感到了某种"经验"，而且到了生命的高潮部分，也到了接近最后目标时刻，因此情绪格外地高昂，进入似乎也很顺利。

文学评论家：白烨

如此刻苦地就这样玩命地干，我觉得几乎找不到第二个人了，所以从这个上讲，我觉得他当然是一面旗帜，他是一面文学精神的旗帜。

路遥四弟：王天乐

就是我们两个人拥抱过两次，这就是其中一次，他就紧紧地抱着我，说他有一种预感。第三部刚开始的时候，他说中国在变化了，中国有一种大的变化，户籍制尽管消失也是漫长的，但是它终于再没有什么意义了，说这个我已经感觉来了。然后他就拍了我一下说朋友啊，我们这一代可能见不到了，但是朋友你一定要记住，我们一定要朝气蓬勃地努力，哪怕为此付出生命的代价。我们不要以为我们是农民的儿子，我们一定要有一种强大的社会责任感。就他说这话的时候，好像和我就不是兄弟了，是一种非常陌生的感觉。

解说：

1988年元旦，如期地来临了，一种无言的难受涌上心间，这不是为自己，而是为了亲爱的女儿，在这应该是亲人们团聚的日子里，作为父亲而不能在孩子的身边，感到深深的内疚。现在对你来说是无比欢欣的节日里，我却远离你，感到非常伤心，不过你长大后或许会明白爸爸为什么要这样，没有办法爸爸不得不承担起某种不能逃避的责任，这也的确是为了给你更深沉的爱。远处传来模糊的爆竹声，感到了一种人生的悲壮，我要用最严肃的态度进行这一天的工作，用自己血汗凝结的乐章,献给远方亲爱的女儿。按照预先的计划,我无论如何要在春节前完成第三部的初稿,由于这是实质上的最后冲刺,精神高度紧张,完全处于燃烧状态,大有"胜败在此一役"之感。万分庆幸的是,春节前一个星期,身体几乎在虚脱的状况下,终于完成了第三部的初稿,我能赶上和女儿一块过春节了,这将会是一个充实的春节。在返回西安的路上我决定过完春节稍加休整趁身体还能撑架住某种重负,赶快趁热打铁立刻投入第二稿的工作,这是真正的最后的工作。春节过后不久,机关院子那间夏天的病房,很快又恢复为工作间。这次的抄改更加认真,竭尽全力以使自己在一切方面感到满意,在接近六年的时光中,我一直处在漫长而无期的苦役中,就像一个判了徒刑的囚犯,我在激动地走向刑满释放的那一天。春天已经渐渐地来临了,树上又一次缀满了叶片,墙角那边也开了几朵不知名的小花,我心中的春天也将来临。

中央人民广播电台《小说联播》责任编辑:叶咏梅

因为我们播了前两部之后,演员和我都期待着马上录制第三部,已开播不能停播,你第三部无论如何得六月一号交到我手里。

作家:白描

实际上那个时候,叶咏梅冒了一个险,路遥也冒了一个很大的风险,因为这是史无前例地在一部作品没有完成之际——中央人民广播电视台在第三部还没写完即开始录制——就开始已经播了。第二点路遥也给自己押了一把赌注,这个赌注不是说他的能力完不成,而是那个时候他的健康每况愈下,他把自己其实已经逼上一条绝路了。

解说:

当作品的抄改工作进入最后部分时,我突然想将这最后的工作放在陕北甘泉县完成,这也是一种命运的暗示,在那里我曾写出过自己初期的重要作品《人生》,那是我的一块"风水宝地",而更多的是出于一种人生的纪念,机关院子里就一天也待不下去。

路遥四弟:王天乐

什么时候说后天要走了要离开西安了,路遥就会唱着民歌哼着民歌,在院子里告诉所有的人,甚至门房的老谢,说我后天就回陕北了,多年来一直是这样。

中央人民广播电台《小说联播》责任编辑:叶咏梅

那架破旧的半导体就搁在桌子上,就像每天给他打强心针似的说还有亿万听众等着往下听你的故事呢!

解说:

精神的高度紧张使得腿不断地抽筋,晚上的几小时睡眠常常会被惊醒几次,通过六年不间断的奔跑,现在我已真切地看到了终点的那条横线,撞线的时候终于来临了。在我的一生中需要记住的许多日子都没能记住,其中也包括我的生日,但是1988年5月25日这个日子能记住,我正是在这最后一天完成了《平凡的世界》的全部创作。

路遥四弟:王天乐

因为我就知道他这天要完成了,因为我认为这25号对我和他都是非常吉祥的数字。

解说:

尽管我想平静地结束这一天,这一切,但是不可能,也不由自主,这真是一个快乐的日子。5月的阳光已经有了热力,大地早已解冻,天高远而碧蓝,空气中弥漫着青草和鲜花的气息。这是一次漫长的人生孤旅,因此曾丧失和牺牲了多少应该拥有的生活,最宝贵的青春,已经一去不返。生活就是如此,有得必有失,为某种选定的目标献身,就应该是永远不悔的牺牲。无论如何能走到这一天就是幸福,再一次想起了父亲,想起了父亲和庄稼人的劳动。从早到晚,从春到冬,从生到死,每次将种子播入土地一直到把每一颗粮食收回,都是一丝不苟,无怨无悔,兢兢业业,全力以赴直至完成,用充实的劳动完成自己的生命过程。我在稿纸上的劳动和父亲在土地上的劳动本质是一致的,由此这劳动就是平凡的劳动,而不应该有什么了不起的感觉,由此你写《平凡的世界》你也就是这平凡的世界中的一员,而不是高人一等。由此1988年5月25日就是一个平平常常的日子,而不是一个特殊的日子,由此像往常的任何一天一样,开始你今天的工作吧。

路遥四弟:王天乐

因为其他人不可能进他的房间,他把另外的稿纸整理了,全部都放在桌子旁边,就留下最后的这几页了。

解说:

想起几年前的那个艰难的开头,想不到今天竟然就要结束,毫无疑问这是一生中的一个重大时刻。心脏在骤烈搏动,有一种随时昏晕过去的感觉,圆珠笔捏在手中像一根铁棍一般沉重,而身体都像要漂浮起来,时间在飞速地滑过,纸上的字却越写越慢,越写越吃力。

路遥四弟:王天乐

因为他要完成他这六年来的一种苦行僧式的生活,还有一个半小时就完成了,但是他当时抽筋了。

解说:

过分的激动终于使写字的右手,整个痉挛了,五个手指头像鸡爪子一样张开而聚不拢，笔掉在了稿纸上，满头大汗，浑身大汗，这是从未体验过的危机，由快乐而产生的危机，智力还没有全部丧失。我把暖水瓶的水全部倒进脸盆，随即从床上拉了两条枕巾放进去，然后用"鸡爪子"手抓住热毛巾，在烫水里整整泡了一刻钟，这该死的手才渐渐恢复了常态，立刻抓住笔飞快地往下写，终于为全书画上了最后一个句号。几乎不是思想的支配，而是不知出于一种什么原因，我从桌前站起来所做的第一件事，就是把手中的那支圆珠笔从窗户里扔了出去。

我来到卫生间，用热水洗了洗脸，几年来我第一次认真地在镜子里看了看自己。我看见一张陌生的脸，两鬓竟然有了那么多的白发，整个脸苍老得像个老人，皱纹横七竖八而且憔悴不堪，我看见自己泪流满面。索性用脚把卫生间的门踢住出声地哭出来，我向另一个我表达无限的伤心、委屈和儿童一样的软弱。而那个父亲一样的我，制止了哭泣的我，并引导我走出卫生间。我坐下来点燃一支烟，沉默了片刻，在这一刻里我什么都没有想，只想起杰出的德国作家托马斯曼的几句话："终于完成了，他可能不好，但是完成，只要能完成，他也就是好的。"

路遥四弟：王天乐

我预感到他已经写完了，门打开的时候，他就说记住，也许这句话对你是重复的，但是我还要提示你，一个人一生中要完成一件重大的事情，必须以宗教般的信念和初恋般的热情，才能做完它，你休想用一种投机取巧的办法，完成一项宏大的工程，愿这句话咱们经常勉励自己。

中央人民广播电台《小说联播》责任编辑：叶咏梅

准点赶到6月1日（1988年）赶到我们这，其实他那时候的身体已经很不好了。

路遥四弟：王天乐

《平凡的世界》写完以后，千头万绪的事情才开始要他处理，但是他的处理日常事务的能力已经下降了。

诗人：尚飞鹏

1989年，我在壶口碰到了路遥，当时我觉得路遥也是心情很沉重，穿着风衣站在壶口那个悬崖上，看黄河像一头巨狮一样地咆哮。从壶口返回县城的时候，我搭路遥的车，当时路遥不知什么原因开始就先唱上了，他唱的是一首陕北民歌：青天蓝天哦吼哦吼天，杀人的老天不眨眼哦吼眼。当时车上人都静静在聆听他的这首歌，他的那种情绪就感觉到心里特别地郁闷，当然遗憾的是，我现在唱这个怎么可以表达他当时的那种心情呢？显然是无法复制他的那样，现场的那种悲凉和那种忧伤。

路遥五弟：王天乐

瞬间的激动就在于，有一天正在延安的一个县上采访他，把电话打通以后他说我是路遥，这个电话一打我想这是一个天大的事，因为他一分钟没说话，然后他说茅盾文学奖揭晓了，我获奖了，我是第一名！我相信他哭了。这个倒不是他看中这个奖有多大，这是一种认可，六年来交织的这样悲苦，一生对文学的这样的追求，终于在某一个符号上承认了他。然后我就愣在这个地方，我想我会祝贺他的但不是现在。我说有困难呀。我相信一般人在此时不会想到的路遥会有什么困难，但我就预感到他肯定有困难，他说我一共有五千块钱，我这回到北京钱不得够将买一百套书送评论界送朋友，我自己要有一点书我是起码要请一桌饭，我所有的开支不到三分之一。当时的钱那是多么贵重，几千块钱就可以拯救一个家庭，这样的问题对我来说你不能说没有，你和他不能讨论说那怎么办。他是一个知识分子，写了一部书获了这么一个大奖，没有钱去领奖，这在世界上怕也独一无二的，所以说写作为了什么，我们就那么崇高吗？我们崇高得都没办法生存了。但作为自己来说，就会理智地考虑文学是什么，为什么要这样付出，为什么苦难降在我们家头上。文学固然美好，它曾伴随我度过了那么多幸福的时光，但是一旦降临在你的头上的时候你又觉得那么肮脏，让我觉得这门学问我永远不会提及它了。当时的感觉我也不会读任何小说，我就觉得一切都是假的只有我从事的才是真的，尽管人家让我假写，我都会写成真的就是这种狡辩，这种批判，完结了以后你还得活下去，你还得完成这个事情。后来我就找到了地委副书记，就把路遥这个情况一说，他是人大毕业，俄语特别好，他就用俄语说如此荒唐，然后他就走出这个桌子，握住我的手说，我们现在出发一切由我来解决。这个人现在已经去世了，但是他对我的帮助太多太多了，回去以后他把这个信封给我：去送给路遥，你问他好。就这样我就飞奔下西安，路遥已经到火车站了，多么仓促，我突然想起在《人生》获奖的时候我就在这个地方给他送的钱，那时候我还是个煤矿工人，领奖他拿二百块钱，当时的钱很贵，我就要给他五百块钱。今天我又是这样借来的钱，他站在车站，还有一个小时就要发车了，他提前到的，他说顺利吗，我说还很顺利。我说以后啊，你就不要获诺贝尔文学奖，去那儿的时候要外汇的，我说人民币怎么都好搞，恐怕外汇你我搞不到。他看了我半天就上火车，他不愿意和我对话，说日他妈的文学，包一甩就上了火车。

第八集 立 春

精句：

这就是一颗璀璨的星从中国的天宇间陨落了，一颗智慧的头颅终止了异常活跃、异常深刻也异常痛苦的思维，这就是路遥。

解说：

永远不丧失一个普通劳动者的感觉，像牛一样地劳动，像土地一样地奉献。

1991年3月9日，在四年一度的中国最高文学奖——茅盾文学奖评奖中，《平凡的世界》在1985年到1988年间发表的七百多部长篇小说的激烈角逐中，脱颖而出，以榜首位置，直抵中国当代文学最高峰，被评论界公认为是一部具有内在魄力，具有博大恢宏的史诗般品格的现实主义力作，是中国当代文学的重要收获。路遥代表获奖者发言，他说获奖并不意味着一部作品完全成功。因为作家的劳动成果不仅要接受当代眼光的评估，还要经受历史眼光的审视，我们的责任不是为自己或少数人写作，而是全心全意全力满足广大人民群众的精神需要，只有不丧失普通劳动者的感觉，我们才有可能把握社会历史进程的主流，才可能创造出真正有价值的艺术品。因此，全身心地投入到生活之中，投入到创造伟大历史伟大现实伟大未来的劳动人民身上，领悟人生大境界艺术大境界，应该是我们毕生的追求。因此，对我来说，今天的这个地方就不应该是终点而应是一个新的起点。

中国作协党组副书记：王巨才

摘取了这桂冠，不光是路遥，整个文学界、整个领导层、整个陕西老百姓都欢欣鼓舞，觉得我们能出这样个人才是陕西的光荣。

延安报副总编：杨葆铭

这么作为延安的这些父老啊，包括一些官员啊，都对路遥表示感谢，有的打电话，有的写封信。冯文德当时就说要恰如其分地对路遥获得"茅盾文学奖"给予祝贺，要送礼物想个啥呢？最后想起路遥有句话：像牛一样劳动，像土地一样奉献。很勤恳的一个人，所以咱拿陕北的黄土给路遥塑一头牛吧，冯文德说是寻找两句诗词，屈原的"长叹息以掩涕兮，哀民生之多艰"，叫我给牛的底座上，就把这两句写上。这个东西路遥收到的时候，很感慨、很高兴，很敬重这件礼物，听说一直在他的写字台上放着，一直到去世。

作家：贺抒玉

这时候我以为路遥，我当时也担心路遥会不会飘飘然了，你看年轻人嘛，头脑发胀怎么办？结果我发现他非常冷静，当时好多地方请他去参加笔会，他都不去，他思想上有更大的想法。他虽然得了茅盾文学奖，但是他心里还并不满足，实际上是想着得诺贝尔奖呢。

中国作协党组副书记：王巨才

这封信上谈到就说我这些作品啊，也有许多的不足和遗憾的地方，但是唯一可以使人慰藉的就是在这里融注了我对这块土地，和这块土地上生长的这些父老乡亲们的真挚的一种情感。他在最后给我说我要继续地努力,来报答生我养我的这块土地,和我的父老乡亲们,我的朋友兄弟们。

文学评论家:李建军

路遥的作品有一种力量就来自他对大地、对一切美好事物、对一切美的人的这种爱。按照艾伦堡的解释,是所有艺术中最艰难的一种艺术,我们恨一个人很简单,恨是一种生下来不需要教育就会有的一种情感,但爱的情感是需要教育的,而路遥的作品中,也近乎本能地表现出对万物、对所有人的爱意,一种高度的教养,一种很高的伦理境界,一种文化修养。

文学评论家:肖云儒

从艺术上来看,文学上来看,我觉得路遥的价值,在于他是出生在"文化大革命"到新时期转型这一个阶段的承上启下的一个艺术家,承上启下的一座桥架。这个桥梁是由许多作家组成的,但是路遥是一个非常,承担着非常重量的一个桥墩子。那么他是较早地预告了中国社会将会有深层变迁的作家。他是让我们这个民族通过他的人物,创造力生命力有了迸发的作家。他是将西部文化,也就是胡夷相结合的异质文化引进中国文化版图的作家,他也是发扬诗性现实主义,使得中国现实主义传统永不断流而且焕发新生命的作家。

企业家:潘石屹

我的弟弟比我小好多岁,他参加工作的第一天,我给他送了一套礼物,就是路遥的《平凡的世界》。我说这是最珍贵的礼物,是哥哥成长过程中一份特别宝贵的精神财富。路遥的《平凡的世界》我大概看了七遍,就是每一次我在看路遥的《平凡的北界》的时候,总是自己在这个社会碰到了困难,觉得就是多看一次路遥的《平凡的世界》总是给我力量,给我非常大的力量。尽管到现在二十几年的时间过去了,我们这个社会已经完全不一样了,可是这种精神的东西,也是永恒的,是不会改变的。

解说:

1990年到1992年,路遥处在创作的休整期,一方面要恢复一下严重透支的体力,另一个方面也好对下部的创作进行一番思考。为了回答人们关于《平凡的世界》的诸多问题,路遥决定就《平凡的世界》创作问题写一篇随笔,这就是后来面世的《早晨从中午开始》。

作家:杨治华

有那么一天,我们报社的社长李祥云把我叫了去,他激动地说:我们可是有重大的收获啊!接着他拿出了厚厚的一沓文稿,说这是路遥的新力作——《早晨从中午开始》,非常珍贵啊,决定在咱们《铜川矿工报》率先发表,他说这是路遥对铜川人民的一种回报。

文学评论家：李建军

他写《早晨从中午开始》，其实等于是为自己写了一部小说，小说的主人公就叫路遥，我觉得它是一部路遥自己的心灵传记，而且我认为它是一部用文字写出来的英雄交响曲。

解说：

我们不妨把这部作品看作路遥留给我们的最后一笔精神遗产。在这部作品里，路遥不但以传神之笔记录了创作《平凡的世界》的全过程，尤其可贵的是他用大量的心理剖白，表述了他对社会、人生、艺术的深层思考，这些文字给我们提供了完整了解路遥的钥匙，而这部作品毫不夸张地说，已经成为新时期文学所能达到的最高高度的作品之一。

导演：贾樟柯

他的写作有神圣感，他有使命感，因为他知道一笔一画一个字一个字下去的时候，他倾诉的是一整片人群的心声。我觉得这种责任感，他是来自基层社会的一个作家，他的一个自我的一种仪式，这个仪式带给我们一种文字的高贵。他写的是贫瘠的世界，但他的文学是高贵的，跟同时代的作家比起来，我觉得他是一个非常强烈的人文主义者，有一种强烈的对普通人的认同，以一种个人角度来观察这个社会。我觉得这背后有一点，他是一个高尚的、一个有良知的知识分子，因为良知与高尚，所以他选择了一个合适的态度，和他带有感情的讲述，形成了他的现代性。

中国作家协会党组副书记：王巨才

陕西作家协会的领导班子，好长时间没有换届，实际上内定下来就是要由路遥去做陕西作协的主席。

作家：贺抒玉

但是没想到的是，他会得了这个可怕的肝炎。

路遥大学同学：高其国

路遥最后一次回到延安（1992年），联系印刷他的文集呢。

延安市委宣传部原部长：白崇贵

当时我看到路遥同志，脸色蜡黄，而且发青。我觉得路遥是已经有病了，反正他住院也罢不住院也罢，我们硬叫他住院。后来路遥就住了院，住到延安地区医院。

路遥大学同学：高其国

路遥有一次跟我说，哎呀，其国，我看这回我的病是不太好，我这下是给拦腰斩断了。他还有一个关于成吉思汗的创作规划没有完成，这对他来说是一个很遗憾的事情。

路遥五弟：王天笑

弟兄两个都紧紧抱住泪流满面，他几乎是放声大哭，说他已经不行了。

延安市委宣传部原部长：白崇贵

到9月5号，我们好几位同志开了几辆车，在医院里把路遥接上，把路遥送上火车。

诗人：曹谷溪

所以我就把过去要求看路遥的这些朋友，分别打电话给他们通知下，通知到的没通知到的，延安火车站黑压压地来了几千人，为作家路遥送行。

西京医院传染科主任医师：康文臻

当时觉得挺惊讶的，他住院的时候，病情是非常地重，因为一住院之后我们就报了病危，他等于是肝硬化的晚期住的院。

陕西省原政法委书记：霍世仁

省政府专门为了治他的病，给他攒了一笔钱，白清才当时是省长，专门到医院看过他。

中国作家协会党组副书记：王巨才

花多少钱都行，白清才说过一句话是，出一个省长比较容易，但是出一个作家很不容易，很难。

延安大学原党委书记、校长：申沛昌

看望已经病危的路遥，我顺便告诉他，我说路遥你的文集出版有希望了，因为学校经过研究，同意给出版社寄五万块钱，他们给咱们寄五万块钱的书。这个事情当时我很伤感，我说你看路遥，你一个著名作家出一本文集，差五万块钱出版社不出版，这是中国文坛的悲剧，但是现在好了，已经出了。他当时非常干瘪黄瘦的手，两把手把我的手握住，一再说感谢感谢，我说不需要感谢，这是应该做的。我们两个相对无言，已经是眼泪夺眶而出。

作家：贾平凹

平常对我也是挺关心的，到那一看他怎么病了，当时就很吃惊，也没想到他会病了，也没想到他一病就病成这个样子，他也跟我讲，这回病好了以后，出院了以后你跟我走到我老家，叫我妈给咱做个洋芋擦擦，咱出去放羊住上一段时间。

第四军医传染科主任医生：康文臻

当时他找到我们科室门口，他说：啊，我又见到了太阳。就是时刻你能感觉到他对生活的热情和热爱。

作家：晓雷

那个针眼已经扎得再找不到地方了。

解说：

路遥与死神激烈地抗争着，直到1992年11月17日凌晨五时，路遥出现严重吐血，医生全力抢救，仍未能阻挡死神无情的脚步。

路遥五弟：王天笑

感觉他隐隐约约就一直跟我说话，但是一句也不清楚，最清楚的几句话就说的是爸爸妈妈可亲了，爸爸妈妈可重要了。

解说：

1992年11月17日8时20分，路遥离开了我们，离开了他一直钟爱和崇拜的大地和天空，离开了他厌恶和恐惧的贫穷与饥饿，离开了一直使他的心不能安静下来的那个广大而苦难的农村，离开了他曾经爱过，并且也给他心灵留下深深伤痛的现实生活和婚姻，离开了他不想离开的家人，离开了他还想写的很多构思和未完成的宏伟目标，离开了蓝天、蓝天上的星星，离开了大地、大地上流淌的河水。

作家：申晓

啊呀！路遥兄弟你走了，路遥你安息吧！老哥还在拼命，还跟牛一样的跟你一样的。

作家：厚夫

可是呢，到最后我也没有见到他，我觉得这是我终生的遗憾。真的是我的一个精神领袖啊，精神导师，我们就是在路遥的旗帜下成长、追求、奋斗的。

这对陕西文学界来说，是一个非常大的损失，对我的个人情感来说，也是次挫伤。

啊呀，那就感觉伤心得厉害了，农民就感觉到很伤心。

这么一个人才嘛，就去世了。

他早早去世，旁人也要哭。

关键是思想上没准备，他从小就跟着我，他自己常说这么一句话：你是我见到的第一个大人物，我说现在你是大人物了。

解说：

1992年11月21日，在西安三兆公墓，陕西各界人士向路遥做最后的诀别。这一天天气格外阴冷，白色小花在所有人的胸前晃动，当泪水流淌、哭声响起的时候，路遥啊，你可听见人们对你的呼唤！

文学评论家：肖云儒

花圈之多，是陕西省文学界迄今为止最多的，从灵堂一直摆到荆家巷那边拐弯过去，我很吃惊。延安每一个县，榆林每一个县县政府、县委都送来了花圈，就是这么一个人为什么有这么大的魅力，有这么强劲的人格力量，能够不仅影响文学界而且影响一块土地？那肯定是他诠释了这块土地的强者精神。

作家：陈忠实

我们不得不接受这样的事实，无论这个事实多么残酷，以致至今，仍不能被理智所接纳，这就是一颗璀璨的星从中国的天宇间陨落了，一颗智慧的头颅终止了异常活跃、异常深刻也异常痛苦的思维，这就是路遥。

我们无以排解的悲痛，发自最深切的惋惜，四十二岁，一个刚刚走向成熟的作家的死亡，意味着什么，本来我们可以完全自信地期待，属于路遥的真正辉煌的历程才刚刚开始。我深沉地惋惜这是出自对一个文学大省、一个国家和民族的文学事业无法弥补的损失。一切已不能挽回于万一，所以期待即使是自信的，有把握的，也都在1992年11月17日那个早晨，被彻底粉碎了。然而我们就路遥截至1992年11月17日早晨八时二十分的整个生命的历程来估价，完全可以说他不仅是我们这个群体而且在更广泛的中国当代、中青年作家中也是相当出色、相当杰出的一个。就生命的历程而言，路遥是短暂的；就生命的质量而言，路遥是辉煌的；能在如此短暂的生命历程中创造如此辉煌如此有声有色的生命高质量，路遥是无愧于他的整个人生的，无愧于哺育他的土地和人民的。路遥同志你走完了短暂而又光辉的人生之旅，愿你的灵魂在平凡的世界里的普通劳动者中间，和他们赖以生存的土地上，得以安息。

文学评论家：李星

路遥逝世应该说是天缺一隅。

中国作家协会党组副书记：王巨才

平凡的世界，多舛的人生，倔强的脊梁，高贵的灵魂。路遥这个孤独而又隐忍地跋涉在黄土高原上的陕北硬汉，也许就是20世纪以来，中国文学版图上最后的一个殉道者。

文学评论家：肖云儒

一个艺术家，一个思考者，通过他的作品也通过他自身的生命，告诉我们什么呢？我觉得特别在当下，市场经济非常繁荣的情况下，告诉我们人是需要意义生存的，人不仅需要物质存在，更需要意义的存在。路遥的一生就是执着在意义层面完成自己生命的人。在这方面，他的精英感，他的晋级感，他的强忍不屈和他对自己内心各种矛盾冲突深刻的解剖，都是在当下这个社会非常可贵的，也是当下社会所缺少的精神元素。

文学评论家：李建军

我们这个时代我觉得夸夸其谈、华而不实、浮华的倾向太严重，像他这样朴实地说人话，朴实地诗意地说人话，这样的作品太少了。可惜天不假年，这么优秀的作家,就这么英年早逝了,这是他个人的一个非常大的损失,也同样是我们这个时代、我们这个民族文学的巨大的损失。

作家:贾平凹

我经常在感慨,如果他还活着,他可能还能写出更有力的作品;如果他还活着,陕西文坛目前还不知道发生什么状况。

中央人民广播电台《小说联播》责任编辑:叶咏梅

就是2000年的时候,做了一个听众的抽样调查,他排行榜是第一,我们六十年六十部最具影响力的业内的调查,他排第八,但最重要的是在我三十年编辑生涯中,给他的来信量最多,质量最高也最感人。

文学评论家:李震

他写路遥的论文,他去调研过北京像北大、北师大、人大,还有我们几所院校,图书馆的借阅登记卡上,统计出来的数据,路遥的作品持续很多年都是当代作家中阅读率最高的那么几个人之一。

企业家:潘石屹

就是在读路遥作品的过程中,你就会体会到路遥并没有死,而且活着,他活得很健康,活得很有力量,活得跟你非常亲近。从心里感觉到路遥就是自己的知己,就是自己的朋友。

延安大学原党委书记、校长:申沛昌

所以想到他的去世,我一方面感到巨大的打击和悲凉,另一方面也感觉到无比骄傲和自豪。我认为路遥生前是一座丰碑,他在文学上的光辉成就,他的人格上的伟大力量,可以成为人们的楷模。他去世以后,应该是一面旗帜,仍然指引着许多我们后来的人。

延安大学党委书记:刘建德

在我们陕北来讲呢,怎么形容他都不为过吧,如果说民主革命时期的名人是柳青的话,那么后来新中国诞生以后的名人谁也超不过路遥。

作家:贾平凹

可以说有两个人会是长久的,一个是石鲁,一个就是路遥。

延安市委宣传部原部长:白崇贵

他过世之后,要回归故土。

路遥四弟:王天乐

有一次在心情特别好的时候,就讨论到死,说死后咱们到哪里?肯定回家,肯定回陕北,说选择一个很阳的地方,晒晒太阳散散心,如果灵魂有感应的话,那么咱还在这个地方,语言咱都是熟悉的,心灵都是想通的,灵魂都是平静的,人们都是熟悉的,说家是真好,就说这个大家,陕北这个家是真好,他病的时候他就想买一块白布把自己一裹,就到大山里边,他就想留在陕北。因为陕北他认为就是一种家。

解说:

在众多亲朋好友的努力下,路遥的遗愿实现了。路遥逝世三周年的时候他魂归故土,熟睡在母校延安大学的文汇山上。如今路遥离开我们近二十年了,但是人们仍记着这位英雄,尽管一些人忽略了他的价值,还没有意识到他的伟大,他依然在中国文坛具有历史性的重大意义和不可替代的位置。他的名言"像牛一样劳动,像土地一样奉献"早已广为流传。今天,在春天细雨的沐浴中,我们又一次聚集在这里,为的是从这位英雄身上汲取精神的元素,以增加自己骨骼的硬度,与灵魂的广泽,以期告慰这位如今的长眠者,让我们再次聆听你的声音。

路遥原声:

你们好,我是一个地道的农民的儿子,我个人认为这个世界是普通人的世界,普通人的世界当然是一个平凡的世界,但也是一个永远伟大的世界。我呢,作为这个世界里的一名普通劳动者,将永远把普通人的世界,当作我创作的一个神圣的上帝,无论我们在生活中有多少困难,痛苦,甚至不幸,但是我们仍然有理由为我们所生活过的土地和岁月而感到自豪。

路遥精神让我们前行
——《路遥》纪录片幕后的故事

刘瑞平

二十年前我是路遥的粉丝,当他去世的时候我第一次看他的作品《平凡的世界》,那是一本字小得像蚂蚁一样大的合订本盗版书,我珍藏至今。大学时代,这本书几乎传遍了全班同学,为这本书我和室友打了我人生中的第一架,现在这本书虽然已破旧不堪,然而却是我珍藏的宝贝。因为"她"翻开了我人生新的一页。

2004年我和路遥弟弟王天笑发起了拍摄路遥纪录片的工作,开始成为一名为继续路遥事业工作的志愿者。历时八年,纪录片终于在2011年完成并创下了许多个奇迹:中央电视台一年中三次首播(第一次以纪录片精编版在《人物》播出,第二次以十集茅盾文学奖回顾开篇三集播出,第三次在央视九套纪录片频道八集全部播出),为一个作家,这在央视历史上是第一次。凤凰卫视多次重播,中国教育电视台、陕西卫视等各大卫视相继播出,累计收视人群达数亿人次,并获得2011年度中国十大纪录片奖,由此可以说纪录片终于成功了!也再一次证实了路遥是一位伟大的作家。他的作品、他的精神感染着数以亿计的读者和观众,同时说明了"时代呼唤路遥精神",时代需要路遥精神。

在拍摄《路遥》纪录片八年期间,有许许多多的人默默地奉献着,他们以为路遥做一点事而感到荣幸。抱着一颗感恩的心,感谢他们,特别是不计名利的人们,八年期间发生了许多故事,今天借此机会讲给大家听,讲给路遥听。

雪中祭路遥

时间回到2004年路遥逝世十二周年前夕,我和路遥弟弟王天笑、榆林学院副教授贺智利、摄像师刘东平以及时任清涧郝家墕乡党委书记贺世强,踏上了寻找路遥的足迹之旅，也是纪录片的源起。我们一路来到了清涧县路遥故里王家堡村，第一次见到了路遥的父母，虽是第一次见面却是非常亲切和激动。午后我们赶往延安大学文汇山，因对延安不熟悉，时间紧张，没能买到鲜花，上山前还有些遗憾，天笑说："没事，有烟就行了。"然而谁能想到天公作美一上山就飘起了雪花，当我们来到了路遥墓前已是鹅毛大雪，雪花在空中飞舞，仿佛路遥就在我们身边……

第一场雪

2005年的第一场雪如期而至，时令已过小寒，经过一年的前期准备，与王天乐（路遥四弟，当时健在）商定片名暂定为《寻找路遥的足迹》十集纪录片，力求全面反映路遥一生及其创作经历，并开始进行全面的大量的抢救性采访，列出采访人物过百人。工程如此浩大，在没有落实一分钱经费的前提下，为了尽快进入抢救性采访，我们决定自掏腰包，干上再说。就这样，既没有开机仪式，也没有豪言壮语。王天笑、刘东平和我一行三人就踏上了前往路遥故里王家堡的火车，晚上十点多，摸黑来到了王家堡，路遥父母已早为我们准备好了暖炕和热饸饹面，这就是我们心中最好的开机宴。第二天雪过天晴，真是"须晴日，红装素裹，分外妖娆"，真是天公为我们办的最好的开机仪式。我们带着铁锹、扫帚、摄像机开始了拍摄，我们先后征服了王家堡的三个山头，两条河，让我们亲自感受到了《平凡的世界》里的双水村、《人生》里的高家村。天笑对我们说，那个院子是"刘巧珍"家住的，这孔窑洞是"孙少平"家的，在路遥出生的土窑洞下我们碰见了《平凡的世界》中的"链子嘴田五"，他为我们唱起了最熟悉的小调。在长满了绿油油的青苔的"哭咽河"边，遇见了"二队队长金俊武"，他为我们讲起了三十年前"抢水"的故事，此情此景让你会不由自主地哼唱起"上河里的鸭子，下河里的鹅，一对对毛眼眼找哥哥……"就在这个时候，镜头的远景里神奇地游进了两只鸭子，好像是你的伴舞一样，这一个个画面，是那样的亲切和真实，我们在书中、电影中、现实中穿越着。

一夜无眠

这一天我们是在兴奋中度过的，就连鞋子踏进冰冷的"东拉河"里也没觉得冷。晚饭后我们三人住在路遥曾经住过的热炕头，也是天笑新房的暖窑里，摄像师刘东平经过一天的劳顿已进入梦乡。我和天笑总是睡不着，我们聊起了路遥……也为纪录片《寻找路遥的足迹》规划了蓝图，更远的还谈到了希望把《人生》《平凡的世界》拍摄成电视剧，拍摄《路遥》电影，修路遥纪念馆，设立路遥文学奖，等等。今天回想起七年前那个不眠之夜里念叨的那些事,竟然在一件件慢慢地实现着……

父亲 母亲 陕北民歌

在许多人的印象里路遥父母只是农民,其实两位老人是天才的艺术家,为了迎接我们,两位老人为我们准备了丰盛的茶饭,灶下的风箱一直不停,我一边帮路遥母亲拉风箱一边开始了采访,她说:"卫儿(路遥乳名)拉风箱拉得可好了,他最爱拉风箱。"我问她为什么,她说:"卫儿说风箱发出的声音像乐器,灶膛里的火苗像跳舞,可美了。"说着她的眼里湿润了……

我问起路遥父亲、母亲当时为什么送路遥到延川,两位老人回想起了五十多年前送路遥到延川前一天晚上的情景:"商量了一晚上,最后决定还是让卫儿去,去那里有奶奶疼,也能吃饱饭……"五十多年了他们仍然记得那么清晰。路遥是他父亲带他走延川的,路遥走后母亲看到临走前几天路遥在院子里砍的柴火,堆得整整齐齐的特别好看,她都舍不得用,一看见柴火心里就难受……

晚饭后我们和路遥父母盘腿坐在暖炕头上拉话。摄像师刘东平在不经意间开始了录制,让我们记录了这段令人永远难忘的采访。当我们聊了很多事之后我说:"听九娃(天笑)说你们二老陕北民歌唱得可好了,我可想和你们学两首。"开始两位老人不好意思,只是笑,随着我唱着引了个头,路遥母亲终于讲起了她当年的情景,不好意思地说她当女娃娃时唱得可好了。突然她唱起了陕北民歌《兰花花》,一位七十多岁的老人,牙已掉得剩下一两颗,然而那曲调、那表情、那优美的唱腔,仿佛让我们看到了、听到了她年轻时的形象。紧接着路遥的父亲也唱起了信天游,一时间就是在这黄土高原上寒冷的夜晚,昏暗的窑洞里让我们听到了、看到了美丽、动听、感人的旋律和画面,也让我们体会到了两位老人的酸甜苦辣。

这一幕让我们感受到了,两位老人能面对残酷的现实而坚强地活下来的原因,也让我们体会到了他们乐观的精神以及对子女深沉的爱和依恋。在路遥父亲去世后,一度只有母亲一个人在家,她哪里都不愿意去,只愿守候在老家的窑洞里,守候住这个曾经充满欢声笑语,充满苦难而又温馨的家,期盼着"在外边的孩子们有家可回,去了的孩子们有家可归"。

精神的力量

2006年清明节,当我们正准备进行下一步采访时,我们接到了延安大学的邀请,参加延大路遥雕像揭幕仪式,并获悉路遥的女儿路茗茗也将参加,而且还有来自北京、西安的相关领导、专家、学者，以及路遥生前的好友。此次采访对我们来讲真是机会难得。在天乐和申晓的帮助下我们获得了全方位的采访机会，陈忠实、白描、张锲、严加炎、何西来、霍世仁、申沛昌等十多位专家领导，他们不仅接受了我们的采访，而且对路遥的评价出乎了我们意料。尤其让我难忘的是在上文汇山扫墓的队伍里，有两位年近八十的老人，一位是北京大学文学博士生导师严加炎，另一位是中国文联专职副主席、中国报告文学学会会长张锲，在很陡的山路上始终走在队伍的前列，一直没有停歇。当采访他们时，问及两位老人为什么能一鼓作气爬上文汇山，他们几乎做了相同的回答：我们向路遥学习，他从来没有停下来过。是的，正如路遥的老师、延安大学申沛昌校长为摄制组的题词中所说"要用路遥精神拍摄好纪录片"。

一次拥抱

远远（路遥女儿乳名）回家了！这是远远第一次回陕北。这里是她的故乡，这里有最爱她的父亲，这里有最疼她的奶奶，她是王家的长孙女，也是路遥的掌上明珠。我们对远远的陕北之行进行了全程的跟踪拍摄。当远远走上了王家堡老院子的土坡时，奶奶一把抱住了远远，远远也紧紧地搂住了奶奶，几乎没有语言，只有长久的像定格了的画面一样的拥抱。十多年了，这是远远长大后与奶奶的第一次见面，也是最后一次见面。有幸让我们记录了这一不得不让人动容的场景。写到这里，我的脑海里突然闪现出2011年路遥母亲去世前一周我去看望她的一幕。那次是我和老人的最后一次见面，因为我经常去王家堡和老人聊天，老人常常会向我问起远远的情况，重点是问远远找下对象了没有。然而这次老人因脑部出血已处于半昏迷状态，双眼紧闭。我握着老人的手在炕上坐了十多分钟，不知说什么好。临走前旁边的路遥的妹妹说："妈，你常说的瑞平来看你来了！"我紧握了一下老人的手，突然老人的眼慢慢地睁开了，当老人看我时，我感觉又是在问远远的情况。仅仅不到两分钟老人又闭上了双眼……

艰难前行

2007年是我人生的转折也是纪录片的转折。1月13日我的母亲永远离开了我，几乎与此同时王天乐也离开了我们。王天笑也因查出肝硬化腹水多次住院，纪录片的拍摄失去了精神支持。面对困难该怎么办？没有退路，继续前行让更多的人加入这一行列中来。吴建荣、王殿玉、张璟先后加入这一行列，重新前行。2008年4月8

日在西安由榆林路遥文学联谊会组织召开了《寻找路遥的足迹》纪录片新闻发布会，正式对外宣布纪录片的拍摄，一时间引起了社会以及各大媒体的关注。然而轰轰烈烈之后，由于诸多种原因纪录片拍摄受阻，最后为了让纪录片尽快完成，其他四人放弃了前期大量的经济和精力以及感情的付出，合力扶持一人完成纪录片，这也正是这五个陕北年轻人对路遥精神的最好阐释。

两位兄长

王天乐和王天笑在我看来是我的两位好兄长，为了尽量多地掌握素材，我和天乐多次彻夜长谈，天乐把自己所掌握的所有的细节尽量地讲述给我们，为我们提供了大量宝贵的素材，也配合我们做了大量的工作。《寻找路遥的足迹》这个片名就是他在十多个名字中确定的。遗憾的是此名没有最后成为纪录片的名字，庆幸的是天乐接受了我们也是他唯一的一次关于路遥的电视专访，这是多么的珍贵啊！这段采访已成为今天我们所看到纪录片的主线。

我与王天笑认识已有八年了，为路遥他一直没有停止过，哪怕是在病中。让我记忆最深刻的那次是，天笑带病跟随我们采访吴天明导演，其实当时天笑腹水已很严重了。然而吴天明导演的话却激励了我们："我愿意为路遥做一切。"正是这句话让天笑在信心上打败了病魔挺了过来，也让我们轻装前行。

两位老人

曹谷溪是路遥的朋友，也是他的兄长，他是一位极富个性特征的老人。第一次采访他，是在他陪着日本研究路遥的专家安本实教授第七次到陕北的时候，当他得知我们在拍摄关于路遥的纪录片，他给予我们极高的评价，当我们提出要采访他，他随即答应："谈路遥，说开始就开始！"我们进行了长达两个多小时的采访，后来才知道曹老师是带着心脏起搏器来的。回看这一段素材让我们更加尊敬这位老人，当时谈到路遥时他是那样的激动，然而这样对一位有心脏病的老人来说是非常危险的。第二次采访是为寻找他和路遥四十多年前在延川黄河边拍的一张老照片的原址，七十多岁的他居然顶着烈日和我们一起步行跋涉二十多里的山路，最后终于找到了四十多年前的那个地方。他像一个孩子一样，是那么的激动，那么的欣喜。面对这样的画面我们不得不感动。

另一位老人就是申易，我们采访他时，他已八十多岁了，提起当年的往事，仍历历在目。"文革"时，他是延安延川县革委会领导，冒险保护了很多知青，为了保护路遥,他冒了很大的风险,后来又极力推荐路遥上了延安大学,可以说是路遥的伯乐。为了配合我们的采访,他步行爬上了宝塔山,并给予我们热情的鼓励,但是他没有能看到本片的完成就遗憾地离开了我们。

几点遗憾

任何事情都不可能完美,在纪录片中由于种种原因,有一些珍贵的素材没有得到使用,路遥父母的珍贵采访内容,日本安本实教授的采访,以及众多路遥作品中人物原型的采访,普通读者包括农民读者。我们看到更多的是权威和专家的采访,然而路遥作为"平民阶层的代言人",普通读者更具有发言权,不久的将来,我们将会以另一种形式把这些珍贵镜头奉献给大家。还有一个遗憾那就是采访路遥生前重要的一个朋友,也是见证他写作《人生》的朋友,原西安电影制片厂副厂长张弢,我们已约好了他的采访,然而人生无常,就在采访前夕他匆匆离开了人世。希望本片能告慰他的英灵。

沟通的故事

在整个拍摄过程当中有效的沟通是拍摄向前发展的重要动力,当我们确定了纪录片的播出目标是央视十套《人物》栏目时,我两次到北京与《人物》栏目组相关负责人进行了深入的沟通,包括在设备购买方面,他们都给予了帮助和指导。这里要特别感谢《人物》栏目总编王越老师对我们的热情帮助和精神上的鼓励。

此片的撰稿是一件任务量很重的事,撰稿人必须完全掌握路遥作品、生平及相关内容,所涉及文字近五百多万字。为了让撰稿人很快进入角色,我们尽量用语言的方式进行沟通,本片的第一稿是由西安电影制片厂的编剧海波老师撰写的,我们曾经彻夜长谈,他的镜头感很强,在沟通的过程中一个个画面就呈现了出来。第二稿是由著名诗人尚飞鹏老师撰写的,为了能静下心来写,尚老师放下工作,放下家庭,只身来到榆林前后几个月,我们隔三岔五地进行沟通交流,常常忘记了吃饭、睡觉。为了把握好纪录片的时代感,我和尚老师共同观看了几十部国内外优秀的纪录片,有时看得眼睛发痛,只有这样我们才能体会到一些路遥当年创作的艰难。然而我们的工作量与路遥创作时的工作量相比只是冰山一角,正是路遥的精神指引着我们前进,让我们牢记"像牛一样劳动,像土地一样奉献"才是真谛。

感恩的心

《路遥》纪录片最后的成功,并不是某一个人的成功。就像吴天明导演所说的:我们是站在了巨人的肩膀上。从电视艺术角度讲,电视艺术永远是一门群体智慧艺术。更应该让我们记住的是一些没有工资、也没有收益甚至没有名字的人们,他们只是对路遥的热爱,而且只是默默地奉献,正如"像牛一样劳动,像土地一样奉献"的路遥的精神。首先要感谢路遥女儿路茗茗的全力支持,在这里要特别感谢,拍摄三年分文未取、无名无分的摄像师刘东平先生,提供大量珍贵资料的曹谷溪老师、何志铭导演,无偿提供大量文字素材的榆林学院贺智利教授、延安大学梁向阳教授,以及在王天笑肝腹水最严重时、纪录片拍摄最困难时伸出援手的榆林市委宣传部刘仲平副部长。还有通过其他方式在支持我们拍摄的刘彪先生、贺玉强先生、龙云教授、高宏雄先生、马建绪先生、朱合作老师、贾丙申先生、尹生鹏先生、付京华先生、朱小林老师、权军、艾雅丽、胡旭升、张利峰、白菲、谢交琦、董少波、金峰、王坤鹏同仁,等等,我们从内心感谢他们,还要对那些为纪录片做过点点滴滴工作的人们表示衷心的谢意。

我眼中的路遥

我眼中的路遥是"伟大的路遥,是世界的路遥"。他为我们留下了可以进入世界文学宝库的作品,为我们塑造了具有世界文学形象的高加林、孙少平、马建强等。更重要的是他用生命完成了一个伟大的命题——"农民的人生道路",他为当今世界完成了一个伟大的命题——"交叉地带",即城乡接合部,实质上就是"富与贫"的问题。这些命题都是路遥凭借他政治家的高度和作为农民的儿子的责任用生命来完成的。在此期间我虽然付出了很多,却得到了一笔宝贵的精神财富,可以让我以及我的下一代享用终生。在二十年的"粉丝"历程中,阅读是我和路遥最好的交流方法,他的多部作品,我不知看了多少次。虽然和路遥未曾谋面,然而每当看到与他相关的一切都是那样的亲切,以至于成为一个路遥"收藏迷",不仅珍藏了许多有形的书籍,更多的是点点滴滴的感受和故事。路遥的人生是传奇的,他的人生历程本身就是由一个个故事组成的,希望在不远的将来这些鲜为人知的故事能完整地呈现在大家面前。

《路遥》纪录片只是承载了路遥的一部分内容,未来我们还将继续路遥的事业,让路遥精神继续指引我们前行。

"扫一扫,不平凡的世界更精彩"

刘东平　王天笑　刘瑞平

继续路遥的事业

榆林路遥文学联谊会自 2004 年成立以来,十多年来得到社会各界的关心和支持,以路遥研究、弘扬路遥精神为己任,并积极宣传榆林,同时积极投身文化事业工作。

一、拍摄了大型八集电视纪录片《路遥》,已在中央电视台九套、十套、中国教育电视台、凤凰卫视各大卫视播出,观众达数亿人次,并获 2011 年度中国十佳优秀纪录片。创作陕北说书《说路遥》,路遥作品广播剧《救赎》,纪录片《路遥与我们同在》获陕西广播电视奖。

二、每年举办各类相关活动:路遥逝世十周年、《黄土地的儿子》路遥评传研讨会及大专辩论会,在北京、榆林、延安组织了全国性纪念路遥六十周年诞辰、逝世二十周年、二十五周年等大型纪念活动。共计组织了上百场活动。

三、建立了作家路遥"百度"网址。

四、组织出版了路遥逝世十周年纪念文集《不平凡的人生》,现实主义陕北作家系列丛书,《路遥》纪录片。

五、在北京、西安、珠海等地成立了分会,发展了近千名会员,并举办各类研讨、联谊活动。

榆林路遥文学联谊会主要成员

六、发起并配合清涧县委、县政府在路遥故里清涧王家堡修建了路遥纪念馆。

七、发起路遥故里建设《平凡的世界》原型旅游文化产业村。

八、配合《平凡的世界》电视剧拍摄工作。

九、筹备建立路遥文学基金会,运作筹备路遥相关影视作品。

十、组织了全国性纪念路遥七十周年诞辰大型系列纪念活动。

陕北说书 《说路遥》

作词：刘瑞平　　说书：贺光利

传来噩耗痛悲伤
路遥先生上天堂
求医拜佛无良方
与世长辞去西方
亿万读者泪两行
亲人们哭得断肝肠
您的一生好威望
多少能人把您夸奖

对《平凡的世界》爱不释手
说它是中国文学的最高成就
中国地产的大老总
潘石屹最崇拜路遥先生
遇到困难我也坚强
您的精神给了我无限力量
日本教授安本实
说路遥的作品逼近人性本质
九次来中国搞研究
说他的作品达到了世界的文学高度
陈忠实夸奖路遥先生
说他与人民一样得永生
您把生命注入文学

文学延续您的生命到永远
贾平凹说路遥是文坛的大英雄
激励了多少人向前进
您是一位出色的作家和政治家
您是夸父追日半路倒下
阿里巴巴总裁叫马云
说是路遥的《人生》改变了我的人生
莫言给路遥写了三千字的信
说我是您的忠实粉丝记心间
说路遥不平凡
您作品感染全世界
身处劣境却不断挑战
自强奋斗战胜苦难
路遥一生把书写
您永远活在人们心间
如今路遥离开人间
把他的成就我表一番

《人生》发表不同凡响
拍成电影得了百花奖
传遍中国传全球
是中国送给美国奥斯卡的第一部

春　分

给当时的中央领导出了难题
劳动人民的出路在哪里了
《平凡的世界》更不普通
在茅盾文学奖中拿了头名

听到中奖眼含泪
想要领奖还没钱去
电话打给四弟王天乐
想去北京我没钱花
《惊心动魄的一幕》一炮打响
感谢《当代》的主编秦兆阳
爱情本是人生的桥梁
和林达结婚喜气洋洋
七三年　上大学
勤奋刻苦又钻研
"文革"时期是大红人
是县革命委员会的副主任
"文革"中打回农村
在他的灵魂上留下阴影
小时家中太恓惶
七岁上过继给大伯把儿当
腊月初三下雪霜
路遥来在阳世上
他的一生不寻常
听我慢慢讲一讲

东方升起太阳红
一代伟人毛泽东
打富济贫救人民
手拉穷人出火坑
全国人民得解放
亿万人民齐欢唱

说的是一九四九年
路遥出生在陕北清涧县
石嘴驿镇王家堡村
单表姓王的这家人
老王名叫王玉宽
娶妻马氏名叫芝兰
吃粗粮泡酸菜
生儿育女风响快
前坑生下几个娃
后炕又生几个小乖乖
娃娃们多难抚养
全家饿得断肝肠
夫妻二人多商量
决定把长子送给大伯养
咱们家穷没过法
让卫儿延川去逃命
老母哭得泪涟涟
妈妈抱你整七年
母子今天活分离
妈妈怎能舍得你

第二天父子两个把路赶
一路要饭走延川
老爸哄得他说把集赶
一天到晚再没见面
卫儿眼圈泪花在眼里转
郭家沟成了我的家院
人多粮少受可怜
只能把我带在这陌生的世界

延川的大伯家也恓惶
大伯让卫儿在家帮忙
大妈桂英有眼光

决心让卫儿把学上
老两口经常来吵嚷
大妈说讨吃要饭也要供养

五八年在马家店把学上
老师起名王卫国
学习刻苦又坚强
名列前茅都赞扬
家中没钱又没粮
伯父算的是经济账
小学毕业要上初中
伯父让他务庄农
他撇了斧子撇了绳
多次和伯父来沟通
大伯是个老脑筋
念书根本没啥用
卫国说给伯父听
没有文化要受穷
说考上我就上初中
考不上我回家务庄农
要是考上就上初中
他在全校考了第一名

延川中学把学上
五一班里当班长
三年困难时期闹饥荒
多少人离家去逃荒
乡亲们见他有希望
帮助些干粮带粗粮
慈祥的伯母常看望
讨吃供他把学上
他思维超前学习好
把《参考消息》不知看了有多少

与众不同名列前茅
处女作是《车过南京桥》

六六年全国刮起狂风
开始了举世闻名的"文化大革命"
路遥有领导和宣传才能
大字报写了数不清
他被圈在时代的漩涡中
与众同学三次走北京
毛泽东在首都天安门
接见了三千万红卫兵
他有时代信息又有煽动性
成了县革命委员会副主任
造反派起名红四野
炮打司令部他闯在前
搞武斗枪杆子出政权
进县委三次救出县长张史杰
那时的路遥顶呱呱
他的爱情也擦出火花
爱上北京知青女娃娃
来了招工指标也让给她
"文革"中被打回家
再想联系女友就没有办法

想起"文革"这几年
他大冬天身穿一身白
同学过来问路遥
你家没死人你戴的什么孝
他说我为自己穿孝衫
王卫国已见了阎王爷
路遥的人生回到起点
我在文学的道路上要勇往直前

六九年在干爹的帮助下
在马家店小学教娃娃
他不甘于命运来摆布
刻苦钻研又奋斗
文学的路上迈开步伐
遇到北京才女她叫林达
相亲相爱情投意合
天作良缘到一搭

说到一九七三年
路遥一心想要上大学
县委书记说好苗苗不能耽搁
申易三次跑延大
因为政治有问题
申书记到处找关系
找到弟弟申沛昌
路遥上学要你帮忙
县委出了证明信
九月七日进了延大校门

林达的工资三十八
一个人挣钱两个人花
他勤奋学习不甘落后
钻在被窝里也常看书
废寝忘食把书看
同学帮忙给他打饭
七六年大学毕了业
我要为社会做贡献

工作在《陕西文艺》编辑部
分配在《延河》编辑组
工作认真最刻苦
半夜不睡在看书

上班经常要迟到
同事反映给领导
贺抒玉　多了解
说他是个有志青年

恋爱八年到七八年
路遥林达把婚完
合家欢乐最美满
夫妻恩爱把果结
第二年生下宝蛋蛋
女儿起名叫路远
忠孝往往不得两全

呕心沥血搞创作
重重困难　难不住他
把《惊心动魄的一幕》来写成
到处碰壁真灰心
最后寄给主编秦兆阳
《当代》发表了一炮打响
这下坚定了他的信心
在文学的道路上要向前进

一九八一年在甘泉
在招待所里把书写
忘了吃饭和喝水
熬红了眼睛烤烂了嘴
写书养成了坏习惯
一天要抽几包烟
有时半夜在院子里转
惊动了招待所的服务员
员工给领导来反映
说他不是正常人
所长给县长把电话通

说他好像得了神经病
二十一个昼夜苦下功
一部《人生》就完成

《人生》发表不同凡响
得了小说创作的一等奖
看过《人生》意志坚强
说路遥是神仙下天堂
拍成电影他是主编
吴天明负责总导演
主题曲是《叫声哥哥你快回来》
唱红了祖国大江两岸
国内外的记者来采访
说给苦难中的人民带来曙光
为了创作他不顾身体
又写了《在困难的日子里》
志向远大勇往直前
再准备写一部《平凡的世界》

第一部创作在铜川
鸭口煤矿又到陈家山
把矿工的生活多了解
多次下井去体验
几个月没人和他说话
只有一只老鼠陪伴着他
既孤独又忧伤
遥望蓝天思念家乡
想起妻儿想爹娘
不由把陕北民歌唱一唱

《叫声哥哥你快回来》
上河里的鸭子下河里的鹅
一对对毛眼眼照哥哥
煮了那个"钱钱"哟下了那个米
大路上搂柴瞭一瞭你

走吴起　到榆林
还去德国去访问
作家柳青曹雪芹
他们的遗憾到终生
他把自己逼近了死胡同
有生之年定要成功

把报纸看了数不清
手指淌出血影影
顾不上吃　顾不上喝
崇高的目标去写作
他用青春去赌博
用他的生命做抵押
远大的理想支配着他
为创作他付出了惨重的代价
无情的病魔把他打垮
想不到他患上了肝硬化
顽强与死神来抵抗
高贵的灵魂激励他向前闯
初稿寄给中央广播台
准时准点播开来
全国人民把广播听
想要停下万不能
电台给他把电话通
赶六月初你必须写完成
八八年五月二十五
他完成了《平凡的世界》这本书

身体一天不如一天
又把他的自传来展现

《早晨从中午开始》写完成
把他妈的文学苦害人
九二年的十一月
病情恶化在西安
十七日八点二十分
吹灭了他人生的这盏灯

路遥一生把书写
感染了全国全世界
他把生命写作融为一体
升华出新的力量和光辉
他用爱和责任铸就成梦想
惠泽了多少心灵有了力量
改变了多少人的人生观
勇敢面对困难挑战
他像牛一样地辛勤劳动
像土地一样地无私奉献
路遥的精神像盏明灯
照亮了多少人的美好前程

他像一位好长兄
拍拍你的肩膀助你前行
他像一位慈祥的老母亲
是我们心灵家园的守护神
时代呼唤路遥精神
促进社会向前进
良操美德千秋在
高风亮节万古存
他是劳动人民的精神财富
路遥的精神永垂不朽
书在这里算一段
缅怀路遥道不完

"扫一扫,不平凡的世界更精彩"

《路遥》 电影故事梗概

刘瑞平

《路遥》电影以荣获全国第三届茅盾文学奖的著名作家路遥的不平凡的人生中真实事迹创作，剧本从主人公苦难的童年生活开始到生命的最后时光结束，以纪实的形式，通过时间、事件为主线，依据大量真实、生动的史料，塑造了一个有血有肉、可亲可敬的作家路遥的光辉形象。剧本以黄土高原的一个小山村，伴随着红日的升起，"哇、哇"的哭声打破沉寂的高原，一个小生命诞生的镜头开始，讲述路遥与苦难为伍的童年生活，"半灶"中学生的王卫国，革命狂欢到人生低谷，《山花》时代崭露头角，饥渴求学走进文学殿堂，翻越《人生》大山，抒写《平凡的世界》新里程。掌声过后，一个坚强的生命永远定格在1992年11月17日，雪花飞舞、大地苍茫的清晨。

劳动的汗水，人生的辛酸，作家的社会责任感，《路遥》电影展现作家路遥"像牛一样劳动，像土地一样奉献"的精神。金盆打了，分量还在，《路遥》电影引导观众树立正确的世界观、人生观和价值观，具有深远的现实意义。

故事大纲

本片以作家路遥传奇的人生为主线，突出讲述了主人公在不同的、特殊的时代背景下的独特经历和传奇故事。重点讲述主人公因饥饿引发的爱情、挣扎、"闹革命"、求学、创作、与生命抗争的故事，从而塑造出一个立于天地之间、挚爱人民的英雄式的悲剧式的作家。

整个故事具有史诗般的品格，人物具有独特而鲜明的个性，所展现的场景具有宏大、厚重、苍凉、激烈的特点，极具视觉冲击力和美感的自然地貌：沙漠、高原、黄河、峡谷。

片中音乐以陕北民歌，以及宏大的民族交响乐为主，为此片增添浓重的一笔。最终通过故事所表达给观众的是人性的光辉、土地的情结。这些所有的元素结合起来，构成一部史诗式的经典文艺片。

我们说剧本最为根本的就是故事性，凡是一个高质量的故事必定能够打动或吸引观众，如此一来故事背后的东西便不言而喻了。

《路遥》剧本在创作期间，作者希望把路遥的传奇人生，故事情节的设置、悬念的安排，通过蜿蜒曲折、跌宕起伏、条理完整的情节，在电影的茫茫海洋中吸引观众的目光，成为凸透镜的焦点。最关键的便是故事性。我们正是要通过在各个特殊历史背景下的人物命运形成故事的主线，使主人公传奇故事的独特性以及所跨越的多个特殊社会背景更具戏剧冲突和故事性。

剧作者充分调动电影剧本矛盾冲突原则，运用铺垫、悬念以及多种蒙太奇叙事方式，最大限度地调动故事性，在各个微小的细节上做足功夫，使之能够与一般电影粗制滥造、情节平庸、细节模糊的缺点，形成较为明显的比较，给观众留下一个良好的印象："故事精彩，悬念不俗。"

强化矛盾冲突。在人与人、人与社会、人与饥饿、人与命运的博弈中突现矛盾冲突形成抉择的故事期待，使故事精彩而不落俗套、独特而不庸俗、传奇而不虚假，让故事与观众产生共鸣、产生吸引、产生回味。

本故事另一个特点便是人物性格的刻画深入骨髓。主人公身处特殊的社会环境中，他既出身农民，又是一位优秀的专业作家，他的人生从农民到学生，从学生一跃成为一县领导人，突然又被打回原形成为农民，经过努力又成为老师，后又在争议中进入大学成为一名大学生，最后才步入专业作家的行列。这期间的变化能够让我们看到一个具有坚强、拼搏、向上性格的人物，相信观众在看完电影后会百感交集。

这部电影，有一个非常显著的特点，就是在客观存在的情节中尽量在细节上保持应有的艺术处理，在细节设置上下足功夫，精心雕琢每一部分，在剧作结构、剧作情节设置、人物性格安排、场景处理上达到一定的艺术程度。

其次，剧本对于环境选择也倍加重视。在场景的设置与选择上，将人物置于极富视觉冲击力的茫茫沙海、汹涌的黄河、雄浑的黄土高原、巍峨的晋陕大峡谷，这些都是主人公真实的生活场景，极其符合人物所处的心情，希望能用幽美、漂亮、质感、层次的景色来衬托剧中事件以及人物。

再次，剧作者在情节设置上，运用了哲学、美学、文艺思维，在一些细节和镜头处理上，反映出一些思想，观后有所想，有所思，有所悟。

这些都为本片成为一部史诗般的文艺片奠定了基础。

这既是一个英雄式的作家的传奇人生，又是一个探讨农民和土地与城市关系的宏大主题。

　　正如三十年前电影《人生》在中国乃至世界引发的震动一样，我们相信电影《路遥》又将引发新的冲击波。路遥对农民的认识和塑造，已站在了农民作为社会重要阶层以及人性的立场上去解析，这已突破了国界和时间的界线具有世界性，我们相信在今天仍具有极高的社会价值。

《路遥》 电影文学剧本 （节选）

刘瑞平　刘东平

1．黄土高原清涧王家堡村　大景　深秋　早晨

深秋的高原，满目皆是冬天来临前的苍凉与悲壮，灰蒙蒙的群山绵延到天的尽头，千沟万壑间，坡洼梁峁中，零星散落着沉寂的村庄。

天刚蒙蒙亮，村子里不时传来鸡鸣的声音，半山腰上的一户农家小院升起了袅袅炊烟，一声"哇哇"的啼哭，打破了寂静的村庄，一个小生命诞生了。

2．王家堡村路遥家　外景、内景　深秋早晨

一排三孔石头接面的窑洞小院，左青龙（石磨）右白虎（石碾），低矮的石墙，门窗虽破旧，院落却收拾得干净整洁，门楣上别了一块弓箭样小红布的窑洞里不时传出婴儿的啼哭。

窑洞内一个看着很安静很普通，长着圆圆脸盘的小男孩躺在这个普通人家的土炕上，这就是陕北普通农民王玉宽和马芝兰的头胎儿子，按中国人的生肖，这一年是牛年，这个孩子生肖属牛。

马芝兰虚脱地躺在孩子身边，脸上露出幸福的微笑。王玉宽坐炕边说：就叫卫吧。

红红的炉火映照着大锅中飘升的热气，窑洞内洋溢着和睦的氛围。

3．王家堡村路遥家、坡地里　外景（一组画面）　白天

旁白：

作为家中长子的卫儿，没有得到父母更多的呵护和溺爱。穷人家的孩子早当家，这是很普遍的生存状态。性格开朗爱唱民歌的母亲和寡言少语却同样张口能唱"信天游"的父亲，看着这个小生命的到来，他们首先想到的是，拿什么养大这个孩子呢？

作为家中老大的卫儿，一身破衣破鞋，五六岁时就懂事啦，帮助父母做一些力

所能及的农活：

小小的卫儿哄着更小的弟、妹玩；

卫儿一双小手艰难地剥玉米；

打扫院落；

捡拾掉落的红枣；

抱一颗南瓜走在田埂上；

帮父亲在地里点种土豆；

提小筐地里捡拾黑豆或其他谷物；

跟一群大孩子到大山里去砍柴；

从一个山崖上滚落沟里，跌在一个草窝里，才侥幸地保住了性命；

砍的柴捆成捆捆，㧟在硷畔上，摞下美美一摞。

4．王家堡村路遥家　外景、内景　黎明

鸡叫三声，王玉宽家的窑洞发出微弱的亮光，窑顶的烟囱升起袅袅青烟，在半山腰间弥漫。

窑洞内一盘大炕上，一张缀满大小补丁的被子下露出三张熟睡的面孔，旁边躺着一个幼小的婴儿，炕边一杆沾满油污的灯台上，麻油灯发出微弱的光芒。王玉宽将大儿子王卫国叫醒：卫儿起啦，今天带你去延川大伯家玩几天。

卫国揉着惺忪的眼缓缓地坐起：大，真的吗？

王玉宽点点头。

卫国兴奋得举起双手：噢，要见奶奶喽。

母亲拖着产后虚弱的身体，蹲在灶前，拉着风箱为卫国做早饭，洋芋擦擦和黑豆钱钱饭，灶火映红了她疲惫的脸庞，满屋飘散着美食的芳香。

旁白：

自从弟弟妹妹接连问世以来，卫国能吃饱饭的时候很少，今天好像破了例。

卫国扒在灶台前大碗吃洋芋擦擦，大碗喝钱钱饭。母亲一边看着他吃一边叮咛他：到了大妈家一定要听奶奶和大伯大妈的话。

母亲又将几天前晚上专门为卫国做的一双新布鞋拿出来，特意为他穿在了脚上。

旁白：

这也是卫国长这么大第一次穿一双新布鞋，年少的卫国心情快乐得要唱出歌来。

5. 王家堡村路遥家　外景　黎明

门"吱呀"一声开了，王玉宽右肩上挂着褡裢，低着头背抄着手，默默地走了出来，已经七岁的卫国跟在他大的后边。

母亲头上裹着毛巾倚在门口：他大，路上小心点，带好娃。卫国，跟紧你大。

卫国转身朝母亲挥挥手：妈，知道啦，回去吧。跟着他大出了大门朝南而去。

母亲望着远去的身影，抹着眼角流淌的泪水。

6．黄土高原路上　外景　早晨

卫国跟着父亲，一高一矮两个身影行走在山间小路上，清脆的童声在山间回荡：

东方红 、太阳升，

中国出了个毛泽东。

不知走了多久，卫国就唱不出歌来了，新布鞋的鞋帮不够柔软，开始磨着他的双脚，很快脚上就起了水泡，一步一疼，他跟不上父亲的脚步了：大，离大伯家还有多远？

王玉宽说：不远，越走越近了。

旁白：

凛冽的秋风中，父子俩沿着十七年前祖父带着全家迁徙延川的路，艰难地行走着。

7．黄土高原路上　外景　下午

王玉宽背着手走在前，卫国跟着总落下二三十米远。

一个赶着毛驴车拉粪的好心人，看到累得气喘吁吁的父子俩，很想帮帮他们：老乡，不嫌脏就让娃坐一程吧？

父亲不介意地说：哪嫌啦，麻烦你啦。

就让卫国坐在拉粪车上，捎了一段路。

8．清涧县城　外景　晚上—黎明

天黑了，父子俩才走到清涧县城，找地方借宿一晚。第二天黎明，父亲用身上仅有的一毛钱，为卫国买了一碗鸡蛋汤。早已是饥肠辘辘的卫国，端起碗来头也顾不上抬一下，呼呼呼，就灌进肚子里。

卫国看到了手中空空的父亲问：大，你为什么不喝？

父亲：我还不饿。

沉默的父亲，看着卫国喝下去最后一口鸡蛋汤，拉着小手有些暖意的卫国，又继续向着延川方向走去。

旁白：

衣衫褴褛的父子俩还有很长的路要走。秀延河就在路旁蜿蜒而去，潺潺流淌，发出哗啦哗啦好听的声响，像是擅长叙述抒情的陕北民歌。而这时父子俩越走越疲急，不争气的肚子很快又咕咕地叫上了，与那唠叨不停的河水声合了拍。

9. 黄土高原川道路　外景　白天

秋天的地里遗留下收秋时依然矗立的玉米秆，父子俩眼睛贼贼地发亮。

卫国：大，会不会有掰剩下的玉米棒？

父亲认同地点点头。

于是父子俩在玉米地里搜寻着，连一个蔫蔫的、瘪瘪的不丰满的玉米棒子也没有。

又遇到一片枣林，终于有几颗收枣时落下的干瘪的红枣，这让父子俩很是兴奋，迅速摘了下来，放进嘴里快活地吞咽下肚。

10. 陕北农家　外景　夜晚—黎明

天黑时分，父子俩走到一个村子里，一家好心的农户不仅让父子俩借住，还煮了一个南瓜给他们吃。

第二天天不亮，父子俩告别了好心人，又开始上路了。

11. 郭家沟　外景　傍晚

薄暮时分，父子俩拖着疲惫的身体，终于远远地看到了大伯家的村子——延川县的郭家沟。

郭家沟村，被两座土山夹在中间，坡下是一湾清澈的小河，河湾里有许多高大茁壮的柳树，一棵棵枝繁叶茂，青翠碧绿，好一方耕耘生息的土地。

父子俩从沿山的公路下来，走进村口，跨过那条清澈的小河，再沿着一条蜿蜒的乡间小道，上了一道坡，就是大伯的家了。

卫国和父亲脚上都打着血泡，筋疲力尽得挪不动脚步了。

12. 郭家沟大伯家　内景　傍晚

大伯和大妈见二弟领来了侄儿——以后的儿子，喜得老两口眉开眼笑，奶奶更是搂着卫国，亲了又亲，好久不放。大妈取出缸底很稀罕的一点点白面，为父子俩擀面条。下锅煮好的面条上，又油泼了葱花，香喷喷的，还卧了两个荷包蛋，看着都让人流口水。一路疲惫饥饿的父子俩吃着这碗热腾腾、香喷喷的面条，汗水直淌，禁不住甩掉了身上的破袄袄。

13. 郭家沟大伯家　内景　夜晚

两孔窑里，兄弟俩睡了一孔，倾诉了大半夜的手足之情。

大妈将卫国安顿在另一孔窑里，平时不舍得用的麻油灯点起来了，她借着恍惚不定的灯光，望着累倒在炕上，很快沉沉入睡的卫国——圆圆的脸庞，大大的耳廓，睡梦中，嘴巴咂巴咂巴着，像是还在回味刚才香喷喷的面条。看着这个可爱的小模样，很舒心地笑了。

旁白：

有了儿子，就有了生活的希望，怎能不发自内心地高兴呢？

14. 郭家沟大伯家　内景　清早

清晨，父亲说：我到镇上赶集，罢了就回来，你哪儿也别去。

卫国知道大是要悄悄溜走，瞪着眼点着头。说罢，父亲就背起褡裢起身了。卫国眼睁睁地看着父亲，在自己眼皮底下偷偷离去，将自己撇在了陌生的郭家沟。

15. 郭家沟大伯家附近　外景　清早

卫国趁家人都不知道，悄悄地尾随父亲，躲在村里一棵老树背后，眼看着父亲，踏着朦胧的晨雾，过了大河，上了公路，走了。

伤心的卫国咬着牙，泪水唰唰地流下。

……

清 明

清明时节雨纷纷,路上行人欲断魂。
——〔唐〕杜牧《清明》

    一颗璀璨的星从中国的天宇间陨落了,一颗智慧的头颅终止了异常活跃、异常深刻也异常痛苦的思维,这就是路遥。
——陈忠实

永远的路遥
——路遥作品重读

龙 云

作家的淡忘以及作品的淡忘已经构成 20 世纪 90 年代文学的一道"冷风景",还有几个新出作家能够逸出文学圈外被读者反复咀嚼铭记在怀呢?答案是,几乎没有。是文学远离了读者,还是读者远离了文学?应该说,不是。人们照样在读文学,在读已经读过的"依然神圣"的那些值得读的作家的作品,或许这就是现在读者的共同审美期待,这其中就包括了被多

路遥在创作室 摄影:郑文华

少家报刊反复调查获得的畅销作家榜上赫然前列的路遥和近年来反复印行的各种版本的《路遥文集》《路遥中短篇小说选》《平凡的世界》以及连带出现的大面积的路遥作品盗版书。

回到路遥——是我们无可回避的事实,重读路遥——是我们破译读者之所以"耿耿于怀"于路遥的真正谜底。

一、英雄主义的情结

路遥是个硬汉子,这是文坛上普遍认可的不争事实,将这种硬汉子精神植入小说,把作家的"自我"放大,就成为一种英雄主义情结。

检索路遥小说中的男主人公形象,几乎无一例外地都成为硬汉子模型。《惊心动魄的一幕》里的县委书记马延雄在"文化大革命"两派纷争的局面中,面对造

反派的刑讯逼供和无理要求（要求为那些犯有严重错误的现行造反派们翻案平反）时，他"就是把我的头割了，我也不会答应他们的"。最后终于宁折不弯，死在造反派的"翻毛皮鞋"之下。《人生》中的高加林夜晚进城拉粪受到副食公司乘凉女人的抢白时，他恨不得将两桶粪泼在这个看似干净但心地却肮脏的女人身上。《在困难的日子里》的马建强在饥饿折磨得"连路都走不利索"的状态下面对阔少同学专意递过来的"他啃了一口的一个混合面馒头"时，"沉默地接过这块肮脏的施舍品把它远远地甩在了一个臭水坑里"。《平凡的世界》里的孙少平在听到泼赖师兄践踏他和师母圣洁关系的猥亵话时，"一种无言的愤怒使他攥下铁锹，走过去几拳就把那个不穿裤子的家伙打倒在了煤堆里"。

  硬汉子是一种性格，是面对困难不屈不挠的拼搏和奋争，尤其是对自身命运的抵抗。英雄主义是从硬汉子性格上生长起来的，深沉刚毅几乎是路遥作品男主人公的共性，他们像坚实坦荡的黄土高原一样，用坚硬的脊梁承载起了一个民族的繁衍壮大。也许是贫瘠沉雄的黄土丘陵造就了路遥作品中的一批硬汉子，这种与险恶大自然反复较量过程中逐渐培育起来的性格在无数代人的复制中被凝结成"集体记忆"，刻骨铭心地烙印在每一个男子汉的脸上。路遥是一个作家，一个知识分子，但他血液里流的依然是黄土高原孕育的硬度指数超高的胆汁质液体，他的思想倾向性不自觉地在作品男主人公身上得到呈现，换句话说，是路遥对他自身性格在作品里不自觉地"放大植入"。

  当然，硬汉子并不等于英雄主义，但硬汉子无疑是英雄主义的历史生长点。英雄主义是个比较宽泛的概念，在性别上不仅只包括男性也包括女性，而且英雄主义强调的更多的是对于某种辉煌事业的奋斗直至献身，带有理想主义色彩。路遥在回答陕西人民广播电台记者采访时说道："想想战争年代，那时候男女青年有什么物质的享受？但他们那么年轻，有的人在二十来岁就牺牲了自己的生命。他们为一种理想，为一种精神，而使青春激荡，这种活法是非常令人激动和兴奋的。"路遥的这种看法体现在作品里就是主人公对事业的执着追求。高加林一心想走出大山褶皱并非单纯地为了跳出农门，主要的还是对自身价值实现的苦苦追索。孙少平拒绝了妹妹以及妹妹男朋友将他从煤矿调到省城的好意，执意选择了曾留下痛苦留下遗憾也留下辉煌的偏僻煤矿，从一定意义上说，自身价值的实现或许比不上省城，但从生命意义的实现上却是真正的英雄主义理想主义。有时，英雄主义更多是悲剧结局的，孙少安在振兴家庭振兴村子开发经济扶持教育上成功了，但失去的是伴随他支持他甚至是他连体生命的妻子。马延雄为了说服在狂热年代热昏了头脑的造反派，为了坚持自己一生建立起来的真诚信仰，不惜置自身的生命于那次狂热的洪流之中。路遥没有去迁就，没有为了一个生命的延续而去故意地在硬汉子身上掺兑水分让绵性柔性生长，宁可让玉碎而不惜瓦全。而且，这已经内化为路遥创作中的永恒"情结"，即使想回规避也回避不了。

从作家到作品，从作品到作家，这种硬汉子精神逐渐扩展为一种英雄主义情结凝固在路遥的性格里，使路遥也成了英雄主义的典型。路遥在谈到文学创作时曾说道："首先要有坚强的性格，一个软弱的人不能胜任这个长期艰苦的劳动。性格的坚定是建立在信仰的坚定这个基础上的，一个人要是对社会事业等方面没有正确的认识和坚定的信仰，也就不可能具有性格的坚定性。"（《作家的劳动》）路遥对文学的执着奋斗和作品中主人公的奋斗是同一的，正像一位记者在路遥去世后用"悲剧的辉煌"总结路遥的一生那样，文学成功的辉煌和为文学付出生命代价的悲剧命定地交织在一起，成了英雄主义的最好注脚。

近些年来，人们曾反复呼唤"英雄主义"，面对玩世不恭的痞子和"一地鸡毛"的琐屑，人们总觉得文学掺杂的水分太多，缺少了"硬"度，这也是路遥作品一再畅销不衰的不可忽略的原因。

二、交叉地带的开掘

我们现在是在"盖棺论定"地评价路遥，好处在于，他的作品永远画上了句号，特别是作品所框定的区域已经成为永恒，这个"永恒"就是"交叉地带"。这是路遥的发明，自他发明后，他就专注地耕耘在这块土地上直到生命的终结。在这之前或之后，还很少有作家像他这样专情于一块地域，亦可谓前无古人了。

路遥为什么要选择这块特殊的地域呢？路遥在他的自传里曾写道："我的作品的题材范围，大都是我称之为'城乡交叉地带'的生活。这是一个充满矛盾的五光十色的世界。无疑，起初我在表现这个领域的生活时，并没有充分理性地认识到它在我们整个社会生活中所具有的深刻而巨大的意义，而是通常所说的，写自己最熟悉的生活。后来只是由于在同一块土地上的反复耕耘，才逐渐对这块生活的土壤有了一些较深层次的理解。"这话说得非常真实。当初在他走上创作道路时，他并没有想到他将为中国当代文学史创造一个"城乡交叉地带"的题材名词，他只是调动他最熟悉的生活记忆走进这块地带的，深入进去后，他才感觉这块土地蕴藏的丰富和文化的强力渗透，于是就去"开掘"。从最早的《青松与小红花》《匆匆过客》，到后来的《在困难的日子里》《黄叶在秋风中飘落》，直至《平凡的世界》，题材范围几乎一直很固定，大到省城小到乡村，中间是县城和专署所在地。这等于自己给自己画了个圈，圆心在县城的定点上，半径是乡村和省城，路遥就在这个圆圈中或做直线运动或做曲线运动。作茧自缚，是比喻自己给自己设置了陷阱无法自拔，但心甘情愿地作茧自缚是积聚能量再图发展的反弹力，只有横下心作茧才能变成蝶展翅振飞，如果没有作茧时的蜷曲委屈就没有变蛾后的翻飞游刃。可以这样认为，路遥最开始走进"交叉地带"是不自觉的，到后来不走出"交叉地带"是自觉的有意的，他要在这块熟稔的土地上反复开掘深挖出亿万年来积淀下的文化记忆，要让不同的人物在这块相同的土地上上演出不同的人生故事来。

路遥小说中人物活动的背景几乎没有什么区别，从《在困难的日子里》的马家圪崂、《人生》中的高家村，到《黄叶在秋风中飘落》里的高庙村，再到《平凡的世界》中的双水村、田家圪崂，虽然村名几经更换，但实质上没有区别，而且在大部分读者眼里，几乎都是一个村子，只是时间不同，出现的人物也就不同罢了。可以看出，路遥的情感脐带始终系在生他养他的这个小山村里，由于钟爱，他希望小山村的年轻人走出山坳到外面闯一片自己的世界，于是就有人物延展的县城、专署所在地、省城。可以说，交叉地带的出发点在小山村，落脚点也在小山村，县城、专署所在地、省城只是小山村的附庸，没了小山村，县城、专署所在地、省城就没有了存在的必要。路遥之所以选择小山村，是他始终不想放弃小山村。作品中，他对小山村的人物始终怀有偏袒之心，我们可以看出，在小山村内部的人际关系中他的情感倾向是在那些世代为农的读书上进的人物身上，但一旦小山村的村民和外部人物发生龃龉，路遥的情感倾向立刻转向小山村。在路遥的情感世界里，小山村永远是轴心，县城、专署所在地、省城，都是轴线上的点，是完全为了小山村的人物设定的，这大概就是路遥永远走不出"交叉地带"的心理动因。

三、现实主义的一如既往

打开《路遥文集》，阅读他的每一篇作品，无一例外的都是现实主义创作方法的产物。尤其到后期，也即创作《平凡的世界》那些年月，正是西方各种创作流派在中国文坛轮番轰炸的时代，现实主义几乎被视为过期垃圾等待清理的命运，路遥就像最后一个灯塔看守人一样坚守着最后的"堡垒"。那是需要勇气和毅力的，在很多作家眼里，玩新招意味着观念的新颖，思想的超前也就意味着创作的前卫，那些始终还坚守现实主义创作的作家是"十七年"那帮像陈登科、高玉宝等只有生活不懂艺术的"草台班"们的无可奈何的选择，无疑，当时的路遥也被划为其中之列。

路遥就是在顶住各种压力的状态下坚守他的现实主义的。

从路遥的性格基质看，他是属于那种认定一条道即使头撞南墙也会坚定地走下去的人，他并不是不懂现代主义，在《平凡的世界》创作之前，他系统地阅读了一百部中外名著，其中就有很多现代派作品，但他根据自己的创作路子，分析所写作品的社会内涵,最后决定还是用现实主义操作。正像他当时谈的:"我同时意识到,这种冥顽不识时务的态度,只能在中国当前的文学运动中陷入孤立境地,但我对此有充分的精神准备。孤立有时候不会让人变得软弱,甚至可以使人的精神更强大,更振奋。毫无疑问,这又是一次挑战。"路遥的性格里,挑战意识是十分强烈的,他始终不向命运低头,始终不会顺从流俗。当然,这种不顺从流俗是在分析了大量的文学现象以后的清醒选择而不是盲目的自我认同。"如果认真考察一下,现实主义在我国当代文学中是不是已经发展到类似19世纪俄国和法国现实主义文学那样伟大的程度,以致我们必须重新寻找新的前进途径?实际上,现实主义文学在反映我国当代社会生活乃至我们不间断的五千年文明史方面,都还没有令人十分信服的表现。虽然现实主义一直号称是我们当代文学的主流,但和新兴起的现代主义一样处于发展阶段,根本没有成熟到可以不再需要的地步。"这就是路遥的精辟分析,也所以才使他以现实主义手法创作的《平凡的世界》能在现代主义眼花缭乱的状态下超然卓立而取得了巨大成功。事情往往有例外,在创作界批评界同时鼓吹现代主义,在现代主义几乎笼罩当时中国文坛,在新潮作家以"先锋""实验"精神一面高叫要"提高读者"一面又蔑视读者的状态下,路遥以他对生活真实体验的态度及他对读者阅读习惯的认同,深深地抓住了读者,获得了作品消费的大众趋向意识。

从文化学的视角观照,生在北方、出生农村,所写生活又皆为农村,也是决定路遥终生采用现实主义手法的一种命定结局。从中国文学史的实践看,北方作家一向倾向于写实型的现实主义,南方作家则时有运用浪漫主义者。这与北方人看重厚实看重内容而轻视忽略形式有一定关系,南方人则重视形式技巧喜欢轻巧。南北文化差异的大背景先天地根植在路遥的生命里,使他无法规避。生于农村长于农村,农民的求实务实不尚虚幻空谈的作风也时时影响着路遥,待他走向文学道路时,时刻没有忘记养育他的家乡和父老,而且文学之根依然深深地扎在故乡农村的土地上,这从他所有作品的内容里可以清楚地看出,故乡的土地故乡的父老乡亲是他创作永远"取之不尽用之不竭的生活矿藏"。农民的思维方式必然先天地影响着他,使他长期以"写实"的方式记录黄土地上的黄土汉子。

时过境迁,曾经叱咤风云的新潮作家们在读者的蔑视下不得不重新回过头来向"新写实主义"过渡,在此状态下去看当时的路遥,去看他一如既往地运用现实主义手法进行创作的道路,我们不能不佩服这个大家的超前眼光和未来视角。

四、宿命主义的根植

路遥这条硬汉子,从来不服输,从来不向命运低头,但他又很相信命运,这种二律背反的矛盾体同时存在于路遥的头脑中，也不时地体现在他的创作里。

"也许是二十岁左右……，我曾经有过一个念头，这一生如果要写一本自己感到规模最大的书，或者干一生中最重要的一件事，那一定是四十岁之前。我的心不由为此而战栗，这也许是命运之神的暗示。"（《早晨从中午开始》）这种命运其实是机遇，这种机遇并不是天赐的，而是路遥他自己创造的，假如二十岁左右的他不热爱写作，不具备一定的写作基础，他是不会有这种"念头"萌生的，萌生后他又执着地按着自己设计的人生路子苦苦奋斗出了《惊心动魄的一幕》《在困难的日子里》，乃至成名作《人生》，然后才设想出了更大规模的行动——《平凡的世界》的创作。还应该是那句老话：命运只垂青于那些敢于奋斗勤于奋斗的人们。如果一定要说这是命运，则是用勤奋的劳动夯实基础后又在坚实基础之上建造事业大厦的。

有时，人对命运的相信也是迫于无奈的。尤其是在生命之流弱细的时候，不得不借助一种虚幻的东西诸如神灵等的救助，其实是一种心理安慰，是心理诊疗剂。路遥在写完《平凡的世界》第二部由于体力消耗过大终于病倒了，病得很是不轻。他崇拜药物，迷信药物，其实是对生命的珍惜，是为了完成伟大事业而不得不关心身体的生理心理需求。

进入具体的创作过程（《平凡的世界》的创作过程），由于工程的浩大，生理心理的耗费都是非常巨大的，而且到后来还由于《黄河》编辑部和中央人民广播电台等着编发和播发，他不得不再加大工作量，因此在创作中主要依靠的就是耐力和毅力。在这其中，对数字、地点等的迷狂崇信也就自然可以理解。"当作品的抄改工作进入最后部分时，我突然想将这最后的工作放在陕北甘泉县去完成。这也是一种命运的暗示。在那里，我曾写出过自己初期的重要作品《人生》，那是我的一块'风水宝地'，而更多的是出于一种纪念。"（《早晨从中午开始》）最后一句话点明了他迷信的宗旨，主要是为了纪念。在这块地方他曾写出的《人生》轰动了整个文坛，以此类推，《平凡的世界》选在这个地方结尾，也应该有同样的命运。事实也正如此，《平凡的世界》带来的荣誉远远高于《人生》。这是巧合，这种巧合更印证了路遥对命运的坚定相信。但实质上我们更应清楚，主要是路遥长期积累勤于耕耘专于奋斗的成果。这种勤奋和天资加起来就是命运的恩赐。以致他越写到后来越是艰难，以致对数字产生迷恋，第一个目标是突破十三万字——《人生》的数字。第二个目标是达到二分之一，到后来是一章一章一节一节一页一页都在墙上有明显的记载。可以想见，就像一个陷入泥淖之人，每迈一步都要付出相当的气力甚至全身精力，写完一节就等于靠近希望一步，就像求神的信徒千里路上一步一叩首的虔诚。这种迷信是对事业的迷信，是对巨著的狂恋，是对抱负愿望的实现。在这个时候，路遥将神灵和事业和书稿统一在了一起，迷信神灵的实质也就是迷信事业钟情自己的著作，他心灵中的神就是构想长久而最终付诸笔端的书稿，书稿完成了，心里的偶像也就塑成了。

可以说，路遥是宿命的，而且这种宿命思想是早已有之而且长期奉行的；又可以说，路遥是无神论者，他的不甘于向命运低头的硬汉子精神本身就是否定了命运。他更多的是将事业等同了命运，把命运与事业紧紧捆在一起，为此而终生迷恋坚信不已，矢志奋斗到底。最终，命运向他大开绿灯，获得了巨大成功。

受苦人路遥

朱合作

我是1975年11月，在西安认识路遥的。认识路遥时的情景，至今历历在目。

1975年11月中旬，省里在西安西大街文化局招待所的后楼，召开了一次短篇小说创作座谈会。会议已开始好几天了，当时在延安大学中文系上学的路遥，竟然还没有来。在那时人们的心目中，在全省文学（作者）队伍中，数一数二的两个人，就是陈忠实和路遥。因此，路遥的迟到，自然要引起人们的注意。当然，这中间也有个原因，就是那时的作者们之间的关系，都很融洽，那时的人们，也都把文学看得很神圣。也不知是哪一天的中午还是下午，听当时的《陕西文艺》编辑部小说散文组的组长路萌老师说，路遥来了。于是，我便跑出去看路遥。

路遥站在楼道里，身上穿了一件黄大衣。我问他为什么不穿棉袄？他说他没棉袄。那时候，像我们这种人（我那时是乡村民办教师），大都是只有棉袄，没有大衣。可路遥却是有大衣而没棉袄，这就有一点特别。因此，多少年以后，我都能回忆起那个穿着黄大衣、站在楼道里的路遥来。而且，那时候的路遥，看上去就是一个很有主见的人。他自己很沉着，不爱多说话，但好像却很能理解别人所说的每一句话。脸上也是那种有毅力、又有信心的表情。我总的印象，路遥是一个既普通又不普通的人。

如果说1975年的路遥，是一个既普通又不普通的人的话，那么，后来的路遥却是大步流星，向着一个极不普通的目标前进了。

1976年，他延安大学一毕业，就进了《陕西文艺》（今天的《延河》杂志社）编辑部。1979年和1983年，他竟连续两次获得了全国优秀中篇小说奖。1985年，又当选为陕西省作家协会的副主席。再加上电影《人生》的广泛影响，路遥一下子就成了全国著名作家。特别是在他的故乡陕北黄土高原上，则更是名声大震，竟然达到了无人不知、无人不晓的程度。曾经有许多人，好奇地向我打听过路遥的事。

我也曾反复地向许多人介绍过路遥的情况。在很长一段时间内，我也差不多变成了路遥情况的义务解说员。

1987年夏季的一天，已经好几年不见的路遥，突然离开西安，又到长城脚下的榆林城里来了。这一次路遥来榆林，再不像1983年那样，先是随摄制组来为《人生》选外景，后来又写那个叫作《黄叶在秋风中飘落》的中篇。也不是像1985年那样，来开什么长篇小说促进会。这一次路遥来榆林，是治病来了。

大概在第三部写到中途的时候，有一天晚上闲谈时，路遥说，榆林城里也没个好消遣的地方，他想找人学跳舞。想学跳舞这好办，正好，我们这一层楼上就住着城里头最有名的舞星翟虹。翟虹经过我们鼓动后，就抽空给路遥辅导起交谊舞来了。舞场就设在我们家——自然连乐队也没有，只能是随着录音机放出来的舞曲来转动。路遥鼓励我也学跳舞，但我对跳舞既不会又还不想学，就只是坐在床上看着他们跳。

有一回跳舞的中间，翟虹笑着悄悄地问我说："你晓得路遥的肚子，为甚那么大？"我当然也不知道，于是，就乘着出去上卫生间的机会，笑着问路遥说："你晓得刚才我和翟虹笑甚来了？人家翟虹问说为甚你的肚子那么大？"路遥一听，就笑，一直笑着回到家里后，才这样解释说："有一回，我妈在家里大出血，好几天没人管。我从延川跑到老家里，把家里人美美地嚷了一顿，站在公路上硬挡住一辆大卡车，给人家说了一阵好话，才把我妈拉到清涧城里，住进了医院。我妈需要大量输血，就抽了我的血。输完了血要补身体，我就把肚子吃大了。"我听了这话以后，就对翟虹说："以后再不要嫌路副主席的肚子大了。"说得大家又笑了一阵。

路遥经常到我们家里来，和周围的人们都处得很熟，大家在一起，也都很随便。有一回，不知是谁和他开玩笑说："你这来（这么）丑，怎么问了个北京婆姨？"路遥知道这是大家想听他的恋爱经历哩，就说："我原来谈的对象，不是现在这一个。那一个也是个北京知青。谈了一阵后，由于在'文化大革命'中，我当过群众组织的头头，还当过延川县革委会的副主任，人家就要逮捕我。我谈的那个对象的一个同学，就给我写信说，你现在处境不好，最好不要把她牵连了。我就给她那个同学写回信，说，那就解除恋爱关系吧。而我如今这个婆姨，就和我头一个对象在一块插队，她对我很同情。后来，人家也不逮捕我了，我又上了延安大学，她还一直帮助我。我当时的想法是，谁供我上大学，我就和谁结婚。"路遥接着还对我们说，他在经济上沾过妻子林达的大光，路遥说："人家家里光景好。"

又有一回，不知怎么就说起了名人和情人这个话题。我问路遥："人家都有情人哩，你咋倒究（究竟）有了没？"路遥就笑，边笑边说："我要是有了情人，叫人家晓得了，又不是个全国新闻？"但是，路遥究竟有没有情人，他并没有回答。我们也晓得没有人会回答这样的问题。大家也都是和他开玩笑，在一块逗着乐一乐。

路遥在写完《平凡的世界》第三部以后，一共又来过榆林两次。一次是1988年的夏天，忘记了他来干什么，仍住在榆林宾馆，我们去看过他。还有一次，就是在1991年，他获罢茅盾文学奖以后，回清涧时顺便上榆林住了两天，照样是住在榆林宾馆。路遥每次来榆林，照例都会到我们家来，问我们到宾馆洗澡不？因为他晓得我们家没有洗澡的条件。我们也总是不客气，想洗了就去洗。特别是1987年，他两次来榆林，一住就是几十天，那期间，几乎是他来我们家吃过多少回揪面片，我们就去他那里洗过多少回澡。

然而，又有谁能料到，1992年8月份以后，路遥竟突然病倒了。最后竟一病不起，于1992年11月17日离开了人间。

听到噩耗，我呆若木鸡。好长一段时间，竟然不知道说什么好。没有办法，我只好把他送给我的《人生》和《平凡的世界》，统统又看了一遍。还不由地回忆起在八几年的时候，路遥有一回来榆林，害怕第二天睡觉误了车，老霍（霍如璧）、老胡（胡广深）和我们几个人，就在地区招待所中楼的一个房间里，天上地下，整整和他拉了一夜话。第二天凌晨，又一起把他送到了南门口的汽车站。还有，1991年他获罢茅盾文学奖以后来我家，正好我女儿那天才开学，就请"路遥叔叔"给她写作业本的皮子，路遥写完了作业本，我女儿又让"路遥叔叔"给她题句话。路遥想了一想，顺便就给当时才上小学二年级的我女儿，题写了"天天做好当天的事"这样一句"为朱叶小朋友题"的话，落款为"一九九一年七月二十三日"这一天。

至今，在我的眼前，还经常会浮现出1992年10月11日，我去西安西京医院看他时，他一边抽烟，一边说话的情景。我劝他不要再抽烟了，他艰难地说："不抽烟不好活。我每天想抽十支，可医生只让我抽五支。"那时候，路遥虽已病得不轻，但我相信他肯定能战胜疾病，重新站立起来。

一直到路遥逝世以后，等我看过了他的最后一部著作《早晨从中午开始》后，才真正知道路遥这一辈子是把苦吃扎了。也许，从生活的舒适程度上来评说，他1987年两次来榆林，住在榆林宾馆，天天都能洗个热水澡，每天都有宾馆比较丰盛的饮食，过几天还能在熟人家里吃一顿家乡饭，也许就是这位著名作家生前所得到的少有的享受了；而他献给祖国和家乡的，却是洋洋几百万字的史诗般的作品。

说到这里，我又不由得又想起这么一件小事来。1991年10月的有一天黄昏，我去西安办事，顺便去省作协院里串。灯光下，看见才四十出头的路遥，一下子苍老了许多，心里头不由得泛起一种很是苍凉的感觉。我不忍心说他老多了，只是问了他一句："你是不是苦可重哩？"路遥听了，淡淡地回答："噢，咱就是些受苦人嘛。"

是的，作家路遥，他一辈子就扮演了一个像他的父辈们一样的、陕北方言中的所谓"受苦人"，这样一个吃苦耐劳的角色。

劳动者路遥

张艳茜

新时期以来,还没有一个作家过世多年之后,人们越来越怀念他;还没有一个作家随着他离开时间越久,他的作品愈来愈有生命力。是读者,是民众的阅读告诉我们,要重视路遥,要重新评价路遥。

陕北黄土地上的人民,曾经为中国革命做出了巨大贡献,在他们身上,凝结着朴素的先进思想。这是特定社会历史、特定陕北地理的社会性格凸显。常年生活在贫困、沉郁、顿挫的陕北黄土高原上的陕北人的文化性格还有更为丰厚更为基本的一面,他们的行为所显示出来的更多更内在的元素,是凄然的、悲壮的,也是清峻的、苍凉的,千百年来积淀下来的质朴、善良的品格,勤奋劳作、甘于受苦的精神,这些,都深深地影响着在此地出生、此地成长的路遥,并在路遥作品中得到很充分的展示。"正是那贫瘠而又充满营养的土地和憨厚而又充满智慧的人民养育了我。没有他们,也就没有我,更没有我的作品。"

在路遥看来,写小说,这也是一种劳动,并不比农民在土地上耕作就高贵多少,他需要的仍然是劳动者的赤诚而质朴的品质和苦熬苦累的精神:"作为一个人民的儿子,不论在什么时候,都永远不应该丧失一个普通劳动者的感觉。生活是劳动人民创造的,只有成为他们中间一员,才能使自己的劳动有一定价值。历史用无数的事实告诉我们:离开大地和人民,任何人也不会成功。"

路遥的中篇小说《人生》出版后,在全国造成很大轰动,他本可以带着这份荣誉,安逸地生活,不必过劳、拼命地写作,但他却没有就此止步,当时有人怀疑路遥到了顶峰了,然而,路遥不承认这是他面前最高的标杆。他害怕无法超越,觉得"痛苦极了"。实际上,提出路遥是不是就难以超越《人生》那样轰动全国的作品了,这样的质疑,首先来自路遥自己。这种质疑让他不敢享受成功的喜悦,很快又重复起艰难的跋涉和远行,因此他又一次陷入孤独。他逃离喧嚣回到陕北家乡,把自己"丢"在沙漠里思考了好几天,并郑重决定创作鸿篇巨制《平凡的世界》。从1982年到1983年间,路遥"平静而紧张地"开始了《平凡的世界》的准备工作。他将自己从名目繁多的社会活动中抽身出来,远离喧嚣的采访,逃避热心读者的追踪,文学活动不再见到他的身影。

路遥首先静下心来阅读,他列了一个近百部长篇小说的阅读书目。这些书,有的是重读,有的是新读。有的要细读,有的仅粗读。尤其是要尽量阅读、研究、分析古今中外的多部头长卷作品。这是路遥第三次阅读《红楼梦》,第七次阅读《创业史》。之后,路遥按计划转入"基础工程"——准备作品的背景材料。于是,新一轮的阅读又开始了。为了更清晰、准确地把握1975年到1985年这十年间的时代背景,路遥找来十年的《人民日报》《光明日报》以及一种省报、一种地区报和《参考消息》的全部合订本。"手指头被纸张磨得露出了毛细血管,搁在纸上,如同搁在刀刃上,只好改用手的后掌(那里肉厚一些)继续翻阅。用了几个月时间,才把这件恼人的工作做完。"

查阅资料的工作结束后,路遥又进入另一个更大规模的"基础工程"——他回到陕北,回到他热爱的黄土地上,开始他计划中的体验生活。路遥的体验生活不是走马观花,而是身体力行。他在山上放过羊,在田野里过过夜。来到延安时,他还与新婚蜜月中,刚刚在延安报社做了记者的四弟王天乐一起,来到延安市的东关,两人穿上了一身破旧的衣服,装扮成王天乐当年在延安东关揽工的样子。很快,他们就被延安沟门的一个工头招去了。因为王天乐当年揽工时,肯吃苦,肯出力,名声好,所以,工头一眼就认出了王天乐。之后,路遥赶赴陕西铜川,先在铜川矿务局鸭口煤矿体验生活,作为挂职的铜川矿务局宣传部副部长,路遥没有在吃住方面提任何要求,而是一来到矿上,就要求下矿井。他要和矿工们一起劳动,与矿工交朋友。

《平凡的世界》(第一部)发表和出版后,理论界的反响并不如路遥所愿,甚至对他打击很大。20世纪80年代,许多外国文艺思潮刚刚涌进中国,现代主义、先锋派、意识流等方兴未艾,不跟潮流,不玩这些好像就落伍了,而路遥却以传统的现实主义手法写作,于是理论界认为太老套了。其实选择一种什么样的表现方式,路遥不是没有想过。但他认为,从根本上说,任何手法都可能写出高水平的作品,也可能写出低下的作品。问题不在于用什么方法创作,而在于作家如何克服思想和艺术的平庸。稳定下来的路遥,内心的那种"咬定青山不放松"的坚忍和坚强,也在布满"匈奴式"络腮胡的脸上凸现。"我从劳动人民身上学到了一种最宝贵的品质,那就是:不管有无收获,或收获大小,从不间断土地上汗流浃背的辛劳;即使后来颗粒无收,也不后悔自己付出的劳动,仍然愿意在这废墟中汗流浃背地耕种。我相信这样的一句名言:人可以亏人,土地不会亏人。"

此时的路遥,身体的变化十分明显,不用照镜子,路遥也知道自己苍老了许多,不到三十八岁的年龄,两鬓已染了白发,走路的速度也缓慢了,饭量明显减少,右边的眼睛一直在发炎,难受得令人发狂,不得已去看了医生,医生认为路遥的这些症状,是思维长期集中焦虑而造成的,建议路遥停止工作和阅读。路遥当然知道医生的建议是正确的,但却是无法接受的。"只有初恋般的热情和宗教般的意志,人才有可能成就某种事业。"

以劳动者的赤诚和坚忍投入写作,"和劳动者一起去热烈地拥抱大地和生活,作品和作品中的人物才有可能涌动起生命的血液,否则就可能制作出些蜡像,尽管很漂亮,也终归是死的。"正是如此信念,路遥作品的核心始终是对普通人尤其是对农民的持久关注,他所塑造的高加林、孙少平等人物形象,恰是社会转型期中国农民的典型形象,也是群体缩影。小说主人公试图通过自身奋斗打破宿命,改变命运,这显然契合了所有农民的心理需求。"三农问题"至今都是一个热点话题,可路遥早在1982年他的中篇小说《人生》里就已经提出来了。而鸿篇巨制《平凡的世界》反映了从"文革"后期1975年到改革开放初期广阔的社会面貌,展示了那个时期中国农民的渴望、追求以及为改变命运所做出的不懈努力,或者说是中国农村青年的奋斗史。农村题材为他所熟悉,当然更为他所关注。也正是对底层人民的热爱和关注才使他获得更多的尊重。面对最朴素的人,路遥坚守最基本的现实主义文学精神,选择了最朴素的写法,表现切切实实的生活世相。

路遥用自己的经历和笔触塑造了一批通过奋斗改变自身命运的青年形象。他们追逐梦想的信念坚不可摧、乐观自信,这无疑对当下年轻人来说是一种巨大的鼓舞。人们可以从书中找到自己的影子,或者说是希望像作品中的主人公一样通过自己的努力实现梦想。虽然路遥作品中所描写的那个时代背景已经"翻篇"了,但依然有很多人在路遥的作品里可以找到精神上的共鸣。

我与路遥共事的七年时间里,比起他的著名作家身份,我更愿意将路遥视为一个普通的生命,邻家的哥哥。从我工作的陕西省作家协会,听到的最多的消息,就是路遥获得各种奖项的消息。但是,定格在我心中的路遥形象,最强烈的就是一手拿根黄瓜或大葱,一手拿着馒头,而且是疲惫不堪的形象。路遥在完成《平凡的世界》长篇巨作后,有一段短暂的休整,我家和路遥的工作室所在小四合院儿,是省作协院子里所剩不多的阳光照射到的地方。在正午阳光洒满的时候,路遥常常坐在一把破旧藤椅上闭目养神,享受阳光的温暖。

1992年路遥去世后,有一段日子,我经常恍惚地感觉,他还会再次出现在省作协的院子里,依旧沉重而稳步地走着,然后坐在那把破旧的藤椅上。于是,我写过多篇纪念他的文章，我想，我写多了是不是就能将路遥重新唤回来呢？后来，在陕西人民出版社优秀编辑张孔明的精心策划下，选择了我为路遥的苦难人生做传，既是我蕴蓄内心已久的愿望，也是机缘巧合，一触即发。

面对传主路遥，我不是旁观者而是在场者，我将个人不可言说的隐忧与痛楚，通过感性的笔墨传递出来。我写出的不仅是关于路遥的纪实性文字，更是珍藏在自己记忆里和生命里的东西。我没有走捷径，从2009年开始，我除了重读路遥的所有作品和研究资料，计划性地走访了路遥的亲朋旧友，想方设法阅读了路遥的个人档案。2010年初春，我还耗费时日重走了一遍路遥辗转陕北的创作之路，一路走一路体验一路采访，感受至深，收获也很大。亲历现场和第一手资料的获得，使得我在撰写《平凡世界里的路遥》和《路遥传》时，在史料方面，我想应该是刷新了现有的考证和研究成果，补充、完善和深化了以往人们对路遥及其创作的认识。

作为一个伟大的作家，路遥的人生实在太短促，唯其如此才更具悲剧性。我不仅被路遥的文学创作所吸引，更为路遥的悲剧人生所震撼。作为亲历者，我目睹路遥为文学理想拼搏乃至最终倒下的悲壮历程，而他视自己为普通的劳动者，为平凡的人投入创作的热情和毅力，我想正是路遥精神世界的核心。于是，我从路遥个人成长道路、生存处境出发，从许许多多鲜为人知的生活细节入手，还原了一个世俗人生和文学人生相互交融相互印证的真实的劳动者路遥。

偶然来到这个世界的我们，短短的一生旅程，其实如流星般一闪而过。有些人将短暂的人生旅程，又做了调整，比如路遥，他乘上的是特快列车，不容他在旅程中浪费丁点时间。左边的群山，右边的平原，近旁的小溪，远方的大海，似乎对路遥都无法形成诱惑。他只埋头做一件事，这件事，他说要在四十岁之前完成。他果然完成了。他的人生旅程被压缩为四十二年。

"我们应该具备普通劳动者的品质，永远也不丧失一个普通劳动者的感觉，像牛一样劳动，像土地一样奉献。"

劳动者路遥，用一部《人生》，一部《平凡的世界》，为自己的生命画上了一个完整的句号。路遥没有留下什么遗憾，路遥的生命延续在他创造的文学世界里，这就是一种长寿和不朽。路遥无疑是文学沙场上一个夸父式的勇士，路遥的人生价值也就有了最灿烂的生命收获和回报。

路遥，你冷吗？

梦 野

霜降的余温，撒向臂膀伸出的原野，冬天向我们冷冷地走来。但我的感情总是难以接受，虽为分量还轻的身体，裹上了相熟的衣服。时光难留，我心恍惚，冷寒的风中，秋天早已掠过草木一样的枯黄，可我心灵的天空，飘零的依然是一种遍地落叶的心情。

在这样的萧条冷落得浑身有点战栗的时候，不分地方，不论忙闲，路遥，我总能想到的是你。飘飘悠悠的不寻常的落叶如你，跨越时空化作一地的金黄。你征服了文学的堡垒，同时，也将自己在过程中"磨损"。陕北山高，站在喜马拉雅，谁也难比你的高度。你在沉疴中未能站起，陨落在疼痛得像乱箭穿心的初冬。季节伤心的快车，将你呼啦啦送远，黄尘难见，孤单的你，谁为你嘘寒问暖。万水千山划界，天各一方相阻。路遥，你冷吗？我这样问你，任相思的绿绿青苔，渐渐寂寞地爬满山坡。陕北的每处汪汪积水，就是你的眼睛。抚摸你文字般瞬间永恒的容颜，你生前的泪水，淹没了我的整个天空。你像是走远，但苦恋陕北的心灵，已被我思想的手指，一次次勾回。每翻动你的被凄美的意象砸伤的一页页小说，我就能听到你最煎熬的声音，类似布谷啼叫，声声带血。

文学是生死长征，大型进军，除了艰难还是艰难，仅有雪山、草地还是不够的。陕北的孩儿，振奋生命的铁蹄，跟在你之后穿越，我也不例外。你的生命里只有文学，文学是你心中的神灵，不只像曹丕说的，经国之大业，不朽之盛事。你将自己远离到别人的谋划抑或不求上进人的简单的生活生存之外，建设着自己的精神大厦，这样，你就少了些"感情投资"，别人就将你划出外面排斥。对你的评价分值，只能是他们个人情绪化的综合，但你对此不屑一顾，你有重视你的领导。你将难以排遣的痛苦，压抑到心底，无处宣泄，小说中的人物是你最好的情人。我以此宿命地认为，你是为文学而生的，文学的历史因为有了你，才显得沉重千年，灿烂无比。你疲惫地闭上双眼，生前很少的痛楚，无奈咽下，独自远行，避开芜杂，走过寒碜难耐的这一生。路遥，你冷吗？而你举起的文学擎天柱，给我们以希冀的绿色，令尾随你之后的难兄难弟们，有了牵引的力量和追随的目标，不至于盲目得如危难中的军队，进退两难。

但没有你，路遥，陕北的文学，还是少了一种颜色。你像断线的风筝，静看流水，到另一个世界独自飘零，将整个文学大军撂到山坳。独木难支，众擎易举，少了你的英谋决断，少了你的指挥若定，战果还是有了最本质的差别。路遥，我未聆听你的箴言，未和你相见相知，你就将自己急匆匆地送走，似朵受到伤害的生命脆弱的野花，有再好的适合你生长的土壤，也最终难逃落色枯萎的命运。走向你惨淡无畏的命运的路途，路遥，你冷吗？

来世迟了，错过了你早到的盛开的芬芳。我常想海涅的那句话，作家是仅次于上帝的第二造物主。可上帝没将我提前出生，你也无力回天，未将我改观，不然的话，我会奔赴西安寻你，让你如灵丹一粒，点石成金般地给我把握。你含泪九泉，没有了这个可能，我就只好死了那份难灭的心。但你以其他的形式和我相见无语，比梦中真切。你逝世的第三年冬天，一场大雪将我从榆林送下西安，在长有迎春花、蜡梅树的省作协院子里，我和《延河》杂志社的远村，在你住过的平房窗前，滞留了许久，我觉得那是我和你在对视。后来，高建群在家里给我送照片，翻他的相册时，我看到陕报悼念你的黑白照片，你夹着小包，行色匆匆，一脸的忧郁，我感到这张照片，仅存的色彩就是你的苦难。

上帝大笔一挥，将你与我错开，你像行走的风景，留给我的是目不转睛，和对你充满神秘感的心灵。好在我结识了你的弟弟王天笑，这是对我生命缺憾的补偿，与连你弟弟也无缘相识的人相比较，可以说是"不幸"中的幸运者。那年，你的弟弟随清涧老乡肖栋一起，踏雪来看我。我们最多的话题，就是你，就是文学。我试图在天笑的身上，找到了你的影子，并以自己的激情文字，为你的光影造像。我在校外朴素地招待了他俩，临别，天笑给我送你的小说，叫我好好再读，向你学习。说实在的，我疲于奔命，天笑长期在外，难寻机会，一直未遵行他的许诺。可我觉得，迟缓地认识了你的弟弟，我依然惊心，他好似你灵魂的代言人，照亮我前行的文学路标。

冬天的风又刮过陕北的山山峁峁、沟沟畔畔，瑟瑟地冷。向南远望，我依然是落叶的心情。路遥，你冷吗？你告别人生久了，难兄难弟们心灵的创伤任季节疼痛的大手，怎么也难以抚平。你依然在找着生命的意义，像云游四海的苦行僧一样。我是后来者，充满韧性的文学信徒。心灵中，我看到你又点起一支烟，依然在文学路上行走，洒下阳光，我祝你一路平安。相距很远，漂泊之后，你累了，歇一歇吧，停在你生命的陕北村庄，回望来路，回望你走过这苦难的一生，你就在寒意浓重的冬夜，听听我深切而单薄的问候，风在吹时，路遥，你冷吗？

黄土地上坚强、伟大的母亲
——纪念路遥母亲

刘瑞平

她是一位黄土地上极其平凡的母亲,直到今天八十岁去世,许多人才知道她的名字叫马芝兰,一位靠着自己的勤劳双手和丈夫共同养育了八个儿女。

她是一位极其坚强的母亲,在一个人的一生中最痛苦的事情就是白发人送黑发人,她先后眼睁睁地送走了四个儿女和丈夫,然而她却仍然坚强地守候着自己和儿女们的家园。

她是一位伟大的母亲,为了孩子她愿吃尽所有的苦仍然乐观地坚持着,她养育了中国现代文学史上伟大的作家路遥,也使这位母亲成为数以亿计的读者们的母亲,一位令我们肃然起敬的母亲,一位亲切可爱的母亲。

然而就在2011年3月26日,央视《路遥》纪录片播出前两天,路遥纪念馆开馆前夕,这位伟大的母亲却永远离开了人世间,到另外一个世界去见她期盼已久的亲人们。

路遥母亲

让我们首先来回忆一下路遥在现实生活和文学作品中的母亲。

"八岁那年因我家穷,弟妹又多,父母把我给了大伯。过了一年多,我头一回坐辆大卡车回家,那时的心情特别激动,看见家乡的山、树木都很亲切,眼看就能见上母亲了,高兴得我坐在车上泪流满面。"

在延安住院时路遥说:"回家让母亲花一个月时间把我的身体吃起来。"

路遥回答朋友问他什么饭最好吃时,他说:"我妈做的茶饭最香。"

路遥逝世前弥留之际不停地呼喊着"爸最亲、妈最亲"。

在路遥的文学作品中我们可以看到许多父母亲的形象,虽然没有浓墨重彩的赞美,然而那种深沉的爱却又是那么的炽热,无论是高加林的父母孙少平的父母、田晓霞的父亲田福军、侯玉英的父母对待儿女衷心的爱,甚至王满银对一双儿女的想念,还是田福堂夫妇对郝红梅和田润生结合的承认,以及孙少平回归到惠英和明明的身边,这都让我们深深地感受到了母性的伟大和坚强。

十年前我发起策划拍摄《路遥》纪录片,当我得知路遥的母亲还健在,心情非常激动,能够采访到自己崇拜的作家的母亲那是何等的荣幸。

我第一次见到路遥母亲的心情,现在无法用语言表达,回想起来非常亲切,仿佛和自己的亲人一样,我叫她"姨姨"。她非常高兴。她问我叫什么名字,我告诉她我叫刘瑞平,告别时路遥妈妈和父亲靠在崖畔的花墙上目送我们离去,直到我们车走了很远了他们仍然在看着我们,那一幕让我至今难以忘怀。

有一次我问起路遥父亲、母亲当时为什么送路遥到延川,两位老人回想起了五十多年前送路遥到延川前一天晚上的情景:他们商量了一晚上,最后决定还是让卫国(路遥原名王卫国)去,去那里有奶奶疼,也能吃饱饭……五十多年了他们仍然记得那么清晰。路遥是他父亲带他走延川的,路遥走后母亲看到临走前几天路遥在院子里砍的柴火,堆得整整齐齐的特别好看,她都舍不得用,一看见柴火心里就难受……

后来我们去得多了就不是采访了,而是和"姨姨"拉起了家常,有一次她说起了远远(路遥女儿),一时间很兴奋,给我们讲了许多远远小时候的情景,老人家描述时的状态仿佛又回到了从前,她是那样地期盼再次见到孙女。之后第二年的清明节远远回陕北为父亲扫墓,那是远远第一次回陕北也是孙女长大成人后和奶奶的第一次见面,时间已过去了十多年,一见面远远和奶奶长时间地拥抱,让我们在场所有的人为之动容,有幸我们记录了那一刻,那是一个让人感到非常温暖的场面。

最让我们记忆深刻的一次采访,那是2006年的第一场雪,我们为了拍摄王家堡的雪景,几经周折摸黑来到了清涧王家堡,"姨姨"亲手为我们压了饸饹面,晚饭后我们和路遥父母盘坐在暖炕头上拉话。摄像师刘东平在不经意间开始了录制,让我们记录了这段令人永远难忘的采访,当我聊了很多事之后我说:"听九娃(路遥九弟)说你们二老陕北民歌唱得可好了,我可想和你们学两首。"开始两位老人不好意思,只是笑,随着我唱着引了个头,路遥母亲终于讲起了她当年的情景,不好意思地说，她当女娃娃时唱得可好了，突然她唱起了陕北民歌《兰花花》。一位七十多岁的老人，牙已掉得剩下一两颗，然而那曲调、那表情、那优美的唱腔，仿佛让我们看到了、听到了她年轻时的形象，紧接着路遥的父亲也唱起了信天游。一时间，就在这黄土高原上寒冷的夜晚，昏暗的窑洞里，让我们听到了、看到了最动听、最感人的旋律和画面，也让我们体会到了两位老人的酸甜苦辣。

这一幕让我们感受到了两位老人之所以能面对残酷的现实而坚强地活下来的原因，也让我们体会到了他们乐观的精神以及对子女深沉的爱和依恋。在路遥父亲去世后，一度只有母亲一个人在家，她哪里都不愿意去，只愿守候在老家的窑洞里，守候住这个曾经充满欢声笑语、充满苦难而又温馨的家，期盼着"在外边的孩子们有家可回，去了的孩子们有家可归"。然而今天母亲安详地走了，让我们共同祈祷吧，让这位黄土地上最坚强、伟大的母亲实现她永远和孩子们在一起的愿望。

兄弟　使命

刘瑞平

九娃走了，2016年7月4日，四十八岁的他在与病魔斗争了十年之后，永远离开这片他所眷恋的土地。

路遥在家里排行老大，九娃最小。他们兄弟相差近二十岁，长兄为父，九娃的官名王天笑也是路遥起的。在路遥最后的日子里九娃一直陪在他身边，路遥给这个最疼爱的小弟倾诉了无尽的遗愿。

为了实现路遥的愿望，2004年由王天笑发起，在榆林多个路遥好友以及忠实读者的加入下成立了榆林路遥文学联谊会。十多年来以"传播路遥文化、弘扬路遥精神"为己任，同时积极投身路遥故里清涧王家堡的建设。

九娃非常孝顺父母，不在身边时，他总是牵肠挂肚，每次回到家中，他总是要把窑里塞得满满当当。他用他的一生证明了什么是一个好儿子，他也替路遥扶两位老人上了山。

路遥胞弟：王天笑

九娃生前总是感叹生不逢时，环境和身体让他不能大展拳脚，但是在这平凡的一生中，他虽病魔缠身，却跋山涉水，寻找一切机会，为世人留下了《路遥》这部无可替代的纪录片。他在医生下达了病危通知书后，任舟车劳顿，事无巨细，带回了纪念馆内大多数的陈列物，让路遥纪念馆能够在王家堡这穷乡僻壤修建起来，他从王家堡来又从王家堡去，这里见证了他的出生，他的童年，他的成长，最终魂归故里回到这方厚土，回到了自己的家乡！

他用英雄的方式完成了"英雄路遥"的遗愿！完成了自己的心愿，完成了一个普通人不平凡的使命！

拜谒路遥纪念馆

任 静

我与路遥纪念馆有一段不解情缘。

几年前一个国庆长假,我回故乡清涧探亲。去绥德途经王家堡村时,一座庄严肃穆的院落吸引了我的注意力,汉白玉的欧式建筑,门楣上写着"路遥纪念馆"五个大字,我当即让同行的朋友停了车,怀着朝圣般的心情,拜谒了路遥纪念馆。

我迈着小心翼翼的步履走进了纪念馆,生怕惊扰了这位令人敬仰的作家,可亲的前辈和兄长,他的早晨也许刚刚从中午开始。我用手一一抚摸过路遥纪念馆陈列的全部著作,古人说的著作等身,他做到了,而且名副其实。

认识路遥是在书里,《人生》《平凡的世界》《早晨从中午开始》,我为路遥作品中的人物时而快乐时而伤感着,他朴实的文字和深刻的思想,让我度过了充实和幸福的中学时光,正是在这种文学雨露的滋养下,我一步步被作家路遥引领着走进了神圣的缪斯殿堂。在纪念馆,我望着这些熟悉的封面与字体,仿佛与路遥笔下那些我所喜欢的人物一一握手问好。

在靠墙的书柜前,陈列着一尊路遥仿真塑像,他身穿银灰色风衣,戴着茶色眼镜,右手指上夹着一支香烟,面部表情凝重,仿佛正陷入沉思中。我久久凝视着这位熟悉而陌生的文学前辈,目光里渐渐漫上来一层泪雾。

走出路遥纪念馆的时候,我似乎听到那摞山垛一样的书籍里隐约传出了一阵轻轻的吟诵声:"生活不能等待别人来安排,要自己去争取和奋斗;而不论其结果是喜是悲,但可以慰藉的是,你总不枉在这世界上活了一场。有了这样的认识,你就会珍重生活,而不会玩世不恭;同时,也会给人自身注入一种强大的内在力量。"

不尽思念揣满怀

——写在纪念路遥逝世十五周年之际

白崇贵

今年11月17日,是路遥逝世十五周年纪念日。这位我国当代的著名作家、中国文学最高奖——茅盾文学奖的得主,疾步走完了四十二岁的人生路。他虽英年早逝,但他笔下那个平凡世界中那些平凡的人们,却继续酿造着看来平凡、实则伟大的事业;他虽然离开人间,但却留下了传世之作,人们"吃"不完的精神食粮。

路遥在生命临终前,赠我一套《平凡的世界》。他用颤抖的手在书的扉页为我题了字:"崇贵兄长留念,感谢真诚的关怀。"十五年来,每当我翻开这套书时,不由得以泪洗面,路遥的身影在我脑海里闪来闪去,久久不能离去。

路遥与我相识是在20世纪80年代初。当时我在县上工作,常到省上开会,路遥在省作家协会工作,凡省上的重要会议,如党代会、人代会,他都要到延安代表团来,与延安的同志拉拉家常。当我俩相互知道都是清涧人时,彼此的感情自然贴得更近了。后来我被调到了延川县工作,相互交往就更多了。因为他虽然出生在清涧,但养育之地是延川。

夏天的白日是漫长的,下午七时许,骄阳还偏挂在县城飞机山的上空,我俩蹲坐在学校操场的平地上,海阔天空地谝了起来。谝到高兴时我俩脱下脚上的鞋,赤着脚在泛起的黄土中踱来踱去,而一谝便是四个多小时。我们的话题,小至他上延川中学时肚子大,吃不饱饭,买不起饭票,靠同学们接济;大到他的鸿篇巨制,虽未正式出版,但前两部中央人民广播电台按书稿便热播开了。而谈得最多的是我们家乡的贫苦。他回忆了因家里贫困,七岁时被父亲从清涧送到延川,在伯父家寄养的情景。我们的共识是苦有苦的好处,可以磨炼人,正因为家乡苦,才有那么多的人起来闹革命,才走出那么多的高级干部服务于社会。我们要不忘家乡、不忘苦,在一生中干点事情。在谈到延川的事时,我说,你在延川很有影响,早在1972年你和谷溪等同志就办了全国第一张县级文学小报《山花》,发行数十万份,为社会培养了一大批作家。可后来因县上经济困难，小报停刊了。去年我们研究，这个文艺园地不能荒芜，配了专人，给了经费，已复刊了。对这一点，他没说赞许的话，他说：这是你应干的事，你们搞党政工作的，一定要考虑群众的需求：一要吃饭，这是物质生活；二是有精神食粮，这就是文化生活。只重视前者，不重视后者，你就不是一个合格的县委书记。他的话如农民拿老镢头掏地，看得准，挖得深。我钦佩他的坦率和诚恳。

我们怀念路遥，不仅要阅读和宣传他的作品，深刻理解他的文品，还要学习他的人品：不随波逐流，矢志坚持现实主义创作的道路；永葆劳动人民的本色，"像牛一样地劳动，像土一样地奉献"；把现实生活与个人感悟结合起来，把一般的创作形式与陕北特有的文化情调结合起来，形成独特的创作风格。

路遥逝世十五周年纪念日将至，我为他献上以下祭语：路漫漫几步走完，金灿灿情洒人间，意绵绵思念不断，乐呵呵回眸文坛。

路遥，父老乡亲记着您，朋友们想念你。你始终和老百姓在一起，和农民在一起。在陕北，乃至全国，广大农民脱贫致富，奔向小康社会的队列里，我们常常能够看到你的身影，听到你的呐喊声。

存大气　成大器
——我与路遥的三面之缘

郭世平

路遥是我们这个平凡世界关于人生的永恒话题。作为一个以文字为生的人，我庆幸自己与这位英雄作家和陕北文学青年的精神教父曾有过三面之缘。

第一次与路遥谋面是1984年电影《人生》在榆林电影院举行首映式。那时我还是个中学生，我为刘巧珍对高加林的痴爱泪流满面。电影散场后，我跟穿着米黄色风衣的路遥往他住宿的农垦大楼边走边聊。

1985年8月，陕西省长篇小说创作促进会在榆林剧院召开。记得路遥和贾平凹都来了，且向当地的文学爱好者传授创作经验。这是我与路遥的第二次接触。

大漠文学社成立合影　路遥（第一排中）

第三次与路遥相遇是他在榆林宾馆写作《平凡的世界》第三部初稿期间。本土文学青年成立"大漠文学社"，路遥为文学社题词："存大气，成大器。"并参加了在少年宫举办的成立大会。后来，我有幸到路遥的母校——延安大学作家班深造。1992年11月那个寒冷冬天的晚上，宿舍的志丹县同学说听广播上说路遥去世了，自己压根不相信，以为听错了。因为路遥正值英年，而且我印象中熊腰虎背的路遥虽然个头不高，但身体却像牛一样健壮。此后延大举行"路遥追思会"，才迫使我们不得不接受这个残酷的事实。

如果说路遥用生命以文学的形式在平凡的世界实现了自己不平凡的人生梦想，那么路遥梦则更彰显了"像牛一样劳动，像土地一样奉献"的路遥精神，而这种路遥精神已然成为人类精神家园的永恒不动产和底层社会奋斗的精神驱动器。

叫一声哥哥你快回来
——纪念路遥七十周年诞辰

王天秀

"上河里的鸭子下河里的鹅,一对对毛眼眼照哥哥……"听着这忧伤而又沉郁的《信天游》,我不知道大家是不是和我有一样的感觉。我感觉我仿佛就站在那一望无际的黄土高原,坎坷不平、漫长而又崎岖的黄土路就在我的脚下延伸,我不知道它从哪儿来,又将通向何方……

"青水水的玻璃隔着窗子照,满口口白牙对着哥哥笑……"不知道怎么的,我突然固执地把它同那悲壮美丽的人生之路联系在了一起。这种联想,就如同我第一次听到"路遥"这个名字,路途遥遥,真使人感到空间的辽远苍茫,以及生活的庄严和沉郁。

端详路遥的照片,读他的自序,或者是一头扎到他的作品当中去,我总觉得他在我心中的形象是深沉和严肃的。据说路遥喜欢在正午的阳光下,在空当当的院子里一个人坐着,也喜欢在静静的月光下独自散步,久久地凝视着深邃的夜空。作为黄土地的忠实儿子,作为平凡世界当中的一个普通人,路遥领略着生命旅途的滋味,同时也在执着追寻着文学的灵魂。

可是,虽然路遥离我们而去了,但是我感觉无论从精神到情感,路遥依然那么亲近地和我们在一起。他那"初恋般的热情和宗教般的意志",精彩地完成了他短暂却辉煌的人生历程。他的作品给活着的人们,给千千万万的读者提供着人生和艺术的启迪与哲思,促进人们向上、向善的无穷动力。他就是这样一个极为罕见的文学事业的奉献者,用生命铸造了文学的辉煌!

七十周年,纪念路遥之诞辰,追忆路遥精神遗存。

谨以语文的方式致敬路遥

许建峰

路遥，一个熟悉而又温暖的名字。

阅读路遥，让你彻悟了永存遗憾的人生，让你领略了陕北文化的魅力；走近路遥，使你懂得了做人为文的朴实，使你学会了抗争不幸的坚忍……

路遥，一座风光无限的陕北文化高峰，值得我们每个人驻足流连——横看成岭侧成峰，远近高低各不同。

我是一个初中语文教师，我曾以自己的方式——语文的方式，向这位伟大的作家致敬。在我昔日执教的过程中，我曾在八年级学生中，开展过为期一年的"让路遥走近中学生"系列活动。这些活动主要包括四大版块：兴趣激发是关键；作品阅读是桥梁；成果汇报是收获；寻访路遥是升华。

兴趣是热爱的最好老师。由于我对路遥的情有独钟，所以我在这方面用力最多，设计似乎也得心应手。一是在学生的习作讲评课上直接引进路遥《人生》和《平凡的世界》中精彩片段，作为范文欣赏。例如：针对学生习作开头随随便便、缺乏新意、千篇一律的问题，我举了《人生》和《平凡的世界》开头的例子。

《人生》以柳青的一段话开头：

人生的道路虽然漫长，但紧要处常常只有几步，特别是当人年轻的时候。

没有一个人的生活道路是笔直的、没有岔道的。有些岔道口，譬如政治上的岔道口，事业上的岔道口，个人生活上的岔道口，你走错一步，可以影响人生的一个时期，也可以影响一生。

针对学生习作中不会真实、具体、生动描写和再现生活中的一些场景，我用了《人生》中两个精彩的日常生活片段供师生赏析。给学生朗读自己写的有关路遥的文章和其他人的怀念路遥的文章。自己写的如《为自己的幸福读书》《陕北的路遥、永远的路遥》《秋登文汇山》《路遥，我人生的教父》等。其他人的如：史铁生的《悼路遥》、陈忠实的《告别路遥》等。

三是组织学生观看八集纪录片《路遥》以及吴天明执导的电影《人生》。

通过赏析精彩片段、朗读和分享相关文章以及观看视频，学生对路遥及其作品萌发了浓厚的兴趣。经过大约一个学期后，又开展了以朗读和演讲、表演、写读后感、开辩论会等一系列形式多样的成果汇报活动。学生们不论是阅读的兴趣，还是参与的热情，甚至是对路遥作品的解读，都是我始料未及的。我终于发现了阅读在不知不觉地改变着我们，正如一位评论家所说的：路遥，让我们的心肠变软，让我们的脊梁变硬！

寻访路遥的计划，由于种种原因未能使学生如愿，终是遗憾。但我相信：路遥的"像牛一样劳动，像土地一样奉献"以及"人可以平凡，但绝不能平庸"的精神已流淌在他们的血液里。

这就是一个语文老师致敬路遥的方式——语文的方式！

路遥与鸭口煤矿

霍海澎

位于铜川市印台区的鸭口煤矿是路遥创作小说《平凡的世界》过程中最具有代表性的体验地之一,作品中的大牙湾煤矿的原型就是鸭口煤矿。

虽然路遥去世已经有二十年了,但这里的人们不仅没有忘记他,相反,在经济并不宽裕的情况下,他们建起了鸭口·路遥文化展馆。他们还说:"路遥是我们的荣誉矿工。"

只有深度体验,我们才能体会那些地层深处的生死考验和奋斗不息,我们才能明白幸福生活的珍贵和来之不易。

路遥与鸭口煤矿结缘

1980年秋天,路遥通过延安的朋友帮忙联系,将四弟王天乐招工到铜川矿务局鸭口煤矿,成为一名煤矿工人。在1984年秋天调到延安日报社之前,王天乐在鸭口煤矿干了五年的井下运料工。王天乐五年的煤矿工人经历,为路遥创作《平凡的世界》提供了大量的素材。

路遥在创作随笔《早晨从中午开始》中写道:"我得要专门谈谈我的弟弟王天乐。在很大的程度上,如果没有他,我就很难顺利地完成《平凡的世界》。尤其是他当过五年煤矿工人,对这个我最薄弱的生活环境提供了特别具体的素材。"

1985年8月21日,经铜川矿务局党委常委会研究同意,路遥兼任铜川矿务局党委宣传部副部长。

1985年9月,正是秋风萧瑟的时候,路遥带着两大箱资料和图书及最主要的"干粮"——十多条香烟和两罐雀巢咖啡,来到铜川矿务局陈家山煤矿矿医院的一间小会议室,开始了《平凡的世界》第一部的创作。

路遥在《早晨从中午开始》创作随笔中提到了为何选择到煤矿写作："我决定到一个偏僻的煤矿去开始第一部初稿的写作。这个考虑基于以下两点：一、尽管我已间接地占有了许多煤矿的素材，但对这个环境的直接感受远远没有其他生活领域丰富。按全书的构想，一直到第三部才涉及煤矿。但我知道，进入写作后，我再难中断案头工作去补充煤矿生活。那么，我首先进入矿区写第一部，置身于第三部的生活场景，随时都可以直接感受到那里的气息，总能得到一些弥补。二、写这部书我已准备吃苦牺牲，一开始就到一个舒适的环境去工作不符合我的心意。煤矿生活条件差一些、艰苦一些，这和我精神上的要求是一致的。"

路遥和四弟王天乐到鸭口煤矿之后，周松涛便安排他们住到鸭口煤矿招待所。吃完饭后，路遥说："周部长，我们把明天的工作安排一下。"随后，路遥说出自己的计划，打算在矿区住三到五天，并说要下井，和工人一起劳动。

很快，周松涛就安排采煤四区的副区长雷汉玉陪路遥下井。

下井那天，大家换上工作服，通过竖井下到矿井，然后乘电车在大巷走了一段路。之后沿着巷道往前走，有的地方连腰都直不起来。鸭口煤矿煤层构造复杂，在前进中，不时要上坡下坡，路遥当时很胖，上下坡时雷汉玉就在前面拉，王天乐在后面跟着推。坐下来休息的时候，路遥感叹说："煤矿工人真辛苦。人民大会堂的红地毯我也走过，猫耳洞也体验过，从没有想到你们会是这般辛苦。"

在工作面休息的时候，路遥问雷汉玉："你觉得煤矿苦不苦？"雷汉玉回答说："不苦，当过农民的本来就不怕吃苦。再说在矿上下井，月月二十五公斤细粮、三公斤杂粮，比起老家好多了！"雷汉玉的话给了路遥很大的启发，从农民到矿工，这是陕北后生的一个生活出路，更是一个理想的追求。

上井后，路遥对雷汉玉说了这样一段话："只有在井下生活过的人，才会懂得阳光的价值，才会珍惜阳光下的生活。"

路遥成为鸭口煤矿的永恒记忆

"路遥的作品《平凡的世界》，是从实际情况出发写的，不是想出来的，场景描写得非常真实。"今年六十四岁的鸭口煤矿退休工人贺成功说。

"如果拿着路遥的《平凡的世界》，到鸭口煤矿去找作品中的大牙湾煤矿，你会发现自己看到的和书中描写的地形地貌一模一样。"鸭口煤矿原工会主席王泰昌说。不仅如此，鸭口煤矿还有《平凡的世界》小说人物原型安锁子，而雷汉玉便是小说中矿区副区长雷汉义的原型。

"鸭口煤矿因为路遥而被外界所熟知。也因为路遥，长期工作在地层深处的煤矿工人群体，能够鲜活地展现在人们眼前。从某种角度来讲，路遥就是我们的名誉矿工。"

路遥对铜川，对煤矿工人是有感情的。1992年年初，在多家杂志约稿的情况下，路遥将《平凡的世界》创作随笔《早晨从中午开始》，交给铜川矿工报社社长李祥云，选择在《铜川矿工报》首次刊发。路遥作品的刊登让当时的《铜川矿工报》一时"洛阳纸贵"。为了留住当年路遥在鸭口煤矿、在铜川矿区体验生活的经典记忆，在铜川矿务局的支持下，2012年3月，鸭口煤矿启动建设了鸭口·路遥文化展馆。筹建之初，矿上邀请专家和文化名人商讨、策划、设计施工方案。在展馆的命名上也特别慎重，曾多方征集和讨论。2013年10月展馆落成，馆内面积三百六十多平方米，珍藏各种珍贵展品和图书五十余件（套）。

矿工群体是值得记忆的群体

鸭口煤矿，距离印台区广阳镇只有三公里。在鸭口煤矿，"路遥"两字随处可见。鸭口·路遥文化展馆的指示牌醒目地立在路边，街道旁还建有路遥文化广场，这是一座煤矿对一位作家的最高礼遇。因为，他把矿工群体生活真实地展现在世人面前，让人们从平凡而又艰辛的劳作中感受到矿工群体当年的乐观、奋进和无私奉献。

铜川是煤城，矿工是这座城市最广泛的群体。从20世纪50年代开始，河南、四川等地的年轻人，也有很多陕北人，拖家带口到铜川各座矿井谋生。路遥到鸭口煤矿体验生活时，煤矿生产条件相对较差，开采是炮采，矿井支护大部分是木支护。为了开矿，矿工流汗、流血，甚至付出了生命。通过细致的感知和体验，路遥用他的作品，为矿工群体，为那个时代做了最好的标记。

《平凡的世界》里的"铜城"

张俊英

忙忙碌碌中,最不能缺的就是晚上看电视剧,牵肠挂肚地看着长达五十六集的电视连续剧《平凡的世界》。含泪看完最后一集,我那早已装满孙少安、孙少平喜怒哀乐的心竟然无法平静,在脑海中,像过电影一样,把整个故事过一遍,那晚,很久才入梦。虽然平日觉得陕北话不是太好懂,但是电视剧里的陕北普通话对白竟是那么亲切,那么余味无穷。其实作品里的铜城就是我的家乡陕西省铜川市。

除了这些,电视剧《平凡的世界》让我感慨万分的还有一个很重要的原因,那就是我的父亲也曾在铜川矿务局做过煤矿工人,父亲工作过的单位和大牙湾两个矿相距三十多公里。因为父亲过世的时候我上高中,谨言慎行的父亲似乎从未给我讲过他井下的工作生活。这部电视连续剧让我了解了矿工和井下的生活,让我放飞思绪,想象身材高大、伟岸的父亲怎样在煤矿尽职尽责地做好自己平凡的工作,最终让他荣膺劳动模范的称号,填补了我心中的一个空白和缺憾!

感谢生活在平凡世界而又不平凡的作家路遥,把鲜活的铜城(铜川)故事,用现实主义的文笔留给我们、启迪我们——生活不能等待别人来安排,要自己去争取和奋斗;而不论其结果是喜是悲,但可以慰藉的是,你总不枉在这世界上活了一场。

作为普通人,我们怎样才能成就自己的事业,怎样才能有所作为,必须要有初恋般的热情和激情,必须要有坚强的钢铁般的意志,宗教般的执着、信仰,让我们后人共勉!

西安看病中的路遥

朱合作

1992年10月,我专程去了趟西安。去西安的一个主要目的,就是去看病中的路遥。

我是10月初去的西安。去西安以后,先向我和路遥共同的熟人和朋友刘劲挺打听了些情况,得知在一般情况下,只有星期天才是探视病人的时间;得知路遥只能吃一点酸苹果。于是,10月11日上午八时许,我便带着十来斤苹果,早早地来到了西京医院。

这一天虽说是星期天,但因我去得太早,还是在传染病科的小门上,被值班人员阻挡了半个来小时。好不容易等到准许放行了,我根据劲挺预先的提示,从一个铁栅栏中间挤进去,来到了一长排平房前。正当我忘记了是几号病房的时候,恰巧看见有一间房子门外的窗台上,放着一沓陕西省作家协会的信纸,于是,我就轻轻地敲了敲门,慢慢地把门推开了一道缝。正躺在病床上休息的路遥,看见是我,很有点高兴的样子,说:"合作!"我笑着点了点头,就进了房间。路遥说:"今早起(上),数你来得早。"

我说:"还是叫门口挡了半个来小时。"

正在病房里护理路遥的路遥的小弟弟九娃,大概因为在西安熟人少,猛一下子看见来了个老乡,也很高兴,很热情地招呼我坐下。

我先没有坐,又对路遥说:"劲挺说你爱吃点苹果,我给你带了几个。"说着,就和九娃一起,把苹果掏在了病房里的苹果箱子里。路遥说:"酸苹果好吃。"说完,就硬让九娃给我削了个大苹果,我只好接在手里。路遥见我吃苹果,他也爱了,又让九娃给他也削了一个。他侧转身斜躺在床上,用嘴用力把苹果汁榨出来,吸掉了。我赶紧给床上铺了片卫生纸,让他吐苹果渣。路遥吃得很香,一个大苹果不一会就吃光了。

我从旁观察，发现他和我 1991 年 12 月见他时的情况相比，显然瘦多了。嘴唇是黑的，眼圈是黑的，眼珠是黄的；胖乎乎的圆脸，缩小了一大圈。但在熟人中传说的路遥的病情，似乎比我现在看到的还严重——说他曾有过肝昏迷。并且，就在前一两天，劲挺还说他吃苹果，只能喝一点别人榨出来的苹果汁，可这次我亲眼见到的，却是他十来口就把一个大苹果吃光了。看来，他的病情已有了好转。我心里不由得有一些欣喜。

　　这时候，九娃给自己也削了个苹果吃，可削的中间没捉牢，把果子掉在地板上弄脏了。九娃把果子捡起来，又把它重削了一遍。路遥躺着没事，就双眼看着九娃削苹果。他见九娃削的手法太重，把苹果肉也伤了，就说："咋紧行了（清涧方言，意为削得有点过火了，不能再削了）。年轻人不管做什么，都失慌连天的。"说得我们几个都笑了。

　　吃了一阵苹果后，我就和路遥拉起了他的病情。路遥说："我这病非得不可。我光在街上就吃了十几年饭。"一个获得很高荣誉的著名作家，他的日常生活竟是这样的——十几年吃不上可口的饭菜，我忍不住一阵心酸。但是，当着病人的面，我还要装得轻松点，就转了个话题，说，他发表在《女友》杂志上的《早晨从中午开始》，我看了一些，写得极精彩。

　　一说到他心爱的作品，路遥就有了兴趣，详细地询问了我看的是哪几章？写的是哪些内容？我都做了回答。路遥很认真地对我说："出单行本呀！"神色间很自然地流露出一种甚是欣慰的意味来。

　　说到这一次的住院治疗，他极有信心。说省上组织了西北地区最好的肝病专家给他会诊，说他的主治大夫是西京医院传染病科的主任，教授级的，本来已不再看病，在写书，这次为了他，又亲自担任了主治。他还非常欣慰地告诉我说，省委省政府对他的情况很重视，专门拨了一笔医疗费。还让他病情好转后，拣全国最好的疗养胜地去疗养。并且，可以去两个陪人，一个是亲属，一个是单位上的（人）。最后，他又用他特有的幽默方式，对我说："省上这回是重视结实了。省委省政府抢的给我治哩！"我告诉路遥，有好多情况，我们在陕北也都听说了，大家都对省上的重视，很感激。

　　让路遥稍微休息了片刻后，我又问："你那女子呢？"路遥有个长得胖乎乎的宝贝女子，叫路远。近年来，不断有人说路遥夫妻关系不好了；我到西安后，又听路遥的妻子去北京了。那么，路遥正在重病住院，他的女子又由谁来照顾呢？一提起他的女子，路遥就来了劲，说："那狗的比我还坚强。我这回得了这病，那狗的信心比我还大。说不要紧，叫我好好治。今天是星期天，过一会，她也来呀！"

　　说罢他的女子，路遥又问："你那女子叫什么来了？"我说："叫朱叶。"路遥说:"那狗的可聪明哩。"

路遥和我们家的人都很熟。社会上也许有人觉得路遥架子大，可路遥在熟人跟前从来不摆架子。1991年秋天，他获得茅盾文学奖后到榆林来，我女儿叫他写几个作业本的皮子，他都踏踏实实地写了。我女儿说请"路遥叔叔"给她题个词，路遥稍一思索，顺笔写道："天天做好当天的事——为朱叶小朋友题。路遥 一九九一年七月二十三日。"这么一行意味深长的话语。所以，在我们这些熟人和朋友的心中，路遥也就是我们生活中的一个普通人，从来都不摆什么架子。

当然，作为著名作家兼普通人的路遥，一旦住在病房里，便也少不了前思后想，生出许多的悲哀来。就在说罢了他所疼爱的女儿路远后，路遥又有点无奈地对我说："我那老婆咋跑了！"我赶紧岔开话题，说："你现在主要是治病。只要把病治好了，就一切都好了。"

路遥说："我这病咋就喝哩喝啦（清涧方言：凑凑合合之意）一辈子。肝硬化，麻烦的是有点腹水；不过是早期。我尔格一天能吃五两粮了。"路遥常年劳累，病情已发展到了肝硬化晚期。我明白这是医生和朋友们对路遥保密哩。但知道他对治病极有信心，十分高兴。觉得一个人的精神状态好，对他的治疗是很有帮助的。又晓得路遥是一个十分坚强的人，所以，就是得了病，也肯定能最终站起来。于是，我又对路遥说："你先好好治。在西安治得差不多了，就回榆林来，咱再看中医。"1987年夏天，路遥写完《平凡的世界》第二部后，病得不行，就是让榆林的老中医给看好的。所以，他对陕北的中医十分信任。

路遥说："等出了院以后，我先回王家堡老家住上一个月，让我妈把我喂上一个月。我妈做的饭好吃，一个月就把我喂胖了。然后，再到榆林盛（住）上一响（一段时间）。你回去打听一下，看榆林谁治肝病最能行？等我的病好了，咱和张泊三个，咋到三边走上一回。以前要去，常没时间，以后咋不忙了。让张泊给咱们把历史讲上；他正会讲那方面的事情哩！"

1987年夏天，路遥来榆林治病，我曾鼓动他去过一回内蒙古的成吉思汗陵，是张泊和我陪他去的，还在成陵住过一晚上。那一回，我们就约好，以后有机会了，三个人相跟上，到三边串一回。路遥热爱陕北，但一直没去过三边，所以，常说要去一回。我和张泊说，你来了能要汽车哩，我们也好沾光。路遥决心大得很，说，串罢了三边，还要再沿黄河走一遍，不坐汽车，拄上拐棍，纯粹步行。后来，他又几次和我提到要去三边，但一直也都没去。不想这一回病成这样，他还记着这件事。

1992年10月11日这一天，我从早上九点，一直陪路遥坐到十二点。这中间，还来了三四起看望路遥的朋友们。其中有一个年轻后生，操着延安口音。他说，他来一方面是看路遥来了，一方面是想把《平凡的世界》，改编成礼品式（盒装）连环画，经费问题已基本落实，想让路遥再写个便函，便于他出去和出版社联系。

路遥被扶着斜坐在了病床上，找了片纸，但找不到笔，正好我身上带着笔，就脱下笔套递给了他。路遥一边写信，一边还几次对我说："这（人）画得好。"

路遥的身体很虚，几行字写得一行比一行更向右边偏，但落款写"路遥"两个字时，还基本上保持了他平时签名时那种很潇洒的气势。

那位年轻的画家，等路遥把信写完了，又说，希望路遥在正式出书时，再写个序言。路遥说："序咋写不成了。我尔格手筛得连笔也捉不牢了。到时候，就题上个词。"我听罢，心里忍不住又是一阵沉重。

再后来来的朋友们，有的劝路遥好好养病，并说气功可以治好多病，劝路遥学一点气功。还有的看见路遥病成这个样子，心疼得直抱怨，说："谁让你要那个什么茅盾文学奖哩！以后再不敢写文章了！"等那些好心的人走了后，我对路遥说，你能得茅盾文学奖，就是害场病，也值得。现在的关键是要好好治病。你一定要好好治哩，咱们那边有许多人都非常关心你的病情。路遥听了，脸上也起了一种庄重感，很认真地点点头。

他问我："你后来干什么哩？"

我说："也没干什么正经事；咱农村人，光景不好，就想赚一点稿费。但以后有机会了，还想写一点小说。"路遥听了，又点了点头。

说话间，他像是想起了什么，对我说："你看窗台上那个大信封里照片上的人，是些谁？"

我从九娃的那张陪人床上回过头来，看见窗台上立一个《延安文学》编辑部的大信封，打开一看，那里面有一张大照片。照片是黑白的，上面的两个人，一个是戴着眼镜的诗人曹谷溪，一个是戴着一顶黄帽子的一个笑眯眯的圆脸后生。从路遥的神情上观察，我已经猜到了这个圆脸后生就是他本人。但这后生和后来的路遥不一样，一点也不像。我故意说："这大概是七几年那阵，哪一个公社的文书。"说得路遥忍不住笑了。

他显然知道我猜到了那个人就是他，就解释说："老曹不知从哪里把底片搜出来了，把这张照片又放大拿来了。"我知道，在这张合影之前，路遥已参加过了"文化大革命"，也当过了县革委会的副主任。我只是有点不理解，就么一个笑眯眯的二十来岁的年轻后生，怎么能当得了县革委会的副主任？要是后来的这一个路遥，一副大智若愚的样，别说县上的副主任，就是专员、省长，我相信他也能当了。要是在以前，要是路遥不在重病中，我也许会拿这个问题问他的。但这次，路遥在病中，我只是让这个问题在自己的心中闪了闪，就没有再往远处扯。总而言之，我至今都认为，照片上那个笑眯眯的小后生，能变成后来的大作家路遥，是人间一个颇有意味的奇迹。

大概到了上午十点多钟的时候，远村陪着路远来路遥的病房了。路遥一见女儿，眼睛马上一亮，嘴里喊："毛锤！""毛锤"是清涧乡下人对自己娃娃的昵称。想当年，路遥也一定曾经是他父亲母亲跟前的"毛锤"，没想到路遥成了大作家，也还用这种方式称呼自己的娃娃。路遥把"毛锤"叫到他跟前，又问："你妈给你来信了没？"

路远说："没。"

路遥说："你妈是个儿货。"

路远听了，什么也没说。路遥显然觉察到了在女儿跟前议论妻子不合适，就对我们说："你们先出去一会，来我和毛锤拉会话。"于是，九娃、远村、我，以及其他一些来看路遥的朋友，就来到了门外。

大致过了二三十分钟，路遥又让我们都进来，说他和毛锤的话拉完了。我们进去了以后，路遥又问路远这几天的饮食和功课。原来，路遥住院期间，由于妻子又去了北京，就只好给女儿雇了个小保姆。小姑娘年纪小，好多家务事都不会料理，有时候反而要路远指导她做饭。路遥听了一脸无可奈何的表情，气得直叹气。

又过了一阵，路遥怕女儿耽误的时间太长，影响第二天的学习，就让远村把路远领走了。紧接着，别的来看路遥的人也都走了。我和路遥又拉了些闲话，还帮他用电热杯烧了两瓶开水。这时候，护士从病房的小窗口递进了几小包药，说是让中午服用的。路遥叫我去问护士，看中间有没有鲁米那。我就照他说的去问，护士说没有。这样，路遥就让我倒了点开水，把送进来的药片都吃了。可路遥刚吃完药，护士又进来说，药片中有鲁米那。路遥说："呀！我中午不能吃鲁米那，吃了烦躁得不行。已经和医生说好了，怎么又弄错了！"

原来，鲁米那是一种起安眠作用的药品。路遥中午服了它，心里就烦躁，是护士把事做错了。但为时已晚，也没有啥办法了。慢慢地，路遥有些疲劳了，有一些昏昏欲睡的样子，说话也不如开先有精神了。我就劝他好好睡一觉，又帮他干了些零碎事，等九娃从外边小摊上吃完饭回来，就向他们弟兄两个告了别，离开了西京医院传染病科。

我是满怀着信心离开医院的。我知道住院期间他有时候心情很不好，我也亲耳听了他对别人说，妻子要和他离婚，他说他累得不行，想到延安去休息十来天，然后回来把手续办了；不想才一到延安就病倒了。

但是，当路遥得知自己得的不是癌症后，求生的欲望便十分强烈。我也亲眼看见，路遥的病情比我想象的似乎要轻一些。

路遥是个普通人，但同时又是一个意志十分坚强的大作家。所以，我在医院里看过他以后，得出的结论是，他一定能够站起来。我坚信这一条。

所以，当1992年11月18日早上，当地区文联的老霍用异常沉痛的心情打来电话，说路遥已于17日早上逝世后，我顿时呆若木鸡，嘴里连话也说不出来了。

这一天，我竟像热锅上的蚂蚁一样，坐立不安。一直折腾到下午四五点，才和尚飞鹏相跟着，到邮局给西安发了个电报。电文也只是说："哀悼路遥英年早逝！"

发完电报，我仿佛还不能相信已经发生的事实，一个劲地问自己，会不会是什么人闹的恶作剧？会不会路遥还在西安活得好好的，而我们却平白无故地给他发了个唁电？

又过了好几天，等西安城里的路遥遗体告别仪式举行后，我才知道，路遥是真正离开人世了……

永远的歌者

——悼念路遥

张俊谊

不管你信不信,他确确实实走了。

一颗文坛巨星陨落了。

震惊,惋惜,悲哀。

陕北这块黄土地上,出了两颗文坛巨星,一颗是吴堡的柳青,另一颗就是清涧的路遥。

柳青,本姓刘,他写了《种谷记》《铜墙铁壁》《创业史》,尤其是长篇小说《创业史》的成功,使他驰名中国文坛。

路遥,本姓王,他写了《惊心动魄的一幕》《人生》《平凡的世界》等中、长篇小说。一部《人生》搬上银幕,使他成了名人;《平凡的世界》获第三届茅盾文学奖,也使他享誉文坛。

两颗巨星,是陕北大地的两块丰碑!

柳青的《创业史》写的是20世纪50年代关中农民走集体化道路的历史。路遥的《平凡的世界》写的是1975—1985年陕北黄土地的社会变迁史。

作为陕北人,我为柳青和路遥而自豪!

作为陕北人,我为他俩的不幸去世而潸然落泪。

柳青,我见过一面,并聆听过他的讲话,至今记忆犹新。今年5月《陕西日报》"秦岭"副刊刊登过我回忆柳青讲话的文章。路遥我见过多面,也听过他的两次讲话。1990年省上在延安开过一个创作会议,我见到路遥,并寒暄了几句,谁知这竟是最后一面。

路遥走了,我借来了《平凡的世界》,用半个月时间看完了。看完后,我写了四句诗:黄土风情录,人生奋斗诗。巨星陨落日,文友断肠时。

《平凡的世界》中省报记者田晓霞为抢救洪水中遇难的少年而英勇牺牲。晓霞

的恋人孙少平为自己心爱的人悲哀不已,路遥曾写过一段优美的抒情文字:

伟大的生命,不论以何种形式,将会在宇宙中永存。我们这个小小星球上的人类,也将继续繁衍和发展,直至遥远的未来。可是,生命对于我们来说又多么短暂。不论是谁,总有一天,会走向自己的终点。死亡,这是伟人和凡人共有的最后归宿。热情的诗人高唱生命的恋歌,而冷静的哲学家却说:死亡是自然法则的胜利……

是的,如果一个人是按自然法则寿终正寝,就生命而言,死者没有什么遗憾,活着的人也不必过分地伤痛。最令人痛心的和难以接受的是,当生命的花朵正蓬勃怒放的时候,却猝然间凋谢了。

人类之树谁知凋落了多少这样的花朵。零落成泥碾作尘,只有香如故……

美丽的花朵凋谢了也是美丽的。

这用来悼念路遥最合适。

美丽的花朵凋谢了也是美丽的。巨大的星球陨落了也是巨大的。

路遥,一个陕北黄土地上的灵魂,永远歌唱着普通的人生,永远赞美着平凡的世界!

有关路遥与延安的记忆

李燎原

在延安上学时,每个人都知道延大后山有座文汇山,路遥就常眠于此。所以,每个新生来延大的第一件事情就是爬山,去文汇山瞻仰路遥坟冢。我是到延大后才知道伟大的文学家、我的老乡路遥就葬于此的,所以迫不及待地去拜谒了。

陕北的黄土、家乡的石头和他最爱的白皮松静静地守候着他。因为文学的缘由,后来我曾几次在午后的时分独自一人来到文汇山,静静地坐在石凳上,与路遥进行着穿越时空的对话。我不知道当初为什么要把路遥安葬于此,虽然同为陕北人,可我更希望他在榆林,而不是在延安,虽然他曾就读于延大,在延安工作生活过,但他的根在榆林清涧啊!似乎我的思想有些狭隘,或者说有些偏见,但事实是路遥的精神在激励着无数延大学子,在滋润着延安多少追逐文学梦之人的干涸心田。在延大你能听到导师抱怨最多的就是学生常以路遥或《平凡的世界》为论文题材;你能听到最欣慰的就是有关路遥文学作品学术研讨延大总是最能出成果;《平凡的世界》在延大图书馆里是一直最走俏的长篇小说类读本,哪怕就是装饰门面一般,你也总能在每个人床头不经意发现;延大图书馆前,路遥的铜头像或因特殊的纪念意义或因不菲的有色金属价格被某人秘密收藏……这些耳熟能详的事情后来不是成了名人轶事,就是成为延大经典,而这都源于一个人——路遥。

在延安,延河、延河大桥、东关汽车站、东关大街、向阳沟、延大、宝塔及宝塔山这些耳熟能详的名字我们都能在《平凡的世界》中一一对号入座。也许是得益于路遥的神来之笔吧,现在延河大桥东头广场仍是四十多年前熙熙攘攘的劳务交易的一派景象。听说市政府曾因影响市容,欲驱散不雅的劳务市场,后因种种原因,路遥笔下的画面被保留了下来,而且依旧那么喧闹,那么真实。

延安,这座被路遥寄予深厚感情的城市,不仅是《平凡的世界》中黄原城的原型,而且更是路遥创作精神的升华之地。可以说,劳动、苦难、积极的精神追求赋予了这座城市更深的精神内涵。

　　"是啊,这是一个人心喧嚣浮躁的时代。"路遥在《平凡的世界》后记中的这句话,对每一个还拥有梦想并在追梦的人们都是一种抚慰、鼓励和震撼。是的,他走了,却活在千百万人心中,他平凡的一生及对写作的疯狂、对生活的热爱、对苦难的正视、对人性的思考与理解,让他无愧于安歇在延安这块热土上,也许这就是路遥与延安的缘分吧!

与路遥的那一次见面

韩秀高

《平凡的世界》在几大电视台热播,引起了全国各地热议,作为陕北人,对该剧更是关注。电视剧拍摄和后期制作在社会上的反响褒贬不一,但是能把陕北文学才子路遥的巨著再次搬上荧屏,这也是对这位英年早逝的文坛夸父的一种敬重。每晚看着电视剧,就不由得想起与文学大师路遥的那次见面。

20世纪80年代末,正在上榆林师范的我,看到钟楼墙上的黑板报上用黄色粉笔工整地写着征文启事。原来是榆林县(现在的榆阳区)文化馆成立"大漠"文学社,投稿被征用的就可以入会,会员每个礼拜可以参加由该文学社举办的一系列讲座和采风等活动。

我的小文有幸被选中,发表在第一期油印的《大漠》上,没有稿酬,但我很高兴地成为大漠文学社的成员,更让我们兴奋的是,我们见到了路遥老师。

1988年元旦,我们大漠文学社的全体人员都来到了青少年宫的三楼会议室,路遥要为我们全体社员在这里讲一堂有关文学方面的课。

路遥在几位领导的陪同下走进会议室,走上讲台。路遥太普通了,他穿着一身厚牛仔服,领口有点发黑。一头长发盖住了耳朵,胡子也好像有几天没刮了,一脸憔悴。

他点着了一支烟,狠狠地吸了两口,然后开始讲了。事过二十多年,他当年的讲话我大都记得,我永远忘不了路遥说过的话:"同学们,我今天不是给你们讲课来了,我是来看看大家,我是来劝大家的。大家都回头吧,不要走文学这条路,万不得已的情况下千万不要。真的,这是一条不归路。太伤人,太伤心,太伤情。先说伤人。大家也看到了我萎靡不整,身体欠佳。原因在哪里?就是因为文学,文学创作是孤独的劳动。这种劳动的强度远远大于体力劳动。有时候为了赶写构思好的篇章,我可以一天不吃不喝不拉不尿,直到完成了这一篇文章了,往往是夜深人静了,再不就是拂晓天亮时了,那个时候,劳累、饥饿、痛苦都向你袭来。人是经不得这样摧残的,同学们!"(写到这里我想起陕西作协李天芳老人曾经在路遥去世后写道:可怜的孩子,他常常半夜敲门向我要两个冷馒头和大葱,他每天只顾写而不知饥,到半夜饿了就这样对待自己,他不病谁病呀?)

他讲到自己在甘泉、铜川为写《平凡的世界》第一、二部的时候,久居深山,每月就吃老百姓送来的粗菜淡饭,那些饭他有时写着写着就忘吃了。几年下来,他白天构思文稿修改文稿,晚上伴着山梁上的狼啸继续着他的平凡世界。有时候几个月不下山,不换衣服,他的衣服那个时间脱下一抖,可以抖出许多虱子。

说到伤心、伤情,他异常激动,就把眼镜摘了下来,用手揉揉自己发红的双眼。路遥说完他的初恋和结婚,就直接说到了他的女儿远远(他女儿的小名),他感觉很是对不起孩子。孩子很可爱,他几年蹲在陕北不回家,孩子见不到他,回去都认不出他,他是多么的心酸、无奈呀。路遥说到这里,两手把头抱住,尽管时间很短,但是我们被感染了。这位文学巨人也有儿女情长呀,他的感情比常人更加细腻,更加丰富。

后来,路遥抬起头来,两眼已是泪光闪闪:"在我零乱的办公桌上放着女儿远远的照片,我常常呆呆地望着可爱的女儿,泪水不由得在眼眶里旋转,我在深夜里,常常会久久地站在女儿的床前,借着窗外的月光看看她的小脸,并无数次轻轻地吻着她的小脚丫子。孩子,我用最严肃的工作态度,用自己的血汗来完成这部并不平凡的《平凡的世界》,也是为了献给远方的你,献给关爱我的人。"

路遥是为了写好《平凡的世界》第三部来榆林小住的。那时,中央人民广播电台正在热播第一、二部,他们急着等第三部呢。

那天,我们每人得到了一本由路遥签名的《路遥小说选》,是青海人民出版社出的。路遥和我们合影完便匆匆离去了,这便是我见到路遥的唯一一次。

路遥的讲话深深感染了我,从上学时期对文学的狂热热爱到毕业后依然当作一种最宝贵的精神生活,每时每刻我都有一种冲动,那股激情与动力与路遥的精神有直接关系。

《平凡的世界》出版是我参加工作以后了,尽管毕业了工作很忙,但是我专门去榆林买回一套,白天晚上都沉浸在路遥笔下的苦难世界里。

当我有了爱女以后,孩子的每一个细微变化,每一点成长都让我们欣喜不已。从那时我又一次想起了路遥的话,想象着他站在女儿床前,看着那安详而光净的小脸蛋,泪水从他那长满胡子的脸上滚滚落下。孩子才六岁多,他便离开娇妻爱女,离开大都市,一声不响地回到陕北,完成着他自己的心愿,这是常人所难做到的,对路遥的敬佩之情更加深厚。

1992年得知路遥病逝的消息，我在讲台上拿着《平凡的世界》流着热泪给孩子们讲起了我们陕北人的骄傲、中国人的骄傲——我们的路遥——一位好作家、好男人、好父亲。

路遥的精神永远鼓舞和感染着人们，人们对他的那份真挚的思念和追忆，对他的英年早逝并没有因时间的流逝而减弱哀痛，对他黄牛般的无私和夸父式的虔诚会永远缅怀。

在王家堡路遥家中

朱合作

路遥去世以后，我的一桩心事，就是去一趟王家堡村，到他的老家去看一看。

王家堡在从清涧到绥德的公路边上，属清涧县的石咀驿镇政府管辖。路遥家住在王家堡村的南头。我们到了路遥家坡底下时，路遥的母亲正坐在院子里的石床上。

路遥家好大一个院子。一排有四眼接口石窑洞，院子打扫得很干净。

路遥的父母不认识我们，但通过和路遥的交往，我倒是对两位老人的许多事都知道。路遥曾对我们讲过，他妻子生孩子时，是他妈妈去守的月子。他妈不熟悉西安的情况，便常常按自己在王家堡养成的习惯，把楼底下叫"下圪槽里"，把离作协不远的大差市那一带叫"后沟里"。我问路遥的母亲，说她是不是这样叫过？路遥的母亲笑一笑说："是哩。"

我又问路遥的父亲说："路遥说你在延安住了几天宾馆，回来给村里人介绍说：怪事情，人家公家那房子里，白天也能打澡水哩。还说，人家那的饭桌子也和咱的不一样，转得人脑瓜子疼。有没有这事情？"路遥的父亲也和他的老伴一样，憨厚地笑一笑，说："有哩。"

这些事，都是路遥1987年来榆林治病和写《平凡的世界》第三部时，闲谈中给我们讲的。我如今对两位老人旧话重提，一方面是为了说明，我和他们家的路遥很熟悉，另一方面也是怕两位老人提起路遥来会伤心，所以，有意讲一些比较轻松的事情，冲淡老人们沉痛的心情。这么着和两位老人拉一些闲话后，两位老人果然就对我们没有了陌生感，知道我曾在石咀驿中学念过书，是本县军家屯村老家，和他们家路遥、天乐、九娃都是很惯熟的人。

提起自己的儿子路遥，路遥的母亲一往情深。说："我家路遥从小就是个精，就是个脑子练（清涧方言，即脑子聪明）。他七八岁上就会砍柴了。砍的柴捆成捆，摞在硷畔上，摞下美美一大摞，俊得人贵贱舍不得烧。"

问起路遥从小在哪里念的书，路遥的母亲说："在王家堡念了一年，老师叫个三先生。"

又问路遥从小有什么爱好，他的母亲说："就是个爱好吃的。"路遥从小家里穷，穷人家的孩子爱吃好的是十分自然的。而可悲的是，这个由穷人家走出来的著名作家，即使成了名以后，也没有过几年好日子，吃上几年好吃的。说起来，路遥也真是陕北人嘴里常说的那种"苦命人"。

路遥是家里的老大，人又精，脑子又练，父母亲为什么还要把他送给别人呢？他的母亲说："我哥（即路遥的大伯）心好，可跟前一直没个小子（男孩）。养是养了三个，月子里就都没了。我家人多，家里又穷。路遥九岁时，我就有了四个娃娃了，一满抚养不了。头几年，路遥的奶奶去了他大伯家。后来，他大伯想要个小子，我们就把路遥给了他。咱农村里有个讲究，亲兄弟之间，要顶门（过继）一般都是老大去顶哩。把路遥给了人以后，我心里可后悔结实了。我家路遥从小可精哩。"

"路遥的大伯现在在哪里？"我们问。

路遥的母亲说："没了，没了四五年了。没的时候七十一岁了，埋的时候我们都去了，好抬好埋，是我家路遥给的钱，他人没得回来，是我家天云看着埋的。"

天云是路遥的三弟。因为他大伯家人少，生活大概比王家堡好一点，所以，天云从小也是在延川长大的。

路遥的母亲告诉我："路遥的大妈还在世，今年七十岁了。娘家也在清涧，是离我们不远的赵家沟村。如今，他大妈还在延川，和我家天云生活在一起。"路遥生前曾对我们说起过他的大伯和大妈。路遥对两位老人感情很深，老人们年纪大了以后，路遥都是按时往回去寄钱。路遥曾笑着说："老两口舍不得花，就把我寄回去的钱，都藏在一个送饭罐罐里。"路遥是个有血性、有良心的农民家的孩子，他自始至终都没有忘记过大伯大妈的养育之恩。

说到这里，我们顺便问路遥的母亲："你一共有几个娃娃？都叫些啥？"在此之前，我们虽然知道路遥的弟妹多，但究竟有几个，还不很清楚。路遥的母亲说："我一共生了十个娃娃，活了七个。大的就是路遥，小名叫个'卫'，官名叫王卫国，路遥敢是个笔名（一个不识字的农村老大娘的儿子，竟然有一个全国著名的笔名，真是一个了不起的奇迹啊）。老二叫王卫钧，在延安工商所工作。老三叫王天云，在延川农村，和他大妈一块生活。老四就是天乐（天乐我们认识，现在是省报记者）。还有两个女子，大的叫王萍，出嫁在延安了。小的叫王英，在延长水厂找下工作了。还有个小儿子，就是你们认识的那个九娃，官名叫王天笑，这两天去了延安了。"天笑到延安去，是因为省上要安置路遥的家属，给了一个指标，让安排九娃的工作，指标批在延安地区了，天笑是下延安办手续去了。我心中算了一下，路遥的父母这一辈子辛辛苦苦，一共是养活了五男二女一大群整七个娃娃。五男二女是好命，我们清涧农村的乡亲们，就讲究五男二女这个数，多少人都没有那个福分，路遥的父母有这个福分，只可惜路遥却英年早逝了。

路遥去世的消息，家里人是从收音机里听到的，是路遥的妹妹王英首先听到的。王英听到了消息后，赶紧对她妈说："妈……我哥咋不顶事了。"路遥的母亲说："瞎说，你怎知道的？"王英说："我从收音机里听到的。"路遥的母亲不相信，其实是给吓呆了，半天不说话，从前半夜一直呆坐到后半夜，才放声痛哭了起来。这一夜，一家人一直哭到了天明。说到这里的时候，我们害怕两位老人太悲痛，就提议到院子里走一走，去看看其他窑洞里的陈设。

这样，两位老人就把我们引到了九娃的新房里。九娃是今年正月里结的婚。九娃的媳妇刚才在石咀驿镇上，我们已见过了，娘家是离石咀驿不远的老庄里的，打扮得很合潮流，在镇上开着个理发馆。九娃的新房很漂亮，有沙发，有组合柜，有席梦思床，还有一个小写字台，写字台旁还有一把圆靠背黄木椅。

路遥的母亲说："这些家具都是我家路遥的。我家路遥去年装修完房子后，腾下这些旧家具，婆姨的要卖哩，我家路遥说，'我爸我妈一辈子为我们这些娃娃，可多吃了苦了。这些家具甭卖，捎回去叫老人们用去。'路遥住院以后，在病床上给一个朋友写了个条子，人家就把家具给我们捎回来了。后来，九娃结婚，我们就又把这些家具都放在九娃窑里了。"

为了对路遥这位已逝的作家，有一个更加全面的认识，我们又提出要求，说想到路遥出生的地方去看看。路遥的父亲说："能哩。"

下了路遥家这道土坡，沿公路向前村走二三十米远，再向一个小沟沟里拐进去，爬上一道长坡后，就到了路遥家的老地方。路遥的父亲一共老弟兄三个，可他爷爷手里却只留下一眼窑，这样，路遥的大伯去了延川后，这眼窑就归了路遥的父亲。1949年冬天，路遥就出生在这眼土窑里。路遥在九岁之前，每天的吃饭和睡觉，也都是在这眼土窑里。早年间，路遥的父亲还在这眼窑的院子里，栽了一棵槐树苗，这棵比路遥仅小一两岁的槐树苗，如今已长得又高又大了。后来，路遥的三大（叔叔）要结婚，路遥的父母就又把这眼窑让给了老三。如今，这眼窑也是老三家住着。而路遥的父母现在住的那院地方，是路遥参加了工作后，和天乐两人出钱新修的。我们去的不凑巧，路遥的三大不在家，所以，就没能进到窑里去看一看，只是在门缝里往里边瞅了一下：窑不小，也很是周正，在农村的老式窑洞里，也还是一眼好窑洞。就在我们东看看、西瞅瞅的当儿，老院子周围的好多路遥的叔伯兄弟们，也都围过来了。这些路遥的亲人们都叹着气，给我们讲了一些路遥小时候的事情，都说："路遥从小就是个好娃娃。"

从路遥家的老地方下得坡来，来到村中间的公路上，我们看见公路旁立着一块石料很好的石碑。石碑的正面写着："王家堡村，邮政编码718302。"石碑的背面写着："王家堡村属石咀驿镇政府管辖，位于镇政府驻地东北八公里处，于元朝一三〇八年建村，其时居住王姓，故得名，沿用至今。以农为主，出产小麦、高粱、玉米、谷子、洋芋等。特产苹果。"王家堡从元朝时建村，至今已有近七百年的历史了。该村集六七百年的日月之精华，好不容易才哺育一个大作家路遥，却偏偏作家本人又英年早逝，这可真是人世间的一个大悲痛，大悲壮！

我们怀着十分沉痛的心情，告别了路遥的父母，乘车离开了这个属于石咀驿镇管辖的王家堡村。

斯人去矣　光彩依然

西安电影制片厂　张子良

我与路遥，相识甚久，过往不密。因了乡亲的缘故，习惯爱好的相通，互相都以对方为知己朋友。但是双方都以来往不多，深为感慨。几乎每次遇到了，都说约个时间，找个小吃崂或者偏僻小县的内部客房，认真聊聊吧。说归说，一分手就又各自忙各自的了。一个普通的愿望，总是挂在嘴上，记在心上，未能兑现。

我们非常必要的往来，就只限于电话和托人带口信。

我在厂里任职的时候，他住在外地。看到了《陕西日报》的一则消息，就给我打电话祝贺。贺词很不恭敬。他说，陕北这个鬼地方，太奇妙，太可爱了，一个讨饭吃的憨娃娃居然把一个电影制片厂的艺术生杀大权弄到手了，真悲壮！不恭敬的言辞里充满了欢快和欣喜。

我未置可否，只是笑。他就说，我知道你的苦衷。但是，一定得好好弄。咱们这些人，应当当仁不让。当年的一批志士，东征西战，生命不保，还把艺术搞得那么辉煌。咱们的条件好多了，应该更胜他们一筹，否则就是不肖子孙！

我仍然没有说什么。我知道他是个理想主义者，无论什么事，一经他说出，就惊天动地不得了，而事实上，许多事情都是实实在在的。理想常常轰轰烈烈地败给不言不语的事实。这种"悲壮"我见得多了，绝不与他随声附和，况且，他对电影制片厂了解甚少。鼓励的话听听而已，如何能当真？

算球了！他说。陕北人总是把热情藏得很深，你瞒不了我。

后来，我因莫须有的罪名被罢免了。他就一个人冒着初春的细雨来到我办公室。一见面，就笑，把我孤寂破败的办公室里里外外审视一番。一曲身子窝在沙发里，问：难过吗？

难过。我说，大哭三天，大睡三天。

你以一种不以为然的玩笑，掩盖事实？他瞄着我。

随你说吧！我说，我想路遥不会太俗，能估摸出事实的大概。

他看我没有开玩笑的兴致，就很认真地开导我。天将降大任于斯人也，必先苦其心志。我们这些人，说到底得靠挣死命、吃大苦在社会上争一席之地。别无其他。我们是写东西的，一切不公道以至不幸对我们都有用处。我有时候想，要有机会能坐牢或者上刑场，一定很痛快，不得巨大的悲怆，如何能得巨大的快活？

我说，那得有前提，就是上刑场不能真的掉了脑袋。

他笑了，指着我说，你的头还在，而且很大，定够用个把世纪！

我们开心一番，他就说他的朋友之谊尽到了，抬身就走。

之后，好久未见。

1992年8月9日，路遥到了延安，一到延安就病倒了。

8月11日，我和路遥的老朋友张弢赶到延安，在延安宾馆一落脚，就打听到路遥住在南二楼，扔下行李，立刻去看他。

怎么了？张弢大为惊异。我一步抢到路遥跟前，就势坐在地毯上，路遥拉住我的手，使劲儿捏得更紧了，另一手却伸到眼角，不断地用拇指抹泪——我没有见路遥流泪——我们知道问题的严重性了。

你们来太好了！路遥突然说，泪水泉涌似的往下流着对我说，这次我请你多住几天吧，我们终于有时间聊天了……

我没敢说话，只对路遥点头。

最后，我们决定了：吹牛，说笑话，讲童年的故事，唱民歌。

然而我们失算了。路遥有他自己的思维，一见面就说病，说孩子，说作家协会的工作，我们没法儿实现自己的计谋，他怕自己患癌症，从此起不来；他担心亲爱的女儿受不了；他担心设想的作协工作计划没有时间去完成。话虽不多，但心绪复杂，动不动就叹息、抹泪。我和张弢束手无策，加上医生总赶我们走，路遥总不让我们走，我俩的心情就特别抑郁，想好的话没有说成，反而以一双哀苦的脸给路遥病房的气氛增加了些阴影。我们失败了。

谁知路遥的思考又先于我们。他见我们进了医院，就咧了嘴，憨厚一笑，说，别再苦着你们的脸了，没球意思，咱们快活些！我们自然十分高兴，赶快应和。张弢看看我，我知道他在嘱咐我：现在执行第一次的对策。路遥不管我们，他从床上欠起身来，舞起手，望空中用力一伸，发表公告似的庄严宣布：我们胜利了！第一，化验结果表明，没有癌病变；第二，医生同意我每天少抽几颗烟。他补充说，这就有点活的趣味了,否则太无聊。我曾说过试一试坐牢的滋味,现在我才晓得,那东西肯定受不了。

……

路遥突然辞世而去,我们几曾相约的"好好聊聊"到底没有实现,仅有一次长相聚,却各怀心思,言不由衷。真是痛悔不及!

然而,痛悔之余,可以自慰的是延安地区医院那一方小院,给我留下了永远、生动、真切的记忆:花圃不大,却很整洁。西去太阳,把花圃一半阴了去,留下了一半就格外明丽、暖和。路遥、张弢和我,凭借这阳光的诱发,把童年的悲苦演绎得如诗如画,而路遥作为诗画中的人物竟是那样的神奇,那样光彩!

立 夏

南国似暑北国春,绿秀江淮万木荫。
                    ——《节气歌》

　　他写《早晨从中午开始》,其实等于是为自己写了一部小说,小说的主人公就叫路遥,我觉得它是一部路遥自己的心灵传记,而且我认为它是一部用文字写出来的英雄交响曲。
                    ——文学评论家　李建军

给世界一个世界

曹 洁

2018年11月17日，路遥逝世二十六年纪念日。

辽阔的天空压得很低，冷风凛冽，呼啸而过。站在陕北的大地上，仿佛就站在《平凡的世界》开篇的意境里。陕北是一块属阳的土地，这里的原、陇、川、沟、峁、梁、堃等特殊的地形地貌，袒呈着黄土高原苍凉古朴、雄浑粗犷的原始美，也体现着陕北人朴实善良、内敛深沉的性格。路遥就成长在这样的自然地理和文化背景之下，他生在清涧，长在延川，成长在延安，巨著《平凡的世界》终笔于榆林；而广袤的毛乌素大沙漠，则是他孤独而倔强的灵魂皈依。

二十六年过去了，我宁愿相信，他的目光依然威严而深情，抚摸过陕北大地的每一道山梁、每一处坡峁、每一寸黄土。

初识路遥，在中学的课堂上，语文老师经常讲起路遥和路遥的小说，他所写的陕北故事，我们耳熟能详。尤其是作文课，老师会饱含深情地朗诵一些精彩片段，浑厚深沉的男中音，在教室的每一寸土地上掷地有声，溅出黄土，溅出泪花，泼溅在我们心底。课堂顿时安静下来，没有一丝声息。阳光一寸一寸地移进来，移进来，老师的眼里闪着泪光，我们的眼里含着热泪。大家会不约而同地偷偷瞅瞅王英，她也在抹眼泪。王英是路遥的同胞小妹，她每次都低着头。那些年少的日子里，我们为她有这样的兄长而骄傲和幸福。

在路遥带来的温暖和幸福里，我们安度了三年中学时光。之后，我在陕北的山旮旯里成长，也在阅读路遥的幸福里成长。陕北的山河里，没有遇见路遥；陕北的岁月中，没有遇见路遥。多少次想象着路遥，但终究不知道路遥是一片秋风中飘落的黄叶，还是苦难岁月中挣扎着的灵魂，或是一段平凡世界里的人生。

数年过去了，路遥终究与我远隔，远成天上人间。1992年11月17日，农历十月二十三日，大学校园里，我读到了世界上最短、最撕裂人心的小说，没有序幕，没有开端,没有发展,没有高潮和尾声,只有一个沉重的响当当的名字——路遥。

路遥走了。几个学友相约而聚,坐在沙地上,不说话,也不回宿舍,眼睛张开,却似乎不看什么,或者看不到什么。渐渐地,巨大的夜色笼罩下来,暗下来,天地一片漆黑。朔风吹过,冷飕飕的,几颗寥落的星辰也摇摇欲坠,似乎要与我们坐在一起,伤怀一个人的早逝。现在想来,那是年轻的我们第一次面对生与死的哲学,仿佛初生的婴孩第一次睁开眼睛,看见世界万物,却看不见生命的来去。

很多年之后,暗夜中沙滩上的那一幕依然历历在目。那个名字并没有戛然而止,而是越来越响亮,越来越厚重。二十多年来,路遥和他的《平凡的世界》,被陕北人、被中国人读了再读,哭了再哭,祭了再祭,把路遥读成一部巨著,哭成一抔黄土,祭成一座丰碑。

每一个人都会有一种人生选择,每一种人生选择都洗练了一个人的生活阅历,每一种生活阅历都铸就了一个人的生命风度。路遥是一个朴素的陕北人,但他短暂而辉煌的生命历程中,自始至终,将一支笔紧握手中,握得踏踏实实,写得坦坦荡荡。他是地母的儿子,感恩黄土,皈依大地,将绵延的黄土融入血脉,渗入骨髓,契合到灵魂;他虔诚匍匐,捡拾秋风里飘落的每一片黄叶,细数叶脉上的每一条纹路;他辛勤耕耘,播种黄土地上的每一段人生,摩挲生命中的每一粒微尘;他大气磅礴,挥洒浩气,以笔的风度,丈量人性的高度。

人类是大自然永不灭绝的一脉。人不只在自然里,更须在自身中看到一切美好而有价值的东西,并使自我的灵魂得以清洁。纷扰尘世,路遥在逼仄、贫瘠、苍凉的黄土地上,自尊自强,生生不息,盘结出庞大的根系,滋养着生命之树长青;他以绿的本色,在黄土高坡之上,绿出陕北的风格,蓬勃出一个平凡而尊贵的世界。路遥,守住了这片土地,守住了生命中坚实的内核,使自我灵魂得以清洁、高尚而骄傲,从而成就了一个世界,也给世界留了一个世界。这个世界,属于他,属于陕北,属于黄土大地;这个世界,唯其质朴清洁,足以让每一个干净的灵魂借以栖息,永久皈依。

有人说,作家分成三种:坏的作家暴露自己的愚昧,好的作家使你看见愚昧,伟大的作家使你看见愚昧的同时认出自己的原型而涌出最深刻的悲悯。路遥是一位伟大的作家,他立足土地,满怀悲悯,真诚创作。路遥的作品不仅突出了生命与情感的交织、主观与客观的融合、人与自然的和谐,更为重要的是,他以匍匐的姿态写出对土地的恩情,这恩情源自对博大自然的挚爱和敬畏;他以朴素的仰望写出对人性的赞美,这赞美源于对真善人性的尊重和悲悯。更难能可贵的是,这些朴素的创作意识体现在他的每一部文学作品中。

从这个意义上说,路遥是一个幸福的人,这幸福源于他高尚的人格以及饱含的对人类的终极关怀。他是一位真正用生命创作的作家，坦荡为人，含泪写作，守得清贫，耐得寂寞；他同情底层人民的生活，关注他们的命运，思考生民的出路；他把自己的灵魂揉碎，融进作品，表现了朴素的悲悯情怀，这种情怀基于对百姓的尊重以及强烈的认同感，绝没有高高在上的俯视；他饱含深情，审视内心，与作品中的人物倾心交融，以朴素的仰望，在平凡世界中看到人的不平凡。

路遥，唯其平凡，才成就伟大。

一个人不是靠一身行头来证明自己，而是向内修炼，向前远行，使自己成为一个真正意义的对社会有用的人。路遥说："一个人一生要完成一件重大的事情，必须以宗教般的信念和初恋般的热情，才能做完它。你休想，用一种投机取巧的办法，完成一项宏大的工程。"他做到了，有生之年，他以巨大的真诚、良知、勇气和心血，竭尽全力，赠予我们纯净而高贵的思想，留给世界一个平凡而伟大的世界。

给世界留了一个平凡而纯净的世界，是路遥亘古不朽的遗产。

从某种意义上说，文学所要表达的就是相对纯净的人心与人性，从而让生活中的人心、人性相对纯净。做好文学的根本是做好人。一个人内心有什么，他的文字里就有什么。倘若一个人没有强大的内心加持，其文字境界必定难以广阔绵延，山水俱盛，更不可能成为一个拥有自省与担当的作家。一个没有气度、甚至缺失气量的人，只能靠一些所谓的文章做法去做短暂的作文，而不能持久地写作。

李敬泽说：文学的花样不断地翻新，但文学的根本力量要求我们回到根本、回到原点、回到文学的初衷和本心。一个有出息的作家最重要的功夫就是对初衷、本心的体认和把握。相对于生活中那些表象的变化，我们的关注不是仅此而已，而是要关注变化之下人性的状态，关注变化之中人的变化及其意义。路遥和路遥的作品就是关注着时代变化背景之下人的变化及其现实意义，具有极大的影响力和感召力。

路遥走了，我们仍生活在这片黄土地上。有人说，如果一个人正确了，他背后的世界也就正确了。路遥是一个正确的人，留给我们一个正确的世界。仰望这样一个正确的人和正确的世界，我们将不畏浮世的纷扰喧嚣与艰辛困苦，端端正正站成一个人。

在路遥去世的二十多年中，我们看到的不是一个作家渐渐远去的背影，而是一种精神力量的顽强生长。从小说到电视剧，《平凡的世界》始终贯穿着现实主义的创作思想和情怀，艺术地营造出陕北的泥土味儿、民族风、精气神，传递出真诚、纯净、向善、温暖、励志的精神力量，为中国文学留下丰富的文化遗产，为我们今后创作提供了有益的借鉴、启迪和思考。

二十多年来，陕北的黄土高原一山一山地绿起来，陕北的水却渐趋干涸。你甚至能感觉到，地下水已经不充沛了，汩汩流淌的水声很细微。这只是眼目所及，更有看不到的干渴灼烧着这片并不富饶的土地。有很多人在做文化产业，但不得不警惕：当我们的"文化"被冠之以"产业"的帽子时，既为"产业"，则大多可出"产品"，难得好作品，精品更难。所以，平凡庸常的生活中，我们需要路遥精神对自我心灵的感动、熏陶、浸染和滋养，他让我们懂得敬畏，敬畏自然之伟大、造化之神奇、人性之真善。新的文化机缘里，我们不能忽略路遥，更不能忘记路遥。只有不遗余力地去继承、发扬、博大路遥的现实主义精神，路遥才不会走远，我们才不会走丢。

今天，我们缅怀路遥，就是为了从路遥的身上汲取精神力量，以增强我们骨骼的硬度与灵魂的光泽。作为文艺工作者，我们既要传承古老，更要与时俱进，共建"和谐"与"和平"的文化氛围；要扩大视野、放远目标，做出长远而有序的创作规划，以便多地域、多方面、多角度地展开充分的交流和探究。在写作之路上，我们要看到自己的来路与去处，看到生根立足的土地，从感性的认知中剥离出来，站远一点，站高一点，理性地、批判地对待笔下的每一个汉字，提炼出独有的、却非孤立的思想观点；同时，在确定的现实客体之上，挖掘出无限的主观人文的可能性。如果我们把文学做成更长远的传统文化的话，文学就带着我们抵达想要抵达的地方。

生而有知的路遥，是否死也有知？我宁愿相信，他仍"像牛一样劳动，像土地一样奉献"。其实，路遥没有走远，他只是乘了一班车，驶向天堂，在阳光下，开成一朵花，一朵灿烂的向日葵。

路遥《人生》，让我爱上了文学

单振国

我爱上文学，可追溯到20世纪80年代。

那是1983年，我还是一名神木中学高二学生。一天周日，到老街文化馆阅览室闲溜达，随手拿了一本叫《作品与争鸣》的杂志，头一篇就是《人生》，也没在意，心不在焉地浏览，当我读出这原来是一篇写陕北的作品时，眼睛一亮，开始全神贯注地阅读。这是我第一次看陕北题材小说，自然有着亲切感和诱惑感。读了两章后，我长舒一口气，已被小说吸引，一屁股稳稳地坐在硬木条凳子上，完全沉溺在故事里不能自拔，憋着尿一口气读完。这会儿大约是到了下班时间，管理员在我面前走来走去，但她见我完全沉浸在阅读中，也没好意思打断，直到我看完《人生》抬起头，伸了伸久坐发困的腰，她才说要下班了。这时候，我发现阅览室里只有我一个读者。遗憾的是这本刊物只登载了《人生》上半部，下半部还要等到下一期，就是说一个月后才能看到。唉，当时心里真焦躁、真难受啊！我问管理员下期啥时候到？管理员说一般是月初。我说如果这刊物来了，一定留着，我就想看《人生》下半部！管理员点头答应。这样我才不忍地、悻悻地离开了阅览室。

我人是离开了，但心却放在那儿，放在了《人生》上。那些天《人生》的故事一直缠绕着我、纠结着我，真有点茶饭不思、夜不能寐，一闭上眼睛就是高加林、刘巧珍，就是那个叫"高家村"的黄土小山村。这样煎熬了十多天后，终于进了新的月份。从1号起，我开始天天跑文化馆阅览室，打问《作品与争鸣》来了没有。文化馆离神木中学并不远，紧跑过去也就是三五分钟，有两次，我利用上下课休息的十分钟，跑过去问了管理员后再赶紧跑到学校，正好铃声响起。终于，一天去时，管理员笑了笑，从抽屉中给我拿出了新一期《作品与争鸣》。接过散发着油墨清香、崭新的《作品与争鸣》，我的心咚咚咚跳了，一屁股坐下来，像个饥渴至极的人，眼都不眨地贪婪读起来。当我读到，在大马河桥上，高加林提出与刘巧珍解除恋爱关系那一段；高加林终究没混出去，被碰得头破血流、遭返回乡，而乡亲们并没有歧视他，反而安慰他，高加林一下子扑倒在德顺爷爷脚下，两只手紧紧抓着两把黄土，沉痛地呻吟着，喊叫了一声：我的亲人哪……我也跟着流泪了。

第二年，我上了高三。高考前夕，电影《人生》拍摄完成，神木也开始上演，人人都想先睹为快。神木影剧院离中学大约二百多米，除了晚上演两场，白天还加演一场。临开演前，高音喇叭上轮番播放《人生》主题曲《叫一声哥哥你快回来》。那歌声好像是在我们学校里唱着，特别清晰。我逃课看了好几遍《人生》电影，总是看不够。《人生》中成长在黄土高原上的高中生高加林的境遇，对我的心灵产生了极大震动。也是从那时起，感觉着脚下这块荒凉贫瘠的黄土地突然变得异常美丽、多情、深沉。我忽然感到自己竟然是那么自觉不自觉、深深地爱上了陕北，爱上了身边的父老乡亲们！

现在回想起来，一定是《人生》将我带进了文学梦中。路遥这位陕北人民的真正作家，也成了我直到今天在心里依然位置最高的作家。遗憾的是我没有与路遥见过面，多年前，我专门到延安大学后的文汇山祭拜了路遥墓。

一晃三十五年过去了，我的文学梦也做了三十五年，今天依然……三十五年文学梦虽然没有让我像路遥那样取得非凡的文学成就，但也有了一点收获。目前，我在《中国作家》《中华散文》《诗刊》《人民日报》等国内外百家报刊上，发表小说、散文、报告文学、剧本、诗歌等文学作品一千余篇。1998年自费出版了散文集《土地的歌谣》。那时候的一万两千元足可以买一院地基，如果入股煤矿到现在可就更不得了。但，因为路遥《人生》，让我深深地热爱上了文学，爱上了陕北，爱上了生活在这片大地上的父老乡亲们。我着魔一样总想写出像路遥《人生》那样优秀的陕北文学作品来，就不计成本、不计得失地全身心投入到文学的梦中，开始了长达三十五年的文学跋涉。文学之路是艰难、艰苦而孤独的，一言难尽。我之所以能够一直坚持着，初心不变，矢志不渝，不被乱花迷眼，现在想来，主要还是因路遥《人生》而激发出的生命之爱、渗透下的文学之情。之后，我又相继公开出版了散文集《幸福树上的鸟》《美丽的陕北》，随笔集《年轻的钻石》，中短篇小说集《单振国小说选》。

感谢路遥，感谢《人生》，让我爱上了文学创作，让我的人生一路与文学相亲相爱，欣赏着文学的风景，收获着文学的果实，更多了一重别样的充实！

平凡人的世界并不平庸

张友良

转瞬间，苦难的作家、父辈的代表人物——路遥，去世已经二十六年，《平凡的世界》也问世整整三十年。

路遥出生于1949年，与共和国同龄，与我的父亲同龄。他们这一辈人，历经多次社会变革，饱经时代风霜。他们努力过、奋斗过、错误过、忏悔过，平凡也罢、出名也好，都在这个世界、都在后辈人心中留下了不可磨灭的印记。

《平凡的世界》表现的是炼狱般的苦难生活和主人公坚忍不拔的奋斗。虽然小说展示的是"文革"末期到改革开放初期中国的变化，描绘的大约是所谓60后一辈人的生活，却因为时代的相近性、对艰难生活的残酷再现，深深地吸引了我这个70后的农村孩子。

我读《平凡的世界》和随笔《早晨从中午开始》，恰好是高考失利、复读的那一年。可以说，我是在孙少平的陪伴下，苦度完自己的补习生涯。

他直起身子来，眼睛不由得朝三只空荡荡的菜盆里瞥了一眼。他瞧见乙菜盆的底子上还有一点残汤剩水。房上的檐水滴答下来，盆底上的菜汤四处飞溅。他扭头瞧了瞧：雨雪迷蒙的大院坝里空无一人。他很快蹲下来，慌得如同偷窃一般，用勺子把盆底上混合着雨水的剩菜汤往自己的碗里舀。铁勺刮盆底的嘶啦声像炸弹的爆炸声一样令人惊心。血涌上了他黄瘦的脸。一滴很大的檐水落在盆底，溅了他一脸菜汤。他闭住眼，紧接着，就见两颗泪珠慢慢地从脸颊上滑落了下来——唉，我们姑且就认为这是他眼中溅进了辣子汤吧！

读到这段文字时，是在大年初二的深夜。路灯透过窗户，把孤零零的光线投放在屋里的水泥地上，零零散散的鞭炮声，不断远远近近地炸响着，提示着新年正当时。为了第二次高考能有个好成绩，也为了回避过年时亲友询问我的难堪，刚刚过了初一，我就来到县城租住的民房，开始复习功课。学习、吃饭、睡觉，学习、吃饭、睡觉……生活单调而麻木，唯一放松的方式，就是读《平凡的世界》。当孙少平因为刮菜盆里剩汤而倍感心酸时，我也正独自一人用茶缸煮方便面充饥……冥冥中，觉得自己和他同命相怜，虽然时代不同、具体经历的事情各异，但在艰难中努力的感受心心相通。

孙少平的故事，成为我补习期间贫乏枯寂的精神生活的一缕亮色，陪伴着我、激励着我奋力向前，最终考上了自己心仪的学校。

不久我毕业参加工作，成为一名新闻记者，每天忙忙碌碌，很少有时间再静下心来看书，《平凡的世界》也被冷落了很久。

记者这个职业有一个好处，就是可以广泛地接触社会。几年下来，我对生活、对现实有了自己独特的感受。这时，回过身再读《平凡的世界》，马上又有了新的体味。

我逐渐明白，《平凡的世界》当初之所以吸引我，是对冷峻无情的现实社会的描述，和我自己的经历相映照，产生了强烈的共鸣和亲近感。而孙少平在艰苦的生活磨难面前坚持读书、不断奋斗，也成了学生时代的我的榜样，影响了我的人生轨迹。

重读《平凡的世界》，静心思考，我发现路遥确实是一位视野和心胸都很开阔的作家，小说并没有沉溺于个人的世界，并不是只展示现实社会的冷峻无情。同时，他用更大的心血展示了社会大变革前夜一个个普通人的努力，它在生活细节的描述上是真实的，是贴近现实而又时时激动人心的，所以才能打动无数人的心扉。

其不经意间流露出的句子，则成为许多人的人生格言。

"苦难对强者来说，正如严冬冷水一样，只会令人愈加耐冷""他身在农村，但心灵有一个广阔的世界""田晓霞把自己困住了，面对不如意的感情，她原本可以超越'不如意'这个层次的"。

草根励志标志人物俞敏洪在低谷时，就是靠读《平凡的世界》这三句话熬过来的。

是的，人最痛苦的事情，绝大部分都和成长有关，具体表现为各种外界和内心的矛盾冲突。看看《平凡的世界》中各个人物，其面对的问题丝毫不逊于现在的70后、80后、90后甚至00后们。

"天下熙熙，皆为利来；天下攘攘，皆为利往。"每天我们都能遇到无数平凡的为生活奔波的人们，这无数的人构成了我们这个社会。没有他们，社会就将不存在。这个社会就是那个平凡的世界，由无数个普通人构成的平凡的世界。

路遥在茅盾文学奖颁奖典礼上说："只有不丧失普通劳动者的感觉，我们才有可能把握社会历史进程的主流，才有可能创造出真正有价值的艺术品。"

劳动是幸福的，奋斗是有意义的，无论你是普通人，还是名人。当我在自己的QQ签名栏写下"努力奋斗让自己有实力拒绝"这句话时，路遥先生的形象、《平凡的世界》一页页的文字如阜原上的马群一样在我心中闪过。

这个签名我永不更改。

平凡与不平凡

——《平凡的世界》感悟

王 隆

德兰曾说过:"我们都不是伟大的人,但我们能够用伟大的爱去做每一件平凡的小事。"每一个平凡的人都有一个不为人知的不平凡的世界,每个平静背后都有激情澎湃,无声有时胜似有声。劳动者是幸福的,无论在哪个时代。

平凡,是生活的本色。我们每一个人,对于这个浩渺的世界来说,都十分渺小、脆弱、微不足道。这个世界也是平凡的,悲与欢、生与死、穷与富、世事的变更,于历史的长河来说,无非是些平凡事。对于平凡,我素来都是这样认为的,直到读了一本书——《平凡的世界》,这才恍然大悟。这一部伟大的巨著,为我们解说了平凡和苦难,阐释了生活的意义。书中为我们描述的是一个平凡的世界,一个黄土地上的世界。这里生活着一群世世代代面朝黄土背朝天的普通人,他们演绎着一幕幕生老病死、悲欢离合、贫穷与富裕、苦难与拼搏、世事变更的戏剧。是喜剧?悲剧?正剧?也许都有一点。在这本书里,没有华丽的辞藻,没有惊险离奇的情节,没有惊天动地的场面,有的只是平凡的人,平凡的生活,平凡的感情,平凡的故事。

《平凡的世界》正白纸黑字地告诉我们这样的人生真谛。它响亮地提出,人,无论在什么位置,无论多么贫寒,只要一颗火热的心在,只要能热爱生活,上帝对他就是平等的。只有做一名劳动者,不把不幸当作负担,才能去做生活的主人,用自己真诚的心去体验,毕竟生命属于我们只有一次。作品中主人公对于生活的那份挚爱之情、对苦难的不屈不挠令人感动之余,也犹如启明灯一般,照亮了我们年轻的心,指引着我们去热爱生活,享受苦难。路遥大师一直崇尚"善有善报恶有恶报"的人生信条,同时他也将这一信条贯穿于《平凡的世界》。这是一部用生命来写成的书。在亘古的大地与苍凉的宇宙间,有一种平凡的声音,荡气回肠。从某种意义上说他是一位理想主义者,总相信生活不会亏待善良的人。当然《平凡的世界》也体现了这一点。但是我想我是一个超理想主义者，或者说是不现实主义者，总希望一切都是完美的，毫无缺憾的，这也是我写这篇文章的初衷。本文主要就孙少平与田晓霞的爱情写续。虽然作者已在第三部中通过孙少平梦见外星人并与外星人的一番对话中暗示晓霞已经确实死了，但是我希望她能活过来，这不仅是出于对晓霞的喜爱，也是对少平的同情。

《平凡的世界》我已经买了很多版本，因为每买一本看完，我都会向我的同学或者朋友推荐这本书，他们看后都觉得非常好，虽然到最后书总是不知所踪，但看到这么多朋友跟我一样都喜欢这本书，我心里也还是非常欣慰的，于是也乐此不疲地继续推荐下去，而我自己看这本书也已经不下十遍了，而每看一次都会有新的收获，每一次都会被感动。我深深地爱着故事中的每一个人，少平、少安、晓霞、润叶、金秀、金波、秀莲……有时，我也会突发奇想，为什么那么好的人，结局却是不令人如意，我相信这个世界好人有好报，于是也会想，如果由我们80年代的人来写的话，故事又将是怎样的结局？虽然我的文凭很低，写作水平也不高，但我斗胆写出来，我希望有人来写，但这么伟大的小说，要写它的续集，又谈何容易，谁能成为第二个"路遥"？谁又能有那个能力？谁又能安下心来写这么朴实的文字？就算不是它的续集，但能出现同样优秀、同样描写普通老百姓生活的写实小说也好啊！

《平凡的世界》是一部史诗般的巨著，我无法用我有限的文字水准描绘出它的恢宏，也表达不全我的感触，路遥为它奉献了年仅四十二岁的生命，我为它感动一生。生活永远是日出日落平淡无奇循规蹈矩，可是生活又永远是矛盾丛生悲喜交加也不断暗流涌动蓬勃向上。历史的车轮滚滚向前，淘汰着无数个体的生命，精神却万古长存。我们活着，渺小而卑微，可是，人类却伟大而尊贵。无论怎样，我愿这个平凡的世界鲜花般美丽，阳光样灿烂！

像我这样一个农村出来的孩子，总觉得自己身上有着无数的孙少平的影子。当然，我可能比少平幸运一些，几年前曾经有过一种疯狂的想法，如果有可能的话，很想过一把作家的瘾，把《平凡的世界》续写下去，命名为《梦中的世界》，像路遥那样用心去写作，也许这永远是个梦，留在我的心底。我对《梦中的世界》这本书构思了很久，文章中很多人物的描写是基于我对原作人物的理解，虽然我没有经历那个时代，还是想努力用文字把它凑成一个完整的故事！

你或许正经历着苦难，或许所经历的苦难已经过去。但我想和你分享的是：苦难是人生的必修课，但不要害怕，时间会让一切过去，你所要做的只是不要丧失了那份直面挫折的勇气。因为，只有坚持下去，你才会知道你所祈求的远方，原来就在与你相隔不远的地方。

路遥精神 "实干兴邦" 的文化基石

刘瑞平

今天我有一个重大的发现要告诉大家,那就是"路遥是伟大的,他是世界的精神财富",我们一定要响亮地提出。

首先我们要说他为世界文学、为中国文学留下了具有历史意义的众多经典人物形象,高加林、刘巧珍、孙少平、马建强、马延雄以及路遥,每一个人名字的背后都承载着千千万万人的故事,每个名字都能引起无数人的共鸣,每个名字给我们带来无尽思考,这些名字已成为亿万人励志前行的灯塔,完全可以和于连、斯佳丽、哈姆雷特、列夫·托尔斯泰、雨果进入世界文学的殿堂。

日本学者安本实教授1974年偶然在《山花》上看到一篇路遥的诗歌,而成为日本研究路遥的专家。他为研究路遥七次来到陕北,三十多年来一直致力于路遥研究并已出版了许多研究专著,他正在主持用日文翻译百万字的《平凡的世界》,现在有许多日本民众通过安本实了解了路遥以及他笔下的经典人物。

其实早在二十多年前,路遥的中篇小说《人生》就已翻译成英文、法文、俄文等七国文字,在世界广为流传。俄罗斯禁卫军出版社还为路遥出版过其他相关作品。《人生》电影在获得百花奖后,选送奥斯卡金像奖,并获得提名,这是中国第一部获得奥斯卡提名影片。也是在二十多年前,今天的诺贝尔文学奖获得者莫言,因看了《人生》产生了很大的影响,针对高加林的形象给路遥写了一封三千多字的长信,和路遥进行文学和人生层面的讨论,之后又专程到西安与路遥面对面地交流,一张珍贵的老照片见证了这一段历史。时间已过二十多年,然而历史不能忘记。文学应该是历久弥新的,今天的世人不应该忘记,也不能忘记。时代呼唤路遥精神,是青年人励志的财富,他的精神是我们国家"实干兴邦"的文化基石。

近日欣闻我国将有一个对外文化交流项目,路遥的作品已入选,将翻译成多国文字,向全世界出版发行。是的,正如诺贝尔文学奖评委会称:莫言先生的作品在瑞典已是家喻户晓。由此我们想到路遥，也许他在另一世界正与他喜欢的大文豪们侃侃而谈。回到现实世界让我们简单梳理一下路遥作品以及路遥给我们留下的宝贵财富。

首先，他运用文学方式为处于20世纪80年代巨变中的中国，提出了一个历史性的命题——"农民与土地、农民与城市的关系"的问题。具体地讲是对我国几千年的户籍制度提出了反思，高加林就是反思的焦点，这也是《人生》所产生的巨大的社会反响的根本原因。听路遥四弟王天乐讲：曾经有两位国家领导人，其中一位是路遥老乡，他们看了《人生》电影后，就《人生》所涉及的农民问题长谈了两个多小时。今天我们无法知晓具体的谈话内容，然而为一部电影而引发的国家层面的讨论，也许是破天荒的。

就像贾平凹所讲："路遥是一个政治家。"路遥曾经历过"文革"时期的政治斗争，十九岁就成为延安市延川县的革委会副主任，一派的头头，面对那样的政治风暴，他屈服了，然而他的心仍然关注着社会最底层的老百姓，以及养育他的农民和黄土地。从《惊心动魄的一幕》到《在困难的日子》到《人生》再到《平凡的世界》，一脉相承讲述了一个个对中国来讲的最大主题：农民与土地与城市。当你能静下心来，研读路遥作品，细细梳理其中的脉络的时候，突然会惊喜地发现路遥作品中所体现的深刻内涵即：农民在当代整个社会大潮中在物质上、在精神上应如何面对？在路遥作品中规划出的农民的道路与我们现实中，我国解决农民问题的方针政策直到今天是不谋而合的，而且路遥找到了一条更长远的道路。当我意识到这一点的时候欣喜若狂，他是在为中国大多数人找一条人生道路啊！而且是从不同个体的点出发，这是何其之难的事情，有多少人为此付出了生命的代价！我恍然大悟，路遥为什么要用生命来完成他的写作？他是要用文学的方式为他最亲的乡亲们找一条人生之路啊！更重要的一点也就是《平凡的世界》的结束时，孙少平放弃了大城市的生活，重新回到了属于自己的理想家园："他上了二级平台，沿着铁路急速地向东走去。他远远地看见，头上包着红纱巾的惠英，胸前飘着红领巾的明明，以及脖项里响着铜铃的小狗，正向他飞奔而来。"这正是路遥为我们找到的精神家园。不管是农民，还是任何人在奋斗、拼搏之后，精神的回归是最朴素、最真实的，我相信也是每个人需要找到的归宿。

另外，日本研究路遥学者安本实教授从学术的角度为我们提出一个非常现实的重大论题，那就是在当今世界每个国家都面临的"交叉地带问题"，在我国就是农村与城市、精神与物质的问题，在西方国家同样存在的而且矛盾日益激化的贫富分化问题，实质上就是"贫与富"的命题，这是一个世界性的课题。作为一名日本学者，能够从路遥的文学作品入手去寻找解决这一重大课题的答案，由此想到我们呢？我们的文学界、研究界、评论界难道不应该在更大视野下、更高层面做些什么吗？去挖掘路遥留给我们的宝藏吗？难道我们只有煤和石油吗？我们将留给子孙后代什么？

路遥用自己个体的生命创造了如此巨大的精神财富，时代呼唤路遥精神。

我的《平凡的世界》情结

白　马

当代文学有两个圣徒,一个是路遥,一个是海子。自1983年读了路遥的《人生》之后,我便记住了路遥,欣赏、敬重这样的作家。1984年观看了电影《人生》,更是留下了深刻的印象。《人生》曾无数次影响了我的心灵。

从此,我的心长久地投入对一个作家的关注,无论他的生前,还是身后,尤其他的长篇小说《平凡的世界》,更是我关注的重点,成了我的一个挥之不去的情结。

1993年10月17日,在舟山市新华书店,第一次购得中国文联出版公司出版的墨绿封面的三卷本《平凡的世界》。1993年12月10日中午及晚上十二点,阅第一部;1993年12月12日至13日晚工作之余,阅第二部;1993年12月31日夜阅第三部卷五,12月14日夜阅完第三部卷六。

阅读之后,我做了笔记。

1994年1月,我写了《平凡的世界,耸立的丰碑——论〈平凡的世界〉系列》评论,约一万五千字。

1994年2月,在一本杂志上(已记不清哪一本大型杂志)阅路遥的创作随笔《早晨从中午开始》,我的心久久不能平静。

1992年11月17日,路遥英才早逝,我是过了一段时间才知道读到路遥的《平凡的世界》及创作随笔《早晨从中午开始》,我的心为路遥痛哭。路遥的《平凡的世界》是茅盾文学奖当之无愧的获奖作品,是路遥"十年磨一剑"的心血之作,是一部时代的史诗,也是一代人难以忘怀的"青春史",是当代长篇小说的"经典",是中国的《静静的顿河》。

这是我——一个文学爱好者,一个普通读者的判断。基于此,我写了《论〈平凡的世界〉》长文,写好后,当时叫政治部打字员用四通打印机打的(当时电脑还没普及)。

1994年3月22日晚上有诗兴袭来，饮四两白酒后，晚八点至十点，我写下长诗《没有人知道你自苦的原因——献给路遥》，这是我与路遥的一次心灵的对话。

　　读《平凡的世界》，我读懂了生活，读懂了"文以载道"这一古老的命题。这首长诗，我用了交响曲"四个乐章"的形式，象征伟大的生命即使死亡，已达到崇高圆满的境界。

　　1996年5月19日在定海热门书店，购华夏出版社出版的《平凡的世界》（1—3部）（橘黄色封面，彩色的田野图片，我很喜欢这封面），这部书华夏社1994年10月北京第1版。第1版的《平凡的世界》，字略小，第3部后附有路遥的创作随笔《早晨从中午开始》，华夏版的这部书，我一直珍存至今，每隔几年读一次。

　　1997年4月17日，购得《路遥文集》（上）"中短篇小说·随笔"；1998年9月6日在北京东单中国书店旧书部以两元钱购得《平凡的世界》（第一部），这是《平凡的世界》最早的版本，同时以一元钱购得中国青年出版社的《姐姐的爱情》；2000年5月27日，在定海南国书店购得《路遥小说名作选》；2012年9月15日，在定海南国书屋购得《平凡的世界》（单卷本）。

　　除了购买各种版本的路遥作品，我还购买大量纪念路遥及《平凡的世界》的评论、创作论相关图书。

　　本人所有购的书上均写上一句："为我敬佩的作家路遥而购。"

　　时隔二十多年后，开始下载收听中央人民广播电台长篇连播《平凡的世界》，并观人物纪录片《路遥》。

　　2015年3月，观看电视连续剧《平凡的世界》。

　　2015年3月，本人博客连续发表《论〈平凡的世界〉》系列评论，并发表长诗《没有人知道你自苦的原因——献给路遥》。

　　三十年了，面对《平凡的世界》被读者肯定的价值，那些所谓的学术精英整天生活在都市里，懂得中国吗？懂读者需要什么作品吗？中国是农业大国，所谓的人民大多数是农民，他们懂得农民的心灵、了解农民的命运吗？整天现代、先锋，评来评去，你评来评去有什么用？真正的好作品要经得起读者和时光的检验。

　　我内心坚持一条，凡《当代文学史》《当代小说史》之类不写上路遥和《平凡的世界》，就拒绝购买。

　　如金汉先生（已作古）编著的《当代小说史》就没有提到《平凡的世界》，我在书上眉批："金汉老先生怎么不评价介绍《平凡的世界》呢？哎，金老先生啊?！"

　　还有很多版本的《当代文学史》《当代小说史》之类没提及路遥，有的评到了，还嘲笑贬低《平凡的世界》，可笑至极。

　　二是不少有眼力有艺术良知的选家、评论家，推介、评价宣传路遥和《平凡的世界》。

我致敬路遥——我心中伟大的作家！

我也向优秀的选家、评论家致敬！

我向以下的选家、评论家致敬——

以我本人所能购到有关路遥及《平凡的世界》藏书为例，如下：

1. 钱华、熊忠武：《中国文学初步》。

2. 张炯、邓绍基、樊骏主编：《中国文学通史——第九卷》（当代文学编）。

3. 王嘉良主编：《20世纪中国文学名作典藏》，浙江文艺出版社2003年第1版。

4. 龚宏、王桂荣主编：《文学大教室·中国现当代卷》（插图升级版）南方出版社2002年12月第1版。

5. 王蕾：《50部必读中国文学经典》。

6. 李玉昆主编：《走进文学殿堂·中国现代文学卷》。

7. 曹卫东主编：《中国文学》（彩图版）。

8. 郭杰、秋蓉主编：《中国文学史话》。

9. 郑万鹏：《中国当代文学史》（1949—1999）。

10. 杨匡汉、杨早主编，白烨撰文：《1949—2009 六十年与六十部：共和国文学档案》。

11. 老悟：《茅盾文学奖作品解析》。

12. 夏震宁主编：《创意阅读：中国文学名著新书评》。

13. 徐其超等：《聚焦茅盾文学奖》第一编：《茅盾文学奖得失研究》。

14. 吴秀明主编：《当代中国文学60年》。

15. 贺绍俊、巫盛燕：《中国当代文学图典》，春风文艺出版社2009年12月第1版。

16. 金汉等主编：《新编中国当代文学发展史》。

17. 特·赛音巴雅尔主编：《中国当代文学史》（上、下册），民族出版社1999年8月第2版。

18. 史义军：《百年文学漫步》（"百年中国"丛书）。

19. 唐文等编著：《20世纪中国文学图典》。

20. 《文学的人性》（百家讲坛），中国人民大学出版社2006年版。此书首篇是郭小聪的《路遥的诗意》。

21. 方洲主编：《青年必读书手册》。

22. 《青年读书指南》（上、下册），中国人事出版社。

23.《百年百种优秀中国文学图书》(1900—1999)。1999 年《平凡的世界》被评为"百年百种优秀中国文学图书",可以说,《平凡的世界》已进入"百年文学经典"。

以上是本人能购买到阅读过的有关图书,另外,还有我没买到没有阅读过的有关介绍《平凡的世界》的书,在此一并表示致敬!

三十年岁月过去了,路遥胜利了,读者胜利了,我的判断胜利了!路遥以自己的坚守与执拗,打败了那些同样执拗、对路遥和《平凡的世界》冷落的中国文坛的批评家们。

事实证明,感动人心的作品、读者喜爱的作品就是好作品。无论是创作还是评论,都要心怀时代、心怀大地、心怀人民。

致敬路遥,我心中伟大的作家!

致敬《平凡的世界》,我心中伟大的作品!

致敬,无数肯定、介绍《平凡的世界》的选家、编辑、评论家!

致敬,无数热爱《平凡的世界》的读者们!

(白马,本名朱先马)

从阅读中追寻路遥的足迹

姜乾相

在陕西,有一座山比珠穆朗玛峰还高,二十多年来引得千千万万个虔诚的"善男信女"顶礼膜拜。其实,这不是一座山,他是一个人,他的名字叫路遥。

打开这本《路遥传》,如同观看一部感人至深的纸上纪录片。逐字逐句仔细阅读,追寻路遥平凡而伟大的一生,令人感动落泪,感慨万千。

《路遥传》的作者厚夫,本名梁向阳,比路遥小十六岁,和路遥是忘年交,与路遥生前的许多朋友有过交集。厚夫工作后任教的延安大学,还恰恰是路遥的母校。长期以来,厚夫致力于路遥研究资料的搜集与整理工作,他曾主持的文学研究所与路遥研究会合作,先后推出《路遥研究资料汇编》《路遥纪念集》《路遥再解读》等,并于2007年参与筹建路遥文学馆。多年来,撰写《路遥传》一直是厚夫的心愿,也是他心里装着的沉甸甸的责任。经过长期的资料准备,厚夫于2010年寒假正式开始撰写。为了真实体验与感受路遥当年艰辛的创作过程,他毅然决然地抛开更便捷的电脑,基本采用了手写的方式,历时五年,完成了二十六万字的传记。

要写出一本有学术价值、能经得起推敲的传记,资料的收集与甄别至关重要。厚夫在《路遥传》的前言《我与路遥》一文中说,路遥病逝后,社会上出现大量回忆文章,这虽有助于传记资料的收集,但许多撰写者按照自身立场叙述事件,既存在"为尊者讳,为亡者讳"的情况,也存在记忆不准与夸大事实等问题,这就需要对相关材料进行去伪存真式的辨析,而不是盲目引用。为了弄清楚某些细小问题,厚夫先生查阅各种资料、多次走访回忆者了解情况……能将海量的史料熟稔于心,信手拈来,合理取舍,有机组合,他无疑下了多年常人难以体味的苦功夫。

这本传记,为我们揭开了关于作家路遥的许多谜团,也为今天,我们为什么还会阅读路遥,引出了答案。

"像牛一样劳动,向土地一样奉献"——这是路遥对自己的要求,也是路遥留给我们的一份精神遗产。生活中,路遥也是这样做的,他在明知余生不多的情况下,仍然义无反顾地选择拼命工作,编辑《路遥文集》,创作随笔《早晨从中午开始》……当然,路遥留给我们的精神遗产,远不止这些。

三十三岁发表中篇小说《人生》轰动全国,三十九岁完成百万字的长篇小说《平凡的世界》,此后问鼎茅盾文学奖……路遥是读书人绕不过去的一座大山。尽管他的人生只有短短的四十二年,但是这四十二级台阶足以让人攀登年年月月。

读《平凡的世界》有感

汤承芬

"没有神的光环，我们生而平凡。"

路遥，于1988年完成百万字的长篇巨著《平凡的世界》。他，平凡而非凡。我是从我的二伯家里发现这书的，封面很简单，却很吸引我，于是我借来了。我确定，我被它深深吸引了。我从来没有这么急迫地想看完一本书，想知道它的结局，而路遥就这样用他创造的故事牵引着我，牵引着每一位读者。

黄土高原，自古以来就是一方苦难而又充满希望的土地，路遥生于此，长于此。也就是这块贫瘠的土地造就了路遥不畏艰辛的性格，也是这个性格成就了他。文章刻画了孙少平、孙少安等社会各阶层普通人的形象，他们虽然普通却不屈服于命运，他们努力、向上。路遥笔下的黄原人是善良的。金波一家与孙家关系很好，金波与少平是从小到大的好朋友，妹妹金秀和少平妹妹兰香也是。金波要比少平家的情况要好，所以他经常帮助少平。

路遥笔下的爱情是温暖的。每个人几乎都有幸福的婚姻，孙玉厚和他的妻子，少安和秀莲，兰香和吴仲平，也有后来迷途知返的王满银和兰花。

路遥笔下的爱情是残忍的。少安与润叶因为阶级的不同而分开，少平与晓霞也差点和他们一样，他们就快坚守住了，晓霞的死是我认为整篇小说中最残忍的结局，我以为她和少平能够跨越偏见的，我以为她和少平能够幸福生活……而残忍绝不会就此结束的。

路遥笔下的人情是温暖的。少平在外出谋生的时候遇到了多个温暖的好人，曹先生一家和王世才师父以及老婆惠英一家，尤其是惠英嫂给了少平无限的温暖，小说没有具体描述少平的结局，但我想，那个惠英嫂的小院应该能容纳下他吧。

路遥是伟大的，为了写成这小说，亲自在矿山体验生活，亲自采矿，才使得他对矿下的生活环境如此了解，才使得他将孙少平这个人物刻画得如此形象，才使得这篇巨著如此地打动人。写这篇文章，是我为了纪念路遥，我疯狂地想写下我一点一滴的思绪，我从未如此喜爱一个作家，正是因为他的平凡才造就了他的非凡。

"没有神的光环，握紧手中的平凡。"

怀念路遥

萧 忆

流年匆匆,一晃,路遥已经离开我们二十多年了。而我对于路遥的"痴恋",却愈发浓郁。

走进清涧路遥纪念馆的那天,秋雨绵绵。

满目的金黄被一场淅沥沥的秋雨淋得有些茫然失措。秋天的大美,就这样毫无征兆地被雨水摧残得支离破碎。我的心情,似乎也随着颓靡的景致,变得深沉起来。车窗外,雨滴还在飘落,一丝丝,一滴滴,顺着车窗,滑出一条条细长的纹路。我斜倚在车内,广播里还在声情并茂地播送着路遥先生的《人生》。朗诵者声音浑厚,有着青花瓷一样的质感。随行的友人,闭目养神,静听着,沉迷着。

文友说,路遥纪念馆到了。

我们赶紧打开车门,扑入绵软的秋景中。一栋如水墨画般优雅的纪念馆,静静地矗立在黄土地上。纪念馆背后,是亘古雄浑的陕北高原。我们的人民文学家路遥,就在这片山谷河川中,留下过纯澈的童年。这个和高原任何一个地方都毫无差别的小村落,却养育出了蜚声中外的作家路遥。这里的每一片叶落,每一个花开,每一滴雨水,每一片烟岚,都曾深深驻扎在路遥的心间。我踏着秋日的清爽,走进路遥纪念馆,心情变得异乎沉重。作为一个文学青年,路遥一直是我的文学偶像。他的作品,犹如那日的秋雨,一直浸润着我那颗对文学炽烈的心。

有路遥作品陪伴的青春岁月,是夯实的,是充沛的。或许正是基于对路遥作品的痴迷,我才在隐隐之中渐渐迷恋上文学,迷恋上写作。高中的时候,我远离故土,在榆林市求学。榆林新建路的读者图书超市,文学著作琳琅满目。而路遥著作的各种版本,对我的感触,依然如初。那个坐在枯树上抽着烟,带着黑边框眼镜,表情凝重略有所思的路遥照片,深深烙印在我的内心。

路遥,伟大的路遥!我的心里不禁感慨。我为陕北高原能有这样一位大文豪而感到骄傲，我为自己作为陕北人感到骄傲。如水的岁月，让多少人世冷暖、多少烟雨飞歌悄然褪去。而路遥的作品，是玉，是落于河床的宝玉，岁月愈久，愈加晶莹，愈加珍贵。

后来，关于路遥生前的很多事情，我是在《延安文学》杂志社那个破旧的小院内的二楼上谷溪先生的家里了解到的。那年，我的诗集《漫步陕北》出版，想请谷溪先生写几句题词，便和文友结伴去了谷溪先生屋舍。提出要求后，谷溪先生随即应允。题完后，我们关于路遥的话题，便如一朵盛开的山丹丹花，一直芬芳着那个午后。谷溪先生曾和路遥结下深厚的师生情。用他的话说，某段时间，路遥在自己家炕上睡的时间比路遥在家里睡的时间都多。说完他笑了笑，从他释然的笑容中，足以见得谷溪先生对于路遥的钟爱。

后来连续剧《平凡的世界》在陕北拍摄。我平生第一次当了一回群众演员。在横山区响水的某座山梁上，我与孙少平、孙少安，进行了一次梦想照进现实的短暂旅途。

"萧忆，快过来，给我和路遥先生拍张照片！"文友惊喜地站在路遥的蜡像旁边，眼神中溢满期待。我接过手机，轻轻按下快门。随后，我也让他为我和我的偶像合了一张影。那一瞬间，不知道是我穿越了，还是路遥穿越了，我们就站在一起，我似乎听到了路遥微微的喘息。那一刻，我是幸福的。

路遥，之于我的文学道路，宛若那苍茫的大海上熠熠生辉的灯塔，照耀着我，温暖着我，指引着我。

拜谒路遥墓

杨剑文

我想我应该记住今天——2013年5月21日,甚至应该记住这个时刻——14时21分37秒。

因为这一天,这一时刻,我读到了路遥的另一种文字,这些文字是写在文汇山上的,这些文字是写在路遥墓边上的。

因为一种心情,快步穿过延安城区,不去看那些高楼大厦;因为一种心情,快步穿过延安大学校园,不去看延大独有的窑洞。因为,路遥在这里,如同一篇精彩的文章落下了圆满的句号,或者由衷的感叹号。

踩着山路十八弯?台阶九十九?夏天的酷热,揪出汗珠十八万八千八百颗,都摔碎成一种心情的八片花瓣,向着路遥墓走去。愈加临近目的地,愈加可以听到心脏的激动回音,像是为陕北秧歌敲响的鼓点,像是为黄土坍塌留下的沉重。终于,看见了路遥亲切的目光,那微微向左上角抬望的眼神,还在看着他一步步走来的黄土地;那微微挂在嘴角的微笑,还在沉思着他一遍遍书写过的陕北;那嘴角微微地一笑,是沉浸在一部作品的精彩段落,还是在回味华美雄壮篇章的起承转合柳暗花明峰回路转,而后进入更广阔的叙述场景,之后再进入更深刻的沉思?静静的沉思,黄土地一样的沉思。

对着这片黄土一鞠躬,对着一个名字一鞠躬,对着一种精神一鞠躬。一束不知名的花草,来自路遥最深爱的土地,来自最读懂土地的双手,献给最亲近土地、最热爱土地、最对土地沉思、最对土地怀念感恩、最对土地热情回报的路遥,是一种无法用语言描述得清楚、完整的,一种本真的纯朴的大思大德大美,只有沉思,在沉思中领悟体会。

停下向前的脚步,回转身,再看一眼文汇山吧,再望一眼路遥墓,再忆一次路遥的文字,再想一想路遥的一生。此刻这文汇山是一只雄鹰。只是不知,不知雄鹰的方向，不知雄鹰将要去哪里？在渐行渐远的脚步之后，这样的想象与路遥向左上扬起的带着微笑的脸，渐渐重合。不论雄鹰飞多高飞多远，他将始终翱翔在黄土高原的蓝天上，他将始终飞翔在陕北的广阔世界里。

再见了雄鹰。

再见文汇山。

但是，难说再见的是那些路遥的书籍那些路遥的文字。那些一次次感动千万人的路遥的字，路遥的文，路遥的书。那么，就在远处对着文汇山，对着路遥，再次恭敬地三鞠躬吧。

纪念路遥的最佳方式

梦 野

时间像个小偷,偷去的何止是荣枯,偷去的何止是王朝,他还偷去了令世人仰慕的一位作家——路遥。

但他偷不掉的是情感。二十五年了,路遥还在人们的生活中,前倾着硬朗的身体,迈着坚定的步伐,心灵是那样的本真,思想是那样的鲜活,精神是那样的独立。

路遥活着,他以一种非常态的方式活着。

前不久,一位亦政亦文的领导,在台上有个简短的讲话,但我感觉是意味深长的。他说:"现在这个世道,退休下来的人,就等于在这个社会上不存在了;人上了七十、八十,有和没有也就是一样了。"他停顿了片刻,有泪水在打转,以沉郁的声音说:"今天,这么多人远道而来,冒雨而来,为的就是路遥。二十五年了,我们还隆重集会纪念路遥,我相信,再过二十五年,再过更多年,还有人纪念路遥……"

路遥没有逝去,凝结在一朵朵飘飞的雪花里,像他生前的流浪,从天上来到人间,给深爱他的人的泪水提速。

路遥活着,他以一种非常态的方式活着,活在亿万读者的心中,活出一个时代,一个个时代。或许还会靠作品千秋万代,越过想象的轮回,越过无始无终、无古无今的令人喊疼的时间。

二十五年,人们以各种方式来纪念路遥,似乎是个不尽的话题,又让人们重新点燃,越燃越旺,似乎旺得还需叫消防的人,来赶快扑灭这场大火。一个知情的人说:"路遥在八十年代,在文坛上,和他关系好的人,几乎没有……"这个话也许是对的,路遥三十岁出头,以《人生》赢得广泛赞誉。他的气质和性格,和他在文学上的梦想,可能会给人这样的一种印象。路遥的胞弟王天乐,有篇追忆文章,叫

《苦难是他永恒的伴侣》，也有着类似的意思："在山西是作家郑义招待的，路遥在文学界没有什么朋友，和郑义也是一般关系，但两人见面后非常友好，路遥对全国只有三四个作家比较看重，其中就有郑义。"

但今天想起来，很多相关的作家可能也不愿提及这个"前尘往事"了，毕竟都是同行，毕竟都是追索者，里面或许还有一些难以解开的情结和不快。说得大一点，在建设和谐社会的今天，走进彼此的内心，是多么艰难的事情，理想中的人与事，还得无声无息地靠时间来完成。

说真的，遗忘有时比记忆更重要，遗忘有时更利于社会前行。

对一个作家而言，在历史的长河中，只能论作品，只能以作品的心灵维度、思想内涵、精神感召来衡量，对时代的概括力，对社会的写真度，对未来的预测力，自然也是迫切的、重要的、必要的。

一切定义来源于对比，一切混乱来源于对比，一切痛苦来源于对比。

因之，纪念路遥，我觉得不要把路遥和普通人对比，不要把路遥和普通的作家对比，不要把路遥和伟大的作家对比，也不要把路遥和莫言对比，更不要把路遥和世界大师对比。路遥有他的过人之处，路遥就是路遥，就是以《人生》成大名的路遥，就是以《平凡的世界》斩获茅盾文学奖的路遥，就是中国文坛曾经响遏行云的路遥。

路遥走了，但作品还在。

纪念路遥的最佳方式，对作家而言，就是一遍一遍地研读他的作品，让时代重现，让环境再生，让人物复活，从中获得一些有益的启示，借鉴到自己的创作当中来，能提升自己作品的广度、高度、深度、厚度，能使自己的作品独立、独特、独有，能使自己的作品进入读者的心中，和时间赛跑，和时代争先，和历史较劲。

对普通人而言，那就是一遍一遍地研读他的作品，受其作品的熏陶和感召，祝福路遥的亲人，祝福路遥的乡亲，祝福陕北。

路遥,家里一切安好,勿念!

郝彦丰

终于可以到路遥延川郭家沟的家看看了!当沿黄公路采访团抵达延川,看到当地政府安排的采访行程有路遥故居时,我激动的心情真是难以言表。

从中学开始,我就喜欢阅读路遥的作品。上大学及读研时,均为中文专业,自是有更多的时间和更好的条件,让我尽情沉浸在一个又一个"平凡的世界"。从作品著作到评论研究再至纪实传记,只要和路遥有关的文字影像,我都会想办法找来细细研究一番,痴迷且痴情,甚至有点"走火入魔"的意味。用先生的话讲,当是有"初恋般的热情和宗教般的意志"。而这一切,皆因路遥及其作品一直带给我前行的力量,至今都是。

路遥曾经的苦难生活,我在阅读中早已知晓。但不知为什么,也不知从何时起,我特别期待去他的故居郭家沟走一走,看看他曾经生活、成长的地方,究竟有过怎样的苦涩和甜美。也许因为尊崇,才会产生这般心疼。

郭家沟距离延川县城果真不远,据说是五公里。也好找,村前的半山腰上立着一块巨型广告牌,上书"路遥故居"几个大字,大老远就可以看得见。再顺着山下那条硬化路进村,没走几步就到路遥家了。

是的,到家了!硷畔上,种着南瓜,栽着豆角,藤蔓缠绕间偶尔又长出几株陕北农家常见的花卉,这一切应该还是曾经的模样吧;院子里,一盘石磨,两孔土窑,窑面上挂着串串红辣椒,窗台上晾着根根玉米棒,一看就知道又是一年好收成;掀开门帘走进屋,旧时面料的被褥叠放整齐,老式花纹的碗盆应有尽有,他们全家人昨晚一定还住在这里。

在窑墙上挂着的几幅老照片中,我忽然看到路遥养母李桂英的照片了。啊?!原来老人家生前也留下了照片。尽管只有一张黑白的,但足以令人欣慰。这位可敬的老人,当年为了不让县城读书的路遥忍饥挨饿,多少次在前川后沟乞讨要饭,有一次还被两只黑狗追着狂咬。世间伟大的母亲们，总是宁愿自己吃尽苦头也要为孩子换回甘甜。儿子去世后，这位可怜的母亲几度精神恍惚，嘴里却能清晰地呼唤："卫儿（路遥小名），回家，妈给你做钱钱饭（路遥生前最爱吃的家乡饭）。"

我曾为写大学毕业论文，系统翻阅过大量关于路遥的资料，始终未见到一张李桂英的照片。网络上能找到的，仅有北京画家邢仪为老人画过的四张油画像。前些日子，我去清涧路遥纪念馆参观，见到展示的众多路遥家人照片中，也只有她是油画像。当时，我站在老人的画像前，沉默良久，悲从心起。而现在，好了！老人的照片就该挂在自家里，况且她的身旁还挂着儿子、儿媳、孙女的照片，一家人其乐融融。

在路遥故居，悬挂着一块红色横幅，也是唯一的条幅，上面写着"陕北的光荣，时代的骄傲"几个白色大字，在青山绿水中红白相间的色彩显得格外醒目。说来也巧，延川郭家沟是长篇小说《平凡的世界》中双水村的主要取材地，而电视剧《平凡的世界》中双水村的主要取景地也叫郭家沟，只是在绥德而已。路遥出生在榆林清涧，却成长于延安延川，一个作家与陕北仅有的两个市均有关联，一部作品又巧妙地将这两个市连接起来。所以，路遥首先是陕北人集体的光荣，也是陕北以外的人们共同热爱的伟大作家。

参观结束，即将离开时，我又忍不住回头望了望那两孔窑洞，心里默念一声："路遥，我今天到你家转了转，家里一切安好，勿念！"之后，川道的秋风吹落我一脸泪花，满是凄凉与悲壮。

路遥,一位充满着英雄主义精神的作家

郭军平

山原起伏、沟壑纵横的陕北高原既是一块贫瘠落后的地方,也是一块英雄辈出的地方。这里曾经是中国革命的圣地,一块深受英雄精神洗礼的土地,一块饱受苦难与抗争浸染的土地,这是路遥精神成长的母土。

苦难的土地给予了路遥坚忍不拔的精神,也给予了他昂扬向上的动力。在其代表作《人生》《平凡的世界》里的高加林、孙少平、孙少安等身上,我们总能看到路遥的影子——一个个充满着奋斗精神的形象,一个个充满着浪漫英雄主义精神的形象。对于苦难的摆脱,对于美好生活的追求,他们是多么地热切啊。是啊,对黄土地苦难的深深理解与承受、反叛,一直主导路遥寻找美好的人生,路遥在寻找美好人生的途中,遇到了文学缪斯的青睐,这让他深深地迷恋。没有想到,他的一次次努力,都给他带来了荣誉与希望,是文学让他走出了苦难深重的黄土地;也是文学,让他深深地痴迷于其中而最终累垮在人生的路途上。

黄土地的苦难让他抗争、奋斗、反叛;然而,黄土地上勤劳、朴实、善良的人民,又令他深深感恩。他是一位不满足于现状的夸父,倒在逐日的路上。在文学的征伐上,他就像英雄成吉思汗一样,有着崇高的目标、宏伟的蓝图。可惜,经年累月的勤奋著作,终于使他积劳成疾,留下了诸多遗憾。他虽然英年早逝,但人生无憾,正如作品内容简介里写到的:"路遥的短暂人生迸发出强大的生命光焰,其作品《人生》《平凡的世界》影响了千千万万的普通读者。"

路遥是强者,是文坛硬汉。他的一生,是奋斗的一生,是洋溢着崇高英雄主义精神的人生。这种精神,对现今物质大丰富却缺少崇高精神追求的人们来说是最好的激励。我们的时代依然需要崇高信仰,依然需要崇高的人生追求。物欲横流的时代,我们不能做拜金主义的奴隶,更不能在浑浑噩噩、碌碌无为中度过。我想,这也是《路遥传》给我们的一个最大的精神启示。

路遥：为平凡的世界放歌

计科宪

"只要广大的读者不抛弃你，艺术创造之火就不会在心中熄灭。人民生活的大树万古长青，我们栖息于它的枝头就会情不自禁地为此而歌唱。"

近日，多家电视台播放的同名连续剧又一次将人们关注的目光引向路遥以及他那部"茅盾文学奖皇冠上的明珠"《平凡的世界》，并引发对原著的新一轮阅读热潮。甚至习近平总书记在全国"两会"上参加上海代表团审议时也提及该剧"好几个频道都在播"，还说"我跟路遥很熟，当年住过一个窑洞"。

初版至今近三十年，几十个版本，长期雄踞各种图书销量排行榜前茅并屡次跻身年度三甲——一个作家去世二十多年，仍被人们以持续阅读的方式念叨着、惦记着、怀恋着，其中的意味对于我们理解和深思文学的要义、作品与读者、作家与人民等现实话题都极富启迪。

"脚踩坚实的大地"

"艺术可以放飞想象的翅膀，但一定要脚踩坚实的大地。文艺创作的方法有一百条、一千条，但最根本、最关键、最牢靠的办法是扎根人民、扎根生活。"

路遥只活了四十二岁，但他却在短暂的人生中，以一种极端认真的写作态度和"历史书记官"式的写作方法用生命"超越平凡"，达到了很多人难以企及的高度。

为此，他像小说中的人物孙少安一样放过羊，像孙少平一样揽过工，在田野里过夜，下矿井挖煤……

时隔多年之后，当我们的社会大踏步迈进新世纪，更多的读者则通过他的作品了解历史，理解生活，理解底层人和他们的奋争，感受温暖人心的力量。"《平凡的世界》建构了我对生活的理解——它给予我的人生观与价值观，让我对这样一群人永远心生亲切和敬意。"一位70后文学博士的话道出了许多读者真切的感受。

"人民生活的大树万古长青"

"只要广大的读者不抛弃你,艺术创造之火就不会在心中熄灭。人民生活的大树万古长青,我们栖息于它的枝头就会情不自禁地为此而歌唱。"

在这一点上,当我们把路遥置于20世纪80年代的中国文艺大环境特别是无形却弥漫得无处不在的现代主义思潮中时,就立即显示出别样的意义,使他和他所执着的传统现实主义有了一种特立独行的悲怆意味。

"路遥逝世之后,作品继续热销,这是广大读者以不约而同的阅读取向,在向文学创作和文学批评表达他们群体性的审美意向",著名文学评论家白烨说。深刻反映时代要求的创作,必为历史所铭记;热情传扬人民心声的作品,必为人民所惦记。"作品的影响力、作家的生命力就取决于这种基于双向需求的文学与时代的关联、作品与人民的关系。"

从20世纪80年代的文学场一路走过,白烨说,当下的文学写作中,各种姿态应有尽有,各式写法不一而足,共同构成当下文学创作繁盛的生态与多样的情景。"但是,从作品的实际影响和读者的阅读取向看,路遥这种拥抱时代、切近现实、心系人民的写作,显然更为广大读者喜爱,也更有广泛的影响力与长久的生命。"他说,路遥"活在作品中"。

"人民是我们的母亲,生活是艺术的源泉。人民生活的大树万古长青,我们栖息于它的枝头就会情不自禁地为此而歌唱。"茅盾文学奖颁奖仪式上的致辞,道出了路遥对此的自觉与坚持。

时代呼唤"路遥精神"

"身处劣境却不断挑战苦难,自强奋斗,这是路遥精神的核心价值。"

表现在文学实践中,那就是"作家主体的介入性和创作姿态的融入性"。作为路遥文学实践的见证者,白烨说,路遥在写作时,不仅是生活的观察者,而且是生活的体验者,"写别人与写自己,对他而言是难以分割、浑然一体的"。因此,他从写作姿态到语言风格,都带有极为强烈的参与性乃至鲜明的半自传性。白烨说,这些既彰显了路遥为百姓代言、为生民请命的文学追求,也淋漓尽致地表露出路遥用大众的眼光看待生活、以大众的情趣抒写人生的艺术追求。

这里边有非比寻常的人格力量。著名文学评论家雷达曾以"生命写作""灵魂写作"来指称路遥的文学活动,而路遥也以这样的"生命写作"。

路遥文学联谊会会长、纪录片《路遥》的编导刘瑞平说:"路遥用凤凰涅槃的方式将自己的生命与作品融为一体,从而升华出新的力量和光辉,惠泽亿万大众的心灵,这种力量已经成为千千万万读者励志向前的动力和精神财富。"一个人拥有这种精神,就会勇敢地面对生活的挑战,在平凡的世界里踏踏实实地生活。

面对路遥,陈忠实相信,路遥和《平凡的世界》里的人民一样将得到永生。贾平凹的说法是,路遥是陕西文学的英雄,"为我们留下了一种精神,这就是,生活如何的贫困,环境如何的艰辛,灵魂却一定要高贵"。

正是这样的精神力量,使路遥的作品广泛而深刻地影响到文学圈以外的人群。作家王安忆在一篇文章中说,陕北人称呼路遥都是"我们的路遥"。"他的作品传达的是一种温暖的声音,一种自强不息的声音。这种把苦难转化为力量的能量,在任何时代都不会过时。"

如今,路遥塑像、路遥广场、路遥纪念馆、路遥文学馆甚至路遥故居、路遥创作室,这些散布在黄土高原各处的纪念设施寄托着平凡世界里平凡人的感佩与崇敬;而在他为之奋斗的文学领域,一大波作家正跟着他的脚步、沿着他拓出的路,步履艰难而又坚定地走着……

路遥、《平凡的世界》和我

丁 益

对于路遥先生在《平凡的世界》里讲述的很多情景，只能当作小说去理解了。比如，那钻心刻骨的饥饿感和由于贫穷带来的难以启齿的羞辱感，对于我，的确有点远。但是，这并不影响我对路遥先生作品的喜爱。喜欢他的作品，并非从作品中能找到我感同身受过的场景，或是激励我走过困难的岁月，只是因为作品中浓郁的文学情怀、对于青春和爱情的歌颂以及对于普通人的尊重。

文学，算是一个很常见的少年梦。梦想以笔为剑、纵横驰骋。当然，大多数青春梦醒，文学梦也就随之醒了。我常想，那么多种类的艺术形式，为什么做文学梦的人多呢？或许是因为文学这个梦比较容易做吧。真的像做梦一样，一支笔加上一个爱幻想的脑瓜子，好像就齐了。而其他通往人内心深处的道路就崎岖得多了。就说音乐吧，至少得有乐器，而在那个基本物质生活尚不充足的年代，一个人想要和很多人达到精神沟通，想通过音乐的方式似乎有点困难。舞蹈、电影、绘画等就更不必说了。其实，古老而美丽的信天游应该也有这个能力，只是离开了厚重广袤的陕北大地，而是通过电子设备传递出来时，渗透人心的能力就大大减弱了。路遥先生会否唱信天游，我不得而知。但是他的确做了一个异常绚烂的文学梦，而且梦想成真了。从一个普普通通的农村青年，不断给县报投稿开始，到一部部作品被广泛认可，路遥先生这个文学梦的每一步，都伴着真诚。不错，真诚才是通往人内心世界的必经之路。对于我，不敢称之为"文学"，勉强称之为"文字"吧。偶尔写一段小文，或孤芳自赏或寄给好友，也觉得是一件很快乐的事情。"能够和很多人心灵沟通"这个目标过于宏伟，而文字至少可以让人更加深刻地了解自己。

《平凡的世界》是除了各类考试用书之外，我多遍阅读过的一本书了。书中人物的爱恨离别，既离经叛道又合情合理。除了像"原畔"那样陕北特有的地貌，让关中平原长大的我有点不解以外，书中还有几处人物设置也是让我琢磨不明。第一，就是小说中的女人们。好像除了小妹孙兰香没有经历过重大的人生挫折之外，其他青年女性的爱情、婚姻、生活都充满了荆棘坎坷。润叶、晓霞、秀莲自不必说，就连兰花、红梅、丽丽要么生活艰辛，要么情感凄苦。似乎，路遥先生故意不让她们过得舒服。书中每个女性都有着鲜活的性格，或温柔，或活泼，或勤劳，但个个都非常善良。书中没有对任何一个女性有过半句的指责，即使她们有的人在人生的某个阶段任性甚至"犯错"，路遥先生都表达了深深的同情和理解。第二，就是政治性的爱情。政治婚姻多见，政治爱情是什么意思呢？孙家四兄妹，除了大姐孙兰花自由恋爱了一个二流子，被父亲说："十里八村就自家的女子白白给了人。"以外，其他三个人的爱慕对象都是或大或小的官二代，难道爱情也要政治正确吗？我个人觉得，爱情应该是"人和不如地利、地利不如天时"才对，这样才符合爱情"无条件且无交换"的特质。孙家三兄妹的爱情，人和的成分显然多了一点。于是，我又犯迷糊了，反而觉得兰花和满银、卫红和金强的爱情更加真切、更加纯美，田间地头，自然而生，似乎更符合《诗经》里最初关于爱情的描述。第三，就是孙少平和孙少安。我并没有从书中读出来谁是男一、谁是男二（我个人倾向于少平是男一）。但是在和朋友交流时，发现很多人似乎更认可大哥孙少安一点。翻拍的电视剧更是确立了孙少安无可争议的男一地位。少安小小年纪背负起家庭的重担，甚至放弃爱情，可能更加符合人们对于一个成熟男性的期许。而弟弟孙少平就显得有点任性的"不愿梦醒"的感觉了。我是在路遥先生《在困难的日子》里，第一次通过文字，对饥饿有所感受，而这种感受在观看电影《1942》时都不曾有过。后来，一位同事说："减肥带来的饥饿感不是真实的饥饿感，真正的饥饿感是已经饿到不行了，饭还没有着落。"我忽然有点理解了关于饥饿，除了肉体的难耐，更多的是精神的折磨。

有幸如我，如我辈人，远离饥饿。当然要感激父辈艰苦奋斗。然而，生活之伟大丰富又怎么会只有生存之艰难呢？每当爸爸说我"你就是没挨过饿"时，我想说："你所做的一切，不就是为了让我不挨饿吗？"我只是想，像人一样工作，同时像人一样生活。

路遥的孤独

刘艳琴

喧闹的环境容易惊扰难觅的灵感，奢靡的生活容易腐蚀高贵的灵魂。平静地读着，冷静地写着，孤独地活着，这大概就是文人的生活模式吧？长期与外界隔膜，不被人理解，甚至死了都不能被理解，这大概就是文人的悲哀了。路遥，正是这不被理解的文人之一。2012年10月中旬随诗词学会到路遥的故乡清涧采风，我更深刻地感悟到了这一点。

"生活中真正的勇士向来是默默无闻的，喧哗不止的永远是自视清高的一群。"这是路遥说过的话。我读着这段话，重温路遥的生平，眼泪不由哗哗地落下来。

在我，路遥，是一个不能触及的名字，提起他，读着他的作品，我都会禁不住泪流满面。从《人生》小说到电影，从听《平凡的世界》长篇连续广播到阅读这部巨著，从来如此，这或许是他的贴近现实生活的创作内容太容易引起我的共鸣了。

清涧，顾名思义，是一个山清水秀的地方，说得好听一点是这样，可是，以现代文明程度来衡量，这里只能算是一块贫穷落后的僻壤，当我们游览了这个县城以及县上倾力打造的各种文化景点之后，我的这种感觉来得更强烈了。我只能说，我感到的是一种的深深的悲哀——黄土地上的人们啊，你缺少的不仅仅是丰饶的物质资源。然而，眼下，你最需要的又分明是这些！

这就是上天给予的不公待遇，贫困地区的人，想要抗争，摆脱困境，谈何容易？而路遥却是在远远无法跟虽说仍然贫困但已过上了好生活的当代清涧人相比的年代里生活着的人。他的苦难屈辱的童年生活，一定是不愿回想更不愿被人提起的。这是他孤独的根源，也是他心底的一块永远也愈合不了的伤疤，走到哪里都别想摆脱。以我的理解，这段经历，这块伤疤，最好谁也别揭，哪怕你是名医。揭开了便是鲜血淋漓的场面，是无法再弥合的伤痛。所以，离开了清涧这块土地，在没有人熟悉这份伤痛的时候，自然没有人提起，就无所谓伤疤或伤痛了。然而一旦他的脚落在这块土地上，他就休想捂得住这块伤疤了。而憨厚的乡里人又如何会深入到他的内心世界去小心地呵护他呢？或许人们都以知道他的家在哪道坡上，哪条河边他曾捉过蜻蜓，哪棵树上他曾摘过枣为荣，却不知这些记忆都是他心底的最痛，一旦翻出来，就如一层层地撕裂那裹着伤口的纱布一样，那份疼痛，只有伤者自己最清楚。况且他本就不是在这块土地上功成名就的，他早已走出去，走向更为广阔的地域，成了名人了。名人与农人，那份隔膜是无论如何都无法消除的。让一群为了生存而不停地劳作的大叔大婶来顾忌作家内心深处的那份痛楚，小心地揣摩语句以使他不致感到受伤，这样的对话场景显然是不可能出现的。所以，与其心灵受创，不如索性缄默不语，或许可以使脆弱的心灵暂时封存不致流血吧。况且，他用青春和生命为代价，创作《人生》和《平凡的世界》等作品时，那种旷世孤独，又有几人能体会得来？

如果说，一个作家写出了不朽的作品就算成功的话，无疑，路遥是成功者，在这个平凡的世界里，他成了一个不平凡的人，一个沉默的勇士。他无须言传，但他的声音却盖过了无数喧哗的人。然而，他无力与命运抗争，终于被噩运夺去了短暂而辉煌的生命。

创作上的巨大成功，仍然无法改变他贫穷的命运。难道说，在孤独如影随形地伴着作家的终生的同时，也注定了他终生要与贫穷相守吗？

孤独地活着，是文人的生存状态；孤独地写着，是文人的历史使命。没有人理解，随他去吧。

然而，路遥却会成为陕北作家的精神标杆，永远矗立在遥远的前方！

路遥先生与我的文学梦

吴 秘

我出生在陕西安康,安康在地理位置上属于陕南。我是一个连关中话都不会说、陕北话也听不懂的人。

一个人的一生总是机缘巧合地受到一些人的影响,冥冥之中开始了自己的奇幻之旅。一路绿灯也好,一路泥泞也好,都少不了那些在你或是彷徨、或是闲暇的时候给你一个希望的人背后的努力。最初的梦想是要成为作家的,这个梦想正是我读完《平凡的世界》后树立的。

第一次读《平凡的世界》是我初一的时候。生长在偏远山村,家里是没有书的,小学学校是没有图书馆的。直到初中,到了县城上学,终于有了图书馆,虽然只有一间教室那么大。我的阅读证总是满满的,借书处的老师全校学生里就只认识我。因为我去得太勤,借的还都是名著。

《平凡的世界》是语文课上老师推荐的书,我被它的书名吸引,被作者的名字吸引。"平凡的世界",那是什么样的一个世界?是否就是我心中幻想的无忧无虑的世界?"路遥",多么好听的名字,那是个怎样的人?所以,在推荐的众多书中,我首先借了《平凡的世界》。从此,一发不可收拾,我像个疯子可以不睡觉、不吃饭地看小说,我成了同学们口中的"书呆子",成绩上严重偏科的傻子。但是,至今我也丝毫不后悔我在学科上是个瘸子。

回想,也许正是这本书开启了我对文字的热爱,是我一直以来克服所有困难来读书的契机。从高中起,我们华严村白鹿组就没有我的同学了。而我,现在是一名工作后又来读书的全日制研究生,是我们村第一个本科生,第一个研究生。并不全是这种学历让我不断追求,是我对未知东西的好奇和渴望。一本书,可以起到改变人一生的作用,毋庸置疑,路遥,这个优秀的陕西本土作家改变的肯定不只是我的命运。

看《路遥传》几次鼻酸流泪,看到他幼时家庭的艰难产生了共鸣。因家中艰难,其父亲王玉宽要把作为长子的路遥送去没有孩子的哥哥王玉德家"顶门"。路遥被送走不是父母不爱他,在那个年代这种事稀松平常,眼泪不是为了遗憾,是因为我们的这种"经验"不是所有人能够感同身受。

作为路遥的一个小小的粉丝,我感觉我常常与《平凡的世界》里的孙少安、孙少平、田晓霞,《人生》里的加林、巧珍对话,那么亲切,那么激动。我既气愤又惋惜又矛盾地面对高加林,曾经我第一次"认识"他时我严肃地批评他、鄙视他、唾弃他。后来,再读时,我想巧珍都原谅了他,我还能说什么呢?我像德顺爷爷一样想要安慰他。我也安慰着巧珍,同时被这个以德报怨、善良淳朴、勤劳、明事理的陕北姑娘身上散发出的人性光辉深深吸引,我的安慰是那么多余,她本就是个拎得清的人,她心里明白着呢!这也是我更喜欢路遥,是他创造了这些我的"朋友",在阅读中路遥也成了我的神交。

天妒英才,斯人已去,但他又真切地活在我们心中。路遥作品为我种下了一颗文学的种子,尽管在文学的道路上我总是不断碰壁,我的灵感总是转瞬即逝,我对构思总是不满意,但我还是信心满满地想要继续走下去。我深刻感受到文学带来的魅力,它对人的塑造是可见的,对人的影响是深远的。因为路遥的长篇巨著《平凡的世界》,我成了一个爱读书的人;因为对书本的热爱,我一路走来不管面对什么困难,都是那些未知的世界在呼唤着我向前进,命运的双手也推着我不断前行。"梦"不是别人能给的,我的"梦"是我自己确立的,但让我有梦的那个人是路遥。当然,做这个梦之前,我是不知道想要成为一个作家原来要承受那么多的苦。看过《路遥传》后才知道,原来作为文化名人,背后要付出那么多的辛劳。但是既然选择了拥有这个"梦",那再怎么艰难也是要坚持下去的!何况,我年少健康,想当年路遥在那样艰难的状况下都坚持写作,在病魔折磨他的时候,在他心里首要的任务就是完成《平凡的世界》,他是在用生命书写农民、讴歌故乡啊!路遥啊,我的老师!

路遥与篮球

张 腾

近日在品读厚夫先生所著的《路遥传》时,无意中发现路遥在上学时期就曾是一个篮球高手,对于同样爱好打篮球的我来说,想通过路遥的爱好寻找映射到他著作中主人公的影子。

《路遥传》中所述:与在城关小学上学时一样,王卫国依然是初六六乙班上的活跃分子,依然是全班同学的中心。他篮球打得好,个子不高,很灵活,很猛,有股不服输的劲头,他甚至被抽调到校篮球队,成为校学生篮球队的主力队员。在他的带领下,初六六乙班在初中部的篮球联赛中常是第一名。

1964年路遥与同学合影(后排左二)

看完这段叙述,熟悉《平凡的世界》的人都知道孙少平身上路遥的影子最多,孙少平的命运也仿佛可以用一条篮球线串联起来:双水村小学栽着一副村民们修造的很不标准的篮球架,那是他生长的地方;原西县国立中学有一块标准的篮球场地,那是他读书的地方;带着孩子们在地委对面的二中操场上打篮球,那是他当暑期夏令营辅导员的时候;矿区的沟底平台上的体育场,职工们经常在这里举办篮球比赛,那是他工作的地方;孙少安重新修建双水村小学,操场也扩大了一倍,栽起一副标准的篮球架,这是他梦开始的地方。

回想起《人生》中的高加林,也有一条篮球线贯穿他的命运:读书时候他是体育爱好者,是学校许多项运动队的队员,尤其是篮球,他和克南都是校队的主力。在当民办教师时,在学校的院子里有块很不标准的篮球架,巧珍经常在篮球场附近看他打篮球。到县城工作的时候,他又成了县委机关队的主力。

可以说篮球也贯穿了高加林命运起伏的各个阶段,并且借助篮球情景的变化刻画人物的内心世界,比如:县级各单位正轮流进行篮球比赛,高加林原来就是中学队的主力队员,现在又成了县委机关队的主力。山区县城除过电影院,就数体育场最红火。篮球场灯火通明,四周围水泥看台上的观众经常挤得水泄不通。高加林穿一身天蓝色运动衣,两臂和裤缝上都一式两道白杠,显得英姿勃发;加上他篮球技术在本城又是第一流的,立刻就吸引了整个体育场看台上的球迷。在一个万人左右的山区县城里,具备这样多种才能而又长得潇洒的青年人并不多见——他被大家宠爱是正常的。

七八十年代的农村是个吃不饱饭的年代,爱好打篮球代表着文化青年融入时代的一种潮流,代表着现代青年不断向命运挑战的自信、坚毅品质,他们不像父辈那样忍气吞声、安守本分,而是有更高的精神追求,但是现实与心中的理想总是相差甚远。这些都有路遥上学时期作为文学青年对理想的追求与现实生活之间形成强烈反差的经历,然后在小说中体现出来的。两部著作中曾多次通过篮球这种动态表达的方式鲜活地刻画了故事情节的强烈变化,构成人物自身和人物之间的种种矛盾关系。

你一直不曾走远

贺 昕

今夜，我仰望星空，在万千繁星中寻找最亮的那一颗。二十六年了，你的笑容，你的背影，你夹着烟卷沉思的模样，你伏案疾书时忘我的神情……都那么清晰地浮现在我的眼前。打开朋友圈，纪念你的文章如纷纷扬扬的雪花扑面而来；文友见面，都不忘互问一声："纪念路遥的文章你写了没？"是的，你一直不曾走远，你一直活在人们的心里。

时隔数年，再读路遥的文章，隐隐觉得他和我隔着时空对话。从陕北重重大山里走出来的孩子，都能在路遥的小说中找到自己童年时期的影子。我和路遥一样，兄妹八个。有的人不明白，为什么生那么多？一方面，偏远的大山里，管计划生育的鞭长莫及。更主要的原因，我们的祖辈不止一次目睹自己的孩子被普通的感冒发烧夺走生命，有的妇女生八九个孩子，活下来的只有一两个，因此他们对每一个降临到人世间的生命都视如珍宝。不同的是，我的童年里有奶奶温暖的被窝，有爷爷的小灶饭，有妈妈梦幻般的催眠曲，有爸爸宽厚的脊背。而路遥却在他七岁那年，穿着破衣烂衫跟在父亲后面，一路讨饭，跋涉到远在延川县的大伯父家里。

读路遥的小说，我的思绪不由得飘飞到已经远去的中学时代，分组打饭的情景就历历在目。每人手里都拿着大号碗，似乎打饭的人不好意思看着大号碗空出半截，而会多添上一勺半勺。稀粥上面经常漂着几只枯瘦的米虫，我们戏称为"虾米稀饭"，背过身去挑出虫子大口吞咽。有一次端着稀粥刚要下口，一股汽油味扑面而来，正在犹豫不决之际，几个跑校生路过，惊呼："可不敢吃了，中毒了怎么办？"我心里嘀咕，你说得轻巧，饱汉不知饿汉饥，你替我饿肚子了？我的同桌往碗里撒一勺辣椒面，说："把汽油味压一压，吃吧！"山里的孩子没那么金贵，我们都安然无恙。然而，读路遥的小说，我被其中触目惊心的饥饿描写深深地震撼了。饥饿到头晕目眩，走路东倒西歪，为了节省体力，下课了只能趴在桌子上，似乎脑袋都成了一种沉重的负担，要用手托着。胃痛苦地痉挛，饥饿像无数利爪在揪扯着五脏六腑……路遥在大伯父家终于争得了上学的机会，却依然无法摆脱饥饿的折磨，不管是《在困难的日子里》的马建强，还是《平凡的世界》里的孙少平，他们刻骨铭心的饥饿感无一不是路遥痛苦记忆的折射。

在物质生活日益丰足的现代社会，我们衣食无忧，拥有强健的体魄，许多人却患了精神上的软骨病。学业和工作的压力导致精神抑郁，一次失恋就绝望到自杀，生活中的一次挫折就跌入了黑暗的深渊，更有甚者，因为一点小小的个人恩怨就疯狂地报复社会……教育界充斥着这样的声音：要理解孩子，要和孩子沟通，不能让孩子输在起跑线上……我们在叹惋那些美丽的花朵过早陨落的同时，也大声呼吁：让孩子们多读一读路遥的作品，让路遥走入校园，让路遥精神成为推动孩子们自强不息的生命激流吧！

让孩子们像马建强那样，即使饥寒交迫，也不食嗟来之食，永葆做人的尊严；像孙少平那样，即使吃着最下等的黑馒头，也拥有大山一样宽厚的胸怀，甘愿冒着生命危险，将告密者侯玉英从洪水中救起；像高广厚那样隐忍和包容……尽管前面是荆棘泥泞，是惊涛骇浪，是风刀霜剑，也永不停息追梦的脚步。我们无法预知人生路上的困难，但只要拥有了正确的人生观，苦难往往会成为巨大的精神财富，被困难浇铸的花朵更经得起风霜雨雪的历练，能散发出更甜美的芳香。

我仰望星空，在万千繁星中看到了最亮的那一颗，耳畔传来你浑厚的声音："只有初恋般的热情和宗教般的意志，人才有可能成就某种事业。""要排斥舒适，要斩断温柔，只有在暴风雨中才有可能豪迈地飞翔；只有用滴血的手指才有可能弹拨出绝响。""决然不能把人生之船长期停泊在某个温暖的港湾，应该重新扬起风帆，驶向生活的惊涛骇浪之中……"

你就在浩渺的苍穹里默默注视着这块厚重的黄土地。黄土高坡的风里有你的呼吸，庄稼的拔节声中有你关切的目光，河流的奔走中有你深情的歌吟，千沟万壑的黄土高原上，有你牛一样躬耕的身影……你一直不曾走远。

品读路遥
——读路遥作品有感

李小龙

最早知道路遥这个名字,是在上小学时,母亲拿别人送她一张电影票,看电影《人生》,回来后兴奋地给我们讲高加林和刘巧珍的故事,说这个电影是路遥写的。再后来,听中央人民广播电台长篇连播李野墨老师播讲的《平凡的世界》,让我们每天都急切等待播出的时间,每天与书中主人公同呼吸共命运。人的自尊、自强与自信,人生的挫折与追求,精神的痛苦与愉悦,伴随着人物的命运充分展开,令听者感慨万端。广播剧听完后,我想,这个写书的人太了不起了,书中的人和事就好像发生在我们眼前似的。

第一次真正读到路遥的作品是在绥德师范念书的时候,在学校图书馆发现有路遥的《平凡的世界》,欣喜若狂,赶紧借上,急着想一口气读完,到了结尾,又希望它还可以再长些,舍不得一下子读完。宿舍的同学轮着看,经常晚上熄灯了,还在谈路遥,谈平凡的世界。主人公在各种严酷环境中,默默承受独自奋斗的经历感染着每一个人。在生活上学习上遇到困难,我就会想到少平初到黄原城,干起了背石头的活,咬牙接受着牛一般的考验,以及在揽工汉的窑里读着《简·爱》《白轮船》。生活给予他的似乎只有苦难,而他则以微笑去迎接人生的挑战,用行动证明生存的价值。无论身在何处,他都没有停止与命运的抗争。后来毕业,顺利成为一名乡村教师,参加工作后,拥有路遥的作品尤其是《平凡的世界》便成为我的一个小小愿望。我们这的小县城,满城找也没有路遥的作品,只好让别人从西安捎的买了套《路遥全集》。在1995年的冬夜,参加工作的第一年,分到连公路都没开通的一所山村小学,白天和孩子们在一起,夜晚学校的那间宿舍里,外面是呼呼的寒风,窑内是柔和的灯光,我坐在桌子旁手捧路遥的小说,沉浸在那个平凡的世界里,窑外是寒冷的心头是温暖的,心情随着人物的命运而起伏。因为有书,觉得生活不再那么枯燥无味,有书陪伴,捧着灵动的文字,心也随着它飘进了故事里,在书的田野上，我尽情地嗅着墨香；在书的天空中，我自由自在地徜徉。我通过努力参加自学考试先后取得了专科本科文凭，特别是我写了《论路遥小说〈人生〉中人物的选择与启示》的论文，以优秀的成绩顺利通过本科论文答辩。从西安答辩回来，专门去了次延安，到延安大学的文汇山上祭拜了一回路遥先生。墓前是路遥先生的半身头像的雕刻，他目光深邃地看向远处的山峦，如同孙少平在古塔山上遥望这个令他欢喜令他忧的黄原城的目光一样的深邃，一样的温暖。

  如今，1995年的那个冬夜已过去许久，但那时如醉如痴地阅读路遥作品的热情并未消减，正如卡尔维诺所说的"一部经典作品是一本每次重读都好像初读那样带来发现的书，是一本即使我们初读也好像是在重温我们以前读过的东西的书，是一本从不会耗尽它要向读者说的一切东西的书"。路遥的书就是这样的书，之后的许多个日子里，不止一次地拿出那套《路遥全集》来，阅读那种润泽心灵的文字，感悟生命的意义。路遥让人敬佩的绝不只是他的作品上"茅盾文学奖"的榜单，而是路遥对写作近乎疯狂的执着，他的创作永远在凌晨结束，他的早晨永远从中午开始。即使知道身体已经无法支撑，但他依旧拿着手中的笔去书写属于他和所有农村知识青年的共同人生。他对文学有多虔诚、多热爱，就对他的生命有多不屑，他在用生命致敬文学，致敬所有的追梦少年，这是让我们大多数读者感动的地方。

  路遥为什么值得被记住？因为他用自身经历及作品告诉我们："青年啊，你就该去闯！就该执着地活！"作为一名乡村教师我也经常给我的学生读一些路遥的作品，或者推荐他们自己读，我相信孩子们在读路遥的作品时，也会像我一样，能从中感受到那种向上的力量，让我们的灵魂得到洗礼，发现自然的美，生活的美，心灵的美，看到希望，看到梦想就在前方。路遥始终在探讨"如何选择自己的人生"这一命题，所以，路遥的作品在任何时代都能引起共鸣。谁不曾在现实与理想中苦苦挣扎呢？路遥为了理想苦苦奋斗，那么我们呢？身为这个新时代的青年，又该为了理想怎样拼一把呢？路遥虽然离开了他所热爱的世界，但他的生命却以他作品得以延续。对一个人最好的怀念就是去读他的作品，在作品中找寻那种奋斗的力量。

平凡永远是最伟大的世界

康志峰

由于公安工作忙碌的原因，断断续续，路遥的长篇小说《平凡的世界》我阅读了三遍，读第一遍时，感觉没有完全读懂；读第二遍时，感觉悟懂了许多；读第三遍时，感触很深。这本书是路遥文集中分量最重的一部长篇小说，主要讲述的是陕北自然环境最恶劣最贫穷的村庄里的故事，用朴实的语言勾勒出平凡的小乡村改革开放前期的生活，以孙玉厚一家人为主线的城乡、农村生活片段，描述了从1978—1985年间令人神往的社会各阶层形形色色的变化。作者以史诗般的笔触描述了中国社会历史变迁的大背景下，黄土地上普通人的悲欢离合，展示了人生的自尊、自强与自信，奋斗、追求与拼搏，痛苦、纠结与欢乐，读来令人荡气回肠。

作者的出发点——平凡的世界。他的世界是平凡的，这只是黄土高原上千个村庄的一个典型代表。从细微处着眼，作者刻画出一个个普通人物平凡的人生旅程，衬托出日新月异的时代变迁，平凡是生活的本色，反映出人们的思想，给人以启迪。每一个人，对于庞大的世界来说，都是十分渺小、脆弱、微不足道，在历史的长河里，悲与欢、生与死、穷与富、世事的变更都是平凡事。只有读懂《平凡的世界》，才能明白这里的精髓。

曾记得，刚买到《平凡的世界》一书时，激动地打开第一页的时候，就被一个雨雪描写的场面给吸引住了："细濛濛的雨丝夹着一星半点的雪花，正纷纷淋淋地向大地飘洒着……"我喜欢景物描写，给人美的享受，这可能是这本书给我的第一感受。春天到夏天，夏天到秋天，秋天到冬天，冬天又到春天，过渡得非常自然，跨越了近十年的季节变化，相同的季节不同的手法描写，让我身临其境。

这部小说印象最深的就是孙少安和孙少平两兄弟。

孙少安是我最敬佩的时代领军人物。上学时，成绩一直很优秀，但是因为家庭贫困，自己又是长子，放弃了学业，在家里帮父亲一起维持全家的生活。即使待在农村干活，他也有自己的想法和打算，凭着自己的努力，当上了一队的生产队长，后来自己又开了砖窑，成为全村最富裕的一户。作者把孙少安形象刻画到了极致，他与润叶的爱情是那么让人惋惜，他放弃了润叶，就是为了维持那个"烂包"的家，从没有一点点的自私。尽管书中说他对润叶是一种兄妹之情，但是我们不会忘记他接到润叶给他告白的信时他的那种喜悦。润叶这么好的女人，少安没有理由不喜欢。只是少安的责任心太强，他在潜意识里认为给不了润叶"幸福"，才放弃青梅竹马的田润叶。现实中，他需要的老婆必须是能够与他一起撑起"烂包"家的女人。在那个时代，孙少安是思想很开阔的人，是一个看开时世的人，是一个在改革浪潮中能够带领农民致富的领军人。虽然几经坎坷，几度起伏，但是最终是一个成功人士。不巧的是，在事业如日中天时，妻子却病入膏肓，给少安带来了很多的遗憾，但他没有自暴自弃，反而是更加积极进取，这是我们必须学习的精华。

  孙少平是我最喜欢的战胜自我的人。他在学校里不仅学习成绩优秀，其他方面也比较突出。因为家穷，吃饭时在角落里偷偷地吃"黑窝窝头"，感到很凄凉。虽然经过努力仍然没有考上大学，但追梦的步伐没有停息，帮助哥哥把砖窑建起来后，坚决外出揽工。揽工期间，偶遇县革委会副主任的女儿、自己的同学、同村的田晓霞。田晓霞当时就读一所大学，在晓霞的帮助下，孙少平阅读了很多书籍，坚守着自己的梦想，后来当了一名井下挖煤的工人，虽然艰苦，但咬牙支撑着，心想自己终于走出"农门"了，多少带来几分欢乐。经过长时间的相处，少平与分配在省级主流媒体的晓霞成为一对恋人，但是好景不长，晓霞在一次洪灾采访时不幸遇难，少平陷入痛苦中。但是，在孙少平的生活片段中，因为田晓霞的出现，有了一段幸福时光。即便最终不能到一起，想起来还是幸福的。这也是孙少平平凡生活中的不平凡一段。然而，现实生活中有多少人能找到自己的真爱？对于很多人来说，孙少平的爱情是让人羡慕的！

  孙少平生活的那个年代，贫穷剥夺了人们最后的遮羞布。人们就像一块没染的白布，既单纯得可爱，又苍老得迂腐。孙少平的一生是不懈奋斗的一生，忠于自己的理想，在是是非非面前敢于坚持自己的原则。通过成长和成熟的历练，展现出那个时代整整一代人对生活的憧憬与无奈。他受过高中教育，他经过自学达到可与大学生进行交流探讨的水平。现实生活中，贫穷曾让许多有理想的人们意志消亡，但作者给予他各种优良的品质。那种战胜自我中所表现出的坚强让我敬畏，体现出对美好生活的向往，那就是一种精神。

  孙少安、孙少平两兄弟生活的年代，是一个喧嚣浮躁、道德危机的时代。如果能深刻理解苦难，苦难就会给人带来崇高感。如果生活需要你忍受痛苦，一定要咬紧牙关坚持下去。尽管命运是那样的不公平，社会有那么多的不公平，只要你不屈不挠、艰苦奋斗、勇往直前，最终一定能得到成功；在作者的世界中出现的都是平凡的人物，正是在这些平凡的人物里，他描写着人性中的善与美，丑与恶。最让我赏识的是，从这些平凡人的故事中，引发出一个深刻的道理，那就是我们怎么去生活，用怎么样的态度面对生活，也应该就是这本书的精华。

《平凡的世界》告诉我：其一，苦难的遭遇能磨砺坚强的意志，人只有经过苦难的炼狱，方能读懂人生，走向成熟；其二，苦难导致人生的缺陷与失衡，进而产生追求超越与平衡的反差与张力；其三，人生的价值，在于对自身苦难的严峻正视、深刻思考、透彻理解、不懈抗争。作者借孙少平的嘴和手，表达了他对人生苦难的认识和思考。

读《平凡的世界》最大的收获就是：让我能够认识到平凡人的平凡生活是最伟大的，不管遇到什么样的困难，都不要轻言放弃，因为太阳明天依旧要升起，机遇永远都在，能够让我在努力奋斗的同时保持一颗平凡的心，这种精神就是我们应该学习的。《平凡的世界》引领我不忘初心，追求梦想，乘势前行。

书　缘

白小梅

　　莎士比亚说过："书籍是全世界的营养品,生活里没有书籍,就好像没有阳光,智慧里没有书籍,就好像鸟儿没有了翅膀。"是的,读一本好书,犹如得到一个好朋友,它可以激荡人心,催人奋进!

　　我想每一个喜爱文字的人,都跟书籍有着一段或深或浅的缘分,我也不例外。上高中时,邻桌翔省吃俭用买了一本小说《平凡的世界》,路遥是他的隔山邻居,翔非常崇拜这位陕西的文豪,下了晚自习他点着蜡烛阅读这本巨著,被我发现了,我拿自己的复习资料跟他交换着看。第一次捧起这本厚厚的著作时,除了激动,还是激动!书给了我诱惑,有一种迫切想看完这本书的冲动。

　　我是个感性的小女人,很容易感动。当我读完第一章时,孙少平的高中生活,好像走进了我的青涩岁月,郝红梅打饭的情节好像自己的缩影!为了馒头,为了尊严,常常是最后打饭,他们的贫穷不是现在的年轻人所能理解的。读着读着就再也控制不住自己,感觉血液开始慢慢沸腾,眼泪像断了线的珠子一样往下淌。

　　翔看见我感动得稀里哗啦,拿着书爱不释手,随即把书借给了我。《平凡的世界》成了我们茶余饭后的话题,翔说他最欣赏田晓霞和孙少平的爱情,真正的爱情来自青春,这样的爱情就是对青春最美好的奖赏!书中给我印象最深的人物是孙少平。这是一位对苦难有着深刻的认识,对精神世界有着深刻追求的人,他有强大的精神力量,有巨大的勇气。他经历的是艰苦卓绝的奋斗人生,然而在痛苦与磨砺中,他形成了一种对苦难的骄傲感、崇高感。我欣赏他的苦难的哲学,书中这样表达:"……是的,他是在社会的最底层挣扎,为了几个钱而受尽折磨;但是他已经不仅仅将此看作是谋生、活命……他现在倒很'热爱'自己的苦难。"这段话给予我一种来自灵魂的震撼!的确,生活不能等别人来安排,要自己去争取,不论其结果是喜是悲,但可以慰藉的是,你总不枉在这世界上活了一场。它改变了青春时期的我，给我自身注入了一种强大的内在力量。

当时正面临着考学的压力，是它给我带来了学习的动力，书中青年人追逐梦想的信念坚不可摧，他们的乐观自信感染了我，少平那孜孜不倦的身影告诉我怎么在困境中面对生活。为了应战毕业考试，我不得不忍痛割爱地归还《平凡的世界》。考完试，我没有回家，直接打工赚学费。休假时，我去同桌家转悠，发现她家书架上也有一本《平凡的世界》，我如同遇见了久违的朋友！梁丽知道我钟爱文学，就把书借给了我。记得那晚我读了通宵，孙少平与田晓霞的爱让人奋进，在物质上他们没有要求太多，在精神上却相扶相携，那是跨越了所有的界线将心与心的交汇。

1991年6月中旬的一个晚上，梁丽急匆匆地来到我的住处，问我要《平凡的世界》，说书里面有她家存折的密码，她家被盗了！我翻遍了屋子的各个角落，就是找不到。我的住处再没来过外人，弟弟分析可能是翔拿走了，他误以为那本书是他的。

我便义无反顾地于次日坐上客车来到翔家，翔看见我很惊讶！但书让邻村的同学借走了，无奈我只好等。这时翔提出了要与我结婚。忆往昔，同学几年，我在病中，他不止一次地给我打饭，给我洗衣服，他无微不至地照顾我，关心我。在我最困难的时候，他用亲切而善意的目光关注我，帮助我，使我感到了无限的温暖。筛选了一遍身边的同学，只有他最疼爱我，女人首选最爱你的人作为伴侣是上上策。我和翔过起了平凡而简单的幸福生活。

非常感谢那些苦难的岁月，因为它是我人生中精神上的一种财富。我的精神世界慢慢地充实了起来，确切地说是《平凡的世界》改变了我的命运，书为我牵了姻缘。由同学升级到爱人，起穿针引线和决定性作用的，正是这本不朽的著作。共同的读书兴趣和共同的文化品位将我俩联系在一起。过去曾经为自己的小小不公而怨天尤人，读了这本书后我的心胸豁然开朗，书里面的一些人生哲理让我醒悟。我记得一句话："如果改变不了世界，那么就改变我们自己。"是的，我们都无法与命运相抗衡，去决定自己的命。但我有自己的理想，我不需要惊天动地的生活，只需要活在当下，干好自己的事。当我们只有亲身经历过生离死别之后才会真正地知道人生的真谛：那就是人活着，不仅仅是为自己而活，而更重要的是懂得为人类做奉献。

平凡的世界里，蒸腾着不平凡的人生！正如书上所说："……我们出生于贫穷的农民家庭——永远不要鄙薄我们的出身，它给我们带来的好处将使我们一生受用不尽；但我们从意识上要彻底背叛农民的狭隘性，追求更高的生活意义……"这句话深深地鞭策着我，鼓励着我。书中还教我怎样去生活：只要不懈地与命运抗争、顽强奋斗，就能谱写出与众不同的"平凡"的史诗！我们要在自己平凡的生活中，勇敢地挑战，努力地进取，在平凡中创造出不平凡。不论自己所处的世界怎样，都要奋斗。即使我们改变不了这个世界，但也可以通过自己的双手活得精彩！

为一种精神,重读路遥

毕华勇

过了年,陕北的春天像小孩的脸一样说变就变,久违的一场雪,忽高忽低的气温,天空阴沉沉、灰蒙蒙影响人的情绪。我从春节开始一直忙于应付各种人情世故,喝酒成了一种常态,说实话很难坐下来读书写作,偶尔有一天清醒,一个人坐在房子里更是无聊,心静不下来,又没有其他爱好,特别令人遗憾的是不会在电脑上操作,看着满架的书籍芳香四溢,翻来覆去瞅着书脊的名称与作者姓名,最终还是停下来,看着路遥。窗外不时地有唢呐声,娶媳妇、埋人一概不知,反正,春天是好日子,喜事坏事都有。白天人们忙忙乱乱之后,夜晚一下子显得清静,我想街道上是空空荡荡,只在孤独的路灯下,迷蒙中有一两只流浪狗匆匆跑过。它们的家在哪里?不知道。我一个人坐在漫漫的长夜里,这么想着,多少有些凄凉。灯下要读书写作,一时又不知所措。

米脂与清涧整整一百公里,不算远也不怎么近,但自古以来陕北被人称赞的歌谣使米脂与清涧同样连接在一起而且闻名于世,"米脂的婆姨,绥德的汉,清涧的石板,瓦窑堡的炭"展示着陕北的情韵风采,同时也有一种近乎完美的空灵游荡着生命情怀。这样一来,米脂离清涧便很近了,远远地可以看到秀延河两岸明明灭灭的灯火。只是在这春寒乍暖的天气里,秀延河与无定河一样还没有解冻,浮冰僵硬地推搡着没有一点生息。万籁俱寂,我躲在房子里,突然想起他,路遥。路遥是清涧石咀驿镇王家堡出生的。

路遥是以写小说闻名的。他的小说试图构建强大的自我主体意识,或以小博大,生成一个大我。这个无意识的孤独自我,隐藏在路遥的作品背后。他一生苦难,致使他永远地委曲、深情、残缺,有时脆弱。精神上的创痕,别人无法知晓,他对时代氛围的敏感,对于大众的苦难,生活的期许,用博大的胸怀充盈着个体的精神与扩张。路遥从上学期间显露的文字才华,被人推荐品评鉴赏,实则是突出他思想热衷于政治的异样表现。像许多有志青年一样，文学梦太遥远，而政治资本，稍有机遇随手可得。路遥的苦难造就了他的过早成熟，所以他内心与肉体的悲愤让他走到风口浪尖上，他的组织才能与发号施令，并不比写作逊色，那些日子他没有文学，只有体会到无声处的惊雷，更没心情等待月光敲击地面的音乐。

我一直崇拜路遥，觉得他比任何人都大气磅礴。他的写作，顺来挥手，手随心动，每一篇作品都表现得异样的沉着矜持，其笔下构建的汉字，纵横驰骋在时间与空间，生活与灵魂中的大美，让人肃然起敬。我无法体悟到路遥在人生如此大的急转弯后，会有如此大的气魄与力量，用文学支撑起他一生的光彩。他的小说，在中国当时的语境下，打破枷锁，以清晰的独特风格，让人耳目一新。可以说，路遥给我们诠释的是深厚文化内涵之声韵，就像陕北崖崖洼洼生长的酸枣树一样，花开花落，天地如此干旱，但它经风吹日晒，秋天总有果实，红红艳艳，耐人寻味。读着路遥，我们从迷蒙中看到了一股力量或希望。从那时起，我和高加林一样，生长着怀揣苦涩、逃离乡村挤进"公家门"的强烈愿望，每时每刻都在烧灼着我的心。路遥笔下的人物，让我一时间懵懂无知，苦涩与孤独滋味也慢慢侵入心田。

有书读的日子是充实的，路遥的写作喜欢用大的历史背景。有幸的是，我后来认识了这位在我心中早就竖起的标杆人物，他说喜欢苏联许多作家的作品，特别是肖洛霍夫的《静静的顿河》，他说这部巨著像人类文化创造史的里程碑，使人永远难以忘怀。所以，路遥说自己也要写一部这样的书，他一个人悄悄地准备着，不到八年，当我们读到他《平凡的世界》的时候，我才知道，路遥忍受着什么样的煎熬，把自己的生命与一部作品拴在了一起。正如他所说的一样，任何真正伟大的艺术发现都不仅是自己这个时代的光辉乐章，同时还会以永不枯竭的艺术感染力激励后世读者。是的，多少年过去了，我们的生活无论发生了怎样翻天覆地的变化，他的作品，让人们永远感到新鲜。

路遥熟透了他的陕北，大地的景物，草生草长，春天的小河，秋天的落叶，冬天的雪花，庙宇、神灵、巫神、媒婆、草根、官僚……总是让路遥心灵里敏感而多情的神经割舍不下，他的作品也就让我们倾慕死的浪漫，还有凄婉的感伤。后来，不为别的，为了文学这个梦，我回到了现实。路遥让我懂得，文学需要灵魂在夜间听到月光敲击地面的音乐，闭上眼，就有烟云慢慢升腾出躯壳，生出一种美丽。我的故乡，还有窑洞、果园、梯田、泛水泉，叫不出名字的各种草、各种花。后来，我读着路遥，欣赏他的才气与霸气，我渐渐长大，执着而坚定地叙述着故土……

春天走过来了，此刻我离路遥还是那么近，西安建国路71号老式的房子，还有几颗梧桐树，轮廓就在眼前，路遥坐在那把破旧的藤椅上，吸着烟，沉思着。他是在为一群人一个时代思索着。他把一个时代里生活的一群人的精神面貌淋漓尽致地展现给我们，没有大喜大悲的故事，但他不惜笔墨地在我们面前展开黄土地上单调平凡的生活画卷，把我们指引到他攀登艺术巅峰的圣地，与他对话，让我等后辈悟到追求艺术至境的恬静，还有等待辉煌时刻到来时胸中有海浪般汹涌的喜悦。

　　路遥一刻也没有舒缓过自己。他是一个为理想而坚持到底的人。"他依稀听见一支用口哨吹出的充满活力的歌在耳边回响，这是赞美青春和生命的歌"。是这样，路遥的作品是用命换来的，他的心是沉静的，在一定程度上，他的心又是波澜壮阔的，他总是不服输，总是选择斗争，然而他的早逝，注定给这个世界留下了遗憾，甚至是人生的悲剧。路遥从此与陕北的山川、河流一样，让人传诵，镌刻在无数人心上。

　　整整一晚上，我鼓起精神，手中的笔费力地走动，在这个混浊的世界上，我们需要来自更多的人确认。确认什么？确认如若一个地方一个民族没有文学，没有那份纯粹，尘世还有意义吗？

　　今夜未眠，许多人和事模糊了……

由路遥所想到的

陈亚茹

我十岁的那一年，于家中的书架上发现那一本《人生》时，抱着随便一读的心态，翻了翻书页，却好似打开了新世界的大门一般！多么熟悉、亲切的陕北方言啊！圪蹴（蹲着）、杂面、洋芋擦擦、圪崂……出于对陕北黄土方言的耳熟能详，我很快开始读这本书。当时我是十岁，所以理解这本书的时候只是停留在了小说中主人公命运的跌宕起伏上，觉得作者甚是厉害，将高加林这个人的命运戏耍了一番。同时我也在心底里狠狠地咒骂了高加林这类渣男，替巧珍悲哀。这是我所读到的路遥的第一部作品，也是我第一次读《人生》。事后和爷爷聊天时，我才得知，爷爷一家从陕北迁居而来时带了一箱书，路遥的作品被小心翼翼地包裹在里面。我想，这或许是爷爷为了在遥远的他乡保留自己的乡愁吧。乡愁啊乡愁！

路遥的生命中，很大的一片色彩是食不果腹，这又是和爷爷极为相似的了。我长这么大以来，是被爷爷奶奶带大的，从小都是在他们身边生活，所以我没敢剩过饭。爷爷奶奶总是教导我："天热得红杠杠……我们以前哪能吃到这么好的东西啊！"每年过年在爷爷家吃饭时，桌上总有黄米面馍馍、糕，这个承载了对故土的热恋的食物是我们十几年都不曾放弃的。更不用提杂面和洋芋擦擦了。《平凡的世界》是在我高二那年，也就是2015年播出的，爷爷当然不会错过。他有时见了我还和我讨论里边的情节，激动得像个孩子。对他而言，唯一的一点遗憾是他觉得男主角的口音不是那么纯正，但是也是莫大的慰藉了！

生活的磨难赐给强者的是越挫越勇的品质。路遥在写作《平凡的世界》时，两耳不闻窗外事，奋笔疾书，写到眼发红、嘴起泡，就这样他还是一丝不肯松懈。我想，这就是信念的力量，是将自己全部的光和热完完全全地奉献给自己所钟爱的事业，并用一片赤诚之心要将它实现。这不由得让人想到，一定是这片坚毅、踏实、古朴的黄土地镌刻在他骨子里的品质。品质，可以理解为一个人的本性，一个人与世界的和谐互动。在今天，有很多人没有读过路遥，也有很多人认为路遥的作品太过土气，难入大雅作家们的眼，可是这又有什么妨碍呢？文学本就是作者与读者之间的艰难相遇，能唤起共鸣，我们懂，就好。

陕北的土地时而多情，时而妖娆，时而冷静，时而疯狂，这里孕育了可歌可泣和传奇的诗篇。今年十一黄金周，我们全家人故地重游——去了延安。不论是杨家岭的窑洞，还是枣园的枣树，抑或是那个流入每一个中国人血液里的宝塔山，每一片叶子、每一寸土地，都在默默记录着历史的传奇。路遥是陕北的孩子，他把自己燃尽了，他长久地睡着了；但是，我也知道，这里的故事永远不会结束，这里的人民，一定会创造出更多的传奇！

"麻缠"《平凡的世界》

常 耀

2015年3月25日晚，热播一个月之久的电视剧《平凡的世界》终于画上句号。但是，我一直还为如何解读《平凡的世界》而"麻缠"着。

电视剧《平凡的世界》中曾很多次用到"麻缠"这个词，田润叶对孙少安说"我就是要麻缠你"，老实巴交的孙玉厚对田润叶说"你以后再不要麻缠我们少安了"。咱们陕北人也经常说，这件事情有点麻缠（意思说这件事情不好办）。其实，《平凡的世界》讲的就是生活在陕北这块土地上的男人和女人的"麻缠"事：在"麻缠"中恋爱，在"麻缠"中生活，在"麻缠"中创造着不平凡。

一、两个男人一个神

在《平凡的世界》里，有两个很"麻缠"的男人，他们的名字叫孙少安、孙少平。他们有什么魔力，竟然会赢得那么多的爱情？我感觉有两种因素在里面。一种是主人公自身因素。少安和少平都是村里的"能人"和"强人"。孙少安表现不用说，六岁开始干农活，十三岁辍学，十八岁凭借着"精明强悍和可怕的吃苦精神"被推选为生产队长，成为双水村的"能人"，带着村民分猪饲料地，搞单干，开砖厂，办学校，最后还当上村委会主任。孙少平表现也不赖，中学时只能啃着"非洲"黑面馍支撑学业，毕业后外出闯荡做小工背石板，即便是招工入煤矿也是保持读书的良好习惯，而且靠自己能力当上了班长，也是一个强者。陕北有句话"挂棍挂个长的，攀伴攀个强的"。正是这种面对苦难不屈服，通过奋斗成为强者的精神，孙家兄弟赢得了田润叶、贺秀莲、田晓霞的爱情。

二、四个女人一台戏

在《平凡的世界》里，有四种"麻缠"的女人，这四种女人让我们的平凡世界充满了温暖，让陕北荒凉的世界不再荒凉。

第一种女人是女神，她的名字叫田晓霞。她出身高贵，灵魂高雅，既有文化又有情意，她不停地告诉孙少平，你与众不同，鼓励少平去奋斗，而且不顾身份的悬殊去爱少平。在少平需要帮助的时候她飘然出现，并给他提供了一份比较安定的工作（煤炭工人）。这样的女子难道不是神仙姐姐一般的人物？！

第二种女人是妹妹，她的名字叫润叶。她有一份体面的教师工作，但她就是爱"生活过得乱包不像样子"的发小孙少安，不顾一切地去"麻缠"少安，即使嫁给了李向前也"身在曹营心在汉"，最后在向前出车祸以后才恍然悔悟爱向前。这种"爱起来是火，恨起来是冰"，重情重义，带点任性的女子，就好像我们的妹妹，一直跟在我们后面跑，深爱着你。某天她突然嫁人了，虽然爱着你，但此时却是另外一种心态。

第三种女人是保姆，她的名字叫贺秀莲。她不认字，强烈爱着自己的男人少安。她对公婆孝顺，对丈夫挚爱，而且任劳任怨。老公搞砖厂她去娘家借钱，老公办学校她双手赞成，老公累了她端洗脚水，老公干事业失败的时候她安慰你。

第四种女人叫老婆，她的名字叫郝红梅。她有同情心，同情和他一样身世的孙少平；她势利，她喜欢家庭比较富裕的顾养民；她有缺陷，她是寡妇带孩子；她有深爱，坚持等待田润生。其实，我们身边的老婆一般就是这样的角色，有缺点，有时候也可能势利，但她一直爱着自己想爱的人。其实，真正的老婆是有缺点的却和我们一起过生活的女人。

现实生活里，女神离我们太遥远，我们不能爱；妹妹太任性，我们不敢爱；保姆存在很少，我们无法爱；老婆很现实，我们一起过生活，一起相爱。

《平凡的世界》是一个"麻缠"的世界，《平凡的世界》中的平凡人过着"麻缠"的生活，演绎着不平凡的人生。我们坚信，尽管生活"麻缠"，只要我们坚持不懈去努力奋斗，我们将会得到属于我们的不平凡。

夏 至

知了不知耕种苦,闲坐枝上唱开怀。
——《节气歌》

如此刻苦地就是这样玩命地干,我觉得几乎找不到第二个人了,所以从这个上讲,我觉得他当然是一面旗帜,他是一面文学精神的旗帜。
——文学评论家 白烨

文汇山上的山丹丹
——纪念精神偶像路遥

孙振威

自从2013年读路遥先生的作品到现在已经五个年头了,现在我的整个精神世界已经深深地融入他的作品之中。可以说路遥先生是我青年岁月里的一抹难以忘怀的阳光,它照亮了我黑暗中前行的路,温暖了我残缺的心,伴我度过了珍贵的青春年华。2019年是共和国的生日,也是先生七十周年诞辰。我想是时候把自己这五年来的"路遥情结"用文字的形式记录下来,纪念永远逝去的青春,祭奠永不再来的爱情。只愿自己能够"不忘初心,继续前行"!纪念不是为了哭泣,而是为了更好地前行,正如汪国真先生《热爱生命》中所说:

我不去想,
是否能够成功,
既然选择了远方,
便只顾风雨兼程。
我不去想,
能否赢得爱情,
既然钟情于玫瑰,
就勇敢地吐露真诚。
我不去想,
身后会不会袭来寒风冷雨,
既然目标是地平线,
留给世界的只能是背影。
我不去想,
未来是平坦还是泥泞,
只要热爱生命,

一切，都在意料之中！

我的"路遥情结"已经深深地与我的身体、我的灵魂融为一体。

一、精神偶像路遥与我的爱情观

(一) 与"你"相遇——"少平和晓霞"

大一的时候，辅导员王老师送给我一套《平凡的世界》，早就听说这本书写得很好，还获得过第三届茅盾文学奖，于是我怀着强烈的兴趣开始了我的"饕餮之旅"。

"一九七五年二三月间，一个平平常常的日子，细濛濛的雨丝夹着一星半点的雪花，正纷纷淋淋地向大地飘洒着。"我是一个来自北方的汉子，记得第一次和父亲来延安时，看着火车外光秃秃的土山，火车一次又一次穿过暗黑的隧道，我不禁流下了眼泪。这种感觉很难描述，或许感到苍凉或许感到无助，所以我很能体会路遥先生在创作《平凡的世界》时，内心的焦灼与淡定、不安与坦然。路遥先生是喜欢雪的，在他的作品里"雪"出现了很多次，他自己也承认自己对"雪"的偏执与热爱。这与我很是相似，记得大学里我写的一本不成熟的小说《最遥远的距离》最后一句话："但愿，但愿你的生命里到处都有雪！"我爱雪，正像书中所写："窗外，天空中飘零着纷飞的雪花。这雪花好似我对你无尽的爱，即使终将离去；但，毕竟曾经，滋润过大地。"雪花，世界上最为纯净的东西，它是诗人的墓志铭。

记得那天周四的晚上我夜读到凌晨三四点，读到"古塔山之约"时脸一阵阵的发出滚烫的热浪；读到"晓霞之死"我的心"砰"地一颤，等到"他明天一定要赶回黄原！因为后天，就是晓霞和他约定在古塔山后面相会的日子。她已经离开了人世，但他还要和她如期地在那地方相会！"我再也无法控制自己的泪水，双手狠狠地抓住被子，失声痛哭起来。

让我感到震撼的是路遥先生的博闻强识，大胆地将外星文明融入自己的作品里，增强了文章的科幻色彩；当然了也可以解读为少平因为强烈的思念而产生的幻觉。还记得高中时，我就对外星文明产生了浓厚的兴趣，为此自己还收集了很多与此相关的资料。曾经一度晚上做梦还梦见飞碟一直追着自己在我们村里跑！

我用了大概一周的时间读完了《平凡的世界》，这就是我与"你"相遇的整个过程。自那以后，你就留在了我的精神世界里，刻骨铭心！后来在参加延安大学"好书推荐"比赛中，我推荐的书目就是《平凡的世界》，推荐理由：一是少平与晓霞的凄美爱情；二是以少平、少安为代表的农村青年为改变命运而不懈奋斗的精神。我最喜欢的还是路遥先生那句"像牛一样劳动，像土地一样奉献"！

人，尤其像我们这些来自社会底层的青年人，为了彻底改变自己的命运，必须像牛一样不怕苦、不怕累,哪怕流血、流汗或者牺牲也要勇敢地奋斗。一个人最高尚的品质是什么?是无私地默默地为人民大众付出;而世界上什么是最无私的,是大地母亲。所以奋斗的青春才是最有意义的青春,奉献的人生才是最为可贵的人生!

(二)与"你"相交——"加林与巧珍"

与《人生》结缘源于大学期间出演了话剧,在剧中扮演高加林。记得那段日子里,为了努力演好加林的角色,研读台词、看原著和电影版《人生》。在研读台词的过程中,有时候自己会不知不觉地融入其中,声音也随着台词的起承转合而喜怒哀乐。看原著的过程中,自己的整个注意力跟着书中的矛盾点在走,时而为加林不屈服于命运而同情;时而为加林抛弃巧珍而惋惜;时而为巧珍的可爱而心动;时而为他们命运多舛而无可奈何。看电影版《人生》的过程是让我最刻骨铭心的。我非常喜欢剧中巧珍的扮演者,她那纯天然的表演简直就是现实中的巧珍。最让我难以忘怀的还是大马河桥头高加林提出与巧珍分手,凛冽的寒风吹乱了巧珍前额的几根黑发,一双湿润但又亮晶晶的黑眼睛,特别是巧珍骑着自行车转头的瞬间,这一次转身即将预示着两个世界的永久隔离。后来自己与一位陕北的女生结缘,当我看见她从大巴车上下车,走到桥头时,风吹乱了她的头发,她用那双水汪汪的眼睛看着我慢慢离开。我终于控制不住自己的情绪,不争气的眼泪流了出来。

在表演话剧的整个过程中,我是非常享受的,尽管要忍受情感的折磨。在那几个月的时间里,我哭过也笑过,晚上几乎没有上过晚自习,后来自己还给自己"加戏"。那段时间里,我经常独自一人爬到学校的后山——文汇山,与先生进行灵魂对话,同时也是让自己找到表演的感觉和状态。记得由于那次暴雨,后山的小路泥泞不堪且非常危险,自己买了工具一个人偷偷地把路平整平整,现在还有当年的些许痕迹。

寒冷丝毫没有阻挡我们演出的热情,大家用坚定与执着完成了属于我们的青春之歌。功夫不负有心人,后来有幸代表我们学校参加陕西省首届奥林匹克话剧大赛。经过长时间的相处,我们都成了很好的朋友。大三那年编剧林建出了一本书,他给我写的一句话就是"做舞台上的高加林,不要做生活中的高加林";巧珍的扮演者燕妮和我是非常要好的朋友,她比我高一届,她毕业的那年我亲自送了她。当她把自己的褥子也带回家的时候,我开玩笑地说:"你怎么把狗皮褥子带走了?"(《人生》中的台词)

二、精神偶像路遥与我的奋斗观

裴多菲说过:"生命诚可贵,爱情价更高,若为自由故,二者皆可抛。"世界上有些东西是比爱情还要珍贵的,那就是青春奋斗!在奋斗中自我可以使生命时间维度和空间维度极大地张扬，从而获得极大的灵魂自由。记得一位欧洲哲人曾经把世界上的作家分为流星、行星、恒星三类。第一类的影响只是转瞬之间。第二类像行星，影响更为长久。第三类像恒星，其光辉和影响最为久远。路遥先生的生命就像流星一样，在人类的星空划过，短暂而夺目；但是路遥精神如同那夜空中不朽的恒星，永远照亮迷途困境之中青年们的精神世界。路遥先生的作品影响我最深的除了爱情观，就是青春奋斗！

（一）青春理想

正如一首诗中写的那样："理想是石，敲出星星之火；理想是火，点燃熄灭的灯；理想是灯，照亮夜行的路；理想是路，引你走向黎明。"路遥先生有很多关于青春理想鼓舞人心的话语："对于生活理想，应该像宗教徒对待宗教一样充满虔诚和热情！"幻想容易，决断也容易，真正要把幻想和决断变为现实却是无比艰难。磨砺心性，坚定信仰。

大学期间，我喜欢爬山，而且经常独自一人到延安大学后山（文汇山）陶冶情操，有时向老学长路遥倾吐自己的心声，转而登高眺望远方。我也喜欢散步，每逢周末会一个人走向枣园，思考着一些关于人生和学习的问题。不得不说，在延安的近五年时间里，通过不断的思索和校园文化的熏陶，使我渐渐地树立了坚定的马克思主义信仰，将"为人类工作"作为自己的终身追求。

（二）青春奋斗

新时代是奋斗者的时代！奋斗是艰辛的，没有艰辛就不是真正的奋斗；奋斗是长期的，伟大事业需要几代、十几代、几十代人持续奋斗；奋斗是曲折的，要奋斗就会有牺牲。关于奋斗，路遥先生那发自肺腑、读来让人振聋发聩的词语每每让我于困境中不畏艰难勇于向前，"什么是人生？人生就是永无休止的奋斗！只有决定了目标，并在奋斗中感到自己的努力没有虚掷，这样的生活才是充实的，精神也会永远年轻"。

大学里，我抓住一切机会去充实自己、提高能力，不敢有丝毫懈怠。十月的延安稍微有些寒冷，近一个月的时间里，我在延河岸边苦练毛主席的《沁园春·长沙》。在决赛中，不负众望，披荆斩棘，终于有了一个圆满的结果，获得了全校一等奖。我喜欢过着充实的生活，在大学四年的青春岁月里，我哭过、笑过、希望过也失望过，但是我一直都在为自己的理想而努力！

（三）涅槃而生

我时常独自一人爬上文汇山，在路遥墓前，在夕阳之下远眺东北方向，有时候还顺口朗诵几句：

恰同学少年，风华正茂；书生意气，挥斥方遒。

指点江山，激扬文字，粪土当年万户侯。

曾记否，到中流击水，浪遏飞舟？

10月的陕北，天气渐渐冷了起来，凛冽的北风无情地狠拍在脸上，有时候鹅毛般的雪花冰冷地打在红通通的手背上。一次次爬上山丘，在路遥墓前背着国家的定义、英语作文、政治题……有时候会有只小松鼠打破眼前的宁静，警惕地看着我；有时候会有同学爬山看着我傻笑。难以忘记一米阳光带给我的温柔；难以忘记片片雪花落在脸上的冰冷；难以忘记"像牛一样劳动，像土地一样奉献"的警醒。

考研结束已经一年了，寒假里在三亚打工的时候感觉自己就像《平凡的世界》里的少平，其间我将自己的心路历程整理出了一本文集《在困顿的日子里》。

2018年10月19日我登上北京百望山，写下了这段心里话：

在延安的时候，喜欢爬文汇山，在路遥墓前远望东北的方向，

渴望、激动！

现在终于到了北京，站在百望山上，遥望西北方向，我的第二故乡——陕北！

热泪盈眶！

不管走到哪里，都不能忘了心中的信仰，远方的故乡！

无数个深夜，我依然会梦到陕北的冬天，漫天的雪花，贫瘠的土地，还有文汇山上那朵永不凋零的——山丹丹花！从《平凡的世界》到《人生》，从少平到加林，路遥情结已经深深地融入我的灵魂之中。路遥的精神将永远指引我走向远方，从少年到青年，从青年到老年，从星星走成了夕阳。

早晨的准备

宋 毅

我一直把路遥的《早晨从中午开始》当成是一本励志书。

我要把它剖解。

当成一种告别。

《早晨从中午开始》是路遥的一篇创作随笔，主要记述了他写作《平凡的世界》前前后后的精神以及实践历程，读来不亚于一本震撼力十足的小说。有人说，这是路遥写的又一本小说，小说的主人公就叫路遥。

一、路遥写作时每天的大致工作流程

10 时左右　起床

10—11 时　抽三五支香烟——热水洗脸——喝一杯浓咖啡——午饭

11—18 时　写作

18—20 时　晚饭——新闻联播——读报——会客

20—凌晨 3 时　完成本日的写作任务——阅读——谋虑以后的写作事宜，随手记在各式专门的笔记本或纸上，更多的时候思绪漫无边际地流淌——睡前读书《列夫·托尔斯泰的书信集》直至入眠

二、独上高楼

否定自己最是困难，尤其是一个已经得到相当认可的人更是如此。《人生》小说的获奖，《人生》电影的大热，让路遥的名声和生活都发生了巨变。这样一种红火热闹的"名人"生活太不真实了，有些人注定不能过着自我麻醉、原地踏步的生

活。人，不仅要战胜失败，而且还要超越胜利。

那么，何去何从？

阶段性的成绩是前进的包袱，也是前进的基础。当一个人一旦在某些方面具备了某种实现雄心抱负的条件，早年间的梦幻就会被认真地提升到现实中并考察其真正复活的可能性。这让我想起了香港的周星驰，他的电影有一条发展隐线：就是他自己的参与程度逐渐加深，从开始的龙套演员、配角、男主角、意见很多的男主角、联合导演、联合编剧、编导演、制编导演集于一身，终于完成了对于电影的绝对控股。仔细一点的观众会从中发现，周星驰对童年时期的偶像李小龙的模仿、学习、化用越来越浓，从开始在电影里一鳞半爪的运用，到《少林足球》《功夫》的完全致敬，以一招九霄云外加回马枪的如来神掌把老牌功夫明星梁小龙一掌拍进地里面，算是结结实实地完成了他的少年梦。自此，星爷便金盆洗手了。

路遥曾经有过一个念头：这一生如果要写一本自己感到规模最大的书，或者干一生中最重要的一件事，那一定是在四十岁之前。这时候，他选择回到了榆林地区的毛乌素沙漠，这片故乡的苍茫是他精神祭祀的圣地。在这里，他洗刷干净那仅存的世俗杂念：诸如这种决定能否获得相应的成绩，当他告别沙漠的时候，精神获得了大解脱、大宁静，如同修行的教徒绝断红尘告别温暖的家园，开始餐风饮露一步一磕向心目中的圣地走去。之前他完成了世俗的决定，此刻他在精神上完成了远征的"誓师"。这一出发，便是六年。正如他所说：只有初恋般的热情和宗教般的意志，人才有可能成就某种事业。

三、为伊消得人憔悴

出发前，永远只有梦想，上路了，才是挑战。

第一步要做的事情就是制定计划，计划按照目的来设定。中国文学界经久不衰且时有发展的山头主义又加剧了问题的严重性。当时，现实主义的结构方式被认为已经成熟到可以把它送进坟墓的地步，非要捡起老古董，逆流而上，需要的不只是勇气，更多的得倚仗独到又清醒的眼光。之所以能够坚持这种独立的文学品格，是因为路遥拨开了纷乱芜杂的山重水复，看到了读者，只要读者不遗弃你，就证明你能够存在。其实，这才是问题的关键。读者永远是真正的上帝。

下了决心，立下了宏愿，清理了外在包袱。路遥像个孤胆英雄一样才正式上路了。对于心急的人来说，可能都有些不耐烦了。但"凡事预则立，不预则废"，成败往往取决于准备的深刻程度，尤其是在精神上的摧毁、重建、洗礼和夯实。

当然谁都有过豪情壮志在我胸的时候，不过在没落实的情况下，全可以当作是无伤大雅的吹牛皮。接下来让我们看看路遥那令人生畏的具体准备工作吧。

1. 读书

小说：古今中外长篇近百部，分重读、新读、粗读、细读、研读。

杂书：理论、政治、哲学、经济、历史、宗教……

专门著作：农业、商业、工业、科技

知识性小册子：养鱼、养蜂、施肥、税务、财务、气象、历法、造林、风俗、土壤改造、民俗、UFO……

可以说，他给自己用读书的办法架起了一座通向上帝的天梯，他想要做到全知。当然，这是一件相当累人的事情，读书如果不是一种消遣，那是相当熬人的，就像长时间不间断地游泳，使人精疲力竭，有一种随时溺没的感觉。他不管不顾把自己浸泡在其中，寒来暑往。

2. 占有生活

对于生活以及对于生活的书写，路遥满怀激情，他生来就不是一个安分守己的人，从顽劣的乡间小儿到不及弱冠就当上县革命委员会副主任，从一个乡里的民办教师到作家，他那颗闹世事的心从不消停。贾平凹《怀念路遥》的一段回忆就可以看出他的脾性："时间真快，路遥已经去世十五年了。十五年里常常想起他。想起在延川的一个山头上，他指着山下的县城说：'当年我穿着件破棉袄，但我在这里翻江倒海过，你信不？'我当然信，听说过他还是少年的一些事。他把一块石头使劲向沟里扔去，沟畔里一群鸟便轰然而起。作家对生活的态度绝对不可能'中立'，他必须做出哲学判断（即使不准确），并要充满激情地、真诚地向读者表明自己的人生观和个性。他是他作品的司令，不是秘书。"

绝不是空头司令，他拉起了架势，开始架构起了作品在宏观上的背景。找来了1975—1985十年间《人民日报》、《光明日报》、一种省报、一种地区报和《参考消息》的全部合订本，利用熟人的关系查阅了地区和县一级的一些至关重要的档案材料。做坏事要拉关系，做好事也要拉，国情斯然，孰能遁逃。把手指翻破，就用掌，夜以继日。

在大处找到了思路，接下来就是对于微观人世生活的实地勘探。乡村城镇、工矿企业、学校机关、集贸市场；国营、集体、个体；上至省委书记，下至普通老百姓，只要能触及的，就竭力去触及。熟悉的、陌生的，都再一次重新体味、审视和专业化。路遥的弟弟王天乐在谈到路遥是如何积累生活素材时说到一件事：他（路遥）会把枣树上现在开什么花，时令几何，什么颜色形状，其他的配套景色如何，都详细地记录下来。他也问：有必要记得这么细吗？他回答说：我的主人公要在这棵枣树下谈恋爱，我得知道这棵枣树那时候的样子。就这样，他的读书、读报、读生活的笔记逐渐从一个箱子变成了两个箱子，乃至更多。

3. 操练"士兵"

庞大的素材像山一样堆到了眼前，囤满了胸腔，但是如何把它们有秩序地运用到实际的写作中去才更重要。就像一个将军刚刚招到了新兵，怎样把这些生瓜蛋子训练打造成一支威武之师呢？毕竟检验战斗力的标准在于战绩，不在于多一两个乌合之众。终点！我构思的习惯常常是先以终点开始而不管起点。从大时代、整个故事、各个人物终点开始的回溯，九曲回肠，四处碰壁，只有作家本人才能真正明白自己经历了怎样的兜兜转转、苦思冥想和欲罢不能。台上十分钟，台下十年功。那些读者看到的流畅人物在作家的脑海中早已经历了前世的九死一生。

真正的写作还没有开始，似乎已经耗尽了战力。对于一个拥有如此意志力的人，是因为一些潜在的品质才是决定他们优劣的中心脊梁，譬如：认真、坚持、不屈不挠、富于研究精神、善于吸收，等等。

路遥满载这些品质，远离了现实生活，来到了铜川陈家山煤矿，来到了他的"战场"。总算是要开始了。

西天取经，九九八十一难。

万事开头难，这第一难就是出不了门，开不了头。

信心满满和艰苦卓绝的准备满以为会换来倚马可待，下笔千言。不曾想，却落墨枯槁，难成体统。撕了满地的稿纸，把信心也扯得七零八落。不是诗情，就是哲学，一心想着华丽登场，吼雷打闪。三天过去，却一事无成。是呀，太久太满的准备太想要释放了，导致了思想上的交通堵塞，一时乱了方寸。但我们的路遥平静了心情，平静地开始了：

一九七五年二三月间，一个平平常常的日子，细濛濛的雨丝夹着一星半点的雪花，正纷纷淋淋地向大地飘洒着。时令已快到惊蛰，雪当然再不会存留，往往还没等落地，就已经消失得无踪无影了。黄土高原严寒而漫长的冬天看来就要过去，但那真正温暖的春天还远远没有到来。

这是一种带入式的开场，他让读者跟着他走上了二三月的黄土高原。进入了另外一重世界，开始了一段心路历程。

三年积累，三年创作，六年磨一剑。在接下来三年的写作中，你可以想象他又经历了怎样的困苦和挣扎。但是不要觉得他可怜，他很快乐，虽然这种快乐在很多时候是建立在战胜了巨大的痛苦之后产生的，并且是短暂的。不过对于一个主体性完全苏醒自觉的人来讲，他很清楚自己的选择，也很明白自己的后果，一次又一次把自己的精神体验推向极致，又拉回来，如过山车一般。这是他的幸福旨趣。星云大师说："你们不要觉得我可怜，没有家，没有女人，坐拥万贯资财却不能私用一毫，我很快乐的，禅悦欢喜无极。"

"早晨"的准备告一段落了。

四、再别灯火阑珊

江山易改禀性难移。让我们看看他在《早晨从中午开始》一书中最后的宣言吧：

是的，我刚跨过四十岁，从人生的历程来看，生命还可以说处在"正午"时光，完全应该重新唤起青春的激情，再一次投入到这庄严的劳动之中。

那么，早晨依然从中午开始。

大部分人是凭借一将功成的辉煌结果获得人们的赞叹，但这大部分人中的少数人光靠百花落尽的努力过程就已然赢得了敬佩。路遥如是。

致路遥先生

刘萌涛

路遥先生：

您好！

时令早已过了惊蛰，从北向南，从黄土高原，到关中平原，再到梁州山岳，空气中弥散着秧苗与土壤特有的芳菲，三秦大地播种与收获的夏日，已经到来。

路漫漫其修远兮，路遥，您笔下的那条遥远而漫长的征路，正一步步从远方向我们走来，被我们走尽。几十年前，您曾用您手中的笔，写下这些期许，而我们正一步一个脚印，将那些期许逐渐变为现实。

了解您始于《平凡的世界》，对我触动最大的小说，没有之一。我曾为孙少平和田晓霞的诚恳而凄婉的爱情故事唏嘘不已，我曾为孙少安和孙玉厚的艰辛而充满希望的创业史激动万分。路遥——您这个农人的孩子，抛却了祖辈的锄头却以笔做犁铧，在另一片荒凉却也同样热烈的田野上耕耘。如果说农人侍弄的是庄稼，那么您所播种的，是希望。

"希望是个好东西，也许是世间最好的东西，好的东西是永远也不会消逝的。"十年动乱后，大地笼罩在一片漆黑中，你也曾做过红旗下最坚定的卫士，但现在，一切都结束了，您之前所信仰的，原来皆是虚浮，自己年轻而赤诚的心，被利用了。"去吧，去接受您的命运吧，回到家乡，继续做个农民，所谓出人头地不过是一场虚浮的梦罢了。"这声音在您心中说道。"可是，难道真的就要这样默默无闻了却一生？不，我不愿意，我永远不愿放弃心中的希望！"这股更强烈的声音在您心中呐喊。这一片您所深爱的土地上，是百废待兴的景象，您不愿逆天顺命地被宿命支配，而是响应时代的召唤，拿起手中的笔，将自己心中对美好的渴望抒发出来，带到更多绝望的人的心间。

然而，命运总是不可名状的，您曾写下过希望，但却再不能等到亲眼看到希望实现的那一天了。

我竭尽全力，尝试为您描述您身后的家乡，您身后的陕西，然而，语言总是乏力的。您真该站在黄土遍布的原上，眺望那黄土高坡背后冉冉升起的工业之光；您真该站在灞河边，一睹世园会上天人长安的盛景；您真该走进大唐不夜城，聆听那经久不息的车水马龙；您真该走上秦岭的峰头，深情地俯瞰陕西——你我的家乡，丝绸之路上的金色起点，正散发出前所未有古朴的、耀眼的、磅礴的光芒。请回答我，您曾书写下的希望与预言，可曾实现？这一片辉煌的景象，可合乎您的心愿？

答案是肯定的，我能看见您正在微笑点头，我们这些后继者，总算是不曾枉负前辈人的期许。您曾将对这片多情土地所有的热情都付诸自己耕耘不断的事业，而如今，轮到我们这些后来人了。

我仿佛看见一群年轻的农夫，肩上扛着锄头和犁铧，正走向远方的田野，毕竟，有一片崭新的秧苗等待着要去栽种，有一片崭新的希望等待着要被实现。

为生活歌唱

汪冬蔚

"看,这是王桥的镜头……""这部电影是由咱们清涧作家的小说改编的……"多年了,我依稀还记得当年看影片《人生》时的一些情况。虽然,因为当时年纪小,还不能完全看懂《人生》,但是,镜头里熟悉的邻村、如邻家姐姐一样淳朴的女主角以及让人倍感亲切、骄傲的路遥等还是让我感觉那部影片有着太多的不同,留下了深刻的记忆。因此,还是一个小学生的时候,我就莫名地喜欢上了文学,当然,作为一个普通的农村孩子,我将这份爱都默默埋在心里。

"电视剧《平凡的世界》下周就拍了,那边是孙少平家,这边是田福堂家……"在电视剧《平凡的世界》还没有拍的时候,偶然去绥德县满堂川镇郭家沟村,遇到当时的村书记郭伟同志,一提起即将开拍的电视剧《平凡的世界》,稳重、少言的老书记在陌生人面前顿时滔滔不绝,一看就知道对小说《平凡的世界》颇为了解,是路遥的忠实"粉丝"。在他的热情介绍下,不由得第二天就买了小说《人生》《平凡的世界》,巧的是,没几天又得知《路遥传》也出版了,乘兴又买了、读了。电视剧《平凡的世界》在绥德拍摄时,我竟然和孩子一样,兴致勃勃地去现场看了好多次,也有了更新、更深的认识和感触。

也正如路遥所言:"人民是我们的母亲,生活是艺术的源泉。人民生活的大树万古长青,我们栖息于它的枝头就会情不自禁地为它歌唱。"无疑,《人生》《平凡的世界》等为生活歌唱的基调是那么自然、鲜活、迷人,是作品长久散发魔力的根本。

路遥一心为生活歌唱,作品自然是生活的印迹、生活的音符,贴近生活、贴近实际,自然距离我们每个人不远。因此,自然能感染、打动生活中的每个人,因此,散发着独特、巨大、长久的魔力。同样,栖息在生活枝头上的我们,面对生活中的风风雨雨、冷冷热热,我们内心怎么能平静?我们怎么能不感慨?为生活歌唱,这是路遥先生创作的经验之谈,毫无疑问,在今天依然有着现实意义。

我心目中的路遥先生

张雷刚

初时，知道有个路遥这人是在上小学的时候，大队辅导员给我们教如何朗诵《祖国，到底是什么》。二十多年过去了，再次捧起这首不足千字的美文，我忍不住再次心血沸腾。

先生与新中国同岁，因此，可以说他的成长和时代的发展是同步的。这样的人生经历，使他对祖国有着溢于言表的情愫。他笔下的"祖国"，是时空的延伸，是历史、文化、地理、生活和爱的结合。以至于他"想呀，想呀，每一次想起'祖国'这两个字，心里便泛起一阵温柔的波浪，眼里便涌起一片晶莹的泪花，血管里便奔腾一股股热血……"，连用了三十一个比喻，汇成了心中祖国的样子。

我仿佛看到，一幅幅源远流长的中华文明画卷在我们眼前徐徐展开，悠远深厚的民族文化慢慢成为最坚固的城墙……可以说，是路遥先生再次唤醒了我们对走过的道路、经历过的情感的深刻记忆，像一百年前鲁迅先生那样呐喊着唤醒了我们对中华民族深切的情感。

……

《平凡的世界》创作将近尾声时，路遥写道："心脏在骤烈搏动，有一种随时昏晕过去的感觉。圆珠笔捏在手中像一根铁棍一般沉重，而身体却像要飘浮起来……过分的激动终于使写字的右手整个痉挛了，五个手指头像鸡爪子一样张开而握不拢。笔掉在了稿纸上……我把暖水瓶的水倒进脸盆，随即从床上拉了两条枕巾放进去，然后用'鸡爪子'手抓住热毛巾在烫水里整整泡了一刻钟，这该死的手才渐渐恢复了常态。立刻抓住笔。飞快地往下写。在接近通常吃晚饭的那个时分，终于为全书画上了最后一个句号。"

同样作为黄土地的儿子，当我看到这一段"绝笔"时，我的心好痛，也在微微颤抖着。先生"固执"，一个人过着"与世隔绝"的生活，埋头创作，作为后来人我是深有体会的。前些年，在工作之余，我为了创作舞台剧本《利剑出鞘》（暂用名），除了搜集资料、大量阅读、实地采风，在撰写剧木时，几乎都是凌晨五六点才休息，早上九点（新疆是十点上班）正常起床上班。我很欣赏他在《早晨从中午开始》中所透露出来的闲情逸致和艺术家情怀。在创作《平凡的世界》最紧张又最孤独的时候，是那只老鼠陪伴着他，给他些许来自生灵界的慰藉；而当年的我生活在城市里是不可能有老鼠的光顾的，远离亲人，孤身来到和田的我也有自己的"法宝"——养绿色植物……

最能触动我的情节是孙少平进城打工背石头的那一段，孙少平高中毕业后在村里当老师，为了梦想为了看看外面的世界，毅然决然进城打工，干最苦最累的活儿——背石头。从他的经历能想到那个时代，乃至当下进城务工的农民工兄弟们的艰辛，我也想到了母亲口中与共和国同龄的父亲，年轻的时候为了养活一大家子，在老家冯家山水库吃着自带的锅盔挣工分的事情。但先生笔锋一转，小说中的孙少平和大多数普通农民工不一样，他有梦想有文化，在白天的辛苦劳作以及恶劣的居住条件下依然坚持读书，攒钱给家里打新窑，供妹妹兰香读书，甚至在给妹妹准备大学入学物品的时候能事无巨细想到给妹妹买内衣。如此细腻的描写手法，没有深入基层生活，是很难体会到的。

鲁迅先生说："文学可以抚慰人的心灵，焕发人的精神，启发人的思想，揭示人生的奥秘、生活的实质。""文艺是国民精神所发的火光，同时也是引导国民精神的前途的灯火。"有良知有品格的作家总是以高度的社会责任感和强大的历史使命感进行严肃的文学创作，路遥先生当之无愧为当代文坛此类作家的代表。房地产大亨潘石屹说自己七看《平凡的世界》，在创业之路上每遇挫折，都会看一遍。倪萍大姐说："看路遥的书，你觉得他不骗你。"

纵然时光流逝，回首难以忘却。然而，那些年，那些人，那些事，那些地方，总是让我们心怀感动，无限景仰。先生用生命以文学的形式在平凡的世界实现了自己不平凡的人生梦想，令我们苍白的生命多出许多美好的记忆。

永远的怀念
——忆路遥

杨 岸

路遥，就这样匆匆地离开了我们，带着许多难以忘怀的牵挂和对这个平凡世界里许多人的向往、追求，离开了我们，时隔已二十五个春秋冬夏了……

1983年夏季的一天，路遥来到延安凤凰山麓的《延安文学》编辑部，敲开了编辑曹谷溪的办公室，我开门让座泡茶。那时我还不认识路遥，我告诉他曹谷溪不在，过一会儿才能回来。他没有因主人不在而离去，斜躺在沙发上眯阖着眼睛，一支接一支抽烟。他中等个头，络腮胡子，赤脚穿一双深棕色塑料凉鞋，衣服质地极为普通。他问我是谁？我说：我叫杨岸，曹谷溪是我的舅舅。他又问我：干什么工作？我说没工作，爱好文学，舅舅帮我在街上办了个书亭，挣点生活费，这样也可多读些书，他连连点头，你舅这人真有办法。

过了会他说："我是你舅的好朋友路遥。"

路遥！《人生》的作者！我简直不敢相信自己的眼睛——实诚朴素。

1985年中秋节下午，我们刚吃过饭，路遥风尘仆仆气喘吁吁地来到市场沟山上的我们家。

他一进门就说："饿坏了！"舅舅说："今天是中秋节，饺子和炖羊肉都现成着哩！"

他说："有没有杂面？招待所的饭实在把人吃腻了。"我们说有哩，刚从老家捎来的。

不一会儿，几碗香喷喷的杂面就端在了茶几上。路遥又要了两个冷馍，说他最喜欢这种吃法，那顿饭，路遥也吃得很香。

饭后，他又让舅舅为他写一首诗。那首诗舅舅连夜写成。后来我才知道，是为书中人物孙少平写的。

有一次，青海人民出版社要出版路遥的小说选，全国各地才征订下一千五百册，还有三千册没有着落，路遥问舅舅能不能在延安为他找些订户，舅舅二话没说，为他答应下此事。记得路遥坐在沙发上，长长地出了一口气。

不久，舅舅就与延安地区新华书店写了合同，也就是为路遥买下了三千册小说选。第二年春，书出了，三千册《路遥小说选》我用三轮车从书店拉回舅舅的办公室。

当时，我正在延安办书亭，对于书的销量比较了解，就是再好的书，也难销上百册，何况是整整三千册小说选。

有一次回家的路上，我对舅舅说："你实在不该把路遥的书买下这么多，今天书店又来催款……"还没等我把话说完，舅舅便火了："吃后悔药的，哪像个男子汉？这点事算个屁，赔了，市场沟还有五孔窑洞哩！"

我无话可说。难怪路遥在最后的日子里一直念叨着他的老朋友："曹谷溪是个好人。"

有一次路遥在我的书亭前来询问书的销量。我说："经销的书还没有上百册的，你的书已卖了五百多册了。"

他感激地拍了拍我的肩膀说："兄弟，你可帮了我大忙了！"

那次路遥和当时《延安报》社的王天乐一起来的。

走时，他拿起一本《路遥小说选》，在扉页写下："赠杨岸兄弟：真情实感是文学的第一要素，路遥。1986年8月1日。"

我与路遥最后一次接触，大概也就是这年冬天。那次，他和舅舅整整在书房谈了一下午话，也不知他们为什么事，声音时高时低。满窑全是烟，还关门闭窗的，想是他们谈话的内容是保密的。

吃过晚饭，我骑自行车送路遥回宾馆，上南门坡时，不小心摔了一跤，我和路遥都躺在马路上，车把上挂着一包舅舅送给路遥的大红枣也撒了一街。当时我急了，赶忙扶起路遥问："摔痛了没有？"他却笑了："没甚，没甚。"并用手指着滚落的红枣说："叫它滚，看它能滚到哪。"他的幽默让我的心瞬间平静了下来。

是的，路遥与这个平凡的世界永远告别了，却给这个平凡的世界的平凡人留下了永远永远的怀念……

平凡的世界　不平凡的人生

姚骏骊

2015年2月26日，由中国文学史上的"当代史诗"，伟大的现实主义巨匠、著名作家、第三届茅盾文学奖获得者路遥先生经典名著《平凡的世界》改编的史上颜值最高的农村剧《平凡的世界》，同时在北京、上海、山东、新疆卫视播出，很快就受到了全国广大读者和观众的关注。刚刚召开的全国两会期间，中共中央总书记、国家主席习近平在与上海代表团代表曹可凡交谈时聊起了《平凡的世界》，习总书记不仅知道该剧在"好几个频道热播"，还表示曾和作者路遥住过一个窑洞。这不仅让这部电视剧备受瞩目，而且引起了人们对路遥小说《平凡的世界》的再次阅读高潮，还引发了人们对其时代精神和价值观的强烈共鸣，更由此思考路遥先生平凡的世界，不平凡的人生。

作为一名文化工作者、媒体从业者、路遥先生的崇拜者，一种难以名状的情愫在心中不断地涌动、翻腾着。近日，我先后见到了著名作家、电视剧《平凡的世界》编剧葛水平女士，电话采访了路遥的五弟王天笑、路遥临终前身边的医院护士，他们的讲述和追忆令人动容、催人泪下。特别是我曾先后三次走进路遥故里，三次见到了作家年迈的母亲，多次踏进路遥纪念馆。个中感受，溢于言表。现将之叙述出来，与热爱路遥和路遥作品的读者们共同缅怀这位英年早逝的文学大师的成长故事和短暂而不平凡的人生。

一段非凡的人生

葛水平是山西省作家协会副主席、鲁迅文学奖获得者。她说，《平凡的世界》里有一群不平凡的人，这些不平凡的人组成了平凡的世界；同时，这些不平凡的人身上都有不平凡的人生、不平凡的故事。路遥先生给我们讲述的不只是那久远的年代,更是一种人生应有的信仰和追求。在这个喧嚣浮躁的时代,只要你不屈不挠、艰苦奋斗、勇往直前,终能获得最后的成功。作品中的这些人物,所散发出的坚忍不拔的吃苦精神、奋斗不息的执着精神、永不屈服的创业精神,对我们每个人都有震撼、启迪、励志作用。

葛水平讲述了电视剧《平凡的世界》剧本几经修改、颇受波折的不平凡故事、历程、纠结。她说,《平凡的世界》是路遥先生的呕心沥血之作,在中国文坛的天幕上,出身寒微却不屈命运的人民作家路遥,犹如一颗流星,在短暂的写作生涯里,给中国文坛留下了一道难以磨灭的辉煌。我之所以将之编成剧本,就是对大师的最大纪念。

早些时候,我通过电话、微信联系到了路遥的五弟王天笑先生。我说想采访他。他说你不要急,我周末要到西安,到时候咱见面聊。到了3月14日上午,王天笑先生给我打来电话,他说:"关于路遥的话题,这些年说得太多,我一般不接受采访,身体也不太好,也就不见你了。有什么问题咱电话里聊聊就行了。"我说行吧,您就简单谈谈路遥的成长经历吧。

王天笑用浓重的陕北话说,路遥已不仅仅是我们家的一个成员,他是社会的、国家的、人民的。路遥,一个响亮的名字,第三届茅盾文学奖获得者,以长篇小说《平凡的世界》一度轰动文坛、感动了千万读者,影响了几代人。尤其是20世纪五六十年代出生的人以及从农村走出、如今已功成名就的事业有成者,对这一作品视若珍宝、感同身受。

王天笑是1968年生,对《平凡的世界》里所讲的故事、所写事件、所经历的苦难深有感触。

他说,路遥原名王卫国,1949年12月3日出生于陕西省榆林市清涧县王家堡一户贫困农民家庭。七岁时,因家里困难,被过继给家住邻县的延安市延川县农村的伯父王玉德家。路遥曾在延川中学读书,十七岁前,未进过县城。1969年回乡务农。这段时间,他做过许多临时性的工作,并在农村一所小学教过一年书。

1973年,路遥进入延安大学中文系深造,其间开始文学创作。大学毕业后,任《陕西文艺》(今为《延河》)编辑。1980年发表《惊心动魄的一幕》,获得全国第一届优秀中篇小说奖。

路遥出名,始于1982年创作的中篇小说《人生》。《人生》描写了一位农村知识青年的人生追求和曲折经历,获全国第二届优秀中篇小说奖。后被西安电影制片厂著名导演吴天明拍摄成同名电影,并获第八届大众电影百花奖最佳故事片奖,轰动全国。同年,路遥创作的《在困难的日子里》获《当代》文学中长篇小说奖,也就是在这年,路遥加入了中国作家协会。

路遥成名，缘于1988年创作完成的、耗尽他全部心血和精力的百万字长篇巨著《平凡的世界》。

　　这部小说以其恢宏的气势和史诗般的品格，全方位、多角度地表现了改革开放初期中国城乡的社会生活和人们思想情感的巨大冲击和众多人物命运的变迁。《平凡的世界》因此于1988年荣获第三届茅盾文学奖，该书未完成时即在中央人民电台连播。路遥当选陕西省作家协会副主席。他数次深入榆林毛乌素沙漠腹地，长年扎根基层体验生活，累年伏案埋头创作，成为20世纪80年代最有影响力的作家。

　　然而，不幸的是，1992年11月17日上午8时20分，路遥因积劳成疾，患肝硬化腹水医治无效在西安逝世，年仅四十二岁。

　　为了表示对哥哥的思念、缅怀之情，王天笑先生拍摄了八集纪录片《路遥》，在中央电视台播放后引起强烈反响。

　　采访完王天笑先生，我想起我的一位忘年交朋友，他是位县处级领导，也是路遥的忠实读者，曾把《平凡的世界》小说广播联播断断续续、反反复复听了二十年，百听不厌。老婆嘲笑，别人不解，我却非常理解这位已做领导多年的长者，在他的成长史中，出身农家的他有着和小说人物一样的乡土情结、命运抗争、城乡生活、创业历程的共鸣。

　　3月14日，我电话采访到了原西安市西京医院护士李女士。她身体有些不适，这几天正在打点滴。尽管已经过去了二十多年，谈起路遥，她仍显得那么激动，言辞间透露着对路遥的深深敬重。她不愿透露名字，却说，路遥作为大作家，没有一点架子，说话语气平缓，脸上带着笑容，很理解、支持、配合医护人员工作。至今她也忘不了，在路遥生命最后的日子里，她在传染科担任护士，路遥就在她们科接受住院治疗，她亲眼见证了路遥与病魔斗争的惊人毅力和搏击生命的顽强。

　　当时的路遥从延安地区医院转来西京医院，已到肝硬化晚期。在路遥病重期间，他的五弟王天笑一直陪护在身边。各级领导、文学界朋友、省作协同仁纷纷探望、络绎不绝，有时作协商讨相关事宜，就在病房召开现场会。路遥治疗期间，一直坚持不间断地看书、读报、听新闻，病痛稍有缓解时，还与做治疗的护士拉家常、谈人生、说读书。那时，她们都是二十来岁的小姑娘，都喜欢听路遥说话。看到医护人员也很辛苦，病重的路遥便将亲笔签名的《平凡的世界》赠送她们，以示感谢。

　　由于病痛的折磨，路遥全身浮肿，浑身的针眼，各种脏器衰竭，处于弥留之际，做治疗、扎针时，已找不到血管了，但他仍微笑地鼓励护士"别着急，大胆来"；病痛再次袭来，他疼得满头虚汗，腰弯如弓，十分痛苦，却从未呻吟一声。全科的医护人员都很敬重这位大作家，为他精心治疗、护理、共同祈祷。然而奇迹终未发生。我们敬爱的路遥先生带着遗憾和未了却的心愿离开了我们。

　　我的这位朋友至今懊悔的是，原来一直珍藏的路遥先生在住院期间送给她的那本亲笔签名的《平凡的世界》，也因多次搬家找不见了。每想到此，她就无比痛苦，进而忆起那段难忘的日子。

情系路遥

丁炳强

要写对于一位作家的理解，仿佛在解读人生的密码。人生是苦难的，这是佛的教诲，其实也是生活的真实。读书靠的是一份悟性，领悟书中人生，感悟人间生命，靠的不是眼睛，是心灵，而走过心灵的脚步往往是无声的。

第一次拜谒路遥墓是在十六年前一个阴雨不断的季节，我专程去了延安，除过敬畏还有冷静的思考。

路遥毕业于延安大学，他的墓地就建在延大后面的文汇山上，面对这位精神教父、文学导师的墓茔，我不敢存一点私心杂念。几支早开的野菊放在他的墓前，然后在他的墓旁坐下来，思绪如潮水一样涌来……

平凡的世界，非凡的人生。每一个平凡的生命都闪烁着不平凡的光辉，不知道是不是只有苦难才可以磨砺坚强，可孙少平坚定不移、执着前进的脚步却让我感到了人格的力量，在无声无息的惊悸里一路读了下来，为孙少平的自强不息，孙少安的坚持，秀莲的善良而感动。说不清是那散发着魔力的方块字触动了我，还是年轻而敏感的心受到了不自觉的牵引，有好几次我不禁潸然泪下，为他们也为我们。

路遥逝世十周年纪念日，我带着小外甥女去延安，坐在车窗旁，透过玻璃突然控制不住地抽泣起来，六岁的外甥女觉察到了，抬头问我怎么了，我说："舅舅有一个老师，是作家，写小说的，他已经去世了，我心里很难过。"于是，我和外甥女都哭了。还有一次，是在大学，我任学校路遥文学社社长，在召开的全体社员研讨大会上发言时，谈到了路遥，谈到了我高考前几个月每天晚上抱着《平凡的世界》看到半夜，丝毫没有影响到我的高考，反倒正是路遥和他的作品给了我无形的力量，影响了我的人生三观，助我考上了大学。如果没有路遥，如果没有《人生》和《平凡的世界》，我可能已经出去打工，可能就是个民工，怎么可能坐在大学的校园里……不料突如其来的悲伤迅速袭击了我，我竟在会堂上泪水溢满了眼眶，我感觉到热爱路遥的很多人都低下了头。感激这些同学，感激他们当时理解我，并以默默无言的形式参与了一次感情的交流，我认为此刻的无言应该是最合适和最完美的方式。

路遥原籍陕北清涧县，他出生在一个农民家庭，有八个弟妹，七岁时被过继给伯父为儿，家庭的贫寒，激起他向上的求知欲和对理想的追求，特殊地域、特殊年代的农民的儿子，自卑与自傲、鄙俗与卓越集于一身。

通常在贫困的情况下，在男女自由受到限制的情况下，爱情才会活跃起来，就像有压力才会有火山爆发一样，路遥曾经感叹："雪夜之中依靠在墙角的恋人是最幸福、也是最让我羡慕的！"读路遥的小说，便能看见这样的爱情。

路遥，这位执着的英雄已悲壮地倒下了，人们在悲伤中将英雄重新归位，痛定思痛，人们明白了一个事实：谁说文坛无英雄？路遥就是一位真正的英雄！

小说《白鹿原》的作者、已故著名作家陈忠实先生当年接受我采访时说："路遥和我认识时思想比较敏锐，对文学的认识，特别对社会的认识和理解在我印象中最强烈的是超出同代人，可以说路遥是一个比较早熟的人，富有智慧的人。他的作品《人生》发表后，对于陕西和整个国家的一些发展都有一个很重要的意义，主人公高加林不仅对于普通读者，而且对于同时代人精神心灵的呼应面应该说是空前的。这使很多人都引起了心灵的呼应感，这是小说创作的最基本的一个目的，覆盖了很多人的心灵，这应该说是作家创作的最高境界和艺术创作的最高追求了，而路遥在那么小的年龄就达到了艺术上这样高的一个境界，的确是很不容易的。"在谈到《平凡的世界》时，陈忠实说："路遥以六年时间完成了一百万字的作品，这个毅力，这个对于从《人生》到《平凡的世界》，对于社会各种层面上人物的挖掘和形象上的塑造应该说是最富有生活真实和艺术真实的一部作品，这个真实不是某个事件的真实，而是人的精神立场的真实，这个把握应该说路遥是卓有建树的，也从根本上使《平凡的世界》畅销不衰。"

作家路遥一去已二十余年，为了心中那个朝圣般的信念。多年间，我曾亲赴陕北、铜川等地逐个采访路遥的父母、兄弟、老师、生前挚友、文坛名家……永远忘不了在自己亲自策划组织的路遥研究大会上对着出席的专家、教授、领导、学者和众多会员而泪流满面。现今，一直坚持在追随与研究路遥的道路上……

岁月需要反复咀嚼才有滋味，阅读路遥是件崇高而有责任的事。凡是像路遥这样经历生活折磨的人，永远不会忘记生活带给人的心酸，他无法改变这一切，改变普通生灵的坎坷与不幸。可是他能写，用如椽的大笔记载已流失的往昔岁月，描绘在社会底层挣扎的苦难生命。路遥是平凡的，因为他是一个人，一个连自己命运都难以主宰的人；路遥又是伟大的，因为文字记着他，他的名字会同他的作品一样，流传千古，光耀史册。

小 暑

地煮天蒸望雨风,偶得雷暴半圆虹。

——《节气歌》

  我觉得他是一个书写民族集体记忆、书写民族集体忧伤的这样一个作家,我觉得我们民族的进步,国民的启蒙,一直要靠路遥这样的作家,他们这样爱这片土地,了解这个土地,熟悉这个土地,而且他能够那么准确地用他的文字呈现出来。

——贾樟柯

《平凡的世界》不平凡

邵燕君

最先让我感到冲击的是一项在业内颇受称道的读书调查——"1978—1998大众读书生活变迁调查",它是中国科学院生态环境研究中心国情研究室受中央电视台"读书时间"栏目委托,对1978年以来中国公众的读书生活及历史变迁进行的调查研究。调查范围虽然限于北京,但调查结果被认为对全国出版业有参考价值。

该调查中有一项是关于"二十年内对被访者影响最大的书"的调查,调查方法是分几个时间段,由被访者根据回忆列举出在每个时间段内对自己影响最大的书。这样的调查方法难免产生些记忆上的失误,但却最能见出经过岁月的淘洗,真正铭刻在读者心中的书籍的影响力。

调查者根据被访者所列举书目进行综合统计,统计结果是在1985—1989年期间,对个人影响最大的书籍居前3位的依次是:《红楼梦》、"金庸作品"、《水浒传》,"新时期"小说中,入选的唯一作品是《平凡的世界》(第17位)。在1990—1992年期间,居前3位的依次是《读者文摘》杂志、"金庸作品"、《红楼梦》,共有3部"新时期"小说榜上有名,分别是《平凡的世界》(第13位)、"贾平凹作品"(第16位)、《穆斯林的葬礼》(第19位)、《白鹿原》(第24位)、《曼哈顿的中国女人》(第28位)。在1993—1998年期间,居前3位的依次是"经济学书籍"、《中国可以说不》《读书》杂志,《平凡的世界》的位置明显上升到第7位,其他被列举的"新时期"小说有:《曾国藩》(第17位)、《白鹿原》(第29位)、《穆斯林的葬礼》(第30位)、"王朔作品"(第37位)、"贾平凹作品"(第39位)。

在此基础上,评选出"到现在为止对被访者影响最大的书"前3位分别是《红楼梦》《三国演义》《钢铁是怎样炼成的》,《平凡的世界》排在第6位,在调查公布的前28部作品中,没有其他的"新时期"以来当代小说入选。

从以上调查可以看出,《平凡的世界》自问世起,就在读者中产生着持久的影响。这种影响不仅是稳定的,而且是逐步上升的,也就是说,随着时间的推移,它不但在读者的记忆中显示出越来越重要的意义,而且在当下读者的阅读生活中占据越来越中心的位置。北京的读者群在全国的读者范围内属于较高的层次,从以上调查结果来看,这个读者群特别崇尚经典,经典的范围包括古今中外,《平凡的世界》可以说是唯一入选的由"新时期"以来作家创作的"当代经典"。

第二份对我产生冲击力的调查是由唐韧、黎超然、吕欣于1998年进行的"茅盾文学奖获奖作品调查"。它是针对茅盾文学奖前四届20部获奖作品的接受情况所进行的一项全面调查,调查范围集中在广西地区,收回有效问卷的470位读者中,大部分是在校文科学生(354位),也有从事记者、编辑、大中学教师、图书管理、会计、工程师、行政管理等工作的人员,年龄在三十岁以下的读者占绝大多数(369位)。

调查结果表明,在20部获奖作品中,读者购买最多的是《平凡的世界》(占读者总数的30%),读者最喜欢的作品也是《平凡的世界》,324位回答该问题的读者中,有145人将之列为第一喜欢的作品,列它为"最差作品"的仅1人。

调查者在分析中也特别指出,《平凡的世界》受欢迎程度最高有一个特殊的因素,即调查对象为大专以上文化的知识分子,他们自身在艰难中成材的经历使他们对作品产生了特殊的感情共鸣,而且广西地处偏远,如果调查对象是城市长大的高级知识分子,文学圈子中人或初中文化程度的其他行业的从业人员,这部书与其他作品受欢迎程度的反差,也许不会有这么大。但同时,调查分析者也指出,茅盾文学奖获奖作品在这部分被调查读者中受欢迎的程度仍有重要意义,因为他们是文学作品传播的重要中介,他们的意见在其他受众中比较受重视。"大概可以与有持家经验的主妇对她的邻居在购物方面的建议,比教授在电视上的推荐更容易被采纳相似"。

第三份令我惊讶的调查,来自我自己于2002年6月在北京大学学生中做的一项小小的"一手调查"。我选择的是大学一年级的一个数学班。从专业来看,文学与数学可以说是南北两极。从年龄来看,这些学生大都出生在1983年前后,是真正的"80年代新一辈"。选择这样一个班做调查,应该可以得到一个比较自然的结果。事实上,当调查问卷发下去后,我想,如果收上来大堆"白卷"应该说正属于很自然的一种结果。

但当问卷收上来后,我再次感到了震动。47位接受调查的同学中,超过三分之一的人(16人)读过这本书,其中有5位表示"非常喜欢",并认真写下了喜欢的理由。其中,左俊城同学写道:"路遥能在平凡中揭示现实生活中的人们所忽视的东西,能有一种感人至深的震撼,在平凡中告诉我的却是不平凡。生活这本书,路遥读得很认真，抓住了不为常人所注意的农村的生活现实，然后用朴实的语言写出伟大的作品。"在回答"如果只有买一套书的钱，是买'反腐作品'还是《平凡的世界》"这个问题时，他表示："我宁愿再买《平凡的世界》，再仔细用心去读三遍。我实在喜欢这部作品。"李彩艳同学写道："最让我感动的是书中主人公在艰苦环境中奋斗不息的精神。它常常在我遇到困难时给我巨大的精神力量，使我克服它并勇敢地走下去。"还有4位同学表示，虽然现在还没有读过这部作品，但有人向他们认真推荐过，如果有时间会去读。

我在北京大学图书馆所做的图书借阅率调查显示了大体类似的结果。我选择的是从1999年7月起到2002年5月止的，离现在最近的三个学年的借阅情况。结果显示，《平凡的世界》这部1986年问世的作品，其借阅率并不低于在它之后陆续出版的曾轰动一时或正在轰动的纯文学作品（《平凡的世界》平均每套的借阅人次为21.5人次；《白鹿原》为22人次；《废都》为31人次；余华的《活着》为24.5人次；阿来的《尘埃落定》为19人次；王安忆的《长恨歌》为20人次）；与正在走红的畅销小说的距离（张平的《抉择》为23人次；周梅森的《人间正道》为17人次；卫慧的《蝴蝶的尖叫》为24.5人次；池莉的《来来往往》为34.5人次）也相差不远。

除此之外，在山东、广东、湖北、四川、重庆等省市的中学里，一项针对429名初、高中优秀女学生的调查也显示，《平凡的世界》是她们最钟爱的当代文学作品。在《出版广角》杂志社的"感动共和国的50本书"评选中，《平凡的世界》也成为三部有幸进榜的"新时期"小说之一。

所有这些调查都显示了《平凡的世界》所具有的长销书的魅力。长销书与畅销书的主要区别在于，它并不一定曾轰动一时，但是在读者中有着长久的影响力。这种影响不只表现在稳定的、"细水长流"的销量上，更表现在对读者认同机制长期、深度的契合上。从时间上看。读者对长销书的认同不仅不会因时间的推移而弱化，相反，随着时世变迁，长销书原本的基础内涵会被赋予新的价值，焕发出新的生机；从认同方式上看，长销书读者的认同更多地表现为个体、一个阶层的小群体间潜移默化的认同。其认同不是停留在愉悦、猎奇等较浅的层面上，而是在人生观、社会观等深层价值观念上。通过一部书的凝聚，个体或小群体的这些观念和感悟逐渐融合，可能汇成一股"内力深厚"的社会性的文化力量。这正是《平凡的世界》十几年来在读者中所展示出的"不平凡的力量"。

以上调查所及的仍是比较显见的读者层，其实，《平凡的世界》还有一个"隐见的读者层"是我们的调查难以抵达的，这就是该书盗版本（特别是其中低劣盗版本）的读者层。据笔者观察，《平凡的世界》一直是盗版书摊上的长销书，越靠近民工聚集区的书摊上,它越是常备书。盗版书虽然大大损害了该书正版的发行量,但低廉的价格却使它到达了许多像《平凡的世界》中主人公那样在底层挣扎的人群手中。想想那些用身上仅余的饭钱来购买一部精神食粮的穷学生,那些在低矮的窝棚里、昏暗的灯光下寻找温暖和激励的"揽工汉"们,他们绝对是路遥的"核心读者"。我们不知道这个读者群到底有多庞大,也许他们构成了《平凡的世界》实际读者群中"沉默的大多数"。

又想路遥：一场灵魂的洗礼

黄征辉

我最初被路遥感动的，是他写于 20 世纪 80 年代的中篇小说《人生》。对于同样出身于农家寒门的我，当时深深地被这部作品所吸引，激动不已。我觉得自己与书中的主人公高加林在许多地方很是相近，比如为了冲出贫困乡村的艰难拼斗，以及他那一段与农村姑娘巧珍的纯真爱情等。

路遥的三卷长篇小说《平凡的世界》问世后，我一口气读完了他的几万言的创作纪实《早晨从中午开始》，从中了解到他为写作《平凡的世界》而经历的孤寂、困苦、拼命……我当时想，路遥的写作生活为何如此艰辛，代价如此之大，值吗？不久后，传来路遥英年早逝的消息，感叹他为了《平凡的世界》豁出了宝贵的生命。

最近，我到书店买回了人民文学出版社新版的《平凡的世界》，从头细读起来。一发不可收，一段日子里，我每夜卧读不倦，心中时起大浪，眼角常淌热流。等一字不落读毕全书，掩卷长叹。这些年我所读过的当代长篇小说，没有一部如《平凡的世界》这般震撼了我的心灵。我终于明白，为什么有那么多的读者（尤其是那些身处社会底层的读者，那些难以计数的受过一定文化教育的、现在仍在乡野躬耕或闯入城市打工的农民读者）打心底里看重这部作品。

路遥以传统的中国老百姓喜闻乐见的现实主义的艺术手法，波澜壮阔而又细致入微地描绘出 20 世纪 70 年代中期至 80 年代中期，我们这个国家和全体人民共同经历的、从品味苦难到劫后新生的历史画卷，在每一个过来人的心中引发久久的轰鸣回响。小说里生活在黄土高原上的孙少安、孙少平兄弟，他们不屈服于命运安排的奋争和求索，折射出我国当代千百万农村青年的心路历程和人生理想。书中塑造的田润叶、田晓霞、贺秀莲、惠英嫂、金波等人物，闪耀着崇高、圣洁的人性光芒，倾注了作家对平凡百姓的一腔深情与挚爱，是真、善、美的具象和化身。读者在阅读的过程中，与这些人物同沉同浮，同喜同悲，经受了一场又一场灵魂的酣透的洗礼。

近些年来，一些人为了迎合部分读者的胃口，为了获得丰厚的市场回报，或者仅仅为了自己的病态、丑陋的宣泄，而热衷于私人化写作，不惜以"下半身""胸口"写作，似乎无"性"难成书，无"性"不作文，低俗的作品充斥书摊、网络，污人眼目。为什么写作？怎样写作？确实是每一个写作者必须面对的问题。远去了的路遥无疑提供了正面的、典范的答案，我们每个作家都面临着与路遥精神距离上的拷问。青年文艺评论家傅翔说过："想起路遥，我们就有许多话要说，因为他指正了一个方向，这是作家应该努力的方向。"

现在，文坛上的各种奖项越来越多。除了茅盾文学奖，还有许多琳琅缤纷的文学奖项。有些作家十分在意自己作品的获奖与否，拉关系，使贿赂，用尽各种手段。但实质上，历史的经验证明，最终检验文学作品价值的，是读者和时间。在我购买《平凡的世界》时，书店老板说，多年来，我这里卖得最好的就是这部长篇小说。《平凡的世界》长销不衰，拥有大量的、广泛的读者，便是路遥作为一个作家所获得的最高奖赏。

在平凡的世界寻找路遥

张红峰

1985年5月27日，在成都举办的中国电影百花奖颁奖现场，四川大学一万二千名师生，在露天的大雨中披着雨衣坚持看完了获奖最佳影片《人生》。电影放映完后，学生们自发地高呼"人生万岁""电影万岁"。多少年以后，电影导演吴天明去世，这个场景被再次提及，被电影导演郑洞天认为是对一个电影人来说最高的荣誉。电影导演谢飞说：伟大的电影莫过于此！对此，还远在太行山腹地一个小城里的懵懂少年，对这部注定要改变自己一生的电影，依然一无所知。直到几个月以后的一次例行的逃学，注定，他要和电影《人生》和原著的作者路遥不期而遇了，这个少年就是年仅十五岁的我。确切地说，这部电影让我，开始了自己真的人生。

电影《人生》让我知道了作家路遥，知道了我们视线所不及的地方，就是他用饱含血泪写就的更伟大的《平凡的世界》。从此，乡村对于我来说，不再是外婆家门前的那片枣树林，也不再是从那片枣树林远远望出去远山的黛色，它是苦难，是挣扎，是一种永远令人撕心裂肺的无边无际的苦难。

1992年11月17日，作家路遥去世，他在平凡的世界里，走完了他注定伟大的人生，我也将大学毕业（先当兵后上学，比我的同学大整整四年）。在上学期间我读完了他的《平凡的世界》，虽然每每都令我手不释卷，但是抹掉脸上的泪水，我总是坚持在每晚读完十页后就停下来，我实在不忍心因为读完了这本书，就要和平凡的世界里的人们做暂时的告别。我从路遥的《平凡的世界》里，找到了我自己的影子，好像路遥就是在为我和我熟悉的人们写作一样。慢慢地好像他熟悉我我也熟悉他，逐渐产生了一种介乎父子、兄弟之间的那么一种亲人般的情感。当时的我，也面临着一次人生的选择：是回到家乡子承父业从事法律工作，还是留在北京继续我的艺术之路？我选择了后者，我这个"农民"也进城了。其实，无论城市与乡村，对于每一个中国人来说，都是一个终身都无法回避的命题。

几年后,我来到上海工作,江南特有的繁华和细腻,让我和我的乡村渐行渐远。后来,还是一本路遥式的长篇报告文学《中国农民调查报告》,再次唤醒了我对北方乡土并不遥远但已经有点模糊的记忆,我回到了家乡——山西省武乡县,当年爷爷就是从这里参加了八路军。我的关注目光聚集到了农忙务农、农闲下井的一群"煤黑子"身上,我开始从这个角度,真正了解我的家乡以及与我有血肉联系的叔叔、大爷和叔伯兄弟们。这次回乡之行导致了我目前为止最重要的作品——纪录电影《窑工》的诞生。在2004年春天的法国巴黎的电影节上,我曾经给很多从来没有来过中国的欧洲观众这样讲道:这就是中国农民的命运。因为一个人不可能选择他的出生地,生在农村他所能选择的,只有是去抗争还是妥协。危险与劳苦都可以置之度外,因为,他们和家人要生存。这个影片为我赢得了长达两分钟的掌声和平生第一个国际大奖。但是,对于我来说更重要的是,从此我可以像路遥那样,用我的镜头做笔为乡亲们而呼喊了。也正是因为我的这部影片,我山西老家的亲人们,在历史长河中第一次以农民矿工的身份留下了自己的名字。几年后,虽然他们陆续离开了人世,我还可以用电影让他们一直永远活在艺术的时空里。如果没有这部影片,随着时间的推移,谁还会记得在这个世界上他们曾经来过呢?

2005年在西藏拍摄纪录电影《邮路》时,遇险九死一生,让年轻的我自2003年以来,因拍摄纪录影片《地坛医院六十天》在非典病房经历过的生死考验后,再次领略了死亡的威胁。随着一种本能的紧迫感,我再次把目光投向了我魂牵梦绕的农村。这次我决心要拍摄出路遥《平凡的世界》以及路遥式的《中国农民考察报告》那样的纪录电影。时年,我三十七岁。两年后,我人生中另一部更重要的作品《乡下》诞生了。这是一部向路遥致敬的纪录电影。之所以取《乡下》这个片名,就是想让更多的人,把关注的目光投向以城市中国相对应的另外的一个农村中国,那里生活着中国百分之八十以上的人口。这是一部关于中国河南乡村大批农民感染艾滋病事件的视觉考察报告,后来,没有人对此事负责,再后来因为特殊的原因,这部纪录影片被封存起来了。但是它依然是迄今为止我最为重要的作品。我们有责任或者说有义务像路遥那样,留给下个世纪甚至更久远的世纪的人们一份沉重的历史证词。

后来,随着我对农村的深入了解和年龄的增长,以及社会各阶层的突飞猛进,中国的大部分乡村特别是我们和路遥所热爱的黄土高原,农业和农村愈发显得那么滞后和不合时宜。满怀歉疚与羞愧,满怀对我的精神导师路遥的责任与敬意,我再次把关注的目光投向中原大地——河南驻马店乡下,开始了我的大型纪实摄影作品《人民三部曲》(渔民、牧民、农民)的创作。为此我特意购买了德国最好的徕卡相机,选择了法国著名摄影大师布勒松曾经用过的同款镜头。我想,站在历史的高度,向未来的人们无声地述说。我的艺术选择方向,永远是重大变革中的普通人,而这最普通最能体现时代变革的无疑还是中国农民。在此期间,在乡村的烈日下,我偶然拍到了一个农民的葬礼,当他的棺材缓缓被放入墓穴(也在自家的农田里)的时候,我按下了快门。我不知怎么的有一种悲哀夹杂着某种欣慰的挥之不去的情绪。后来,在这张照片下面我用一支黑色的笔写下了这样一行字:从此,他彻底摆脱了一生的艰苦劳作,他可以歇歇了。

由于各种机缘,我经常在欧洲以及其他国家和地区工作和生活,我看得最多的还是当地的农民、农村和农业。我经常在思考,中国的农民兄弟,怎样才能过上像美国农民和法国农民、荷兰农民那样的生活呢?我也想过我是不是可以过一种像我祖上或者路遥笔下的那些农民完全不一样的农民生活呢?后来我学习了葡萄酒酿造,再后来我购买了一片土地,真的在等待着一个时机,可以像外国农民一样过一种完全不一样的农民生活。我的血型是 A 型血,我的先祖就是从事农耕的,我们对土地的热爱是与生俱来的。然而,对于农民、农村以及农业的关注与思考,确实得益于路遥的精神指引。

第一次来到仰慕已久的路遥的家乡——陕西榆林清涧县,已经转眼三十五年。当我看淡了人世间的生生死死悲欢离合,我依然没有气力再次打开影响我半生艺术道路与人生方向的《人生》和《平凡的世界》。每次哪怕我试图阅读其中任何一个片段,我都会感受到一种前所未有的撕心裂肺的痛,因为书里面那些依然在受苦受难的人们,都是我的未曾谋面的亲人。而激励并伴随我行程数十万公里,在我的艺术世界里笔(影)耕不辍,也是在他们身上汲取的力量和勇气。他们通过路遥告诉我,人生是苦难的,而我所具有的面对任何苦难的勇气与力量,都来自我在未曾出发前,所做好的面对苦难和挑战的准备,而这一切都来源于路遥以及他和他用生命展现的平凡的世界。

写完这篇回忆路遥以及在他激励下的我的艺术道路的文章,我也多么想像路遥那样打开窗户,奋力地把我的笔(一台苹果笔记本电脑)扔出窗外,然后痛快淋漓地大哭一场啊!但是我欲哭无泪,更不能把我的笔——我的这台电脑扔出窗外,因为在电脑的硬盘里,已经装满了近期拍摄的大量超高清晰影视素材。最近一段时间来,我行走在路遥的家乡,行走在他当年曾经一定行走过的沟沟堑堑,用我手中的镜头寻找路遥。我想知道在路遥曾经来过的这个平凡的世界里,路遥和路遥笔下我们所熟悉的亲人们,你们还好吗?

随着我的纪录电影《寻找路遥》摄制工作的进展,我越来越发现,我自己对路遥的了解或者理解才刚刚开始,哪怕过了三十五年也还是远远不够。想起就在不久前参加的一次关于路遥文学的学术研讨会上,我就曾经突然意识到,我们现当代试图对于路遥以及他所曾经血肉相连的平凡的世界的任何解读和评介,也许真的还为时太早。一个伟大作家对于我们同时代以及今后许多年代的人们的深刻影响,也许才刚刚开始。就像我们的新中国,虽然已经成立七十年了,并且也经过了改革开放四十年,但是,这场由中国人(当然毫无疑问并且当之无愧地包括所有中国农民在内的中国人)所引导的关于我们这个古老国家以及这个世界的伟大变革,才刚刚开始一样。

为什么我的眼里常含泪水?

因为我对这土地爱得深沉……

从纽约到延安
—— 一瓣心香祭路遥

周 励

万里飞鸿雁,梦中回长安。2018年9月底,我从纽约肯尼迪机场飞往西安。二十四小时后,终于踏上了思念多年的古都大地。

一、心愿

那是2018年的5月,陕西人艺来上海演出大型话剧《平凡的世界》,话剧以俄罗斯民歌"茫茫大草原,路途多遥远"拉开序幕;似乎"路遥"笔名来源于这首苍凉之歌,立即把我带回少年时代曾徒步七天七夜的陕北高原……延绵不断的苦难,摸着石头过河,剧中每一个人的命运,都是劈开时代横断面的斧头,大时代里小人物的悲喜哀乐,孙少安、孙少平、田晓霞等一大批陕北土地上淳朴善良、有血有肉的农民群像深深感染了我。话剧讴歌了他们在接踵而至的磨难中顽强拼搏、自强不息的奋斗精神:

活着,就要时刻准备承受磨难,
生活永远是美好的,痛苦却每天都在发生……
茫茫太始,清浊同流,天地玄黄,宇宙洪荒,
悲怆、悲壮,古老大地,
命运犹如矿井,
即使四面八方都是黑暗,
你也必须抓住那一丝光亮!
只要奋斗,
人生就有希望,
民族就有光芒!

落幕，我已泪水盈眶。我真想上台拥抱每一位激情澎湃的陕西演员！

回到车里，我情不自禁地给休士顿的"陕西作家"陈瑞琳拨出微信电话：

"你们陕西人艺太棒了！路遥的话剧太感人了！我好想念陕西啊！"

电话那头，传来瑞琳的热情邀请：

"九月来陕西吧！我们在西安等你！"

是啊，我要重返延安，完成心底的愿望：去延安大学的后山祭拜路遥之墓！

二、路遥，我来看你

到达西安的第一天，首先去拜访了陕西师大人文社科高等研究院，李继凯院长、李胜振副院长和程国君教授等盛情接待，又与海外归来的旅加、旅美作家张翎、陈瑞琳、吕红喜相逢。在与中文系硕士、博士研究生的见面会上，李继凯院长赠送了他的遒劲墨宝："天降大任，地发春花。"

面对着三秦大地湛蓝的天空，我在心中呼喊："陕西！我回来了！"我告诉师友，此行陕西，要完成一个心愿，就是去看望路遥的墓。李继凯院长热情为我联系了延安大学文学院院长和路遥博物馆馆长，但我不想打扰他们和家人欢度国庆假期，执意要自己一个人去，默默地去祭拜这位当代文坛真正的巨人。

那是国庆第二天，10月2日晴朗的上午，我跟随西安—延安两日参观团在探访王家坪之后，请导游为我叫一部小车直奔延安大学，车程不到十分钟。与五十二年前我的记忆相比，宝塔山延河水依旧神圣，延安城变得繁华秀丽。我兴致勃勃地走进高楼耸立、鲜花盛开的延安大学，一连问了几个学生如何去路遥墓地，他们却都不知道，又问了两位员工，也不清楚。幸亏最后在图书馆附近遇到一位清扫路面的善良老人，他向我指明了图书馆后面通往文汇山的小道。

……终于爬到视野开阔、景色宜人的山顶——路遥墓地！顿时深感欣慰：好风水呵，路遥！多么美好的安息之地！墓地上路遥的花岗岩雕像神情逼真，在沉思着，令人想起罗丹的《思想者》雕像。墓地后墙是撼动人心的两行金色大字："像牛一样劳动，像土地一样奉献。"墓旁两个大理石小桌和凳子供人们休息，桌面上刻着捐赠者的名字与留言。周围是青松绿柏，这里空旷无人，静谧肃穆。我曾去过伏尔泰、雨果、左拉、托尔斯泰、果戈理的墓地，这里是我所见到过的最感人的墓地之一，可以不受干扰，尽情对话，犹如看望一个往日情人。我献上自己的小花，一瓣馨香祭路遥，三鞠躬……

面对着陕北的黄土高坡，我心潮澎湃地写下：

路遥，

我庆幸能来到这座你生前
喜欢散步的山岗
追寻你的足迹
深深缅怀，默默对话
在延安大学宏伟靓丽的图书馆背后
那一条通往山顶的小路
曲曲弯弯
还能感受到当年的艰难困苦与贫瘠荒凉……

三、我们流着同样的血

……我与年长一岁、出生在陕北清涧县贫困农家的路遥几乎经历同步：1969年路遥下乡务农，我1969年去北大荒兵团务农，带了两大箱历史与文学书籍，每天干完活儿就在油灯下看书。路遥1973年被推荐上延安大学中文系读书，我1972年被推荐读医科大学，毕业后重新回到兵团五师医院当内科医生，直到1978年返城回沪，在上海外滩外贸大楼当医务室医生。1978年夏天《文汇报》刊登卢新华的《伤痕》让我泪流满面，我看到一个文艺复兴的春天正拉开帷幕。1982年第三期《收获》上发表的路遥小说《人生》令我爱不释手，吴天明导演搬上银幕后让我在震撼中又一次泪水盈眶。我反复对照心爱的小说电影看路遥的《人生》、威廉·斯泰伦的《苏菲的选择》、莉莲·海尔曼的《朱莉亚》以及托马斯·曼的《威尼斯之死》、爱伦堡的《解冻》、帕斯捷尔纳克的《日瓦戈医生》、索尔仁尼琴的《古拉格群岛》、赛珍珠《大地》、马尔克斯《百年孤独》……任何历经磨难、稍有激情的人看了都有可能拿起笔成为作家！路遥笔下的世界离我最近，他那些带有我熟悉的陕北高原气息的文字让我在内心挣扎中触摸到远方至善至美的幻境。正如路遥所说："我们可以平凡，但绝不能平庸。"

那真是一个振聋发聩的时期，我们都是路遥《人生》中想要改变命运轨迹的高加林，都拒绝重复返回原点……

四、站在你的身影里

在路遥《人生》的影响下，我的人生也发生了变化。1983—1984年我先后采访了贾植芳、谢希德、周小燕和她的学生、留学意大利的歌唱家罗巍以及多位我身边外贸第一线的干部、外销员，在《文汇月刊》《报告文学》发表了《心儿在歌唱》《打开国际市场的人们》等二十多篇作品，上海电影制片厂来外贸局借调我这个"周医生"去永福路创作室写电影剧本,不久外贸党委征求本人意见,把我调入《经济新闻报》担任记者,最后《经济日报》上海国际信息中心调任我当副总经理。1985年,我由复旦大学中文系主任贾植芳推荐,被纽约州立大学录取为比较文学硕士研究生,8月21日两手空空,携四十美元自费留学美国,飞机起飞,我在翻滚的云层中看到两个字:奋斗。

写到这里,路遥的音影再次浮现脑际:"那些迷离失落的伤感和对未来的渺茫无知。一切都似乎并不遥远,而眼下却能充满责任感与使命感,因此,必须紧张地抓住生命黄金段落中的一分一秒……"

在美国,举目无亲,打工赚钱,几乎和高加林一样了。每天干得腰酸腿疼。……我问自己:我到美国来,难道只是充当一个苦劳力吗?我抬眼望着纽约的星空,是这么湛蓝;夜万籁俱寂,只有不远处世界贸易中心姐妹楼的大厦中,仍然放射出彻夜通明的灯光。我抬眼望去,想起了我那不止一遍的决心和诺言:"总有一天,有一格窗子会是我的!"于是,我在黑夜中伸出手,让那些窗格的灯光映在我的手上,仿佛在指尖中跳动……一时间,浑身又充满力量,我大踏步地向黑暗中那黑黝黝的地铁入口处走去……

五、路遥,你的永恒

……此刻是戊戌年末,1月28日,星期天,处处洋溢着春节喜庆的气氛。央视新闻联播正在播出《改革先锋风采专题——路遥:鼓舞亿万青年投身改革开放》,央视主播声情并茂地朗读:"无论有多少困难痛苦,甚至不幸,但是我们永远有理由,为我们所生活过的土地和岁月而感到自豪。"这时候屏幕突然出现了我熟悉的路遥墓地和那几个金色大字:"像牛一样劳动,像土地一样奉献。"接着是延安大学文学院院长回忆路遥与《平凡的世界》……这一切让我感到如此亲切,拜谒路遥墓的情景又栩栩如生,浮现眼前。

那一天,我站在路遥墓前久久不愿离去。路遥,才四十二岁,你走得太早了,但你催生了一批又一批人类灵魂的挖掘者和新作家,宇宙苍穹留下了世代相传的文字,激动过的陌生灵魂会与您一起在稍纵即逝的时空轻轻吟唱。《人生》《平凡的世界》《早晨从中午开始》,那一页页文字发出的深邃光芒,悄悄地改变着多少人的心灵和命运,也改变着一个时代,这就是对您呕心沥血奋力笔耕的最佳褒奖。

那一天,我仰着头依恋地望着路遥,掏出手机自拍了一张合影。好多朋友说我们的神情极像是一对兄妹。是的,在精神上,路遥早已是我的兄长。在延安大学文汇山的熏风里,我的耳畔响起的正是福克纳在诺贝尔文学奖获奖颂辞的回音:

"一个作家,充实他的创作室空间的,应当仅只是人类心灵深处从远古以来就存有的真实情感:美、尊严、同情、怜悯之心和牺牲精神。"

感谢路遥,影响了我的人生,因为奋斗者的心灵永远是相通的。

此时此刻,路遥的绝笔之作《早晨从中午开始》里的那句心声正在陪伴着我:"只有初恋般的热情和宗教般的意志,人才有可能成就某种事业。"

(周励系《曼哈顿的中国女人》作者)

"隐忍"与"抗争"

郝海涛

四舅王天乐曾对路遥说:"等你写完《平凡的世界》后,我再也不想文学这件事了。我要回家半年,帮助父亲种地去呀,那时我什么也不听,什么也不说,什么也不看,什么也不想。我认为最伟大的作品就是父亲种过的地,真的,假如站在我们村的一座大山上,一眼就能看出哪一块地是父亲种过的,一行庄稼,一行脚印,整整齐齐,清清楚楚,就连地畔也好像是精心打扮的少女,该除的草一根不留,该留的山花一朵也不会少。父亲说,山里不能没有花。父亲就那么点个子,往地里一站,你就觉得他是一位真正的伟大艺术家。他用他那粗糙的双手,在土地上展示出他内心无边深刻的博大世界。大哥,你知道吗?这个世界上我可以小视很多伟大的人物,但我不敢小视父亲。假如他是知识分子,他就一定会站在北京大学的讲坛上,点评古今,纵论全球;假如他是个政治家,人民群众永远也不会忘记他;假如他是个作家,你路遥根本不是他的对手。可他是农民,一个字也不识的农民,为了孩子们,受尽了人间的各种苦难。作为儿子,你不让父亲享几天大福,我觉得干出再大的事业也是虚伪的……"路遥流泪了,一下哭得趴在榆林宾馆的床头上。

每当说起父亲,路遥和王天乐都激动得不知从何说起。路遥曾经告诉王天乐,文学界就和父亲种庄稼一样,种子下到地里,什么东西都可能和庄稼一起长起来,而且有时草比庄稼还长得高,但父亲不是心平气和地把草全部锄掉了吗?是的,付出多少才能得到回报,这有时是一个让人疑惑的问题,这就需要人的一种隐忍精神。外爷的种地过程,可以看作是对靠天吃饭的不可预测结果的内在隐忍,隐忍就意味着只能接受付出,因为回报的代价只能是付出;同时,这可以看作是一种乐观主义,而这种乐观也是抗争,抗争就意味着回报的距离即使再遥远,只要有付出的态度和正确的方法就能最终达到目的。隐忍与抗争,都是为了有所回报,人生的道路虽然漫长,但时常让人无法选择,人只能在隐忍中孕育抗争,如果说外爷真正给予过路遥什么宝贵的财富，我觉得就是这种"隐忍"与"抗争"的精神，而这种精神也始终贯穿着路遥的文学创作以及生活。

（郝海涛系路遥外甥）

这本书改变了我的人生轨迹

齐建勇

阅读过不少书籍，包括中外名家的各类图书，唯有作家路遥的《平凡的世界》给我的影响最深，这本书改变了我的人生轨迹，也改变了我的人生观，而且相信这本书给予我的传奇性的故事是许多《平凡的世界》爱好者们不曾有过的。

我接触路遥的作品，不是从书籍开始的，记得很小的时候，那时的记忆大部分都散失了，电视机还没有普及，尽管家中已经先其他村民买了长城牌的十四英寸黑白电视机，但我还是喜欢听广播。家中的收音机还是那种大木壳的晶体管收音机，什么都是大的，旋钮也很大，我的小手拧着旋钮寻找着爱听的电台，仿佛在操作一台高深的机械。当时自己爱听"每周一歌"，《十五的月亮》《走西口》《月亮走我也走》等歌曲就是从"每周一歌"中听到的。另外，我也爱听评书，还有就是广播剧。偶然的一次，我听到了一部反映农村生活的广播剧，被深深地吸引了，于是天天一到广播剧开播的时间，就早早地趴到收音机前，等待开播。听了几天，我记住了广播剧的名字：《人生》。当时我只听故事，不在乎该剧的原作者是谁，因此若干年后才知道《人生》的小说作者就是给我最深印象的《平凡的世界》的作者路遥。我为《人生》的人物命运而感叹，当然年纪小，不懂得人生的真意，但广播剧带来的那种发人深省的东西我还是似懂非懂地感受到了。我知道这部剧很受大众欢迎，因为多次重播，十多年后，我受了《平凡的世界》的影响而来到西安打工，在小寨电影院看了老片子《人生》，此时的感触就更深了，我完全明白了小说的意义，联想到自己的处境，好像自己身上就有高加林的影子，我也是农村子弟，有了点文化，想麻雀变凤凰或者从灰姑娘到皇后的巨变，看不起生我养我的农村，鄙视我的乡亲们。我的一位表哥经常爱说"心比天高，命比纸薄"，他逢人便说这句话，看《人生》想自己，何尝不是这句话的写照呢？

听到《人生》广播剧后几年，其时我已经上小学五六年级了，中午放学后，各自回家吃午饭。学校就在村中，周围四五个村子的孩子都到这里上学，我们要比他们幸运，走不多会儿就到家了。吃完饭离上课还早，没有更多的消遣方式，我的选择就是听广播中的评书。小学同学给我印象最深的是邻近我村的那位叫作田立敏的男生，他和我打发中午时光的方式一样，也是听评书。有一天他告诉我，中午中央台正播着一部叫作《平凡的世界》的小说，非常好听，刚开播时间不长，建议我收听。好朋友的推荐，我当然当作一回事来办，于是第二天就把台拧到中央台的位置，等待着《平凡的世界》。待听到演播人李野墨平静而有个性色彩的声音响在耳边时，我先是被他的声音震住了，然后才是进入到小说中的故事。这样一来，我像中了邪一样，深迷其中，完全被孙少平和田晓霞等人的故事吸引了。不仅如此，每天下地回来的父母也受到我的影响，每天必听李野墨播讲的《平凡的世界》，我们一家三口成了该书最大的痴迷者。我和书中的人物共欢喜共悲伤，是李野墨的声音让原著锦上添花。记得原著播讲完后，还有一期访谈节目，得知路遥的原著受到了巨大的好评，李野墨的播讲也得到听众的肯定，而且我还知道小说是随写随播的，作家路遥写出一部分来就送到中央台去播，所以说广播中播出的是接近初稿的文字，和后来我看到的出版的原著有几处明显的不同。尽管仅是区区几句文字的不同，但听广播时给我的印象太深了，我抹不去那几句文字描写通过李野墨的声音在我的脑海中留下的印迹。一处是广播中有孙少平和田晓霞初吻时感觉天地都在旋转的描写，但后来的出版物中没有了那一段的文字。正是这部小说，使我记住了路遥和李野墨，更记住了孙少平对理想的追求，和对命运永不屈服的精神，对我以后的学习和发展有着决定性的影响。

"亚洲一号"卫星发射那年，也就是1990年，央视一套播放了中国电视剧制作中心拍摄的《平凡的世界》，我和父母是带了重温经典的心情去看的，熟悉的故事不熟悉的面孔，我们感叹电视剧太短了（十四集），小说中大量的精彩部分没有拍出来，没有读过小说或听过播讲的人们或许会被该片吸引，而我们曾被原著感动过的人们，无法被电视剧感染。演员表演还算可以，我感到遗憾最大的要算是田晓霞的表演了，根本没有表现出原著中她的美丽与灵性。只是片中的插曲很好听，我常常唱，还抄在日记本中，唱起时脑中浮现的还是小说中的描写。

就恋这一排排窑洞，

就恋这一缕缕炊烟，

就恋这一把把黄土，

就盼有一座座青山，

就盼有一层层绿，

就盼有一汪汪泉，

看不到满眼的风沙,

听不到这震天的呼喊,哦,这震天的呼喊!

暖暖我的心,贴贴我的肝,勾起我的壮志,鼓起我的胆。

暖暖我的心,贴贴我的肝,勾起我的壮志,鼓起我的胆。

鼓起我的胆……

这就是片中插曲,对我日后的命运同样起了大的作用。我不能忘记张艺谋的《红高粱》中西北那浓妆重彩的高原和风吹高粱秆摇曳的壮阔,和《平凡的世界》中贫瘠的黄土高原和纯朴可爱的农民,以及吸引我的孙少平生活过的黄原,又若干年后读到陈忠实的《白鹿原》,更是加重了我对大西北的向往之情。我是文学爱好者,影响自己的自然要从文学中去寻找。

由于受到孙少平的"苦难学说"的影响,在高中时自己的学习成绩并不好,但我始终没有厌烦学习,我只知道要坚持,不向困难低头。当进入大学后,见到《平凡的世界》原著时,迫不及待地买了回来,同时室长也买了,我们俩同时阅读这部对我而言是再熟悉不过的好书。听过了广播,也看到了电视剧,但我还是读了不止一二遍原著,甚至想把其中孙少平、田晓霞、孙少安等人的部分单独辑录出来,成为某一个人的传记。

毕业四年后我随在西安上学读研的同学去了那里,我决定去不独是好奇和憧憬,而是不易为人知晓的《平凡的世界》对自己的影响。在西安的日子是我今生最艰难的日子,支撑我的信念是孙少平的"苦难学说",当我置身他待过的端履门和骡马市,我想的是如果他不是小说中的人物,他看到今日的巨变,会是何等的心情?他应该也成为成功者。我对于路遥的过早离去痛惜不已,是他的作品鼓舞了我,丰富了我的信仰,支撑我度过困难的日子。我也知道《平凡的世界》不仅给了我一个人信念,世界上因为这部作品深受影响的人不计其数。原著中的那句题词:"本书献给我热爱的土地和人民",让我心潮不能平静,对于一个农村子弟,这本书的意义肯定和城里人不同。透过书本,我读懂了那段苦难的日子和父辈们的艰辛,和自己的挣扎。我真希望哪位大导演能再次重拍这部经典,把原著原原本本地表现出来。我也希望现在的年轻人能看懂当年的历史,感受当时人们的思想和奋争。

我永不会忘记,父亲给我讲述他年轻时的生活,尽管他和路遥生活在遥远的地理环境完全不同的地区,但历史的年轮一样清晰,都是承载了太多的苦难。路遥通过文学化的文字,告诉我们他们那代人的追求和奋斗过程,和广阔的社会现象,折射了历史的变迁和人们的不同命运,所以看《平凡的世界》,我就是在看20世纪七八十年代的历史,而且是有血有肉的历史,不是真实,却胜似真实。任何一部好的文学作品无不闪烁着人性的光芒,《平凡的世界》在朴实的文字中处处闪现着人性的爱，这种爱深埋在黄土之下，千年万年不变。生活在其中的人们，承受苦难但热爱生命，具有顽强的毅力和坚忍不拔的精神，知道在逆境下该如何过活。我又真心地希望作家路遥能够奉献更多这样现实主义的好作品，但他英年早逝，留下的是无尽的遗憾。我和许多人一样，从他的《早晨从中午开始》中得出他的死亡原因是缘于劳累，但看了贾平凹的博客文章《他为何早逝》才知道"扼杀他的是遗传基因。在他死后，他的四个弟弟都患上了与他同样的肝硬化腹水病，而且又在几乎相同的年龄段，已去世了两个，另两个现正病得厉害。这是一个悲苦的家族！一个瓷杯和一个木杯在一做出来就决定了它的寿命长短，但也就在这种基因的命运下，路遥短暂的人生是光彩的，他是以人格和文格的奇特魅力而长寿的"。

我以我的文字祭奠我最喜爱的路遥。

一本真实的生活教科书

蒋玉海

再读，不是第二次读，而是一再地多次阅读。路遥的《平凡的世界》这部长篇小说，深深地印在我的脑海里，以至于现在我的随身听里，还是反复地播放中央人民广播电台录制的由李野墨演播的这部作品。

初次读它是在我刚刚技工学校毕业参加工作不久，正好十八九岁的年纪，一接触到这部书就像受到魔力的召唤一样，深深地陷入其中。现在想想应该也是孙少平那样的年纪。我的家庭是普通的工人家庭，母亲是职工家属没有固定工作，有哥哥和妹妹，一家五口全靠父亲的微薄工资生活，当然这也是那个年代大多数普通工人家庭的缩影。也正因为如此，普通农民家庭出身的孙少平那种对生活、对工作、对人生的态度、信念和执着，一下子就让我不由自主地联系到自己。青春是最爱做梦的季节，充满无数的憧憬，可是青春也是最迷茫的，尽管它有着用不完的激情和干劲，但是如何真正地去一点一滴做事？却并不明白。我的前行路上太需要一个坐标了。我手捧着这本书就爱不释手地读了下去，并自觉地在工作中去效仿实践。

记得那时无论天气如何，每天我上班总是比同龄的人早到半个多小时，扫地、拖地、打水。很多时候把自己队里的卫生区做完后，时间还早，就自觉地去扫大院或更多的卫生区，甚至于每一个细节我都特别在意。有一次擦玻璃，那是在寒冷的冬季，我干得热汗淋漓把身上的棉袄都脱了，直到玻璃擦得感觉像没有一样。工作中除了对师傅们格外地尊重，他们每个人安排给我的每一项工作我都尽心尽责地去做，很多时候师傅们安排的工作原本就不期望会有什么下文，我也总是远远超乎他们预期的目标完成。记得一台使用十年已经列入设备报废计划的工程车，师傅让我擦车，我将车辆内外擦拭崭新，细致到每一个边角的油污都不放过，在设备例行检查时，检查人员指着我擦拭过的这台设备反复地问这是在用设备吗？是不是刚投产的新设备？队上领导和师傅那骄傲的表情我直到现在都记得。

付出不一定会有收获,但是不付出一定是一无所得。孙少平在城里揽工、在矿山挖煤,都是这么干的,作为一个有个性的青年他最大的成功还在于持续地读书。其实作为一名技校毕业生,我的起点比他还要低,但是我敏锐地意识到学习的重要性,潜意识里我总认为孙少平最大的与众不同,就是在他那样的条件或者说社会地位下,他是始终不辍地持续读书。书本丰富了他的内心世界,书本也让他一步步坚定理想信念。于是在接下来的工作、生活中,我把读书学习看得很重,我坚信知识改变命运,也只有知识可以创造奇迹,由此我踏上了漫漫的自学之路,我用八年的时间完成了天津市高等教育自学考试汉语言文学专科学业,十几门课程一门门地考、一门门地过。因为我是一线工人,不可能有更多脱产的时间学习,同时在考试时间与工作时间冲突时,还必须让开考试时间,加上我的基础知识不扎实,我都不止一次地想放弃,可是每当想起孙少平每天在背石头的后背上印着一道道的血痕、疲惫不堪,还在条件极差的住宿地借着微弱的烛光读书时,我就感觉自己没有任何借口和理由不读书。当我完成全部课程考核,拿到毕业证书时,我久久地站在那里一动不动,直到负责发放证书的工作人员不得不用咳嗽声提醒我时,我才下意识地怯怯问道:"老师我毕业了吗?"工作人员纳闷地看着我说:"你说呢?"看着我呆呆的样子,他随即笑着说:"回去,一定把证书和学籍档案报给你们单位的人事部门,这是含金量很高的文凭。"我当时并没有理解他说话的深层含义,只是知道我肯定是毕业了,深深地鞠了一躬,我压抑住自己内心的激动飞也似的跑了,到家后很久我都抱着证书和档案,不知所措地傻傻地乐。

感谢我早早地认识到学习的重要性,在以后的单位岗位竞聘中我达到学历基本条件,凭借自己踏实的工作,竞聘当上了班组长,随后有机会参加了单位组织的在职班组长本科学历成人继续教育,最终获得长江大学工程与勘察专业本科学历,我的人生也在学习和拼命工作中一步步走上快车道,在单位不断整合发展的进程中,我先后担任了队长、副经理、党支部书记。

人生没有回头路,我庆幸我在年轻的时候读到了《平凡的世界》,现在我更感谢我中年还记得它,由于生活条件好了,我可以用随身听将书本以评书连播的形式收听。

人到中年感悟更深,伟大的作品一定是记录了一个伟大的时代,即便就作者本身来说他对这个时代的定义,也许并不那么准确。任何一个时代里走过的人都会铭记住那个时代,打上那个时代的烙印。当然,更多的时候当时或许并不以为然,命运的传奇与伟大很大程度都源于谁也不可能重新活一回,黄土高原的那一刻与全中国的命运一样,那是中国历史命运变革的时代。阅读那个时代,不知为什么,我有时想笑从心里振奋,有时想哭痛痛快快地大哭一场,有时更多的竟是五味杂陈的心境。我不是那个时代的完整经历者，历史的真实要让每一个人读得很懂很难，这样一个伟大的时代如何展示在人们面前？这个承载体就是小说中的人物，平凡的世界中平凡的人，一样面对每一天的太阳，面对每一天的生活，一个个鲜活的生活场景就发生在我头脑的记忆中，我似乎可以把每一个人都对号入座，可又仿佛不是他们，那是浓缩了那个时代的人的标志。《平凡的世界》纵向上对省委书记、地委书记田福军、县委书记张有志、公社书记韩少功、大队书记田福堂，直至小队队长金俊武、农民孙玉厚，横向上对孙少安、孙少平、田润叶、田润生、郝红梅、金波、金光明、金光亮、胡永州、矿井上的慧英嫂、安锁子等社会生活中各行各业具体存在的人都进行了细致传神的描写，站在每个人的角度都会想到那段历史，看到每个人的生活就是自己曾经经历的生活。

　　想想二十多年过去了，《平凡的世界》留给我印象最深的是这样的三个片段：第一是刚刚拨乱反正恢复工作不久的省委书记，在面对各种繁重工作时，选择乘坐公共汽车体验城市平民生活的场景。一次我正在和上高一年级的女儿一起收听，她当时一下子就记住了这个片段，并说写得太好了，我笑着问她为什么？她很简单明了地说，故事写得真实，人物描写得传神入微，关键是简练平实的语言一下在抓住了人的心，不像夜空中那些绚丽的烟火，闪过之后留下的就是短暂的瞬间。是啊，我想这才是真正的穿透纸背的力度。第二个片段是田晓霞的死。每当读到这里时就情不自禁地泪水浸湿了我的眼睛。这样一个优秀的人真的不应该死，那么多有意义的事情正等着她去做，她的人生该是丰满的，尤其是对她的死怎能就轻轻几笔带过？洪水无情地吞没了一个生命，她该怎样的轰轰烈烈，有那么多的慷慨豪言可以抒写，有这么多精练的语言可以摘录，我不理解地一遍遍反复聆听。后来我真的明白了，正因为对她简单的几笔，才让人有更多的空间去思考，英雄原本就是平凡的人，正因为他们也是平凡的人，有血有肉的人，在每一个关键时刻他们又是这样的不平凡，平凡中铸就的伟大又怎么是乏味的语言文字堆砌得来呢？而最最深刻的还是主人公孙少平，我曾不止一次地设想过他的未来。这样一个优秀的人，应该有一个大团圆的收获，小说的作者应该也是肯定孙少安的吧？恰恰这是最值得思考和认真对待的问题，小说选择了主人公在经历一次煤矿井下的生死考验后，带着脸颊上一道深深的伤痕重新回到矿上，迎接他归来的是带着殉职师傅孩子的贤惠的慧英嫂，平凡的世界平凡吗？不平凡吗？我想正是这部小说骨子里有着的一种精神，也就是能读到文字所表达的心灵厚度。

　　《平凡的世界》，常读常新，常品常悟，读书真的改变人生。

创业者心目中的《平凡的世界》

韩 帅

路遥,用自己创业者的历程和作家的责任,用平凡而普通的劳动,在《平凡的世界》里探索书写着中国式的创业者道路和创业精神。路遥正是在为千千万万的创业者书写,鼓舞亿万青年投身创业的道路。

我的父亲韩震是一个怀揣着《平凡的世界》一路走来励志前行的创业者,在父亲的心目中路遥就是一个英雄,一条黄土高原上顶天立地的汉子!在我的心目中父亲既像孙少安又像孙少平,他用自己的实际行动实现着孙少安、孙少平的理想,也完成着自己的夙愿。父亲是我心目中的一座大山,也是我心目中"像牛一样劳动,像土地一样奉献"的路遥精神的实践者。

路遥十二岁开始创业直到生命结束,从没有停止过。他用二十年的心血,在为创业者书写,写他们的平凡世界。下面我要从另外一个角度,给大家讲一个路遥笔下现实中创业者的故事,以及创业者心目中的路遥。

路遥笔下的创业者是文学艺术的典型人物。然而,我想路遥也没有想到就在他的身边、他的家乡,在现实生活中,却有一位"原型人物"在默默地践行着《平凡的世界》里的人生。就在《平凡的世界》电视剧拍摄地之一的榆林横山,农民出身的我的父亲韩震,其人生历程,就像路遥和他笔下作品中的人物一样。第一次看《平凡的世界》电视剧,父亲怎么也搞不明白路遥怎么好像在写他。他十二岁开始干农活创业,像《在困难日子里》的马建强一样"饿得不行了,只能勒紧裤带"。像孙少安一样烧砖挣钱,像孙少平一样下井掏炭,并在帅气的脸上留下了永远的伤痕,他像孙少安一样抓住机会,由"煤黑子"变成了震远集团的创始人。创业成功后因历史原因让他无法回到家乡,让他在痛苦中徘徊,然而正是《平凡的世界》让他放下个人的恩怨,由恨生爱,投入上千万,像孙少安一样开始为家乡修路、引水、整地、兴牧业、办酒厂、建学校,立志要改变家乡,让父老乡亲摆脱贫困。前半生的父亲正是"像牛一样劳动"的践行者,后半生的他在《平凡的世界》的指引下,已开始了"像土地一样奉献"的充满爱的生活。

是的,作为一个创业者,路遥成功了,他用自己的生命为平凡世界里的人们探寻出一条出路。《平凡的世界》一诞生就像灯塔一样影响着亿万的青年前行,正如柳青在《创业史》中所讲到的:"人生道路虽然漫长,但紧要处常常只有几步。"路遥决定继续前行,有些人不理解他的选择,然而他就是路遥,一个一直行走在路上的创业者,他要给自己给读者一个交代。在路遥看来,创业者一定要有创业精神,精神不倒,创业不休,

路遥自己的创业和他作品中人物的创业都是实实在在的,父亲正是吸收了这种实干奉献精神,在"平凡的世界"里凭借着路遥的精神力量,创造着一个个不平凡的世界。

我们凭借它想象未来

张 莉

从1986年12月中国文联出版公司出版路遥的《平凡的世界》第一版至今，这部著作不停再版，影响了一代又一代的读者。很多读者都是在青年甚至少年时代就看到了这本书。如今回忆起来，与其说这本书带给他们文学上的影响，不如说它深深影响了年轻的他们人生观和价值观的建构。

《平凡的世界》在当时的热播和讨论，犹如现在的孩子听周杰伦，犹如80后读村上春树，我们凭借它想象未来。

如果让我以一位文学批评从业者的角度来讨论《平凡的世界》，已经困难重重。与其说这本书带给我文学上的影响，不如说它是年轻的我人生观和价值观被建构的开始。

依然记得当年听长篇《平凡的世界》连播时的情景——在我家花草旺盛的院落里，正午时光的葡萄架下，我和我年幼的妹妹静静倾听，一刻也不会错过。在李野墨浑厚的声音中，怀想着孙少安、孙少平、田晓霞、田润叶们，他们的欢乐与忧愁，他们的悲伤和热望——1987年或1988年的时光怎么可能只是文学的时光，那还是青春岁月，我们凭借它想象自己的未来生活图景，未来的男朋友，未来的都市生活，等等。李野墨讲完后，我和妹妹还讨论这部小说是不是会改编成电视剧或者电影，而孙少平是不是要由周里京来演，又或者，田晓霞该由谁来演呢？

我一直迷恋那小说中的一个场景，直到今天。青年孙少平在午后的山坡上闭着眼睛想念他的姑娘田晓霞，他躺在太阳光里山坡上，身边是不知名的野花，紫色的、黄色的或者粉红色——它们在静悄悄的午后开放。那是多么令人忧伤、令人感怀的场景！一切的一切都在那个地方定格了，尽管事实上它永远不存在。多年以后，每当想起那个场景，我甚至能听到李野墨的声音和孙少平的心跳，我会感觉到一种与生活有关的悠长与绵远。是的，我愿意坦率地承认，曾经的我热爱孙少平。

我甚至因此而热爱他的生活历程——从黄土地出发，从建筑工人到煤矿工人。这是个英俊、纯朴、向上的男青年，他用力气挣钱，他有丰富的阅读经验，他渴望知识的滋养，他也有隐忍和温暖的内心和巨大的心灵伤痛——当他热恋的姑娘离开人世时，当年曾有无数读者为之心伤。

那是中国版的情感传奇。可是，时隔近二十年后的今天，还有多少人能记得孙少平与田晓霞之间的爱情？——如今的读者如何理解与认知省委领导的女儿田晓霞与煤矿工人孙少平之间的爱情？一个不争的事实是，现而今已然完全没有了此类爱情发生与成长的土壤。换言之，作家连想象的可能都不再有。省长女儿怎么会与煤矿工人有情感发生？他们有认识的可能吗？在这样的问号背后，其实是二十年来中国社会人与人关系的深刻变迁。

时隔多年，我清楚地意识到，《平凡的世界》其实建构了我对生活的理解——它给予了不同的人生观与价值观。它让我对一群人永远心生亲切和敬意。你知道，《平凡的世界》后，我们很少再能看到关于煤矿工人的生活境况。他们在一度的笑语喧哗之后重又归入黑暗的、潮湿的地下生活。他们的喜怒哀乐、生老病死变得那么寂寂无声。偶尔在报纸、网络媒体上看到，也只是与死亡名单、煤矿事故相连。想来，这个时代的孙少平们不会再有人关注并敬仰。当年的偶像孙少平变成了这个社会的"草民"。

我们被时代裹挟着前行，唯以金钱的多寡为成功的唯一指征。因而，在许多公共媒体中，他们，孙少平以及孙少安们注定缺席并命定成为弱势并沉默的群体。勤劳致富的孙少安们不再是榜样，我们甚至很少能看到相濡以沫的农家男女情感——更多的文学是农家姑娘们离开城市赚取金钱。没有金钱做衬托的爱情，不再有人眷恋，甚至会让人鄙视。甚至，一度，在饭桌上，如果有人说自己喜欢《平凡的世界》一定会被新人类们嘲笑的，那不只是对"落后"的文学观的嘲笑，还是对"落伍"的价值观的嘲讽。

我依然愿意坦率承认这一切——孙少安和孙兰香在人群散尽后到街上捡烂白菜叶子充饥而并不自轻自贱，那样的生活态度多么可贵——我热爱孙家的每个人，热爱他们每个人的勤劳致富，热爱他们每个人靠吃苦获得的改变。在《平凡的世界》里曾经给我们指出过的靠求学、靠体力、靠诚恳改变生活的路——这样的路上越来越隐藏着"不可能"。如果活到现在，作家路遥该如何面对这时代的巨变：社会现实、文学理念、阅读兴趣以及金钱至上的当代社会？现在看起来，他的骤然离世，更像是一个休止符，是有着现实主义理念的作家用理想主义和人文精神写就的休止符。当然，作家路遥于我也不只是一个普通作家那样简单。他于我而言是敬业的劳作者形象——多年来路遥在阴暗的图书馆里翻阅报章以至手掌皮肤破裂成茧的细节常使我不能忘记。

  我深知自己无法跳出自我经历的局限来清晰评判这部书的文学价值。可是，我为什么要跳出去讨论呢，我为什么要做面无表情假撇清的劳什子评论者呢——《平凡的世界》二十年来悄然改变了一个少年的价值观、爱情观还有人生观，我为此心怀感恩——它减慢我成为物质主义者的步伐——当我读到孙志刚事件，看到民工追讨工资的报道，看到农村中为家庭暴力所困扰的妇女，看到因贫穷而不能上学的孩子时，不由得会愤怒，会动容，会突然情难自已——因为，我知道，他们是孙少平、孙少安们，也是孙兰花与孙兰香们，他们是我们。

保留一点卑微的尊严

林　栖

　　炎热的午后,一切显得如此宁静。一只白色的蝴蝶,支起翅膀,在夏日里仅存的一朵花上,安然不动。从瓜蔓、叶片的缝隙间,仰望天际,没有一只小鸟掠过。斑驳的光影,倾泻在少年的脸上,使他的表情因变幻而怪异。有不知名的虫子爬上了他的脸,痒痒的,他不忍心去惊扰了它。此刻,这只虫子一定有发现的喜悦吧?不远处的村庄里,劳累的人们已进入了甜美的梦乡。大黄狗懒散地趴在树荫下,伸长舌头,喘着粗气。知了不知疲倦的歌声总是乏味而绵长,一如少年此刻的心情。

　　过年的时候,当兵的舅舅回来探亲时,带给他一个半导体。这让他如获至宝,他第一次听到了来自村子以外的声音,知道了村子外还有更大的世界。这一切既让他痴迷,又让他烦躁不安。这个暑假开始,每天中午他都要收听中央人民广播电台的《小说连播》节目。他已听过了《夜幕下的哈尔滨》《三国演义》《杨家将》等。今天的节目是他以前从未听过的——《平凡的世界》,作者路遥,演播李野墨。李野墨用他低沉、缓慢的语调将作品沉重、苍凉的气氛一下子推到了少年面前。那一个暑假,每天中午他都准时守候在收音机前。中午时分,整个村庄出奇地安静,他似乎能听到自己怦怦的心跳。在千呼万唤中,节目终于开始了,他有了属于自己的一个单独世界。他随着作品中的主人公一起欢笑,一起悲伤。少年孙少平的命运与自己是多么相似啊!他一时似乎分不清哪个是自己,哪个是主人公。没有人注意到这个少年的心理变化,没有人想到在这个看似弱不禁风的少年心里,会有这么丰富而复杂的世界。快乐的时光总是短暂,如果把淡淡的忧伤也当作一种享受的话。每当节目结束后,少年总是怅然若失,独自默默发呆。有时,会在小河边的树下听蝉的叫声,他感觉自己多像这树上的知了啊,纵然引吭高歌也无人理睬。而知了是幸运的,它有呐喊的权利,而他只能是无尽的沉默。有时,他真想到无人的旷野中扯着嗓子喊它一回,尽情发泄他幼小胸腔中的莫名烦恼。他不幸吗?不,他是幸福的,有父母和亲人无尽的爱,有老师乡里的呵护，有时甚至会得到超过他这个年纪应该得到的尊敬。可是，他仍然是孤独的，是忧郁的，是沉默的。一方面是无人倾诉的苦恼，另一方面，他似乎又有点享受这种淡淡而莫名的忧伤，这令他拥有着自己的秘密，并且因此有些自豪与喜悦。虽然，平日里，他仍然是如此的礼貌懂事，但是他内心是压抑的，有突围的冲动与渴望。他不甘心自己的将来也像他的乡里们一样一辈子只知道这个村子里的世界，在他年少的内心深处，已经有着更为广阔的天地。

一年后，少年考上了远离小村庄的县重点高中。这成了全村的一件大事，这个村还没有人能考上过县里的中学呢。据说，进了这个中学就等于一只脚已经跨进大学的校门了。县城在哪里？他不知道，他至今没有去过，村里能有机会去过县城的又有几个呢？在他考上县中的消息传来后，家里一下子热闹起来，好多乡邻都来道贺，父母也是禁不住的喜悦，忙着给贺喜的人端茶倒水。舅舅送给他一套旧军装，这套军装虽然已经洗得有些褪色了，但穿在身上仍显得那样的精神。老实说，这是他从小至今一直梦寐以求的服装了，也是他唯一的一件没有打过补丁的像样的衣服了。开学前，父亲从镇上一家工厂里要来一个装零件的木筐，又花了半天时间，给木筐加了一个盖子，这样，木筐变成了一个木箱。少年用木箱装着他的全部行李，来到了陌生的县城，开始了他的高中生涯。到了学校他才发现其他同学都带着皮箱，只有他扛着一个显眼的木箱。此刻，这个木箱特别地沉，因为箱子里面装着他邮购来的《平凡的世界》。这套《平凡的世界》伴随着少年在陌生的城市里度过了漫长的中学时代，并告诉他做人要始终保持一点卑微的尊严。

多年以后，他读到路遥写的自传性散文《早晨从中午开始》，才了解到作者是倾尽了所有的心力去写《平凡的世界》的。而他又何尝不是用心去解读和体味这部小说的呢？

路遥的生命活在他的作品中

郭文达

作家路遥离开我们多年了,但路遥的生命活在他的作品中,他的生命在他的作品中得以再生。

曾几何时,每天中午我按时守候在收音机旁听李野墨演播的《平凡的世界》,被路遥笔下老一代农民的纯朴、善良、坚忍、敦厚的传统美德和煤矿工人朴实无华、无私奉献的精神所感染。

主人公孙少平不甘于命运,不甘屈服于苦难,顽强抗争,选择自己的人生道路,寻求自身的人生价值。虽家境贫寒,但从不鄙视自己的家庭出身。

他给妹妹兰香的信中说:"我们出身于贫困的农民家庭……永远不要鄙薄我们的出身,它给我们带来的好处将一生受用不尽;但我们一定又要从我们出身的局限中解脱出来,从意识上彻底背叛农民的狭隘性,追求更高的生活意义。"

正是少平尝尽生活的艰辛,饱受命运之苦难,上苍给了他富足的精神家园,使他有了最顽强最震撼的生命力,让读者深刻地体会到在一个平凡的世界里蕴含着不平凡的人生。

路遥在《平凡的世界》中,满含着对这片土地上父老乡亲的深情。他的描写不是津津乐道地讲故事,而是同那片土地上的人身处同一个大时代的一种自然而然的心情表露。

他在《平凡的世界》第三部中用了大量的笔墨描述了孙少平到铜城矿区大牙湾煤矿参加工作后的人生历程,触及了形形色色的煤矿人。

为了文学创作,他曾经在铜川矿区陈家山煤矿体验生活,与黑乎乎、脏兮兮的矿工们同吃、同睡、同劳动,亲身体验矿工生活的酸甜苦辣。

因此,他才能真实写出那个时代矿工们的生活状态和思想。路遥在作品中塑造了一个个如"安锁子"等栩栩如生、性格鲜明、有情有义的活生生的人,或善良,或虚伪，或正直，或自私……人性、爱和死亡，这三点在矿工身上体现得尤为强烈。矿工们鲜活的灵魂赋予小说以华彩，他们特有的性格赋予小说以生命。

我是一名生长在矿工家庭的子弟，从小体会到了父亲下井采煤的艰辛。犹记得，上大学时，读完《平凡的世界》原著的一个深夜，窗外数九的寒气和浓重的夜色交融充溢着北方这片土地，我的心情久久不能平静下来，沉浸在小说里不能自拔。它唤起我儿时的回忆，虽没有下过井采过煤，脑海中却总浮现着曾与父亲一起的煤矿工人们的音容笑貌。

我喜欢发生在那个年代的故事，苦也是美丽的。一代人见证一个国家的巨变，每个人的生活命运都与国家息息相关。

正如路遥所言："人民是我们的母亲，生活是艺术的源泉。人民生活的大树万古长青，我们栖息于它的枝头就会情不自禁地为此而歌唱。只有不丧失普通劳动者的感觉，我们才有可能把握社会历史进程的主流，才有可能创造出真正有价值的艺术品。"

小人物们的沉重

佚 名

算不清是第几次重听李野墨讲的《平凡的世界》了，整个大学期间，床头就是它和《便衣警察》一直陪伴着我，虽然是先看的书，然后才从广播上陆陆续续地听过几集，但一直固执地认为，这本书就是专门为李野墨量身定制的，他用深沉、浑厚的嗓音诉说出黄土地上那段特殊历史时期下的整个社会，以及那些小人物们的沉重与苦难，变革与奋进。

以前翻看这本书，常常跳过其他章节，紧紧跟随孙少平的脚步，为他喜、为他悲，特别是自己有过在矿山的经历。有一年，井里塌方，前一个人被桌面大的石头当场埋了，而老爸在后面被一块落石从额头擦过，然后重重砸在腿上。当妈妈带着我们闻讯赶来，只见到救护车远去，我们不知道发生了什么事，只拉着妈妈哭得天昏地暗，那种天塌下来的感觉至今仍是记忆深刻。所以每读到王世才的离去以及孙少平的受伤常常伤怀不已。

一直被孙少平坚忍独立的性格和自尊自爱、乐观进取的心态所感染，当然也为田晓霞的突然离去而黯然神伤。这样的感受持续了很多年。但这次重听，却有了些另外的感觉，路遥饱含深情地给予孙少平那么多苦难的折磨，凄美的爱情，然后带着赞赏的眼光看着他战胜所有的艰难困苦，让他坚定地走下去。太理想化了！不是吗？作为那时的偶像，自问一句，我能吃下做揽工汉的苦痛、井下的艰难，然后坦然面对世俗的诱惑？不可能，我做不到，因为孙少平、孙兰香都是平凡的世界里不平凡的人。或许他们都太完美了，以至于我们只远远望着，心里想着，而永远不可能靠近。

在那个时代里，我们中的大多数人，有可能会成为孙少安、李向前、田润生那样普通的汉子，为了自己的生计、家庭而苦苦挣扎着前行。我们会有不得不放弃的无奈，力不从心的哀伤，也会有小小的成功的喜悦和艰难付出的收获。人生的目标简单而明确，为自己所爱的人遮风挡雨，追求着那些力所能及的简单幸福。我们都是普通人，虽让人气馁，但却是真真切切的事实。所以当听到孙少安赶着骡子立在黄河大桥边，看着奔腾汹涌的黄河，听着艄公那无拘无束的歌声……

你晓得，天下黄河几十几道弯？几十几道弯里几十几条船？几十几条船上几十几条杆？几十几个艄工来把船扳？

船工们的应和声如同闷雷一般——

我晓得，天下黄河九十九道弯，九十九道弯里九十九条船，九十九条船上九十九条杆，九十九个艄工来把船扳！

随着船和歌声的渐渐远去，我的心情也和孙少安一样，感到胸腔里火烧火燎，口变得干渴，心中腾跃起难以抑制的激情。是啊，我们都是普通人，但我们都有着同样的对美好生活的期盼，一样有父母、爱人、朋友的关爱。愿平凡世界里平凡的人们安康快乐！

它是我的经典，永远

杨金梅

那年十七岁。

那时我们大家过的日子真是难，捉襟见肘，异常窘迫。后来想起那段日子就觉得当时我们的国家真真如同一位天天勤苦劳作却依旧让家人们衣食无着仍需要时时刻刻精打细算的妇人。在那艰难岁月里，于是有了一项令老百姓懵懵懂懂的举措：实行夏令时。时至今日，我不知道那项声称能节约能源的伟大举措是不是真的让我们大家收获良多，我只知道当时我们放学的时间由十二点改成了一点。每天一点的放学路上，我匆匆奔跑着，完全不顾人们讶异的目光，拼尽全力在一点十五分进了家门，只是为了能再听上十分钟的小说。我喘息着进了家门，不管家里人正听着收音机里的什么节目，我自顾自换到播送小说的频道，李野墨老师在播讲《平凡的世界》。听着他亲切朴素的声音，我因为急行而急促的呼吸很快平静下来，完全沉浸到遥远的故事中去了。

那是黄土高原的世界，但是和华北平原的生活是一样的困窘，一样的无望，一样的沉重。在那个吃顿荞面饸饹就是打牙祭的山坳坳里，有一个想要改变命运的年轻人。他不愿再过父辈们年复一年单调的日子，他苦恼他困惑他挣扎他努力为自己觅一条不同于父兄的路，他不安分的心在忧伤的信天游里跃动。而我，我们也是。生活的沉重更坚定了我们读书的信念，只因农家孩子离开黄土地的唯一途径和最便捷的途径就是考上一所中专。待遇优厚的商品粮诱惑着我们把初三一年一年地念，我们废寝，我们忘食。我们把书翻得厚厚的，又把书读得薄薄的。只为逃离。

我终于逃离，并且刻意报了向往已久的学校——河北冀县师范学校。冀师位于老城的一隅，不繁华，不喧嚣，实在是读书的好去处，实在是育人的好所在。到了学校第一件事就是到图书馆里借到全套的《平凡的世界》。那是第一版。封面是黄土高原的颜色，一望无际，厚重淳朴。那时读书的心情是可以用"虔诚"两个字来形容的。《平凡的世界》总共三部，我都是趴在宿舍的床上读完的，没有人打扰，一任你怎么跌宕起伏。那套书我看了至少三遍，我的同学们也差不多如此。因为每个人都还要亲自借回来细细地读，所有的人就会再跟着读一遍。我们读《平凡的世界》都有专门的读书笔记，我们抄写那些句子，觉得它们就是至理。我们和孙少平们一起成长。《平凡的世界》风靡了当时的整个冀师。如果没看过《平凡的世界》，不知道路遥不知道孙少平，呵，你就落伍了。学校里当年元旦晚会的组织者甚至把元旦的灯谜谜底都制成了小说里面人物的名字，晚会有好几个分会场，数灯谜会场人最多。

忆起冀师，就会想到她小小的图书馆。那两间不大的屋子承载了她年轻的学子们多少美丽的梦想啊！我们漂泊的心在那儿有了依归。我们的世界是平凡的，但我们不平凡的冀师却能让我们在书林里放歌。三年冀师，我们不仅仅是在长大，更是在成长。当今天的孩子们在课堂上偷偷读什么玄幻小说，把一本《坏蛋是怎样炼成的》肢解成无数沓传来传去地看，把一本好好的书抠出一部手机的洞老师走过来就马上合上自以为天衣无缝的时候，我佩服孩子们的聪明，但也感到了茫然，真的茫然。这时我仿佛又看见年少的我们挤在图书馆前排队借书的情形，那是我们冀师的胜景啊！

我毕业后，上了班了，觅见书店里有《平凡的世界》，欣然买下。但不是学校里看的那个版本了，封面换成了墨绿色。真是可惜。我又把它从头至尾认认真真地读了一遍，那个农家孩子艰难的奋斗历程依然让我感同身受。再后来知道作者英年早逝，想到传闻说他写完《平凡的世界》把笔掷出窗外，便能想到这部作品如何让他呕心沥血。

斯人已去，作品不一定成为大众的经典，但它是我的经典，毕生的经典。它和我的冀师生活一同留存在我的记忆里，永远。

路遥对待女人的态度

记忆悠悠

"悲剧是将人生有价值的东西毁灭给人看。"作为一名女性,有时候我不太明白作者为什么这样来安排润叶、秀莲和晓霞的命运,真的让人想不通。

给我个人情感冲击较大的是田晓霞,这个在生活上独立、乐观,对待爱情真诚而热烈,敢于反叛世俗的可爱女孩。她在日记中写道:"我放纵我的天性,相信爱情能给人创造力量,我为我的掏煤丈夫感到骄傲。是的,真正的爱情不应该是利己的,而应该是利人的,是心甘情愿地和爱人一起奋斗并不断地自我更新的过程。"孙少平和田晓霞的爱情完全证实了她自己所说的话,他们的地位、职业和生活环境存在着巨大的差异,如果让他们俩最终走上正常人的婚姻之路,他们肯定会受到世俗眼光的审判。于是,作家残酷地安排了她为工作而牺牲的命运,让她善良的品质和传奇浪漫的爱情得到永存,闪耀出悲壮凄惨的美!

润叶身上既有传统女性的美,也拥有现代知识女性的美。巨大的家庭差异葬送了她和孙少安青梅竹马的爱情。田润叶一直在嫁与不嫁中犹豫、彷徨、挣扎。她舍不得对少安的爱,但显然已注定是不可能的。在父亲和二妈的逼迫之下,在她对二爸这种疼爱的情感驱使下,润叶别无选择地嫁给了爱她但她不爱的李向前。在答应这种婚事以后她又十分后悔,但又无法鼓起勇气退婚。最后,她不得不走进这场婚姻,这场婚礼在润叶的眼里是一场爱情的葬礼,不但葬送了自己的爱,也葬送了李向前的爱。

作者对秀莲这样朴实的农村妇女也没有安排好的命运,她分文不取嫁给了贫穷朴实的少安,共同度过了最艰难的一段岁月。当经历了贫穷,终于可以享受事业成功带给她的欢乐和幸福时,她却积劳成疾,身患绝症而倒下了。

路遥为什么这么残忍地对待女性朋友呢?在他的笔下秀莲有一种崇高、纯粹的美,她把自己的一生奉献给这个烂包的家。最终,她通过自己的努力,让家人过上了幸福的生活，而自己呢？她对自己是不是太残忍了呢？我想，这是不是路遥眼中的中国好媳妇？生活中真的存在这样的人吗？当少安需要一个媳妇时，二妈跑过来说有这样一个漂亮、家境好、力气大的姑娘，更重要的是不要彩礼，一眼就看上了穷小伙少安，并且跟着他回家，家里家外忙个不停，最让人想不通的是：一家人好过了，她就死了。晓霞出身高干家庭，依然漂亮、优秀、善良、有崇高的理想，更重要的是还有很多追求者，但是莫名其妙地爱上了一个穷小伙少平，不害怕贫穷，乐于奉献，是一个人见人爱的女孩！润叶就更不用说了，要颜值有颜值，要地位有地位，但是还是看上了一穷二白的少安，并为他们的爱情坚守着贞洁，这些确实让人动容。像这样的女性形象在我们中国文学史上，不！更准确地说是在民间文学中出现得比较多，比如：白娘子和许仙的故事、牛郎和织女的故事、董永和七仙女的故事等。这些故事中的女性形象，都不在乎男主有多穷，有多么没能力，总是不惜一切代价，要和男主在一起，最后传为永久的佳话。路遥的《平凡的世界》在这种程度上来说，还是表现出一定的浪漫主义色彩。

或许，在现实生活中我们很难见到（这里原谅我的孤陋寡闻），但是在路遥的小说中，这样的现象不止出现在《平凡的世界》这一本小说中，同时还出现在《人生》中，主人公高加林也是农村的一个穷小伙，却被出身优越的黄亚萍表白，如果说这是小说情节的需要，那么我们再看路遥自身的经历，或许会找到答案。路遥也出身农村，高中毕业后，在乡村也教过一段时间的书，后来到延安大学中文系学习，他把自己的经历投射在孙少平和高加林的身上；他后来和来自北京的女知青林达结婚，这些在他的小说中也能看到影子。他说《平凡的世界》中的孙少平原型是他的弟弟王乐天，但是同样通过对比我们也能看出有他的影子。他和林达的关系也不是特别好，他婚后大多时间都在进行创作，我们都知道他喜欢晚上创作，白天休息，这在他的作品《早晨从中午开始》就可以看出，和林达与孩子的作息时间不同步，更重要的是家里家外的很多事情都是由林达来处理。长此以往，林达把自己奉献给了这个家庭，但是她也是一个知识分子，有自己的事业，有自己的追求，最后，他们也走向了离婚这条路，让人唏嘘，令人难过。小说中的很多女性包括生活中自己的妻子，这些都与路遥对待女人的态度有关。再一次重温这篇百万长篇小说，我不仅仅只是了解故事情节，分析人物，我的目标是通过主题阅读（主题阅读这一术语，莫提默·J. 艾德勒、查尔斯·范多伦在《如何阅读一本书》中提出的阅读方法，指的是通过阅读大量相关的作品来思考问题）加深自己的理解，构建自己的知识框架，这是我现在需要做的，也是今后努力的方向。当然我们也需要《平凡的世界》中孙少平的那种积极向上的精神，满满的正能量，勇敢地面对生活中的挫折。

永恒的人格魅力

姚维荣

在中国当代作家中,路遥是一个有着独特价值和意义的研究对象。这位童年受尽苦辛、步入社会后历尽人生磨难的汉子,在粗犷、刚劲的陕北乡土文化和浑厚、质朴的关中文化的滋养、熏陶下,在鲁迅、柳青等前辈作家的深刻影响下,对文学产生了热诚的挚爱和宗教徒般的献身精神。在他短暂而辉煌的生命历程中,不仅《人生》《平凡的世界》等作品产生了广泛的社会影响,而且以他甘为理想奋斗、吃苦、献身的博大胸怀和坚忍不拔的人格力量,对广大读者和青年学子们产生了并仍在继续产生着深刻的影响。

一、定位——找准人生的坐标点

大千世界,芸芸众生,为什么在大体相同的社会时代背景、家庭条件和个人智商的前提下,有些人在某一领域做出了突出成绩,有些人却虚度年华,一事无成,或东撞西撞到处碰壁呢?众多的例证告诉我们,这与个人步入青春门槛后,能不能根据社会、家庭和个人的具体情况,找到一个适合自己发挥特点、扬长避短的奋斗目标有着密切的关系。路遥走上文学之路,并取得了同代人中少有企及的成就的人生历程,更加说明了这一点。

路遥的青少年时期,是一直在贫穷、困顿中度过的。五六岁时,他就开始上山砍柴,用稚嫩的肩膀帮父母挑起了生活的重担。在一边读书、一边劳动中读完小学后,以优异成绩考上县中,但家里却怎么也供不起他的伙食费了。在好心的乡邻、同学们的支持帮助下,好容易才在饥饿困顿中读完中学。接着,他和那个年月所有的同龄人一样,卷入了狂热的"文化大革命",作为一派群众组织的头头,"三结合"进入县革委会任副主任,路遥也曾有过叱咤风云的壮志,然而最终却发现:这一切不过是历史和那代青年开的一个荒唐的玩笑。他和其他农村学生一样，返乡"接受贫下中农再教育"。当农民，干苦活，路遥倒不怕。但已经接触了现代文化知识熏陶，知道了外面广阔世界的他，此时显然不能满足于像父辈那样，在黄土地里终老一生。然而，前途和出路又在哪里？反反复复地思考后，他终于盯上了文学这个灰姑娘。一方面是由于在他此前苦涩的生活历程中，能享受到的最大乐趣便是沉浸于美好的文学世界之中，自然使他对文学产生了由衷的喜爱、敬仰；另一方面也是他那不安分的灵魂在当时唯一能寻找到的精神栖息地，或许也是他摆脱在黄土地简单、沉重的劳作中终其一生的唯一途径，除此之外，他别无选择。

实践证明，他这条路子是选对了，他选准了在社会这个大坐标系中自己的坐标点。从中外文学史上众多作家的经历来看，像路遥这样出身贫寒、父亲老实本分、无权无势的有志青年，既然根本不可能从先辈那儿荫庇到从政、习武、经商所需要的条件和背景，缪斯的殿堂便必然成为他的唯一的理想彼岸。从更大的范围看，时至今日，路遥这代同龄人中，在政界、军界、商界、科学界卓有成就者屈指可数，倒是在文学领域，出现了与他成就不相上下的贾平凹、陈建功、韩少功、张承志、梁晓声、史铁生、叶辛、铁凝、王安忆、张抗抗、阿城、残雪、方方、池莉、舒婷、傅天琳、柯云路、李锐、孙力、余小蕙、张炜等数十个知名作家，成为一直活跃在新时期文坛的"知青作家群"。

确定目标后，路遥的心里便踏实了许多。从1971年起，他在劳动之余开始了文学创作。勤奋加才气，使他相继在地方小报上发表了几篇虽明显打上那个时代印记，但生活气息比较浓郁的作品。正是由于这个原因，在高校恢复招生的第二年，他便被推荐到了延安大学中文系，跨进了"自带粮票"的公家人行列，边学习边继续练笔，迈出了步入文学殿堂的重要一步。1976年大学毕业后，分到省文研室工作，后又调到《延河》编辑部，成为文学队伍中正式的一员。陕北，这块曾经诞生过李自成、刘志丹等众多英雄的地方，现在又有一个青年选择了文学之路作为自己的人生理想。后来的实践证明，虽然他的功业也许难以和那些经邦济世的政治家、军事家相比，但在精神境界、人格魅力上，他确实无愧为英雄的后人。

二、到位——确立自己的艺术自我

畅广元教授在《心灵探索者的心灵》一文中说过："文学创作是创造性极强的精神活动。它的个体性非常突出，成就与知名度成正比，由此而衍生的竞争性也是异常强烈的……文坛不同情无能之辈，你不创造、不出新，文坛就遗忘你。"这段关于文学创作特征的话非常精辟地指出了为什么古往今来渴望迈入文学殿堂者众，而被缪斯接纳者却只有极少数；而在获得作家称号的庞大队伍中，能长久在文坛占据一席之地，并使其作品传之久远者更是寥寥无几这个问题的症结之所在：那就是作家是否确立了自己的艺术自我，是否在不断的创作实践中，找到了最适合自己创作个性的题材和表现手法，并最终形成了自己独具的思想艺术风格。有些人一辈子写了很多作品，但却很难在文学史上占据一席之地，或虽曾兴旺一时却很快被时间淘汰；就是没有确立艺术自我，跟在别人后面制造了很多雷同的作品。有些人虽然作品不多，但却以其突出的成就和独特的风格而雄踞一代，光照后人。曹雪芹、鲁迅、柳青是小说家队伍中量少而质优的典型代表，对这几位大师顶礼膜拜的路遥，虽然只在新时期文坛活跃了十多年，但具有自觉的占位意识，从不多的作品产生了强烈社会反响和有可能长久留传的角度看，他是有资格成为这几位大师的真传弟子的。

从"文革"后期开始业余创作到1977年发表《不会作诗的人》，路遥的创作基本上处于练笔阶段。虽然这个时期的作品不可避免地打上了特定的时代印记，但从中却也可以看出作者不断提高的小说艺术技巧。1978年，伤痕文学掀起热潮，但是，路遥在此年9月创作的中篇小说《惊心动魄的一幕》，却显示了一种不被潮流裹挟、特立独行的题材选择与美学风范。小说发表后，即获得第一届全国优秀中篇小说奖。他自觉确立艺术自我，在文坛"占位"的"无榜样意识"，从这时起就露出了端倪。

从20世纪70年代末到80年代初路遥相继创作了《夏》《青松与小红花》《风雪蜡梅》《你怎么也想不到》等中短篇小说，但都未在文坛产生大的反响。这一阶段路遥的创作虽无大的突破，但却已基本确立了自己创作的敏感区——农村或与农村发生过联系的年轻一代的生活与理想、爱情与事业；艺术审美格调——悲壮与崇高。在"伤痕文学"与"反思文学"潮流中未能大展风姿，像其他同龄作家那样引人瞩目的路遥，在70年代末至80年代初的几年中，一边坚持创作，一边苦苦寻找着新的突破口，探寻、摸索的结果是从1981年6月到12月构思、创作出了他的成名作中篇小说《人生》。

《人生》于1982年5月在《收获》发表后，很快引起了读者和评论界的强烈反响，获第二届全国优秀中篇小说奖。围绕主人公高加林的事业追求与爱情波折，人们对他的"离土意识"和舍弃刘巧珍接受黄亚萍的负情之举展开了见仁见智的热烈讨论与争议。这种不同意见的争议直到今天也难有定评。因为它涉及对一个复杂人物复杂人生的评价。《人生》的发表及其引起的强大冲击波，给了在文学道路上执着坚持独立艺术追求的路遥一个公正的回报，同时也标志着他确立艺术自我的"占位"意识，到此已基本确立了在当代文学领域不可替代的位置。

三、超越——不断追求更高的人生目标

人生，充满了考验。战胜艰难困苦、挫折失败需要勇气、毅力；克服成功荣耀伴随而来的志得意满、止步不前则需要更加宽广的胸襟和坚忍的人格力量。对于作家来讲，前一种考验之于热爱文学而又希望以此改变境遇的人也许不难；但成功后能否超越胜利向新的目标攀登，却常常使很多人望而却步。成功容易使人满足，从而在新的更大的成绩面前停步；所以，可怕的不是成功，而是成功后停止继续穿越障碍的脚步。跨不过这道难关，他的艺术生命便就此终结，生活也从此失去了激情。如果说前一道关口是考验一个文学爱好者能否成为作家，那么后一道关口则将考验你在文学史上能成为一个什么样的作家，平庸与伟大就是这样区别出来的。

面对《人生》带来的巨大成功与火爆声誉，三十三岁的路遥就面临着这样一场严峻的考验。庆幸的是，在艰难困苦中确立了文学追求目标的路遥，在短暂的欢欣后，很快从这种表面的热闹红火中逃离出来。他从自己视为"教父"般的文学导师柳青不断向文学高峰攀登的文学道路中受到了深刻的启迪和强烈的感召。他说："我深切地感到，尽管创造的过程无比艰辛而成功的结果无比荣耀；尽管一切艰辛都是为了成功；但是，人生最大的幸福也许在于创造的过程，而不在于那个结果……只要不丧失远大的使命感，或者说还保持着较为清醒的头脑，就决然不能把人生之船长期停泊在某个温暖的港湾，应该重新扬起风帆，驶向生活的惊涛骇浪中，以领略其间的无限风光。人不仅要战胜失败，而且还要超越胜利。"经过多次反复的思虑，他终于下定决心，跨过《人生》的标杆，在四十岁之前完成一部规模巨大的长篇小说。这个构想的出现和确定，表明路遥真正超越了《人生》的胜利，战胜了成功带来的考验，迈出了向人生大境界努力的重要一步。当然，也是他从铺满鲜花的平地迈向险峻无比、荆棘丛生的高山的开始。为此，他将付出昂贵的代价。

对于一个刚刚三十出头，此前仅仅写过一些中短篇的作者来说，要向这样一个宏大的文学目标进军，无异一个刚走出小山村的孩子，立即要去攀登悬崖峭壁一样，面临的困难将是无比艰巨的。首先是要克服人固有的贪图安逸舒适的惰性。因为"要从眼前《人生》所造成的暖融融的气氛中，再一次踏进冰天雪地去进行一次看不见前途的远征，耳边就不时响起退堂的鼓声。"然而真的退回去吗？"不能！前进固然艰难，且代价惨重；而退回去舒服，却要吞咽人生的一剂致命的毒药。"因为"如果不能重新投入严峻的牛马般的劳动，无论作为作家还是作为一个人，你真正的生命也就将终结。"这里，路遥无疑是以人类历史发展的长河为参照系，对自己作为作家和一般意义上的人所提出的高标准的文学目标、人生目标。只有为这

目标不断努力地活着，人生才有意义和价值。当然，一旦确定了这样的目标，就难以回避由此带来的诸多矛盾、困难和痛苦。也正因此，古往今来凡是确立了这样人生目标并因此彪炳后代的人，都是被现实烈火烤得支离破碎的人，只剩下心灵的光芒和人格的魅力。路遥在1982年前后围绕即将投入的艰巨创作任务所进行的思考，体现了一个对文学、对人生有着深刻、透彻认识的作家不畏艰难，向更高的文学目标、更博大的人生境界进军的坚强的人格力量。这些哲理式的格言、警句，不仅对作家，而且对我们所有人，都不啻是一记战胜惰性、平庸，追求更有意义的生活的长鸣的警钟！

　　为了进一步开拓自己的精神境界，彻底清除惰性，路遥又一次回到故乡的毛乌素大沙漠。过去每当面临命运的重大抉择，尤其是面临生活和精神的严重危机时，他都要到那块进行人生禅悟的净土上去，进行精神的涅槃。这次，在大决战的前夕，他又来到这无边苍茫、寂寥的大沙漠，真正用大宇宙的角度来观照生命，观照人类的历史和现实。在这个孤寂而无声的世界里，他更加体会到生命意义的深刻。沙漠之行使他斩断了所有贪图安逸、舒适的杂念，精神获得了大解脱、大宁静，如同修行的教徒绝断红尘告别温暖的家园，开始餐风饮露一步一磕向心目中的圣地走去。

　　为建造《平凡的世界》这座辉煌的艺术大厦，路遥用了三年时间，从各方面做了充分的准备。其一是再次细读、精读了数十部中外长篇名著，汲取经验教训。其二是逐一翻阅了1975—1985年这十年间的中央、省级、地市报纸，以便对这段社会生活有更全面的了解与认识。其三是重返陕北故乡，进行生活的"重新到位"，加深对农村、城镇变革的感性体验，这几方面的准备耗去他大量的时间精力，磨破了手指，重当揽工汉受尽苦辛，但收益也十分巨大，对即将开始的创作增添了信心和力量。

四、升华——生命夭折而精神永存

　　"长卷作品的写作，是对人的精神意志和综合素养的最严酷的考验，它迫使人必须把能力发挥到极点，你要么超越这个极点，要么你将猝然倒下。"这段话是路遥历经磨难，以青春为代价完成了《平凡的世界》写作后，对创作鸿篇巨制之艰难的经验之谈。

　　从1985年秋到1987年夏，路遥用两年的时间，完成了《平凡的世界》前两部的创作。付出的代价是十分巨大的：为了安静而先后选择矿区、农村为写作环境，不得不忍受在极简陋的生活条件下从事高强度脑力劳动的巨大身体损耗；远离亲人、朋友，长年独自面对稿纸所时时产生的孤独、寂寞的感情饥渴，以至"每一次走向写字台，都好像被绑赴刑场"，写作中遇到艺术处理上的难题、关卡而几天几夜苦思冥想的巨大精力消耗……这一切，使他在写到第二部的最后阶段时，已经力不从心，"像个垂危病人半躺在桌面上，斜着身子勉强用笔在写。几乎不是用体力工作，而是纯粹靠一种精神力量在苟延残喘。"第二部结束时，他也完全倒下了。偌大的西安城，众多医院却治不好他的病。后来回到故乡榆林，一位著名老中医才将他的生命从死神手中抢回来。对于一个以严肃的态度从事创作的人来讲，写作实在是一种并不潇洒的"愚人"的职业。常常要付出很大的痛苦的代价，才能获得有限的成功。但这种为人类创造美好精神食粮的痛苦，是有价值的，正如黑格尔所说的"在一个深刻的灵魂里，痛苦总不失其为美"。

身体稍稍恢复元气，路遥便面临着人生的又一个艰难的抉择：《平凡的世界》第三部是否接着往下写？医生、朋友都劝他起码休息一年再写；他也知道自己的身体状况很难胜任这场大战役最后冲刺的艰苦搏杀。但是，曹雪芹、柳青等前辈大师们因种种原因导致长卷未尽的教训太深刻、太痛心了；人生很多事难以预料，如果他暂时搁笔后，因种种原因再难写完这部长卷，那将会造成终生遗憾；即使排除这种可能，一两年后重新拾笔，中断写作造成的情绪割裂，对长卷创作来讲，也可能是致命的，这同样会令人悔恨不已。坚持写下去，也可能将身体累垮，甚至一病不起，但生命的价值是以为社会创作的成果多少来衡量，而不是以自然年轮的长短来计算的。鲁迅就说过："与其不工作而多活几年，倒不如赶快工作而少活几年。"柳青临终前，鼻孔插着喷雾气，还在病床上坚持写作。他们寿命都不长，但比起那些尸位素餐、养尊处优无所事事的人来，其价值不知高出多少倍！关键时刻，这两位他一向奉为"教父"的前辈作家的人生观、价值观对他做出抉择无疑产生了巨大的影响。反复思虑的结果，他终于下定决心，以青春和生命为代价，去完成这最后的一搏！这是他创作历程、生命历程上的又一次超越。几年前是超越胜利，这一次是超越死亡，超越生命的极限。于是，英雄又一次踏上了悲壮的征程。"在很大的意义上，这已经不纯粹是在完成一部书，而是在完成自己的人生。"

他成功了，作为一个作家，经过六年牛马般的劳作，他终于建起了《平凡的世界》这座荣获"茅盾文学奖"的辉煌艺术大厦。像一个攀登珠峰的勇士那样，历尽千难万险，终于登上了峰顶。他也失败了，按照世俗活人的标准，他是个不折不扣的傻子、愚人。几年间超负荷的劳动、低水平的生活、漫长而孤独的艺术远征，耗尽了他的青春和心血。当他在榆林宾馆为全书划上最后一个标点符号，几年来第一次认真地在镜子面前看了看自己，他似乎看到一张陌生的脸："两鬓竟然有了那么多的白发，整个脸苍老得像个老人，皱纹横七竖八，而且憔悴不堪。"面对这副尊容，才三十九岁的他禁不住泪流满面。读至此，谁又能不为之动容动情呢？几年后，元气大伤、病魔早已侵入五脏六腑的路遥，在四十二岁的盛年永远告别了他的故乡热土，告别了无数崇拜他、喜爱他的读者，告别了这个平凡的世界。

  路遥虽然离开了我们，但他的文学观、人生观却将给一代代后人以巨大的积极影响。他热爱文学，崇拜作家，但却从不自视高人一等，多次强调要保持普通劳动人民的本色，"永远也不丧失一个普通劳动者的感觉，像牛一样耕耘，像土地一样贡献"。在事业的、人生的重要关口，他舍弃舒适安逸，一次又一次地向更高的目标攀登，直至献出青春和生命。这种坚强的人格、博大的精神境界，不仅在物欲横流、精神家园日渐被忽视的当今社会有着强烈的现实意义，而且对一代代后人，也将是极其珍贵的精神财富。他虽然只活了短短四十二年，但是他给我们留下的《人生》《平凡的世界》等优秀作品将超越他的生命而流传；他为美好理想、正义事业而不惜牺牲一切的精神，更将超越时空而长存。这就是路遥作为一个作家、一个普通人，在21世纪的价值和意义之所在。

立 秋

一叶梧桐一报秋，稻花田里话丰收。
——《节气歌》

平凡的世界，多舛的人生，倔强的脊梁，高贵的灵魂。路遥这个孤独而又隐忍的跋涉在黄土高原上的陕北硬汉，也许就是20世纪以来，中国文学版图上的最后一个殉道者。
——中国作家协会党组原副书记　王巨才

缘 起

刘瑞平

时间回到 2004 年路遥逝世十二周年前夕，我和路遥弟弟王天笑、榆林学院贺智利、摄像师刘东平以及时任清涧郝家塬乡党委书记的贺世强，踏上了寻找路遥的足迹之旅，也是纪录片的源起。当我们踏上行程时还是阳光明媚的天气，一上延安大学文汇山就飘起了雪花，当我们来到了路遥墓前已是鹅毛大雪，雪花在空中飞舞，仿佛路遥就在我们身边……

刘瑞平、王天笑、贺智利　摄影：刘东平

从此我就踏上了《寻找路遥的足迹》（《路遥》）纪录片拍摄的艰难历程，开始了全面的大量的抢救性采访。由此记录下珍贵的历史资料，其间，王天乐、路遥父母、吴天明、何西来、张锲、申易、陈忠实先后离我们而去，此书也是对他们的纪念！十五年后首次全面发表。说给路遥听！以敬读者！

我好像也是个陕北人
——著名作家陈忠实采访纪录

陈忠实　摄影：刘东平

我跟路遥认识大概有二十年了，《陕西文艺》恢复《延河》的名字，组织作者写稿的时候认识，路遥比我早调到陕西作家协会，我晚他几年才调到作协。我和路遥都是搞创作工作的专业作家，认识那么多年，我们又是朋友。

那个时候我们是作家协会里头比较年轻的，印象最深刻的一个是：关于创作。这个也是我们生活中交流最多，闲谈最多，有些从创作说起，从本土说起。改革开放初，许多优秀外国文学作品翻译过来，路遥和我都偏爱苏联文学，苏联当时的那些作家和新的作品，我们都互相介绍。路遥读书比我更快一些，我们都谈这些作家的艺术成就，对苏联文学的情绪基本是一致的。

再一个就是谈创作的印象。我印象最深的是那年我们到延安，当时路遥的《人生》刚刚发表出来。我们晚上住在一个房子，有延大的孩子们慕名而来，孩子们都想要看《人生》，因为《人生》已经发表。

路遥就给我们讲《人生》，情景讲得大家都比较感兴趣，都很感动，都急着要看作品。

第二点印象深的是路遥对陕北的情感，这个非常强烈，尽管这个情感对路遥来说，基本全是痛苦的记忆，从小一直到成年，全都是贫困。

我们都经历过贫穷的乡村生活,但是有差异,关中比陕北生活强一点,就算是粗粮,最起码还能吃饱。路遥常常处于挨饿的状态。因为在他童年的时候,这个感觉很深,贫穷饥饿几乎是20世纪50年代,尤其在"大跃进"三年困难时期,整个乡村的普遍现象。但在路遥身上体现这个东西的时候有不同于一般人的感觉。就是他谈到这些困难的时候,好像从来没有过抛弃他的故乡情感,尽管他的故乡常常带给他的是苦难和饥饿,但他的情感里头恰恰没有摒弃、隔阂、鄙视,我觉得这就是一种人生境界和人生情怀。

很多人谈到自己过去的经历,生活困难、生活困苦的,都是一种厌倦的状态。但路遥没有,一谈到陕北他就忘记了小时候的苦难和饥饿,而是温馨的情感,这个非常明显。我记得有一次我们一说到陕北,他首先说陕北地方多么的好,人多么好,唱起陕北民歌那个情感。记得第一次到陕北开陕西青年作家研讨会,去的时候我们坐的面包车,路遥在路上唱起来陕北民歌,就是他写在《人生》里的"上河里的鸭子,下河里的鹅"。这是我第一次听革命民歌以外的陕北民歌。地地道道的民歌,原生态的民歌,那个非常动人,是路遥在车上唱的,我好像也是个陕北人,两个人就一路唱,我们都沉浸在非常强烈的快乐感受中。

还有一件事我记得很清楚,我从小县城来到省作协。路遥常跟我说陕北什么都好,我们陕北的姑娘多漂亮,跟我开玩笑说,你们关中就没有漂亮女孩,我说不见得吧,你就没有见过关中漂亮姑娘,他说我现在就领你看一个陕北女孩,刚刚给《延河》编辑部临时调来一个女编辑,是一个陕北女孩。路遥就把我带到编辑部去。我还不好意思去,我看人家女孩也不好意思,路遥说你去看。路遥还正经地介绍说:"这是我们作家陈忠实,你认识一下。"跟那女孩说了几句话回到房子,他还问我说漂亮不漂亮,后来我说漂亮,确实漂亮,他说这就是我们陕北姑娘。

路遥(后排左一)、陈忠实(后排中)、贾平凹(右一)

他对陕北的情感，从人到土地都饱含深情，尽管陕北在一般人印象中就是很荒凉的感觉，可他面对苍凉和个人生活中的不幸，还是怀着情感去看故乡。这就是作家不同于一般人的情怀境界，这肯定就是作家非常好的精神状态。

路遥这个人的事业心非常强烈，对于文学的专注非常强烈，在创作上追求的境界：要达到艺术的高层次。他绝不是为了多写一篇文章，或者多写几个多挣几个报酬，在那里应付。

在当时，在文学界大家都是在思考文学的阶段，《人生》就是在这种背景下，最早进入社会视野的代表性文学作品。对一个年轻作家来说，要摈弃过去"文革"中极左的东西，要将那些创作意识恢复文学的本质规律，那不是一句话，不是一个政策就能改变的，包括我个人都经历过这个过程。

《人生》中的高加林是文学创作中的第一个复杂人物，他的人生追求，我要强调的是，他在生活层面上是个隐形的社会呼应，这个意义可能远远超过文学对他的评价。在更广阔的生活层面上和读者交流人生，不只是和城市读者的交流，更多的是和农村层面的交流。

刘瑞平、陈忠实　摄影：刘东平

我们的社会无论从中国到世界，很多是政治的社会，在这一点上路遥要比我们这些人清醒，他非常关注政治，而且是健康的、健全的政治，对当代政策的理解，国家的发展，改革的过程，他都有自己独到的见解，而不是一味地远离政治，寻求纯粹艺术性的东西。在同代作家中，路遥的年龄是偏小的，表现政治是成熟的，这些造就了非常杰出的作家路遥。

"扫一扫，不平凡的世界更精彩"

回延安
——著名作家张锲采访纪录

这次为延安大学捐书活动是由中华文学基金会发起的。中华文学基金会,是一个针对文学界在全国范围内扶贫活动的社会团体。我长期在中国作家协会和中华文学基金会工作,比较了解路遥,他是在全国文学界享有广泛影响的一个中年作家,他不幸英年早逝,我们感到非常遗憾。

张锲　摄影:刘东平

在他获得茅盾文学奖时,我是主持颁奖人之一;他的女儿,现在名叫路茗茗,原来叫路远,路遥去世的时候她才是个十三岁的女孩。远远跟随她母亲去了北京,所以跟我也就熟悉了。我们中华文学基金会当时受陕西省作协的委托照料远远,陕西省作协领导告诉远远:去了北京有事就找张锲伯伯,所以路远到了北京之后就找到了我。因为她当时是临时插班进的中学,比较困难,我们就想办法把她安排到了北京一个很有名的中学叫六合中学。

进了学校之后,远远因为各种原因和我家、我爱人、我岳母关系都非常好,我这个家实际上也是远远的另外一个家,所以我们的感情一直是很好的。这些年来远远逐渐地成长起来了,现在大学毕业了还在做美术工作,做得很好。

她有个愿望(想回陕北看看),我们也觉得很好。我 2003 年在延安参加个活动,见到路遥曾经的朋友,说起远远也大了,还没有去过他父亲的坟前看看,我们都觉得这是个很遗憾的事情。回去之后,我就给远远讲,她说:没有来,不是因为对父亲的家乡没有怀念,不是家乡的亲人不好,她对父亲很怀念的,但她当时太小,她母亲婚姻有一些变化,所以她一直没有来,但她就是希望来。就在这种情况下,了解到路遥和延安大学特殊的关系,路遥的墓就在延安大学的山后面,又了解到路遥原来的铜像失窃了,这样我们就有意带远远回到延安,到路遥的墓前看看。

在今年清明节的时候,我们带着远远到路遥的墓前祭奠他。路遥是陕西省最杰出的作家之一,在全国有影响的青年作家之一,是他的出生地榆林和陕北的骄傲,我们应该为他做些工作。

今年春节的时候胡锦涛同志到了陕北,他说:陕北是革命老区根据地、中华民族的发源地。我们就计划今年捐赠给陕北延安一部分图书。我们就趁着今年清明节到了陕西,在西安到柳青墓前祭奠,又和陕西逝去的老作家他们的亲属见面。明天我们就要为路遥雕像揭幕并祭奠。

我们这个活动是很有意义的,路遥的创作在陕北在全国都有很大影响,他去世时确实很年轻,过去获得茅盾文学奖的作家一般都是年纪比较大了,路遥获得茅盾文学奖时年纪比较轻,对于他的不幸早逝我们也感到很遗憾,觉得很悲痛。我们都有一个心愿,和我同来的还有其他一些路遥的同学,包括在延安一起工作过的,延安的老领导王巨才同志,延安的副书记还有北京大学的导师严家炎教授,以及何西来、白描等一些人,大家都怀着对路遥的尊敬和追思的感情来到了延安大学。

回想起路遥获得茅盾文学奖后,颁奖时候的情景。他是比较年轻的,比较低调,比较谦虚,但还是蛮高兴蛮激动的,也是蛮英姿飒爽。茅盾文学奖是我们中国作家协会举办的各种奖当中,影响最大的,规格最高的,获得茅盾文学奖是一个很大的荣誉。继路遥获得茅盾文学奖之后,陕西省作家协会主席陈忠实同志也获得了茅盾文学奖。

我认为路遥、陈忠实、贾平凹,还有陕西的很多作家,他们都是新一代的作家,影响比较大的优秀作家。陕西作家的文学传统是比较长远的,对中国的文学都做出很重要的贡献,我们对陕西作家的这个文学沃土,应该表示感谢。

路遥在中国去世的作家当中,在获得茅盾文学奖的作家当中,是很突出的,他当时连续几个作品都很好,打得很响,改编电影、电视剧、小说都相当好。如果苍天给他更多的怜悯,路遥会对中国文学做出更大的贡献,路遥的去世,对于榆林、对于陕北、对于陕西、对于中国都是一个不可弥补的损失。

"扫一扫,不平凡的世界更精彩"

他的作品是拿命换的
——著名文学批评家何西来采访纪录

路遥是我接触的一个文化人,应该说在咱们陕北当代文学史上一个优秀的作家。陕西的文学创作从柳青开始就有一个风格,一个流派,他的宗师就是柳青。这个流派当中现在最有影响的两个作家,首先就是作家路遥,另外一个就是陈忠实。他们两个创作当中都深受柳青的影响,把他们看作柳青的传人,他们都是在延续柳青的文风,都又有发展他们各自的思想。

何西来　摄影:刘东平

他俩的创作在艺术层面上,在传统艺术手法的基础上有所前进,一个流派是一个创作学派,要有充分的生活历练,作品中能够看出历史的现象,同时能够看出他们个人的发展。

路遥写的是当代生活,他的《人生》《平凡的世界》都可以看出,都写的是现实生活,而且都是改革开放前后,密切地把握着当代生活的朦胧的脉搏,这个正好也是柳青的特点,都是密切联系当代的社会生活。不管他是写农民、知识分子、知青,就是有一点,他反映出来的,就是我们整个社会在这个变迁的过程当中,在当代农民完成他的社会身份转换过程当中所经历的这种悲欢离合,他们那种心劲,那种使命,那种历程,这就是路遥作品的伟大之处。

虽然说路遥去世了,但是他的作品还在大学生中间流传,都在读他的作品,可见他作品的生命力。他当时不解的问题现在依然有现实意义,人们在阅读当中还可以得到启示,获得对生活的认知,同时获得了信心和力量。

从这个角度来看,路遥是以柳青为启蒙的现实主义特色创作流派的创作中坚人物。在他后面陈忠实的《白鹿原》比他更晚一些,他们都应该是陕西的骄傲。一个是以关中白鹿原为特色,一个是以陕北这块土地为特色,这是两个代表性的作家。无论是路遥还是陈忠实,他们都在柳青跌倒的地方前进了,比他们的宗师更高一点,形成了一个更大的特点,他们应该被历史记住。

现实主义的创作手法,从20个世纪50年代开始,现实主义实际上就被利用了,革命现实主义、革命浪漫主义出现了很多。大家都知道现实主义一般写民众生活的苦乐,一方面是老百姓都苦,那另外一方面,就出现了假、大、空的拔高。像这样的一些作品出现了,任何现实都没有了。所以到"文革"平复的时候,路遥的《人生》在全国引起了巨大的轰动,他就是抓住了当时的老百姓,也包括一部分农村青年中的小知识分子特别关注关心的一些问题。所以他写的故事,关注城乡接合部,关注几代农民的生活态度,农民身份转化的问题,一个个非常深刻的社会问题,在现实中这些平凡人物的命运。《人生》的出现是新世纪文学现实主义的回归,是贴近现实生活的,在这一点上文学回来了。

路遥的作品本来就是写的现实生活,之所以能触动那么多人的心灵,就是通通来自生活,这也是我们陕西文学的主要特点。所以我觉得路遥尽管已经去世了,但他是我们陕西一位杰出的作家,他对生活的判断是正确的。

评论家都很难预料到一个作品的将来,看他作品现在的影响来推断将来的影响,但是我们应该坚信路遥的作品能够传世,江山代有才人出,各领风骚数百年,他的作品有强大的生命力,他的作品还在读者当中,还在大学生当中有那么强烈的反响,有那么高的评价。

路遥是陕西当代文学史上为数不多的几个影响大的杰出的作家之一,是我们陕西文坛的骄傲,是我们中国当代文坛的骄傲,路遥作品写出人性,写出了人的那种奋斗精神,不固守不止步攀登,不懈地在人生的道路上奋斗,不管碰到了什么,有这股劲头。我们人类之所以发展到现在,就是因为有这种精神,有一些杰出的人物,他们还在前进。比如《人生》中的高加林,有人从这个角度来

刘瑞平、何西来 摄影:刘东平

看，有人从那个角度来看，但是他的精神，他向上的精神，不屈服的精神，要改变自己的命运的认定，都还是带有共同性的，所以也能引起共鸣。

路遥的这种精神，是艺术的一种全人类型，他的作品能够激发人类的民族精神，能够补充丰富他们的人性，他的作品是拿命换的，是生命的格言，是自己本身的生活经历。

路遥生前说过他很贫穷，他不是一个富有的作家，他是一个平民作家，他的作品当中没有贵族，他关注的是下层民众的生活，这点非常令人钦佩。他在非常艰难的情况下从事创作，身体也不好，在这种情况下得了肝病，马克思也是得了肝病去世的。路遥用生命的力量创作作品，体现了一个作家的敬业精神，他的作品是拿命换的，他是黄土地上孕育出来的杰出作家，他的作品是杰出的、不朽的。

"扫一扫,不平凡的世界更精彩"

一颗闪亮的文学明珠

——北京大学教授、博士生导师严家炎采访纪录

严家炎　摄影：刘东平

我在 20 世纪 80 年代初，读路遥的小说《人生》，到后来的《平凡的世界》，虽然没有读完路遥所有的作品，我读得也不算多，但是我从路遥的作品中感受到他的那种激情。他那种对人生的抒情，美好的憧憬，都是令人感动的，而且还是有深度的，相当深刻。

他面向生活，直面生活，从生活出发。比如说高加林是什么样的人？算不算新人？他不是从某种固有的观念出发，他是从生活出发的，确实在生活里边观察了很多很复杂的人和现象，然后通过他感情的孕育，饱含着深情写出来的，所以我相信他的作品是能够打动人、感染人、教育人的。

很多人对路遥的作品比较赞赏，路遥可贵的地方是他的作品不是从某种概念出发，某种固定的标准出发，再复杂的人也是可以在某些作品中需要的、表现的，我觉得他是一种突破，尤其是在 20 世纪 80 年代那种条件之下。他的《平凡的世界》能够获得茅盾文学奖那不是偶然的，他是从生活的实际出发的，他打破了一切固定的框子，真正把自己对生活的热爱和激情通通融进去，跟他的人物一起浸泡在美的色彩美的感情中，所以永远都能感动人。

对于《人生》中高加林这个形象，我觉得可以从某一个侧面进入人物的心灵中去，不能以一个人来评论一部作品的价值，但他有重要的艺术价值,所包含的社会意义很丰富。他未必比正面人物差，从艺术上面塑造得更成功，饱含了路遥人生经历中的所

有认识,是一个非常成功的艺术形象,经得起反思,写出了社会转折时期年轻人当中的一类形象,他确实有他自私的方面,但不能以这一点来概括一个人物的意义。

路遥的作品能在中国乃至其他国家成为长销书籍,这是非常好的现象,值得重视的一个现象,说明作品本身是用艺术树立起来的。有些复杂的人物,他能够打动人,能启发人们去思考,从他的社会意义到思想价值,包括某些从反面去分析它,都是有价值的。

路遥的那种真诚,那种使命感,那种对人生的态度,都是我们今天在文学里面值得提倡的,他的名言"像牛一样劳动,像土地一样奉献",这是他自己的写照,而且是我们文学界值得学习的一种态度。

陕北是一块了不起的土地,不但孕育了我们民族的文化源头,人文源头,而且孕育了近代的中国革命史里一些重要篇章,也是革命圣地。

路遥的英年早逝对中国文坛是一个损失,我们感到非常痛惜,但是我们不能悲观,路遥的这种精神力量可以哺育很多人,很多年轻的作家,他们通过路遥的作品,通过路遥的生活和人性,取得某些力量,得到更多启示。

路遥的价值不一定那么显眼、那么快地被人认识到,但终究会被有眼光的文学史研究者所发现和认识,给路遥在中国文学史里书写应有的一笔,会认识他的价值的。

路遥看起来平凡,但平凡里蕴含着深沉,是一颗闪亮的文学明珠,他体现了陕北这块黄土地上埋藏的宝藏,他的价值有待于人们去认识,我坚信终究会被历史所认识。

"扫一扫,不平凡的世界更精彩"

叫声哥哥你快回来

——电影《人生》导演吴天明采访纪录

吴天明

路遥从始至终支持《人生》这个电影,一直到后来首映去贵州、湖南、四川、陕北,去了好多地方。说起路遥这个人,那真是英雄。四十二岁,他就走了,上帝太不公平了,这样一个有才华的人,真是非常遗憾。1989年,我去美国访问,一去就给他办访问学者的事情,美国爱荷华大学已经谈好了。1992年初,手续办完了,马上就通知他说:你快动身啊。可后来就接到他去世的消息,就突然离开了。

这几年跟朋友在一块儿聊的时候经常说起路遥,路遥对国家民族的命运的那样一种忧虑,对社会问题的一种关注。这个人是心很重的人,他写《人生》写《在困难的日子里》以及后来写《平凡的世界》,可以看出这个作家,他有一种责任感,一种对国家民族的这样一种深厚的感情。像路遥这样的作家,如果说是继续创作下去,将来会是一个非常伟大的作家,所以这个真是非常遗憾,所以这一系列作品中我觉得《人生》是他分量最重的。当时在得到这个小说的时候,是因为跟我的人生体验非常接近。在我周围这些朋友以及我们自己的一些生活阅历,我非常能体会到他所要表达的一些东西。路遥写的这些事情,实际上是写自己和自己周围的兄弟、姐妹、朋友,写这些人的故事,故事深含的就是很多社会的问题,当时的社会存在的问题,触及社会生活的很多方面。他的感情、忧虑都埋得很深。通过这些人物的命运,刘巧珍、高加林所揭示出来的,就是当时由于社会的很多不公,造成这样的一种腐败现象,人际关系、走后门,高加林的命运就是被这样一些人际关系给挤到一个死角上去。你像拍高加林的叔叔从新疆回来就任了地区劳动局长，回乡来探亲，在窑洞内那场戏。那场戏，我是流着眼泪拍的，两个窑洞中间一个通道。那个镜头从这边包饺子开始摇起，人们在擀面的、说笑的、剁菜的，从外头拿进来柴火往灶里添的，然后到另外窑洞坐了一炕，地上站了很多人，炕上坐着他叔叔。那个村长高明楼说：你还记得小时候偷谁家的枣，偷那个这个的，德顺爷爷的枣子吧，叫人家把屁股都打了个窟窿，就看着大家眉开眼笑非常热闹。为什么我是流着泪拍的？这场戏跟我的生活体验是连在一起的。我父亲1936年参加革命，是安康原地委书记，在"文革"中被莫名其妙地关进了监狱，关了两年半，这时候我母亲带着我和弟弟妹妹从陕南回到了三原，我们家的农村亲戚几乎都不来往，当时朋友都找不到，没有钱。我跑了临潼、西安、渭南跑了好几个县，跑了五六天去找那些过去我父亲的战友借钱，最后借到了一百块钱。是临潼县一个姓李的叔叔悄悄给的，都怕被连累了。我当时工资只有三十七元五角，回到家乡两年来，家中都没有人晚上来舅家、姑家偷偷地看一下。

两年半后我父亲放了出来，回到老家三原县，那个人山人海啊，五天吃掉了五袋面粉。老头儿从天不亮就有人来看望，一直到夜里一两点还不走，一天就这样。监狱出来，身体很虚弱，就躺在炕上跟这些亲戚朋友战友说话。监狱里坐牢两年半居然把工资退回来了，三千多块钱。几天里只剩几百块钱，其余统统都被那些穷亲戚给借走了，到现在老头已经死了有二十多年，没有一个人还钱，根本就不可能再还。那几天热闹得，最后没办法弟弟就骑自行车把老头带到另外一个村子，藏在一个亲戚家里，他不能再见客了，不然就累死了，就是这么一冷一热两相对比。

高加林在困难的时候，一个民办教员都让给扒下来，让高明楼的儿子给顶替了。他叔叔一回来，出现了这样一个场面，就是这一冷一热对比。社会的人情世故，世态炎凉，所以拍这些戏的时候是亲身感受，路遥把这些东西都写出来，真实反映中国人生活的这个环境。

巧珍结婚是为啥？她那么爱高加林还要去嫁给别人，那真是无可奈何。那种人生的境遇，那种遭遇，那么爱高加林，却不能嫁给他，嫁给马栓。马栓又有啥不好？没文化，一个普通的农民，但凡是农民能享受的福这辈子都让巧珍享了，心多好多善良的一个年轻人。但是这不是巧珍的爱，巧珍就嫁给他，鲜花插在牛粪上，巧珍的悲剧。可马栓是喜剧吗？幸福吗？所以路遥抓取生活中这些普通东西，他写中国人的生存故事，中国人的命运，中国人是怎么过来的，所以后来我拍《老井》也是这样。所以写啥呢？你表现什么呢？在东京电影节上，我跟记者说：要告诉你们中国人是怎么活下来，还要怎么活下去。实际上这句话跟《人生》一样，《人生》要告诉人们中国人就这样，包含了很深厚的文化底蕴，中国的优秀传统文化，方方面面地积累下来。包括社会政治因素造成了中国人的一种生存状态，是福？是祸？是喜？是悲？说不清，而路遥抓住了并展示得淋漓尽致。

看完《人生》，很多观众都坐着不走，悲哀、同情、怜悯、愤怒。一个作家他观察社会入木三分，然后从社会生活的方方面面，提炼一组人物和一连串的故事来，展示他想说的话和想表达的主题。他只是一个作家，是个天才作家，可平常看闷闷的，但脑子灵活得很。《人生》前期采景的时候，路遥每天陪着我们满山沟转，延川、清涧、米脂、绥德，把那个山沟沟都转遍了，走到哪打个电话，有好多乡长书记都是路遥的同学，提前给杀一只羊，一车人就去了，吃人家一只羊，吃完嘴一抹就走了。

采风的时候路遥比我胖，走到哪他都跟在后头。我说："你就不要去了嘛。"他说："我要跟你去，好玩。"他的心情很压抑，很少有这种轻松的时候，真是很难得，就跟着我们摄制组。有次上山，车上不去就爬，于是我爬到山顶了，他和那些摄影师、美术师还在山底下，路遥就喊："吴天明你狗日的，是个疯子。"这时候剧本也要改出来，改剧本很苦，剧本好了、采景好了，就等着拍了。

路遥对国家民族这种现状与未来，对我们民族的这种精神状态的忧虑在一般人之上。

在甘泉县招待所，路遥改稿熬夜熬得天快亮了，才能睡觉，早晨九点钟正是他睡觉的时候。路遥写的文章有篇是《早晨从中午开始》，早上九点钟是他酣睡的时候。有一天我起来了，路遥住的窗户外头，围了二三十人，都是服务员，这个人动静吧，就感觉不一样，打呼噜，这个震撼力啊，像他的作品一样有震撼力。晚上安静，注意力集中，他晚上写作。

下午起床后，大家都很轻松，聚在一起聊一聊，大家谈谈自己的想法，然后就有主意了，吃了饭后散步，十点以后才开始动笔呢，夜深人静了才写一夜。后来他说过，写完《平凡的世界》小说最后一句话，他推开窑洞的窗户把笔扔出去，痛哭流涕。我感觉路遥写这些东西、写这些人物、写台词写语言写行为动作，那是全心全意地投入进去。我在写这个剧本的导演工作台本时，经常是热泪盈眶，因为你体会到了，你理解了，你那个镜头语言表现出来，才能感动人。比如巧珍结婚，为啥要流泪？一般观众看挺热闹，其实这个里头的内涵，编剧、作家、导演，他是揭示内涵的人，他用外表上看来那些好像热热闹闹的一场戏，内涵却是一种悲剧，这是个很生动的人生悲剧。后来拍摄刘巧珍的戏，我拿了眼药水给她那个纱巾上挤几滴"眼泪"，就是一滴水，就是那一个特写镜头，点睛之笔。演员当时那个泪不可能流在那上头，也不可能那么大一个点，那就有点艺术夸张。演出后观众一看，啊巧珍哭了，巧珍的悲哀，心里痛苦。比如拍高加林的叔叔那场戏，那是热闹啊，那镜头运动节奏很快，包饺子，我吃你吃，热闹得很，节奏欢快，但是那是一种悲剧。你只有理解了把握住这场戏内涵是什么，你感觉连起来看才感人，你如果不理解，在那瞎拍，观众跟你糊里糊涂看，你没有揭示出来。即使揭示出来你还不能太露骨，还得很含蓄。所以说这个导演和作家一样，实际上导演比赛的，不是比赛技巧有多么高超，结构多么现代化，什么色彩用得多么华丽，镜头运动多么花哨，比赛的是你对社会对人生的理解和把握。你看世界上的大作家、大导演，哪一个电影、小说是耍花架子的？都是实实在在的，他刻画的是对社会人生理解的深度。

平实的一个镜头就能互相衔接，节奏很平实很质朴，但是他揭示了一个人类的主题，这是大艺术家，要是耍花招，基本都是半瓶子醋。

其实高加林、刘巧珍这两个人我都喜欢，巧珍从心里头喜欢，就是像陕北好多观众看了以后说：娶婆姨就娶巧珍。我也希望娶一个刘巧珍，这是我们的传统观念，就是希望有一个这么温柔这么体贴的媳妇在家里头，咱这个观念不现代，但是这是一般的中国人，尤其是传统的一种价值观，所以就想这个形象人人喜欢。吴玉芳得百花奖，是这个角色给她争来的，人们同情这个角色，所以把这个百花奖就给她。

高加林呢，这个人物在电影的把握上，让观众感觉到对高加林的责难多，这就是观众误读误看，这是一个现代陈世美，其实不是。

如果说后来认识到的话，就不会从镜头上、戏上给他那么多的指责，他也有痛苦，这是一个不安定的灵魂，他是一个拼搏前行的青年，但由于他抛弃了巧珍，引起观众对他的谴责。如果再阐述高加林他这样做就是要奔前程，要活人，要出人头地，要成大事，那么这些东西对他来讲就不是那么重要，就像现在很多政客一样，很多人为了一个目标，不择手段，当然作为一个人品质来讲，有些问题。

好多人苦难比路遥多，但是完了就完了，谁也不知道对不对，写又写不出来，这种苦难对一个作家来讲这是财富，这是他创作的源泉。我觉得路遥正因为他经历了那么多东西，加上好读书，好学，勤于思考，他自己有文笔，成为作家。现在中国有几个真的作家？像路遥、陈忠实，他们对社会的洞察、分析问题的能力，是丰富的生活、知识积累起来的。

看到一种社会现象，他就能挖掘这种社会现象本质是什么，你比如说，这个巧珍结婚，你可以写一场普通的结婚，热热闹闹，但内涵是揭示了一个社会问题。

谁都想当英雄，我也想成为英雄，男人干事业就是一种成就一种追求，这是一般的男人基本都有的，包括一些没有文化的男人，在村子里头他也不想当狗熊对不对？所以这个做男人，男性本身就有一种雄性激素刺激，非干大事不成，路遥就是这样一个人，他的雄性强得很。

我是踩着路遥的肩膀走到这个高度的，不是谦虚，这是真的，没有路遥的作品我哪能拍出《人生》来。我就是再多的生活，也写不出来。别人给我介绍了《人生》，一看我就跑到了路遥家里去了，这作品非给我不成。一见路遥面，我根本就不认识："你那个作品我拍了啊。"路遥说："你是谁啊？"我说："我就是吴天明嘛。"说着说着我就激动了，路遥说："就给你吧。"这个作品当时在全国影响很大，当年跟《高山下的花环》同时上映，这是当年上座率最高的两部电影，《高山下的花环》是官方推出，《高山下的花环》那个官方宣传力度很大。

当时有位领导说：《人生》是颂扬个人奋斗的，我没有看，但是我的警卫员看了，歌颂个人奋斗有啥好看的。其实路遥都是从人民当中，深入生活体恤老百姓，这些东西都是他从生活体验当中概括出来的，经过提炼出来的，这不是随便写出来的。

加林望着县城星星点点的夜，把盒饭扔在河滩上，我为什么不能在这里？我比他们低一等吗？这是他们的天下，我就是担大粪的吗？其实这就是路遥的人生。

"扫一扫，不平凡的世界更精彩"

阳光明天见

——路遥四弟王天乐采访纪录

路遥,对我来说,无论在什么时候,都是一个沉重的话题,无论他的童年,他人生的过程和他的故事。我们既是亲兄弟,更是心灵上可以沟通的朋友,没有任何障碍。他四十二岁就离开了这个世界,对我和我们这个大家庭,这种打击是可想而知的。

王天乐　摄影:刘东平

路遥本身就是个很沉重的人,特别是他选择了文学这条路,自己过得很苦。他写作的方式和其他作家有些不一样,比如他的《平凡的世界》《人生》,他捕捉生活和体验生活的方法和其他作家不一样,有的作家可能紧跟潮流写点东西,下去就深入生活,路遥经常嘲笑这些做法,他觉得:体验生活的方式很多的,但必须要和普通人的心灵贴近,才可能做一种交流。

有一个夙愿没有完成,这是我和他的终生遗憾,原来我们想回家过一次年,这个年,就是回味过去的东西,总结我们的一段历史。在我们这个庞大的家庭,我们两个就是主事的,就想在家乡清涧王家堡,过个团圆年,但由于各种原因,大部分是他后期创作,而根本没时间,这是我们最大的缺憾。

路遥在童年时就离开了我们家,这种影响伴随着他一生。他七岁的时候过继到百里外的我大伯家,那时我大伯不准备供他上学,就准备让他干活。当时,我的奶奶还活着,她身体不好,就住在大伯家,因为大伯没有子女,路遥就是长孙,所以奶奶就把路遥把持在自己身边。

在我能记事的时候,父亲的主要任务就是把八个孩子给别人往外送,因为孩子太多,顾不过来,就他一个人劳动。我们兄弟姐妹都是一个比一个大一两岁,所以父亲当时一直考虑把我们过继给别人,希望我们能吃饱肚子,能生存,那时的陕北乃至全国都很困难。

路遥那时寄人篱下,面临的就是劳动,当然,他是不甘心的,他在十岁的时候就懂得了:只有念书才能拯救这个大家庭。路遥离开了我们这个村子,到另外一个村子,他目睹了他的父辈,就这样劳动。

路遥在我们家里的时候,他已经会主动去砍柴了,临走的前几天,他砍了很多柴,堆得一排一排的。他那时候就特别有审美感,把柴捆得很好,整整齐齐的,就像工艺品一样,那才是个七岁的孩子。他后来和我讲:劳动固然是一个很伟大的职业,但是我们祖祖辈辈要靠劳动改变生活方式是不可能的,所以必须读书,哪怕当一个农民都应该是清醒的。他这种离开土地的想法,不是说奋斗目标就是要离开土地,他一生不愿意看到这个情景,他就觉得:我应该是,在这个土地上有文化的人。所以他后来追求的爱情什么的,都是一种向往,渴望更遥远的世界,憧憬更美好的生活。但是苦难的、心灵创伤的童年就刺激了他整个后半生,那种烙印是非常深刻的,他就觉得每天起来面临一种要活下来的欲望。

路遥曾讲过:每当春天来临时,他就到山峁上,刨开土,发现草已经长出嫩芽的时候,他就会泪流满面,他就觉得,人就有希望了,能活下来了,大地终于回春了,我们与春天同在啦,大地会像上帝一样拯救我们。

路遥每当看到玉米发芽长高,一场雷雨过后,那种绿色清脆的情景,他就特别地敏感、激动,也许是触动了他童年的记忆。

"文化大革命"后,路遥的第一部小说作品叫《惊心动魄的一幕》,这部作品是路遥第一次中性地反思"文化大革命",他认为"文化大革命"是无胜利无失败的一场内战,这种认识在当时是非常不容易的,没有亲身体会感受,这部书是写不出来的。路遥当时才二十八九岁,一个小伙子就开始写这么大的一个主题。实际上他的生命是短暂的,他个人的生活质量是很低的,但是从一个人生命的长度来说,他的生命质量是很高的。

路遥喜欢下雪天和下雨天,他讲:只有雪天雨天外面的世界才是干净的,心灵只有这个时候才能闪现出它的纯洁,因为杂乱的外面世界,这个时候才被覆盖,就成为暂且没有任何杂质的世界。

"文化大革命"开始的时候,路遥才十六岁,就积极地参加。他很高兴:我一定要在这场运动中吃饱饭,我一定要把肉吃够,我一定要第一次穿到裤头。什么叫穿裤头的感觉？就找到他最原始的那种东西，就萌发：白馍是不是能把人吃够？肉能不能把人吃够？穿裤头睡觉和穿线裤睡觉是什么感觉？这就是萌动他的初终。我必须要参加进去，一定很好。两三个月的时间就把路遥给吃够了，他曾骄傲地告诉我：凡是猪身上的东西他都吃遍了。但是到了后来就不一样了，成了另外一回事。

二十岁的时候，路遥就当了延川县革委会副主任。不到一年，他领导过七万人，大小打过五十多仗。但是他属于保皇派，他保了好多老干部，为什么他后来能活下来，就是这些人很快又掌握了实权，拯救了他。像延安大学申沛昌老师的哥哥申易，原来是延川县委书记，就曾不惜一切代价把路遥推荐上大学。由于路遥"文革"中的问题，经过了一年的隔离审查，在申易、申沛昌等一些人的努力下，路遥终于如愿以偿上了延安大学。

路遥觉得，他不能搞行政，因为"文化大革命"的阴影会伴随他一生，所以他选择了文学。路遥在十二岁的时候就懂得了他应有的责任，他的责任就是不能荒芜自己一生，他必须认真地走完每一步，这不是组织要求还是其他要求，这是他心灵深处自发的一种要求，所以他主动放弃了搞行政，开始他漫长的最艰难的文学道路。

路遥苦难的童年一直都是靠他自己，尽管父母都在，伯父伯母都在，但奶奶很快就去世了。他认为他是这个家里最大的，家里的每一声哭泣，每一声长叹，都会引起他的震颤，他就有一种责任感，这个时候他就由家庭而开始思考社会，思考我们陕北这个地方，思考我们这个阶层，思考我们普通人在人生中遇到的困难、问题、悲欢离合等多种事情，然后就纳入他、交替到他的文学中去。

路遥认为文学非常中性，非常个体。他曾经选择到新华社去当记者，他的目标刚开始就是记者，新华社当时的社长一再做工作，想让路遥到新华社去，后来是路遥紧急刹住了，他认为"文革"这个阴影，还会找他算账，他必须走文学道路，哪怕"文化大革命"把我判刑了流放了，我还可以写东西。文学可以穿透好多的历史事件，又可能传教好多真理。

"文革"时候的影响对路遥也是一个很大的代价，但同时也充实了他自己，他就比同龄人对生活有了更深刻的理解，也为他当作家奠定了基础。

"文革"的经历让路遥从心灵上、从对中国问题的考虑上，比如说对社会的考虑，对人民命运的考虑，对中国体制的考虑，进行过认真的反思。人一旦左右了政治，左右了社会，左右了一切的时候，靠个人根本没办法扭转，所以这个时候他就想，普通人在这种体制下的，一个理性的思考。所以路遥放弃他所要的这种职业是经过深思熟虑的。

路遥认为文学来得太突然，"文革"来得太突然，在"文革"的整个过程中，他没有看清他自己到底要干什么,也没有看清中国人到底在干什么,所以他写《惊心动魄的一幕》,告诫人们,这是一场内战,这是一场无胜利、无失败的内战,整个民族为此付出代价。当时实际上是一篇声讨"文革"的作品,所以全国的各大刊物通通给他退稿,全都不敢发,只有《当代》的总编把这个稿子留下来,而且获得了当年的中篇小说奖。这就是改变路遥文学创作的一个命运。

路遥没有写过反思性的东西,他认为这样太脆弱:我们一个诚实的中国人,一个诚实的民族,不应该对这些东西痛哭流涕,自己把自己的伤疤舔干净,抚育好,再跳上自己生活的战车向前推进。如果我们哭哭啼啼停留在一个历史事件上,那会延误整个人类进程。他当时就这样讲述的,批驳过这些东西,但是他不会写文章来批驳,他说:这是民族不成熟的表现,一个作家不成熟的表现。为什么要伤痛?为什么要反思?我们这个定义应该是超前的,我们觉得是荒唐的,无胜利的一场战争,那是什么样的战争?

路遥完成《人生》以后就想下一步怎么办?他的目光很少注重中国作家,他关注的中国作家只有柳青,柳青不仅教育了他,更是身体力行地感染了他,帮助了他。《平凡的世界》第二部柳青是责任编辑。

路遥最崇敬的作家是俄罗斯作家托尔斯泰,他认为中国一直没有出现过大家(国际级的)。中国作家只要一篇作品,甚至是短短的一篇作品成名以后,就可以在文学的行当里混一辈子,就可以不停地给人写序,不停地炫耀,这篇作品的含金量太大,所以这是路遥最鄙视的。

路遥认为他在四十岁之前必须完成一部像《战争与和平》一样的大作,尽管可能达不到那种高度,那种广度,但必须要在四十岁之前完成一部百万字的长篇小说。他认为百万字的长篇小说,按规律,一般都在四十岁之前完成,再以后就成了精雕细琢。他对托尔斯泰的崇敬,就是一个丰碑。他目光始终盯着世界大家,这是自觉提高自己的一种做法,尽管可能很渺小,很脆弱,很狂妄自大,但是中国人,中国文学家必须有这种底气,这种素质。

路遥从不批判诺贝尔文学奖为什么不给中国作家,他说:中国就没有获得诺贝尔文学奖的作家。什么时候民族成熟了,国家富强了,可能会诞生这样的作家。路遥觉得他的《人生》只是抛出的一颗小小石子,仅仅是他文学的开始,所以他更大的作品会接踵而来,包括《平凡的世界》,他都认为是青春作品。

路遥说青春是美丽的,就像阳光、空气、水,就像科学、自由、民主,年轻人是一个民族的希望,是未来的希望。我们能在我们这个年龄尽可能关注他们,关注他们的命运,关注他们的未来,我们某一天坐下来可能写沧桑的老汉,可能写沉重的心灵,但是我们必须要给一个民族青春的、浪漫的、灿烂的、辉煌的、美丽的,这些词要给他们。

如今，大学生为什么还在读《平凡的世界》？永远都读下去？因为它是青春期作品，它有纯洁的爱情。路遥对爱情的写作，在那么浩大的作品里面从来没有玷污爱情这个主题，他对爱情是纯洁的，他认为男女之间如果出现一种非纯洁的东西，那是社会的责任，不是作家的责任，不是人本身的责任，这就是社会堕落的一个表现，若你写到作品里，都是对人类不负责任的一种表现。他说任何一个国家，你都可以把男女之间描写得非常沉沦、非常堕落，任何国家都可以找到，但这不是作家要干的事，作家要提高那个民族的整体文化素质，要推动整个社会变革向前走，要指引出一条灿烂和光辉的道路，而不仅仅是记录这些，这些东西都是一些小报关注的，社会的主流应该是作家永远要把持的，这就是他对感情的看法。

他的作品从《在困难的日子里》开始，到《人生》，一直到《平凡的世界》，这三部作品是路遥最主要的作品，这三部作品，包括他过去的一些中篇小说，都是一种青春期作品。他计划的下一部作品，是在另外一个阶层投入的创作，才开始动笔，他说他在这个年龄当中应该怀着一颗非常纯洁的心，给大家展示出一种人与人之间的情感。

路遥所有的作品都没有离开陕北，他三分之二的时间就在这些地方度过，他常常在开春的时候，一个人默默地背个包来了。有时候他就深入到黄土高原的腹地，他看见猪圈牛圈旁边的杏树，开出那么好的花的时候，路遥就告诉我，假如没人的话，就会放声痛哭。我说为什么？他说美嘛！苍凉的北方花为什么开得那么漂亮！这就像我们一个有责任的人要对土地负责，应该对普通人的命运负责。尽管它们生存在猪圈的旁边，但它们照样能妆点世界。

所有他在陕北产生的这种灵感，有时候他可能自己都说不清，但他就觉得特别美。比如说他突然在山崖上看到一朵山丹丹花，生长在杂草丛生中，他就会精心地观望它、看它，肯定舍不得把花摘下来，他就两三个小时都在那儿发愣，他的童年就奠定了他对美的一种特殊的敏感，因为小时候他顾不上观花。到了这个年龄，他突然感觉到这么荒凉的地方，原来是这么美的，而且在陕北，你要在开花的季节来，你会有另外一种感慨。

我觉得路遥经过六年应该是灵与肉的折磨写完《平凡的世界》。在他写完最后一个字，把笔扔到窗外，我觉得这是一种瞬间的解脱，不是对文学的一种厌倦。六年来，他太沉重了，这种沉重不是对创作的沉重，当然，创作给他带来很大的压力。写作的过程，整个把他这六年就拘禁起来了，他和整个社会都失去来往。他的语言功能都下降了，城市的一切生活，他已经开始不适应了，比如对红绿灯都不清楚，红灯让人过还是绿灯让人过？而且《平凡的世界》写完好长时间，他走在西安东大街的时候一直就拉着我后边衣服的一角,过马路拉这么一下,尽管我不看他,我就能感觉到他含满泪水。

六年的生活是一种禁闭式的生活,是一种完全丧失了另外一种意义的自由生活,这六年他什么都没有,到这个地方写作两个月,他基本不动,也不说话。服务员来打扫卫生,打扫完走了,他站在窗前思考一会,然后就开始写了,开始翻阅资料,开始投入创作。他甩这个笔,但他肯定还会把它捡起来,因为这是他的武器,是他生存的唯一支点。但是到了瞬间他就觉得这个完了,终于做完了,他跟我讲,就觉得咱父亲把一块地种完了,种得非常好,就把老䦆头一下丢在半边,长叹一口气,仰望一下蓝蓝的天空,晒一下太阳。

六年来,当阳光从窗户透进来的时候,他就想我今天抽出一小时,一定去晒太阳,因为他太渴望太阳了,然后把夹着一支烟的左手伸到太阳底下,就告诉自己,我已经在阳光下了,右手还在不停地写,等到他把这章全部写完的时候,夜幕已经降临了,自己长叹一口气说:"阳光明天见。"就是这样的一种折磨。现在经得起这样折磨的作家,很少很少。

路遥一生渴望爱情,他认为他和凡·高的命运是一样的,和社会上很多大家的命运是一样的,但是六年来没有得到过爱情。六年,这种悲苦的生活,基本是一个流浪汉。他在随笔当中写道:在一个煤矿里,当一个煤矿小小的火车站一声火车长鸣,他认为有一个人来看他了,他把笔放下,赶快到火车站去接,尽管知道这是自己骗自己,但他愿意是真的。当他去的时候,正如他的判断整个车站一片漆黑,他就会沮丧的,甚至会泪流满面,又回到他写作的地方。度过这一刻的时候,他对生活的那种思考、那种悲愤,那是难以用言语表达的。他每天面对桌子的时候,常常给我说:"那是刀子。"就说这个胸口靠在那个刀子上,但是他早上起来,还是主动把胸靠在桌子上,适应十几分钟,肉和桌子的接触已经麻木了,他才开始写作。如果说有一种情感的关照,他会很好的,但这些东西他没有。

人的内心是需要宣泄的,路遥宣泄的整个过程是非常破碎的,他可以给毛主席的诗词《沁园春·雪》谱曲。路遥歌唱得特别好,他曾经是延安大学的领唱,他把这些东西谱成曲子,自己觉得很豪迈。在夜深人静的时候,就跑到很远的山沟里、河滩里唱。用歌来宣泄自己,甚至自己编一套拳乱打,释放自己。

每次回到西安,路遥就会在大街上东跑西窜来表示自己还是城里人,表示我和正常人一样,都生活在星球上。实际上他这样也是一种宣泄的方式。

我和路遥对话,他一般不谈文学,他觉得一个作家和别人谈文学是非常浅薄的,他就谈生活、谈情感、谈琐碎的事儿、谈社会上各种事。有一回,吴天明给我们在西影宾馆开了一间房子,我俩洗了个热水澡,躺在床上谈了一个通宵。白天出去买些面包、方便面等一大包回来，咖啡一喝，洗个澡睡一会儿，然后就开始漫谈。有时候谈到早上的十点，然后两个人裹在被子里，一觉就睡到下午。就这样的生活，可以过六七天，就觉得是世界上最幸福的事。交流了好多，感悟了好多，有时候两个小时，谁都不说话，但是觉得心灵上交流了好多东西。

在《人生》《平凡的世界》的构思过程中，我和路遥讨论的一个重大的主题是，为什么要写作？就是为普通人写作，关注普通人的命运，这世界就是普通人组成的。原来《平凡的世界》名字叫《普通人的道路》，副标题就叫"前途是光明的，道路是曲折的"。因为是向户籍制挑战的第一个作家，我俩无数次讨论过户籍制对人性的这种制约，在户籍制之下有多少有才能的人，有多少民族的栋梁被消灭在各个山沟里。必须要把城市的生活和农村的生活进行一种交流，就是交叉地带，当时的交叉地带，改革开放的萌芽还没有出来，那么人们就开始了骚动，农村的就想到城里。

《平凡的世界》里孙玉亭就是这么一个人，这个人活生生的就是我的亲三爸，他愚昧到我回去睡觉了，他都要敲开门问我台湾的问题。这些东西都来关注，你可想而知，农民一旦变成政治家，那是多么可怕。

但是作家怎么来体现这些东西？路遥就认为：必须从双水村带一批人，最低要带一百个人，我率领他们走向大城市，也许在这个过程中基本全部牺牲了，甚至留下一两个人，但是我总要带进去一些人，同时也要带回来一些，进行一种交流。他说我们的孙兰香就是孙玉厚的女儿，我一定要把她带上太空，她就是我们陕北农村的女儿。

为什么一部作品能让路遥把生命做了抵押？主要是准备工作太庞大，他一边写着还要一边准备，比如说农村的二十四个节气的变化，说红枣熟了，什么野花开了，因为他的人物要在红枣林里走动，那不仅仅是红枣，还有一种什么花儿开着，花开到什么程度，而哪一种花又凋谢呢；哪一种庄稼该收了，哪一种庄稼又要播种，整个要做的笔记太多太多了。写的人物大多数都有原形的，直接面对原型采访。这个准备耗尽了他很多的心血，所以说是一个非常大的工程。如果读了路遥的读书笔记，和他的采访笔记，我们都会为之震颤。

路遥有一天突然打电话说要见我，一个礼拜以后我去了，他就紧紧地抱着我，说他有一种预感，他说：中国在变化，尽管是漫长的，户籍制终于再没有什么意义了，这个我已经感觉到了。然后他就拍着我的肩膀说：朋友，你一定要记住，我们一定要朝气蓬勃地努力，哪怕为此而付出生命的代价。我们不要以为我们是农民的儿子，我们一定要有一种情感，要有一种强大的社会责任感。他说这些话的时候，好像和我不是弟兄，而是非常陌生的感觉，所以我为此常常感动，路遥应该是模范党员，应该是五一劳动奖获得者，他对民族的这种热爱，是少有的少见的。他对普通人的这种思考，我相信好多作家，现在的作家都没有涉猎过。他们根本看不到那些工地上的工人，他们只看到一个开发区，建起了高楼大厦。

路遥是一个特别敏感的人，他的隐私，他的思考，他并不善于和别人交流，他在文章中写到，他很难达到见面说，中国作家里面他基本没有朋友，这个在他的小说《早晨从中午开始》里都写到了。

我和路遥原来我们只是兄弟，没有深层次的交流，直到某一天我们俩到一块儿了，他突然问我："你需要帮助吗？"我说不需要。我反问他："你需要帮助吗？"他一下子愣了，因为他一生中没有家里人问过要帮助他。所以他就觉得我不一样，其实他正是需要我来帮助，不仅在一个方面，而且在多种方面需要帮助。《平凡的世界》中好多情节都是我给路遥叙述的，像第三部的前五章写煤矿的，都是我讲给他的。

路遥的人生转折与25日有深刻的联系，《平凡的世界》完成也恰恰是25日。那天，路遥在甘泉招待所的屋里即将完成他的《平凡的世界》，他当时手抽筋了，他把另外的稿子整理好，全部放在桌子旁边，就剩下最后的几页了，突然手就抽筋得写不下去了。

这个时候我在门外，可以进去打个招呼，说我到了，但是我没有，因为他要完成这个六年来的苦行僧生活，我想让他独享这种解脱和幸福。

后来当我预感到写完的时候，门一打开，他就说："记住，也许这句话对你是重复的，但是我还要提示你，一个人一生中要完成一件重大的事，必须要有宗教般的信念和初恋般的热情才能做完，你休想用一种投机取巧的办法，完成一项宏大的工程，用这句话勉励自己吧。"他往往讲这号话的时候很冷峻，目光马上就深邃了。他知道我在思考什么，他相信这句话对我心灵的震颤。我能理解这句话，这种信念一直伴随他，尤其在写第三部后十章，他一直就这样勉励自己。所以我觉得：这个创作完了以后，路遥进入生活化了。

路遥每当完成一个篇章会说："都好了。"就这句话，内容可丰富了，他有一个习惯，写完把稿子放在桌上，然后他就往阳台上一站，知道我要开始收拾房子了，因为我收拾房子，他又不能在场，我怕他管这管那的，他怕我把他的东西给丢了，他一个人写作那么长时间，整个房子成了一个家了，我要一个角一个角把它收拾好，同时要给他登记备案，哪一个包放袜子、手绢、洗漱的，都给他标好，否则他找不到，他为了找一双袜子，可能把五个包打开。于是我都记有目录清单，这种业务我是非常熟悉的，我可以用四十分钟打扫得比服务员还干净，被子都要给他铺好，我怕那里面藏有什么东西，这就是多少年来的习惯。然后他就背个包，可以装车了，到地方后他把这个袋子打开，对照表一看，咖啡在什么地方，糖在什么地方，伴侣在什么地方，一下就都能清楚了。

路遥终于写完了《平凡的世界》，我觉得一个作家完成了一个重大工程，有幸目睹他这两三个小时神态的时候也是不容易的，一般人很难穿透他的心，也许他在饭桌上应付你两三句话，但是他思考的，也许是一片空白，也许你叫他讲文学，那时候他可能什么都讲，但他真正完成的巨大工程后那种思考，我相信路遥当时是一片空的，他脑子里什么都没有了。路遥后来在一篇文章中写道："我想到托尔斯泰的一句话：只要完成了就是好的。"这也是他的一个了结吧。因为《人生》就是在这个地方画上句号的，所以《平凡的世界》的结束，宗教般地又来到这个地方，又在甘泉县完成，都是在陕北这个家乡。

整个写作的过程，路遥不能在另外一个地方，他觉得那里环境不好。他在县城招待所写作，听见鸡叫狗咬呀，出去见到街上的羊杂碎、煮豆腐的呀，一切生活，一切语言、习惯，都是家乡的，都是陕北的，因为人物也就是这样的，就觉得非常投合。如果在西安写，来一帮朋友都是外地的，普通话和他交流就有了障碍了，他就觉得很累。他也有想拉话（交谈）的时候，就召集陕北的朋友来，放开说一些陕北的土话，说一些根本和文学不沾边的话来调理自己。这也是他生活的一个节奏。

那时候路遥的状态很平静，他完全是冷静的，因为我觉得他完成了一个巨大工程，以后也轻松不起来，他也没有任何话题说，没有和我交流，他可能沉浸在《平凡的世界》整个三部的这种回放当中。也许在想：我就这么个年龄完成一部小说，反应会怎么样？

25日那天，我们连夜就出发了，走在路上，路遥说："我完成了写电影又完成了长篇。"我说："我不想讨论艺术，更不想讨论文学，说一些好吃的吧。"开始一路地说吃说喝就到了山西，然后一起到了北京。

路遥写完《平凡的世界》以后，千头万绪的东西需要他处理，但他处理日常事务的能力已经下降了，语言交流都下降了，因为六年来他基本不说话，味觉都发生了变化，在一个地方一直吃那个东西，所以一切都很茫然的。

有一天，我正在延安的一个县上采访，路遥打来电话，打通后说："我是路遥。"就一分多钟再没说话。我就猜想是发生大事了，他要向我说什么？我怎么来解决？我现在出发，多长时间能到他身边。然后他说："茅盾文学奖揭晓了，我获得了第一名。"我相信他哭了，这个倒不是他看到这个奖励有多大，这是一种认可。

六年来的焦灼，六年来的悲苦，一种对文学执着的追求，终于在某一个符号上承认了他。然后我就愣在那，我想我会祝贺他，但不是现在，他是很沉重的，我说："有困难吗？"我想一般人在此时不会想到路遥会有什么困难，但我就预感到他肯定有困难。他说:"我一共有五千块钱,这次到北京不够用,我要买一百套书送评论界,送朋友,我自己也存一点书,最起码要请一桌饭,我所有的钱,不到预算开支的三分之一。"

当时的钱是多贵重,几千块钱就能拯救一个家庭,这问题对我来说,不能说没有困难,不能和他讨论:那怎么办?我就说:"好,知道了,什么时候用?"他说:"后天就领奖去。"这是我对路遥,第一次轻松的思考。当时我在一个镇子上,夜很深了,天很晴、很蓝,满天的星星,我漫步街上仰望着星空,就觉得一个知识分子写了一部书获得这么大的奖,没有钱去领奖,这在世界上恐怕也是独一无二的。

所以说,写作为了什么?我们就那么崇高吗?我们崇高到连生存都没法生存,我要给他借一笔钱,可想而知。然后我就找到当时的延安地委副书记,把路遥的情况讲给他,他用俄语说:"如此荒唐。"然后他握住我的手说:"我交了你们弟兄两个,我觉得我是读了两部大书,我们现在出发,一切由我来解决。"他把一个信封给我,说给路遥送去,代问他好,叫他把发票都拿回来。

我飞奔一样到西安,路遥已经到火车站了。我突然想起《人生》获奖的时候,我就在这个地方给他送钱,那时候我还是个煤矿工人,他领奖只拿二百块钱,我给他送去五百块钱。

见到路遥后他问:"顺利吗?"我说:"还顺利,以后你就不要获诺贝尔文学奖了,去哪搞外汇,人民币怎么都好弄,外汇你我都搞不到。"他看着我一脸茫然,不愿意再和我对话了,便说:"日他妈的文学!"提包一摔上了火车。

他也许觉得很尴尬,也很悲凉,自己曾经痛苦过,哭过。那么多人拿着耳机、收音机听过他的作品,只要他在火车站上说:我是路遥,就会被那么多人围住,但没想到,此时的路遥,等待着一笔借款。

我认为,路遥是陕北的一个英雄,他所成就的文学事业,用他的话说:真正的艺术家,哪怕是残垣断壁,但是你都能看出他宏大的一面,我认为路遥就是这样的,缺憾的作家。本能的缺憾,社会的缺憾,如果把路遥放到现在,他会更好的,经营会更活的,资金不会困难的,他的情感会更加丰富的,他的作品会更加美好的,因为他是有责任的作家,他不会变得堕落,这是从心灵、从肉体、从小时候开始,对他的一种修炼。

路遥对他女儿的那种情感,是爱情破灭以后的一种转嫁,所以他对女儿的那种呵护,无原则的爱,都是一种家庭破碎的感觉,所形成的结果。路遥渴望的家,是一个很温馨的家,很温暖的,有一杯热茶,有一句问候,能理解他创作的劳动,他想有一个很平常的家,但他没有达到,给他心灵上留下很深的创伤。

路遥是一个自尊心很强的人,身上有很多农民性的东西,他的蜕变也需要一个漫长的过程,不是离开土地就一下变成知识分子,需要一个更加完善的过程。

他特别看重家庭、父母、弟兄,只要谁咳嗽一声呻吟一声,他觉得这都是他的责任,他希望家里每个人都过好,他经常和我讨论回去过年的事,怎么让父母吃好,生活好。

他更大的家是陕北。他在很长的时间内,关于陕北的对话是最多的,也是最严肃的。他更加熟悉这个地方,更加迷恋这个地方,更加留恋这个地方。在他去世之前,一直要回陕北,他经常和我探讨回家:一个是回家过年;一个是死后肯定要回陕北,他病的时候就想买一块白布把自己一裹,到大山里去,选择一个很阳的山坡,晒晒太阳,散散心。如果灵魂有感应的话,还在陕北这个地方,语言都是熟悉的,心灵都是相通的,灵魂都是平静的,人们都是相识的,他就想留在陕北,因为他认为陕北就是家,这个家真好。

在西安的时候他哪天要回陕北了,几天前他就会唱着民歌,在院子里告诉所有的人说:我要回陕北了。多年来一直是这样,他就觉得这里有无穷的魅力在召唤着他,在等待着他。

他说在德国法兰克福的大街上他突然想:能不能在这里遇到孙玉亭呢?会是什么感触呢?

路遥对家的迷恋和我对家的兴趣,我们俩对家有着共同的看法:家是美好的,无论你走到哪里,尽管它很贫穷,尽管它还不发达,每当你走到这个地方,它能慰藉你的心灵。

关于路遥还会有好多人讲他的故事,他的故事才刚刚开始。一个作家所受到的那种折磨和磨难,他能背负着什么,重负着什么,什么作家才能肩负起人民的重托?路遥就是这样的作家,他历来藐视权贵,他从来以普通的作家出现,经常向权贵宣战,尽管头破血流,但他认为是幸福的。如果路遥还活着,陕西的文学将会是另外一片天地,他"像牛一样劳动,像土地一样奉献"的精神,永远鞭策着我们前进。

"扫一扫,不平凡的世界更精彩"

那只是我的责任
——延川县原县委书记申易采访纪录

申 易

1968年武斗的时候我还没有到延川工作,后来处理武斗的时候我到延川了,是我处理的路遥他们这一派的武斗事件。"文化大革命"时路遥是一个中学生,也参加了武斗,还当了一派的头头。后来因为武斗的事件路遥还被关了起来,当时有些人说武斗时路遥是个学生,不是主角。武斗队有干部,有工人,有农民,全国也是那个局面。学生参加武斗队不应该追究他们的责任,他们也就是觉悟问题。参加"文化大革命"本来就是错误,责任不在这些年轻人的身上,不是他们发起的,他们也是在当时的形势下,不得不参加。

"文化大革命"武斗问题处理后,路遥县革委会副主任的职位也就自然没有了,成了一个一般的文学青年回乡参加劳动,后来曹谷溪聘路遥到县上的通讯组写稿子。他们一帮年轻人搞《山花》,搞文学,搞创作。这时候的路遥刻苦好学,喜欢写作,迫切想进步,想上大学。

当时大学指标分配到县上后,根据全县青年的条件,经过比对、政审、体检、文化程度等,路遥也放入推荐人其中,但由于路遥在"文革"中的身份,政审中被退了下来。

由于当时路遥积极上进的求学欲望,我就想他是个人才,路遥一心想上大学,应该给他机会去深造,当时路遥并不是一定想当个作家,但每一个年轻人有进步要求,有条件的我们就应该帮助他、培养他、支持他。于是我就以当时延川县委书记的身份到延安大学去找延大当时的革委会主任、校长王荣峰,给他讲路遥的情况,还有延大中文系主任申沛昌,他们对路遥也有所了解,希望他们帮助路遥上大学。经过三次去延大拜访,路遥最终被延安大学中文系录取。路遥在校学习很好,毕业后被陕西作协招去。

路遥的思想品行好,工作认真上进,应该是培养的对象。他曾给我写过一封信说:你给了我,父亲无法给的支持,母亲无法给的关爱。当然我是关心路遥的,有些事他父亲是没有办法的,只有我这么个身份才可以起到作用,我有这个条件。我和路遥非亲非故,但是我觉得我是代表党的,在我工作范围之内所有的青年都应该关心,我关心过的也不只是路遥一个,大多都成名成家了。年轻人追求进步,我们应该帮助他为他创造条件。

我保护过路遥也帮助支持过他上大学,那是路遥人生中关键的两步,但那只是我的责任,我是县委书记,代表党在我的工作范围内关照每个进步青年。他们在以后的人生道路上为国家为社会做贡献,也是我们共同的目标。

路遥病重时,我没有去看他,后来去世的消息传来,我很伤心。一个一起工作过关心过的青年走了,真的很伤心。我觉得我作为党的干部,为路遥做了一点事的,一个长者感到非常幸福,为党为国家发现了一个有用的人才。

"扫一扫,不平凡的世界更精彩"

路遥文学具有世界性
——日本学者安本实教授采访纪录

刘瑞平(左)、日本学者安本实教授(右)　摄影:刘东平

问:您是如何知道路遥的名字的呢?

答:知道路遥分两个阶段,第一是知道他名字的阶段,第二是阅读他作品的阶段。最初知道他的名字我记得在1974年左右,当时曹谷溪先生及路遥先生于1972年在延川县出版的第1版《延安山花》经由香港传到了日本,我就是通过这本很小的、很薄的诗集知道了路遥的名字。那时我也没有特别留意路遥这个名字,只把他当成一个业余作家,在桌子上放了一段时间。在那以后我记得大约是1988年吧,一个纯属偶然的机会,我在专门出售中国书籍的大阪横田书店看到了《人生》的单行本,我又很偶然地读了它。

读《人生》时,它给我留下了十分强烈的印象,这种强烈的东西我觉得是惊讶和感动,让作为读者的我最初感到不解的是,存在一种使一个年轻人,一个有能力、有作为的青年不能发挥他的能力的社会结构,让我极其震撼的是在社会这层厚厚的墙壁之前苦恼、挑战的一个青年,一个具有多愁善感的和强烈自尊心的年轻农民的拼搏的样子。从那时开始,我真正地开始意识到了路遥这位作家,并开始想读他的其他作品。我去书店,并在可能登载他作品的杂志上一点点地翻阅,进行收集。我就是这样真正地开始了读路遥的作品,收集他的作品,并开始读有关路遥的论文和报道。1992年3月我利用出差的机关在当时的大连外国语学院和辽宁师范大学图书馆找到了路遥的作品集《当代纪事》《姐姐的爱情》《路遥小说选》,当我把我需要的地方复印下来的时候,我真是太高兴了。

最初知道路遥是在1974年左右,真正开始阅读大部头在1988年。1992年1月发表了第一篇有关路遥的论文,实际上在1991年我就写过有关他的论文,就在这个时候,1992年12月15日我看到《文学报》(11月19日)上登载路遥死讯的消息,我不禁愕然,并为他的英年早逝感到痛惜,这些我记忆犹新。

问:那么,您作为一名日本学者,您觉得和远在几千里之外的陕北作家路遥有什么共同的地方呢?

答:嗯,这是一个非常难,又很奥妙的问题啊。实际上,我也是小地方人,我出生在属于面临太平洋的高知县的,周围又是被海环抱的小岛上,之后,搬到了高知县西部的一个小镇上,又从这个小地方到了当时日本的大城市大阪。那时刚上中学三年级,刚从小地方出来时还真是感到对大城市的那种自卑感呢,所以,当我读路遥的《人生》时,我非常理解主人公的心情,那也许是我对路遥的最初的共鸣之处吧。

先前所说的惊讶和感动,还是共鸣,我想这些是我长期被路遥所吸引,并多次访问陕北的所在吧。1997年夏天我初次访问了延安,那时,曹伯植先生和住在延安的中国朋友的女儿陪同我去了延川县,见到了他的现已去世的养母李桂英女士,从西安到延安,再从延安到延川,从车窗里初次看到的陕北景色让我对路遥的《人生》这部作品有了更深刻的理解。说些题外话,出生在被大海环抱的小岛上的我,以研究路遥的作品为契机,竟能跟像浩瀚的大海一样、连绵起伏的无尽头的黄土高原大地有缘分,真有些不可思议。

有些走题了,我来直接回答问题,拿我和大作家路遥相对比也许有些不当,但是,也许正是对大城市的那种自卑和反抗,潜意识中那种自己是小地方人的意识,是让我和他一样从这个角度看社会的根本所在。

问:在日本有更多的人了解路遥及其作品吗?

答:现在,路遥的作品还没被翻译出版,我翻译了除《平凡的世界》以外的中、短篇小说,但是还没有出版。涉及路遥作品的还有两人,一个是社会科学方面的人,他以路遥的《人生》为题材,谈到了农村经济的活力和活跃性,所以,不是研究路遥文学及路遥本人的。另外一位是研究语言的,就第二人称的问题,以路遥的作品《人生》为题材,研究汉语。从文学,以及文学家角度研究路遥的人,可能只有我一个人。

问:据了解呢,您多次因为路遥研究来到陕北,每次来是否都对路遥有一个更深刻的认识?

答：我认为，每来一次陕北就加深一次对路遥作品的认识，一方面在语言方面，陕北话，我一点儿都听不懂，另外在阅读文章时看不懂的词汇也很多。例如硷畔、炕栏石、葛针，还有骚情、精能、圪崂，等等的单词，在日本是很难理解的，所以，每来一次陕北，渐渐地在语言方面可以对路遥作品有了准确的理解，这非常重要。

另一方面是每次到延安来，我都要去陕北农村地区，途中仔细地眺望陕北的景色，陕北的景色对一个外国人来说非常少见。对外国人来说极其少见的景色往往就意味着在这里生活的人们的严峻自然现实，虽然是表面的，但是我观察到了在那里生活的人们的不便和艰辛。看着这些景象，我好像能想象到作品世界里的景色和登场人物的喜怒哀乐，看着这些景色和人们的面孔，我时不时在脑海里想象长篇小说《平凡的世界》里的双水村，等等。另外，例如去延川县，我感受到了，耳闻目睹到了那里与县城及周围农村地区的差异，路遥以一个农民身份来到世间，一个农民路遥对最初的"城市"的惊奇，对县城、延安的憧憬，还有对故乡陕北农村的无限思念，等等，这些深藏在路遥心底的东西，我觉得我渐渐地理解了。

问：您认为对路遥作品的研究和路遥创作经历的研究这两个方面，哪方面更为重要一些？

答：这个问题也是一个难答的问题，嗯，我认为在研究路遥作品的同时，了解路遥的创作经历，这两方面都非常重要。例如，我写过有关他延川县时期的论文，他在延川县时期写的作品并不占什么重要的地位，但是，作为路遥文学的摇篮期，与文学的最初的相遇，从这个侧面来说具有非常重要的意义。研究路遥作品价值的同时，我对路遥的文学活动、路遥其人也抱有很大兴趣，所以，对我来说两方面都很重要。

问：您在研究路遥时更多的是从学术角度研究还是从情感精神角度研究？

答：阅读作品时当然是注重感情这个侧面，就路遥作品而言，例如，我在读短篇《月下》时，为大牛这个人物落泪，在读同样是短篇的《姐姐》时，被最后出场的小杏的父亲的语言深深地感动，对小杏父亲这样的农民所处的历史位置以及农民们自认为是无法改变的命运的描述，我觉得可以看出作家路遥对农民的深切同情和敏锐的洞察力吧。但是，说到研究就不能只注重感情了，需要在"抛开"的状态下分析，这对我来说也是很重要的，也就是说，在感情阅读的基础上，冷静地分析。

问：您认为路遥的人格魅力更大还是作品魅力更大呢？

答：嗯，对我来说两方面都有巨大的魅力，我强烈地感到了《人生》作品的魅力，《平凡的世界》以及其他几篇小说的作品魅力。同时，对路遥一个农民、一个从陕北的农民儿子到成为一名当代文学史上占有重要位置的作家，对他成为文学家的经历以及他的人生历程及其人都感到非常有魅力兴趣。

问：您认为路遥作品是否具有世界性？

答：虽然路遥是以陕北为舞台写作的作家，但是我认为他具有非常大的世界性意义，从哪个视点这样说呢？这要从路遥拼命地、执着地描写农民和农村，并通过这些反映一个社会结构的视点来说。放宽视野，重观世界现状，这也涉及第三世界，

日文版《平凡的世界》

世界南北问题，也是世界性问题。从某种象征意义上说，被置于城市人之下的人们，再进一步说，农民问题，不只是中国的问题，也是世界性的问题，从这个意义上说，路遥描写农民，描写农村青年探索人生之路，紧紧连着对世界文学普遍性的追求，我认为这是具有古典的、巨大世界性意义的，路遥文学具有世界性。

问：您认为路遥及其相关东西是否应该尽快留存、保存下来？

答：对，这是一个应该早着手的非常重要的问题，延安大学有"路遥纪念馆"吧，榆林也有你们的机构组织。必须尽早、广泛收集文学家路遥的资料，好好保存。例如，路遥的手稿，他的创作笔记、创作纪录，还有他用过的笔，以及他的日用品，等等，在还没有流失之前，必须采取及早、可靠、认真的方法收集起来。我认为这是延安大学"路遥文学研究会"，以及你们联谊会的重要工作。

问：据我们了解，您在1999年《小说评论》上发表过一篇题为"路遥文学中的关键词——交叉地带"。您认为"交叉地带"代表着什么？对路遥的作品有什么意义？

答：因为这个问题涉及一些复杂要素，是个难回答的问题。首先我希望大家阅读登载在《济宁师范专科学校学报》2004年第5期上的我的论文（陈凤翻译）。"交叉地带"从空间上说是农村与城市交叉的地方，具体地说是镇与县城，等等。那里是农村户籍人口和城市户籍人口人们"冲撞"的场所，或者说是"对峙"的场所。"冲撞"和"对峙"是某种意义上的"交叉地带"。就路遥作品来言，首先那个空间的"交叉地带"是那些为摆脱农村户口飞向非农村世界的有为农村青年们的挑战的场所，作为他们的户口制度这个人为造成现实"墙壁"前苦苦奋斗的场所。我认为路遥的作品几乎都是以户籍制度上农村户籍者和城市户籍者之间的"冲撞"，或者是由此而产生的差距等诸多问题为创作主题的。换句话说，路遥的作品中描写了农村青年的喜怒哀乐，如果是照出了中国社会的结构问题，具体地说是限制移动自由、限制职业选择自由等的重要问题。也可以说是把那样的现实写在了作品的舞台上，并在这个舞台上

追寻人们应有的人生,描述人们的生活历程。所以,对我来说"交叉地带"是理解路遥文学的关键词。

还可以有更广义的理解。是路遥自身的意识问题。众所周知,路遥作为农民的儿子出生了,户籍上只有当农民。但是,他不肯放弃学校,积极获取新知识,他是农民的命运却做不了农民的农村青年。路遥正是意识上在这个空间"交叉地带"苦斗的人。所以我认为,路遥自身在"冲撞"和"对峙"场所经历着意识上的"交叉地带"。而且,这使路遥锻炼了自身的坚忍不拔的意志,培养了他认识现实的眼力,连接着形成路遥文学的最基本的创作形象。

更进一步地广义理解也可以,那是时代的问题。路遥创作的作品世界,是以中国社会发生巨大变化期为时代背景的。农村在发生变化,农村和城市的关系也在发生着变化。从这个意义上说,是"新"中国与"旧"中国的"对峙"时代。路遥的作品正是以在这样的时代中,一个农村青年怎样确立自己的人生为主题的,因而,路遥是在时代的"交叉地带"把作品人物形象化了。

"交叉地带"包含着非常广的意义,我认为,农村和城市差距等各种问题的发生造成了"冲撞"和"对峙",还有是路遥自身的意识上的,再有是时代变革期的"交叉地带"。也许可以换句话说,"交叉地带"在空间上是农村与城市的矛盾,也是路遥自身心理的矛盾,更是变化着的现实社会的矛盾,在我看来,是各个层面矛盾综合、典型显现的场所吧。

(以上是2006年9月13日在榆林市接受"榆林市路遥文学联谊会"刘瑞平先生中文采访时,安本实用日文回答的内容,安本实回到日本后,将日文重新整理加以修改,并由中国人同事陈凤翻译成中文。)

"扫一扫,不平凡的世界更精彩"

萌芽小青年
——路遥初中同学吴江采访纪录

我和路遥是初中同学,在这三年里我们的关系比较近一点,尤其初一到初二我们两个处得比较亲密。那时候我们年龄都小,经常一起玩。在初二的时候路遥已经展示出一种写作潜力,当时谁都没有意识到,但从后来路遥写的不少作品看,回忆起那时的情景,其实他已经显露出他写作的潜能。比如说初二的时候只要有时间,除了玩以外,我和路遥经常去延川县

路遥初中同学吴江　摄影:刘东平

城的图书馆,我喜欢看《青年文艺》等青年杂志,他喜欢看文学刊物《萌芽》,《萌芽》刊登的主要是散文。

记得当初我们都喜欢读《青年文艺》中的诗歌,读完以后路遥总是能发现问题、谈出感想,为什么有的诗念起来好像很上口,有的诗让人精神振奋。后来在语文课上才知诗歌有押韵,所以念起来就很上口。

诗歌是初二语文教学的内容,从那时起路遥就学着写诗,他在学习的过程中就开始注意到诗歌创作的一些问题。

在生活方面,路遥是一个不注意小节的人,平日里比较懒散一点,我们当时跟路遥开玩笑说:你要么是个大智若愚的人,要么一事无成。比如他睡觉起来不叠被子不整理床,学校虽然要求很严,但他不喜欢。路遥不太注意更不讲究生活细节。

路遥平时比较活泼,让我回想起印象最深的一件事情。路遥的思维能力明显比别人超前,尤其是在文学创作上。在初二的后半年学校里搞个文艺晚会,要求每个班出一个节目,当时路遥就创作了一段相声。在我的印象中,路遥的创作生涯,第

一篇处女作就是这篇相声，内容就是打扫环境卫生，我和路遥来表演，就在延川中学院里，当时观看晚会的领导有延川县宣传部部长、教育局局长等。

路遥的生活特别困难，当时我们都不知道他是过继给他大伯的，他的生活压力非常大，我们在学校吃饭要交粮，农村学生要把自己的粮交学校，交的粗粮吃粗粮，交的细粮就吃细粮。但后来我们发现路遥很长时间没有交粮，他家里没有粮啦，怎么办？他伯母进城赶集来看儿子，在家里边蒸的馍馍或者糠饼饼，来给他送吃的，从这一点看，他的生活很不好。也没有换洗的衣服，经常穿同学的，他自己从不避讳贫穷，还经常和同学们谈起，大家都明白，当时生活状况都不好。1963年上初中，整个社会环境不行，都比较困难。

路遥的组织才能显露，主要是在"文革"。原来班里各种活动轮不上他，因为他学习很一般，有很多课程凑合及格，但语文特殊，语文成绩好。在学生时代谁的成绩好一点，才能组织大伙儿，你就是有能力写，但是没有发挥的机会。路遥当时也不是什么调皮学生，但是学习成绩上不去，班主任就不给他提供这个组织管理的机会。

到了1966年后半年，"文革"开始了，当时延川县组织了第一个红卫兵组织，路遥就是其中之一。因为路遥家庭特别贫寒，是贫下中农子弟，所以他被组织进去，而且路遥是作为贫下中农特殊子弟组织进去的，并且参加了第七次红卫兵进京，在天安门广场见到了毛主席。后来我也去了一次北京，回来以后发现路遥以他为主，以我们班学生为主要成员，涉及了初中部的大部分同学，组织了一个叫"红四连"的红卫兵组织，在初中部影响最大。到后来，发展越来越大，改名为"红四野"，路遥为司令，在延川县威名一时。

"扫一扫，不平凡的世界更精彩"

路遥是个硬汉
——路遥好友樊高林采访纪录

路遥在延安住院时,我们进行了认真的研究,让延安地区医院尽快把路遥治疗的资料整理完,然后要求地区医院派一名医术高明的医生陪护到西安,并要求一名护士途中陪护,方便输液。另一边联系火车站,因为坐汽车回西安已经不现实了。当时我和曹谷溪也商量怎么送,我们怕给病人造成心理负担,就以病人舒适地去西安为第一要求,

路遥大学同学樊高林　摄影:刘东平

送行的人不要太多,车也不要太多,也不要有什么新闻、照相、录像,考虑路遥本身不愿意看到这些场面,会给他造成一种错觉:是不是我这个病已经很严重了,怕给他造成负担。所以当时跟火车站联系,听说是路遥要转院到西安,他们相当认真,安排得很好,救护车和送的车直接开到站台上面。路遥当时身体状况不太好,情绪也不太好,尽管大家表现得很镇定,有时候还和他说说风趣话,但是大家心里边都很沉重。当时我们没有留下照相的资料,是火车站上的一个同志拿个相机拍了几张照片。当时那个软卧车厢里面往上走很困难,我们就想办法从救护车里边把担架抬出来,从车窗里面抬进了软卧厢。

那时路遥不说话,任凭我们大家在那摆布他,但是当进了车厢以后,他向我们挥了一下手。火车开走以后我们大家很难受,因为我不愿意把事往坏想,知道这个病的严重程度,临走的时候肝硬化腹水已经很严重了,腹水控制不住,这是最后一次和路遥见面。

火车开走以后我们这些送行的人,好像失去了什么,心情很沉重,在很沉闷的

气氛中离开火车站。当时给随行医生安顿说：到西安把病人交代好以后，一定要回电话，后来他打回来招呼说安全送到了。

送完路遥后不久，有天早上我打开收音机，听陕西新闻的时候就听到说：著名作家路遥11月17号病逝。当时听完广播以后我就坐下不想动，我说怎么办？那天我早饭也没吃，就有感而发写了一副挽联，上联：英才初展不该溘然别人生。下联：巅峰待攀岂能仓促会柳青。要是平常我是写不出来的，但是那天有感而发，后来文学界的朋友们说，我这幅挽联流露出了真感情，现在在路遥文学馆保存。

回想起那时候路遥生活艰苦，有时候晚上写作，想抽烟了又没有，就拿纸条，捡抽过的烟头，倒出烟丝来卷好再抽，当时都抽的是劣质烟，路遥那时候抽的是两毛钱的"羊群"烟。

路遥饭量很大，一日三餐，一顿能吃两大碗，肉夹馍吃两个，他创作进入状态时，就忘了吃饭，所以他的肝病与他生活习惯有关。

路遥是一个正派作家，正直的作家，一个有责任的作家。路遥的作品既有分量又有正气，他能给人以鼓舞和启迪。路遥是个硬汉，我很崇拜他的这种硬汉精神，他有那么多的挫折，而且在磨难面前能够再一次站起来，在文学的道路上走得很远，这样的成果，一般人根本做不到。

英雄主义的路遥
——路遥好友海波采访纪录

我和路遥认识三十多年时间了,作为朋友的我从路遥身上看到的是英雄主义精神,路遥是一个有影响的作家。是时代造就了作家路遥,如果把路遥的出生时间往前推三十年,那么路遥定是惊天动地的英雄。

路遥的出生是非常卑微的,他对社会有与生俱来的责任感。我们相处三十多年时间,路遥和我很少谈鸡毛蒜皮的琐事以及人和人之间关系的事,他的忧虑比较大的是一个地区或国家,路遥处的时代本来就是英雄主义时代。

海波　摄影:刘东平

出生于1949年的路遥,从接受教育开始,听到的都是英雄主义教育,那个年代提倡英雄,无论中国乃至世界,都是为人民大众的一个时代,和现在自私自利区别很大。路遥身上有着劳动人民的本色,他和一般的劳动人民一样有责任感,想办法把家搞好,把村庄搞好,把国家搞好。随着他地位的改变,他的责任感越来越重,世界有多少苦难,他身上就有多少压力。

路遥七岁时,父亲把他徒步送到百十里外的大伯家,过继给不会生养的大伯,他父亲就回去了。路遥曾回忆说:他爸走了以后,他就像刚生下的羊羔被扔在雪地里一样,非常地悲凉。郭家沟是陌生的,对亲人的思念随着时间慢慢淡化,首先面对的是怎样吃饭,怎样和新的小伙伴们一起相处的问题,对于一个七岁的小孩来说那是一个灾难。再加上时代的动荡,路遥的苦难、物质、精神、亲情,一无所有,他要面对的是生存,从小种下了英雄主义的情愫。

后来，路遥在村里的小学当了民办教师，得到好多人的帮助。他要回报众人，就要干出一点对社会有用的事来，他选择了写作，能写出一些东西来，做出点能让社会承认的好事，让帮助过他的人也感觉到欣慰。

　　在路遥发表《人生》《平凡的世界》作品之前，基本看不到真实的陕北。我们所看到的是对陕北的歪曲，说陕北人有太多地域局限。而路遥的《人生》《平凡的世界》，非常真实地写了陕北，路遥就是陕北农家生活的代言人，他争辩式地发出自己的声音。路遥作品里的陕北人物都是顶天立地的，让这些陕北人能够和其他人真实地面对这个世界说话，这就是路遥意义所在。活了四十二岁的他做了前人没有做过的事情，这是他的伟大。

　　在路遥《平凡的世界》以后，我们做了认真的评价，这个作品究竟意义何在？当时吵了半天也吵不出结果。柳青写的《创业史》是农村合作化，决定了他的作品在思想上紧跟政治；而路遥的《平凡的世界》无论孙家弟兄，以及里面一些人物，都是非常真实的，这就是路遥对社会的回报。现实证明了，路遥所写的人物是当时真实的中国农民生活方式、生存方式和理想方式。

　　路遥遗憾的地方太多，他和其他人不一样，他过早地进入生活的轨道，他的责任感是建立在本身能力的基础上。从我认识路遥时，在同等年岁的小孩中他就是核心，他能够想办法掌握一切，这种能力从哪来？就从他过继给大伯之后，如果没有这种能力，他就没有办法艰难地活着。

　　所以路遥从苦难中来，他深知农民的艰辛，他要揭示平凡人的心声，把最现实的社会问题，底层人的生活状况，写进他的作品中，引起全社会的共鸣，得到重视和改善，期盼农民都能和城里人一样过上幸福的生活。因此路遥作品的现实意义远远要大于他的文学价值。

"扫一扫，不平凡的世界更精彩"

路遥是个风趣的人

——西安电影制片厂导演何志铭采访纪录

1991年,路遥获得了茅盾文学奖,当时他想拍个片子,我就和路遥一块待了七天,给他拍获奖以后,描写他创作《平凡的世界》前后经历的纪录片。我们一块去了铜川,下了煤矿,然后到过柳青的墓前。在铜川住过招待所,把路遥写作的经过整个回忆了一遍。还去了甘泉,包括他创作《人生》的那段经历也拍了。

何志铭　摄影:刘东平

路遥是个比较风趣的人,在生活里面不是愁眉苦脸的,非常幽默,喜欢讲段子,很有那种哲学意味的,稍有知识的人都能听懂他段子后面所包含的意思。总之,路遥是个非常有情趣的人,热爱陕北就更不用说了。

我常常想起路遥这个人和他的事情,路遥是我们20世纪华人世界的精神财富。路遥的作品和路遥这个人像历史的一面镜子一样,虽然过去很长的时间,我们从这面镜子里面,照到我们现实生活中的美与丑。用他的人格,他的艺术力量来衡量我们现实生活中的好多事情,是非常有趣的,非常有意义的,给了我们很多启示。

路遥作品里面主要反映的是苦难意识和崇高意识,反映了人类在战胜苦难、在有忧患的时候是怎样用一种崇高的心理来战胜苦难的。现在我们的生活相对来说有很大的进步,但是还有许多生活在底层的人们,他们在路遥的作品中汲取到新的力量,能够为自己克服生活中的困境去努力去奋斗。让一部分生活先富起来的人们,能够关心相对还在贫困线上挣扎的人们去努力改变自己的命运,富人多多关心还受困难的人们,这样的话将会使我们的社会更加和谐,更加美好,这就是路遥作品在现实生活中的意义。

  在这个片子拍完后,我和路遥成了好朋友,加上我们又是同乡,彼此间没有什么戒备心理,他看见我也非常亲切,我看见他也非常亲切,他家里或心里有什么事情老爱跟我说。我记得有一年,他跟我说:能不能在郊区找一个地方,能够住下来,他不想在喧嚣的城市里边待了。也许他是个陕北人,想自己的家乡了,他想在长安县买一个老房子最好买一片地,盖一院房子,朋友们经常聚在一起,在那里住,在那里写作。后来我还专门找人问了那里的地价,由于地价很高没有弄成。就这个事情而言,路遥给我留下了很深的印象,在那个年代里面路遥就想逃离这个都市,他对过去生活的那种怀念,他想找一种清静,和朋友们在一块,他就是这样的一个人。

"扫一扫,不平凡的世界更精彩"

鹤立鸡群
——路遥好友霍世仁采访纪录

提起路遥我心里确实很悲痛。路遥身为中国的著名作家,乃至世界上也是认可的,他的作品被十几个国家翻译出版。

1980年他的小说《惊心动魄的一幕》在《当代》杂志发表,是写"文化大革命"的,我当时正在中央党校学习,我看了,住中央党校的所

陕西省原政法委书记霍世仁

有陕西学员都看了,反映很好,反响很大,后来小说还获了奖,那时起路遥给我留下了深深的印象。在这之前,清涧县委书记郝延寿曾给我介绍过路遥,说这后生很有发展前途,挺有才干。

第一次见路遥是1981年,我刚任榆林行署专员,路遥到榆林来写作,当时榆林作协的霍如冰带他来。我们长谈了一个多小时,从榆林经济发展到中国改革开放谈了很多,我就发现路遥不是个简单人,不仅会文学创作,政治上也有一套。

1987年,路遥想来榆林写《平凡的世界》,我当时是榆林的地委书记,李焕政是专员,我们都很欢迎,吃、住全提供,就在榆林宾馆给他一间比较僻静的房子。我得便也去看他,但不想多打扰他,我看他太紧张,晚上可能写一晚,白天上午才睡一会,下午又开始写。他抽烟很凶,吃饭又不规律,什么时候想吃就什么时候吃,我那就只能给他这些方便。

当时的路遥经济窘迫,身上没钱,我帮他,首先觉得他确实是个人才,我愿意帮他;其次他是榆林的骄傲,为榆林地区争了光,我相信他的这部作品出来后,能够打得响。路遥曾跟我讲过,他的作品《人生》写完后,他有些担心,到底能不能打响,就到白云山去抽了一签,签上写着:鹤立鸡群。他非常高兴,肯定能打响。

和路遥的交往中，我发现，他是陕北的人才，将来肯定有发展，文学上已有成就，如果搞政治一定会有前途。

1988年我调到西安，我和路遥的交往就比较多，我去过他那儿三四次，他经常来看我，渐渐地，我们变成了朋友。

记得最后一次见路遥是在西京医院，他病逝前的两天，当时他病得很重，脸发黑，但很坚强。他对我说：这病麻烦一点，省政府和四医大都非常重视，还成立了医疗小组。路遥很清楚病情很严重，他还是很沉着的。

我认为路遥的去世，像一颗星陨落，对陕西文学界乃至中国文学界是一个很大的损失，他的作品和人品得到大家的认可，他是我们陕北的骄傲。

"扫一扫，不平凡的世界更精彩"

一个追求完美的人
——雷涛采访纪录

我是 20 世纪 70 年代末到 90 年代初,在陕西省委宣传部工作,任办公室主任。那时也正是路遥创作的黄金时期,而这段时间我跟路遥接触得比较频繁。因为路遥经常到宣传部找毛生铣部长和王巨才部长,谈思想、谈学习、谈工作,而我就是第一个接待和安

陕西省作家协会原党组书记雷涛

排这样找部长谈话的人。在我的印象中路遥是一个追求完美的人,也是各方面都很要强的人,在创作上、政治上、婚姻上,他都要追求第一、追求完美。

路遥是一个有傲骨没有傲气的人。记得路遥刚开始到省委宣传部来,不知道部长的办公室在哪,就来问我,这样我们就认识了,那时候路遥还不很出名。他说:"我是路遥,作家协会的,过来找部长聊聊天。"他不说汇报工作,我一听这口气,起码和部长是比较熟悉的人,或者是朋友,所以我说:"你请坐,我给你安排。"看他有点焦躁不安的感觉,也许认为没有这个程序的必要。刚坐一会他就站起来说:"你们忙,给我说门在哪里,我直接去吧。"在这种情况下,我就陪他去老部长办公室,那一见果然就是老朋友老熟人。这就是路遥给我的第一次印象,一个作家独特的风格。

后来我和路遥的接触,主要是他到宣传部来,或者有时候我们下午或晚上聚会,我才知道,他创作的过程,几乎是在晚上进行的,白天是休息的。用他的话说:我的早晨是从中午开始的。

路遥内心深处也是很痛苦的,他晚上创作的时候,经常是吃着干粮喝着开水,连菜都没有,还不要说其他营养品或者是比较高级的营养品。他经常在半夜三更敲朋友家的门,问有没有馍,给我吃一点。路遥最后身体垮掉与他长时间的超负荷的精神劳动有直接的关系,同时与他内心深处无法表白的伤痛也有直接的关系。

在路遥追悼会之后,当时的陕西省文化厅霍绍亮厅长拿出一封路遥的绝笔信,是写给他的最忠诚的朋友,信的内容我当时看了一遍,是在一个烟盒的锡纸背面,大致意思是说:你是我最忠诚的朋友之一,我已经明显地感觉到我不行啦,我现在没有什么牵挂了,我跟你讲的就是,我有一个好朋友,我对不起她,也再没有办法照顾她,无论如何想办法安排好她的工作,照顾好她。这封信可以认作是路遥真正的绝笔,它现在还在霍老师处保存珍藏。

我们文学界怀念路遥,我想整个社会关心路遥的人都会怀念他,因为路遥身上表现了一种精神,这就是做任何事情都必须要具备的执着的精神,路遥对文学倾注了自己短暂人生的全部心血,就是这一种执着。我们在新的历史背景下,任何人干任何工作,都必须有的一种认真、执着、奉献的精神。

路遥真实的、浪漫的又非常有意义的短暂的人生,呈现给社会,同时我感谢榆林人民培养教育了路遥,而且在各方面支持了路遥。路遥在我们新时期文坛上,已经深深地树立了自己的丰碑,希望路遥的精神在陕北、在陕西、在全中国乃至全世界,都得到弘扬和光大。

"扫一扫,不平凡的世界更精彩"

从平凡出发

——李焕政采访纪录

陕西省原纪委书记李焕政

路遥的作品写的都是平凡的人和事，很多情节都来源于生活中真实的事情。我曾经给路遥讲过一个事：改革开放初，受一些外来影视作品的影响，在榆林乃至全国的年轻人中流行起了长头发，那时榆林的社会治安还是很好的，我们的公安处长觉得留长发有伤风化，看不惯，就准备组织干警上街剪发，被我给制止了。现在看来那是很荒唐的事。路遥听了哈哈大笑说："哎呀，太生动了，我坐办公室三年都想不出来的。"后来《平凡的世界》出版了，路遥专门到我家给我送了一套，他说："你是忙人，可能顾不上看，但是我给你折住的这几页你一定得看看，这就是你给我讲的那个长头发的故事，我都写进去了。"小说我看了，那段几乎一字不差。我和路遥这么多年的关系，话能说到一起，气味相投吧。

光看路遥的小说，没有见过路遥的人，一定认为这是个大作家，非常了不起，形象也和一般人不一样，出言吐语都很不平凡。但是，只要你亲自一接触路遥，和他谈上几分钟的话，对路遥的印象就大不一样。路遥是个什么人呢？一个很平凡的人，出言吐语、为人处世、看问题、想事情都很平凡的人，和广大老百姓想的、看的都一样，所以他才能代表老百姓写出老百姓平凡的生活，说出老百姓平凡的心声，这样的人才真正是不平凡的人。

成功的作家塑造成功的人物，决不会局限一个人，有人说《平凡的世界》中田福军的原型是我,其实路遥是把很多人和事集中在一个人物身上,可以看到好多人的影子。

路遥作品所反映的人物,就是广大群众的一员;他反映的事,就是人人日常都接触的事。他就能在平凡的人和事中写出不平凡的文章来。

当年路遥写《人生》,正值改革开放初期,农村青年走出农村,进入城市,还没有引起人们的高度关注。路遥是从农村出来的平凡的人,他和广大老百姓血脉相通,农村知识青年进城遇到阻力,路遥就敏感地意识到了。随着改革开放的脚步,农村大量的人进入城市,这个问题成了全社会上下共同关注的问题;农民工进城受歧视,拿不到工资,孩子上学难,社会福利没保障等一系列问题,到现在还存在。路遥在几十年前就关注了,他以一个平凡人的身份和老百姓感同身受,他才能敏感地意识到这个问题。

路遥一个平凡的人,反映平凡老百姓平凡的事,反映平凡老百姓的平凡心声,他和老百姓能心理互动,代表平凡的老百姓,通过他的作品反映出来。路遥用一生的平凡,创作了他的《平凡的世界》,构成了路遥不平凡的一生。路遥从平凡出发,接触平凡,反映平凡,最后使路遥成为一个不平凡的人,不平凡的作家。路遥的一生在平凡的世界中创造了不平凡的人生。路遥的事迹对教育年轻人有非常现实的作用,有重大的意义。

"扫一扫,不平凡的世界更精彩"

我又梦见路遥
——路遥好友刘凤梅采访纪录

刘瑞平：据我们了解您和路遥小时候是在一个村子长大的，儿时的路遥给你留下什么印象？

刘凤梅：路遥是六周岁到的延川，那时候我们从小就在一块。路遥为我的一个中篇小说作序，他在序中这样说："我们是同村人，住家只有一河之隔，

作家刘凤梅

我们还有个共同点，同是寒门子弟。"路遥小时候很聪明，也很淘气，但是路遥有个特点，不甘于命运的摆布。他家非常贫困，在他上小学时还可以，上初中时就出了问题。1963年路遥考上初中，由于家庭太贫寒，他的养父也就是他大伯，就不让他上学了。路遥一心想上学，没有办法，他来找我父亲，我父亲当时是我们那个大队的党支部书记，办法多一些，当时就给他借了二百斤黑豆，吃饭的问题解决了。但是路遥过了几天又来找我父亲，他说："平爸我还是上不成学，学校不要我了。"当时有规定，县城新招收的学生超过一个礼拜不报到就除名。在这种情况下，一般人没办法，因为我父亲在县上工作过几年时间，人缘也好，所以他找当时的副县长杜永夫，我父亲给他说路遥是个才第（人才），要帮他一下，将来说不定还会有出息。杜永夫这个人非常好，把他作为特殊情况招收回来，让他进了中学的门。

上了中学以后，当时是1963年，1961年、1962年最困难的时期刚刚度过，但是在当时吃大锅饭的年代还是非常困难，路遥在后来创作的《在困难的日子里》，真实地描写了那段生活。当时吃饭主要以稀饭为主，中学吃饭有好几百学生，每天

吃饭也没有食堂,院子里放了十几个大瓷盆,然后大师傅用水桶把那个稀饭担着倒进去,每个班排成一队,由当天的值日生打饭,每人打多半碗。后来情况好点儿,每个人打一碗稀饭加个玉米面馍馍。当时学生流传着一段话:父母亲大人两点点(冒号),儿在门外把书念,买顿稀饭一碗碗,把儿肚子饿成板扁扁。所以路遥的小说《在困难的日子里》写的那个情况很真实。

路遥当时更困难,因为他家里也不够吃,特别到冬天又冷又饿,那日子确实艰苦。中学过后到了"文化大革命",路遥这个人很聪明,从小就有凝聚力,虽然他只是一个学生,才十几岁,却已经是全县一派群众组织的总头头,包括县上他也干过。开始搞大辩论、批斗会那会儿,他也很热衷,但到了后期就不怎么热衷了,主要是忙于学习。我们中学有个图书馆,门上了封条进不去,但窗子开着了,他就钻进去整天在里边看书,这个时间他读了很多书,对他后来创作很有益。1968年以后"文化大革命"基本到了后期,我们就共同劳动,我和路遥属于一个大队,我们那个大队由三个村组成,我们村叫刘坷圪村,路遥那个村叫前郭家沟,还有后郭家沟。路遥主要的任务是在山上挖土,他整天站在半崖上挖土,不说话。后来小说《人生》问世后,我看了高加林这个人物,回想起路遥当年在半坡上挖土的那个劲,被打发(辞退)回来,心中难以发泄的那种情绪,通过劳动来发泄,这就是说:他的创作是有生活经历的。

劳动歇下来,我们就聊天,谈形势、谈政治,主要是路遥谈,我听。虽然我比他高两届,但他的知识面广,那时候政治、历史也谈。他对政治非常关心,国际国内的都关心,各国的情况,因为他喜欢看参考报,他读很多书,了解得很多。

收工以后我们就一块往回走,回我们家要路过他们村,有时候他也邀请我到他家去,坐在他家炕上。那个时候路遥特别朴实,他们家有两孔窑洞,一孔养父母住,一孔路遥住。路遥很爱好,他把那个窑洞墙壁上,都贴上画报,很漂亮。

刘瑞平:当时他回队的时候已经从革委会下来了,当时您感觉他是一种什么样的心境?

刘凤梅:1970年我离开家乡到延安革命纪念馆,参加了工作,有一天路遥给我来了一封信说:"我在《延安报》发表了一首小诗,尽管这首诗写得不怎么样,我如今处在如此状况下,还是值得庆幸的,请你看一下。"这是路遥的处女作,他信中提到的如此处境有这样的情况:1971年可以说是路遥人生最艰苦的时期,有两件事使路遥情绪非常不好,一件是他的对象抛弃了他,另外一个就是"文化大革命"后期与他有些关系,他的县革委会副主任被停职了,所以政治上、感情上双重打击,使他的情绪很不好。

1971年的冬天,我从延安回到家乡,在半路上遇见了路遥,路遥穿一身白衣服，当时觉得很奇怪，后来我问路遥为什么冬天穿一身白，他说我给自己戴孝，看来当时情绪很坏。

到了1972年我上了陕西师大，有一天路遥给我来了一封信：他想考大学让我给他寄些资料，我就给他各种复习资料寄了一套。过一段时间他来信说：考上了延大。

1975年我大学毕业回到延安革命纪念馆，路遥还在上大学，有一天到我办公室来了，当时路遥生活很困难，主要靠林达（未婚妻）来帮助他。路遥穿一双布鞋，脚指头还在外面露着，一身灰色的的卡裤子，裤缝扯了有一尺多长，我说给你缝一缝，他说不好意思，后来他就这样站着我给他缝上了。

刘瑞平：路遥上中学时你父亲多次帮助了路遥，您认为当时为什么要帮助这个孩子？

刘凤梅：这有两个方面原因：从我父亲方面说，我父亲人很豪爽、很仗义，著名作家晓雷曾说：是农村的圣人。另一个方面，我父亲很喜欢路遥，这个人很聪明，就像他给杜县长说的：这是个才第。

刘瑞平：您觉得路遥通过体力劳动是否改变那种心情？

刘凤梅：当时他看得很透，他不愿意农村待，他在学校就想得很多。

路遥到农村后觉得一辈子就这样了，面朝黄土背朝天，但路遥很乐观：我会出去的。他的情绪比较好，路遥这个人很吃苦，从他后来搞文学创作就能吃苦，可以看出，他并不是想发泄什么，和高加林那种发泄还是不一样的。

刘瑞平：在"文革"的时候您和路遥还是对立派，有什么记忆犹新的故事吗？

刘凤梅：要说这事我们两个也辩论过，他是一派，我是一派，他那个村随他那一派，我们这个村随我这一派，路遥在外边待得多，"文革"中很少回家。

刘瑞平：在您的眼里路遥是个什么样的人？

刘凤梅：路遥这个人很重友谊，有一件事情让我记忆犹新。1985年是路遥为《平凡的世界》准备资料的时期，他当时在延安宾馆翻延安报，不像现在可以复印，他硬是一页一页翻，用笔抄。有次我去看他，见他不是放在桌子上翻，而是躺在床上翻，我去了见他很累，说搞文学创作是憨汉的事。就在这个时候我拿出了我的第一篇中篇小说，要请他看看初稿，写点意见，我想又给路遥添了很大的乱。当时不知道怎么想的，应该还是年轻，他那么忙，我还把这个近十三万字小说稿子给他看。路遥不厌其烦地把这个稿子很认真地看了以后，又给我送到延安纪念馆办公室，他列了六个方面给予肯定，也提了许多不足。紧接着我把这个小说修改出来以后，推给陈泽顺主编的《文学家》，准备发表，但还没有发表，《文学家》就停刊了。后来宁夏有一个领导，他想帮助我出这本书，当时提出要名人书序，路遥说：

"我就是名人,我给你作序。"但序还没有写,这个领导就去世了,此事又放下了。后来到1991年我已调到西安了,教育出版社准备出这个小说。1991年当时路遥已经有病了,颈椎病、肝炎,身体很不好。有一次我到作协去,他在院子里一张椅子上坐着,昏昏欲睡的样子,我问:"你咋啦?"他说颈椎病。我说:"省政府有个人看得很好,我领你去看看。"他去了几次以后症状有所缓解,但还是不好。现在看来,他当时肝炎已经到了一定程度了,精神很不好,但就在这样的情况下,他还是为我把那个序写完,最后落款上写:"1991年于病中。"路遥对朋友的帮助还是很热心、很尽力的。

路遥热爱陕北,眷恋陕北,他作品的背景、人物原型、生活素材都是来自陕北。《人生》准备拍电影的时候,他给我说:要好好展示一下陕北。他对陕北很热爱,他的小说创作稍微长点的都放在陕北来写。《人生》在创作前他给我打电话说:"你给我找个地方,我想回到陕北写小说。"最后我找到枣园延安纪念馆,里面有个梨园,后来路遥给我打电话说他已在甘泉写这本小说了。《平凡的世界》后半部分是在榆林写的。他对陕北饮食特别偏爱,他想吃陕北的抿节、荞面搅团,有时候来我家吃,有时候还约朋友一块到我那吃,临去世前他还想着陕北饭。

刘瑞平: 您有一篇文章说,我又梦见路遥,说他还在提我?

刘凤梅: 这事实上是一种思念,对路遥苦难人生的一种怀念。我曾多次梦见路遥,有一次梦见路遥端着一个大碗吃面片,我说你能吃完?他说能吃完。回想起有这样一件事情,有一次我到陈泽顺那去,他也是个作家,过一会儿路遥来了,路遥说:"凤梅你去做饭,我还没吃早饭呢。"我一看下午三点了还没吃早饭,做了一盆揪面片,他都吃完了。路遥在生活中一直清贫,幼年时因为困难吃不饱,工作以后因为工作忙吃不饱。路遥一辈子不甘于命运的摆布,因为他生于贫寒之家,不甘于这种环境,所以就拼搏。路遥给我说,有一次写一个中篇小说,七天七夜都没有睡觉,写完就晕倒在厕所里了。写《平凡的世界》也是这样,当时跟我有过一次讨论,他说:"在健康和事业方面选择什么?"因为我身体一直不好,我说:"我选择健康。"我问:"你选择什么?"他说:"我两样都要,如果非要选,我选事业。"他说我在四十岁之前一定要把《平凡的世界》写完,后来时间证明他的生活习惯很不科学,他严重地损坏了自己的身体,所以他自己也有些后悔。写完《平凡的世界》这部书后,他给我说,硬是这部书把他累垮了,最后他也意识到了。

刘瑞平: 路遥还学了日语?

刘凤梅: 当时我在马家店小学现在的"路遥学校"当教员,我离开后路遥接了我的班当教员。他喜欢阅读,但像那样的家庭他不可能买很多书,就借别人的书看。后来他又开始学日语,一个农村孩子学日语说明他想法很多,想得很大,学日语学得很艰苦,从他家到学校大约有两华里路,他在路上背单词,在沿途的每块石头上、墙壁上都写上日语单词,可见路遥的刻苦精神。

路遥是一个深受广大读者喜爱的作家,让路遥精神永远激励有志者不断前行。

"扫一扫,不平凡的世界更精彩"

胜过爱我自己
——路遥女儿路茗茗采访纪录

我虽然生活在现代,但我觉得从古到今,人所面对的生活困难以及所有问题,其实都是一样的。就从父亲的身上、从他的眼里看到的就是对待这个世界的胸怀,非常让我佩服,心里也希望像他那样,成为他那样的人。

我爸曾说爱我胜过爱他自己。我想确实是这样,父爱这东西没法儿用言语能表达,我心里是这么想的。一切都特别简单,我的心跟他的心也是一样的,他心里是怎么爱我,我也是怎么样爱他,胜过爱我自己。所以我完全明白父亲对我的爱,不用任何事例,也不用任何的语言来描述,他就是这句话的意思。

我爸爸关注这片土地,热爱这片土地,我也会像他一样,尽我的力量从另一个角度继续完成他的心愿,这个就是我最大的愿望。

父亲　母亲
——路遥父母采访纪录

路遥母亲：那时候娃多，路遥吃不饱，他奶奶让路遥到她那里来。奶奶和大伯、大妈住延川，他们膝下无儿女，我也是想让路遥去享福的，不要挨饿，他大妈也是个好心人，很疼路遥。在路遥十九岁时，奶奶去世了，路遥哭得长跪不起。

路遥父母　摄影：刘东平

路遥的《人生》《平凡的世界》我知道。

原来我们家有好多书，后来人们来看我，也就都拿去了。拍《人生》电影的时候，在我们庄拍过。《平凡的世界》里写的我们庄的王五写成田五，路遥三妈妈写成贺兰英，书里的石圪节就是石咀驿，罐子村就是盆则沟，都是我们这道沟里周围的人，那王五还会随口编唱歌。

路遥父亲：路遥到延川是我送的，那时条件很差，没有车，硬步走，走得娃累的，走到清涧县城，住了一晚，走时我身上就带了些干粮和二毛钱，给娃买的喝了碗蛋汤，那时太可怜了。第二天起身，路上碰见一个拉粪的毛驴车，我跟人家说："娃走得累了，让娃在车角上坐坐。"拉粪的说："娃不嫌臭哩。"哎，累了还怕臭？就在车子上坐了二里多路。

送到延川后我待了几天，就偷偷地走了，听他奶奶说路遥也没哭，唉！想娃了。

路遥母亲：那时路遥也想去延川，他是奶奶疼大带大的。那时家里三个孩子，他是老大，也是去给大伯家顶门的（过继给大伯）。我们那时也想让路遥去，奶奶太疼爱路遥了。

"文化大革命"时路遥参加了红四野,还去过北京,回家时带着人,胳膊上带的红袖章,挎的红五星包包,唱得吱哇哇响。

路遥父亲：路遥从小爱写字,"文化大革命"时,他拿杆毛笔,有人扛一摞纸,走到哪往地上一铺,他就写开了,往墙上一贴,一道街都贴的是他的字。

路遥母亲：那时娃多,家里穷,整个村庄都穷,现在好了,我们都享福啦。

"扫一扫,不平凡的世界更精彩"

一个真正善良的作家
——著名诗人尚飞鹏采访纪录

我很早就知道路遥,但初次见面是在1982年,当时他住在榆林文联,我慕名去看他,去了以后才知道《在困难的日子里》是他写的。我们在一起聊文学,还和路遥照了一张照片,我和路遥的接触也就五六次吧,但是每一次对我的创作影响都是很大的,主要是精神上的力量。

诗人尚飞鹏

第一次:那是1982年路遥来榆林,当时我拿了我写的两首诗让他给我看一下,那时候我是一个文学爱好者,初学者,他看了说:"你的诗要继续写下去,你是黄土地的诗人。"他说话很幽默,特别有意思。我和路遥特别有缘分,他说的每一句话对我的震撼力都非常强,所以我想:我要和路遥一样一直写下去,决不能辜负陕北故乡对我的哺育。

第二次:他来榆林做报告,关于写作的报告,我记得有一句话特别地好,他说:短篇小说的创作从开始就要想到结尾。我作为一个文学爱好者听他的关于文学创作的讲座,我听得非常认真,对后来的文学创作帮助很大,我感觉他是一个很实在的人。

第三次:他和王天乐(路遥四弟)回榆林到我家里来,在门外头他就喊:"谁叫尚飞鹏?"我赶紧出来把他俩迎进屋,寒暄之余我亲自做饭招待他俩。路遥说:"你不要一碗一碗地盛,就拿那个盆子来。"那时候路遥已经很有名了,《人生》已经出版了,获得了很大的荣誉,但是他生活中非常随便。我记得他喝了两杯酒,还喜欢吃榆林的豆腐。他说:"打上二斤豆腐。"我问:"怎么吃呀?"他说:"你就开水一过或者就买热的豆腐拿醋酱一蘸就吃了。"

路遥给人的感觉特别亲近,有一次我和弟弟去西安,顺便到路遥家去转,他住在省作协的家属院,我们去了,路遥很热情,跟我们聊陕北、陕北的文化、风土人情,我们聊得很随意、很自然。我记得他说:"陕北这个地方不得了。"我觉得他不只是一个写小说的,他涉猎的文化、经济、政治、风土人情、百姓生活各种知识,特别丰富。

有一次西安下雨了,他就喜欢下雨天,路遥说:"不下雨咱们陕北老乡就没吃的。"他时时刻刻都想到的是这块土地上的劳动人民。

让我印象最深的是1989年,我从榆林到延安,又坐顺车去壶口看瀑布,那天我独自坐在瀑布边上沉思,当时整个河滩上只有我一个人,正寻思着怎么回宜川城,后来又来了四五个人,走近一看,才发现是路遥和他的同事,我们握手问候,太有缘分了,我自然就坐他们的车回到宜川。一路上我们欢歌笑语,路遥唱了好多陕北民歌,他的歌声很低沉,有力量,好像在哭泣。他喜欢民歌更喜欢交响乐,他说他在创作时就听交响乐,也喜欢听山西梆子。

有一次他写《平凡的世界》时,住在榆林宾馆,我去看他,一块聊陕北,聊一些创作上的东西。我父亲尚爱仁是榆林市文化局原局长,后调省歌舞剧院当院长,路遥对我说,他非常反感高干子弟那种华而不实的作风,但在我身上看不出那些。谈到下午他说有点饿了,我就回家给他拿了两个馍馍、两根葱,他点名就要吃这些,一口馍馍一口葱,而且冷吃。他简朴、艰苦,生活太简单了,从来都不会保护自己,已经形成了习惯,也许是从小艰苦养成的吧,或者他本来就拮据,成名以来路遥要接济好多人,他的稿费什么的都借给了别人。

我特别喜欢他的小说《早晨从中午开始》,那种震撼,整个灵魂的清洗,一种脱胎换骨的东西。在阅读《平凡的世界》的时候,我不断地流泪。据调查,全国大学生阅读排名第一的是路遥的作品《平凡的世界》。最具创造性的作品,最具人民性的作品,最善良的作品,最健康的作品,最向上、奋斗、追求的作品。尤其是大学生和有事业、有追求的人看了以后,往往影响他的一生,路遥的价值随着时间的推移,会远远大于现在。

路遥在西京医院住院期间,我去看了他两次。第一次九娃(路遥五弟)和天乐(路遥四弟)都在,路遥见我说:"完蛋了。"我说:"没问题你一定能站起来。"看见路遥很瘦,我过去和路遥握了个手,路遥说:"不敢握,传染了。"我说:"不怕,怎能传染了。"我离开时他说可能的话,把好一点的山西梆子和贝多芬交响乐的磁带给他拿来。当天下午我就找好了送到医院。

路遥去了,虽然和路遥的接触不是很多,但是我感受到了他的幽默、朴实、艰辛、奉献……他的离去,是中国文学界的一个缺憾。一个真正善良的作家,他的作品将永存。

英雄路遥

——著名作家晓雷采访纪录

路遥是个很想要成为伟人的人,他拿出了英雄的那种敢于奋斗、敢于斗争、敢于前进的,能够吃大苦耐大劳,什么困难都不在话下,不达目的誓不罢休,坚忍不拔的斗志。什么东西都不会动摇他,他确定了的目标,他一定要达到,这是给我留下最深刻的印象。

作家晓雷

在路遥的作品里边对生活的一种美好的、崇高的追求,能够净化人心灵的,能够激励人前进的,就是这样的作品。

路遥已经去世二十多年了,但是他的作品在青年人里边一直升温,就是因为他的作品里头所表现的一种追求理想、追求人生,不惜牺牲一切,藐视一切困难,踏破艰难险阻,这些东西很适合青年人。在青年路遥的成长过程里边,他就是受类似书籍的影响,像《牛虻》《钢铁是怎样炼成的》《红与黑》等。一个青年人如何度过自己的一生,在青年的时候就开始奋斗,为了自己崇高的理想,不惜牺牲一切,克服一切困难,踏破一切艰难险阻,确实是青年人能够引起深深共鸣的东西,每一个青年都企图走这样的道路来塑造自己,这个也是他的作品直到现在还在青年人中火爆的根本原因。

路遥给我的感觉不是一般的平凡之辈,而是确实具有伟人气质、英雄气质,具有崇高追求的非常大气的一个人。

"扫一扫,不平凡的世界更精彩"

白 露

雁阵声声蚊欲静,枣红点点桂流香。
　　　　　　　　　　——《节气歌》

　　我把路遥的这个作品《人生》定位为诗性现实主义,就是路遥很浪漫的。路遥是有很多精神探索和感情激荡的,所以是诗性的。
　　　　　　　　　　——文学评论家　肖云儒

活　着

慕明媛

　　一部小说，六年心血，十年生活，这只是平凡世界的一个切片。作家将生活横切一刀，切片上沾染着主人公的血汗味儿，可以放大给更多的人去看，去品味，去感同身受。

　　有多少人想活成小说，苦难心酸不过是几行文字而已。

　　另起一段就是：很多年过去了——

　　很多年过去了，孙少安摆脱了贫困；

　　很多年过去了，田润叶有了李向前的孩子；

　　很多年过去了，秀儿发现自己爱上了少平哥；

　　很多年过去了，田晓霞再也等不到一点四十五分的杜梨树；

　　很多年过去了，逛鬼王满银都学会了蒸馍馍；

　　很多年过去了，你不再是你，我也不再是我。

　　鲁迅先生说过："喜剧是把人生无价值的东西撕破给人看，悲剧则是把人生有价值的东西毁灭给人看。"这部作品与其说因为极接地气而被读者爱不释手，倒不如说因为巨大的悲剧性而让读者刻骨铭心。

　　为了孙少安熬尽心力的贺秀莲，最后因为罹患肺癌不幸去世；

　　生性倔强的孙少平，最后因为煤矿事故失去了俊朗的容貌；

　　田晓霞在追求职业理想的采访前线，被淹没在了滚滚洪流中；

　　只有田润叶，勉强获得了安稳的生活。

　　据说在写到小说结尾之时，路遥把手中的圆珠笔奋力掷出窗外，泪流满面。

　　什么是人生的价值？有多少人曾经认真地思考过这个问题？

　　在这平凡的世界里，太多人麻木地被时间推着朝前走：该读书的时候读书，该工作的时候工作，该结婚的时候结婚。那么，为什么读书？为什么工作？为什么结婚？

我想，这不应该是时间对我们的考验，而应该是我们对世界的回答。

我喜欢孙少平的回答。很多年过去了，他还是满怀期待地望着火车，眼睛里闪着光芒，激动地对田晓霞说："我活着，不是就为了活着！"

不为了活着而活着，或许，这才应该是人生最大的价值。希望我们每个人都能像作品里的主人公们那样——

活着，不枉此生！

《平凡的世界》电视剧观感

张 弛

奔 头

刚刚冒出来改变的念头
就遇上一把老䦆头
孙少安的痛苦
黄土地的酸楚
飘进浓浓的云雾
难以启口

福军的挺身而出
把年轻的茫然解救
玉亭的《人民日报》没有白读
跟着共产党走
那才是社会主义道路

小岗村的包产到户
像寒夜的一支蜡烛
温暖了面黄肌瘦
那种食不果腹
那种入不敷出
被埋进厚厚的黄土

金色的硕果挂在枝头
绽放美丽的成熟
所有吃过的苦
令人心酸的念头
伴随时代的潮流
成为一种久久难忘的回顾

时光已远走
黄土地依然纯朴
百姓依然盼望好干部
跟党走
不放手
信天游
尽情吼
平凡的世界有奔头

板 砖

三块板砖
敲出一股鲜血
面向青天

告慰苦难
遮住泪眼
流向心间

那不是青春的礼赞
更不是莽撞的蛮干
那是一种不心甘
还有一些心酸
靠天吃饭
骨肉相残
只为小河的水滋润田野
解一点庄稼的干旱

少安啊少安
你的心里到底装着
怎样的一片天

剪纸：张晓梅

脸

骨子里流着黄土地的血

田福军的脸
永远是一张农民的脸

沧桑总是把苦难遮掩
不论是在防疫站
还是当专员
那张脸
从未改变

心上装着百姓的苦辣酸甜
田福军的心愿
就是把贫穷的世界改变
让革命老区的天
绽放新颜

那张脸
是那么亲切
那颗心
是那么温暖

平凡的世界
真情一片又一片
广袤的黄土高原
丰收一年又一年

分　歧

少安与少平面对面
心却隔了十万八千里远
一个想创建美好家园
一个想驰骋精彩世界
不同的观点

让弟兄俩相对无言

知识的宫殿
让弟弟留恋
城市的文明让人流连忘返
土地的温暖
让哥哥挂念
一家人的煤水吃穿
让人放弃了外出的打算

少平带着那捆破烂的铺盖卷
留在了黄原
少安又回到了黄土高原
各人都有自己的主见
何必勉为其难
路就在心间
敢闯敢干
定会越走越宽
哪分城市山野

梦

火车开到哪里
我就去哪里

脚还踩在这里
心已飞到那里
人还在黄原
思绪已经飞远

别说一个揽工汉
人都有自己做人的底线

夹缝中看到的那点蓝天
总让生活苦中有甜
心中有坚定信念
就会淡忘浮尘云烟

可以背着沉重的石头流血流汗
也可以在篮球场上跳跃投篮
人的尊严
在不同的场景体现

山丹丹花的红艳艳
映得黄土高原金灿灿
晓霞的毛眼眼
扑闪在少平的心尖尖
咣当咣当的火车里啊
梦想就要开花
不管开向哪里
请带上我
永不停息

敲门砖

一块砖
让少安合不上眼
在不眠的夜晚
希望悄悄点燃
熊熊火焰
从心间到田野
肆意狂欢

再也不要那张愁苦的脸
再也不要那种没有结局的思念

曾经的辛酸
如一片片树叶
飘散在黄土高原
塞上的严寒
一去不返

不是党员
不是支委委员
只是一块砖
哪里需要哪里搬
就是这块敲门砖
把好日子薪火相传
好一个敢作敢为的孙少安

等 着

我等着
我等着

秀莲的好日子
凝成不屈的目光
钻进少安的脊梁
一起把责任担当

我等着
我等着

女人的希望
男人的敢干敢闯
牲口棚的豁子墙
烂包光景的荒凉
必将成为历史的过往

好日子很长
就在前方
红红的高粱
映着渴望的脸庞
金色的麦浪
泛出片片光芒

我等着
我等着

轻轻靠上少安的肩膀
放飞新的梦想
自由翱翔

剪纸：张晓梅

表 白

一场大雨
给了少平表白爱情的勇气

我爱你

三个简单的字里
有多少卑微
作为底气

我爱你
一句平凡的话语
又把多少往事勾起
年轻的心里
熊熊火焰燃起
不需要门当户对
不需要举案齐眉
我爱你
已刻进生命里
也许会常相记忆
也许会慢慢忘记
都没有关系
大雨冲刷了泪水
为灵魂洗礼
我爱你
管他今夕何夕

我爱你
就是黄土地最高的赞礼

相 依

怎么会这样
怎么会这样
不会的
不会的

无情的洪水

绝望的凄美
被隔在秦巴山里
古塔山的约会
依然在等你

这个世界里
没有了你
另一个世界里
依然有你
在眼里
在梦里
在呼吸的每一口空气里
弯弯的嘴角又向上翘起
满含笑意
把另一条年幼的生命托起

厚厚的日记
装进箱底
藏在床下的角落里
美好的回忆
不会忘记
把你刻在心里
生不离
死相依

爱 情

过去的感情
就像掉了的牙
没了就没了
安上也是一种虚假

润叶一闪一闪的泪花
又把少安的心一抓一抓
但只是一刹那
秀莲脸上的两朵红花
才是少安此生的牵挂

掉了的那颗牙
变成了伤疤
被汗水冲成了漫画
融进黄土洼
平凡的世界里
爱情是什么

炕头的悄悄话
一个烂包的家

一辈子

一辈子很长

从出生到死亡
一辈子很短
瞬间即可断肠

穿过贫困的苍凉
晓霞把少平凝望
一辈子就这么长
人生总得还有点别的愿望

走出这片黄
去冲去闯
看看外面的世界什么样
与其像植物一样生长
不如像雄鹰一样飞翔
哪怕折断翅膀
也要奔向太阳
领略梦想的辉煌
一辈子并不长

大地之子
——写给中国当代著名作家路遥

李炳智

平凡的世界里
闪爆人生最亮的光芒
挺起倔强的脊梁
像牛一样拓荒

根植广袤的大地
为小人物歌唱
用方块字垒砌阶梯
通向中华文坛的辉煌

在困难的日子里
没有气馁没有沮丧
生命中惊心动魄的一幕
决不因早年英逝终场

一面永不褪色的旗帜
引领抗争者奔向远方
高高耸起的丰碑
彰显黄土儿女的大气与坚强

王生才　画

成长中的片段

汪冬蔚

那年,我还小
我不懂得邻村的风景为何能出现在银幕上
我不懂得为何高加林选择一个条件好的姑娘有何不对
我更不懂得电影与现实的关系
看电影时
有人哭泣
有人臭骂
更多的人对清涧一个叫路遥的人赞叹不已
这一切,让我感到不解
后来
我才知道那个叫路遥的人是个大作家
我才知道那个叫路遥的人也是陕北人
莫名地,喜欢上了文学
再后来
我读懂了《人生》
我读懂了《平凡的世界》等
我还去了路遥的故里

尽管,路遥走了
但是
路遥,让我明白太多
路遥,让我变得淡定、坚强太多

没有人知道你自苦的原因
——献给路遥

白　马

王生才　画

一

一个电波滚动而过
我不相信耳朵
黑色的文字组成阵列
宣告噩耗
我不相信眼睛
就这样去了
在这平凡的世界

在这孤独的夜晚
彗星划过长空刺目的光芒
惊心动魄

二

泰戈尔银白的胡子招展神圣
歌德宽阔额头上的皱纹
刻下岁月和智慧的阶梯
巴金的满头白发
是一种人生风景的写意
面对生死之门
我心中喃喃：
哦！为什么你不能长寿

三

早晨从中午开始
有谁为你泡上一杯咖啡
或一杯你喜欢的茶

有谁在孤独的夜里
向你露出玫瑰花的笑
田晓霞壮烈地死了
美丽地死了
美好的爱情终究是悲剧吗

四

在凄冷的冬日
拒绝爱情与微笑
失去一种爱情
又拥抱一种爱情
面对文字的舞蹈
你呼吸甜蜜

五

一种苦恋
比爱情本身更苦

夜深了
你与黑夜对话
所有的情绪
随着吐出的烟圈释放

你忍受寂寞
又享受寂寞

六

你抒写幸与不幸的爱情
你的心灵比不幸更不幸
当属于你的女人离你而去

你的夜空满是悲哀的星
无须问你们是否真正爱过
又怎能责备她没有与你相伴
一起为文学服那苦役
甚至殉道，甚至献身

只要真正地爱过或恨过
在这世界上才算活过

无须问你们 为什么分离
谁又能弥补这永恒的残缺
感情的潮起潮落
是千古难以破译的秘密

在许多没有星星的夜晚
把悲哀交给悲哀

七

哦！你——米开朗琪罗
斧头凿子画笔送走了
八十多岁的生命
你没有结婚生子
你钟情你的大卫，你的雕塑
——没有人知道你自苦的原因

八

哦！你——托尔斯泰
你描写大地上万千生灵的
高尚与渺小、欢乐与悲苦
九十岁高龄离家出走

当家人围在你身边
你却说,许多人在受苦
为什么你们只想到我一个
——没有人知道你自苦的原因

九

哦!你——路遥,与他们一样
没有人知道你自苦的原因
你用生命书写作品
唯此,我跪在你脚下
泪水和着你的文字
一起在心中悲泣
读你的作品
不再是梦幻
对苦难的认识
显得更加实在

十

生命过早打上句号
割断了与"诺贝尔"的姻缘
平凡的世界该有多少
你要歌唱的喜喜悲悲

唤不回你生命的消逝
你的文字种在陕北高原
开放年年月月的灿烂
却满是生机新鲜

你的文字在我的心灵里舞着
我感知劳动与创造的尊严
你的文字在天地间舞着
砂石般汇成你生命的浮雕
因为自苦而成为不朽
因为自苦而显得崇高
罗曼·罗兰曾经宣言
心灵的伟大亦成为英雄

面对太阳和沉默的天空
面对繁星和悲哀的黑夜
心灵之鼓猛烈地敲击
真的没有人知道你自苦的原因?!

致路遥
——写在路遥《人生》获奖之后

张俊谊

你伴着高加林走来了
你伴着刘巧珍走来了
你伴着家乡的父老乡亲走来了

你用熟悉的家乡曲调
你用亲切的家乡风貌
展示了一条人生的坎坷之道
你为中国文坛
增添了鲜艳之花
你为家乡赢得了光荣和骄傲

好！好！好！
我送你三个惊叹号
祝贺你创造的成功
祝贺你成功的创造

人生之路，既长且遥
家乡盼望你
不断进取，努力耕耘
让平凡的世界长出碧绿的芳草

王生才 画

灿若星辰
——纪念路遥诗集

张　弛

记　忆

翻开多年前的日记
又看到了你
关于路遥的记忆
仍然泛着涟漪

那支被掷出窗外的笔
并没有被遗弃
热爱文字的人争相拾起
正在笔耕不辍
那根缭缭绕绕的烟
还在闪着光辉
明明灭灭的间隙
夹杂着一些叹息
那个面容
那份神情
还是那么逼真

让人怀疑历史的真伪

记忆
不曾褪色
怀念
永永远远
《平凡的世界》
精神的家园
《人生》的信念
世代不灭

纪　念

不需要收藏
路遥早已在我们心上
沧桑的面庞
思索的凝望
成了永远的肖像
平凡的世界
不是我们的向往
咽菜吞糠辘辘饥肠
不是我们的梦想

贫瘠的土壤
孕育荒凉
人生的悲伤
站在每个山梁上
面对面的念想
隔山隔水的歌唱
把生命的惆怅释放
随着白云四处飘荡
用一份坚强
把无奈埋葬

请拿起笔
循着路遥的足迹
大胆去赞美

生命的瑰丽
不为辉煌
只为点燃心中梦想

缘

有一种缘
系在心间
风轻云淡
绵延不绝

也许多年未见
也许远隔千山
轻轻问候里的那份腼腆
藏着多少的思念
仿佛又看见从前
不曾有过的改变

浑浊的双眼
盈着几许留恋
就是这个世界
让你愁肠百结

想当一回不要脸
把你的手儿轻轻地牵
背一个褡裢
装几碗炒面
随你把平凡世界踏遍
续一次缘
唱一曲白狐之恋
一起走进花烛夜
天上人间

变　迁

憨厚敦实的容颜
把贫瘠的历史改写
西北风的幽幽咽咽
变成缕缕思念
挂在心间
牵系着黄土高原
小米稀饭里
掺着汗水的甘甜
年轻的心
已把寰宇踏遍
黄土坡上的座座山峦
母亲河上的太极湾
袁家沟的沁园春雪
久负盛名的清涧石板

都让人梦萦魂牵

也许这里也有阴雨绵绵
也许这里也有雷鸣电闪
但那张笃定自信的脸
总是布满了风轻云淡

路遥并没有走远
那纷纷扬扬的瑞雪
也曾醉了你我的眼
那老农般纯朴的语言
至今响在我们耳边

以辛为安
以苦当饭
世界原本平凡
不争你后我先

王生才 画

守 望

紧闭的矮门

在把你等
破败的泥墙
把孤独守望
枣枝单薄的手
抓不住岁月的愁

就在这样的院落
文曲星降落
七年的小白杨
挂着贫穷的沧桑
移植异土他乡
艰难成长
落时的土窑
戳在半圪上
与装着历史的纪念馆对望
都在把路遥念想
夜夜断肠

一日门开
你又回来
暖窑热炕
老母缝补着衣裳
老父吸着旱烟枪
苦思冥想
你靠在土墙上
捂着精疲力竭的肝脏
独自忧伤

坚强
在心上
在《人生》路上
守望
在《平凡的世界》

祭　奠

我与秋雨一同
来到你的故乡
站在生你的地方
把平凡的世界
张望
几孔土窑洞
爬在半坬上
幽怨地
与马路边以你的名字命名的纪念馆
日日对望
生前的难忘
死后的流殇
散落在清涧县的210国道旁

讲解员手中的解说棒
让你的名字在秋雨中
回荡

1949年
你呱呱坠在这块贫瘠的土地上
却拥有着与共和国一样的梦想
连年的饥荒
让吃饱穿暖
成为孜孜以求的向往
少小离开家乡
伤心何止一场
对知识的渴望
让命运一次次倔强

在生死相依的故乡

延安大学的课堂上
多了一束饥渴的目光
工整的方块字
正好码放心中的热望
人生事业的艰难开创
十年平凡世界铸就辉煌
是什么样的力量
让你把青春淡忘
像一个苦行僧一样
死死爬在那张桌上

那是十年的华美时光
金奖银奖
都是无人能及的硬扛
那是十年的历练成长
希望失望
凝就无与伦比的沧桑

四十二岁时的那张病床
奏出的华彩乐章
在阴阳两界同时唱响
曲曲断肠
文汇山的安葬
开水加蒸馍的凄凉
让大地呜咽悲伤
才情肆意流淌
咏成千古绝唱

纪念馆的墙上
挂满你的肖像
一幅幅都沾满迷茫
缅怀的目光
让你感到恐慌

一卷卷的书上
刻着你的文章
一页页的纸上
梦想飞扬

你用力把笔扔出窗
像一个囚犯被释放
灵魂却已不能适应
那缕偷窥的阳光
病魔潜伏在疲惫的肝脏
张牙舞爪
趁机挑战已被透支的坚强
没有一粒特效药
可以抵挡

1992 年 11 月 17 日的早上
中国的文学殿堂
倒了一根大梁
英年早逝的阴霾
在华夏大地落了厚厚
一层霜
生命的过往
不过是苦难一场
就像去看你的路上

一辆车在路边侧躺
好多车仍然飞向前方
你倒了
倒在了追求文学梦的路上
被众人扶回了家乡
再也没有了疼痛与惆怅
人们汲取着你的滋养
继续奔赴在逐梦路上

仿佛又看见你
依着那堵土墙
把手中的香烟高扬
做沉思状
默默地叨念
这是什么地方
怎么跟做梦一样

有你的天堂
应该不荒凉
有你的世界
溢彩流光

灿若星辰

一颗星总是
升得很慢
落得很快
路遥便是
一个卑微的生命
靠着求生的本能
从一个县到另一个县
从一个家到另一个家
从一种贫穷到另一种贫穷
纠结着
挣扎着

由羸弱到强大
由强大到羸弱
岁月蹉跎
梦想闪烁
当炙热取代冰凉

白　露

当理想绽放火花
年轻的生命
倒在了
干渴的路上

一切都
戛然而止
一颗星
自长空陨落
所有的艰辛
都被怀念封存
一盏灯

擎着文学之光
在平凡的世界前行
灿若星辰

王生才　画

人　生

贺志军

人的生活很精彩
但人的生命太短暂
你的生命更像一颗流星
一不留神，就在掌心跑掉了

据说德顺爷还在赶牲灵
刘巧珍与马栓后来也恩爱有加
你的人生怎样呢
我知道，你原来的生活苦中有乐
乐在苦中，自从远走他乡后
我不知道你现在过得好不好
也许，那边的生活
也和这边的一样
仍被人们不断刷屏

白　露

春光无限

王生才

他走了，远离了这个他深爱的世界
他走了，抛弃了贫穷
他走了，富贵等于零
他走了，荣辱有何用
路遥匆匆走过了自己没有多少春意的岁月
他却用短暂的生命
为这个世界留下了春光无限

王生才　画

　　王生才，号榆阳，中国文联少林书画院副院长，中国禅宗画派代表人物之一，青花谱美术馆馆长，榆林路遥文学联谊会名誉会长。

阅读路遥

方　刚

读《人生》

与土地的依存与背离
可能决定人生，比如高加林
从乡村来，想挪到有光的地方
在学校教书是一种尝试
他在黑色责任田里耕耘，想走得更远
却被重重折叠，重新回到原来的位置
以泥土之身面对泥土
此时，爱情是唯一光源
刘巧珍散发乡土气息
她的话里，有禾苗在拔节，青蛙在鸣唱
终于进城，他纵情地飞
把一部分自己仍在后面
比如质朴，比如诚信
他越来越轻，不肯正视沾着泥土的身世
最后，他扔掉爱情
以及全部的乡村
再次被打回原籍，他血肉模糊
能安慰他的，唯有黄土
养育过他的黄土，被他嫌弃过的黄土

再次被《人生》震撼

我俯身,紧紧攥着一把黄土

读《平凡的世界》

改革开放初期的情景波澜壮阔

人的命运与时代深度关联

孙少平志存高远

像很多乡下人那样,从泥土里拽出自己

经过小路、大路、陌生站牌

怯怯地把一截方言塞进城市

包裹里装满雨水

红灯光、紫灯光炫目

孙少安稳重内敛

在家乡兴办乡镇企业

篡改祖辈用旧的姿势

试图从另一条路抵达金黄

那些忙碌的工人曾是农民

抚摸产品就像抚摸成熟的庄稼

发工资了,颤抖地数钱

一片阳光在脸上叮当作响

一部史诗般的著作还描绘有爱情、人物关系

响彻隆隆前进的步伐

我在某一章节看到自己

弄潮,或被潮水推来搡去

路遥墓前

王广彦

荒草萋萋侵山径,
文汇山头谒魁星。
晓来闻鸡每"游读",
夜去人寂常挑灯。
著就华章惊海内,
谱成传奇叹众生。
天不假年英才殁,
痛心长在涕泪恒。

叹路遥

刘艳琴

七岁时辞家别亲,
又来到陋室荒村。
尝遍了酸咸苦辛,
难得见米面腥荤。
纵然是志壮如鲲,
难不过袖内无金。
文章锦绣能换几文?
见识超群又算何勋?
从来儒辈尽凡尘,
自古朱门少寒贫。
阎君阎君你眼昏脑也昏,
咋忍心勾走真才俊?

想路遥

白崇贵

相识两会在长安，
深夜长谈到延川。
送尔住院还康健，
传来不幸撕肝胆。
赠书三卷常在案，
留言一行铭心间。
问君何日再相会，
鸿文巨著自翻阅。

七律·参观路遥纪念馆寄语

高杰伟

诞辰七秩驾车行,
难抑馆中泪纵横。
山村平凡惊世界,
襟怀出众写人生。
门寒未锢青云志,
窗小却含黄土情。
莫谓宽州失才俊,
秀河万柳为君荣。

参观路遥纪念馆有怀

李 荣

早已读鸿篇,
今朝来馆前。
文章堪巨擘,
道德比先贤。
红烛照寒室,
黄牛犁沃田。
谁言此生短,
令誉九州传。

路遥赞
——读路遥著作有感

常　耀

《在困难的日子里》
你不甘心做《匆匆过客》
谱写了《惊心动魄的一幕》

在短暂《人生》中
你宛如《黄叶在秋风中飘落》
《早晨从中午开始》
你写出自己《平凡的世界》

《痛苦》地对《土地的寻觅》中
你的《生活的大树万古长青》

写给天国的您

吴 朝

先生：

您在天堂还好吗？

天堂有您最爱抽的红塔山牌香烟吗？有您最爱吃的洋芋擦擦吗？有咱陕北的大窑洞吗？有咱陕北崖畔的狗头枣吗？有咱陕北的信天游调调吗？有咱陕北那一望无垠的大沙漠吗？有咱那大沙漠上那一排排红柳和沙窝窝吗？

您知道吗？由您的中篇小说《人生》改编的电视剧已经在中央八台播映了；您知道吗？由您那部百万字的长篇巨著《平凡的世界》改编的新电视剧也正在热播当中；您知道吗？咱们省作协的张艳茜老师为您写了一部叫《平凡的世界里的路遥》的传记，我已经在去年冬天把它读完；您知道吗？陕西师范大学的王刚老师在今年上半年也写了一本关于您的《路遥纪事》也已经出版发行了；您知道吗？延安大学的梁向阳老师为你写了一本厚厚的《路遥传》；您知道吗？就在去年8月的时候，山西有位叫吕红娟的您的书迷不顾旅途的奔波，独自一人去延安大学，去清涧，去文汇山看您了；您知道吗？您最喜欢的法国队，就在今年，在巴西的绿茵场上又一次捧到了大力神杯；您知道吗？就在您离开我们整整二十二年的日子里，在一个叫"平凡的世界"的QQ群里，我们一起组织了一场怀念您的文学活动；您知道吗？我们那个"平凡的世界"的QQ群里有三百多个人都是您的书迷，从50后一直到现在的90后甚至00后都有，都还在一遍遍一次次地捧读着您的大作，都还在从您伟大的人格精神和丰富的作品内涵里源源不断地汲取着精神力量；您知道吗？我们正在积极筹划和准备着一次集体去陕北拜谒您的朝圣之旅呢！

先生，请您给我十年时间吧！给我学习和积累的十年时间吧！学习秦腔剧本的写作知识，学习您那部洋洋洒洒一百零二万字的长篇巨著更深厚的精神内涵吧！

等到十年之后，请允许我能把它改编成咱西北五省人民的精神食粮——秦腔！

到那时，我会带上您最爱抽的红塔山，还有您最喜欢喝的咖啡，带上我的秦腔版的《平凡的世界》，再去陕北，去延大，去延川，去清涧，去到文汇山您的墓前。11月17日，是您离开这个世界、离开那片让您魂牵梦萦的黄土地、离开我们整整二十六个春秋的日子；12月3日，是您七十岁诞辰，请允许我代表我自己，也代表所有的"路遥迷"，代表一个农民的儿子，为您写下这一封无法寄出的生日贺信吧。

　　若天堂有知，就请您托一个梦给我。

　　愿天国的您，一切安好！

　　敬献。

"扫一扫，不平凡的世界更精彩"

冬 至

几番寒起一阳来,却见金梅竞艳开。
——《节气歌》

路遥!路遥!文学的道路的确是很遥远的,我自己仍然在这条长路上艰难地颠顿移步,但愿今后能与你共勉。
——秦兆阳

苦难，造就了不平凡的路遥

贺智利

时间过得真快，转眼间，路遥这位英雄的作家，这个内心充满激情的诗人，离开这个他深情地爱着的世界，已经二十六个年头了。然而，路遥其人其文并没有因为时间的推移而被人们淡忘。由路遥的长篇巨著改编的电视连续剧《平凡的世界》不断在多家电视台热播，引发了观众广泛的关注，各种媒体和网络平台随处可见有关电视剧播出的各种报道，路遥及其作品再次进入公众的视野，成为人们热议的话题。由此我联想到近年来出现的一系列路遥研究成果。北京大学出版社出版的《重读路遥》（程光炜著）、陕西人民出版社出版的《平凡世界里的路遥》（张艳茜著）、中国文联出版社出版的《黄土地的儿子——路遥论》（贺智利著）、北京时代华文书局出版的《路遥纪事》（王刚著）、人民文学出版社出版的《路遥传》（厚夫著）、陕西人民出版社出版的《壮丽的凋谢：路遥逝世二十二周年纪念文集》、长江文艺出版社出版的《我所认识的路遥》（海波著）；作家出版社出版的《路遥论》（杨晓帆著）。这一独特现象的出现，足以说明路遥及其作品依然真实地活在读者的心中。

在大多数读者的心目中，路遥已经不单纯是一位作家，而是一个充满魅力的人，一个让人崇敬的人，一个性格丰富而又复杂的人，这远非那些追奇逐怪自命不凡者所能企及。越是走近路遥，你越是会感受到路遥其人其实比他的作品更精彩。那么，是什么造就了不平凡的路遥呢？我以为是苦难的生活经历造就了他不平凡的性格和卓尔不群的才气。

一、苦难的童年

与苦难相伴，是路遥的命运。

路遥是怀着一种受到伤害的心情走向人生、社会的。他是一个苦命的孩子，从小出生在陕北山区一个极端贫困的农民家庭，每天忍受着饥饿的煎熬。童年时最盼望的就是什么时间能吃一顿饱饭，冬天时脚上能穿一双鞋。路遥出生后的几年内，弟弟妹妹一个接一个出生，生活更加窘迫，没有吃的，没有穿的，全家人只有一床被子，甚至到了懂得羞耻的年龄还穿不上一条裤子，完全是"叫花子"状态。

七岁时就被父母过继给距离家乡二百华里的延川县叔父家，从王家堡到郭家沟这条漫长的山路上，洒下过路遥童年时代的泪水。经历了这条山路，使路遥一颗稚嫩的心开始负载人生苦难的重量，品味生存的艰窘与辛酸。同时，也滋生出一种刚毅的力量，主动承受各种苦难的磨砺。

二、饥饿的折磨

上小学和中学时的路遥，完全是在饥饿的残酷折磨中度过的。在延川城关小学上学时，由于家境贫寒，交不起米面，只能在家里蒸一些菜叶加麸糠的干粮，带到学校在灶房热一下吃，属于"半灶生"。到了酷热的夏季，这种菜团子极易发霉变酸，但他舍不得丢，硬着头皮也要吃下去。吃饭时为了避免别的同学看见，就躲到墙角，屏住呼吸，伸长脖颈，几大口吞咽下去，再喝碗"熬锅水"就算一顿饭了。

上初中时，路遥所在的班级是尖子班，班上的同学大都是县城干部与职工的子弟，在鲜明的对比中，他一身破烂的衣服更显得寒碜。但最为可怕的仍然是饥饿的压迫。他交不起每月四五块钱的伙食费，有时甚至连五分钱的清水煮萝卜也吃不起。他时常饿得发晕，饿得发疯，饿得绝望，似乎感到自己的生命到了最后时刻。这种饥饿感是刻骨铭心的，在路遥身上缠绕了一生。路遥像一个虔诚的宗教徒，咬紧牙关来承受着来自生活的苦难，在对苦难的体验中阅读人生。对路遥来说，使他心灵破碎、不堪忍受的更是那些蔑视、冷嘲的眼光。这些眼光，使神经敏感的路遥经常陷于悲愤、孤独、忧郁与绝望之中，同时也更激发起超越对手的渴望与倔强，以捍卫自己的人格与尊严。

路遥对饥饿痛切的体验，使得他在作品中常常倾心尽力地描写痛彻肺腑的饥饿感和因吃饭问题引起的种种痛苦感受，并因此而获得了感人的艺术魅力。

三、命运的戏弄

1966年夏，路遥在陕西省初中升中专考试中，以优异成绩考上了西安石油化工学校。这意味着他走出了农门，从此彻底脱离农村这个苦海，成为国家干部。然而，命运总是无情地捉弄着这个饱受饥饿折磨却又志向高远的农家小子。"文化大革命"爆发了，全国所有大专院校的招生无限停止，所有毕业班留在原校就地闹革命，即使已经考取大专院校也要返校参加劳动。沉浸在中考收获喜悦中的路遥彻底空喜一场，他又开始为自己的前途忧心忡忡了……

路遥随后就狂热地投入了"文化大革命"这场运动，在整整两年的革命狂欢与革命闹剧中，用自己的激情和热血，收获了一顶延川县革命委员会"副主任"的乌纱帽。然而，这一切都是闹剧和游戏。他万万没想到，他倾注了满腔热情的那场政治运动，突然摇身一变，向他露出了残酷的嘴脸。政治和仕途上的挫折使他心灰意冷，他又变成一个不名一文的农民，怀着难以言说的痛苦，回到家乡。他整天沉默寡言，孤独苦闷，情绪极端沮丧，甚至感到了一种坠入深渊的绝望。

当作家回顾和审视"文化大革命"时，因自己的亲身经历和对于苦难的感知，所以才能在《惊心动魄的一幕》中，对那段刚刚过去的历史苦难进行悲愤的倾诉和理性的思考。

四、苦涩的婚恋生活

路遥在小说中描写了那么多美丽而又温馨的爱情故事，但面对自己现实中的婚姻生活，他却有一种难言的苦衷与无奈。

路遥因积劳成疾，酿成大病，某种原因是由于家庭出了问题。"幸福的家庭是相似的，不幸的家庭各有各的不幸"，路遥与妻子林达的婚姻，注定就是一场悲剧。就在路遥政治上碰得头破血流之时，文学这位美丽的缪斯女神却来照拂他了。他通过自己不懈的努力，成为当时全延川县一颗冉冉升起的文学新星。但他却是农村一个赤贫如洗的家庭的养子，而林达具有北京大都市知识女性的一切特点。他们的爱情虽然有一定的感情基础和思想共识，婚后也有过一段时间的温馨与甜蜜。但是，在漫长、琐碎的家庭生活中，两个人因城市与农村不同的文化背景所形成的不同的生活方式、爱好、习性、个人修养甚至饮食习惯等，难免要发生矛盾冲突。尤其是在事业上，路遥更是一个工作狂，一旦投入沉重的精神劳动，就放弃了正常人的生活欲望，几乎完全忘却了在家庭生活中作为一个丈夫和父亲所应尽的起码的责任。林达作为一位知识女性，固然希望路遥在事业上走向辉煌，并且为丈夫成为举世瞩目的明星作家而深感荣耀。但是，作为女性，更希望丈夫有一副随时可以依靠的肩膀，有一双温暖的手给予情感的安慰。但是，多年来，林达一个人非常疲惫地支撑着家庭，在令人羡慕的虚名之下，又有谁知道，她承受了多少孤独与凄凉，吞咽了多少苦涩与辛酸！路遥的性格中多少具有一些陕北男人的大男子主义，随着地位的提高，也逐渐忽略了对妻子的关心与尊重，于是夫妻间的裂痕便日益扩大。平时两个人都非常克制，从不在别人面前指责对方，但从双方冷漠的眼光中，却能感觉到一股透入骨髓的寒意，这正是爱情开始走向死亡的征兆。就在路遥病重住院、即将告别人世前，妻子林达扶起病弱的路遥在离婚协议上签了字。

路遥是一个天生感情极其丰富的人，但他心灵深处强烈的感情要求和现实的感情亏欠处于尖锐的对立状态。也许只有写出那些温馨的亲情和爱情，才能慰藉他那一颗焦灼的灵魂。

五、自虐式的创作

也许我们常人很难理解，路遥为什么家在西安，而写作偏偏跑到条件艰苦的陕北小县城？为什么明知晚上要加班，却不准备些食物？非得弄到吃多少天前剩下的霉窝窝头，平时也经常饥一顿饱一顿，根本不把自己的身体当一回事。当你了解了路遥其人后，你就会明白，他是把承受苦难和"刻意受苦受罪"视为理所当然。事实上，路遥对生活苦难的理解甚至到了一种病态的崇拜。在他身上，忍受苦难和制造苦难的冲动一样强烈。路遥有一句名言：对自己要残酷。他在文学创作中以一种清教徒的方式，抱定吃苦牺牲精神，甚至是以生命为赌注。

在创作《平凡的世界》时，路遥查阅了小说所反映的十年间的各种报纸，工作量非常巨大，几乎是一种奴隶的机械性劳动。手指头被纸张磨出了血，搁在纸上，如同搁在刀刃上，只好改用手掌翻阅。整个写作过程都是一种牛马般的非人生活。在写作进入最紧张的时间，就连照一下太阳的闲暇都没有，我们正常人在阳光下生活，对他来说都是一种奢侈。写到第二部完稿时，路遥累得口吐鲜血。医院查出吐血的病因，结果是十分可怕的。路遥必须停止工作，才能延续生命。但路遥是不惜生命也要完成《平凡的世界》第三部。他隐瞒了病情，而且不让弟弟告诉任何人。当时的路遥在感情和经济方面几乎到了山穷水尽的地步。他经常是一边流泪，一边写作，眼睛三天两头出毛病。过度的劳累和营养的匮乏，使他几乎无力坐起，只能半躺在桌面上，斜着身子勉强用笔写。这时，他几乎用不上体力，而是完全凭借精神的力量在支撑着最后的工作。

路遥曾经说：实行如此繁难的使命，不能对自己有丝毫的怜悯之心。要排斥舒适，要斩断温柔，只有在暴风雨中才能豪迈地飞翔，只有滴血的手指才可能弹拨出绝响。

六、永远的路遥

路遥一生的奋斗和心路历程，尤其是他终身未能摆脱的苦难，正是新中国成立以来的一部个人精神变迁史。可贵的是，路遥面对梦魇般纠缠着自己的苦难，并没有一味发出沉重的叹息，也没有喋喋不休地倾吐自己的愤懑、焦躁和阴郁。他没有在苦难的铁蹄下憔悴、呻吟与死亡，也没有茫然、麻木或走向虚无，而是清醒地面对苦难，凭着钢铁般的意志，在艰难的挣扎中，仔细品味、体察人生苦难的丰富底蕴和幽远的况味。他不给颓丧和消沉以地位，不欣赏病态，而是赞扬百折不挠的追求和奋斗精神，赞扬积极健康的生活态度，对生活充满了爱，也充满了希望。可以说，路遥把希望留给文学，把绝望留给了自己，他的苦难经历成就了其个体精神生命的辉煌。因此，实际上苦难成为生活给予路遥的一份丰厚的馈赠，是留给路遥最宝贵的精神财富，是成就一个作家最难得的思想与情感的操练。

路遥特别喜欢托马斯·曼的名言："痛苦难道是白忍受的吗？"路遥在他所建构的艺术世界里，不仅浸透着对于苦难人生的深切的情感体验，而且在一定程度上也表达了对于苦难的哲学思考。他能够把自己个体生命所遭受的痛苦体验升华为对整个人类苦难的形而上的博大深邃的思考。这也许正是路遥及其作品的魅力之源吧！

路遥离去二十二年之后，文学界、学术界、影视界再次掀起了一股路遥热，正是对路遥其人其文持久生命力的最好诠释。这一事实进一步印证了一个艺术真谛：现实人生的苦难是滋生文学艺术的土壤，没有苦难的天堂里是没有真正的文学艺术的。

从这个意义上说，路遥依然活着……

《平凡的世界》 阅读札记

白 马

一部现实主义的力作

《平凡的世界》是著名作家路遥（1949—1992）的代表作，这部鸿篇巨制从1986年问世以来（1986年出版第一部，1988年出版第二部，1989年出版第三部），获得长时间的社会轰动效应，在第三届茅盾文学奖获奖作品中名列前茅，是新时期具有广泛影响力的现实主义力作。

我对路遥怀着深深的敬意，这敬意从十八岁读他的《人生》就开始了。读了他的长篇小说《平凡的世界》，心灵更是被再次震慑。路遥用一支朴实、凝重又不乏青春气息的笔描述了乡土中国那个平凡世界中的人和事，以及这平凡世界中人们的喜喜悲悲，引起了许多读者尤其是来自农村读者的广泛共鸣。

读《平凡的世界》，首先被路遥"出污泥而不染""不随大流"的品格感动。在当今先锋、新潮小说的波浪之下，他却有个性地选择了自己善于驾驭的现实主义创作方法，这是一种明智，也是作家对自身的把握。正因为路遥对自身的把握以及他丰富的生活积累、深刻的人生感悟，对土地、劳动、农民命运的特殊情怀，才促使他创作出了《平凡的世界》这样一部新时期里程碑式的长篇力作。

文学应是反映现实生活的。现实主义是最能贴近生活和大众，也是最能反映时代特征的。现实主义创作方法永远不会过时，那些"先锋""探索"有的只是"玩文学"而已，达不到《平凡的世界》这样的高度、深度、广度。正因为《平凡的世界》的不同凡响，才荣登第三届茅盾文学奖榜首。

如果说《芙蓉镇》是一条河，那么《平凡的世界》就是一片海。如果说《浮躁》是一座山，《平凡的世界》就是一条连绵的山系。该书严肃的创作态度、广阔的社会场景、众多的人物群体、对劳动与爱情的赞美、对生活的感慨与抒情，这一切不时地激荡着心灵。我们看到了劳动与爱情、挫折与追求、痛苦与欢乐、日常生活与巨大的社会冲突纷繁地交织在一起。

读一读路遥的创作随笔《早晨从中午开始》，我们更能加深对这部作品的理解。为了创作《平凡的世界》，路遥付出了多少辛劳与汗水。只因为他有这样真诚的态度、苦行僧式的精神，才写出了这样感动人心的好作品。

里程碑式的长篇小说

在新时期的文学创作中，要说里程碑式的长篇小说，我认为当首推路遥《平凡的世界》，甚至在整个现当代文学史上也是里程碑式的。

可以说，《平凡的世界》不但可与现当代任何一部长篇小说（多卷本）媲美，而且可以与外国的《悲惨世界》《战争与和平》《静静的顿河》等媲美。中国在新时期能出现这样一部作品真是令人兴奋。它看似质朴，实则充满魅力；看似像一片远山，当你一旦攀登上去，则会发现一处处美的风景。

当今三流、四流、黑色、黄色小说充斥的天地，更看到了《平凡的世界》卓尔不群，那些性小说、家世小说、消闲小说只不过是一堆文学垃圾。可惜，到现在还有许多人未发现《平凡的世界》这部长篇小说的巨大价值，还未肯定其在小说史上里程碑式的价值。

《平凡的世界》借鉴了托尔斯泰、巴尔扎克等长篇艺术的经验，也吸收了中国古典小说《红楼梦》等的创作手法，融合中西，借鉴古今，大放奇彩。《平凡的世界》像一片汪洋肆意的海洋，巨涌起伏，浪花飞溅。

《平凡的世界》是一部现实主义的力作，是一部里程碑式的长篇小说。到目前为止，还没有与之相匹敌的多卷本长篇小说。

气势恢宏的史诗品格

《平凡的世界》以1975年至1985年广阔的社会生活为背景，全景式地展现了在这新旧交替时期，城乡各种人物的命运和心理历程。在这个平凡的世界里，充满着文明与落后、现代与古老的生活方式、现代意识与传统观念的冲突。小说既描写了极"左"错误给农民带来的深重灾难，又描写了改革步履艰难和不可抗拒的历史洪流。作家努力在历史与现实的交融中展示当代生活。小说构思宏大，气势恢宏，具有史诗品格。

小说丰厚的意蕴，是通过复线式的结构形态表现出来的。

孙少安与孙少平的人生奋斗之路是小说的主线。小说通过他们的劳动与爱情、挫折与追求、痛苦与欢乐，概括城乡交叉地带有文化的年轻一代，在现代意识冲击下，对人生价值的追求，对现代文明的热烈向往，从而表现出不同观念、不同生活方式、不同文化心理的冲突。从一个角度，充分展示了当今社会的种种奇观。总之，小说相当真实而深刻地为我们提供了这一历史时期全景式的生活画面。小说将社会历史主题与人生命运主题交融在一起，具有很高的认识价值和审美价值。可以说，小说具有了气势恢宏的史诗品格，是一部全景式的当代生活画卷。

创作方法及其他

1. 小说的戏剧化处理

路遥在《平凡的世界》中借鉴了喜剧的手法，将小说人物情节戏剧化处理，同时又让人感到天衣无缝、相当自然。

如：在安排孙少平爱情线索上，就用了戏剧中矛盾的戏剧化处理。少平爱红梅，红梅却爱顾养民，顾养民后来爱金秀，金秀却爱少平，矛盾冲突的中心人物是少平。

再如：孙少安这个人物，田润叶爱他，他不敢爱；向前爱润叶，润叶却不爱他。通过这种矛盾戏剧化处理，人物主角多角安排，使人物及情节更具立体感。

2. 两条线索与两个场景

路遥自己说过，《平凡的世界》写了三个场景：少安是近景，少平是中景，田福军是远景。而我却认为《平凡的世界》写了两条线索、两个场景。在艺术欣赏中，读者的审美欣赏角度与作者的本意有区别甚至相反，这是正常的。

《平凡的世界》主要是沿着两条线索，写了两个家庭。两条线索：一条是少安从一名普通农民走向农民企业家，办窑厂、建学校的道路；一条是孙少平从农村走向城市的奋斗史、生活史、爱情史、心灵史。

通过两条线索，描写了两个场景。一是以孙少安为中心的家乡人物展示的农村场景；一是以孙少平为中心展示的外面世界，写城市场景。

路遥写得如此出色，说明他对长卷小说的创作是深有研究，借鉴不是死搬硬套，而是灵活应用。

现实主义与现代主义的融合

路遥从步入文坛，就义无反顾地选择了一条布满荆棘的现实主义之路。他是一位富有独创性的作家，他对社会历史有深刻的洞察和理解，对艺术方向能够准确把握。他一方面继承现实主义文学为人生的优良传统，另一方面又有意识地克服传统现实主义凝固、滞重的不足，博采众长，尤其借鉴现代主义某些手法，从而发展了传统现实主义文学。小说以情节为框架，以心理描写为刻画人物的主要方法，把展示人物心理历程放在艺术描写的中心。这是对传统小说擅用白描手法的重大突破。作者大量运用意识流小说心理分析方法剖析人物在不同时期的心灵奥秘，同时又采用自由联想、内心独白、感觉印象、梦幻、潜意识等多种手法，大大扩展了小说反映生活的深度和广度。

小说的艺术创新，还表现在浓烈的抒情和深刻的哲理的完美结合上。对普通劳动者的关心和挚爱是贯穿小说的精神纽带。路遥自称是"土著"作家，具有强烈的平民意识，他是怀着庄严的敬重之情来写农民的，赋予他们博大的胸襟，美好的感情，顽强的生命力量。作品的激情总是同人物的命运交织在一起，又是作者按捺不住内心的激情，直接站出来抒发人生的真谛。当矿工王世才为救护工友壮烈牺牲时，作者激动不已地写道："我们曾认为伟人在历史进程中的贡献，可人类生活的大厦从本质上说，是无数普通人的血汗乃至生命所建造的。伟人们常常企图用纪念碑或纪念堂来使自己永世流芳，真正万古长青的却是普通人的无名纪念碑——生生不息的人类生活本身。"这些抒情议论是作家真切人生的体验，闪烁着睿智的光彩。它启人深思、催人奋进，增加了小说的艺术感染力。

《平凡的世界》的艺术成就，显示了新时期小说现实主义与现代主义相融合的发展趋向。

人性美、人情美、悲剧美

读《平凡的世界》，通过一浪高于一浪的故事情节，最后让我们看到了作品中许多人物塑造的人性美、人情美、悲剧美。

人性美。如：少平救少女。

人情美。如：兰花对丈夫满银的依恋。

悲剧美。如：田晓霞美丽地死了。

小说中人物塑造是成功的，似乎少平是主角，似乎又不是，好像又感到是一组青春群体人物是主角。当然，少平、少安自然是两个中心人物。在时间跨度上，作品中的中心人物尤其是孙少平更有一个清晰的性格、情感发展史。

作品的开头似乎有些不成功，似乎可以再写好一些，但对这样长卷的作品，长篇小说，不应苛求的。路遥欣赏托尔斯泰说的话，"应把艺术的打击力量放在最后"。路遥是深有所悟、深谙此理的。读完全书我们有一种对生活和时代的思考，对农村走向城市、对三大差别等问题的思索。

孙少平和高加林一样，是作者塑造的"边缘人"典型，这"边缘人"路遥自称是他的发明。所谓"边缘人"就是来自农村、读过书却不安于农村现状、向往城市、走向城市的青年人。他们生活在城市之中，却不是城市人，有时在城市与乡村的交叉地带。他们在奋斗过程中充满了人性的光辉、人情的力量、悲剧的壮美。如果概括地说，无论早期的《人生》还是《平凡的世界》所表达的是这样一个母题：农民子弟的出路在哪里？

为什么说有人读了言情武侠、新潮小说之后，再读《平凡的世界》，说这的确是好作品。为什么呢？就是因为有许多像孙少平那样的边缘人引起心灵的共鸣。鲁迅发现了"阿Q精神胜利法"，路遥塑造了"边缘人"这一形象。许多"边缘人"来自农村，读过书，未考上大学，不安于农村生活，投奔城市，改变自己的命运。他们苦闷、追求、抗争、奋斗、创造……他们的奋斗充满着成败得失、酸甜苦辣……这是许多读者最能引起共鸣的。

孙少安与田润叶的爱情洋溢着人性之美，令人惋叹。孙少平与田晓霞的爱情，以田晓霞之死了结，显示了悲剧之美。

能引起共鸣的还有作者的生花妙笔。小说中的故事人物就像活脱脱来自生活之中，来自身边，使人感到真实。

是啊！艺术创作来自生活，又高于生活。

对劳动、生活、爱情的赞美与思索

《平凡的世界》语言上叙事、抒情、议论恰当地结合在一起，充满了思辨色彩、哲理的光芒。作者用思辨哲理的语言，对劳动、土地、生活、爱情进行了赞美，尤其是对劳动的赞美是《平凡的世界》中的一个基调。

对劳动的态度与赞美书中比比皆是。

如："农民的孩子呵，它们的第一堂课就是劳动！"

再如："只有劳动才可能使人在生活中强大。不论什么人，最终还是崇尚那些用双手创造生活的劳动者。"

又如："劳动，只有劳动才使人尊严地活着啊！"

"在这个世界上，只有人的劳动和创造才是值得骄傲的。"

在路遥信中："劳动是神圣的，劳动者是值得崇敬的。"

"寻找幸福是一件不容易的事，摆脱苦难同样也不容易。"

"什么人生？人生就是永不休止的奋斗。"

"生活啊，这是为什么？贫穷让人痛苦，可有了钱为什么让人这样痛苦。"

"不要怕苦难！如果能深刻地理解苦难，苦难就会给人带来崇高感。"

"生活不会以圆的形式结束，生活总是美好的，生命在其间又是如此短促，既然活着，就应该好好地活。"

"爱情有时是一种无法摆脱的痛苦，爱情啊！有可能是天堂之光，也有可能是地狱之火！但人又不能不去爱！是的，什么也别想阻止爱，不管这爱给人带来的是幸福还是不幸。"

"难道世界上就没有从始至终的爱情和幸福吗？"

"无论精神多么独立的人，感情却总是在寻找一种依附。"

读着这些充满思辨色彩的句子，我们的心灵一次次受到了洗涤。

众多的人物画廊

《平凡的世界》塑造了孙少安、孙少平、田晓霞、王满银、田润叶等一大群个性鲜明的人物。作家的一个重要功力就是塑造人物。路遥无疑是成功的，在《平凡的世界》这众多的人物画廊中，有孙少平、润叶等栩栩如生的人物。这些人物的命运发展、结局牵动着读者的心，读者与之歌哭泪笑，能达到如此，作家塑造的人物便是成功了。

下面就小说中各个重点人物做一个简单的分析。

孙少安：作为一个小学毕业的农民，他尊重老人，让兄弟妹妹念书。他爱润叶，但自知家庭贫富之差，找了个山西姑娘秀莲。他提倡包产到户，成了农民企业家，他有过挫折，但能从挫折中奋起。有了钱想到乡亲，要建一所学校。这是新一代农民的典型。他的情感世界表现得比较合理，他的善良、正直、勤奋、能干让人赞美。

孙少平：高中毕业离开农村，闯开一条路。在高中时代，他爱郝红梅，但地主出身的红梅爱上顾养民。后来田晓霞爱他，却以晓霞之死的悲剧告终。他闯荡世界，受过苦，在一定时候，见义勇为，挺身而出，解救少女，善良之举让人敬佩。后来他当了工人，他爱上了煤矿，金秀爱他，但他拒绝了。他可能要找惠英嫂……这是一个农村青年奋斗的典型。

田润叶：这是写得比较成功的一个人物。她爱少安，两小无猜，青梅竹马，但少安太理智，她违心地与向前结婚。生活给了她许多不幸，许多让人难以理解的痛苦，而矛盾冲突的结果，当向前失去双腿时，她却献出了一个女人的心。美丽善良的润叶啊！她的痛苦是社会矛盾冲突的结果。

田晓霞：这是一个较有亮色的女性形象。她活泼，有文化，但不同于田润叶。她爱孙少平，蔑视门当户对，她太美好，死于抗洪之中，生命虽短，却闪闪发光。

郝红梅：这个地主的女儿，她先与少平同病相怜，后与顾养民好，但在毕业时却偷手帕，少平解救了她。她是畸形社会下扭曲的个性人物。作者将她写得命运悲苦，嫁给一个窑民，却早丧。润生爱她，终于得到了幸福……作者不忍心让她永远痛苦。

秀莲：这是一个十分有特色的人物。她爱少安，她善良勤劳，她有女人固有的个性弱点，无论怎样说，她的形象是美好的。让人痛心的是，太苦太累，她得了肺癌，给小说尾声留下了一丝悲哀的气氛。

兰香：考了大学，新一代农民子女的希望。她与吴仲平的恋爱，没有了两位哥哥的痛苦。

田福堂：这也是个典型人物。面对时代变革，他难以适应，女儿润叶爱少安，他难以理解。润叶开始不与向前好，断了腿却好上了，他不理解。儿子爱上寡妇，他难以理解又不得不接受事实。这是一个特定时代带着特定思想烙印的人物。

充满希望的青春群体

与现当代其他小说相比，多卷本的长篇小说《平凡的世界》塑造了孙少平、孙少安、金秀、红梅、兰香等一大群青春人物，这是以前没有过的。

阅读《平凡的世界》，我们最大的感受是什么？

我想，与别的小说不同的是，阅读《平凡的世界》，眼前活动这一群青春人物。他们是这个大农村的新生力量，是农民的希望。

作者塑造了一群充满希望的青春群体，也就是一大批农村青年的形象。

青春群体是《平凡的世界》一道灿烂的风景。

比较现当代小说史，像路遥这样塑造青春群体，给人以希望和生机的青春气息，其他小说是不多见的。他们的追求奋斗，也就是农村的希望与未来。

作者写了这群成长的典型，奋斗的群体，他们受过苦，挫折过，失望过，但始终奔向未来。《平凡的世界》这充满希望的青春群体，必将给文坛以震动。

返璞归真　文以载道

时下什么先锋小说，新写实小说，什么意识流，什么怪诞、魔幻，读者读了不知所云，连作者自己也不知道在写些什么，他们根本没有"献身文学"的精神，只不过是"玩"文学。这样的作家多了，文学的垃圾也多了。

路遥是当代中国现实主义大师，《平凡的世界》是真正意义上的长篇小说。

为什么玩技巧、玩雕虫小技的东西，读者不买账呢？而一部厚重扎实的《平凡的世界》不需要自我吹嘘，却赢得了读者的喜爱。

读《平凡的世界》，既有返璞归真的叙述，又有深刻的思辨哲理色彩；既有激荡的抒情又有对未来充满希望的呼唤。他写苦难，却让人从苦难中追求希望，他写苦难的生活，却叫人用创造消灭苦难。文以载道，它让人们认识现实、认识生活、认识苦难，拥有信心。

路遥之所以能做到返璞归真，文以载道，这与他自身经历和创作上的不懈努力分不开。在中国现当代文学史上，还没有遇到任何一位作家像路遥那样经受过残酷的饥饿对人的精神伤害和肉体折磨，路遥是从饥饿的死亡线上爬出来的。

路遥热爱生活，更热爱养育自己的黄土地，他认为一个作家如果不植根在生活的沃土之中，创造的源泉就会枯竭。路遥的创作是为故土的父老兄弟、为黄土地而歌哭。

乡土中国是鲁迅展开国民性探讨的基点，也是他小说创作的着眼点，这使他成为中国文学史上第一个写农民命运的伟大作家。而路遥则是当代文学史上为数不多的真正的农民作家之一。这不仅在于他对农村的熟悉，更在于他有农民的血统，农民的气质，农民的心理、情感和潜意识，所以他笔下的农民、农村生活是那样接近真实。

《平凡的世界》是路遥对自身文化、文学视野的重大超越，是他创作的高峰，是他全部生活、生命的艺术结晶，蕴含着他对当代中国政治、经济、文化、心理、伦理道德、社会风尚、民情风俗，特别是城乡交叉地带种种复杂面貌深沉的理性思考。

路遥作品的一个主旋律，就是对农民的深挚理解，对他们生活状况的焦灼痛苦，以及农村中小知识分子对于生活幸福的追求，人格解放的渴望和对于现代文明的接受和向往。

路遥是忠实于生活的作家，平凡的世界所描写的内容，所表现的形式，所采用的艺术手法，所选择的叙述语言，都是生活本身要求的结果。小说给人印象至深的感受就是所包容的生活分量和厚重，它的审美力量和认识价值是深远的，富有感染力的，经得起历史考验的，从而使他的作品达到了返璞归真、文以载道的终极追求。

<h3 style="text-align:center">《平凡的世界》启示录</h3>

其一，《平凡的世界》从一开始就有着与众不同的地方，路遥为了创作这部作品，做了长时间的生活和艺术创作的准备，尤其是阅读准备，这种厚实的准备是当今其他作家所没有的。

其二，《平凡的世界》不是全部写好再出版，而是边写边出版，写好第一部后就先由中国文联出版公司出版，且有精装本、简装本。

其三，《平凡的世界》走向读者的不仅是书本形式，还有作者未完成之前，中央人民广播电台就进行了连播。这对于其他作家其他作品是不多见的。

其四，除了中央人民广播电台联播外，《平凡的世界》还拍成了电视剧。一部作品，同时用多种艺术形式表现的并不多，《平凡的世界》独占风光。

其五，路遥用生命创造，他是一个把自己的全部生命热能投入到文学事业的人，他用生命构建着他平凡的世界人生的文学大厦。

路遥说过，尽管创作的过程无比艰辛，而成功的结果无比荣耀；尽管一切艰辛的幸福也在于创造的过程，而不在那个结果。他就是这样把自己全身心地投进了那创造的过程，在创造的过程中燃尽了自己的生命，而全然不顾其他结果。

虽然许多人惋惜路遥的早逝，批评其自虐，但用生命写作，怀着宗教般虔诚之心写作，其他作家能否做到？

其六，作家只能用他的作品说话，并不是什么牛皮哄哄的炒作鼓吹，并不是先入为主地下结论。作家的作品只能让读者去评判，而成功不朽的作品，只能由时间与历史去检验。任何好作品都是形式与内容的统一，并不是玩技巧，哗众取宠。

其七，现实主义的创作风格永不过时，新的时代可以赋予现实主义新的内容新的意义，进而创造新的美学风格。

其八，"返朴归真"与"文以载道"是千年文学之魂。从古至今，作家切不要忘了文学的教育、启迪、审美作用。作家要面对人民大众而写作，并不是关起门来自己玩自己的什么流主义。

其九，没有勤奋的劳动、执着的追求、花费心血和借鉴他人的创作经验，就难以创作里程碑式的长篇小说。

其十，伟大的作家创造伟大的作品，伟大的作品又使伟大的作家不朽；伟大的作品超越时间与空间而留传后世，伟大的作品能经受读者与时间的检验。

其十一，与其写出一千部三流、四流作品，不如写出一部《平凡的世界》这样的作品；与其玩弄什么技巧，不如实实在在地表达生活。

其十二，只有路遥才能写出《平凡的世界》这样的作品，这样的作品也只有路遥才能写出。

论路遥《平凡的世界》创作特色

刘子源

路遥的创作风格多受到我国北方农村环境和当时的俄国现实主义写作手法影响,始终认为自己是"农民血统的儿子"的路遥常年植根农村,广泛积累创作素材;"作为一个既带着'农村味儿'又带着'城市味儿'的人",路遥坚信"人生的最大幸福也许在于创作的过程,而不是那个结果",没有功利性的创作目的反而使得作品更加深入人心,路遥所奉行"只有在无比沉痛的劳动中,人才活得更为充实"的信条,加之他对陕北土地深沉的热爱,就像黄土地的一粒沙,故乡情结和生命的厚重贯穿他整个创作生涯。不论是《平凡的世界》还是《人生》,字里行间都在向他爱的故土致敬;路遥喜欢读鲁迅、巴尔扎克、托尔斯泰,还有肖洛霍夫的作品,现实主义的创作手法对路遥具有深远的影响,广纳博取的路遥为自己的创作铺垫下一个又一个坚实的基础。在继承了传统现实主义的同时,路遥还将浪漫主义的热烈和奔放作为作者主体思想的一部分融入作品,既不失传统现实主义的冷静客观,又不会使作品缺乏情感和幻想,在对当时社会变革进行深刻反映的同时,通过对人物感情细腻的描写和他们人生的自我反思和救赎,完整地塑造了一个处于大变革时代的沙盘式城乡生活。

"现实主义文学创作的首要原则是在尊重生活本来面目的前提下,进行文学的加工和创造。"路遥在创作《平凡的世界》的过程中完全做到了面对现实,把自己人生的经历带入到他所构造的文学世界中,把自己化作一位在双水村中生活的农民。但每一次的故事叙述又是灵活地运用着第一人称结合心理描写的方式,让故事承载者以第一人称的方式面对读者;路遥秉承着现实主义创作要反映现实和再现现实的原则,将作品的结构进行了微观与宏观的组合,在具有清楚时间界限的叙述背景下,结合具有真实性与确定性的历史背景;宏观上,小说展现了 20 世纪七八十年代间我国社会从杂乱无章到安定祥和的转变历程,把在大变革时代的农村与农民生存状况与未来前景进行了完美再现,不论是农民的根本追求还是他们的命运坎坷。而在微观上,路遥通过描写家族之间的矛盾和双水村与上游村落的大规模械斗,还有那几段让人叹息的爱情故事,加上对黄土高原的古朴和习俗都完美真实地再现到作品当中,包含着路遥对于家乡的热爱,又渗透着他对于人生和社会的思考。

路遥的创作风格深受俄国现实主义的影响,而《平凡的世界》也因此成为我国现实主义文学的代表作,现实主义文学作品的重点在于忠实于现实生活,做到文学表现和文学再现的辩证统一。陀思妥耶夫斯基认为:"艺术永远是现实的,能动的。历来都是这样,更重要的是非这样不可。"路遥利用对双水村的环境、人物描写以及故事情节的铺垫,真实再现了一个城市与农村相交叉的文学世界,北方农民的疾苦是为世人所知的,更何况处于我国 20 世纪七八十年代的不稳定时期。环境的恶劣已经为生活的艰苦加了一层寒霜,加之政治的斗争,让本来生活艰苦的农民感受到了前所未有的困苦。路遥借用孙少平上学期间的见闻来表示陕北农村的贫苦和朴实,穿着没有鞋带的"古董鞋",就连三分钱的最低级的"非洲粮"也买不起的少平和同班的田晓霞在生活条件上形成了鲜明的对比,他们初次见面就让少平认为在她的面前,自己就像是一个上门讨饭的叫花子。路遥对于现实的忠实就像是把身边的生活用镜子照出来一样,对于孙少平和田晓霞之间所存在的矛盾,路遥偏重对于这类矛盾的理智观察和冷静分析,表现出一种直面人生的精神。他所拥有的现实主义文学的创作题材来自从小对于生活的观察和积累,众多的素材积累帮助这部作品渗入到社会的不同层次,不论是双水村的农民,还是县政府的高官,路遥把这些微观的描写组成了一幅宏大的中国城乡画卷,又通过批判现实主义的手法对政府高官之间腐败行为进行理智的暴露和犀利的讽刺,真实地再现了当时社会的普遍矛盾和规律。再现性的另一本质特征是对形象典型的塑造,《平凡的世界》两位主人公孙少安和孙少平就是路遥在复杂纷纭的现实生活中选取的有意义的人物,把众多的性格特点集中在这两个人身上,加之概括性和个性化的艺术风格加工,而路遥对于环境的描写和叙述则为这两位主人公的典型做了一层铺垫,从而形成了恩格斯所主张的典型环境中的典型人物。

现实主义创作的艺术表现手段上的基本特点就在于逼真性,作者能够以写实的方法,按生活中各种事物的本来模样来精细逼真地描述社会生活。路遥创作《平凡的世界》过程中,对于细节描述的要求达到了苛刻的程度。在描述少安和秀莲那一场简朴的婚礼时,路遥连盘子的颜色和质地都进行了详细的描写;还有路遥在描写双水村进行家庭联产承包责任制改革之后的劳作景象,每一寸土地和每一株植物的细节把控可谓高屋建瓴;他在描写双水村的一切可见景观的同时,还加上报纸和收音机这样的衬托事物以增添故事的可信程度；而对于当时政治背景的描述和现实科技的发展与研究，使得文章本身更加贴近于读者的日常生活。例如在第一卷第四十六章，路遥以故事中虚构的《黄原报》发表黄土高原水土流失状况一文，衬托当时的陕北地区农民所面临的困难不仅仅包括政治斗争的压力，还有自然环境的恶劣。路遥所重视的细节描写还在于他要塑造出一个真实存在的双水村，他对每一户人家在村子里所处的方位进行了多次论证和实验，力求塑造出一个能够在人们脑海中自然成形的自然村落。路遥未曾用大段冗长的文字来描写双水村中各家各户的位置，但从穿插在文章中的描写来看，我们不难画出双水村中各家的地理位置分布，给读者一种身临其境的感觉，逼真地再现出路遥所描写的故事主人公们所生活的地方，拉近了作品和读者之间的距离。并且我们可以从双水村要进行家庭联产承包责任制改革的故事叙述中看出路遥对于细节的把控是细致入微的，从开始谋划到实际实施，双水村经过了一轮又一轮的斗争。从多层上级的反对到农民冒着生命危险进行改革，路遥对于每一个人内心的想法都进行了透彻的分析和描写，甚至是自己草拟了双水村的承包制生产合同，结合当时安徽凤阳小岗村的改革实践，路遥从现实生活中的实际事例出发，描写在我国大变革时期最具争议而又是实际存在的真实案件，以此作为他的写作素材，既体现了现实主义反映客观现实的特征，又表达了自己真切的实际感受，让读者感受到《平凡的世界》所塑造的是一个真实存在于我们身边的世界。路遥把自己对故乡的热爱化作是每一种他眼中的意象，让读者能够如临其境的同时，感受到作者对养育他的黄土深深的热爱。

"语言作为人类继承、传播文化和交流的载体，在日常生活中就扮演着非常重要的角色，而口头语和书面语的区别也是显而易见的，口头语偏向于人们的日常交流应用，书面语则更多作为一种记录性语言而更具稳定性，对于语法规范有更严苛的要求。"一部语言出众的作品一定是在以书面语书写的前提下尽最大可能保留口语，从而增加文章的可信度和可读性。路遥作为土生土长的陕北作家，不论是《平凡的世界》还是他的其余作品，在进行传统现实主义的语言叙述的同时，无不充斥着陕北特有的方言土语，这样既尊重了现实主义的写作方式，对故事情节有冷静的叙述，又凭借陕北方言口语保留了作品的原汁原味，增加了故事叙事的可信度，从而更好地吸引读者，提升读者对于作品的归属感。方言土语和作品中的书面语相辅相成，塑造出一部平淡朴素的绝世佳作。

《平凡的世界》是一部以叙述为特色的小说，但在细节处理方面也不落下风，整篇作品的味道有了可观的提升，整篇作品阅读起来舒畅平滑。路遥在尊重现实主义语言风格的前提下以作品的语感为先导，引导读者慢慢沉入作品的艺术世界，这种充斥着陕北方言的语感贯穿于作品的始终，我们可以在人物的对话中轻而易举地找到方言土语的身影。例如在第一卷的第六章，在王满银和孙玉厚被带去劳教后，兰花母女俩抱头痛哭，就在哭天喊地的时候孙少平回到家说了一句："哭什么哩！事情出了就按出了的来！"这句话中，"哩"作为陕北口语中特有的语气助词在句尾起到了画龙点睛的作用，既有少平作为家庭一个男人所体现出来的坚强，又有他想要用略微强硬的口气劝止母女两人的哭泣，就相当于普通话中的"呢"，在不同的语境当中有不同的意味和作用。而后半句"事情出了就按出了的来"中，"事情"作为当句的宾语有一个宾语前置的语法现象，这种现象在我国的北部方言中还大量存在，"来"字在该句子中有"解决"或者是"面对"的意思，也是我国北方地区较为通行的方言土语，这样的语言应用风格足以体现路遥对自己"农民儿子"的定位，同时也体现出了黄土高原地区农民性格的纯朴厚实，让读者在阅读的时候有独特的归属感。

路遥《平凡的世界》是一部伟大的作品，在二十余年后的当今社会仍然为文学批评界奉为圭臬，其文学价值与社会价值仍有极大的研究价值与意义。

论路遥离乡恋土的情感纠葛

贺增文

路遥是"农裔城籍"的本土作家,陕北的黄土地是他的作品里的审美客体。路遥经历了从乡村走入城市的生活的煎熬,对乡亲强烈的感恩心理和割舍不断的黄土情结,关注农村觉醒的知识青年的成长,以及他们改变乡村、走出土地的抗争足迹。作品中的一系列不屈服命运的"抗争者",脱离土地和回归土地,离乡与恋土,始终纠葛着路遥及其创作活动。

一、艰难成长的情感体验

苦难的童年、创伤的青春,以及特殊年代里生存的体验和生活经历,使路遥对黄土地及农民始终有一种真挚的关注,并给予了深切的思考。

路遥出身于陕北贫苦的农民家庭,他熟悉农村生活,理解农民的难言之痛。贫穷的生活使他过早地成熟,饥饿的童年里痛苦的记忆,在他的内心留下了抹不去的阴影。路遥的创作植根于黄土地,他曾说:"作为农民的儿子,我对中国农民的命运充满了焦灼的关切之情。"《平凡的世界》里的孙少平中学读书时,只能啃到黑高粱面馍,做贼般地喝饭盆底混合着雨水的剩菜汤。他们向大自然索取果腹之物,背着"百家姓粮"的马建强、孙少平身上映照出路遥的影子。饥饿、贫穷、自卑的窘境,难以获致的关爱与友谊,切身的生活体验,饥饿的心灵历程,在路遥的童心里埋入了感恩情结。同时,鞭策着他好强上进,形成出人头地的性格特征,干一番事业的英雄主义的情怀。

路遥的创作因过度溺爱土地和农民,没有采用尖锐的笔锋去批判农村的落后和农民的愚昧,更没有丑化农村鄙视农民,而是苦苦地探寻农村的发展和农民的出路,在情感上怀恋土地的表象之下,掩藏着他理性的关照和思考,眷恋的同时有冲动出走的渴望。童年的蒙难受屈，青年的跌落忧患，造就了路遥那种内心激越灼烫之情，但这种情绪形之于外时，却是深沉坚硬与冷静多思的精神个性和气质心理。

难道生在农村就只能永远在农村吗？作品中一系列"抗争者"脱离土地闯荡外面世界，成为一股潜在的暗流。高加林高中毕业后，几次考大学不中，招工招干又无门路，回到农村当上了民办教师。当村支书高明楼用自己的儿子顶替了高加林后，高加林失去民办教师的资格，使他吃上公家饭离开高家村的梦又一次破灭了。虽然高加林满面灰尘地在土地上劳动，但他并没有屈服于命运的安排，没有放弃离开农村的想法，决不甘心在土地上过一辈子。高加林形象集中反映了路遥的情感道德与理性意识的强烈冲突，最大限度地承载了路遥的理性意识。

二、双重环境造就的创作心理

路遥的作品中弥漫着浓厚的黄土恋情，深情地呼唤黄土地上珍贵的东西。同时，自然环境生存条件逼迫下的生命意识突现鲜明，再加上积极入世的儒家文化的浸染和现代文明的启发，使路遥笔下的人物有了换一种活法的冲动，并寻求着摸索着，试图改变世代农民死守土地的落后生活方式，冲破祖辈守土的陈旧观念。正如高加林对乡亲们说："我不愿意再像你们一样，就在咱高加村的土里刨挖一生……"

随着时代的变化，农村也悄然发生着变化。现代意识与传统观念、理性意识与情感道德的冲突，历史与现实、城市与乡村的差异，冲击着人们的思想，更鼓动着农村知识青年改变自己命运的心理冲动和实践行为。"城乡交叉地带"上觉醒的农村知识青年，站在人生的十字路口迷茫困惑，他们既有怀乡恋土的黄土情结和乡土观念，又有现代意识洗礼下的改变生存状态和农民处境的理性思考，对黄土地产生了爱恨交织的混合感情。"对于生你养你埋葬你的祖先灵骨的那块土地，你可以爱它，你可以恨它，但你无法摆脱它。"《人生》中的高加林不屈命运的摆布，在新旧体制转变时期和现代文明的影响下，不再循规蹈矩地沿袭世代农民的生命形式，试图闯出一条新的人生道路。"千千万万的高加林还要离开土地，而且可能再不返回"，但是，"敢肯定地说，他们中的大多数人和土地的感情也仍然只能惋惜地告别而不会无情地斩断"。高加林绕了一圈又回到土地。路遥说过："我并没有说他应该永远在这块土地上一辈子当农民。小说到此是结束了，但高加林的人生道路并没有在小说的结束时结束，而且我为此专门在最后一章标了'并非结局'几个字。"

路遥受本土文化和农本思想的长期影响，形成了他对农村天然的同情，"潜藏于骨髓的农业情结影响着他的一生"，他把农村人永远当作兄弟姊妹，对农村知识青年"常常有一种兄长般的宽容态度"。中国重农抑商的思想、自给自足的封闭经济、落后的思想、陈旧的观念至今仍然制约着人们。"因为长期自给自足的生产方式所决定的极其狭窄的生活天地，也因为祖祖辈辈啄食于乡土无法动摇的情感依赖和一种把乡土诗化、神化的宗教般的虔诚心理和崇拜情绪。"然而，在时代召唤下，现代理性思想催化下，现代知识青年拥有了现代意识激发他们奋斗不屈的抗争精神，他们在尽力摆脱着传统观念束缚。尽管吸收现代意识的程度存在着较大的差别，对传统道德的取舍也颇有偏差，人们的心灵路程已经发生动摇。路遥经历了"城乡交叉地带"的生活，而且经常"往返"其间，身上的农业情结与现代意识的心理反差，始终伴随着他。

路遥以城乡二元社会结构中的城乡对立为切入点，表现了客观条件与个人发展之间的矛盾冲突，作品表现了因户籍制度而引起的人生道路、爱情婚姻等方面的问题。《人生》《平凡的世界》《黄叶在秋风中飘落》《月夜静悄悄》《姐姐》《风雪蜡梅》《痛苦》等，都从不同的角度表现了现实情况和客观条件引发的人生悲剧。在路遥的作品中，对农村生活的天然认同和对城市的理性向往，形成了复杂矛盾的情绪。"从理性上对城市和工业化是认同的态度，这是文明和进步的表现；从情感上来说是对农村和黄土地又有割舍不断的深情与眷恋。"依恋黄土的情结形成了他对土地产生教徒般虔诚，同时，他理智地意识到了历史的前进，又在肯定现代文明的先进性。贫困与闭锁的陕北，"千百年来所形成的传统文化的道德观念、思维模式、生活方式在路遥身上打下了深深的烙印，这使得路遥创作心理带上了本土文化的特征和乡土情结的深挚"。但是，时代潮流的冲击，现代意识的渗透，使路遥无法躲避现实生活，必须冷静地面对苦焦的黄土地，于是他将自己的理念转化为作品中一系列的"抗争者"，体现出他对人生的理性思考和英雄主义精神的追求。

三、饱满情感的人物形象

首先，路遥借助爱情和亲情来描写离乡恋土的情感冲突。《人生》中的高加林告别了心爱的刘巧珍和养育他的高家村，当他受到挫折再次回到乡村跪在了黄土地和亲人的面前，刘巧珍原谅了他，德顺爷以土地般博大的爱宽容了他，土地和亲人没有嫌弃自己的孩子，接纳了高加林。路遥说刘巧珍和德顺爷"这两个人物寄托我对养育我的父老、兄弟、姊妹的一种感情"，他们"表现了我们这个国家、这个民族的一种传统的美德，一种在生活中的牺牲精神"。高加林抛弃了刘巧珍追求黄亚萍，实际上表现了怀念土地的道德拷问与现代思想理性意识的对立。两个姑娘代表着两种文化，高加林舍弃传统情感与接受现代理性的感情冲突，展示了路遥对土地和农村的矛盾心理。

其次，人物性格上的分化和裂变，也体现出离乡与恋土的情感冲突。《平凡的世界》中的孙少安、孙少平是高加林的延续和裂变，将高加林个性和灵魂的矛盾，调整融合后产生的新的艺术形象。孙少安更多地保留了传统的精神和文化，孙少平更多地接受了现代的思想意识和文化形态，有着不安、向往现代文明的灵魂。孙少安身上集中反映了路遥认命守土和抗争奋斗的两种思想趋势，他的性格上存在两种矛盾的倾向，"一种是接受命运的挑战的倔强态度，展现出精神向现实环境抗争，怀着激情期待着未来。另一种倾向是屈服命运安排的务实态度，平静地承认无法超越的客观条件，凭借理想面对现实"。他立足农村，但不同于先辈们任凭命运摆布。他有文化有胆识，私下承包到户、办砖场、修学校，在土地上用自己勤劳的双手创造幸福的生活。孙少安不同于孙少平，作为家中长子，他要担起家庭责任。他曾有脱离土地走出乡村的愿望，但被家庭的重担生活的窘境扼杀了。富有革新意识的农民青年不满足现实而企图变革，但置身于变革中，时常被情感和理智的矛盾所困扰。孙少安立足于土地，试图在土地上走出一条新路，但依然无法摆脱情感和理智的困扰纠葛。

第三，路遥作品里的人物有明显的情绪化的象征特色和寄寓意味。路遥把情绪外化于作品的人物身上，人物成为他的情绪转移和嫁接的外在表现的载体。路遥对土地的感情是混合母爱、亲情、爱情、友情的因素，表现在恋土思乡的人物身上。《生活咏叹调》里的现代炮兵师政委、中年知识分子，作品中"抗争者"的形象，如高加林、孙少平、孙少安等"抗争者"在逆境中的艰难跋涉，以"对自己也残酷一些"的个性要求，恰好道出了路遥精神上客观现实与个体文化在感情上的落差，痛苦着他的内心世界。

四、解不开的乡土情结

离乡并不意味着鄙视土地，恋土也不只是固守乡村。土地和乡村给予人们无价的东西，传统美德和黄土情结使路遥对这片土地产生了无限的依恋之情。黄土地上人们世代生活煎熬的苦相，沉重的生活在路遥心理沉淀下的悲愤情感，也使他冷静思索。"理性意识来自给他生活以磨难、给他情感以伤痛的黄土地。"路遥既想让奋斗的农村青年摆脱土地走向世界，又想让他们在土地上干出一番事业。作品里表现出"诞育于土地渴望逃离土地，但又不能从心灵深处舍弃土地的主体情感倾向，使它在设构人物未来走向时表现得犹豫彷徨"。这种情感与理智的冲突又无法解决，正是路遥身上浓厚的黄土情结传统观念与现代意识儒家文化交织的矛盾心理。"对社会进步的现代意识首肯的同时，也急切地呼唤着传统美德的复归。"而导致这一矛盾的核心是对传统美德的留恋。

路遥对土地和乡亲是真诚而矛盾的。黄土地和乡村是他创作的出发点和归宿，他对乡村和农民有发自灵魂深处的感情。同时，苦难的土地、苦焦的生活使他有着冷峻的理智思考，造成了清醒的理性意识和传统的情感体验的强烈冲突。《人生》中的高加林悲剧启示了"作为一个农民的儿子，他可以反抗因循守旧的生活模式，却不能藐视养育生命的土地"。离乡与恋土并不只限于现实生活中乡村与城市的差别，在路遥的作品里更强地体现为两种情感的反差，从而始终纠葛着路遥的内心世界。"为什么我的眼里常含泪水？因为我对这土地爱得深沉……"这也许是最好的注解吧！

《平凡的世界》的昨天、今天、明天

刘瑞平

昨 天

三十年前路遥用"凤凰涅槃"的精神意志,用生命完成了不朽之作,那就是《平凡的世界》。

中国文学评论界权威何西来评价《平凡的世界》,是茅盾文学奖这项文学皇冠上的一颗"明珠"。

《平凡的世界》在多项全国性的读书调查中名列前茅,成为一部跨越拥有40后到00后六代读者的经典"长销书"。

《平凡的世界》是一部受到从不识字的农民、农民工,到大学生、博士后多层次知识结构读者、听众、观众喜欢的作品。据不完全统计,路遥相关作品(不含盗版)已累计发行达三千多万册,相关研究类纪念类作品累计发行达二百多万册,读者数以亿计。

《平凡的世界》鼓舞了千千万万励志向上的中国青年。现在中国文化界、经济界、影视界的风云人物,如莫言、马云、潘石屹、贾樟柯都是他忠实的读者。

莫言在三十年前就是路遥的粉丝。马云说,是路遥的人生改变了他的人生。潘石屹在采访中告诉我们,他是怀揣着《平凡的世界》走出来的,《平凡的世界》他看了七遍。

为什么路遥的读者数以亿计?那是因为路遥作品中蕴含着一个宏大的社会课题。路遥以社会学家、政治家、作家的多重维度和高度对于当代中国乃至世界众多国家普遍存在的"城乡二元结构"的重大课题进行了反映和探寻。当你对他的作品进行多次研读后会发现,我国近三十年的大政方针竟然与作品当中的脉络和方向一致。这正是路遥的伟大之处，他在为中国亿万百姓寻找出路。我相信，这也是研究路遥的日本专家安本实教授十次为路遥考察陕北的重要原因之一。上百万字的《平凡的世界》已历经十年翻译成日文在日本出版并热销。从这一点来讲，《平凡的世界》应在世界文学殿堂上占有一席之地。

昨天，路遥所创造的精神财富已惠及大众，路遥精神及其作品如一座"活火山"一样蕴含着巨大的能量，正蓄势待发。

今 天

面对今天经济高速发展的中国，精神食粮的缺乏已成为一种社会现象，正是在这样的背景下，我们要说"时代呼唤路遥精神"。

何为路遥精神？形象地表述那就是"像牛一样劳动，像土地一样奉献"。从思想层面上阐述，那就是，路遥思想及其作品所形成的"用爱和责任铸就追求梦想的路遥精神"。正是在这样的精神推动下，《路遥》纪录片由路遥文学联谊会发起拍摄，历经八年，战胜重重困难终于成功。在中央电视台三次首播创下了央视纪录片播出的收视纪录。收视人群达数亿人次。凤凰卫视、中国教育电视台、陕西卫视等多个卫视播出累计收视人群达八亿多人次，获得了中国十佳纪录片。

榆林路遥文学联谊会自 2004 年成立十年来，以研究路遥作品、弘扬路遥精神为己任，除拍摄《路遥》纪录片外，还发起并配合修建了清涧路遥纪念馆，建立了"作家路遥"百度网址，搜集整理了来自全国的大量路遥研究相关作品及资料，组织出版了路遥纪念文集等多部丛书，多次组织全国性的路遥纪念性活动，积极筹备策划路遥文学基金会、路遥青年文学奖、《平凡的世界》原型旅游文化村产业项目，以及《路遥》电影的相关影视作品的拍摄。

此次新版的《平凡的世界》电视剧播出，又引起了新的"路遥热"，引起了全国的关注，得到了习近平总书记的肯定。其实"路遥热"已持续三十多年了，在每一个读者心中，都会不时地出现思想的"火山喷发"。

路遥心中一直有一个愿望，那就是"希望我们的国家，我们的陕北，摆脱贫穷，实现国强民富"。他所有的作品也都在为这一愿望而努力。

今天，路遥的心愿在三十年中不断地积蓄着力量，电视剧的热播正是这种力量释放的开始，也正是路遥精神财富向社会财富转化的表现。

每次纪念路遥活动之后，都会出现路遥作品大热销，甚至断货的情况，作为路遥作品主要出版方的北京十月出版社已在短短的几年时间里发行二百多万册。

新版《平凡的世界》电视剧，已创下了 2015 年第一季度收视率的高峰，多个卫视已购买版权，其收益也是可想而知。

这些现象背后，给我们带来什么样的思考？

明　天

今天《平凡的世界》电视剧就像引爆了这个充满巨大能量的"活火山"一样，只是一个开始，机遇已经来到了我们面前。我们要使这笔财富长远地造福后代，真正实现路遥的梦想。

我们正在积极筹备成立"路遥文化促进会""路遥文学基金会"，在高等学府开设路遥文学院，建立路遥数以亿计的读者群公益网络平台，举办路遥青年文学奖，成立路遥文学研究机构。

以上的每一件事都可以转化成现实的社会资源，今天，"继续路遥事业，实现路遥梦想"正当其时。我们要举起"路遥"这面大旗，用路遥精神继续推动实现我们共同的美好梦想。

后记

1988年5月25日，在这一天，路遥最后完成了《平凡的世界》的全部创作。在那一刻里，他什么也没有想，只记起了德国作家托马斯·曼的几句话：

"终于完成了。它可能不好，但是完成了。只要能完成，它也就是好的。"

这也正是我们此刻的心情。

三百多个日日夜夜的"痛并快乐着"，《不平凡的世界》感悟文集终于完稿付梓了，一切尽在不言中。

在文集编辑出版过程中，我们得到了中共榆林市委宣传部、榆林市文联、榆林传媒中心、榆林市文明办、榆林路遥文学联谊会、榆林作协、榆林美协、榆林新华书店的大力支持；同时得到了杨东明、龙云、刘斌、谢宏、符慧杰、张胜伟、刘区厚、王晓渭、韩万胜、雷亮、李海涛、姬晓飞、高宏雄、郝艳梅、祝勇等领导的支持；特别感谢陕西省作协主席、著名作家贾平凹对文集的认可并题写书名。在编辑过程中，得到了朱合作、王生才、王志强、高志妮、曹谷溪、梁向阳、刘东平、李春元、栗子明、张晓梅等社会各界人士的鼎力相助；还得到了尹生鹏、高守军、韩震、付京华、崔苗、崔峰铭、惠剑、艾超、吕文经、赵兴国、魏杰、高丽、薛刚、牛磊、高晓雨、刘畅、陈罡、刘瑞、冯涛、万月珍、惠渊、常红梅、刘榆华、高晓越等同志的热情参与。在此，我们表示衷心的感谢！部分编入的文章因无法联系到作者，衷心希望您能与编委会取得联系，为您邮寄本书以便收藏，并感谢您的理解和支持！

在本书编辑过程中，我们虽然做出了不少努力，但由于研究路遥涉及地域广、跨度长、人员多、版本杂，所以难免有错误之处和挂一漏万之嫌，恳请专家和广大读者批评指正。

编 者

2019年9月10日